suhrkamp taschenbuch 5091

Die Treuhandanstalt war eine der umstrittensten Organisationen in der deutschen Geschichte. Als »größtes Unternehmen der Welt« führte sie einen Vermögensumbau von bisher unbekanntem Ausmaß durch. Zwischen kollabierendem Realsozialismus und sich globalisierendem Kapitalismus überführte ihr Personal die »volkseigenen« Betriebe der DDR vom Plan zum Markt. Verkäufe an zumeist westdeutsche Investoren, Branchenabwicklungen und Massenentlassungen prägten ihre krisengeschüttelte Geschäftspraxis nicht weniger als wütende Proteste, politische Kontroversen und öffentliche Skandale.

Jenseits zeitgenössischer Bewertungen als alternativlosem »Erfolg« oder neoliberale »Abwicklung« wirft Marcus Böick erstmals einen zeithistorischen Blick auf den widersprüchlichen Auftrag des Wirtschaftsumbaus und rückt dessen Personal in den Fokus. An der Schnittstelle von Wirtschafts- und Kulturgeschichte zeichnet er mit präzisem Blick die zugrundeliegenden Ideen, den dynamischen Organisationsalltag und die facettenreichen Erfahrungen der Mitarbeiter nach, die die Transformation so maßgeblich wie unvorbereitet mitgestaltet haben.

»Eine glänzend komponierte und akribisch recherchierte Erinnerungsgeschichte.« *Karl-Rudolf Korte, Frankfurter Allgemeine Zeitung*

»Zukünftige Forschungen zur Treuhand werden an Böicks umfangreichem Werk nicht vorbeigehen können, ja dürfen.«

Günther Heydemann,
Vierteljahrschrift für Sozial- und Wirtschaftsgeschichte

Marcus Böick, geboren 1983, studierte Geschichte, Politikwissenschaft, Soziologie und Sozialpsychologie an der Ruhr-Universität Bochum. Dort ist er Akademischer Rat am Historischen Institut. Veröffentlichungen u. a.: *Studie zur Wahrnehmung und Bewertung der Arbeit der Treuhandanstalt* (Mitautor, 2017); Themenheft *Vermarktlichung* der Zeithistorischen Forschungen (2015); *Aus einem Land vor unserer Zeit. Eine Lesereise durch die DDR-Geschichte* (2012).

Marcus Böick

Die Treuhand

Idee – Praxis – Erfahrung
1990-1994

Suhrkamp

Erste Auflage 2020
suhrkamp taschenbuch 5091

Lizenzausgabe mit freundlicher Genehmigung
des Wallstein Verlages
Suhrkamp Taschenbuch Verlag

Umschlagabbildung: Detlef-Rohwedder-Haus,
Bundesministerium der Finanzen, Berlin
Foto: HGEsch, Hennef
Umschlaggestaltung nach Entwürfen von
Susanne Gerhards, Düsseldorf
Druck und Bindung: CPI – Ebner & Spiegel, Ulm
Printed in Germany
ISBN 978-3-518-47091-6

Inhalt

Wer, und was, ist diese Treuhandanstalt, die da gleichsam über Nacht auftauchte und, ohne daß irgendeiner auch nur die leiseste Frage nach ihrer Berechtigung stellte, über das gesamte Volksvermögen auf dem Gebiet, das später »Die neuen Länder« genannt wurde, verfügt? Wie ist dieses Machtmonopol zustande gekommen? Wer hat es legitimiert? Und warum müssen wir, die wir selber uns, einst in den Oktobertagen, zum Volk erklärten, vor dieser Institution hocken wie das Kaninchen vor der Schlange und uns, früher oder später, von ihr schlucken lassen?

Stefan Heym – Treuhand aufs Herz (1991/92)

Vorwort zur Taschenbuchausgabe

Brauchen wir überhaupt noch ein Buch zur Treuhand? Diese Frage war in den ersten Jahren meiner Beschäftigung mit der Treuhandanstalt – ich hatte damit 2008 als Student im »tiefen Westen« begonnen – ein steter Begleiter. Mich verbanden mit diesem Sujet keine konkreten Bezüge. Maßgeblicher war ich wohl geprägt von halb verschütteten Kindheits- und Jugenderinnerungen an die wabernde Angst vieler Erwachsener vor Abwicklung, Arbeitslosigkeit und Abwanderung, die im Osten der 1990er-Jahre zum Alltag gehörte. Und nach einigen Jahren im Westfälischen war aus der zeitlichen wie räumlichen Distanz mein Interesse an dem fernen »Ost-Thema« erwacht.

Damals schienen die Treuhand und ihre Geschichte weitgehend ad acta gelegt. Gewöhnlich druckten die Medien anlässlich dahinplätschernder Jahrestage einander ähnelnde Artikel, die sich um gut erzählbare Skandale rankten. In der sozialwissenschaftlichen Forschung galt das Thema als »auserzählt«, zumal neue Quellen für die noch zögerliche Historikerzunft nicht in Sicht waren. Derweil pflegten Zeitzeugen (im Westen) und Betroffene (im Osten) in abgeschirmten Zirkeln ihre Helden- und Opfergeschichten, versicherten sich ihrer Triumphe oder starrten auf erlittene Traumata. Jenseits dessen war in Westdeutschland ein Überdruss an DDR- oder Wende-Themen nicht von der Hand zu weisen, während die Stimmung in Ostdeutschland zwischen Resignation, Verdrängung und Aufbruch zu schwanken schien.

Während der nach 2008 erlebten globalen Finanzkrisen stand das (Nicht-)Funktionieren globaler Märkte intensiv zur Debatte, selbst der verpönte Kapitalismus-Begriff kehrte zurück. Interessanterweise verband sich diese neue Konjunktur des Ökonomischen noch nicht mit einem Interesse an einem der spannendsten wie umstrittensten wirtschaftlichen Umbruchs- und Transformationsprozesse in der jüngsten Geschichte. Aber genau hieraus speiste sich mein erwachendes Interesse: Hatte man in Ostdeutschland nicht schon damals – im Moment des scheinbar endgültigen Triumphs der liberalen Weltwirtschaftsordnung über ihre realsozialistische Widersacherin – ambivalente Krisen-Erfahrungen mit der ersehnten Marktwirtschaft gesammelt? Wie genau war die DDR-Wirtschaft nach 1989/90 vom Plan zum Markt gelangt? Welche Vorstellungen und Erwartungen, welche Hoffnungen und Enttäuschungen hatten sich hiermit verbunden? Wer hatte diese Vorgänge in der Praxis gestaltet und auf welche Weise hatte man diese organisiert? Welche konkreten Erfahrungen wurden von den handelnden Figuren in diesen dynamischen Umbruchs- und Übergangsprozessen gesammelt?

Zehn Jahre später, im Sommer 2018, lag das fertige Buch vor mir. Das

Thema hatte seit 2015 mit den Erfolgen der AfD unverhofft an Fahrt aufgenommen. Nach drei Jahrzehnten schien die Treuhand wieder zu einem symbolisch wichtigen Schlüsselthema zu avancieren, anhand dessen die spannungsgeladenen Ost-West-Beziehungen während der 1990er-Jahre aufs Neue verhandelt, vermessen und erklärt wurden, bisweilen mit großer Emotionalität. Die Treuhand ist, wie der jüngst verstorbene Journalist Michael Jürgs bereits 1997 vorhergesehen hatte, zu einem erinnerungskulturellem »Zombie« geworden, der den Osten noch immer umtreibt und damit den Westen irritiert.

Seit Sommer 2018 boten sich mir zahlreiche Gelegenheiten, mit Menschen verschiedener Generationen und Professionen im Osten und im Westen zu diskutieren – mit Treuhand-Managern genauso wie mit ihren Kritikerinnen. Die Kontraste haben mich tief beeindruckt: So lag im Januar 2019 zwischen zwei zufällig aufeinander folgenden Diskussionsrunden mit Rotariern im noblen Düsseldorfer Industrie-Club sowie einer hitzigen Podiumsdiskussion im Museum für DDR-Alltagskultur in Eisenhüttenstadt mit Karl Döring, dem einstigen Chef des Eisenhüttenkombinats Ost (EKO), nicht allein die räumliche Distanz von siebenhundert Kilometern. Auch thematisch wie soziokulturell schienen die Gegensätze zwischen Rhein und Oder faszinierend.

Bei etlichen Gesprächen hatte ich die Chance, mit ganz unterschiedlichen Menschen und ihren Geschichten in Berührung zu kommen. Ich begegnete großer Neugier, aber auch einer großen Betroffenheit. Offenbar besteht ein wachsendes Bedürfnis, nun die eigenen Geschichten aus der »Wendezeit« zu erzählen. Offenkundig ist also auch die Nach- und Erinnerungsgeschichte der Treuhand noch lange nicht abgeschlossen. Das Bundesarchiv erschließt seit 2016 mit Hochdruck die umfangreichen Quellenbestände und macht diese zugänglich. Dutzende zeithistorische Forschungsprojekte sind in Arbeit, auf deren Befunde man gespannt sein darf. Der Blick richtet sich dabei, empirisch fundiert, auf den vielfältigen wie verwickelten Alltag der Umbrüche – etwa auf Regionen und Branchen, aber auch auf Akteure jenseits der Treuhand sowie die Transformationsländer im Osten Europas. Einige kontrovers diskutierte Sachbücher sind erschienen, aber auch eine große Zahl aufwändiger TV-Dokumentationen, avancierter Ausstellungs-, Kunst- und Theatervorhaben sowie bemerkenswerter Online-Projekte sind in den letzten Jahren entstanden.

Letztlich brauchte es also offenbar nicht nur *ein* weiteres Buch, sondern es braucht noch vielmehr als das. Und wie gerade auch die allerjüngsten Erfahrungen eines weltwirtschaftlichen Schockstillstands im Jahr 2020 unsere künftigen Rückblicke auf die so schockbeschleunigten Umbruchszeiten nach 1990 in Zukunft verändern werden – dies muss an dieser Stelle offenbleiben. Spannend wird es allemal.

Marcus Böick, Bochum, 17. Juni 2020

Vorwort

Ein Weg durch den Dschungel Treuhandanstalt

Fast 25 Jahre nach ihrer offiziellen Auflösung am 31. Dezember 1994 ist die Treuhandanstalt nach wie vor Gegenstand gegensätzlicher Bewertungen. Der 25. Jahrestag ihrer Gründung Anfang März 2015 rief eine ganze Reihe von Zeitzeugen und Weggefährten auf den Plan, die mit scharfen Urteilen nicht geizten: Die letzte DDR-Wirtschaftsministerin und spätere PDS-Politikerin Christa Luft, die im Frühjahr 1990 eine wichtige Rolle bei der kurzfristigen Einrichtung der Treuhand gespielt hatte, sprach von der »größten Vernichtung von Produktivkapital in Friedenszeiten«.[1] Die aus Thüringen stammende SPD-Wirtschaftsstaatssekretärin und »Ostbeauftragte« der Bundesregierung, Iris Gleicke, kennzeichnete die Organisation[2] als das »Symbol eines brutalen Kapitalismus«.[3]

Nicht nur ostdeutsche Politikerinnen und Politiker stimmten in diese Kritik ein. Der langjährige DDR-Staatsbank-Manager Edgar Most, der nach 1989/90 als bekennender Neu-Kapitalist eine Zweitkarriere im Privatbanksektor einschlug, nannte den durch die Treuhand gelenkten Wirtschaftsumbau »eine einzige Schweinerei«.[4] Schließlich erkannte auch der ausgewiesen marktliberale Münchner Volkswirt Hans-Werner Sinn – entsprechend seiner vielzitierten Gegenwartsdiagnose vom »Kaltstart«[5] – in den forcierten Massenverkäufen an westdeutsche Investoren »im Nachhinein ein[en] Riesenfehler«, da man so nicht nur grundlegende Marktgesetze von Angebot (an Betrieben) und Nachfrage (an Investoren) missachtet, sondern auch die große Chance zur nachhaltigen, mentalen »Entwicklung von Unternehmertum« in der ostdeutschen Bevölkerung über die Ausgabe von Anteilsscheinen versäumt habe.[6]

1 »Die Westkonkurrenz stand Schlange«, in: Neues Deutschland, 27.2.2015.

2 In der Folge wird die Treuhandanstalt konsequent als »Organisation« angesprochen, um so begrifflich die Differenz zu einem deutlich weiter gefassten, soziologischen »Institutionen«-Begriff zu markieren, der in der historischen Literatur oft (und nicht präzise) einfach synonym gebraucht wird. Vgl. dazu: Kühl, Stefan: Organisationen. Eine sehr kurze Einführung, Wiesbaden 2011; Kühl, Stefan: Ganz normale Organisationen. Zur Soziologie des Holocaust, Berlin 2014.

3 »Treuhand ›Symbol eines brutalen Kapitalismus‹«, in: In Südthüringen, 19.2.2015.

4 »Eine einzige Schweinerei«, in: Deutschlandfunk, 28.2.2015.

5 Vgl. Sinn, Gerlinde; Sinn, Hans-Werner: Kaltstart. Volkswirtschaftliche Aspekte der deutschen Vereinigung, 3., überarb. Aufl., München 1993.

6 »›Im Nachhinein ein Riesenfehler«, in: Deutschlandradio Kultur, 28.2.2015.

Dieser heftige Tadel blieb nicht unwidersprochen. Ebenfalls im März 2015 versammelte sich in Erfurt eine ältere Herrenrunde anlässlich der Präsentation eines vom früheren CDU-Wirtschaftsminister Franz Schuster verfassten Buches. Hierin wandte sich der nach 1990 nach Thüringen Übergesiedelte explizit gegen jene Kritiker und verteidigte die Resultate des Wirtschaftsumbaus als »geglückten Aufbau«.[7] Bei der Buchvorstellung trat auch der frühere SPD-Volkskammerfraktionschef Richard Schröder auf, der die ökonomischen »Aufräumarbeiten« durch die Treuhand ausdrücklich lobte und damit an seine früheren Interventionen anknüpfte, bei denen er immer wieder eine Lanze für die unbeliebte Organisation gebrochen hatte.[8]

Zeitgleich meldete sich ein Zeitzeuge aus dem politischen Machtzentrum in Bonn zu Wort: In einem autobiografisch angelegten Sachbuch über das abenteuerliche »Unternehmen Wiedervereinigung« setzte der frühere Wirtschaftsberater Helmut Kohls, Johannes Ludewig, die patriotischen »Planer, Macher und Visionäre« der 1990er-Jahre und ihre Errungenschaften beim »Aufbau Ost« anekdotenreich in Szene.[9] Die Treuhandanstalt, so der Grundtenor all dieser Fürsprecher, sei nicht nur »ohne historisches Vorbild« gewesen, sondern es habe keine Alternative zu ihr und ihrem Handeln gegeben.[10]

Linke wie liberale Kritiker aus Ost und West stehen damit auch ein Vierteljahrhundert nach der Treuhandgründung unversöhnlich einer Gruppe von Zeitzeugen gegenüber, die häufig selbst mit der Organisation verbundenen sind. Während westdeutsche Politiker, liberale Volkswirte oder einstige Treuhand-Manager die Aktivitäten der Organisation weiterhin vehement als »historisch einmaliges«, »patriotisches« oder »erfolgreiches« Engagement verteidigten, hatte sich in den Medien längst ein Beschreibungsstil düster eingefärbter Superlative etabliert, der sich im Jahr 2015 deutlich von *Spiegel* bis *Zeit* abzeichnete: Ob »Hort der Verderbnis«[11], »Hass-Behörde«[12] oder gar »unzähmbares Ungeheuer«[13] – kaum eine Metapher schien ausreichend Maliziöses, Finsteres und Machtvolles aufzuru-

7 Schuster, Franz: Thüringens Weg in die Soziale Marktwirtschaft. Privatisierung – Sanierung – Aufbau. Eine Bilanz nach 25 Jahren, Köln 2015.

8 Schröder, Richard: Die wichtigsten Irrtümer über die deutsche Einheit, Freiburg 2007.

9 Ludewig, Johannes: Unternehmen Wiedervereinigung. Von Planern, Machern, Visionären, Hamburg 2015.

10 Breuel, Birgit; Burda, Michael (Hg.): Ohne historisches Vorbild. Die Treuhandanstalt 1990 bis 1994. Eine kritische Würdigung, Berlin 2005.

11 »Ein Hort der Verderbnis«, in: Stuttgarter Zeitung, 1.3.2015.

12 »Die Hass-Behörde«, in: Spiegel-Online, 22.2.2015.

13 »Das unzähmbare Ungeheuer«, in: Die Zeit-Online, 6.11.2014.

fen, um das folgenreiche Wirken der Treuhand adäquat zu beschreiben.[14] In der gesamtdeutschen Medienöffentlichkeit, die sich seit 1990 ohnehin bevorzugt für die zahlreichen Skandale, Krisen und Fehlschläge der Organisation interessiert hatte, behielt somit eine bereits Mitte der 1990er-Jahre von dem früheren *Stern*-Chefredakteur Michael Jürgs formulierte Vorhersage Gültigkeit. In seinem populären »Treuhändler«-Buch diagnostizierte der Publizist, dass »jenes graue Monster in Ostberlin« nach seinem Ende nun endgültig »zum Mythos geworden« sei – und Mythen erschienen ihm »unsterblich«.[15]

Man kann die Treuhandanstalt als eine Art erinnerungskulturellen Zombie der Wiedervereinigung bezeichnen, als einen untoten Wiedergänger des Postsozialismus, an dem man sich überwiegend negativ abzuarbeiten pflegt. Vereinfacht gesagt, bewegt sich seit 1990 das öffentliche Reden und Streiten über die Treuhandanstalt und den von ihr orchestrierten Wirtschaftsumbau zwischen den beiden Extremen einer grandios-alternativlosen Erfolgs- und einer uferlos-radikalen Misserfolgsgeschichte. Diese nachhaltig polarisierte Deutungskonfiguration zwischen (ostdeutsch-linker) Kritik, (westdeutsch-etablierter) Affirmation und (medialer) Skandalisierung konnte sich umso besser verstetigen, da sie sich bereits zeitgenössisch etabliert hatte.[16] Nachdem die Publikationsdichte in den Medien wie auch in der gegenwartswissenschaftlichen Forschung seit Mitte der 1990er-Jahre mit dem Ende der Treuhand spürbar nachgelassen hatte, wurde die Organisation zu einem kurzfristig aktualisierbaren, vor allem in der ostdeutschen Regionalpresse beliebten, hochgradig emotional besetzten Sujet. Man behandelte (und behandelt) es vorwiegend anlässlich runder Jahrestage. Ältere Generationen Ostdeutschlands, die von den sozioökonomischen wie soziokulturellen Umbrüchen und Übergängen in den frühen 1990er-Jahren in erheblichem Maß betroffen sind, scheint die Treuhand verstärkt zu beschäftigen. Der Westen des Landes beziehungs-

14 Vgl. Böick, Marcus: Im »Säurebad der Einheit«. Die Treuhandanstalt in den medienöffentlichen Debatten der frühen 1990er-Jahre, in: Deutschland Archiv 3 (2010), S. 425-432.

15 Jürgs, Michael: Die Treuhändler. Wie Helden und Halunken die DDR verkauften, 2. Aufl., München 1997.

16 Vgl. exemplarisch »Ausverkauf der Republik«, in: Süddeutsche Zeitung, 17.5.2010; »Treuhand – Ein Ding der Unmöglichkeit«, in: Handelsblatt, 11.6.2006; »Neue Nachricht vom Planeten des Bösen«, in: Frankfurter Allgemeine Zeitung, 24.4.2012; »Halb Kaufhaus, halb Schlachthaus«, in: Süddeutsche Zeitung, 25.6.2012.

weise auch jüngere Ostdeutsche bringen hingegen kaum Interesse für sie auf.[17]

Ins deutsche, ja europäische Blickfeld rückte die Treuhandanstalt erst wieder angesichts wirtschaftspolitischer Verwerfungen – und dies interessanterweise als Reaktion auf eine außerdeutsche Intervention: Bei der 2011 europaweit geführten Debatte um eine Privatisierung griechischen Staatseigentums empfahl der damalige Luxemburgische Ministerpräsident Jean-Claude Juncker der griechischen Regierung die Treuhandanstalt als erfolgreiches Vorbild,[18] was in Deutschland Verwunderung und Widerspruch sturmerprobter Treuhand-Kritiker wie Günter Grass oder Jürgen Habermas hervorrief.[19] Vier Jahre später, auf dem bisherigen Höhepunkt der »Griechenland-Krise«, war die Einrichtung einer »griechischen Treuhand«, die mit der Privatisierung von Staatseigentum über 50 Milliarden Euro erlösen sollte, letztlich das entscheidende Zugeständnis, das der sich gegen weitere Sparmaßnahmen sperrenden griechischen Regierung abgerungen wurde.[20] Bezeichnenderweise mied Bundeskanzlerin Angela Merkel jedoch den vorbelasteten Terminus »Treuhandanstalt« auf ihrer Pressekonferenz in Berlin – eine Vorsicht, die Bände über das schwierige Image der Treuhand spricht: Die Treuhandanstalt sollte effektiv historisches Vorbild für Griechenland sein, durfte aber nicht offen als solches benannt werden.

Nicht nur das öffentliche Reden und Nachdenken über die Treuhand erweist sich damit als unübersichtliches Minenfeld. Eingesponnen in kaum bewegliche Deutungsmuster und in festgefügte, verkrustete Zuschreibungen durch westdeutsche *Beteiligte* und ostdeutsche *Betroffene* schien sich die Treuhandanstalt als Forschungsgegenstand hartnäckig gegen eine fundierte zeithistorische Analyse zu sperren. Die Geschichte der Treuhandanstalt musste entweder Licht oder Schatten sein; das Zwielicht des Postsozialismus in all seinen Schattierungen war kaum gefragt. Zudem verhinderte die in der Folge noch näher zu beschreibende empirische

17 Vgl. die Debatte um generationelle Differenzen in Ostdeutschland und die Bekenntnisschrift von Hacker, Michael; Enders, Judith; Maiwald, Stephanie; Staemmler, Johannes; Lettrari, Adriana; Pietzcker, Hagen (Hg.): Dritte Generation Ost. Wer wir sind, was wir wollen, 3., durchges. u. erw. Aufl., Berlin 2013; Geipel, Ines: Generation Mauer. Ein Porträt, 4. Aufl., Stuttgart 2014.

18 »Juncker fordert Treuhand-Modell für Griechenland«, in: Spiegel-Online, 21.5.2011.

19 »Die Steine des Sisyphos«, in: Süddeutsche Zeitung, 4.7.2011; »EU will Athen zum Verkauf von Staatsbesitz zwingen«, in: Süddeutsche Zeitung, 7.6.2011.

20 Exemplarisch vgl. »Ein deutsches Ungeheuer als Beispiel für Griechenland?«, in: Tagesspiegel, 15.7.2015.

Mangelsituation bislang eine genuin historiografische Auseinandersetzung mit diesem eigentümlichen Gebilde zwischen DDR, alter und neuer Bundesrepublik, Politik, Wirtschaft und Gesellschaft.

Vor diesem Hintergrund ist es Ziel dieses Buches, nach einem dezidiert zeithistorischen Weg durch das verschlungene Dickicht an Deutungen und Meinungen von und über die Treuhand zu suchen. Im Mittelpunkt stehen dabei nicht jene ausgetretenen Pfade, die ausschließlich nach wirtschaftlichem *Erfolg* oder *Misserfolg* fragen. Vielmehr begreift dieses Buch die Treuhand und insbesondere ihr Personal als soziales und kulturelles Arrangement beziehungsweise als Arena in einer dynamischen Übergangs- und Umbruchsgesellschaft. Zudem will es die dieser Organisation vorgelagerten Ideen und Konzepte sichtbar machen und ihre hochdynamische Alltagspraxis in verschiedenen Phasen untersuchen. Es liegt nahe, dass dabei die individuellen Erzählungen und Erfahrungen der die Praxis gestaltenden Manager, Beamten und Kader aus Ost und West zu Wort kommen.

Ausgangspunkt dieses Buches ist der Versuch, die Treuhandanstalt als zeitgenössisch hochumstrittenen *Gegenstand* in ein zeithistorisches *Problem* zu übersetzen, um hierdurch ihre umkämpfte Geschichte sowie die ihres Personals durch entsprechende Fragerichtungen neu vermessen zu können. Hierfür wird der Leitfrage nachgegangen, wie, durch wen und auf welche Weise der Übergang vom planwirtschaftlichen Sozialismus zum marktwirtschaftlichen Kapitalismus konzeptionell *erdacht*, alltäglich *gestaltet* und individuell *reflektiert* wurde. Entlang dieser Fragestellung ergibt sich ein Bündel einzelner Perspektivierungen: Was etwa sind die Spezifika dieser Organisation und ihres Personals an der Schwelle zwischen Ost und West sowie Plan und Markt? Unter welchen Umständen erfolgte und auf welchen konzeptionellen Grundlagen beruhte ihre Etablierung im Frühjahr 1990? In welche Beziehung lassen sich die hiermit verbundenen Erwartungen mit den Erfahrungen setzen, welche die hier wirkenden Manager, Beamte und Kader in der konkreten Praxis des ostdeutschen Wirtschafts- und Betriebsumbaus sammelten? Wie lässt sich das Wechselverhältnis zwischen Außenperspektiven *auf die* Organisation, Zentralperspektiven *der* Organisationsspitze und Binnenperspektiven *aus dem* Personal beschreiben? Wie und wo lassen sich, perspektivisch betrachtet, die Treuhandanstalt und ihr Personal innerhalb der Transformationsgesellschaft der frühen 1990er-Jahre verorten? Und schließlich: Wie kann der Rückblick auf dieses Gebilde und die dort versammelten Figuren unseren Blick auf die Zeitgeschichte der »Transformation« nach den 1989er-Revolutionen verändern?

Einleitung

Die folgenden Abschnitte dieser Einleitung sollen das nötige Rüstzeug für die skizzierte Reise in den vermeintlich undurchdringlichen »Treuhand-Dschungel« bereitstellen.

Zunächst wird *erstens* die *zeitgenössische Debattenlandschaft* seit 1990 in ihrer Grundtektonik und in ihren Entwicklungslinien vermessen, die vor allem durch Journalisten, Ökonomen, Sozialwissenschaftler und Juristen geprägt wurde. In einem *zweiten* Schritt werden die *zentralen Quellengruppen*, die dieser Arbeit als empirisches Fundament dienen können, sowie insbesondere ihre jeweilige Genese quellenkritisch erkundet. Das *theoretisch-methodische Handwerkszeug*, das insbesondere Debattensträngen der Zeit-, Wirtschafts- und Kulturgeschichte entlehnt wird und bei einer perspektivischen Neuvermessung der Organisation helfen soll, wird in einem *dritten* Schritt vorgestellt. *Viertens* werden schließlich die zentralen Fragerichtungen der Studie herausgestellt sowie die Wegmarken vorgezeichnet, die in den drei Folgekapiteln sichtbar werden.

1. Die zeitgenössische Debattenlandschaft

Das öffentliche Sprechen, Schreiben und Nachdenken über die Treuhandanstalt wurde (und wird) bislang wesentlich von zwei Akteursgruppen verantwortet: Professionelle Journalisten einerseits sowie gegenwartsorientierte Wissenschaftler andererseits. Beide Gruppen schufen im Laufe der 1990er-Jahre eine beachtliche Publikationsfülle zur Treuhandanstalt die in der Folge in ihren Grundzügen nachgezeichnet wird, um einen Überblick über die verbreiteten, bis in die Gegenwart wirksamen Erzähl- und Deutungsmuster zu geben.

1.1 Journalistische Annäherungen: Enthüllung, Skandal und Abenteuer

Medienschaffende überwiegend aus West-, aber auch aus Ostdeutschland zählten zu den ersten und zugleich (zumindest öffentlich) einflussreichsten Beobachtern, Kommentatoren und Interpreten der Treuhandanstalt und ihres Wirkens. War die soeben gegründete »Treuhandstelle« im Frühjahr 1990 von ostdeutschen Pressevertretern zunächst nur in recht nüchterner Manier als Behörde vorgestellt worden, rückte sie spätestens ab Mitte Juni 1990 verstärkt ins Blickfeld. Unmittelbar nach der Wirtschafts- und Währungsunion und mit der Berufung ihres ersten westdeutschen Präsidenten, Reiner Maria Gohlke, nahm auch die westdeutsche Öffentlichkeit zunehmend Notiz, wobei sogleich erste Konflikte, Rücktritte und Skandale die Aufmerksamkeit der Pressevertreter auf sich zogen. Diese Schlüsselposition als zentrales medienöffentliches Referenz- und Streitobjekt der deutsch-deutschen Übergangs- und Transformationsgesellschaft im Modus der Skandalisierung sollte sie bis Mitte der 1990er-Jahre nicht mehr ablegen können.[1]

Neben einer kaum überschaubaren Flut von Presseartikeln[2] legten zahlreiche Autoren frühzeitig in Buchform gefasste Berichte, Bilanzen und Geschichten vor, die bis in die Gegenwart einen bedeutsamen Teil der treuhandbezogenen Publikationslandschaft bilden. Bereits Ende 1991 veröffentlichte der frühere Grünen-Bundestagsabgeordnete und parlamentarische Pressesprecher Heinz Suhr ein eilig zusammengestelltes Kompendium mit dem Titel »Der Treuhandskandal. Wie Ostdeutschland

1 Vgl. dazu Gelz, Andreas; Hüser, Dietmar; Russ-Sattar, Sabine (Hg.): Skandale zwischen Moderne und Postmoderne. Interdisziplinäre Perspektiven auf Formen gesellschaftlicher Transgression, Berlin 2014.

2 Vgl. hierzu die zeitgenössische Analyse: Kepplinger, Hans Mathias: Die Treuhandanstalt im Bild der Öffentlichkeit, in: Fischer, Wolfram; Hax, Herbert; Schneider, Hans Karl (Hg.): Treuhandanstalt. Das Unmögliche wagen. Forschungsberichte, Berlin 1993, S. 357-373.

geschlachtet wurde«, in dem er zwei Dutzend Treuhand-Skandale als »alltägliche Katastrophe« beschrieb.[3] Ungefähr zeitgleich erschien die von Peter Christ, damals leitender Wirtschaftsredakteur bei der *Zeit*, und Ralf Neubauer, Wirtschaftsjournalist bei der *Stuttgarter Zeitung*, verfasste Streitschrift »Kolonie im eigenen Land«. Das Buch war eine scharfe Abrechnung mit dem »Experiment« Treuhandanstalt. Ihren Streifzug durch die neue »Kolonie« in »Deutsch-Nordost« beschritten die Autoren anhand konkreter, skandalträchtiger Einzelfälle und beschrieben insbesondere die zunehmend verzweifelten Versuche liberalkonservativer Politiker und westdeutscher Manager, das selbstgeschaffene »Ungeheuer« zu zähmen.[4]

Die Verwendung (post-)kolonialer Motive zur Charakterisierung der Treuhand war nicht ungewöhnlich. Zahlreiche Pressevertreter positionierten sich ganz dezidiert im politisch linken Spektrum: Mit Verve griff etwa der *konkret*- und *Spiegel*-Journalist Otto Köhler 1994 in seinem Pamphlet »Die große Enteignung« die Treuhand und ihre Präsidentin frontal an und versprach eine »erste wirklich umfassende Abrechnung«.[5] Ein ähnliches Anliegen verfolgte auch der Journalist Rüdiger Liedtke, der in den 1980er-Jahren bereits einige engagierte Bücher im Umfeld des alternativen Milieus der Altbundesrepublik publiziert hatte. Liedtke bediente sich in seinem Ende 1993 veröffentlichten Sammelband »Die Treuhand und die zweite Enteignung der Ostdeutschen« explizit Kolonialismuskritischer, aufseiten der politischen Linken anzutreffender Grundmotive.[6]

Auch zahlreiche ostdeutsche Publizisten im Umfeld der PDS, dem *Neuen Deutschland* und der *Jungen Welt* meldeten sich kontinuierlich in Buchform treuhandkritisch zu Wort. Der zuvor jahrzehntelang in der DDR tätige Publizist Ralph Hartmann oder Klaus Huhn, langjähriger Sportchef des *Neuen Deutschland*, bedienten sich stark kritisch ausgerichteter Darstellungsformen, die einer ostdeutschen Opferperspektive verpflichtet waren. In ihren Polemiken arbeiteten sie sich am vermeintlich unfähigen westdeutschen Personal und an möglichen Hintermännern ab.[7]

3 Suhr, Heinz: Der Treuhandskandal. Wie Ostdeutschland geschlachtet wurde, Frankfurt a.M. 1991.

4 Christ, Peter; Neubauer, Ralf: Kolonie im eigenen Land. Die Treuhand, Bonn und die Wirtschaftskatastrophe der fünf neuen Länder, Berlin 1991.

5 Köhler, Otto: Die große Enteignung. Wie die Treuhand eine Volkswirtschaft liquidierte, München 1994.

6 Liedtke, Rüdiger (Hg.): Die Treuhand und die zweite Enteignung der Ostdeutschen, München 1993; Liedtke, Rüdiger: Wir privatisieren uns zu Tode. Wie uns der Staat an die Wirtschaft verkauft, Frankfurt a.M. 2007.

7 Vgl. Hartmann, Ralph: Die Liquidatoren. Der Reichskommissar und das wiedergewonnene Vaterland, 3. Aufl., Berlin 2008; Huhn, Klaus: Raubzug Ost. Wie die

Gewissermaßen als vorläufige Bilanzschrift dieser Kritikerschar kann ein 2012 von der Historikerin Ulla Plener herausgegebener Sammelband gelten, der an den »Widerstand« insbesondere durch die Gewerkschaften in den Betrieben erinnern sollte und hierfür die Stimmen zahlreicher früherer Kritiker, vornehmlich ostdeutscher Betriebsräte, zusammenführte.[8] Diesen ostdeutschen Reflexionen kann gleichermaßen ein 2013 herausgegebener Band von drei Thüringer Wirtschaftsjournalisten zugerechnet werden, der den »Ausverkauf« der regionalen Industrie anhand kurzer Reportagen nachverfolgen sollte.[9] Auch der 2015 wesentlich vom Journalisten Sebastian Fink verfasste Band »Wem gehört der Osten« versprach seinen Lesern intime Einblicke in »die großen Deals der deutschen Einheit«.[10]

Mit dem Ende der Treuhand wandte sich das zumeist mehr oder weniger deutlich politisch eingefärbte journalistische Schreiben über die Organisation verstärkt übergeordneten Bilanzierungen zu. Der *Spiegel*-Redakteur Dieter Kampe veröffentlichte bereits 1993 einen »Nachruf« auf die Treuhand, in dem er seine eigenen Recherchen beschrieb, die zur spektakulären Aufdeckung von Unregelmäßigkeiten bei der Privatisierung der Teltower Geräte- und Regler-Werke (GRW) führten. Die Treuhand erschien bei Kampe als »Mekka der Trickser und Täuscher, der Schieber, Spekulanten und Karrieristen«; der Autor versuchte sich daran, das »verborgene Innenleben dieser mächtigsten Organisation der bundesrepublikanischen Nachkriegsgeschichte« in einem »packenden Wirtschaftskrimi« zu durchleuchten.[11] Kampes Schrift hatte damit der populär-kritischen Bilanzierungsliteratur ihren Auftakt gegeben und ihre Grundmotive vorgezeichnet: Das Setting eines von allerlei halbseidenen Gestalten bevölkerten, ominösen wie gigantomanischen Gebilde war gesetzt.

Dieses Erzählmuster wusste auch Michael Jürgs in seinem 1997 veröffentlichten Buch »Die Treuhändler« mit Erfolg zu nutzen, indem er mit

Treuhand die DDR plünderte, Berlin 2009. Mit ähnlicher Stoßrichtung: Baale, Olaf: Abbau Ost. Lügen, Vorurteile und sozialistische Schulden, München 2008; Holm, Knut: Wie wir verhökert wurden. Fakten, Lügen, Geständnisse, Beweise, Urteile zum Thema Treuhand, Berlin 1994.

8 Plener, Ulla (Hg.): Die Treuhand – der Widerstand in Betrieben der DDR – die Gewerkschaften (1990 – 1994), Berlin 2011.

9 Grosser, Dietmar; Müller, Hanno; Raue, Paul-Josef (Hg.): Treuhand in Thüringen. Wie Thüringen nach der Wende ausverkauft wurde, Essen 2013.

10 Fink, Sebastian; Stuttmann, Klaus; Jacobs, Olaf: Wem gehört der Osten? Die großen Deals der deutschen Einheit, Halle 2015; sowie jüngst auch Behling, Klaus: Die Treuhand. Wie eine Behörde ein ganzes Land abschaffte, Berlin 2015.

11 Kampe, Dieter: Wer uns kennenlernt, gewinnt uns lieb. Nachruf auf die Treuhand, 2. Aufl., Berlin 1994.

Lust an provokanten Wortspielen (»Maden in Germany«, »Unverstanden auf Ruinen«, »Das schwarze Reich der roten Socken«) eine facettenreiche Geschichte der Treuhandanstalt und ihres Personals entfaltete, die unterhaltsam darüber Zeugnis ablegen sollte, »wie Helden und Halunken die DDR verkauften«.[12] Während der Großteil seiner Pressekollegen überwiegend zu kritischen Gesamturteilen gelangte, arbeitete Jürgs stärker ironisierend, nahm einander abwechselnde Innen- und Außenperspektiven ein und kontrastierte die bekannten Skandal- und Schurkenstücke mit überraschenden Erfolgs- und Heldengeschichten aus Ostdeutschland. Jürgs' kommerziell erfolgreiches, weil durch seine ironische Mehrdeutigkeit in Ost und West anschlussfähiges »Treuhändler«-Buch, das für den Journalisten zugleich den Auftakt zu einer Karriere als Publizist bilden sollte, markierte einen Schlussakkord in den medienöffentlichen Auseinandersetzungen.[13]

Sieht man von den eingangs beschriebenen journalistischen Rückschauen ab,[14] griff erst im Jahr 2012 der Hamburger Journalist Dirk Laabs das Thema für sein Buch »Der deutsche Goldrausch« erneut prominent auf. Ursprünglich entstanden aus einem Film- und Interviewprojekt, das letztlich ohne Laabs' Zustimmung in die Kinos gebracht wurde,[15] arrangierte der Journalist ein Kalendarium des Wirtschaftsumbaus, in dem er verschiedene, positiv wie negativ besetzte Figuren abwechselnd durch ihre meist überaus hektische Treuhand-Zeit begleitete. Wie Jürgs 15 Jahre zuvor, hatte auch Laabs mit seinem Buch einen Nerv getroffen: Besonders dank des regen Interesses in Ostdeutschland, das durch einen Auftritt Thilo Sarrazins, der von der »Notschlachtung« der DDR-Wirtschaft sprach, noch gesteigert wurde,[16] erlebte seine »wahre Geschichte der Treuhand« mehr als fünf Auflagen und errang renommierte Publikumspreise.[17] Im August 2015 kündigten zwei Produktionsfirmen eine zwölf-

12 Jürgs: Treuhändler.

13 Vgl. exemplarisch Jürgs, Michael: Der Verleger – Der Fall Axel Springer, Tübingen 2001; ders.: Wie geht's, Deutschland? Populisten. Profiteure. Patrioten. Eine Bilanz der Einheit, München 2008; ders.: Wer wir waren, wer wir sind. Wie Deutsche ihre Geschichte erleben, München 2015.

14 Vgl. dazu insb. Grosser/Müller/Raue: Treuhand; Fink/Stuttmann/Jacobs: Wem gehört der Osten.

15 Laabs, Dirk: Der deutsche Goldrausch. Die wahre Geschichte der Treuhand, München 2012.

16 »Neue Nachricht vom Planet des Bösen«, in: Frankfurter Allgemeine Zeitung, 24.4.2012.

17 »Auftritt der Zyniker«, in: Der Freitag, 4.6.2012; »Heiße Diskussion über ein Buch von Dirk Laabs«, in: Märkische Allgemeine, 25.4.2012; »Für eine Handvoll D-Mark«, in: Der Spiegel, 30.8.2012; »Halb Kaufhaus, halb Schlachthaus«, in: Süddeutsche Zeitung, 25.4.2012.

teilige TV-Serie auf Grundlage von »Goldrausch« an.[18] Es sind diese populären wie erfolgreichen Skandal- beziehungsweise Abenteuergeschichten über »Helden und Halunken« im »Wilden Osten«, mit denen Laabs und Jürgs die langfristigen medienöffentlichen Reflexionen zur Treuhand und gerade auch zu ihrem Personal prägten.

1.2 Die Transformationsforschung: Aufträge, Deskription und Affirmation

Merklich anders gelagert verliefen die wissenschaftlichen Auseinandersetzungen mit der Treuhandanstalt. Hier waren es vor allem westdeutsche Sozial-, Wirtschafts- und Rechtswissenschaftler, die die Organisation frühzeitig als empirisches Forschungsfeld für sich zu besetzen suchten. Einen oder sogar *den* wissenschaftlichen Kristallisationskern dieser Forschungsaktivitäten bildete das Ende 1992 von der Treuhand-Spitze selbst ins Leben gerufene und finanzierte »Forschungsprojekt Treuhandanstalt«, für das die Organisation zwei Dutzend renommierte westdeutsche Juristen, Volkswirte und Sozialwissenschaftler gewinnen konnte. Als Herausgeber fungierten mit Herbert Hax und Hans Karl Schneider der Vorsitzende des »Sachverständigenrates zur Begutachtung der gesamtwirtschaftlichen Entwicklung« sowie sein unmittelbarer Vorgänger. Mit Wolfram Fischer hatte man zudem einen gut vernetzten Berliner Wirtschaftshistoriker als Koordinator für das umfassend dimensionierte Projekt gewinnen können. Den Autoren hatte der Treuhand-Vorstand 1992/93 exklusiven Daten-, Akten- und Personenzugang gewährt, zugleich aber auch auf einem schnellen Abschluss und einer Publikation bestanden.[19]

Bereits Ende 1993 legten die Herausgeber einen voluminösen Sammelband als einen »ersten Zwischenbericht über das große Experiment Treuhandanstalt« vor. Der sprechende Titel »Treuhandanstalt – Das Unmögliche wagen« beschrieb prägnant die Stoßrichtung dieses zeitgenössischen Auftragsforschungsprojektes: Die Wissenschaftler, die in drei Großkapiteln in längeren Beiträgen über »Geschichte, gesetzliche(n) Rahmen und organisatorische(n) Aufbau«, »Arbeitsschwerpunkte« und »Auswirkungen« schrieben, verteidigten die Treuhandanstalt gegen die öffentliche wie politische Kritik. Die im Sammelband arrangierten volks- und betriebswirtschaftlichen sowie organisations- und rechtswissenschaftlichen, meist deskriptiv gestalteten Analysen gelangten dabei zu wohlwollenden

18 »Geschichte der Treuhand wird als Serie verfilmt«, in: Stimme.de, 4.8.2015.

19 Fischer, Wolfram; Hax, Herbert; Schneider, Hans Karl, in: Einleitung, in: dies. (Hg.): Treuhandanstalt. Das Unmögliche wagen. Forschungsberichte, Berlin 1993, S. 1-13.

Ergebnissen: Angesichts der äußerst schwierigen Voraussetzungen (in der DDR-Wirtschaft) und der komplexen Umstände (im wiedervereinten Deutschland) habe die Treuhand ihre widersprüchlichen Aufgaben bestmöglich gemeistert.[20]

Erschien diese Publikation als großer Tanker in einer ungemein rasch anwachsenden See zeitgenössischer Forschungen zur Treuhandanstalt, so fand sich in diesem Gewässer auch eine erhebliche Präsenz kleinerer Boote.[21] Bis Mitte der 1990er-Jahre entstand eine Vielzahl ökonomischer, juristischer wie sozialwissenschaftlicher Qualifikationsarbeiten mit stark einzelfall- und einzelthemenbezogenem Zuschnitt.

In seiner als Zwischenbilanz zur deutschen Transformationsforschung angelegten Dissertation »Laboratorium Deutschland« analysierte der Sozialwissenschaftler Stephan Weingarz diese Beiträge und erkannte in ihnen ein geradezu exemplarisches Praxisfeld der nach 1990 ostwärts expandierenden Sozialwissenschaften. Weingarz strich die Dominanz von politik-, wirtschafts- und rechtswissenschaftlichen Studien bis Mitte der 1990er-Jahre heraus, während andere Disziplinen sich hingegen kaum mit der Treuhand befasst hätten. Diese Zugriffe, die ihren quantitativen Höhepunkt zur Mitte beziehungsweise zum Ende der 1990er-Jahre erlebten,[22] hätten eine Vielzahl an fallbezogenen Einzelanalysen erbracht,

20 Ebd.; sowie vgl. die zeitgenössische Rezeption: »Wissenschaftler geben Treuhand gutes Zeugnis«, in: Freie Presse, 14.12.1993; »Das unmögliche Wagnis«, in: Frankfurter Allgemeine Zeitung, 13.12.1993; »Treuhand-Arbeit positiv beurteilt«, in: Berliner Zeitung, 11.12.1993; »Forscher verteidigen die Treuhandanstalt«, in: Neue Zeit, 11.12.1993; »Die Treuhand unter das Mikroskop gelegt«, in: Tagesspiegel, 11.12.1993.

21 Vgl. den Literaturüberblick bei Weingarz, Stephan: Laboratorium Deutschland? Der ostdeutsche Transformationsprozeß als Herausforderung für die deutschen Sozialwissenschaften, Münster u.a. 2003, v.a. S. 181-270; als (vorläufige) Bilanz zur deutschen Transformationsforschung nach zwei Jahrzehnten, vgl. Best, Heinrich; Holtmann, Everhard (Hg.): Aufbruch der entsicherten Gesellschaft. Deutschland nach der Wiedervereinigung. Frankfurt a.M. 2012; Kollmorgen, Raj; Merkel, Wolfgang; Wagener, Hans-Jürgen (Hg.): Handbuch Transformationsforschung, Wiesbaden 2014; Kollmorgen, Raj; Koch, Frank Thomas; Dienel, Hans-Liudger (Hg.): Diskurse der deutschen Einheit. Kritik und Alternativen, Wiesbaden 2011; Schluchter, Wolfgang; Quint, Peter (Hg.): Der Vereinigungsschock. Vergleichende Betrachtungen zehn Jahre danach, Weilerswist 2001; Esser, Hartmut (Hg.): Der Wandel nach der Wende. Gesellschaft, Wirtschaft, Politik in Ostdeutschland, Wiesbaden 2000.

22 Wobei dies auf die wissenschaftlichen Publikationszyklen mit den entsprechenden Vorlauf- und Bearbeitungszeiten zurückzuführen sein dürfte. Exemplarisch für die ökonomische bzw. juristische Transformationsforschung zur Treuhand vgl. Dininio, Phyllis: The political economy of East German privatization, Westport 1999; Kohte, Wolfhard: Der Einfluß der Treuhandanstalt auf die Gestaltung

schienen ihm aber meist in einem zu engen Fokus an den institutionellen Eigen- und Binnenlogiken des spezifischen (Sonder-)Falls ausgerichtet gewesen zu sein. Dies habe eine Theoriebildung für eine übergreifende Transformationsforschung maßgeblich erschwert. Zudem habe es kaum »Kommunikation« beziehungsweise Kontroversen zwischen den verschiedenen Zweigen der zeitgenössischen Treuhand-Forschung gegeben, die sich in aller Regel ohnehin nicht längerfristig mit der 1994 aufgelösten Organisation befasst hätten. Weingarz' Fazit fiel ernüchternd aus: Die »Transformationsforscher« hätten sich angesichts des stark polarisierten, öffentlichen Meinungsklimas zwar um empirische Differenzierungen bemüht, wären aber über lediglich stark beschreibende Einzelbetrachtungen des abgeschlossenen »Sonderfalls« nicht hinausgelangt.[23]

Tatsächlich blieb die Treuhandanstalt für Juristen, Ökonomen oder Politikwissenschaftler in den frühen 1990er-Jahren ein akademisches »Lebensabschnittsprojekt«.[24] In weiten Teilen der westdeutschen Sozial- und Wirtschaftswissenschaften hatte nach 1990 zwar vorerst eine ausgesprochene Euphorie für Entdeckung und Experiment geherrscht.[25] Die Erforschung der Transfers westdeutscher Institutionen in die ostdeutsche Gesellschaft galt dabei als geradezu laborähnlich-naturwissenschaftliche

der arbeits- und sozialrechtlichen Verhältnisse, Wiesbaden 1997; Köhler, Claus: Der Übergang von der Planwirtschaft zur Marktwirtschaft in Ostdeutschland. Viereinhalb Jahre Treuhandanstalt, Berlin 1995; Ensser, Susanne: Die Bedeutung der Treuhandanstalt für die Wiederbelebung des industriellen Mittelstandes in den neuen Bundesländern. Eine ordnungspolitische Betrachtung, Berlin 1998; Brücker, Herbert: Privatisierung in Ostdeutschland. Eine institutionenökonomische Analyse, Frankfurt a.M. 1995; Heß, Johannes: Unternehmensverkäufe der Treuhandanstalt. Verträge im Spannungsfeld zwischen Arbeitsplatzsicherung und Alteigentümerschutz, Berlin 1997; Hüttermann, Marcus U.: Privatisierungsverfahren aus gesamtwirtschaftlicher Sicht, Göttingen 1995.

23 Weingarz: Laboratorium, S. 268ff.

24 Ebd., S. 197ff.; vgl. jüngst auch Czada, Roland: Das Erbe der Treuhandanstalt, in: Depenheuer, Otto; Paqué, Karl-Heinz (Hg.): Einheit – Eigentum – Effizienz. Bilanz der Treuhandanstalt, Heidelberg u.a. 2012, S. 125-146, hier S. 135: »Dabei war zunächst, etwa im Kreis der ›Forschergruppe-Treuhandanstalt‹, durchaus die Erwartungshaltung spürbar, dass sich aus den Analysen ihrer Tätigkeit weiterführende betriebswirtschaftliche, verwaltungs- und politikwissenschaftliche sowie historische Erkenntnisse ergeben könnten; eine Erwartung, die wie viele andere *grosso modo* enttäuscht wurde.«

25 Vgl. zum Aufbruch der (west-)deutschen Transformationsforschung im Jahr 1990: Böick, Marcus: »Chronisten gesucht«. Die Umbrüche von 1989/90, die Transformationsforschung und das Umfragetagebuch, in: Steuwer, Janosch; Graf, Rüdiger (Hg.): Selbstreflexionen und Weltdeutungen. Tagebücher in der Geschichte und der Geschichtsschreibung des 20. Jahrhunderts, Göttingen 2015, S. 312-335.

Versuchungsanordnung, die man – wie in der Experimentalphysik – nun aus unmittelbarer Nähe mitverfolgen und begleitend zu analysieren beabsichtigte.[26] Diese begeisterte Grundstimmung war im Laufe der 1990er-Jahre jedoch verflogen und spätestens um die Jahrtausendwende war das Interesse der gegenwartsorientierten Disziplinen nahezu gänzlich erloschen.[27]

Nur einige wenige Wissenschaftler befassten sich auch über das Jahr 2000 hinaus mit der Treuhandanstalt. Aus den Reihen des Auftragsforschungsprojekts der Treuhand hatten lediglich die Politik- und Verwaltungswissenschaftler Roland Czada und Wolfgang Seibel ihre in den frühen 1990er-Jahren aufgenommenen Arbeiten fortgeführt. Czada hatte die Organisation bereits 1994 als »unmögliches Unternehmen« klassifiziert, das in machtvoller Ohnmacht immer mehr politische Aufgaben zu übernehmen gehabt hätte.[28] Und ein gutes Jahrzehnt später, 2005, legte Seibel mit seiner umfangreichen Monografie »Verwaltete Illusionen« eine Gesamtdarstellung zur Institutionengeschichte vor. In diesem Monumentalwerk führte er seine verschiedenen, seit 1992 publizierten Arbeiten und Hypothesen zusammen und deutete die Organisation systemtheoretisch als funktionales »Schutzschild«. Er sah in ihr einen institutionellen »Blitzableiter«, der das politische System der östlich erweiterten Bundesrepublik schützen sollte vor den eruptiven Energieentladungen der politischen, gesellschaftlichen wie wirtschaftlichen Umbrüche des Postsozialismus.[29]

26 Giesen, Bernhard; Leggewie, Claus: Experiment Vereinigung. Ein sozialer Großversuch, Berlin 1991.

27 Weingarz: Laboratorium, S. 248ff.; vgl. dazu die letzte Reihe von Studien: Unger, Jobst-Friedrich von: Staatliche Kontrolle über die Treuhandanstalt, Berlin 2002; Siegmund, Uwe: Privatisierungspolitik in Ostdeutschland. Eine politökonomische Analyse der Treuhandanstalt, Wiesbaden 2001; Kolmer, Christian: Die Treuhandanstalt. Eine Input-Output-Analyse zu Theorien der Nachrichtenauswahl, Bonn 2000; Oschmann, Arndt: Politisch-institutionelle Wirkungen des »Treuhand-Regimes« in Ostdeutschland, 1995-2001: Stärkung zentralistischer Strukturen im Bundesstaat oder Anpassung an die föderative Normalverfassung?, Konstanz 2002.

28 Czada, Roland: Das Unmögliche unternehmen. Die Treuhandanstalt zwischen Politik und Wirtschaft, in: Gegenwartskunde 43 (1994), S. 15-25 u. 185-200; Czada, Roland; Lehmbruch, Gerhard (Hg.): Transformationspfade in Ostdeutschland. Beiträge zur sektoralen Vereinigungspolitik. Frankfurt a. M. 1998; Czada, Roland: Die Treuhandanstalt im politischen System der Bundesrepublik, in: Aus Politik und Zeitgeschichte 43/44 (1994), S. 31-42; ders.: Vom Plan zum Markt. Die radikale Massenprivatisierung der DDR-Wirtschaft durch die Treuhandanstalt, in: Jahrbuch für europäische Verwaltungsgeschichte 7 (1995), S. 307-323; sowie jüngst ders.: Das Erbe.

29 Seibel, Wolfgang: Verwaltete Illusionen. Die Privatisierung der DDR-Wirtschaft durch die Treuhandanstalt und ihre Nachfolger 1990-2000, Frankfurt a. M. u. a.

Einen weiteren, langfristig aktiven Bereich der Treuhand-Forschung bildeten die Arbeiten des Münsteraner Kriminologen Klaus Boers, der sich nach 2000 intensiv mit dem Themenkreis der »Vereinigungskriminalität« auseinandersetzte.[30] Hieran anknüpfend nutzte eine Reihe jüngerer Kriminologen wie Kari-Maria Karliczek oder Ingo Techmeier in den Folgejahren die Treuhand als materialgesättigtes historisches Fall- oder Extrembeispiel zur systematischen Erforschung von »Strukturbedingungen« von »Wirtschaftskriminalität«.[31]

Argumentierte das Gros der Treuhand-Forscher in den frühen 1990er-Jahren[32] differenzierend und funktionalistisch, besaßen betont kritische Stimmen unter zeitgenössischen Wissenschaftlern eher Ausnahmecharakter. Beispielhaft hierfür kann – neben der erwähnten Kritik aus marktlibe-

2005; sowie ders.: Das zentralistische Erbe. Die institutionelle Entwicklung der Treuhandanstalt und die Nachhaltigkeit ihrer Auswirkungen auf die bundesstaatlichen Verfassungsstrukturen, in: Aus Politik und Zeitgeschichte 43/44 (1994), S. 3-13; ders.: Strategische Fehler oder erfolgreiches Scheitern? Zur Entwicklungslogik der Treuhandanstalt 1990-1993, in: Politische Vierteljahresschrift 35 (1994), S. 3-39; ders.: Die Herstellung der Wirtschafts- und Währungsunion und die Errichtung der Treuhandanstalt, in: Apelt, Andreas H.; Grünbaum, Robert; Gutzeit, Martin (Hg.): Der Weg zur Deutschen Einheit. Mythen und Legenden, Berlin 2010, S. 71-84; ders.: Wenn ein Staat zusammenbricht. Über die Frühgeschichte und Funktion der Treuhandanstalt, in: Frei, Norbert; Süß, Dietmar (Hg.): Privatisierung. Idee und Praxis seit den 1970er Jahren. Göttingen 2012, S. 184-207; ders.: Politische Lebenslügen als Self-Destroying Prophecies. Die Treuhandanstalt im Vereinigungsprozeß, in: BISS public (9) 1999, S. 49-82; ders.: Die ›Treuhand‹ als ›Winkelried‹. Privatisierungsagentur und Stabilisierungsfaktor, in: Wehling, Hans-Georg (Hg.): Deutschland Ost – Deutschland West. Eine Bilanz, Opladen 2002, S. 199-221; ders.: Institutional coping. The Treuhandanstalt and the collapse of the East German economy, 1989-1990, in: Jarausch, Konrad H. (Hg.): United Germany. Debating processes and prospects, New York u.a. 2013, S. 83-103.

30 Boers, Klaus; Nelles, Ursula; Theile, Hans (Hg.): Wirtschaftskriminalität und die Privatisierung der DDR-Betriebe, Baden-Baden 2010.

31 Karliczek, Kari-Maria: Strukturelle Bedingungen von Wirtschaftskriminalität. Eine empirische Untersuchung am Beispiel der Privatisierungen ausgewählter Betriebe der ehemaligen DDR, Münster 2007; Techmeier, Ingo: Das Verhältnis von Kriminalität und Ökonomie. Eine empirische Studie am Beispiel der Privatisierung ehemaliger DDR-Betriebe, Wiesbaden 2012.

32 Vgl. zum Kontext insg. Faulenbach, Bernd; Jelich, Franz-Josef (Hg.): »Transformationen« der Erinnerungskulturen in Europa nach 1989, Essen 2006; Stephan, Inge; Tacke, Alexandra (Hg.): NachBilder der Wende, Köln 2008; Rudnick, Carola S.: Die andere Hälfte der Erinnerung. Die DDR in der deutschen Geschichtspolitik nach 1989, Bielefeld 2011; Klinge, Sebastian: 1989 und wir. Geschichtspolitik und Erinnerungskultur nach dem Mauerfall, Bielefeld 2015; Großbölting, Thomas; Hofmann, Dirk (Hg.): Vergangenheit in der Gegenwart. Vom Umgang mit Diktaturerfahrungen in Ost- und Westeuropa, Göttingen 2008.

raler Perspektive durch den Münchner Ökonomen Hans-Werner Sinn[33] – die von den beiden linken Volkswirten Rudolf Hickel und Jan Priewe 1994 vorgelegte Streitschrift »Nach dem Fehlstart« gelten. Diese zogen eine desaströse »Schlußbilanz« zur Treuhandanstalt und der von ihr vollführten »bedingungslosen« Privatisierungspolitik, die »wesentlich zum industriellen Niedergang Ostdeutschlands beigetragen« habe.[34] Auch einige politisch linksstehende Sozialwissenschaftler arbeiteten sich kritisch an der »Kolonialisierung der DDR« durch die Bundesrepublik ab: Eine verbreitete Formel, mit der ein Sammelband der Berliner Politikwissenschaftler Wolfgang Dümcke und Fritz Vilmar betitelt war, der die Treuhand als westdeutsche »Kolonialbehörde« attackierte und damit abermals postkoloniale Kritikmuster in Anschlag brachte.[35]

Trotz derlei wenn auch seltener, so doch kritischer akademischer Stimmen zur Treuhandanstalt behielten auch im Wissenschaftsdiskurs mittel- und langfristig funktionalistische bis affirmative Deutungen die Oberhand. Nach ihrer Auflösung wurde die Treuhand unter Sozialwissenschaftlern, Ökonomen und Juristen zu jenem bereits erwähnten Randthema, das erst jüngst – unter dem Eindruck der europäischen Wirtschafts- und Finanzkrisen, runder Jahrestage sowie fremdenfeindlicher Eruptionen in Ostdeutschland – wieder mehr Aufmerksamkeit erfuhr. So griffen 2011 der frühere sachsen-anhaltinische FDP-Finanzminister und Volkswirt Karl-Heinz Paqué sowie der Jurist Otto Depenheuer in einer »Gedächtnisschrift« anlässlich des 20. Todestages von Detlev Rohwedder das Thema im Auftrag des Bundesfinanzministeriums wieder auf. Der repräsentativ gestaltete Band versammelte Beiträge zahlreicher ehemaliger Spitzenmanager wie Präsidentin Birgit Breuel oder der stellvertretende Verwaltungsratschef Otto Gellert. Wohlgesinnte Zeitzeugen wie die Bundesminister Wolfgang Schäuble oder Theo Waigel sowie weitere altgediente Treuhand-Forscher wie Bernd Lucke und Roland Czada waren ebenfalls darunter zu finden.[36] Dieses jüngere, vorwiegend ökonomische »Bilanz«-

33 Sinn/Sinn: Kaltstart.

34 Hickel, Rudolf; Priewe, Jan: Nach dem Fehlstart. Ökonomische Perspektiven der deutschen Einigung. Frankfurt a.M. 1994; Priewe, Jan: Die Folgen der schnellen Privatisierung der Treuhandanstalt, in: Aus Politik und Zeitgeschichte 43/44 (1997), S. 21ff.

35 Dümcke, Wolfgang; Vilmar, Fritz (Hg.): Kolonialisierung der DDR, 3. Aufl., Münster 1996.

36 Depenheuer/Paqué, Karl-Heinz (Hg.): Einheit; dazu auch Lucke, Bernd: Die Privatisierungspolitik der Treuhandanstalt. Eine ökonometrische Analyse, Berlin 1995.

Schrifttum zur Treuhand beziehungsweise wirtschaftlicher Einheit[37] fiel im überwiegenden Maß positiv aus. Es erinnerte damit an den eingangs erwähnten, bereits 2005 von Birgit Breuel und dem in Berlin lehrenden US-amerikanischen Ökonomen Michael C. Burda herausgegebenen Sammelband. Das Werk war aus einer mit prominenten Zeitzeugen besetzten Ringvorlesung hervorgegangenen und wusste die Treuhandanstalt als exzeptionelle Organisation »ohne historisches Vorbild« zu würdigen.[38]

Das Engagement der früheren Präsidentin bei der wissenschaftlichen Nachbetrachtung verweist auf einen weiteren Trend – den der aktiv mitforschenden Treuhand-Führungsmitarbeiter mit zumeist akademischem Hintergrund. Einige, in ihrem Anspruch wissenschaftliche Veröffentlichungen von aktiven oder auch ausgeschiedenen Mitarbeitern stellten ein Berührungsfeld zwischen Zeitzeugenschaft und Qualifikationsforschung dar. Mit Marc Kemmler legte ein ehemaliger Mitarbeiter bereits 1994 eine wirtschaftswissenschaftliche, dabei jedoch historisch ausgerichtete Dissertation zur »Entstehung der Treuhandanstalt« vor. Der damals 30-jährige Ökonom verstand sich als akribischer Chronist der Früh- und Entstehungsphase der Treuhand, deren Gründungsgeschichte er detailliert und quellennah im positiven Grundton beschrieb.[39] Kemmler musste für seine Arbeit nicht nur auf persönliche Eindrücke rekurrieren, sondern konnte auf private Gesprächskontakte sowie zahlreiche interne Dokumente zurückgreifen – ein empirischer Vorteil, den auch andere Forscher zu nutzen wussten. Nachwuchskräften wie Rohwedders persönlichem Referenten Christopher Freese ermöglichte das eigene Engagement etwa, eine Dissertationsarbeit zu »Strategien und Verfahren der Privatisierung« anzufertigen.[40] Für zahlreiche junge Mitarbeiter bot die Konstellation eine günstige Gelegenheit, die eigene Treuhand-Zeit als »Insider« auch für das akademische Fortkommen aktiv nutzen zu können – freilich mit meist affirmativ ausfallenden Endresultaten.[41]

37 Paqué, Karl-Heinz: Die Bilanz. Eine wirtschaftliche Analyse der Deutschen Einheit, München 2009.

38 Breuel/Burda: Ohne historisches Vorbild.

39 Kemmler, Marc: Die Entstehung der Treuhandanstalt. Von der Wahrung zur Privatisierung des DDR-Volkseigentums, Frankfurt a.M. 1994.

40 Freese, Christopher: Die Privatisierungstätigkeit der Treuhandanstalt. Strategien und Verfahren der Privatisierung in der Systemtransformation, Frankfurt a.M. 1995.

41 Vgl. auch von Achten, Dominik: Die Treuhandanstalt und der Markt in den neuen Bundesländern. Erfolge und Probleme französischer und britischer Unternehmen bei der Erschließung des ostdeutschen Marktes, Frankfurt a.M. 1997; Bunk, Markus: Die öffentliche Kritik an der ökonomischen Umsetzung politischer Ziele durch die Treuhandanstalt (THA), München 1997 sowie insg. Weingarz: Laboratorium, S. 367f.

Derlei zeitgenössische Forschungsaktivitäten blieben keineswegs auf den Kreis jüngerer Treuhand-Mitarbeiter beschränkt. In leitender Position beim Vorstand angesiedelt, verstand sich Hartmut Maaßen als einer ihrer Organisationsspezialisten und zeichnete für eine ganze Reihe von Projekten verantwortlich:[42] So hatte er das 1992 gestartete Auftragsforschungsprojekt zur Treuhand als Koordinator mitbetreut und darüber hinaus in der Folgezeit eine rege wissenschaftliche Publikationstätigkeit entwickelt, die in eine enge Zusammenarbeit mit Wolfgang Seibel einmündete, der schließlich auch Maaßens Habilitationsschrift zu »Transformationen der Treuhandanstalt« betreute.[43] Wie fließend die Übergänge zwischen zeitgenössischer Forschung und biografischer Zeitzeugenschaft letztlich verlaufen konnten, verdeutlicht exemplarisch die Dissertation von Christiana Weber, die in ihrer 1996 veröffentlichen Arbeit mithilfe von Experteninterviews die beschleunigte Etablierung einer spezifischen »Unternehmenskultur« innerhalb der Treuhand nachzuweisen versuchte. Die Kommunikations- und Sozialwissenschaftlerin konnte für ihre Feldforschung in der Organisation letztlich die exzellenten Kontakte ihres Partners nutzen, was ihr auch den exklusiven Zugriff auf interne Datenbestände ermöglichte.[44]

In der Zusammenschau bietet die Publikationslandschaft zur Treuhandanstalt also ein zerklüftetes Panorama, das in zwei meist unverbundene Landstriche zerfiel und zerfällt. Auf der einen Seite die meist sehr kritischen, investigativ oder offen politisch ausgerichteten Veröffentlichungen seitens zahlreicher Journalisten und Publizisten, die das medienöffentliche Bild der »Skandalbehörde« bis in die Gegenwart prägen. Zum anderen die ebenfalls Hunderte Titel umfassenden Resultate aus den Reihen der ökonomisch, juristisch wie sozialwissenschaftlich ausgerichteten Transformationsforschung. Diese entwickelte ihre Perspektiven und Positionen meist in Abgrenzung zu den schrillen öffentlichen Diskussionen und erkannte ihren (zum Teil von der Treuhand gestellten) »Auftrag« vornehmlich darin, die sich vollziehenden Umbruchsprozesse in und im Umfeld der Organisation »sachlich« und ohne größere disziplinäre Kontroversen zu beschreiben. Medienöffentliche Skandalisierung sowie gegenwartswissenschaftliche Affirmation bilden damit bis in die jüngste Gegenwart die beiden Pole, die für die Diskussionen bestimmend waren.

42 Wie etwa die großangelegte »Miteinander«-Veranstaltung für alle Treuhand-Mitarbeiter im November 1991, auf die im zweiten Kapitel ausführlich eingegangen wird.

43 Maaßen, Hartmut: Transformation der Treuhandanstalt. Pfadabhängigkeiten und Grenzen einer kompetenten Führung, Wiesbaden 2002.

44 Weber, Christiana: Treuhandanstalt. Eine Organisationskultur entsteht im Zeitraffer, Wiesbaden 1996.

Dieser Streifzug durch die bisherige, schwerpunktmäßig in den 1990er-Jahren angesiedelte Textproduktion zur Treuhand verdeutlicht anschaulich, dass nicht allein kritische Journalisten und affirmative Wissenschaftler das öffentliche beziehungsweise akademische Nachdenken, Schreiben und letztlich auch Erinnern über und an die Treuhandanstalt prägen. Es sind gerade auch schreibende oder sich öffentlich zu Wort meldende, wissenschaftlich qualifizierte Zeitzeugen und einstige Treuhand-Mitarbeiter, die sich aktiv in die Debatten um ihre Geschichte einbringen. Besonders am Beispiel dieser Gruppe offenbart sich, wie brüchig dabei die in der Geschichtswissenschaft etablierten Unterscheidungen zwischen (wissenschaftlicher) »Literatur« und (zeitgenössischer) »Quelle« werden.

Während eine quellenkritische Historisierung der journalistischen, oft meinungsstarken Veröffentlichungen unter Historikern und Historikerinnen schnell auf Zustimmung stoßen dürfte, sind der Status der umfangreichen sozial- und wirtschaftswissenschaftlichen Analysen sowie der mit ihnen praktizierte Umgang in der Forschung umstritten: Liefern sie wissenschaftlich »abgesicherte« Diagnosen auf der Basis kontrolliert erhobener »Daten« – und müssen somit als »Literatur« gelten, wie Lutz Raphael und Anselm Doering-Manteuffel herausstellen?[45] Oder sind sie, wie Rüdiger Graf und Kim Priemel betonen, im strengen Sinne selbst als zeitgenössische, wenn auch sehr besondere Form der »Quellen« zu behandeln, die wirkmächtige und damit für nachfolgende Historiker hochgradig anschlussfähige, gesellschaftliche Selbstreflexionen und -beschreibungen enthalten?[46] Diese Kardinalfrage eines adäquaten Umgangs mit dem im »Zeitalter der Sozialwissenschaften«[47] reichlich verfügbaren gegenwartswissenschaftlichen Deutungen stellt sich insbesondere auch mit Blick auf die fragmentierte Quellenlandschaft zu Treuhandanstalt.

45 Vgl. Doering-Manteuffel, Anselm; Raphael, Lutz: Nach dem Boom. Perspektiven auf die Zeitgeschichte seit 1970, 2. Aufl., Göttingen 2008.

46 Hierzu grundlegend vgl. Graf, Rüdiger; Priemel, Kim Christian: Zeitgeschichte in der Welt der Sozialwissenschaften. Legitimität und Originalität einer Disziplin, in: Vierteljahrshefte für Zeitgeschichte 59/4 (2011), S. 1-30; als kritische Entgegnung hierauf: Neumaier, Christopher; Dietz, Bernhard: Vom Nutzen der Sozialwissenschaften für die Zeitgeschichte. Werte und Wertewandel als Gegenstand historischer Forschung, in: Vierteljahrshefte für Zeitgeschichte 60/2 (2012), S. 293-304.

47 Vgl. Tenbruck, Friedrich, Das Dilemma der Sozialwissenschaften, in: Gottschlich, Maximilian; Langenbucher, Wolfgang (Hg.): Publizistik- und Kommunikationswissenschaft. Ein Textbuch zur Einführung, Wien 1997.

2. Die Quellen: Jenseits des Treuhand-Archivs – Editionen, Medien, Interviews

Eine zeithistorische Auseinandersetzung mit der Treuhandanstalt steht nicht nur vor der Herausforderung, dass ihr Gegenstand im Verlauf von zwei Jahrzehnten von den polarisierten, politisierten wie fragmentierten Deutungen und Zuschreibungen der wissenschaftlichen wie journalistischen Publikationslandschaft sedimentschichtenartig überlagert worden war. Sie muss zudem ein weiteres, entscheidendes Problem lösen: Bis 2016 war das einstige »Treuhand-Archiv« und die dort lagernden Materialien der Organisation und ihrer Nachfolgeeinrichtungen einem öffentlichen Zugriff weitgehend verwehrt. Im Folgenden soll der Zustand der Bestände sowie die Suche nach alternativen oder komplementären Quellengruppen beschrieben werden, die sich auf veröffentlichte Editionen und Dokumentationen, medienhistorische Quellen sowie sozialwissenschaftliche Überlieferungen beziehen.

2.1 Das Treuhand-Archiv: Eine Parabel

Die verschlungene Überlieferungsgeschichte des von der Treuhand im Geschäftsalltag produzierten Akten- beziehungsweise Datenmaterials bietet ausreichend Stoff für weitere Untersuchungen zu Privatisierung und Archivpolitik.

Innerhalb der Organisation bildeten die Bereiche »Organisation/EDV« bzw. »Dokumentation« die zentralen Anlaufpunkte für die Ablage, Erfassung und Organisation von Materialien. Die Gründungs-, Früh- und Expansionsphase 1990/91 war geprägt von Unordnung und dem informellen Charakter der vorherrschenden Geschäfts- und Alltagspraxis, wodurch der systematische Aufbau standardisierter Aktenpläne und entsprechender archivalischer Ordnungs- und Organisationssysteme durchgehend erschwert wurde. Doch nicht nur diese organisationsspezifischen Dynamiken wirkten sich unmittelbar auf das produzierte beziehungsweise eingereichte Quellenmaterial aus. Die Heterogenität des Personals, das aus unterschiedlichen Unternehmen und Behörden sowie aus Ost und West meist kurzfristig zur Treuhand gelangte, sowie die hohe Fluktuation unter den Mitarbeitern erschwerten eine einheitliche Aktenführungs- und Abgabepraxis zusätzlich. Hinzu kam die große Unabhängigkeit zahlreicher Arbeitsbereiche, die sich bisweilen einem ordnenden Zugriff von oben zu entziehen versuchten, da sie ihre vordringliche Aufgabe in einer schnellen Aufgabenerledigung sahen und nicht in der genauen Dokumentation und Sicherung von »bürokratischen« Unterlagen.[1]

1 Vgl. dazu insg. Verch, Katrin: Sicherung, Bewertung und Übernahme des Schrift-

Archivpolitisch ergibt sich ein anderes Bild: Hier rückten zunächst nicht die Unterlagen der Treuhand selbst, sondern andere, durch ihr Wirken produzierte Quellenbestände in den Vordergrund. Schon seit 1991 hatten sich intensive Kontakte zwischen Treuhandanstalt und Facharchivaren der neuen Länder ergeben. Zunächst kreiste dieser Austausch insbesondere um die umfangreichen papiernen Hinterlassenschaften der von der Treuhand soeben aufgelösten oder liquidierten Großbetriebe, deren rasch anwachsendes Archivgut die Treuhand um die Jahreswende 1991/92 in zentralen Depots einzulagern begann. Für diese ursprünglich mehr als zweihundert Regalkilometer füllenden Betriebsakten waren die noch im Aufbau befindlichen Archive der neuen Länder zuständig. Ab Mitte der 1990er-Jahre verhandelten Landes- und Facharchive, Vertreter der Treuhand-Nachfolgebehörde sowie Archivmitarbeiter über den weiteren Umgang mit den umfangreichen Beständen, unter denen vor allem den Lohn- und Personalunterlagen als Grundlage zur Überprüfung von Rentenversicherungsansprüchen eine wichtige sozialpolitische Funktion zukam.[2] Arbeitsgruppen wurden gebildet, die eine Bewertung des vorhandenen Materials vornehmen sollten.[3]

Diese weitläufigen Bestände der »Liquidationsunternehmen« sind vom eigentlichen »Treuhand-Archiv« zu unterscheiden, dessen Situation sich mit dem Ende der Organisation weiter verkomplizierte. In den Jahren 1993/94 verließen zahlreiche Mitarbeiter frühzeitig die Organisation, gleichzeitig legte die Treuhand ihre Direktorate zusammen oder löste sie auf – wobei auch diese Vorgänge vergleichsweise ungeordnet und unter großem Zeitdruck abliefen. Der turbulente, politisch motivierte Prozess einer forcierten »Selbstauflösung« erfasste mittelfristig auch die für das Archiv zuständigen Bereiche. Sie wurden mitsamt ihrer zweihundert zumeist ostdeutschen Mitarbeiter entsprechend der Pläne des Vorstandes als »DV-Informationssysteme, Organisation und Service GmbH (DISOS)«

gutes der Volkseigenen Betriebe der DDR ab 1990, in: Archiv und Wirtschaft 44 (2011), S. 177-186; Schwärzel, Renate: Die Überlieferung der von der Treuhand abgewickelten Betriebe, in: Vom Findbuch zum Internet. Erschließung von Archivgut vor neuen Herausforderungen. Referate des 68. Deutschen Archivtags, 23.-26. September 1997 in Ulm (= Der Archivar, Mitteilungsblatt für deutsches Archivwesen, Beibd. 3), S. 231-238; dies.: Sicherung des Liquidationsschriftgutes der volkseigenen Wirtschaft der DDR durch einen privaten Dienstleister (DISOS GmbH), in: Unverhau, Dagmar (Hg.): Hatte »Janus« eine Chance? Das Ende der DDR und die Sicherung einer Zukunft der Vergangenheit, Münster 2003, S. 145-151.

2 Deutscher Bundestag: Schlußbericht der Enquete-Kommission »Überwindung der Folgen der SED-Diktatur im Prozeß der deutschen Einheit«, 10.6.1998, v.a. S. 217ff.

3 »Wirtschaftsgeschichte«, in: Süddeutsche Zeitung, 4.11.2014.

ausgegliedert und privatisiert. Zur Hüterin der papiernen wie digitalen Treuhand-Hinterlassenschaften wurde damit – ein entscheidender Einschnitt – ein privatwirtschaftlich orientiertes Dienstleistungsunternehmen bestimmt, das die Aktenbestände und Datenbanken, die Eigentum der Nachfolgebehörde (Bundesanstalt für vereinigungsbedingte Sonderaufgaben, BvS) blieben, im öffentlichen Auftrag weiterverwaltete.[4]

Faktisch änderte das »Outsourcing« des Fachpersonals Mitte der 1990er-Jahre vorerst wenig: Die von der DISOS übernommenen Treuhand-Mitarbeiter führten die selbst aufgebauten Bestände mithilfe der in den frühen 1990er-Jahren entwickelten Datenbanken zunächst weiter. Der entscheidende Bruch vollzog sich acht Jahre später mit dem Auslaufen des nach 1994 zwischen DISOS und Treuhand/BvS abgeschlossenen »Geschäftsbesorgervertrages«. Das Dienstleistungsunternehmen unterlag bei einer Ausschreibung dem Konkurrenten Rhenus, der nun den Zuschlag für die weitere Lagerung der Bestände erhielt, die auf über sechzig laufende Regalkilometer angewachsen waren. Mit dem folgenden langwierigen Transfer des Materials aus den DISOS-Archivstandorten in die Lagerbestände des Konkurrenten zerriss ein doppeltes Band: Das bestehende professionelle Knowhow wurde von den datenelektronischen Ordnungssystemen ebenso getrennt wie von den archivalischen Materialien. Weite Teile der im Zuge der Übergabe umgruppierten und in Großbeeren bei Berlin lagernden Bestände waren aus technischen Gründen langfristig nicht recherchier- und nutzbar.[5]

Fielen die Bestände der liquidierten DDR-Großbetriebe in die Zuständigkeit der Landesarchive, obliegen die Treuhand-Hinterlassenschaften durch den Rechtsstatus der BvS als Bundesbehörde dem Bundesarchiv. Während eine intensive Bewertung der Liquidationsbestände durch die Landesarchive weitgehend abgeschlossen ist, gilt dies keineswegs für die Materialien des einstigen BvS-Archivs. Gegenwärtig beabsichtigt das Bundesarchiv die vollständige Übernahme der Bestände der Organisationsspitze – also des Vorstandes und des Verwaltungsrates (und insbesondere der Sitzungsprotokolle) –, einiger Organisationseinheiten sowie »ausgewählter Arbeitsgruppen, Ausschüsse und Gremien«, die »einen Überblick über die in den jeweiligen Bereichen geleistete Arbeit« geben können.[6] Doch eine archivalische Erschließung wurde dadurch verzögert, dass teils noch immer laufende Verträge existierten und die Bestände durch die seit 2008 aktiven »Rechtsbesorger« der bereits 2001 aufgelösten BvS

4 Vgl. Verch: Sicherung; Schwärzel: Überlieferung.

5 Vgl. auch dazu Laabs: Goldrausch, S. 344.

6 Antwortschreiben des Präsidenten des Bundesarchivs, Michael Hollmann, an Prof. Martin Schulze Wessel, Koblenz, 11.4.2013.

genutzt werden. Juristisch lässt zudem der Sonderstatus der Treuhandanstalt – als Organisation der öffentlichen Hand, die jedoch umfangreiche Verträge mit privaten Unternehmen abgeschlossen hatte – die Rechtslage noch unübersichtlicher werden. Hier wirkt sich die für die Treuhand als Organisation zwischen Staat und Markt charakteristische Vermischung von öffentlich-rechtlichen wie privatrechtlichen Bezügen unmittelbar aus. Erst im Sommer 2016 zeichnete sich, nach verschiedenen, mehrjährigen Initiativen,[7] eine grundlegende Trendwende ab, als das Bundesfinanzministerium den Aufbau einer eigenen Arbeitsgruppe zur Erschließung der umfangreichen Überlieferung beim Bundesarchiv genehmigte.[8] Die systematische Bestandserschließung, die maßgeblich durch ein seit Mitte 2017 vom Münchner Institut für Zeitgeschichte begonnenes Forschungsprojekt begleitet wird, dürfte so in den kommenden Jahren zu einer quellennahen zeithistoriografischen Erforschung beitragen, die ihren Fokus verstärkt auf einzelne Politikfelder, Branchen und Regionen sowie systematische Vergleiche mit anderen Transformationsländern legen wird.[9]

2.2 Editionen und Dokumentationen: Zwischen Zeitzeugnis und Artefakt

Eine erste, zwischen 2010 und 2015 entstandene zeithistorische Studie musste ihre Fragestellungen daher vornehmlich auf andere Quellengruppen beziehen, um die Möglichkeit einer gegenwartsnahen »Zeitgeschichte als Problemgeschichte« nicht wegen eines noch verstellten regulären Zugangs zum Organisationsarchiv scheitern zu sehen.[10] Insbesondere für die Entstehungs- und Frühgeschichte zur Zeit der Gründung der »Treuhandstelle« im Frühjahr 1990 stehen zahlreiche von Historikern und Sozialwissenschaftlern erarbeitete Quelleneditionen zur Verfügung, die im Hinblick auf die verschiedenen Akteursgruppen politische wie öffentliche Aushandlungsprozesse zwischen November 1989 und Oktober

7 Neben André Steiner und mir hat sich auch eine Gruppe um Richard Schröder und Karl-Heinz Paqué über mehrere Jahre hinweg für eine Erschließung der Bestände eingesetzt, vgl. Schreiben Prof. Richard Schröder an Bundesminister Sigmar Gabriel, Blankenfelde, 25.3.2015.

8 Gespräch mit Bundesarchivpräsidenten Michael Hollmann und Staatssekretärin Iris Gleicke am 31.5.2016 im Bundeswirtschaftsministerium in Berlin.

9 Siehe Pressemitteilung des Instituts für Zeitgeschichte München – Berlin, 6.12.2016; vgl. jüngst als erste programmatische Skizze auch zu den einzelnen Projekten: Hoffmann, Dierk: Im Laboratorium der Marktwirtschaft: Zur Geschichte der Treuhandanstalt 1989/90 bis 1994, in: Vierteljahrshefte für Zeitgeschichte 66 (2018) 2, S. 167-185.

10 Vgl. Hockerts, Hans Günter: Zugänge zur Zeitgeschichte: Primärerfahrung, Erinnerungskultur, Geschichtswissenschaft, in: Aus Politik und Zeitgeschichte, 28 (2001), S. 15-30.

1990 empirisch erhellen können. Bereits Anfang 1991 hatten der amerikanische Historiker Konrad H. Jarausch und der (west-)deutsche Soziologe Volker Gransow eine Sammlung von »Dokumenten zu Bürgerbewegung, Annäherung und Beitritt« publiziert, die tiefere Einblicke in verschiedene Dimensionen der stark verdichteten und dynamischen Prozesse von 1989/90 bieten sollte.[11] Sehr ertragreich ist eine 1998 von Hanns Jürgen Küsters und Daniel Hofmann im Auftrag des Bundesinnenministeriums bearbeitete »Sonderedition« der »Dokumente zur Deutschlandpolitik« aus den Beständen des Bundeskanzleramtes: Für die Zeitspanne 1989/90 versammelt sie auf knapp 1.700 Seiten verschiedenste Quellen und vermag – obgleich selbst ein Stück Geschichtspolitik der späten Kohl-Regierung – die jeweiligen Bonner Perspektiven empirisch grundlegend einzufangen.[12] Sieben Jahre zuvor hatte das (bald danach aufgelöste) Gesamtdeutsche Institut, eine eigene Forschungs- und Bildungsanstalt des (ebenfalls 1991 aufgelösten) Bundesministeriums für innerdeutsche Beziehungen, eine dreibändige Sammlung von »Texten zur Deutschlandpolitik« herausgegeben, die wesentliche politische »Schlüsseltexte« der Jahre 1989/90 vereint.[13]

Umfassend überliefert sind zudem die jeweiligen Verhandlungen im parlamentarischen Raum in Ost und West. Neben den mittlerweile digital vollständig zugänglichen Plenarprotokollen des Bundestages sind auch diejenigen des zwischen Dezember 1989 und März 1990 aktiven »Zentralen Runden Tisches« der DDR sowie der im März 1990 gewählten Volkskammer veröffentlicht worden.[14] Während die Sitzungsprotokolle der Volkskammer durch die wissenschaftlichen Einrichtungen des Bundestages publiziert wurden, sind die Sicherung und Veröffentlichung der Plenarprotokolle des »Zentralen Runden Tisches« vor allem ein Verdienst des Politikwissenschaftlers Uwe Thaysen. Als teilnehmender Beobachter hatte er in den Sitzungen dieses Übergangsgremiums Vorlagen und Handzettel verteilt und eingesammelt. Er konnte so nicht nur vier Bände mit den Verhandlungsprotokollen herausgeben, sondern auch einen

11 Gransow, Volker; Jarausch, Konrad H. (Hg.): Die Deutsche Vereinigung. Dokumente zu Bürgerbewegung, Annäherung und Beitritt, Bielefeld 1991.

12 Küsters, Hanns Jürgen; Hofmann, Daniel: Dokumente zur Deutschlandpolitik. Deutsche Einheit. Sonderedition aus den Akten des Bundeskanzleramtes. 1989/90, München 1998.

13 Bundesministerium für innerdeutsche Beziehungen (Hg.): Texte zur Deutschlandpolitik. Reihe III/Band 8a – 1990, Wolfenbüttel 1991.

14 Thaysen, Uwe (Hg.): Der Zentrale Runde Tisch der DDR. Wortprotokoll und Dokumente, 5 Bde., Wiesbaden 2000; Deutscher Bundestag (Hg.): Protokolle der Volkskammer der Deutschen Demokratischen Republik: 10. Wahlperiode, 5. April bis 2. Oktober 1990, 3 Bde., Opladen 2000.

umfangreichen Zusatzband mit einer Fülle faksimilierter Handreichungen der verschiedenen Debattenteilnehmer zusammenstellen, die einen lebendigen Eindruck der oft turbulenten Diskussionen in Ostberlin um die Jahreswende 1989/90 ermöglichen und damit auch die unmittelbare Vorgeschichte der Treuhand auszuleuchten helfen.[15]

All diese Editionen, Sammlungen und Protokolle entstanden meist bewusst unter dem unmittelbaren Eindruck der immensen Dynamik erlebter politischer wie gesellschaftlicher Prozesse. Editorisches Anliegen war es, die eigene Erfahrung einer beträchtlichen Dynamik der Zeitläufe dokumentarisch einzufangen und hierfür auch kurzlebige, kaum wahrgenommene oder letztlich in Vergessenheit geratene Zwischenstufen, mögliche Alternativen oder formulierte Gegenentwürfe empirisch sichtbar zu machen. In diesen Zusammenstelllungen wird besonders das Auseinandertreten von Erfahrungsräumen (der langjährigen Teilung und des Kalten Krieges) und als schnell veränderlich wahrgenommene Erwartungshorizonte sichtbar.[16] Aber auch in den Folgejahren, meist anlässlich von Jahrestagen, wurden einige weitere Editionen zu den Gewerkschaften oder den Oppositionsparteien in der Revolutionszeit von 1989/90 vorgelegt.[17]

Neben dieser großen Zahl zeitgenössischer Editions- und Dokumentationsprojekte der frühen 1990er-Jahre stößt man unweigerlich auf eine monumentale, 15 Bände und mehr als 12.000 Druckseiten umfassende »Dokumentation«, die als Großprojekt einer prospektiven Selbsthistorisierung gelten kann. Diese voluminöse Edition blieb aufgrund der beschriebenen Komplikationen des »Treuhand-Archivs« bis in die Gegenwart ein zentraler empirischer Referenzpunkt für wissenschaftliche sowie journalistische Publikationen, die jedoch deren Entstehungsbedingungen kaum reflektieren. Bei näherer Betrachtung steht die »Dokumentation« als größtes Projekt in einer ganzen Reihe von treuhandeigenen Veröffentlichungen, die auf das geschichtspolitische Management des eigenen »Vermächtnisses« abzielten: 1993 etwa gab Birgit Breuel unter dem Titel »Treuhand intern« ein »Firmentagebuch« heraus, zu dem verschiedene Organisationseinheiten (beziehungsweise deren führende Figuren) kleinere Beiträge zu ihren Arbeitsschwerpunkten beisteuerten, die anhand

15 Thaysen: Der Zentrale Runde Tisch, Bd. 5.

16 Gransow/Jarausch: Vereinigung.

17 Fischer, Ilse (Hg.): Die Einheit sozial gestalten. Dokumente aus den Akten der SPD-Führung 1989/90, Bonn 2009; Gehrke, Bernd; Hürtgen, Renate: Der betriebliche Aufbruch im Herbst 1989. Die unbekannte Seite der DDR-Revolution. Diskussion, Analysen, Dokumente, 2., korrigierte Aufl., Berlin 2001; Brunner, Detlev; Hall, Christian (Hg.): Revolution, Umbruch, Neuaufbau. Erinnerungen gewerkschaftlicher Zeitzeugen der DDR, Berlin 2014; sowie auch Plener: Treuhand.

spezifischer Ereignisse wie in einem Logbuch chronologisch arrangiert wurden; impressionistische Stücke mischten sich mit bilanzartigen Berichten oder launigen Alltagsminiaturen. Obwohl sich »eine Geschichte der Treuhandanstalt erst später schreiben lassen« werde, wie die Präsidentin in der Einleitung vermerkte, wolle man den Lesern einen Blick »hinter den Vorhang der Macht« gewähren.[18]

Maßgeblicher noch als das »Tagebuch«, das als unterhaltsame, für die umstrittene Organisation werbende Lektüre einer breiteren Öffentlichkeit zugedacht war, fügte sich das 1992/93 aufgelegte »Forschungsprojekt Treuhandanstalt« in diese vermächtnispolitischen Anstrengungen ein, auch wenn es sich als wissenschaftliches Großvorhaben in Form eines Sammelbandes an akademisches Fachpublikum richtete. Die große »Dokumentation« von 1994 war dagegen grundsätzlicher angelegt: Als das verbleibende Treuhand-Personal im Herbst 1994 begann, entsprechende Dokumente hierfür zu sammeln und zusammenzustellen, war die Grundlinie klar gezeichnet: Im großen Stil sollten weitere »Spuren« für spätere Wissenschaftler arrangiert werden. Das Werk entstand unter erheblichem Zeitdruck, da es noch vor der Selbstauflösung am 31. Dezember 1994 veröffentlicht werden sollte.[19] Sämtliche noch bestehenden Arbeitsbereiche wurden von führenden Mitarbeitern des Präsidialbereichs aufgefordert, charakteristische Materialpakete zusammenzustellen, die für eine Veröffentlichung geeignet erschienen. Über die mit dem Dokumentationsprojekt verknüpften Erwartungen seitens der Spitze gab die scheidende Präsidentin im Vorwort selbst Auskunft:

> »Wir haben lange überlegt, wie wir am besten die Zeit und das, was durch die Treuhandanstalt mitverantwortet und mitgestaltet wurde, beschreiben können. Schließlich haben wir uns dazu entschlossen, diese Dokumentation vorzulegen. Sie liefert Bausteine und legt offen, was uns in diesen Jahren bewegt hat und ange[t]rieben [sic!] hat. Wir wollen damit unseren Beitrag dazu leisten, dass die vielen Gesichtspunkte und Probleme, die bei jedem einzelnen Vorgang zu bedenken waren, nicht gänzlich verloren gehen, dass man sich erinnern kann an die ganze Breite und Komplexität der Probleme, die zu lösen waren.«[20]

Stets bedeute so ein Vorhaben »Auswahl und Verzicht«; neben dem Zeitdruck ergaben sich für die Zusammenstellung bis Ende November 1994 weitere praktische Probleme. Viele führende Mitarbeiter hatten die Organisation verlassen oder standen kurz vor ihrem Abschied. Einige wichtige

18 Breuel, Birgit (Hg.): Treuhand intern, Frankfurt a.M.u.a. 1993, S. 9.

19 Treuhandanstalt (Hg.): Dokumentation 1990-1994, 15 Bde., Berlin 1994.

20 Birgit Breuel: Vorwort, in: Treuhandanstalt: Dokumentation, Bd. 1, A17f.

Organisationsteile wie die regionalen Niederlassungen oder verschiedene Branchendirektorate existierten teils schon seit Jahren nicht mehr. Schließlich war an eine editorische Feinsteuerung des Projektes durch die damit betrauten Mitarbeiter kaum zu denken, zumal es in erster Linie den Bereichen, Direktoraten beziehungsweise Abteilungen oblag zu entscheiden, welche einschlägigen, bedeutsamen oder charakteristischen Quellen sie für die Dokumentation auswählten. Folglich wurden die 15 Bände systematisch entlang verschiedener Branchen und Funktionsbereiche gegliedert und vor allem mit Gesetzestexten, Richtlinien, Sitzungsprotokollen, Rundschreiben, Briefwechseln, Aktenauszügen, Übersichtstabellen, Prozessbeschreibungen, Formularmustern oder Statistiken befüllt. Die gesamte Collage nimmt sich folglich eher wie ein chaotisches Sammelsurium empirischer Fragmente aus dem Treuhand-Geschäftsalltag aus. Die beauftragten Treuhand-Mitarbeiter scheinen dabei allerdings sichtlich bemüht gewesen zu sein, einen möglichst detaillierten wie praxisnahen Einblick in ihr alltägliches »Handwerkszeug« zu gewähren.[21] Jeder größere Organisationsbereich füllte Ende 1994 eilig eine eigene Box mit einschlägigen und opportunen Artefakten, die sodann in einer großen empirischen Zeitkapsel verstaut wurde.

Diese Dokumentensammlung war dezidiert als empirischer Anlaufpunkt für künftige Forscher gedacht, weniger als Lektüre für ein breiteres Publikum, da sich die Texte »einem Leser, der noch nie mit den einzelnen Problemen des Umbaus der ostdeutschen Wirtschaft« befasst gewesen sei, »nur schwer erschließen« würden.[22] Um eine möglichst weite Verbreitung und Rezeption zu gewährleisten, scheute die Treuhand keine Mühen: Die 15 Bände wurden Ende 1994 in einem Berliner Verlag gedruckt und sämtlichen deutschen Universitäten, Forschungsinstituten, Bibliotheken und öffentlichen Stellen kostenfrei angeboten. Und obgleich der geschichtspolitische Charakter dieser Quellensammlung nicht zuletzt durch einen über 100-seitigen Prolog, der dem Andenken des ermordeten Präsidenten Detlev Rohwedder gewidmet war, deutlich wurde, erfreute sie sich in Ermangelung empirischer Alternativen als Material-Steinbruch erheblicher Beliebtheit.[23]

21 Hierunter fallen vor allem Übersichten und Personalaufstellungen, die die entsprechenden Fachbereiche im Zuge des Treuhand-Untersuchungsausschusses an den Bundestag liefern mussten, dessen Abschlussbericht ebenfalls in der Dokumentation vollständig abgedruckt ist, vgl. Treuhandanstalt: Dokumentation, Bde. 13 u. 14.

22 Birgit Breuel: Vorwort, in: Treuhandanstalt: Dokumentation, Bd. 1, A17f.

23 Michael Jürgs hat sein »Treuhändler«-Buch etwa im intensiven Rückgriff auf die in der Dokumentation versammelten Dokumente erstellt.

Die »Dokumentation« bildete sicher den Höhe-, aber gewiss nicht den Endpunkt des geschichts- beziehungsweise erinnerungspolitischen Engagements der scheidenden Treuhand-Führungsmitarbeiter. Neben den erwähnten Qualifikationsarbeiten aus den frühen 1990er-Jahren, die ebenfalls hier eingereiht werden können (so veröffentlichte etwa der »Chronist« Marc Kemmler einen Anhang mit internen Schlüsseldokumenten),[24] erschien 2003 ein eigener »Abschlussbericht« der Treuhand-Nachfolgebehörde BvS, konzipiert als »Rückblick auf 13 Jahre Arbeit«.[25]

Jenseits der lange unzugänglichen Hinterlassenschaften steht der zeithistorischen Analyse bei näherem Hinsehen also ein durchaus breites Panorama veröffentlichter Quellen, Dokumente und Erinnerungen zur Verfügung. Die meist im Auftrag angelegten Quelleneditionen für die Zeit 1989/90 helfen dabei insbesondere, die oft nur kursorisch ausgeleuchtete Gründungs- und Frühphase der Treuhandanstalt empirisch zu erhellen, wobei die Organisation hier noch als Randphänomen auftaucht. Für die Zeit nach dem Oktober 1990 liegen solche Editionen nicht vor. Dafür treten die von der Treuhand selbst und ganz gezielt hinterlassenen »Spuren« und Fragmente ins Blickfeld, allen voran die 15-bändige »Dokumentation«. Obgleich diese ausnehmend heterogene, an die spätere Forschung adressierte Sammlung verschiedenster Alltagsfragmente mit größter quellenkritischer Sorgfalt zu behandeln ist, lässt sich doch sagen, dass insgesamt professionelle zeitgenössische Quelleneditionen und treuhandeigene Dokumentensammlungen grundlegende Rekonstruktionen (wirtschafts-)politischer Außenperspektiven der Frühzeit beziehungsweise institutioneller Binnen- und Zentralperspektiven ermöglichen, insbesondere jener der Organisationsspitze zwischen 1990 und 1994. Die beiden Quellenformate erscheinen damit – vor der Öffnung des Archivs – letztlich unverzichtbar für vertiefende Untersuchungen zur Konzept-, Politik- und Organisationsgeschichte der Treuhandanstalt.

2.3 Die Treuhandanstalt im Blickfeld der Medienöffentlichkeit: Pressespiegel und Spiegelbilder

Spätestens im Sommer 1990 rückte die Treuhand ins zentrale Blickfeld einer gesamtdeutschen Medienöffentlichkeit, da sich nun ihre entscheidende Rolle bei der Umgestaltung der ostdeutschen Industrielandschaft

24 Vgl. den Anhang von Kemmler: Entstehung.

25 Bundesanstalt für vereinigungsbedingte Sonderaufgaben (Hg.): ›Schnell privatisieren, entschlossen sanieren, behutsam stilllegen.‹ Ein Rückblick auf 13 Jahre Arbeit der Treuhandanstalt und der Bundesanstalt für vereinigungsbedingte Sonderaufgaben, Berlin 2003.

abzeichnete. Es waren die Wirtschafts-, Währungs- und Sozialunion, das im Juni 1990 verabschiedete Treuhandgesetz, die Berufung westdeutschen Spitzenpersonals sowie das Auftreten erster Privatisierungskonflikte, die der bislang randständigen Behörde schubweise beträchtliche Aufmerksamkeit zuteilwerden ließen. Zügig entwickelte sich die Organisation nun zum zentralen medienöffentlichen Referenz- und Streitobjekt der deutsch-deutschen Umbruchs- und Übergangsgesellschaft, die mit ihr verbundene Berichterstattung in der Tages-, Fach- und Regionalpresse nahm spätestens seit Oktober 1990 kaum noch zu überschauende Ausmaße an.[26] Schließlich baute die Treuhand schon bald eine sich zügig professionalisierende Öffentlichkeitsarbeit auf, die sich intensiv um eine Korrektur der zumeist skeptischen bis negativen Berichterstattung bemühte. Ab Mai 1991 wurden Pressetermine und -konferenzen, Journalistenseminare und Handreichungen mit einem eigenen, kostenlos an Wirtschaftsexperten, Politiker und Manager in Ost und West gerichteten Fachmagazin »Treuhandanstalt Informationen« flankiert. Herausgeber war das Treuhand-Direktorat »Kommunikation/Medien«, das Blatt erlebte bis 1994 zwanzig Ausgaben.[27]

Die meist kritischen Außensichten auf die Treuhand wurden innerhalb der Organisation umfassend registriert und analysiert. Ergebnis dieses systematischen Beobachtens ist eine ausführliche Presseausschnittsammlung, von der Treuhand Ende 1994 gemeinsam mit der »Dokumentation« als »Medienarchiv« auf zehn CDs veröffentlicht. Dieses ab dem Frühjahr 1991 ebenfalls durch das Direktorat »Kommunikation/Medien« systematisch aufgebaute »Medienarchiv« wurde zunächst vor allem intern für verschiedene Recherchen durch das Personal genutzt. Zudem lieferte es die Grundlage eines täglich erstellten Pressespiegels, der die wichtigsten Überschriften bündelte und gleichermaßen auch die Identifikation der Mitarbeiter mit der (von außen angegriffenen) Organisation gewährleisten sollte. Neben aktuellen Berichten in Tageszeitungen und Magazinen wurden auch Hörfunk- und Fernsehbeiträge mit Treuhand-Bezug gesammelt. Im Jahr 1992 fiel schließlich die Entscheidung, diesen Bestand langfristig mithilfe neuer digitaler Speichertechnik zu sichern, was es ermöglichte, das Material zwei Jahre später einer breiteren Öffentlichkeit zur Verfügung zu stellen.[28]

26 Vgl. dazu die Übersicht in Marcus Böick: Säurebad der Einheit; sowie insbesondere die Ausführungen zu Beginn des zweiten Kapitels dieser Arbeit.

27 Vgl. dazu die gescannte Heftsammlung der Treuhandanstalt Informationen in: Treuhandanstalt (Hg.): Dokumentation 1990-1994: Medienarchiv, 10 CDs, Berlin 1994.

28 Treuhandanstalt: Medienarchiv.

Die Organisation dieser Dokumente erfolgt entlang verschiedener Themenkomplexe und Zeitphasen; gesammelt und geordnet sind die jeweiligen Artikel nach Sachthemen und Personen. Grob lassen sich vier Informationstypen unterscheiden: Das Gros bildet dabei *erstens* eine in der Regel sachlich gehaltene, tägliche Berichterstattung in Form mehrerer Zehntausender Artikel in der überregionalen Tagespresse. Dazu zählen insbesondere die *Süddeutsche Zeitung*, die *Frankfurter Allgemeine Zeitung*, die *Frankfurter Rundschau*, die *Welt* oder die *tageszeitung*, die besondere Ereignisse und Entwicklungen, Debatten oder Zwischenbilanzen in großer Zahl und Dichte thematisierten und je nach politischer Grundlinie auch kommentierten. Während die liberal orientierte Qualitätspresse tendenziell für die Treuhand Partei ergriff oder zumindest Neutralität wahrte, wurde die Organisation in linksstehenden Medien sowie der Boulevardpresse deutlich häufiger und schärfer kritisiert. Auch die ostdeutsche Tages- und Regionalpresse ist anteilig vertreten, darunter das besonders kritische *Neue Deutschland* oder die *Junge Welt*. Die internationale Presselandschaft ist zumindest in Form einschlägiger Leitmedien wie dem britischen *Economist* oder der *New York Times* erfasst.

Daneben füllen *zweitens* Hunderte, meist auf konkrete Skandale, Krisen und Konflikte bezogene Reportagen die Dateien des »Medienarchivs«, die in der westdeutschen Wochenpresse wie dem *Spiegel*, dem *Stern*, dem 1993 gegründeten *Focus* oder der *Zeit* publiziert wurden und die in der Grundtendenz je nach politischer Ausrichtung neutral bis kritisch mit der Organisation umzugehen pflegen. Hiervon ist *drittens* die Berichterstattung der überregionalen Fach- und Wirtschaftspresse wie der *Wirtschaftswoche*, der *Börsenzeitung*, dem *manager magazin* oder dem ostdeutschen Fachblatt *Die Wirtschaft* zu unterscheiden. Sie bezog sich in aller Regel ausführlich auf konkrete Unternehmen oder Branchen und deren Entwicklungen, war tendenziell nicht per se treuhandkritisch eingestellt, sondern beschrieb die Organisation eher als wichtigen Ansprechpartner im wirtschaftlichen Umbruchsgeschehen. Schließlich treten *viertens* über verschiedene Tages-, Fach- und Wochenmedien verteilte Interviews mit exponierten Treuhand-Mitarbeitern hinzu.

Das 1991 angelegte, 1992 digitalisierte und 1994 veröffentlichte »Medienarchiv«, an dem, wie es im Booklet der CD-Sammlung hieß, »Tausende mitgeschrieben« haben, erscheine damit als »lebendiges Zeugnis des Zusammenwachsens der neuen deutschen Republik«.[29] Letztlich fällt bereits bei einer ersten Sichtung der Berichte auf, dass deren generelle Tonalität überwiegend negativ und treuhandkritisch ausfiel. Eine systematische Zensur des »Medienarchivs«, die letztlich auch seinen internen

29 Treuhandanstalt: Medienarchiv.

Gebrauchswert erheblich beschränkt hätte, erscheint damit eher unwahrscheinlich, wenngleich der Bestand auch Leerstellen aufweist.[30] Dennoch war es vor 1994 das erklärte Ziel, die aktuelle Medienberichterstattung über die Organisation möglichst umfassend abzubilden. Die Veröffentlichung dieser großen Dokumentensammlung nach 1994 kann indes als medienhistorisch motiviertes Überlieferungsprojekt der späten Presseabteilung gelten; nicht zuletzt deshalb wurde sie gemeinsam mit der »Dokumentation« an öffentliche Institutionen verteilt.

Insgesamt bietet das »Medienarchiv« mit seinen über einhunderttausend Einzelelementen zusammen mit anderen (Online-)Archiven zentraler Medien einen umfassenden, obgleich sicher nicht vollständigen Ein- und Überblick in und über die zeitgenössischen Deutungs- und Debattenlandschaften, die sich um die umstrittene Organisation herum gruppiert hatten. Diese war wiederum selbst intensiv darum bemüht, die jeweiligen medienöffentlichen Dynamiken systematisch einzufangen, auszuwerten und für ihre eigenen Zwecke, allen voran die treuhandeigene Öffentlichkeitsarbeit, aber auch die interne Identifikation der Mitarbeiter, zu nutzen. Nach 1995 sollte das »Medienarchiv« schließlich weitere empirische »Spuren« für künftige Forscher hinterlassen.

2.4 Erinnerungen und sozialwissenschaftliche Interviews: Individuelle Innenansichten

Die Gemengelage empirischer Quellen gestaltet sich also verworren. Jenseits des »Treuhand-Archivs« erscheint eine Rekonstruktion spezifischer Perzeptionen und Erwartungen in der Politik sowie an der Organisationsspitze auf Grundlage verschiedener Editionen und Dokumentationen möglich. Auch die polyphonen Außenansichten auf Debatte und Gegenstand in der zeitgenössischen Medienlandschaft können über das digitalisierte »Medienarchiv« sowie die Fülle zeitgenössischer Veröffentlichungen umfassend rekonstruiert werden. Sind also empirisch lediglich klassisch-zeithistorische Perspektivsetzungen »von oben« beziehungsweise »von außen« möglich, die das Personal nur über externe oder hierarchische Zuschreibungen thematisieren können? Bei näherer Betrachtung entpuppen sich gerade die Umbrüche 1989/90 insbesondere auch

30 Es ist insgesamt davon auszugehen, dass die überregionale (und zumeist westdeutsche) Tages-, Wochen- und Fachpresse (v.a. SZ, FAZ, FR, Bild, taz, Tagesspiegel, Spiegel, Zeit, Handelsblatt, Wirtschaftswoche sowie ND und Berliner Zeitung) zwischen dem Sommer 1990 und dem Ende der Treuhand im Dezember 1994 sehr weitgehend gesammelt und dokumentiert wurde. Die regionale (ostdeutsche) Tagespresse scheint hingegen eher punktuell bzw. themenbezogen und somit nicht vollständig durch die Treuhand-Zentrale erfasst worden zu sein.

empirisch als eine Revolution des sich selbst im Umbruchsgeschehen reorientierenden »Subjekts«. Allein die intensiven kultursoziologischen Forschungen über »ostdeutsche Biografien« sowie zahlreiche andere ethnografische wie sozialwissenschaftliche Forschungsprojekte, die den individuellen Verarbeitungen und Reflexionen nach dem Ende der DDR nachgingen, legen hierüber beredtes Zeugnis ab.[31]

Eine empirische Spurensuche nach Ego-Dokumenten und Quellen, die aus subjektiver Perspektive über die Treuhand und den Alltag des Wirtschaftsumbaus berichten, erscheint damit als lohnendes Unterfangen. Gerade die von den Zeitgenossen als »historisch« gedeuteten Umbrüche waren für zahlreiche Protagonisten Anlass für die Anfertigung autobiografischer Rückschauen und Memoiren. Prominentes Beispiel hierfür ist der damalige Bundesinnenminister Wolfgang Schäuble, der die Zeit seiner Rekonvaleszenz nach dem auf ihn verübten Attentat im Oktober 1990 zum Diktat seiner Erinnerungen an die erst wenige Monate zuvor beendeten deutsch-deutschen Verhandlungsrunden vom Krankenbett aus nutzte.[32] Auch zahlreiche andere führende Politiker und Beamte veröffentlichten subjektive Rückblicke auf die Zeit um 1989/90. So ließ Bundesfinanzminister Theo Waigel den früheren *Welt*-Chefredakteur Manfred Schell im Jahr 1994 eine kollektive Retrospektive der führenden Beamten seines Ministeriums – unter ihnen der spätere Bundespräsident und damalige Staatssekretär Horst Köhler sowie der spätere Berliner Finanzsenator Thilo Sarrazin – auf das eigene Denken und Handeln im Jahr 1990 zusammenstellen, um so für künftige »Historiker« eine »Lücke« zu schließen.[33] Neben weiteren westdeutschen Beamten und Politikern[34] suchten auch Vertreter der früheren SED-Spitze[35] oder der ostdeutschen Opposition

31 Vgl. exemplarisch zur soziologisch-ethnologischen Erforschung der ostdeutschen »Umbruchs- bzw. Wendebiografien«: Zoll, Rainer (Hg.): Ostdeutsche Biographien. Lebenswelt im Umbruch, Frankfurt a.M. 1999; Willisch, Andreas (Hg.): Wittenberge ist überall. Überleben in schrumpfenden Regionen, Berlin 2012; Bock, Karin (Hg.): Umbruch in Ostdeutschland. Politik, Utopie und Biographie im Übergang, Wiesbaden 2001; Glaeser, Andreas: Divided in unity. Identity, Germany, and the Berlin police, Chicago 2000.

32 Vgl. Schäuble, Wolfgang: Der Vertrag. Wie ich über die deutsche Einheit verhandelte, Stuttgart 1991.

33 Waigel, Theodor; Schell, Manfred (Hg.): Tage, die Deutschland und die Welt veränderten. Vom Mauerfall zum Kaukasus. Die deutsche Währungsunion, München 1994.

34 Vgl. v.a. Kohl, Helmut: Erinnerungen. 1990-1994, München 2007; ders.: Ich wollte Deutschlands Einheit, Berlin 1996; Ludewig: Unternehmen Wiedervereinigung; Teltschik, Horst: 329 Tage. Innenansichten der Einigung, Berlin 1991.

35 Vgl. hier v.a. auch das sozialwissenschaftliche Interviewprojekt mit zehn leitenden Wirtschaftsfunktionären des SED-Staates: Pirker, Theo; Lepsius, Rainer M.;

nach 1989/90[36] die Aufmerksamkeit der lesenden Öffentlichkeit; im Treuhand-Kontext waren dies insbesondere der DDR-Ministerpräsident Hans Modrow[37] sowie seine Stellvertreterin Christa Luft.[38]

Diese Sonderkonjunktur subjektiver, (post-)revolutionärer Memoirenliteratur, die oftmals nur wenige Jahre nach den Ereignissen publiziert wurde, aber stets die gefühlte Distanz und Ferne des erlebten Revolutions- und Umbruchsgeschehens unterstrich, blieb nicht auf politische Akteure beschränkt. Zahlreiche professionelle Literaturschaffende und Intellektuelle aus Ost und West thematisierten die kulturellen Umbrüche und Übergänge im Laufe der 1990er-Jahre in verschiedenen literarischen Formaten. Exemplarisch hierfür steht das Werk des ostdeutschen Schriftstellers Ingo Schulze, der verschiedene Umbruchsbiografien in seinen »Simple Storys« nachzeichnete.[39] Unter den Autoren befinden sich auch Bundeswehrgeneräle wie der spätere brandenburgische Minister Jörg Schönbohm, der die von ihm verantwortete Überführung einer NVA-Kaserne in die Bundeswehr ab Oktober 1990 beschrieb,[40] oder die Chefarztgattin Luise Endlich, die in der Polemik »NeuLand« ihr nervenaufreibendes Alltagsleben unter provinziellen »Ossis« in Frankfurt an der Oder glossierte.[41] Auch einige Manager und Unternehmer legten entsprechende Berichte vor: So der westdeutsche Pharma-Manager Hansjürgen Nelde oder der vom DDR-Betriebsleiter zum Textilunternehmer gewandelte Klaus Güldenpfennig, die beide einen »außergewöhnlichen, persönlichen und spannenden Ein-

Weinert, Rainer; Hertle, Hans-Hermann (Hg.): Der Plan als Befehl und Fiktion. Wirtschaftsführung in der DDR: Gespräche und Analysen, Opladen 1995; sowie Mittag, Günter: Um jeden Preis. Im Spannungsfeld zweier Systeme, Berlin 1991; Schürer, Gerhard: Gewagt und verloren. Eine deutsche Biographie. Frankfurt/O. 1996; Schabowski, Günter: Der Absturz, Berlin 1991; Uschner, Manfred: Die zweite Etage. Funktionsweise eines Machtapparates, Berlin 1993; Zimmermann, Brigitte; Schütt, Hans-Dieter (Hg.): ohnMacht. DDR-Funktionäre sagen aus, 2. Aufl., Berlin 1992; Stephan, Gerd-Rüdiger (Hg.): »Vorwärts immer, rückwärts nimmer!« Interne Dokumente zum Zerfall von SED und DDR 1988/89, Berlin 1994; Modrow, Hans (Hg.): Das Große Haus. Insider berichten aus dem ZK der SED, Berlin 1995.

36 Exemplarisch vgl. de Maizière, Lothar: Anwalt der Einheit, Berlin 1996.

37 Modrow, Hans: Ich wollte ein neues Deutschland, 2. Aufl., München 1999.

38 Luft, Christa: Zwischen WEnde und Ende. Reminiszenzen einer Zeitzeugin, 3. erw. Aufl., Berlin 1999; dies.: Treuhandreport. Werden, Wachsen und Vergehen einer deutschen Behörde, Berlin 1992; dies.: Die Lust am Eigentum. Auf den Spuren der deutschen Treuhand, Zürich 1996.

39 Schulze, Ingo: Simple Storys. Ein Roman aus der ostdeutschen Provinz, München 1999; ders.: Neue Leben. Roman, München 2007.

40 Schönbohm, Jörg: Zwei Armeen und ein Vaterland. Das Ende der Nationalen Volksarmee, Berlin 1992.

41 Endlich, Luise: NeuLand. Ganz einfache Geschichten, Berlin 1999.

blick« in den »Wilden Osten der 90er« versprachen;[42] zeitgleich meldeten sich frühere ostdeutsche Generaldirektoren und Betriebsleiter mit trotzigem Unterton (»Jetzt reden wir«) zu Wort.[43]

Auch diverse frühere Treuhand-Mitarbeiter veröffentlichten persönliche Erinnerungstexte. Der von Oktober 1990 bis April 1992 amtierende Personal-Vorstand Alexander Koch hatte in seinem Memoirenbuch »Der Manager« nicht nur ein Dutzend »Menschen aus der Wirtschaft« porträtiert, sondern war auch auf sein spätes »Abenteuer« im Osten eingegangen: »Zwei Jahre Treuhand«, so schrieb er, »füllen bei jedem Beteiligten ein Buch, denn es war eine einmalige Aufgabe, bei allen Zweifeln, allen Fehlern, allen Überheblichkeiten eine großartige Sache«, wobei er »die Erfahrungen mit unseren Brüdern und Schwestern aus dem anderen Teil Deutschlands« besonders hervorhob.[44] »Die Gesamtaufgabe« sei so »außergewöhnlich und atemberaubend spannend« gewesen, dass dabei »alle Molesten oder der Blick auf die Uhr« zur Nebensache geworden seien, obwohl »kein West-Manager« die Bedingungen dort »auch nur annähernd gewohnt« gewesen sei.[45]

Während sich das Spitzenpersonal bevorzugt in Form von erinnerungsbezogenen Podiumsdebatten, Vorträgen oder Aufsätzen zu Wort meldete,[46] wählten Mitarbeiter aus den mittleren Hierarchieebenen andere Strategien. Christopher Schwarzer beschrieb in seiner 2014 erschienenen Autobiografie »Inside Ost« seinen wechselvollen Weg durch einen ihm anfangs völlig fremden »Wilden Osten«.[47] Während Schwarzer seine Lebensgeschichte einen wechselvollen, ost-westlichen Abenteurerroman im Format einer »(Fast-)Erfolgsstory« gestaltet hatte, stellten frühere

42 Nelde, Hansjürgen: Vom Ossi zum Wossi? Anekdoten und Begegnungen eines Pharma-Managers, Berlin 2008; Güldenpfennig, Klaus: Trotz Treuhand triumphieren, Berlin 2005.

43 Rohnstock, Katrin (Hg.): Jetzt reden wir! Was heute aus der DDR-Wirtschaft zu lernen ist, Berlin 2005; Schwarz, Heinz: Prägungen aus acht Jahrzehnten. Bitterfelder Weg eines Generaldirektors, Schkeuditz 2004; Döring, Karl: EKO Stahl für die DDR – Stahl für die Welt. Kombinatsdirektor und Stahlmanager, Berlin 2015; dazu auch die Sammlung aus der ostdeutschen Arbeitswelt bei Rohnstock, Katrin (Hg.): Mein letzter Arbeitstag. Abgewickelt nach 89/90. Ostdeutsche Lebensläufe, Berlin 2014.

44 Koch, Alexander: Der Manager. Menschen aus der Wirtschaft, Frankfurt a.M. 2007, S. 293.

45 Ebd., S. 285f.

46 Vgl. dazu exemplarisch die verschiedenen Beiträge in Breuel/Burda: Ohne historisches Vorbild oder v.a. die dokumentierte Podiumsdiskussion bei Depenheuer/Paqué: Einheit.

47 Schwarzer, Christopher: Inside Ost. Vom West-Berater zum Ost-Unternehmer, München 2014.

Kollegen ihre Treuhand-Zeit anders dar. Klaus Klamroth, ein in der Niederlassung Halle Ende 1990 als Abteilungsleiter engagierter westdeutscher Maschinenbau-Manager, der im Gefolge des dortigen Skandals nach 1993 entlassen und angeklagt worden war, veröffentlichte im Selbstverlag nach dem von ihm dazu erklärten Vorbild des Kriegstagebuches seines Großvaters ein persönliches Erinnerungsbuch »Im Dienste der Treuhandanstalt«. 2012 trat er als einer der Kronzeugen in Dirk Laabs' »Der deutsche Goldrausch« als wohlmeinender, aber an den chaotischen Umständen tragisch gescheiterter Manager auf.[48] Zählte der im Osten gefallene Manager Klamroth noch zur mittleren Führungsschicht der Treuhandanstalt, traf dies auf die Hauptfigur der Romanautorin Nicki Pawlow nicht zu: Das mit zahlreichen Schilderungen des chaotisch-abenteuerlichen Arbeitsalltags aufwartende, auf der Grundlage von umfangreichen Gesprächen mit einer bundesdeutschen Treuhand-Mitarbeiterin verfasste Werk markiert eine interessante Mischform zwischen literarischer Fiktion und (auto-)biografisch Erinnertem.[49]

Auch zwei frühere ostdeutsche Treuhand-Mitarbeiter publizierten ihre Erinnerungen, deren jeweilige Stoßrichtungen exemplarisch zeigen, wie unterschiedlich der Zugriff gestaltet werden konnte. Unter dem Pseudonym Karl Leknisch arbeitete sich ein ehemaliger Mitarbeiter an seinen titelgebenden »Lebenslügen« auch während seiner Zeit als DDR-Planwirtschaftskader ab und zeichnete die Spuren eines aus seiner Sicht langen, realsozialistischen »Irrweges« nach.[50] Ganz anders verhielten sich die Dinge in Günter Heribert Münzbergs »Insiderbericht« mit dem Titel »Zu treuen Händen«: Münzberg war als ostdeutscher Mitarbeiter in der Leipziger Niederlassung tätig gewesen und legte nun »Außenstehenden« auf Grundlage seiner eigenen »Erlebnisse« Bericht darüber ab, »welche Atmosphäre die *Anstalt* atmete«. Ausführlich beschrieb er interne Konflikte zwischen ostdeutschen Mitarbeitern und westdeutschen Führungskräften.[51] Während sich also Leknisch scharf von der DDR abgrenzte und mit der Treuhand identifizierte, versuchte Münzberg merkliche Distanz zu seinem früheren Engagement herzustellen, obgleich auch er die Treuhand bisweilen gegen überzogene Kritik von außen in Schutz nahm.

48 Klamroth, Klaus: Eine Chronik aus dem 20.ten Jahrhundert. Tagesnotizen, Briefe, Erinnerungen ab 1933, Norderstedt 2010; sowie Laabs: Goldrausch, v.a. S. 136ff. u. 153ff.

49 Pawlow, Nicki: Die Frau in der Streichholzschachtel, Berlin 2007. Die ostdeutsche Schriftstellerin hatte ihren Treuhand-Roman über eine wechselvolle Liaison zwischen einer Ende der 1970er-Jahre als Kind aus der DDR geflohenen Mitarbeiterin der Treuhand-Pressestelle und einem älteren Journalisten verfasst.

50 Leknisch, Karl: Lebenslügen, Berlin 2013.

51 Münzberg, Günter Heribert: Zu treuen Händen. Ein Insiderbericht, Leipzig 2001.

Diese verstreuten autobiografischen Veröffentlichungen dürften allerdings für sich genommen kaum eine hinreichende Basis für eine fundierte Geschichte jenseits der benannten Zentral- und Außenperspektiven bilden. Es waren abermals die Bemühungen zur prospektiven Selbsthistorisierung einer sich selbst als *historisch einmalig* empfindenden Organisation, durch die sich neue empirische Möglichkeiten eröffneten. Die öffentlichen Debatten und Proteste waren für den Vorstand Ende 1991 Anlass, das erwähnte »Forschungsprojekt« auf den Weg zu bringen. Integraler Bestandteil dieser Forschungsbemühungen sollte eine qualitative Interviewstudie unter den eigenen Mitarbeitern sein. Auf Vermittlung des Mitherausgebers und Wirtschaftshistorikers Wolfram Fischer wurde der in Westberlin lehrende Soziologe Martin Kohli hiermit beauftragt, ein renommierter Pionier der qualitativ ausgerichteten Lebenslaufforschung.[52] Im Mai 1992 von seinem Kollegen angesprochen, wandte sich Kohli mit dem Projekt an den jungen Ethnologen Dietmar Rost und schloss mit ihm wenige Wochen später einen Werkvertrag mit der Treuhand ab.[53]

Nach ersten Beratungen mit den für das Forschungsprojekt zuständigen Treuhand-Mitarbeitern sollten die beiden Forscher einen »zentralen Materialfundus« für die externen Wissenschaftler anlegen, um auf diese Weise »Innenperspektiven« verschiedener Personalgruppen der oberen und mittleren Leitungsebene zu erschließen.[54] Geplant waren zunächst fünfzig Interviews (es sollten dann 52 Gesprächspartner werden) in zwei Befragungswellen, deren Resultate in einer Datenbank nach Themenfeldern verschlagwortet und bereitgestellt werden sollten. Im Juni 1992 machte sich Dietmar Rost an die Vorbereitung seiner ersten Feldinterviews. Er studierte zunächst die medienöffentliche Berichterstattung, bevorzugt im *Spiegel*. Sein methodisches Instrumentarium schärfte er nach dem Vorbild der von Martin Kohli verfochtenen qualitativen Lebenslaufforschung, die eine pragmatische Kombination aus freien narrativen Erzählpassagen zu

52 Vgl. exemplarisch Kohli, Martin: Lebenslauf, in: Schäfers, Bernd (Hg.): Grundbegriffe der Soziologie, 4. Aufl., Opladen 1995, S. 177-180; Joas, Hans; Kohli, Martin (Hg.): Der Zusammenbruch der DDR. Soziologische Analysen, Frankfurt a.M. 1993; Kohli, Martin; Szydlik, Marc (Hg.): Generationen in Familie und Gesellschaft, Opladen 2000.

53 Der damals 29-jährige Rost zögerte zunächst, diesen »Auftrag« zur empirischen Feldforschung von (und bei) der schlecht beleumundeten Treuhand anzunehmen; dennoch habe ihn eine Mischung aus Neugier und Geldknappheit zur Zustimmung bewegt. Vgl. B9-Interview mit Dr. Dietmar Rost, 12.11.2012.

54 Rost hatte übrigens schwerpunktmäßig die »Führungskräfte« der Treuhandanstalt befragt, da sie – so die Überlegung – vor allem den operativen Geschäftsalltag des ostdeutschen Wirtschaftsumbaus in der Praxis im erheblichen Maße ausgestalteten.

Beginn und Leitfaden-gestützten Nachfrageteilen am Ende als »teilstandardisiert-offene Interviews« propagierte. Dieses Verfahren setzte Rost ein, um so »der Subjektivität der Befragten ausreichend Raum« zu geben, aber zugleich innerhalb des »groben Rahmens des Forschungsinteresses« bleiben zu können.[55] Daneben konzentrierte sich Rosts Vorbereitung auf zwei weitere Stränge. Methodisch orientierte er sich an der Literatur der westdeutschen Oral-History-Bewegung der 1980er-Jahre, insbesondere an den Schriften Lutz Niethammers.[56] Thematisch versuchte Rost sich mithilfe aktueller betriebswirtschaftlicher Einführungen zur »Organisations- und Managementkultur« aus der Feder des Betriebswirtes Wolfgang Staehle einzuarbeiten.[57] Rost selbst beschrieb in seiner »Detailanalyse« die grundlegende »Zielsetzung« der Interviews vor allem als ein Einfangen individueller »Orientierungen« bzw. subjektiver »Erfahrungen«:

> »Als unmittelbar Beteiligte wurden Mitarbeiter [...] der THA befragt. Ihr subjektives Wissen über den Themenkomplex THA sollte dokumentiert werden. [...]. Gerade weil die THA – so eine Grundannahme – eine extrem dynamische Organisation ist, die zwangsläufig in hohem Maße durch informelle Organisationsstrukturen geprägt ist, konnte nur auf diesem Wege ein einigermaßen vollständiges, realitätsnahes Bild ihrer Tätigkeit entstehen, einschließlich der verborgenen oder nur mündlich zu erfassenden Informationen.«[58]

Das Resultat war eine eigentümliche Kombination, die der ursprünglichen politischen Grundidee von Oral History und Alltagsgeschichte geradezu entgegenlief: Mithilfe einer stark emanzipatorisch orientierten Methode zur Erforschung subjektiver Geschichten »von unten« sollten nun individuelle Perspektiven führender Figuren am »oberen« Ende der sozialen Hierarchie einer Organisation erschlossen und konserviert werden. Statt der üblichen Protagonisten zeitgenössischer Oral History (etwa Ruhrgebietsbergarbeiter fortgeschrittenen Alters oder überlebende NS-Verfolgte),[59] würden in der projektierten Studie insbesondere leitende

55 Rost, Dietmar: Detailanalyse der Interviews im Rahmen des Forschungsprojekts Treuhandanstalt, Berlin, Juli 1993, in: Privatarchiv D. Rost, S. 3.

56 Niethammer, Lutz (Hg.): Lebenserfahrung und kollektives Gedächtnis, Frankfurt a.M. 1985.

57 Staehle, Wolfgang H.: Funktionen des Managements. Eine Einführung in einzelwirtschaftliche und gesamtgesellschaftliche Probleme der Unternehmensführung, 2. Aufl., Bern u.a. 1989.

58 Rost: Detailanalyse, S. 2.

59 Vgl. zur Geschichte der Oral History in Deutschland die Beiträge im Sammelband von Andresen, Knud; Apel, Linde; Heinsohn, Kirsten (Hg.): Es gilt das gesprochene Wort. Oral History und Zeitgeschichte heute, Göttingen 2015.

Manager und Unternehmer in den explorativen Fokus rücken. Rost selbst schrieb, dass er lediglich die »Beteiligten«, nicht aber die »Betroffenen« interviewt habe.[60]

Zwei Jahrzehnte später zeigte sich Rost noch immer erstaunt, wie groß sich die Handlungsspielräume eines Nachwuchsforschers bei Vorbereitung, Ausgestaltung und Durchführung gestalteten.[61] Sämtliche, knapp zwei Dutzend Wissenschaftler des »Forschungsprojekts« waren zwar vorab um Anregungen für einen Leitfaden gebeten worden, hatten aber kaum reagiert. Auch die zuständigen Mitarbeiter hielten sich zurück; Martin Kohli fungierte eher als Ratgeber im Hintergrund. Schließlich entwickelte Rost in weitgehender Eigenregie einen Gesprächsleitfaden für den »Nachfrageteil«, der verschiedene Themenfelder adressierte: Die Fragen betrafen den »Eintritt in die THA«, erkundeten feingliedrig den eigenen »Arbeitsbereich«, thematisierten spezifische »Aufgabenbereiche« oder die »Arbeit der THA allgemein«. Rost fragte zudem nach der bisherigen Laufbahn, dem (noch kommenden oder bereits erfolgten) »Austritt aus der THA« sowie nach einer »Beurteilung« der ausgeübten Tätigkeit.[62] Die Auswahl der ersten Gesprächspartner blieb der einzige zentrale Punkt, den der Ethnologe nicht selbst verantwortete: Der Treuhand-Manager Hartmut Maaßen hatte eine erste Liste mit 25 Personen erstellt, die ihm für ein Gespräch geeignet erschienen. Es handelte sich dabei insbesondere um west- und ostdeutsche Mitarbeiter, die die Gründungs- und Frühzeit der Organisation 1990/91 miterlebt hatten. Dieser Personenkreis wurde von Maaßens Vorgesetztem, dem Generalbevollmächtigten Norman van Scherpenberg, angeschrieben und zur Teilnahme ermutigt, wobei nur wenige das Ansinnen aus Zeitmangel ablehnten. Es handelte sich überwie-

60 Rost: Detailanalyse, S. 2.

61 Ebd., S. 3-6.

62 Ebd., S. 11-61; hier referiert Rost alle Schlagwörter und liefert eine kursorische Analyse von Textsegmenten. Die 25 bzw. 24 Schlagworte lauteten: (1) »Zustandekommen des Kontakts zur THA«, (2) »Einstieg in die Arbeit bei der THA«, (3) »Aufgabenbereich(e)«, (4) »Organisation/interne Kommunikation«, (5) »bes. Schwierigkeiten der THA-Arbeit«, (6) »Bürokratisierung/Entscheidungsspielräume«, (7) Zeithorizont der Arbeit«, (8) »Einschnitte und Veränderungen«, (9) »Zusammenarbeit Ost- und Westdeutscher«, (10) »Tochtergesellschaften«, (11) entfallen, (12) »externe Beziehungen«, (13) »THA in den ersten Monaten«, (14) »Wirtschaftsunternehmen oder Behörde?«, (15) »betriebs- und volkswirtschftl. Dimension«, (16) »politische Dimension der THA«, (17) »Kontrolle der Tätigkeit der THA«, (18) »THA im Bild der Öffentlichkeit«, (19) »Berufsbiographie«, (20) »berufliche Perspektiven nach THA«, (21) »Motivation zur Arbeit in der THA«, (22) Einschätzung der pers. Erfahrungen«, (23) »Einschätzung v. Arbeit u. Auftrag d. THA«, (24) »Relevanz der Erfahrungen für Ost-Europa«, (25) Personalrekrutierung.

gend um westdeutsche Direktoren, Niederlassungs- und Abteilungsleiter. In einer zweiten Welle ab Dezember 1992 befragte Rost eine im Verlauf der ersten Gespräche im »Schneeballprinzip« ermittelte weitere Gruppe von zwei Dutzend Gesprächspartnern, die in ihrem Sozialprofil bewusst ostdeutscher und weiblicher gehalten war und schließlich auch auf die unteren Hierarchieebenen der Referenten hinabführte.[63]

Im Sommer 1992 konnte Rost mit der Aufzeichnung seiner 50 explorativen Interviews beginnen, die er zwischen dem 10. Juli 1992 und dem 19. Mai 1993 führte. In einem kurzen, telefonischen Vorgespräch versuchte der Interviewer, seinen künftigen Gesprächspartnern sowohl die grundlegende Intention als auch den Leitfaden zur Kenntnis zu bringen. Die längsten Interviews dauerten über drei Stunden, die kürzesten waren bereits nach nur einer Stunde beendet; im Mittel lag die Gesprächszeit bei knapp zwei Stunden. In ihrer Mehrzahl fanden die Interviews am gegenwärtigen Büroarbeitsplatz in der Zentrale in Berlin oder den regionalen Niederlassungen statt. In der zweiten Welle befragte Rost auch drei mittlerweile ausgeschiedene Mitarbeiter an ihrem neuen Arbeitsplatz, in einer »repräsentativen Charlottenburger Wohnung« oder in einer Lounge am Münchner Flughafen. Gerade bei den Interviews in der Treuhandanstalt kam es, wie Rost rückblickend festhielt, zu »sehr häufigen Unterbrechungen [...] durch Telefonate, hereintretende Mitarbeiter, Bau- oder Straßenlärm«.[64]

Die Interviews waren in der Regel in einen engen Terminkorridor eingefasst, der jedoch situativ erheblich verkürzt oder verlängert werden konnte, was bei der Gesprächsführung teils Probleme bereitete – schließlich fanden sie mitten im Treuhand-Alltag fand. Obgleich es sich bei der Mehrzahl der Interviews um Einzelgespräche handelte, nahmen in einigen Fällen auch weitere Mitarbeiter/innen teil: Direktoren ließen sich von ihren Abteilungsleitern und Referenten begleiten oder arrangierten das Gespräch von vornherein als offen geführte Gruppendiskussionssitzung; in anderen Fällen beteiligten sich im selben Büro arbeitende Kollegen durch gelegentliche Einwürfe oder Kommentare. Die Gesprächspartner untermauerten ihre Ausführungen häufig durch spontane oder auch vorbereitete Einbeziehung von schriftlichen Dokumenten und Arbeitsunterlagen, Datenbankübersichten am PC oder besonderen Artefakten aus ihrer Treuhand-Zeit.

Wie sah nun das Sozialprofil der insgesamt 52 von Rost in den Jahren 1992/93 befragten Treuhand-Mitarbeiter aus? Hierarchisch war vor allem die zweithöchste, direkt unter dem Vorstand angesiedelte Ebene der Direktoren und Niederlassungsleiter mit 27 Personen (52 Prozent) vertreten;

63 Rost: Detailanalyse, S. 8f.
64 Ebd., S. 6f.

darunter nahmen 18 Abteilungs- und Gruppenleiter (35 Prozent) an den Gesprächen teil; ferner interviewte Rost noch sieben Referenten (13 Prozent). Die unteren Hierarchieebenen der Sachbearbeiter, Schreib- und Hilfskräfte waren indes gar nicht vertreten. Bis auf zwei (ostdeutsche) Frauen waren sämtliche Teilnehmer männlich. 15 (29 Prozent) der Teilnehmer waren ehemalige DDR-Bürger (ein Direktor, neun Abteilungsleiter, fünf Referenten), 37 Befragte (71 Prozent) stammten hingegen aus der alten Bundesrepublik (vier Niederlassungsleiter, 22 Direktoren, neun Abteilungsleiter, zwei Referenten). Auch der professionelle Hintergrund war aufschlussreich: 26 Personen (50 Prozent) entstammten als Manager oder Unternehmer der bundesdeutschen Privatwirtschaft, 11 Personen (21 Prozent) hingegen dem Öffentlichen Dienst der Bundesrepublik; die 15 ostdeutschen Interviewpartner hatten demgegenüber den Branchenministerien, den Planwirtschaftsbehörden sowie, in zwei Fällen, auch den Leitungsebenen der Kombinate und Betriebe (29 Prozent) angehört. Die Mehrheit der Befragten, nämlich 28 Teilnehmer (54 Prozent), gehörte der Alterskohorte zwischen 50 und 59 Jahren an; sieben Teilnehmer (13 Prozent) waren bereits über 60. Darüber hinaus nahmen auch elf Interviewpartner (21 Prozent) in den vierziger Jahren teil; lediglich sechs Teilnehmer (12 Prozent) waren jünger als 40.[65]

Insgesamt fiel das Sozialprofil also deutlich westdeutscher, männlicher, älter und wirtschaftsnäher aus als der soziale Gesamtdurchschnitt des Personals, das mehrheitlich als weiblich, ostdeutsch, mittleren Alters und staatsnah zu beschreiben war.

Für eine Kritik des Quellenmaterials erweist sich die spezifische Komposition der Gesprächsteilnehmer und die konkrete kommunikative Konstellation als bedeutsam. Ein entscheidender Faktor war die Altersdifferenz, denn bis auf wenige (aber markante) Ausnahmen waren sämtliche Gesprächspartner meist ein bis sogar drei Jahrzehnte älter als ihr noch recht junger Interviewer. Dies strukturierte das Kommunikationsgeschehen in signifikanter Weise: Die älteren westdeutschen Manager und Treuhand-Führungskräfte versuchten dem jungen, fachfremden und wenig ostkundigen Forscher ihren außergewöhnlichen Geschäftsalltag im Osten prägnant zu erklären; die älteren ostdeutschen Mitarbeiter hingegen waren merklich bemüht, ihrem westdeutschen Gegenüber die besondere persönliche wie allgemeine Umbruchssituation in der DDR beziehungsweise in Ostdeutschland nach 1989/90 verständlich auseinanderzusetzen.

Das Bewusstsein, dass die eigenen Ausführungen später nicht nur von den Wissenschaftlern des »Forschungsprojekts«, sondern möglicherweise auch von Vorgesetzten gelesen werden konnten, steigerte die kommuni-

65 Eigene statistische Auswertung auf der Grundlage von Rost: Detailanalyse, S. 9f.

kative Komplexität zusätzlich und stellt die Frage nach möglicher Selbstzensur oder taktischer Kommunikation in den Raum. Ein näherer Blick offenbart jedoch, dass die meisten Interviewpartner das Gespräch mit dem jungen Ethnologen als willkommenes, von oben ausdrücklich gewünschtes, individuelles Reflexionsangebot wahrnahmen und sich daher betont offen bis bemerkenswert kritisch gegenüber der eigenen Organisationsspitze oder anderen Abteilungen positionierten. Hierbei dürfte nicht nur das habituelle Selbst- und Sendungsbewusstsein insbesondere der westdeutschen Manager und Unternehmer eine Rolle gespielt haben, sondern auch das absehbare Ende der eigenen Tätigkeit.[66] Im Grunde galt: Wenn sich Mitarbeiter zu einem ausführlichen Interview bereit erklärt hatten, scheint der Wunsch, die eigene, individuelle Sicht der Dinge möglichst umfassend darzustellen, zumindest im Laufe des Gesprächs taktische Erwägungen in den Hintergrund gedrängt zu haben.[67]

Sämtliche Gespräche wurden mithilfe eines Aufnahmegerätes auf Kassetten aufgezeichnet; Rost fertigte bereits während der Gespräche umfassende Notizen an.[68] Die Mitschnitte wurden in einem nächsten Schritt von Hilfskräften transkribiert. Nachdem eine anfängliche, dialektale Formen und Füllworte berücksichtigende Feintranskription für erhebliche Irritationen bei den ersten Interviewpartnern gesorgt hatte,[69] ging Rost bald zu einer glättenden Fassung über. Eine gezielte Zensurpolitik seitens der Mitarbeiter war für ihn nicht zu erkennen, gleichwohl wünschten zahlreiche Gesprächspartner, das eigene Protokoll zur Freigabe und für Korrekturen nochmals vorgelegt zu bekommen. Insgesamt hielten sich die nachträglich

66 Der Frage, inwiefern die ostdeutschen Mitarbeiter auf ihre eigene DDR-, SED- oder gar MfS-Vergangenheit einzugehen bereit waren, wird in Kapitel 2 nachgegangen.

67 Hierzu auch die sozialwissenschaftliche bzw. ethnologische Forschungsliteratur zu narrativen Interviews als qualitative Methode, vgl. Nohl, Arnd-Michael: Interview und dokumentarische Methode. Anleitungen für die Forschungspraxis, 4. Aufl., Wiesbaden 2012; Gläser, Jochen; Laudel, Grit: Experteninterviews und qualitative Inhaltsanalyse. Als Instrumente rekonstruierender Untersuchungen, 4. Aufl., Wiesbaden 2010; Bogner, Alexander; Menz, Wolfgang (Hg.): Experteninterviews. Theorie, Methoden, Anwendungsfelder, Wiesbaden 2009; Küsters, Ivonne: Narrative Interviews. Grundlagen und Anwendungen, 2. Aufl., Wiesbaden 2009; Schütze, Fritz: Das narrative Interview in Interaktionsfeldstudien [Studienbrief], Hagen 1988.

68 Rost, Dietmar: Gesprächsnotizen, in: Privatarchiv D. Rost.

69 Vgl. dazu auch Rost: Detailanalyse, S. 7. Rost hatte sich zunächst für eine exakte Transkriptionsform, die auch dialektale Besonderheiten, Phrasen und Laute umfasste, entschlossen, die jedoch bereits nach den ersten Probeläufen erheblichen Widerwillen v.a. bei den ostdeutschen Gesprächspartnern hervorrief.

vorgenommenen Eingriffe Rost zufolge in sehr engen Grenzen und betrafen bevorzugt Namen und Begriffe.[70]

In einem letzten Schritt bereitete Rost im Sommer 1993 das Textkonvolut umfassend in einer eigenen »Detailanalyse« mithilfe einer EDV-basierten Schlagwortdatenbank weiter auf, indem er Gesprächssegmente zu 24 Mustergruppen arrangierte, sie analysierte und auswertete.[71] Von einer zwischenzeitlich geplanten dritten Interviewwelle mit weiteren fünfzig Teilnehmern sowie der erwogenen Abfassung einer ethnologischen Dissertation auf Grundlage des weitreichenden Materials nahmen schließlich Rost wie Kohli gleichermaßen Abstand, da die Treuhand als Organisation und als Forschungsobjekt bereits deutliche Auflösungstendenzen zeigte.[72]

Es ist die besondere Tragik dieser als ethnografische Grundlagenforschung gedachten Interviewreihe, dass ihre Ergebnisse aus praktischen Gründen erst im Sommer 1993 vorlagen, als die meisten Teilnehmer des »Forschungsprojektes« ihre Arbeit schon abgeschlossen hatten, da der Sammelband bereits Ende 1993 erscheinen sollte. Dies verhinderte die ursprünglich geplante, breite Rezeption durch die Forschergruppe, von denen lediglich ein paar Autoren wie Wolfram Fischer, Wolfgang Seibel oder Roland Czada überhaupt auf die Interviewtranskriptionen zurückgriffen. Die meisten Wissenschaftler hatten parallel eigene Interviews in der Treuhand geführt, die jedoch eher den Charakter gezielter Insider- und Expertengespräche hatten und damit thematisch deutlich pointierter ausgerichtet waren. Neben den genannten Wissenschaftlern nutzte lediglich die Doktorandin Christiana Weber die Interviews für ihre 1996 veröffentlichte Dissertation. Hierzu führte sie um den Jahreswechsel 1994/95 zusätzlich eigene, kürzere und fokussiertere Interviews durch.[73]

Sieht man also von der recht überschaubaren zeitgenössischen Rezeption dieser Bestände ab, nutzte lediglich Mitherausgeber Wolfram Fischer das Material für die Abfassung dreier kleinerer Aufsätze, die als launigfarbige Miniaturen gestaltet waren und in Festschriften abseitig und ohne

70 Allerdings sollte diese nachgelagerte Korrektur- bzw. Freigabepraxis den endgültigen Abschluss der Interviewreihe erheblich verzögern, da einige Teilnehmer sich hierfür bis zu einem halben Jahr Zeit ließen. Vgl. B9-Interview mit Dr. Dietmar Rost, 12.11.2012.

71 Daneben verfasste Rost für Martin Kohlis »Forschungsgruppe Altern und Lebenslauf« einen kursorischen »Forschungsbericht« über »Innenansichten der Treuhandanstalt«. Im Mai 1994 publizierte er wesentliche »Ergebnisse einer qualitativen Befragung von Führungskräften«, methodische Überlegungen und inhaltliche Grundtendenzen: Rost, Dietmar: Innenansichten der Treuhandanstalt. Ergebnisse einer qualitativen Befragung von Führungskräften, Berlin 1994.

72 B9-Interview mit Dr. Dietmar Rost, 12.11.2012.

73 Vgl. Weber: Zeitraffer.

größere methodische Reflexionen veröffentlicht wurden.[74] Bald nach 1995 verlor sich die Spur sowohl der Tonbänder als auch der Transkripte. Sämtliche hiermit arbeitenden Forscher hatten ihre Kopien abgegeben, verlegt oder vernichtet. Auch in den Treuhand-Beständen ließen sich, trotz intensiver Bemühungen, keine weiteren Hinweise auf den Bestand entdecken. Erst Anfang 2012 konnte, nach langer Recherche und schwieriger Kontaktaufnahme, im Schrank einer ehemaligen, zurückgezogen in Berlin lebenden Mitarbeiterin eine inoffiziell mitgenommene Box ausfindig gemacht werden, die zehn Disketten mit Rosts Transkripten im Originalformat enthielt. Das Datenmaterial konnte – was technisch bei diesem flüchtigen Speichermedium keineswegs selbstverständlich ist[75] – nahezu vollständig rekonstruiert, in lesbare Formate übertragen und schließlich umfassend ausgewertet werden; die Tonbänder blieben jedoch weiterhin unauffindbar.

Die fünfzig Interviews umfassende ethnologische Interviewstudie aus den Jahren 1992/93 erweist sich als ein einmaliger empirischer Fundus individueller Perspektiven auf die Organisation, und zwar aus der Mitte ihres (wenn auch meist mit leitender Funktion betrauten) Personals heraus. Im Gegensatz zu üblichen Oral-History-Projekten besaßen die erhobenen Berichte eindeutig zeitgenössischen Charakter. Den an ihren Arbeitsplätzen interviewten Akteuren war der Geschäftsalltag in der Treuhandanstalt überaus präsent, ja mehr noch: Die Befragungen bildeten selbst einen Teil dieses Alltags. Das Material eignet sich damit für eine differenzierende Historisierung sozialwissenschaftlich produzierter Datenbestände über eine exakte Rekonstruktion ihrer zeitgenössischen Entstehungsbedingungen.[76] Letztlich ermöglichen die von Dietmar Rost geführten Interviews,

74 Vgl. die in ihrem Ansatz ganz ähnlich gestalteten Beiträge: Fischer, Wolfram: »Da mußt Du dabeigewesen sein …«. Die Treuhandanstalt aus der Sicht ihrer Mitarbeiter, in: Feldenkirchen, Wilfried; Pohl, Hans (Hg.): Wirtschaft, Gesellschaft, Unternehmen, Stuttgart 1995, S. 552-567; ders.: »Es wäre schön, wenn die Treuhand Deutschland wäre«. Die Zusammenarbeit von Ost und West in der Treuhandanstalt, in: Jansen, Christian; Mommsen, Hans (Hg.): Von der Aufgabe der Freiheit. Politische Verantwortung und bürgerliche Gesellschaft im 19. und 20. Jahrhundert, Berlin 1995, S. 579-598; ders.: »Herzlich Willkommen in diesem ergötzlichen Chaos«. Die Anfänge der Treuhandanstalt aus der Sicht von Mitarbeitern. Eine Dokumentation, in: von Kieseritzky, Wolther (Hg.): Demokratie in Deutschland. Chancen und Gefährdungen im 19. und 20. Jahrhundert, München 1999, S. 363-393.

75 Vgl. dazu die instruktiven Ausführungen bei Patel, Kiran Klaus: Zeitgeschichte im digitalen Zeitalter, in: Vierteljahrshefte für Zeitgeschichte 59 (2011), S. 331-352.

76 Vgl. dazu eingehend: Graf, Rüdiger; Priemel, Kim: Zeitgeschichte in der Welt der Sozialwissenschaften. Legitimität und Originalität einer Disziplin, in: Vierteljahrshefte für Zeitgeschichte 59 (2011), S. 479-495.

punktuell ergänzt durch kleinere Bestände von Christiana Weber und Wolfgang Seibel sowie durch 17 in den Jahren 2012/13 von mir selbst durchgeführte Zeitzeugeninterviews[77] eine Rekonstruktion subjektiver Perspektivsetzungen von Akteuren aus den oberen und mittleren Hierarchieebenen der Organisation. Zeitgenössisch erzählte ostdeutsche Umbruchs- sowie westdeutsche Übergangserfahrungen können so gezielt in Beziehung zueinander gesetzt werden – ein Anliegen, das etwa auch eine ganze Reihe jüngerer Oral-History-Projekte antreibt, die den Ost-West-Relationen auf subjektiver Ebene nachspüren.[78]

In der Summe ermöglicht das jenseits der Treuhand-Bestände zugängliche Quellenmaterial also einen multiperspektivisch angelegten Zugriff. *Erstens* bietet eine ganze Reihe zeitgenössischer, von Historikern oder der Treuhand selbst herausgegebener Dokumentationen und Editionen einen detaillierten, obgleich mitunter geschichtspolitisch unterlegten Überblick über die *Zentralperspektiven* von Treuhand-Führung und Politik »von oben«. *Zweitens* sind die medialen *Außenperspektiven* auf die Organisation und ihr Personal umfassend über das »Medienarchiv« sowie über eine erhebliche Zahl einschlägiger Publikationen greifbar. *Drittens* ermöglichen – neben einigen verstreuten Veröffentlichungen – insbesondere zeitgenössische, nach 1992 unternommene und rekonstruierte Interviewreihen eine detaillierte Analyse verschiedener *individueller Perspektivsetzungen* »von innen«, »von unten« beziehungsweise »aus der Mitte« der Organisation heraus. An Quellenbeständen für eine zeithistorische Auseinandersetzung mit der Treuhandanstalt herrscht also *kein* Mangel.

77 Insgesamt wurden 17 Zeitzeugeninterviews zwischen Februar 2012 und September 2013 mit ehemaligen Treuhand-Mitarbeiter/innen unterschiedlicher Hierarchieebenen durchgeführt, die sich größtenteils auf ein Rundschreiben des »Treuhand-Alumni-Club« (TAC) beim Verfasser dieses Buchs gemeldet hatten. Diese teils mehrstündigen Gespräche waren, ähnlich wie die Interviews von Rost, als halboffene Interviews konzipiert und durchgeführt und haben insgesamt einen eher ergänzenden Charakter.

78 Vgl. v.a. Thießen, Friedrich (Hg.): Die Wessis. Westdeutsche Führungskräfte beim Aufbau Ost, Köln 2009; sowie das auf die Planwirtschaft und deren Personal bezogene Vorgängerprojekt: ders. (Hg.): Zwischen Plan und Pleite. Erlebnisberichte aus der Arbeitswelt der DDR, Köln 2001; zudem Apelt, Andreas H. (Hg.): Aufbrüche und Umbrüche. 20 Jahre deutsche Einheit. Zeitzeugen ziehen Bilanz, Halle 2010; Decker, Markus (Hg.): Zweite Heimat. Westdeutsche im Osten, Berlin 2014; Wächter, Markus; Ponizak, Paulus (Hg.): Die Ostdeutschen. 25 Wege in ein neues Land, Berlin 2014; Arp, Agnès; Boeck, Martin (Hg.): Mein Land verschwand so schnell. 16 Lebensgeschichten und die Wende 1989/90, Weimar 2009.

3. Die Methode: Die Treuhandanstalt als Gegenstand der Zeitgeschichte

Wie geht die zeit- und wirtschaftshistorische Forschung mit dieser spezifischen Gemengelage aus einer hochgradig polarisiert-politisierten wie disziplinär-fragmentierten Deutungs- und Debattenlandschaft sowie einer disparaten Quellensituation um? Welche Literatur dient ihr als Grundlage, welche Blickwinkel nimmt sie ein und welche Deutungs- und Erzählmuster wählt sie? Welche möglichen methodischen Orientierungspunkte bieten gegenwärtige Debatten im Fach für eine Historisierung der Organisation an? Welche übergeordneten Fragen könnte eine zeithistorische Auseinandersetzung mit der Treuhandanstalt behandeln?

3.1 Die Treuhandanstalt in der zeit- und wirtschaftshistorischen Forschung

Für die bisherige Auseinandersetzung mit der Treuhand scheinen insbesondere die gängigen zeithistorischen Zäsursetzungen und innerdisziplinären Grenzziehungen als richtungsweisend.

In der umfassenden, bald nach 1990 einsetzenden Sonderkonjunktur der DDR-Forschung spielten Treuhand und Wirtschaftsumbau keine nennenswerte Rolle. Die erste der beiden vom deutschen Bundestag im Laufe der 1990er-Jahre eingesetzten Enquete-Kommissionen zur »Aufarbeitung von Geschichte und Folgen der SED-Diktatur in Deutschland« (1992-1994) kann als eine zentrale Impulsgeberin der frühen, noch deutlich geschichtspolitisch geprägten Forschungen zur DDR und zum »SED-Regime« gelten. Wie auch diese im Spannungsfeld von Politik, Öffentlichkeit und Wissenschaft im soeben vereinten Deutschland stehend, thematisierte diese erste Kommission indes die Wirtschaftsgeschichte der DDR und ihre Folgen lediglich am Rande.[1] Sie steht damit stellvertretend für die in den 1990er-Jahren etablierte DDR-Geschichte insgesamt, in der deren *Nach*geschichten wie auch die Wirtschaftsgeschichte keine Schwerpunktthemen bildeten.[2]

1 Deutscher Bundestag: Bericht der Enquete-Kommission »Aufarbeitung von Geschichte und Folgen der SED-Diktatur in Deutschland«, 31.5.1994, S. 84f.

2 Vgl. Weber, Hermann; Eppelmann, Rainer; Faulenbach, Bernd; Mählert, Ulrich (Hg.): Bilanz und Perspektiven der DDR-Forschung, Paderborn 2003; Hüttmann, Jens: DDR-Geschichte und ihre Forscher. Akteure und Konjunkturen der bundesdeutschen DDR-Forschung, Berlin 2008; Timmermann, Heiner (Hg.): Die DDR in Deutschland. Ein Rückblick auf 50 Jahre, Berlin 2001; Timmermann, Heiner (Hg.): Agenda DDR-Forschung. Ergebnisse, Probleme, Kontroversen, Münster 2005; Großbölting, Thomas (Hg.): Friedensstaat, Leseland, Sportnation? DDR-Legenden auf dem Prüfstand, Berlin 2009; Conze, Eckart; Gajdukowa, Katharina;

Deutlich anders gelagert war hingegen das Arbeitsprogramm der Nachfolgekommission zur »Überwindung der Folgen der SED-Diktatur im Prozeß der deutschen Einheit« (1995-98), die ihren Blick von der DDR-Geschichte löste und sich einer vorläufigen Bilanzierung ihrer noch offenen Nachgeschichte zuwandte. Die 1994 aufgelöste Treuhandanstalt tauchte im Abschlussbericht dieser zweiten Kommission im Kapitel zur »Wirtschafts-, Sozial- und Umweltpolitik« in sehr unterschiedlicher Weise auf: Die Koalitionsfraktionen aus CDU/CSU und FDP sowie deren Sachverständige arbeiteten in den von ihnen getragenen Abschnitten die schleppende ökonomische Entwicklung und anhaltende Arbeitslosigkeit in den neuen Ländern detailliert in einer »Schlussbilanz der DDR-Wirtschaft« heraus. Beides führten sie als »Hauptursache« auf »Funktionsweise und Funktionsprobleme« der Zentralplanwirtschaft zurück: Nicht die Treuhand, namentlich lediglich im Zusammenhang mit reformblockierenden »Seilschaften« aus alten SED-Parteigängern erwähnt, sondern die strukturellen Belastungen und Defizite der Planwirtschaft schienen ihnen entscheidend für die Krisenmomente beim erhofften Angleichungsprozess zwischen Ost und West.[3]

Diametral fielen hingegen die Sondervoten der Opposition aus. Die SPD und ihre Sachverständigen gingen dezidiert auf die Treuhand ein und kritisierten die einem »orthodox-wirtschaftsliberalen Zeitgeist« folgende, »verfehlte Privatisierungspraxis«. Diese habe »katastrophale Folgen für die Industriestruktur« sowie eine »Deindustrialisierung« in »erschreckende(m) Ausmaß« zur Folge gehabt.[4] Eine Grundsatzkritik, der sich im Wesentlichen auch das Sondervotum der Grünen anschloss, das jedoch zugleich stärker auf die vorherige Misswirtschaft des SED-Regimes abhob. Die PDS wiederum griff in ihrem Anteil die Treuhand für ihre »radikale Privatisierungspraxis im Interesse westdeutscher Großunternehmen sowie kriminelle Aktionen von leitenden, vielfach westdeutschen Mitarbeitern« scharf an. Zwar sei der »Zustand der DDR-Wirtschaft Ende 1989 ernst gewesen«, dennoch hätten die »überstürzte Einführung der DM« sowie eine »fehlerhafte Wirtschaftspolitik« vor allem durch die Treuhandanstalt und das dort herrschende Vertrauen in die »Selbstheilungskräfte des Marktes« gravierende Folgen für die ostdeutsche Wirtschaft und Gesellschaft gezeitigt.[5]

Während sich die erste Enquete-Kommission noch intensiv mit der historischen »Aufarbeitung« der Politik-, Repressions- und Oppositions-

Koch-Baumgarten, Sigrid (Hg.): Die demokratische Revolution 1989 in der DDR, Köln 2009.

3 Deutscher Bundestag: Schlußbericht der Enquete-Kommission »Überwindung der Folgen der SED-Diktatur im Prozeß der deutschen Einheit«, 10.6.1998, S. 71ff.

4 Ebd., S. 84f.

5 Ebd., S. 133f.

geschichte der DDR und des »SED-Regimes« beschäftigte, war deren Nachfolgekommission gerade hinsichtlich der Treuhand und des Wirtschaftsumbaus deutlich von der zeitgenössischen Politisierung und Polarisierung der frühen 1990er-Jahre bestimmt: Die Koalitionsfraktionen verfolgten die Strategie einer Verteidigung oder weitgehenden Dethematisierung der Treuhandanstalt und führten die Verwerfungen in Wirtschaft und Gesellschaft sowie zwischen Ost und West auf die Strukturen und Mentalitäten des SED-Staats zurück. Die Oppositionsfraktionen hingegen griffen die Organisation und ihren Privatisierungskurs, wie schon zu ihren »Lebzeiten«, mit scharfen Worten an. 1998 erschien die Treuhand damit keineswegs als ein abgeschlossener, zeithistorischer Forschungsgegenstand, sondern vielmehr als polarisierendes Referenzobjekt aktueller politischer Debatten über die liberalkonservative Einigungspolitik und ihre mittel- wie langfristigen Resultate.[6]

In der zweiten Hälfte der 1990er-Jahre setzte sich die zeithistorische Auseinandersetzung mit der Treuhandanstalt in drei Publikationsfeldern fort, die im Folgenden umrissen werden. So taucht diese *erstens* in Darstellungen zum Einigungsprozess in den Jahren 1989/90, *zweitens* in wirtschafts- und unternehmenshistorischen Arbeiten sowie *drittens* in allgemeingeschichtlichen Überblicksdarstellungen auf.

Die Darstellungen zum Einigungsprozess behandeln bevorzugt die (politische) Vor- und Frühgeschichte der Organisation, mehrheitlich bis zum 3. Oktober 1990.[7] Bereits 1995 hat Konrad H. Jarausch eine Überblicksdarstellung über die »unverhoffte Einheit« vorgelegt, die eine integrale Perspektive zwischen den Revolutionen 1989/90 und ihrer noch im Fluss befindlichen, krisenhaften Nachgeschichte anbietet. Die Treuhandanstalt begreift der Historiker – getreu damaliger Forschungstendenzen – als »paradoxe Mischung aus Staatsbehörde und Wirtschaftsunternehmen«; sie habe als »Blitzableiter für (den) öffentlichen Unmut« in Ostdeutschland gedient. Die »Schocktherapie« und das ihr nachfolgende »ökonomische Chaos« hätten mithin einen eigentümlichen Doppelcharakter besessen: Nicht nur die abrupte Überführung einer Plan- in eine Marktwirtschaft sei ihre unmittelbare Folge gewesen, sondern auch der »Transfer« einer abgeschirmten Hochindustrie- in eine sich globalisierende »Dienstleistungsgesellschaft«. Interessanterweise verbindet Jarausch aus seiner ame-

6 Deutscher Bundestag: Schlußbericht der Enquete-Kommission »Überwindung der Folgen der SED-Diktatur im Prozeß der deutschen Einheit«, 10.6.1998, v.a. S. 58-97.

7 Vgl. Sabrow, Martin: Die Historikerdebatte über den Umbruch von 1989, in: ders.; Jessen, Ralph; Große Kracht, Klaus (Hg.): Zeitgeschichte als Streitgeschichte. Große Kontroversen seit 1945, München 2003, S. 114-137.

rikanischen Außenperspektive heraus die Vorgänge von Revolution und »Gestaltung der Einheit« noch als klar zusammengehörigen Prozess.[8]

In Deutschland selbst setzte eine Historisierung wenig später ein, abermals ausgelöst durch geschichtspolitische Beweggründe. Im Auftrag der Bundesregierung legten vier namhafte Politikwissenschaftler und Zeithistoriker, denen man exklusiven Zugang zu noch gesperrten Archivmaterialien diverser Bundesministerien gewährte, Mitte der 1990er-Jahre eine vierbändige, offizielle »Geschichte der deutschen Einheit« vor. Insbesondere der zweite Band zum »Wagnis der Währungs-, Wirtschafts- und Sozialunion« von Dieter Grosser befasst sich ausführlich aus politikhistorischer Perspektive mit der frühen Treuhand. Grosser beschreibt – mit markantem Rückbezug auf Leitnarrative des »Forschungsprojektes«, dessen Sammelband ihm als zentrale Referenz dient – wie diese im Sommer 1990 ihren »unmöglichen Auftrag« eines schnellen wie umfassenden Wirtschaftsumbaus durch Massenprivatisierungen erhalten habe. Für Grosser hat sich die Organisation letztlich »hervorragend als Prellbock« geeignet, der die »Angriffe« der enttäuschten Ostdeutschen auf sich gezogen und so der Bonner Bundesregierung »wichtige Entscheidungen« ermöglicht habe.[9] Grosser arbeitet »politische Zwänge in Konflikt mit ökonomischen Regeln« heraus und nimmt damit eine affirmative Perspektive ein, in der »Sachzwänge« zur Etablierung einer als alternativlos betrachteten Organisation zwischen Politik und Ökonomie geführt hätten.

Steht Grosser damit eindeutig in der defensiv-differenzierend ausgerichteten Deutungs- und Erzähltradition des »Forschungsprojektes«, setzen andere Autoren anderweitige Schwerpunkte. Charles S. Maier befasst sich in seinem 1997 (in Deutschland 1999) erschienenen Standardwerk »Das Verschwinden der DDR und der Untergang des Kommunismus« im Schlusskapitel »Anschluss und Melancholie« intensiv mit den frühen 1990er-Jahren und damit auch mit der Treuhand als prekäre Organisation »zwischen Sozialismus und Kapitalismus«. Aus einer Außenperspektive heraus beschreibt Maier, wie sich die Treuhand und ihr Personal nach 1990 in den postsozialistischen Widersprüchen und Anforderungen zwischen Ost und West verheddern und so »zum Symbol für eine kapitalistische Übernahmepolitik« werden. Erhebliche Schulden sowie beträchtliche Ost-West-Spannungen seien die mittelfristigen Folgewirkungen für das vereinte Deutschland gewesen. Letztlich habe die hochumstrittene, unter massivem Druck von Politik und Öffentlichkeit arbeitende Organisation

8 Jarausch, Konrad H: Die unverhoffte Einheit. 1989-1990, Frankfurt a.M. 1995, v.a. S. 276-306.

9 Grosser, Dieter: Das Wagnis der Währungs-, Wirtschafts- und Sozialunion. Politische Zwänge im Konflikt mit ökonomischen Regeln, Stuttgart 1998, S. 346-364.

die »Grundtendenz« eines massiven Industriearbeitsplatz-Rückgangs aller Experimente, Kurswechsel und Maßnahmen zum Trotz nicht aufhalten können. Maier gelangt zu dem Schiedsurteil, dass die Umstellungskrisen in der DDR-Industrie auf langfristige »Probleme« zurückzuführen seien sowie auf »neue Schwierigkeiten, mit denen der westliche Industriekapitalismus zu kämpfen« gehabt habe.[10]

Ähnlich wie Maier betrachtet der Sozialtstaatshistoriker Gerhard A. Ritter in seiner 2009 veröffentlichten »Geschichte der deutschen Einigung« die Treuhand in ihren mittelfristigen Auswirkungen auf den (west-) deutschen Sozialstaat. Ritter konzentriert sich indes weniger auf die Treuhandanstalt, als vielmehr auf die politischen Entscheidungen, die er als ambivalent beurteilt: Zwar seien »Fehler« bzw. »Fehleinschätzungen« vor allem durch die Bundesregierung im Jahr 1990 aufgetreten, dennoch habe »keine realistische Alternative« zur »Übernahme« der bundesdeutschen »Normen, Institutionen und Akteure« durch die DDR bestanden. Die Ritter'sche Treuhandanstalt erscheint somit als ausführendes, von außen gesteuertes Objekt in einer ungünstigen Konstellation, das einen »letztlich unmögliche(n) Auftrag« zu bewältigen gehabt habe – ablesbar auch an den marktliberalen wie linken Kritikern. Eine »detaillierte Geschichte« der Organisation, die verschiedene Branchen und Regionen berücksichtigen müsse, sei allerdings »noch nicht geschrieben« und schien Ritter nur durch ein »großes Forschungsteam« realisierbar.[11]

Analog verknüpft auch Andreas Rödder in »Deutschland einig Vaterland« die Politik- und Ereignisgeschichte der Revolutionsjahre 1989/90 mit einer zeitlich umfassenderen, wirtschafts- und gesellschaftshistorischen Nach- beziehungsweise Transformationsgeschichte. Der »Schocktherapie« aus »Währungsunion und Privatisierung« widmet er einen eigenen Abschnitt, wobei auch er sich explizit den Bewertungen Wolfgang Seibels anschließt. Die Treuhand als Schlüsselorganisation habe trotz »aller taktischen Brillanz« beim praktischen Wirtschaftsumbau »strategisch keine Chance« gehabt, »ihren Auftrag wie erwartet zu erfüllen«, da dem ökonomischen »Schock« im Sommer 1990 keine (wirtschafts-)politische »Therapie« gefolgt sei. Die »vermeintlichen Übergangsprobleme« auf den »befreiten Märkten Ostdeutschlands« hätten sich als hartnäckige »Dauerprobleme« herausgestellt, sodass nach den ökonomischen Ein- und Zusammenbrüchen der Jahre 1990/91 nur noch sozialstaatliche Abfede-

10 Maier, Charles S.: Das Verschwinden der DDR und der Untergang des Kommunismus, Frankfurt a.M. 1999, S. 443-461.

11 Ritter, Gerhard A.: Wir sind das Volk! Wir sind ein Volk! Geschichte der deutschen Einigung, München 2009, S. 134ff.; ders.: Der Preis der deutschen Einheit. Die Wiedervereinigung und die Krise des Sozialstaats, 2., erw. Aufl., München 2007.

rungsmaßnahmen als »Palliativ« zur Verfügung gestanden hätten. Rödders Abschlussbilanz fällt durchwachsen aus: Zwar habe die Treuhand ihren »Privatisierungsauftrag« vollauf erfüllt und so »einen umfassenden Strukturwandel« vorangetrieben; allerdings »zu weit höheren Kosten als 1990 erwartet«. Der Streit um die Treuhand und ihr Vermächtnis zeugt für Rödder sowohl von »der Herausforderung durch die deutsche Einheit« sowie von der zeitgenössischen »Fehleinschätzung jener Situation, für die freilich jeder historische Vergleichsmaßstab« gefehlt habe.[12]

Das zweite Veröffentlichungsfeld wird vorwiegend von Wirtschaftshistorikern bespielt. Der beim »Forschungsprojekt«, als Autor, Koordinator und Mitherausgeber aktive Westberliner Wolfram Fischer, der das Thema in ein paar kleineren Aufsätzen weiterverfolgte,[13] mochte noch als einer der ersten akademischen Verteidiger der angegriffenen Organisation zählen. Sein ostdeutscher Fachkollege Jörg Roesler kann demgegenüber als einer ihrer hartnäckigsten und ausdauerndsten Kritiker in der gesamtdeutschen Wissenschaftslandschaft gelten. Nach dem Ende der DDR seiner Anstellung an der Akademie der Wissenschaften verlustig gegangen, befasste auch Roesler sich nicht nur intensiv weiterhin mit der Geschichte der DDR-Zentralverwaltungswirtschaft,[14] sondern immer wieder auch mit deren als verfehlt kritisiertem Umbau durch die Treuhandanstalt. Den Kurs der Organisation attackierte er als »autokratisch« und »grundsätzlich ideologisch dominiert«: Die Treuhand habe sich ausschließlich als »Privatisierungsanstalt« und »Insolvenzverwalter« des zügig »abzuschaffenden Volkseigentums« begriffen und letztlich eine scharfe, »neoliberale« Privatisierungspolitik betrieben. Diese sei in erster Linie westdeutschen Konzerninteressen dienlich gewesen und habe dem Aufbau eigenständiger ostdeutscher Unternehmen oder Konkurrenten einen Riegel vorgeschoben. Nach Roesler ist die Treuhandanstalt Hauptverantwortliche für die massive »Deindustrialisierung« Ostdeutschlands sowie die sozialen Verwerfungen und kulturellen Spannungen.[15] Wie kaum ein anderer Histori-

12 Rödder, Andreas: Deutschland einig Vaterland. Die Geschichte der Wiedervereinigung, München 2009, S. 300-314.

13 Siehe die auf S. 55 genannten, 1995 bzw. 1999 publizierten Aufsätze von Wolfram Fischer.

14 Vgl. Roesler, Jörg: Zwischen Plan und Markt. Die Wirtschaftsreform in der DDR 1963-1970, Freiburg 1990; Wenzel, Siegfried; Roesler, Jörg: Was war die DDR wert? Und wo ist dieser Wert geblieben? Versuch einer Abschlussbilanz, Berlin 2015.

15 Roesler, Jörg: Die Treuhandpolitik. Verkauf und Abwicklung statt Sanierung und Umwandlung mit dem Ergebnis einer weitgehenden Deindustrialisierung des Ostens, in: Bahrmann, Hannes; Links, Christoph (Hg.): Am Ziel vorbei. Die deutsche Einheit – eine Zwischenbilanz. Berlin 2005, S. 93-106; ders.: Die Treu-

ker bringt er die sonst im etablierten geschichtswissenschaftlichen Spektrum wenig vertretenen, kapitalismuskritischen, ostdeutschen Deutungen energisch ein.

Gegensätzlich fällt hingegen das Urteil von Werner Abelshauser aus. Der Bielefelder Wirtschaftshistoriker widmet sich in seinem umfangreichen und mehrfach überarbeiteten Standardwerk der »Deutschen Wirtschaftsgeschichte seit 1945«. Darin geht er den strukturellen Ursachen wie mentalen Voraussetzungen für das bundesrepublikanische »Wirtschaftswunder« der 1950er-Jahre umfassend nach und thematisiert in einer späteren Neuauflage auch die intensive ökonomische Debatte um ein mögliches »Zweites Wirtschaftswunder« in Ostdeutschland im Jahr 1990. Eine knappe Schlussbilanz der Treuhandanstalt präsentierte Abelshauser am Ende seiner Überlegungen. Deren enormes Defizit führt er auf ein Zusammenwirken verschiedener Komponenten zurück: Neben übersteigerten wirtschaftspolitischen Erwartungen und verzerrten Wahrnehmungen im Vorfeld der »wirtschaftlichen Vereinigung« führt er die »tieferen« mentalen wie materiellen Strukturen der ostdeutschen Zentralverwaltungswirtschaft und Gesellschaft ins Feld. Die bundesdeutschen Institutionen seien zwar zügig in den Osten übertragen worden, die dortigen Mentalitäten hätten sich jedoch nur sehr langsam verändert; für ein »Zweites Wirtschaftswunder« im Ostdeutschland der früheren 1990er-Jahre hätten damit entscheidende Voraussetzungen gefehlt.[16]

Einer jüngeren Generation ostdeutscher Wirtschaftshistoriker ist André Steiner zuzurechnen, der sich nach 1990 als führender Historiker der DDR-Planwirtschaft etablieren und dabei die verschiedenen inneren wie äußeren Ursachen ihres »Scheiterns« umfassend herausarbeiten konnte.[17]

handanstalt. Wirtschaftsimperium oder Politikinstrument?, in: Liedtke, Rüdiger (Hg.): Die Treuhand und die zweite Enteignung der Ostdeutschen, München 1993, S. 18-53; ders.: Nur den Anforderungen des Marktes verpflichtet? Autokratische Züge und demokratische Ansätze der Treuhandprivatisierung, in: Deutschland Archiv 44 (2011), S. 230-237; ders.: Vom Kombinatsbetrieb zur verlängerten Werkbank. Beabsichtigte und unbeabsichtigte Folgen der Treuhandprivatisierung, in: Deutschland Archiv 42 (2009), S. 466-474; ders.: Ostdeutsche Wirtschaft im Umbruch, 1970-2000, Bonn 2003; ferner: Roesler, Jörg; Semmelmann, Dagmar: Vom Kombinat zur Aktiengesellschaft. Ostdeutsche Energiewirtschaft im Umbruch in den 1980er und 1990er Jahren, Bonn 2005.

16 Abelshauser, Werner: Deutsche Wirtschaftsgeschichte seit 1945, München 2004, S. 402f. u. 448f.

17 Steiner, André: Von Plan zu Plan. Eine Wirtschaftsgeschichte der DDR, bearb. Neuausg., Berlin 2007; ders. (Hg.): Überholen ohne einzuholen. Die DDR-Wirtschaft als Fußnote der deutschen Geschichte?, Berlin 2006; hinzugekommen ist jüngst eine von Steiner mitverfasste und umfassende Studie zur Geschichte der Carl-Zeiss-Stiftung im Spannungsfeld von Ost und West, vgl.: Pahlow, Louis;

In seinen wirtschaftshistorischen Analysen zur Planwirtschaft taucht die Treuhand allerdings perspektivisch bevorzugt als (Ab-)Schlusspunkt langfristiger Entwicklungslinien auf. Sie lässt die strukturellen und systematischen Defizite des Plansystems erst umfassend an die Oberfläche treten.[18]

Darüber hinaus ist eine Reihe branchenspezifischer Untersuchungen zu nennen, in denen die Genese verschiedener Wirtschaftszweige und Unternehmen behandelt wird, wobei die Treuhand hier als externer (und meist kritisch bewerteter) Akteur eingeführt wird. So behandelt Christoph Links in seiner Dissertation die aus seiner Sicht weitgehend misslungene Privatisierung der DDR-Verlage durch die Treuhandanstalt nach 1990.[19] Von Ulrike Schulz liegt, ebenfalls als Dissertation, eine 1856 beginnende Unternehmensgeschichte der Suhler Simsonwerke vor, deren 1993 erfolgendes Ende sie maßgeblich auf unternehmerisches Versagen der zuständigen Treuhand-Manager zurückführt.[20] Hanns Christian Löhr befasst sich in der »Kampf ums Eigentum« mit der Privatisierung der Landwirtschaft durch die Treuhand, die als überforderte Vermittlerin im Spannungsfeld von westdeutschen Alteigentümern und ostdeutschen Neubauern agieren muss.[21]

Steiner, André: Die Carl-Zeiss-Stiftung in Wiedervereinigung und Globalisierung 1989-2004, Göttingen 2017.

18 Steiner, André: Der Weg zur Wirtschafts- und Währungsunion vom 1. Juli 1990, in: Henke, Klaus-Dietmar (Hg.): Revolution und Vereinigung 1989/90. Als in Deutschland die Realität die Phantasie überholte, München 2009, S. 441-455; ders.: Die DDR-Ökonomie vor und nach dem Fall der Mauer, in: Apelt, Andreas H.; Grünbaum, Robert; Gutzeit, Martin (Hg.): Der Weg zur Deutschen Einheit. Mythen und Legenden, Berlin 2010, S. 59-70; ders.: Zwischen Wirtschaftswundern, Rezession und Stagnation. Deutsch-deutsche Wirtschaftsgeschichte 1945 bis 1989, in: Kleßmann, Christoph; Lautzas, Peter (Hg.): Teilung und Integration. Die doppelte deutsche Nachkriegsgeschichte als wissenschaftliches und didaktisches Phänomen, Bonn 2005, S. 177-191.

19 Links, Christoph: Das Schicksal der DDR-Verlage. Die Privatisierung und ihre Konsequenzen, Berlin 2009.

20 Schulz, Ulrike: Simson. Vom unwahrscheinlichen Überleben eines Unternehmens 1856-1993, Göttingen 2013.

21 Löhr, Hanns Christian: Der Kampf um das Volkseigentum. Eine Studie zur Privatisierung der Landwirtschaft in den neuen Bundesländern durch die Treuhandanstalt (1990-1994), Berlin 2002. Zu ergänzen wäre schließlich die jüngst veröffentlichte Dissertation von Jann Müller, der die Treuhandanstalt vor allem in ihrer Interaktion mit den nach 1990 ebenfalls wiederaufgebauten Industrie- und Handelskammern untersucht; vgl. Müller, Jann: Die Wiederbegründung der Industrie- und Handelskammern in Ostdeutschland im Prozess der Wiedervereinigung. Stuttgart 2017.

Rainer Karlsch hat sich mit der Geschichte der ostdeutschen Gaswirtschaft auch noch 1990 befasst.[22]

Wirft man schließlich im dritten Publikationsfeld einen weiteren Blick auf das seit einigen Jahren wieder prosperierende Genre der Überblicksdarstellungen zur jüngeren deutschen Geschichte, findet der Themenkreis Berücksichtigung, allerdings in unterschiedlicher Konnotation. So befassen sich jüngere Arbeiten zur Geschichte des vereinigten Deutschlands mit den Umbrüchen und Übergängen nach 1989/90, insbesondere mit Blick auf dessen krisenhafte Frühphase und die hiermit verknüpften Ost-West-Konflikte: 2006 etwa behandelte der streitbare und den »Forschungsverbund SED-Staat« leitende Zeithistoriker Klaus Schroeder in seinem dickleibigen Überblickswerk die »Treuhandanstalt als Sündenbock«. Schroeder gelangt zu dem Schluss, dass die Organisation »trotz einiger offensichtlicher Fehlentwicklungen und krimineller Machenschaften« eine »historische Leistung vollbracht« habe, die »ihresgleichen« suche. Sie habe – »mit brachialer Gewalt« und gegen alle Widerstände – einen unvergleichlichen »Strukturwandel« ins Werk gesetzt. Die »Errichtung der THA« durch die deutschen Regierungen erscheint ihm damit »alternativlos« und als »strategische wie taktische Meisterleistung«, da sie dank ihrer »Schutzfunktion« für das politische System ein »Blitzableiter für die Wut vieler Ostdeutscher« angesichts der sozialen Verwerfungen gewesen sei.[23]

Manfred Görtemaker befasst sich in seiner drei Jahre später publizierten Monografie über die »Berliner Republik« auch mit den »wirtschaftlichen Auswirkungen der Vereinigung« und gelangt zu einem ähnlichen Befund. Es habe »keine andere Wahl« zu der von der Treuhand verantworteten ökonomischen »Schocktherapie« gegeben, die massiven Umwälzungen hätten sie aber zwangsläufig ins »Kreuzfeuer der Kritik« manövriert. Insgesamt zählt Görtemaker das »Treuhand-Kapitel« jedoch »ungeachtet aller Erfolge eher zu den dunklen Abschnitten des deutschen Einigungsprozesses«.[24]

In chronologisch weiter ausgreifenden Synthesen zur jüngeren (bundes-)deutschen Geschichte werden Treuhandanstalt und Wirtschaftsumbau eher bilanzierend am Ende behandelt. Edgar Wolfrum widmet ihnen in seiner »Geglückten Demokratie« von 2007 einen längeren Abschnitt, in dem er die »Privatisierung der DDR-Wirtschaft« als »eines der größten

22 Karlsch, Rainer: Vom Licht zur Wärme. Geschichte der ostdeutschen Gaswirtschaft 1855-2008, Berlin 2008.

23 Schroeder, Klaus: Die veränderte Republik. Deutschland nach der Wiedervereinigung, München 2006, S. 253-261; vgl. auch ders.: Der Preis der Einheit. Eine Bilanz, München 2000.

24 Görtemaker, Manfred: Die Berliner Republik. Wiedervereinigung und Neuorientierung, Bonn 2009, S. 87-95.

Probleme« im Kontext der Wiedervereinigung klassifiziert, wobei er zu einem differenzierenden Gesamturteil gelangt. Die Treuhand habe »ohne Vorbilder und ohne vorgefertigte Rezepte« arbeiten müssen; bis heute würden letztlich »kritische und positive Einschätzungen der Treuhandanstalt« einander abwechseln.[25]

Eckart Conze geht in seiner »Suche nach Sicherheit« von 2009 ebenfalls auf die Organisation ein, wobei er die praktische »Umsetzung« der Massenprivatisierungen als »von Anfang [an] äußerst schwierig« und »schleppend« charakterisierte. Der »politische Druck auf die Treuhand« sei mit der wachsenden Arbeitslosigkeit »rapide« angestiegen, auch die entstehenden Ausgaben und Kosten seien erheblich angewachsen. In der »bitterbösen Kritik« seien einerseits »Wut und Enttäuschung über die hohe Erwerbslosigkeit« mitgeschwungen, aber zugleich hätten auch »Verärgerung über nicht wenige Fehlentscheidungen« sowie der generelle »Vorwurf, alles Ostdeutsche werde abgewertet und vom Westen lediglich abgewickelt« eine Schlüsselrolle gespielt. Für Conze ist die Treuhand damit ein Mosaikstein der kulturellen Irritationen und Unsicherheiten, die das unverhofft vereinte Deutschland nach 1990 heimgesucht hätten.[26]

Eine andere Perspektive wählen Axel Schildt und Detlef Siegfried in ihrer »Deutschen Kulturgeschichte«. In ihrem letzten Kapitel gehen die Autoren ausführlich auf den ernüchternden »Alltag in Ost und West« ein. Für sie sind die sich nach der kurzen Euphorie einstellenden »Desillusionierungen« vor allem mit der Treuhandanstalt und dem »Übergang zur Marktwirtschaft« verknüpft, da die Ostdeutschen diese Organisation bald als »verantwortliche Institution für Betriebsschließungen und Massenarbeitslosigkeit« wahrgenommen hätten. Auch diese beiden Autoren stimmen in ihren Ausführungen zur Treuhand deren zeitgenössischen Kritikern zu. Sie monieren etwa die von ihr betriebene Beseitigung »potentielle(r) Konkurrenz« für westdeutsche Konzerne, in der sie letztlich auch die hohen Defizite und Versäumnisse der Treuhand verankert sehen. Langfristig hätten die Treuhand und die Folgen ihres Wirkens erhebliche mentale Konflikte und kulturelle Irritationen zwischen Ost und West katalysiert.[27]

Am Rande behandelt auch Andreas Wirschings »Preis der Freiheit. Geschichte Europas in unserer Zeit« den ostdeutschen Wirtschaftsumbau. Kurz bilanziert er die Resultate der Treuhand, deren Betriebe durch den

25 Wolfrum, Edgar: Die geglückte Demokratie. Geschichte der Bundesrepublik Deutschland von ihren Anfängen bis zur Gegenwart, Stuttgart 2006, S. 473.

26 Conze, Eckart: Die Suche nach Sicherheit. Eine Geschichte der Bundesrepublik Deutschland von 1949 bis in die Gegenwart, München 2009, S. 730f.

27 Schildt, Axel; Siegfried, Detlef: Deutsche Kulturgeschichte. Die Bundesrepublik. 1945 bis zur Gegenwart, München 2009, S. 474ff.

»schockartigen Übergang« und »im kalten Scheinwerferlicht des Weltmarktes« in ihrer »Leistungsfähigkeit« zu einer »*quantité négligeable*« zusammengeschrumpft seien. Die Folgen: »schmerzhafte Deindustrialisierung« und Massenarbeitslosigkeit; die »Euphorie der ersten Stunde« sei daher »unvermeidlich in Enttäuschungen« umgeschlagen. Dieser »Marktschock«, der nach dem Fall des »Eisernen Vorhangs« ganz Osteuropa erfasst habe, habe also auch die Ostdeutschen betroffen und in der Interaktion mit ihren westdeutschen Landsleuten erhebliche Ressentiments geschürt. Dennoch schienen für Wirsching die ökonomischen, gesellschaftlichen wie kulturellen Verwerfungen innerhalb Deutschlands nach 1990 aus europäischer Perspektive funktional fruchtbar, ja begrüßenswert: Das vereinte Deutschland sei, so die Pointe, im Blick seiner misstrauischen Nachbarn eben nicht unmittelbar zum unumstrittenen »Wirtschaftsgiganten« im Herzen Europas aufgestiegen, sondern habe sich intensiv nach innen gewandt und sich als komplizierter »Testfall für das neue, post-kommunistische Europa« entpuppt.[28]

Jüngst hat auch Ulrich Herbert Treuhandanstalt sowie Wirtschafts- und Gesellschaftsumbau in seiner »Geschichte Deutschlands im 20. Jahrhundert« recht ausführlich behandelt. Unter dem Stichwort der »Vereinigungskrise« beschreibt Herbert die Ursachen für den »katastrophalen Niedergang« in der ostdeutschen Industrie, die letztlich zu »Massenentlassungen in historisch beispiellosem Ausmaß« geführt hätten; auch geht er auf »Schiebereien und Betrug« im Treuhand-Kontext ein, die er jedoch trotz des zeitgenössisch erregten »großen Aufsehens« als »Nebenerscheinungen« der Umbauprozesse charakterisiert. Interessanterweise stellt sich Herbert – im Gegensatz zu seinen Kollegen – offen die Frage, ob es mögliche Alternativen zum Privatisierungskurs der Treuhand gegeben habe und skizziert das Debattenfeld zwischen »linken Kritikern« und »Verfechtern der reinen Marktwirtschaft«. Letztlich scheint ihm die »Privatisierung oder Stilllegung nahezu einer gesamten Volkswirtschaft« letztlich historisch einmalig; es hätten keine »Erfahrungswerte« vorgelegen, was Fehler und Versäumnisse erklären könne. Es sei daher nicht überraschend, wie Herbert schlussfolgert, dass die Organisation, die den Wirtschaftsumbau »vollziehen musste«, auf diesem Weg »zum Objekt von Hass und Verzweiflung und zum Symbol der ostdeutschen Wirtschaftsmisere« geworden sei. Am »desolaten Zustand der meisten ostdeutschen Betriebe« habe die Treuhand keine Schuld getragen, die »wirtschaftspolitischen Fehler

28 Wirsching, Andreas: Der Preis der Freiheit. Geschichte Europas in unserer Zeit, München 2012, S. 68 f.; vgl. auch ders.: Demokratie und Globalisierung. Europa seit 1989, München 2011.

beim Vereinigungsprozess« seien noch vor ihrem Bestehen durch die Bundesregierung gemacht worden.[29]

Damit bedient sich Herbert – und mit ihm die Geschichtswissenschaft – eines Erzählmotivs, das Jürgen Kocka bereits 1992 geprägt hatte, als er seine persönlichen Erfahrungen beim schwierigen personellen wie organisatorischen Umbau der ostdeutschen Hochschullandschaft reflektierte.[30] Er hatte die »Geschichte der Gegenwart« als umfassende »Vereinigungskrise« gedeutet und eine »Entfremdung zwischen Ost- und Westdeutschen« diagnostiziert: Ein »Stocken der Vereinigung«, das einerseits zeige, »wie weit man sich in vier Jahrzehnten eben doch auseinandergelebt« habe und wie sehr »die Grenzen der Übertragbarkeit des westdeutschen Modells auf eine nach 40 Jahren eben doch ganz andere Gesellschaft« deutlich geworden seien. Andererseits werde mit Blick auf Wirtschaftskrisen, Massenarbeitslosigkeit, Asyldebatten und Fremdenfeindlichkeit deutlich, dass »die Demokratie des vereinigten Deutschlands weniger stabil« sei als »die der alten Bundesrepublik«.[31]

Diese facettenreiche »Vereinigungskrise« entpuppte sich für Kocka im Kern als nach innen gerichtetes und eruptives Ringen um eine eigentlich schon verabschiedete deutsche (National-)Identität nach 1990. Die vor 1989/90 scheinbar festgefügten und stabilen Ordnungs- und Orientierungsmuster des Ost-West-Konfliktes hätten sich, so Kocka, aufgelöst und zugleich eine neue krisenhafte Dynamik erzeugt, die die Grundfesten der »alten« Bundesrepublik erschütterte, wie er als Zeitdiagnostiker zwischen Pessimismus und Optimismus formulierte:

> »Indem sich die Bundesrepublik ein so großes anderes Stück Deutschlands einverleibt, verändert sie sich. Das System ächzt und knarrt unter den neuen Belastungen; ob es sie besteht, muss sich erst zeigen. Und man erkennt, wie sehr der alles beeinflussende Ost-West-Konflikt die alte Bundesrepublik geprägt, fest im Westen verankert und im Inneren stabilisiert hat. Ohne diesen festen Rahmen öffnet sich das Möglichkeitsspektrum auch im Inneren neu, meist nicht zum Besseren hin. Die Zukunft ist offener geworden. Man ist gespannt und fühlt sich auf

29 Herbert, Ulrich: Geschichte Deutschlands im 20. Jahrhundert, München 2014, S. 1143-1158.

30 Vgl. Grüttner, Michael; Hachtmann, Rüdiger; Jarausch, Konrad H.; John, Jürgen; Middel, Matthias (Hg.): Gebrochene Wissenschaftskulturen. Universität und Politik im 20. Jahrhundert, Göttingen 2010; Kocka, Jürgen: Wissenschaft und Wiedervereinigung. Disziplinen im Umbruch, Berlin 1998; Schluchter, Wolfgang: Neubeginn durch Anpassung? Studien zum ostdeutschen Übergang, Frankfurt a.M. 1996.

31 Kocka, Jürgen: Vereinigungskrise. Zur Geschichte der Gegenwart, Göttingen 1995.

> dünnem Eis. Der Wandel ist rasant, z.T. schwindelerregend. Das Leben hat an Intensität gewonnen, die neuen Erfahrungen sind kaum zu verarbeiten, von Langeweile keine Spur, man schwankt zwischen Befürchtung und Faszination. [...] Der rasante, zukunftsoffene Wandel und die Rückkehr vergangen geglaubter Strukturen wirken zusammen: die alte Bundesrepublik wird rasch zur Geschichte.«[32]

Kocka hatte damit die Quintessenz einer »Vereinigungskrise« in den frühen 1990er-Jahren beschrieben, in der sich übergeordnete historische Narrative mit subjektiven Eindrücken des aktiven Zeitgenossen im unübersichtlichen, widersprüchlichen Umbruchsgeschehen erkennbar vermischten.

Versucht man die bisherige Rezeption von Treuhandanstalt und postsozialistischem Wirtschaftsumbau in der zeitgeschichtswissenschaftlichen Literatur zu synthetisieren, so lassen sich deutliche Grundmuster und -motive erkennen. Während dieser Themenkomplex in der umfangreichen Literatur zu »Revolution und Einheit« 1989/90 eher als Endpunkt und »dunkle« Nachgeschichte auftaucht, behandeln wirtschafts- und unternehmenshistorische Arbeiten diese Phase fall- und branchenbezogen als meist prekäre ökonomische (Zwischen-)Etappe.[33] In allgemeinhistorischen Synthesen zur deutschen Geschichte erscheint die Treuhand als Bestandteil krisenhafter Umbrüche nach der Wiedervereinigung im Spannungsfeld von Ost und West. Unbestritten billigen ihr die meisten Fachvertreter das bereits von den Zeitgenossen beanspruchte Signum historischer »Einmaligkeit« zu; mögliche Alternativszenarien werden unter Verweis auf die spezifische Konstellation häufig nicht erwogen.

Die von Kocka vorgenommene, krisenbezogene Grundperspektive prägt die zeithistorische Auseinandersetzung bis in die Gegenwart: Die Mehrheit der zumeist westdeutsch sozialisierten Historiker der älteren Generationen ordnen insbesondere die Treuhandanstalt in das sich entfaltende, makroskopisch nachgezeichnete Krisenpanorama ein. Diese erscheint damit in den postsozialistischen Umbrüchen eher als schuldlos Getriebene denn als verantwortlich Treibende. Demgegenüber setzt sich eine Minderheit von Historikerinnen und Historikern mit meist ostdeutschem Hintergrund kritisch von diesem Deutungsmuster ab. Sie machen keine übergeordnete »Krise« oder Sozialismusfolgen für die Verwerfungen verantwortlich, sondern benennen konkrete Akteure auf der Meso- und Mikroebene als Treibende (oder gar »Schuldige«).

32 Ebd., S. 135.

33 Vgl. dazu, auch perspektivisch: Boyer, Christoph: »1989« und die Wege dorthin, in: Vierteljahrshefte für Zeitgeschichte 59 (2011), S. 101-118.

Bei einer allgemeinen Durchsicht der bestehenden zeithistorischen Literatur fällt letztlich auf, in welch starkem Maß die zeitgenössisch hervorgebrachten Deutungen gerade auch in die zeithistorischen Arbeiten einfließen. So sind es vor allem deskriptive Treuhand-Forscher wie Wolfgang Seibel oder Roland Czada sowie positionsfreudige Publizisten wie Michael Jürgs, die den gegenwärtigen Historikern als zentrale Narrativlieferanten dienen, gerade *weil* sie sich mit ihren Bewertungen in das erzählerische Krisenpanorama bestens einpassen lassen: Seibel hatte mit seinem bereits 1992 formulierten Deutungsmuster eines funktionalen »Schutzschildes« oder tragischen »Winkelrieds« das gängigste Motiv der zeithistorischen Reflexionen zur Treuhandanstalt in die historische Debatte eingeführt. Dieser Grundimpuls kann als langfristiges Vermächtnis des »Forschungsprojektes« gelten.

Eigenständige, quellenbasierte Forschungen zur Treuhand sucht man in der gegenwärtigen zeithistorischen Debatte indes noch vergebens; zumeist erschöpft sich diese in einer Übernahme affirmativer und nur im Einzelfall kritischer Deutungen aus den zeitgenössischen Debatten. Ost-westliche Konflikte, politische Interessengegensätze sowie biografische Prägungen der Autoren spiegeln sich auch in der zeithistorischen Literatur selbst, die weiterhin die zeitgenössisch geführte Debatte über die tiefer liegenden Ursachen der »Vereinigungskrise« fortführt: Während eine Mehrheit überwiegend westdeutscher Zeithistoriker die defizitären Strukturen und Mentalitäten der DDR, ihrer Planwirtschaft und Gesellschaft *vor 1989/90* hierfür verantwortlich macht, weist eine Minderheit (mehrheitlich ostdeutscher) Fachkollegen in eine andere Richtung. Aus ihrer Sicht stehen verfehltes politisches wie ökonomisches Management der postsozialistischen Umbruchs- und Transformationsprozesse nach 1990 im Stil einer radikalen »Übertragung« westdeutscher Institutionen auf die ostdeutsche Gesellschaft im Mittelpunkt.

Die Jahre 2016/2017 haben diesem Themenfeld indes einigen Auftrieb beschert. Dies zeigt sich nicht nur an programmatischen Schriften, die überzeugend für eine grundlegend neue Vermessung der »Vereinigungsgesellschaft« in den frühen 1990er-Jahren plädieren.[34] Auch die Treuhandanstalt selbst wird nun prominent zum Gegenstand zeithistoriografischer (Auftrags-)Forschungen, die urwüchsige parteipolitische wie ministerielle Konkurrenzen nachklingen lassen. Auf diese Weise schrieb nicht nur das SPD-geführte Bundeswirtschaftsministerium im Frühjahr 2016 kurzfristig eine kleinere Studie zu »Wahrnehmung und Bewertung der Treuhandan-

34 Vgl. dazu v.a. jüngst Großbölting, Thomas; Lorke, Christoph (Hrsg.): Deutschland seit 1990. Wege in die Vereinigungsgesellschaft, Stuttgart 2017.

stalt« aus;[35] auch das vom Koalitionspartner CDU geleitete Bundesfinanzministerium unterstützte seit Ende 2016 ein weiteres, allerdings ungleich größer dimensioniertes Forschungsprojekt zur Treuhandanstalt durch das Münchner Institut für Zeitgeschichte, das die Organisation programmatisch als »Laboratorium der Marktwirtschaft« in den Blick nehmen möchte – und damit konzeptionell an zeitgenössische Forschungen aus Sozial- und Wirtschaftswissenschaften anschließt.[36] Es bleibt indes zu hoffen, dass die zeitgenössischen Polarisierungen und Politisierungen zwischen (linker) Kritik und (konservativer) Affirmation angesichts ministerieller Interventionen nicht auch die nun einsetzende zeithistoriografische Diskussion überlagern werden.[37] Eine möglichst vielstimmige wie quellennahe Auseinandersetzung mit der Treuhandanstalt und ihrer vielfältigen materiellen wie ideellen Wirkungen dürfte in Zukunft reichlich Material und Raum für fruchtbare Fachdiskussionen bieten.

3.2 Ansatzpunkte zu einer Historisierung: Debatten und Methoden

Die Treuhandanstalt erscheint bis dato als historisch einzigartiger wie eigentümlich peripherer Gegenstand, der quer zu den üblichen innerdisziplinären Abgrenzungen der Zeitgeschichten von der DDR und der »Bonner« sowie »Berliner Republik« liegt. Sie bleibt damit für den zeithistorischen Mainstream ein schwer durchschaubares Zwischen-, Rand- oder Abschlussphänomen, das als wichtiger Bestandteil einer »Vereinigungskrise« akzeptiert und ausgewiesen, jedoch bisher vorwiegend affirmativ als umstrittener »Schutzschild« aus einer übergeordneten, funktionalistischen Makroperspektive bilanzierend beschrieben wird. Angesichts zeithistorischer Deutungsüberschüsse, fehlender theoretischer Reflexion und einer empirischen Mangelsituation gibt sich das Fach bislang weitgehend damit zufrieden, zeitgenössische Narrative und Deutungen von Erfolg, Misserfolg oder »erfolgreichem Scheitern« (Seibel) fortzuschreiben.[38]

35 Vgl. Böick, Marcus; Goschler, Constantin: Wahrnehmung und Bewertung der Arbeit der Treuhandanstalt, Bochum 2017 (= Studie im Auftrag des Bundesministeriums für Wirtschaft und Energie).

36 Pressemitteilung des Instituts für Zeitgeschichte München – Berlin, 6.12.2016; dazu jüngst vertiefend als Skizze: Hoffmann, Dierk: Im Laboratorium der Marktwirtschaft: Zur Geschichte der Treuhandanstalt 1989/90 bis 1994, in: Vierteljahrshefte für Zeitgeschichte 66 (2018) 1, S. 167-185.

37 Vgl. »Wer die Akten hat, hat auch das Sagen«, in: Frankfurter Allgemeine Zeitung vom 2.1.2017; »Alle Fehler und Pannen«, in: Neues Deutschland vom 26.8.2017; »Das Treuhand-Trauma«, in: Der Spiegel, 23.11.2017.

38 Vgl. ausführlich Seibel: Erfolgreiches Scheitern.

Es ist erklärtes Ziel und Anspruch dieses Buchs, einen neuen, zeithistorischen Blick auf dieses schwer fassbare Gebilde zu werfen, der sich nicht in bloßen Fortschreibungen der zeitgenössischen Erzählungen und Gegenerzählungen erschöpft. Vielmehr begreift es dieses methodische Grundsatzproblem einer jüngsten »Zeitgeschichte in der Welt der Sozialwissenschaften« als Herausforderung.[39] Hierfür bieten gegenwärtige Forschungsdebatten methodische Anknüpfungspunkte, die helfen können, den scheinbar ausgedeuteten und auserzählten Gegenstand mit neuen Fragen zu konfrontieren.

Insgesamt sollen fünf Debattenstränge herausgestellt werden: *erstens* die intensiv geführten Auseinandersetzungen um eine west- und gesamteuropäische »Problemgeschichte nach dem Boom« seit den 1970er-Jahren; *zweitens* aktuelle Impulse zur Neuvermessung der Geschichte der postsozialistischen »Übergangsgesellschaft« im Ostdeutschland der frühen 1990er-Jahre; *drittens* die jüngsten Anregungen zur Etablierung einer umfassenden Zeitgeschichte des »Neoliberalismus« in der europäischen Transformationszeit nach Ende des Ost-West-Konfliktes; *viertens* neuere Entwürfe zu einer Geschichte von Privatisierungen in »Idee und Praxis«; und schließlich *fünftens* das intensive methodische Nachdenken über Brückenschläge zwischen wirtschafts- und kulturhistorischen Ansätzen und der Kollektivbiografik.

Die sicher einflussreichste Debatte um eine »jüngste« Zeitgeschichte seit den 1970er-Jahren als »Problemgeschichte der Gegenwart«[40] wird, zumindest in Deutschland, unter dem von Lutz Raphael und Anselm Doering-Manteuffel eingeführten Leitmotiv einer Zeitgeschichte »nach dem Boom« verhandelt. Als Fluchtpunkt dieses Angebots erscheint die langfristige »Herausbildung des digitalen Finanzmarkt-Kapitalismus [als] wichtigste und wirkmächtigste Kraft innerhalb des komplexen Wandlungsgeschehens«.[41] Mitte der 1970er-Jahre hätte sich in den westeuropäischen Gesellschaften ein mehrdimensionaler »Strukturbruch« vollzogen, der mittelfristig »sozialen Wandel von revolutionärer Qualität«

39 Graf/Priemel: Zeitgeschichte; Patel: Zeitgeschichte.

40 Vgl. Hockerts: Zugänge.

41 Raphael/Doering-Manteuffel: Nach dem Boom, S. 8; zur laufenden Debatte um den Zäsurcharakter der 1970er-Jahre vgl. Andresen, Knut; Bitzegeio, Ursula; Mittag, Jürgen (Hg.): Nach dem Strukturbruch? Kontinuität und Wandel von Arbeitsbeziehungen und Arbeitswelt(en) seit den 1970er-Jahren, Bonn 2011; Jarausch, Konrad H. (Hg.): Das Ende der Zuversicht? Die siebziger Jahre als Geschichte, Göttingen 2008; Ferguson, Niall: The shock of the global. The 1970s in perspective, Cambridge/Mass. 2010; Reitmayer, Morten; Schlemmer, Thomas (Hg.): Die Anfänge der Gegenwart. Umbrüche in Westeuropa nach dem Boom, München 2013.

nach sich gezogen habe. Interessant ist in diesem Zusammenhang vor allem der Stellenwert, der dem Ende des Realsozialismus in Osteuropa zukommt: Die plötzliche »Implosion« der sowjetischen Herrschaftssphäre bildete hier nicht das entscheidende Moment, da die »Zeit nach 1990« zwar den »Beginn einer neuen Epoche« markiere, jedoch der »Zerfall des Ostblocks als Begleiterscheinung des Übergangs[,] nicht als dessen Ursache zu deuten« sei. In den vom Sozialismus befreiten Ländern Osteuropas habe sich jener digitale Finanzmarktkapitalismus frei und ungehindert entfalten können, der zuvor in den westlichen Gesellschaften während der 1970er- und 1980er-Jahre in einer »Übergangsphase« noch verborgen geblieben sei. »Postsozialismus« und »Neoliberalismus«, so die zentrale Hypothese, seien dabei miteinander verschmolzen. Erst Mitte der 1990er-Jahre sei diese Entwicklung an ein Ende gelangt und die neue, digital-kapitalistische wie globale Gesellschafts- und Wirtschaftsformation habe in Ost *und* West ihre unbestrittene Dominanz erlangt.[42]

Raphael und Doering-Manteuffel belassen es bei der von ihnen gesetzten Zäsur des endgültigen Beginns eines global einsetzenden digitalen Finanzmarkt-Kapitalismus jedoch bei der abstrakten, nicht näher ausgeführten Hypothese eines West-Ost-Transfers. Offen bleibt, wie die »Experimente« in Osteuropa beschaffen waren, wer sie durchführte, welche Wirkungen sie entfalteten, wie sie sich zu den dortigen gesellschaftlichen Strukturen und kollektiven Mentalitäten verhielten und wie man sich deren konkrete Rückwirkungen auf den »alten« Westen Europas vorzustellen habe. Dennoch bietet diese noch vage konturierte Schlussetappe einer Zeitgeschichte nach dem Boom erste perspektivische Ansatzpunkte: Ihr zufolge kann die Treuhand abstrakt als alltagspraktisches »Experimentierfeld« zwischen (östlichem) »Postsozialismus« und (westlichem) »Neoliberalismus« begriffen werden.

Kann diese Großkontroverse als mögliches Ringen um eine integrierende, allerdings primär auf Westeuropa zentrierte Meistererzählung seit Mitte der 1970er-Jahre begriffen werden, deutet sich parallel – in einem zweiten Debattenstrang – auch auf dem Feld der DDR-Geschichtsschreibung ein Umdenken an, das die Aufmerksamkeit stärker auf die Nachgeschichten des Realsozialismus verschiebt. In jüngster Zeit mehren sich Stimmen, die dazu auffordern, gerade die Phase der postrevolutionären Auf-, Um- und Abbrüche im Ostdeutschland der frühen 1990er-Jahre jenseits der scharfen 1989/90er-Zäsur in den Blick zu nehmen. So plädiert etwa Frank Bösch für eine Renaissance des von Christoph Kleßmann ver-

42 Ebd., S. 26ff.

fochtenen Konzepts einer »deutsch-deutschen Perspektive«,[43] welche eine »asymmetrisch verflochtene Parallelgeschichte« der beiden aufeinander bezogenen Staaten und Gesellschaften erzählen könne, die gleichsam kompatibel mit den transnationalen Trends der gegenwärtigen Forschungsdebatte sei. Die Forschung müsse hierfür die scharfe disziplinäre Differenzierung zwischen den Geschichten von der DDR, »Bonner« und »Berliner Republik« systematisch überwinden.[44] Bösch lässt offen, inwiefern der »Transformationsprozess« nach 1989/90 als ostdeutsches Phänomen zu behandeln ist, deutet jedoch an, dass die zeitgenössische Forschung zum »Wandel in Ostdeutschland« unter dem Paradigma einer »nachgeholten Modernisierung« letztlich Analysegegenstand statt Referenzpunkt sein könne. Die gesellschaftlichen »Selbstbeschreibungen der Zeitgenossen und deren Beobachtungstechniken« seien nicht zu reproduzieren, sondern zu dekonstruieren.[45]

Während das von Bösch neuerlich vorgeschlagene Forschungsprogramm einer jenseits der 1989/90er Zäsur[46] angesiedelten Nationalgeschichte der beiden deutschen Staaten und Gesellschaften noch in einem frühen Stadium begriffen ist, plädiert eine vom Zentrum für Zeithistorische Forschung sowie von dem Deutschen Historischen Museum im Sommer 2015 kuratierte Jubiläums-Ausstellung unter dem Titel »Alltag Einheit« für eine konsequente Historisierung der frühen 1990er-Jahre in Ostdeutschland. Diese müsse jenseits der Darstellungen angesiedelt werden, die sich »teleologisch auf den 3. Oktober als glücklichen Höhepunkt der deutschen Geschichte« beziehen und »stark politik- und ereignisgeschichtlich« geprägt sind, wie Jürgen Danyel herausstellt.[47] Konzeptionell will er damit für eine neue »Gesellschaftsgeschichte des Vereinigungsprozesses« werben, die sich durch »erfahrungsgeschichtliche Perspektiven auf

43 Vgl. insbesondere Kleßmann, Christoph: »Deutschland einig Vaterland«? Politische und gesellschaftliche Verwerfungen im Prozess der deutschen Einigung, in: Zeithistorische Forschungen 8 (2009), S. 85-104.

44 Vgl. Bösch, Frank: Geteilte Geschichte. Plädoyer für eine deutsch-deutsche Perspektive auf die jüngere Zeitgeschichte, in: Zeithistorische Forschungen 12 (2015), S. 98-114.

45 Ebd.; vgl. Bösch, Frank (Hg.): Geteilte Geschichte. Ost- und Westdeutschland 1970-2000, Göttingen 2015.

46 Vgl. programmatisch dazu Herbert, Ulrich: Jenseits der Katastrophen. Zum Stand der deutschen Zeitgeschichtsforschung, in: Schröder, Ann-Kathrin (Hg.): Geistesgegenwart und Geisteszukunft. Aufgaben und Möglichkeiten der Geisteswissenschaften, Essen 2007, S. 26-45; Böick, Marcus; Siebold, Angela: Die Jüngste als Sorgenkind? Plädoyer für eine jüngste Zeitgeschichte als Varianz- und Kontextgeschichte von Übergängen, in: Deutschland Archiv 1 (2011), S. 105-113.

47 Danyel, Jürgen: Alltag Einheit: Ein Fall fürs Museum!, in: Aus Politik und Zeitgeschichte 65 (2015), S. 26-35, hier S. 26.

die deutsche Vereinigungsgesellschaft und ihre Konflikt- und Problemlagen« auszeichnen müsse. Als Leitbegriff für die weitere Diskussion schlägt Danyel den Terminus einer »Übergangsgesellschaft« vor:

> »[Mit dem Konzept der ›Übergangsgesellschaft‹, M.B.] wird eine Phase umrissen, in der die Auflösung der politischen, wirtschaftlichen, sozialen und kulturellen Institutionen der untergegangenen DDR einherging mit der schrittweisen Etablierung einer am Vorbild der Bundesrepublik orientierten Verfassungs-, Wirtschafts- und Institutionenordnung. Es handelte sich um eine Art Schwebezustand, in der das Alte noch nicht völlig verschwunden war und das Neue sich erst allmählich zu etablieren begann.«[48]

Der sozialwissenschaftliche Oberbegriff der »Transformation«, die als messbarer, linearer wie einseitig von Ost nach West ausgerichteter Anpassungs- und Modernisierungsprozess verstanden wurde,[49] ließe sich mit der terminologischen Alternative einer »Übergangsgesellschaft« im »Schwebezustand« konzeptionell öffnen. Dennoch will Danyel den Fokus auf Ostdeutschland beibehalten, um die dortige »Dramatik des gesellschaftlichen Wandels« explizit herausstellen zu können: »Im Osten änderte sich für die Menschen fast alles und dies gleichzeitig.«[50] Somit weise die von Bösch herausgestellte »Asymmetrie der deutsch-deutschen Parallelgeschichte« auch und gerade über das Jahr 1990 hinaus. Letztlich erscheint das begriffliche Angebot einer ostdeutschen Übergangsgesellschaft im Schwebezustand attraktiv, auch wenn die perspektivische Engführung auf Ostdeutschland gelegentlich die Komplexität der vielfältigen Interaktionen zwischen Ost und West als Frage bloßer »Stereotypen« auf Diskursebene erscheinen lässt.[51]

Als ambitionierter Versuch einer Verknüpfung von westzentrierten Metaerzählungen (»Nach dem Boom«) und ostzentrierten Begriffsalternativen (»Übergangsgesellschaft«) kann in einem dritten Debattenstrang der Ansatz von Philipp Ther begriffen werden. Im Kern übernimmt dieser eine zentrale Hypothese von Raphael und Doering-Manteuffel, kehrt allerdings, im Anschluss an Arbeiten von Karl Schlögel,[52] deren prinzipielle Ausrichtung um: Die »neue Ordnung« des westlichen

48 Ebd., S. 30.

49 Vgl. dazu die programmatische »Urschrift« der (west-)deutschen Transformationsforschung: Griesen/Leggewie: Experiment Vereinigung.

50 Danyel: Alltag Einheit, S. 30.

51 Ebd., S. 31; vgl. auch den Ausstellungskatalog Danyel, Jürgen: Alltag Einheit. Porträt einer Übergangsgesellschaft, Berlin 2015.

52 Schlögel, Karl: Die Mitte liegt ostwärts. Europa im Übergang, Frankfurt a.M. 2008.

Neoliberalismus habe sich in Osteuropa nach dem Ende des sowjetisch dominierten Realsozialismus in den 1990er-Jahren etablieren können; doch seien die dortigen Prozesse ihrer »Durchsetzung« sowie deren Rückwirkungen vielschichtiger und komplexer, als eine westzentrierte Labor- und Experimentalmetaphorik vermuten ließe. Ther hatte bereits vor einiger Zeit dafür geworben, im Rahmen einer neuen Zeitgeschichte der jüngsten Vergangenheit Ost- und Westeuropa stärker aufeinander zu beziehen.[53] In seiner »Geschichte des neoliberalen Europa«, die als Melange aus autobiografischen Retrospektiven wie übergeordneten Analysen gestaltet ist und damit Thers eigene Zeitzeugenschaft offen thematisiert, fordert dieser konzeptionell nicht weniger als ein perspektivisches Abrücken von der begleitenden Transformationsforschung und ihrer zeitgenössisch produzierten Deutungs-, Wissens- und Zahlenbestände. Stattdessen soll eine Umorientierung zu einer konsequenten Historisierung dieser Umbruchszeit und ihrer gesellschaftlichen Selbst- und Fremdbeschreibungen erfolgen.[54]

Dem klassischen, westzentrierten Begriff einer »Transformation« setzt er zu diesem Zweck eine Reihe von Gegenbegriffen entgegen und will so den linearen West-Ost-Impuls aufbrechen: Der Begriff der »Ko-Transformation« etwa verweise auf die intensiven Verschränkungen, Wechsel- und Rückwirkungen dieser Prozesse mit den und auf die Gesellschaften Westeuropas. Als »Transformation von unten« beschreibt er, bevorzugt am polnischen Beispiel, die einheimischen Aneignungen westlich-neoliberaler Konzepte. Unter dem Stichwort »Selbsttransformationen« umreißt er schließlich exemplarisch Umbruchsprozesse auf der Ebene konkreter Subjekte durch individuelle biografische Anpassungen.[55]

Thers Monografie kann als erster umfassender Versuch gewertet werden, eine zeithistorische, transnationale wie integrative Perspektive auf die europäische Geschichte der frühen 1990er-Jahre zu etablieren. Jedoch vermag er den Anspruch, westlich-zeitgenössische Transformations- und

53 Ther, Philipp: Die neue Ordnung auf dem alten Kontinent. Eine Geschichte des neoliberalen Europa, Berlin 2014; sowie der programmatische Aufsatz: ders.: Das »neue Europa« seit 1989. Überlegungen zu einer Geschichte der Transformationszeit, in: Zeithistorische Forschungen 6 (2009), S. 105-114.

54 Ebd., v.a. S. 17-40; siehe hierzu Bockman, Johanna: Markets in the name of socialism. The left-wing origins of neoliberalism, Stanford 2011.

55 Ther: Die neue Ordnung, S. 129 u.S. 136; vgl. zum boomenden Feld der »Selbst«-Forschung bzw. Subjektivierungen Eitler, Pascal; Elberfeld, Jens (Hg.): Zeitgeschichte des Selbst. Therapeutisierung – Politisierung – Emotionalisierung, Bielefeld 2015; sowie v.a. auch den soziologischen Impulsgeber Bröckling, Ulrich: Das unternehmerische Selbst. Soziologie einer Subjektivierungsform, Frankfurt a.M. 2007.

Modernisierungsperspektiven auf Länder und Gesellschaften durch eine Gesamtschau unter dem überwölbenden diskursiven Spannungsbogen des »Neoliberalismus« zu überwinden, nur bedingt einzulösen.[56] Ther bedient sich des auch aus der innerdeutschen Debatte bekannten Motivs einer östlichen »Avantgarde«, deren Gesellschaft ihre vermeintliche Rückständigkeit durch postsozialistische Dynamik und hiermit verbundene Umorientierungen überwunden habe und den alten Westen damit sogar an Innovationskraft überholen konnte.[57] Dennoch bleibt der von Ther formulierte Anspruch, eine Ost und West integrierende Zeitgeschichte in bewusster Auseinandersetzung mit den Befunden, Beschreibungen und Deutungen der zeitgenössischen Transformationsforschung zu schreiben, eine wichtige Messlatte.[58]

Mit dem Begriffspaar von individuellen »Selbsttransformationen« beziehungsweise gesellschaftlichen »Transformationen von unten« verweist Ther auf konkrete Felder, die von übergeordneten, perspektivischen Meta-Reflexionen zum Charakter der Übergangsepoche wegführen und damit zu Recht auf die methodisch-empirische Ebene konkreten zeithistorischen Arbeitens verweisen. Dieser vierte Debattenstrang droht bei der gegenwärtigen Gewichtung von Großtrends, Zäsuren, Übergängen oder Leitmotiven aus dem Fokus zu geraten. Letztlich mangelt es einer zeithistorischen Auseinandersetzung mit der jüngsten Vergangenheit nach 1989/90 fast noch vollständig an einem belastbaren Unterbau empirisch ausgerichteter und thematisch fokussierter Fallstudien.[59]

56 So argumentieren einige Passagen des Buches noch sehr stark innerhalb der jeweiligen Fachdiskurse der zeitgenössischen Transformationsforschung im Modus des statistischen Ländervergleichs; auch der Blick auf die west- und südeuropäischen Gesellschaften fällt eher skizzenhaft aus. Schließlich bleibt der problematische Leitbegriff des »Neoliberalismus« diffus, wobei Ther zwischen terminologischer Dekonstruktion und der Übernahme eines zeitgenössisch-kritischen Begriffsgebrauchs schwankt. Bezeichnenderweise behandelt Ther nicht zuletzt auch den deutsch-deutschen »Sonderfall« einer »doppelten Schocktherapie« der abrupten Einführung von Markwirtschaft und globalisiertem Wettbewerb nebst Institutionen-, Personal- und Finanztransfer nur am Rande und nutzt die »gesamtdeutsche Vereinigungskrise« vielmehr als negativ konnotierte Kontrastfolie für die (erfolgreicheren) Umgestaltungsprozesse in Polen, weshalb auch die Treuhand nur eine randständige Rolle spielt.

57 Vgl. Engler, Wolfgang: Die Ostdeutschen als Avantgarde, Berlin 2004; sowie Reißig, Rolf: Die gespaltene Vereinigungsgesellschaft. Bilanz und Perspektiven der Transformation Ostdeutschlands und der deutschen Vereinigung, Berlin 2000.

58 Vgl. dazu insg. Graf/Priemel: Zeitgeschichte; Patel: Zeitgeschichte; Böick/Siebold: Sorgenkind.

59 Vgl. den von Konrad H. Jarausch herausgegebenen Sammelband, der zu verschiedenen Themenfeldern jeweils einen westdeutschen, ostdeutschen und amerikanischen Forscher zu Wort kommen lässt: Jarausch, (Hg.): United Germany.

Doch auch in dieser Hinsicht stehen thematische Vorschläge und Angebote im Raum, deren nähere Betrachtung lohnenswert ist. Stärker praxis- und themenbezogen etwa greift ein von Norbert Frei und Dietmar Süß herausgegebener Sammelband zu »Privatisierung. Idee und Praxis seit den 1970er Jahren« in die Debatte um den Zuschnitt einer Problemgeschichte der Gegenwart ein.[60] Kernhypothese der beiden Autoren ist die Beobachtung, dass »Privatisierung« und »Entstaatlichung« seit Mitte der 1970er-Jahre, aber insbesondere in den 1980er-Jahren in den »Mittelpunkt der globalen Kontroversen um das Verhältnis von Staat und Gesellschaft« gerückt seien. Sie würden somit einen neuen gesellschaftlichen Leitdiskurs bilden, sofern man sie als gesellschaftliches Konzept begreife, das über die Sphäre einer Reduktion des staatswirtschaftlichen Sektors hinausweise:

> »Die ›Entstaatlichung‹ von Unternehmen war Teil dieser Politik, die individualistische Freiheitsrhetorik, monetaristische Wirtschaftspolitik, liberale Sozialstaatskritik und konservative Wertvorstellungen miteinander verband und damit ein Politikmodell von einiger Strahlkraft etablierte. […] Privatisierung war in diesem Sinne weit mehr als nur der Verkauf staatseigener Betriebe. Sie meinte die Totalisierung des Markt-Prinzips – und damit den Abgesang auf alle Pläne zur Steuerung von Wirtschaft und Gesellschaft. Stattdessen ging es um die marktvermittelte Selbstregulierung von Wirtschaft und Gesellschaft.«[61]

Die postsozialistischen Revolutionen und Umbrüche von 1989/90 hätten sich – nach der »Inkubationsphase einer neoliberalen Privatisierungs- und Flexibilisierungsideologie« vor allem in den USA und in Großbritannien während der 1980er-Jahre – letztlich als entscheidendes Durchbruchsmoment in der Geschichte dieses neuen Politik- und Gesellschaftsmodells erwiesen.[62] Einerseits greift Süß hierbei das bereits bei Raphael und Doering-Manteuffel oder auch bei Ther angelegte Motiv eines östlichen »Experimentierfelds« des westlichen »Neoliberalismus« auf, bezieht dieses allerdings stärker auf konkrete historische Forschungsfelder, also auf Akteurs- und Themenkreise, um so die Widersprüche und Ambivalenzen dieser Privatisierungspraktiken herausarbeiten zu können.[63] Insbesondere

60 Frei, Norbert; Süß, Dietmar (Hg.): Privatisierung. Idee und Praxis seit den 1970er Jahren, Göttingen 2012.

61 Süß, Dietmar: Idee und Praxis der Privatisierung. Eine Einführung, in: ders.; Frei, Norbert (Hg.): Privatisierung. Idee und Praxis seit den 1970er Jahren, Göttingen 2012, S. 11-31, hier S. 12.

62 Ebd., S. 16.

63 Ebd., S. 16f. Zur zeithistorischen Erforschung dieses wirkmächtigen »Politikmodells« stellt Süß sieben empirische Untersuchungsdimensionen heraus, die übergreifende Kontexte, politische Rahmungen, Ideen, Akteurs- und Organisations-

sein Plädoyer für eine akteursbezogene Alltags- und Praxisgeschichte der »Privatisierung« beziehungsweise der »Privatisierer« im Spannungsfeld von Politik und Ökonomie erscheint zentral:

> »Es dürften gerade diese neuen Beziehungen und Verflechtungen zwischen Staat und Markt und die korporativen Mischungsverhältnisse gewesen sein, die das Spezifische des Transformationsprozesses nach 1989 ausmachten. Oder anders gesagt: Auch die Privatisierung musste gelernt und erprobt werden und schuf für eine ganze Generation von Managern ein neues Berufsfeld – mit eigener Managementlehre und Sprache der Unternehmensberater. [...] Es waren Manager, die sich aus dem Würgegriff und der jahrzehntelangen Patronage befreien wollten und sich keineswegs als neoliberale Adepten verstanden.«[64]

Dieser eindringliche Verweis auf die Praktiker, also die »Manager« des Wirtschaftsumbaus führt auf eine Ebene, die bei den übergeordneten zeithistorischen Debatten bisher kaum besprochen wird. Oftmals bleiben die handelnden, deutenden und erzählenden Akteure im Umbruchsgeschehen eigentümlich unterbelichtet. Anders gesagt: Nicht das *Was* oder das *Warum* der sich nach 1990 vollziehenden sozioökonomischen wie kulturellen Dynamiken auf Makroebene sollten im Zentrum künftiger Bemühungen stehen, sondern vor allem das *Wie* und somit die Konstitution und Beschreibung dieser Wandlungsprozesse durch die handelnden und deutenden Zeitgenossen auf der Meta-, Mikro- und Subjektebene.

Eine Zeitgeschichte der jüngsten Vergangenheit muss somit zugleich auch als eine in ihrem Rückblick distanzschaffende, hinterfragende Kulturgeschichte konzipiert sein.[65] Diese Grundüberlegung korrespondiert mit einer weiteren methodischen Trendwende in der deutschen Historiografie, die sich bereits nach 2000 andeutete, aber unter dem Eindruck der sich seit 2007/8 vollziehenden globalen Finanzkrisen noch an Dynamik gewinnen konnte – gemeint ist eine Verbindung von Wirtschafts- und Kulturgeschichte, die sich in einem fünften Debattenstrang abbilden lässt. Die deutsche Wirtschafts- und Unternehmensgeschichtsforschung hatte sich von den kulturhistorischen »Wenden«, die die Allgemeingeschichte in den 1980er- und 1990er-Jahren nach und nach erfasst hatten, weitgehend

netzwerke, Betroffenen-Erfahrungen, Subjekt-Konstitutionen sowie Leitbegriffe und Semantiken umfassen.

64 Ebd., S. 16-18.

65 Vgl. Mergel, Thomas; Welskopp, Thomas (Hg.): Geschichte zwischen Kultur und Gesellschaft. Beiträge zur Theoriedebatte, München 1997; Daniel, Ute: Kompendium Kulturgeschichte. Theorien, Praxis, Schlüsselwörter, Frankfurt a.M. 2001; Tschopp, Silvia Serena; Weber, Wolfgang: Grundfragen der Kulturgeschichte, Darmstadt 2007; Landwehr, Achim: Kulturgeschichte, Stuttgart 2009.

unbeeindruckt gezeigt und ihr Profil in einer forcierten Annäherung an die Theorien und Modelle der Wirtschaftswissenschaften gesucht. 2004 haben Hartmut Berghoff und Jakob Vogel diese Bewegung kritisiert, wobei sie auch den Mainstream der neuen Kulturgeschichte einbezogen: Die »Enthistorisierung der Ökonomie« sei einhergegangen mit einer »Entökonomisierung der neueren Kulturgeschichte«,[66] die das Themenfeld – auch in demonstrativer Absatzbewegung zur stark sozioökonomisch orientierten Sozialgeschichte Bielefelder Prägung – mit Missachtung gestraft habe. In den 1990er-Jahren habe sich demnach eine hartnäckige »Sprachlosigkeit« zwischen den Disziplinen breitgemacht.[67]

Den »Dialogue of the deaf« wieder in Gang zu setzen ist nicht nur das programmatische Anliegen von Berghoff und Vogel geblieben. Das Plädoyer für eine »Wirtschaftsgeschichte als Kulturgeschichte« hat mittlerweile einige Zustimmung erfahren, wobei sich die Diskussion – anders als bei der bisweilen überhitzten Debatte um eine »Kulturgeschichte des Politischen« beziehungsweise »Neue Politikgeschichte«[68] – wenig kontrovers gestaltete. Historiker propagierten in diversen Mischungsverhältnissen eine »kulturhistorische Erweiterung« der Wirtschaftsgeschichte und forderten eine »Wiederentdeckung« der »harten« Ökonomie durch die »weiche« Kulturgeschichte.[69]

In ihrem ursprünglichen Plädoyer für eine Synthese haben Berghoff und Vogel einen ganzen Katalog wechselseitiger Verknüpfungspunkte benannt, wobei sie unter anderem die prinzipielle Bedeutung einer Ideen-, Alltags- und Mentalitätsgeschichte des Ökonomischen herausstellten. Die historische Analyse von »Selbstdefinitionen und Weltwahrnehmungen der ökonomischen Akteure« markieren sie als aussichtsreiches Berührungs-

66 Berghoff, Hartmut; Vogel, Jakob (Hg.): Wirtschaftsgeschichte als Kulturgeschichte. Dimensionen eines Perspektivenwechsels, Frankfurt a.M. 2004.

67 Berghoff, Hartmut; Vogel, Jakob: Wirtschaftsgeschichte als Kulturgeschichte. Ansätze zur Bergung transdiziplinärer Synergiepotentiale, in: dies. (Hg.): Wirtschaftsgeschichte, S. 9-41.

68 Frevert, Ute; Haupt, Heinz-Gerhard (Hg.): Neue Politikgeschichte. Perspektiven einer historischen Politikforschung. Frankfurt a.M. 2005; Stollberg-Rilinger, Barbara (Hg.): Was heißt Kulturgeschichte des Politischen?, Berlin 2005; Kraus, Hans-Christof; Nicklas, Thomas (Hg.): Geschichte der Politik. Alte und neue Wege, München 2007.

69 Ellerbrock, Karl-Peter; Wischermann, Clemens (Hg.): Die Wirtschaftsgeschichte vor der Herausforderung durch die New Institutional Economics, Dortmund 2004; Hilger, Susanne; Landwehr, Achim (Hg.): Wirtschaft – Kultur – Geschichte. Positionen und Perspektiven, Stuttgart 2011; Dommann, Monika; Speich Chassé, Daniel; Dejung, Christof (Hg.): Auf der Suche nach der Ökonomie. Historische Annäherungen, Tübingen 2014; Budde, Gunilla (Hg.): Kapitalismus. Historische Annäherungen, Göttingen 2011.

feld zwischen Ökonomie und Kultur. Insbesondere betriebswissenschaftliche Forschungen zur Unternehmenskultur, die seit den 1980er-Jahren unter dem westlichen Eindruck des rasanten Aufstiegs japanischer Konzerne zu florieren begannen, dienen ihnen als exemplarisches Praxisfeld, das die Synergiepotenziale einer kulturhistorischen Umorientierung der Wirtschaftsgeschichte andeutet. Unternehmen als besondere Organisationen könnten so als »Miniaturgesellschaften« und »Deutungsgemeinschaften« analysiert werden, »die wie alle menschlichen Gemeinschaften über historisch gewachsene Regelsysteme, spezifische Normen sowie gemeinsame Wahrnehmungsmuster und Routinen verfügen. Diese werden durch Symbole und Rituale erzeugt, tradiert und verfestigt. Es geht dabei immer um unternehmensspezifische Leitbilder sowie die Konstruktion von Identität und Gemeinsamkeit im (teilweise konflikthaften) Zusammenspiel von Unternehmensleitung und Belegschaft.«[70]

Auf diese Weise erzeuge Unternehmenskultur »gemeinsame Deutungsmuster« des Ökonomischen, die die interne Kommunikation strukturierten, bei der Formulierung von »strategischen Unternehmenszielen« prägend seien sowie auch deren »Umsetzung in entsprechende Handlungsmuster« beeinflussen würden.[71]

Für eine zeithistorische Studie zur Treuhandanstalt, die sich selbst als prekäre Organisation an der Schwelle nicht nur von Ost und West, sondern auch zwischen Wirtschaft, Politik und Gesellschaft verstand, erscheinen derartige methodisch-kulturhistorische Vorüberlegungen besonders vordringlich. Die unterbreiteten Vorschläge können sogar weiter zugespitzt werden, indem sie noch stärker auf die alltagshistorische Mikro- oder Praxisebene bezogen werden. Im Anschluss an die seit über dreißig Jahren umfassend gewachsene Forschungstradition der Alltagsgeschichte und der Oral History[72] als ihre bevorzugte Methode richtet dieses Buch seinen Fokus nicht allein auf die Organisation Treuhandanstalt und die sie umgebende Öffentlichkeit, sondern verstärkt auf das handelnde und deu-

70 Berghoff/Vogel: Wirtschaftsgeschichte, S. 23f.

71 Vgl. die klassische Arbeit von Berghahn, Volker R.: Unternehmer und Politik in der Bundesrepublik, Frankfurt a.M. 1985; Berghahn, Volker R.; Unger, Stefan; Ziegler, Dieter (Hg.): Die deutsche Wirtschaftselite im 20. Jahrhundert. Kontinuität und Mentalität, Essen 2003.

72 Vgl. dazu jüngst Andresen/Apel/Heinsohn: Es gilt das gesprochene Wort; ferner vgl. Obertreis, Julia; Stephan, Anke (Hg.): Erinnerungen nach der Wende. Oral History und (post-)sozialistische Gesellschaften, Essen 2009; Christian Ernst; Schwarz, Peter Paul: Zeitzeugenschaft im Wandel. Entwicklungslinien eines (zeit-)geschichtskulturellen Paradigmas in Kontexten von ›NS-Vergangenheitsbewältigung‹ und ›DDR-Aufarbeitung‹, in: BIOS: Zeitschrift für Biographieforschung und Oral History 50 (2012) 1, S. 25-49.

tende (Führungs-)Personal auf oberer und mittlerer Ebene. Damit können jene individuellen Wahrnehmungen, Fremddeutungen und Selbstbeschreibungen eben jener Manager, Unternehmer, Beamter und Ökonomen des praktischen Wirtschaftsumbaus ins kulturhistorisch formierte Blickfeld rücken, die in einer Makroperspektive auf die »Blackbox« Treuhand zumeist unsichtbar bleiben.

Produktiv hierfür ist das facettenreiche Genre der historischen Kollektivbiografie, wie es Wilhelm H. Schröder bilanziert hat: Bis zum Jahr 2011 seien im deutschen Feld knapp sechzig Arbeiten in diesem Format publiziert worden, die sich schwerpunktmäßig mit drei Themenfeldern befassen. Die darin skizzierten Gruppen speisen sich aus Bereichen wie »Politik/Staat/Verwaltung« (mit Politikern, Militärs, Bürokraten, Richtern oder Funktionären) oder »Kultur/Bildung/Wissenschaft« (mit Wissenschaftlern, Künstlern oder Lehrern). Im Bereich »Wirtschaft/Gesellschaft«, den Schröder als »Residualkategorie« auffasst, sammeln sich alle anderen, deutlich weniger intensiv behandelten sozialen Gruppen: neben Frauen oder Arbeitern etwa religiöse oder regionale Gemeinschaften, aber eben auch Unternehmer und Manager.[73] Vorbild für dieses Buch ist insbesondere die von Schröder beschriebene qualitativ-kulturhistorische »Kollektivbiografie«, die systematisch »soziale Interaktionen«, »Handlungsoptionen« und »alternative Verläufe von Lebensgeschichten« verschiedener Individuen innerhalb einer klar umrissenen, relativ kleinen sozialen Gruppe in den Mittelpunkt rückt. Hierdurch werden »Erfahrungs- und Handlungsräume historischer Personen« innerhalb eines Kollektivs im Vergleich sichtbar, sodass »entsprechende Aussagen über Karriereverläufe, ein bestimmtes historisches Milieu oder generationelle Prägungen« getroffen werden können. Eine Kollektivbiografie zielt so gerade auch auf die Analyse einer spezifischen, von den Mitgliedern geteilten Mentalität.[74]

Exemplarisch für eine Kollektivbiografie im Kontext einer Institution oder Organisation steht Michael Wildts Studie zur »Generation des Un-

73 Schröder, Wilhelm H.: Kollektivbiographie. Spurensuche, Gegenstand, Forschungsstrategie, in: Historical Social Research, Supplement 23 (2011), S. 74-152, hier S. 79; vgl. zudem Harders, Levke; Schweiger, Hannes: Kollektivbiographische Ansätze, in: Klein, Christian (Hg.): Handbuch Biographie. Methoden, Traditionen, Theorien, Stuttgart u.a. 2009, S. 194-198; Etzemüller, Thomas: Biographien. Lesen – erforschen – erzählen, Frankfurt a.M. 2012.

74 Schröder: Kollektivbiographie, S. 75. Der Begriff der »Mentalität« ist in der Geschichtswissenschaft, gerade auch in Anlehnung an die französische Annales-Schule, recht weit verbreitet, wird aber selten explizit theoretisch reflektiert; vgl. Raphael, Lutz: Geschichtswissenschaft im Zeitalter der Extreme, Theorien, Methoden, Tendenzen von 1900 bis zur Gegenwart, München 2003, S. 156-172.

bedingten«. Wildt spürt bei seiner Analyse des Führungspersonals des SS-Reichssicherheitshauptamtes einem »Amalgam« aus Ideologie, Institution wie Praxis nach, das schließlich die männlichen Angehörigen einer geprägten Generation zu entgrenzten NS-Tätern werden ließ.[75] Bernhard Löffler beschreibt in seiner Studie zur »Sozialen Marktwirtschaft und administrativen Praxis« die Übersetzung des wirtschaftspolitischen Konzepts der Sozialen Marktwirtschaft in die administrative wie politisch-kulturelle Geschäftspraxis des Bundeswirtschaftsministeriums und seines Personals zwischen 1949 und 1963.[76] Stärker quantitativ im prosopografischen Sinn arbeiten die Sozialhistoriker Heinrich Best und Axel Salheiser in kollektivbiografischen Studien spezifische Merkmale von »DDR-Leitungskadern« oder der »ökonomischen Elite der DDR« heraus.[77]

Während diese kollektivbiografischen Forschungen eher an institutionellen oder professionellen Zusammenhängen orientiert sind, sensibilisiert ein anderer Strang für die kollektivbiografische Arbeit mit qualitativen Interviewmaterialien. Dorothee Wierlings Buch »Geboren im Jahr Eins« unternimmt den »Versuch einer Kollektivbiographie« als Generationenbiografie des Jahrgangs 1949. Auf der empirischen Grundlage von 21 Oral-History-Interviews kontrastiert sie den autoritären Erziehungsanspruch des SED-Regimes und seiner Institutionen mit den individuellen Aneignungen und Zurückweisungen in der subjektiven Lebenspraxis.[78] Basiert diese generationell orientierte Studie auf retrospektiven Erinnerungsinterviews, existieren für die zeithistorische Arbeit mit zeitgenössischem Interviewmaterial zwei hochinteressante Referenzstudien. Für seine ebenfalls 2002 erschienene Studie zu den »Stalingrad-Protokollen« wertet Jochen Hellbeck mehrere Hundert im unmittelbaren Umfeld der Schlacht von Stalingrad 1942/43 erstellte Interviewprotokolle aus, die eine hierfür entsandte sowjetische Historikerkommission mit verschiedenen Dienstgraden und Einheiten geführt hatte, und vermag es so, einen vielstimmigen »soldatischen Chor« nachzu-

75 Wildt, Michael: Generation des Unbedingten. Das Führungskorps des Reichssicherheitshauptamtes, Hamburg 2003.

76 Löffler, Bernhard: Soziale Marktwirtschaft und administrative Praxis. Das Bundeswirtschaftsministerium unter Ludwig Erhard, Wiesbaden 2002.

77 Vgl. Salheiser, Axel: Parteitreu, plangemäß, professionell? Rekrutierungsmuster und Karriereverläufe von DDR-Industriekadern, Wiesbaden 2009; Best, Heinrich; Gebauer, Ronald; Salheiser, Axel (Hg.): Elites and social change. The socialist and post socialist experience, Hamburg 2009.

78 Wierling, Dorothee: Geboren im Jahr Eins. Der Jahrgang 1949 in der DDR: Versuch einer Kollektivbiographie, Berlin 2002; vgl. hierzu auch das historische Oral-History-Projekt in der späten DDR: Niethammer, Lutz; Plato, Alexander von; Wierling, Dorothee: Die volkseigene Erfahrung, Berlin 1991.

zeichnen.[79] Felix Römer arbeitet, wie zuvor auch Harald Welzer und Sönke Neitzel,[80] in seiner Studie »Kameraden« mit einer ähnlichen Quellengruppe.[81] Römer behandelt keine zeitnahen Zeitzeugenbefragungen durch Experten, sondern eine geheime Verhör- und Abhöraktion der US-amerikanischen Militärgeheimdienste unter Hunderten deutschen Kriegsgefangenen diverser Dienstgrade, auf deren Grundlage er einen systematischen »Blick auf die Mentalität und das Rollenverständnis« individueller Soldaten wirft. Er versteht dies auch als methodisches »Plädoyer« dafür, »den individuellen Akteur mit seinen biografischen Prägungen und persönlichen Wahrnehmungen« ernst zu nehmen.[82]

Diese jüngeren kulturhistorischen, kollektivbiografischen Studien diskutieren jeweils das komplexe Spannungsverhältnis zwischen Individuen als Teil eines Kollektivs sowie einer spezifischen, sie um- und einrahmenden Organisation. Sie verknüpfen dabei subjektive Sichtweisen der Mitglieder eines Kollektivs mit den gegenläufigen Erwartungshaltungen und Wahrnehmungen dieser Organisation (oder deren Leitungsebene) sowie mit einem dieses Arrangement überwölbenden Geflecht handlungsleitender Ideen und Normen. Übergeordnete Ideen, Organisationspraxis und individuelle Erfahrungen in ihren jeweiligen Wechselwirkungen bilden damit die drei Grundlinien eines kollektivbiografischen Arrangements. In diesem Sinn rücken auch im vorliegenden Buch die handelnden Personen des Wirtschaftsumbaus und ihre individuellen Erfahrungen und Erzählungen auf der empirischen Grundlage zeitgenössischer Interviews in den Vordergrund.[83]

79 Hellbeck, Jochen: Die Stalingrad-Protokolle. Sowjetische Augenzeugen berichten aus der Schlacht, Frankfurt a.M. 2012.

80 Neitzel, Sönke; Welzer, Harald: Soldaten. Protokolle vom Kämpfen, Töten und Sterben, Frankfurt a.M. 2012.

81 Römer, Felix: Kameraden. Die Wehrmacht von innen, München 2012.

82 Ebd., S. 11.

83 Dieses Buch stützt sich insbesondere auf die zeitgenössischen, ethnologisch geführten Interviews von Dietmar Rost aus den Jahren 1992/93 und zieht die anderen (auch die eigenen) Bestände ergänzend hinzu. Entscheidend hierfür ist die Grundüberlegung, dass die üblichen, gegen die Oral History vorgebrachten Einwände einer rückwirkenden Überformung der Gespräche durch ihren zeitgenössischen Charakter hinfällig werden. Aus diesem umfassenden Interviewbestand, der im Rahmen dieser Studie intensiv ausgewertet und in einer eigenen, über 200-seitigen Themendatenbank verschlagwortet wurde, werden im Folgenden bevorzugt längere Gesprächspassagen zitiert. Zum einen wurde diese Darstellungsform gewählt, weil die Gespräche derzeit (noch) nicht öffentlich zugänglich sind. Zum anderen ist dies zugleich auch eine methodische Grundsatzentscheidung, da gerade die Entfaltung komplexerer Erzählungen und Beschreibungen erst in längeren Gesprächspassagen angemessen deutlich gemacht werden kann.

4. Das Sujet: Eine Arena des Übergangs

Wie lassen sich nun die zahlreichen Fäden dieses Gewirrs gegenwärtiger Fachdebatten, Vorschläge und Anregungen zusammenziehen und in eine übergreifende Fragestellung übersetzen? Im Grunde geht es darum, Rüstzeug und Reisegepäck für eine Erkundung zeithistorischen Neulands zusammenzustellen, für das die bisherige Forschung allenfalls grob schraffierte Navigationskarten bereithält. Dennoch existieren Anknüpfungspunkte für eine Geschichte der Treuhandanstalt und ihres Personals. Wie gezeigt, sensibilisiert die laufende Großdebatte um eine jüngste Zeitgeschichte für eine breitere (jedoch westzentrierte) Leitperspektive, die die postsozialistischen Umbrüche als Begleiterscheinung eines größeren, politökonomischen Basisprozesses interpretiert und damit auch die Zäsur von 1989/90 ein Stück weit transzendiert. Nicht das Ende des Realsozialismus, sondern die Entfaltung eines digitalen Finanzmarktkapitalismus im Osteuropa der 1990er-Jahre und seiner jüngsten Krise nach 2007/8 stehen im Vordergrund einer historiografischen Großerzählung.

Die neueren Ansätze im Feld der deutsch-deutschen Zeitgeschichte bieten zudem bedenkenswerte Impulse. Zum einen mit dem Plädoyer für eine Erforschung ost-westlicher Begegnungen, Beziehungen und Wahrnehmungen auch und gerade über die oft als zeithistoriografischen Schlusspunkt gewerteten Umbrüche von 1989/90 hinaus; zum anderen durch das terminologische Angebot, eine solche Gesellschaftsgeschichte der 1990er-Jahre als die einer offenen »Übergangsgesellschaft« im »Schwebezustand« zu beschreiben. Der Begriff der Umbruchs- und Übergangsgesellschaft kann, in Abgrenzung zu zeitgenössischen Selbstbeschreibungs- und Deutungsformeln wie der »Transformationsgesellschaft« oder »nachholenden Modernisierung«, als perspektivisch-terminologisch offener Bezugsrahmen verstanden werden.

Eine derart konturierte Zeitgeschichte einer Umbruchs- und Übergangsgesellschaft muss auch in Reflexion und Auseinandersetzung mit den vielfältigen Befunden der zeitgenössischen Transformationsforschungen konzipiert werden. Nur wenn sie deren wirkmächtige Gegenwarts- und Selbstbeschreibungen explizit thematisiert, kann sie die methodische Forderung nach einer eigenständigen Perspektive einlösen. Dafür empfiehlt es sich, die Makroperspektive der Gegenwartswissenschaften zu verlassen und konkrete Orte, Konstellationen und Akteure sowie deren jeweilige Begegnungen und Aneignungen herauszupräparieren. Die *Idee und Praxis der Privatisierung*, als gesellschaftlich ausgreifendes Politikmodell oder als alltagspraktische Ausformung einer umfassenden »Totalisierung des Markt-Prinzips«, muss zudem verstärkt als kultureller Fixpunkt in der Sphäre des Ökonomischen begriffen werden. Es gilt, das skizzierte

Spannungsfeld zwischen handlungsleitenden Ideen, alltäglichen Organisationspraktiken und individuellen Erfahrungen vor allem durch eine enge Verzahnung des wirtschaftshistorischen Gegenstands mit kulturhistorischen wie kollektivbiografischen Ansätzen zu problematisieren – in der Verknüpfung von Ideen-, Alltags-, Erfahrungs- und Mentalitätsgeschichte. Dem liegt die methodische Forderung zugrunde, übergeordnete Makroebene (Übergangsgesellschaft), handlungsrahmende Mesoebene (Organisation) und individuelle Mikroebene (handelnde Personen) in ihrer Verschränkung gleichermaßen zu berücksichtigen.

Um diesem Anforderungen an eine Zeitgeschichte der jüngsten Vergangenheit gerecht zu werden, wählt dieses Buch einen in der Geschichtswissenschaft wenig verbreiteten, von den Arbeiten des kanadischen Soziologen Erving Goffman inspirierten Leitbegriff,[1] mithilfe dessen die Treuhandanstalt methodisch als eine »Arena des Übergangs« in der Umbruchs- und Übergangsgesellschaft nach 1990 verstanden wird. Dieser Terminus, der sich im allgemeinen Sprachgebrauch auf theatralische Arrangements eines öffentlichen Wettkampfs oder Spiels bezieht, bietet eine Reihe heuristischer Vorzüge. Zum einen handelt es sich um einen abstrakten, deutungsoffenen sowie nicht zeitgenössischen Begriff, der die (dringend notwendige) semantische Distanzierung zum Gegenstand ermöglicht. Darüber hinaus liegt das besondere Potenzial des Arena-Begriffs in seinem prozessdynamischen und performativen Charakter, mit dem sich das alltägliche Setting des praktischen Wirtschaftsumbaus als theatralisches Schauspiel oder sportlicher Wettkampf beschreiben lässt: Die »Schauspieler/Wettkämpfer« (Treuhand-Mitarbeiter) können so als aktiv Handelnde auf/hinter einer eigens von der Leitung (Treuhand-Spitze und Politik) errichteten »Bühne« (Organisationstrukturen) begriffen werden, die das »Stück« oder den »Wettstreit« (des alltagspraktischen Wirtschaftsumbaus) im »Zusammenspiel« mit ihren »Schauspielkollegen« (interne Dynamiken) und im intensiven Austausch mit dem »Publikum« (äußere Beziehungen) zur Aufführung bringen. Die Treuhandanstalt und ihr Personal erscheinen so perspektivisch nicht schon begrifflich *a priori* als strahlende »Helden« und »Schutzschilder« im alternativlosen, einmaligen wie patriotischen Einsatz für ihr »Vaterland« oder als finstere »Schurken« einer westlich-kapitalistisch motivierten Verschwörung zur Enteignung einer arglosen ostdeutschen Bevölkerung. Vielmehr zeigen sie sich als ein kurzfristig zusammengestelltes Ensemble unterschiedlicher »Schauspieler«, die in einer eilig gezimmerten Kulisse, ohne vorherigen Pro-

1 Goffman, Erving: Wir alle spielen Theater. Die Selbstdarstellung im Alltag, 10. Auflage, München 2003.

belauf, ein unter hohem Zeitdruck improvisiertes Stück vor großem (und erwartungsvollem) Publikum inszenieren.[2]

Als »Arena« begriffen erscheint die Treuhand als ein nach außen hin prinzipiell offenes, semipermeables Deutungs-, Begegnungs- und (Aus-) Handlungsgefüge mit beträchtlichen internen Dynamiken wie externen Bezügen, angesiedelt in einer mehrdimensionalen Schwellensituation im »Schwebezustand« zwischen der DDR und der Bundesrepublik, Plan- und Marktwirtschaft sowie Staat, Ökonomie, Öffentlichkeit und Gesellschaft. Das komplexe »Innenleben« einer als Miniaturgesellschaft verstandenen Organisation und die hiermit verknüpften (organisations-) kulturellen Entwicklungen können so in den Fokus rücken. Die Leitfrage dieses Buches lautet also: *Wie* bzw. *auf welche Weise* wurden die alltagspraktischen Übergänge vom Plan zum Markt im Blick der handelnden Akteure auf unterschiedlichen Hierarchieebenen zeitgenössisch beschrieben und gedeutet? Das bei der Treuhand versammelte Management- und Verwaltungspersonal aus Ost und West war, so die Prämisse, eine entscheidende Akteursgruppe, die durch ihr praktisches Handeln wie reflektierendes Deuten die deutsch-deutsche »Übergangsgesellschaft« nach 1990 erst entstehen ließ.

Wie gezeigt, besteht an Quellenmaterialien jenseits des »Treuhand-Archivs« keineswegs Mangel, wobei deren geschichtspolitische Entstehungskontexte stets intensiv quellenkritisch zu reflektieren sind. Eine Vielzahl zeitgenössisch von der Treuhand erstellter und gezielt veröffentlichter Dokumentationen sowie wissenschaftlicher Editionen ermöglicht *erstens* eine Rekonstruktion grundlegender, dem Wirtschaftsumbau vorgelagerter Ideen sowie der übergeordneten Zentralperspektive politischer Akteure und der Treuhand-Spitze. Die intensive, breit dokumentierte Presseberichterstattung im »Medien-Archiv« und in veröffentlichten Publikationen kann *zweitens* die verschiedenen Außenperspektiven und externen Zuschreibungen in ihrer wechselhaften Dynamik sichtbar machen. Die »Innenperspektiven« können schließlich *drittens* anhand des zeitgenössisch (unter den westdeutschen Führungskräften sowie ostdeutschen Bürokraten der oberen und mittleren Hierarchieebenen der Organisation) erhobenen Interviewmaterials qualitativ und narrativ herausgearbeitet werden.

Um auf dieser empirischen Grundlage die konzeptionellen, organisatorischen wie individuellen Deutungsmuster und Verarbeitungen alltäglicher Transformationsprozesse mit konkretem Akteursbezug in einer »Arena des Übergangs« zu erfassen, setzt dieses Buch schlaglichtartig drei kategorische Schwerpunkte, um so Ideen-, Organisa-

2 Vgl. Kühl, Stefan: Organisationen. Eine sehr kurze Einführung, Wiesbaden 2011.

tions- und Erfahrungsgeschichten miteinander zu verknüpfen. Ein *erstes, ideengeschichtliches Kapitel* rekonstruiert die der eigentlichen (im März 1990 beginnenden) Treuhand-Geschichte vorgelagerten öffentlichen Aushandlungen und Debatten um deren Auftrag und Zuschnitt: Wie sahen die verschiedenen konzeptionellen Entwürfe und die in die Diskussionen eingebrachten Ideen und Entwürfe diverser Akteure aus der DDR und der Bundesrepublik ab November 1989 im Kontext des revolutionären Umbruchsgeschehens aus? Welche denk- und sagbaren Alternativen gab es? Wer formulierte am Reißbrett die Ursprungsidee für den möglichen Bau einer solchen »Arena« und ihres künftigen Bestimmungszwecks? Welche programmatische Ausrichtung sollte das dort Aufgeführte haben, wie sollte die Praxis konzipiert werden? Und vor allem: Durch welche Besetzung, durch welches Personal sollte diese letztlich mit Leben gefüllt werden?

Im *zweiten, organisationsgeschichtlichen Kapitel* wird sodann zu klären sein, wie diese konzeptionellen, im Vorfeld geführten Debatten und der hieraus im Sommer 1990 geschaffene gesetzliche Rahmen durch die schließlich damit beauftragten Akteure in die Praxis übersetzt wurden. Im Mittelpunkt steht die organisationspraktische Konstituierung einer Miniaturgesellschaft, die in ihren wechselseitigen Beziehungen beschrieben wird. Politische, öffentliche wie ökonomische Umfelder kommen dabei ebenso zum Tragen wie interne Dynamiken zwischen Organisations-Führung, unterschiedlichen Fach- und Funktionsbereichen sowie einzelnen Mitarbeitern. Wie sah also der Bühnenaufbau aus, wie der unmittelbare Beginn des Spiels? Wie gestalteten sich die Beziehungen zwischen Ensemble und Publikum? Auf welche Weise interagierten Spielleitung und Darsteller in diesem Prozess? Wie wandelten sich im Zeitverlauf die Aufführungspraxis, wie die Beziehungsmuster zwischen den auf und jenseits der Bühne angesiedelten Akteursgruppen?

Im *dritten, sozial- und erfahrungsgeschichtlich ausgerichteten Kapitel* wird die Blickrichtung auf die individuelle Ebene subjektiver Erzählungen verschoben: Auf welche Weise und in welcher Form berichten zeitgenössisch interviewte Mitarbeiter entlang bestimmter sozialhistorischer Typen über ihre Erfahrungen, professionellen Vorgeschichten und individuellen Motivationen für ein Ost-Engagement? Im Sinne eines kollektivbiografischen Kaleidoskops geht es dabei insbesondere darum, wie die Mitglieder die Miniaturgesellschaft im Spannungsfeld zwischen internen Dynamiken und externen Beobachtungen sichtbar machen.

Entlang dieser drei Leitachsen von übergreifenden Ideen und Konzepten, dynamischen wie komplexen Organisationspraktiken sowie individuellen Erfahrungen und Erzählungen widmet sich dieses Buch einer »Arena des Übergangs« und ihrem Personal im konfliktträchtigen Querschnittfeld von Ökonomie, Politik, Öffentlichkeit und Gesellschaft in Ost und West. Als qualitative Kollektivbiografie entwirft es ein mentalitätshistoriografisches Panorama des praktischen Wirtschaftsumbaus im Kontext der deutsch-deutschen »Übergangsgesellschaft«. Insgesamt sucht es eine Antwort auf die Frage, wie aus einem abstrakten Ideengemenge im unübersichtlichen wie umstrittenen Kontext des postsozialistischen Umbruchszenarios durch eine bestimmte Gruppe von Wirtschaftsexperten konkrete, in professionellen Erzählungen reflektierte Alltagspraktiken erwuchsen.

Da bin ich noch: mein Land geht in den Westen.
KRIEG DEN HÜTTEN FRIEDE DEN PALÄSTEN.
Ich selber habe ihm den Tritt versetzt.
Es wirft sich weg und seine magre Zierde.
Dem Winter folgt der Sommer der Begierde.
Und ich kann bleiben wo der Pfeffer wächst.
Und unverständlich wird mein ganzer Text.
Was ich niemals besaß wird mir entrissen.
Was ich nicht lebte, werd ich ewig missen.
Die Hoffnung lag im Weg wie eine Falle.
Mein Eigentum, jetzt habt ihrs auf der Kralle.
Wann sag ich wieder mein und meine alle.

Volker Braun – Das Eigentum (Sommer 1990)

I. Ideen- und Konzeptgeschichte

Wege und Alternativen zum deutsch-deutschen Treuhand-Modell

Gab es Alternativen zu Wirtschafts- und Währungsunion, der Treuhandanstalt und dem von ihr organisierten, beschleunigten Wirtschaftsumbau in Ostdeutschland? Für Herbert Peters*, den im September 1992 interviewten westdeutschen Finanzmanager und Treuhand-Direktor, der soeben sein zweijähriges Jubiläum in Berlin begangen hatte, schien die Sache klar. Die Frage nach möglichen Modifikationen des »Auftrages« der Organisation verneinte er rundheraus:

> »Nein, sehe ich nicht, sehe ich nicht. Ich meine, es ist manches natürlich vielleicht (4s) in der Feinarbeit, in der Filigranarbeit hätte man manches vielleicht etwas anders machen können, aber in der Gesamtlinie, nein. In der Gesamtlinie, nein. Es gibt keine Alternative zur schnellen Privatisierung, so schmerzlich das auch manchmal ist, aber es gibt keine Alternative dazu, alles andere -- führt zu einer Verschleppung. Und (4s) Verschleppung kostet wahnsinnig viel Geld und erzeugt nachher noch viel viel größeren Frust, viel größeren Frust.«[1]

Es war für ihn offensichtlich, dass der seit Sommer 1990 verfolgte »approach« einer forcierten, umfassenden Massenprivatisierung des vormaligen »Volksvermögens« unter den schlagartig auf die DDR übertragenen Rahmenbedingungen der bundesdeutschen »Sozialen Marktwirtschaft« notwendigerweise massive Kritik und Proteste hervorrufen musste. Die von linken oder ostdeutschen Kritikern formulierten Gegenvorschläge wollte er nicht als realisierbare Varianten gelten lassen: »Ich bin überzeugt, dass das, so wie WIR es gemacht haben, der einzig richtige Weg war.«[2] Diese Einschätzung teilte ein promovierter ostdeutscher Ingenieurökonom, der nach langjähriger Karriere im DDR-Finanzministerium

1 R20-Interview mit Dr. Herbert Peters, 18.9.1992. Die von Dietmar Rost 1992/93 durchgeführten und von mir ausgewerteten Interviews wurden im Folgenden vollständig anonymisiert, die Gesprächspartner bei ihrer ersten Nennung im Buch zur Kennzeichnung des Pseudonyms mit einem Sternchen versehen. Die drei dieser Arbeit zugrundeliegenden Interview-Reihen von Dietmar Rost, Christiana Weber und mir wurden dabei zur besseren Unterscheidung gekennzeichnet (*R* für Rost, *W* für Weber, *B* für Böick) und nummeriert. In den hier abgedruckten Transkriptionsauszügen wurde die Orthografie stillschweigend angepasst und offensichtlich Fehlerhaftes korrigiert. Andere lautmalerische Gestaltungs- und Kennzeichnungsformen wurden in der Originalform belassen, wie etwa die Majuskeln bei energisch vorgetragenen Textteilen.

2 R20-Interview mit Dr. Herbert Peters, 18.9.1992.

im Mai 1990 kurzentschlossen zur Treuhand gewechselt war. Auch er vermochte im Dezember 1992 bei den »Kritikern«, deren Vorwürfe er aufmerksam »in der Presse« verfolge, keine »tragfähigen Ideen« zur Verbesserung entdecken:

> »Aber ich bin überzeugt davon, dass die Arbeit gemacht werden muss, und dass die Zeit später einmal, oder die Geschichte zeigen wird, dass so viele Alternativen gar nicht zu dieser Tätigkeit bestanden haben. Ich will nicht sagen, dass nicht immer auch etwas noch besser gemacht werden könnte, was geschieht, aber um es effektiv zu machen, muss ich sagen, sehe ich, dass alle Möglichkeiten hier, die die Treuhand selbst hat, ausgeschöpft werden, um die Privatisierung zu organisieren, und um möglichst viele Arbeitsplätze zu erhalten, Unternehmen zu erhalten am Markt.«[3]

Aus seiner Sicht wohnte dem weitgehend alternativlosen Modell jedoch auch die 1990 noch unvorhergesehene »Tragik« inne, dass allein die zügige Einführung »neue[r] Wirtschaftsstrukturen« in den DDR-Betrieben nicht ausreiche; in der europäischen und weltweiten Wirtschaftsordnung seien die »Märkte« nun einmal bereits »unter bestimmten Anbietern aufgeteilt« gewesen.[4]

Ein anderer, bereits im März 1990 zur Treuhand gestoßener ostdeutscher Mitarbeiter, der als überzeugter Sozialist mehrere Jahrzehnte in verschiedenen DDR-Ministerien in Ostberlin tätig gewesen war, reflektierte in seinem Expertengespräch vom Januar 1993 zwar grundsätzlich:

> »Dass natürlich heute manche meinen, das, was die soziale Marktwirtschaft ist, die also jetzt nach unserem bundesdeutschen Beispiel aufgebaut wird, dass das nicht das Nonplusultra ist, das ist sicher auch richtig. Also sicher ist auch diese Gesellschaft verbesserungswürdig. […] Ich glaube schon, dass man an dieser Gesellschaft auch das eine oder andere ändern müsste.«[5]

Dennoch habe man aufgrund drängender praktischer Alltagsprobleme letztlich keine Zeit gehabt, über »politisch tiefgründige Alternativen« nachzudenken, weshalb ihm (und auch vielen seiner Treuhand-Kollegen) das 1990 rasch umgesetzte, liberalkonservative Wirtschaftsordnungsmodell als das »effektivste Konzept« erschien – nicht zuletzt auch, weil die SPD 1990 nicht in der Lage gewesen sei, als größte Opposition eine gangbare konzeptionelle Alternative aufzuzeigen: »[W]ir stecken so in

3 R27-Interview mit Knut Reich*, 16.12.1992.

4 Ebd.

5 R41-Interview mit Friedrich Calbeck*, 25.1.1993.

der Arbeit, wir sind zur Zeit überhaupt nicht in der Lage, um an politisch tiefgründige Alternativen zu denken.«[6]

Über die von seinem Kollegen vermissten Alternativvorschläge empörte sich schließlich ein weiterer, aus Nordrhein-Westfalen stammender Treuhand-Direktor, ein langjähriger Stahlmanager, der im Februar 1991 in die Dienste der Organisation getreten war. Vor allem die wirtschaftspolitischen »Träumereien« aus den Reihen der sozialdemokratischen Opposition erschienen dem Direktor als bloße Illusionen:

> »Das sind doch Träumereien von Leuten, die nach Planspielen vorgehen wollen. [...] Sehen Sie mal, was wollen wir denn mit den Unternehmen dann in der Zwischenzeit machen? Die sollten dann vor sich hin werkeln, oder was? [...] Das ist doch ein Zirkus. Das wäre doch überhaupt nicht machbar gewesen. Wir mussten sofort, da wo es notwendig war, eingreifen, und da, wo es möglich war, privatisieren. Denn das war die größte und beste und vernünftigste Basis, um möglichst schnell eine marktwirtschaftlich strukturierte Wirtschaft in der DDR zu erzielen.«[7]

Dass für ihn eine graduelle Umgestaltung der Wirtschafts- und Betriebslandschaft unmöglich erschien, erläuterte der Treuhand-Manger im Tonfall merklich aufgebracht an einem konkreten Beispiel – einer möglichen Fortsetzung der Produktion der im Frühjahr 1991 unter heftigen Protesten geschlossenen Wartburg-Werken in Eisenach. Man hätte die dort produzierte »Blechkiste« ohnehin nur weiterproduziert, »um die Arbeiter ruhigzustellen«; gekauft hätten diese bestenfalls Studenten »aus Daffke«, weshalb es sich bei solchen Vorschlägen um »sozialistische Traumtänzereien« gehandelt habe.[8] Mit ähnlicher Entschlossenheit verteidigte der Direktor nicht nur die programatische Praxis, sondern auch die Organisation an sich:

> »[W]enn wir uns hier hingesetzt hätten und hätten gesagt, so, nun machen wir erstmal einen Riesenapparat hier, und da wissen wir auch ganz genau, da hinten, da sitzt der Controller, und da vorne ist die Kantine, und dann machen wir das noch, stellen Sie sich mal vor, wie lange das gedauert hätte. Und durch den sporadischen Aufbau, also auch durch den Ad-hoc-Aufbau, wir haben ja im Prinzip die Abteilung, wo es nötig wurde, dann ausgeweitet, wir haben aber nicht gleich alle Abteilungen ausgeweitet. Und das kam natürlich im Laufe der Arbeit als Erfahrung. Und dadurch haben wir mit GANZ großer Sicherheit, vielleicht ist das

6 Ebd.
7 R39-Interview mit Dr. Matthias Erben*, 19.1.1993.
8 Ebd.

der Grund für die Effizienz, dass wir eben tatsächlich so völlig unkonventionell diese Organisation aufgebaut haben.«[9]

Dass diese Zeitgenossen – ihrem Selbstverständnis nach zupackende, entscheidungs- wie lösungsorientierte »Praktiker« des Wirtschaftsumbaus – in der Regel keine gangbaren »Alternativen« zu ihrem Handeln und Entscheiden erkennen konnten, Gegenvorschläge der Opposition vermissten oder aber als unrealistische »Traumtänzereien« angriffen, dürfte letztlich wenig überraschen – und ist mithin ein Grundzug der affirmativen Treuhand-Schriften.[10] Die beständige Betonung vermeintlicher »Alternativlosigkeiten« blieb auf diese Weise ein wirkmächtiges Erzähl- und Deutungsmuster.[11]

Eine konzept- beziehungsweise ideengeschichtliche Perspektive, die umgekehrt danach fragt, inwiefern es 1989/90 politisch wie ökonomisch in Ost und West tatsächlich keine Alternativen zu dem bis zum Sommer 1990 etablierten, deutsch-deutschen Transformationsmodell gegeben hat, führt zeitlich in die unmittelbare Vor- und Frühgeschichte der Treuhand, ihres Personals und des Wirtschaftsumbaus als Ganzes. Strukturelle Voraussetzungen, ideelle Vorbedingungen und weitere Kontexte sind deshalb so aufschlussreich, da die Geschichte des praktischen Wirtschaftsumbaus in Ostdeutschland nicht erst mit der Treuhandanstalt beginnt. Eine solche Perspektive nimmt in den Blick, wie und von welchen Akteuren das deutsch-deutsche (Treuhand-)Modell einer »doppelten Schocktherapie« (Ther) formuliert, diskutiert und etabliert wurde, ohne dabei die von den Zeitgenossen betonten »Alternativlosigkeiten« schlicht zu replizieren.[12]

Am Ausgangspunkt des Wirtschaftsumbaus in der DDR schien es Anfang November 1989 mitnichten unmittelbar einsichtig oder gar zwangsläufig, welche Route die über dreihundert Kombinate mit ihren mehr als achttausenden Betrieben und über vier Millionen »Werktätigen« künftig einschlagen würden. Die Implosion der realsozialistischen Regime und Planwirtschaften sowjetischer Prägung am Ende des Jahrzehnts kam für die meisten Zeitgenossen überraschend – aller zuvor intern wie extern durchaus registrierten Krisensymptome und Erosionserscheinungen zum

9 Ebd.

10 Vgl. Breuel/Burda: Ohne historisches Vorbild; Schuster: Thüringens Weg.

11 Vgl. exemplarisch Rödder: Deutschland; Görtemaker: Berliner Republik oder Ritter: Wir sind das Volk; Apelt/Grünbaum/Gutzeit: Der Weg; Conze/Gajdukowa/Koch-Baumgarten: Die demokratische Revolution.

12 Zum Standardrepertoire der Treuhand-Vor- und Frühgeschichte, den »Meistererzählungen« bei Journalisten bzw. Wissenschaftlern: Laabs: Goldrausch; Jürgs: Treuhändler; Seibel: Verwaltete Illusionen; Kemmler: Entstehung; sowie generell die Beiträge bei Fischer/Hax/Schneider: Treuhandanstalt.

Trotz.[13] Fest in den etablierten Denk-, Wahrnehmungs- und Deutungsstrukturen des Systemwettstreits zwischen marktwirtschaftlich-liberalem Kapitalismus und planwirtschaftlich-zentralistischem Sozialismus verhaftet, schien in West und Ost eine andere Weltordnung jenseits der mehr als vierzig Jahre eingeübten Muster und Routinen zunächst kaum denkbar. War bundesrepublikanisch eine zeitnahe »Einheitserwartung« in den 1950er- und 1960er-Jahren noch omnipräsent, so musste sich diese in den 1980er-Jahren »stets gegen Saturiertheit und Bequemlichkeit behaupten«, wie Dirk van Laak in seiner »Erwartungsgeschichte« zur Wiedervereinigung unmittelbar vor 1989 pointiert festhielt: »Von etwas anderem als einer Sonntagserwartung wird man kaum noch reden können.«[14]

Es verwundert daher nicht, dass die revolutionären und massenmedial beschleunigten ökonomischen Umwälzungen in Mittelosteuropa auf konzeptioneller Ebene ein beträchtliches Vakuum mit entsprechenden Sogwirkungen erzeugten: Zwar war die Überzeugung, *dass* umfassende Veränderungen politischer, wirtschaftlicher und gesellschaftlicher Natur in der zerfallenden sowjetischen Herrschaftssphäre dringend herbeizuführen seien, allseits verbreitet und wurde – sieht man von greisen kommunistischen Spitzenfunktionären ab – allgemein geteilt. Ziele, Wege, Akteure, Praktiken und Geschwindigkeiten wurden in der sich öffnenden Medienöffentlichkeit indes bald Gegenstand beträchtlicher konzeptioneller Auseinandersetzungen, insbesondere in der revolutionären DDR und der benachbarten Bundesrepublik. Deren Situation unterschied sich durch zunehmende deutsch-deutsche Verflechtungen, ideelle Referenzen und persönliche Kontakte von derjenigen in den vormaligen osteuropäischen »Bruderländern« signifikant – und lässt sich folglich nur als eine verwobene Beziehungsgeschichte verstehen und beschreiben.[15]

Im folgenden Kapitel wird die konfliktreiche Genese jenes ideellen, organisatorischen wie personellen Settings zwischen Herbst 1989 und Frühjahr 1990 nachgezeichnet, welches ab Sommer 1990 den konzeptionellen Ordnungsrahmen der praktischen Umgestaltung der DDR-Zentralplanwirtschaft bilden sollte. In Konferenzräumen, an runden Tischen,

13 Van Laak, Dirk: Der Tag X. Vorbereitungen für die deutsche Wiedervereinigung vor 1989, in: Bünz, Enno; Gries, Rainer; Möller, Frank (Hg.): Der Tag X in der Geschichte. Erwartungen und Enttäuschungen seit tausend Jahren. Stuttgart 1997, S. 256-286.

14 Ebd., S. 282.

15 Vgl. Kleßmann, Christoph: Spaltung und Verflechtung. Ein Konzept zur integrierten Nachkriegsgeschichte 1945 bis 1990, in: ders.; Lautzas, Oeter (Hg.): Teilung und Integration. Die doppelte deutsche Nachkriegsgeschichte als wissenschaftliches und didaktisches Phänomen, Bonn 2005, S. 20-37; sowie jüngst vgl. Bösch: Geteilte Geschichte.

auf öffentlichen Podien, in Talkshows oder an parlamentarischen Rednerpulten stritten Figuren aus Politik, Wirtschaft und Wissenschaft in der Bundesrepublik und der DDR über mögliche Konzepte zu Organisationsformen und Personal des bevorstehenden Wirtschaftsumbaus; man verfasste Briefe, schrieb Vermerke, veröffentlichte Essays oder verschickte Pressemitteilungen. Detaillierte Programme, improvisierte Gesetzesentwürfe oder markige Thesenpapiere liefen einander den Rang ab. Der Ausgang dieser oft hektisch und spürbar emotional geführten wirtschaftspolitischen Kontroversen ist, wie zu zeigen sein wird, zumindest bis Anfang 1990 prinzipiell ein offener gewesen – aller retrospektiv eingeräumten »Alternativlosigkeiten« zum Trotz. Ausdrücklich werden deshalb auch abgebrochene Alternativen oder nicht-realisierte Gegenvorschläge unterschiedlicher Couleur in die Darstellung einbezogen, um zu ergründen, was in der zunehmend verschmelzenden Debattenlandschaft im Frühjahr 1990 wirtschaftspolitisch *denk-*, *sag-* und *erwartbar* war[16] – und wie sich solcherlei Erwartungen, Denk- und Sagbarkeiten zwischen Herbst 1989 und Sommer 1990 stückweise verschoben, verengten und sich letztlich zu einem spezifisch deutsch-deutschen Modell eines forcierten Wirtschaftsübergangs verdichteten. Wirtschaftspolitische Konzeptfragen, so die Grundannahme, berührten dabei stets auch praktische Fragen nach den ausführenden Organisationen und dem dort eingesetzten Personal.[17]

Das Kapitel entfaltet seinen Gegenstand zumeist chronologisch, die in der Frühzeit noch deutlich getrennten Debattenstränge in Ost und West werden teils nebeneinander behandelt. Exemplarisch werden verschiedene konzeptionelle Positionslichter in der oftmals im Windschatten der »großen« Einigungs- und Außenpolitik verharrenden Sphäre der Ökonomie im stürmischen Umbruchsgeschehen seit Herbst 1989 identifiziert: Ein

16 Vgl. hierzu die frühe methodische Forderung bei Jarausch: Die unverhoffte Einheit, S. 16.

17 Hier orientiere ich mich methodisch grundsätzlich an einigen neueren Studien, die sich explizit mit der Genese von Handlungskonzeptionen in Politik und Ökonomie befasst haben, vgl. Metzler, Gabriele: Konzeptionen politischen Handelns von Adenauer bis Brandt. Politische Planung in der pluralistischen Gesellschaft, Paderborn 2005; Schanetzky, Tim: Die große Ernüchterung. Wirtschaftspolitik, Expertise und Gesellschaft in der Bundesrepublik 1966 bis 1982, Berlin 2007; Luks, Timo: Der Betrieb als Ort der Moderne. Zur Geschichte von Industriearbeit, Ordnungsdenken und Social Engineering im 20. Jahrhundert, Bielefeld 2010; Graf, Rüdiger: Nationale Souveränität in einer Welt des Öls. Petroknowledge und Energiepolitik in den USA und Westeuropa in den 1970er Jahren, Berlin 2014; Hesse, Jan-Otmar: Wirtschaft als Wissenschaft. Die Volkswirtschaftslehre in der frühen Bundesrepublik. Frankfurt a. M. u. a. 2010; Nützenadel, Alexander: Stunde der Ökonomen. Wissenschaft, Politik und Expertenkultur in der Bundesrepublik 1949-1974, Göttingen 2005.

erster Abschnitt skizziert die theoretischen, von Wirtschaftswissenschaftlern geführten Diskussionen über einen möglichen Umbau einer »Zentralverwaltungswirtschaft« in der Bundesrepublik vor und nach 1989/90. Der *zweite* Abschnitt thematisiert die seit November 1989 ruckartig aufbrechenden Debatten über eine sozialistische »Wirtschaftsreform« innerhalb der DDR. Der *dritte* Abschnitt richtet den Blick wieder auf die Bundesrepublik und zeichnet wirtschaftspolitische Kontroversen und Entscheidungen bis zum Februar 1990 nach. Deren unmittelbare Folge- und Rückwirkungen auf die wirtschaftspolitische Debatte in der DDR werden in einem *vierten* Schritt vorgestellt. Das Kapitel wird schließlich *fünftens* durch die seit März 1990 eingesetzten deutsch-deutschen Verhandlungs- und Expertenrunden beschlossen, an deren Ende der (erste) Staatsvertrag zur Wirtschafts-, Währungs- und Sozialunion sowie das Treuhandgesetz vom Juni 1990 standen, die die legislativen Schlusssteine dieser der Umbaupraxis vorgelagerten konzeptionellen Auseinandersetzungen bildeten.

1. Die Theorie: Die bundesdeutschen Wirtschaftswissenschaften und der Umbau der Planwirtschaft

Die akademische Ökonomie genoss unter den Praktikern des Wirtschaftsumbaus keinen allzu guten Ruf. Am Ende eines fast dreistündigen, im Juli 1992 geführten Gesprächs wurde ein Treuhand-Abteilungsleiter von seinem Interviewer Dietmar Rost routinemäßig gefragt, ob ihm ein wichtiger Aspekt im Gespräch gefehlt habe. Der vor 1990 als selbstständiger Industrieberater in Großbritannien und den USA tätige Manager setzte daraufhin zu einer Philippika gegen die Wirtschaftswissenschaften an:

> »[A]ber so die richtige wirtschaftspolitische Komponente, WIE macht man einen Transformationsprozess, nach welchen Parametern, also das alles, was ich Ihnen zum Teil angedeutet habe […] kam mir nicht ganz vor. […]; das Problem der Treuhandanstalt, überhaupt der Vereinigung ist doch WIRTschaftspolitisch, ökonomisch, theoriemäßig, dass zwar alle Ökonomen geschrieben haben – wie aus dem Kapitalismus ein Sozialismus wird, von Herrn Hayek angefangen […], KEINE einzige Publikation der Wirtschaftswissenschaften hat sich beschäftigt mit der Umwandlung vom Sozialismus, Kommunismus in den Kapitalismus. Das hat doch niemand; das war in keinem Gehirn, dass so etwas je passieren KÖNNTE. – Und deshalb gibt es, gab es, als hier die Vereinigung stattfand, KEINERLEI wissenschaftliche Vorbereitung auf dieses Thema. Und es gab eben nur *trial and error*, sei es Schocktherapie oder Anpassung.«[1]

Der Manager forderte vehement eine ökonomische Aufarbeitung dieses wirtschaftswissenschaftlichen »Theoriedefizits anhand der Treuhandanstalt« ein, die letztlich auch als »Bibel« für weitere marktwirtschaftliche Systemtransformationen in Ländern wie Indien oder Pakistan dienen könne.[2] Seine eindringlich vorgetragene Klage über die konzeptionellen Leerstellen berührt einen zeithistorisch sensiblen Punkt: Gab es denn überhaupt ernstzunehmende (oder besser: durch die Zeitgenossen ernst genommene) theoretische Szenarien vor 1989? Welchen Einfluss versuchten insbesondere bundesdeutsche Wirtschaftswissenschaftler in den Reformkontroversen seit Herbst 1989 zu nehmen?

Im Folgenden wird *erstens* ein Überblick über die Konjunkturen westdeutschen ökonomischen Nachdenkens über die DDR-Zentralplanwirtschaft und deren Umbau von den 1950er- bis in die 1980er-Jahre skizziert,

1 R10-Interview mit Dr. Stefan Horn*, 31.7.1992.

2 Ebd.

bevor *zweitens* anhand zweier konkreter Entwürfe aus den 1950er- und 1960er-Jahren grundlegende Facetten dieser konzeptionellen Reflexionen kontrastierend herausgestellt werden. In einem *dritten* Schritt wird ausführlicher auf erste ökonomische Interventionsversuche aus der Bundesrepublik bis Ende Januar 1990 eingegangen. *Viertens* wird ein Anfang Februar 1990 aufbrechender Grundsatzkonflikt zwischen den ökonomischen Theoretikern und wirtschaftspolitischen Praktikern in Bonn nachgezeichnet. Im *fünften* und letzten Abschnitt werden schließlich weitere Fachdebatten unter Beteiligung von Ökonomen aus West und Ost im Verlauf des Frühjahrs 1990 – und perspektivisch darüber hinaus – skizziert.

1.1 »Wandel durch Abwendung«: Planspiele für einen DDR-Wirtschaftsumbau vor 1989

Das Problem, inwiefern das Umbruchsgeschehen in der DDR im Herbst 1989 die Zeitgenossen gerade in der Bundesrepublik »überrascht« habe, war lange Zeit ein Politikum. In zugespitzter Form lautete die Frage: War das Vorgehen von Bundesregierung und westdeutscher Industrie womöglich Teil eines kapitalistischen »Masterplans« zu einer feindlichen »Übernahme« der DDR? Waren die Treuhandanstalt und ihr Personal deren »williges Instrument«?[3] Dieses verschwörerische Motiv erfreute sich lange vor, aber auch noch nach 1990 in revisionistisch orientierten Kreisen einiger Beliebtheit.[4] In seiner 1996 erschienenen Streitschrift »Die Liquidatoren« zeichnete Ralph Hartmann, früherer DDR-Botschafter in Jugoslawien und Mitarbeiter der PDS-Bundestagsfraktion, weit ausgreifende personelle wie ideelle Kontinuitätslinien, indem er den Bogen bis in die Zeit der deutschen Besatzung und Ausplünderung Osteuropas durch das NS-Regime zurückspannte. Er gelangte zu dem Schluss, der 1990 vollzogene »Anschluss der DDR« sei nicht zuletzt von ehemaligen, in der »Ostraumpolitik« versierten NS-Funktionären im Dienste der Bundesregierung in den 1950er-Jahren geplant und vorbereitet worden: »Die Konzepte dafür lagen in den Schubfächern, man brauchte sie nur zu entstauben und der neuen Situation anzupassen.«[5]

3 Vgl. Roesler: Wirtschaftsimperium.

4 Van Laak: Der Tag X, S. 266ff.

5 Hartmann: Die Liquidatoren, S. 32; so rückt Hartmann etwa Friedrich Ernst in den Mittelpunkt, der zwischen 1952 und 1958 als Präsident des »Forschungsbeirats für Fragen der Wiedervereinigung Deutschlands beim Bundesminister für gesamtdeutsche Fragen« amtierte; Hartmann thematisiert hier vor allem seine frühere Tätigkeit als Reichskommissar im NS-Deutschland und sein umfangreiches Engagement in verschiedenen wehrwirtschaftlichen Gremien.

Ganz anders klingt der Vorstand um Treuhand-Präsidentin Birgit Breuel in der Einleitung des 1993 veröffentlichten »Firmentagebuchs«, der sich veranlasst sah, in fast resignativem Tonfall an diese bereits so fern erscheinende konzeptionelle Vorgeschichte zu erinnern, die nachfolgende Akteure ohne jede Blaupause für eine »Rückabwicklung« in die Arena geschickt habe:

> »Warum geben wir nicht einfach zu, dass wir alle miteinander ohne eine spezifische Erfahrung in die Einheit gegangen sind? Oder, noch schärfer, dass uns das Ende des Kalten Krieges völlig unvorbereitet getroffen hat, die einen wie die anderen. Und so standen wir da ohne eine ausdiskutierte Strategie, ohne Rezepte, ohne das Gefühl, wirkliche Macht über die Entwicklung zu haben. [...] Es ist wahr: Weder in West- noch in Ostdeutschland gab es 1989 irgendwelche Konzepte, Planspiele oder Strategien für eine politische und wirtschaftliche Einheit.«[6]

Gerade das hier anklingende, eng mit dem der »Alternativlosigkeit« verknüpfte Erzählmotiv »ohne historisches Vorbild« gehandelt und dabei »Unmögliches gewagt« zu haben, erscheint bis in die Gegenwart als zentrale Erzählstrategie der zeitdiagnostischen Selbstabsicherung ehemaliger Treuhand-Mitarbeiter: Defizite und Krisensymptome im Prozess der Wirtschaftstransformation können damit griffig rationalisiert werden.[7]

Jenseits dieser polarisierten Zuschreibungen weiß die zeit- und wirtschaftshistorische Forschung bislang kaum etwas über die bundesdeutsche Wahrnehmung und ökonomische Analyse der Planwirtschaft zu berichten; der Befund Alexander Nützenadels, der eine »weitgehend unbekannte Perzeptionsgeschichte« der DDR-Planwirtschaft aus dem Blick westlicher Ökonomen beklagte, bleibt aktuell.[8] Ausnahmecharakter haben jedoch die Forschungen von Dirk van Laak, Markus Gloe oder Roland Wöller, die sich mit der »Planung für die deutsche Einheit« befassten und dabei Konzepten, Plänen und »Sofortprogramm(en) für den Tag X« nachgingen. In den 1950er- und 1960er-Jahren war im Kontext der deutsch-deutschen Systemkonkurrenz ein weitläufiges Debatten-, Institutionen- und Expertengeflecht rund um den 1952 beim Bundesministerium für gesamtdeutsche Fragen eingerichteten *Forschungsbeirat für Fragen der Wiedervereinigung Deutschlands* gewachsen. Die Beteiligten bemühten sich intensiv darum, politische Maßnahmenkataloge für mögliche Wiedervereinigungs-

6 Breuel: Treuhand intern, S. 12f.

7 Vgl. van Scherpenberg, Norman: Das Instrumentarium der Treuhand zur Privatisierung, in: Breuel Birgit; Burda, Michael (Hg.): Ohne historisches Vorbild, hier S. 35; Paqué/Depenheuer: Einheit; Fischer/Hax/Schneider: Treuhandanstalt.

8 Nützenadel: Stunde der Ökonomen, S. 176.

szenarien zu erarbeiten – gerade auch auf volkswirtschaftlicher Ebene; dem Forschungsbeirat ging es letztlich um eine schnelle Rückabwicklung der »SBZ« im erwarteten Fall der Fälle.[9]

Die bisherigen Forschungen analysieren akribisch, wie dieses Expertennetzwerk in den 1970er-Jahren vor dem Hintergrund der innerdeutschen Annäherung sowie der zunehmenden Akzeptanz einer dauerhaften Zweistaatlichkeit an Bedeutung einbüßte und schließlich 1975 durch die sozialliberale Bundesregierung aufgelöst wurde.[10]

Inzwischen hatten sich auch die Rahmenbedingungen des ökonomischen Nachdenkens über die DDR deutlich gewandelt: Als zentrale Forschungsinstitution zur DDR-Wirtschaft hatte sich das 1925 gegründete Deutsche Institut für Wirtschaftsforschung (DIW) in Westberlin etabliert, das nun als informeller Nachfolger des Forschungsbeirats die vom Bundesministerium für innerdeutsche Beziehungen herausgegebenen »Materialien zum Bericht der Lage der Nation« zusammenstellte. Doch nicht nur die Institutionen, auch der Grundtenor der ökonomischen DDR-Forschung hatte sich merklich verändert, wie etwa im vielbeachteten Handbuch »DDR-Wirtschaft. Eine Bestandsaufnahme« nachzulesen war, welches das DIW in den 1970er- und 1980er-Jahren herausgab. Klaus-Dieter Arndt, studierter Volkswirt und erst seit Kurzem Präsident des DIW, beschrieb 1971 im Vorwort zur ersten Ausgabe den damaligen Übergang von der an einer Systemüberwindung ausgerichteten »SBZ«- oder »Mitteldeutschland«-Forschung der 1950er- und 1960er-Jahre hin zu einer neuen, »nicht-parteiische[n]« Analyse der DDR-Wirtschaft: Die DDR stehe inzwischen »für ein anderes Deutschland, auf das wir uns drau-

9 Van Laak: Tag X; Gloe, Markus: Planung für die deutsche Einheit. Der Forschungsbeirat für Fragen der Wiedervereinigung Deutschlands, 1952-1975, Wiesbaden 2005; Wöller, Roland: Der Forschungsbeirat für Fragen der Wiedervereinigung Deutschlands 1952-1975. Zur politischen und wissenschaftlichen Diskussion der wirtschaftlichen Wiedervereinigung, Düsseldorf 2004. Wöller, der seit 2008 als Kulturminister in Sachsen amtierte, musste 2012 von seinem Amt zurücktreten, weil ihm nachgewiesen wurde, dass er diese Dissertation größtenteils plagiiert hatte, vgl. »Tacheles, Herr Doktor!«, in: Die Zeit, 4.8.2011.

10 Die vormals bedeutenden Exponenten des Forschungsbeirates waren in den 1980er-Jahren entweder bereits verstorben, wie der sozialdemokratische Wirtschaftswissenschaftler und NRW-Landesminister Bruno Gleitze, oder als nationalistische wie antikommunistische »Ideologen« einer überholten Totalitarismustheorie weitgehend marginalisiert, wie der konservative Nationalökonom Karl C. Thalheim, den nicht zuletzt auch Forschungsaktivitäten während der NS-Zeit in Verruf gebracht hatten. Vgl. u.a.: Thalheim, Karl C.: Die Wirtschaft der Sowjetzone in Krise und Umbau, Berlin 1964.

ßen einzurichten haben, wie jene sich drinnen einzurichten hatten«.[11] Jetzt gehe es um ein »unvoreingenommenes« Verstehen der politökonomischen Funktionsbedingungen der Zentralplanwirtschaft:

> »Doch was für uns fremd bleibt und für uns falsch wäre, kann für die DDR bei sich richtig sein: zwar ist die sozialistische Planwirtschaft trotz aller Modifizierungen ein wirtschaftliches Hemmnis; doch sie ist ein sehr zweckmäßiges Instrument zur Konzentration und Sicherung staatlicher Macht.«[12]

Noch einen Schritt weiter ging ein 1977 herausgegebenes Sammelwerk der Marburger Volkswirtin Hannelore Hamel. Beide Systeme – sowohl die »soziale Marktwirtschaft« als auch die »sozialistische Planwirtschaft« – sähen sich gegenwärtig mit übergeordneten soziökonomischen wie ökologischen Krisenszenarien (»Umweltverschmutzung«, Energieversorgungskrisen, überlastete Sozialsysteme sowie weltweite Wachstumseinbrüche) konfrontiert, die einen »systemvergleichenden Ansatz« nahelegten.[13] Hamel ging es erklärterweise darum, »alternative Wirtschafts- und Gesellschaftssysteme« beziehungsweise »Gestaltungsprinzipien anderer Systeme kennenzulernen«: Könnte also die DDR-Planwirtschaft auch als Vorbild für die Marktwirtschaft der Bundesrepublik dienen? Überspitzt gesagt, hatte die bundesdeutsche DDR-Forschung eine Kehrtwende vollzogen: Von der aktiven Systemüberwindung in den 1950er- und 1960er-Jahren über eine »systemimmanente« Analyse in den 1970er-Jahren wurden nunmehr beide Ordnungssysteme in den 1980er-Jahren auf Konvergenzen und Krisenreaktionsfähigkeiten hin abgeklopft; Marktwirtschaft und Planwirtschaft sollten eingedenk transnationaler, globaler »Risiken« voneinander »lernen«.[14]

Es ist diese grundlegende, sich auch in der Ökonomie spiegelnde Tendenzwende, die Dirk van Laak als einen »Wandel durch Abwendung«

11 Arndt, Klaus-Dieter: Vorwort, in: Deutsches Institut für Wirtschaftsforschung Berlin (Hg.): DDR-Wirtschaft. Eine Bestandsaufnahme, Frankfurt a.M. 1971, S. 23.

12 Ebd., S. 23f.

13 Hamel, Hannelore (Hg.): Bundesrepublik Deutschland – DDR, die Wirtschaftssysteme. Soziale Marktwirtschaft und sozialistische Planwirtschaft im Systemvergleich, 4. Aufl., München 1983, hier S. 13.

14 Vgl. Klinger, Fred: Die Wirtschaft der DDR aus der Sicht der Bundesrepublik Deutschland, in: Eisenmann, Peter; Hirscher, Gerhard (Hg.): Dem Zeitgeist geopfert. Die DDR in Wissenschaft, Publizistik und politischer Bildung, München 1992, S. 87-114, dessen knappe Analyse freilich sehr stark von den geschichtspolitischen Abrechnungen der frühen 1990er-Jahre geprägt ist, vgl. Rudnick: Die andere Hälfte; Klinge: 1989 und wir.

umschrieb;[15] Markus Gloe gelangte zum kritischen Befund einer »unvorbereiteten Bundesrepublik«;[16] Fred Klinger urteilte 1992 scharf über eine »ängstliche Distanz zum Antikommunismus« und diagnostizierte ein »wissenschaftliches Anerkennungssyndrom«.[17] Alle argumentierten gleichermaßen, dass die in den 1950er- und 1960er-Jahren entwickelten Pläne, Entwürfe und Modelle bis 1989/90 fast gänzlich in Vergessenheit geraten seien und in den Überlegungen der Akteure, allen voran der christliberalen Bundesregierung, keine nachweisbare Rolle gespielt hätten: Eine Diagnose, die angesichts des beträchtlichen Wandels der DDR-Forschung nicht sonderlich überrascht – zu unwahrscheinlich erschien den Zeitgenossen Ende der 1980er-Jahre das weltpolitische Szenario eines plötzlichen Zusammenbruchs der sowjetischen Herrschaftssphäre.[18] Wie weite Teile der DDR-Forschung betrachtete selbst der konservative Nationalökonom Karl C. Thalheim die DDR und ihr Wirtschaftssystem im Jahr 1988 auf der schmalen empirischen Grundlage von offiziellen SED-Parteitagsreden und Leitartikeln zwar als unproduktiv, rückständig und defizitär, aber dennoch als stabil und prinzipiell reformfähig.[19]

1.2 Der Doktorand und der Wirtschaftsminister: Bundesdeutsche Reformentwürfe

Man wird die zeitgenössische Einschätzung, dass nach 1989/90 keinerlei Entwürfe durch die aktiv handelnden Zeitgenossen diskutiert wurden, nicht halten können. Mindestens zwei Konzepte zur Umgestaltung einer Planwirtschaft aus der Frühzeit der Bundesrepublik – eine wirtschaftspolitische und eine volkswirtschaftliche – wurden 1990 nachweislich rezipiert. Autoren und Formate hätten dabei unterschiedlicher kaum ausfallen können: Auf der einen Seite eine 1962 eingereichte, mit dreihundert Seiten zeitgenössisch vergleichsweise voluminöse Doktorarbeit eines knapp dreißigjährigen Volkswirts; auf der anderen Seite ein sehr kurzer Essay aus dem Jahr 1953, veröffentlicht im *Bulletin der Bundesregierung* – und geschrieben von Bundeswirtschaftsminister Ludwig Erhard.

15 Van Laak: Der Tag X, S. 285.
16 Gloe: Planung, S. 333.
17 Klinger: Wirtschaft der DDR, S. 91.
18 Van Laak: Der Tag X, S. 284; vgl. auch Nützenadel: Stunde der Ökonomen, S 181.
19 Bundesministerium für innerdeutsche Beziehungen (Hg.): Materialien zum Bericht zur Lage der Nation im geteilten Deutschland 1987, in: Treuhandanstalt: Dokumentation, Bd. 1, S. 811-815; im Rahmen dieses Berichts hatte Karl C. Thalheim einen knappen Aufsatz zu »Reformbedarf und Reformfähigkeit« der DDR-Planwirtschaft vorgelegt.

Der Wirtschaftswissenschaftler Peter Dieter Propp nahm sich Anfang der 1960er-Jahre kein geringeres Unterfangen vor, als auf theoretischer Basis den Rückweg von der Plan- zur Markwirtschaft zu simulieren. Der 1926 in Mecklenburg geborene Propp hatte sich für sein Promotionsvorhaben nicht irgendeine Adresse ausgesucht: Nach kurzer US-Kriegsgefangenschaft hatte er ab 1948 an der neu gegründeten Freien Universität in Westberlin Wirtschaftswissenschaften studiert. 1952 wurde er dort wissenschaftlicher Mitarbeiter von Karl C. Thalheim, dem Doyen der sich etablierenden bundesdeutschen »Ost- und DDR-Forschung«. Ein gutes Jahrzehnt lang, bis zum Abschluss seiner Dissertation, bewegte sich Propp im weitläufigen Geflecht des Forschungsbeirats für Fragen der Wiedervereinigung Deutschlands. Die wissenschaftliche Schrift bildete den Schlussstein seiner akademischen Karriere, denn nach ihrer Fertigstellung wechselte er zur Mannheimer Südzucker AG.[20]

Als Ausgangspunkt seiner volkswirtschaftlichen Dissertation, die 1964 unter dem Titel »Transformation einer Zentralverwaltungswirtschaft sowjetischen Typs in eine Marktwirtschaft« veröffentlicht wurde, skizzierte Propp das Spannungsfeld eines möglichen Übergangs von der Zentralplan- zur Marktwirtschaft zwischen pragmatischer Kontinuität und systemischem Bruch: Einerseits solle die »herrschende sowjetwirtschaftliche Ordnung« möglichst effektiv und zügig durch eine marktwirtschaftliche abgelöst werden; andererseits müsse dieser Umgestaltungsprozess »unter möglichst weitgehender Sicherung der Kontinuität der wirtschaftlichen Kreisläufe geschehen«.[21] Eine solche »Kontinuität« erschien Propp vor allem daher essenziell, weil nur auf diese Weise ein »Chaos« zu verhindern sei, das in der Ost-Bevölkerung »starke Kräfte zur Wiedereinführung zentralplanwirtschaftlicher Lenkungsmethoden« mobilisieren und damit die gesellschaftliche Akzeptanz und Legitimität des Wirtschaftsumbaus sowie der neuen Wirtschaftsordnung gefährden könne.[22]

Propp setzte sich intensiv mit verschiedenen, seinerzeit herausgearbeiteten Strukturmerkmalen der »Zentralplanwirtschaft sowjetischen Typs« (»Plansystem«, »Stellung der Wirtschaftseinheiten (Betriebe)«, »Finanzsystem«, »Vertragssystem«) auseinander. Er diskutierte, welche Strukturelemente als mögliche Ansatzpunkte für eine marktwirtschaftliche Transformation dienen könnten. Der Volkswirt leitete seine Überlegungen dabei von einem bemerkenswert umfassenden Begriff der »Wirtschaftsordnung«

20 In der Südzucker AG, wo Propp 1990 in den Ruhestand trat, stieg er bis zum Direktor auf. Vgl. dazu: Haendcke-Hoppe-Arndt, Maria: Zum Tod von Peter D. Propp, in: Deutschland-Archiv 37 (2004), S. 382.

21 Propp, Peter Dietrich: Zur Transformation einer Zentralverwaltungswirtschaft sowjetischen Typs in eine Marktwirtschaft, Berlin 1964 [Reprint v. 1990], S. 117.

22 Propp: Transformation, S. 275.

ab, die er als »zweckrationales System« definierte, »dessen Zielsetzungen und Maßstäbe wesentlich außerökonomischer, d.h. politischer, sozialer und kultureller Art sind«.[23] Folglich gelte es bei der Transformation von einer Wirtschaftsordnung in eine andere, vier Dimensionen (Ökonomie, Soziales, Verwaltung, Politik) miteinander in Einklang zu bringen. In diesem Prozess gehe es darum,

> »das wirtschaftlich Vernünftige (Vereinbarkeit der Ordnungsformen mit dem Lenkungsprinzip) mit dem sozial Notwendigen (Sicherung der Kontinuität der wirtschaftlichen Abläufe) und dem administrativ Durchführbaren (Verzicht auf die ›ideale‹ Ordnung, Beschränkung auf Leitsätze, die eine Neuordnung des Wirtschaftsprozesses von den bestehenden Betrieben her ermöglichen) zu verbinden.«[24]

Explizit klammerte der Autor in seiner Schrift die vierte Dimension, die Frage nach der »politischen Durchsetzbarkeit der wirtschaftspolitischen Maßnahmen«, aus, die er für seine Untersuchungen als gegebene Prämisse betrachtete. In welcher Konstellation und aus welchen Gründen es überhaupt zu einer »revolutionären Änderung der Wirtschaftsordnung« innerhalb der »SBZ« beziehungsweise der DDR kommen würde – diese politisch heikle Frage konnte Propp 1962, kurz nach dem Mauerbau, nicht offen weiterverfolgen.

Ausgehend von diesen Überlegungen entwickelte der Volkswirt eine umfassende Versuchsordnung für eine postsozialistische Transformation: Diese bedürfe zunächst grundsätzlich eines »starken Staates«, dem »in der Periode der Einführung dieser Ordnung erhöhtes Gewicht« zukomme, um die entsprechenden Maßnahmen und Gesetze durchzusetzen. Ein Umbau der Wirtschaft bringe »eine derartige Fülle von Aufgaben für die Legislative« mit sich dass es dem Autor kaum vorstellbar erschien, »dass sie in angemessener Zeit auf normalen [sic!] parlamentarischen Wege bewältigt werden« könnten.[25] Das Parlament solle sich deshalb auf die »Statuierung der Prinzipien und die Kontrolle ihrer Verwirklichung« beschränken.[26]

Propp erkannte darin die »paradoxe Situation«, dass man der »Exekutive« eine »Fülle von Rechten« einräumen und diese »Machtfülle« nun ausgerechnet von denjenigen »Staatsfunktionären« angewandt werden müsse, »die der zu beseitigenden Ordnung verbunden« seien.[27] Ein solches perso-

23 Ebd., S. 275.
24 Ebd., S. 275 f.
25 Ebd., S. 276.
26 Ebd.
27 Ebd., S. 277.

nalpolitisches Paradoxon einer Art ökonomischer Übergangsdiktatur ergebe sich jedoch aus der praktischen Zwangslage, dass »ohne die wirksame Unterstützung durch den Staatsapparat eine die Stabilität wahrende Transformation [...] so gut wie ausgeschlossen« sei: »Auch eine, immer nur in verhältnismäßig engen Grenzen mögliche, Auswechslung der Personen vermag daran grundsätzlich wenig zu ändern.«[28] Als »gewisse Sicherung gegen hemmende Einflüsse«, die von den »alten Funktionären ausgehen könnten«, empfahl der Autor eine Verlaufskontrolle durch Parlament und unabhängige Gerichte. Er riet zu einer »weitgehenden Übertragung des wirtschaftlichen Entscheidungsrechts« auf die »Wirtschaftssubjekte«, also die Betriebe selbst. Nur eine »echte Dezentralisierung« könne wirksame Gegengewichte zu einer drohenden exekutiven Übermacht schaffen. Bezeichnenderweise sprach Propp eine weitere Möglichkeit, den Einsatz externer (sprich: bundesdeutscher) Experten, mit keiner Silbe an, da er den Umgestaltungsprozess stets streng als endogene Operation verstand und beschrieb – als evolutionäre Entwicklung aus dem bestehenden Plansystem heraus.[29]

Schließlich gelangte Propp zu einer klaren wirtschaftspolitischen Handlungsempfehlung. Es erschien ihm unzureichend, lediglich »zentral festgesetzte [...] Planaufgaben« schrittweise aufzuheben und die »übrigen Teilordnungen« zunächst unverändert weiterlaufen zu lassen – die wahrscheinliche Folge sei »wieder eine Tendenz zur Zentralplanwirtschaft«. Der Übergang habe vielmehr schnell und vollständig in einem »höchst radikalen Akt« zu erfolgen.[30] Insgesamt erfordere das Unterfangen »erhebliche Bereitschaft zum Risiko«, die »z.B. bei und nach der Währungsreform in Westdeutschland im Jahre 1948 nicht überall vorhanden war«.[31]

Jede Transformation einer Wirtschaftsordnung zeitige »unbeabsichtigte Fernwirkungen« oder »nachteilige Wirkungen«. Für die »Wirtschaftspolitik der Transformation« müsse es also primär »durch eine Beschränkung auf das Wesentliche« darum gehen, den »richtigen Kompromiss« zwischen einer »im Interesse der Funktionsfähigkeit der neuen Ordnung«

28 Ebd.

29 Eben dieses grundsätzliche Szenario einer weitgehend systeminhärenten Umgestaltung mit eigenem Personal lag auch den konzeptionellen Überlegungen der Reformkommunisten unter Modrow zugrunde.

30 Propp: Transformation, S. 287.

31 Ebd., S. 288. Schließlich erschienen Propp besagte Unsicherheiten durchaus annehmbar, da auch die langfristige Suche nach einer »perfekten Lösung« angesichts der völlig unklaren Ausgangssituation von vornherein vergeblich sei, »weil die der zentralverwaltungswirtschaftlichen Vergangenheit und Gegenwart zu entnehmenden Fakten nur sehr beschränkt als Stütze für in die Zukunft gerichtete Annahmen über die wirtschaftliche Entwicklung« dienen könnten.

liegenden »Vollständigkeit ihrer ordnungspolitischen Maßnahmen« auf der einen sowie einem »Mut zur Lücke bei den prozesspolitischen Maßnahmen« auf der anderen Seite zu finden.[32]

Propps Hoffnungen auf einen gelingenden Transformationsprozess ruhten letztlich im »entsprechenden Verhalten der Wirtschaftssubjekte«, der (befreiten) Betriebe. Der »staatliche Akt der Transformation der Wirtschaftsverfassung« leite lediglich einen tiefgreifenden, langfristigen »Prozess der Transformation des Wirtschaftsprozesses« ein; die »Umwandlung der planabhängigen Wirtschaftseinheiten in autonome Wirtschaftssubjekte« schien ihm der »entscheidende Schritt zur Transformation« zu sein.[33]

Ein knappes Jahrzehnt zuvor hatte sich Bundeswirtschaftsminister Ludwig Erhard zum selben Thema geäußert. Unter dem Titel »Wirtschaftliche Probleme der Wiedervereinigung« hatte Erhard am 12. September 1953 einen kurzen Essay im *Bulletin der Bundesregierung* veröffentlicht.[34] Dessen zeitgenössischer Entstehungshintergrund war ambivalent: Einerseits schrieb Erhard unter dem Eindruck des Aufstands vom 17. Juni 1953 und der sich anschließend verschärfenden ostdeutschen Massenflucht in die Bundesrepublik; andererseits hatten die Unionsparteien kurz zuvor spektakulär die absolute Mehrheit bei der zweiten Bundestagswahl errungen – ein Erfolg, den Erhard nicht zuletzt auch auf die Resultate seiner eigenen wirtschaftspolitischen Weichenstellungen zurückführte.[35]

In seinem Text umschrieb der Wirtschaftsminister die diffuse »Sorge« seiner bundesdeutschen »Landsleute«, dass eine mögliche Wiedervereinigung mit der »Sowjetzone« durch die dann nötigen »wirtschaftlichen Anstrengungen« eine »unerträgliche Senkung des Lebensstandards« im Westen nach sich ziehen könnte: Dem »Laien« gebreche es dabei allerdings, wie er scharf urteilte, am »Vorstellungsvermögen«, um »die sich aus dem Zusammenschluss ergebenden wirtschaftlichen Konsequenzen rational abzuleiten« – daher blieben »Spekulation Tür und Tor geöffnet«.[36]

Eine deshalb oft eingeforderte Voraus*planung* einer wirtschaftlichen Wiedervereinigung durch die Bunderegierung sei aber gerade nicht von-

32 Ebd.

33 Ebd., S. 289.

34 Erhard, Ludwig: Wirtschaftliche Probleme der Wiedervereinigung [1953], in: Hohmann, Karl (Hg.): Ludwig Erhard. Gedanken aus fünf Jahrzehnten, Düsseldorf 1988, S. 381-386.

35 Vgl. hierzu Löffler: Soziale Marktwirtschaft; sowie (kritisch): Wünsche, Horst Friedrich: Ludwig Erhards Soziale Marktwirtschaft. Wissenschaftliche Grundlagen und politische Fehldeutungen, Reinbek 2015; Mierzejewski, Alfred C.: Ludwig Erhard. Der Wegbereiter der sozialen Marktwirtschaft, München 2005; Gillies, Peter; Koerfer, Daniel; Wengst, Udo: Ludwig Ehrhard, Berlin 2010.

36 Erhard: Wirtschaftliche Probleme, S. 381.

nöten, ganz im Gegenteil: Massiv verwahrte sich Erhard gegen eine »verwaltungsmäßige Handhabung« oder staatliche »Organisation«: Solchen Überlegungen gehe »jedes Gefühl, jede Einsicht auf die in einem freien Markt zum Ausgleich und Gleichgewicht hindrängenden Kräfte und die damit entfesselte Dynamik völlig ab«.[37] Erhard verwies auf seine Erfahrungen im Vorfeld der Währungsreform 1948: Er selbst wisse »ein Lied davon zu singen«, wie ihm allerlei Kritiker mithilfe von »Statistiken, grafischen Darstellungen, Rohstoffbilanzen, Produktions- und Verbrauchszahlen, Außenhandelszahlen u.a.m.« letztlich die »Unmöglichkeit der Aufhebung der Bewirtschaftung« zu demonstrieren versuchten.[38] Diesen Skeptikern hielt Erhard entgegen, dass alle von staatlichen oder wissenschaftlichen »Gremien« angestellten theoretischen Überlegungen zur künftigen Entwicklung einer staatlich geplanten Wirtschaft sich als nutzlos erweisen würden, weil »die Fruchtbarmachung der menschlichen und sachlichen Produktivkräfte« nach einer Vereinigung »unter völlig anderen Markt- und Umweltbedingungen« ablaufen werde. Aus diesem Grunde würden »Schlüsse von der Gegenwart auf die Zukunft« ohnehin nur zu »krassen Fehlurteilen« führen.[39]

Wenn Staat und Politik den Umbau von der Plan- zur Marktwirtschaft weder vorbereiten und noch aktiv steuern sollten, wer sollte es dann tun? Erhard entwickelte seine Vorschläge ausgehend von der Prämisse, »dass die Wiedereingliederung des deutschen Ostens mit den Mitteln und nach den Grundsätzen der Marktwirtschaft erfolgen« muss.[40] Als ersten und zentralen Schritt schlug er dafür eine radikale »Währungsneuordnung« vor, eine sofortige »Einbeziehung« der Planwirtschaft und ihrer Betriebe »in unsere Währungsunion«. Er war überzeugt,

> »dass dieser unumgänglich notwendige Angleichungsprozess um so rascher und erfolgreicher vor sich gehen wird, je inniger von Anbeginn an die Verflechtung der beiden Wirtschaftsgebiete sein wird und je mehr private Initiative und Tatkraft sich entfalten können.«[41]

Staatlichen Maßnahmen, welche die »Ostwirtschaft« vor westlicher Konkurrenz abschirmen sollten, erteilte Erhard ebenso eine Absage wie »einem vorgefassten Plan«, den Wirtschaftsumbau in einer bestimmten »Stufenfolge, Zeit und Ruhe« umzusetzen. Bestenfalls indirekte Flankierungsmaßnahmen wie befristete »steuerliche Erleichterungen und Be-

37 Ebd., S. 381f.
38 Ebd., S. 381.
39 Ebd., S. 383.
40 Ebd., S. 382.
41 Ebd., S. 383.

freiungen« für ostdeutsche Unternehmen hielt er für denkbar, um diesen zu »gleichartigen Startbedingungen im Wettbewerb« zu verhelfen. Jeder darüber hinausreichende Steuerungsversuch verzerre und verzögere die notwendigen Anpassungsprozesse, deren Ausgang er jedoch optimistisch beurteilte – weil die Dynamik in den Händen von frei handelnden Unternehmern in Ost *und* West liege:

> »[N]ach diesem erlösenden Schritt [einer schnellen Währungsunion, M.B.] [dürfen] auch die Menschen sich wieder frei bewegen und [...] Unternehmer und Gewerbetreibende aller Art [werden] das mittel- und ostdeutsche Wirtschaftsgebiet nicht nur als neue Absatzmärkte betrachten, sondern sich dort auch in der Produktionssphäre betätigen [...]. Es ist wohl kaum zuviel gesagt, dass die ganze Wirtschaft der Bundesrepublik mit Rat und Tat bereitsteht, um der rückgegliederten Ostwirtschaft die Aufgabe der Leistungsangleichung zu erleichtern.«[42]

Unter Marktbedingungen in einem einheitlichen Währungsraum könne sich das aktive Engagement west- wie ostdeutscher Unternehmer entfalten, deren »Impulse und Energien« zügig Wohlstand generierten und damit auch die diffus in Bevölkerung und Öffentlichkeit wabernden Ängste vor »großer Arbeitslosigkeit« und Wohlstandsverlusten gegenstandslos werden ließen. Eine schnelle Wiedervereinigung im Modus des Wettbewerbs setze »in politischer, wirtschaftlicher und menschlicher Beziehung« Energien und Kräfte frei, »von deren Stärke und Macht sich die Schulweisheit der Planwirtschaftler nichts träumen« ließe.[43]

Der Doktorand und der Bundeswirtschaftsminister hatten sich, um ein knappes Jahrzehnt zeitversetzt, dasselbe Problem vorgelegt, hierfür unterschiedliche Lösungsansätze angeboten und ein Bündel grundsätzlicher Fragen aufgeworfen. Drei Problemkreise lassen sich darin systematisch voneinander abgrenzen: Erstens grundsätzliche Ordnungsmodelle, an denen sich eine Transformation ausrichten sollte: Was sollte das Ziel des Übergangs sein? Zweitens die Transformation als Prozess mit spezifischen Strukturen und Organisationen: Wie, mit welchen Verfahren und Geschwindigkeiten sollte dieser Übergang ausgestaltet werden? Drittens die Frage nach den gestaltenden Akteuren: Wer sollte diesen Umbau in der Praxis umsetzen?

Was die übergeordnete Zielrichtung anbelangte, bestanden zwischen Erhard und Propp kaum grundsätzliche Differenzen: Beide orientierten sich am Vorbild des bundesdeutschen »Erfolgsmodells« einer »sozialen

42 Ebd., S. 384.
43 Ebd., S. 385 f.

Marktwirtschaft«,[44] die auf den Eckpfeilern des privaten Eigentums, des freien Unternehmertums sowie des marktbezogenen Wettbewerbs ruhte. Dementsprechend hatten staatliche Eigentumsformen, Staatsunternehmen sowie zentrale Planungsverfahren für sie keinen Platz in der künftigen Wirtschaftsordnung. Erhard warb dafür im Brustton eines überzeugten Wirtschaftspolitikers, Propp im theoriegeleiteten Duktus eines ordoliberalen Volkswirtes. Denn beide teilten die Annahme, dass sich das neue Wirtschaftssystem in den Augen der Bevölkerung relativ zügig als effizienter erweisen müsse als das alte: Die allgemeine Akzeptanz der Wirtschaftsreformen in der DDR (Propp) beziehungsweise in der DDR *und* der Bundesrepublik (Erhard) erschien als Prüfstein für einen gelingenden ökonomischen Umbauprozess.

Obschon beiden die Strukturelemente des Zentralplansystems mitnichten erhaltenswert erschienen, unterschieden sich ihre Entwürfe im Detail doch bedeutsam. Propp ging eher von einem zwar forcierten, aber letztlich doch evolutionären und endogenen Wandel innerhalb des bestehenden Zentralplansystems aus. Erhard hingegen präferierte eindeutig das Szenario einer sofortigen Wiedervereinigung, also eine revolutionäre und exogene Lösungsvariante: Der Wirtschaftsumbau sollte ohne jegliche Übergangsphasen unmittelbar und schlagartig realisiert werden. Hieraus ergaben sich freilich auch signifikante Differenzen, was die weiteren Modi des Wirtschaftsumbaus anbelangte: Propp sah mit seinem Konzept eines »starken Staates« als übergeordneter Planer und Lenker dem Paradoxon einer (Selbst-)Abschaffung des Planens durch planende Planer ins Auge. Dies war eine Vorstellung, der sich Erhard strikt verweigerte: Allein das möglichst freie, dynamische Spiel privater Akteure in wettbewerblichen Marktkonstellationen erschien ihm Gewähr für einen erfolgreichen Übergang zur Marktwirtschaft zu bieten.

Erhards Entwurf rückte die Unternehmer (vor allem aus der Bundesrepublik) in den Mittelpunkt seiner personellen Überlegungen – allein sie verstünden es, »unternehmerische« und risikobewusste Entscheidungen am Markt zu treffen; Beamte staatlicher Behörden sollten deshalb keine zentrale Rolle spielen. Diametral hierzu erscheint dagegen Propps endogener, personalpolitischer Pragmatismus: An dem alten Personal der Planwirtschaft in den Ministerien und Betrieben führte (zunächst) kein Weg vorbei, auch wenn diese Personengruppe »unternehmerisches« Denken und Handeln erst für sich annehmen müsse – letztlich wollte Propp die Wirtschaftsfunktionäre durch Parlamente, Gerichte und Unternehmen zumindest austarieren. Erhard wie Propp bezogen sich damit gleichermaßen auf eine zentrale argumentative Grundfigur: die Mentalität.

44 Vgl. dazu v.a. Löffler: Soziale Marktwirtschaft.

Das verantwortliche Personal bedurfte in den Augen beider spezifischer, »unternehmerischer« Wahrnehmungs-, Denk- und Handlungsweisen, um den riskanten Umbauprozess erfolgreich ausgestalten zu können – nur zogen sie daraus höchst unterschiedliche Konsequenzen: Erhard wollte die staatlichen »Planwirtschaftler« gänzlich aus dem Transformationsprozess heraushalten, Propp hingegen vertraute auf deren pragmatische Anpassungs- und Lernfähigkeit.

Dass es noch fast 37 beziehungsweise 28 Jahre dauern würde, bis die Suche nach einem Rückweg von der Plan- zur Marktwirtschaft auf die Agenda der Wirtschaftspolitik rücken würde, war freilich weder für Erhard noch für Propp absehbar. Während für den Minister eine mögliche Wiedervereinigung und deren Folgen im Jahr 1953 noch Gegenstand tagespolitischer Debatten war, erschien sie dem Volkswirt ein knappes Jahrzehnt später bereits als unkalkulierbare Störvariable, die er aus seinen theoretischen Überlegungen ausklammern konnte. Beide Beiträge gewinnen ihren Wert allerdings nicht allein aus ihrer konzeptionellen Auseinandersetzung mit der Thematik eines postsozialistischen Wirtschaftsumbaus, sondern insbesondere durch ihre spätere Rezeption im Jahr 1990.[45]

Der Westberliner Doktorand schnitt dabei – wenig überraschend – »schlechter« ab als der Bonner Wirtschaftsminister. Propps theoretisches Plädoyer war – wie die meisten ökonomischen Analysen aus dem Kontext des Forschungsbeirates – weitgehend in Vergessenheit geraten. Erst unter dem Eindruck jüngster Entwicklungen und auf Initiative von ehemals mit den Institutionen verbundenen Akademikern wurde es unverändert nachgedruckt, weil – wie der Kölner Ökonom Gernot Gutmann[46] formulierte – das »Fehlen einer solchen Theorie, die dann als Grundlage für eine den Transformationsprozess gestaltende Ordnungspolitik dienen« könne, derzeit »sehr schmerzhaft empfunden« werde.[47] Bis heute gilt Propps Dissertationsschrift damit als wissenschaftliches Kuriosum, das als Ausnahme die Regel bestätigt.[48]

45 Vgl. exemplarisch Gloe: Planung, S. 310; Steiner: Wirtschafts- und Währungsunion, S. 454; Abelshauser: Deutsche Wirtschaftsgeschichte, S. 402 ff.

46 Gutmann hatte sich als Volkswirt intensiv mit dem Wirtschaftssystem der DDR befasst, vgl. Gutmann, Gernot; Behrendt, Willy (Hg.): Das Wirtschaftssystem der DDR. Wirtschaftspolitische Gestaltungsprobleme, Stuttgart u.a. 1983 sowie später seine Bilanz: Gutmann, Gernot: In der Wirtschaftsordnung der DDR angelegte Blockaden und Effizienzhindernisse für die Prozesse der Modernisierung, des Strukturwandels und des Wirtschaftswachstums, in: Kuhrt, Eberhard (Hg.): Die Endzeit der DDR-Wirtschaft – Analysen zur Wirtschafts-, Sozial- und Umweltpolitik, Opladen 1999, S. 1-60.

47 Propp: Transformationen, Vorwort.

48 Vgl. Steiner: Wirtschafts- und Währungsunion, S. 454.

Anders verhielt es sich mit Erhards kurzem Aufsatz, dessen breite Rezeption im Laufe des Jahres 1990 bemerkenswert ist: Erst 1988 war der Text im Rahmen einer Werkedition der Ludwig-Erhard-Stiftung erneut publiziert worden; kurz nach der Jahreswende 1989/90 veröffentlichte der CDU-Wirtschaftsrat Auszüge daraus in einer Pressemitteilung.[49] Erhards Essay erlebte in den folgenden Wochen eine Renaissance unter den Bonner Regierungsbeamten und christlich-liberalen Koalitionären. Als luzide »Blaupause« von hoher politischer Aktualität und ideeller Anschlussfähigkeit bestärkte er die Kohl-Regierung, der DDR Anfang Februar 1990 ein spektakuläres, unverhofftes Angebot zu unterbreiten: Eine sofortige Währungsunion und Wirtschaftsgemeinschaft ohne jegliche Übergangsfristen und politische Planungen, strikt orientiert am bundesrepublikanischen Modell der »Sozialen Marktwirtschaft«. Ausgerechnet die von Erhard seinerzeit so massiv gescholtenen Beamten hatten Helmut Kohl am Vorabend des Angebots einen Vermerk vorgelegt, in dem sie sich ausführlich auf Erhards Gedankenspiel aus dem Jahr 1953 bezogen.[50]

Dieses tauchte fortan immer wieder als Referenzpunkt in der Debatte auf: Horst Köhler, Finanzstaatssekretär und Leiter der bundesdeutschen Expertendelegation, die die Wirtschafts- und Währungsunion im März 1990 vorbereiten sollte, überreichte seinem ostdeutschen Gegenüber, dem sozialdemokratischen DDR-Minister Walter Romberg, anlässlich der Eröffnung der Konsultationen feierlich eine Kopie des Aufsatzes.[51] Zwei Monate später, am 23. Mai, hatte der liberale Fraktionschef Wolfgang Mischnick bei einer prominent besetzten wie emotionalen Plenardebatte im Bonner Bundestag zum Staatsvertrag einen besonderen rhetorischen Höhepunkt für seine Ansprache ausgearbeitet. Er wolle nun, wie er den Abgeordneten zurief, in größerer Ausführlichkeit etwas »zitieren, bei dem ich erst am Schluss sage, von wem es stammt«. Nach vollzogener Lesung erklärte Mischnick feierlich:

> »Meine sehr verehrten Damen und Herren, er [Ludwig Erhard, M.B.] hat damals genau das, was auch heute noch für uns gültig ist, vorausgesagt. Er hat damals vorausgesagt, was heute viele versuchen, nämlich

49 Erhard: Wirtschaftliche Probleme.

50 Vgl. die Analyse der Rezeption im Folgenden; insg. Gloe: Planung, S. 310; Abelshauser: Deutsche Wirtschaftsgeschichte, S. 402ff.

51 Köhler, Horst: Alle zogen mit, in: Waigel, Theodor; Schell, Manfred (Hg.): Tage, die Deutschland und die Welt veränderten. Vom Mauerfall zum Kaukasus. Die deutsche Währungsunion, München 1994, S. 118-134, hier S. 128: »Dies wurde nicht zuletzt deutlich, als ich im Verlauf unserer zweiten Begegnung aus Ludwig Erhards Betrachtungen ›Wirtschaftliche Probleme der Wiedervereinigung‹ zitierte. Minister Romberg war sofort daran interessiert, den ganzen Aufsatz zu lesen. Ich gab ihm eine Kopie.«

über die Kosten der Einheit den Gedanken der Einheit zu verlieren, über die Schwierigkeiten, die es bei der Umsetzung gibt, das Ziel aus dem Auge zu verlieren, ein bisschen noch organisieren zu wollen, den Abschied von der sozialistischen Planwirtschaft hinauszuzögern, weil es einem schwerfällt, das politische Gebetbuch, das man bisher hatte, völlig beiseite zu legen. Genau das sind die Punkte, um die es jetzt geht.«[52]

Der unterschiedlichen Rezeptionen der beiden Texte zum Trotz: Durch ihren Vergleich kristallisieren sich grundlegende Spannungsfelder konzeptionellen Nachdenkens über einen Übergang von der Plan- zur Marktwirtschaft heraus: *Ordnungsmodelle*, *Organisationsformen* und *Personalien* erscheinen als Grundsatzprobleme, auf deren Grundlage ein postsozialistischer Wirtschaftsumbau in den 1950er- und 1960er-Jahren diskutiert wurde, bevor derlei ökonomische Debatten im Zuge der deutsch-deutschen Annäherungen vorerst allmählich verstummten – und gut dreißig Jahre später schlagartig wieder tagesaktuell wurden.

1.3 »Indifferenz wäre nicht angebracht«: Ökonomische Interventionen im Januar 1990

Bezeichnenderweise war ein Ökonom, der 1986 aus der DDR übersiedeln musste und dem die Verhältnisse aus der Planwirtschaft bestens vertraut waren, einer der frühesten Beiträger in der ab Mitte November 1989 erneut einsetzenden Debatte um Wirtschaftsreformszenarien für die DDR. Der an der Universität Flensburg lehrende Wirtschaftswissenschaftler Harry Maier riet der DDR wenige Tage nach der Maueröffnung in *Der Zeit* zu einer »tiefgreifende[n] Wirtschaftsreform«. Statt »kleiner Schritte« sei nun eine »radikal neue[] Qualität« vonnöten, wobei Maier vor allem das SED-Machtmonopol brechen, die »zentrale[] Kommando-Wirtschaft« einer »schonungslose[n] Kritik« unterziehen und eine »Gleichberechtigung unterschiedlicher Eigentumsformen« durchsetzen wollte.[53]

Der Wissenschaftliche Beirat des Bundeswirtschaftsministeriums legte am 18. November 1989 unter der Leitung des Kölner Ökonomen Christian Watrin ein »Kurzgutachten« vor, das sich mit den »Wirtschaftspolitische[n] Herausforderungen« in der DDR befasste.[54] Die Ökonomen forderten

52 Aussprache im Deutschen Bundestag zum Vertrag über die Schaffung der Währungs-, Wirtschafts- und Sozialunion der beiden deutschen Staaten vom 23. Mai 1990, in: Bundesministerium für innerdeutsche Beziehungen (Hg.): Texte zur Deutschlandpolitik. Reihe III/Band 8a – 1990, Wolfenbüttel 1991, S. 341 f.

53 »Das Gefälle beseitigen«, in: Die Zeit, 17.11.1989.

54 Grosser: Wagnis, S. 151.

die Zerschlagung der »Großkombinate« und ihrer »monopolistische[n] Machtstrukturen«, die Zulassung und rechtliche Absicherung von Privateigentum als »stärkste[n] Antrieb« für Wettbewerb und eine »leistungsorientierte Einkommensverteilung«. Dabei ging es ihnen um den langfristigen »Übergang zu einer konsequent marktwirtschaftlichen Ordnung plus Übernahme der D-Mark als gesamtdeutsche Währung« in einer eigenständigen DDR.[55] Die Bundesrepublik solle im Gegenzug private Direktinvestitionen und öffentliche Infrastrukturmaßnahmen fördern; keinesfalls dürften »aus Steuermitteln finanzierte Finanzhilfen« bedingungsfrei in die DDR fließen.[56] Wenig später nominierte der Beiratsvorsitzende mit der Währungsreform von 1948 den Referenzgegenstand, der den bundesdeutschen Blick auf die DDR-Wirtschaft in den kommenden Monaten nachhaltig prägen sollte:

> »Es fehlt vor allem das Wichtigste, was die Währungs- und Wirtschaftsreform von 1948 im Westen auszeichnete: eine klare ordnungspolitische Konzeption und der in der Person Ludwig Erhards verkörperte politische Wille, die Wende zur Marktwirtschaft durchzusetzen.«[57]

Erschienen diese frühen Einwürfe Ende 1989 noch erkennbar improvisiert, versuchte sich eine weitere zentrale wirtschaftspolitische Institution der Bundesrepublik unterdessen an einem größeren Reformentwurf. Am 20. Januar 1990 legte der Sachverständigenrat zur Begutachtung der gesamtwirtschaftlichen Entwicklung ein vielbeachtetes Sondergutachten »Zur Unterstützung der Wirtschaftsreform« in der DDR vor.[58] Fünf Ökonomen – darunter die später im »Forschungsprojekt« engagierten Volkswirte Herbert Hax und Hans Schneider[59] – befassten sich auf über sechzig Seiten mit der Frage, »an welchem Muster eine Reform, die schnellen und bleibenden Erfolg bringt, auszurichten ist«. Eingangs klärten die Wirtschaftsweisen die Systemfrage apodiktisch: »Es gibt nur ein Erfolgsmuster für die Wirtschaftsreform: die offene marktwirtschaftliche Ordnung mit sozialer Absicherung.«[60] Die Rolle der Bundesrepublik im

55 Zit. n. Grosser: Wagnis, S. 151f.

56 »Das Einmaleins der Marktwirtschaft«, in: Die Zeit, 1.12.1989.

57 »Die Suche nach dem Dritten Weg«, in: Die Zeit, 15.12.1989. Vgl. dazu im Überblick Abelshauser: Deutsche Wirtschaftsgeschichte, S. 402-407.

58 Siehe dazu Schanetzky: Ernüchterung.

59 Vgl. Fischer/Hax/Schneider: Treuhandanstalt.

60 Sachverständigenrat zur Begutachtung der gesamtwirtschaftlichen Entwicklung: Zur Unterstützung der Wirtschaftsreform in der DDR: Voraussetzungen und Möglichkeiten. Sondergutachten vom 20. Januar 1990, in: Treuhandanstalt: Dokumentation, Bd. 1, S. 852-864 u. Bd. 2, S. 1-62.

beginnenden Reformprozess in der DDR beschrieb das Sondergutachten wie folgt:

»Der Abschied von der Planwirtschaft, die konsequente Hinwendung zur Marktwirtschaft muss gewollt sein und dann auch vollzogen werden. Die Bundesrepublik kann der DDR nicht vorschreiben, welchen Weg sie für ihre Wirtschaftsreform gehen soll. Indifferenz gegenüber dem, was im anderen Teil Deutschlands unternommen oder unterlassen wird, wäre aber erst recht nicht angebracht.«[61]

Die Experten stellten der DDR-Planwirtschaft insgesamt ein vernichtendes Zeugnis aus, indem sie vor allem zwei fundamentale »Systemmängel« herauspräparierten: Zum einen ihre »Unfähigkeit, Millionen von Einzelplänen zu koordinieren«; zum anderen ihr »Unvermögen, wirtschaftliche Leistungsbereitschaft und Innovation zu stimulieren«. Kurzum: Einen »erfolgversprechenden ›Dritten Weg‹ zwischen Planwirtschaft und Marktwirtschaft« könne es nicht geben, die Suche nach Alternativen erschien damit obsolet.[62] Die seit November 1989 stattfindenden Debatten zwischen Reformsozialisten und Oppositionellen innerhalb der DDR ließen die Gutachter skeptisch vermuten, dass dort eher »ein durch Marktelemente ergänzter Staatsdirigismus angestrebt« werde als die erhoffte »konsequente Ablösung der Kommandowirtschaft durch marktwirtschaftliche Steuerungsmechanismen«.[63] Wenig verwunderlich, dass die bis Mitte Januar eingeleiteten Reformanstrengungen aus ihrer Sicht »noch weiter hinter dem zurück« geblieben schienen, »was zur Freisetzung von wirtschaftlichen Wachstumskräften notwendig« sei.[64]

Hart gingen die Ökonomen überdies mit den in der ostdeutschen Gesellschaft und Öffentlichkeit verbreiteten Ängsten eines ungeordneten »Ausverkaufs« des »Volksvermögens« an westliche Investoren ins Gericht. Eine solche Abwehrhaltung erweise sich als zutiefst kontraproduktiv, da der absehbare Kapitalbedarf für die Umsetzung umfassender Strukturreformen in den Betrieben immens sei.[65] Vor allem ideelle Prägungen durch die antikapitalistische SED-Propaganda, so das Votum, seien die größten Hindernisse für einen Umbau der Planwirtschaft:

»Es ist entscheidend wichtig, dass in der DDR Unklarheiten über die Funktionsweise und die Funktionsbedingungen eines marktwirtschaftlichen Systems schnell abgebaut werden. Dieses schiere Unwissen ist

61 Ebd., S. 857.
62 Ebd., S. 858.
63 Ebd.
64 Ebd., S, 21.
65 Ebd., S. 30f.

> die Folge der von der Staatsmacht jahrzehntelang betriebenen Monopolisierung einer die Wirtschaftsordnung dominierenden Ideologie, die eine offene Auseinandersetzung über Wirtschaftssysteme nicht zuließ, auch nicht an den Hochschulen. Das Verstehen der Marktwirtschaft und ihrer Funktionsbedingungen ist auch die Voraussetzung für eine erfolgreiche interne Überwindung der im alten System etablierten Widerstände gegen eine marktwirtschaftliche Ordnung.«[66]

Eine »Reform für unternehmerische Tätigkeit« bildete schließlich das konzeptionelle Herzstück des Papiers. Über die »Befreiung« der Unternehmen hinaus schien eine Reform der Eigentumsverhältnisse notwendig. »Private Unternehmensgründungen« müssten durch »gesicherte Eigentumsrechte« forciert werden, um so »für unternehmerisch befähigte Bürger der DDR« Anreize zu schaffen, »sich mit eigenen Mitteln selbständig zu machen, Unternehmen zu gründen und sie zu führen«.[67] Daneben gelte es, die bestehenden, schnell zu überwindenden staatlichen Eigentumsformen der »Volkseigenen Betriebe« (VEBs) und Kombinate zu privatisieren.[68] Da eine »Bewertung der Unternehmen« in der unsicheren »Übergangszeit« schwer realisierbar sei, rieten die Experten von einer Ausgabe kostenloser Anteilsscheine an die Belegschaften ab, da dies mit einem zu »hohe[n] Risiko« verbunden sei: »Allen Bürgern der DDR« sollte die »Möglichkeit zum Erwerb von Beteiligungstiteln« gewährt werden, um ihnen einerseits »Gewinnchancen« zu bieten, andererseits aber auch die »nicht unbeträchtlichen Risiken« breit zu streuen.[69]

Die Gutachter drängten darauf, die »notwendige Reform rasch« einzuleiten, sie »zügig« durchzuführen und sämtliche Reformschritte »gleichzeitig« zu realisieren; ein »gradualistisches Vorgehen« führe »nicht zum Erfolg«.[70] Sehr eindringlich verwiesen sie auf mögliche politische Widerstände, gesellschaftliche Verwerfungen und ökonomische Risiken, die den bevorstehenden Reformprozess begleiten würden. Vor allem die »Akzeptanz des Reformprozesses in der DDR« müsste dadurch gesichert werden, dass die zu erwartenden sozioökonomischen Krisensymptome »eindeutig der alten Wirtschaftsordnung« anzulasten seien – dahinter stand die zeitgenössisch intensiv und emotional antizipierte Gefahr einer massenhaften Abwanderung *aus* der DDR als Zuwanderung *in* die Bundesrepublik.[71] Am Ende ihres Reformkonzepts platzierten die Ökonomen einen kurzen

66 Ebd., S. 860.
67 Ebd., S. 27.
68 Ebd., S. 28.
69 Ebd., S. 29.
70 Ebd., S. 40.
71 Ebd., S. 41.

Abschnitt zu »Wirtschaftsreform und politische[r] Einheit«. Das Gutachten gehe »vom gegenwärtigen politischen Status aus«, also von der »politische[n] Autonomie der beiden deutschen Staaten«. Eine mögliche Vereinigung skizzierten sie demgegenüber als positiv wie folgenreich:

> »In einem wiedervereinigten Deutschland erhielte die Aufgabe, den wirtschaftlichen Rückstand im Gebiet der heutigen DDR abzubauen, einen völlig anderen Charakter: Sie wird zu einer Aufgabe der wirtschaftlichen Integration der beiden Staaten zu einem Gesamtstaat. Ihre Lösung wird entscheidend erleichtert, weil für beide Gebietsteile dann dieselbe Wirtschaftsverfassung gültig ist. Die heute aus der Verschiedenartigkeit der beiden Wirtschaftsverfassungen sich ergebenden Beschränkungen des Zustroms von Kapital, technologischem Wissen und anderen Schlüsselfaktoren fallen fort.«[72]

Unter dem Motto »grundlegend, rasch, gleichzeitig« hatten die bundesdeutschen Volkswirte für den Umbau ein weitreichendes Massenprivatisierungsprogramm vorgeschlagen, bei dem man den »Arbeiter- und Bauernstaat« im Schnelldurchlauf in ein Land der Kapitaleigner zu verwandeln gedachte. Im Januar 1990 verloren die Ökonomen jedoch noch kein Wort über die organisatorische wie personelle Ausgestaltung eines solchen Umbauprozesses. Sie legten vielmehr eine finale Abrechnung mit dem planwirtschaftlichen System vor, dessen Untergang in ihren Augen nur eine Konsequenz zuließ: die Implementierung seines erfolgreicheren Antipoden.

Abgesehen von den Wirtschaftsweisen fühlten sich im Frühjahr 1990 noch zahlreiche weitere Ökonomen, Berater und Unternehmer aus der Bundesrepublik aufgerufen, die konzeptionelle Debatte mit eigenen Vorschlägen zu dynamisieren.[73] Ökonomische Beratungsgremien wie der Wissenschaftliche Beirat des Bundeswirtschaftsministeriums legten eigene Expertisen vor;[74] Gleiches galt für die seinerzeit expandierenden Beratungsgesellschaften wie Boston Consulting, KPMG, McKinsey oder Roland Berger, die den Blick gen Osten wendeten und im weiteren Verlauf der betrieblichen Transformationen noch eine beträchtliche Rolle spielen sollten.[75] Der Volkswirt Peter Bofinger präsentierte am 5. Februar sein Modell einer »DDR-Holding AG«, deren Aktien kostenlos an die DDR-Bevölkerung ausgegeben werden und

72 Ebd., S. 56.

73 Vgl. Zusammenschau bei Kemmler: Entstehung, S. 90-93.

74 Sinn/Sinn: Kaltstart, S. 300.

75 Siehe dazu Böick, Marcus: Entdeckung, Expansion, Ernüchterung. Die KPMG/DTG und die deutsche Wiedervereinigung, in: Ziegler, Dieter u.a. (Hg.): Vertrauensbildung als Auftrag. Von der Deutsch-Amerikanischen Treuhand-Gesellschaft zur KPMG AG, München u.a. 2015, S. 214-249.

nach einer Wartefrist von fünf Jahren frei handelbar sein sollten.[76] Kurt A. Körber, ein bekannter Unternehmer und Philanthrop aus Hamburg, schlug eine Woche später vor, einen Teil des DDR-Volksvermögens an gemeinwohlorientierte »Sozialkapital-Stiftungen« zu übertragen.[77] Durch markige Auftritte im DDR-Fernsehen erlangte auch die »Kapitalreform«-Initiative des Münchener Unternehmensberaters Albrecht Graf Matuschka Aufmerksamkeit: Sie beinhaltete, die Anteile an den volkseigenen Betrieben einerseits kostenlos an Bevölkerung (40 Prozent) und Belegschaften (9 Prozent) zu verteilen, während die verbleibenden 51 Prozent an private Investoren veräußert werden sollten.[78] Insgesamt favorisierten diese frühen Einwürfe – an denen also keinesfalls Mangel bestand – rasche Massenprivatisierungsprogramme wie sie etwa aus den 1980er-Jahren Großbritanniens bekannt waren – mit direktem Verkauf des bisherigen DDR-Staatseigentums an die eigene Bevölkerung.[79]

1.4 »Es geht um mehr als um Ökonomie«: Politik und Ökonomie im Grundsatzkonflikt

Die politische Rezeption dieses Potpourris bundesdeutscher Vorschläge löste umgehend einen Grundsatzstreit zwischen bundesdeutscher Politik und akademischer Ökonomie aus. Am 9. Februar, knapp zwei Wochen nach Veröffentlichung des Sondergutachtens, schrieb Hans Schneider, der Vorsitzende des Sachverständigenrates, einen eindringlichen, offenen Brief an Bundeskanzler Helmut Kohl.[80] Er brachte darin seine »Besorgnis« zum Ausdruck, die eine überraschende Offerte der Bundesregierung vom 7. Februar 1990 bei ihm und seinen Fachkollegen ausgelöst hatte: Eine von der Bundesregierung angebotene, sofortige »Währungsunion mit Wirtschaftsreform«[81] zwischen Bundesrepublik und der DDR berge massive Risiken für die DDR-Unternehmen, die »schlagartig einer internationalen Konkurrenz ausgeliefert« würden, »der sie gegenwärtig nicht gewachsen« seien.[82] Eine schnelle Währungsunion erzeuge nicht nur bei

76 Kemmler: Entstehung, S. 90.

77 Ebd., S. 91.

78 Ebd., S. 91 f.

79 Vgl. dazu insgesamt den grundlegenden Überblick bei Süß: Privatisierung.

80 Siehe Seibel: Verwaltete Illusionen, S. 85.

81 Schreiben des Bundesministers Waigel an die Mitglieder der Fraktion der CDU/CSU im Deutschen Bundestag, Bonn, 7. Februar 1990. Anhang: Währungsunion mit Wirtschaftsreform [Dok.-Nr. 165b], in: Küsters/Hofmann: Dokumente, S. 768.

82 Schreiben des Vorsitzenden des Sachverständigenrats zur Begutachtung der gesamtwirtschaftlichen Entwicklung, Schneider, an Bundeskanzler Kohl, Wiesbaden, 9. Februar 1990 [Dok.-Nr. 168], in: Küsters/Hofmann: Dokumente, S. 780.

den »Bürgern der DDR« die fatale »Illusion« einer möglichen schnellen Angleichung, sondern gefährde auch die Stabilität der D-Mark. Der Volkswirt warnte den Kanzler eindringlich, dass eine Währungsunion nicht zu Beginn, sondern – als »Krönung« – am Ende eines durchgreifenden wirtschaftspolitischen Reformprozesses in der DDR erfolgen müsse. Das derzeit aus Sicht der Bundesregierung und der Öffentlichkeit drängendste innenpolitische Problem – die seit dem 9. November 1989 anhaltend hohe Massenabwanderung aus der DDR in die Bundesrepublik – konnte und durfte in den Augen des Sachverständigenrats eben nicht durch eine ökonomische Notmaßnahme gelöst werden. Den Wirkzusammenhang von Politik, Ökonomie und Gesellschaft beschrieb Schneider in Umkehrung dessen, was die Bundesregierung unterstellte. Er begriff die Währungsunion als Teil eines übergeordneten politisch-ökonomisch-gesellschaftlichen Problemknäuels – und nicht etwa als dessen Lösung:

> »Die Abwanderungen aus der DDR lassen sich nur dadurch verhindern, dass die Menschen eine glaubwürdige Perspektive für eine baldige und nachhaltige Verbesserung ihres Lebensstandards erhalten. Die Grundvoraussetzung dafür besteht in der fundamentalen Transformation des Wirtschaftssystems in der DDR in eine marktwirtschaftliche Ordnung. [...] Nichts ist bisher in der DDR geschehen, was als sichtbares Zeichen eines wirklichen Neubeginns gewertet werden könne. [...] [D]ie gegenwärtige Führung in der DDR [hat] sich noch nicht wirklich zu einer marktwirtschaftlichen Umgestaltung der Wirtschaft durchgerungen. [...] Was an Reformschritten in der DDR bislang unterblieben ist, kann nicht durch eine Währungsunion ausgeglichen werden.«[83]

In Bundesregierung und Ministerialbürokratie verhallte Schneiders Warnung vor dem »gänzlich falschen Weg«[84] indes weitgehend ungehört. Mit dem Datum desselben Tages ging ein Schreiben von Finanzstaatssekretär Horst Köhler im Bundeskanzleramt ein, der die aufbrandende Kritik zurückwies und salopp erklärte: »Bei entschlossenem Handeln überwiegen die Chancen bei weitem die Risiken.«[85]

Eine kurze, aber heftige Auseinandersetzung zwischen Bundeskanzler Kohl und Bundesbankpräsident Karl Otto Pöhl rückte den Konflikt zwischen politischen und ökonomischen Logiken schlagartig ins Blickfeld der Öffentlichkeit. Am Abend vor dem offiziellen »Angebot« der

83 Ebd., S. 781.

84 Ebd.

85 Schreiben des Staatssekretärs Köhler an Ministerialdirigent Duisberg, Bonn, 9. Februar 1990, Anhang: Angebot zur Schaffung eines gemeinsamen Wirtschafts- und Währungsgebiets [Dok.-Nr. 169A], in: Küsters/Hofmann: Dokumente, S. 782.

Bundesregierung war Pöhl – selbst studierter Volkswirt mit SPD-Parteibuch – nach Ostberlin gereist, um die wirtschaftliche Lage mit seinem ostdeutschen Amtskollegen zu beraten. Als oberster Währungshüter der Bundesrepublik erfuhr Pöhl erst aus den Medien von Kohls Offerte. Entsprechend reserviert trat der überraschte Notenbankchef auch den Medienvertretern gegenüber auf, die ihn in Ostberlin bestürmten.[86] Auch Pöhl schien skeptisch: War die DDR-Wirtschaft überhaupt »reif« für einen sofortigen Beitritt? Wie schnell konnte man dort überhaupt grundlegende Wirtschaftsreformen umsetzen? Und wer sollte das tun? Wie müsste ein möglicher Umtauschkurs gestaltet werden? Welche Risiken ergaben sich für die Stabilität der D-Mark?

Die Bundesbank hatte ihren Standpunkt zuvor bereits klar formuliert. Am 24. Januar hatte Helmut Schlesinger, Pöhls Stellvertreter, der Währungsunion eine Absage erteilt – die Produktivitätsunterschiede zwischen der Bundesrepublik und der DDR seien zu groß, der Kapitalmangel in der DDR immens und die Wettbewerbsfähigkeit der DDR-Betriebe nicht gegeben. All diese Probleme ließen sich nicht durch eine Übernahme der D-Mark lösen.[87]

Auch andere namhafte Institutionen griffen die Entscheidung der Bundesregierung massiv an. Das Deutsche Institut für Wirtschaftsforschung (DIW) warnte in einer wenige Tage später publizierten Studie vor den Folgen eines solchen Schrittes, der zügig zu einer Angleichung der Löhne in Ost und West führen werde und damit die DDR-Industrie in eine desolate Wettbewerbssituation bringe.[88] DIW-Präsident Lutz Hoffmann ermahnte die Bundesregierung mit Nachdruck:

> »Die Kohle- und Stahlkrise im Ruhrgebiet und an der Saar, die Werftenkrise an der Nord- und Ostsee oder die hohe strukturelle Arbeitslosigkeit in den sogenannten Zonenrandgebieten sind alles Bagatellprobleme im Vergleich zu dem, was mit der kurzfristigen Vereinigung der beiden deutschen Staaten an wirtschaftlichen Strukturproblemen und damit möglicherweise verbundener politischer Instabilität auf uns zukäme.«[89]

86 Vgl. Sarrazin, Thilo: Die Entstehung und Umsetzung des Konzepts der deutschen Wirtschafts- und Währungsunion, in: Waigel, Theodor; Schell, Manfred (Hg.): Tage, die Deutschland und die Welt veränderten. Vom Mauerfall zum Kaukasus: die deutsche Währungsunion. München 1994, S. 160-225, hier S. 189f.; dazu auch die verschiedenen Darstellungen bei Jürgs: Treuhändler, S. 91ff.; Laabs: Goldrausch, S. 26ff.; Ludewig: Unternehmen Wiedervereinigung.

87 »Übernahme der D-Mark löst die Probleme nicht«, in: Berliner Zeitung, 25.1.1990.

88 »Experten sehen schnelle Währungsunion skeptisch«, in: Neues Deutschland, 8.2.1990.

89 »Hauptsache guter Wille«, in: Die Zeit, 16.2.1990.

Rudolf Hickel, Ökonom an der Universität Bremen und Mitglied der Arbeitsgruppe für Alternative Wirtschaftspolitik, konnte den Bonner Plänen ebenfalls nichts abgewinnen. In einem am 12. Februar veröffentlichten »Warnruf der ökonomischen Vernunft« erklärte Hickel, dass »ein großer Teil der DDR-Wirtschaft [ohne den, M.B.] Schutz des Wechselkurses in den Bankrott getrieben« werde; bei einer »schocktherapeutischen« Lösung drohe millionenfache Arbeitslosigkeit.[90]

Die Bundesregierung ließ sich indes nicht beirren. In einer Regierungserklärung vor dem Bundestag am 15. Februar verteidigte Kohl den Strategiewechsel gegen seine Kritiker, insbesondere gegen den Bundesbankpräsidenten und den »Wirtschaftssachverständigenrat«: Er sage dies »auch im Blick auf den einen oder anderen, der vor allem die ökonomischen Faktoren« sehe, aber »dabei die politische Lage in unserem Land unzureichend« beurteile.[91] »In einer politisch und wirtschaftlich normalen Situation«, so erklärte Kohl den Abgeordneten, wäre ein anderer Weg das Mittel der Wahl gewesen: »[Und] zwar derjenige schrittweiser Reformen und Anpassungen mit der gemeinsamen Währung erst zu einem späteren Zeitpunkt.«[92] Doch »die krisenhafte Zuspitzung der Lage in der DDR« mache nun »mutige Antworten« erforderlich; »[p]olitische und gesellschaftliche Umwälzungen« hätten zu einer »dramatischen Verkürzung des Zeithorizonts« geführt, »sodass für [...] Stufenpläne [...] die Voraussetzungen entfallen« seien.[93] Kohl ergänzte: »In einer solchen Situation geht es um mehr als um Ökonomie, so wichtig Ökonomie ist. Es geht jetzt darum, ein klares Signal der Hoffnung der Ermutigung für die Menschen in der DDR zu setzen.«[94] Der Konflikt zwischen Politik und Ökonomie war entschieden.

1.5 (K)eine Stunde der Ökonomen? Ost-westliche Annäherungsversuche

Das ökonomische Nachdenken über Varianten eines Umbaus der Planwirtschaft war jedoch im Frühjahr 1990 auch nach dem »Angebot« keineswegs verstummt – im Gegenteil. Gerade diese Zeitphase war geprägt durch einen gedrängten Reigen eilig von bundesdeutschen Wirtschaftsmedien, Verbänden oder Forschungsinstitutionen einberufener Symposien, Konferenzen und Foren zwischen Ost und West. Am 13. Ja-

90 Zit. nach Jürgs: Treuhändler, S. 92.

91 Bundeskanzler Dr. Helmut Kohl: Erklärung der Bundesregierung über die Gespräche des Bundeskanzlers mit Generalsekretär Gorbatschow und DDR-Ministerpräsident Modrow vom 15. Februar 1990, in: Bundesministerium für innerdeutsche Beziehungen: Deutschlandpolitik, S. 107-121, hier S. 115.

92 Ebd., S. 115.

93 Ebd.

94 Ebd.

nuar veranstaltete das erst jüngst von der DDR-Regierung eingerichtete Institut für Unternehmensführung eine große »deutsch-deutsche Wirtschaftskonferenz«, die bereits am Rande des Kohl-Besuchs in Dresden im Dezember 1989 vereinbart worden war. Namhafte bundesdeutsche Vorstandschefs wie Edzard Reuter (Daimler-Benz), Carl Hahn (Volkswagen), Heinz Ruhnau (Lufthansa) oder Ernst Pieper (Salzgitter) waren hierfür in den Osten Berlins gereist; auch die bundesdeutsche Politik war mit Wirtschaftsstaatssekretär Dieter von Würzen und dem NRW-Wirtschaftsminister Reimut Jochimsen hochrangig repräsentiert. Einiges Aufsehen erregte das leidenschaftliche Plädoyer von Tyll Necker, dem Präsidenten des Bundesverbandes der Deutschen Industrie (BDI), die Reformvorhaben noch viel radikaler voranzutreiben und die Rolle der Regierung und des Staates in der DDR-Wirtschaft massiv zu beschneiden.[95]

Gute zwei Wochen später trafen auf Einladung des *Handelsblatts* am 1. Februar 1990 zwei maßgebliche Figuren des ostdeutschen Wirtschaftsumbaus aufeinander. Vor großem Publikum – über sechshundert Experten aus Ost und West hatten den Weg ins Palasthotel gefunden – stritten DDR-Wirtschaftsministerin Christa Luft und der Vorstandschef des Dortmunder Hoesch-Konzerns, Detlef Rohwedder, über den Fortgang der Wirtschaftsreformen in der DDR. Ihre jeweiligen Positionen können als exemplarisch gelten: Während Luft für das soeben vorgestellte Reformkonzept ihrer Regierung warb, war Rohwedder mit den bisherigen Maßnahmen unzufrieden. Er zielte vor allem auf die geplante Bewahrung des Staatseigentums: »Das Eigentum ist das Eingemachte des Sozialismus. Wenn man diesen über Bord werfen will, kann der Eigentumsbegriff nicht ungeschoren bleiben.«[96] Abseits der Podiumsdebatten suchten bundesdeutsche Unternehmer und DDR-Betriebsdirektoren den Austausch, so auf einem »deutsch-deutschen Unternehmertreffen« in Hannover Ende Januar 1990 oder einer vom Deutschen Industrie- und Handelskammertag (DIHT) organisierten Großveranstaltung im Westen Berlins. Unter dem Motto »deutsch-deutscher Marktplatz« hatten sich knapp zwölftausend Teilnehmer im Internationalen Congress Centrum (ICC) eingefunden – mehr als dreimal so viele wie geplant. Ein westdeutscher Wirtschaftsreporter spürte der Stimmung bei diesen Veranstaltungen nach:

95 »Ziel der Wirtschaftsreform heißt klar Marktwirtschaft«, in: Neues Deutschland, 15.1.1990; siehe dazu auch den bemerkenswert positiven Erfahrungsbericht von Luft, Christa: WEnde, S. 100-113, hier S. 104: Vom »höflichen Interesse« war die Stimmung zu »professionelle[r], geschäftige[r] Aufmerksamkeit« umgeschlagen.

96 »Klartext im deutsch-deutschen Dialog zu Wirtschaftsfragen«, in: Neues Deutschland, 1.2.1990; Depenheuer/Paqué: Einheit, S. 38f.; u.v.a. Kemmler: Entstehung, S. 68f.

»Begegnungen dieser Art finden in diesen Tagen und Wochen immer wieder und vielerorts statt. Sie haben, ob sie von Verbänden oder Privaten veranstaltet werden, immer nur ein Ziel: Kontakte zu schaffen zwischen Unternehmern und Managern der beiden deutschen Staaten.«[97]

Prismatisch verdichteten sich wirtschaftstheoretische Grundsatzperspektiven auf dem vom 21. bis 23. März veranstalteten 7. Leipziger Weltwirtschaftsforum, das unter dem standesbewussten Motto »Stunde der Ökonomen« stattfand.[98] Das im Merkur-Hotel abgehaltene Symposium fungierte in der Umbruchskonstellation des Frühjahrs 1990 als Markt der Ideen und als Forum für Informationen aller Art.[99]

Als Repräsentant einer der beiden Veranstalter erklärte ein Vertreter der bundesdeutschen Schleyer-Stiftung eröffnend, dass man »angesichts der Bedrängnisse [...] Modelle und Methoden entwickeln« wolle, die »tragfähig, belastbar sind, um gemeinsam wirkliche Pionierarbeit zu leisten.«[100] Der langjährige Leiter des Forschungszentrums Günter Nötzold pflichtete dem in seinem Eröffnungsvortrag bei: »In historisch so bedeutungsvoller Stunde« gelte es, »ein Zeichen zu setzen: Jetzt sind die Ökonomen gefragt.«[101] Gerade die anwesenden Wirtschaftswissenschaftler seien nun – als neue »Avantgarde« – »Teil des Übergangs in eine neue Ära«, die in eine »verheißungsvolle Zukunft« führe: »Wir treten in eine geschichtliche Ära ein, in der es keinen Konflikt zwischen Sozialismus und Kapitalismus mehr gibt, in eine Ära ohne Sozialismus und Kapitalismus. Es entstehen neue gesellschaftliche Strukturen in der Welt.«[102]

97 »Der Geiz der Reichen«, in: Der Spiegel, 19.2.1990.

98 Nötzold, Günter (Hg.): Die Stunde der Ökonomen. Prioritäten nach der Wahl in der DDR und die Zukunft der europäischen Wirtschaftsbeziehungen, Essen 1990.

99 Das seit 1984 jährlich stattfindende, vom Zentrum für Internationale Wirtschaftsbeziehungen an der Leipziger Karl-Marx-Universität organisierte Symposium war eingedenk der Umbrüche seit Herbst 1989 kurzfristig gemeinsam mit der bundesdeutschen Hanns Martin Schleyer-Stiftung reorganisiert worden und erfreute sich beträchtlicher Resonanz. Unmittelbar nach der Volkskammerwahl am 18. März 1990 hatten sich über 140 Ökonomen und 40 Manager in die Messestadt begeben, die schon vor 1989 traditionell ein streng überwachter Ort ost-westlichen Expertenaustauschs und wirtschaftlicher Kooperation gewesen war. Vgl. hierzu: Rudolph, Karsten; Wüstenhagen, Jana: Große Politik – kleine Begegnungen. Die Leipziger Messe im Ost-West-Konflikt, Berlin 2006; Wüstenhagen, Jana: Staatsveranstaltung und Familienfest: Die DDR und die Leipziger Messe, in: Zeitschrift für Geschichtswissenschaft, 48 (2000), S. 423-439.

100 Nötzold, Günter: Nach der Wahl. Wirtschaftsreformen in der DDR, in: ders.: Stunde, S. 14-22.

101 Ebd., S. 14f.

102 Ebd, S. 22.

Während sich DDR-Ökonomen und Kombinatsdirektoren optimistisch gaben, für die eingeleiteten Reformvorhaben warben und den Wunsch nach Kooperationen mit westdeutschen Experten und Unternehmen äußerten, zeigten sich die bundesdeutschen Teilnehmer merklich irritiert und skeptisch. Die Vorstellungen der ostdeutschen Ökonomen erschienen viel zu vage, blumig und optimistisch, vor allem hinsichtlich des Eigentums. »Die Eigentumsfrage ist der zentrale Punkt beim Übergang vom Sozialismus zum Kapitalismus«,[103] wie der Münsteraner Volkswirt Ernst Helmstädter betonte; infrage komme ausschließlich das Privateigentum. Überdies könne eine Bewertung der wirtschaftlichen Situation der DDR-Betriebe nur durch die Märkte selbst erfolgen – nicht etwa durch staatlich berufene Ökonomen. Schließlich meldete er grundsätzliche Zweifel an der plötzlichen Konversion, den inneren Überzeugungen und dem Selbstverständnis seiner ostdeutschen Fachkollegen an. Wer seine »Werturteile sozusagen an der Garderobe abgeben« und austauschen könne, könne das ökonomische Fach kaum glaubhaft und mit Überzeugung in Forschung und Lehre vertreten.[104] Die verwendeten Begrifflichkeiten und rhetorischen Figuren verwiesen auf grundsätzliche Differenzen: Der »Aberglaube« an eine »bessere Gesellschaftsordnung im Sozialismus« sei noch »tief verwurzelt« und müsse überwunden werden.[105]

Noch deutlicher wurde der Hamburger Wirtschaftswissenschaftler Karl-Ernst Schenk, der auf die »Qualifizierung von Managern in den Kombinaten und hiesigen Betrieben« verwies, die aus seiner Sicht bisher »sehr positiv dargestellt« sei: Wirtschaft und Unternehmen der DDR befänden sich in einem unkontrollierbaren »Schwebezustand« – »was für Manager die beste aller Welten« bedeute.[106] Hier bedürfe es der intensiven Kontrolle des Personals und seiner Qualifikationen: »Der beste real existierende Kontrollmechanismus ist immer noch das Privateigentum. Wie stellen Sie sich die Kontrolle der Manager in einer Übergangswirtschaft vor?«[107] Pointiert knüpfte Schenk seine Position an ein populäres Bild aus der Ideengeschichte der Ökonomie: Er fragte nicht nach der »unsichtbaren Hand« des Marktes, sondern nach dem »sichtbaren Fuß, der unqualifizierte Manager« aus den Ostbetrieben »herauskomplimentiert«.[108]

Der schon als Gutachter aufgetretene Kölner Ökonom Christian Watrin sah sich »in der Situation eines Schwimmers [...], der am Rande eines Schwimmbeckens« stehe, in das er »mit einem Kopfsprung« eintauchen

103 Plenumsdiskussion, in: Nötzold: Stunde, S. 36ff.
104 Ebd., S. 37.
105 Ebd.
106 Ebd., S. 45.
107 Ebd., S. 43.
108 Ebd.

solle, aber nicht wisse »wie tief das Wasser« sei.[109] Ein Volkswagen-Manager, der bereits seit Mitte der 1980er-Jahre Erfahrungen bei einer Kooperation im Motorenbau gesammelt hatte, verglich das Arbeiten bundesdeutscher Manager in der bisherigen, abgeschotteten DDR-Planwirtschaft mit einem Gang »über das Hochmoor«.[110] Entsprechend mahnte er, wie viele seiner westdeutschen Kollegen, eine »ordnungspolitische Revolution« in der DDR an:

> »Nehmen Sie Abschied von all den Maßnahmen, mit denen Sie sich reich oder arm rechnen. Beachten Sie die Dynamik des Marktes und dass der Markt Preise herausbildet, an denen Sie wahrscheinlich nicht sonderlich viel ändern können.«[111]

Der einander abtastende Modus des Austauschs in Leipzig kam prägnant in einer abschließenden Protokollnotiz zum Ausdruck:

> »Insgesamt zeigte die Diskussion den notwendigen beiderseitigen Informationsbedarf und das Aufgreifen von Erfahrungswissen aus wettbewerblichen Systemen, damit [...] ein zweites Wirtschaftswunder auf deutschem Boden in den neunziger Jahren dieses Jahrhunderts möglich werde.«[112]

Das Leipziger Weltwirtschaftsforum erzeugte beachtliche mediale Resonanzen in der regionalen wie überregionalen Presse. Bis Ende März erschienen zahlreiche Beiträge in über fünfzig deutschen Zeitungen; viele Wirtschaftsjournalisten griffen dabei vor allem die spektakuläre, von einem der Teilnehmer prognostizierte Zahl von zwei Millionen Arbeitslosen prominent auf. Einige Blätter, wie etwa das *Handelsblatt*, porträtierten eine zerklüftete Szenerie: Hier die euphorische »Goldgräberstimmung« aufseiten einiger ostdeutscher Experten, dort eine schweigend-abwartende Mehrheit von DDR-Ökonomen, kontrastiert von den skeptischen Warnungen und politischen Vorbehalten westdeutscher Industriemanager und Ökonomen.[113] Die *Stuttgarter Zeitung* wollte in der »Stunde des Umbruchs« eben »keine Stunde der Ökonomen« erkennen, da die versammelten »Wissenschaftler [...] mit dem deutsch-deutschen

109 Ebd.

110 Ebd., S. 79.

111 Podiumsdiskussion: »Die Stunde der Ökonomen – Prioritäten nach der Wahl in der DDR«, in: Nötzold: Stunde, S. 82.

112 Arbeitskreis 3: Wirtschaftsreformen und Management, in: Nötzold: Stunde, S. 64.

113 »Goldgräberstimmung in den Reihen der DDR-Ökonomen ist unverkennbar«, in: Handelsblatt, 26.3.1990.

Tempo kaum Schritt halten« könnten.[114] Zahlreiche Medien nahmen dies zum Anlass, kritisch über die Zukunftsaussichten der ostdeutschen Wirtschaftseliten zu reflektieren. Mehrfach wurde der Satz eines ostdeutschen Wirtschaftshistorikers zitiert, er glaube schon »seit 20 Jahren an Marx«, und das könne er »auch nicht mehr ablegen«. Nun, da »Ludwig Erhards Einzug in die DDR-Universitäten« bevorstehe, so ein Kommentator, sei kritisch zu prüfen, »wie es in den Köpfen der Lehrenden bestellt« ist.[115]

Wenige Wochen nach dem »Angebot« der Bundesregierung und dem Wahlsieg der konservativen Kräfte bei der Volkskammerwahl gingen die Teilnehmer von einer zügigen Wirtschafts- und Währungsunion sowie einem schnellen Umbau der DDR-Wirtschaft nach bundesdeutschem Vorbild aus; langfristige, DDR-interne Reformpläne spielten indes keinerlei Rolle mehr. Umstritten blieb in Leipzig aber eine Reihe anderer Fragen: In welchem Zustand waren die Betriebe der DDR tatsächlich? Würden sie eine Währungsumstellung verkraften können? War das ostdeutsche Personal den Herausforderungen gewachsen? Wie könnte der Wirtschaftsumbau praktisch ausgestaltet werden? Bezeichnenderweise spielte die erst Anfang März von der Modrow-Regierung gegründete Treuhandanstalt in den Debatten nur eine marginale Rolle; der Leipziger Ökonom Nötzold erklärte dazu auf Nachfrage eines westdeutschen Kollegen:

> »Das in der DDR absolut dominierende Volkseigentum soll einer Treuhandanstalt unterstellt werden. Das hat die Übergangsregierung beschlossen. Die Treuhandanstalt soll die Kontrollrechte gegenüber den Betrieben wahrnehmen. Ich bin etwas skeptisch, dass dies funktionieren kann. Wer werden die Treuhänder sein? Wem sind sie verpflichtet? Mir erscheint das nur eine andere Form der Zentralisierung.«[116]

Gut zwei Jahre später, im Juli 1992, legte der renommierte Kieler Ökonom und Vorsitzende des Sachverständigenrates, Horst Siebert, ein Resümee dieses Zeitabschnitts vor, in der einem das »Wort im Munde« veraltet sei: »So rasch wechselten die wirtschaftspolitischen Vorstellungen, so hoch war die Abschreibungsrate für Konzeptionen darüber, wie es weiter gehen sollte.«[117] Zwischen November 1989 und Februar 1990 hätten wirtschaftspolitische Grundsatzentscheidungen fortlaufend die Tektonik des ökonomischen Nachdenkens über eine Wirtschaftsreform

114 »Stunde des Umbruchs – keine Stunde der Ökonomen«, in: Stuttgarter Zeitung, 26.3.1990.

115 »Ludwig Erhards Einzug in die DDR-Universitäten«, in: Saarbrücker Zeitung, 3.4.1990.

116 Nötzold: Stunde, S. 49.

117 Siebert, Horst: Das Wagnis der Einheit. Eine wirtschaftspolitische Therapie, Stuttgart 1992, S. 18.

verschoben, ja aus volkswirtschaftlicher Sicht regelrecht pervertiert. Das politische Angebot zur Währungsunion vom 7. Februar habe für »die Wirtschaftswissenschaftler« bedeutet, »dass die natürliche Schrittfolge bei Integrationsprozessen aus politischen Gründen auf den Kopf gestellt« worden sei.[118] Eine Währungsunion könne eben »kein Zaubermittel« sein, mit dem man »eine neue Wirtschaftsordnung aus dem Hut« hole. Da Geld ein »Schmiermittel für Transaktionen« sei, erschien ihm diese als bloßer »Ölwechsel« – »aber ein Ölwechsel brachte noch keine neue Wirtschaftsmaschine«.[119]

Kritische Rückblicke arrivierter Ökonomen verdeutlichten vor allem eines: Den beträchtlichen Unmut der wirtschaftswissenschaftlichen »Werkstattmeister«, zu Beginn der großen »Generalreparatur« der defekten sozialistischen »Wirtschaftsmaschine« nicht hinreichend berücksichtigt und von der Bundespolitik in entscheidenden Momenten übergangen worden zu sein. Während die akademische Ökonomie auf theoretischer Ebene verschiedene Modelle und graduelle Maßnahmen für DDR-interne Wirtschaftsreformprogramme – orientiert am bundesdeutschen Ordnungsmodell – erst zu entwerfen begannen, entzog die Bundesregierung diesen Überlegungen mit dem Handstreich der sofortigen Währungsunion schlichtweg die Geschäftsgrundlage: Die sofortige Vereinigung selbst *war* die Reform.

Die herbstlichen Umbrüche in der DDR hatten die bundesdeutsche Ökonomie 1989 somit auf keinem guten Fuß erwischt. Von den noch in den 1950er- und 1960er-Jahren von verschiedenen Expertengremien entwickelten konzeptionellen Blaupausen zur Umgestaltung der »Zentralplanwirtschaft« fand 1989/90 letztlich keine nachweisbare Berücksichtigung seitens der Politik statt; dafür aber entwickelte sich im Januar 1990 ein kurzer Abriss Ludwig Erhards zu einem zentralen Referenztext des Wirtschaftsumbaus, besonders unter Bundesbeamten und Regierungspolitikern. Zwar unternahm auch die bundesdeutsche Ökonomie Versuche, kurzfristig eigene Reformvorschläge für eine zielgerechte Umgestaltung der Planwirtschaft zu entwickeln, doch sollten derlei theoretische Entwürfe schon bald hinter den wirtschafts- und einigungspolitischen Dynamiken zurückbleiben. Die erhoffte »Stunde der Ökonomen« hatte schlicht nicht geschlagen.

118 Ebd., S. 19.
119 Ebd., S. 20.

2. Die Wirtschaftsreform: Debatten innerhalb der DDR bis Februar 1990

Welchen Verlauf hatten bis dato die wirtschaftspolitischen Diskussionen innerhalb der DDR seit Herbst 1989 genommen? Unter den Bedingungen des Realsozialismus hatten Experten in Forschungsinstituten, Fachministerien und Betrieben während der 1970er- und 1980er-Jahre im Verborgenen und semantisch dechiffriert über zaghafte, eng an die 1960er-Jahre anschließende Reformen innerhalb des planwirtschaftlichen Systems nachgedacht; eine offene und weitreichende Reformdebatte über Kurskorrekturen war indes unter den repressiven Bedingungen kaum möglich gewesen.[1] Diese Tendenz verschärfte sich sogar noch weiter, als im Zuge von »Glasnost« und »Perestroika« in einigen sozialistischen »Bruderländern« wie Polen und Ungarn in der Sowjetunion weitreichende Reformmaßnahmen eingeleitet wurden.[2] Mit Gerhard Schürer, der seit 1965 als Vorsitzender der Zentralen Plankommission (SPK) amtierte, setzte ausgerechnet eine langjährige Schlüsselfigur der Planwirtschaft einen ersten Impuls für die Wirtschaftsreformdebatten innerhalb der DDR. Das »Schürer-Papier« vom 30. Oktober 1989 gilt gemeinhin als informelle »Sterbeurkunde« der Zentralplanwirtschaft, entstanden in den Reihen ihrer eigenen Herren.[3] Dieses Gutachten sollte der nach der Demission Erich Honeckers am 18. Oktober angetretenen SED-Führungsriege um Egon Krenz einen »ungeschminkten Bericht« über den tatsächlichen Zustand der DDR-Wirtschaft liefern.[4] Schürer und seine Mitarbeiter hatten im Laufe einer Woche Materialien zusammengestellt, die die Strukturdefizite des Planungs- und Lenkungssystems akribisch

1 Vgl. dazu aus Zeitzeugenperspektive den Überblick bei Krause, Günter: Wirtschaftstheorie in der DDR, Marburg 1998; Luft: WEnde, S. 31-37.

2 Eine systematische Recherche im ZEFYS Zeitungsinformationssystem, in dem die Ergebnisse des Digitalisierungsprojekts zur DDR-Presse integriert wurden, ergibt in den Printmedien der DDR einen sprunghaften Anstieg der Thematisierung von »Wirtschaftsreformen« erst ab November 1989; zuvor wird der Begriff in der offiziellen DDR-Presse eher kritisch mit China oder aber mit Polen verknüpft.

3 Vgl. dazu u.a. Ahrens, Ralf: Außenwirtschaft in der Schuldenfalle, in: Henke, Klaus-Dietmar (Hg.): Revolution und Vereinigung 1989/90. Als in Deutschland die Realität die Phantasie überholte, München 2009, S. 104-112, hier S. 109; Lepsius, Rainer M.: Wirtschaftliche Entscheidungsstrukturen der DDR in den achtziger Jahren: der »Bereich Mittag« im Zentralkommitee der SED, in: Esser, Hartmut (Hg.): Der Wandel nach der Wende. Gesellschaft, Wirtschaft, Politik in Ostdeutschland, Wiesbaden 2000, S. 29-39, hier S. 30; Steiner: DDR-Volkswirtschaft, S. 118; Jürgs: Treuhändler, S. 27ff.

4 Vorlage für das Politbüro des Zentralkomitees der SED, Berlin, 30. Oktober 1989, in: Treuhandanstalt: Dokumentation, Bd. 1, S. 833-841.

auflisteten, und schließlich in der Schlussfolgerung gipfelten, dass »eine grundsätzliche Änderung der Wirtschaftspolitik der DDR verbunden mit einer Wirtschaftsreform erforderlich« sei.[5] Damit war die Reformdebatte in der DDR auch an der Staatsspitze offiziell eröffnet.

Nachfolgend sollen *erstens* zentrale Grundlinien jener Expertendebatte der DDR nachgezeichnet werden, die Anfang November 1989 in der sich nun öffnenden Medienöffentlichkeit um eine »Wirtschaftsreform« einsetzte. In einem *zweiten* Schritt werden die konzeptionellen Reformaktivitäten innerhalb der letzten SED-Regierung unter Hans Modrow seit Ende November 1989 und insbesondere der von dieser eingesetzten Arbeitsgruppe Wirtschaftsreform analysiert. Ein *dritter* Abschnitt fokussiert schließlich die ab Dezember 1989 einsetzenden Reformdebatten zwischen Oppositionsvertretern und Regierungsexperten am Zentralen Runden Tisch bis Ende Januar 1990.

2.1 »Eine Flut von Vorschlägen«: DDR-Reformdiskussionen ab November 1989

Am 3. November 1989, knapp zwei Wochen nach dem erzwungenen Rücktritt von Generalsekretär Erich Honecker und Wirtschaftssekretär Günter Mittag, erschien auf der vierten Seite des *Neuen Deutschland* ein einziger Artikel. Oberhalb der Headline »Wirtschaftsreform – Element der Erneuerung des Sozialismus« kündigte die Kopfzeile eine »Diskussion zu einer Kardinalfrage unserer Politik« an.[6] Zwei Autoren zeichneten für den Debattenbeitrag verantwortlich: Wolfgang Heinrichs, Direktor des Zentralinstituts für Wirtschaftswissenschaften, und Wolfram Krause, der den Lesern als Abteilungsleiter in der Berliner SED-Bezirksleitung vorgestellt wurde.[7]

Der Text kam im Herbst 1989, noch vor dem Mauerfall, einer Premiere gleich. Erstmals wurde im publizistischen Leitorgan der SED über einen Umbau der Planwirtschaft verhandelt. Der Text verortete die »Fragen der Ökonomie« im »Zentrum der Erneuerung des Sozialismus«. Nach einer kursorischen Skizze der gegenwärtigen Krise forderten die Autoren ein umgehendes Ende der »Berührungsängste mit dem Reformbegriff auf öko-

5 Ebd., S. 838.

6 »Wirtschaftsreform – Element der Erneuerung des Sozialismus«, in: Neues Deutschland, 3.11.1989.

7 Krause war auf diesem Gebiet jedoch keine Figur aus der zweiten Reihe der Partei: 1978 war er wegen fortwährender Kritik am wirtschaftlichen Kurs und unerwünschten Reforminitiativen als Stellvertreter des SPK-Vorsitzenden Gerhard Schürer abgelöst und in den Berliner Parteiapparat strafversetzt worden. Vgl: Kemmler: Entstehung, S. 58.

nomischen Gebiet«; die »Deblockierung« allgegenwärtiger »Bremsen« im Wirtschaftssystem erfordere ab sofort die »gründliche konzeptionelle Arbeit« an einer »Wirtschaftsreform«.[8] Eine umfassende »Analyse der realen ökonomischen Situation« sollte vorgenommen werden, die sich mit den negativen Konsequenzen der »Einheit von Wirtschafts- und Sozialpolitik« kritisch auseinandersetzen müsse. Um die in der DDR erreichten »relativ hohe[n] soziale[n] Standards« zu erhalten, bedürfe es eines »bedeutend höhere[n] Tempo[s] der wissenschaftlich-technischen Erneuerung und ein[es] entschieden höhere[n] Produktivitäts- und Effektivitätsniveau[s]«.[9]

Die eingeforderte Analyse müsse zudem auf einem »wissenschaftlichen Fundament« ruhen und »von der Anerkennung und Nutzung ökonomischer Gesetze in ihrem objektiven Charakter getragen sein«: Nicht mehr politische »Kommandos von Einzelnen aus der Zentrale« oder geschöntes »Zahlenwerk« sollten ausschlaggebend sein, sondern die eingehende, von verschiedenen Experten, Praktikern und Ökonomen geführte, offene Diskussion. Eine »Veränderung des ökonomischen Mechanismus an der Basis, in den wirtschaftenden Einheiten und Territorien« im Verhältnis zur »zentralen Regierungsebene« sollte herbeigeführt werden, wie die Autoren gewunden formulierten. Die »Eigenverantwortung von Generaldirektoren« in den Betrieben müsse gestärkt, die »Zentralisierung« der Planwirtschaft »in Gestalt eines übergroßen Systems an Kennziffern und Berichterstattungen« drastisch zurückgeführt werden.[10]

Aus derlei Grundsatzüberlegungen leiteten Heinrichs und Krause fünf »Hauptaufgaben« für eine Wirtschaftsreform ab, die ökonomische, sozialpolitische, technologische und wirtschaftspolitische Elemente miteinander verknüpften. Die vorgeschlagenen Maßnahmen sollten in ein reformiertes Wirtschaftssystem münden, das »konsequent ressourcensparend und ökologisch« sein müsse, um die »Erneuerung des Sozialismus« zu gewährleisten.[11] Diese Reformen seien allerdings nicht »ohne Risiken und Spannun-

8 »Wirtschaftsreform – Element der Erneuerung des Sozialismus«, in: Neues Deutschland, 3.11.1989.

9 Die Autoren hatten hier die »Sicherung der Vollbeschäftigung, Ernährung, Bekleidung, Wohnen, [...] Bildung, [...] Gesundheitsfürsorge« im Blick. Dieses kontrastierten sie mit »Zweidrittelgesellschaft, Massenwohnungsnot, Langzeitdauerarbeitslosigkeit, Abbau sozialer Rechte«, mit denen sich »reiche kapitalistische Industrieländer konfrontiert« sähen, die aber in »unserer Gesellschaft eben wegen ihres sozialistischen Charakters unbekannt« seien.

10 »Wirtschaftsreform – Element der Erneuerung des Sozialismus«, in: Neues Deutschland, 3.11.1989.

11 Ebd. Als zentrale Schlagworte erschienen das »Leistungsprinzip«, eine reformierte »Sozialpolitik«, die Förderung »wissenschaftlich-technischer Innovationen«, die Integration »in die internationale sozialistische und weltwirtschaftliche

gen« zu vollziehen, es müsse aus »kollektivem Wissen« geschöpft werden: »Weder alte noch neue Besser- oder Alleswisser sind gefragt. Jetzt ist das beste Wissen aller gefragt.«[12]

Diese frühe Initiative, in der sich das Spannungsfeld und zugleich auch die Aporie der Reformüberlegungen zeigten, eröffnete die breite Diskussion um die »Wirtschaftsreform«. In den kommenden Novembertagen setzte eine intensive öffentliche Debatte über Zustand und Umbau der Planwirtschaft ein. Zunächst meldeten sich Protagonisten der altgedienten SED-Führung zu Wort. Rudolf Winter, langjähriges Mitglied des SED-Zentralkomitees und Generaldirektor des Werkzeugmaschinenkombinats in Karl-Marx-Stadt, forderte eine konsequente Einbeziehung der Generaldirektoren in die Reformdebatte, um die »Kombinate zu leistungsfähigen sozialistischen Industriekonzernen« umzuformen.[13] Dem SPK-Vorsitzenden Gerhard Schürer schwebte eine »auf die Märkte orientierte sozialistische Planwirtschaft« vor, die bei der »Auswahl der Kader« künftig auf »Fachwissen und Charakter« und nicht auf politisch-ideologische Loyalitäten setzen müsse.[14] Der plötzliche Andrang veräußerter Reformvorschläge veranlasste die »Abteilung Wirtschaftspolitik« des *Neuen Deutschland* am 17. November zu einer redaktionellen Mitteilung:

> »Wir erhalten täglich eine Vielzahl an Zuschriften, in denen sich Leser – Arbeiter, Ingenieure, General- und Betriebsdirektoren, Mitarbeiter staatlicher Institutionen und gesellschaftlicher Organisationen – mit Überlegungen zur Wirtschaftsreform an uns wenden.«[15]

Eine eigene Sonderseite zum Thema »Wirtschaftsreform – Meinungen und Vorschläge« wurde eingerichtet, die Zeitung bat zu entschuldigen, dass man angesichts der »Flut von Zuschriften [...] nicht mehr in der Lage« sei, alles in voller Länge abzudrucken; man leite jedoch alle eingegangenen Briefe »an die zuständigen Arbeitsgruppen im ZK der SED« weiter.[16] Auch die *Berliner Zeitung* sah sich einer »Flut von Zuschriften« aus »den Kombinaten und von führenden Wirtschaftswissenschaftlern«

Arbeitsteilung« sowie die Ablösung des Planungssystems durch einen »funktionierenden Marktmechanismus«.

12 Ebd.

13 »Mit der politischen auch die wirtschaftliche Wende«, in: Neues Deutschland, 10.11.1989.

14 »Überlegungen für umfassende Reformen in der Wirtschaft«, in: Neues Deutschland, 11./12.11.1989.

15 »Zur Wirtschaftsreform – Meinungen und Vorschläge«, in: Neues Deutschland, 17.11.1989.

16 Ebd.

gegenüber, die »von dem Willen getragen« seien, »den Sozialismus in der DDR von Grund auf zu erneuern«.[17]

In diesen Tagen beherrschten insbesondere die älteren Ökonomieprofessoren die Szenerie. Seit dem Abbruch der reformsozialistischen Experimente und nach Jahrzehnten des Abwartens wollten sie nun ihre Reformvorschläge einer breiteren Öffentlichkeit vorstellen. Helmut Richter, Professor an der Hochschule für Ökonomie in Ostberlin, warb für ein erneuertes, als biologischer Regelkreis gedachtes Wirtschaftssystem, in dessen Zentrum der eigenverantwortlich agierende Betrieb als »sozialökonomischer Organismus« stehen müsse. Er strebte ein »neues Denk- oder Grundmuster der Planung« an, das den »Tumor in der Gestalt eines bürokratisch-zentralistischen Apparates« mit seiner »widernatürlichen Trennung von Entscheidungs- und Verantwortungskompetenzen« gezielt bekämpfen müsse: Eine »tiefgreifende Demokratisierung des Wirtschaftslebens«, durch die »die Belegschaft nach dem Sachkundigenprinzip« in jeder Phase des Planverfahrens aktiv miteinbezogen werden könne.[18]

Die Ökonomieprofessoren Christa Luft und Eugen Faude, beide Kollegen Richters, befassten sich demgegenüber mit Problemen des Außenhandels: Die DDR müsse gezielt an der »Erhöhung ihrer internationalen Wettbewerbsfähigkeit« arbeiten und nicht weiter »auf autarkem Wege« nach vermeintlicher Unabhängigkeit streben; allerdings erschien den Autoren trotz einer »stärkeren Nutzung von Marktkräften« die »lenkende Hand des Staates« in der Wirtschaft weiterhin unverzichtbar.[19] Weite Wege ging der an der Akademie der Wissenschaften der DDR forschende Ökonom Klaus Thiessen. Fast schwärmerisch erinnerte er sich an einen Anfang der 1970er-Jahre erfolgten Besuch im amerikanischen »Technologiepark silicon valley«. Daran angelehnt verfasste er ein Plädoyer für die Etablierung von »kleinen flexiblen Innovationsbetrieben« sowie die Einrichtung von gemeinsamen »joint ventures« mit »kapitalistischen Firmen«.[20]

In bundesdeutschen Medien registrierte man die »gewaltige Papierschöpfung« in noch »hölzernem DDR-Deutsch« der langjährigen »Kaderschmieden« und »roten Klöster« aufmerksam und argwöhnisch. »Allüberall ist der Post-Sozialismus ausgebrochen«, wie *Der Spiegel* im Dezember zynisch festhielt.[21] Die neue SED-Regierung griff die Debatte bald um-

17 »Eine Flut von Vorschlägen«, in: Berliner Zeitung, 17.11.1989.

18 »Wie unsere Wirtschaft leiten?«, in: Neues Deutschland 17. 11.1989.

19 »Für außenwirtschaftliche Öffnung und internationale Arbeitsteilung«, in: Neues Deutschland, 17.11.1989.

20 »Euphorie und Schreckgespenster«, in: Neues Deutschland, 17.11.1989.

21 »Tod eines Monstrums«, in: Die Zeit, 10.11.1989; »Ein Aufsichtsrat mit Proleten«, in: Der Spiegel, 18.12.1989. In der Tat hatte die ökonomische Reformdebatte zunächst insbesondere die etablierten ökonomischen Fachinstitutionen der DDR

fassend auf. Hans Modrow erklärte am 17. November in seiner ersten Regierungserklärung als Ministerpräsident, die »Wirtschaft der DDR aus der Krise zu führen« sei die »wichtigste Aufgabe« seiner Regierung; trotz aller Probleme erscheine »die volkswirtschaftliche Substanz unseres sozialistischen Staates [...] kräftig genug und tragfähig für eine Stabilisierung in absehbarer Zeit«.[22] Er warb um eine grundlegende Wirtschaftsreform,

> »die zum Ziel haben muss, die Eigenverantwortlichkeit der wirtschaftlichen Einheiten zu erhöhen, um die Effektivität ihrer Arbeit bedeutend zu vergrößern, die zentrale Leitung und Planung auf das erforderliche vernünftige Maß zu reduzieren sowie [...] das Leistungsprinzip mehr und mehr durchzusetzen«.[23]

Die Opposition reagierte umgehend. Am 28. November hatte das Neue Forum zu einer »wissenschaftlichen Konferenz« nach Pankow eingeladen: Über 14 Stunden lang rangen dort, wie es im *Neuen Deutschland* hieß, »Wirtschaftswissenschaftler (Ost)« mit »Politologen (West)«; »bundesdeutsche Firmenchefs« diskutierten mit einem »Exportdirektor eines DDR-Kombinates« sowie ein »Kfz-Schlosser«, eine »Mathematikerin« und ein »Politiker der Alternativen Liste Westberlins«. Pawel Strohner, einer der Organisatoren, forderte: »weg von der Kommandowirtschaft, aber keine Ellenbogengesellschaft«.[24] Besonderes Aufsehen erregte der Auftritt von BDI-Präsident Tyll Necker, den der ND-Redakteur als eine »Lobpreisung ungehemmter kapitalistischer Profitjagd« beschrieb. Neckers Plädoyer traf auf heftigen Widerspruch insbesondere linker, Westberliner Politiker, die »leidenschaftlich« vor einem »Siegeszug des Kapitalismus« in der DDR warnten.[25]

In den Kombinaten und Betrieben der DDR fanden die öffentlich geführten Reformdebatten ihre vielfältige Entsprechung vor Ort – die »Werktätigen« diskutierten über Schicksal und Zukunft ihrer Betriebe und Arbeitsplätze. Ein Redakteur der *Berliner Zeitung* fing Mitte Dezember eben solche Stimmen bei der VEB Meßelektronik in einer agitatorisch

in Bewegung versetzt – neben der Hochschule für Ökonomie waren es vor allem Wirtschaftswissenschaftler der Berliner Humboldt-Universität, der Leipziger Karl-Marx-Universität oder der Akademie für Gesellschaftswissenschaften beim ZK der SED, die nun mit Macht an die Öffentlichkeit drängten.

22 Regierungserklärung von Ministerpräsident Hans Modrow vom 17. November 1989 [III. Kapitel/11. Dokument], in: Gransow/Jarausch: Die deutsche Vereinigung, S. 97f.

23 Ebd., S. 98.

24 »Reformwerk sollte das Werk demokratischer Volksaussprache sein«, in: Neues Deutschland, 29.11.1989.

25 Ebd.

gefärbten Reportage ein.[26] Alle dort interviewten Mitarbeiter kritisierten das Schweigen in den Führungsetagen ihres Betriebs, dessen Zukunft ihnen jedoch durch langfristige Kontrakte mit der Sowjetunion gesichert schien. Weder die Betriebsleitung, noch ihr vorgesetzter Fachdirektor oder die Gewerkschaft hätten bisher das offene Gespräch mit der Belegschaft gesucht. Bei den Arbeitern entstehe das »Gefühl«, wie der Redakteur urteilte, dass »die Zeitenwende« an ihnen vorbeilaufe. Sie forderten daher »mehr Mitspracherecht«, vielleicht sogar, indem man »das Wort Volkseigentum« beim Wort nehme – »richtig verstanden« als eine Beteiligung der Belegschaften am Eigentum, die diese »ungeheuer motivieren« würde, wie ein Arbeiter erklärte. »Ideen, Vorstellungen« zur Wirtschaftsreform gebe es also »nicht nur von Wissenschaftlern«.[27]

Zur selben Zeit erkundeten auch Journalisten des *Spiegel* die Lage in den Betrieben der DDR nach der Maueröffnung. Sie zeichneten eine Momentaufnahme in düsteren Farben. Es herrsche eine »explosive« Stimmung, die »Verbitterung der Arbeiter« sei immens, die »Angst vor Ausschreitungen und Streiks« wachse mit jedem Tag. In diesem dräuenden Chaos machten die Redakteure die »mächtigen Generaldirektoren« als letzte Bastion der Ordnung aus – als »einzige Elite in der DDR, die von der Revolution verschont« worden sei.[28] Während Wissenschaftler, Politiker und Oppositionelle von einer »sozialistischen Marktwirtschaft« redeten, die Bevölkerung in ihrem naiven Glauben an eine Kombination des »Wohlstand des Westens« mit der »soziale[n] Sicherheit des Ostens« bestärkten und hysterische, antiwestliche Ausverkaufsängste schürten, zeichnete der Artikel ein wohlwollendes Bild von vier »wendige[n] Dynamiker[n]«, die ihre Betriebe endlich umkrempeln würden.[29]

Einen geradezu soziologisch-typologischen Ansatz verfolgte die zeitgenössische Reportage des Wirtschaftsjournalisten Rolf Antrecht, veröffentlicht im Wirtschaftsmagazin *Capital*, Anfang Februar 1990. Unter dem Titel »Salto mortale, Herr Direktor!« erschienen und mit großformatigen

26 Bei einem dortigen Ortstermin forderte etwa ein Chemiefacharbeiter, seine »Arbeit« solle künftig »richtig gewürdigt« werden, sodass er damit »gutes Geld verdienen« könne. Ein Kollege mahnte die »lückenlose Aufklärung aller schlimmen Vorgänge der letzten Jahre« an, gerade auch in der Wirtschaft. Ein anderer Arbeiter wünschte sich »nie solche wirtschaftlichen und sozialen Verhältnisse wie in Polen«; eine Qualitätsprüferin wollte als »alleinstehende Mutter« die »soziale Sicherheit gewahrt« wissen. Die Meisterin des Arbeitsbereichs erwartete alsbald »saubere, klare Linien in Politik und Wirtschaft«.

27 »An unserem Betrieb geht die Wende vorbei«, in: Berliner Zeitung, 15.12.1989.

28 »Erst mal den Winter überstehen«, in: Der Spiegel, 11.12.1989.

29 Ebd.

Porträtaufnahmen bebildert,[30] ordnete er die gegenwärtigen General- und Betriebsdirektoren in der DDR fünf Grundtypen zu: Einen überforderten Betriebsdirektor, resignativ von »marktwirtschaftlicher Unkenntnis« geschlagen, kontrastierte er mit dem wendigen »Vorbeter westlicher Heilslehren«, »aufgetankt« mit »bestem Business-Deutsch«; »trotzige Selbstbehauptung« erkannte Antrecht hingegen bei einem einst enteigneten Unternehmertypus, der nun wieder in die Unabhängigkeit strebte; als »Diener vieler Herren« zeichnete er einen zuvor linientreuen Betriebsdirektor, der nun angstvoll die »täglichen salti mortali« schlage; schließlich identifizierte er einen von »trotzige[m] Optimismus« erfüllten Betriebsleiter, der seinen »Stolz auf das Geleistete« ostentativ zur Schau trug.[31] In der kritisch-ironisierenden Darstellung erschien das Führungspersonal der DDR-Betriebe um die Jahreswende 1989/90 durch eine Kombination von Überforderung und Überanpassung, Trotz und Optimismus ebenso treibend wie getrieben.

Einen Höhepunkt markierte ein Treffen am 9. Dezember, an dem Ministerpräsident Modrow über 290 Generaldirektoren, Betriebsleiter und Bezirkswirtschaftsräte ins Haus des Ministerrates eingeladen hatte. An diesem Samstagabend hielt Modrow eine anderthalbstündige wirtschaftspolitische Grundsatzrede, bei der er ein wenig optimistisches Bild der Ausgangslage zeichnete. Nichtsdestoweniger versicherte Modrow den Generaldirektoren, dass seine Regierung »handlungsfähig, handlungsbereit« sei. Und auch wenn der »Bruch mit dem bisherigen System der Kommandowirtschaft« einerseits »radikal« erfolgen müsse, dürfe das »Abnabeln vom Alten« dennoch »nicht so abrupt geschehen, dass es in ein wirtschaftliches Chaos« führe.[32] Er schloss mit einem überraschenden Vorschlag: Man wolle auf »eine sozialistische Wirtschaft zugehen«, so der Ministerpräsident, »in der die Werktätigen vom gesellschaftlichen Eigentum wirklich Besitz ergreifen«, um »sich als Eigentümer erkennen und auch sich verwirklichen« zu können: »Warum also sollten sie zum Beispiel nicht Anteils-Eigentum erwerben können?«[33]

Auf Modrows Grundsatzrede folgte eine intensive Aussprache mit den versammelten Führungskräften. Diese machten zunächst ihrem Unmut über die gegenwärtige Krise in den Kombinaten Luft, in denen sie sich mit »Ultimaten« und »Streikandrohungen« unter »enormen Druck ihrer Kollektive« gesetzt sahen, die Klarheit über den künftigen wirtschaftspoli-

30 »Salto Mortale, Herr Direktor!«, in: Capital 4/90.

31 Ebd.

32 »DDR-Generaldirektoren wollen mitreformieren«, in: Berliner Zeitung, 11.12.1989.

33 »Radikaler Übergang zu einem neuen Wirtschaftssystem auf der Tagesordnung«, in: Berliner Zeitung, 11.12.1989.

tischen Kurs erwarteten. Mit »neuem Selbstbewusstsein« ausgestattet, wie der Berichterstatter der *Berliner Zeitung* vermerkte, deckten die »Praktiker« in einer hitzigen Diskussion »Lücken« im vorgeschlagenen Reformkonzept Modrows auf: Die neue Regierung fahre noch immer mit »angezogener Handbremse«, wie ein Generaldirektor erklärte; ein Amtskollege monierte, dass die »Erfahrungen und Vorstellungen der Praktiker bislang nur unzureichend« in die Reformdiskussion eingeflossen seien.[34] Für den Generaldirektor des Kombinats Keramische Werke Hermsdorf, Andreas Montag, sollte die »Profilierung zu leistungsfähigen sozialistischen Industriekonzernen« der zentrale Orientierungspunkt der Reformmaßnahmen sein.[35] Modrows abstrakte Absichtserklärungen über mehrstufige Reformpakete reichten seinem Publikum nicht mehr aus.

Das Spitzentreffen zwischen Regierung und Generaldirektoren machte vor allem deutlich, dass sich die leitenden Wirtschaftskader in den Kombinaten und Betrieben Ende 1989 als Männer der Stunde begriffen. Als »Praktiker« wollten sie »ihre« Betriebe in die Eigenständigkeit führen, um sie vermittels ihrer langjährigen Expertise für die Zukunft zu wappnen. Heinz Warzecha etwa, Generaldirektor des Werkzeugmaschinenkombinats in Karl-Marx-Stadt, erklärte dem *Spiegel* gegenüber, dass er und seine Kollegen »zur Zeit die höchste Autorität« in der erodierenden DDR besäßen und nur so einen Zusammenbruch der gesamten Volkswirtschaft verhinderen könnten.[36] Auch *Der Zeit* gab Warzecha ein ausführliches Interview, in dem er sich die DDR zukünftig »als eine Art sozialistischer Schweiz« wirtschaftspolitisch neutral und weitgehend autark vorstellte.[37] Hoffnungsfroh erkannte das *Neue Deutschland* einen rasch aufblühenden »sozialistischen Unternehmergeist« bei den erfahrenen »Wirtschaftskapitänen«, die ihren Führungsanspruch auch organisatorisch mit dem Ansinnen untermauerten, demnächst einen »sozialistischen Unternehmerverband« ins Leben rufen zu wollen.[38]

2.2 »Dieser Sozialismus muss reformierbar sein«: Konzeptionen der Modrow-Regierung

In diesen vielstimmigen Chor wollte die neue DDR-Regierung Ordnung und Struktur bringen, wofür ihr ein staatlich orchestrierter gesellschaft-

34 »Effektivität – Gradmesser der Wirtschaftsreform«, in: Neues Deutschland, 13.12.1989.

35 Ebd.

36 »Erst mal den Winter überstehen«, in: Der Spiegel, 11.12.1989.

37 »Eine Art sozialistischer Schweiz«, in: Die Zeit, 1.12.1989.

38 »Rat und Ideen der Praktiker unverzichtbar bei Entscheidungen«, in: Neues Deutschland, 11.12.1989.

licher Diskussions- und Aushandlungsprozess zur »Wirtschaftsreform« vorschwebte. Zu diesem Zweck hatte eine von Ministerpräsident Modrow bereits in der zweiten Novemberhälfte einberufene Arbeitsgruppe ihre Tätigkeit aufgenommen; sie sollte die gegenwärtig wildwuchernde öffentliche Reformdebatte verfolgen, bündeln und in handhabbare Reformvorschläge übersetzen. Für deren Leitung hatte Modrow zwei Akteure gewonnen, die sich seit Anfang November 1989 einen Namen gemacht hatten. Zum einen Christa Luft, die am 18. November zur stellvertretenden Ministerpräsidentin und ersten Wirtschaftsministerin der DDR berufen worden war.[39] Ihr zur Seite stand Wolfram Krause, der mit seinem Reformplädoyer im *Neuen Deutschland* Anfang November die Aufmerksamkeit Modrows erregt hatte. Krause und Luft galten nach Maßstäben des DDR-Regierungsapparats als unverbrauchte, sach- und reformorientierte Wirtschaftsexperten, denen der Ministerpräsident die zügige Ausarbeitung eines Reformprogramms zutraute.

Als PDS-Politikerin im geschichtspolitisch erhitzten Klima der 1990er-Jahre erinnerte sich Christa Luft später, dass es den Mitgliedern der Arbeitsgruppe zwar um eine »notwendige radikale Wirtschaftsreform« und einen »Systemwechsel« gegangen sei; jedoch hätten sie »einen Wechsel der Gesellschaftsordnung damals nicht ins Kalkül gezogen«.[40] Schon vor 1989 hatte sich bei Luft und ihren Mitstreitern

> »die Erkenntnis von der Notwendigkeit eines qualitativ neuen, auf Wettbewerb beruhenden Wirtschaftssystems verdichtet. Der Mensch selbst sollte im Spiel von Angebot und Nachfrage frei entscheiden, womit, wann und wie er seine Bedürfnisse befriedigen will. […] Der Markt müsste gegenüber seiner bisherigen plakativen Rolle, die ihm der Plan zugestanden hatte, unter einem völlig neuen Aspekt zum Tragen kommen: als historische Errungenschaft der menschlichen Zivilisation.«[41]

Luft hatte realisiert, dass »Distanz und mentale Ablehnung« gegenüber marktwirtschaftlichen Ansätzen durch die langjährige antikapitalistische Agitation des SED-Staates in der Gesellschaft weitverbreitet waren.[42] Demgegenüber wollte die neue Wirtschaftsministerin die »Markt- und Wettbewerbswirtschaft« als generellen »Wirtschaftstyp […] nicht automatisch mit einer bestimmten Gesellschaftsordnung […] identifizieren«: Marktprinzip und Kapitalismus erschienen ihr nicht notwendigerweise

39 Eintrag »Luft, Christa«, in: Munzinger Online/Personen – Internationales Biographisches Archiv, URL: http://www.munzinger.de/document/00000019292 (zuletzt aufgerufen am 15.02.2018).

40 Luft: WEnde, S. 89.

41 Ebd., S. 91.

42 Ebd., S. 92 f.

miteinander verbunden; eine sozialistische Gesellschaftsordnung mit ihrem »Volkseigentum« könne durchaus mit einer Markt- und Wettbewerbswirtschaft kompatibel sein.[43]

Mitte Dezember 1989 trat die Arbeitsgruppe in eine erste »Phase des Suchens und Vortastens« ein. Im Kern aus 15 handverlesenen Wirtschaftskadern und Ökonomen bestehend, wurde sie vom DDR-Staatsapparat sowie einigen Wirtschafts- und Finanzexperten unterstützt. Den Scheitelpunkt ihrer Aktivitäten markierte eine vom 4. bis zum 11. Januar 1990 andauernde Klausurtagung in Ostberlin, bei der 150 Ökonomen, Betriebsleiter und weitere »Vertreter[n] aus Kombinaten, Betrieben und Ministerien«[44] in elf thematischen Arbeitsgruppen[45] öffentlich über weitere Reformschritte berieten.

Im Interview mit dem *Neuen Deutschland* umriss Wolfram Krause am 10. Januar das Ziel des Reformprozesses:

> »Wir brauchen jetzt nicht nur fernliegende Bilder eines theoretischen Modells, sondern Schritte, die schnell die Kombinate und Betriebe auf neuer Grundlage handlungsfähig machen. Alle sind sich einig, dass der Betrieb einen hohen Grad der Selbstständigkeit braucht. Diese auszugestalten kann aber nicht nach dem Prinzip erfolgen, alle bisherigen Dämme einfach wegzusprengen. Die angestaute Kraft könnte sich mit zerstörerischer Kraft entladen.«[46]

Diese Formel brachte die Janusköpfigkeit der reformsozialistischen Diskussionen im Frühjahr 1990 prägnant auf den Punkt. Krause fügte noch einen Satz hinzu, der auch Beobachter in der Bundesrepublik aufhorchen ließ,[47] weil er von den bisherigen Verlautbarungen der Regierung markant abwich. Er könne, so Krause, sich mit »Auffassungen über einen dritten Weg ganz und gar nicht anfreunden«; schon dessen »sogenannte einzige Alternative« – der planwirtschaftliche Sozialismus – sei ja, wie »sich heute deutlich« zeige, »gar kein zweiter Weg« gewesen. Dem Wirtschafts-

43 Ebd., S. 93.

44 Ebd., S. 96.

45 Die elf Arbeitsgruppen befassten sich mit folgenden Themenkreisen: »Marktwirtschaft, Unternehmen und der volkswirtschaftliche Rahmen«, »Finanzen, Staatshaushalt, Banken«, »Preissystem und Konvertibilität«, »Selbstständigkeit der Betriebe«, »Leistungsprinzip, Einkommenspolitik«, »Außenhandelsmonopol«, »Entfaltung der Eigentumsformen«, »Ökonomische Beziehungen im Territorium«, »Wissenschaft, Technik sowie Bildung«; »Rechtsstaatliche Grundlagen« und »Land-, Forst- und Nahrungsgüterwirtschaft«.

46 »Wohin läuft die Wirtschaftsreform?«, in: Neues Deutschland, 10.1.1990.

47 Vgl. dazu »Mit Zaudern und Zagen«, in: Die Zeit, 19.1.1990;

reformbeauftragten erschien dieser nunmehr als ein »Irrgang, weil er den Menschen nicht dienlich« gewesen sei.[48]

Interessanterweise fanden nicht wenige der Reformer aus der Arbeitsgruppe Wirtschaftsreform im Laufe des Frühjahrs 1990 den Weg zur Treuhandanstalt – allen voran Wolfram Krause selbst, der im April ins Direktorium der neugegründeten Organisation überwechselte und noch bis 1992 dem Vorstand als Finanzchef angehören sollte.[49]

Im Rahmen eines der von Dietmar Rost durchgeführten Interviews erinnerte sich ein älterer, genau auf diesem Weg in die Treuhand gelangten Mitarbeiter ausführlich an die Genese des Wirtschaftsreformkonzepts. Als Ökonom war er seit 1962 in Forschungseinrichtungen der Staatlichen Plankommission tätig gewesen.[50] Das Reformkonzept sei im Dezember 1989 und Januar 1990 auf Grundlage einer »unheimlich breiten Basis« von »Vorschlägen, Konzepten, Studien aus allen Teilen eigentlich der ehemaligen Republik, also wissenschaftlichen Einrichtungen, Unternehmen, Einzelpersönlichkeiten« erarbeitet worden.[51] Sehr plastisch beschrieb der Ökonom, womit sich die Arbeitsgruppe konfrontiert sah:

> »Wenn ich solche Haufen Vorschläge, Konzeptionen nehme, dann reduziert sich das immer auf dieselben Fragen. Also, bis ganz abstruse, die dann, die in das Reich der Utopie ja irgendwo gehen, ja? Aber das bündelt sich, es findet sich wieder. Das Konzept [der Arbeitsgruppe Wirtschaftsreform, M.B.] ist ja dann nicht nur von diesen kleinen Häuflein der 10 kleinen Negerlein ausgearbeitet worden, sondern wir hatten Anfang Januar noch eine ausgedehnte Klausurberatung. Mit etwa, ach, über 100 Wissenschaftlern und Managern und Finanzexperten. --- Aus allen --- gesellschaftlichen Gruppen. Einschließlich Bürgerbewegung.«[52]

Bei besagter Klausurtagung seien zwar keine »Westdeutschen« dabei gewesen; allerdings habe es im Vorfeld »Konsultationen« zwischen Modrow, Luft, Krause und Bundeswirtschaftsminister Helmut Haussmann sowie dem CDU-Politiker Kurt Biedenkopf gegeben.[53] Auch das Gutachten des Sachverständigenrates vom 20. Januar zählte er zum »Kreis der Dokumente, die alle bei Modrow ankamen, die helfen wollten«. Dies

48 »Wohin läuft die Wirtschaftsreform?«, in: Neues Deutschland, 10.1.1990.

49 Gerade diese kleine Personengruppe, die in der Entstehungsphase ab März 1990 zur Organisation stieß, war für die Sozialwissenschaftler r1992/93 von einigem Interesse, da sie aus der sonst kaum zu greifenden Gründungsphase berichten konnte.

50 R17-Interview mit Prof. Dr. Jörg Galuba*, 8.9.1992.

51 Ebd.

52 Ebd.

53 Ebd.

sei auch deshalb ein »ernstzunehmender Beitrag« gewesen, weil es ein erklärendes, werbendes Konzept gewesen sei.[54] Bei der beabsichtigten Reformkonzeption sollten letztlich kurz- und langfristige Maßnahmen miteinander verknüpft werden, da ein Erfolg, so der Interviewte, nur möglich schien, wenn langfristige Strukturreformen mit kurzfristigen »Sofortmaßnahmen« verbunden würden, damit »die Menschen merkten«, dass nun auch »ernstgemacht« werde.[55]

Das Resultat der knapp dreimonatigen Reformdiskussionen zur DDR wurde schließlich am 1. Februar der Öffentlichkeit vorgestellt. Gut zwei Monate nach ihrer Einsetzung legte die Arbeitsgruppe Wirtschaftsreform ihr Konzept in einer Sonderbeilage der wiederbegründeten Wochenzeitung *Die Wirtschaft* vor.[56] Darin formulierte sie die Zielstellung, »in kürzester Frist« den »radikalen Übergang von der Kommandowirtschaft einer zentralistischen Direktivplanung auf eine sozial und ökologisch orientierte Marktwirtschaft« anzustreben, die in eine »leistungsfähige Marktwirtschaft in der DDR« einmünden sollte.[57] Die Reformsozialisten entfalteten hierfür ein Vier-Phasen-Modell, dessen Zeithorizont bis 1993 aufgespannt wurde: Noch im laufenden Jahr sollte eine »Stabilisierungsphase« erste Impulse setzen und rechtlich-formale Voraussetzungen schaffen, zentrale Elemente des Planungs- und Lenkungssystems jedoch beibehalten. Für 1991 wurde die »Herstellung volkswirtschaftlicher Gleichgewichte« durch weitreichende Eigentums-, Steuer- und Preisreformen bei gleichzeitiger Lockerung der staatlichen Planvorgaben angestrebt, bevor im Jahr 1992 ein »weitgehender Übergang auf marktwirtschaftliche Verhältnisse« erfolgen sollte. Für die Zeit ab 1993 vermerkte der Entwurf lapidar: »Beginn des durchgängigen Wirkens einer sozial und ökologisch orientierten Marktwirtschaft unter staatlich regulierten Rahmenbedingungen.«[58]

Herzstück des Reformkonzepts war ein wirtschaftspolitischer Katalog von »unmittelbaren Maßnahmen der Wirtschaftsreform im Jahre 1990«, der sechs Schritte umfasste: Neben der »Entfaltung verschiedener Eigentumsformen« waren dies die weitgehende »Selbstständigkeit« der Betriebe, die Reduktion staatlicher Planmaßnahmen, die Freigabe der Preise und des

54 Ebd.

55 Ebd.

56 Zielstellung, Grundrichtungen, Etappen und unmittelbare Maßnahmen der Wirtschaftsreform in weiterer Verwirklichung der Regierungserklärung vom 17.11.1989 (Entwurf). Vorschlag der Arbeitsgruppe Wirtschaftsreform beim Ministerrat der DDR vom 1.2.1990, in: Treuhandanstalt: Dokumentation, Bd. 1, S. 7-14.

57 Ebd., S. 7.

58 Ebd., S. 10.

Finanzsystems, der Aufbau eines neuen Lohn- und Einkommenssystems sowie einer staatlichen Arbeitsvermittlung.[59]

Bereits die im Reformkonzept vom 1. Februar verwendeten Semantiken – die von der Arbeitsgruppe gewählte Terminologie oszillierten zwischen plansozialistischem und krypto-marktwirtschaftlichem Vokabular – verrieten, wie schwierig sich die Suche der DDR-Ökonomen und Wirtschaftskader nach einem eigenen »Dritten Weg« gestaltete. Es galt, sich zwischen Plan und Markt unter dem Eindruck der wirtschaftlichen Strahlkraft der benachbarten Bundesrepublik zu positionieren, während innerhalb der eigenen Volkswirtschaft die Erosionserscheinungen massiv zunahmen. Zentrale »Errungenschaften« des DDR-Sozialismus wie das staatliche »Gemeineigentum«, umfassende sozialpolitische Programme sowie eine steuernde Rolle des Staates in der Wirtschaft sollten zwar erhalten werden; andererseits strebten die Reformsozialisten innerhalb des bestehenden Systems schrittweise Deregulierungen, vorsichtige Marktöffnungen sowie die sukzessive Ausdehnung der unternehmerischen Handlungsspielräume für die Kombinats- und Betriebsleitungen an. Dass die vorgeschlagenen, systemimmanenten Umbaumaßnahmen durch die Betriebsleiter des planwirtschaftlichen Systems selbst durchgeführt werden sollten, blieb unerwähnt – die Reformer gingen selbstverständlich von einer weitgehenden Kontinuität des vorhandenen staatlichen und betrieblichen Leitungspersonals aus.[60]

2.3 Streit um Wirtschaftsfragen: Reformdebatten am Runden Tisch bis Januar 1990

Während die Arbeitsgruppe seit Mitte November an ihrem Reformvorschlag feilte, rückte der Themenkomplex »Wirtschaftsfragen« erst Ende Dezember auch auf die Agenda des Zentralen Runden Tisches der DDR. Hier diskutierten Regierung und Vertreter verschiedener Oppositionsgruppen – das polnische Vorbild aufgreifend – in 16 Sitzungen zwischen dem 7. Dezember 1989 und dem 11. März 1990 intensiv über die Modalitäten des Umbruchs. Rundfunk und Fernsehen übertrugen die Sitzungen DDR-weit.[61]

59 Ebd., S. 13.

60 Vgl. dazu insg. Seibel: Wenn ein Staat zusammenbricht; Steiner: Wirtschafts- und Währungsunion.

61 Vgl. im Überblick: Hahn, André: Der Runde Tisch. Das Volk und die Macht. Politische Kultur im letzten Jahr der DDR, Berlin 1998; Weil, Francesca: Verhandelte Demokratisierung. Die Runden Tische der Bezirke 1989/90 in der DDR, Göttingen 2011; Thaysen, Uwe: Der Zentrale Runde Tisch der DDR 1989/90 – einleitender Essay zum Wortprotokoll und zu den Dokumenten, in: ders. (Hg.):

Vor Beginn der dritten Sitzung am 22. Dezember 1989 hatte sich die erst kürzlich formierte AG Wirtschaft des Runden Tisches in einer Presseerklärung massiv über fehlende Informationen zur wirtschaftlichen Lage seitens der Regierung beklagt.[62] Wirtschaftsministerin Christa Luft reagierte mit einem ausführlichen Bericht zur wirtschaftlichen Situation und zum Stand der Arbeiten an einer Wirtschaftsreform.[63] Die Vertreter der Opposition bestürmten die Ministerin mit Detailfragen; ein Mitglied des Neuen Forums brachte schließlich sein »Gefühl« zum Ausdruck, »dass manches an Maßnahmen der Regierung eigentlich schon die Weichen stellt, ohne dass wir wissen, in welche Richtung das geht«.[64] Die Beteiligten gelangten am Ende der Debatte zu dem Ergebnis, dass eine gesonderte Sitzung zu Wirtschaftsthemen dringend erforderlich sei.[65]

Die fünfte Sitzung des Runden Tisches am 3. Januar 1990 widmete sich dann exklusiv den »Wirtschaftsfragen«.[66] Ausgangspunkt der Diskussion war eine umfassende, eingangs verlesene Erklärung der AG Wirtschaft. Die »ernste wirtschaftliche Situation« erfordere »kurzfristige, couragierte und schnell wirkende, stabilisierende und demokratisierende Maßnahmen mit sozialer Absicherung und ökologischer Verträglichkeit«.[67] Der Kompromisscharakter der Erklärung wurde in einem beigefügten, zehn Punkte umfassenden Maßnahmenkatalog deutlich: Hierin forderten die Verfasser die Modrow-Regierung auf, einen »kontinuierlichen volkswirtschaftlichen Reproduktionsprozess« zu sichern.[68] Preissubventionen sollten abgebaut und ersetzt, die Währung stabilisiert und ein neues Steuersystem eingeführt werden. Zur Abfederung möglicher Entlassungen sollten »Sozialfonds« eingerichtet werden; die »natürlichen Ressourcen« seien als »Nationaleigentum zu sichern«. Zudem forderten die AG-Mitglieder die »juristische[] und ökonomische[] Eigenverantwortlichkeit der Wirtschaftseinheiten aller Eigentumsformen bei regulierendem Einfluss des Staates«, die Aufhebung des staatlichen Außenhandelsmonopols sowie die »Förderung privater Initiativen« für Handwerk und Mittelstand.[69] Auf

Der Zentrale Runde Tisch der DDR. Wortprotokoll und Dokumente, Band 1: Aufbruch, Wiesbaden 2000, VII–XLIV.

62 Der Runde Tisch: Wortprotokoll, 3. Sitzung, 22.12.1989, in: Thaysen: Der Zentrale Runde Tisch, S. 155.

63 Ebd., S. 159.

64 Ebd., S. 164.

65 Ebd., S. 174.

66 Der Runde Tisch: Wortprotokoll, 5. Sitzung, 3.1.1990, in: Thaysen: Der Zentrale Runde Tisch, S. 260.

67 Ebd., S. 260f.

68 Ebd.

69 Ebd.

Intervention eines FDGB-Vertreters wurden schließlich noch die Mitbestimmungsrechte der Belegschaften in den Katalog aufgenommen.[70]

Dieses breitgefächerte Sammelsurium aus wirtschafts-, sozial-, struktur-, umwelt- und finanzpolitischen Maßnahmen verdeutlichte die ökonomische Vielstimmigkeit der verschiedenen Oppositionsgruppen, die sich auch in der anschließenden Aussprache abzeichnete, in der unternehmensbezogene oder eigentumsrechtliche Aspekte bruchlos neben sozial- oder umweltpolitischen Themen diskutiert wurden. Vor diesem polyphonen Chor sah sich DDR-Wirtschaftsministerin Luft genötigt, Grundsätzliches zu formulieren: Die von ihr vertretene Regierung arbeite dafür, dass die DDR als »souveräner sozialistischer Staat« erhalten bleibe; sie wolle den Menschen so die wabernde »Angst« vor einem allgemeinen »Ausverkauf« der DDR und ihrer Wirtschaft nehmen. Luft setzte sich daher kategorisch

> »für dominierendes Volkseigentum an entscheidenden Produktionsmitteln, für den Erhalt leistungsfähiger volkseigener Kombinate, für das Recht und Arbeit für jeden, für kostenlose Bildung und gesundheitliche Betreuung [sowie die] Erhaltung sozialer Errungenschaften ein.«[71]

Der Demokratie-Jetzt-Vertreter und Kirchenhistoriker Wolfgang Ullmann verwies im Aussschuss auf das Ende November verkündete Zehn-Punkte-Programm Helmut Kohls. Der Bundeskanzler erwarte offenkundig schnelle und systemüberwindende Wirtschaftsreformen von der DDR, »wie es Polen und Ungarn akzeptiert haben«; »die Wirkungen dieser Wirtschaftspolitik« stünden »vor aller Augen«. Ullmann warnte eindringlich, dass derlei radikale Umbaumaßnahmen und ihre gesellschaftlichen Folgen der ostdeutschen Bevölkerung nicht zu wünschen seien. Die Grenzöffnung habe die Möglichkeit zu internen Systemreformen nachhaltig beeinträchtigt, zog der Theologe die wirtschaftspolitische Handlungs- und Reformfähigkeit der DDR-Regierung in Zweifel, man befinde sich ja schon in einer »Situation«, in der bereits vor einiger Zeit grundlegende »Weichen« gestellt worden seien.[72]

Mit der fünften Sitzung war der Themenkomplex Wirtschaft zunächst von der Agenda des Runden Tisches verschwunden, während der hochumstrittene Umgang mit dem Ministerium für Staatssicherheit, seiner Nachfolgeeinrichtung und deren Unterlagen in den Fokus rückte. Knapp zwei Wochen später, in der achten Sitzung, am 18. Januar, monierten die Vertreter der AG Wirtschaft voller Unmut, »dass die Behandlung dringender Probleme der Wirtschafts-, Finanz- und Währungspolitik am Runden

70 Ebd., S. 261.
71 Ebd., S. 264.
72 Ebd., S. 271.

Tisch ungenügend Berücksichtigung« finde und von anderen Themen fortwährend in den Hintergrund gedrängt werde.[73] Am 5. Februar sollte die DDR-Regierung ihr Reformkonzept in der elften Sitzung vorstellen – eine Aufgabe, die abermals Wirtschaftsministerin Luft in Begleitung zweier Ministerkollegen übernahm.[74] Bezeichnenderweise wich Luft von ihrem Manuskript ab, um einige »persönliche Anmerkungen« zu den »in den letzten Tagen massiv ins Gespräch gekommenen Überlegungen zur Herbeiführung einer Währungsunion« von Bundesrepublik und der DDR »unter sofortiger Einführung der D-Mark als Zahlungsmittel in der DDR« zu machen.[75] Die Ministerin erklärte, dass das Thema Währungsunion »von seiner politischen Tragweite und von seinen sozialen Konsequenzen so weitreichend und so tiefgreifend« sei, »dass es doch wohl Gegenstand eines Volksentscheides« werden müsse und erteilte dem Vorhaben eine Absage.[76]

Zum Reformkonzept der Regierung gaben die Wirtschaftspolitiker des Runden Tisches eine schriftliche Stellungnahme ab, die dieses insgesamt »begrüßt[e]«. Für die »weitere Qualifizierung des Gesamtkonzeptes« empfahlen die AG-Mitglieder jedoch

> »[einen] konsequente[n] Abbau von noch im Konzept enthaltenen, unnötigen, plandirigistischen Auffassungen bei gleichzeitig klarerer Bestimmung ordnungspolitischer Rahmenbedingungen der marktwirtschaftlichen Mechanismen (eindeutige Bestimmung der Kompetenzen der staatlichen Einflussnahme, Gewerbefreiheit, Kartellrecht, Betriebsverfassungsrecht)«.[77]

Zudem sollte eine »stärkere Herausarbeitung der sozialen Flankierung« und die »durchgehende Einarbeitung ökologischer Erfordernisse« vorgenommen werden. Die vorgesehenen Umbaumaßnahmen müssten »deutlicher terminisiert [sic!] und der breiten Öffentlichkeit vorgestellt werden«.[78]

73 Information 8/4: Erklärung AG »Wirtschaft« zur Dringlichkeit von Problemen der Wirtschafts-, Finanz- und Währungspolitik, 8. Sitzung, 18.1.1990, in: Thaysen: Der Zentrale Runde Tisch, S. 468.

74 Der Runde Tisch: Wortprotokoll, 11. Sitzung, 5.2.1990, in: Thaysen: Der Zentrale Runde Tisch, S. 636.

75 Ebd., S. 635.

76 Ebd., S. 637.

77 Information 10/4: Erklärung der Arbeitsgruppe Wirtschaft des Runden Tisches zum Gesamtkonzept der Wirtschaftsreform, 10. Sitzung, 29.1.1990, in: Thaysen: Der Zentrale Runde Tisch, Bd. 5, S. 188f.

78 Ebd.

Obgleich auch der Runde Tisch das Regierungskonzept grundsätzlich »positiv eingeschätzt« hatte,[79] blieb der Diskussionsbedarf unerschöpflich.[80] Die zahlreichen Wortmeldungen erschienen eigentümlich gespalten. Man diskutierte zwar die sozialpolitischen oder ökologischen Facetten des vorgestellten Regierungskonzepts, aber im Verlauf der Diskussion meldeten sich vermehrt Stimmen zu Wort, die dessen Realisierbarkeit grundsätzlich in Zweifel zogen. Für das Neue Forum stellte Werner Schulz fest, dass man das »bisherige Instrumentarium der sozialistischen Wirtschaftsführung« vergessen könne; der Auftritt der Regierungsvertreter erschien Schulz als »typisches Paradebeispiel für das alte Denken«, das in seiner »fatale[n] Mauersprache« lediglich offenbare, dass die alten Wirtschaftskader »fern jeglichen Denkens einer Marktwirtschaft sind«.[81]

Das diskutierte Szenario einer Währungsunion warf bereits erkennbar seine Schatten über die Debatte: Während die meisten Redner Lufts »Absage« an ein solches Projekt goutierten, befürwortete Markus Meckel für die Sozialdemokraten eine Währungsunion mit der Bundesrepublik als willkommenem Katalysator für die Reformbemühungen. Meckel erklärte, dass »das Tempo der wirtschaftlichen Veränderungen« in der DDR »sehr viel schneller vonstatten gehen« müsse, als bislang geschehen. Nur schnell greifende und sichtbare Maßnahmen würden von der Bevölkerung akzeptiert und veranlasse diese zum Bleiben.[82]

Die Wirtschaftsreform-Debatten am Runden Tisch hatten damit bis Anfang Februar ein merkwürdiges Zwischenstadium erreicht: Einerseits befürworteten zahlreiche Oppositionsvertreter das ausgearbeitete, graduell angelegte Reformkonzept der Modrow-Regierung, andererseits fanden sie, die DDR-Regierung gehe noch zu zögerlich beim Abbau der planwirtschaftlichen Strukturen sowie dem Ausbau der sozialpolitischen und ökologischen Flankierung der Reformmaßnahmen vor.

Insgesamt erscheint die frühe, zwischen November 1989 und Februar 1990 geführte »Wirtschaftsreform«-Debatte in der DDR mitnichten so starr, wie bundesdeutsche Kritiker ungeduldig konstatierten. Schon zeitgenössische Beobachter registrierten die terminologischen Verschiebungen: Aus der »an den Marktbedingungen orientierten Planwirtschaft«, die das SED-Zentralkomitee noch Mitte November 1989 forderte, über »Dritte Wege« in eine »sozialistische[] Marktwirtschaft«, die im Dezember 1990 zur Diskussion standen, bis hin zu einer »ökologisch-sozialen

79 Der Runde Tisch: Wortprotokoll, 11. Sitzung, 5.2.1990, in: Thaysen: Der Zentrale Runde Tisch, S. 640.

80 Ebd., S. 641.

81 Ebd., S. 657.

82 Ebd.

Marktwirtschaft«, die Wirtschaftsministerin Luft im Januar 1990 anvisierte – »der Wandel an Worten ist gewaltig«, wie der Wirtschaftsredakteur Nikolaus Pieper beobachtete.[83] Dennoch strebten die Debatten in vielen Punkten auch zusammen: Es ähnelten sich nicht nur die Krisendiagnosen und -beschreibungen zum defizitären Zustand der Zentralplanwirtschaft, sondern auch die vorgeschlagenen, meist additiven Rezepte zu deren Umgestaltung – zunächst noch stark an die abgebrochenen Reformexperimente der 1960er-Jahre erinnernd. Insbesondere in drei omnipräsenten Punkten konturierte sich die Debatte maßgeblich: die Dezentralisierung wirtschaftlicher Entscheidungskompetenzen zugunsten der etablierten Kombinats- und Betriebsführungen; die Demokratisierung innerbetrieblicher Aushandlungsprozesse durch die Beteiligung der »Werktätigen« sowie schließlich die Internationalisierung der DDR-Wirtschaft, die durch eine Abkehr von der Autarkiepolitik und einer vorsichtigen Hinwendung zum Weltmarkt erreicht werden sollte. Als neue Leitmotive des Wirtschaftens galten das »Leistungsprinzip« sowie die Markt- und Wettbewerbsorientierung.

Letztlich waren die Reformvorschläge von einer charakteristischen Ambivalenz zwischen Neuorientierung und Bewahrung geprägt: Die zentrale »Leitung« der Betriebe sollte zwar drastisch beschnitten, aber eine dominante Rolle des Staates – über den Erhalt des Volkseigentums – gleichsam gewahrt bleiben; die angestrebte internationale Öffnung über »Joint Ventures« sollte strikt reglementiert werden, um so einen »Ausverkauf« an westliche Investoren zu verhindern. Auch die Einführung des Leistungs-, Markt- und Wettbewerbsprinzips sollte durch soziale und ökologische Sicherungsmaßnahmen umfassend flankiert werden. Um die Jahreswende 1989/90 hatten sich also Konturen eines »Dritten Weges« vom Plan zum Markt für eine reformierte DDR-Wirtschaft abgezeichnet, deren wirtschaftspolitisches Endziel blieb jedoch offen. Zwar sollte es nach Überzeugung der ostdeutschen Debattenteilnehmer massive Veränderungen geben, ob diese aber auch in eine westliche Marktwirtschaft führen würden, erschien ihnen äußerst zweifelhaft. Es war eher die Suche nach einem konzeptionellen Kompromiss zwischen Sozialismus und Kapitalismus, die in der DDR das ökonomische Reformdenken bis ins Frühjahr 1990 bestimmte. All diese Diskussionen sollten jedoch in den ersten Februarwochen durch eine überraschende wirtschaftspolitische Kurskorrektur der Bundesregierung völlig in den Hintergrund rücken.

83 »Mit Zaudern und Zagen«, in: Die Zeit, 19.1.1990.

3. Das Wirtschaftswunder: Die Bonner Politik und die Überwindung der »Kommandowirtschaft«

Sowohl die bundesdeutschen Wirtschaftswissenschaftler als auch die DDR-Regierung und die Oppositionsgruppen am Zentralen Runden Tisch sahen sich Anfang Februar 1990 mit einer Grundsatzentscheidung konfrontiert, die das weitere Nachdenken über den Wirtschaftsumbau in der DDR fundamental beeinflusste, ja verengte.

Die überraschende Offerte der Bundesregierung zu einer »Währungsunion mit Wirtschaftsreform« sollte die bislang noch intensiv diskutierte »Systemfrage« nach dem Ziel des Wirtschaftsumbaus endgültig beantworten. Wenn es in den konzeptionellen Debatten um eine mögliche Umgestaltung der DDR-Planwirtschaft einen markanten Wendepunkt gegeben hat, dann ließe sich dieser zwischen Ende Januar und Anfang Februar 1990 verorten.[1]

Nachfolgend wird in einem *ersten* Schritt auf die Orientierungsbemühungen innerhalb der Bonner Bundesregierung im Januar 1990 eingegangen, die letztlich in das »Angebot« einer zügigen Wirtschafts- und Währungsunion mündeten. *Zweitens* werden aus den Reihen der bundesdeutschen Opposition stammende Entwürfe zum Wirtschaftsumbau bis Februar 1990 sowie die oppositionellen Reaktionen zum danach eingeschlagenen Vereinigungskurs nachgezeichnet. Ein *dritter* Schritt skizziert das besondere Beziehungsgeflecht aus Bundesregierung und DDR-Regierung unmittelbar nach der wirtschaftspolitischen Offerte des Kanzlers, das die gravierenden Verschiebungen in der Debattentektonik verdeutlicht.

3.1 Der Weg zum Wirtschaftswunder: Bonner Beamte auf Orientierungssuche

Im Herbst 1989 waren die meisten Akteure im politischen Bonn vom Ausmaß ihrer eigenen Unkenntnis überrascht worden, sowohl was die DDR im Allgemeinen, als auch deren Wirtschaftslage im Besonderen anbelangte. »Wirklichkeitsgetreue Kenntnisse der wirtschaftlichen Lage fehlten weitgehend«, wie Peter Klemm, Staatssekretär im Bundesfinanzministerium, wenige Jahre später notierte.[2] Auch seinem Abteilungsleiter Gert Haller erschien der Informationsmangel in der Rückschau eklatant:

1 Vgl. Grosser: Wagnis; v.a. auch die zeitgenössischen Rückblicke in Waigel/Schell: Wagnis sowie jüngst auch bei Ludewig: Unternehmen Wiedervereinigung.

2 Klemm, Peter: Die Verhandlungen über die deutsch-deutsche Währungsunion, in: Waigel/ Schell (Hg.): Tage, die Deutschland und die Welt veränderten, S. 139.

> »Als ich mich mit meinen Fachleuten [Mitte November 1989, M.B.] zusammensetzte, haben wir sehr schnell feststellen müssen, dass wir über die DDR so gut wie keine Detailinformationen hatten. Man hat sich mit dem Wirtschafts- und Finanzsystem schlicht nicht vertieft beschäftigt. Es gab zwar in den Jahren zuvor regelmäßige Berichte zur Lage der Nation im geteilten Deutschland, aber dabei war es meist um übergeordnete politische Fragen und um den Vergleich der Rechtssysteme gegangen, nicht so sehr um die Vertiefung wirtschaftlicher und finanzpolitischer Details.«[3]

Thilo Sarrazin, seinerzeit Referatsleiter für »Nationale Währungsfragen« im Bundesfinanzministerium, umschrieb rückblickend die Gefühlslage unter den Bonner Ministerialbeamten im Spätherbst 1989 so:

> »Trotz aller Unruhe und verstohlenen Hoffnungen über die Zukunft der DDR und die deutsche Frage traf uns die unvermutete Öffnung der Mauer letztlich doch unvorbereitet. Die Bilder im Fernsehen und die schiere Dimension des Geschehens überstiegen das moralische und geistige Begriffsvermögen und wirkten zunächst eher wie eine euphorisierende Betäubung.«[4]

In den folgenden Wochen machten sich die Beamten am fernen Rhein fieberhaft daran, diese Leerstellen zu füllen. Unmittelbar nach der Grenzöffnung am 9. November – unter dem Eindruck der sich überschlagenden Entwicklungen in der DDR sowie der rapide anwachsenden »Übersiedlerwelle« von Ost nach West – entwickelte die Ministerialbürokratie verstärkt Aktivitäten. Kurz vor Weihnachten 1989 wurde der gerade erst zum Staatssekretär im Bundesfinanzministerium beförderte Horst Köhler »mit Papieren und Analysen zur wirtschaftlichen und monetären Entwicklung in der DDR« regelrecht »überschwemmt«, die, so der studierte Volkswirt, »alle auf einen Stufenprozess für eine deutsch-deutsche wirtschafts- und währungspolitische Integration« hinausliefen.[5]

Die wirtschaftspolitischen Vorstellungen in Bonn blieben bis Ende des Jahres noch diffus. Man wartete zunächst auf erste Reformschritte durch die personell teils erneuerte DDR-Regierung unter Modrow. Helmut Kohls noch recht vages »Zehn-Punkte-Programm«, vorgetragen im Rahmen einer Regierungserklärung am 28. November, konnte sich vor dem Hintergrund allgemeiner Orientierungslosigkeit als erster Versuch durchsetzen, politische Initiative zu zeigen und öffentliche Deutungsmacht

3 Haller, Gert: Das Wort ›Anschluß‹ war tabu. Einige persönliche Erinnerungen, in: Waigel, Theodor; Schell, Manfred (Hg.): Tage, S. 149f.

4 Sarrazin: Entstehung, S. 163.

5 Köhler: Alle zogen mit, S. 118.

zurückzugewinnen. Die wirtschaftspolitischen Facetten blieben darin allerdings schemenhaft: Im dritten Punkt forderte der Bundeskanzler die DDR zu »grundlegenden Reformen des Wirtschaftssystems« auf, die eine Öffnung für »westliche Investitionen«, »marktwirtschaftliche Bedingungen« und »private Betätigung« umfassen sollten. Kohls Fernziel war die Abschaffung der »bürokratischen Planwirtschaft«.[6]

Unterdessen formierte sich seit Dezember in Bonn ein Netzwerk aus Staatssekretären, Abteilungsleitern und Fachreferenten des Bundeskanzleramtes, des Bundesfinanz- und des Bundeswirtschaftsministeriums sowie anderer Fachressorts, das in den kommenden Wochen die wirtschaftspolitische Neuorientierung maßgeblich gestalten sollte. Am 19. Dezember fertigte Sarrazin einen Vermerk für den erst seit April amtierenden Bundesfinanzminister Theo Waigel. Darin hielt er es für wenig wahrscheinlich, dass ein sich reformierendes planwirtschaftliches System bei geöffneten Grenzen zur Bundesrepublik fortbestehen könne; die sich in einem solchen Modell parallel zu den Strukturen der Planwirtschaft »ungeplant« entfaltenden Märkte beurteilte er äußerst skeptisch. Ein weitergehendes, radikaleres Reformszenario für die DDR-Wirtschaft erschien ihm allerdings »zu diesem Zeitpunkt irreal und kaum denkbar«.[7] In einer gemeinsamen Mitteilung der beiden deutschen Regierungschefs während Kohls Dresden-Besuch am 19. Dezember war demzufolge auch nur von einer »Vertiefung der wirtschaftlichen Beziehungen« über eine »gemeinsame Kommission«, bundesdeutsche Direktinvestitionen oder »Joint Ventures« die Rede.[8]

Im Januar 1990 intensivierten sich die Bonner Überlegungen zum wirtschaftspolitischen Reformkurs in der DDR, nicht zuletzt unter dem Eindruck zahlreicher deutsch-deutscher Regierungskonsultationen. Bundesdeutsche Beamte suchten nach belastbaren Informationen über die gegenwärtigen Geschehnisse in der DDR, um so die weiteren Reformschritte evaluieren zu können, die ostdeutschen Delegationen erhofften sich vorwiegend ideelle und materielle Unterstützungsleistungen. Gleichzeitig suchte die Bonner Regierungskoalition noch immer nach einer eigenen, kohärenten Position in der Frage des Umbaus der Planwirtschaft. Bei einer vertraulichen Zusammenkunft hochrangiger Ministerialbeamter mit bundesdeutschen Managern und Volkswirten im Bundeskanzleramt am 9. Januar kritisierte Staatssekretär Dieter von Würzen, dass die »recht

6 Vgl. dazu insgesamt die jeweiligen zeithistorischen Überblicksdarstellungen bei Rödder: Deutschland; Ritter: Wir sind das Volk; Görtemaker: Berliner Republik.

7 Sarrazin: Entstehung, S. 169-174.

8 Gemeinsame Mitteilung von Hans Modrow und Helmut Kohl 19. Dezember 1990 [III. Kapitel/18. Dokument], in: Gransow/Jarausch: Die deutsche Vereinigung, S. 112f.

umfassend angekündigten Reformen in der DDR« sich »im Lichte erster Konkretisierungsschritte sehr viel weniger weitgehend, durchgreifend und schnell« als allgemein erwartet darstellten.[9] Es bestehe, so der Spitzenbeamte, ein »offensichtliches Missverhältnis« zwischen der »in unserer Wirtschaft zu beobachtenden Stimmung« hinsichtlich der »Chancen in der DDR« sowie den »unzureichenden Reformbemühungen durch die SED«.[10]

Auf den pessimistischen Einführungsvortrag folgten die Analysen der Wirtschaftsexperten. Wolfang Röller, damals Vorstandssprecher der Dresdner Bank, bemerkte, dass es ja eigentlich nicht an Reformvorschlägen gebreche. Was fehle, seien »Personen, die gewillt und in der Lage« seien, »diese umzusetzen«. Zentrales Hindernis seien mithin die »in vierzig Jahren SED-Herrschaft« ausgebildeten und entsprechend verfestigten »Denkgewohnheiten«, die die Erwartungshaltung in der Bevölkerung und bei den ökonomischen Eliten in der DDR bestimmten, »dass alles vom Staat kommen« müsse.[11] Karl Otto Gieseke, Einzelhandelsunternehmer und Vertreter des Deutschen Industrie- und Handelskammertages (DIHT), forderte beipflichtend, »in den Oppositionsgruppen die wirtschaftspolitisch Verantwortlichen ausfindig zu machen, um über diese einen entsprechen Druck auf die offizielle Wirtschaftspolitik« aufzubauen.[12]

Am Ende des Expertengesprächs zeigte sich auch Bundeskanzleramtschef Rudolf Seiters ratlos, wer die erhofften Wirtschaftsreformen innerhalb der DDR eigentlich aktiv vorantreiben solle. Während die SED-Regierung unter Modrow »nämlich auf einen vierzig Jahre lang beherrschten Apparat zurückgreifen [könne], der den Sozialismus« wolle, agiere auf der anderen Seite »eine Opposition, die keine Marktwirtschaft« könne.[13] Staatssekretär von Würzen resümierte aus Sicht der Bundesregierung, dass »deshalb auch Szenarien [...] über das, was möglich erscheint«, aktiv zu erarbeiten seien.[14] Die Regierungskoalition und ihre Ministerialbürokratie, zunehmend konfrontiert mit steigenden Übersiedlerzahlen, finanziellen Hilfsforderungen seitens der DDR-Regierung, außenpolitischen Vorbehalten sowie diffusen Bedrohungsszenarien in den bundesdeutschen Medien,[15] begannen im Januar 1990 die Geduld mit den Protagonisten in Ostberlin

9 Gespräch des Chefs des Bundeskanzleramtes Seiters mit Wirtschaftsexperten, Bonn, 9. Januar 1990 [Dok.-Nr. 137], in: Küsters/Hofmann: Dokumente, S. 691.

10 Ebd.

11 Ebd., S. 692.

12 Ebd., S. 693.

13 Ebd., S. 694.

14 Ebd., S. 693.

15 Vgl. Grosser: Wagnis, S. 151-158.

zu verlieren. Der Ruf nach eigenen Reformentwürfen wurde lauter. Doch woran sollte man sich orientieren?

Zu dieser Zeit kursierte unter den Beamten und Fachpolitikern der christliberalen Koalition bereits der besagte wirkungsstarke Essay Ludwig Erhards aus dem Jahr 1953.[16] Während nun, fast vierzig Jahre später, die bundesdeutsche Öffentlichkeit vernehmlich begonnen hatte, über eine mögliche, schrittweise sich entwickelnde deutsch-deutsche Währungsunion nachzudenken,[17] lag dem Bundesfinanzministerium am 29. Januar bereits ein streng vertrauliches Grundsatzpapier vor, das einen radikalen Strategiewechsel vorschlug: »Von BMF, Bundesbank, Sachverständigenrat und fast allen Fachleuten«, so wurde hierin die »Ausgangslage« skizziert, werde »bislang für die Reform und Stabilisierung der DDR-Wirtschaft ein Stufenkonzept zugrunde gelegt«, an dessen Ende ein »einheitlicher deutscher Wirtschafts- und Währungsraum (Währungsunion) nach einigen Jahren« stehen könne, aber nicht müsse.[18] Dieses »Stufenkonzept« sei zwar »logisch« und entspreche dem »bewährten ökonomischen Denken«, allerdings benötige es viel Zeit und das »Vertrauen und den Willen zur Mitarbeit beim DDR-Bürger«.[19] Es kristallisiere sich jedoch heraus, »dass die notwendige Zeit nicht mehr da« sei: »Der Tüchtige lässt sich nicht mehr abspeisen mit der Hoffnung auf Reformen, deren Wirksamwerden im Rahmen eines Stufenkonzepts noch Jahre« benötige.[20] Nur eine »schlagartige Umstellung« auf die D-Mark komme als wirtschaftspolitische Lösung infrage. Keine graduellen Reformen innerhalb der DDR-Planwirtschaft, sondern eine stichtagsartige Währungsunion »im Austausch gegen eine vollständige Systemtransformation« der DDR-Volkswirtschaft sollte den entscheidenden konzeptionellen Durchbruch bringen:

> »Mit der schlagartigen Einbeziehung der DDR-Wirtschaft in den D-Mark-Wirtschafts- und Währungsraum gewinnt der Reformprozess eine neue, gänzlich andersgeartete Qualität: Die hirnzermarternden, fast unlösbaren Fragen, wie in einem planwirtschaftlichen System zügig und

16 Vgl. den einleitenden Abschnitt dieses Kapitels zu Erhard: Der Doktorand und der Wirtschaftsminister, S. 105.

17 Vorlage des Ministerialrats Ludewig an den Chef des Bundeskanzleramtes Seiters, Bonn, 24. Januar 1990 [Dok.-Nr. 143], in: Küsters/Hofmann: Dokumente, S. 703-705, spricht etwa das Plädoyer von BDI-Chef Tyll Necker in der Fraktionssitzung von CDU/CSU an; neben führenden Ökonomen hatten sich zu diesem Zeitpunkt, wie im Folgenden beschrieben, auch Politiker wie Kurt Biedenkopf sowie die Oppositionspolitiker Ingrid Matthäus-Maier oder Wolfgang Roth aktiv in die bundesdeutsche Debatte eingeschaltet.

18 Grosser: Wagnis, S. 165-170.

19 Ebd., S. 166.

20 Ebd.

> ohne zu große soziale Kosten ein funktionierendes Preissystem, Wettbewerb bzw. ein funktionierender Kapitalmarkt verwirklicht werden können, lösen sich in ein Nichts auf, denn mit dem Tage der Umstellung ist dies alles da.«[21]

Die Ministerialbeamten gestanden die schwer kalkulierbaren Risiken des »Konkurrenzschocks« für die DDR-Betriebe und deren Beschäftige ein; dennoch teilten sie den von Erhard propagierten Optimismus, dass die »unternehmerische Freiheit die Initialzündung für einen eigendynamischen Prozess« darstellen werde.[22] Einige Wochen zuvor hatte Thilo Sarrazin in seinem Vermerk an Horst Köhler die »politische und psychologische Schlüsselrolle« der D-Mark als Symbol herausgestellt: »Die D-Mark steht für den Erfolg der Sozialen Marktwirtschaft und den wirtschaftlichen Aufschwung unseres Landes.«[23]

Das Papier war in unmittelbarer Vorbereitung einer Klausurtagung der Führungsebene des Bundesfinanzministeriums in Bonn entstanden, die am 30. Januar stattfand und die die meisten Teilnehmer später als »Wendepunkt hin zu dieser Währungsunion als konkreter und lösbarer Aufgabe« empfanden, wie Staatssekretär Klemm retrospektiv urteilte.[24] Die Beamten legten sich bei dieser Zusammenkunft auf eine schnelle »Stichtags«-Lösung fest. Das war in der Tat eine gravierende Kurskorrektur, denn offiziell hatten hochrangige Regierungsmitglieder noch kurz zuvor einer Währungsunion öffentlich scharfe Absagen erteilt[25] und Helmut Haussmanns Bundeswirtschaftsministerium wollte am 8. Februar die Präsentation eines eigenen Stufenplans vorlegen, der eine Währungs- und Wirtschaftsunion im Jahr 1993 ins Spiel bringen wollte.[26]

Eine knappe Woche zuvor, am 2. Februar, erreichte der Vorschlag offiziell Bundeskanzler Helmut Kohl. Eine Arbeitsgruppe regte in einer Vorlage an, der DDR-Regierung schnellstmöglich ein Junktim einer sofortigen Währungsunion mit durchgreifenden Wirtschaftsreformen nach bundesdeutschem Vorbild anzubieten. Die bisherige wirtschaftspolitische »Zurückhaltung von unserer Seite« habe, wie die Beamten urteilten, »eher

21 Sarrazin: Entstehung, S. 187.

22 Ebd., S. 189.

23 Ebd., S. 176.

24 Klemm: Verhandlungen, S. 135.

25 Am 22. Januar hatte Bundesfinanzminister Theo Waigel »keine Möglichkeit« gesehen, die beiden Währungen miteinander zu verbinden; am selben Tag hatte auch sein liberaler Kabinettskollege Helmut Haussmann es einen »Trugschluss« genannt, »wenn sich die DDR der D-Mark schnell« entgegenwerfe. Vgl. »DDR-Anbindung an D-Mark beschleunigt nicht die Reform«, in: Neues Deutschland, 23.1.1990.

26 Jürgs: Treuhändler, S. 64ff.

negative Auswirkungen« gehabt: »Insofern empfehlen wir, dass Sie sich – wie seinerzeit schon beim 10-Punkte-Programm – wieder ›an die Spitze der Bewegung‹ setzen.«[27] Auch im Hinblick auf die bevorstehenden Wahlen in der DDR, im Bund und in einigen Ländern sei es entscheidend, »möglichst bald ein griffiges, allgemein verständliches Konzept für einen raschen Neuaufbau der DDR-Wirtschaft präsentieren« zu können.[28] Die Vorlage schloss mit dem Hinweis, dass sich diese »Skizze [...] bewusst in die Kontinuität Ludwig Erhards« stelle – um dann einen ganzen Absatz aus dem Schriftstück zur Notwendigkeit einer sofortigen Währungsunion nach dem Vorbild von 1948 zu zitieren.[29] Erhards Entwurf, aufgrund seiner ungebrochenen »Aktualität« dem Kanzler als Kopie beigelegt, könne sich »als ›Steinbruch‹ für Ihre eigenen Reden« erweisen.[30]

Fünf Tage darauf, am 7. Februar, unterbreitete Bundeskanzleramtschef Rudolf Seiters vor einer nationalen wie internationalen Öffentlichkeit der DDR-Regierung offiziell das »Angebot«, in sofortige Verhandlungen über eine deutsch-deutsche Wirtschafts- und Währungsunion einzutreten. Diese Offerte sollte bei einem für den 13. Februar terminierten, offiziellen Besuch Modrows in Bonn erörtert werden. In Seiters' Sprechzettel für die Pressekonferenz unterstrich ein Regierungsdirektor abermals die ideelle Grundierung des Vorschlags:

> »Auch Ludwig Erhard hatte 1948 zunächst mit der Währungsreform und sehr kurz darauf mit der Wirtschaftsreform (z.B. Aufhebung der Bewirtschaftung) begonnen. Gegen massive politische Widerstände schaffte er so den Weg von der Hoffnungslosigkeit zum späteren ›Wirtschaftswunder‹.«[31]

In der Perspektive der Bonner Ministerialbeamten verdichteten sich in Ludwig Erhards Vorschlag aus dem Jahr 1953 gegenwärtige, akute Problemlagen nach dem Mauerfall wie unter einem Brennglas. Erhards damalige *Problembeschreibung* korrespondierte mit ihrer gegenwärtigen *Problemwahrnehmung*: bundesrepublikanische Vorbehalte erschienen Ängste wie jene in Ostdeutschland grassierenden als Herausforderungen; auch die außenpolitische Konstellation, insbesondere die ungewisse Zukunft der Gorbatschow-Regierung, erschien unkalkulierbar. Die Koalitionäre

27 Vorlage des Regierungsdirektors Mertes an Bundeskanzler Kohl nebst Statement, Bonn, 2. Februar 1990 [Dok.-Nr. 157,a,b], in: Küsters/Hofmann: Dokumente, S. 749-753.

28 Ebd., S. 750.

29 Ebd., S. 752.

30 Ebd., S. 750.

31 Vermerk des Regierungsdirektors Nehring, Bonn, 6. Februar 1990 [Dok.-Nr. 163], in: Küsters/Hofmann: Dokumente, S. 761.

lasen und interpretierten den Text folglich nicht als *historisches* Dokument, sondern als konkrete Anleitung zum *politischen* (Nicht-)Handeln: Erhards radikale Absage an administrative Vorbereitungen und staatliche Planungen musste angesichts des Mangels eigener Konzepte wie eine Absolution wirken; detaillierte Szenarien, weitgefasste Stufenpläne oder differenzierte Strategien erübrigten sich, folgte man seiner »marktwirtschaftlichen« Strategie einer sofortigen Währungsunion.

Der bundesrepublikanische Gründungsmythos von »1948« war unter den Verantwortlichen in Bonn, die mehrheitlich in den dreißiger und vierziger Jahren geboren, in der frühen Bundesrepublik aufgewachsen und politisch liberalkonservativ eingestellt waren, omnipräsent. Die ökonomische Erfolgsgeschichte einer – nach entbehrungsreicher Besatzungszeit durch eine plötzliche Währungsreform und das Ende der Zwangsbewirtschaftung initiierten – sagenhaften Wohlstandsvermehrung im »Wirtschaftswunder« schien jedes andere Narrativ zu überstrahlen.[32]

Bereits Werner Abelshauser hatte darauf hingewiesen, dass es »wohl kaum eine andere wichtige Entscheidung der deutschen Wirtschaftspolitik« gegeben habe, »die – wenn auch nur unterschwellig – so stark von der historischen Perzeption der wirtschaftspolitisch Handelnden« beeinflusst worden sei wie diejenige zur sofortigen Währungsunion im Frühjahr 1990.[33] Auf diese Weise wirkten Projektionen wie die Geschichtsbilder von »1948« konzeptionell handlungsleitend. Sie lieferten den Beamten eine Großerzählung, die (markt-)optimistisch in eine gesamtdeutsche Zukunft wies.[34] Eben diese Spielart einer »(doppelten) Schocktherapie«[35] bot sich in ihren Augen an, um auf das »gesamte Problemknäuel eine umfassende, sachlich fundierte und außenpolitisch akzeptable Antwort zu finden«, wie Thilo Sarrazin später nicht ohne administrative Selbstzufriedenheit notierte.[36] Diese Gemengelage aus mentalen Vorprägungen, ideellen Grundorientierungen sowie akuten politischen und ökonomischen Krisenwahrnehmungen kann erklären, warum gerade die als strukturkonservativ geltenden Bonner Finanzbeamten eine radikale und zugleich

32 Exemplarisch hierfür etwa die Führungsriege der damaligen Spitzenbeamten des Bundesfinanzministeriums in Bonn: Abteilungsleiter Gert Haller (geb. 1944); Abteilungsleiter Peter Klemm (geb. 1928); Staatssekretär Horst Köhler (geb. 1943); Referatsleiter Thilo Sarrazin (geb. 1945); (Ex-)Staatssekretär Hans Tietmeyer (geb. 1931); Bundesminister Theo Waigel (1939); vgl. Waigel/Schell: Tage, S. 256-258.

33 Abelshauser: Deutsche Wirtschaftsgeschichte, S. 402; Jarausch: Die unverhoffte Einheit, S. 221.

34 Vgl. dazu generell Süß: Privatisierung.

35 Ther: Die neue Ordnung, S. 199.

36 Sarrazin: Entstehung, S. 175.

riskante wirtschaftspolitische Trendwende beim Umbau der DDR-Wirtschaft initiierten, die dem zeitgenössischen Chronisten Dieter Grosser »Anlass zum Staunen« bot;[37] auch Sarrazin erschien das Vorgehen rückblickend »kühn und für den typischen Denkstil eines Finanzministeriums geradezu unerhört«.[38]

Finanzstaatssekretär Klemm hingegen teilte diese (selbst-)heroisierende Einschätzung in der Rückschau nicht. Er erinnerte sich an die intensive zeitgenössische Rezeption der Erhard'schen Skizze. Die von der Regierungskoalition praktizierte, hoffnungsbeladene, fast euphorische Rückbesinnung auf die »Wirtschaftswunderzeit« bewertete er (selbst-)kritisch:

> »Erhard hatte Anfang der fünfziger Jahre über die eventuelle Zusammenführung der beiden unterschiedlichen Systeme im Westen und im Osten Deutschlands nachgedacht. Sicherlich konnte er damals das zu erwartende Ausmaß an Schwierigkeiten nicht abschätzen. Zu Unrecht gingen etliche davon aus, nach einer Währungsunion stelle sich Marktwirtschaft von allein ein. So kam es bei vielen zu der Fehlannahme, ein sozialistisches System werde sich bereits mit dem Moment der Einführung der Marktwirtschaft auch marktwirtschaftlich verhalten, und dies gelte genauso für die betroffenen Menschen.«[39]

Unter dem Eindruck der krisenhaften ökonomischen Entwicklungen in der ostdeutschen Wirtschaft nach 1990/91 hatte Klemm mit dieser Kritik praktische Hürden angesprochen, die im Februar 1990 noch kaum ins Blickfeld der Zeitgenossen geraten waren: Welche Institutionen sollten nach welchen Grundsätzen und mit welchem Personal für die Umwandlung verantwortlich zeichnen? Wie sollte überhaupt ein sofortiges Wirken freier Marktkräfte möglich sein, wenn es *de facto* gar keine Privatakteure oder Unternehmer gab? Würden die Menschen in Ost und West einen solchen Systemwandel überhaupt im Alltag mit Leben füllen (können)?

Das Frühjahr 1990 verströmte eine andere Stimmung. Die markteuphorische Deutung des postsozialistischen Wirtschaftsumbaus nach dem Vorbild des bundesdeutschen Wiederaufbaus der 1940er- und 1950er-Jahre zog sich durch das gesamte liberalkonservative Regierungslager. Bundeskanzler Helmut Kohl beschloss seine Regierungserklärung am 15. Februar mit einem Bekenntnis zum »klare[n] Kurs« Richtung »Sozialer Markwirtschaft« und beschwor die Erfolgsgeschichte eines aus der Nachkriegszeit auferstandenen Phönix:

37 Grosser: Wagnis, S. 172.
38 Sarrazin: Entstehung, S. 182.
39 Klemm: Verhandlungen, S. 137.

> »Wenn wir in diesen Zeiten an diesen Grundprinzipien festhalten, die die Bundesrepublik Deutschland vom ökonomischen Nullpunkt nach dem Zweiten Weltkrieg in die Spitzengruppe der Industrieländer der Welt gebracht haben, können wir auch die Herausforderungen der neunziger Jahre bewältigen.«[40]

Am 23. Mai, genau 41 Jahre nach der Annahme des Grundgesetzes, stand die Unterzeichnung des Staatsvertrages zur Wirtschafts-, Währungs- und Sozialunion kurz bevor. In einer emotionalen Plenardebatte des Bonner Bundestags zeigte sich die Wirksamkeit dieses Phönix-Mythos in vollem Ausmaß: Nachdem Bundesfinanzminister Theo Waigel in seiner Rede weit ausgreifende historische Bahnen über die Jahre 1848, 1871 und 1918 in die Gegenwart gezogen und sich mit Sozialdemokraten über Bismarck-Zitate gestritten hatte,[41] gelangte er schließlich zum Herzstück seiner Ansprache. Der vorliegende Staatsvertrag bringe den Ostdeutschen »unsere erfolgreiche Soziale Marktwirtschaft, unsere stabile Währung sowie unsere soziale Vorsorge«. Waigel legte dabei die Rollen zwischen Ost und West klar fest:

> »Die Menschen in der DDR wissen auch, dass sie nach dem, was ihnen zugefügt wurde, die Ärmel aufkrempeln müssen. Die Währungs-, Wirtschafts- und Sozialunion ist ein Versprechen, das die Deutschen in der DDR selbst einlösen können. Sie müssen die Chance nutzen und die Ärmel aufkrempeln. Sie dürfen die Nischen und Winkel aufgeben, in denen es sich in der sozialistischen Diktatur recht und schlecht leben ließ, und sie stellen sich dem frischen Wind einer freiheitlichen Marktwirtschaft.«[42]

Im Unterschied zu ihren östlichen Nachbarn erhalte die DDR durch den Staatsvertrag von der Bundesrepublik das, »was sonst nur in Jahren und Jahrzehnten erworben werden könnte«: »Erprobte Regeln des Wirtschaftens, internationales Ansehen eines erfolgreichen Industriestaates und eine Währung, die international anerkannt ist.«[43]

40 Bundeskanzler Dr. Helmut Kohl: Erklärung der Bundesregierung über die Gespräche des Bundeskanzlers mit Generalsekretär Gorbatschow und DDR-Ministerpräsident Modrow vom 15. Februar 1990, in: Bundesministerium für innerdeutsche Beziehungen: Deutschlandpolitik, S. 107-121, hier S. 121.

41 Aussprache im Deutschen Bundestag zum Vertrag über die Schaffung der Währungs-, Wirtschafts- und Sozialunion der beiden deutschen Staaten vom 23. Mai 1990, in: Bundesministerium für innerdeutsche Beziehungen: Deutschlandpolitik, S. 295-355, hier S. 298ff.

42 Ebd., S. 301.

43 Ebd., S. 302.

Nach Theo Waigel sprachen die beiden Fraktionsvorsitzenden der Koalitionsparteien – Wolfgang Mischnick (FDP) und Alfred Dregger (CDU). Während ein erkennbar emotional bewegter Mischnick weite Teile seiner pathetischen Rede mit einer ausführlichen Rezitation des Erhard-Aufsatzes bestritt, wandte sich Dregger direkt an die »Landsleute [...] in der DDR«: Die »Soziale Marktwirtschaft« sei »keine kapitalistische Veranstaltung«, denn sie habe »unseren Arbeitern« neben »Spitzenlöhnen« auch privates »Eigentum« und »Mitbestimmung« gebracht. »Nicht Gängelei und Fremdbestimmung durch Funktionäre« seien das »Markenzeichen jenes Modells«, wie Dregger ausführte, »sondern persönliche Mitverantwortung in den Betrieben«.[44] Allein die auf diesem Wirtschaftsordnungsmodell »beruhende wirtschaftliche Stärke« habe es der Bundesregierung ermöglicht, der DDR das »wirklich großzügige Angebot« einer Währungs- und Wirtschaftsunion zu unterbreiten. Dregger stellte zwar auch den charakteristischen Verweis zur Währungsreform her, schränkte deren Übertragbarkeit allerdings sogleich ein:

> »Dieser Vertrag enthält das bisher einmalige Unterfangen, ein verrottetes und gescheitertes System sozialistischer Misswirtschaft über Nacht in eine markwirtschaftliche Ordnung zu überführen. Die Währungsreform des Jahres 1948 war demgegenüber einfacher und nur in ihrer Kühnheit vergleichbar mit dem, was wir jetzt mit der Gründung einer Wirtschafts-, Währungs- und Sozialunion der beiden deutschen Staaten unternehmen.«[45]

Die symbolische Referenz in das Jahr 1948 erwies sich damit im Frühjahr 1990 als wesentlicher konzeptioneller Bezugspunkt, mit dem die zentrale Grundsatzentscheidung der ökonomischen Einigungspolitik gefällt wurde.

3.2 »Traumverbot« und »D-Mark-Nationalismus«: Gegenvorschläge der Opposition

In einem Großteil seiner Bundestagsrede vom 23. Mai beschäftigte sich der CDU-Fraktionschef Dregger allerdings nicht mit den Vorzügen der Marktwirtschaft, sondern konzentrierte sich auf die Oppositionsbänke. Dregger vermisste dort Antworten auf »politische Grundfragen« und bezweifelte, dass die SPD die »staatliche Einheit Deutschlands« wirklich wolle; vielmehr bevorzuge sie eine deutsche »Zweistaatlichkeit«.[46]

44 Ebd., S. 332.
45 Ebd., S. 332.
46 Ebd., S. 326.

Statt den »Kairos, [den] geschichtliche[n] Augenblick« zu erkennen, so Dregger, gehöre es ja »leider« zu den »Traditionen« der SPD, »sich an den Wendepunkten der Geschichte in den Krähwinkel zurückzuziehen«. Die Sozialdemokratie habe gegen die »Soziale Marktwirtschaft«, die »Westbindung«, die »Wiederbewaffnung« sowie die »NATO-Mitgliedschaft« opponiert und erkenne auch gegenwärtig nicht die historische Chance, die eine »Sanierung der vom Sozialismus heruntergewirtschafteten DDR, nicht nur ihrer Betriebe« biete.[47] SPD-Kanzlerkandidat Oskar Lafontaine, den Dregger als »kleine[n] Machiavelli von der Saar« attackierte, erwecke mit seinen populistischen Warnungen vor den »Kosten der Einheit« den Eindruck, als habe man den SPD-Politikern »anstatt des Herzens einen Rechenschieber« eingesetzt.[48]

Der rhetorischen Attacke vorausgegangen war ein, wie Dregger es nannte, »wortgewaltige[r], temperamentvolle[r] Vortrag« einer »Kollegin«: der SPD-Abgeordneten Ingrid Matthäus-Maier. Bundeskanzler Kohl warf sie vor, die »ausgestreckte Hand« der Opposition »immer wieder ausgeschlagen« zu haben und den ganzen »Einheitsprozess« als »selbstherrlichen Alleingang« zu bestreiten.[49] Dabei machte sie der Regierungskoalition »das Wecken zu hoher Erwartungen« im Volkskammerwahlkampf zum Vorwurf.[50] Für die Betriebe in der DDR forderte die Wirtschaftspolitikerin in »der besonders schwierigen Übergangszeit von der Kommandowirtschaft zur Sozialen Marktwirtschaft einen zeitweiligen Schutz [...] zur Strukturanpassung«.[51]

Die Kontroverse im Bundestag Ende Mai 1990 unterstrich, dass mitnichten alle bundesdeutschen Politikakteure den Vorstoß zu einer schnellen wirtschaftlichen Vereinigung nach dem Webmuster der »sozialen Marktwirtschaft« begeistert aufgriffen. Neben Ökonomen und Wirtschaftshistorikern, die sich noch über Jahre an der »falschen Analogie« zwischen 1948 und 1990 im »Wirtschaftshistorikerstreit« (Abelshauser) abarbeiteten,[52] verwahrte sich die linke Opposition aus Sozialdemokra-

47 Ebd., S. 327.

48 Ebd., S. 329.

49 Ebd., S. 318f.

50 Ebd., S. 319.

51 Ebd., S. 323.

52 Vgl. Abelshauser, Deutsche Wirtschaftsgeschichte, S. 402-407; exemplarisch legte sich etwa der bereits zitierte Kieler Volkswirt Horst Siebert 1992 die Frage vor, warum man denn in Bonn im Frühjahr 1990 aller ökonomischen Interventionsversuche zum Trotz der »falschen Analogie« von »1948« verfallen sei. Für Seibert erklärte sich dieser Rückgriff vor allem aus den mangelnden theoretischen oder historischen Bezügen für den Umbau einer Plan- in eine Marktwirtschaft in Deutschland, weshalb Erhards Reformpolitik als Bezugspunkt dienen musste.

ten und Grünen gegen den sich abzeichnenden Ordnungsrahmen. In den Überblicksdarstellungen zur Einheit bleibt die eher stiefmütterlich behandelte Frage unbeantwortet, wie sich die politische Linke in der Bundesrepublik nach November 1989 zum Wirtschaftsumbau positionierte;[53] andererseits haben sich mittlerweile eine ganze Reihe von Spezialstudien mit ihr beschäftigt, sodass für Sozialdemokratie,[54] Grüne[55] und Gewerkschaften[56] im »Prozess« der »Einheit« 1989/90 eine solide Literaturgrundlage vorliegt.

In einer Vorlage an Helmut Kohl vom 2. Februar fand sich eine auffällige Passage. Es sei »schon bemerkenswert«, schrieben die Bonner Ministerialbeamten, »dass sich auch die hiesige SPD« mit eigenen Vorschlägen »erbschleicherisch« auf Ludwig Erhards Ideen berufe.[57] Gemeint war ein jüngst vorgelegtes Diskussionspapier der sozialdemokratischen Bundestagsfraktion von Ingrid Matthäus-Maier und Wolfgang Roth, das eine Währungsunion

Problematisch daran erschien Siebert zweierlei: Einerseits das völlig unrealistische, idealisierte Bild, das von der »Umstellung von einer Kriegs- und Friedenswirtschaft« in der Nachkriegszeit verbreitet war; andererseits unterschieden sich die historischen Konstellationen fundamental, insbesondere die Folgewirkungen von 40 Jahren sozialistischer Zentralplanwirtschaft sowie koordinierter, aber im Kern privatwirtschaftlicher NS-Kriegswirtschaft seien nicht erkannt worden. Siebert betonte hier vor allem die fundamentale »Schock«-Wirkung, die sich nach 1990 für die DDR-Unternehmen eingestellt habe – die so keine Entsprechung in der Zeit nach 1948 finde; dazu Siebert: Wagnis, S. 52ff.

53 Vgl. dazu Rödder: Deutschland oder Ritter: Wir sind das Volk; beide thematisieren die wirtschaftspolitischen Gegenangebote aufseiten der politischen Linken der Bundesrepublik kaum.

54 Die Konflikte innerhalb der SPD sind dabei am breitesten erforscht: Gohle, Peter: Von der SDP-Gründung zur gesamtdeutschen SPD. Die Sozialdemokratie in der DDR und die Deutsche Einheit 1989/90, Bonn 2014; Schmeitzner, Mike: Die SPD und die deutsche Frage 1989/90, in: Henke: Revolution, S. 402-418; Chatzoudis, Georgios: Die Deutschlandpolitik der SPD in der zweiten Hälfte des Jahres 1989, Bonn 2005; Sturm, Daniel Friedrich: Uneinig in die Einheit. Die Sozialdemokratie und die Vereinigung Deutschlands 1989/90, Bonn 2006; sowie die Quellenedition von Fischer, Ilse (Hg.): Die Einheit sozial gestalten. Dokumente aus den Akten der SPD-Führung 1989/90, Bonn 2009.

55 Wick, Regina: Die Mauer muss weg – die DDR soll bleiben. Die Deutschlandpolitik der Grünen von 1979 bis 1990, Stuttgart 2012.

56 Scharrer, Manfred: Der Aufbau einer freien Gewerkschaft in der DDR 1989/90. ÖTV und FDGB-Gewerkschaften im deutschen Einigungsprozess, Berlin u.a. 2011.

57 Vorlage des Regierungsdirektors Mertes an Bundeskanzler Kohl nebst Statement, Bonn, 2. Februar 1990 [Dok.-Nr. 157,a,b], in: Küsters/Hofmann: Dokumente, S. 749-753, hier S. 750.

zwischen Bundesrepublik und der DDR ins Gespräch brachte.[58] Die ausgewiesene Finanz- und Wirtschaftspolitikerin sowie der Volkswirt Wolfgang Roth, in den 1980er-Jahren als wirtschaftlicher Sprecher der SPD-Fraktion bekannt geworden, hatten sich beide intensiv an der ökonomischen Debatte beteiligt. Bereits am 12. November 1989 hatten sie öffentlich ein »nationales Unterstützungsprogramm« gefordert, um den »Reformprozess in der DDR aktiv und umfassend zu unterstützen«.[59] Bundesdeutsche Unternehmen drängten sie zum DDR-Engagement, schlugen eine »Ausweitung des Reisetourismus« vor und ermahnten die Bundesregierung, die Modernisierung der dortigen Infrastruktur finanziell zu unterstützen und insbesondere den Umweltschutz voranzutreiben, der grenzübergreifend auch den Bundesbürgern »unmittelbar zugute« komme.[60] Allerdings sei die »Sanierung der DDR-Wirtschaft [...] mit staatlichem Geld« gar nicht zu leisten: »Das notwendige Knowhow und Kapital« müsse »in entscheidendem Maße von der Wirtschaft« aufgewendet werden.[61] Ein zu diesem Zeitpunkt in der Tat bemerkenswertes Argument, plädierten die Sozialdemokraten damit doch für einen Transfer von Managementpersonal aus bundesdeutschen Unternehmen in die ostdeutschen Betriebe, welches das nötige Fachwissen einspeisen sollte.[62]

Zeitgleich zu der in der DDR einsetzenden Debatte um eine »Wirtschaftsreform« hatten sich in der Bundesrepublik sozialdemokratische Politiker zu Wort gemeldet. Doch diese frühe Intervention blieb nicht unwidersprochen. Willy Brandt, Altkanzler und Ehrenvorsitzender der SPD, warnte in einem Essay vom 17. November davor, »die Zahl der erhobenen Zeigefinger« gegenüber der DDR zu erhöhen: »Unser Rat mag wohl um so mehr zählen, je weniger aufdringlich wir ihn zur Kenntnis bringen.« Ferner müsse man in der Bundesrepublik »doch mit einem Widerwillen vieler auf der anderen Seite« rechnen, »dass sie ›ausverkauft‹ werden sollten«. Brandt hatte eine Expertendiskussion vor Augen, die in eine »wirtschaftliche Zusammenarbeit« münde, »die nicht auf Gleichschaltung (oder gar auf ein Ausschlachten)« der DDR-Wirtschaft hinauslaufe. Diese solle durch »erfahrene Persönlichkeiten aus der Industrie, dem Bankwesen und der praxisorientierten Wirtschaft« entwickelt werden.[63]

58 Vermerk des Regierungsdirektors Nehring, Bonn, 6. Februar 1990 [Dok.-Nr. 163], in: Küsters/Hofmann: Dokumente, S. 761.

59 Ingrid Matthäus-Maier/Wolfgang Roth: Ein nationales Unterstützungsprogramm für die DDR, 12. November 1989 [Dok.-Nr. 20], in: Fischer: Einheit, S. 154-156.

60 Ebd., S. 155.

61 Ebd.

62 Ebd., S. 156.

63 »Wenn Europa wieder zusammenwächst«, in: Die Zeit, 17.11.1989.

Andere Sozialdemokraten lehnten eine wirtschaftspolitische »Bevormundung« der DDR noch entschiedener ab. Anfang Januar 1990 forderte der Wirtschaftspolitiker und Volkswirt Uwe Jens, dass die Umbrüche in Osteuropa zu einem »wirtschaftspolitische[n] Umdenken und Umgestalten« auch in der Bundesrepublik führen sollten. Die bisher in Rüstung und Raumfahrt gebundenen Haushaltsmittel, wie die Anschaffung des »Jäger 90« für 100 Milliarden D-Mark, sollten künftig nach Osten fließen. In der DDR könnte hiervon ein »modernes Telefonnetz« finanziert und in Polen eine »Ausgleichszahlung für Zwangsarbeiter aus dem letzten Weltkrieg« aufgelegt werden.[64] Jens widersprach der in der bundesdeutschen Öffentlichkeit vorgebrachten Position, »dass die DDR keine andere Wahl habe, als die Übernahme der reinen Marktwirtschaft« und brachte einen »Sprung zum echten Volkseigentum« ins Gespräch: Es bestünde die Möglichkeit, das »Produktivvermögen möglicherweise in Holdings zusammenzufassen, um es in Form von Anteilspapieren breit zu streuen«.[65]

Bei den Grünen mehrten sich unterdessen skeptische Antworten auf die vorgebrachten Vorschläge. Seine Partei lehne eine »Kopie« der »sozialen Marktwirtschaft« und »freie[s] Unternehmertum« in der DDR kategorisch ab, wie der Bundestagsabgeordnete, Volkswirt und Informatiker Ulrich Briefs erklärte. Diese brächten der ostdeutschen Bevölkerung nur gesellschaftliche und ökologische »Krisenentwicklungen«, »wie wir sie in der BRD seit langem kennen«.[66]

Andere Vertreter der politischen Linken ließen sich durch solcherlei Einwände nicht beeindrucken. Am 19. Januar legte abermals Ingrid Matthäus-Maier einen vielbeachteten Reformvorschlag vor. Unter dem Titel »Signal zum Bleiben« entfaltete sie sieben aufeinander aufbauende Thesen zur Währungsfrage. Die »Währung der DDR« werde gegenwärtig von der eigenen Bevölkerung nicht mehr akzeptiert und die D-Mark breite sich als Schattenwährung immer weiter aus; die DDR benötige aber ein konvertibles Zahlungsmittel, insbesondere für ihre exportorientierte Industrie. Da eine Währungsreform jedoch zu viel Zeit in Anspruch nehme, sei ein »deutsch-deutscher Währungsverbund« denkbar, bei dem die Mark der DDR fest an die D-Mark gekoppelt würde. Letztere könne dann als »eindeutige und unbestrittene Leitwährung« die innere wie äußere

64 »SPD: Wirtschaftspolitisches Umdenken auch in der BRD nötig«, in: Neues Deutschland, 5.1.1990.

65 »Staatskapital zum Volkskapital umwidmen, in: Frankfurter Allgemeine Zeitung, 11.1.1990.

66 »Grüne warnen vor Kopie sozialer Marktwirtschaft«, in: Neues Deutschland, 10.1.1990.

Akzeptanz und Stabilität der DDR garantieren.[67] Matthäus-Maiers Ausführungen endeten in Überlegungen zu einer »Währungsunion«, die »für die Bürger in der DDR ein einsichtiges und überzeugendes Signal für eine rasche wirtschaftliche Besserung« darstelle und sie zum »Bleiben in ihrer Heimat« veranlasse:

> »Mit einer Währungsunion würde auf der für das konkrete Leben der Menschen entscheidenden Alltagsebene die deutsche Einheit sichtbar vorangebracht. Damit würde der Druck vermindert, die deutsche Einheit auf der darüber liegenden internationalen, politisch schwierigen staatlichen Ebene überstürzt zu vollziehen.«[68]

Der Essay griff zu einem Zeitpunkt in die Debatte ein, als weder die über die »Wirtschaftsreform« debattierenden Kräfte in der DDR noch die Bundesregierung ihre eigenen Positionen geklärt oder öffentlich gemacht hatten. Matthäus-Maiers Plädoyer für eine deutsch-deutsche Währungsunion – für die sie später dezidiert die geistige Urheberschaft reklamierte: »Die Anregung und wesentliche Vorschläge dazu stammen ja von uns«[69] – war bemerkenswert. Ein solcher Zusammenschluss bedeutete auch das absehbare Ende einer eigenständigen DDR. Ihr Vorschlag folgte damit einer Logik, die das spätere Kalkül der Bundesregierung buchstäblich umkehrte: Eine zügige, aber in graduellen Anpassungsstufen gedachte Währungsunion zwischen beiden Staaten sollte als retardierendes Moment die wirtschaftspolitischen Zeithorizonte und Handlungsspielräume weiten, um so eine »überstürzte« nationale und ökonomische Einheit entschleunigen zu können. Dabei konzentrierte sich die SPD-Finanzpolitikerin klar auf die symbolische Strahlkraft eines solchen währungspolitischen Schrittes. Wie bereits erwähnt, wurde das Vorpreschen der Sozialdemokratin in der Bundesregierung aufmerksam registriert und erhöhte damit den Druck, selbst einen möglichst kohärenten (Gegen-)Vorschlag vorzutragen.[70]

Matthäus-Maiers Intervention war in die massiven innerparteilichen Debatten eingebunden, die bereits kurz nach dem 9. November in der Bonner SPD-Parteiführung eingesetzt hatten. Sehr frühzeitig zeichnete

67 »Signal zum Bleiben«, in: Die Zeit, 19.1.1990; abgedruckt als Dok.-Nr. 31, in: Fischer: Einheit, S. 220-223.

68 »Signal zum Bleiben«, in: Die Zeit, 19.1.1990.

69 Aussprache im Deutschen Bundestag zum Vertrag über die Schaffung der Währungs-, Wirtschafts- und Sozialunion der beiden deutschen Staaten vom 23. Mai 1990, in: Bundesministerium für innerdeutsche Beziehungen: Deutschlandpolitik, S. 295-355, hier S. 318.

70 Vgl. insbesondere S. 161 in diesem Buch und die intensive Beobachtung der Aktivitäten Matthäus-Maiers durch die Beamten des Bundeskanzleramtes in Bonn.

sich so der Gegensatz zwischen Befürwortern und Gegnern einer Vereinigung der beiden deutschen Staaten ab. Generationelle und politische Motivlagen schienen dabei aufs Engste miteinander verknüpft zu sein: Tendenziell ältere und gemäßigt-liberale Sozialdemokraten der Kriegs- und Nachkriegsgenerationen wie Willy Brandt, Herbert Wehner oder Helmut Schmidt sahen sich jüngeren, mehrheitlich in den 1960er- und 1970er-Jahren sozialisierten und linksorientierten Genossen gegenüber, die sich um die Protagonisten der sogenannten »Enkel-Generation« wie Oskar Lafontaine, Gerhard Schröder oder Björn Engholm scharten.[71]

Der im Januar 1990 ausgerufene SPD-Kanzlerkandidat Lafontaine hatte seine Position im Vorfeld der Bundestagswahlen mittels einer spätsommerlichen Streitschrift ausführlich hergeleitet, in der er für eine konsequente europäische und ökologische Überwindung von Nationalstaat und Marktwirtschaft warb.[72] Der »alte Mythos« von »Währungsreform« und »freie[r] Marktwirtschaft des Ludwig Erhard«, der Denken und Handeln der Bundesregierung im Jahr 1990 dominiere, erschien Lafontaine als wirtschaftspolitische »Schablone« für die DDR-Wirtschaft völlig ungeeignet, denn die notwendigen ökologischen und sozialen Umgestaltungen *beider* deutscher Wirtschaftsordnungen könnten eben nicht in historischen »Kategorien« erdacht werden, die auf eine wachstumsorientierte Rekonstruktion der 1950er-Jahre abzielten.[73]

Konträr fiel demgegenüber das Urteil eines profilierten sozialdemokratischen Wirtschafts- und Finanzpolitikers aus. Am 15. Januar 1990 gab der 1972 zurückgetretene Wirtschafts- und Finanzminister Karl Schiller dem *Spiegel* ein Interview, in dem er die SED-Wirtschaftsreformideen als »verbesserten Sozialismus« kritisierte und eine schrittweise »Wirtschaftsgemeinschaft« vorschlug. Zunächst seien die »zentrale[n] Planungsbehörde[n] radikal zurückzuschneiden«, die Märkte dann »Schritt für Schritt« freizulassen, um so sukzessive privates »Kapitel ins Land« zu locken. Der Übergang solle graduell erfolgen, »aber am Ende muss das ganze Plansystem weg sein«.[74] Gute sechs Wochen später, am 2. März, sprach Schiller mit der *Wirtschaftswoche*.[75] Der Sozialdemokrat ärgerte sich über die vom eigenen Lager forcierte Debatte über die möglichen »Kosten« der Einheit, in der durch das Aufrufen »riesige[r] Milliardensummen ein Katastrophengemälde« gezeichnet werde, das nur die »Stimmung« verderbe: »Wir haben 1948 bei der Währungsreform doch auch nicht ausgerechnet, wie viel Milliarden Mark« der

71 Schmeitzner: Die SPD, S. 404 u. S. 415.

72 Lafontaine, Oskar: Deutsche Wahrheiten. Die nationale und die soziale Frage, München 1990, S. 208.

73 Ebd., S. 219.

74 »Ein Aufschwung ist möglich«, in: Der Spiegel, 15.1.1990.

75 »Katastrophengemälde«, in: Wirtschaftswoche, 2.3.1990.

»Wiederaufbau« kosten würde. Dies hätte das Vorhaben direkt beendet. Für die Initiative der Bundesregierung zu einer schnellen Wirtschafts- und Währungsunion brachte der vormalige Bundesminister Verständnis auf, auch wenn damit nicht der ideale Weg beschritten werde. Umso mehr erstaunt die abermalige Schelte, die Schiller seinen eigenen Genossen angedeihen ließ. Bei den Gewerkschaften vermisste er einen »Hans Böckler«, der »damals einen wesentlichen Beitrag zu unserem Wirtschaftswunder« geleistet habe; seinem Genossen »Oskar« empfahl er indes die Lektüre von Joseph Schumpeters Überlegungen zur »schöpferischen Zerstörung«. Seine Kritik band Schiller jedoch mit Zuversicht ab: Die wirtschaftliche Erneuerung der DDR biete Deutschland »eine einmalige Chance, eine ›neue Grenze‹, im Sinne von Kennedy« zu erschließen, um dort »ein zweites deutsches Wirtschaftswunder [zu] erleben«.[76]

Wenige Wochen später, am 23. März, meldete sich Schillers einstiger Kabinettskollege und Amtsnachfolger Helmut Schmidt in einem Essay zu Wort. Schmidt schätzte, dass ein möglicher Vereinigungsprozess »fast vier Jahre« beanspruchen werde. Die »Wirtschafts- und Sozialstruktur der DDR« seien vom bundesdeutschen Muster derart »kategorisch verschieden«, dass sie »ohne Umbau kaum lange überleben könnten«.[77] Eine Währungsunion schien Schmidt bereits im Sommer 1990 realisierbar, wenn die neue Volkskammer zügige Reformen wie die Einführung der Gewerbefreiheit, ein neues Steuersystem, eine Arbeitslosenversicherung sowie ein Betriebsverfassungsgesetz umsetzen könne. Er warnte zugleich vor den Gefahren eines paritätischen Umtauschkurses, der in der DDR-Industrie »beträchtliche Rationalisierungs-Entlassungen« zur Folge haben dürfte.[78] Interessanterweise wollte Schmidt die »Eigentumsfragen« hingegen erst später lösen. All dies sollte einer eigenständigen DDR-Regierung Zeit für tiefgreifende Reformen verschaffen und schließlich erst in einigen Jahren in Wiedervereinigungsverhandlungen münden. Wie schon Schiller, zeigte sich auch Schmidt Ende März 1990 zuversichtlich, dass es für die »Menschen in der DDR« nach »einigen wenigen turbulenten Jahren« letztlich »steil nach oben gehen« werde und prognostizierte sogar »Wachstumsraten von sieben Prozent und mehr«.[79]

Einen Tag später wandte sich auch die Wirtschaftsabteilung der IG Metall mit einer Stellungnahme zur »Neuordnung des Produktivvermögens in der DDR« an die Öffentlichkeit. Sie lehnte eine bloße Rekonstruktion der

76 Ebd.

77 »Schritt um Schritt zur Einheit«, in: Die Zeit, 23.3.1990; abgedruckt in: Schmidt, Helmut: Auf dem Weg zur deutschen Einheit. Bilanz und Ausblick, Reinbek 2006, S. 33-45.

78 Ebd., S. 39.

79 Ebd., S. 44.

Eigentumsverhältnisse aufgrund der »dann zu erwartenden Lawine von Abklärungs-, Rekonstruktions- und Schadensersatzprozessen« prinzipiell ab und schlug vor, das »Volkseigentum« zunächst in »gesellschaftliche Holdings« zu überführen. Da »privates Eigentum an Produktionsmitteln keine notwendige Funktionsbedingung einer Marktwirtschaft« sei, optierten sie für den strategischen Erhalt staatlichen Eigentums in »Schlüsselunternehmen«: etwa bei Post, Bahn, Verkehr, Energie, Wasserwirtschaft oder Sparkassen. Da eine unentgeltliche Verteilung des beträchtlichen Industrievermögens an die Bevölkerung gegenwärtig zu zeitaufwändig sei, schlug das IG-Metall-Papier vor, das Gros der Unternehmen »an deren Belegschaften« zu übergeben, die dann mittels eines »Belegschaftsfonds« zukünftige Entscheidungen selbst treffen sollten.[80] Dieses Papier scheint exemplarisch für die Wortmeldungen aus den bundesdeutschen Gewerkschaften: Obgleich sie sich 1990 auf organisatorische Fusions- und Umbauprozesse »vor Ort« zu konzentrieren schienen,[81] meldeten sich ihre ökonomischen Grundsatzabteilungen mit genossenschaftlich orientierten Vorschlägen zu Wort.

Mit dem plötzlichen »Angebot« der Bundesregierung zu einer schnellen Währungsunion und der unerwarteten Niederlage bei der Volkskammerwahl Mitte März änderte sich für die politische Linke das wirtschaftspolitische Koordinatensystem von Grund auf. Gerade die bundesdeutschen Sozialdemokraten hatten sich für ihre noch im Aufbau befindliche Schwesterpartei in der DDR gute Siegeschancen in den mitteldeutschen Industrierevieren ausgerechnet. Jetzt sahen sie sich unverhofft, wie Mike Schmeitzner urteilte, »als Verlierer in einer historischen Situation, die selbst für Zeitgenossen nicht so einfach vorauszusehen war«.[82]

Die deutliche Wahlniederlage zeitigte nicht weniger deutliche Konsequenzen. Während die SPD der Bundesregierung am 2. April in einer von Lafontaine, Matthäus-Maier und Rudolf Dreßler verfassten Pressemitteilung vorwarf, durch das Angebot zur Währungsunion im Vorfeld der Wahl »dreiste[n] Wählerbetrug« begangen und ein »unverantwortliches Chaos« in der DDR angerichtet zu haben,[83] wurde in den Parteigremien

80 »Die Belegschaften sollen die Eigentümer der umgewandelten Unternehmen werden«, in: Handelsblatt, 26.3.1990.

81 Vgl. dazu: Scharrer: Aufbau; sowie die Dokumentensammlung zur Alltagspraxis in den Betrieben bis ins Frühjahr 1990 bei Gehrke, Bernd; Hürtgen, Renate (Hg.): Der betriebliche Aufbruch im Herbst 1989. Die unbekannte Seite der DDR-Revolution. Diskussionen – Analysen – Dokumente, 2. Aufl., Berlin 2001.

82 Schmeitzner: Die SPD, S. 402.

83 Oskar Lafontaine, Ingrid Matthäus-Maier und Rudolf Dreßler zu den Plänen der Bundesregierung zur Währungs-, Wirtschafts- und Sozialunion, 2. April 1990 [Dok.-Nr. 38], in: Fischer: Einheit, S. 279.

hinter verschlossenen Türen leidenschaftlich um einen gemeinsamen Kurs gerungen. Dabei ging es weniger um die Formulierung eigener Wirtschaftsreformkonzepte, sondern um prinzipielle Erwägungen im Spannungsfeld von Wirtschaftspolitik, Wahltaktik und »nationaler Frage«. Als am 22. April die Parteipräsidien der west- und ostdeutschen Sozialdemokraten im Erich-Ollenhauer-Haus zusammentrafen, um über die jüngsten Resultate der Koalitionsverhandlungen in Ostberlin zu beratschlagen, waren die Gegensätze kaum zu überbrücken. Die ostdeutschen Genossen um Richard Schröder, den Vorsitzenden der SPD-Volkskammerfraktion, drängten aus Gründen der »Glaubwürdigkeit« auf eine Unterstützung der Währungsunion.[84] Obschon diese für die DDR-Wirtschaft »eine[m] Sprung ins kalte Wasser« gleichkomme, sei sie von »größte[r] Bedeutung« für die Bevölkerung. Schröder erwähnte bei der Gelegenheit auch das im Koalitionsvertrag festgeschriebene »Privatisierungsprogramm für Betriebe in der DDR«, das eine »Übertragung von Eigentumsrechten an die Mitarbeiter« vorsehe und so der DDR-Bevölkerung »ein Stück Selbstgefühl« wiedergeben werde.[85]

Kanzlerkandidat Lafontaine wollte den Bitten der ostdeutschen Genossen jedoch nicht nachgeben. Scharf kritisierte er das »hohe Tempo der Einigung«, das »im Hinblick auf die soziale Entwicklung [...] schädlich« sei: »Die schlagartige Ausweitung der DM auf die DDR« werde »viele Betriebe in der DDR in größte Schwierigkeiten bringen«.[86] Er unterstrich demgegenüber seine alternative »Auffassung vom Begriff der Einheit«, bei der es eben »nicht um die Wiederherstellung des Nationalstaates« gehe, sondern um »gesellschaftliche Einheit, die allerdings erst in einem Jahre dauernden Prozess hergestellt werden« könne. Eine deutsche Wiedervereinigung unter kapitalistischen Vorzeichen erschien Lafontaine nun, da eigentlich ein postnationales Europa Gestalt annehmen sollte, als atavistischer Rückfall.[87] Sorgenvoll ergänzte Dreßler, dass die Bundesregierung derzeit scharenweise »CDU-Beamte« als Berater in die DDR-Ministerien entsende, um ihren politischen Einfluss vor Ort zu mehren.[88]

Der Tonfall in den Führungsgremien der größten Oppositionspartei wurde schärfer, die Verunsicherung über den (wirtschafts-)politischen

84 Gemeinsame Beratung der Präsidien der SPD in der Bundesrepublik und der DDR und der Geschäftsführenden Vorstände der SPD-Bundestagsfraktion und der SPD-Volkskammerfraktion über die Währungsunion und die Koalitionsfrage in der DDR, 22. April 1990 [Dok.-Nr. 40], in: Fischer: Einheit, S. 290-301, hier S. 291.

85 Ebd., S. 297.

86 Ebd., S. 293.

87 Ebd.

88 Ebd., S. 295.

Kurs unüberhörbar. In Abwesenheit Lafontaines, der sich von dem auf ihn verübten Messerattentat am 25. April erholte, stritt der Parteivorstand am 22. Mai abermals über die Position zum Staatsvertrag. Der Bundeskanzler gebe nichts, so die Rechtspolitikerin Herta Däubler-Gmelin, auf »fachliche Mahnungen« oder »politischen Konsens«;[89] der Programmatiker Peter von Oertzen befand, Kohl »habe uns den Stuhl vor die Tür gesetzt, um gegen die Sozialdemokraten ›Kanzler der Deutschen‹ zu werden«. »Ein Hinterherhecheln« nütze der Opposition nichts, da die Regierung »in einem solchen Prozess immer im Vorteil« sei.[90] Die Sozialpolitikerin Heidemarie Wieczorek-Zeul betonte, die Partei dürfe der »Entwicklung des Plattmachens der DDR-Betriebe« keinesfalls zustimmen, Erhard Eppler verwies auf die historischen Gefahren eines parlamentarischen Scheiterns des Staatsvertrages, der die Sozialdemokratie dauerhaft zu isolieren drohe, »wie seinerzeit Bismarck« oder »wie nach 1949«.[91]

Als der Staatsvertrag zur Wirtschafts-, Währungs- und Sozialunion schließlich am 21. Juni 1990 zur Abstimmung stand, präsentierte sich die SPD-Fraktion uneinig, da eine Gruppe von zwei Dutzend Abgeordneten gegen das Vertragswerk votierte. In seiner Rede gestand der um innerparteilichen Ausgleich bemühte Parteivorsitzende Hans-Jochen Vogel zu, dass es zwar prinzipiell »vernünftig« sei, »mit der Verwirklichung der Einheit auf den Gebieten zu beginnen, die für das tägliche Leben der Menschen wesentlich« seien, also in der Wirtschaft, der sozialen Sicherheit, Umwelt und Währung. Dennoch sparte der Parteichef nicht an Kritik:

> »[D]er abrupte, unflankierte Übergang von einem System in das andere, das ist die Frage, ob es richtig ist, die Schleusen von einem Tag auf den anderen mit einem Ruck zu öffnen; ob die Schutz- und Anpassungsmaßnahmen ausreichend sind; ob es als Folge des von ihnen gewählten Weges nicht zu tieferen sozialen Brüchen und Erschütterungen kommen wird als unvermeidbar; ob nicht mehr Betriebe zusammenbrechen und mehr Menschen arbeitslos werden, als ohnehin unvermeidlich ist.«[92]

Vogel sah seine Partei zu diesen Einwänden »um so mehr berechtigt, als das Konzept, mit dem wir es jetzt zu tun haben, ohne unsere Mitwir-

89 Beratungen des Parteivorstandes zur Haltung der SPD zum Staatsvertrag über die Währungsunion, 21. Mai 1990 [Dok.-Nr. 43], in: Fischer: Einheit, S. 309-318, hier S. 310.

90 Ebd., S. 315.

91 Ebd., S. 314.

92 Hans-Jochen Vogel zur Währungs-, Wirtschafts- und Sozialunion im Deutschen Bundestag, 21. Juni 1990 [Dok.-Nr. 47], in: Fischer: Einheit, S. 331-347, hier S. 333.

kung entstanden ist«.[93] An Kanzler Kohl richtete Vogel den bereits im Vorstand aufgekommenen Vorwurf, er betrachte die »deutsche Einigung weithin als eine persönliche, als eine fast private Angelegenheit«, aber »auch als ein Instrument zur Befestigung der Macht Ihrer Partei und als Instrument […] zur Bekämpfung der deutschen Sozialdemokratie«.[94] Die gegen das Vertragswerk votierenden SPD-Abgeordneten begründeten ihre Ablehnung mit den zu befürchtenden Folgen der »Schock-Therapie«, die »krisenhafte ökonomische Entwicklungen verstärken« und »eine dramatische Massenarbeitslosigkeit auslösen« werde: »Die Vereinigung der beiden deutschen Staaten […] ist kein Zusammenfügen, sondern ein Zusammenfallen.« Apodiktisch schlossen sie: »Wir wollen die Einheit; aber wir wollen die Einheit nicht als Anschluss.«[95]

Während die Sozialdemokratie heftig um Strategien für die DDR und deren Wirtschaft rang, fiel das Urteil der oppositionellen Grünen bestimmter und kritischer aus. Deren Fraktionssprecher Willi Hoss berief sich in besagter Bundestagsdebatte vom 23. Mai auf den Stimmungsumschwung in der ostdeutschen Bevölkerung, in der die »Begeisterung und Freude« des revolutionären Herbstes mittlerweile »Verunsicherung und sogar Ängsten gewichen« seien: »Angst um ihre Arbeitsplätze«, Verunsicherung ob der »ungewohnten Lebens- und Arbeitsabläufe der Marktwirtschaft«.[96] Massiv attackierte er die SPD, die »in diesem Konzert mit zwei Stimmen« spreche. Einzig die Grünen begriffen den Wirtschaftsumbau als »Chance, ein neues Verhältnis von Ökologie und Ökonomie zu finden« – im Gegensatz zum vorliegenden Staatsvertrag, der schlichtweg die »Möglichkeit unbegrenzten Wachstums« unterstelle.[97] Hoss zufolge hätten »Atomlobby« und »Autolobby« hinter den Bonner Kulissen die Strippen gezogen, um die DDR so in ein »Gebrauchtwarenland« zu verwandeln. Beim »Zielkonflikt zwischen Wirtschaften und Schutz unserer langfristigen Lebenschancen« hätten sich die etablierten Parteien »für die kurzfristigen Wirtschaftserfolge« entschieden, weshalb der »selbstzerstörerische Mechanismus des Wachstums« schonungslos auch über die arglose DDR-Bevölkerung hereinbrechen werde: »Die schnelle Mark, der Sprung in die Konsumgesellschaft und ökologischer Neuanfang gehen

93 Ebd., S. 333.
94 Ebd., S. 334.
95 Ebd., S. 346.
96 Aussprache im Deutschen Bundestag zum Vertrag über die Schaffung der Währungs-, Wirtschafts- und Sozialunion der beiden deutschen Staaten vom 23. Mai 1990, in: Bundesministerium für innerdeutsche Beziehungen: Deutschlandpolitik, S. 295-355, hier S. 334.
97 Ebd., S. 335.

einfach nicht zusammen.«[98] Als »ökologische« Alternative forderte Hoss ein generelles Umdenken auch im Westen:

> »Ihr Konzept ist der Anbau der DDR; unseres ist der Neubau einer deutschen Republik. Zu einem Neubau gehören auch Planung und vernünftige Arbeitsschritte. In der Hektik, mit der von Regierungsseite die Einigung betrieben wird, ist davon nichts zu erkennen.«[99]

Die Grünen hatten sich in den wirtschaftspolitischen Kontroversen des Frühjahrs 1990 zurückgehalten.[100] Obgleich sie intensive Kontakte zu Oppositionskreisen knüpften, hatten sie – im Gegensatz zu den anderen bundesdeutschen Parteien – auch auf ein aktives Engagement im Volkskammerwahlkampf verzichtet. Am Wahlabend des 18. März – die im »Bündnis 90« organisierten Bürgerrechtsgruppen hatten lediglich drei Prozent der Stimmen erringen können – warf der Parteisprecher Ralf Fücks in einer Wahlsendung den anderen Parteien vor, »wie Elefanten in den Porzellanladen der DDR« einmarschiert zu sein und »alles plattgemacht« zu haben.[101] Fücks erinnerte sich später, dass der Mauerfall bei den allermeisten Grünen als irritierende »Störung« empfunden worden sei: Kurz vor dem erwarteten »Sprung in die rot-grüne Bundesrepublik« habe man die unversehens auf der Agenda stehende Wiedervereinigung wie einen »historische[n] Rückfall in das Zeitalter der Nationalstaaten« empfunden.[102] Auch die eigenständigen Suchbewegungen verschiedener Bürgerrechtsgruppen seien durch die Bundesregierung zugunsten einer raschen kapitalistischen Umgestaltung abgebrochen worden.[103]

Für den Umbau der Planwirtschaft schwebte den Grünen im Frühjahr 1990 ein eigenständiges, alternatives Wirtschaftsmodell vor, das gerade nicht am bundesdeutschen Vorbild der »sozialen Marktwirtschaft« orientiert sein sollte: »Selbstbestimmung«, »Ökologie« und »Wirtschaftsdemokratie« erschienen als die zentralen Schlagworte. Die »Angst vor der Wiedervereinigung«, die Regina Wick mit Blick auf die Grünen herausarbeitete,[104] beruhte auf einem Amalgam aus Kapitalismuskritik,

98 Ebd., S. 336.
99 Ebd., S. 337.
100 Vgl. Wick: Die Mauer, S. 269.
101 Die Podiumsdebatte mit Fücks' Rückblick ist dokumentiert bei Apelt, Andreas H. (Hg.): Von der Volkskammerwahl zur Deutschen Einheit. Voraussetzungen, Bedingungen, Verlauf. Berlin 2011, S. 108.
102 Ebd., S. 113.
103 Die Bürgerrechtler wollten etwa über die Ausgabe von Anteilsscheinen an Bürger und Belegschaften neue Formen von »Wirtschaftsdemokratie« erproben, vgl. ebd., S. 107.
104 Wick: Die Mauer, S. 266.

massiven »Großdeutschland«-Vorbehalten, einer Forderung nach »Selbstbestimmung« (insbesondere der Bürgerrechtsgruppen) sowie geschichtspolitischen Grundüberzeugungen, die die deutsche Teilung als berechtigte Konsequenz von »Holocaust« und »Auschwitz« betrachteten.[105] Ende 1990 fanden sich die – soeben aus dem Bundestag gewählten – Grünen in einer schweren Existenz-, ja sogar Identitätskrise wieder, die eine grundlegende politische Neuorientierung in den 1990er-Jahren erzwang. Die »Grüne Partei« erschien »von der Wiedervereinigung deutlich mehr beeinflusst, als es ihr gelungen war, die Wiedervereinigung zu beeinflussen«[106] – ein Befund, der sich mühelos auf das Feld der konzeptionellen Wirtschaftspolitik übertragen ließe.

Auch *public intellectuals* begleiteten die laufenden wirtschaftspolitischen Kontroversen des Frühjahrs 1990. Mit Günter Grass meldete sich am 12. Februar ein Spitzenliterat der Bundesrepublik mit einem Apell »gegen das Einheitsgeschrei« zu Wort. In einem Gespräch mit der *tageszeitung* warnte Grass vor einem »regelrechten Traumverbot«, was Alternativen oder derzeit in der DDR intensiv debattierte »Dritte Wege« anginge: »[A]uf dieser Modewelle reitend [wird, M.B.] alles, was mit diesem Traum auch nur annährend zu tun hat, weggebügelt.«[107] Stelle man sich dem nicht aktiv entgegen, so Grass, habe »nicht das Volk in Leipzig oder in Prag gesiegt, sondern der Kapitalismus«.[108] Immerhin ergebe sich durch »Auschwitz« ein moralischer Imperativ, der eine Wiedervereinigung für Grass unmöglich erscheinen ließ; allenfalls eine politische oder wirtschaftliche »Konföderation« kam für ihn auf lange Sicht infrage.[109]

Wenige Wochen später, nach dem unerwartet deutlichen Sieg der konservativen »Allianz für Deutschland«, griff mit Jürgen Habermas auch einer der bedeutendsten Linksintellektuellen in der *Zeit* energisch in die laufende Debatte ein. Der Sozialphilosoph beklagte den »mentalen Flurschaden«, den die »Westparteien«, allen voran die CDU, im »Ostterritorium« angerichtet hätten; ein »pausbäckige[r] DM-Nationalismus« treibe dort »erste Blüten«; profilierte linke Ökonomen, Intellektuelle und Politiker würden in der Medienöffentlichkeit gegenwärtig von einem »Mob« verfolgt. Eine »wirtschaftsnationale Gesinnung« habe das von ihm geschätzte »republikanischeBewusstsein« durch eine »libidinös besetzt[e]« D-Mark überwältigt und die ostdeutsche Bevölkerung mit materialisti-

105 Ebd., S. 266ff.

106 Ebd., S. 302.

107 Günter Grass gegen das Einheitsgeschrei [IV. Kapitel/4. Dokument], in: Gransow/Jarausch: Die deutsche Vereinigung, S. 125-128; zeitgenössisch erschienen in: tageszeitung, 12.2.1990.

108 Ebd., S. 125.

109 Ebd., S. 126f.

schen Heils- und Konsumversprechen verführt. Ökonomische Kalküle verbänden sich unheilvoll mit einem längst überwunden geglaubten, nun wiedererwachenden deutschen Nationalismus:

> »Im Hinblick auf die deutsch-deutsche Währungsunion können sich nun alle Deutschen mit der Potenz eines erweiterten Imperiums der D-Mark identifizieren. Die *Allianz für Deutschland* scheint dieses brachliegende Gefühlsgelände, wo aus der Arroganz einer wirtschaftlichen Vormachtstellung nationale Blüten sprießen, schon erschlossen zu haben.«[110]

In psychoanalytischer Diktion deutete Habermas die Kontroverse als Konflikt zwischen Nationalismus/Materialismus und Postnationalismus/Postmaterialismus: Ein in der Bundesrepublik gewachsenes, »postnationales« Selbstverständnis, das sich zentral auf »Auschwitz« als »ungeheuerlichen Kontinuitätsbruch« beziehe, sah er mit einem aggressiven, neudeutschen »Wirtschaftsnationalismus« konfrontiert.

Eine der schärfsten zeitgenössischen Abrechnungen und Selbstreflexionen aus dezidiert linker beziehungsweise marxistischer Perspektive legte der Publizist Michael Schneider in seiner bereits Ende 1990 veröffentlichten Monografie mit dem so suggestiven wie aufgeladenen Titel »Die abgetriebene Revolution« vor. Schneider porträtierte darin den Übergang von der realsozialistischen »Staatsfirma« DDR »in die DM-Kolonie«.[111] Der sich selbst als engagierten Protagonisten der »68er-Generation« begreifende Autor warf offensiv die Frage auf, warum sich »Linke[] und Grüne [seit Herbst 1989, M.B.] vor der Geschichte derart blamiert« hätten. Ausgerechnet die oft bemühten »revolutionierten Massen« in Osteuropa hätten »mit der Gewalt eines Naturereignisses« den Staatssozialismus sowjetischer Prägung hinweggefegt und damit sämtliche Politiker, Experten und Intellektuelle Europas überrascht. Denn deren »Kommentare, Analysen und Lagebeschreibungen« seien »vierundzwanzig Stunden später meist schon wieder zur Makulatur geworden«, wie Schneider ausführte. Das »Bewusstsein« gerade auch »der Linken und Grünen« sei »hoffnungslos [...] den sich überstürzenden Ereignissen« hinterhergehinkt.[112]

Diese »atemberaubende Umkehrung der Verhältnisse« hatte für Schneider vor allem die bundesdeutsche Linke ins Mark getroffen und ihr eine »doppelte Enttäuschung« bereitet: Zum einen habe der »vitale [...] Aus-

110 Jürgen Habermas: Der DM-Nationalismus [IV. Kapitel/17. Dokument], S. 148-152, hier S. 150.

111 Schneider, Michael: Die abgetriebene Revolution. Von der Staatsfirma in die DM-Kolonie, Berlin 1990.

112 Ebd., S. 7.

bruch deutsch-deutsche[r] Zusammengehörigkeitsgefühle« diese »irritiert, ja bestürzt« und zu einer Erschütterung der »sakrosankten Glaubensartikel [...] linker Identität« geführt. In seiner – »der 68er-Generation« – sei das Verhältnis »zur nationalen Tradition und Geschichte [...] vor allem negativ definiert« gewesen; die endgültige Überwindung des deutschen Nationalstaates habe als legitime, dauerhafte Konsequenz von NS-Regime, Weltkrieg und »Auschwitz« gegolten.[113] Zum anderen sei auch die »Utopie einer anderen DDR, von einem anderen Deutschland, vom Tempo des Vereinigungsstrebens peu à peu zermalmt« worden. Alle linken Politikentwürfe schienen Schneider gescheitert: »Die Linke hüben und drüben hat sämtliche Schlachten um die deutsche Einheit verloren« und Helmut Kohl habe »auf der ganzen Linie gesiegt«.[114]

Im Feld der Ökonomie machte sich für Schneider die Niederlage der Linken überdeutlich bemerkbar. Entgegen allen Hoffnungen habe sich im Systemwettstreit nicht die sozialistische Planungsidee durchgesetzt, sondern »der Kapitalismus, pardon!, die ›soziale Marktwirtschaft‹« feiere gegenwärtig »ungeahnte Triumphe« und erfahre einen »weltweiten Legitimationsschub«. Dieses Wirtschaftsmodell sei »zur nahezu unangreifbaren Ideologie, zum zentralen Mythos der westlichen Wirtschaftssieger geworden« und erscheine in ganz Osteuropa als das »Wunderheilmittel aus der Krise«. Die »Ironie der Geschichte« habe es so gefügt, dass ausgerechnet der energisch befehdete »Spätkapitalismus« unverhofft »in die Rolle des Arztes am Krankenbett der darniederliegenden östlichen Volkswirtschaften« geschlüpft sei.[115] Schneider diagnostizierte einen dringenden Bedarf nach »kritische[r] Selbstbefragung«.[116]

Die von Schneider festgestellte linke »Identitätskrise«[117] nach dem Zusammenbruch des Realsozialismus hatte in der Tat zu »bedrückte[m] Schweigen«, um sich greifender »Resignation« und einem »allgemeine[n] Ohnmachtsgefühl« geführt.[118] In seiner hellsichtigen Zeitdiagnose hatte der Publizist damit Ende 1990 herauspräpariert, warum die zahlreichen Vertreter der politischen Linken insbesondere die wirtschaftspolitischen Auseinandersetzungen um einen Umbau der DDR-Planwirtschaft kaum noch mitzugestalten vermochten – was sie die »kulturelle Hegemonie«

113 Ebd., S. 10.

114 Zu solchen Entwürfen zählte er etwa einen erneuerten »demokratische[n] Sozialismus« als erhaltenswerte »Utopie« des »Dritten Weges«, eine »Konföderation als Vorwegnahme eines Europa ohne Grenzen« sowie der »gleichberechtigt-partnerschaftliche Weg in die deutsche Einheit«. Ebd., S. 14.

115 Ebd., S. 12f.

116 Ebd., S. 13.

117 Ebd.

118 Ebd., S. 12.

über die postsozialistischen Transformationsprozesse kostete. Hatten pragmatisch orientierte Wirtschaftspolitiker linker Couleur – wie Matthäus-Maier, Roth oder Schiller – zwischen Oktober 1989 und Februar 1990 die Debatte um den Umbau der DDR-Planwirtschaft noch mit eigenen Vorschlägen befeuert und hatte die bundesdeutsche Linke die DDR-interne Suche nach einem »Dritten Weg« mit Sympathie begleitet, brachen diese Interventionen nach der Niederlage der Linken bei der Volkskammerwahl im März 1990 unvermittelt ab.

Der sich in der Folge erhebende Kritikerchor aus dem linken Lager verwies auf die von Schneider beschriebene Verschiebung der (wirtschafts-)politischen Tektoniken nach dem »Utopieverlust«: Charakteristischerweise verfing bei den meisten Anhängern des linken Lagers gerade nicht der bei liberalen und konservativen Beamten und Politikern beständig akzentuierte, markteuphorische Mythos der Erhard'schen Währungsreformen von 1948. Vielmehr deutete man – von Teilen der Sozialdemokratie über die Grünen und Gewerkschaften bis hin zu prominenten Linksintellektuellen – die im Frühjahr 1990 für die DDR ins Auge gefassten wirtschaftlichen, politischen und gesellschaftlichen Umbaumaßnahmen, die nun eskalierend als »Anschluss« angegriffen wurden, als einen restaurativ-reaktionären Gesamtzusammenhang. Sie erschienen als Kompartimente einer Renaissance von Nationalstaat *und* Kapitalismus in der DDR sowie in ganz Osteuropa, die postnationale Orientierungen und alternative »wirtschaftsdemokratische« Ansätze vollends ins Hintertreffen geraten ließen. Die Ideen der politischen Linken in der Bundesrepublik sollten dann auch für die weitere Ausformung des Ordnungsrahmens des postsozialistischen Wirtschaftsumbaus im Jahr 1990 keine wesentliche Rolle mehr spielen; erst ab 1991/92 konnte die politische Linke mit ihren Forderungen nach einer umfassenden »Industrie-« bzw. »Strukturpolitik« wieder aktiver an den wirtschaftspolitischen Kontroversen in Deutschland teilhaben.

3.3 »Penizillinspritze« oder »Totaloperation«? Die DDR-Regierung zu Besuch in Bonn

Das Vorpreschen der Bundesregierung Anfang Februar 1990 erschütterte nicht nur die linke Opposition in der Bundesrepublik, sondern versetzte auch die noch immer hitzig debattierenden Akteure in der DDR in Aufruhr, deren Blicke sich nun gebannt nach Bonn richteten. Als die DDR-Regierung am 13. Februar zu umfangreichen Regierungskonsultationen dort eintraf, zeigte sie ein spürbar gewandeltes Gesicht: Am 5. Februar hatte Modrow auf Vorschlag des Runden Tisches acht Vertreter verschiedener Oppositionsgruppen als Minister ohne Geschäftsbereich in seine »Regierung der Nationalen Verantwortung« berufen;

zugleich war der Termin der Volkskammerwahl kurzfristig vorgezogen worden.[119] In einer Regierungserklärung begründete Modrow sein Vorgehen mit düsteren Bildern: Streiks in zahlreichen Betrieben führten zu »erheblichen Produktionsausfällen« und zu »sozialen Spannungen, die mit den vorhandenen politischen Strukturen immer weniger beherrscht« werden könnten; die »Unsicherheit im gesamten Staatsapparat« nehme zu und eine »Radikalisierung der politischen Szene in der DDR« führe zu Bombendrohungen. Schließlich verwies der Regierungschef auf die »außerordentlich[e] soziale[...] Tragik« der »Ausreisewelle«.[120]

Am Folgetag des »Angebots« hatte das Bundeskabinett einstimmig die Offerte gebilligt; in der Bundestagsdebatte verdichteten sich die wirtschaftspolitischen Gegensätze exemplarisch. Der SPD-Abgeordnete Wolfgang Roth, der einen »Wunsch nach Einheit« in der DDR konstatierte, griff gleichzeitig die Modrow-Regierung scharf an, da »die Lage« in der DDR »weit dramatischer« sei als bislang bekannt.[121] Die Bundesregierung drängte er zu umfassenden finanziellen Soforthilfen für die DDR. Christa Vennegerts von den Grünen verwahrte sich entschieden gegen die »Anmaßung« des »Angebots«,[122] und der FDP-Vorsitzende und frühere Bundeswirtschaftsminister Otto Graf Lambsdorff wies die Oppositionsforderungen nach Hilfszahlungen an die DDR scharf zurück: »Gutes Geld in eine falsche Wirtschaftsordnung zu stecken, das ruiniert auch noch das gute Geld.«[123]

Zum Abschluss der Debatte trat der liberale Bundeswirtschaftsminister Helmut Haussmann ans Rednerpult. Er fasste die Entwicklungen der letzten Wochen mit den Worten zusammen, »dass wir uns alle getäuscht haben, dass wir ständig dazulernen und dass auch das, was heute hier gesagt wird, noch nicht der letzte Vorschlag« sei. Insbesondere der »bisherige Weg, mit SED-Vertretern zu besseren Ergebnissen zu kommen« sei »im Grunde gescheitert«. Bekenntnishaft räumte er ein: »Wir haben leider viel Zeit verloren.«[124] Haussmann unterstrich die »entscheidende psychologische Bedeutung« der Währungsunion für die ostdeutsche Bevölkerung, aber auch für potenzielle Investoren. Jedoch sei eine »Währungsunion

119 Vgl. Seibel: Verwaltete Illusionen, S. 68.

120 DDR-Ministerpräsident Hans Modrow: Krise der DDR erfordert »Regierung der nationalen Verantwortung«, in: Bundesministerium für innerdeutsche Beziehungen: Deutschlandpolitik, S. 45 ff.

121 Aktuelle Stunde im Deutschen Bundestag zum Stand der Soforthilfe für die DDR, in: Bundesministerium für innerdeutsche Beziehungen: Deutschlandpolitik, S. 57 ff.

122 Ebd., S. 60 ff.

123 Ebd., S. 65.

124 Ebd., S. 66 ff.

alleine, ohne radikale Wirtschaftsreformen [...] sinnlos« – sie »würde indirekt auch die gute deutsche Mark gefährden«. Abschließend wandte sich der Bundeswirtschaftsminister direkt an »die Bürger in der DDR«, denen er ein »gemeinsames deutsches Wirtschaftswunder« versprach, denn dafür bestünden schließlich die »besten Voraussetzungen«: Die DDR habe »fleißige, motivierbare Menschen«, die Bundesregierung besitze das »Wissen« und die »Privatwirtschaft« verfüge über das »Kapital«.[125] Die Rollenverteilung war eindeutig: Es ging nun nicht mehr nur um die externe »Unterstützung« eines internen, von einer souveränen Regierung durchgeführten Wirtschaftsreformprogramms, sondern um eine maßgeblich von der Bundesrepublik mitbetriebene Umgestaltung der bestehenden Wirtschaftsordnung.

Wie würden die DDR-Vertreter aus der Modrow-Regierung und ihrer Opposition darauf reagieren? Die Regierungskonsultationen am 13. Februar waren ursprünglich als Gegenvisite zu Kohls Besuch in Dresden geplant gewesen. Waren die wirtschaftspolitischen Überlegungen vor zwei Monaten noch vage und diffus, standen sie nun unversehens im Mittelpunkt des mehrstündigen Delegationsgesprächs im »NATO-Saal« des Bonner Bundeskanzleramts.

Kohl begründete die Notwendigkeit seiner Entscheidung mit der »dramatischen Entwicklung« in der DDR und verwies auf aktuelle »Übersiedlerzahlen«, die er für Januar und Februar bei 100.000 Menschen taxierte – »was der Einwohnerzahl von Dessau« entspreche. Er schlug den DDR-Vertretern daher die sofortige Bildung einer deutsch-deutschen Expertenkommission zur Vorbereitung einer »Währungsunion und Wirtschaftsgemeinschaft« vor, da »Reformen in der Wirtschaft das stärkste Mittel« seien, »um die Menschen zum Bleiben zu bewegen«.[126]

Die Vertreter der DDR-Regierung reagierten kritisch. Regierungschef Modrow monierte, »man höre Erklärungen, erhalte aber keine wirkliche Hilfe«, womit Modrow wie oft zuvor einen milliardenschweren »Solidarbeitrag« der Bundesrepublik an die DDR einforderte. Modrow stimmte der sofortigen Einsetzung einer Expertenrunde zwar zu, betonte aber, dass beim Wirtschaftsumbau dennoch »ein stufenweises Vorgehen erforderlich« bleibe. Der frisch ins Kabinett berufene Demokratie-Jetzt-Vertreter Wolfgang Ullmann gab zu bedenken, dass der vom Kanzler beklagte Flüchtlingsstrom erst dann abflauen werde, »wenn niemand mehr

125 Ebd., S. 68.

126 Delegationsgespräch des Bundeskanzlers Kohl mit Ministerpräsident Modrow in Bonn, 13. Februar 1990 [Dok.-Nr. 179], in: Küsters/Hofmann: Dokumente, S. 821-826; vgl. dazu auch den individuellen Rückblick von Christa Luft; Luft: WEnde, S. 151-174.

das Gefühl haben müsse, von dem wirtschaftlichen und technischen Niveau« Westdeutschlands dauerhaft ausgeschlossen zu sein. Sein ebenfalls kürzlich zu Ministerwürden gelangter Amtskollege Rainer Eppelmann wünschte sich, dass die Menschen in der DDR »die Chance haben, ein Stück Identität einzubringen in das gemeinsame Deutschland«; eine »Totaloperation wie die Währungsunion« erschien ihm daher wenig ratsam, stattdessen forderte er »eine Penizillin-Spritze« in Form eines stabilisierenden Finanzkredits.[127] Wirtschaftsministerin Christa Luft hinterfragte offen die »Machbarkeit« des Projekts. Ob die Übersiedlungen abflauten, sei fraglich, auch müssten »tiefgreifende soziale und eigentumsrechtliche Probleme« im Vorfeld gründlicher durchdacht werden.[128]

Kohl reagierte merklich ungehalten. Er habe sich »gegen viele Widerstände« in bundesdeutscher Wissenschaft und Politik zu diesem Angebot durchgerungen, das ihm als das »stärkste Mittel« erschien, eine weitere »Destabilisierung« der DDR zu verhindern. Die Bundesrepublik habe auch »in der Vergangenheit große Leistungen« wie die Wiedergutmachung an NS-Verfolgten oder den Lastenausgleich für die Vertriebenen geschultert und sei auch jetzt wieder bereit, praktische Solidarität zu üben, damit »die DDR zu einem blühenden Gemeinwesen« werde. Kohl betonte, dass die Währungsunion »ein großes Wagnis auch für uns« bedeute.[129] Am zweiten Tag trafen die Vertreter der DDR-Regierung mit weiteren Persönlichkeiten zusammen: Sie besprach sich mit Dresdner-Bank-Chef Wolfgang Röller, FDP-Fraktionschef Wolfgang Mischnick oder BDI-Präsident Tyll Necker, der den skeptischen DDR-Ministern erklärte, dass die »Menschen« entweder »zum Kapital« wandern, »oder das Kapitel wandert zu den Menschen«.[130]

Die Bonner Begegnung markierte eine Schwelle. Aus der Vielzahl unterschiedlicher Reformprogramme kristallisierte sich nunmehr ein Wirtschaftsordnungsmodell heraus, das schon bald keinen Raum für Gegenentwürfe beließ: Die ruckartige wie vollständige Übertragung der bundesdeutschen Wirtschaftsordnung auf die DDR und ihre Betriebe beherrschte fortan die Szenerie. Bonner Ministerialbürokratie und die Spitzen der christliberalen Koalition hatten damit eine fundamentale Entscheidung getroffen und die Systemfrage zugunsten der »Sozialen Marktwirtschaft« beantwortet, was dem deutlichen Volkskammerwahlsieg der

127 Ebd., S. 822.
128 Ebd., S. 823.
129 Ebd.
130 »Gespräche Modrows mit der BRD-Wirtschaftsprominenz«, in: Berliner Zeitung, 15.2.1990.

konservativen Kräfte wesentlich Vorschub leistete.[131] Folglich veränderte sich seit Februar auch die innere Dynamik der konzeptionellen Auseinandersetzungen in Bundesrepublik und der DDR gravierend: Von nun an ging es nicht mehr um die übergeordneten Zielvisionen einer postsozialistischen Transformation, sondern vielmehr um die nötigen organisatorischen Prozesse, Strukturen und Personalien auf dem Weg dorthin.

131 Zum intensiven Volkskammerwahlkampf und dem starken und gleichermaßen umstrittenen Engagement der bundesdeutschen Parteien und ihrer politischen Führungsfiguren siehe Rödder: Deutschland, S. 216-225 sowie Richter, Sebastian: Der Weg zur freien Volkskammerwahl am 18. März 1990, in: Henke: Revolution, S. 329-342.

4. Die Angst: Das »Volkseigentum« und die Gründung der Treuhandanstalt

Die Kursänderung sollte in der DDR sofortige Konsequenzen zeitigen – und kurzfristig zur Gründung einer neuen Organisation durch die DDR-Regierung führen, die den wachsenden Ängsten vor einem »Ausverkauf« des Volksvermögens Rechnung tragen sollte. Verschiedene ökonomische Bedrohungsszenarien begleiteten in Ost wie West die Frühjahrsdebatte und erwiesen sich auf beiden Seiten als handlungsleitend: In einer Regierungserklärung vom 15. Februar warf Helmut Kohl seinen Kritikern vor, ein populistisches »Geschäft mit der Angst« zu treiben, das ihn an die »Propaganda« gegen den NATO-Doppelbeschluss im Jahr 1983 erinnerte.[1] Während in der Bundesrepublik »Übersiedler«-Ströme und drohende Steuererhöhungen im Fokus der Öffentlichkeit standen, wurden die Debatten in der DDR durch gegenläufige Projektionen, etwa dem Ausverkauf, geprägt. Am 20. Februar warnte Modrow in der Volkskammer eindringlich vor der »Vereinnahme der DDR auf währungspolitischem Weg« und forderte die »Erhaltung des sozialen Besitzstandes der Bürger« wie das »Recht auf Arbeit« und auf »günstigen Wohnraum«.[2] Mit Blick auf Szenarien eines kapitalistischen »Ausverkaufs« der DDR bestand Modrow darauf, »dass überall mit dem Volkseigentum sorgfältig umgegangen werden soll, damit es erhalten, besser genutzt und gemehrt wird«.[3] Die DDR habe »in die Vereinigung nicht wenig einzubringen, große geistige und kulturelle Werte, große materielle Werte, die in Jahrzehnten vom Volk erarbeitet worden sind« und die er in der Summe auf »980 Milliarden Mark« bezifferte.[4]

Bereits im Herbst 1989 hatten sich antikapitalistisch unterlegte Bedrohungsszenarien in der Gesellschaft der DDR artikuliert. Nicht selten vereinten sie alte Gegner aus SED-Regime und Opposition, insbesondere im Rahmen des Aufrufs »Für Euer Land, für unser Land« vom 28. November 1989: Entweder gelinge es, wie es dort in fast endzeitlichem Tonfall hieß, die »Eigenständigkeit der DDR« zu erhalten und eine »solidarische Gesellschaft« zu entwickeln oder es bestehe die Gefahr, »dass einfluss-

1 Bundeskanzler Dr. Helmut Kohl: Erklärung der Bundesregierung über die Gespräche des Bundeskanzlers mit Generalsekretär Gorbatschow und DDR-Ministerpräsident Modrow vom 15. Februar 1990, in: Bundesministerium für innerdeutsche Beziehungen: Deutschlandpolitik, S. 107-121, hier S. 119.

2 DDR-Ministerpräsident Hans Modrow: Regierungserklärung zu den Verhandlungen in Bonn vom 20. Februar 1990, in: Bundesministerium für innerdeutsche Beziehungen: Deutschlandpolitik, S. 122-130, hier S. 125.

3 Ebd., S. 127.

4 Ebd., S. 129.

reiche Kreise aus Wirtschaft und Politik in der Bundesrepublik« einen »Ausverkauf unserer materiellen und moralischen Werte« betrieben.[5] Mit dem »Angebot« der Bundesregierung schien nun ein solches Szenario in bedrohliche Nähe gerückt.

Um die organisatorische wie personelle Ausgestaltung des deutsch-deutschen Transformationsmodells im Februar und März 1990 zu erfassen, lohnt ein erneuter Blick zurück nach Ostberlin: Er verdeutlicht, dass die nachfolgenden Ereignisse, die die Gründung der Treuhand zur Folge hatten, nur als unmittelbare (Abwehr-)Reaktionen auf die wirtschaftspolitischen Weichenstellungen in Bonn zu verstehen sind.

4.1 Verlustgefahr beim Volksvermögen: Treuhand-Holding und Treuhandbank

Mit dem Vorschlag einer Währungsunion trat die Wirtschaftsreform-Debatte in der DDR schlagartig in den Hintergrund. Der Runde Tisch zeigte dies ausführlich in seinen »Positionen«, die er der Modrow-Regierung am 12. Februar 1990 für das unmittelbar anstehende Regierungstreffen mit auf den Weg gab. Zu möglichen »ökonomische[n] Schritten auf dem Weg zur Einheit« erklärte das Gremium, dass es »in der DDR in erster Linie unserer eigenen Verantwortung« obliege, die »Erhöhung der Leistungskraft unserer Wirtschaft« zu befördern – und zwar durch eine »zügige und konsequente Realisierung der Wirtschaftsreform«.[6] Eine »Währungsunion« werde zwar »grundsätzlich« befürwortet, allerdings sei die DDR-Regierung nicht dazu »legitimiert«, eine solche zu vereinbaren, »weil jede überstürzte Regelung zum Schaden beider deutscher Staaten wäre«; »alle Modalitäten sowie Vor- und Nachteile« müssten zuvor »in breiten gesellschaftlichen Rahmen gründlich beraten« sowie mögliche »Maßnahmen auf dem Wege« mit »Vorkehrungen zur sozialen Abfederung für die Bevölkerung der DDR« verbunden werden. Kurzum: »Einer vorschnellen Preisgabe der Finanzhoheit der DDR erteilt der Runde Tisch kein Votum.«[7]

Die dortige Aussprache am 12. Februar hielt eine überraschende Wendung bereit. Als Wolfgang Ullmann für Demokratie Jetzt das Wort[8]

5 Aufruf »Für unser Land« vom 26. November 1989 [III. Kapitel/13. Dokument], in: Gransow/Jarausch: Die deutsche Vereinigung, S. 100f.

6 Vorlage 12/6, Antrag von NDPD, DJ: Positionen des Runden Tisches für die Verhandlungen Modrow/Kohl am 13. und 14. Februar 1990, 12. Sitzung, 12.2.1990, in: Thaysen: Der Zentrale Runde Tisch, S. 703f.

7 Ebd., S. 704.

8 Hierzu siehe Maier: Das Verschwinden, S. 273ff.; Weil: Verhandelte Demokratisierung.

ergriff, zitierte er empört den baden-württembergischen Ministerpräsidenten Lothar Späth und den FDP-Bundestagsfraktionsvorsitzenden Wolfgang Mischnick. Späth hatte die DDR jüngst zu einer »bedingungslosen Kapitulation« aufgefordert, Mischnick die radikale Einführung einer »antisozialistischen Marktwirtschaft« angemahnt. Für Ullmann waren diese Attacken Anlass, nun aus eigener Kraft »schnellstmöglich die Selbstorganisationskräfte des Marktes« in der DDR-Wirtschaft wirksam werden zu lassen und diese »von allem falschen Dirigismus freizumachen«.[9] Eine Währungsunion erschien Ullmann nur dann »denkbar auf DM-Basis«, »wenn sie gekoppelt wird mit einem sozialen Absicherungsprogramm«.[10] Er erlaube sich »nun ganz persönlich hierzu einen Vorschlag einzubringen«: Mit Hinweis auf ein »aus mir unbekannten technischen Gründen noch nicht« vorliegendes Papier kündigte Ullmann an, dass er sich »mit aller mir zu Gebote stehenden Autorität« dafür einsetzen werde, »dass in unserem Lande eine Treuhandstelle errichtet wird zur Sicherung der Rechte der DDR-Bevölkerung am Gesamtbesitz des Landes«.[11]

Worauf Ullmann mit seinem Gründungsvorschlag kurz vor seiner Abreise zum Bonner Regierungstreffen abzielte, wurde in einer wenige Stunden später nachgereichten, erkennbar unter Zeitdruck erstellten Vorlage »12/29« konkretisiert, für die das Freie Forschungskollegium ›Selbstorganisation‹ für Wissenskatalyse an Knotenpunkten verantwortlich zeichnete.[12] Diesem Anfang 1989 begründeten Gesprächszirkel[13] gehörten neben dem Theologen und Kirchenhistoriker Ullmann sechs weitere Bürgerrechtler an, deren Qualifikationen nebst Forschungsschwerpunkten die Vorlage auflistete: Der an der Humboldt-Universität forschende Physiker Gerd Gebhardt; der suspendierte Ingenieur Matthias Artzt, der sich als Theologiestudent am Sprachenkonvikt Berlin mit »Selbstorganisationsprinzipien in der Ideen-, Kultur- und Sozialgeschichte« beschäftigte; der bei Robotron in der »Softwareentwicklung« tätige Systemanalytiker

9 Der Runde Tisch: Wortprotokoll, 12. Sitzung, 12.2.1990, in: Thaysen: Der Zentrale Runde Tisch, S. 709.

10 Ebd.; Ullmann nannte konkret zwei Punkte: Den Schutz vor drohenden Enteignungen und Sicherungsmaßnahmen gegen »Mietspekulationen«.

11 Ebd.

12 Diese kleine Gruppe oppositioneller Wissenschaftler, die (unverhofft) an der Wiege der Treuhandanstalt stand, fand reichliche Beachtung in der bisherigen Literatur; vgl. dazu Kemmler: Entstehung, S. 69-82; Jürgs: Treuhändler; S. 46ff.; Seibel: Verwaltete Illusionen, S. 72ff.; Laabs: Goldrausch, S. 40ff.

13 Seibel, Wolfgang: Die Herstellung der Wirtschafts- und Währungsunion und die Errichtung der Treuhandanstalt, in: Apelt, Andreas H.; Grünbaum, Robert; Gutzeit, Martin (Hg.): Der Weg zur Deutschen Einheit. Mythen und Legenden, Berlin 2010, S. 71-84, hier S. 73.

Rainer Schönfelder; der an der Akademie der Wissenschaften wirkende Philosoph Janos Wolf (»Strukturbrüche in den Wissenschaften«); der »Diplomwirtschaftler (Geld und Kredit)« Hans Blüher, Direktor der Genossenschaftskassen der DDR, und Hans Lehman, der sich als Kunsthistoriker dem Gebiet »Stilpluralität und Kunstmarkt im 20. J[ahrhundert]« widmete.[14]

Bereits im Januar hatten Artzt und Gebhardt einen Beitrag zur »Erneuerung der DDR« in der »Deutschen Zeitschrift für Philosophie« veröffentlicht,[15] auf den sich ein ausführlicher Blick lohnt, da der darin ausgebreitete, abstrakte, zwischen Kapitalismus und Sozialismus oszillierende Reformansatz einer »Selbstorganisation durch Subjektpluralität« zur Vorlage für das spätere wirtschaftspolitische Konzept wurde.

In dieser Abhandlung – die nicht zuletzt die berufliche Heterogenität des Autorenkreises in eindrucksvollem Eklektizismus abbildete – versuchten die Autoren in einer von marxistischen Prämissen ausgehenden Überblendung von Chaos-, System- und Handlungstheorie nachzuweisen, dass eine *»moderne Industriegesellschaft* [als, M.B.] *hochkomplexes System* vielschichtig miteinander vernetzter Wirkungsgefüge« nicht mehr durch ein »monopoles Subjekt [in der, M.B.] Kommandozentrale« hierarchisch per »Steuerbefehl« geleitet werden könne. Hieraus zogen die Autoren zwei Schlüsse: Die bislang abgeschottete DDR müsse einerseits nach außen in das »Globalsystem einer Weltgesellschaft« reintegriert werden; auf der anderen Seite solle den »pluralen Handlungssubjekte[n]« ihre »Autonomie« wiedergegeben werden, »bis auf die erlebbare und motivierende Ebene des Individuums« hinab.[16]

Die gegenwärtige Krise des sozialistischen Zentralplanungsregimes – »des alten Über-Subjekts« –, bot in ihrer Lesart vier Handlungsoptionen: Neben seiner aggressiven Verteidigung (»Variante Pekinger Himmlischer Frieden«) und einer nur als »Kurieren an den Symptomen« kritisierten »Beibehaltung der vorhandenen Strukturierungen« stellten sie zwei weitere Szenarien einander gegenüber: Zum einen bestehe »die große Gefahr«, dass das Votum für ein »Einschlagen eines kapitalistischen Weges« wie

14 Vgl. Vorlage Nr. 12/29, Antrag Freies Forschungskollegium »Selbstorganisation« für Wissenskatalyse an Knotenpunkten: Vorschlag der umgehenden Bildung einer »Treuhandgesellschaft (Holding) zur Wahrung der Anteilsrechte der Bürger mit DDR-Staatsbürgerschaft am »Volkseigentum der DDR«, 12. Sitzung, 12.2.1990 [Dokument 12/15], in Thaysen: Der Zentrale Runde Tisch, Bd. 5, S. 352-353.

15 Artzt, Matthias: Zukunft durch Selbstorganisation. Erneuerung der DDR: Aus der Erstarrung verwalteter Objekte im Subjektmonopolkapitalismus zur Selbstorganisation in Subjektpluralität (Thesen), in: Deutsche Zeitschrift für Philosophie 38 (1990), S. 422-434, alle Hervorhebungen im Original.

16 Ebd., S. 424.

etwa in Ungarn fiele. Es liege jedoch »im Wesen eines solchen Weges«, dass vermittels seiner »kapitalistische[n] Neubewertung im Vakuum des Punktes Null« auch »durchaus erhaltenswerte Errungenschaften« sowie »das Lebenswerk von fast zwei Generationen zum Müll der Geschichte erklärt werden«.[17] Dieses Szenario kontrastierten sie mit ihren eigenen Ideen. Sie beabsichtigten, die »welthistorische[n] Leistungen« von Sozialismus (»Vergesellschaftung der Produktionsmittel«) und Kapitalismus (»Produktivkraftentwicklung« und »wissenschaftlich-technische Revolution«) in einer neuen Synthese zusammenzuführen, aber deren jeweilige Nachteile durch eine Rekombination zu überwinden:

> »Eine neue sozialistische Gesellschaft würde sich zur Verwirklichung ihrer Ziele der Wirkprinzipien eines [sic!] postindustriellen, kapitalistischen Ökonomie ohne Anmaßung des Eingriffs in deren rational selbst bestimmende Teilprozesse bedienen: Ein kapitalistischer ›Motor‹ in einem sozialistischen Fahrzeug in den Händen einer sozialistischen Solidargemeinschaft!«[18]

Gelingen sollte ein solcher »Umbau in eine sozial- und ökologieverträgliche Industriegesellschaft«[19], indem die »Subjekte« als »Eigentümer *ihrer* konkreten Wirtschaftseinheiten« zutage treten. Damit würde nicht nur die »zentralistische Wirtschaftsbürokratie« aufgelöst, sondern auch destruktiven kapitalistischen »Marktmechanismen« vorgebeugt.[20] Allerdings wollten die Autoren keinesfalls »irgendwelche, meist naiv konzipierte, [sic!] Demokratiemechanismen von der Basis« ins Wirtschaftsleben einführen, die der »Komplexität moderner Großunternehmen« nicht gerecht würden. Es gelte demgegenüber, die »tägliche, sachliche *Entscheidungs- und Risikokompetenz*« in den »Wirtschaftseinheiten« in die *»exakt abgegrenzte Verantwortung des Managements«* zu legen, welches durch einen »kompetenzdemokratisch konstituierten Aufsichtsrat« in Vertretung der »Eigentümer-Subjekte« genau kontrolliert würde; als Zielmarke wurde neben »Effizienzmaximierung« eine »hohe[] Innovationsfreudigkeit« markiert.[21]

Bei dem Versuch, dieses theoretische Konzept in ein wirtschaftspolitisches Angebot zu übersetzen, spielte Wolfgang Ullmann eine Schlüsselrolle. In seinen neuen politischen Funktionen griff er die Ideen des Kollegiums auf und fungierte gewissermaßen als politisches Sprachrohr.[22] Seine

17 Ebd., S. 430.
18 Ebd., S. 432.
19 Ebd., S. 435.
20 Ebd., S. 432f.
21 Ebd., S. 433.
22 Kemmler: Entstehung, S. 70.

wirtschaftspolitischen Vorschläge für den Runden Tisch kommentierte dieser kleine Zirkel Anfang Februar 1990 einleitend mit Ernüchterung. Da mittlerweile »eine baldige Angliederung der DDR an die Bundesrepublik« zu erwarten sei, gelte es, sofort organisatorische Sicherungsmaßnahmen einzuleiten, »damit 40 so schrecklich fehlgeleitete Lebensjahre voller Arbeit und Mühen für die Bürger der DDR nicht gänzlich ergebnislos bleiben«. In diesem Falle bestehe eine »Verlustgefahr«, da »die Rechtskonstruktion ›Volkseigentum‹ im Grundgesetz der Bundesrepublik« unbekannt sei.[23]

Zur Abwehr des drohenden Vermögensverlusts sei »die sofortige Schaffung der Kapital-Holding-Treuhandgesellschaft« einzuleiten, die »umgehend das Volkseigentum in eine Form« überführe, »die den Rechts- und Eigentumsformen der Bundesrepublik« entspreche.[24] Die Holding sollte nach dem »Modell der Nachlassverwaltung [...] gleichwertige Anteilsscheine« an die zum Ausgabezeitpunkt in der DDR wohnhafte Bevölkerung ausgeben; Westübersiedler sollten keine Eigentumstitel erhalten. Aufgaben der neuen Organisation sollten also die unmittelbare Bewahrung, eigentumsrechtliche Transformation sowie »Demokratisierung« des Volksvermögens sein, nicht aber dessen Zerschlagung oder gar Verwertung: »Dabei ist nicht in erster Linie an Verkauf zu denken.«[25] Vom Pragmatismus der Autoren zeugen die kursorischen Überlegungen zur personellen Ausstattung der neuen Organisation:

> »[H]insichtlich des Managements während der Installationsphase [sollen] nur nachweislich erfolgreiche Führungspersönlichkeiten über ein Ausschreibungsverfahren aus der Wirtschafts- und Finanzwelt z.B. der Bundesrepublik (bei bester Vergütung) geworben werden. Keine Experimente mehr mit sachlicher Inkompetenz!«[26]

Damit war nun auch am Runden Tisch explizit die Frage aufgeworfen, mit welchem Personal ein Übergang vom Plan zum Markt gestaltet werden sollte. Die Oppositionsvertreter votierten für Westexperten und brachten damit einen Personalaustausch ins Gespräch. Von der Gründung einer derart ausgestatteten Holding-Gesellschaft versprachen sie

23 Vorlage Nr. 12/29, Antrag Freies Forschungskollegium »Selbstorganisation« für Wissenskatalyse an Knotenpunkten: Vorschlag der umgehenden Bildung einer »Treuhandgesellschaft (Holding) zur Wahrung der Anteilsrechte der Bürger mit DDR-Staatsbürgerschaft am Volkseigentum der DDR«, 12. Sitzung, 12.2.1990, in Thaysen: Der Zentrale Runde Tisch, Bd. 5, S. 352-353; abgedruckt auch in Treuhandanstalt: Dokumentation, Bd. 1, S. 24ff.

24 Ebd., S. 353.

25 Ebd.

26 Ebd., S. 354.

sich erhebliche »Stabilisierungswirkungen« für ein überraschend optimistisches Zukunftsszenario:

> »Es steht zu erwarten, dass bei einem grundsätzlichen ›Ja‹ zu diesem Vorschlag sofort Kapitalanbieter Schlange stehen werden, dass dann der Wirtschaftsaufschwung sofort beginnt und übersiedlungswillige DDR-Bürger nicht leichtfertig diesen Vermögensanteil auf's Spiel setzen werden.«[27]

Mit dieser Holding hätte die DDR »endlich einen konstruktiven Beitrag zur Ausgestaltung« des wirtschaftlichen Einigungsprozesses »geleistet«: »Nach der viel zu langen Phase der Kompetenzlosigkeit hätte sich die DDR dem Gesetz des Handelns gestellt!«[28]

Das Papier des Forschungskollegiums, dessen Kerninhalte Matthias Artzt und Gerd Gebhardt am 15. Februar unter der Überschrift »Rettet eine Holding das Volkseigentum?« auch mit einiger Resonanz[29] in der *Berliner Zeitung* veröffentlicht hatten,[30] hob sich damit grundsätzlich vom detaillierten, erst zwei Wochen zuvor veröffentlichten Konzept der Arbeitsgruppe Wirtschaftsreform ab. Die Oppositionsvertreter forderten organisatorisch wie personalpolitisch eine kurzfristig-pragmatische Ad-Hoc-Lösung ohne jeden Bezug auf die künftige Wirtschaftsordnung. Im Mittelpunkt stand ihre Sorge um das »Volkseigentum«, das sie vor einem doppelten »Zugriff« abschirmen wollten: Einerseits beargwöhnten sie die Ambitionen ehemaliger Wirtschaftskader und Betriebsdirektoren; andererseits misstrauten sie den Aktivitäten »kapitalistischer« Investoren aus dem »Ausland«, vor allem der Bundesrepublik. Diese eigentümliche Verzahnung antikommunistischer und antikapitalistischer Bedrohungsszenarien bildete das atmosphärische Hintergrundrauschen der kurzfristigen Gründungsinitiative.

Da der Vorschlag des Forschungskollegiums den Runden Tisch erst nach Ende der laufenden Sitzung erreichte, war eine unmittelbare Diskussion hierzu unterblieben. In der nächsten, am 19. Februar angesetzten 13. Sitzung gaben zunächst die Delegationsmitglieder aus der DDR-Regierung einen ernüchternden Bericht über das jüngste deutsch-deutsche Regierungstreffen in Bonn ab. Ministerpräsident Modrow zeigte sich vom kühlen Empfang am Rhein und der von der Bundesregierung ostentativ verweigerten Milliardenhilfe enttäuscht; Gleiches galt für die vom Runden

27 Ebd.

28 Ebd.

29 »Jeder Bürger unseres Landes Teilhaber an der DDR?«; in: Junge Welt, 20.2.1990; »Erhält jeder Bürger seinen Anteil am Volkseigentum?«, in: Neues Deutschland, 15.3.1990.

30 »Rettet eine Holding das Volkseigentum?«, in: Berliner Zeitung, 15.2.1990.

Tisch in die Regierung entsandten Minister. Matthias Platzeck, seinerzeit in der Grünen Partei, redete den Kollegen ins Gewissen. Man »müsse umgehend« eine Absicherung des Volkseigentums betreiben; die »Bildung von Holdings« sei eine Möglichkeit, »die auf jeden Fall erhöhte Aufmerksamkeit« erhalten sollte; zudem müsse die DDR-Politik sich »noch mehr konzentrieren auf die anderen europäischen Länder«, um nicht noch weiter in eine einseitige Abhängigkeit gegenüber der Bundesrepublik zu geraten.[31] Ministerin Ulrike Poppe von der Initiative für Frieden und Menschenrechte war zu ihrer Bestürzung aufgefallen, »dass eigentlich immer nur von Geld die Rede war von Seiten des Bundeskanzlers«, nicht aber von »Demokratie und Selbstbestimmung«.[32] In der Aussprache herrschte ein alarmistischer Grundton: Drohte das »Volkseigentum« angesichts des Vorpreschens der Bundesregierung tatsächlich – wie es die Mitglieder des Freien Forschungskollegiums prophezeit hatten – »herrenlos« zu werden? Entgeistert erkundigte sich ein Vertreter der Vereinigten Linken, wie es denn überhaupt möglich sein könne, »dass erst jetzt und erst durch die Opposition eigentumssichernde Vorschläge, wie das Konzept einer Treuhandanstalt, auf den Tisch« kämen.[33]

Am Abend desselben Tages traten Matthias Artzt und Gerd Gebhardt in der Sendung »Zur Sache« des DDR-Staatsfernsehens DFF auf, um dort für ihre »Treuhand-Holding« zu werben. Sie waren dafür eigens von einem Gedankenaustausch beim Lutherischen Weltbund in Genf zurückgekehrt, wo sie Gespräche mit japanischen Investmentbankern über Zukunftsperspektiven der DDR-Wirtschaft geführt hatten.[34]

Zum Sendungsthema »Wem gehört das Volkseigentum?« diskutierten sie mit dem Wirtschaftsjournalisten Lutz Rackow und dem Ökonomen Rudolf Streich, dem Rektor der Ostberliner Hochschule für Ökonomie. Während Gebhardt eindringlich für das »legitime[], moralische[] Recht« des »Volkseigentum[s]« warb – »das sind die großen Fabriken, die Ländereien und nicht zuletzt diese Kamera, wo ich wieder dieses kleine Schild entdecke: Volkseigentum« –, klang bei den anderen Diskussionsteilnehmern merkliche Skepsis an. Rackow war unsicher, wie man den Wert des Vermögens denn bestimmen wolle; Streich befürwortete zwar die Vertre-

31 Der Runde Tisch: Wortprotokoll, 13. Sitzung, 19.2.1990, in: Thaysen: Der Zentrale Runde Tisch, S. 785.

32 Ebd., S. 787.

33 Ebd., S. 789.

34 Kemmler: Entstehung, S. 76f.; die vorsichtigen Kontaktaufnahmen von ostdeutschen Oppositionellen etwa zu japanischen Finanzunternehmen werden beschrieben bei: Laabs: Goldrausch, S. 41ff.

tung des Volkes über Aufsichtsräte »nach österreichischem Vorbild«, aber eine Ausgabe von Anteilsscheinen erschien ihm als »Illusion«.[35]

Auch Vertreter der ostdeutschen Sozialdemokratie entfalteten in diesen Tagen Betriebsamkeit. Die am 9. Januar gegründete Fachgruppe Wirtschaftsstrukturen, bestehend aus dem Physiker Martin Wolf und dem Patentjuristen Horst Schneider,[36] brachte in der folgenden Sitzung des Runden Tisches am 26. Februar den alternativen Konzeptvorschlag einer »Treuhandbank« vor und führte den bislang gemiedenen Begriff der »Privatisierung« erstmals explizit in die Debatte ein.[37] Grundsätzlich stimmten sie dem Vorschlag des Forschungskollegiums zu. Nach einer umfassenden »Schätzung« und »Bewertung des Volkseigentums«[38] durch die Regierung sollten »große Teile« an die Bevölkerung »unentgeltlich« übertragen werden, damit es »für uns nicht verloren ist«. »Es wäre außerdem pervers, noch einmal zu bezahlen, was uns de facto bereits gehört.« Die Fachgruppe schlussfolgerte zudem, dass »eine Holding alleine« nicht genüge. Eine zentrale »Bank« solle »mindestens 20 solcher Holdings« koordinieren und unter »parlamentarischer Kontrolle« als »Bindeglied zwischen den Bürgern und dem Kapitalmarkt« fungieren.[39]

Das Konzept der ostdeutschen Sozialdemokraten wich somit in einem Punkt signifikant von den bisherigen Entwürfen ab: Sie zeigten sich hinsichtlich der Bewertung des Volksvermögens skeptisch. Während sowohl die Arbeitsgruppe Wirtschaftsreform als auch das Forschungskollegium noch von beträchtlichen positiven Vermögenswerten ausgingen, hieß es im SPD-Konzept viel vorsichtiger: »Wieviel dieser Besitz in D-Mark wert ist, wissen wir nicht. Zu seiner Sicherung sollte er schnellstens in D-Mark bewertet werden.«[40] Der Entwurf resümierte:

> »Hauptaufgabe der Bank ist vorerst die Sanierung der Wirtschaft, nicht die Erwirtschaftung von Profit. Auf jeden Fall kommt jetzt die Marktwirtschaft auf uns zu, und wir müssen unseren Besitz künftig selbst verwalten. Der Staat kann und will dem Bürger dabei helfen, aber die von manchen geliebte ›organisierte Verantwortungslosigkeit‹ wird vorbei sein. Die Anteile der Treuhandbank wären somit eher ein Über-

35 Siehe Laabs: Goldrausch, S. 44f.

36 Kemmler: Entstehung, S. 85.

37 Der Runde Tisch: Wortprotokoll, 14. Sitzung, 26.2.1990, in: Thaysen: Der Zentrale Runde Tisch, S. 958-961; Vorlage 14/54, Antrag SPD: Forderungen an die Regierung im Zusammenhang mit dem Gesetzentwurf zur Privatisierung staatlichen Eigentums [Dokument 14/39], in: Thaysen: Der Zentrale Runde Tisch, Bd. 5, S. 479-491; dazu auch Kemmler: Entstehung, S. 85ff.

38 Ebd., S. 479ff.

39 Ebd., S. 483.

40 Ebd.

brückungsgeld, eine Entschädigung für die Jahre hinter Mauern als die Aussicht auf Reichtum für alle.«[41]

Die von der SPD-Fachgruppe projektierte »Treuhand-Bank« erwies sich damit als eine Art Universalinstrument zur Gestaltung und Bewältigung sowohl des Wirtschaftsumbaus als auch seiner gesellschaftlichen Folgen. Die Bank und die ihr unterstellten Holdingeinheiten sollten nicht nur die betreuten Unternehmen langfristig zum marktwirtschaftlichen Wettbewerb ertüchtigen, sondern gleichzeitig auch die Bürger der DDR über die »Privatisierung« dieses »Volksvermögens« für das unter der SED-Diktatur erfahrene Leid entschädigen und auf die »sozialen Erfordernisse« des Wirtschaftsumbaus Rücksicht nehmen.[42]

4.2 »Revolutionäre und Wessis in die Treuhand«: Gründung und Personaldebatten

Ende Februar 1990 fanden die wirtschaftspolitischen Debatten in der DDR vermehrt abseits des Runden Tisches in einem Zirkel von Regierungsexperten und Oppositionellen statt, während ein hitziger Volkskammerwahlkampf dessen Arbeit zunehmend überlagerte.[43] Angewiesen von Ministerpräsident Modrow, hatte die regierungseigene Arbeitsgruppe Wirtschaftsreform um Staatssekretär Wolfram Krause unterdessen in einem Beschlussentwurf vom 26. Februar das am Runden Tisch vorgeschlagene Konzept einer neuen Organisation »zur Wahrung des Volkseigentums« durch die Übertragung der »Treuhandschaft« und die Umwandlung der DDR-Betriebe aufgegriffen.[44] Dessen Ausgestaltung blieb jedoch hinter den ursprünglichen Erwartungen zurück: Weder eine anteilige Verteilung des Eigentums an die Bevölkerung noch dessen »Privatisierung« über eine Bank waren vorgesehen.[45]

Die Autoren des Forschungskollegiums griffen den Regierungsentwurf in einer »Stellungnahme« vom 28. Februar dann auch scharf an: Das Konzept sei »einerseits zu wenig marktwirtschaftlich orientiert, andererseits für die Bevölkerung der DDR nicht sozial gerecht«; es konserviere »bürokratisch-zentralistisch verwaltete [...] Strukturen« und drohe per-

41 Ebd., S. 486.

42 Ebd.

43 Vgl. Richter: Volkskammerwahl.

44 Beschlussentwurf der Arbeitsgruppe »Wirtschaftsreform« für den Ministerrat der Regierung Modrow über die Gründung der Treuhandanstalt und die Umwandlung von Volkseigenen Betrieben in Kapitalgesellschaften, in: Treuhandanstalt: Dokumentation, Bd. 1, S. 18-23, hier S. 22; Kemmler: Entstehung, S. 378.

45 Kemmler: Entstehung, S. 378.

sonell zum »Arbeitsbeschaffungsprogramm« für alte »SED-Kader« zu degenerieren. Hinzu trat ein weiteres Kernproblem, das den »Gesichtspunkt der Gerechtigkeit« betraf – und die für die oppositionellen Wirtschaftspolitiker charakteristische Verknüpfung von Moral und Ökonomie offen zutage treten ließ:

> »Im Kern wird der aus 40 Jahren Mühen moralisch ableitbare Anspruch des Volkes, wirklicher Eigentümer des ›Volkseigentums‹ unter marktwirtschaftlichen Bedingungen (also Privateigentümer) zu werden, nicht eingelöst. Wieso soll vom Volk noch einmal gekauft werden, was dem Volk schon gehört?«[46]

Aufgrund der fehlenden Ausgabe von Anteilsscheinen fehle der »Anreiz zur Übernahme unternehmerischen Risikos«, der zwingend »private [...] Besitztitel« voraussetze: »Eine Verantwortungsbereitschaft wird ausschließlich durch das Risiko des persönlichen Besitzverlusts und die Erwartung von Besitzvermehrung [Gewinn] genährt!«[47]

Ungeachtet des Protests beschloss die DDR-Regierung in ihrer Ministerratssitzung am 1. März die Gründung einer »Treuhandanstalt« und erließ eine Verordnung zur »Umwandlung von Volkseigenen Betrieben in Kapitalgesellschaften«.[48] Damit war in großer Eile eine Art Minimallösung geschaffen worden. Die neue Stelle sollte ab sofort und »bis zur Annahme einer neuen Verfassung« die »Treuhandschaft« über jenes »volkseigene Vermögen« übernehmen, »das sich in Fondsinhaberschaft von Betrieben, Einrichtungen, Kombinaten sowie wirtschaftsleitendenden Organen und sonstigen [...] Wirtschaftseinheiten« befinde; den genauen Umfang dieses Vermögens sollte das künftige Treuhand-Personal in Zusammenarbeit mit der Staatlichen Zentralverwaltung für Statistik, dem DDR-Finanzministerium sowie den Finanzabteilungen der Bezirke und Kreise noch ermitteln. Explizit hielt der Gründungsbeschluss fest, dass die neue Organisation im Unterschied zu den vormals zuständigen DDR-Branchenministerien und Planungsbehörden »keine wirtschaftsleitenden Funktionen« ausüben

46 Stellungnahme des Freien Forschungskollegiums »Selbstorganisation« zum Beschlußentwurf der Arbeitsgruppe »Wirtschaftsreform« vom 26.2.1990, in: Treuhandanstalt: Dokumentation, Bd. 1, S. 15 f.

47 Ebd., S. 15.

48 Beschluß zur Gründung der Anstalt zur treuhänderischen Verwaltung des Volkseigentums (Treuhandanstalt) [Gesetzesblatt der Deutschen Demokratischen Republik, 8.3.1990], in: Treuhandanstalt: Dokumentation, Bd. 1, S. 1; die Modrow-Regierung hatte den exekutiven Verordnungsweg nicht zuletzt aus pragmatischen Gründen gewählt: Die Chancen, ein Gesetzgebungsverfahren noch vor der Volkskammerwahl in wenigen Wochen erfolgreich abzuschließen, schien viel zu knapp; siehe hierzu auch Kemmler: Entstehung, S. 95.

solle.[49] Ferner sah der Gründungsbeschluss vor, dass die Treuhandanstalt prinzipiell berechtigt sei, »Wertpapiere zu emittieren« – und ließ damit zumindest perspektivisch die Möglichkeit der geforderten Ausgabe von Anteilsscheinen an die Bevölkerung offen. Zunächst sollten allerdings die der Treuhandanstalt übertragenen volkseigenen Betriebe (VEBs) rechtsförmig in beschränkte Haftungs- (GmbHs) oder Aktiengesellschaften (AGs) überführt werden, um einen Zustand möglicher Rechtlosigkeit zu verhindern.

Mit dieser Gründungsverordnung hatte die Modrow-Regierung zwar ein Kernanliegen der oppositionellen Wirtschaftspolitiker umgesetzt, war jedoch weiterhin hinter deren Erwartungen zurückgeblieben.[50] Ein letzter Versuch, den schwelenden Konflikt zwischen den beteiligten Experten in Regierung und Opposition zu entschärfen, scheiterte bei einem Gesprächstermin am 9. März.[51] Letztlich war der wirtschaftspolitische Streit um eine Ausgabe von Anteilsscheinen personalpolitisch unterlegt, da die Rekrutierung und Zusammensetzung des Führungspersonals der Betriebe sowie der Treuhandanstalt in den Rechtstexten offenblieb. Martin Wolf von der SPD-Fachgruppe brachte diesen personalpolitischen Gegensatz zugespitzt in einem 1992 geführten Zeitzeugengespräch zur Sprache:

> »Unsere Devise war: erst die Revolutionäre in die Treuhand, und dann die Wessis dazu. Jetzt ist es so: in der Treuhand sitzt die Staatliche Plankommission. Die Treuhand ist praktisch eine Neugründung der Staatlichen Plankommission. Nicht so sehr, soll man die Treuhand gründen, sondern, wer darf die Treuhand gründen, das war die Frage.«[52]

Das letzte Gefecht ökonomischer »Revolutionäre« am Runden Tisch in puncto Wirtschaftsreform wurde schließlich am 12. März geschlagen, bei dessen sechzehnter und letzter Zusammenkunft vor der Volkskammerwahl. Hektisch hatte man einen einzigen wirtschaftspolitischen Punkt ins dicht gedrängte Abschlussprogramm aufgenommen: den personellen Umgang mit »Wirtschafts- und Verwaltungskadern«. Hierzu hatte die AG Wirtschaft einen Antrag eingebracht, der die zögerliche »Installation« einer »effiziente[n] soziale[n] Marktwirtschaft« vor allem einer defizitären Personalpolitik anlastete:

»Ein Haupthemmnis bei der Durchführung der Wirtschaftsreform besteht darin, dass die Leitung der erforderlichen Prozesse in maßgeblichem

49 Ebd., S. 1.
50 Ebd., S. 1 f.
51 Vgl. Kemmler: Entstehung, S. 100f.
52 Zit. nach Kemmler: Entstehung, S. 101, Fußnote 170.

Umfang von Leitern betrieben wird, die die verfehlte SED-Wirtschaftspolitik entscheidend mitzuverantworten haben.«[53]

Wirtschaftliches Führungspersonal im Staatsapparat und den Betrieben, das »nach kaderpolitischen Prinzipien der SED-Führung eingesetzt« worden und überdies »moralisch und politisch« belastet sei, versuche gegenwärtig »immer noch unter alten Strukturen, [...] seine Macht« auszunutzen und »vollendete Tatsachen« zu schaffen – sprich: sich die Betriebe selbst als Privateigentümer anzueignen. Der Antrag stellte fest: »Mit dieser Art von Machtmissbrauch verängstigen und demoralisieren sie Mitarbeiter.« Dieser Vorgang sei nicht nur moralisch, sondern auch ökonomisch unhaltbar: Bei der vormaligen »Kaderauswahl« sei es »in erster Linie um politisches Wohlverhalten« gegangen; »fachliche Kompetenz, moralische Integrität und Leistungsqualitäten« hätten demgegenüber nur eine »untergeordnete Rolle« gespielt.[54] Der Runde Tisch forderte die künftige Regierung daher auf, »für eine zukunftsfähige Entwicklung unserer Gesellschaft die durch stalinistische Kaderpolitik im Verlaufe von 40 Jahren geschaffenen Machtstrukturen aufzubrechen«.[55] Sämtliche »Kaderleiter (Personalchefs)« seien sofort zu entlassen, die weitreichenden Vollmachten für Generaldirektoren und Fachminister aufzuheben sowie die »Vernichtung, Veränderung bzw. Rückgabe von Kaderakten« konsequent zu unterbinden.[56]

Werner Schulz vom Neuen Forum begründete den Vorstoß mit vermehrt bekannt werdenden Fällen, »dass Generaldirektoren und andere berufene Leitungskader auf allen Leitungsebenen sich selbst zu Unternehmern erklären«, was erheblichen Unmut auslöse.[57] Im Falle einer Wiedervereinigung befürchtete Schulz:

> »Wir sehen die große Gefahr, dass hier vielleicht eine Restaurationspolitik betrieben wird, wie sie die CDU nach 1945 auch in der Bundesrepublik betrieben hat, indem sie sich darauf gestützt hat, ehemalig belastete Kader doch zu belassen in Funktionen, indem man gesagt hat, wir haben keine anderen, wir müssen auf die zurückgreifen, die da sind, und sehen wir doch davon ab, dass sie etwas angekratzt sind.«[58]

53 Endfassung Erweiterte Vorlage 14/51: Zur Einführung einer sozialen Marktwirtschaft, 14. Sitzung, 26.2.1990, in: Thaysen: Der Zentrale Runde Tisch, S. 1077.

54 Ebd.

55 Ebd.

56 Ebd., S. 1078.

57 Der Runde Tisch: Wortprotokoll, 16. Sitzung, 12.3.1990, in: Thaysen: Der Zentrale Runde Tisch, S. 1064.

58 Ebd., S. 1072.

Ein anderer Vertreter des Neuen Forums warnte vor einer »Reinwaschanlage«, die im Zuge der immer schwerer überschaubaren Vorgänge in den Betrieben vor Ort im Entstehen begriffen sei.[59] Auch Hans-Jürgen Fischbeck von Demokratie Jetzt unterstützte den Antrag. Die »Nomenklatur der SED« sei gegenwärtig dabei, sich »in den Besitz des Volkseigentums zu setzen«; der Physiker beargwöhnte deren eigentümliche Metamorphose:

> »Sie [die bisherige Wirtschaftselite, M.B.] ist dabei, kraft der ihr noch verbliebenen Macht […], auf Managerkursen in der Bundesrepublik sich umschulen zu lassen in Unternehmer. Diese Herren, ausgestattet mit dem Herrschaftswissen, das sie sich in 40 Jahren angeeignet haben, sind dabei, sich umzuprofilieren in Kapitalisten. Aus Kommunisten werden unter der Hand Kapitalisten. Ich denke, sie waren objektiv schon keine Kommunisten mehr, sondern ebenso Ausbeuter wie die, die wir drüben haben, und sie sind jetzt dabei, sich in ihre neue Rolle hineinzubegeben.«[60]

Für Fischbeck stand »hier in der Tat unsere Revolution auf dem Spiel«, weshalb »dieser Vorlage größte Bedeutung beizumessen« sei.[61]

Der letzte gemeinsame Antrag der AG Wirtschaft zielte also auf eine Überprüfung und Entfernung der bisherigen »Leitungskader«. Durch wen diese letztlich zu ersetzen seien, blieb allerdings offen. Wenn sie »bedenke, dass in vielen Betrieben überhaupt keine Leiter vorhanden« seien, erklärte eine Vertreterin des Demokratischen Aufbruchs, dann sei zu befürchten, »dass [dort, M.B.] ein Vakuum« entstehe und »es in den nächsten Wochen und Monaten nicht« weitergehe.[62] PDS-Parteichef Gregor Gysi warnte eindringlich vor einer »Stunde der Demagogen«, die nun bald auch in der Betriebslandschaft anbrechen werde.[63]

Schließlich schaltete sich Horst Schneider, einer der beiden Autoren der SPD-Fachgruppe, in die Debatte ein. Für ihn verwies der Personalstreit auf ein »Dilemma«, das vorwiegend mit den »vagabundierenden Rechte[n]« beziehungsweise unklaren Eigentumsbegriffen zu tun habe. Um zu verhindern, dass sich Betriebsleiter diese Rechte aneigneten, forderte er:

> »[Wir müssen] dieses Volkseigentum privatisieren […,] an den Mann bringen zu gleichen Teilen, an jedermann. Das ist notwendig. Und wenn dieses Volkseigentum dann am Mann ist, dann entscheidet der Eigentü-

59 Ebd., S. 1066.
60 Ebd., S. 1065.
61 Ebd.
62 Ebd., S. 1067.
63 Ebd.

> mer darüber, was mit seinem Eigentum passiert und wer sein Eigentum beziehungsweise seine Eigentumsrechte vertritt.«[64]

Für SPD und Demokratie Jetzt brachte Schneider daher einen Einzelantrag »Zur Privatisierung des Volkseigentums« ein: »Zu gleichen unentgeltlichen Anteilen« sollten »zugunsten eines jeden Bürgers« Nennwerte am Volks- und Wohnungseigentum in Höhe von 40.000 Mark ausgegeben werden. Da die Regierung das Drängen des Runden Tisches zur Verteilung des »produktiven Volkseigentums« bisher ignoriert habe, müsse dieser intervenieren und die Regierung auffordern, alle getroffenen Maßnahmen zur Wirtschaftsreform zu widerrufen. Die Autoren resümierten:

> »Nicht die Überführung des Volkseigentums in ein Treuhandinstitut ist der Streitpunkt, sondern es muss vor der Bildung von Kapitalgesellschaften eine unentgeltliche Eigentumsübertragung auf das Volk durch das Parlament entsprechend den am Runden Tisch beschlossenen Vorlagen erfolgen.«[65]

Wolfgang Ullmann verteidigte indes den von ihm miteingebrachten Antrag und warnte vor »ganz gewaltigen Ungerechtigkeiten«, sollte dieser nicht schnellstens realisiert werden.[66]

Am Runden Tisch brach Chaos aus. Vertreter einzelner Gruppen erklärten sich »außerstande, in kurzer Zeit und ohne gründliche Konsultationen« zur Vorlage Stellung zu nehmen, warnten vor aktionistischer »Flickschusterei« oder versuchten vergeblich, einen sofortigen Abbruch der Aussprache zu erwirken.[67] Ein NDPD-Vertreter kritisierte den Antrag als »eine Art Regierungserklärung der SPD«,[68] Gregor Gysi untersuchte mit launigen Vergleichen rechtslogische Probleme im Antragstext.[69] Andere, wie die Vertreter der Vereinigten Linken, kritisierten politisch motiviert die Idee einer »vollständige[n] Privatisierung und Individualisierung«. Im Sinne einer »Wirtschaftsdemokratie« müssten die Verfügungsrechte über die Betriebe vielmehr direkt an die Betriebsbelegschaften übergehen; bei einer Ausgabe an die Bevölkerung wären bereits binnen Jahresfrist »die hereinbrechenden Großbanken aus Westdeutschland und Westeuropa« Eigentümer des Volksvermögens.[70]

64 Ebd., S. 1070.
65 Vorlage 16/3: Antrag SPD/DJ: Zur Privatisierung des Volkseigentums, 16. Sitzung, 12.3.1990, in: Thaysen: Der Zentrale Runde Tisch, S. 1079f.
66 Ebd., S. 1080.
67 Ebd., S. 1081.
68 Ebd., S. 1086.
69 Ebd., S. 1087ff.
70 Ebd., S. 1081.

Ullmann und Schneider, die innerhalb der Opposition am intensivsten an den Wirtschaftsumbau-Vorschlägen mitgearbeitet hatten, zeigten sich ob des Unverständnisses ungehalten. »Dann müssen wir uns Zeit nehmen solange, bis wir es verstanden haben«, erklärte Ullmann und betonte:

> »Wir müssen sagen, was wir wollen, wenn wir zur Marktwirtschaft hin wollen, aber wenn wir das wollen, dann müssen wir andererseits alles tun, damit nicht Bürgern und Bürgerinnen Unrecht geschieht.«[71]

Während Ullmann die Scheu vor dem Privatisierungsbegriff rügte – »Wer Marktwirtschaft sagt und dann immer wieder ausweicht in irgendwelche schön klingenden anderen [Begriffe], der erreicht nicht das, was er will«[72] –, erklärte Schneider resigniert, dass er »vorausgesetzt« habe,

> »dass jede der hier anwesenden Parteien, die ja die Marktwirtschaft sich auf die Fahne geschrieben haben, sich über die Gesetze der Marktwirtschaft informiert haben, auf dass sie auch fach- und sachgerecht hier mitdiskutieren können. Ich stelle fest, dass dem nicht so ist.«[73]

Schließlich nahm der Runde Tisch die hitzig diskutierte Vorlage mit der nötigen Zweidrittelmehrheit an. Schneider und Ullmann hatten sich zusammengetan, mit ihrer kurzfristigen Vorlage zur »Privatisierung« eine Art Punktsieg kurz vor der Wahl errungen und ihre Ideen dabei einer weiteren (Fernseh-)Öffentlichkeit bekannt machen können; andererseits hatte ihr Engagement offenbart, dass die wirtschaftspolitischen Vorstellungen innerhalb der ostdeutschen Opposition diffusen, randständigen Charakter hatten.[74]

Die Debatte hatte Wolfram Krause, mittlerweile Staatssekretär für Wirtschaftsreform in der Modrow-Regierung, noch am selben Tag dazu veranlasst, eine Aussprache mit Ullmann und Schneider zu suchen. Es herrsche »Konsens«, wie er schrieb, dass der »Schutz des Volkseigentums vor unberechtigten Zugriffen durch Dritte über eine Treuhandanstalt« zu sichern sei; auch über die Etablierung »neue[r] Organisationsformen« für die »volkseigenen Betriebe«, »die mit der Marktwirtschaft konform gehen« bestehe Einigkeit. »Dissens« bestehe vor allem in der Frage der

71 Ebd., S. 1084.

72 Ebd., S. 1092.

73 Ebd., S. 1087.

74 Vgl. Geisel, Christof: Auf der Suche nach einem dritten Weg. Das politische Selbstverständnis der DDR-Opposition in den achtziger Jahren, Berlin 2005; Kowalczuk, Ilko-Sascha: Endspiel. Die Revolution von 1989 in der DDR, München 2009, S. 469ff.; Neubert, Ehrhart: Unsere Revolution. Die Geschichte der Jahre 1989/90, München 2008; Conze/Gajdukowa/Koch-Baumgarten: Die demokratische Revolution.

»Eigentumsübertragung auf das Volk«. Zwar habe er sich mit Ullmann mündlich darauf verständigen können, dass eine derart weitgehende Maßnahme »weiterer Vorarbeiten« bedürfe; die SPD bleibe jedoch bei ihrer Position und betrachte die Anteilsscheine als »*Vorbedingung* für die Bildung von Kapitalgesellschaften«.[75] Krause folgerte:

> »Dagegen spricht aber, dass ein Schutz des Volkseigentums vor Zugriff jetzt sofort vorgenommen werden muss. [...] Die Übernahme des gesamten Volksvermögens in die Treuhandschaft der Treuhandanstalt ist die primäre Maßnahme, die jetzt zu machen ist. [...] Auch die Treuhandstelle kann kein Volkseigentum verkaufen, wenn dafür keine Gesetze der obersten Volksvertretung vorliegen.«[76]

Nur so erschienen Krause »alle Möglichkeiten gegeben«, in Zukunft doch noch »den Weg der Privatisierung über Bürgeranteilsscheine zu gehen«; gegenwärtig sei aber vorrangig, »den volkseigenen Betrieben die Bewegungsmöglichkeiten am Markt weit zu öffnen«. Er empfahl eindringlich, die zum 1. März per Verordnung gegründete Treuhandanstalt »umgehend arbeitsfähig« zu machen, indem die Regierung ein Statut bestätige und die Führungsspitze der neuen Verwaltungsstelle besetze.[77]

Die DDR-Regierung folgte den Empfehlungen ihres Staatssekretärs. Drei Tage später, am 15. März, beschloss sie ein von Krause entworfenes Statut zur Ausgestaltung der inneren Ordnung der neuen Treuhandanstalt. Auf einer Pressekonferenz stellten Krause und Ullmann Journalisten aus Ost und West das Konzept vor. Der Wert des Volksvermögens wurde von ihnen auf 650 Milliarden Mark geschätzt, von dem knapp ein Viertel in Form von Aktien an die Bevölkerung verteilt werden könne.[78] Den Aufgabenbereich der Organisation hatte die Regierung nur grob definiert (Umwandlung und Verwaltung des »volkseigenen Vermögens«); zudem ihre zentralen Organe (Direktorium und Verwaltungsrat) bestimmt und Modalitäten (Finanzen) festgezurrt. Das operative Geschäft sollte von einem fünfköpfigen Direktorium geführt werden, das durch einen elfköpfigen Verwaltungsrat – mit acht direkt von der Volkskammer gewählten Mitgliedern – auf fünf Jahre zu berufen war.[79] Zu einer Wahl der Direktoriumsmitglieder sollte es jedoch nicht kommen, da das Statut die Erstbesetzung des Gremiums der DDR-Regierung zugestand. Modrow designierte hierfür neben Wolfram Krause weitere reformorientierte Pro-

75 Staatssekretär W. Krause: Stellungnahme, Berlin, 12.3.1990, in: Privatarchiv W. Krause.

76 Ebd., S. 2.

77 Ebd., S. 3.

78 Vgl. Kemmler: Entstehung, S. 103; Laabs: Goldrausch, S. 60.

79 Ebd., S. 4.

tagonisten der Planungsbürokratie, aus den Oppositionsgruppen wurde indes niemand berücksichtigt.[80]

Inzwischen hatte der Volkskammerwahlkampf auch die Wirtschaftspolitik erfasst, was sich in den Wahlvorschlägen der Parteien niederschlug, die in Ermangelung einschlägiger Expertise unter Rückgriff auf intensive – gerade auch bundesdeutsche – Beratung entstanden.[81] Interessanterweise hatten sich die parteipolitischen Positionen binnen weniger Wochen erkennbar ausdifferenziert. Während Anfang Februar der Runde Tisch das graduelle Wirtschaftsreformkonzept der Regierung noch größtenteils begrüßt hatte, lehnten die meisten Parteien »Dritte Wege« oder systemimmanente Korrekturmaßnahmen nun kategorisch ab. Einzig die »Marktwirtschaft« erschien jetzt als probate Wirtschaftsordnung, obgleich die Parteienbündnisse diese mit verschiedenen Attributen wie »frei«, »ökologisch« oder »sozial« qualifizierten. Darüber hinaus wichen auch die Zeithorizonte signifikant voneinander ab. Die in der Allianz für Deutschland vereinten konservativen Parteien strebten durch »radikale Reformen im marktwirtschaftlichen Sinne« schnellstmöglich eine »soziale Marktwirtschaft« an; »jedes Experimentieren im sozialistischen Sinne« erschien aussichtslos. Insbesondere die zügige »Privatisierung« des »Volkseigentums« sollte Ausgangspunkt für einen neuen »Mittelstand« werden.[82] Scharf grenzte sich die Allianz von einer »Politik der Verängstigung und der Panikmache« ab, mit denen die Parteien des linken Spektrums »die Werktätigen der DDR mit Horrorgemälden von der sozialen Marktwirtschaft in Schach« hielten.[83] Es war unschwer zu erkennen, wie sich die ostdeutsche CDU mittlerweile voller »Optimismus« und Marktvertrauen programmatisch an ihre bundesdeutsche Schwesterpartei angelehnt hatte.[84]

Auch die ostdeutsche SPD erteilte alternativen Wirtschaftsformen zwischen Plan und Markt eine klare Absage. Die »Plan- und Kommandowirtschaft« habe die Bevölkerung »um die Früchte ihrer Arbeit gebracht«, an ihr gebe »es nichts zu reformieren«. Die Sozialdemokraten forderten eine »Marktwirtschaft, die Initiative und Leistungsbereitschaft der Bürger« fördere, plädierten für »freie und starke Gewerkschaften« und die Einrichtung eines »kollektive[n] Sicherungssystems«. Daneben strebten

80 Ebd., S. 5.

81 Die ostdeutsche SPD wurde von Mitarbeitern des SPD-Wirtschaftspolitikers Wolfgang Roth unterstützt, die Ost-CDU hatte die Hilfe der Konrad-Adenauer-Stiftung sowie der CDU-Bundestagsfraktion in Anspruch genommen und das Neue Forum zwei Wirtschaftskongresse mit bundesdeutschen Experten veranstaltet. Vgl. »Start aus dem Nichts«, in: Die Zeit, 16.3.1990.

82 »Welche Richtung soll die Wirtschaft nehmen?«, in: Berliner Zeitung, 13.3.1990.

83 »Welche Richtung soll die Wirtschaft nehmen?«, in: Berliner Zeitung, 6.3.1990.

84 »Start aus dem Nichts«, in: Die Zeit, 16.3.1990.

sie eine zügige Öffnung der Volkswirtschaft an, um deren »schnelle[...] Modernisierung« durch »ausländische[s] Kapital« und »technische[s] Wissen« befeuern zu können. Flankiert werden sollte dies durch die schnelle Überführung der volkseigenen Kombinate in »andere Eigentumsformen«, »denn staatliches Eigentum hat nur selten zu effizientem Wirtschaften geführt«.[85] Das Wirtschaftsprogramm der Ost-SPD war damit merklich liberaler und marktfreundlicher ausgefallen als in Bonn erwartet.[86]

In den Vorschlägen der im »Bündnis 90« zusammengeschlossenen Oppositionellen hallten hingegen die am Runden Tisch diskutierten Ideen noch deutlich nach. Man strebe eine »Marktwirtschaft« an, »die nicht einfach die Bundesrepublik« kopiere. Eine Währungsunion sei erst nach umfassenden Wirtschaftsreformen in der DDR realisierbar, zuvor müssten soziale Sicherungssysteme eingerichtet und die Betriebe umfassend saniert werden. Der »gegenwärtige rechtlose Zustand«, in dem »ehemalige SED-Funktionäre« Betriebe »an Westfirmen verschachern«, müsse indes sofort beendet werden – dem solle insbesondere die »Treuhandverwaltung« Rechnung tragen, wobei bei der »Klärung der Besitzverhältnisse« künftig die »Interessen unserer Bürger bevorzugt« zu berücksichtigen seien.[87]

Einen schärferen programmatischen Kontrapunkt setzte die frühere Staatspartei PDS, die sich für eine »schrittweise, wohlüberlegte Herstellung der Währungsunion DDR-BRD« stark machte. Klaus Steinitz, zuvor stellvertretender Direktor des Zentralinstituts für Wirtschaftswissenschaften bei der Akademie der Wissenschaften der DDR und seit Herbst 1989 einer der wirtschaftspolitischen Wortführer der Partei, wollte den ostdeutschen Betrieben eine »bestimmte Übergangszeit« einräumen. Schließlich sollten umfassende sozialpolitische Grundrechte in Zukunft »verfassungsmäßig« garantiert werden. Nach wie vor favorisierte die PDS einen »Pluralismus« verschiedener »Eigentumsformen« und wollte das Staatseigentum erhalten.[88]

Die wirtschaftspolitischen Entwürfe zur Volkskammerwahl unterschieden sich vor allem in ihrer Orientierung am Ordnungsmodell der Bundesrepublik, den zugrunde liegenden Zeithorizonten und dem künftigen Umgang mit dem von der Treuhandanstalt kontrollierten »Volksvermögen«.

Mit der Gründung der »Treuhandstelle« kurz vor der Volkskammerwahl Mitte März hatte die Anfang November 1989 springflutartig einsetzende Wirtschaftsreform-Debatte ein abruptes Ende gefunden. Der Verlauf der Auseinandersetzungen innerhalb der DDR spiegelte damit verschiedene

85 »Welche Richtung soll die Wirtschaft nehmen?«, in: Berliner Zeitung, 13.3.1990.
86 »Start aus dem Nichts«, in: Die Zeit, 16.3.1990.
87 »Welche Richtung soll die Wirtschaft nehmen?«, in: Berliner Zeitung, 13.3.1990.
88 »Welche Richtung soll die Wirtschaft nehmen?«, in: Berliner Zeitung, 6.3.1990.

Facetten und Stufen des Nachdenkens über einen Wirtschaftsumbau: Von den übergeordneten *Systemreformdebatten* zwischen November 1989 und Januar 1990, über die spontane Einrichtung einer spezifischen *Organisation* zur Absicherung des Übergangs im Februar 1990 bis hin zum heftigen Streit über deren *personelle Ausgestaltung* im März 1990. Als die Bürger der DDR am 18. März über eine neue Volkskammer abstimmten, war von den reformkommunistischen Stufenplänen und der oppositionellen Suche nach alternativen Wegen zwischen Plan und Markt zunächst nicht mehr geblieben als eine neu geschaffene, praktisch nur auf dem Papier existierende Organisation, deren Spitze noch eilig von der Modrow-Regierung mit Mitarbeitern aus DDR-Branchenministerien und der Staatlichen Plankommission besetzt wurde.

Die oppositionellen »Väter« der Treuhand-Idee konnten sich mit diesem Resultat nur schwer anfreunden: Noch Mitte März 1990 reichte die SPD-Fachgruppe eine (später abgewiesene) Veruntreuungsklage gegen die DDR-Regierung beim Bezirksgericht Berlin ein.[89] Die Mitglieder des Forschungskollegiums gestalteten ein Flugblatt in populärer Aufmachung:

> »*Fordern Sie Ihren Vermögensanteil von einem 16-Millionstel des Volkseigentums* der DDR. Dies steht Ihnen zu! Auch Ihre Mühe steckt darin. Sollen 40 Jahre vollkommen umsonst gewesen sein?«[90]

Im Stile einer Finanzanzeige rechnete das Prospekt vor, dass jedem DDR-Bürger »noch 25.000 DM pro Kopf als privatisierbare Werte« zustünden; praktischerweise enthielt das Pamphlet direkt eine vorgefertigte Anteilsschein-Urkunde, die man ausschneiden, mit dem eigenen Namen versehen und an die Adresse der Treuhand schicken konnte.[91]

Letztlich lassen sich die kurzfristig erstellten Vorschläge aus den Reihen der Opposition, die sich insgesamt eher zurückhaltend an den ökonomischen Reformdebatten beteiligt hatte, als Intervention beschreiben, die

89 Antrag auf Erlaß einer einstweiligen Anordnung gegen die Umwandlungsverordnung der Regierung Modrow von der Fachgruppe »Wirtschaftsstrukturen« der Ostberliner SPD [Anhang 6], in: Kemmler: Entstehung, S. 389f.

90 Entwurf für ein Flugblatt des Freien Forschungskollegiums »Selbstorganisation« zur Volkskammerwahl in der DDR (undatiert, zwischen 7.3.1990 und 12.3.1990) [Anhang 5], in: Kemmler: Entstehung, S. 386-388.

91 Kemmler: Entstehung, S. 386ff.; Ende März 1990 veranstaltete das Forschungskollegium noch eine internationale Konferenz zum Thema »DDR und danach – Wirtschaft versus Demokratie« in Potsdam, bei der auch Martin Wolf das Konzept der »Treuhandbank« vorstellte. Wolf und Schneider gründeten wenig später noch einen »Verband der Volksaktionäre«, der zwischenzeitlich 500 Mitglieder umfasste, aber im Herbst 1990 wieder aufgelöst wurde; vgl. Kemmler: Entstehung, S. 143; vgl. »Damit das Volkseigentum nicht unter Wert verkauft wird«, in: Berliner Zeitung, 8.5.1990.

von konkreten Bedrohungsszenarien eines »Ausverkaufs« an »Kapitalisten« oder »Altkader« getrieben waren. Die vom Forschungskollegium und der SPD-Arbeitsgruppe im Februar geforderten Treuhand-Einrichtungen sollten das an sie übertragene »Volksvermögen« vor einem doppelten »Zugriff« kurzfristig »bewahren«, es aber eben auch langfristig an die ostdeutsche Bevölkerung verteilen und so »demokratisieren«. Die dann von der DDR-Regierung eingesetzte neue Organisation wich jedoch in zwei Punkten vom oppositionellen Konzept ab: Von einer »Verteilung« des »Volksvermögens« war keine Rede und das Gründungspersonal dieser neuen Treuhandstelle wurde noch kurz vor der Abwahl der DDR-Regierung aus Reformkommunisten zusammengestellt. Schlagartig hatte sich in der Folge der Fokus verschoben: Nun ging es nicht mehr um die große (System-)Alternative, sondern konkret um Organisationsstrukturen und Personalfragen.

5. Die Schocktherapie: Bonn und Ostberlin auf dem Weg zu Staatsvertrag und Treuhandgesetz

Ab Mitte Februar 1990 wurde die Umgestaltung der Planwirtschaft mehr und mehr zu einer exklusiven Angelegenheit bundesdeutscher Ministerialbeamten und Regierungsexperten. Staatssekretär Horst Köhler, Delegationsleiter der Expertenkommission zur Vorbereitung der Währungsunion, erlebte diese Phase retrospektiv als »Zeitmaschine in die Zukunft«, geprägt durch eine »Springflut an zusätzlicher Arbeit« sowie ein ungekanntes »Maß an Einsatzbereitschaft, Eigeninitiative und Kreativität [...], wie ich es bis dahin nicht für möglich gehalten« habe:

> »Fachliche Aufbereitungen für weitreichende politische Entscheidungen, die unter normalen Umständen auch von einer gut trainierten Ministerialbürokratie nur in vielen Monaten geleistet werden, mussten jetzt in wenigen Tagen, manchmal Stunden, erledigt werden.«[1]

Auch sein Nachfolger, Bundesbankvorstand Hans Tietmeyer, der die bundesdeutsche Seite bei den Verhandlungen zum Staatsvertrag vertrat, erinnerte sich mit unüberhörbarem Stolz an die »hektische [...] Arbeit« am ersten Staatsvertrag, die er als »Zeit großer Herausforderungen und faszinierender Erfahrungen« beschrieb, in der man »in kürzester Zeit etwas geschaffen« habe, »für das es kein Vorbild gab«.[2] Tietmeyer konnte noch Jahre später sein Erstaunen kaum verhehlen: »Die verantwortlichen Politiker haben sich auf die Festlegung der großen Linien beschränkt, die Ausarbeitung und Aushandlung der Details aber weitgehend den Expertenverhandlungen überlassen.«[3] Tietmeyer hatte damit prägnant eine Tendenz auf den Punkt gebracht, die schon Politikwissenschaftler zeitgenössisch in die Formel einer »Stunde der Exekutive« kleideten.[4]

Zunächst sollen in einem *ersten* Schritt die zwischen beiden Regierungen geführten Verhandlungen bis Mai 1990 nachgezeichnet werden, die in den (ersten) Staatsvertrag zur Wirtschafts-, Währungs- und Sozialunion mündeten. *Zweitens* wird sodann die von Regierungs- und Expertenkreisen ausverhandelte Entstehung eines Organisations- bzw. Personalmodells für den Wirtschaftsumbau aufgezeigt, die ihren legislativen Niederschlag bis Juni 1990 im neuen »Treuhandgesetz« fand. Die

1 Köhler: Alle zogen mit, S. 126.

2 Tietmeyer, Hans: Erinnerungen an die Vertragsverhandlungen, in: Waigel/Schell (Hg.): Tage, S. 117.

3 Ebd.

4 Von Beyme, Klaus: Das politische System der Bundesrepublik Deutschland. Eine Einführung, 10., erw. Aufl., Wiesbaden 2004, S. 425.

sich hieran in der Volkskammer entzündenden wirtschaftspolitischen Debatten um diese erneuerte Organisation, ihren Auftrag und ihr Personal werden schließlich in einem *dritten* und letzten Schritt dargelegt.

5.1 »Zeitmaschine in die Zukunft«: Die Verhandlungen zum ersten Staatsvertrag

Am 20. Februar 1990 kam die beim Bonner Regierungstreffen vereinbarte deutsch-deutsche Expertenkommission zur Vorbereitung von »Währungsunion und Wirtschaftsgemeinschaft« erstmals in Ostberlin zusammen. Als der bundesdeutsche Delegationsleiter Horst Köhler dem sozialdemokratischen DDR-Minister Walter Romberg anlässlich der offiziellen Eröffnung einen Nachdruck des Erhard-Essays überreichte, nahm dieser das Präsent zwar »interessiert« entgegen, verglich das geplante Vorhaben jedoch mit einem »Sprung ins kalte Wasser«, für den er die Ostdeutschen mit »Schwimmhilfen« ausstatten wollte.[5]

In dieser Expertenkommission erarbeiteten vier mit hohen und höchsten Regierungsbeamten aus der DDR und der Bundesrepublik besetzte Arbeitsgruppen (»Währung«, »Wirtschaftsreformen«, »Haushalt/Finanzen«, »Soziale Sicherung«) in drei Sitzungen einen Zwischenbericht, den die Kommission am 13. März der Öffentlichkeit vorlegte. »Beide Seiten«, so urteilte das Delegationsmitglied Thilo Sarrazin wenige Jahre später, »standen unter erheblichem Druck«: Die Westdeutschen sahen sich massiven Vorbehalten einer kostensensiblen (Fach-)Öffentlichkeit und der Opposition gegenüber, während die ostdeutsche Delegation »ohne jede Vorbereitung« unter »widersprüchlichen oder unklaren Zielsetzungen« operiert habe, um die sozialen »Errungenschaften« des DDR-Systems zu bewahren. Für die ostdeutschen Kollegen – bis auf den Mathematiker Romberg allesamt »hochrangige Vertreter des alten Systems« – bekundete Sarrazin im Nachhinein sogar »Respekt oder Mitleid«:

> »Sie wirkten in der Expertenkommission und später in den Verhandlungen zum Staatsvertrag am Abbruch eines Wirtschaftssystems mit, für das sie, viele von ihnen sicherlich in gutem Glauben und mit persönlichem Einsatz, über Jahrzehnte gearbeitet hatten, und sie gingen in eine ungewisse Zukunft. Dabei waren sie mit ungeheurem Fleiß und viele von ihnen auch mit erheblicher Sachkompetenz bei der Sache.«[6]

Erst im Zuge der Verhandlungen sei den Experten die »Ungeheuerlichkeit des schlagartigen, totalen Systemumbaus« klar geworden, wie Sarrazin

5 Köhler: Alle zogen mit, S. 128.
6 Sarrazin: Entstehung, S. 196.

urteilte. »Angesichts der politisch notwendigen kurzen Fristen« habe es »zu einer fast vollständigen Übernahme des westdeutschen Wirtschafts-, Steuer- und Sozialrechts keine Alternative« gegeben. Eindringlich rekapitulierte er die Abschlusssitzung am 13. März:

> »Wie alle wussten, [würden von den Mitgliedern der DDR-Delegation, M.B.] viele nach der Wahl nicht mehr auf ihre Positionen zurückkehren. Nahezu körperlich stand das Ende einer Epoche im Raum, und die ambivalente Wehmut, die die Partner der anderen Seite des Tisches verspüren mussten, streifte mich auch.«[7]

Der »Zwischenbericht« der Kommission deutete an, dass die Diskussion sich nunmehr praktischen Themenkomplexen zuwenden würde. Der knappe Text erkannte die »Währungsunion und Wirtschaftsgemeinschaft« als »zentrales Element an, damit die Menschen in ihrer Heimat« bleiben würden. Ganz auf der Linie des »Angebots« Helmut Kohls definierte die Kommission als »Aufgabenstellung«, die Einführung der D-Mark »zu einem Stichtag« mit der »Einführung einer Sozialen Marktwirtschaft« zu verknüpfen.[8] Die bundesdeutschen Beamten waren der DDR-Delegation entgegengekommen, indem sie die »Wirtschaftsunion und Währungsgemeinschaft« um einen »Sozialverbund« ergänzten und damit Forderungen nach einer sozialen Flankierung zumindest nominell Rechnung trugen. Aber sie setzten ihre Grundposition durch, dass zwischen Währungsunion und Wirtschaftsreform nach dem Vorbild der »sozialen Marktwirtschaft« ein »zwingende[r] Zusammenhang« bestehe.[9]

Die Kommission gelangte zu dem Schluss, dass das Projekt »bei entsprechendem Wollen zügig gangbar« sei, auch wenn sich gezeigt hätte, »dass die sich stellenden Fragen schwierig sind und wechselseitig ineinandergreifen«. Es herrsche jedoch »Einvernehmen«, dass für einen »raschen Übergang zur Sozialen Marktwirtschaft« die »Kreativität und Motivation der Menschen in der DDR«, aber auch »ein[] breite[r] Zustrom[] privaten Kapitals« entscheidend seien.[10] Erstmals kam im Kommissionsbericht nun auch die »Notwendigkeit einer Strukturanpassung der DDR-Unternehmen mit marktwirtschaftlichen Methoden« explizit zur Sprache. Ferner bot er eine abwägende »Analyse« der wirtschaftlichen Situation der DDR, die die Wahrnehmungs- und Erwartungshorizonte ost- und westdeutscher Regierungsvertreter im Frühjahr 1990 stichpunktartig bündelte:

7 Ebd., S. 196.

8 Ein ausführlicher Auszug des Berichts vom 13. März 1990 findet sich bei Köhler: Alle zogen mit, S. 129-134.

9 Ebd., S. 132.

10 Ebd., S. 132f.

»[...] Schwachstellen der DDR-Unternehmen, vor allem dem wesentlich niedrigeren Produktivitätsniveau als in der Bundesrepublik Deutschland, dem überalterten Anlagevermögen, den Versorgungsengpässen bei Vormaterialien und Ersatzteilen, der den Weltmarktverhältnissen nicht entsprechenden Produktionspalette und einer ungenügenden Infrastruktur.«[11]

Diesen *Passiva* stellte der Kommissionsbericht die *Aktiva* der Volkswirtschaft gegenüber:

»[...] Stärken der DDR-Wirtschaft, insbesondere den gut ausgebildeten, leistungsbereiten Menschen, leistungsfähigen Forschungskapazitäten, einem beachtlichen Potenzial für rasche Produktivitätssteigerungen; umfangreichen Wirtschaftsbeziehungen zu den RGW-Ländern und Kenntnissen ihrer wirtschaftlichen Bedingungen.«[12]

Wenige Tage vor der Volkskammerwahl lautete das Fazit: Ein »umfassende[r] und rasche[r] Übergang von der bisherigen staatlichen Planwirtschaft zu einer Sozialen Marktwirtschaft« über eine sofortige Währungsunion erschien machbar und sinnvoll. Die Bonner Regierungsbeamten richteten ihren Blick verstärkt auf wirtschaftspraktische Themen wie etwa die unbestimmte Situation der DDR-Betriebe; die konkrete Ausgestaltung des Übergangs wurde als Desiderat benannt.[13]

Während des Volkskammerwahlkampfes lagen die Verhandlungen brach, gleichwohl arbeitete Bonn an einem vertraulichen Entwurfstext für den Staatsvertrag, der als Grundlage für die offiziellen Verhandlungen dienen sollte. Ab dem 30. März hatten über einhundert Regierungsbeamte in einer »beispiellosen Marathonsitzung« einen Erstentwurf erstellt. Sarrazin beobachtete dabei eine Verschiebung der Deutungshoheiten – vom Vorrang wirtschaftspolitischer Grundsatzfragen hin zu deren juristischer Konkretisierung:

»Ich spürte an diesem Wochenende, dass in der Vorbereitung der Währungsunion ein Einschnitt eingetreten war. Bis dahin, beim Entwurf des Konzepts, hatten die Ökonomen den Vorrang gehabt, unter Beratung der Juristen. Nunmehr, bei der konkreten rechtlichen Ausformung, ging die Führung an die Juristen über, beraten von Ökonomen.«[14]

Ende März wurde mit Hans Tietmeyer ein neuer Leiter für die bundesdeutsche Delegation berufen. Dieser war bis Ende 1989 Staatssekretär im

11 Ebd., S. 133.
12 Ebd.
13 Ebd., S. 133f.
14 Sarrazin: Entstehung, S. 201.

Bundesfinanzministerium gewesen und erst im Januar 1990 ins Direktorium der Deutschen Bundesbank übergewechselt. Tietmeyer beurteilte den Stand seiner persönlichen Expertise zum Zeitpunkt seiner unverhofften Rekrutierung als ambivalent:

> »Sosehr mir aufgrund meiner fast dreißigjährigen Tätigkeit zunächst im Bundeswirtschafts- und dann im Bundesfinanzministerium sowie meiner vielfältigen internationalen Aufgaben die Grundsatzfragen der Wirtschafts-, Währungs- und Sozialpolitik und auch deren internationale Aspekte vertraut waren, so wenig Erfahrung hatte ich bis zu diesem Zeitpunkt mit der Wirtschafts- und Währungspolitik der DDR und im Umgang mit ihren Behörden.«[15]

Als »Beauftragter des Bundeskanzlers« stellte der neue Delegationsleiter ab April eine Gruppe aus Bonner Staatssekretären und hohen Beamten zusammen. Gemeinsam mit führenden Regierungs- und Koalitionspolitikern legte er Schwerpunkte für die Verhandlungsführung fest.[16] Tietmeyer missfiel der Begriff der »Währungsunion«, da er in der Öffentlichkeit falsche Erwartungen wecke: »Es ging ja nicht um den Zusammenschluss von zwei Währungen«, sondern um die »Übertragung der D-Mark« durch die »Ausdehnung des westdeutschen Währungsgebietes auf die DDR«. Dennoch scheiterte sein Versuch, ein neues Branding zu erreichen. Das Begriffspaar »Wirtschafts- und Währungsunion« sei, so bedauerte er später, »durch öffentliche Äußerungen der Parteien [...] bereits soweit geprägt worden, dass eine Änderung der Terminologie sich nicht mehr als möglich erwies«. Auch der »politisch festgelegt[e]« Bestandteil einer »Sozialunion« stand nicht mehr zur Disposition.[17]

In Ostberlin erwiesen sich Positionsbestimmung und Personalsuche als ungleich komplizierter. Dort arbeiteten sich die doch eher widerwillig in eine Koalition strebenden Konservativen und Sozialdemokraten noch an Differenzen ab, die insbesondere die Frage berührten, an wen und wie das »Volksvermögen« künftig zu privatisieren sei. Über Anteilsscheinlösungen an die Bevölkerung, wie die SPD vehement forderte, oder an finanzkräftige Investoren, wie die CDU mit Nachdruck verlangte? Im Koalitionsvertrag vom 12. April 1990 konnte die SPD ihr Modell letztlich durchsetzen, das in Grundzügen der reduzierten Variante einer »Treuhandbank« entsprach, der man jedoch ihren weitreichenden Sanierungsauftrag genommen hatte: Die Treuhandanstalt sollte nach dem »in der Marktwirtschaft der BRD entwickelte[n] und erprobte[n] Modell[]« einer »Unternehmensbe-

15 Tietmeyer: Erinnerungen, S. 58.
16 Ebd., S. 65.
17 Ebd., S. 66.

teiligungsgesellschaft« gestaltet werden. Es oblag ihr, das Volkseigentum umzuwandeln, zu bewerten und schließlich über Aktien an die bis zum 7. Oktober 1989 dort wohnhaften »Bürger der DDR« zu verkaufen, wobei der individuelle Abgabepreis »gestaffelt nach der Dauer der Beschäftigung« sinken sollte, um, wie es in der Vereinbarung hieß, »maximal 80%«.[18]

Am 19. April trat der soeben gewählte Ministerpräsident Lothar de Maizière vor die Volkskammerabgeordneten und skizzierte in einer Regierungserklärung das Programm der Koalition, die die konservativen Parteien der Allianz für Deutschland, die Liberalen sowie die ostdeutsche SPD umfasste. Die »Wirtschafts-, Währungs- und Sozialunion« wollte er »in den nächsten acht bis zehn Wochen« mit der Bundesrepublik aushandeln, damit diese noch »vor der Sommerpause« in Kraft treten könne. Obwohl de Maizière eine gewisse Reserve gegenüber dem Vorhaben kaum kaschierte, befürwortete er aus pragmatischen Gründen die Einführung einer marktwirtschaftlichen Wirtschaftsordnung:

> »Wir betrachten die von uns angestrebte Form der Marktwirtschaft nicht als Selbstzweck, sondern wir sehen in ihr eine natürliche, international bewährte, effektive Wirtschaftsform, die zugleich die Chance bietet, unseren moralischen Verpflichtungen in der eigenen Gesellschaft und in der Welt endlich in dem notwendigen Maße nachkommen zu können.«[19]

Der Ministerpräsident führte Bedingungen für deren Umsetzung an: die »Sicherung der Eigentumsrechte aus der Bodenreform«, die »Gewährleistung einer lebenswerten und lebensfähigen Umwelt« sowie der Weiterfinanzierung von »Bildung, Kultur und Medien« aus öffentlichen Mitteln.[20] Insbesondere ein paritätischer Wechselkurs – auch entgegen der Bedenken westlicher Ökonomen – müsse sicherstellen, so de Maizière, »dass die DDR-Bürger nicht das Gefühl bekommen, zweitklassige Bundesbürger zu werden« – volkswirtschaftliche und Fragen, die die Identität berührten, erschienen aufs Engste miteinander verzahnt.[21]

Der Regierungschef konkretisierte schließlich die weitere »wirtschaftspolitische Zielsetzung« seiner Regierung:

18 Siehe Stellungnahme zur Gestaltung der Anstalt zur treuhänderischen Verwaltung des Volkseigentums (Treuhandanstalt) nach dem Muster einer Unternehmensbeteiligungsgesellschaft (UBG) der Bundesrepublik Deutschland, Mai 1990, in: Treuhandanstalt: Dokumentation, Bd. 1, 207-212.

19 DDR-Ministerpräsident Lothar de Maizière: Regierungserklärung zum demokratischen Neuanfang in der DDR-Gesellschaft und zur deutschen Einheit, in: Bundesministerium für innerdeutsche Beziehungen: Deutschlandpolitik, S. 167-195, hier S. 173.

20 Ebd., S. 173f.

21 Ebd., S. 174, Hervorhebungen im Original.

> »Die Umstellung von staatlichem Plandirigismus auf soziale Marktwirtschaft muss mit hohem Tempo, aber auch in geordneten Schritten erfolgen. In den nächsten Monaten wird beides noch nebeneinander existieren müssen, wobei wir nach dem Motto zu arbeiten haben ›so viel Markt wie möglich und so viel Staat wie nötig‹.«[22]

De Maizière vertrat also ein graduelles Verständnis des Wirtschaftsumbaus: Auch wenn der »Markt« nun die Orientierungs- und Zielgröße für die kommenden Reformschritte darstellte, war das planwirtschaftliche Erbe nicht einfach aus der Rechnung zu streichen. Für die praktische Umsetzung dieses Credos in den Betrieben der DDR brachte de Maizière eine gewisse Organisation ins Spiel, die erst vor anderthalb Monaten von der Modrow-Regierung gegründet worden war.[23] Zum Abschluss umschrieb er ein Reformszenario, bei dem die »Menschen in der DDR« über ihre »Kreativität« mit dem »private[n] Kapital« des Westens eine Art fruchtbare Symbiose eingehen sollten.[24]

Bereits zwei Tage zuvor hatten die Kanzleramtsbeamten in einer internen Vorlage an Kohl ihre Einschätzung zum Programm der neuen DDR-Regierung zum Ausdruck gebracht, das sie insgesamt als »ermutigende[n] Schritt nach vorn« betrachteten.[25] Lobend erwähnten sie, dass diese nun den »direkte[n] Weg zur Sozialen Marktwirtschaft« einschlagen wolle, »indem *weitgehend* die notwendigen *Gesetze und Strukturen der Bundesrepublik* ganz oder in angepasster Form übernommen werden«.[26] »Problematischer« erschien ihnen hingegen die angestrebte »Aufnahme sozialer Sicherungsrechte (Recht auf Arbeit, Wohnung und Bildung) als auch *nicht einklagbare* Individualrechte in *Verfassung/Grundgesetz*«. Zudem monierten sie »eher investitions- und wachstumshemmende Regelungen zum Staatseigentum«, wobei sie sich deutlich an den Plänen der Kollegen zur Treuhandanstalt stießen:

> »Die betrieblichen Vermögen sollen [...] über einen von der Treuhandgesellschaft organisierten Fonds privatisiert werden mit gestaffelter Privilegierung von – auch ehemaligen – DDR-Bürgern beim Erwerb von Anteilen [...]«[27]

22 Ebd., S. 176.
23 Vgl. ebd.
24 Ebd., S. 177.
25 Vorlage des Regierungsdirektors Nehring an Bundeskanzler Kohl, Bonn, 17. April 1990 [Dok.-Nr. 246], in: Küsters/Hofmann: Dokumente, S. 1015 f.
26 Ebd., S. 1015, Hervorhebungen im Original.
27 Ebd., S. 1016.

Aus einer derart reservierten »Behandlung der Eigentumsfrage« schimmere, so ihr Fazit, »noch die alte ideologisch gefärbte ›Ausverkaufsangst‹ heraus«.[28]

Am 25. April begannen die deutsch-deutschen Verhandlungsrunden zum ersten Staatsvertrag in Ostberlin. Die hochrangig besetzte bundesdeutsche Delegation unter Hans Tietmeyer traf dort auf eine ebenfalls mit führenden Vertretern des Staatsapparates bestückte DDR-Abordnung, die allerdings nicht – wie in Bonn erwartet – vom SPD-Finanzminister Walter Romberg, sondern von de Maizières Staatssekretär Günther Krause von der Ost-CDU angeführt wurde. Tietmeyer beschrieb später seine Marschrichtung für die Verhandlungen mit den Worten, dass »noch viel Arbeit geleistet werden müsse, um die auf DDR-Seite vorherrschenden Vorstellungen zu desillusionieren«.[29] Dabei galt es zugleich »den Eindruck eines ›Diktates aus Bonn‹ zu vermeiden oder doch mindestens abzuschwächen«, denn durch eine »unglückliche Presseindiskretion« war in den Tagen zuvor der Bonner Entwurf vorab an die Öffentlichkeit gelangt.[30]

In den fünf Verhandlungsrunden der kommenden Wochen, die abwechselnd in Bonn und Ostberlin stattfanden, wurde offenkundig, dass die in die Defensive gedrängte ostdeutsche Seite bemüht war, zusätzliche Positionen in den von Bonn vorab erarbeiteten Staatsvertragsentwurf hinein zu verhandeln. Neben einem paritätischen Umtauschkurs bestand die DDR-Delegation weiterhin auf den Erhalt verschiedener »Soziale[r] Errungenschaften der DDR« wie einem »Recht auf Arbeit«, die den Bonnern als zu weitreichend, kostspielig oder gar systemwidrig erschienen. Auch Forderungen nach sichtbaren Änderungen in der alten Bundesrepublik wurden erhoben. Der ostdeutsche Wunsch nach einem Fortbestand des »Gemeineigentums« blieb indes eine »Vorstellung, die für uns nicht akzeptabel war«, wie Tietmeyer sich erinnerte.[31]

Zwei für die Öffentlichkeit in Ost und West besonders sensible Themen wurden alsbald in separate Arbeitsgruppen ausgelagert: Zum einen die Regelung »offener Vermögensfragen«, die den umstrittenen Umgang mit dem in verschiedenen Enteignungs- und Verstaatlichungswellen in der SBZ/DDR entzogenen Eigentum klären sollte.[32] Zum anderen die vor allem für die ostdeutsche Bevölkerung äußerst brisante Frage nach

28 Ebd.

29 Tietmeyer: Erinnerungen, S. 74f.

30 Ebd., S. 75.

31 Tietmeyer: Erinnerungen, S. 81; Kemmler: Entstehung, S. 148ff.

32 Das sehr komplizierte und zeitgenössisch zwischen Ost und West hochgradig emotionalisierte Themengebiet der »offenen Vermögensfragen« wurde bislang zeithistoriografisch noch kaum behandelt; vgl. Klüsener, Robert: »Offene Vermögensfragen«. Rückgabe vor Entschädigung – eine richtige Grundsatzentschei-

dem künftigen Umtauschkurs, die ihren Ausdruck auch in öffentlichen Protesten und Demonstrationen fand.[33] Zumindest diesem heiklen Thema versuchten beide Regierungen seine politische Sprengkraft zu nehmen: Am 2. Mai kündigten sie in einer gemeinsamen Erklärung zum einen die Währungsunion zum 1. Juli verbindlich an, zum anderen garantierten sie den Umtauschkurs für Löhne, Gehälter und Renten in einem Verhältnis von 1:1. Auch Sparguthaben fielen in einer altersbezogenen Staffelung in diese Regelung, während hingegen alle anderen Werte im Verhältnis von 2:1 umgetauscht werden sollten.[34]

Am 11. Mai kamen die Delegationen in Bonn zu ihrer fünften und letzten Sitzung zusammen. Gerade bei dieser »Marathonrunde«, so erinnerte sich Tietmeyer, »haben alle auf beiden Seiten des Tisches gespürt, dass wir an einem historischen Werk mitgearbeitet hatten«.[35] Unter hohem Zeitdruck passierte der Staatsvertrag sodann die nächsten Hürden: Im Laufe der dritten Maiwoche stimmten die jeweiligen Regierungschefs, Finanzminister und Kabinette dem Vertragsentwurf zu.

Am 18. Mai fand in Bonn die feierliche Unterzeichnungszeremonie statt, die vor politischer Symbolik der »Bonner Republik« nur so strotzte: Im Palais Schaumburg, von 1949 bis 1976 Dienstsitz des Bundeskanzlers, unterzeichneten die beiden Finanzminister den Staatsvertrag an Konrad Adenauers Schreibtisch. Eine von der DDR-Delegation mitgebrachte Unterschriftenmappe mit dem Hoheitszeichen der DDR wurde noch eilig gegen eine Mappe mit neutralem blauen Einband eingetauscht; im Hintergrund prangte der Wandteppich »Zwei Schiffe im Sturm«, den ein anwesender Ministerialdirektor später als »eine sinnbildliche Wegbeschreibung von Teilen der Vertragsgeschichte« deutete.[36]

Mit dem Staatsvertrag vom 18. Mai 1990 war das erste umfassende Dokument geboren, das den angestrebten Wirtschaftsumbau in eine (rechts-)verbindliche Form goss. Bereits der erste Artikel erteilte jedweden Systemfragen eine scharfe Absage:

> »[D]ie Soziale Marktwirtschaft [ist die, M.B.] gemeinsame Wirtschaftsordnung beider Vertragsparteien. Sie wird insbesondere bestimmt durch

dung?, in: Timmermann, Heiner (Hg.): Die DDR in Europa – zwischen Isolation und Öffnung, Münster 2005, S. 312-325.

33 Vgl. v.a. auch Seibel: Verwaltete Illusionen, S. 88ff.

34 Gemeinsame Erklärung der beiden deutschen Regierungen über die Einführung der Währungs-, Wirtschafts- und Sozialunion vom 2. Mai 1990, in: Bundesministerium für innerdeutsche Beziehungen: Deutschlandpolitik, S. 200-202.

35 Tietmeyer: Erinnerungen, S. 110.

36 Schmidt-Bleibtreu, Bruno: Zur rechtlichen Gestaltung des Staatsvertrags vom 18. Mai 1990, in: Waigel/Schell (Hg.): Tage, S. 239.

Privateigentum, Leistungswettbewerb, freie Preisbildung und grundsätzliche Freizügigkeit von Arbeit, Kapital, Gütern und Dienstleistungen.«[37]

Die »Sozialunion«, den »Prinzipien der Leistungsgerechtigkeit und des sozialen Ausgleichs« folgend, sollte ein »umfassendes System der sozialen Sicherung« bereitstellen, um die zu erwartenden gesellschaftlichen Verwerfungen des Wirtschaftsumbaus abzufedern.[38]

Wie dieser Anpassungs*prozess* aussehen sollte, führte der zehnte Artikel des Vertrages aus: »Nach einer Bestandsaufnahme des volkseigenen Vermögens und seiner Ertragsfähigkeit« sowie »seiner vorrangigen Nutzung für die Strukturanpassung der Wirtschaft und für die Sanierung des Staatshaushaltes« könne die DDR »nach Möglichkeit vorsehen, dass den Sparern zu einem späteren Zeitpunkt« ein »verbrieftes Anteilsrecht am volkseigenen Vermögen eingeräumt werden kann«.[39] Zwar tauchten hier – vor allem auf Drängen der ostdeutschen Sozialdemokraten – noch einmal die im Februar diskutierten, insbesondere von den ostdeutschen Bürgerrechtlern eingeforderten Anteilsscheinlösungen auf; dennoch schien der staatsvertraglich definierte Hauptzweck des »Treuhand-Vermögens« klar: Die Abdeckung der fiskalischen wie betrieblichen Kosten des Wirtschaftsumbaus.[40]

Alternativen »Dritten Wegen« oder graduellen wirtschaftlichen (Übergangs-)Modellen, wie sie die SED/PDS-Reformkommunisten oder die bundesdeutsche Opposition noch wenige Monate zuvor formuliert hatten, schob der Staatsvertrag einen Riegel vor. Im elften Artikel verpflichtete sich die DDR-Regierung, »Rahmenbedingungen für die Entfaltung der Marktkräfte und der Privatinitiative« zu schaffen, »um den Strukturwandel, die Schaffung moderner Arbeitsplätze, [...] sowie freie[] Berufe[] und den Schutz der Umwelt« zu befördern.[41] Über die Zielvision des Wirtschaftsumbaus gab schließlich der vierzehnte Artikel nähere Auskunft: Hierbei gelte es, die »Leistungsfähigkeit der Unternehmen« durch eine »Entfaltung privater Initiativen« zu steigern und dabei »eine breit gefächerte, moderne Wirtschaftsstruktur auch mit möglichst vielen kleinen

37 Vertrag über die Schaffung einer Währungs-, Wirtschafts- und Sozialunion zwischen der Bundesrepublik Deutschland und der Deutschen Demokratischen Republik, in: Bundesministerium für innerdeutsche Beziehungen: Deutschlandpolitik, S. 215-287.

38 Ebd., S. 216.

39 Ebd., S. 217.

40 Vgl. auch Kemmler: Entstehung, S. 135 ff.

41 Vertrag über die Schaffung einer Währungs-, Wirtschafts- und Sozialunion zwischen der Bundesrepublik Deutschland und der Deutschen Demokratischen Republik, in: Bundesministerium für innerdeutsche Beziehungen: Deutschlandpolitik, S. 222.

und mittleren Betrieben« zu erzeugen, die Basis für »mehr Wachstum« und »zukunftssichere Arbeitsplätze« sei.[42]

Der Vertrag hielt daher fest, dass »wirtschaftliche Leistungen [...] vorrangig privatwirtschaftlich und im Wettbewerb erbracht« werden sollten; »unternehmerische Entscheidungen« müssten dabei »frei von Planvorgaben« erfolgen.[43] Es folgte ein Absatz, der einer Schraffur des künftigen Wirtschaftsumbaus nahekam:

> »Unternehmen im unmittelbaren oder mittelbaren Staatseigentum werden nach den Grundsätzen der Wirtschaftlichkeit geführt. Sie sind so rasch wie möglich wettbewerblich zu strukturieren und soweit wie möglich in Privateigentum zu überführen. Dabei sollen insbesondere kleineren und mittleren Unternehmen Chancen eröffnet werden.«[44]

Letztlich waren die Bonner Ministerialbeamten der Marschroute gefolgt, die sie im Januar und Februar aus Ludwig Erhards Essay herausgefiltert und in die politische Gegenwart appliziert hatten. Man setzte auf eine schnelle Währungsunion, das freie Spiel der Kräfte, Privateigentum, Wettbewerb sowie Preisbildung und suchte dabei weitgehend staatliche Planungen und zentrale Regulierungen zu vermeiden. Die ostdeutsche Seite hatte sich in den Verhandlungen demgegenüber auf die Durchsetzung sozialpolitischer Zugeständnisse sowie auf Fragen des Umtauschkurses konzentriert, nachdem die bundesdeutsche Seite von Anfang an verdeutlicht hatte, dass sie zu Kompromissen oder gar Korrekturen an ihrem ordnungspolitischen »Erfolgsmodell« in keinerlei Weise bereit war.

5.2 »Der einzige Lösungsansatz, wenn richtig gemanagt«: Der Weg zum Gesetz

Jenseits der Überlegungen zur »Sozialen Marktwirtschaft« oder zur schnellen »wettbewerblichen« Umgestaltung der DDR-Betriebe ging der Staatsvertrag nicht näher auf organisatorische oder personalpolitische Szenarien zur Umsetzung ein, was den Beteiligten durchaus bewusst war. Seit Anfang Mai war die Umgestaltung der ostdeutschen Betriebslandschaft auf die Agenda der bundesdeutschen Ministerialbürokratie gerückt – und damit auch die Treuhandanstalt als notarielle Eigentümerin des Volksvermögens. Während der Verhandlungsrunden sei Tietmeyer »immer deutlicher« geworden, »welche zentrale Rolle diese Institution bei der Umgestaltung der DDR-Wirtschaft zu spielen

42 Ebd., S. 223.
43 Ebd., S. 237.
44 Ebd., S. 239.

haben« würde. Die bundesdeutsche Delegation zweifelte jedoch grundlegend am Zustand der DDR-Behörde:

> »Die noch von der Regierung Modrow gegründete [Treuhandanstalt, M.B.] musste sowohl eine neue Aufgabendefinition als auch eine neue Struktur erhalten. Bisher war sie nicht mehr und auch nicht weniger als eine nur aus den Ministerien ausgelagerte zentrale Wirtschaftsverwaltung, die zudem noch weitgehend von den früheren Funktionären der Ministerien geleitet wurde.«[45]

In Übereinkunft mit dem DDR-Delegationsleiter Günther Krause drängte Tietmeyer auf eine umfassende Neuausrichtung der Organisation, musste aber bald erkennen, dass dies nicht im Kontext der Verhandlungen geschehen könne. Er sei sich mit Krause »sehr schnell einig« geworden, dass die Treuhand baldmöglichst »grundlegend umgestaltet und vor allem mit dem vorrangigen Auftrag der Privatisierung versehen« werden müsse. Doch im Staatsvertrag habe man »nur allgemeine Orientierungen für die Wirtschaftspolitik der DDR« fixieren können, weil die »konkrete Umsetzung [...] zunächst Sache der DDR« geblieben sei.[46] In einem persönlichen Vermerk an Bundeskanzler Kohl vom 9. Mai kam Tietmeyer auf diese bislang wenig beachtete Organisation zu sprechen:

> »Für die Umstrukturierung der DDR-Wirtschaft ist im übrigen die sog. Treuhandstelle von zentraler Bedeutung (sie wird im Vertragstext nicht angesprochen, über Organisation und Ausgestaltung wird aber mit der DDR gesondert gesprochen).«[47]

Und in der Tat: Die von den Verhandlungspartnern perspektivisch ins Auge gefasste »Treuhandstelle« tauchte wenig später nur indirekt im Staatsvertrag auf, nämlich als selbst nicht näher definierte Halterin des »Treuhandvermögens«, dessen systematische »Verwertung«, so die allgemeine Erwartung im Mai 1990, die erwarteten Kosten des Wirtschafts- und Betriebsumbaus finanziell absichern sollte.[48]

In der Bundestagsdebatte zum Staatsvertrag vom 23. Mai hatte Bundesfinanzminister Theo Waigel, quasi in einem Nebensatz, den Fortbestand

45 Tietmeyer: Erinnerungen, S. 115.

46 Ebd.

47 Vermerk des Beauftragten des Bundeskanzlers, Tietmeyer, und des Ministerialrats Ludewig, Bonn, 8. Mai 1990 [Dok.-Nr. 271], in: Küsters/Hofmann: Dokumente, S. 1098-1110, hier S. 1099.

48 Vertrag über die Schaffung einer Währungs-, Wirtschafts- und Sozialunion zwischen der Bundesrepublik Deutschland und der Deutschen Demokratischen Republik, in: Bundesministerium für innerdeutsche Beziehungen: Deutschlandpolitik, S. 231.

der Treuhand offiziell angekündigt. Ein Erfolg des Wirtschaftsumbaus sei nur dann denkbar,

> »wenn die Privatisierung des sogenannten Volkseigentums so rasch wie möglich vorankommt, wenn die Tür weit für neues Kapital und für Unternehmenskooperationen geöffnet wird und wenn sich unternehmerisches Denken in allen Bereichen der DDR-Wirtschaft durchsetzt«.[49]

Die Betriebe in der DDR seien gegenwärtig, wie Waigel warnte, »nur zu einem geringen Teil sofort voll wettbewerbs- und damit privatisierungsfähig«. In diesem Zusammenhang kam er nun direkt auf organisatorische und personelle Aspekte des Umbaus zu sprechen:

> »Der Treuhandanstalt, die noch von der Übergangsregierung Modrow errichtet wurde, kommt bei der Privatisierung des Industrie- und Grundvermögens eine zentrale Rolle zu. Sie ist allerdings nach ihrem personellen und organisatorischen Zuschnitt denkbar schlecht gerüstet. Die DDR-Regierung wird jetzt eine schlagkräftige Beteiligungsverwaltung aufbauen, die in der Lage ist, schnelle Privatisierungserfolge zu erzielen.«[50]

Bringe die DDR-Regierung den personellen wie organisatorischen Umbau zügig voran, so führte der Bundesfinanzminister aus, werde auch die »Wettbewerbsfähigkeit« vieler ostdeutscher Betriebe bald wachsen. Die Restrukturierung der dann noch verbleibenden angeschlagenen Unternehmen werde sich aus den »zu erzielenden Privatisierungserlösen schließlich selbst tragen«.[51] Die Privatisierung erschien als sich selbst verstärkender Prozess, bei dem die Treuhand als eine Art marktwirtschaftlicher Durchlauferhitzer funktionieren sollte.

In der DDR war die personalpolitische Debatte indes nicht neu. Der SPD-Volkskammerabgeordnete Frank Bogisch etwa wollte die Treuhand zwar als Organisation grundsätzlich erhalten, sie »aber personell ganz neu« besetzen.[52] Ein Vertreter der CDU erklärte am Rande der Koalitionsverhandlungen in Ostberlin, dass nur Fachleute von außen in der Planwirtschaft »durchgreifen und richtig aufräumen« könnten, weil »Leute von hier da zu viele Hemmungen« besäßen.[53]

49 Aussprache im Deutschen Bundestag zum Vertrag über die Schaffung der Währungs-, Wirtschafts- und Sozialunion der beiden deutschen Staaten vom 23. Mai 1990, in: Bundesministerium für innerdeutsche Beziehungen: Deutschlandpolitik, S. 295-318, hier S. 303.

50 Ebd., S. 304.

51 Ebd.

52 »Richtig aufräumen«, in: Der Spiegel, 16.4.1990.

53 Ebd.

Im Frühsommer 1990 waren die Übergänge zwischen der übergeordneten Debatte um das Für und Wider des Staatsvertrages hin zu dessen praktischer Implementierung auf personeller und organisatorischer Ebene also durchaus fließend. Während die deutsch-deutschen Delegationen über letzte Details des Staatsvertrages verhandelten, stellte Ministerpräsident Lothar de Maizière Mitte Mai eine informelle Arbeitsgruppe Treuhandgesetz aus Experten und Vertrauten zusammen, die direkt beim Amt des Ministerpräsidenten angesiedelt war. Zeitgleich entwickelten Bonner Ministerialbürokratie sowie einige Ökonomen eigene Entwürfe für eine Neuausrichtung der »Modrow-Treuhand«. Auch Vertreter der bundesdeutschen Banken- und Finanzwelt wurden in diese Konsultationen einbezogen, in denen es nicht zuletzt galt, die künftige Vergabe privater Kredite und Bürgschaften an die im Treuhand-Bestand befindlichen Unternehmen nach dem 1. Juli 1990 abzusichern.[54]

Von Mai bis Juni zirkulierte im Dreieck Bonn, Ostberlin und Frankfurt eine Reihe von Konzeptentwürfen und Thesenpapieren, die der Frage nachgingen, *wie* man die »Treuhandstelle« durch ein Gesetz so umgestalten könne, dass sie ihren vorerst noch abstrakt umrissenen Auftrag bewältigen könne. Offenbar wurde zu diesem Zeitpunkt weder in Bonn noch in Ostberlin ernsthaft über mögliche Alternativen zu einem Umbau der Treuhandanstalt nachgedacht, da sich die Akteure durch die knappe Frist bis zum Vollzug der Wirtschafts- und Währungsunion zum 1. Juli massiv unter Entscheidungs-, Zeit- und Handlungsdruck gesetzt sahen – zumal die künftige Tragweite der noch formbaren kleinen Organisation noch nicht vollends erkannt worden war.[55]

Ministerialbeamte aus dem Bundeskanzleramt und dem Bundeswirtschaftsministerium hatten ihre Vorstellungen am 17. Mai in einem eigenen Konzept zu Papier gebracht. Ihnen missfiel die Idee einer zentralistischen »Zusammenfassung des gesamten volkseigenen Vermögens [...] in einer einzigen Treuhandeinrichtung«; »im Interesse einer raschen und flexibleren Privatisierung und Umstrukturierung der DDR-Wirtschaft« böte sich demgegenüber eine »Gliederung in drei Treuhandeinrichtungen (gewerbliches Vermögen, Wohnungswesen, Landwirtschaft)« an.[56] In Bonn hatte man verschiedene Rechtsformen diskutiert und dabei eine klare »Präferenz für eine AG« entwickelt, die durch das Aktiengesetz »feste Regeln (insbesondere Entscheidungs- und Verantwortungsstrukturen)«, eine »überragende Funktion des Vorstandes« sowie eine »paritätische

54 Vgl. dazu insbesondere Kemmler: Entstehung, S. 155ff.

55 Ebd., S. 155-160.

56 Erläuterungen zur Organisation der Privatisierung des volkseigenen Vermögens vom 17.5.1990, in: Kemmler: Entstehung, S. 405.

Mitbestimmung der Arbeitnehmer« biete. Der entscheidende Vorzug sei jedoch die »klare Trennung zwischen Treuhandeinrichtung und Staat«. Diese Staatsferne sollte die Privatisierungen durch gezielte »Mobilisierung unternehmerischen Sachverstandes« befördern: »In die Führungs- und Aufsichtsgremien sind konzern- und sanierungserfahrene Unternehmer zu berufen.«[57] Das Papier sah schließlich auch eine lose politische Kontrolle der Treuhand durch den Finanzminister sowie eine »kontinuierliche Unterrichtung« des Parlaments vor.[58] Die Grundlage des vorgeschlagenen Umbaus sollte allerdings keine Verordnung, sondern ein eigenes Gesetz sein, das zugleich »die Umwandlung der Betriebe in Kapitalgesellschaften« beschleunigen könne.[59]

Die Vorschlagsskizze aus den Bonner Ministerien blieb nicht unwidersprochen. Am 20. Mai 1990 legte eine andere Autorengruppe, bestehend aus dem Bielefelder Wirtschaftsjuristen Peter Hommelhoff, dem Münsteraner Juristen Walter Krebs, dem Bielefelder Bankier Horst Annecke sowie dem Bundesgeschäftsführer des CDU-Wirtschaftsrates, Rüdiger von Voss, einen weiteren Vorschlag vor.[60] Dieser modellierte die Treuhand deutlich staatsnäher, da ihre funktionale Aufgabe »im wesentlichen in einer Ver- und Zuteilung von Wettbewerbschancen« bestehe und ihr damit grundsätzlich ein genuin staatlicher, nicht-unternehmerischer Charakter immanent sei.[61] Eine enge »Anbindung der Organisationseinheit an die zentrale politische Leitung und deren Willensorgane« erschien den Autoren angesichts ihrer »politischen Dimension« angebracht. Das Gebilde sollte dabei in eine »Kombination aus zentraler und dezentraler Organisationsstruktur« gegliedert werden, da eine »rein zentrale Organisation« sowohl mit der »Komplexität der zu erledigenden Aufgaben« überfordert sei, als auch eine »staats- und wettbewerbspolitisch bedenkliche [...] Machtzusammenballung« darstellen würde. Aufgrund der genuin »hoheitliche[n ...] Aufgaben« der Organisation verwarfen die Juristen eine privatrechtliche Organisationsform und plädierten für eine öffentlich-rechtliche Ausgestaltung, um nicht zuletzt auch deren Gemeinwohlorientierung zu unterstreichen.[62]

Die »Komplexität« des postsozialistischen Wirtschaftsumbaus mache allerdings, wie Hommelhoff und Krebs argumentierten, eine »organisato-

57 Ebd., S. 406.

58 Ebd.

59 Ebd., S. 407.

60 Vgl. Kemmler: Entstehung, S. 155 ff.

61 Zit. nach Fischer, Wolfram; Schröter, Harm: Die Entstehung der Treuhandanstalt, in: Fischer/Hax/Schneider: Treuhandanstalt, S. 17-40, hier S. 34.

62 Hommelhoff, Peter; Krebs, Walter (Hg.): Treuhandanstalt und Treuhandgesetz, Köln 1990, 2.6/1.

rische Binnendifferenzierung« der Treuhand als »dem größten ›Unternehmen‹ der Welt«[63] zwingend notwendig, was nicht zuletzt mit der nötigen Rekrutierung geeigneten Personals zusammenhänge. Die »problem- und sachnahe Aufgabenwahrnehmung« erfordere

> »Organisationseinheiten, die den am Wirtschaftsleben Beteiligten als funktionsfähig und effektiv vertraut sind; sie müssen auch für anzuwerbende, derzeit noch nicht in ausreichender Zahl zur Verfügung stehende Fachleute attraktiv sein«.[64]

Aus diesem Grund sollten drei privatrechtlich verfasste AGs unterhalb einer öffentlich-rechtlich formierten Treuhandanstalt angesiedelt werden, in denen die Betriebe durch erfahrene Wirtschaftsexperten in unternehmerischer Manier »zu entflechten, zu restrukturieren, zu sanieren und möglichst zügig [...] zu privatisieren« seien. Das Aufgabenspektrum dieser hybriden Organisation sollte letztlich die »effiziente Überführung des volkseigenen Vermögens in privatrechtliche Eigentumsformen« umfassen; das Treuhand-Personal habe daher »nach den Prinzipien der sozialen Marktwirtschaft notwendige [...] Konzepte zu erstellen und gegenüber den politischen Leitungseinheiten zu verantworten«.[65]

Die Juristen schlugen darüber hinaus die Bildung eines »Sachverständigenrates« vor, in dem »hoch angesehene Persönlichkeiten der Wirtschaft, der Gewerkschaften und sonstiger Bereiche der Gesellschaft« den Vorstand in »Grundfragen der Privatisierung« beraten sollten. Die erwarteten Überschüsse aus dem Privatisierungsgeschäft wollten die Autoren »dem Staat für Investitionszwecke zurückführen«; die »Interessen der Arbeitnehmer, am Vermögen ihrer Unternehmens- und Vermögenseinheit individuell beteiligt« zu werden, sollten »angemessen berücksichtigt« werden, wobei dies als nachrangig zu betrachten sei.[66]

Während die Entwürfe aus Bonn und Bielefeld eng an Fragen der Organisation, Struktur und Rechtsform beziehungsweise der Staatsnähe oder -ferne orientiert blieben, setzte ein »Thesenpapier« von Eberhard Weiershäuser unter der pathetischen Überschrift »Treuhandanstalt = die schicksalhafte Schlüsselrolle in der Umstrukturierung der DDR-Wirtschaft« vom 21. Mai merklich andere Akzente. Weiershäuser, Chef der Hamburger Privatbank Schröder Münchmeyer Hengst & Co (SMH), hatte das Papier als Gesprächsgrundlage für ein Treffen in Bonn erarbeitet, an dem Vertreter von Bundesregierung, DDR-Regierung und der bundesdeutschen

63 Ebd., 2.6/2.
64 Ebd., 2.6/3.
65 Ebd., 2.6/6.
66 Ebd., 2.6/5.

Banken beteiligt waren. Hinsichtlich einer Kreditvergabe an Treuhand-Unternehmen formulierte der Banker apodiktisch: »Ohne Klärung des Eigentums keine Finanzierung. Ohne Finanzierung keine Restrukturierung der DDR-Wirtschaft.« Das »Modell der Treuhandanstalt« erschien Weiershäuser als »der einzige Lösungsansatz, wenn richtig gemanagt«.[67] Der Finanzmanager interessierte sich dabei weniger für rechtliche oder organisatorische Varianten als für eine gezielte und sachgerechte Auswahl von vertrauenswürdigem, erfahrenem Führungspersonal. Der gegenwärtigen ostdeutschen Besatzung sprach er jedwede Eignung ab:

> »Nur höchste Qualität von Managern und Beamten garantiert Erfolg (Trümmerhaufen abgehalfterter Ex-›SED-Beamter‹ ist das Todesurteil für die Treuhandanstalt und den Privatisierungsprozess).«[68]

Die Treuhand müsse prominent von einem »angesehenen DDR-Manager/Politiker« geführt werden; die Organisation sei insgesamt nach »Industriezweigen« zu gliedern. Für die jeweilige Führung der »Industrieabteilungen« schwebte Weiershäuser eine deutsch-deutsche Tandemlösung vor:

> »Die Chefs der Industrieabteilungen müssen unbedingt Fachexpertise haben. Jedem Industriesegment ist ein unabhängiger Industrie-Experte höchsten Kalibers aus Westdeutschland (in Ausnahmen EG-Staaten) zur Seite zu stellen, ohne dessen Votum keine Entscheidung gefällt werden kann (z.B. Verkauf, Sanierung, Stilllegung). Er orchestriert die Einsätze der Wirtschaftsprüfer und Consulting-Firmen. Keine ehrenamtliche Tätigkeit. Auf die Pay-Roll der T[reuhandanstalt, M.B.]. Bezahlung auf dem Niveau westdeutscher Holding-Vorstände.«[69]

Auch für den Aufsichtsrat wollte Weiershäuser sieben »angesehene unabhängige Persönlichkeiten aus Verwaltung und Wirtschaft« rekrutieren: »Vollamtlich. Nicht ehrenamtlich! Full time.«[70] Um schließlich zu erwartende »Unsauberkeiten in diesem hochbrisanten Prozess zu minimieren«, forderte er zugleich den sofortigen Aufbau einer »starke[n] unabhängige[n] Kontroll-(Revisions-)Truppe«. Am Ende fasste der Finanzmanager die Vorzüge seiner Überlegungen prägnant zusammen. Nur eine »so strukturierte Treuhandanstalt« garantiere

67 Thesenpapier zur Konzeption der Treuhandanstalt von Dr. Eberhard Weiershäuser (Schröder Münchmeyer Hengst & Co., Frankfurt), dem Verhandlungsführer der bundesdeutschen Banken, vorgelegt am 21. Mai 1990 in Bonn [Anhang 11], in: Kemmler: Entstehung., S. 403.

68 Ebd.

69 Ebd.

70 Ebd.

> »die notwendige Autorität; schnelle, erste Privatisierungserfolge; objektive, ›marktgerechte‹ Verkaufspreise für Unternehmen und Unternehmensteile; sachgerechte Sanierungsentscheidungen; objektive Stilllegungsbeschlüsse; [sie, M.B.] maximiert die Erlöse aus dem Verkauf des ›Volksvermögens‹ und minimiert dadurch gleichzeitig die ›Kosten‹ und Folgekosten für die BRD«.[71]

Derlei vielstimmige Entwürfe zum Organisationsumbau aus Politik, Wissenschaft und Wirtschaft gingen in der zweiten Maihälfte bei der von Lothar de Maizière einberufenen, informellen Arbeitsgruppe Treuhandgesetz in Ostberlin ein. Diese Expertenrunde war eine bemerkenswerte Versammlung aus DDR-Wirtschaftsfunktionären, ostdeutschen »Wende«-Politikern und liberalkonservativen Beamten aus der Bundesrepublik. Neben dem ins Treuhand-Direktorium übergewechselten Wolfram Krause zählten dazu: der hochrangige DDR-Justizbeamte Stephan Supranowitz, der Jurist Ludwig Penig, der vormalige stellvertretende Minister für Leichtindustrie und Wirtschaftsstaatssekretär Gunter Halm sowie der parlamentarische CDU-Staatssekretär Günther Krause, der soeben erst als Leiter der DDR-Delegation die Verhandlungen zum Staatsvertrag abgeschlossen hatte. Zwei weitere der sieben Experten stammten aus der Bundesrepublik: Thomas de Maizière, verbeamteter Jurist in Diensten des Berliner Senats und Cousin des Ministerpräsidenten, sowie der konservative Politstratege Fritz Holzwarth, bisheriger Leiter der Abteilung Wirtschaft und Gesellschaft der CDU, den die Bundesregierung als persönlichen Berater Lothar de Maizières an die Spree entsandt hatte.[72]

In großer Eile wurde nun zwischen Bonn und Ostberlin ein erster Entwurf für ein Treuhandgesetz kondensiert und verfeinert, wobei die in die Prozesse eingebundenen Beamten im Bundeskanzleramt, Bundesfinanz- und Bundeswirtschaftsministerium im Hintergrund fortwährend darauf drängten, die Schlüsselrolle einer schnellen und vollständigen Privatisierung im Gesetzestext prominent herauszustellen.[73]

Am 7. Juni, nach nur knapp zwei Wochen Bearbeitungszeit, leitete die DDR-Regierung schließlich den Entwurf für ein »Gesetz zur Privatisierung und Reorganisation des volkseigenen Vermögens« an die Volkskammer weiter. Schon die Präambel des Gesetzentwurfs sollte das Kernanliegen des Wirtschaftsumbaus zum Ausdruck bringen: Als fundamentales Ziel unterstrich sie die »Absicht, die unternehmerische Tätigkeit des Staates durch Privatisierung rasch und so weit wie möglich zurückzuführen«; zudem sollten »die Wettbewerbsfähigkeit möglichst vieler Unternehmen«

71 Ebd., S. 404.

72 Vgl. Kemmler: Entstehung, S. 155-165.

73 Grosser: Wagnis, S. 351.

hergestellt und »Arbeitsplätze gesichert« werden.[74] In vierundzwanzig Paragrafen hatten die Gesetzesautoren ein legislatives Webmuster für die Umgestaltung der Organisation entworfen. An der prominentesten Stelle, im ersten Artikel des ersten Paragrafen, forderte der Entwurf: »Das volkseigene Vermögen ist zu privatisieren.«[75] Im zweiten Paragrafen zu »Stellung und Aufgaben der Treuhandanstalt« wurde die Rechtsform einer »Anstalt öffentlichen Rechts« gewählt, die der »Privatisierung und Verwertung volkseigenen Vermögens nach den Prinzipien der sozialen Marktwirtschaft« diene; daneben habe sie »die Strukturanpassung der Wirtschaft an die Erfordernisse des Marktes« zu befördern, »indem sie insbesondere auf die Entwicklung sanierungsfähiger Betriebe zu wettbewerbsfähigen Unternehmen und deren Privatisierung Einfluss« nehme.[76] Die folgenden Artikel führten mit dem Vorstand und dem Verwaltungsrat die zwei zentralen Gremien ein: Der Vorstand, ein Kollegialorgan bestehend aus Präsidenten und vier weiteren Mitgliedern, sollte die operativen Geschäfte gestalten und von der DDR-Regierung berufen werden. Der Verwaltungsrat sollte den Vorstand überwachen und beraten, seine 15 Mitglieder vom Ministerpräsidenten nominiert werden. Dabei galt es, »Persönlichkeiten zu berufen, die insbesondere über eine hohe fachliche Kompetenz und umfangreiche Erfahrungen bei der Führung und Sanierung von Unternehmen sowie bei der Tätigkeit am Kapitalmarkt verfügen«.[77]

Die folgenden Paragrafen des Gesetzentwurfs entfalteten das eigentliche Ablaufskript des praktischen Wirtschaftsumbaus, indem sie sich den »Treuhand-Aktiengesellschaften« zuwandten. Die Treuhand solle »ihre Aufgaben in dezentraler Organisationsstruktur über nach unternehmerischen Grundsätzen arbeitende Aktiengesellschaften« verwirklichen, die »spätestens innerhalb von zwei Monaten nach Inkrafttreten dieses Gesetzes« zu gründen seien.[78] Diese AGs sollten »unter Hinzuziehung von Unternehmensberatungs- und Verkaufsgesellschaften sowie Banken und anderen geeigneten Unternehmen gewährleisten«, dass ihre Aufgaben »unternehmerisch und dezentral gelöst« werden.[79] Bezüglich ihrer Organisation schrieb das Gesetz lediglich vor, dass sie »solche Strukturen zu schaffen [haben, M.B.], die den Bedingungen des Marktes« entsprechen

74 Beschlußempfehlung und Bericht des Wirtschaftsausschusses vom 14. Juni 1990 zum Antrag des Ministerrates der Deutschen Demokratischen Republik vom 6. Juni 1990, Drucksache 55a, in: Treuhandanstalt: Dokumentation, S. 144-177, hier S. 148.

75 Ebd., S. 150.

76 Ebd., S. 150.

77 Ebd., S. 157.

78 Ebd., S. 161 ff.

79 Ebd., S. 163.

sollten.[80] Jede Aktiengesellschaft habe über einen eigenen Aufsichtsrat zu verfügen; die Vorstände sollten »Erfahrungen bei der Leitung von Unternehmen, insbesondere bei der Veräußerung von Geschäftsanteilen« vorweisen können, um künftig alle »marktmäßigen Möglichkeiten« zum Betriebsumbau ausschöpfen zu können.[81]

Der Gesetzesentwurf ließ damit verschiedene Facetten der Expertendiskussion zur Reorganisation aufscheinen, wobei sich insbesondere Ministerpräsident Lothar de Maizière immer wieder gegen wiederholte Vorwürfe zur Wehr setzte, die Ausgestaltung des Gesetzentwurfs sei auf den Druck bundesdeutscher Berater und Lobbyisten zurückzuführen.[82] Was im Staatsvertrag lediglich als Ordnungsrahmen, nämlich als »Soziale[] Marktwirtschaft«, definiert wurde, versuchten die Verfasser des Treuhandgesetzes nun in ein organisatorisch-praktisches Drehbuch zu übersetzen. Der Privatisierungsimperativ bildete den zentralen Dreh- und Angelpunkt einer reorganisierten Treuhandanstalt, die durch das Gesetz zu einer marktorientierten Privatisierungsagentur umgeformt werden sollte. In Form einer »Anstalt öffentlichen Rechts« fungierte ihre Zentrale als überschaubare, politisch eng mit der Regierung verzahnte Dachgesellschaft, in deren Verwaltungsrat unternehmerischer Sachverstand aus der Privatwirtschaft versammelt werden sollte. Während also die Zentrale den »staatsnahen« Pol dieser Doppelkonstruktion bildete, würden die Aktiengesellschaften, deren Zahl und Zuschnitt noch offenblieb, demgegenüber als »unternehmerische« – personell, organisatorisch wie prozedural streng marktorientierte – Gegengewichte fungieren, die das operative Privatisierungsgeschäft in die Praxis umsetzten.

Die im ersten Gesetzesentwurf umrissene Organisation sollte damit mehrfach einen scharfen Bruch mit den bestehenden Strukturen vollziehen. *Konzeptionell* mit ihrer ordnungspolitischen Orientierung an den Prinzipien der »Sozialen Marktwirtschaft«, realisiert durch einen unbedingten wie forcierten Privatisierungsprimat; *organisatorisch* mit der Doppelstruktur aus einer politik- und staatsnahen Zentrale sowie politikfernen und marktorientierten Aktiengesellschaften; *personell* durch die avisierte Besetzung der operativen Schlüsselpositionen durch »markterfahrenes« Personal, das aus der bundesdeutschen Wirtschafts- und Unternehmens-

80 Ebd., S. 164.

81 Ebd., S. 165; die weiteren Paragrafen regelten schließlich prozedurale Fragen der eigentumsrechtlichen Umwandlung der Kombinatsbetriebe, gaben Auskunft über die durch die Unternehmen bei der Treuhandanstalt einzureichenden Dokumente und enthielten weitere Übergangs- und Schlussbestimmungen.

82 Dazu, aber auch insgesamt zur letzten DDR-Regierung: Stuhler, Ed: Die letzten Monate der DDR. Die Regierung de Maizière und ihr Weg zur deutschen Einheit, Bonn 2010.

landschaft gewonnen werden sollte. Doch bevor der organisatorische und personalpolitische Umbau in Angriff genommen werden konnte, musste das Gesetz noch eine finale Hürde nehmen: die Volkskammer der DDR.

5.3 »Volksenteignung«? Das Treuhandgesetz in der Volkskammer

Am 7. Juni lag der Entwurf zum Treuhandgesetz in der Volkskammer zur Debatte vor. Er löste eine Aussprache aus, die bisweilen turbulente, emotionale und chaotische Züge annahm – die Parlamentarier nahmen den Entwurf nicht gerade begeistert zur Kenntnis.[83] Ein Vertreter der oppositionellen Fraktionsgemeinschaft aus Deutscher Bauernpartei (DBD) und Demokratischem Frauenbund Deutschlands (DFD) erkannte zwar einen »dringenden Handlungsbedarf zur Privatisierung«, vor allem in Hinblick auf die »ab 1. Juli 1990 wirkende [...] soziale Marktwirtschaft«. Sein Resümee lautete vernichtend: Der Text kranke an »mangelnder Qualität, mangelnder Detailkenntnis, Unvollständigkeit und vor allen Dingen an Konzeptlosigkeit infolge mangelnden Verständnis [sic!] der Autoren für Ziel und Inhalt der sozialen Marktwirtschaft«.[84] Im Namen seiner Fraktion empfahl er den »Gesetzesautoren« – und damit ironischerweise auch den involvierten Bonner Ministerialbeamten – eine nicht ganz unbekannte Lektüre. Sie sollten

> »die von Ludwig Erhard im Jahre 1953 vorgelegten Grundsätze und Prinzipien der sozialen Marktwirtschaft [...] studieren. Nur so kann vermieden werden, dass einer Neuvorlage dieses Gesetzes wieder der alte Zopf der Vorstellung Treuhandverwaltung gleich Über-VVB gleich verwaltetes Volkseigentum im Spartopf anhaftet.«[85]

Dem Abgeordneten erschien das vorgeschlagene Treuhand-Modell zu zentralistisch und zu wenig marktwirtschaftlich orientiert. Im Gegenzug schlug er vor, die Aktien der Betriebe frei handelbar anzubieten, um

83 Glocke, Nicole: Spontaneität war das Gebot der Stunde. Drei Abgeordnete der ersten und einzigen frei gewählten DDR-Volkskammer berichten, Halle 2011; Hausmann, Christopher: Die 10. Volkskammer der DDR 1990. Elitenpool der ersten Stunde, in: Zeitschrift für Parlamentsfragen, 31 (2000), S. 527-541; neuere historische Untersuchungen zur 10. Volkskammer der DDR sind derzeit jedoch noch nicht verfügbar.

84 Volkskammer der Deutschen Demokratischen Republik: Stenographisches Protokoll, 10. Wahlperiode, 11. Tagung, 7. Juni 1990, in: Treuhandanstalt: Dokumentation, Bd. 1., S. 178-186, hier S. 179.

85 Ebd.; »VVB« bzw. »Vereinigung Volkseigener Betriebe« waren eine sozialistische Rechtsform für die Betriebe in der frühen DDR-Planwirtschaft, die im Laufe der 1960er-Jahre durch die Kombinate abgelöst wurde, vgl. Steiner: Von Plan zu Plan.

»über den Kurs die Qualität des Managements« am Kapitalmarkt direkt durch die Anleger bewerten zu können.

Der liberale Abgeordnete Jochen Steinecke, Vorsitzender des Volkskammer-Wirtschaftsausschusses, strich die Tragweite des Gesetzentwurfes heraus. Es handle sich um nicht weniger als um »eine der schwerwiegendsten Entscheidungen«, die die Weichen für »die wirtschaftliche Prosperität in unserem Land und in den Ländern hier in den nächsten Jahren« stellen werde.[86] Steinecke, immerhin führender Wirtschaftspolitiker einer Koalitionsfraktion, artikulierte »schwerwiegende Bedenken« gegen den von der eigenen Regierung eingebrachten Gesetzestext, »weil der Entwurf marktwirtschaftlichen Grundsätzen nicht« entspreche. Er unterschied in seiner Rede »zwei […] große […] Probleme«, die beim ostdeutschen Wirtschaftsumbau zu bewältigen seien:

> »Wir müssen nicht nur die Strukturdifferenzen in unserem Lande bereinigen durch wirtschaftliche Entscheidungen, sondern wir müssen Entscheidungen treffen durch ein Gesetzespaket, die die Grundlage der sozialen Marktwirtschaft überhaupt erst einmal zum Tragen bringen, und das ist nämlich der Wettbewerb.«[87]

In Steineckes Betrachtung fielen der *Abbau* des planwirtschaftlichen Systems und der *Aufbau* der wettbewerblichen Grundlagen der Marktwirtschaft nicht automatisch in eins, sondern bildeten zwei voneinander getrennte Problemkreise. Steineckes Kritik entzündete sich an der paradoxen Rolle des Staates, der über die Treuhandanstalt den Entstaatlichungsprozess selbst aktiv steuern sollte:

> »Wir finden in diesem Gesetz ganz einfach zu viel Staat, und der Staat ist nicht imstande – das zeigen nun die Experimente sozialistischer Art in Mittel- und Osteuropa – die Wirtschaft im Detail zu führen. Seine Aufgabe besteht darin, kluge, vorausschauende Rahmenbedingungen für die Wirtschaft zu schaffen […].«[88]

Die starke Staatsfixierung machte Steinecke etwa an der zurückgenommenen Beraterrolle des Verwaltungsrates fest. Die Treuhand solle und müsse sich viel stärker an westlichen Referenzen orientieren:

> »Warum lernen wir nicht von prosperierenden Wirtschaften des westlichen Auslands und siedeln die Treuhandanstalt nach marktwirtschaftlichen Gesichtspunkten an. Warum machen wir das nicht einfach?«[89]

86 Ebd., S. 181f.
87 Ebd., S. 182.
88 Ebd.
89 Ebd.

Schärfer im Tonfall trug der Vertreter von Bündnis 90, der Physiker Günter Nooke, einen Angriff gegen den Gesetzentwurf vor. Er brandmarkte das anvisierte Organisationsmodell als »Skandal«, welcher die wirtschaftspolitische »Konzeptlosigkeit« der DDR-Regierung in grellem Licht aufscheinen lasse. Man »könnte darüber lachen«, wenn es nicht »an dem entscheidenden Punkt hier um Wohl und Wehe dieses Teiles Deutschlands« ginge und »Entscheidungen für Jahrzehnte« getroffen würden. Er kleidete seine Ablehnung in die Formel einer »Volksenteignung in nie dagewesenem Ausmaß«, die »ein Volk von Sozialhilfeempfängern und Angestellten« zur Folge haben werde. Da die Regierung auf die Ausgabe von Anteilsscheinen verzichten wolle, fehle es den Ostdeutschen zukünftig an Eigentum, das aber die Grundvoraussetzung für eine Teilhabe am marktwirtschaftlichen Umbauprozess sei. Er könne sich daher »des Zweifels nicht erwehren«, so Nooke, »als würde über die Treuhand das Volkseigentum in Form von Staatseigentum in die persönliche Verfügung des Ministerpräsidenten gestellt«.[90]

Nooke geißelte die drohende »Bürokratisierung« und »eine Verquickung von Politik und Wirtschaft«, »die den Prinzipien der sozialen Marktwirtschaft Hohn« spreche: »Organisierter Ineffizienz und – was weitaus gefährlicher ist – Korruption werden Tür und Tor geöffnet.«[91] Der Abgeordnete forderte einen vergrößerten Verwaltungsrat, wobei er einerseits die Vertretung der »Eigentümer, also DDR-Bürger« anmahnte, andererseits »aber natürlich vor allem auch Kompetenz«, insbesondere »internationale Kompetenz« im Blick hatte und nicht allein »bundesdeutsche Ministerienvertreter«. Eine Internationalisierung auf Personalebene würde den »Standort DDR« gezielt »für Japaner und Nordamerikaner interessant machen« und damit die befürchtete, wirtschaftsnational eingefärbte »Verfilzung« der Betriebe durch bundesdeutsche Politik und Wirtschaft vermeiden helfen.[92]

Die von Günter Nooke aufgeworfene Frage nach der personellen Besetzung griff auch der SPD-Abgeordnete Harald Ringstorff auf, der von einer mit »alte[n] SED-Kader[n]« gekennzeichneten Situation in den DDR-Betrieben ausging:

> »Es müssen unbedingt Persönlichkeiten mit einschlägigen Erfahrungen gefunden werden, und es ist tunlichst zu vermeiden, dass die Besetzung eine rein nationale Angelegenheit wird. […] Man muss hier unbedingt internationale Erfahrungen nutzen, wie sie beispielsweise bei entspre-

90 Ebd., S. 180.
91 Ebd.
92 Ebd., S. 181.

chenden Persönlichkeiten und Unternehmen in den USA, Großbritannien, der Schweiz und anderen Ländern vorliegen.«[93]

Wie Nooke erweiterte Ringstorffs damit die fachlichen Anforderungen um das Kriterium der Internationalität. Die Korrektur der »bisher vorgenommene[n] Fehlbesetzungen durch alte Funktionäre« erschien dem SPD-Abgeordneten dabei als »ganz wichtiger Punkt«.[94] Auch Ringstorff nahm Anstoß an der »Einräumung der verbrieften Anteilsrechte zu einem späteren Zeitpunkt«, die »entsprechende Passage« erschien ihm letztlich »nur Kosmetik« zu sein.[95]

Während sich an diesem Tag noch keiner der Redner im Palast der Republik für den von der DDR-Regierung eingebrachten Entwurf eingesetzt hatte, war es am CDU-Abgeordneten Johannes Nitsch, das angestrebte Gesetzesvorhaben zumindest im Grundsatz zu verteidigen, insbesondere im Lichte der gegenwärtigen Krisensituation:

> »Die gesetzlichen Grundlagen, die wir bisher hatten, waren vom Ansatz nicht falsch; sie hatten jedoch den Fehler, dass sie das Ganze staatsbürokratisch organisieren wollten und das ausschließlich mit Menschen, die bisher nur sozialistische Planwirtschaft praktiziert hatten. Das ist für mich ein Widerspruch.«

Aber auch Nitsch forderte grundsätzliche organisatorische und personelle Veränderungen. Für ihn kam es nun darauf an,

> »dass die Privatisierung dieses sogenannten Volksvermögens privatwirtschaftlich organisiert wird und zwar mit Leuten, die die Marktwirtschaft aus dem Effeff beherrschen. Und dazu müssen wir Persönlichkeiten finden, die national und international so viel Vertrauen haben, dass sie potentiell Investoren in die DDR hineinholen. Nur wenn wir Personen mit Kompetenz, die Erfahrungen im Finanz- und Industriebereich und bei Sanierungs- und Konkursgesellschaften gewonnen haben, gewinnen, werden wir diese Aufgabe in angemessener Weise lösen können.«[96]

Die erste Lesung des Gesetzentwurfs in der Volkskammer am 7. Juni hatte damit aus Sicht der DDR-Regierung einen durchweg unglücklichen Verlauf genommen. Sämtliche Abgeordneten zeigten sich unzufrieden, die Vertreter der Koalition reklamierten erheblichen Nachbesserungsbedarf. Bemerkenswerterweise erschien den Volkskammerabgeordneten

93 Ebd., S. 184.
94 Ebd.
95 Ebd., S. 185.
96 Ebd., S. 186.

die vorgeschlagene Architektur als zu *staatsnah* und zu *zentralistisch*. Das Gros der Parlamentarier misstraute dem gegenwärtigen Personal in der Treuhand und den Betrieben; es herrschte Einmütigkeit, dass die Personalfrage den Schlüssel bei der praktischen Ausgestaltung marktwirtschaftlicher Umbauarbeiten darstellen würde. Die gezielte Gewinnung markterfahrenen Expertenpersonals erschien konsensfähig, auch wenn das Bündnis 90 oder die SPD eine rein »westdeutsche« Personalrochade durch eine gezielte Internationalisierung des Personaltableaus verhindern wollten.

Als am 15. Juni die zweite Lesung des Gesetzestextes folgte, hatten die involvierten Volkskammerausschüsse bereits einige Veränderungen eingearbeitet, über die Jochen Steinecke die Abgeordneten ins Bild setzte. Die Ausschüsse hatten die parlamentarische Mitsprache ausgeweitet und die vorgesehenen »Eingriffsmöglichkeiten« der Regierung in das operative Geschäft des Treuhand-Vorstands eingeschränkt; künftig sollten Ministerpräsident und Volkskammer ihren Einfluss als »Eigentümer« (ganz nach dem Vorbild einer Aktiengesellschaft) nur noch über die Berufung des kontrollierenden Verwaltungsrates ausüben. Eine Treuhandsatzung, die Steinecke »für das Funktionieren der Treuhandanstalt ganz wesentlich« erschien, sollte zügig und unter aktiver Beteiligung des Parlaments erarbeitet werden. Auch eine Gewährleistung der Mitbestimmung der Arbeitnehmer in den Treuhand-Aktiengesellschaften wurde im Gesetzestext verankert.[97]

In der folgenden Debatte zeigte die DDR-Regierung erkennbar mehr Präsenz und unterstrich damit die Bedeutung des Gesetzesentwurfs. DDR-Wirtschaftsminister Gerhard Pohl aus den Reihen der CDU bemühte sich intensiv um die Fürsprache der Abgeordneten. Das Gesetz sei »von grundlegender Bedeutung«, sowohl »in Richtung volkswirtschaftlich strategische Linien« als auch mit Blick auf »höchst aktuelle[] Liquiditätsprobleme« der DDR-Wirtschaft.[98] Der auf der Regierung lastende Handlungsdruck sei immens, insbesondere durch den nahenden Beginn der Wirtschafts-, Währungs- und Sozialunion am 1. Juli 1990, der für die Betriebe einem »Sturz ins kalte Wasser« gleichkomme. »Täglich« erhalte Pohls Ministerium deswegen »hunderte von Briefen aus Großbetrieben«; auch »an der Basis« habe der Wirtschaftsminister sich von der wachsenden Verunsicherung überzeugen müssen. Pohl gestand ein, dass das Vorpreschen der Regierung beim Gesetzentwurf eine »Zumutung für das parla-

97 Volkskammer der Deutschen Demokratischen Republik: Stenographisches Protokoll, 10. Wahlperiode, 14. Tagung, 15. Juni 1990, in: Treuhandanstalt: Dokumentation, Bd. 1., S. 187-200, hier S. 189.

98 Ebd., S. 191.

mentarische Verständnis« sei, aber ein »derartig enger Handlungsbedarf« habe keine andere Wahl gelassen.[99]

Dennoch gerieten die Parlamentarier abermals heftig aneinander. Der Bündnis-90-Abgeordnete Werner Schulz wurde deutlich:

> »Was Sie hier tun, ist die Enteignung der Bürger. Es ist die Volksenteignung in einem ungeheuerlichen Ausmaß. (Pfuirufe) Während der Honecker-Staat die Verfügungsgewalt über dieses Volkseigentum hatte, wollen Sie jetzt die Staatskassen durch die Veräußerung dieses Volkseigentums füllen.«[100]

Schulz stritt vehement mit einem CDU-Abgeordneten, der ihm eine »negative Tendenz über die Marktwirtschaft« vorwarf – worauf Schulz antwortete, dass die von seiner Fraktion favorisierte Ausgabe von Anteilsscheinen an die Bevölkerung ja wohl die eigentlich »liberale Privatisierung« sei.[101] Nun schaltete sich für die DBD/DFD-Fraktion Werner Meyer-Bodemann in die Debatte ein, der eine Annahme des veränderten Gesetzestextes befürwortete. Er ging dabei hart mit der von Bündnis 90 und Teilen der SPD propagierten Anteilsscheinlösung ins Gericht, die letztlich nur bewirken würde, »dass also jeder seinen Teelöffel von diesem Volkseigentum« bekomme:

> »Wollen wir nun weiter an der Utopie festhalten, die da sagt, wir können etwas teilen, was täglich und stündlich abnimmt, dieser Topf, dessen Inhalt ständig weniger wird, wenn er nicht schnellstens effizient genutzt und zur Sicherung unseres Vermögens eingesetzt wird, bis am Ende nichts mehr übrig bleibt, weil es verschleudert worden ist [...].«[102]

Als Gegenentwurf beschrieb er den im Treuhandgesetz skizzierten Weg einer forcierten Privatisierung der Unternehmen durch westliche Experten:

> »Das wichtigste, was hinter dieser Treuhandgeschichte steht, ist, [...] dass dieses Vermögen effizient genutzt und gemehrt wird, und dazu ist eine Konzeption erforderlich, und bei dieser Konzeption werden wir selbstverständlich nicht umhin können, auch Vertreter aus Westeuropa hinzuzuziehen, weil uns leider auf Grund unserer Vergangenheit die nötige Kenntnis an der einen oder anderen Stelle fehlt.«[103]

99 Ebd.
100 Ebd., S. 193.
101 Ebd., S. 194.
102 Ebd., S. 196.
103 Ebd., S. 196.

Der PDS-Wirtschaftsexperte Klaus Steinitz nahm grundsätzlich Anstoß am Primat der Privatisierung, den er als »absolut vereinfacht, [...] einseitig und falsch« geißelte.[104] Er forderte demgegenüber »gleiche Wettbewerbsbedingungen für alle Eigentumsformen« sowie eine genaue Festlegung bezüglich der Verwendung der Privatisierungserlöse zur »Strukturanpassung« sowie der »Sanierung« der Staatsfinanzen; das Volksvermögen dürfe nicht als »irgendeine imaginäre Größenordnung« in den Haushalten eines vereinten Deutschlands aufgehen.[105]

Jochen Steinecke beendete schließlich die Aussprache in der Volkskammer. Den erhobenen Forderungen nach einer partiellen und befristeten Fortexistenz des Staatseigentums erteilte er mit Blick auf vergangene »Experimente« eine eindeutige Absage:

> »Ich denke jetzt gar nicht an die sozialistischen Länder. Ich denke z.B. an England, ich denke an die sozialistischen Überlegungen, die manchmal in der französischen Wirtschaft angestellt wurden. Nein, meine Damen und Herren, es geht hier um eine ganz straffe Reorganisation in schneller Schrittfolge.«[106]

Als Crux beim Um- und Aufbau der Treuhandanstalt erschien dem Abgeordneten »die Frage, wie wir verhindern können, dass ein Beamtenstand entsteht, der in dem Interesse, den Stuhl weiter zu verwalten« die Privatisierungen verzögere.[107]

Am Folgetag kamen in Ostberlin nochmals führende Akteure der Volkskammerausschüsse zusammen, um letzte Korrekturen am Gesetzentwurf vorzunehmen. Einige alte Bekannte trafen dabei aufeinander. Neben der vormaligen Wirtschaftsministerin Christa Luft, dem Bürgerrechtler Wolfgang Ullmann und dem Treuhand-Vorstand Wolfram Krause, die die wirtschaftspolitische Debatte in der DDR maßgeblich mitgeprägt hatten, nahmen auch Mitglieder der Arbeitsgruppe Treuhandgesetz an der abschließenden »8stündigen Non-Stop-Beratung« unter Federführung von Jochen Steinecke teil, die allerdings lediglich kleinere Korrekturen am Gesetzestext zur Folge hatte.[108]

In einer Sondersitzung am übernächsten Tag, dem 17. Juni 1990, gegen halb zehn Uhr abends, passierte im Palast der Republik vor mittlerweile

104 Ebd., S. 198.
105 Ebd., S. 197.
106 Ebd., S. 198.
107 Ebd.
108 Es ging dabei etwa um zusätzliche Fristen und Prüfmaßnahmen gegen Bodenspekulation, Spezifika der land- und forstwirtschaftlichen Güter, der Übertragung von Volkseigentum an die Kommunen sowie die Gewährleistung der Mitbestimmung in den Treuhand-Betrieben.

deutlich gelichteten Stuhlreihen das überarbeitete »Gesetz zur Privatisierung und Reorganisation des volkseigenen Vermögens« schließlich das Parlament der DDR. In den Abendstunden des symbolträchtigen Jahrestags zeigte sich Jochen Steinecke erleichtert, dass der Gesetzentwurf nach langen Debatten nun doch noch »breite Zustimmung« gefunden habe. Auch wenn, so der »erschöpfte Ausschussvorsitzende[]«, »über die Grundlinie, die politische Linie, über die ökonomische Philosophie«, die dem im Gesetz vorgeschlagenen Treuhand-Modell zugrunde liege, auch weiterhin deutliche »Unterschiede« zwischen den Parteien bestünden.[109] Mit dem Gesetz sei nun endlich »der Rahmen gesteckt und die Verfahrensweise geregelt«:

> »Es kommt aber jetzt darauf an, dieses Gesetz mit Leben zu erfüllen, und diese unmittelbare praktische Arbeit ist die entscheidende Situation, vor der wir in den nächsten Tagen und Wochen stehen. Die neu zu bildenden Betriebsführungen – wenn ich sie so bezeichnen darf – stehen vor der Aufgabe, den Schritt von einer dirigistischen Wirtschaft zur Marktwirtschaft zu schaffen.«[110]

Mit der Gesetzesverabschiedung endete ein im Februar 1990 begonnener Aushandlungsprozess, in dem Akteure aus West und Ost eine grundlegende Architektur des deutsch-deutschen Transformationsmodells etabliert hatten. Während der zwischen den Regierungsdelegationen verhandelte erste Staatsvertrag jegliche Grundsatzfragen zur Wirtschaftsordnung bis Mai 1990 eindeutig zugunsten des bundesdeutschen Modells der »Sozialen Marktwirtschaft« beantwortet hatte, rückten fortan konkrete Fragen der praktischen Ausgestaltung und Implementierung in den Vordergrund. Im Mittelpunkt organisatorischer wie personeller Überlegungen in Bonn und Ostberlin stand nun die noch im März 1990 kurzfristig zur »Bewahrung« des bedrohten »Volksvermögens« gegründete Treuhandanstalt. Diese sollte fortan mithilfe eines eiligst erstellten und umstrittenen Gesetzes für ihre neue, der Ursprungsfunktion diametral entgegenstehenden Aufgabestellung einer zügigen »Privatisierung« und »Verwertung« des »Volksvermögens« umgeformt und mit neuem Führungspersonal ausgestattet werden.

109 Volkskammer der Deutschen Demokratischen Republik: Stenographisches Protokoll, 10. Wahlperiode, 15. Tagung (Sondertagung), 17. Juni 1990, in: Treuhandanstalt: Dokumentation, Bd. 1., S. 201-206, hier S. 202.

110 Ebd., S. 203.

6. Die Treuhand: Ein unternehmerisches Sondermodell

Der Weg zur konzeptionellen, organisatorischen wie personellen Rahmung des bevorstehenden Wirtschaftsumbaus in der DDR durch die Treuhandanstalt und ihr Personal im Frühjahr 1990 verlief also keinesfalls geradlinig oder »vollzog« sich »alternativlos«, sondern blieb insbesondere in seinen Anfängen zwischen Herbst 1989 und Frühjahr 1990 verschlungen, kontrovers und unübersichtlich, bevor er sich durch eine Reihe wirtschaftspolitischer Grundsatzentscheidungen (Währungs- und Wirtschaftsunion, Treuhandgründung, Treuhandgesetz) verengte.[1] Wollte man den Verlauf und die Dynamiken der nachgezeichneten Debatten in ein metaphorisches Gewand kleiden, so böte sich das Motiv einer Flusslandschaft an – mit einigen Quellen und vielen Zuflüssen, die sich zunächst zu einem immer breiteren Strom vereinten, der dann aber durch gezielte Begradigungen und umfassende Eingriffe verengt und gleichsam beschleunigt wurde – um schließlich so in ein deutsch-deutsches Transformationsmodell einer »doppelten Schocktherapie« einzumünden.[2]

Das Akteursfeld der Debatten war weitgespannt: Wirtschaftskader, Generaldirektoren, Ökonomen und Oppositionelle aus der DDR diskutierten in Tages- und Wochenzeitungen, im Rahmen vielstündiger Klausurtagungen, an den Redepulten der Parlamente, auf den Podien eilig arrangierter Fachkonferenzen oder in textreichen Gutachten mit bundesdeutschen Wirtschaftswissenschaftlern, Unternehmern, Wirtschaftspolitikern und Ministerialbeamten über die wirtschaftspolitische Zukunft der DDR. Dabei blieb die Kontroverse um die Umgestaltung der DDR-Wirtschaft stets eingebettet in den breiteren Kontext einer Gesellschaft mitten im revolutionären Umbruchsgeschehen. Der Streit um die wirtschaftliche Neuausrichtung der DDR war deshalb lediglich *eine* Auseinandersetzung unter anderen und beherrschte dabei keineswegs durchweg die medienöffentliche Agenda – mit Ausnahme der hitzigen und von Protesten geprägten Kontroverse um die Umtauschkurse. Oft trug sie eher den Charakter einer von außen schwer durchschaubaren Expertendebatte und verharrte im Schatten spektakulärer außenpolitischer Entwicklungen.

Das ökonomische Debattenfeld blieb zugleich durchweg in ein Geflecht aus weiteren politischen, wirtschaftlichen und öffentlichen Bezügen eingesponnen. So übten schnell sich aufbauende, massenmedial verstärkte Bedrohungsszenarien kaum zu unterschätzende Sogwirkungen auf die Diskussionen aus. Während die Frage von umfangreichen Strömen ostdeutscher »Übersiedler« insbesondere die bundesdeutsche Politik

1 Seibel: Wenn ein Staat, v.a. S. 40.
2 Ther: Die neue Ordnung, S. 199.

unter Zugzwang setzte, beeinflussten im DDR-Kontext immer wieder aufs Neue artikulierte antikapitalistische Bedrohungsszenarien, Ängste vor einem rigorosen »Ausverkauf« ihres »Volksvermögens« sowie ihrer »sozialen Errungenschaften« die Debatte. Befeuert wurden die Auseinandersetzungen schließlich auch durch einen dicht gedrängten Reigen an Wahlterminen, der die Politik immer wieder zu wahltaktischen Manövern nötigte: Volkskammer-, Kommunal-, Landtags- und schließlich auch die Bundestagswahlen warfen beständig ihre Schatten voraus. Doch die Blicke richteten sich auch immer wieder über die deutschen Grenzen hinaus. Mit merklichem Argwohn verfolgte man am Runden Tisch in der DDR etwa die turbulenten Wirtschaftsentwicklungen in Ungarn, Polen oder der UdSSR; einige Wirtschaftsexperten blickten noch weiter, nach Südamerika oder nach Westeuropa, immer auf der Suche nach Vorbildern für einen Prozess, für den es vermeintlich kein »historisches Vorbild« gab.[3]

Indem die Volkskammerabgeordneten am Abend des 17. Juni 1990 das »Gesetz zur Privatisierung und Reorganisation des volkseigenen Vermögens« verabschiedet hatten, nahm das deutsch-deutsche Modell des Wirtschaftsumbaus Konturen an. Um »die unternehmerische Tätigkeit des Staates durch Privatisierung rasch und so weit wie möglich« zurückführen zu können, war eine neue Organisation modelliert worden, die unter der Ägide von bundesdeutschem Managementpersonal den Übergang vom Plan zum Markt nach genuin unternehmerischen Grundsätze forcieren sollte. Letztlich materialisierten sich in diesem ideellen, organisatorischen wie personellen Arrangement gleichermaßen eine prinzipielle Staatsskepsis und ein scharfer Antikommunismus. Beide bildeten Konvergenzpunkte zwischen ostdeutschen Oppositionellen und dem liberalkonservativen Regierungslager in der Bundesrepublik, obgleich sich in der Frage nach den übergeordneten Zielen des Wirtschaftsumbaus beträchtliche Differenzen herauskristallisierten.

Spätestens seit Juli 1990 zogen sich die christliberalen Koalitionen in Bonn und Ostberlin bewusst in eine observierende Position im Hintergrund zurück und ermächtigten fortan erfahrene »Macher« und versierte »Praktiker« aus der westdeutschen Privatwirtschaft zur alltäglichen Umgestaltung des Wirtschaftsumbaus in der DDR, den diese nach ihren eigenen, unternehmerischen Spielregeln bestreiten sollten. Nach einer, um es zeitgenössisch auszudrücken, frühen und kurzlebigen »Stunde der Generaldirektoren« und Reformkommunisten im November 1989 blieb die erhoffte Stunde der Ökonomen (West) oder gar der »Revolutio-

3 Fischer, Wolfram; Hax, Herbert; Schneider, Hans K.: Einleitung, in: dies. (Hg.): Treuhandanstalt. Das Unmögliche wagen. Forschungsberichte, Berlin 1993 S. 1-13, hier S. 3.

näre« (Ost) im Frühjahr 1990 aus. Stattdessen schlug das Pendel für die bundesdeutschen »Ministerialbeamten«. Doch sollte ab Juli in der DDR-Wirtschaft eine neue Zeit anbrechen. Mit einer unmittelbar auf die DDR übertragenen Währungs- und Wirtschaftsordnung, einer gewandelten Organisation und neuem Expertenpersonal erwartete man die »Stunde der Praktiker«, der westdeutschen Manager. Diese sollten das Sondermodell Treuhand in ein bis dahin vorbildloses unternehmerisches Ausnahmeregime überführen.

Sah kürzlich unseren Chef aus dem Paternoster steigen.
Was dieser Mann sich zumutet, ist zuviel.
Eine kolossale Machtfülle, die eigentlich niemand gutheißen kann.
Letzte Entscheidungen über Menschen und Eigentum,
auf die – da bin ich mir sicher – Hass antworten wird.
Mit erstem Blick gesehen: ein forscher Kerl. Ist Erfolg gewohnt.
Versteht es zuzupacken. Hat was Gewinnendes.
Möchte aber nicht in seiner Haut stecken …

Günter Grass – Ein weites Feld (1995)

II. Organisations- und Praxisgeschichte

Die Treuhandanstalt im Alltag des Wirtschaftsumbaus

Nach formalen Gesichtspunkten lassen sich Anfangs- und Endpunkt der Geschichte der Treuhand als Organisation einfach eingrenzen: Per Verordnung gegründet am 1. März 1990, bestand sie bis zu ihrer Auflösung am 31. Dezember 1994. Doch wie ließe sich die dazwischenliegende, mit zahlreichen Wendungen und Brüchen angefüllte Zeitspanne darstellen? Bei diesem Unterfangen gilt es, organisations*strukturelle* Prozesse sowie organisations*kulturelle* Dynamiken zu beschreiben und zu ordnen; scharfe, oft von außerhalb herbeigeführte Einschnitte mit längerfristigen, internen Kontinuitätslinien ins Verhältnis zu setzen. Um eine multiperspektivische Geschichte der Treuhand *als* Organisation zu erzählen, muss es gelingen, die verschiedenen Perspektiven unterschiedlicher Akteure systematisch einzufangen – und nicht die Zentralperspektive der Organisationsspitze lediglich historiografisch zu reproduzieren.

Am 30. Dezember 1994 beschloss der Vorstand in seiner letzten Sitzung einen »Abschlussbericht«, der einleitend eine offizielle Geschichtserzählung anbot. Nach einem kurzen Vorspann zu den DDR-Reformdiskussionen ab Herbst 1989 und der Gründung im März 1990 folgte eine längere Passage über die Treuhand als »Zwischeneigentümerin«. Ein dritter Sinnabschnitt widmete sich dem »Aufbau und Umbau« der Organisation. Im Zeitraum von »Herbst 1990 bis Frühjahr 1991« habe sich demnach die definitive »Ordnung der Treuhandanstalt« entfaltet:

> »Mitarbeiter aus Ost und West rücken eng zusammen. Ständig werden Neuankömmlinge auf die gemeinsame Arbeit verpflichtet. Es müssen Entscheidungen schnell und zügig getroffen werden, ohne dass oft die elementaren Voraussetzungen dafür schon gegeben waren.«[1]

Unmittelbar hieran schloss die »fortschreitende[] Aufgabenerfüllung« an: das schnelle Personalwachstum; der Aufbau zahlreicher Fachabteilungen; vielfältige Kooperationsabkommen mit der Politik; die Suche nach neuen Marketingtechniken; die Etablierung neuartiger Privatisierungsmodelle – und schließlich der schnelle Abbau des Firmenbestandes und die bereits 1992 einsetzende »(Selbst-)Auflösung«. Diese offizielle Version der Geschichte präsentierte zwar einerseits einige scharf voneinander abgegrenzte organisationshistorische Passagen, verzichtete aber auf eine streng

1 Bericht des Vorstands der Treuhandanstalt über den Abschluß der Arbeiten zum 31.12.1994, in: Treuhandanstalt: Dokumentation, Register-Band, S. 3-18, hier S. 9.

chronologische Ordnung und sprang zwischen verschiedenen Ereignissen und Entwicklungslinien hin und her;[2] sie mutet so assoziativ, nachgerade versatzstückhaft an, da sie verschiedene Erzählmodi aneinanderreihte.

Auch Darstellungen in Wissenschaft und Medien orientierten sich an organisationsgeschichtlichen Etappen. Wolfgang Seibel arrangierte seine umfassende Gesamtdarstellung entlang thematischer Zeitabschnitte.[3] Eine zeitgenössisch verfasste Dissertationsschrift zur »Entstehung der Treuhandanstalt« organisierte der Mitarbeiter und Wirtschaftswissenschaftler Marc Kemmler streng zweiteilig, wobei ihm das Treuhandgesetz vom 17. Juni sowie die Wirtschafts- und Währungsunion vom 1. Juli als Wegmarken dienten.[4] Jüngst wählte der Journalist Dirk Laabs in seinem »Deutschen Goldrausch« strenge Jahresschritte mit schrillen thematischen Obertönen für sein Treuhand-Kalendarium: »Der Verrat« (1989), »Die Jagd« (1990), »Das Opfer« (1991), »Die lange Abwicklung« (1992-94) und »Altlasten« (1995 und danach).[5]

Doch auch zahlreiche Mitarbeiter haben in den zeitgenössischen Interviews versucht, den inneren wie äußeren Entwicklungen der Treuhandanstalt aus ihrer Sicht einen Sinn zu geben. Dabei versuchten sie, die Organisation in ihrer Dynamik in ordnende Erzählmuster einzufassen, um so die erlebte Organisationsgeschichte im chronologischen Längsschnitt arrangieren zu können. Die narrativen Logiken derartiger organisationsgeschichtlicher Ordnungsentwürfe »von unten« fielen unterschiedlich aus: Ein bayerischer Ministerialbeamter etwa modulierte die Geschichte entlang der Schwerpunkte des operativen Geschäfts in drei »Phasen«. Ohne diese zeitlich konkreter einzugrenzen, habe die Treuhand im Jahr 1990 mit einer »Bestands[feststellungs]- und Umstrukturierungsphase« begonnen, auf die 1991 eine Phase der »Entflechtung, Privatisierung« und schließlich ab 1992 eine »Sanierungsphase« gefolgt sei.[6] Ein älterer

2 Ebd., S. 3-18.

3 Vgl. Seibel: Verwaltete Illusionen. Einer verwaltungshistorisch ins deutsche Kaiserreich 1871 ausgreifenden Vorgeschichte bis zur Gründung der Treuhand folgte ein zweiter Abschnitt zur »Konsolidierung« der Organisation 1990/91; ein dritter Teil befasste sich fallbezogen mit »Privatisierungsnetzwerken« zwischen 1991 und 1993, bevor in einem vierten Abschnitt die »Scheinauflösung« 1994 und in einem fünften deren Nachfolgeeinrichtungen bis ins Jahr 2000 thematisiert wurden.

4 Der erste Teil befasste sich chronologisch mit den verschiedenen Schritten und Akteuren auf dem »Weg zur Gründung« bis hin zur »Neuorientierung«; der zweite Teil fokussierte demgegenüber in systematischen Kapiteln (»Mitarbeitern«, »Organisationsstruktur«, »Privatisierungspolitik« und »Sanierungs- und Stilllegungspolitik«) den »Neubeginn« zwischen dem 1. Juli 1990 und dem Attentat auf Detlev Rohwedder am 1. April 1991. Vgl. Kemmler: Entstehung.

5 Laabs: Goldrausch; vgl. auch Jürgs: Treuhändler.

6 R13-Interview mit Dr. Volker Viertel*, 5.8.1992.

Industriemanager konzentrierte sich in seinem Bericht vor allem auf die Frühzeit 1990/91: Auf eine nicht näher bestimmte Vorphase sei zwischen Juli und Oktober 1990 eine »Übergangsphase« gefolgt, »wo das so nicht Fisch, nicht Fleisch« gewesen sei; nach der Wiedervereinigung habe dann die »heiße Phase« begonnen, in der das operative Privatisierungsgeschäft mit einer »an sich ungeeigneten Organisation« eröffnet wurde. Im Januar 1991 sei schließlich ein »Sortieren mit der neuen Organisation« erfolgt, die sich bis Februar endgültig »zurechtgeschüttelt« habe.[7]

Ein junger ostdeutscher Mitarbeiter sortierte das Geschehen in drei numerische Abschnitte, unterlegt mit deutlich wertenden Untertönen: Zunächst sprach er von einer »Treuhand 0« der Modrow-Zeit, in der die SED-Reformkräfte das »Volkseigentum« zunächst einmal »parken« wollten und die er als atavistische »Zwischenstufe« sah. Mit dem Treuhandgesetz vom 17. Juni habe die »Treuhand 1« zu existieren begonnen, in der die beschleunigte Privatisierung und forcierte Stilllegung von Unternehmen auf die Agenda gerückt seien – aus seiner Sicht die optimale Konfiguration. Zum Zeitpunkt seines Interviews, im Oktober 1992, ließ er schließlich die »Treuhand 2« beginnen, bei der es sich – »leider Gottes« – nur noch um einen »reinen Verwaltungsbetrieb« handle.[8]

Ein ebenfalls dreistufiges Modell von Aufstieg, Zenit und Niedergang entwickelte ein älterer ostdeutscher Mitarbeiter, der im März 1990 dem Gründungspersonal angehört hatte. Er entfaltete die Geschichte jedoch nicht nach operativen Schwerpunkten, sondern vielmehr nach den Beziehungen zwischen Ost- und Westdeutschen. Bis Oktober 1990 seien die Ostdeutschen zunächst weitgehend unter sich geblieben; bis Mitte 1991 seien dann ältere westdeutsche Experten dazugestoßen und man habe einen respektvollen Umgang miteinander gepflegt; nach dieser Zeit seien jedoch – zu seiner »große[n] Enttäuschung« – jüngere westdeutsche Absolventen zur Treuhand gestoßen, die auf arrogante Weise die dortigen »Ossis erziehen« wollten.[9]

Während die beschriebenen Phasen-Modelle funktionalen oder personalpolitischen Gliederungsprinzipien folgten, entwarf ein vormaliger Siemens-Manager, der ab November 1990 als Verwaltungsdirektor die grundlegende Organisationsreform vom Januar 1991 mitkonzipiert hatte, das dynamische Modell eines »Lebenszyklus«. Wachstum, Reife und Vergehen waren damit die drei bewusst »von oben« gestalteten Abschnitte dieses Prozesses:

> »Wir haben aber in einer sehr frühen Phase schon, ich unterstelle mal, das war schon im Februar vielleicht 91, von einem Lebenszyklus

7 R4-Interview mit Dr. Stephan Erhard*, 27.7.1992.

8 R24-Interview mit Steffen Damm*, 6.10.1992.

9 R6-Interview mit Ulrich Lothal*, 28.7.1992.

> der Treuhand und seiner einzelnen Organisationseinheiten gesprochen. Und haben sozusagen so Lebenszykluskurven aufgemalt, die dann unternehmensbereichsspezifisch angewendet werden. Wir haben also gesagt, die Treuhand hat einen bestimmten Lebenszyklus. Sie muss jetzt hochlaufen, Mitarbeiter einstellen, verkaufen, verkaufen, und wird dann langsam ihren Unternehmensbestand abbauen. Und ich habe immer gesagt: [...] Wir wollen uns so schnell wie möglich auflösen, wir wollen uns zum FRÜHESTmöglichen Zeitpunkt überflüssig machen.«[10]

Ein anderer Direktor präsentierte ein Hybrid aus funktionalen Phasen und biologisch modulierten Lebenszyklen. Im freien Erzählteil seines Interviews arrangierte er die Geschichte einer »Institution im Umstrukturierungskampf« entlang eines sechsstufigen Phasenmodells: Einer ersten, noch unbestimmten Frühphase von März bis Sommer 1990 sei eine »Organisationsphase« von Oktober bis Dezember 1990 gefolgt; in einem dritten Abschnitt zwischen Januar und April 1991 habe man eine »problemadäquate Feinkorrektur« durchgeführt. Hieran schloss er die vierte und eigentliche »Ausprägephase« bis Ende 1991 an:

> »Das Interessante ist, diese Phase Frühjahr '91 bis Rohwedders Tod und dann Präsidentschaft Breuel bis Winter '91, das ist die Ausprägephase der Treuhandanstalt. Wie bei einem Embryo, da entwickeln sich alle Organe. Da prägen sich dann die Augen aus und die Ohren und der Mund und die Ärmchen und die Beinchen. Also die Treuhand, wie wir sie heute kennen, hat sich in dieser Zeit ausgeprägt. Anschließend ist sie dann erwachsen geworden und alles ist weiter differenziert worden, aber eigentlich ist das die entscheidende Phase. Und in dieser Ausprägung steckt auch schon die Ausprägung der Selbstabschaffung drin. Das ist das Interessante.«[11]

Hieran habe sich 1992 fünftens eine »Phase der vollen Entfaltung« angeschlossen, in der das Gros des operativen Geschäfts durchgeführt worden sei. Anfang 1993, zum Zeitpunkt des Interviews, habe die Treuhand sechstens – hier wechselte er im Gespräch in eine physikalische Metaphorik – zwar einen »eingeschwungenen Zustand« erreicht, befinde sich nun aber bereits »im Abschwingen«, wobei es sich aufgrund der »Irreversibilität« des organisatorischen und personellen Rückbaus um die »schwierigste Phase« handle. Damit waren in diesem Phasenmodell funktionale, biologische und schließlich auch teleologische Elemente miteinander verknüpft.[12]

Die Geschichte einer Organisation ließe sich also nicht nur aus der Perspektive ihrer Führung beschreiben; auch einzelne Mitarbeiter ver-

10 R50-Interview mit Urs Cramer*, 19.5.1993.
11 R44-Interview mit Stefan Wolter*, 4.2.1993.
12 Ebd.

suchten, die selbst erlebte Dynamik nach verschiedenen Kategorien entlang spezifischer »Wendepunkte« und »Wegmarken«, »Brüche« und »Übergänge« erzählerisch zu ordnen. Zahlreiche Mitarbeiter gaben in den Interviews chronologisch ausgerichteten Phasenmodellen den Vorzug, wählten dabei aber durchaus unterschiedliche, etwa wie erwähnt, funktionale, biologische oder teleologische Erzählmotive.

Auch dieses Buch zeichnet eine Organisationsgeschichte in verschiedenen chronologischen Sinnabschnitten nach, die anhand systematischer Kriterien jeweils nach den Entwicklungen im politischen, öffentlichen wie gesellschaftlichen Umfeld, den sich wandelnden Schwerpunkten der Organisations- und Geschäftspraxis, den veränderlichen strategischen und organisationspolitischen Grundlinien sowie den Entwicklungen in der Personalpolitik durchmessen werden: *Erstens* wird die »Ur-Treuhandanstalt« zwischen März und Juni 1990 thematisiert werden – eine kleine, noch ausschließlich mit Ostdeutschen besetzte DDR-Behörde. Treuhandgesetz, Währungsunion und schließlich die Ankunft der ersten westdeutschen Führungskräfte läuten eine *zweite*, sehr kurze, aber konfliktreiche »Scharnierphase« im Juli und August 1990 ein, die mit der einmonatigen Präsidentschaft Reiner Gohlkes zusammenfiel. Die umfassende Expansion und Reorganisation unter dessen Nachfolger Detlev Rohwedder zwischen August 1990 und April 1991 bildet den Fokus des *dritten* Abschnitts. Nach dessen Ermordung beginnt unter Präsidentin Birgit Breuel eine *vierte* Etappe, die durch das operative Massengeschäft des Wirtschaftsumbaus in den Jahren 1991/92 bestimmt wird und die schließlich in eine *fünfte* Phase ab 1993 übergeht, in der die eigene »Auflösung« und Ordnung der Hinterlassenschaften erfolgt.

Diese Zäsur- und Phasenbildung folgt letztlich pragmatisch Periodisierungsvarianten, die in den verschiedenen zeitgenössischen Quellengruppen nachweisbar sind. Vier von fünf Abschnitten werden dabei von personalpolitischen Umbrüchen an der Treuhand-Spitze gerahmt, dennoch soll hier gerade nicht eine binnenlogisch erzählte Geschichte aus der Führungsperspektive nachgezeichnet werden, wie sie für organisationshistorische Arbeiten oft typisch ist. Vielmehr geht es um eine perspektivische Verschränkung verschiedener Blickwinkel innerhalb der Organisation, aber auch auf oder durch sie. Die Verschränkung dieser Sichtachsen von »oben« und von »unten« sowie von »innen« und von »außen« will weniger eine glatte, lineare Meistererzählung »der« Geschichte der Treuhand aus einer auktorialen Zentralperspektive anbieten. Vielmehr geht es um eine Art organisationsgeschichtliches Kaleidoskop, dessen Mosaiksteine sich analytisch bestimmen und zu ordnenden Mustern zusammenfügen lassen.

1. »Erst das Leben, dann die Paragraphen«: Der Präsident vor der Volkskammer

Fast auf den Tag genau drei Monate nach Verabschiedung des Treuhandgesetzes, am 13. September 1990, besuchte Detlev Karsten Rohwedder den Palast der Republik, der wenige Tage später wegen Asbest-Belastung geräumt werden musste.[1] Die Volkskammer-Abgeordneten hatten den beurlaubten Vorstandschef der Dortmunder Hoesch AG gebeten, ihnen erstmals Bericht zu erstatten – über den Aufbau und die Aktivitäten der Treuhandanstalt, als deren kommissarischer Präsident er seit wenigen Wochen fungierte. Wie der SPD-Wirtschaftspolitiker Frank Bogisch erklärte, sei die Politik bei der Konzeption des Gesetzes dem Grundsatz gefolgt, »sich so wenig wie möglich administrativ in die Treuhandgeschäfte einzuschalten und dort die wesentlichen Entscheidungen alleine finden« zu lassen.[2] Im Juni habe nur die »Setzung ordnungspolitischer Rahmenbedingungen« auf dem Programm gestanden, die das Parlament »in hektischer, aber erfolgreicher Weise« über die Bühne gebracht habe. Nach der zügigen Verabschiedung der Gesetze sei jedoch, wie Bogisch beklagte, für über drei Monate eine »gähnende Leere« entstanden, »an deren Ende Gott sei Dank Sie, Herr Präsident, in der Kammer erschienen sind«.[3]

Rohwedder gewährte den Abgeordneten einen Einblick in das laufende Geschäft der Treuhand – und wartete daraufhin mit einem überraschenden Eingeständnis auf. Der Präsident, der sich und seine Mitarbeiter »nicht auf einer Insel«, sondern »im Zentrum der Veränderungen« verortete,[4] berichtete über die Verhinderung bedrohlicher Liquiditätsengpässe in den Betrieben und über das schleppend anlaufende Privatisierungsgeschäft, das »nicht so schnell vonstatten [geht, M.B.], wie sich das der eine oder andere vorstellt«, weil derzeit »eigentlich gar keine Standardisierung möglich« und »jedes Mal ein Einzelfall« zu lösen sei.[5] Das geringe Tempo, das der Treuhand vorgeworfen wurde, hänge aber auch damit zusammen, »dass Sachkunde und Professionalität« beim vorhandenen Treuhand-Personal »noch nicht vorhanden waren und sich jetzt allmählich aufbauen«; auch gebe es mit einigen Fällen »rechtliche Schwierigkeiten aus der Übergangszeit«. Demgegenüber seien »Entflechtung« und Umwandlung der mehr als achttausend Betriebe zwar weit fortgeschritten, die vom Gesetz auf-

1 Stuhler: Die letzten Monate, S. 95.

2 Volkskammer der Deutschen Demokratischen Republik: Stenographisches Protokoll, 10. Wahlperiode, 35. Tagung, 13.9.1990, in: Treuhandanstalt: Dokumentation, Bd. 2, S. 152-176, hier S. 170.

3 Ebd.

4 Ebd., S. 152.

5 Ebd., S. 153.

gegebene »Sanierung« der Betriebe hingegen mache eine zeitaufwändige »Bewertung« eines jeden Einzelunternehmens erforderlich. Auch über größere Unternehmensstilllegungen und damit verbundene Entlassungen müsse bald entschieden werden.[6]

Ausführlich entwickelte Rohwedder strategische Grundzüge einer »Geschäftspolitik«. Die Treuhand solle »kein Basar« werden, »in dem das höchste Angebot entscheidet und sonst nichts«.[7] Drei Aspekte strich der Präsident besonders heraus: Erstens strebe die Treuhand den »Versuch« an, in der DDR »Wettbewerbsstrukturen, marktwirtschaftliche Strukturen zu schaffen«, die in »zehn und zwanzig Jahren« noch tragfähig seien. Es gehe also »nicht darum, nun sehr schnell staatliche Monopole durch marktbeherrschende Unternehmen von außerhalb der DDR zu ersetzen«. Zweitens solle sie ein »hohes, sehr hohes Maß an Transparenz« bei der Umsetzung des gesetzlichen Auftrages gewährleisten. Drittens müsse die »Internationalität« der Aktivitäten gesteigert werden, damit »auch ausländische Investoren hier in der DDR investieren« würden.[8] Rohwedder beschrieb seine eigene Rolle damit als die eines »Architekten« einer kommenden Marktwirtschaft in Ostdeutschland, deren Gestalt wettbewerblicher, transparenter und internationaler ausfallen sollte als ihr bundesdeutsches Vorbild. Die Manager müssten hierfür überparteilich agieren. »Die Objektivität unserer Arbeit«, so betonte der Präsident, stehe »ganz obenan«; er und seine Kollegen seien »über jeden Verdacht erhaben, dass wir in irgendeiner Weise uns affine Interessen in der Arbeit einbringen« – man sei in Anbetracht öffentlich vorgebrachter Verdächtigungen »in diesem Punkt ein bisschen empfindlich«.[9]

Die Vorstandsressorts, fuhr der Präsident fort, deren Zahl mittlerweile auf sieben angewachsen war, seien nun besetzt; die personelle Spitze damit arbeitstüchtig. Und dann legte Rohwedder ein süffisantes Geständnis ab:

> »Rundheraus gesagt, meine Damen und Herren: Ich habe diesen Gedanken eingeführt, Abstand zu nehmen – jedenfalls zunächst einmal – von der Bildung dieser Treuhandaktiengesellschaften, weil mir klar geworden ist, dass die Entwicklung in der DDR darüber hinweggegangen ist.«[10]

Die »Fülle der Abgrenzungsschwierigkeiten« zwischen Zentrale und Aktiengesellschaften erschien ihm zu groß, erhebliche »Koordinierungs-

6 Ebd., S. 155.
7 Ebd.
8 Ebd., S. 155.
9 Ebd., S. 156.
10 Ebd., S. 156.

schwierigkeiten« hätten sich aufgetan. Schließlich wäre es »unendlich schwer« geworden, diese »sehr, sehr großen Treuhandaktiengesellschaften personell zu besetzen«. Deren Aufbau hätte Monate in Anspruch genommen, die das knappe Personal von seiner »eigentlichen Aufgabe«, der Betreuung und Veräußerung der Unternehmen, abgezogen hätte:

> »[I]ch bekenne mich also der Nichterfüllung des Gesetzes und vertraue mich ihrer Weisheit an, wie dieses Problem rektifiziert, korrigiert und in Ordnung gebracht werden kann. Ich habe neulich etwas lax gesagt: Erst kommt das Leben und dann die Paragraphen. Ich entschuldige mich vor dem Gesetzgeber für dieses Wort, aber es ist vielleicht nicht ganz falsch.«[11]

Um aber dennoch einer »vernünftigen regionalen Vorortverantwortung« gerecht zu werden, habe man sich im Vorstand für die Weiterentwicklung der bereits in den 15 Bezirkshauptstädten bestehenden »Außenstellen« entschieden, die künftig – »wie wir gern in Anlehnung an Großbankjargon sagen« – zu »Niederlassungen« weiterentwickelt werden sollen. Diese werde man »sehr pflegen, ausbauen, durchpusten, [...] angucken, prüfen, personell neu besetzen und [...] wirklich vor Ort das machen, was die Wirtschaft erwartet« – einen regionalen Ansprechpartner bieten für die Betreuung von »etwa 250 oder 300 kleinere[n] oder mittelständische[n] Betrieben«, ausgestattet mit einem weiten »Entscheidungsrahmen« und geführt »wie Filialen einer westdeutschen Großbank«.[12]

Bei der Bewältigung dieser »Aufgabe von nahezu furchterregender Dimension«, wie Rohwedder am Ende erklärte, werde – der aufbrandenden Kritik zum Trotz – »von allen Damen und Herren« im Dienste der Treuhandanstalt »auf das härteste Leistung erbracht«. Obschon es »natürlich immer langsamer« vorangehe als anfangs erhofft, kämen »jeden Tag neue, tüchtige Leute zu uns, die für diese Aufgabe begeistert und engagiert« seien.[13]

Rohwedders selbstbewusster Aufritt und sein unverblümtes Eingeständnis provozierte Widerspruch. Der FDP-Abgeordnete Thomas von Ryssel beschied dem Präsidenten, dass die Parlamentarier sich ja »bei der Entwicklung des Gesetzes Gedanken gemacht« hätten – die dezentralen Aktiengesellschaften sollten eingerichtet werden, damit diese die unternehmerischen »Probleme fachspezifischer« angehen könnten.[14] Der CDU-Abgeordnete Johannes Nitsch bezweifelte, dass der Verzicht

11 Ebd., S. 156.
12 Ebd., S. 157.
13 Ebd.
14 Ebd., S. 162.

auf die Aktiengesellschaften wirklich von Vorteil sei, schließlich drohe man dadurch »eine Unternehmerstruktur durch eine Beamtenstruktur« zu ersetzen; die vorgesehene Form als bewusster Bruch mit den zentralistischen Ordnungsmustern der Planwirtschaft schien ihm »die unternehmerischen Funktionen besser« zu erfüllen.[15] Joachim Schmiele von der DSU spitzte diesen Argumentationsstrang zu. Die »Bedienung eines roten Genossenfilzes« durch die Treuhand müsse ein Ende finden; er forderte vehement eine personalpolitische »Totaloperation« durch westliche »Spitzenmanager«, die die »SED-Hörigen und Angehörigen« endgültig aus der DDR-Wirtschaft entfernen sollten.[16]

Auch Frank Bogisch wollte sich in der Frage der »Altleiter« nicht damit abfinden, dass »sämtliche Seilschaften in Ihrem Hause schon wieder total funktionieren«.[17] Doch der Sozialdemokrat zielte mit seinen Fragen schwerpunktmäßig auf deren künftige »Philosophie«. Das vom Präsidenten skizzierte Selbstverständnis als »Konkursverwalter und Privatiseur« schien ihm unpassend – »wenn überhaupt« solle sich die Organisation als »Sanierer und Privatiseur und Arbeitsplatzsicherer« begreifen, da sie das »Schicksal von sechs Millionen Arbeitnehmern in ihren Händen« halte.[18] Schon vorher hatte sich auch der PDS-Abgeordnete Klaus Steinitz in aller Schärfe gegen ein »Dogma der Privatisierung« gewandt.[19]

Eine besonders historische Pointe bot der Auftritt des Grünen-Abgeordneten Wolfgang Ullmann, der an die von ihm im Februar 1990 am Runden Tisch eingebrachte »Initiative« zur Gründung einer Treuhand erinnerte, die ihm ein gutes halbes Jahr später selbst schon als sehr ferne »Geschichte« erschien.[20] Scharf kritisierte er den Verzicht auf die Aktiengesellschaften, die die Einbindung der künftigen Länder und Kommunen gewährleisten sollten; auch die aktuelle personalpolitische Besetzung beschränke eklatant deren operative »Handlungsfähigkeit«.[21] Rund heraus fragte er Rohwedder, ob dieser überhaupt noch daran glaube, dass es zu der im Gesetz vorgesehenen Ausschüttung von Privatisierungserlösen kommen würde und riet dem Präsidenten, »Presse- und Öffentlichkeitsarbeit« zu verbessern, da diese derzeit aufgrund ihrer »zentrale[n] Funktion in der Erneuerung unseres wirtschaftlichen Lebens« von »lauter Gerüchtebildung umgeben« sei.[22]

15 Ebd., S. 168.
16 Ebd., S. 164.
17 Ebd., S. 170.
18 Ebd.
19 Ebd., S. 159.
20 Ebd., S. 165.
21 Ebd., S. 166.
22 Ebd., S. 167.

Detlev Rohwedder trat abermals an das Rednerpult. Er antwortete in knappen, präzisen Repliken. Die angemahnte »Beteiligung der DDR-Bürger« an den Unternehmen sah der Präsident als schwer realisierbare »Wunschvorstellung«, für deren Umsetzung es an Zeit und Geld fehle.[23] Die gegenwärtige »schlechte Presse« führte er auf die immensen »Erwartungen« in Ost und West zurück, die die tatsächlichen »Wirkungsmöglichkeiten der Anstalt« gegenwärtig bei Weitem überstiegen und daher »fast jedes Mal Frustration und Enttäuschung eintreten« müsse.[24] Mit vernehmbarer Empörung berichtete Rohwedder den Parlamentariern vom rauen Geschäfts- und Arbeitsalltag in der DDR:

> »Hier wird mit härtesten Bandagen gefochten. Hier wird, was die Treuhandanstalt und die Verfolgung kommerzieller Interessen angeht, nun aber auch wirklich jede Scham beiseite gelegt, und wenn die Treuhandanstalt sich als weniger gefügig als erwartet zeigt, dann ist man ganz schnell dabei, den Journalisten seine Enttäuschung weiterzugeben. Es ist ein bisschen wie im Wilden Westen, und manche Leute nehmen sich gegenüber der Treuhandanstalt Unverschämtheiten heraus, die in Westdeutschland schlechthin unmöglich wären.«[25]

Personalpolitisch bekräftigte Rohwedder, dass man »[n]atürlich [...] noch sehr viel mehr Leute einstellen«, wolle, aber der nötige »Sachverstand« sei »sehr schwer zu finden«:

> »[M]an muss auch bedenken, dass ja in jedem Fall eine Berufsentscheidung damit verbunden ist, in vielen Fällen ein Umzug. Wenn Sie insbesondere mal daran denken, dass wir tatkräftige junge Leute aus der Bundesrepublik, aber auch schon erfahrene Leute für die Niederlassungen einsetzen wollen, dann ist natürlich, wenn es um Cottbus oder Görlitz oder so etwas geht, die Frage, was kann man da verdienen, wo wohne ich, wie sind die Schulverhältnisse, gibt es einen Tennisplatz? Und wenn Sie auf alle diese Fragen etwas zierig nein sagen müssen, dann wird es eben sehr schwierig.«[26]

Freie Ratgeber und externe Berater gebe es zwar derzeit in der DDR viele, aber eben kaum Leute, »die selbst auf der Ruderbank Platz nehmen und die Riemen ziehen« wollten. Derlei Rekrutierungsschwierigkeiten erzwangen auch die Weiterarbeit mit dem Personal aus Zeiten der Planwirtschaft, wobei ihm das angesprochene »Seilschaftenproblem« bekannt

23 Ebd., S. 175f.
24 Ebd., S. 174.
25 Ebd.
26 Ebd., S. 174f.

sei, allerdings erschien es ihm »schwierig«, dessen »Teilnehmer« zu identifizieren und zu beurteilen, weil er »hier nicht gelebt« habe.[27]

Rohwedders spektakuläres und letztlich schlichtweg hingenommenes Eingeständnis, das drei Monate zuvor beschlossene Gesetz in einem zentralen Punkt nicht umsetzen zu wollen, markierte mehr als einen einmaligen Vorgang. Ganz offen hatte der neue Präsident damit binnen weniger Wochen die vorgegebene Architektur auf den Kopf gestellt; sein selbstbewusster Auftritt zeigte an, dass im Spätsommer 1990 in der DDR-Wirtschaft tatsächlich die Zeit der zupackenden »Praktiker«, »Macher« und »Architekten« angebrochen war, die sich bei der Bewältigung des »wilden« Alltags im Zweifelsfalle wenig um abstrakte Paragrafen kümmerten. Am 18. September 1990 wurden in der Volkskammerdebatte damit wesentliche Problemkreise aufgeworfen, die die Treuhand, ihre Führung, aber auch ihre Mitarbeiter in den nächsten Wochen, Monaten und Jahren begleiten würden: Wie sollte die Treuhand als Ausnahmeerscheinung in ihre ökonomischen, politischen, gesellschaftlichen und medienöffentlichen Kontexte eingebettet werden?

Hat das vorangehende Kapitel eine Geschichte erzählt, bei der aus verschiedenen wirtschaftspolitischen Ideen ein legislatives Modell wurde, widmet sich dieses Kapitel der Frage, wie dieses Modell durch das Personal in die alltägliche Praxis des Wirtschaftsumbaus übersetzt wurde.

27 Ebd., S. 175.

2. Ein Heerlager im Dreißigjährigen Krieg: Die Ur-Treuhandanstalt bis Juni 1990

Wann und wie beginnt nun die Geschichte einer Organisation? Diese bereits zu Beginn aufgeworfene Frage ist nicht einfach zu beantworten. Aus der Perspektive eines Großteils der bundesdeutschen Mitarbeiter begann die eigentliche Geschichte »ihrer« Treuhand charakteristischerweise frühestens Mitte Juli 1990, als die ersten Führungskräfte aus der Bundesrepublik Einzug hielten, zumeist sogar erst im Oktober, als in großer Zahl westdeutsches Personal angeheuert wurde. Die vorherige Etappe sei eine kaum erwähnenswerte »Alibiveranstaltung« gewesen, die die schwindende Modrow-Regierung »noch gefangen im eigenen sozialistischen Wirtschaftsdenken« und zur Versorgung »ihres« Kaderpersonals inszeniert habe, wie ein Abteilungsleiter scharf urteilte.[1] Ein anderer Kollege wies jedwede Verbindung mit der »Modrow-Treuhand« brüskiert von sich. Auf die Frage, inwiefern diese Zeitspanne »in irgendeiner Weise bestimmend« für die spätere Organisation gewesen sei, entgegnete der seit Februar 1991 amtierende Direktor aufgebracht:

> »NULL, NULL. Denn die sind von der Philosophie ausgegangen, dass sie alles erhalten wollten, was in der DDR die sogenannte Wirtschaft war. Das hatte ja mit Wirtschaft überhaupt nichts zu tun, das war ja nichts anderes als dummes Zeug.«[2]

Das Personal der »Ur-Treuhand« habe im Frühsommer 1990 gerade nicht nach »Grundsätzen« gearbeitet, »die in der freien Marktwirtschaft eben gelten müssen«, sondern lediglich versucht, die maroden Staatsbetriebe zu erhalten.[3] Auch andere Kollegen berichteten mit Verdruss von zahlreichen Ungereimtheiten, die sich vor allem in den abgeschlossenen »Altverträgen« aufspüren ließen, bei denen ihnen »heute natürlich manchmal die Haare zu Berge« stünden, wie ein Niederlassungsleiter formulierte.[4] Doch nicht alle westdeutschen Mitarbeiter teilten die harten, merklich um Abgrenzung bemühten Verdikte ihrer Kollegen. Ein junger Referent, der im August 1990 als einer der allerersten Westdeutschen nach Ostberlin gekommen war, lobte die grundlegenden Vorarbeiten und das große Engagement der Gründergeneration.[5] Ein anderer Mitarbeiter des

1 R36-Interview mit Siegfried Hambach*, 11.1.1993.

2 R39-Interview mit Dr. Matthias Erben, 19.1.1993.

3 Ebd.

4 R25-Interview mit Oskar Hillberg*, 13.10.1992; R23-Interview mit Dr. Dieter Maltritz*, 5.10.1992.

5 R48-Interview mit Bertold Parmeier*, 24.2.1993.

Präsidialbereichs bewunderte die Erfüllung einer »herkulische[n] Aufgabe«, in der sich die neue Organisation gegenüber den Kombinats- und Betriebsdirektoren »überhaupt erst mal Autorität verschaffen musste«.[6] Aus diesem Grunde erschien ihm die unter seinen westdeutschen Kollegen verbreitete Verdrängung dieser Ur- und Frühgeschichte nicht nur als »historisch falsch«, sondern auch als »sehr verächtliche, politisch-ideologisch motivierte Aktion«.[7]

Dementsprechend führt die vielsagend als »Modrow-«, »DDR-«, »Genossen-« oder »Bonzen-Treuhand« charakterisierte Gründungszeit zwischen April und Juni 1990 in der wissenschaftlichen wie journalistischen Literatur ein Schattendasein. Das sonst mit allerlei farbigen Anekdoten aus der als chaotisch-abenteuerlich gezeichneten Frühzeit 1990/91 reichhaltig angefüllte »Firmentagebuch« »Treuhand Intern« handelte diese Frühphase lediglich recht vage auf wenigen Seiten ab.[8] Im Kontext des Forschungsprojekts Treuhandanstalt wurde den westdeutschen Forscherteams im Jahr 1992 bei ihren Recherchen relativ zügig klar, dass vor allem aufgrund der überwiegend informellen, mündlichen Arbeitspraxis in dieser weitgehend »zettellosen Zeit« nur wenige Dokumente oder schriftliche Quellen greifbar waren; auch die zeitgenössischen Medien in Ost und West hatten der peripheren, kleinen »DDR-Behörde« im Schatten der großen Einigungspolitik noch keine größere Aufmerksamkeit beigemessen.[9]

Aus diesem Grunde verfielen die von der Treuhand angeheuerten Wissenschaftler schließlich auf die Idee, die Überlieferungslücken durch Experteninterviews mit den 1992/93 noch verbliebenen ostdeutschen Mitarbeitern der »ersten Stunde« zu schließen.[10] Diese Gespräche waren aus Sicht der Befragten nicht unproblematisch, da auch in den Jahren 1992/93 medienöffentlich immer wieder hitzig über »SED-Bonzen« und »Altkader« diskutiert wurde. Entsprechend wägten die befragten ostdeutschen Mitarbeiter, die sich zu einem Gespräch bereitfanden, ihre Worte teils mit spürbarer Vorsicht ab, teils warben sie durch langatmige Erklärungen bei ihrem (westdeutschen) Gegenüber um Verständnis für ihr Handeln oder reagierten eingedenk des schlechten Leumunds merklich gereizt auf allzu intensives Nachfragen zur »Ur-Treuhand«: Man habe »auch unter

6 R44-Interview mit Stefan Wolter, 4.2.1993.

7 Ebd.

8 So exemplarisch im »Firmentagebuch« bei Breuel: Treuhand intern, S. 25-36; Seibel: Verwaltete Illusionen, S. 72ff.; Kemmler: Entstehung, S. 110; Fischer/Schröter: Entstehung, S. 26-32; Laabs: Goldrausch, S. 47ff.; Bundesanstalt für vereinigungsbedingte Sonderaufgaben (BvS): Rückblick, S. 23-27; Jürgs: Treuhändler, S. 76ff.

9 Zit. n. Kemmler: Entstehung, S. 127.

10 Vgl. Rost: Detailanalyse.

den damaligen DDR-Bedingungen« den »Bleistift mit dem Bleistiftspitzer angespitzt und nicht mit der Axt«, erklärte etwa ein Gesprächspartner.[11]

Die Stimmen ostdeutscher Zeitzeugen gestanden Defizite und Unzulänglichkeiten dieser »skurrilen Zeit«[12] zwar offen ein, ließen aber auch merklichen Stolz über das eigene Krisenmanagement erkennen. Peter Domann*, im Januar 1993 als bereits vor knapp einem Jahr ausgeschiedener Referent interviewt, war bis zum Herbst 1989 Abteilungsleiter im DDR-Ministerium für Schwermaschinen- und Anlagenbau gewesen. Im April 1990 war er zur Treuhand gestoßen. In dieser »historisch kurzen Zeit« habe man sich dort mit einer »Wahnsinnsaufgabe« konfrontiert gesehen: »Qualitativ«, weil er und seine Kollegen »keine Erfahrungen« für die Aufgaben mitgebracht hätten. Aber auch quantitativ hätten die Anforderungen ein immenses Arbeitspensum abverlangt.[13] Auch dem Ingenieurökonomen Richard Rauenau* erschien diese »erste Phase« als die »interessanteste« Zeit, als Ursprung einer langen Entwicklung:

> »Wo es unmittelbar um die Konfrontation mit den jungen und älteren Menschen ging, und wo man dastand, und keiner hatte Ahnung, wie das Gesellschaftsrecht einer modernen Marktwirtschaft aussieht. Keiner hatte Ahnung, wie das ganze Finanzmanagement funktioniert, so, und hier nun über sehr viele, viele, viele, viele Etappen eben die jetzige Form und die jetzige Art der Organisation der Arbeit der Treuhand entstanden ist.«[14]

Um herauszufinden, wie sich die gerade erst entstehende Organisation diesen Problemen im Detail stellte, beschreibt das folgende Kapitel zunächst die noch marginale Rolle der Treuhand in Politik und Öffentlichkeit, um danach auf die Grundzüge der Alltagspraxis einzugehen. Erste, noch kursorische, strategische Überlegungen wie organisationspolitische Maßnahmen werden im Anschluss thematisiert, bevor die nicht unumstrittene Personalpolitik skizziert werden soll.

2.1 Kontexte: Im Windschatten der Politik

Im ersten Halbjahr 1990 nahm die Treuhand an den Debatten zum Wirtschaftsumbau zunächst kaum aktiven Anteil. Während Ost und West intensiv über den Umbau der Planwirtschaft stritten, blieb die Organisa-

11 R21-Interview mit Prof. Dr. Samuel Herrmann*, 18.9.1992; hierauf wird in einem späteren Kapitel noch gesondert einzugehen sein; vgl. dazu die Ausführungen zu den ostdeutschen Mitarbeitern im Ost-West-Konflikt im nachfolgenden Kapitel.

12 R21-Interview mit Prof. Dr. Samuel Herrmann, 18.9.1992.

13 R42-Interview mit Peter Domann, 28.1.1993.

14 R28-Interview mit Prof. Dr. Richard Rauenau, 17.12.1992.

tion bis zum Frühsommer 1990 eine kaum beachtete, nahezu »virtuelle« Randerscheinung mit ungewisser Zukunft.[15] Ministerpräsident Modrow hatte noch kurz vor der Volkskammerwahl im März 1990 personalpolitische Weichen gestellt und das »Direktorium« der Treuhand anteilig besetzt: Als Vorsitzenden hatte er das langjährige DDR-Staatsratsmitglied Peter Moreth benannt, der ihm als LDPD-Mitglied und stellvertretender Ministerpräsident öffentlich besser vermittelbar erschien als der langjährige SED-Genosse, Reformer und Wirtschaftskader Wolfram Krause, der als »Stellvertreter des Vorsitzenden« in die Behörde wechselte.

Im April wandte sich das neue Führungsgespann erstmals mit einem kurzen, noch in staatssozialistischer Diktion formulierten »Pressematerial« an die Öffentlichkeit, um einen Überblick über das operative Geschäft der Treuhand zu geben. Drei »Hauptaktivitäten« stünden gegenwärtig im »Vordergrund«: Erstens die »Erfassung und Übernahme der volkseigenen Vermögenswerte«; zweitens die »Umwandlung von volkseigenen Betrieben und Einrichtungen«, um diese so zu sichern, »dass willkürliche ungesetzliche Veräußerungen von Volkseigentum an Dritte nicht zugelassen und Manipulationen unterbunden werden«. Als dritte Aufgabe beschrieben sie, »das volkseigene Produktivvermögen in geordneter Weise einer effektiven Bewirtschaftung zuzuführen« – gerade »im Hinblick auf die Marktwirtschaft sowie die Wirtschafts- und Währungsunion mit der BRD«.[16]

Das Personal betreibe eine »intensive Konsultationstätigkeit«, führe »täglich etwa 25 Beratungen von Kombinaten und Betrieben« und erteile »über 70 telefonische Auskünfte«. Für die Erfassung, Umwandlung und Betreuung der bezirksgeleiteten Kombinatsbetriebe habe man 15 »Außenstellen« in allen Bezirkshauptstädten eingerichtet; bis Ende April 1990 seien 71 Betriebe in GmbHs und drei in Aktiengesellschaft umgewandelt worden.[17] Das Direktorium akzentuierte ferner die »Berücksichtigung der sozialen Belange der Belegschaften« und machte sich demonstrativ die »strikte Durchsetzung der gültigen Sozial- und Arbeitsgesetzgebung« zur vordringlichen Aufgabe.[18] Mit dieser Erklärung hatte sich die Treuhand-Spitze erstmals eigenständig in der Öffentlichkeit positioniert.

Ende April 1990 beendete Peter Moreth die ansonsten demonstrierte Zurückhaltung. Er gab der *Welt* ein Interview, in dem er die von den Regierungspolitikern diskutierte Privatisierungsstrategie durch Verkauf offen in

15 Kemmler: Entstehung, S. 7.

16 Pressematerial der Anstalt zur treuhänderischen Verwaltung des Volkseigentums, April 1990, in: Treuhandanstalt: Dokumentation, Bd. 1, S. 43.

17 Ebd., S. 45.

18 Treuhandanstalt: Dokumentation, Bd. 1, S. 46.

Zweifel zog. »An die Bürger der DDR« werde in Form von Anteilsscheinen oder Belegschaftsaktien »sicher die Hälfte« verteilt; nur »der Rest steht zum Verkauf«.[19] Der Treuhand-Chef hatte sich damit in den schwebenden Debatten positioniert, was mit einiger Verzögerung zu seiner Abberufung durch Lothar de Maizière am 15. Juni führen sollte. Moreths bisheriger Stellvertreter Wolfram Krause, an dessen wirtschaftspolitischer Expertise und Loyalität der Ministerpräsident trotz seiner langjährigen SED-Mitgliedschaft offenbar keinen grundsätzlichen Zweifel hegte, fungierte für einen Monat als amtierender Vorsitzender des Direktoriums.[20]

2.2 Praxis: Erfassung, Umwandlung und Beratung der DDR-Betriebe

Im März bezogen die ersten Mitarbeiter eine noch provisorische Unterkunft. Der scheidende DDR-Außenhandelsminister Gerhard Beil hatte ihnen kurzfristig einige Etagen seines sich auflösenden Ministeriums zur Verfügung gestellt; der erste Amtssitz der Treuhand lag damit unmittelbar am Boulevard Unter den Linden, direkt gegenüber der sowjetischen Botschaft. Die Mitarbeiter nahmen in den nur spärlich möblierten und offenkundig selbst nach DDR-Maßstäben technisch nur sehr dürftig ausgestatteten Räumlichkeiten ihre Tätigkeit auf.[21] Für die Arbeitspraxis unmittelbar nach der Gründung erwies sich die zügige Erstellung, Ausfertigung und Prüfung von Musterdokumenten, Formblättern, Richtlinien und Vorlagen als zentraler Arbeitsschwerpunkt. Hierdurch hofften die Mitarbeiter, sich zunächst einen Überblick über den gegenwärtigen Zustand der ihnen formal übertragenen Betriebe zu verschaffen und die erhobenen Informationen in neu angelegten Datensammlungen systematisch erfassen zu können. Eine Schlüsselrolle spielte der studierte Ökonom Gerhard Rumberg*. Dieser war seit den 1950er-Jahren in einem DDR-Ministerium tätig gewesen und im Frühjahr 1990 zur Treuhand gewechselt, um dort mit dem zügigen Aufbau einer Dokumentationsabteilung zu beginnen. Rumberg beschrieb die von ihm mitorganisierte Erfassung der Betriebe als immense Herausforderung:

> »[U]nsere erste Aufgabe als Dokumentation war – diese Umwandlungen zu dokumentieren, und sozusagen eine erste – Statistik, eine erste Übersicht über das Mengengerüst der Unternehmen aufzubauen. Ganz einfach, […], indem wir diese Dokumente ausgewertet haben, mit den

19 »Firmenbeteiligung aus dem Ausland wird begrenzt«, in: Berliner Zeitung, 30.4.1990, zuvor auch »8000 Betriebe sind auf dem Weg zum Markt«, in: Der Morgen, 4. April 1990.

20 Vgl. Kemmler: Entstehung, S. 120.

21 Kemmler: Entstehung, S. 116.

einfachsten Daten; wie hieß der Betrieb, wie heißt die Gesellschaft, wo ist der Sitz, wie ist sie überhaupt zu erreichen, was ist ihr Gegenstand, ihre Branche, ganz grob, wer ist Vorstandsvorsitzender, wer ist Geschäftsführer.«[22]

Rumberg beschrieb damit die bescheidenen Anfänge des später von ihm aufgebauten und mit allerlei Finessen versehenen Informationssystems und thematisierte zugleich eine gravierende Schwierigkeit des frühen Alltags. Die Organisation hatte in ihren Anfangstagen noch keinerlei systematischen Überblick über den von ihr betreuten Betriebsbestand; sie agierte im Blindflug oberhalb einer rapide in Bewegung geratenen ostdeutschen Betriebslandschaft. Einzig altgediente Branchenexperten besaßen Kenntnisse über die jeweiligen Betriebe vor Ort; ein »Datenaustausch« mit entsprechenden DDR-Branchenministerien, Plankommissionen oder Statistikämtern war offenbar nicht erfolgt. Jörg Galuba* hatte, um die spartanisch-improvisierten Methoden vor Augen zu führen, für das Gespräch im Herbst 1992 eigens das erste Posteingangsbuch der Treuhand mitgebracht:

> »Ich habe mir mal, in Vorbereitung [...], unser allererstes Posteingangsbuch (holt dieses) geben lassen nochmal. (blättert) [...] So haben wir eigentlich mal angefangen. [...] Computer waren da nicht zu sehen. Und wir hatten auch nur noch solche Bücher, (lacht) die ja nun auch nicht gerade von modernstem Zuschnitt waren. Das haben wir also; hier steht auch noch, glaube ich, drin, Kombinat, das ist die erste Umwandlung, Kombinat Elektromaschinenbau Dresden, umgewandelt am 5. April 1990, umgewandelt am 5. April. Das war die erste --- dann begannen natürlich auch langsam diese Ordnungsmittel zu entstehen, ja?«[23]

Diese erste Umwandlung war nicht einmal zwei Wochen nach Gründung der Treuhand in einem »feierlichen Akt« erfolgt und fungierte zugleich als »Musterverfahren«.[24] Der Dresdner »VEB Elektromaschinenbau« – der zweitgrößte Maschinenbauexportbetrieb der DDR mit über 28.500 Mitarbeiterinnen – war an diesem Tag in eine Aktiengesellschaft überführt worden; der »Generaldirektor« verwandelte sich in einen »Vorstandsvorsitzenden«.[25] Dieser Prozedur vorgelagert war ein aufwändiger Prozess. Die bürokratische Komplexität des eigentumsrechtlichen Übergangs illustriert exemplarisch ein am 26. April vom Direktor des VEB Seehafen Rostock eingereichtes, umfangreiches Materialpaket mit über 18 verschiedenen Anlagen, dem neben Abschluss- und Er-

22 R1-Interview mit Dr. Gerhard Rumberg, 10.7.1992.
23 R17-Interview mit Prof. Dr. Jörg Galuba, 8.9.1992.
24 Ebd.
25 Kemmler: Entstehung, S. 123.

öffnungsbilanzen auch Gründungserklärungen, Finanz- und Besitzaufstellungen, Prüfberichte sowie Stellungnahmen der Belegschaft und der Banken beigefügt waren.[26] Die Unterlagen wurden bei der Treuhand von »Umwandlungsteams« aus je drei Mitarbeitern überprüft. Samuel Herrmann, ein zuvor lange bei einem hohen Entscheidungsgremium der DDR arbeitender Ökonom, erläuterte das zugrunde liegende Kalkül:

> »[I]m Grunde ging man wesentlich von der Überlegung aus, dass bei der Umwandlung ein Jurist sein müsse, einer, der was von Finanzen versteht, und ein Branchenkenner, und man in dieser ersten Phase Leute aus den ehemaligen Industrieministerien oder aus dem Wirtschaftsministerium geholt hat, die praktisch die Umwandlung organisieren sollten.«[27]

Doch mit dieser Durchmischung war allein dem oft beschriebenen »Mengenproblem«[28] nicht beizukommen. Die Mitarbeiter hätten das bei ihnen eingehende und zu prüfende Papier aus bloßem Platzmangel auf dem Boden ihrer ohnehin beengten Büros gestapelt. Derlei exzeptionelle, ja »dramatische« Arbeitsbedingungen im »Neuland« beschrieb auch Jörg Galuba: Man habe binnen kurzer Zeit einen »sehr intensiven Lernprozess« durchlaufen.[29] Die Betriebsleitungen versuchten im Frühjahr 1990, ihre Unterlagen zur Umwandlung bei der Treuhand in Berlin abzuliefern, was Galuba zufolge jedoch nicht immer auf Anhieb gelang:

> »[Die Unternehmen] kamen mitunter zwei-, dreimal, um fehlende Unterlagen zu bringen, oder, ich denke noch an, die erste war hier die Umwandlung des VEB Elektromaschinen in Dresden, ein Kombinat mit 10 oder 15 Töchtern. Das war dann schon so ein halber kleiner Transporter mit Unterlagen. Und dann war es ganz schlimm, wenn mal eine Seite ausgewechselt werden musste und sowas, es war also ein, sowohl vom Arbeitsaufwand her, als auch von dem Lernprozess ein sehr interessanter Vorgang.«[30]

Wie karg die Mittel waren, mit denen die »Teams« die Dokumente überprüften, erläuterte Peter Domann, der bis Ende Juni 1990 mit den Umwandlungen im DDR-Maschinenbau befasst war:

26 Vorsitzender des Direktoriums: Stellungnahme zu den Umwandlungsunterlagen des VEB Seehafen Rostock eingereicht am 27.04.1990, Berlin, 2.5.1990, in: Treuhandanstalt: Dokumentation, Bd. 1, S. 58-66.

27 R24-Interview mit Steffen Damm, 6.10.1992; vgl. auch Kemmler: Entstehung, S. 127.

28 R23-Interview mit Dr. Dieter Maltritz, 5.10.1992; R29-Interview mit Klaus Helm*, 18.12.1992.

29 R17-Interview mit Prof. Dr. Jörg Galuba, 8.9.1992.

30 Ebd.

»Diese Dokumente haben wir als Muster den Firmen zur Verfügung gestellt, und die Firmen haben dann diese ausgefüllt eingereicht. Und wir haben dann die Fehler aussortiert, und haben zumeist, das weiß ich noch, das war eine so verrückte Zeit, denn zum großen Teil konnten wir das Papier gar nicht verwenden. Und da haben wir uns drangemacht und haben dann die Dokumente selber über unser Strickmuster im Computer ausgefüllt, damit das auch ein bisschen ein einheitliches Bild gab. Was da eingereicht wurde – man konnte es auch den Leuten nicht verübeln, die wussten ja noch weniger Bescheid als wir.«[31]

Den Abschluss der Umwandlungsprozedur bildete schließlich eine offizielle Unterzeichnung der zahlreichen Dokumente durch das Direktorium und die jeweiligen Betriebsleitungen sowie deren notarielle Beglaubigung.[32] Aufgrund des eklatanten Mangels an Notaren in der DDR erschien dieser formale Verfahrensabschluss nicht wenigen Zeitzeugen als »absoluter Flaschenhals« der Verfahren,[33] den man schließlich durch ganztägige Massenbeglaubigungen oder das Ausweichen auf Westberliner Notare zu bewältigen suchte.[34]

In der Anfangszeit sei man mit den »Gründungsakten« Tausender Betriebe »formal zugeschüttet« worden, ohne dass es »formale Regelungen«, interne Strategien oder externe Vorgaben für den konkreten Ablauf gegeben habe, wie Knut Reich berichtete, ein Mitarbeiter von Mitte fünfzig. Detailliert beschrieb er den intensiven, oft bis in die Abendstunden gedehnten Arbeitsalltag im Sommer 1990:

»Ich muss mal vielleicht sagen, die inhaltlichen Aufgaben überschlugen sich damals für die, die da tätig waren […]. Und wir haben jeden Tag vierzehn Stunden gesessen und haben diese Akten durchgesehen auf Formfehler, auf Widersprüche in sich, innerhalb dieser Akten, haben die zum Teil mit den beteiligten Unternehmen ausgewertet, zurückgewiesen, geändert, bis die Form, die wir als notwendigen Mindestinhalt angesehen haben, bis die erreicht waren, diese Inhalte.«[35]

Der Andrang schien immens. Zahlreiche Betriebsleitungen misstrauten dem störanfälligen Postweg und transportierten die Materialpakete mit

31 Ebd.

32 R29-Interview mit Klaus Helm, 18.12.1992; in der Originaltranskription ist das Wort »absolut« in Kapitalien als deutliche Betonung hervorgehoben; Kemmler: Entstehung, S. 128.

33 R28-Interview mit Prof. Dr. Richard Rauenau, 17.12.1992.

34 Vgl. etwa R28-Interview mit Prof. Dr. Richard Rauenau, 17.12.1992, R29-Interview mit Klaus Helm, 18.12.1992.

35 R27-Interview mit Knut Reich, 16.12.1992.

einem Dienstfahrzeug zur Zentrale und brachten häufig eigene Büromaterialien und Schreibutensilien mit, um so den Umwandlungsprozess zu beschleunigen. Darüber hinaus bestand bei vielen Betriebsleitungen grundsätzlicher Beratungs- und Orientierungsbedarf, den die Mitarbeiter in »Konsultationen« auffangen wollten, denn die Dokumente waren nicht nur umfangreich und kleinteilig, sondern das geforderte Material an Daten, Zahlen, Kalkulationen wich von den planwirtschaftlichen Kennziffernsystemen bereits erheblich ab.

Parallel zum formalen Umwandlungsvorgang sei, wie Jörg Galuba berichtete, stets »auch die Diskussion geführt [worden, M.B.] über die Perspektive dieser Unternehmen, was sie zu tun hätten, um marktwirtschaftlich voranzukommen.[36] Wie sollte der Betrieb unter Marktbedingungen überleben? Woher sollte das Geld für nötige Investitionen kommen? Was für Produkte sollten künftig gefertigt und an wen verkauft werden? Musste man sich von Teilen der Belegschaft trennen? Über diese strategischen Abstimmungs- und Verhandlungsprozesse berichtete der Jurist Klaus Helm, seinerzeit Mitarbeiter des Direktorats Recht, mit martialisch anmutender Metaphorik:

> »Das war eine fast schier unlösbare Aufgabe, weil die Betriebe selbst, die nun ihre Umwandlungsunterlagen vorgelegt haben, gar nicht wussten genau, was sie alles zu erbringen haben. Das heisst, es wurde im Vorfeld, vor der eigentlichen Umwandlung dann praktisch exerziert, verbessert, die Räumlichkeiten drüben [U]nter den Linden, unsere Büroräume, die glichen einem Heerlager wie im Dreißigjährigen Krieg. Überall saßen welche mit einer kleinen Reiseschreibmaschine und so weiter, oder großen, je nachdem, und haben dann Unterlagen umgeschrieben, verbessert, wenn es vor Ort möglich war, ansonsten haben sie kluge Hinweise bekommen, mit denen sie wieder nach Hause zogen, und dann kamen sie ein paar Tage später wieder. Und sie hatten ja alle nur den Wunsch, jetzt müssen wir das noch hinter uns bringen, um in eine GmbH zu kommen oder in eine Aktiengesellschaft umgewandelt zu werden.«[37]

Das häufig erwähnte, noch sehr unklare Beziehungsgeflecht von Treuhand und Betriebsleitungen reflektierte eine außergewöhnliche ökonomische Übergangskonstellation, die die Beteiligten im Alltag vor erhebliche Herausforderungen stellte und die auch langjährige Protagonisten des »alten« Plansystems regelrecht zu elektrisieren schien:

> »Man kann sich das gar nicht vorstellen, wenn so ein Betriebsdirektor, der dreißig Jahre unter Planwirtschaftsbedingungen [gearbeitet hatte,

36 R17-Interview mit Prof. Dr. Jörg Galuba, 8.9.1992.

37 R29-Interview mit Klaus Helm, 18.12.1992.

> M.B.], nun über Nacht die Aufgabe gekriegt hat, sein Kombinat umzuwandeln in eine Aktiengesellschaft oder in eine GmbH, das war sehr interessant, was die Leute da gedacht haben.«[38]

Die meisten Kombinats- und Betriebsleitungen hatten bereits seit November 1989 zunehmend auf unternehmerische Eigenständigkeit gedrängt und zum Teil auch vor Ort Fakten durch Abspaltungen, Entlassungen oder Kooperationen mit westlichen Partnern geschaffen, während die zentralen Planungsbehörden, Branchenministerien und Bezirke der DDR zeitgleich massiv an Autorität einbüßten, die Kontrolle verloren und schließlich ihrer Auflösung entgegensahen. Was das Auftreten der neuen Eignerin, der Treuhand, in der konkreten Aushandlungspraxis zu bedeuten hatte, schien zu diesem Zeitpunkt keinem der Beteiligten so recht klar. Dies geht etwa aus den Ausführungen Knut Reichs hervor, der selbst bis 1988 als Direktor einen großen Werkzeugmaschinenbaubetrieb geleitet hatte. Auch ihn trieb die sich konfliktreich vollziehende Metamorphose alter Funktionäre um:

> »Es war zu sehen, dass die Unternehmen einen neuen Eigentümer hatten, die Treuhandanstalt, mit dieser Vorstellung mussten die [Betriebsdirektoren, M.B.] sicherlich auch erst fertig werden und leben lernen. Und sie mussten auch begreifen, dass die Geschäftsführer dieser Unternehmen zwar einen EIGENTÜMER als Ansprechpartner hatten, dass [sie] aber die Spielregeln dieses Eigentümers noch nicht kannten, und wenn sie das übertragen haben, was sie von früher kannten, im Hinblick auf den Staat, und was sie damals an Fragen stellen konnten, und dass sich da eine Änderung vollzog, dass Geschäftsführer sehr viel mehr allein zu entscheiden haben, als sie das tun konnten, als sie noch volkseigene Unternehmen waren.«[39]

Wie seine Kollegen betonte Reich den Prozess des gegenseitigen Lernens. Viele Fragen – oft auch zu »Allerweltsproblemen« – seien kaum zu beantworten gewesen,

> »[n]icht nur, weil das Wissen nicht da war, oder die Regelung nicht dafür existierte. Häufig auch deshalb nicht, weil die Treuhandanstalt sich in Details der Unternehmensführung zu diesem Zeitpunkt auch gar nicht einschalten konnte.«[40]

Wie derlei Reflexionen belegten, fielen die Interaktionsmuster zwischen Treuhand und Betrieben nicht selten in altvertraute, in Jahrzehnten einge-

38 R28-Interview mit Prof. Dr. Richard Rauenau, 17.12.1992.
39 R27-Interview mit Knut Reich, 16.12.1992.
40 Ebd.

übte Routinen zurück. Ein Grundmuster, das sich auch in der Wortwahl des Berichts Richard Rauenaus über die langwierigen Verhandlungsprozesse widerspiegelte:

> »Das Hauptproblem war eigentlich die Durchsprache. Es wurde hier im Hause, Unter den Linden seinerzeit noch, jedes Umwandlungsprojekt, das aus Umwandlungserklärung, das aus einer Profilierungskonzeption, aus den Umwandlungsdokumente bestand [sic!], dieses Umwandlungsdokument wurde beraten, und zum Schluss musste einer, entweder der Präsident selbst [...] sagen, also damit ist deine Reife geklärt worden für eine GmbH. Du bist praktisch eine GmbH im Aufbau. Das war eigentlich das Problem.«[41]

Detailliert beschrieb Rauenau diese ungewohnten Abstimmungsprozesse:

> »Sie können sich vorstellen, es saßen da drei, vier Leute am Tisch, und gegenüber saßen fünf aus dem Betrieb, die speziellere Kenntnisse hatten als jene, die mit ihnen beraten mussten. Ich sage immer, das war wirklich eine Umwandlung am FLIESSBAND. Es reichten die Notare nicht aus, die Wartezeiten für die Unternehmen betrugen manchmal sechs, acht und mehr Wochen. [...] Aber es wurde von früh um sechs bis abends zwanzig Uhr, Unter den Linden, wurde notariell die Umwandlung beurkundet. WIEDER wie am Fließband.«[42]

Die Betriebsführungen wie auch der Großteil der Belegschaften strebten zwar die Rechtsform der AG oder GmbH an, die als rechtliche wie symbolische Eintrittskarte in unternehmerische Aktivitäten vor allem nach der Währungsunion galt. Aus planungstaktischer Gewohnheit und angesichts der Komplexität des geforderten Zahlenwerkes schienen sie jedoch zugleich die tatsächlichen Verhältnisse vor Ort nicht vollständig gegenüber der neuartigen Berliner Zentrale offenlegen zu wollen.[43] Hier zeichnete sich ein grundsätzliches, über Jahrzehnte gewachsenes Kommunikations- und Vertrauensproblem zwischen Betrieben und Zentrale in aktualisierter Weise ab. Wenige Wochen später sollte sich diese Schwierigkeit noch massiv verschärfen, als das Gros der DDR-Betriebe nach der Währungsunion dringend Bankkredite in D-Mark benötigte und sich überdies vermehrt mit westdeutschem Managementpersonal konfrontiert sah, das sich gegenüber plansozialistischen Verhandlungsmustern weniger aufgeschlossen zeigte.[44]

41 R28-Interview mit Prof. Dr. Richard Rauenau, 17.12.1992.

42 Ebd.

43 Vgl. Kemmler: Entstehung, S. 122.

44 Siehe auch den nachfolgenden Abschnitt ab S. 273.

Da sich seit Anfang Mai 1990 ein schneller »Beitritt« der DDR konkretisierte, stieg zugleich der Druck auf Treuhand und Betriebe, was ihre Umwandlungsbemühungen forcierte: Was, fragte man sich, würde mit Betrieben in alter Rechtsform geschehen, deren Unterlagen bis dahin noch nicht vollständig vorlagen? Der Direktoriums-Vorsitzende Moreth meldete am 12. Juni zwar eine »bedeutende Beschleunigung bei der Überführung« von 76 (im April) auf über 431 Umwandlungen (im Mai); dennoch erschien den Mitarbeitern eine fristgerechte Überführung sämtlicher Objekte illusorisch, wie etwa Friedrich Calbeck bezeugte:

> »Na gut, nun kann man sagen, bitteschön, innerhalb von 6 Wochen ist das eine ansehnliche Größenordnung, aber andererseits ist das natürlich, gemessen an den 8.000 Betrieben und Kombinaten, die zu wandeln waren, ein Tropfen auf den heißen Stein. Schon damals wurde sichtbar, [...] das KANN nicht der Weg sein. Wenn wir so weitermachen, dann ist man irgendwann in 10, 15 Jahren durch. Das geht nicht, die Verluste sind [...] zu groß.«[45]

Das fehlende Tempo wollte Calbeck jedoch nicht als Ausdruck mangelhaften Arbeitseinsatzes aufseiten der ersten Treuhand-Mitarbeiter begriffen wissen. Vielmehr verortete er es in der auch von seinen Kollegen beschriebenen Komplexität dieser individuellen Umwandlungsprozesse.[46]

Die Frage, was mit den noch verbleibenden VEBs passieren würde, deren Unterlagen nicht bis zum Stichtag vollständig vorlagen, verlor mit den im Treuhandgesetz vom 17. Juni gefundenen Regelungen ihre Sprengkraft: Die noch nicht umgewandelten Betriebe wurden letztlich pauschal per Gesetz in die neuen Rechtsformen transformiert.

2.3 Strategien: Ohne Literatur ans Werk?

Es erwies sich für die Treuhand-Forscher als Glücksfall, dass Dietmar Rost im Januar 1993 mit dem bereits ein Jahr zuvor ausgeschiedenen Referenten Peter Domann über die Gründungszeit sprechen konnte.[47] Systematisch ging er die ersten Dokumente durch, mithilfe derer er schließlich fast zweihundert Maschinenbaubetriebe umgewandelt hatte. Neben dem Gründungsbeschluss vom 1. März 1990, der das »erste« Dokument gewesen sei, »was wir in die Hand bekommen haben, um danach zu ar-

45 R41-Interview mit Friedrich Calbeck, 25.1.1993.
46 Ebd.
47 R42-Interview mit Peter Domann, 28.1.1993.

beiten«, habe man sich am Joint-Venture-Gesetz,[48] am ersten Treuhandstatut vom 15. März und einer in handschriftlicher Abschrift verbreiteten Umwandlungsverordnung orientiert. Zudem hätten seine Kollegen und er »auf jeden Zeitungsartikel« aus der Presse »gelauert«, in denen bestimmte Verfahrensschritte für ein breiteres Publikum erläutert wurden, um sich selbst daran orientieren zu können. Ende März 1990 habe es schließlich ein »allererstes Dokument« der Treuhand-Führung in Form einer kurzen »Checkliste« gegeben, die grob skizzierte, wie man Umwandlungen vorzubereiten und abzuschließen habe. Kurze Zeit später standen dann auch besagte Musterdokumente für Verträge und Urkunden als Vorlagen für die benötigten Formblätter zur Verfügung.[49]

Domann hatte sich, wie er im Stile eines Bildungsromans erzählte, höchstpersönlich Abhilfe geschaffen: Kurz nach dem Mauerfall hatte er die erreichbaren Bibliotheken Westberlins aufgesucht, wo er sich mithilfe der dortigen »Wirtschaftsliteratur« und mit »viel autodidaktische[m]« Elan entsprechendes Wissen angeeignet habe.[50] Friedrich Calbeck teilte derlei Erinnerungen, die Suche etwa nach geeigneter, wirtschaftsjuristischer »Literatur«, stand in seinen Erzählungen im Vordergrund:

> »Der erste große Arbeitsaufwand, der auf uns zukam, war eigentlich, ich muss das so primitiv sagen, dass wir uns alle mit den neuen rechtlichen Bestimmungen vertraut gemacht haben. Also keiner von uns kannte das GmbH-Gesetz, keiner von uns kannte das Gesetz über eine Aktiengesellschaft, ich rede schon gar nicht von Mitbestimmungsrechten und so weiter, also vom Montangesetz und so weiter. Wir haben uns Literatur beschafft, haben uns mit diesem Problem beschäftigt, um überhaupt in die eigentlichen Inhalte hereinzufinden.«[51]

Auch Richard Rauenau, vom Vorsitzenden Moreth mit dem Aufbau einer »Konsultationsstelle« beauftragt, trieb das Fehlen strategischer Orientierungen und Leitlinien um. Eindrücklich berichtete er über die unsicheren Arbeitsbedingungen der Gründungsphase:

48 Die im Januar 1990 von der Modrow-Regierung erlassene Joint-Venture-Verordnung ermöglichte es westlichen Interessen erstmals, bis zu 49 Prozent der Anteile an ostdeutschen Betrieben zu erwerben und war daher als erstes Zeichen einer Öffnung der DDR-Wirtschaft für westliches Kapital gedacht, das zugleich aber keinen »Ausverkauf« der DDR-Industrie Vorschub leisten sollte. Folglich fand diese vorsichtige Maßnahme im Westen nur zurückhaltende Aufnahme; vgl. Seibel: Gescheiterte Wirtschaftsreform; »Der Geiz der Reichen«, in: Der Spiegel, 19.2.1990.

49 R42-Interview mit Peter Domann, 28.1.1993.

50 Ebd.

51 R41-Interview mit Friedrich Calbeck, 25.1.1993.

»Das ging so schlagartig los – draußen in der Öffentlichkeit war nur das Gesetzblatt, ohne Kommentare, es war keine Literatur da. Die Literatur, die da war, war für die Masse nicht verständlich. So, und nun haben wir in dieser Zeit, jeden Tag ungefähr 20 Betriebe verarztet. Das ungefähr bis zum August quer durch den Garten, also vom Textilbetrieb bis zum Maschinenbaubetrieb. [...] Ich muss sagen, vieles war nicht lösbar zu diesem Zeitpunkt.«[52]

Vor allem rechtliche Hürden und unternehmerische Probleme seien damals noch nicht zu klären gewesen, da die damaligen Kollegen »alles einfache Mitarbeiter« gewesen seien, »die gerade frei waren und die abgestellt wurden« – und demnach über keinerlei spezifische Fachkenntnisse verfügten.[53] Der von Domann, Calbeck oder Rauenau wortreich beschriebene Mangel an zentralen Regelungen verwies dabei auf Grundsätzliches: Insbesondere das seit März 1990 amtierende Direktorium verzichtete in Anbetracht der schwebenden konzeptionellen Debatten über Fortbestand und Ausrichtung der Treuhand noch auf ausgearbeitete strategische Impulse in die Organisation hinein, wie sie für die spätere Zeit charakteristisch werden sollten. Der Eindruck einer Mangelsituation, die die einzelnen Mitarbeiter in ihrer Arbeitspraxis ohne entsprechende Grundlage improvisierend und Fall für Fall überbrücken mussten, verfestigte sich.

Die Frühphase der Treuhandanstalt bis Mitte 1990 war somit letztlich durch das weitgehende Fehlen von konzeptionellen oder strategischen Leitbildern gekennzeichnet; unter dem massenhaften Arbeitsandrang machten sich die Mitarbeiter notgedrungen improvisierend ans Werk.

2.4 Organisation: »Im Grunde keine Zeit«

Als Büroleiter des Vorsitzenden Peter Moreths war Friedrich Calbeck zuständig für die praktische Aufbauorganisation der frühen Treuhandanstalt. Mit Moreth war Calbeck im März 1990 zur neuen Organisation gewechselt, wo ihm die Aufgabe zugewiesen wurde, die »organisatorischen Voraussetzungen zu schaffen« – also »die ersten technischen und organisatorischen Probleme zu meistern«, »die Räume zu besorgen, die Möbel zu besorgen, die Technik heranzuschaffen, und alles das zu tun, damit die Arbeit in Schwung« kommen könne.[54] Calbeck definierte seine Aufgabe als Organisationsleiter weniger in der Gestaltung von organisatorischen Strukturen, sondern konzentrierte sich auf die technischen und

52 R28-Interview mit Prof. Dr. Richard Rauenau, 17.12.1992.

53 Ebd.

54 R41-Interview mit Friedrich Calbeck, 25.1.1993.

räumlichen Infrastrukturen. Niemand habe damals ahnen können, welcher »riesige Aufwand« für diese Umwandlungen vonnöten sei:

> »Sie müssen sich vorstellen, wir wollten hier die Wirtschaft wandeln, mussten tägliche Kontakte mit den alten Bundesländern pflegen und hatten keine Kommunikation. Das Telefonnetz war ja gespalten. Wie also nun telefonieren?«[55]

Man habe dieses eklatante Kommunikationsdefizit, das sich wenig später auch zu einem essenziellen Topos der bundesdeutschen Mitarbeiter verfestigen sollte, schließlich durch regelmäßige Fahrten zu Westberliner Telefonzellen, feste Sprechzeiten in den frühen Morgen- und späten Abendstunden oder die Anschaffung von Funktelefonen mit durchwachsenem Erfolg zu lösen versucht. Auch um die schlecht ausgestatteten Räumlichkeiten entbrannte ab Mai ein Disput zwischen der Treuhand und dem neuen Wirtschaftsminister Gerhard Pohl, dessen Mitarbeiter ebenfalls in dem Gebäude untergebracht werden sollten. Schnell sei absehbar gewesen, dass »einer das Haus verlassen musste«, weshalb Calbeck sich Ende Mai 1990 schließlich in Berlin auf die eilige Suche nach einer alternativen Unterkunft machte.[56]

Dass sich der Organisationsleiter kaum den internen Organisationsstrukturen widmete, schien für den vormaligen Funktionär und Volkswirt Samuel Herrmann nur folgerichtig:

> »[Er] war damals der Bürochef bei Moreth. [...] Aber der hatte wohl damals, wenn ich das richtig sehe, den Auftrag, also eine Arbeitsanweisung und interne Arbeitsorganisation von der Treuhand zu entwickeln. Die dann nie zustande kam, überlegen Sie doch mal, Ende März bis Mitte Juni war das Treuhandgesetz schon, also Sie müssen immer im Zeitraster bleiben. [...] Es waren ja nur, wieviel ist denn das gewesen, acht Wochen, ein Vierteljahr, mehr war es ja nicht.«[57]

Herrmann, der das gesamte Gespräch über erkennbares Misstrauen gegenüber seinem Interviewer hegte, erschienen derlei Fragen allerdings als bloße »Äußerlichkeiten«; er wollte lieber über das sich in hohem Tempo und radikaler Weise wandelnde Organisationsumfeld sprechen:

> »Das Wichtigere sind diese Brüche, also diese wirklichen glasklaren Brüche, die mit den Aufgaben verbunden waren, und zwar in dem enormen Tempo, in dem sich der Gesamtprozess, im gesamten Umfeld vollzog. [...] Das sind eigentlich die Dinge, meine ich, die in DER Zeit

55 Ebd.
56 Ebd.
57 R21-Interview mit Prof. Dr. Samuel Herrmann, 18.9.1992.

eine Rolle gespielt haben. [...] Organisation, die ist da nur, war nur ein Anhängsel. Die Treuhand hatte ja noch nicht mal ein Auto, Moreth hatte sein Auto vom Ministerrat mitbekommen. [...] Es kann sein, dass ich das vielleicht in meiner Blindheit verharmlose, aber im Grunde war da nichts Böswilliges dabei, das ergab sich im Grunde so auf Zuruf.«[58]

So wie das operative Geschäft der Erfassung, Betreuung und Umwandlung der DDR-Betriebe im Frühjahr 1990 einen improvisierten Ad-hoc-Charakter aufwies, blieben auch die organisatorischen Strukturen amorph. Insgesamt gliederte sich die Treuhandanstalt der Frühphase in vier Direktorate. Das Direktorat von Wolfram Krause, dem Stellvertreter des Vorsitzenden, war für die Außenstellen, die Dokumentation und den gesonderten Fachbereich der Reprivatisierung zuständig, der die zügige Rückgabe der 1972 enteigneten Kleinbetriebe forcieren sollte. Zum »Direktor für Wirtschaft« wurde Paul Liehmann berufen, der zuvor für knapp zwei Jahrzehnte als stellvertretender Minister für Leichtindustrie aktiv gewesen war. An ihrer Spitze nicht besetzt wurden die verbleibenden Direktorate für Finanzen und Recht, die beide kommissarisch von Abteilungsleitern geführt wurden.[59]

In subjektiven Rückblicken erschien der schwach ausgeprägte Organisationsgrad einerseits als Folge der akuten Verarbeitungsmasse; andererseits sei das bei der Treuhand versammelte (Behörden-)Personal vorab mit bürokratisch organisierten Arbeitsabläufen durchaus vertraut gewesen und sei folglich ganz intuitiv bürokratischen Verfahrensmustern gefolgt, wie Samuel Herrmann herausstellte:

»Nach den Strukturerfahrungen der Ministerien und der Verwaltung der DDR, gab es dann so ein Modell, und gab es auch Kästchen, und dann war klar, da brauchen wir jemanden, der Personal macht, und dann brauchen wir jemanden, der Finanzen macht und der die Kasse macht.«[60]

Diese noch provisorische Organisationsstruktur hatte nicht zuletzt damit zu tun, dass die DDR-Regierung unter Hans Modrow davon ausgegangen war, dass eine Nachfolgeregierung alsbald weitere gesetzliche Maßnahmen ergreifen, organisatorische Umgestaltungen und personelle Umbesetzungen vornehmen würde. Auch über die engeren »Grenzen«

58 Ebd.

59 Kemmler: Entstehung, S. 120f. Liehmanns Direktorat gliederte sich in fünf Abteilungen, die den Kabinettszuschnitt der DDR-Regierung spiegelten: Leichtindustrie, Schwerindustrie, Maschinenbau, Verkehrs- sowie Bauwesen und »andere Bereiche«.

60 R21-Interview mit Prof. Dr. Samuel Herrmann, 18.9.1992.

der Treuhand hinaus trug die organisatorische Ausgestaltung erkennbar provisorischen Charakter. So hatte die Modrow-Regierung gänzlich auf die Einsetzung des im Statut vom 15. März vorgesehenen Verwaltungsrates verzichtet; auch die Nachfolgeregierung nahm von der vorgesehenen Bildung eines solchen Kontrollgremiums zunächst Abstand: De Maizière beaufsichtigte die Organisation nach einem parteipolitischen Kompetenzstreit zwischen Wirtschafts- und Finanzministerium zunächst noch unmittelbar.[61]

2.5 Personalpolitik: Pragmatischer Realismus oder rote »Bonzen-Wirtschaft«?

Die Zahl der Mitarbeiter hatte sich zwischen März und Juni 1990 mehr als verdoppelt. Hatten Anfang April 77 Personen mit dem Aufbau der Zentrale begonnen, standen Ende Juni 1990 bereits 133 Personen im Dienst der Organisation.[62] Hinzu kamen weitere 220 Mitarbeiter, die sich auf die 15 neugegründeten Außenstellen in den Bezirkshauptstädten verteilten.[63] Obwohl von einer systematischen, von der Treuhand-Spitze feingesteuerten Personalpolitik keine Rede sein konnte, konzentrierte das Direktorium seine Rekrutierungsbemühungen hauptsächlich auf den umfangreichen Mitarbeiterbestand der zentralen Ostberliner (beziehungsweise in den Bezirken angesiedelten) Planwirtschaftsadministration. Sie richtete Anfragen an die in Auflösung oder Fusion befindlichen DDR-Branchenministerien, entsprechend geeignetes Personal zu empfehlen oder zu einer Bewerbung bei der Treuhand zu ermutigen.[64]

Den personellen Kern der ersten Führungsebene bildete das knappe Dutzend Mitarbeiter aus der Arbeitsgruppe Wirtschaftsreform, das von der Konzeptdebatte unmittelbar in die Praxis des Wirtschaftsumbaus übergewechselt war. Götz Jordan, langjähriger Planwirtschaftsexperte, blickte 1993 im Gespräch mit Marc Kemmler auf einen gemeinsam gefassten »Entschluss« zurück, als Mitte März 1990 eine Realisierung der reformsozialistischen Pläne unwahrscheinlich geworden war:

61 Kemmler: Entstehung, S. 121.

62 Tätigkeitsbericht der Treuhandanstalt, Berlin, 3.7.1990, in: Treuhandanstalt: Dokumentation, Bd. 1, S. 83.

63 Über diese Frühphase der Außenstellen in den DDR-Bezirkshauptstädten ist allerdings wenig bekannt – sie spielten in der bisherigen Literatur kaum eine Rolle und rückten vornehmlich erst mit der spektakulären Umbesetzung ihrer Leitungen Anfang Oktober 1990 in den Fokus von Journalisten und Wissenschaftlern; vgl. »Die Herrschaft der alten Kader«, in: Frankfurter Allgemeine Zeitung, 3.10.1990.

64 R21-Interview mit Prof. Dr. Samuel Herrmann, 18.9.1992.

»Wir saßen eines Abends zusammen und haben gesagt: ›Was machen wir denn nun? Mit unserer Wirtschaftsreform kommen wir ja nicht mehr weiter. Mit de Maizière geht das nicht, der denkt sich nun etwas Neues aus. [...] Dann werden wir uns mit dieser Treuhand beschäftigen. Mit dem Treuhandbeschluss, mit der Zielstellung dieser Treuhand, können wir uns identifizieren. Also versuchen wir sie in Gang zu setzen.‹ Man brauchte ja ohnehin einen kleinen ersten Stab.«[65]

Dieser Personenkreis, der ab April vornehmlich Führungspositionen bekleidete, hatte für den Personalaufbau ein spezifisches Tableau im Blick: reformorientierte Wirtschaftskader und fachlich versierte Branchenexperten mit langjähriger Erfahrung und entsprechenden Betriebskenntnissen, oftmals aus der zweiten und dritten Reihe des ministeriellen oder planbürokratischen Apparates, zudem einige stellvertretende Branchenminister der DDR. Besonders markant fiel dabei eine Personengruppe auf, die bereits in den 1960er-Jahren an den sozialistischen Reformexperimenten mitgewirkt hatte und ihre Tätigkeit nun als die praktische Fortführung dessen betrachteten.[66] Bei den Mitarbeitenden der ersten Stunde handelte es sich damit nicht nur, wie es in einem offiziellen »Tätigkeitsbericht« vom 3. Juli 1990 lapidar hieß, »vorwiegend [um, M.B.] diplomierte Volks- und Betriebswirte sowie Juristen und Finanzwissenschaftler aus den verschiedensten Wirtschaftsbereichen«.[67] Der größere Teil des Personals wurde über private Kontakte, kollegiale Netzwerke und Initiativbewerbungen gewonnen, wobei die Auflösung der DDR-Behörden eine beträchtliche Menge Fachpersonals freisetzte, das einer drohenden Arbeitslosigkeit entgehen wollte.[68]

Auch über den noch überschaubaren Kreis der eigentlichen Treuhand hinaus war das Direktorium personalpolitisch aktiv. Aus dem Personalreservoir der früheren Planwirtschaftsbürokratie setzte sie seit April zur Betreuung der bereits umgewandelten Betriebe knapp 1.600 »Beauftragte der Treuhandanstalt« ein, die dort als Vertrauensleute die noch nicht etablierten Aufsichtsgremien provisorisch vertreten sollten[69] ergänzt durch Mitarbeiter aus den Reihen des Treuhand-Personals.[70] Wolfram Krause

65 Zit. n. Kemmler: Entstehung, S. 115, FN. 15.

66 Vgl. die Analysen zur Motivation der ostdeutschen Mitarbeiter im nachfolgenden Kapitel, ab S. 647.

67 Tätigkeitsbericht der Treuhandanstalt, Berlin, 3.7.1990, in: Treuhandanstalt: Dokumentation, Bd. 1, S. 83.

68 Vgl. Kemmler: Entstehung, S. 130.

69 Vgl. »Die warten auf Konkurse«, in: Der Spiegel, 20.8.1990; Kemmler: Entstehung, S. 125.

70 R28-Interview mit Prof. Dr. Richard Rauenau, 17.12.1992.

rechtfertigte die medienöffentlich heftig angegriffene Personalkontinuität zwischen Plan- und Marktwirtschaft wissensspezifisch: »Wenn ich einen alten SED-Mann habe, der als einziger im Betrieb Bescheid weiß, dann nehme ich eher den. Sonst geht der Betrieb doch ganz kaputt.«[71] Auch der vormalige hochrangige Finanzexperte Samuel Herrmann, der sich selbst immer wieder medienöffentlichen Attacken ausgesetzt sah, teilte Krauses Einschätzungen, indem er zunächst selbstironisch auf den vermeintlichen »Filz von alten Seilschaften« verwies, aber sogleich auch den Mangel an Alternativen unterstrich:

> »Genauso, ich muss Ihnen ganz offen sagen, in der Situation, ich will das nicht rechtfertigen, aber in der Situation, was wollten Sie denn machen? Wie, wie sollte das sein? Es gab die DDR noch, und das Ministerium für Wirtschaft hatte ganze drei Berater aus den alten Bundesländern. Die haben auch der Treuhand geholfen. Und so viele Leute aus der Bundesrepublik, die haben noch nicht vor der Tür gestanden.«[72]

Das umfassende Engagement von DDR-Kadern könne man zwar einerseits als »schädliche Kontinuität« bewerten, aber es erschien ihm hierin »auch ein ganzes Stück REALISMUS« mitzuschwingen.[73] Friedrich Calbeck brachte die personalpolitischen Auswahlkriterien der Frühphase pointiert auf den Punkt und betonte die Veränderungsbereitschaft der vormaligen Kader, auf die Wert gelegt worden sei:

> »Es war einfach ein Unding, auf das Wissen dieser Leute zu verzichten, man brauchte sie. DIE kannten die zentral geleitete Wirtschaft, die kannten die Unternehmen, die wussten, was produziert wird, die kannten die Chancen dieser Produkte am Markt. Und ich bin nach wie vor der Meinung, dass es richtig war, sich in jenen Tagen auf Kräfte, die BEREIT waren, diesen Schritt mitzugehen, zu verlassen.«[74]

Heftige Kritik übten neben konservativen Politikern aus der Bundesrepublik vor allem vormalige ostdeutsche Oppositionelle. Aus der Innensicht der Treuhand schien aber gerade dieser Personenkreis für die wirtschaftlichen Aufgaben ungeeignet:

> »Wir haben auf der einen Seite Menschen hier im Lande gehabt, die sich gegen das System aufgelehnt haben, in einer kleinen Minderheit, gemessen am Gesamtvolk. Vor denen man natürlich heute aus dem Abstand der drei Jahre zur Revolution [...] den Hut zieht, dass sie den

71 Zit. n. Kemmler: Entstehung, S. 118.

72 R21-Interview mit Prof. Dr. Samuel Herrmann, 18.9.1992.

73 Ebd., Herv. im Original.

74 R41-Interview mit Friedrich Calbeck, 25.1.1993.

> Mut gehabt haben. Die [Oppositionellen, M.B.] hatten aber nicht die Erfahrung und das Wissen um das Funktionieren der Betriebe, um die Arbeitsinhalte. Also hat man natürlich am Anfang der Treuhandanstalt zurückgegriffen auf eine etwas loyale Beamtenschaft [...], also die um die Dinge wussten. In diesen kleinen Einheiten, die man natürlich auch, nachdem dann die sozialen Probleme kamen, als die roten Socken bezeichnete, auch geschürt durch die Boulevardpresse und auch inzwischen veröffentlichte Berichte der Gauck-Behörde.«[75]

Ein bereits zeitgenössisch intensiv diskutierter Fall von so pragmatischer wie unmittelbarer personeller Kontinuität betraf den Abteilungsleiter für Reprivatisierung, Reiner Hornuf. 1972 hatte er bereits die letzte große Verstaatlichungswelle von Kleinbetrieben in der DDR geleitet – und nun, 18 Jahre später, sollte er seine Expertise ironischerweise für deren zügige Rückabwicklung einsetzen.[76] Charakteristischerweise änderte die De-Maizière-Regierung bis Ende Juni 1990 den personalpolitischen Kurs nicht: Bei Inkrafttreten der Wirtschafts- und Währungsunion am 1. Juli bestand das Personal noch ausschließlich aus Mitarbeitern der ehemaligen Planwirtschaftsverwaltung.[77]

2.6 »Basis für höhere Anforderungen«: Die Abschlussbilanz

Überblickt man die »Ur-Treuhand«, verliehen ihr die spärlich ausdifferenzierten Organisationsstrukturen, der Mangel an zentralen Vorgaben und schließlich auch der personelle Hintergrund ein hohes Maß prozeduraler Informalität. Improvisation mit unklarer Zukunftsperspektive prägte den Alltag, was in den subjektiven Rückblicken wenige Jahre später beträchtlichen Niederschlag fand.

Samuel Herrmann erblickte gerade hierin die Gründe für das »Scheitern« der Bemühungen der »Ur-Treuhandanstalt«. Rückblickend bilanzierte er bemerkenswert ernüchternd und selbstkritisch:

> »Die Anfangsphase begann im Grunde unter falschen Voraussetzungen, im Grunde mit Zielen, die sich sehr schnell überholt hatten, oder die im Grunde keinen Bestand haben konnten. Sie können aus heutiger Sicht sagen, im Grunde auch mit falschen Leuten.«[78]

75 R42-Interview mit Peter Domann, 28.1.1993.
76 Kemmler: Entstehung, S. 137.
77 Fischer/Schröter: Entstehung, S. 30.
78 R21-Interview mit Prof. Dr. Samuel Herrmann, 18.9.1992.

Für Steffen Damm, dem jungen Ostdeutschen, der erst im August 1990 zur Treuhand gestoßen war, markierte diese Phase eine »Zwischenstufe«, gerade auch aus Mentalitätsgründen:

> »Und die Treuhandanstalt war schon, die war natürlich schon, die Modrow-Treuhandanstalt schon der Weg auf dem neuen, aber doch nur eine Zwischenstufe. Und wenn man es heute historisch betrachtet, konnte es vielleicht auch gar nicht anders sein. Was hat man erwartet, einen Sprung – es war ja schließlich von, sagen wir mal, sozialistisch erzogenen und denkenden Köpfen entworfen, diese Lösung, ja?«[79]

Der mentale »Schnitt« sei dann erst mit dem Führungswechsel durch die im Juni 1990 einsetzenden Personaltransfers aus dem Westen erfolgt:

> »So, und der Schnitt dann zum Juni war ja doch schon stark beeinflusst, ich weiß noch genau, wie das gelaufen ist, von westlicher Seite, auch von der Denke her. Also der Brain [sic!] kam schon von der anderen Seite, also das war schon online gesteuert, das Ganze.«[80]

Am 3. Juli 1990 zog das Direktorium um den kommissarischen Vorsitzenden Wolfram Krause Bilanz. Ein an die Presse gegebener »Tätigkeitsbericht« kann als Schlussstrich gelten: 3.600 Betriebe waren bis Ende Juni 1990 in AGs oder GmbHs überführt worden – davon knapp 1.550 in den 15 Außenstellen.[81] Dass damit erst weniger als die Hälfte aller DDR-Betriebe umgewandelt werden konnten, wurde in sozialistischer Diktion auf vier »Hauptprobleme« zurückgeführt: Fehlende »Maßnahmen zur Sicherung der Wettbewerbsfähigkeit«, eine »unzureichende Qualität der Dokumente«, die begrenzte »Kapazität der Notare« sowie die anfangs rudimentär ausgeprägten Organisationsstrukturen und unbekannte Verfahrensabläufe.[82] Zusätzlich hatte die Treuhand die Aufgabe der Reprivatisierung der 1972 verstaatlichten Betriebe übertragen bekommen, in deren Zuge sie 7.423 Rückgabeanträge erhalten und binnen weniger Wochen 381 Betriebe an ihre Alteigentümer rückerstattet hatte.[83] Der Personalbestand der Zentrale sei zwar inzwischen auf 133 erhöht worden, allerdings müsse er »zur Realisierung der Aufgaben« aus dem neuen Treuhandgesetz, so die Schätzung, »auf 240 erhöht« werden.[84] Zudem seien deren räumliche und technische Arbeitsbedingungen, »insbesondere in

79 R24-Interview mit Steffen Damm, 6.10.1992.

80 Ebd.

81 Tätigkeitsbericht der Treuhandanstalt, Berlin, 3.7.1990, in: Treuhandanstalt: Dokumentation, Bd. 1, S. 74.

82 Ebd., S. 75.

83 Ebd., S. 79.

84 Ebd., S. 83f.

den Großraumbüros, durch Einbau von Trennwänden und neue[r] Möblierung schnellstmöglich zu verbessern«; ferner wurde die »Zuführung von Bürocomputertechnik« dringend angemahnt.[85] Aus Sicht des ersten Direktoriums sowie zahlreicher Mitarbeiter markierte nun der 1. Juli eine organisationsgeschichtliche Zäsur:

> »Mit dem 30.6.1990 wurde eine Etappe in der Entwicklung der Treuhandanstalt abgeschlossen. [...] Damit ist eine Basis für die höheren Anforderungen, die die Marktwirtschaft insbesondere in Hinblick auf die Privatisierung des Volksvermögens stellt, geschaffen.«[86]

Der Schluss des »Tätigkeitsberichts« vom 3. Juli liest sich nicht grundlos wie eine Mischung aus Übergabeprotokoll und Bewerbungsschreiben. Im Juli erwarteten die Mitarbeiter der Treuhand, die in diesen Tagen von ihrem ersten Domizil in Unter den Linden in das Haus der Elektroindustrie am Alexanderplatz 6 umzogen, die Ankunft der ersten Führungskräfte aus der Bundesrepublik. Aber nicht nur personell und räumlich markierte dieses Datum einen tiefen, gerade auch für die Zeitgenossen deutlich wahrnehmbaren Einschnitt. Die zum 1. Juli in Kraft getretene Wirtschafts- und Währungsunion sowie das Treuhandgesetz sollten die ökonomischen, politischen wie öffentlichen Kontexte für die Organisation und ihre Betriebe schlagartig und radikal verändern; strategisch, organisatorisch und personell würde sie schon sehr bald ein völlig anderes Gesicht erhalten.

85 Ebd., S. 84.
86 Ebd., S. 85.

3. Eine One-Man-Show als Intermezzo: Gohlke als erster Präsident

Gut dreieinhalb Jahre später, am 9. Dezember 1993, trat Reiner Maria Gohlke im Bonner Bundestag vor den vielbeachteten Untersuchungsausschuss »Treuhandanstalt«, zu dem er auf Antrag der PDS vorgeladen worden war. Gohlkes Auftritt in der fünften Sitzung war insbesondere von den Oppositionsvertretern lange erwartet worden: Würde der erste Präsident der Treuhand Licht ins Dunkel ihrer Enthüllungsbemühungen bringen? Was würde er von den knapp fünf Wochen seiner Präsidentschaft offenlegen? Hatte er wirklich einen alternativen Plan gehabt? Warum war der erste Westdeutsche bei der Treuhand so plötzlich und unerwartet im Sommer 1990 zurückgetreten?

Gohlke berichtete den Abgeordneten zunächst von seiner Verpflichtung. Anfang Juli 1990 sei er vom Kanzleramtschef Rudolf Seiters angerufen worden, knapp zehn Tage später war er bereits Präsident. Seinen neuen Chefkontrolleur, Detlev Rohwedder, habe er erst anderthalb Stunden vor der ersten Sitzung des Verwaltungsrates persönlich kennengelernt. Am Alexanderplatz angekommen, hätten seine einhundert ostdeutschen Mitarbeiter ihn »als eine Art Wundermann« empfangen: »Die im Osten haben geglaubt, alles, was wir machen, ist richtig.«[1]

Doch schon wenige Tage später sei ihm die »Unmöglichkeit« seiner Aufgabe vollends bewusst geworden: Die Währungsunion habe die Betriebe der DDR in eine tiefe Umstellungskrise gestürzt; von der Bundesregierung habe es indes keinerlei »Flankenschutz« gegeben. Er habe sich einem »unglaublichen Erwartungsdruck« ausgesetzt gesehen: Einerseits habe er die Tausende Betriebe dem gesetzlichen Auftrag folgend schnell verkaufen sollen; andererseits habe er zunächst intensive Sanierungsanstrengungen für unabdingbar gehalten. Dabei habe sich auch das Verhältnis zu Rohwedder rapide abgekühlt. Man habe sich nicht nur über strategische Grundsätze, sondern auch über grundlegende Organisationsfragen schnell zerstritten und sich über wichtige Personalentscheidungen nicht verständigen können. Weiter wollte er nicht ins Detail gehen; als »höriger Staatsbürger« wollte Gohlke dem Gremium keine weiteren Interna der »chaotischen« Zeit preisgeben.[2]

Die politischen Lager aus Regierung und Opposition hatten sich vom ersten Präsidenten Munition für den beginnenden Bundestagswahlkampf 1994 erhofft – und waren nicht enttäuscht worden: SPD-Vertreter Gerald Thalheim erklärte, der Auftritt habe gezeigt, dass die Bundesregierung

1 »Völlige Verkennung der wirklichen Lage der DDR«, in: Handelsblatt, 12.11.1993.

2 »Chaos bei Gründung der Treuhand«, in: Neue Zeit, 12.11.1993.

»die deutsche Bevölkerung bewusst belogen« habe; CDU-Obmann Dieter Schulte sah sich hingegen darin bestätigt, dass die Defizite einer »40jährigen sozialistischen Kommandowirtschaft« viel größer gewesen seien als seinerzeit gedacht.[3]

Damit hatte der Ausschuss die Frühphase der Treuhand abgearbeitet und zu den Akten gelegt. Weitere Nachforschungen unternahm er nicht, obschon die Ankunft der ersten bundesdeutschen Manager in der Tat jenen bemerkenswerten Einschnitt markierte, mit dem sich die Wirtschaftsverwaltungsbehörde in eine unternehmerisch ausgerichtete Privatisierungsagentur zu verwandeln begann. Die kurze Amtszeit des ersten westdeutschen Managers an der Treuhand-Spitze soll im Folgenden als organisationsgeschichtliche Scharnierphase in den Blick genommen werden. Die DDR-Behörde rückte, allerspätestens durch den spektakulären Abgang ihres Präsidenten, in den Fokus der öffentlichen Aufmerksamkeit in Ost und West. Innerhalb der Organisation waren die ersten Westdeutschen jeweils darum bemüht, neue strategische Grundlinien zu definieren, erste organisationspolitische Umbaumaßnahmen einzuleiten sowie die personalpolitische Expansion voranzutreiben. Dies sollte die beiden westdeutschen Führungsfiguren binnen weniger Wochen in erhebliche Konflikte stürzen, die letztlich in Gohlkes dramatischem Abschied gipfelten.

3.1 Kontexte: Die Suche nach dem neuen Präsidenten

Reiner Gohlke amtierte vom 16. Juli bis zum 20. August, seiner Berufung war eine hektische Personalsuche vorangegangen. Bereits im Mai dachten Regierungsvertreter in Ostberlin und Bonn im Kontext der strategischen Neuausrichtung intensiv über ein personalpolitisches Revirement an der Spitze nach, um »externen Sachverstand« für den wirtschaftlichen Umbau zu mobilisieren. Favorit der Bundesregierung war zunächst der Chef des Dortmunder Hoesch-Konzerns Detlev Karsten Rohwedder, doch dieser schien in Dortmund zunächst unabkömmlich – die Deutsche Bank als Hauptaktionärin sah in ihm ihren Garanten für eine Stahl-Großfusion. Stattdessen sollte Rohwedder als Vorsitzender des zu bildenden Verwaltungsrats fungieren.[4]

Schließlich fiel die Wahl auf einen Kandidaten, der leichter abkömmlich war: Auf Empfehlung Hans-Olaf Henkels entschieden sich Bonn und

3 Ebd.; vgl. auch: »Vieles der DDR-Wirtschaft wäre zu retten gewesen«, in: Neues Deutschland, 15.11.1993.

4 »Westdeutscher für DDR-Treuhand gesucht«, in: Frankfurter Rundschau, 31.5.1990.

Ostberlin für Reiner Maria Gohlke. Der promovierte Wirtschaftsingenieur war 1978 zum Geschäftsführer des US-Technologiekonzerns IBM in der Bundesrepublik aufgestiegen, 1981 war er von der sozialliberalen Bundesregierung an die Spitze der hochdefizitären Bundesbahn berufen worden, um diese aus der Verlustzone zu führen, wo er den Aufbau des ICE-Netzes und die Einführung des Bahncard-Systems anschob. Aus Sicht der Politik hatte sich Gohlke also nicht nur in der Privatwirtschaft bewährt, sondern wies als »Sanierer« auch Erfahrungen beim Umbau eines schwerfälligen Staatskonzerns vor.[5]

Dieser Erfahrungshintergrund im Grenzland zwischen Staat und Markt zeichnete auch Detlev Rohwedder aus – zum Vorsitzenden des Verwaltungsrates bestimmte ihn die DDR-Regierung bereits Anfang Juli 1990. Auch seine Vita war von fortwährenden Passagen zwischen Politik und Wirtschaft geprägt: Nach Jurastudium und Promotion betätigte er sich in den 1960er-Jahren zunächst als Wirtschaftsprüfer. Ab 1969 amtierte Rohwedder unter Karl Schiller, Helmut Schmidt und Hans Friederichs als Staatssekretär im Bundeswirtschaftsministerium, 1978 kehrte er in die Privatwirtschaft zurück und übernahm den Vorstandsvorsitz des angeschlagenen Dortmunder Stahlkonzerns Hoesch. Hier setzte er einen forcierten, von massiven Protesten begleiteten Sanierungskurs mit beträchtlichen Entlassungen und einer Neuausrichtung des Ruhrkonzerns durch, die Ende der 1980er-Jahre als bemerkenswerter Erfolg galt.[6]

Auf einer Pressekonferenz am 4. Juli stellte die DDR-Regierung Rohwedder in seiner neuen Funktion vor; zugleich wurde auch ein Teil seiner künftigen Verwaltungsratskollegen der Öffentlichkeit präsentiert und deren unternehmerische Expertise hervorgehoben. Der Hamburger Wirtschaftsprüfer Otto Gellert, der IBM-Geschäftsführer Hans-Olaf Henkel, der ehemalige Bundesbankdirektor Claus Köhler, der belgische Industrielle André Leysen sowie Vorstände von Grundig, Tchibo, AGIV und VEBA sollten künftig die Treuhand mitkontrollieren.[7] Damit hatte die DDR-Regierung bei der Besetzung »ihrer« acht Verwaltungsratsmandate ein klares Signal ausgesandt: De Maizières Staatssekretär Günther Krause hob als entscheidende »Gesichtspunkte« bei der Personalauswahl die »große Erfahrung bei der Reorganisation und Sanierung von Unterneh-

5 Eintrag »Gohlke, Reiner«, in: Munzinger Online/Personen – Internationales Biographisches Archiv, URL: http://www.munzinger.de/document/00000016551 (zuletzt aufgerufen am 15.02.2018).

6 Eintrag »Rohwedder, Detlev«, in: Munzinger Online/Personen – Internationales Biographisches Archiv, URL: http://www.munzinger.de/document/00000012540 (zuletzt aufgerufen am 15.02.2018).

7 Pressestelle: Informationen über die Regierungspressekonferenz am 4.7.1990, 15. Uhr, in: Treuhandanstalt: Dokumentation, Bd. 2., S. 98-101.

men«, »umfangreiche Kenntnisse in den Bereichen Wirtschaftsführung und Bewertung«, »Kenntnisse im internationalen Börsengeschäft« und letztlich auch »Erfahrungen im internationalen Handel« hervor.[8]

Am 15. Juli traf diese Gruppe aus neun bundesdeutschen Managern bei der ersten Verwaltungsratssitzung mit ihren neuen Kollegen zusammen, die auf Vorschlag des Ministerpräsidenten am 5. Juli von der Volkskammer gewählt worden waren: Sechs (vormalige) Generaldirektoren aus namhaften DDR-Industriebetrieben verschiedener Branchen, etwa Karl Döring, Vorstandsvorsitzender der EKO Stahl AG Eisenhüttenstadt, oder Gerd-Rainer Grimm, der die TAKRAF Schwermaschinenbau AG in Leipzig leitete. Komplettiert wurde das 17-köpfige Gremium durch zwei Politiker: Jochen Steinecke, den Vorsitzenden des Volkskammer-Wirtschaftsausschusses, und Günter Nooke (Bündnisgrüne), der noch im Juni gegen das Treuhandgesetz aufbegehrt hatte und nun die Opposition repräsentierte.[9] Die Besetzungslogik bewies eindeutige politische Schwerpunktsetzungen: Eine Gruppe bundesdeutscher, privatwirtschaftlicher Führungskräfte verfügte ausweislich ihres »Knowhows« über eine absolute Mehrheit, Generaldirektoren repräsentierten die Großbetriebe verschiedener Branchen und den beiden Volkskammer-Vertretern wurde ein politischer Beobachterstatus zugebilligt.[10]

Parallel zu den von beiden Regierungen orchestrierten Umbesetzungen auf der Führungs- und Kontrollebene befasste sich die Volkskammer der DDR erneut mit der Treuhand und konzentrierte sich in der wirtschaftspolitischen Debatte auf die Satzung der Organisation. Am 25. Juni legte das Direktorium einen mit den einschlägigen Fachministerien in Bonn und Berlin intensiv abgestimmten Entwurfstext vor, der das Grundgerüst für eine Mitte Juli 1990 in der Volkskammer vorgestellte Satzung bildete; auch Änderungswünsche der soeben berufenen Verwaltungsratsmitglieder um den künftigen Vorsitzenden Detlev Rohwedder hatte man im Entwurf berücksichtigt.[11] Die Treuhand wurde in dieser neugefassten Satzung als »Anstalt des öffentlichen Rechts« unter »Aufsicht des Ministerpräsidenten« konstituiert, die »bei der Erfüllung ihrer Aufgaben die Grundsätze

8 Ebd.

9 Zusammensetzung des Verwaltungsrates der Treuhandanstalt, in: Treuhandanstalt: Dokumentation, Bd. 2, S. 499-502.

10 Vgl. insg. auch die Ausführungen von Seibel: Verwaltete Illusionen, S. 124-130, der allerdings aufgrund einer vermutlich irrtümlichen Zählung eine »paritätische« Zusammensetzung des ersten Verwaltungsrats festhielt.

11 Ministerium für Wirtschaft: Stellungnahme zum Entwurf der Satzung der Treuhandanstalt vom 25.06.1990, Berlin, 29.6.1990, in: Treuhandanstalt: Dokumentation, Bd. 1, S. 306-309; DDR-Finanzminister Romberg an Wolfram Krause, Berlin, 3.6.1990, in: Treuhandanstalt: Dokumentation, Bd. 1, S. 310.

der sozialen Marktwirtschaft zu beachten« habe.[12] Neben einer erneuten Bekräftigung des priorisierten Privatisierungsauftrages schrieb die Satzung eine »dezentrale Organisationsform« vor und unterstrich wiederholt die Rolle der branchenbezogenen »Treuhand-Aktiengesellschaften«, die »nach wirtschaftlichen Grundsätzen organisiert werden« sollten, um die »Privatisierung und Verwertung des ihnen übertragenen Vermögens rasch und umfassend« durchführen zu können.[13] Der Vorstand, der die operativen Geschäfte führen würde, sollte aus dem »Präsidenten der Treuhandanstalt, seinem Stellvertreter und mindestens drei weiteren Vorstandsmitgliedern« bestehen, die auf vier Jahre vom Verwaltungsrat bestellt werden sollten.[14]

In der Volkskammer, die die neue Satzung zu bestätigen hatte, warb Ministerpräsident Lothar de Maizière am 20. Juli für dieses »klare Signal zur Privatisierung«, mit dem »die Philosophie der Treuhand neu bestimmt« werde. Das neue Statut präzisiere den Auftrag und sichere zugleich die »Unabhängigkeit« der Organisation.[15] Im Gegensatz zum heftigen Streit im Vorfeld des Treuhandgesetzes passierte die Satzung nahezu geräuschlos das Parlament. Selbst Günter Nooke warb für ihre Bestätigung, die »für die weitere Arbeit [...] schnellstens nötig« sei. Die weit gefassten »Generalklauseln« im Statut erschienen ihm angebracht, da das künftige Treuhand-Personal »möglichst große Handlungsspielräume« benötige.[16] Im Übrigen gelte es, den »Aktiengesellschaften« schleunigst Leben einzuhauchen – ein Plädoyer, dem sich die meisten Abgeordneten anschlossen: Für den SPD-Wirtschaftspolitiker Frank Bogisch gewährleistete die vorgesehene dezentrale Organisationsstruktur einerseits die Erfüllung der »struktur- und industriepolitische[n] Mammutaufgabe, wie sie kein Wirtschaftsministerium in Europa übernehmen« könne; andererseits würde eine politiknahe Zentrale dafür sorgen, dass bei der »Strukturanpassung« keine »rein betriebswirtschaftliche Sichtweise«, die in eine radikalkapitalistische »Manchester-Sanierung« münde, dominiere.[17]

12 Beschluß des Ministerrates über die Satzung der Treuhandanstalt vom 18.7.1990, in: Treuhandanstalt: Dokumentation, Bd. 1, S. 277-279.

13 Ebd., S. 277.

14 Ebd., S. 278.

15 Volkskammer der Deutschen Demokratischen Republik: Stenographisches Protokoll, 10. Wahlperiode, 26. Tagung, 20.7.1990, in: Treuhandanstalt: Dokumentation, Bd. 1, S. 313-356.

16 Ebd., S. 315ff.

17 Ebd., S. 325.

3.2 Praxis: Liquiditätsengpässe und Krisenmanagement

Während die Treuhandanstalt organisatorisch und personell an ihrer Spitze in den Sommermonaten 1990 bereits erheblich modifiziert worden war, sollte nun ein anderes Ereignis die operative Praxis massiv beeinflussen: der Vollzug der Wirtschafts- und Währungsunion zum 1. Juli.

In den Wochen unmittelbar bevor Gohlke und Rohwedder die Zügel in Ostberlin übernahmen, hatte das Inkrafttreten von Staatsvertrag und Treuhandgesetz das wirtschaftliche Handlungsumfeld der Organisation und ihrer Unternehmen fundamental verändert. Ab nun stand die finanzielle Ausstattung der Betriebe unter den vollgültigen Rahmenbedingungen der bundesdeutschen Rechts-, Finanz- und Wirtschaftsordnung im Vordergrund.

In Abstimmung mit der Treuhand hatten die DDR-Ministerien für Wirtschaft und Finanzen bereits seit Mai vermittels statistischer Kalkulationen grob abzuschätzen versucht, welche finanziellen Konsequenzen die Wirtschafts- und Währungsunion für die achttausend Staatsbetriebe haben würde. Eine vertrauliche Projektion auf der Datengrundlage von 2.200 zentralgeleiteten Betrieben vom 16. Mai verortete die Unternehmen in drei Kategorien: 31 Prozent (683 Betriebe) erschienen sofort »rentabel« und kämen vermutlich »ohne Fördermaßnahmen« aus; 42 Prozent (920 Betriebe) operierten »mit Verlust«, erschienen »aber sanierungswürdig«; 27 Prozent (579 Betriebe) hingegen wurden als »konkursgefährdet« eingeschätzt.[18]

Eine »präzisierte[] Fassung« vom 15. Juni wies sogar noch optimistischere Zahlen auf.[19] Die Schätzberichte gingen auch auf die »besonders zugespitzte Problematik« der künftigen »Freisetzung von Arbeitskräften« ein. Die von den Betrieben bisher geplanten Entlassungen von zirka hunderttausend (bis Ende 1990) beziehungsweise dreihunderttausend Arbeitern (bis Ende 1991) bewerteten die Ministeriumsvertreter allerdings »aufgrund der Rentabilitätslage als nicht real« – es drohe eine deutlich höhere Zahl zu werden. Der Bericht benannte zudem ein zentrales Problemfeld: »Kurzfristig« seien »Entscheidungen zu den Rahmenbedingungen für die Lösung der Liquiditätsprobleme der Unternehmen« zu treffen.[20]

Auf dieser Grundlage hatte sich das Direktorium um Wolfram Krause zwei Wochen vor der Währungsunion, am 18. Juni, in einem Rundschreiben an alle Betriebsleitungen gewandt und diese zur zügigen »Ausarbei-

18 Ebd., S. 68-70.

19 Ministerium für Wirtschaft, Abteilung I: Angaben zur Rentabilitätsentwicklung der Unternehmen der Industrie nach der Währungsunion – Aufbereitungsstand 7.6.1990, Berlin, 15.6.1990, in: Treuhandanstalt: Dokumentation, Bd. 2, S. 72-82.

20 Ebd., S. 75.

tung eines Liquiditätsstatus« gedrängt.[21] Man forderte eine »schnelle Einstellung auf die neue Marktsituation« durch »konsequente Kostensenkung und Strukturanpassung« ein, um so den erwarteten »Zeitraum geringer Ertragsfähigkeit« zu begrenzen; zudem sollten die Betriebe »alle verfügbaren und maximal erschließbaren« Eigenreserven zur finanziellen Bedarfsdeckung mobilisieren. Rücklaufende Papiere würden von Treuhand und Privatbanken umgehend überprüft, um Kreditmittel von »konkursgefährdeten Unternehmen« abzuziehen und diese bei »sanierungswürdigen« Einheiten zu konzentrieren. Für Letztere seien mithilfe von Unternehmensberatungen zügig »Sanierungskonzepte« auszuarbeiten.[22]

Die Realität sollte alle Prognosen in den Schatten stellen. Am 12. Juli erreichte ein Vermerk der Treuhand-Zentrale den Ministerpräsidenten der DDR. Die »im Juli in den Unternehmen auftretenden Zahlungsschwierigkeiten« seien viel gravierender als ursprünglich erwartet ausgefallen, sodass die Treuhand notgedrungen die Variante einer »Globalbürgschaft« ins Auge gefasst habe, in der sie sich pauschal für sämtliche kreditnehmenden Betriebe verbürgte.[23] Wenige Tage später, am 17. Juli, wandte sich nicht etwa Gohlke, sondern Rohwedder mit einem eindringlichen Schreiben an de Maizières Staatssekretär Günther Krause. Die »zu knappe Liquidität« der Betriebe führe dazu, dass diese zwar die Personalkosten, »aber keine Verbindlichkeiten aus Lieferungen und Leistungen« zahlten; es drohe ein dramatischer »Dominoeffekt«, der den »Geldumlauf in der gesamten Volkswirtschaft« zum Erliegen bringen und sich weiter verschärfen dürfte.[24] Die bundesdeutschen Banken hätten sich, wie der neue Verwaltungsratschef klagte, »ohne Sicherheitsgewährung« durch die Treuhand nicht an der »Geldversorgung der DDR-Wirtschaft« beteiligt.[25]

Die heftige Finanz- und Liquiditätskrise Tausender Betriebe setzte DDR-Regierung und Treuhand unter akuten Handlungsdruck. Bei einer Besprechung der Treuhand-Spitze mit Vertretern der DDR-Ministerien für Wirtschaft und Finanzen zog man Ende Juli aufgeschreckt Bilanz. Die

21 Minister für Wirtschaft/Direktorium der Treuhandanstalt: Rundschreiben an die Vorsitzenden der Vorstände der AG, Geschäftsführer der GmbH sowie geschäftsführenden Leiter der volkseigenen Betriebe und Kombinate, Berlin, 18.6.1990, in: Treuhandanstalt: Dokumentation, Bd. 2, S. 93-97.

22 Ebd., S. 95.

23 Treuhandanstalt: Vermerk für den Ministerpräsidenten. Betr.: Ausreichung von Liquiditätskrediten, 12.7.1990, in: Treuhandanstalt: Dokumentation, Bd. 2, S. 105f.

24 Der Vorsitzende des Verwaltungsrates der Treuhandanstalt, Dr. Detlev Rohwedder, an Staatssekretär Günther Krause, Berlin, 17.7.1990, in: Treuhandanstalt: Dokumentation, S. 107f.

25 Ebd.

von 7.500 Unternehmen nach der Währungsunion beantragten Kreditmittel schienen tatsächlich immens: Allein im Juli hatten sie 23,5 Milliarden D-Mark aufgerufen. Das (formal noch gar nicht zuständige) Bundesfinanzministerium hatte der Treuhand für die »Globalbürgschaft« jedoch lediglich ein Volumen bis zu 10 Milliarden D-Mark eingeräumt, sodass die Kreditzahlungen mangels Prüfmöglichkeiten kurzerhand pauschal auf 41 Prozent der beantragten Mittel begrenzt wurden – unmittelbar reserviert für die Deckung der laufenden Lohnkosten. Selbst bei konservativem Vorgehen schätzte die Expertenrunde den akuten Kreditbedarf zum bloßen Bestandserhalt der Industrie allein bis Ende September auf über 40 Milliarden D-Mark. Von den in den Gesetzestexten Mitte Juni erhofften, im oberen dreistelligen Milliardenbereich geschätzten »Erlösen« aus der »Verwertung« des »Volksvermögens« war nach der Währungsunion schlagartig keine Rede mehr.[26] Entsprechend alarmistisch geriet der Tonfall der Besprechung:

> »Die Beherrschung der Liquiditätsprobleme in der Wirtschaft erweist sich als gravierender Faktor für die Stabilität dieses Landes, für seine erfolgreiche Überleitung von der zentralistischen Verwaltungswirtschaft in die soziale Marktwirtschaft und für ein harmonisches Zusammenwachsen beider deutscher Staaten zum vereinigten Deutschland. Es geht darum, das Eintreten eines wirtschaftlichen Kollaps und verschärfte soziale Spannungen, insbesondere durch millionenfache Arbeitslosigkeit, unter allen Umständen zu vermeiden.«[27]

Die neue Führung um Gohlke und Rohwedder versuchte energisch, sich an diese Grundsätze zu halten und wollte Kredite nur noch nach eingehender Prüfung verteilen: Durch »marktwirtschaftliche Restrukturierung« prinzipiell als »sanierungsfähig« erachtete Unternehmen sollten höhere Kreditzahlungen nur nach Vorlage eines entsprechenden »Konzepts« erhalten, »das die Sanierungswürdigkeit des Unternehmens glaubhaft« belege.[28] Demgegenüber sollten »Unternehmen, bei denen bereits jetzt erkennbar« sei, dass diese »keine Überlebenschance« besäßen, nur noch begrenzte Mittel zur Verfügung stehen. Hierfür beabsichtigte die Treuhand-Spitze, ihr Antrags- und Prüfverfahren zügig zu verfeinern.[29]

Während die westdeutschen Manager mit den unmittelbar mit der Währungsunion eintretenden Liquiditätsproblemen zu kämpfen hatten,

26 Einschätzung und Vorschläge zur Liquiditätssicherung, in: Treuhandanstalt: Dokumentation, Bd. 2, S. 124-128.

27 Ebd., S. 125.

28 Ebd., S. 126.

29 Ebd.

beschrieben auch die ostdeutschen Mitarbeiter die Tage und Wochen nach dem 1. Juli als »Revolution«[30] oder fundamentale »Zäsur«, wie etwa der langjährige SED-Lohnpolitik-Experte Samuel Herrmann. Im Juli und August sei es schlagartig darum gegangen, die Betriebe schnellstmöglich »an den Liquiditätstropf« der bundesdeutschen Banken zu hängen und mit D-Mark zu versorgen. Mit »Steinzeitmethoden« habe man kurzfristig »de[n] Zusammenbruch des Wirtschaftskreislaufs« und weitreichende »Dominoeffekte« von Zahlungsunfähigkeiten verhindern müssen; die Betriebe durch Übertragung an Investoren zu privatisieren, habe unter diesen Bedingungen »noch nicht auf der Tagesordnung« gestanden.[31]

Wie man sich die von Herrmann angesprochenen »Steinzeitmethoden« vorzustellen hatte, beschrieb Richard Rauenau 1992 in aller Ausführlichkeit. Für ihn hatte der »große historische Schnitt« der Währungsunion insbesondere das Beziehungsgeflecht zwischen Treuhand-Personal und den Betriebsleitungen gravierend verändert:

> »Täglich kamen mit Fernschreiben die Hiobsbotschaften nach der Währungsreform, wir müssen zumachen, wir müssen entlassen, wir können keinen Lohn zahlen und und und und und. Und da wurde von den Finanzfachleuten seinerzeit ein Formblatt entwickelt, ganz einfach auf einer Seite, da stand vom ersten Umsatz über Personalkosten, bis Verbindlichkeiten und Forderungen, und diese Pläne kriegten wir auf den Tisch und hatten ein Volumen, wo wir, eingeschlossen über das Wochenende sogar, Sonntag, Sonnabend Entscheidungen getroffen haben. Und haben dann gesagt, also hier ist nichts drin, es kommt nichts, es geht nichts in den nächsten Tagen. Am Dienstag ist Lohnzahlung, da müssen wir für 3.000,- bei dem Durchschnittslohn 2.000,- M, den sie angegeben haben, 6 Millionen Liquiditätskredite geben.«[32]

»Tag und Nacht« habe man diese Anfragen mit wenigen Leuten gesichtet und Kreditanträge per Fernschreiben an die westdeutschen Banken weitergeleitet.[33]

Der Außenhandelskaufmann und Finanzökonom Ulrich Lothal, der sich im März 1990 erfolgreich um eine Delegation zur Treuhand bemüht hatte,[34] erlebte die Aktivitäten zur Liquiditätssicherung für die DDR-Betriebe unmittelbar in einem Anfang Juli 1990 kurzfristig eingesetzten Arbeitsstab des Finanzdirektorates:

30 R29-Interview mit Klaus Helm, 18.12.1992.

31 R21-Interview mit Prof. Dr. Samuel Herrmann, 18.9.1992.

32 R28-Interview mit Prof. Dr. Richard Rauenau, 17.12.1992.

33 Ebd.

34 R47-Interview mit Ulrich Lothal, 17.2.1993.

»Wir haben damals zum Teil Feuerwehreinsätze gemacht, wenn man nur daran denkt, dass mit der Wirtschafts- und Währungsreform die Betriebe im Prinzip [...] ohne alles dastanden, aber Löhne zahlen mussten. Es wurde ein Arbeitsstab gebildet, der dann mit bestimmten Vollmachten ausgestattet wurde, der Anträge der Betriebe entgegennahm [... der, M.B.], bestimmte Unterlagen einreichen musste[], Zahlen einreichen musste[]. Faxgeräte gab es ja noch nicht, das ging alles per Telex.«[35]

Die Prüfung dieser Anträge beschrieb er als intensiven Arbeitsprozess:

»Sodass wir, möchte ich sagen, 14 Tage 16, 18 Stunden, ohne Sonnabend/Sonntag, dann diese Bescheide erteilt haben, einmal für den Juli und dann auch für die Monate August und September. Sonst wäre es ja nicht möglich gewesen, Löhne zu zahlen, sonst wäre es nicht möglich gewesen, Verbindlichkeiten an andere Betriebe auszugleichen, was gleichzeitig wieder deren Forderungen waren. Also es war kein Geldfluss da, er musste in der Richtung dann aufrechterhalten werden.«[36]

Der junge ostdeutsche Mitarbeiter Steffen Damm war in diesen Tagen zwar noch nicht zur Organisation gewechselt, hatte jedoch als Mitarbeiter im DDR-Wirtschaftsministerium beobachtet, wie die Geschäftsführer versucht hätten, die zugewiesenen Mittel zu maximieren:

»[Der] 1.7. war eine gefährliche Situation, D-Mark kam, und wir mussten im Wirtschaftsministerium mit der Treuhandanstalt gemeinsam im Juni vorbereiten, was machen die denn nun am 1. Juli früh um sieben? Wer zahlt dann Rechnungen, wer zahlt Löhne, [...] waren absolut praktische Fragen zu klären. Und diese praktischen Fragen zu klären, das hat man dadurch, dass man das nach bewährter Methode, im Brief an alle, -- und dann hat man gefragt, ja, wieviel brauchst du denn Geld? Und dann haben die geantwortet, wie sie das gewöhnt waren, wenn sie einen Brief aus Berlin gekriegt haben. Viel, sehr viel. Das wurde dann zusammengerechnet in einer gigantischen Aktion von 8.000 Unternehmen, müssen Sie sich mal vorstellen.«[37]

Während der Kampf um die Kreditlinien im vollen Gang war, hielten Mitte Juli die neuen Kollegen aus der Bundesrepublik Einzug – mit spezifische Erwartungen, wie es sich in den Rückblicken ostdeutscher Mitarbeiter darstellte. Richard Rauenau sah sich regelrecht überrumpelt:

35 Ebd.
36 Ebd.
37 R24-Interview mit Steffen Damm, 6.10.1992.

> »Und der Herr Gohlke kam. Ich hatte Urlaub, wurde dann zuhause angerufen, von dem persönlichen [Mitarbeiter, M.B.] von Herrn Gohlke, ›Also wenn du morgen kommst, wirst du zu Gohlke bestellt, und du kommst von dieser Arbeit weg, und du musst sowas wie ein Büro aufmachen. Nach dem Vorbild, Gohlke – Bundesbahn.‹ Herr Gohlke hatte ein ausgesprochen klares Regime bei der Bundesbahn, ein großes Büro, sehr geordnet, alles mit EDV-Verarbeitung, Terminkontrolle, Monatsplanung, Jahresplanung, alles EDV-gestützt.«[38]

Während Gohlke die Regelung der akuten Liquiditätsfragen bevorzugt seinem Vorstandskollegen Wolfram Krause überlassen habe, habe er Rauenau in einem anderen Punkt überrascht:

> »Wie soll ich das sagen, der Herr Gohlke war ein Mensch – Arbeitstier ist vielleicht falsch zu sagen. Der hat jedenfalls ein Riesenprogramm gehabt, von früh bis abends. Er ist keinen Abend vor elf Uhr hier raus. [...] Also es war ein Mammutprogramm. Der hat von früh bis abends Leute empfangen, Vorschläge entgegengenommen und hat, wie gesagt, muss ich mit großer Vorsicht, sehr viele und schnell Entscheidungen getroffen. Und das kann gut und das kann schlecht sein, ohne jetzt einen Fall herauszunehmen. Es gab ja in dieser Zeit Entscheidungen, diese sechs Wochen, die dann hinterher auch wieder korrigiert worden sind. [...] Aber er war ein Arbeitstier. [...] Und hat dann zum Schluss auch, so wie ich es weiß, immer Entscheidungen treffen wollen, und das ist natürlich in so einer Firma schwer.«[39]

Der studierte Volkswirt Gerhard Pander*, den Gohlke eigens vom Präsidenten der Bundesanstalt für Arbeit aus Süddeutschland angefordert hatte, war einer der allerersten westdeutschen Mitarbeiter. Die detaillierte Beschreibung seiner Ankunft und ersten Eindrücke am Alexanderplatz geizte nicht mit Superlativen:

> »Ich habe also dann am 13. [Juli, M.B.] da auf der Matte gestanden und fand also schon das bestorganisierte Chaos vor, das man sich wirklich in den kühnsten Träumen sonst nicht vorstellen könnte. Da waren auf einem Flur ein paar Zimmer, die alle belegt waren. Es wimmelte vor Menschen, die eben, und das habe ich dann nach kurzer Zeit feststellen können, als ich bei Gohlke mal drinnen saß, im 5-Minuten-Takt terminiert worden waren bei ihm, der hatte also einen Kalender, sowas habe ich noch nie gesehen, man wird es auch nie mehr wieder sehen.«[40]

38 R28-Interview mit Prof. Dr. Richard Rauenau, 17.12.1992.

39 Ebd.

40 R32-Interview mit Gerhard Pander, 22.12.1992.

Die sechs Wochen seiner Beratungstätigkeit für Gohlke erschienen Pander wie ein permanenter Ausnahmezustand:

> »Ja, dann fing es also an mit der sogenannten Beratungsarbeit, die in etwa so aussah, dass Gohlke irgendwann immer nach mir schrie, bis ich es dann aufgegeben habe, immer mich rufen und suchen zu lassen, sondern dann saß ich also bei ihm mit drin und habe dann mal so erlebt, wie so die ersten Verkaufsverhandlungen geführt worden waren. [...] Die sahen dann eigentlich immer so aus, [...] dass [...] man [...] kurz das Anliegen geschildert [hat, M.B.], wo Gohlke sich das anhörte und dann sagte, ja, sein Büroleiter [...] solle einen neuen Termin ausmachen. Wenn man dann da so rauskam aus dem Büro und über den Flur wollte, passierte es hier und da, dass man einfach nicht durchkam.«[41]

Im Rahmen dieser eng getakteten Verkaufsverhandlungen kam es binnen kurzer Zeit zu beträchtlichen Konflikten mit bundesdeutschen Investoren, denen Gohlkes Verkaufsvorstellungen zuwiderliefen. Die Lage eskalierte insbesondere im Streit um die von der Treuhand angefochtene Privatisierung der Interhotel-Gruppe an den westdeutschen Steigenberger-Konzern. Das bundesdeutsche Hotelunternehmen hatte sich bereits seit dem Frühjahr 1990 intensiv um Kooperationen mit den Geschäftsführern der 34 in attraktiven Innenstadtlagen situierten Objekte bemüht, mit diesen langfristige Pachtverträge unterzeichnet und die ahnungslose »Ur-Treuhand« als Eigentümerin damit praktisch umgangen – eine Praxis, die die neue, bundesdeutsche Treuhand-Spitze nicht akzeptieren wollte. Rohwedder erklärte den Fall kurzerhand zum »erste[n] Lehrstück« im Kampf gegen die Herausbildung neuer, bundesdeutscher Monopole: »Was wir hier falsch machen, wird uns über die nächsten 20, 30 Jahre begleiten.«[42] Steigenberger bezichtigte die Treuhand daraufhin der Investitionsverhinderung und mobilisierte die verunsicherten Interhotel-Belegschaften, die sogleich die Treuhandzentrale am Alexanderplatz besetzten. In der bundesdeutschen Wirtschaftspresse warf der »Fall Interhotel« ein grelles und denkbar schlechtes Licht auf den neuen Präsidenten und seine »Behörde«, die vermehrt als »Bremser« oder »Verhinderer« erschienen.[43]

41 Ebd.

42 »Turbulenzen im Doppelbett von Ost und West«, in: Frankfurter Rundschau, 30.7.1990.

43 »Zu lange hat die Treuhandanstalt selbst die Entwicklung gebremst, in: Frankfurter Allgemeine Zeitung, 23.7.1990; » Krach um Hotel-Kooperation«, in: Morgenpost, 29.7.1990.

3.3 Strategie: Das abrupte Ende der One-Man-Show

Gohlke ließ sich nach seinem Amtsantritt noch knapp zwei Wochen Zeit, bevor er am 31. Juli im Internationalen Pressezentrum der DDR gemeinsam mit Wolfram Krause vor die Presse trat. Er habe bislang alle Interviewanfragen abgelehnt und sich die Zeit genommen, »um ein bisschen zu verstehen, was hier los ist«. Es bestehe »kein Zweifel«, dass das Umfeld »sicher schwieriger« sei, als von ihm antizipiert.[44] Er bekräftigte:

> »Wir haben keine Zeit, auch darüber müssen wir uns im Klaren sein, sondern hier gilt es, so schnell wie möglich zu reagieren, auch wenn mal die eine oder andere Entscheidung falsch ist. Zielsetzung ist es, soviel Arbeitsplätze wie möglich zu erhalten, soviel Firmen wie möglich wettbewerbsfähig zu machen. Die Firmen, die keine Chancen haben, so schnell wie möglich zu sanieren bzw. stillzulegen.«[45]

Gohlke hatte damit eine eigene Variation des gesetzlichen Auftrages beschrieben, indem er zunächst nicht den Unternehmensverkauf, sondern den Arbeitsplatzerhalt und die Sanierung der Betriebe in den Vordergrund rückte. Die Treuhand, so Gohlke, arbeite »mit einem unglaublichen Engagement« daran, »das zu retten, was zu retten« sei. »Sie alle wissen«, warb er um Verständnis, »dass hier jede Stunde neue Zahlen auf den Tisch kommen, [...] jede Stunde etwas Neues diskutiert« werde. Nicht nur die Treuhand selbst sei eine hochdynamische, noch kaum gefestigte Organisation, in der man »in den nächsten Wochen noch häufig improvisieren« müsse, sondern auch das »politische[...] Umfeld« von DDR-Regierung, Volkskammer und Öffentlichkeit bringe sich überaus »aktiv« und »intensiv« in die laufenden Debatten ein.[46] Die daraufhin auf ihn einprasselnden Fragen zu Interhotel nutzte er, um die ambivalente Rolle der Treuhand zu erläutern:

> »Die Zielsetzung ist: Nicht alles oben in der Anstalt zu entscheiden. Das wäre fürchterlich. Sondern hier müssen wir einen Weg finden, der uns erlaubt, große Strategien mit festzulegen, ohne dass wir die Tagesarbeit der einzelnen Aktiengesellschaften beeinflussen. [...] ich meine, das ist ja nur verständlich, dass der Eigentümer irgendwo, was die Strategie betrifft, ein Wörtchen mitzureden hat.«[47]

44 Pressestelle: Aufzeichnung der Pressekonferenz des Präsidenten der Treuhandanstalt, Herrn Dr. Gohlke, am 31.7.1990, 10.00 Uhr im Internationalen Pressezentrum, Berlin, 2.8.1990, in: Treuhand-Medienarchiv, S. 1f.

45 Ebd., S. 2.

46 Ebd., S. 3.

47 Ebd., S. 6.

Die Zielstellung der Organisation blieb dabei ausgesprochen vielfältig, ja tendenziell widersprüchlich. Diese solle einerseits bei den Privatisierungen auf Arbeitsplätze und Investitionen achten, aber zugleich auch Verkaufserlöse und wettbewerbspolitische Erwägungen im Blick haben:

> »Wir müssen verschiedene Alternativen haben. Wir müssen Wettbewerb haben. Wir können nicht auf der einen Seite von Marktwirtschaft reden, wir können nicht Wettbewerb forcieren und auf der anderen Seite nur [eine] einzige Lösung haben, mit der wir uns zufrieden geben.«[48]

Auch für den mit auf dem Podium sitzenden Wolfram Krause hatte der Streitfall paradigmatische Bedeutung für die künftige Privatisierungspolitik:

> »Bei allen großen Vorhaben der Privatisierung [geht es, M.B.] darum, hier eine sehr transparente und auch für die internationale Welt sehr offene, wettbewerbsmäßige Grundlage zu finden. […] Die Treuhandanstalt hat deshalb ihren Einspruch und Widerspruch deutlich gemacht, weil [dies] in diesem Fall nicht gewährleistet ist […]. [E]ine Privatisierung [ist] nicht nur einseitig mit einem Partner durchzuführen, sondern unter Ausloten aller Möglichkeiten [zu gestalten], die dafür gegeben sind und die man nutzen soll.«[49]

Internationalität, Transparenz und Wettbewerb waren die Grundsätze der Privatisierung, die das neue Vorstandsgespann den versammelten Journalisten vorzustellen gedachte. Die auf der Pressekonferenz vom 31. Juli dargelegten Grundzüge einer Strategie waren das eine. In den subjektiven Rückschauen offenbarte sich allerdings ein gänzlich anderes Bild der Praxis im Sommer 1990. Für Gerhard Pander verkörperte Gohlke allen öffentlichen Ankündigungen zum Trotz eine »One-Man-Show«,[50] die völlig außer Kontrolle geraten sei:

> »Man hat wohl, und damit auch er, gar nicht gesehen, was so an Detailproblemen auftauchte, um eine Privatisierung sauber fahren zu können. Das heißt also, hier dieses Springen von A nach B und von B nach C, und dann von C gleich weiter nach Y, und das, sagen wir mal, konnte aber damals wirklich nicht anders sein, weil die Strukturen noch gefehlt haben. Und das war, glaube ich, das Problem auch für ihn, dass er nun in der Tat in der Auffassung lebte, er könne da in einer Ein-Mann-Veranstaltung zügig und schnell hier privatisieren.«[51]

48 Ebd., S. 7.
49 Ebd., S. 8.
50 R32-Interview mit Gerhard Pander, 22.12.1992.
51 Ebd.

Da sich Gohlke auf Verkaufsgespräche konzentrierte, gingen von ihm kaum größere strategische Initiativen aus. Demgegenüber erläuterte Chefkontrolleur Rohwedder bei der Pressekonferenz am 4. Juli eigene strategische Ambitionen. Die Treuhand müsse sich ganz auf ihren gesetzlichen Auftrag konzentrieren, wie der Verwaltungsvorsitzende die im Treuhandgesetz entfaltete Trias referierte, »nämlich das volkseigene Vermögen zu privatisieren, wo es möglich ist zu sanieren, wo notwendig Stilllegung« – auch wenn er »zum Verhältnis der 3 Aufgaben« derzeit »noch keinen eigenen Standpunkt« entwickelt habe.[52] Deutlich verwahrte sich Rohwedder bereits gegen die Vorstellung, bei der Treuhand würde es sich um ein »Mammutgebilde mit ewigem Leben« handeln; er wollte diese vielmehr als effizientes »Instrument« zur Aufgabenerledigung begreifen: Die Treuhand dürfe keine »pompöse, auf lange Dauer angelegte Institution sein, es muss so gearbeitet werden, dass schnell [ihr] Zweck erreicht« werde.[53]

Am 15. Juli legte die amtierende Treuhand-Spitze ein erstes strategisches Dokument vor, das unter unmittelbarem Eindruck der Liquiditätsengpässe konzipiert worden war: einen »Leitfaden der Treuhandanstalt für die Ausgestaltung von Sanierungskonzepten«.[54] Gemessen an den knappen, meist engbedruckten Formularen der Frühzeit handelte es sich bei diesem »Leitfaden« um ein umfassendes Materialpaket, das von den Mitarbeitern an die Betriebsführungen versandt wurde. Es war versehen mit Grafiken, Fragekatalogen, Tabellen sowie großzügig bemessenen Kommentarbereichen. Der offenkundige Bruch mit dem vorherigen Form- und Formulierungsstil deutete es an: Erarbeitet wurde der »Leitfaden« erstmals gemeinsam mit westlichen Beratern von Roland Berger & Partner.[55]

Die Einleitung des »Leitfadens« hielt fest, dass die Wirtschafts- und Währungsunion die Betriebe nun dazu zwinge, sich »in ihrem Leistungsprogramm, in ihrem Vertriebskonzept in ihrer Produktivität dem westlichen Wettbewerb« zu stellen. Dies sei allerdings »nur mit schnellwirkenden Anpassungsmaßnahmen im Rahmen einer langfristigen, tragfähigen und realistischen Unternehmenskonzeption möglich«:

> »Jedes Unternehmen muss sich daher der Frage stellen, mit welchen Produkten es im zukünftigen Markt wettbewerbsfähig ist, auf welche Marktsegmente es sich konzentrieren will, wie es das Produktivitäts-

52 Pressestelle: Information über die Regierungspressekonferenz am 4.7.1990, 15.00 Uhr, in: Treuhandanstalt: Dokumentation, Bd. 2, S. 98-101.

53 Ebd., S. 98ff.

54 Leitfaden der Treuhandanstalt für die Ausgestaltung von Sanierungskonzepten, Berlin, 15. Juli 1990, in: Treuhandanstalt: Dokumentation, Bd. 2, S. 287-312.

55 Vgl. Jürgs: Treuhändler, S. 83.

niveau schnell verbessern kann und welche investiven und finanziellen Maßnahmen hierfür erforderlich sind.«[56]

Der den Unternehmen zur Bearbeitung vorgelegte »Sanierungsleitfaden« sollte neben Hinweisen »einen groben Rahmen« für die Gestaltung von Sanierungskonzepten liefern, innerhalb dessen Treuhand-Mitarbeiter und Betriebsführungen miteinander verhandeln konnten; von einer positiven Bewertung dieser Konzepte sollte letztlich die künftige Kreditgewährung abhängig sein.

Neben »allgemeinen Angaben« zu Vorstand, Mitarbeiterzahl, Produkten und Technik, entwickelte der Leitfaden drei Stufen: Das »Produktkonzept« forderte ausführliche Auskünfte über künftig fokussierte »Geschäftsfelder«, aufzugebende und geplante »Produkte/Leistungen«, anvisierte »Märkte« sowie mögliche »Wettbewerber« und »Kunden«. Insbesondere stand eine grundlegende Einschätzung des gegenwärtigen »Abstands« zur Konkurrenz im Mittelpunkt – und die Einforderung von Vorschlägen, wie diese zu überwinden seien.[57] Das »Produktionskonzept« widmete sich den Prozessen: Abgefragt wurden »Fertigungsstandorte«, geplante Maßnahmen zur Effizienzsteigerung bei der »Produktions-Infrastruktur«, projektierte Vorhaben zur Kostensenkung (»Mitarbeiterabbau«, »neue Materiallieferanten«, »Motivation der Mitarbeiter«) sowie künftige Prioritäten bei Investitionen in Forschung und Entwicklung, Produktion oder Vertrieb.[58]

Das »Mitarbeiterkonzept« erfragte schließlich, »mit wie viel Mitarbeitern [...] das Unternehmen beim angestrebten Produkt- und Produktionskonzept maximal überlebensfähig« sei – und wie ein hiermit verbundener »Mitarbeiterabbau schnell, liquiditätsschonend und sozialverträglich« realisierbar erschien. Ferner sollte eruiert werden, wie die »Zustimmung des Betriebsrates« eingeholt und das »notwendige Qualitätsniveau der Mitarbeiter« trotz des Personalabbaus zu sichern sei. Auch das »Führungspersonal« selbst wurde zur kritischen Introspektion aufgefordert. Es sollte überprüfen, ob die eigene »fachliche und persönliche Qualifikation den zukünftigen Managementanforderungen« entspreche oder wie andernfalls »geeignete Führungskräfte gehalten, gewonnen und motiviert« werden könnten.[59]

Der »Sanierungsleitfaden« entsprach einem strategischen Quantensprung. Inhaltlich, prozedural, sprachlich wie auch optisch verdichtete

56 Leitfaden der Treuhandanstalt für die Ausgestaltung von Sanierungskonzepten, Berlin, 15. Juli 1990, in: Treuhandanstalt: Dokumentation, Bd. 2, S. 288.

57 Ebd., S. 292-301.

58 Ebd., S. 302ff.

59 Ebd., S. 305.

sich auf diesen 25 Seiten der rasch wachsende bundesdeutsche Einfluss, dessen Protagonisten einen Paradigmenwechsel forcierten: An die Stelle der informationellen Verwirrungen und spontanen Kriseninterventionen sollte durch die detaillierte Erhebung und Analyse betriebswirtschaftlicher Kerndaten und unternehmerischer Prognosen ein geordneter Regelkreis treten, der Vorstand und Mitarbeitern die Zukunftsfähigkeit oder »Sanierungswürdigkeit« eines jeden Unternehmens sichtbar machen würde. Dem beargwöhnten (post-)sozialistischen »Chaos« des Frühjahrs sollte der erste »Leitfaden« ein streng betriebswirtschaftlich ausgerichtetes Ordnungs- und Bewertungsmodell entgegensetzen.

3.4 Organisation: Statuten und Vorschläge von außen

Anfang Juli 1990 bezog die Treuhand ihren neuen Sitz im vormaligen Haus der Elektroindustrie am Alexanderplatz, wo sie nach und nach mehrere Etagen in dem markanten Häuserblock okkupierte. Den Umzug organisiert hatte Friedrich Calbeck, der sich erschüttert zeigte über den vorgefundenen Zustand der Büros, in denen er »eine derart triste, nüchterne, fast schon abschreckende Atmosphäre« mit »Blümchentapete und PVC-Belag und abgeschabte[n] Möbel[n]« vorgefunden habe, dass er kurzerhand die Wände übertünchen und neue Deckenbeleuchtungen anbringen ließ, damit die Atmosphäre in den schlecht klimatisierten Großraumbüros »ein bisschen hell, ein bisschen schön, ein bisschen freundlich« würde.[60]

Neben den Räumlichkeiten wandelten sich auch die Organisationsstrukturen. Die Liquiditätsengpässe Anfang Juli brachten einen wesentlichen organisationspolitischen Impuls hervor: die Einrichtung eines »Leitungsausschusses«. Dieses vergleichsweise wenig beachtete Gremium, das im Firmentagebuch »Treuhand Intern« prominent »im Zentrum des Spannungsfeldes« verortet wurde,[61] formierte sich im Laufe des August auf Initiative von führenden Beamten aus dem Bundesfinanzministerium und in Abstimmung mit Gohlke.[62] Es sollte für die Hunderte von externen Wirtschaftsprüfern und Unternehmensberatern, die jetzt hektisch nach Berlin gerufen wurden, einen dauerhaften Arbeitszusammenhang bilden. Unter der Leitung des bundesdeutschen Managers Horst Plaschna, selbst Jahrzehnte als Bankvorstand und ab 1983 als erfolgreicher »Sanierer«

60 R41-Interview mit Friedrich Calbeck, 25.1.1993.

61 Breuel: Treuhand intern, S. 89.

62 Vgl. dazu Breuel: Treuhand intern, S. 89-92.

aktiv,[63] versammelten sich in diesem Expertengremium im Auftrag des Bundesfinanzministeriums Vertreter zahlreicher Beratungsfirmen wie DTG/KPMG, Treuarbeit, McKinsey oder Roland Berger, deren Aufgabe die intensive Prüfung der eingereichten »Sanierungskonzepte« war.[64]

Durch Interpretation dieser Papiere und Besuche in den Betrieben verorteten die in »Arbeitsgruppen« und »Branchenteams« tätigen Mitglieder des Leitungsausschusses die Zukunftsfähigkeit der Unternehmen auf einer Bewertungsskala, die sich in den kommenden Monaten bis zu ihrer späteren Feingliedrigkeit ausdifferenzieren würde.[65] Schließlich gab der Leitungsausschuss Handlungsempfehlungen für den Treuhand-Vorstand ab, die zwar keinen bindenden Charakter besaßen, denen dieser jedoch meist folgte. Ein erstes Resultat dieser Prüfungen war die »Liste der 306«, so getauft von Marc Kemmler, einem der Berater des Leitungsausschusses. Sie enthielt die Namen derjenigen Betriebe, die im Juli durch besonders hohen und dauerhaften Liquiditätsbedarf aufgefallen waren – als »schwarze Liste« oder »Todesliste« sollte sie schon bald bedrohlich durch die Öffentlichkeit geistern.[66] Obwohl sich das Gremium bald als organisationspolitisches Schlüsselinstrument des Wirtschaftsumbaus entpuppen würde und es diesjährige Gremium war, in der sich die Verflechtungen zwischen Treuhandanstalt und Beratungsunternehmen wohl am intensivsten ablesen lassen, sollte es sich später in keinem der Organigramme wiederfinden, denn es war als unabhängige Einheit gestaltet.[67]

Die zentrale Rolle von externen Beratern bei der Neuformierung der Treuhand als Organisation konkretisierte sich schließlich auch in einem Entwurf, den Rohwedder im Juli bei Roland Berger & Partner in Auftrag gegeben hatte. Auf 14, mit zahlreichen Schautafeln gefüllten Overheadfolien entwickelten die Berater kurzfristig mögliche »Leitideen für die Organisation der Treuhandanstalt«.[68] Der noch gar nicht geführten Strategiedebatte entledigten sich die Autoren durch eine eröffnende Prämisse: Einzig

63 Treuhandanstalt: Pressemitteilung vom 17.2.1993, in: Treuhandanstalt: Medienarchiv.

64 Weiterführend: Böick, Marcus: Entdeckung, Expansion, Ernüchterung. Die KPMG/DTG und die deutsche Wiedervereinigung, in: Ziegler, Dieter u.a. (Hg.): Vertrauensbildung als Auftrag. Von der Deutsch-Amerikanischen Treuhand-Gesellschaft zur KPMG AG, München u.a. 2015, S. 214-249.

65 Kemmler: Entstehung, S. 304.

66 Ebd., S. 312.

67 Zur Rolle der Berater und Wirtschaftsprüfer beim ostdeutschen Wirtschaftsumbau vgl. Böick: Entdeckung.

68 Roland Berger & Partner GmbH: Aufgaben, Struktur und Funktionsweise der Treuhandanstalt der DDR, in: Treuhandanstalt: Dokumentation, Bd. 2, S. 393-406.

die Privatisierung müsse als »primäres Ziel« der Organisation gelten, dem die »Sanierung und Strukturanpassung« sowie die Stilllegung klar nachzuordnen seien. Dieses Ziel sei in allererster Linie durch eine »dezentrale Durchführung [...] auf der Ebene der Treuhand-Aktiengesellschaften« zu erreichen, die durch eine »Investmentbank-ähnliche Struktur und Arbeitsweise« geprägt werden sollte. Die Zentrale habe demgegenüber die »Erfolgskontrolle« und die Wahrung »einheitliche[r] Prinzipien« zu gewährleisten. Für die »organisatorische und personelle Ausgestaltung« bedeute dies, die Organisation »so ›schlank‹ wie möglich« auszuformen: durch den »extensive[n] Einsatz externer Spezialisten« sowie eine »Selbstbeschränkung im operativen Controlling«.[69]

Als organisationspolitische Pointe präsentierten die Berater schließlich das »Doppelband-Prinzip« als Alternative zu einer (modifizierten) Fortführung der bisherigen, rein funktionalen Gliederung[70] der Vorstandsressorts. Die Chefs der Aktiengesellschaften sollten zugleich auch dem Vorstand der Gesamt-Treuhandanstalt angehören; eine solche »Personalverflechtung« gewährleiste die Durchsetzung der »THA-Strategie« besser als »Verträge und Satzungen«, garantiere eine »direkte Berichterstattung« und ermögliche eine »schlanke« Organisationsweise.[71]

Der Reorganisationsentwurf konkretisierte, was in Gesetz und Statut bisher lediglich abstrakt als »unternehmerische« oder »dezentrale« Organisationsform umrissen wurde. Die innere Logik der Treuhand sollte eben nicht wie eine staatliche Behörde, sondern wie eine unternehmerische Holdinggesellschaft gestaltet werden. Dies hieß vor allem: Möglichst »schlank« in Struktur und Personalansatz, mit scharf umrissenen Zuständigkeitsbereichen und zugleich großzügig bemessenen, dezentralen Handlungsspielräumen, vor allem im operativen Bereich. Die Frage, *welches* Personal überhaupt in derartigen »unternehmerischen« Organisationsstrukturen agieren sollte, ließ die Präsentation jedoch offen.

3.5 Personalpolitik: »Profis für die DDR« statt »Ruhekissen für Altkader«?

Nach dem 1. Juli erwachte vor allem in der Bundesrepublik die verstärkte mediale Aufmerksamkeit für die Treuhand. Neben den ersten handfesten Konflikten um einzelne Privatisierungsfälle (wie im Streitfall Interhotel) bot insbesondere das Personal vermehrt Anlass für kritische Invektive:

69 Ebd., S. 395.

70 In diesem Fall hätten dem Vorstand neben dem Präsidenten vier Vorstände mit Funktionalzuständigkeit für »Finanzierung«, »Controlling«, »Privatisierung/Verwertung« und »Personal/Verwaltung« angehört; die Treuhand-Aktiengesellschaften hätten dann dem Präsidenten direkt unterstanden; vgl. ebd., S. 399.

71 Ebd., S. 400ff.

Die *Bild am Sonntag* überschrieb einen Artikel vom 12. August reißerisch mit »Bonzen-Wirtschaft statt Marktwirtschaft«. Genüsslich arbeitete sich der Redakteur durch die bisherigen Berufswege führender Mitarbeiter wie Wolfram Krause, Paul Liehmann und anderer vormals leitender »Kader«. Die Zentrale sowie ihre Außenstellen erscheinen als »Pfründe alter SED-Bonzen«, weshalb es »kein Wunder« sei, dass die Treuhand auch unter Gohlke »noch keine wirtschaftlichen Erfolge vorzuweisen« habe.[72] Für die *Süddeutsche Zeitung* stieß der neue Präsident in ein undurchsichtiges sozialistisches »Wespennest« und müsse daher »schnell handeln«, um die »ehemaligen SED-Leute« durch »bundesdeutsche Manager« zu ersetzen.[73]

In der Tat griff Gohlke bereits wenige Tage nach seiner Ankunft zu einschneidenden Maßnahmen, beurlaubte die 1.600 im Frühjahr für die umgewandelten Betriebe eingesetzten »Beauftragten« und entzog den regionalen Außenstellen weitgehend das Mandat – was den Personalbedarf insgesamt weiterhin verschärfte.[74] Im Präsidentenbüro beobachtete Richard Rauenau den personalpolitischen Kursschwenk aus unmittelbarer Nähe und erinnerte sich zwei Jahre später in bemerkenswert sozialistischer Diktion:

> »Herr Gohlke hat gesagt, wir brauchen Kader. Und dann ging ja, in fast allen Zeitungen in Europa, ging ja die Kaderwerbung los. Also wir suchen für alle Funktionen Manager, sowohl für Betriebsführungsfunktionen als auch für Aufsichtsfunktionen. So, und das war eigentlich, glaube ich, der entscheidende Vorspruch (etwa) 5.- bis 10.000 Kaderbewerbungen waren in kurzer Zeit eingegangen. Und wir hatten Schränke voll, SCHRÄNKE voll Bewerbungen. Und der Herr Rohwedder hat dann von Hoesch aus dem Personalbereich Leute kommen lassen und hat diese Kaderunterlagen erst mal gesichtet, aus der Sicht auch, die Treuhand lebensfähig zu machen. Die Treuhand bestand ja seinerzeit bei Gohlke vielleicht – aus 180 bis 200 Mann. Und davon waren 90% Ossis. Das ist jetzt kein Vorwurf an die Ossis, nein, sie beherrschten die Prozesse nicht.«[75]

Die angesprochene Werbekampagne hatte Mitte Juli in der Tat für beträchtliches Aufsehen gesorgt. Sie ging auf eine Initiative Rohwedders zurück, der sich kurzentschlossen mit Dieter Rickert, einem der arriviertes-

72 »Bonzen-Wirtschaft statt Marktwirtschaft«, in: Bild am Sonntag, 12.8.1990; »Bekannte Gesichter«, in: Wirtschaftswoche, 31.8.1990.

73 »Ruhekissen für den alten Schalck-Clan«, in: Süddeutsche Zeitung, 9.8.1990.

74 »Die warten auf Konkurse«, in: Der Spiegel, 20.8.1990.

75 R28-Interview mit Prof. Dr. Richard Rauenau, 17.12.1992.

ten Headhunter für Führungskräfte in der bundesdeutschen Wirtschaft, in Verbindung gesetzt hatte. Der Volkswirt hatte seine Karriere 1965 bei Thyssen begonnen; 1971 war er von Thyssen-Chef Hans-Günther Sohl nach dessen Amtsantritt als neuer Präsident des Bundesverbandes der Deutschen Industrie (BDI) als Geschäftsführer nach Bonn geholt worden. Aus dieser BDI-Zeit bestens vernetzt, trat Rickert Ende der 1970er-Jahre in die Dienste einer US-amerikanischen Personalberatungsfirma, bevor er sich 1982 selbstständig machte. Rohwedder und Rickert kannten einander durch eine Zusammenarbeit Mitte der 1980er-Jahre, als Rohwedder einen Vorstand für Hoesch gesucht hatte.[76]

Der CDU-Wirtschafsexperte Reinhard Hadrich, der als »persönlicher Berater« des DDR-Wirtschaftsministers Gerhard Pohl fungierte, unterbreitete Rohwedder auf Rickerts Vorschlag hin die Idee einer groß angelegten »PR-Aktion«. Hadrich und Rickert hatten bereits Anfang Juni zu Rekrutierungsstrategien korrespondiert, in einem Brief vom 6. Juni 1990 hatte der Personaler seine Überlegungen »zum Recruiting der Führungsmannschaften« für die Zentrale und ihre Aktiengesellschaften dargelegt: Ein »normales ›Headhunting‹« scheide »aus mehreren Gründen« aus. Zum einen erschienen ihm die hohen Honorarkosten für »seriöse Personalberater«, die »sich in der Regel auf ein Drittel des Jahreseinkommens« beliefen, »angesichts der Zahl der zu besetzenden Positionen für die Treuhandstelle kaum tragbar«. Zudem benötige eine »gezielte Suchaktion« Zeit, bis zum Arbeitsbeginn der Kandidaten vergehe »oft ein Jahr«. Schließlich kam Rickert auf das Kernproblem zu sprechen:

> »Die idealen Kandidaten, die heute im Alter zwischen 40 und 50 Jahren erfolgreich westdeutsche Unternehmen oder Unternehmensteile führen, kann man zwar identifizieren. Aber die Chancen, sie auch zu einer Anstellung in der DDR zu bekommen, sind gering. Ihre Isteinkommen liegen normalerweise zwischen 400 und 800 TDM p.a. Solche Leute könnte man allenfalls mit der Chance einer Beteiligung am Grundkapital locken. Dazu dürften aber die wenigsten Gesellschaften geeignet sein – jedenfalls zur Zeit.«[77]

Da die beschriebene Alterskohorte materiell kaum zu einem Treuhand-Engagement zu bewegen sei, drohe die »Gefahr«, dass die Organisation durch eine »Schar der namenlosen Personalberater mit unzähligen un-

76 B14-Interview mit Dieter Rickert, 28.5.2013.

77 Dieter Rickert an Reinhard Hadrich, München, 6.6.1990, in: Privatarchiv D. Rickert. Es entbehrt nicht einer gewissen Ironie, dass Rickert die Möglichkeit diskutierte, zur Kompensation von Gehaltsverlusten bundesdeutsche Manager am zu betreuenden »Volksvermögen« zu beteiligen, als man in Teilen der ostdeutschen Öffentlichkeit und Politik noch über die Beteiligung der Bevölkerung debattierte.

aufgeforderten Personalvorschlägen konfrontiert werde«, deren Qualität allerdings »zweifelhaft« sei. Rickert warb deshalb für einen alternativen Vorschlag:

»Es gibt in Deutschland mit Sicherheit einige Hundert Manager, die im Alter von/um Mitte 50 im Laufe der letzten Jahre wegen Umorganisation, Firmenverkauf, Fusion oder ähnlicher Gründe ausgeschieden sind oder in unbefriedigenden Seitenpositionen ausharren. Solche Vorgänge sprechen nicht gegen ihre Qualifikation.«[78]

Rickert wollte die so definierte Zielgruppe älterer Industrie-Manager »durch eine groß angelegte PR-Aktion« über »Presse, Funk und Fernsehen« ansprechen. Er kalkulierte, dass eine solche Kampagne »vermutlich zu einigen Tausend« Kandidaten führen werde, »von denen der größte Teil von vornherein« ausscheide, jedoch »mit mehreren Hundert interessanten Bewerbern, die in Einzelgesprächen« zu begutachten seien, zu rechnen sei. Um die »in kurzer Zeit notwendigen zahlreichen Interviews« realisieren zu können, schlug Rickert der DDR-Regierung vor, diese als »Gemeinschaftsaktion der westdeutschen Wirtschaft« durch die Kooperation der »Personalchefs bekannter Großunternehmen« unentgeltlich durchzuführen.[79] Das Projekt wollte er unter dem Titel »Marktwirtschafts-Profis für die DDR« handhaben und unter die Schirmherrschaft des BDI stellen. Auf ein Honorar wollte Rickert indes verzichten; er tue dies »gerne gratis und franko als meinen Beitrag zur Wiedervereinigung«.[80]

Als Rohwedder von Hadrich das Konzept erhielt, rief er Rickert umgehend an. Wenige Tage später, am 23. Juli, erschien in sämtlichen großen bundesdeutschen Tages- und Wirtschaftszeitungen sowie im *Neuen Deutschland* eine halbseitige Anzeige: »Profis für die DDR! Eine Initiative der Treuhandanstalt, Berlin«. Der schlicht gehaltene Aufruf erklärte:

»Die DDR-Wirtschaft zu Wettbewerbsfähigkeit nach westlichen Maßstäben zu verhelfen, ist in unser aller Interesse. Ein wichtiger Schritt dazu ist die Privatisierung der früheren volkseigenen Betriebe und Kombinate. Für die praktische Durchführung benötigen die Treuhandanstalt der DDR und die von ihr zu gründenden Treuhand-Aktienge-

78 Ebd., S. 2.

79 Rickerts Liste umfasste dabei die Personalchefs von Bertelsmann, SEL, Krupp, Bosch, Boehringer Mannheim, Hoesch, KHD, Effem, Lufthansa, Mannesmann, Rheinmetall, Quandt, Audi, Steag, Demag, Daimler-Benz und VW; vgl. ebd., S. 3.

80 Ebd.

sellschaften Tatkraft und Erfahrung von unternehmerisch denkenden und handelnden Führungskräften.«[81]

Dringend »benötigt« würden »Fachleute aller Branchen«, die »langjährige Berufserfahrung auf Vorstands- oder Geschäftsführerebene« in Unternehmen »mit Umsätzen in Milliarden-Größenordnung«, »bei Kauf und Verkauf von Unternehmen« sowie bei deren Sanierung mitbrächten. Die Kandidaten müssten allerdings kurzfristig verfügbar sein und mit »voller Leistungsfähigkeit« die ausgesprochene »Bereitschaft« vorweisen, »einen überdurchschnittlichen Arbeitseinsatz zu erbringen«. Und schließlich: »Alter ist kein Hinderungsgrund!« Das anfangs vorgeschlagene Suchprofil wurde aber um einen Punkt entscheidend erweitert. Die Anzeige richte sich

> »[...] an jedermann, der glaubt, die genannten Bedingungen zu erfüllen, sei es, dass er zur Zeit ein Unternehmen in der DDR führt, in der Bundesrepublik oder auch im Ausland. Möglicherweise sind geeignete Kandidaten unter jenen Managern, die durch Fusionen, Stilllegungen, Firmenverkäufe oder sonstige Wechselfälle des Berufslebens in letzter Zeit aus dem aktiven Dienst vorzeitig ausgeschieden sind. Vor allem bietet sich hier auch eine Chance für Jüngere, die eine Herausforderung suchen und in ihrem heutigen Unternehmen kein kurzfristiges Fortkommen sehen.«[82]

Rickert hatte für die Aktion nicht nur die Unterstützung des BDI gewonnen, sondern konnte für den Auswahlprozess die Personalvorstände von 21 bundesdeutschen Großunternehmen ins Feld führen.[83] Der BDI war es auch, der bereits wenige Tage zuvor, am 19. Juli, fast zwei Dutzend arrivierter bundesdeutscher Wirtschaftsjournalisten aus Rundfunk und Presse zu einem »Pressegespräch« zur »PR-Aktion« in ein Bonner Restaurant geladen hatte.[84]

Die »PR-Aktion« löste wie erwartet beträchtliche Resonanz aus. Insgesamt gingen kurzfristig über viertausend Bewerbungen in Rickerts Münchener Geschäftsstelle ein, die der Personalberater in einer Datenbank

81 »Profis für die DDR! Eine Initiative der Treuhandanstalt, Berlin«, in: Handelsblatt, 23.7.1990.

82 Ebd; vgl. auch die mediale Rezeption: »Profis für die DDR! Treuhand sucht Manager«, in: Die Welt, 21.7.1990; »Rohwedder sucht 30 Profis für die Treuhandanstalt«, 22.7.1990.

83 Neben den bereits im Brief an Hadrich genannten waren noch ABB, Babcock, DASA, MAN und VEBA dazugekommen, Boehringer Mannheim wurde hingegen nicht mehr aufgeführt.

84 BDI-Presseabteilung: Pressegespräch »Profis für die DDR«, 19.7.1990, Restaurant Tulpenfeld, Bonn 18.7.1990, in: Privatarchiv D. Rickert.

nach quantitativen Kennziffern filtern ließ und die Zahl so auf 500 Kandidaten reduzierte, von denen letztlich 70 bis 80 Bewerbungsmappen an die Personalchefs zur Prüfung weitergeleitet wurden. Anfang August hatte Rickert so ein Tableau aus 50 geeignet erscheinenden Führungskräften erstellt, das er dem Präsidenten Gohlke überreichen wollte. Nach langwieriger Terminsuche beschrieb er seinen persönlichen Besuch bei der Treuhand als »haarsträubendes Durcheinander«; Gohlke habe sich ahnungslos gegeben und wollte von der Werbeaktion nichts gewusst haben. »Der Mann« schien ihm rückblickend »völlig überfordert« zu sein.[85]

Während Rickerts Ratschläge erst nach Gohlkes Ablösung Berücksichtigung fanden, war die Suchaktion für den Personalberater selbst ein bemerkenswerter Erfolg, der sich schlagartig im Fokus der Öffentlichkeit wiederfand. In vielen Zeitzeugen-Interviews tauchte Rickert, der in ironischer Anspielung als »Jäger '90«[86] in die Geschichte der Treuhand eingehen sollte, mit seiner aufsehenerregenden »PR-Aktion« auf, wenn die späteren Manager über ihre erste Berührung mit der Organisation sprachen.[87] Mit seinem Appell an die »Profis« hatte er ein anschlussfähiges und wirksames Motiv gefunden, von dem sich nicht wenige westdeutsche Manager und Experten angesprochen fühlten: Sie empfanden und beschrieben sich tatsächlich als »Profis für die DDR«.[88]

Dennoch wirkten sich die Bemühungen um bundesdeutsches Expertenpersonal vorerst noch nicht aus. Im August stagnierte die Zahl der Mitarbeiter in der Zentrale bei um die 130 bis 140 Personen, kaum mehr als ein halbes Dutzend davon waren Westdeutsche. Einen ersten Zuwachs an Westpersonal erlebte die Organisation mit einer Vorstandserweiterung am 9. August, als der Verwaltungsrat drei neue Mitglieder berief. Neben dem ostdeutschen Diplom-Physiker Gunter Halm, ab Mitte der 1980er-Jahre stellvertretender DDR-Minister für Glas- und Keramikindustrie und seit April 1990 für die LDPD Staatssekretär im DDR-Wirtschaftsministerium,[89] schlossen sich Karl Schirner und Klaus-Peter

85 B14-Interview mit Dieter Rickert, 28.5.2013.

86 Ein Titel, den ihm das Manager Magazin in einem Jahresrückblick verlieh; »Dieter Rickert – Jäger '90«, in: manager magazin, 1.12.1990; vgl. auch »Der Kopfjäger«, in: Die Zeit, 21.6.2007.

87 R3-Interview mit Wilhelm Humbeck*, 24.7.1992; R38-Interview mit Dieter Geppert*, 16.1.1993; R42-Interview mit Peter Domann, 28.1.1993; R46-Interview mit Simon Norden*, 10.2.1993.

88 Siehe dazu auch insbesondere den Abschnitt zur Motivation der Westmanager im nachfolgenden Kapitel auf S. 577.

89 Eintrag »Halm, Gunter«, in: Müller-Enbergs Helmut; Wielgohs, Jan; Hoffmann, Dieter (Hg.): Wer war wer in der DDR? Ein biographisches Lexikon, Bonn 2001, S. 308.

Wild der Führungsmannschaft an. Der Automobil-Manager Schirner war zuvor als Direktor bei Daimler-Benz insbesondere durch die Übernahme des Rüstungskonzerns Messerschmitt-Bölkow-Blohm (MBB) aufgefallen und sollte künftig den Vorstandsbereich »Privatisierung« betreuen. Der Jurist Klaus-Peter Wild hatte seit Anfang der 1960er-Jahre Karriere im bayerischen Wirtschaftsministerium gemacht und sollte den Vorstandsbereich »Sanierung« übernehmen – er hatte sich insbesondere bei der Abwicklung der Maxhütte, einem im Staatsbesitz befindlichen Stahlwerk, Ansehen unter bundesdeutschen Stahlmanagern erworben.[90]

Ihrer geringen Zahl zum Trotz beschrieben die ostdeutschen Mitarbeiter rückblickend die »Ankunft« der ersten bundesdeutschen Führungskräfte am Alexanderplatz im Juli und August ausführlich. Für den Juristen Klaus Helm schlugen die neuen Kollegen hinsichtlich ihres Auftretens und ihres Wirkens wie »Atompilze« bei der bislang kadergeprägten Organisation ein.[91] Friedrich Calbeck schwärmte von den eintreffenden Spitzenkräften, die das Haus mit »neue[m] Tempo« und »mehr Sachkenntnis« sofort belebt hätten, vor allem im scharfen Kontrast zu den ostdeutschen Mitarbeitern:

> »Ich meine, man muss sich einmal vorstellen – ich will nicht schlecht über mich und über uns damals reden – aber es kann ja gar nicht sein, dass wir, die wir über JAHRE die Planwirtschaft versucht haben voranzutreiben, jetzt nun plötzlich die Marktwirtschaft organisieren konnten, das war überhaupt nicht drin.«[92]

Das neue Führungspersonal schien dem Ostmitarbeiter als Bereicherung, die Zusammenarbeit von Ost und West im Sommer 1990 erinnerte er nachgerade euphorisch:

> »Wir waren deshalb froh, dass in jener Zeit Experten aus den alten Ländern, aus dem Bundesgebiet, zu uns kamen und uns hier geholfen haben, die richtige Richtung zu gewinnen. Wir haben in diesen Tagen auch einen ganz wunderbaren Kontakt gehabt. Sie müssen sich vorstellen, wir waren ja alle noch beseelt von dem Aufschwung, der Dynamik und der Begeisterung der Öffnung der Mauer, den Wahlen und der Währungsreform und so weiter, und mit diesem Enthusiasmus und dieser sehr aufgeschlossenen Haltung gab es also absolut keine Tabus. Da sind wir gemeinsam an die Arbeit gegangen, und ich mu sagen, das war eine sehr schöne Atmosphäre.«[93]

90 »Rohwedder holt rasch Manager aus dem Westen«, in: Die Welt, 22.8.1990.

91 R28-Interview mit Prof. Dr. Richard Rauenau, 17.12.1992.

92 R41-Interview mit Friedrich Calbeck, 25.1.1993.

93 Ebd.

Neben den Verwaltungsratsmitgliedern um Rohwedder und einigen Beratern hatte bis Ende September nicht einmal ein Duzend Westdeutscher einen Arbeitsvertrag bei der Treuhand unterschrieben.[94] Dennoch bedeutete ihr Eintreffen einen tiefen organisationsgeschichtlichen Einschnitt: Erst durch das alltagspraktische Wirken dieser Personengruppe konkretisierte sich der Umbau der Organisation; das noch amorphe Gebilde wurde nun strategisch, organisatorisch und personell grundlegend umgeformt.

3.6 »Kapitalistisches Monopoly«: Die dreifache Ökonomisierung

Mitte August ließ sich Präsident Gohlke, der die Presse zuvor wochenlang strikt gemieden hatte, von *Spiegel*-Reportern exklusiv am Alexanderplatz begleiten. Der »Hausherr« springe »zwischen den Zimmern hin und her« und sei »wieder ganz der alte: überall präsent, immer einen Vorschlag parat, um keine Entscheidung verlegen«. Der »notorische Optimist« Gohlke, der sich schon »zu seinen Bahn-Zeiten« kaum von schlechten Aussichten die gute Stimmung trüben ließ, könne in Ostberlin trotz des »draußen sich vollziehenden Zusammenbruch[s] der DDR-Wirtschaft« endlich seine »Lieblingsrolle des Pack-an-Typs« spielen.[95]

Doch dem »abrupten Stimmungsschwung« des Präsidenten setzten die Autoren die unlängst »massiver und härter« werdende öffentliche Kritik an der Treuhand entgegen. Ökonomen wie der seit dem Frühjahr 1990 umtriebige Vorsitzende der »Wirtschaftsweisen«, Hans Schneider, rügten sie als zu »träge«; Unternehmerverbände beklagten langwierige Wartezeiten und schleppende Verhandlungen; Spekulationen »über alten SED-Filz in der Mannschaft« hielten in den konservativen Medien an. Im *Spiegel*-Artikel kippte der Tenor schließlich. Zwar sei Gohlke ein ausgebuffter »Profi«, der aus seiner Zeit bei IBM und Bundesbahn mit den »vielen Tricks, mit denen sich die Herrschaften mit kapitalistischen Monopoly ausmanövrieren«, vertraut sei; dennoch wirke der »Chef-Verkäufer der DDR-Wirtschaft« nicht immer überzeugend, im Gegenteil:

> »Pausenlos empfängt Gohlke in seinem Büro Firmenvertreter und Unternehmensberater. Sie erleben einen Gesprächspartner, der sich mitunter nicht einmal an den Grund des Gesprächs erinnert. Auch bekannte DDR-Firmen sind ihm nicht geläufig. Der Treuhand-Chef verwechselt oft selbst die wenigen Betriebe, die noch Überlebenschancen haben. Er

94 Entwicklung des Personalstandes Ost-West-Mitarbeiter, Berlin, 24.7.1992, in: Treuhandanstalt: Dokumentation, Bd. 11, S. 155; Seibel: Verwaltete Illusionen, S. 173.

95 »Die warten auf Konkurse«, in: Der Spiegel, 20.8.1990.

habe selten so einen überforderten Menschen gesehen, erzählt ein Teilnehmer nach einem solchen Treffen fassungslos.«[96]

Noch am 17. August zog der Präsident zufrieden eine erste Zwischenbilanz seiner bisherigen Aktivitäten. Knapp 120 Unternehmen im Wert von 800 Millionen D-Mark seien verkauft worden, verkündete Gohlke am Rande einer feierlichen Unterzeichnungszeremonie, bei der ein 45-Prozent-Anteil des ostdeutschen Gasverbundnetzes für 450 Millionen D-Mark an die Essener Ruhrgas verkauft wurde.[97] Umso überraschender folgte am 21. August der sofortige Rücktritt, der vor allem die Presse erheblich aufschreckte.[98] Der »kompromisslose Macher« habe sich »binnen kürzester Zeit zwischen alle Stühle gesetzt«, da er sich »als knallharter Unternehmensverkäufer von US-Zuschnitt« gebärdet habe, »dem vor allem daran gelegen sei, möglichst viel Geld herauszuschlagen«.[99]

Stefan Horn, über Jahrzehnte als selbstständiger Industrieberater in den USA und Großbritannien aktiv, war erst im November 1990 fester Mitarbeiter der Treuhand geworden. Seine rückschauende Diagnose lautete:

> »In der Zeit war Herr Gohlke hier auch nur beschäftigt, also irgendwie sich Kenntnisse zu verschaffen, und ich weiß ja nicht, warum er das Handtuch geworfen hat, aber ich vermute, dass natürlich der Kenntnisstand des Westens über die Innereien der DDR und verwaltungsmäßig und so weiter so gering war, und so verwirrend, dass das schon auch einen gestandenen Mann in Schwierigkeiten bringt.«[100]

Hinter Gohlkes plötzlicher Demission stand im Kern nicht nur ein persönlicher Konflikt zwischen ihm und seinem Chefaufseher; vielmehr schien auf, *wie* unterschiedlich die beiden Manager die Treuhand, ihre Grundsätze, ihre Organisation und ihr Personal umzuformen gedachten.

96 »Die warten auf Konkurse«, in: Der Spiegel, 20.8.1990.

97 »120 DDR-Firmen verkauft«, in: Die Welt, 18.8.1990 sowie auch der kritische Kommentar »Ein Gohlke macht noch keinen Frühling«, in: Die Welt, 18.8.1990.

98 Vgl. die umfassende Berichterstattung: »Reiner Gohlke, Chef der Ostberliner Treuhand, tritt zurück«, in: Die Welt, 21.8.1990; »Der Berg war zu hoch«, in: Handelsblatt, 21.8.1990; »Gohlke legt Vorsitz der Treuhandanstalt nieder«, in: Süddeutsche Zeitung, 21.8.1990; »Treuhand-Präsident warf das Handtuch«, in: Neues Deutschland, 21.8.1990; »Treuhandanstalt: Reiner Gohlke will nicht mehr«, in: Frankfurter Allgemeine Zeitung, 21.8.1990; »Die Treuhand – wie Gohlke im Sumpf versank«, in: Bild, 21.8.1990; »Herr Gohlke? Habe ich mal im Aufzug gesehen«, in: Die Welt, 22.8.1990; »Erhebliche Meinungsverschiedenheiten«, in: Die Welt, 22.8.1990.

99 »Zielstrebig auf den Platz zwischen allen Stühlen«, in: Frankfurter Rundschau, 22.8.1990.

100 R10-Interview mit Dr. Stefan Horn, 31.7.1992.

Während Gohlke – angetrieben von dem sich nach der Wirtschafts- und Währungsunion entfaltenden Krisenszenario – ganz auf die zügige Etablierung eines strikten persönlichen Regiments setzte, drängte Rohwedder auf einen systematisch-strategischen Um- und vor allem Ausbau der Organisation, wobei er gern am Präsidenten vorbei die Initiative ergriff.

Rohwedder hatte eine dreifache »Ökonomisierung« der Organisation forciert. *Strategisch* hatte er eine klar nachvollziehbare Handhabung des im Gesetz nur schlagwortartig dargelegten Aufgabenbündels entworfen. Interne Abläufe begann er durch betriebswirtschaftlich-objektivierte Bewertungs- und Entscheidungsprozesse zu operationalisieren und professionalisieren. *Organisatorisch* war es ihm gelungen, eine systematische Umgestaltung der behördenförmigen Verwaltungsorganisation nach dem Vorbild einer unternehmerisch agierenden Holdinggesellschaft anzuschieben. *Personell* griff er dankbar die personalpolitischen Vorschläge gut vernetzter Headhunter auf und vermittelte westdeutschen Managern einen Anreiz, in die DDR zu wechseln. Für die unter Zugzwang geratenen Regierungen in Bonn und Ostberlin stellte sich also Ende August 1990 kaum die Frage, *wer* Gohlke an der Spitze nachfolgen würde. Zeitgleich mit Gohlkes Demission wurde Rohwedder offiziell als dessen Nachfolger präsentiert, der sich vorläufig bis Ende Dezember 1990 von seinem Posten als Hoesch-Vorstandsvorsitzender beurlauben ließ.[101] Nach dem knapp einmonatigen Intermezzo unter Gohlke hatte nun doch der ursprüngliche Wunschkandidat auf dem Chefsessel in Ostberlin Platz genommen.

101 »Rohwedder greift bei Treuhand durch«, in: Morgenpost, 23.8.1990; »Wegen Gohlke hat die Treuhand vier kostbare Wochen verloren«, in: Die Welt, 24.8.1990.

4. Der Schmelztiegel: Die Expansion der Treuhandanstalt unter Rohwedder bis März 1991

Ein auf tragische Weise berühmt gewordenes Dokument bezeichnete der ostdeutsche Referent Samuel Herrmann als »das eigentliche Strategiepapier« der Treuhand, bedeutsamer als alle anderen Leitlinien oder organisatorischen Veränderungen der Jahre 1990/91.[1] Für Stefan Wolter, einem westdeutschen Direktor, besaß es den »Charakter eines Manifests«, ja eines »Vermächtnis[es]«.[2] Direktor Volker Wiertel sah darin eine Art »Abschiedsgeschenk« des Präsidenten. Am 27. März 1991 hatte Rohwedder einen Brief »an alle Mitarbeiterinnen und Mitarbeiter« geschrieben. »Als Lektüre für die bevorstehenden Ostertage« übersandte er »einige Gedanken zur gegenwärtigen Position der Treuhandanstalt«. Unter der Überschrift »Die Treuhand erfüllt ihren Auftrag« bildete eine eingängige Trias das Herzstück des Papiers: »Schnelle Privatisierung – entschlossene Sanierung – behutsame Stilllegung«.[3]

In zehn Punkten buchstabierte der Mitarbeiterbrief ein Programm aus. Erstens sei das Votum für die »deutsche Einheit« insbesondere eine Entscheidung für die Einführung der »Sozialen Marktwirtschaft in ganz Deutschland« gewesen, die allerdings einen »umfangreichen Umbau der Wirtschaft« notwendig mache. Dieser Umbau sei – zweitens – »zentrale Aufgabe« der Treuhand, die »die Staatswirtschaft so schnell wie möglich zurückdrängen und neue unternehmerisch aktive Eigentümer« finden müsse. Der alltägliche »Weg« dorthin sei drittens »zwar verständlicherweise umstritten«, insbesondere durch den Abbau von Arbeitsplätzen. Dies sei unerlässlich, denn viertens sei nur der Treuhand »die Verantwortung für die Entscheidung im Einzelfall« übertragen worden.[4]

Nachdem Rohwedder den Weg zum konkreten operativen Privatisierungsauftrag hergeleitet hatte, widmete er sich dem Kern des Alltagsgeschäfts: Dieses müsse fünftens »auch weiterhin [der] Überführung von Unternehmen in privates Eigentum« unbedingte »Priorität« einräumen: »Privatisierung ist die wirksame Sanierung.« Sechstens solle die Organisation jene »Unternehmen, die Zukunftschancen haben«, entsprechend unterstützen, damit auch diese das Privatisierungsziel mittelfristig erreichen können: »Sanierung ist ständiger Auftrag der Treuhandanstalt.« Bei Unternehmen allerdings, »die keine Chance haben, Wettbewerbsfähig-

1 R21-Interview mit Prof. Dr. Samuel Herrmann, 18.9.1992.

2 R44-Interview mit Stefan Wolter, 4.2.1993.

3 Dr. Detlev Rohwedder: An alle Mitarbeiterinnen und Mitarbeiter der Treuhandanstalt, 27. März 1991, in: Treuhandanstalt: Dokumentation, Bd. 1, A72–A75.

4 Ebd., A73.

keit zu erreichen«, sei siebtens eine »Stilllegung unvermeidlich«, Letztere solle »zum Kristallisationskern neuer Aktivitäten« werden.[5] Achtens sei die Treuhand »in Erfüllung dieses Auftrages« verpflichtet, »unternehmerisch zu handeln«, und zwar »nicht im Eigeninteresse«: »Ihre Aufgabe ist Dienstleistung für das ganze Volk.« In »einem Prozess« komme ihr neuntens »die schwere Aufgabe« zu, »schmerzliche, aber unvermeidliche Umstellungen« vorzunehmen, um das »gemeinsame Ziel« zu erreichen. Die Mitarbeiter müssten daher zehntens »wohl volles Verständnis« dafür aufbringen, »dass diese Arbeit mit kritischer Aufmerksamkeit begleitet« werde. »Anfeindungen und Verleumdungen« seien »keine Kritik und können uns daher nicht treffen«.[6]

Dieser bemerkenswerte Dekalog leitete in seinen ersten vier Punkten das *Ziel* der Treuhand her; legte in den drei folgenden die Hierarchie ihrer *Aufgaben* dar und formulierte schließlich in drei Schritten die hierfür notwendigen *Verfahren*. Rohwedder hatte das später »Osterbrief« genannte Dokument in den Tagen zuvor gemeinsam mit seinen Vorstandskollegen erarbeitet. Seine besondere Bedeutung erlangte der Brief jedoch erst durch den tödlichen Mordanschlag auf seinen Verfasser am Ostermontag, dem 1. April. Wie wichtig der Osterbrief für die Selbstvergewisserung der Mitarbeiter gewesen sein mag, muss offenbleiben. Zwar pflegte die Führung ihn im Nachgang geradezu religiös als letztes Wort eines Märtyrers zu inszenieren – in den 1992/93 geführten Interviews nahmen jedoch nur einige wenige Mitarbeiter explizit Bezug darauf.

Dennoch markieren die zehn Punkte und die ihnen inhärente Logik das Ende einer bemerkenswerten organisationshistorischen Expansionsphase, die im August 1990 mit Rohwedders Amtsantritt begonnen hatte und die die Treuhand in wenigen Monaten massiv verändern sollte. In dieser Zeit rückten die Organisation und ihr Präsident nicht nur ins Zentrum der politischen wie öffentlichen Debatten um den Wirtschaftsumbau und wurden so zum hochumstrittenen Bezugspunkt der im Frühjahr 1991 beginnenden Massenproteste. Zugleich nahm die Organisation ab Herbst 1990 das eigentliche Massenprivatisierungsgeschäft auf. Der erweiterte Vorstand um Rohwedder entfaltete maßgebliche strategische Initiativen und trieb ab Januar 1991 den Um- und Ausbau der Organisationsstrukturen voran, sodass sich binnen eines halben Jahres eine spätsozialistische DDR-Dienststelle in eine unternehmerische Großorganisation verwandelte.

5 Ebd., A74f.
6 Ebd., A75.

4.1 Kontexte: Von den Rändern ins Zentrum des »Tornados«

Sechs Monate vor dem Osterbrief, im Spätsommer 1990, wurde dem unlängst angetretenen Präsidenten klar, dass die Erwartungen an ihn und seine Mitarbeiter merklich gewachsen waren. Auf Drängen Helmut Kohls war er Ende September zu einer Rundreise durch die nördlichen Bezirke der DDR aufgebrochen. In Greifswald diskutierte Rohwedder am 22. September mit 80 Landräten und zeigte sich merklich irritiert. Seine Organisation komme derzeit eher einem »Phantom« gleich; von knapp 160 Mitarbeitern verfügten lediglich 40 über die »erforderliche Professionalität«.[7] Der Präsident sah sich mit einer »unüberbrückbare[n] Diskrepanz zwischen Möglichkeiten und den Erwartungen der Öffentlichkeit« konfrontiert. Die Treuhand sei nicht allmächtig, kein »Garderobenständer, auf dem nun jeder seine Probleme aufhängen« könne, wie Rohwedder den ostdeutschen Kommunalpolitikern und Pressevertretern erklärte.[8]

Eine Woche später besuchte Rohwedder die Industrie- und Handelskammer im hessischen Frankfurt, um dort ein Referat zum Thema »Privatisierung in der DDR – Chancen für westdeutsche Unternehmen« zu halten. Bei der Gelegenheit redete der Präsident den versammelten Firmenchefs ins Gewissen, appellierte an deren »Ehrenhaftigkeit«, »Anständigkeit« und »Humanität« – lauter Aspekte, die er bislang im Geschäftsklima der DDR gänzlich vermisse. Auch hier verwies er auf die Unerfahrenheit seiner noch wenigen Mitarbeiter, die sich zudem einer Aufgabe gegenüber sähen, der »etwas Stoßtrupphaftes« eigne: Es sei, als solle man »mit einem Schäufelchen das Matterhorn« abtragen. Dennoch kündigte Rohwedder baldige große Stilllegungsentscheidungen an.[9] Zwischen Frankfurt am Main und Greifswald hatte sich das grundlegende Spannungsfeld zwischen Ost und West aufgetan, mit dem die Treuhand künftig zu tun haben würde.

Noch vor dem auf den 3. Oktober 1990 festgelegten Ende der DDR hatten die beiden Regierungen weitere wichtige Personalentscheidung mit Blick auf die Treuhand-Spitze gefällt. Am 29. August war der Kaufhof-Vorstandsvorsitzende und Kohl-Vertraute Jens Odewald als Rohwedders Nachfolger an die Spitze des Verwaltungsrates getreten. Als promovierter Wirtschaftsjurist hatte er Ende der 1960er-Jahre zunächst bei der Deutschland-Tochter des

7 »Der Hoffnungsträger vom Alexanderplatz soll draußen aufräumen«, in: Handelsblatt, 24.9.1990.

8 »Die Treuhandanstalt ist nicht der Garderobenständer der DDR«, in Frankfurter Allgemeine Zeitung, 22.9.1990; »Die schwierige Suche nach der Akte Fortschritt«, in: Süddeutsche Zeitung, 28.8.1990.

9 »Mit einem Schäufelchen das Matterhorn abtragen«, in: Handelsblatt, 1.10.1990.

Mineralölkonzerns Esso, dann in der Geschäftsführung bei einem Schweizer Logistikkonzern Karriere gemacht, bevor er 1979 als Finanzvorstand bei der Kaufhof AG anheuerte und dort 1985 zum Vorstandsvorsitzenden berufen wurde.[10] Am 1. Oktober hatte zudem Alexander Koch das Vorstandsressort für Personal übernommen. Nach einer kaufmännischen Lehre und einem Soziologiestudium in Frankfurt hatte Koch in den 1960er-Jahren als Personalmanager beim US-amerikanischen Reifenhersteller Dunlop, im Anschluss daran als Personalvorstand bei Braun (1974) und Grundig (1981) gearbeitet, bevor er 1988 zu einer Versicherungsgesellschaft gewechselt war.[11]

Die dritte Personalie nahm sich im Vergleich dazu exotischer aus. Am 18. September wurde auch Birgit Breuel in den Vorstand berufen. Sie war (und blieb) nicht nur die einzige Frau in den höchsten Gremien der Treuhand. Sie war zudem eine amtserfahrene CDU-Politikerin, die sich nach einem unvollendeten Studium der Politikwissenschaften und einer Ausbildung zur Einzelhandelskauffrau während der 1970er-Jahre in der hamburgischen Bürgerschaft als marktliberale Reformerin profiliert hatte. 1978 war sie zunächst als Wirtschafts- und ab 1986 als Finanzministerin ins niedersächsische Kabinett von Ernst Albrecht eingezogen, bis ihre hannoverische Amtszeit im Frühjahr 1990 mit der Wahlniederlage der CDU gegen Gerhard Schröders SPD ein Ende gefunden hatte.[12]

Der eigentliche Beitritt der fünf neuen Bundesländer am 3. Oktober erschien in den Rückblicken für die Organisationsgeschichte als keine besonders auffällige Wegmarke.[13] Einschneidender wirkte der an diesem Tag in Kraft tretende »Einigungsvertrag«, der unter anderem die künftige Rolle der Treuhandanstalt im föderalen Institutionengeflecht der Bundesrepublik nachjustierte. Artikel 25 (»Treuhandvermögen«) schrieb nicht nur die Geltung des Treuhandgesetzes vom 17. Juni explizit fort, sondern konkretisierte auch die rechtliche (Ausnahme-)Stellung der Organisation: Sie wurde als »rechtsfähige bundesunmittelbare Anstalt des öffentlichen Rechts« definiert, die künftig der »Fach- und Rechtsaufsicht« des Bundesfinanzministeriums unterlag.[14] Ferner wurde der jährliche Kreditrah-

10 Eintrag »Odewald, Jens«, in: Munzinger Online/Personen – Internationales Biographisches Archiv, URL: http://www.munzinger.de/document/00000017866 (zuletzt aufgerufen am 15.02.2018).

11 Vgl. v.a. seine autobiografische Schrift: Koch: Der Manager.

12 Eintrag »Breuel, Birgit«, in: Munzinger Online/Personen – Internationales Biographisches Archiv, URL: http://www.munzinger.de/document/00000014884 (zuletzt aufgerufen am 15.02.2018).

13 Seibel: Verwaltete Illusionen, S. 154.

14 Vertrag über die Währungs-, Wirtschafts- und Sozialunion zwischen der Bundesrepublik Deutschland und der Deutschen Demokratischen Republik vom 18. Mai 1990, in: Treuhandanstalt: Dokumentation, Bd. 1, S. 271.

men der Treuhand erhöht (von 17 auf 25 Milliarden DM) und ein letztes Mal die »Möglichkeit« einer Anteilsscheinausgabe zumindest erwähnt.[15] Schließlich sollte der Verwaltungsrat von 16 auf 23 Mitglieder erweitert werden – die beiden bisher aus der Volkskammer gewählten Mitglieder waren durch Vertreter der neuen Bundesländer sowie des Bundeswirtschafts- und Bundesfinanzministeriums zu ersetzen; alle übrigen Verwaltungsratsmitglieder sowie der Vorsitzende sollten künftig allein durch die Bonner Bundesregierung bestimmt werden.[16]

Für die Treuhand markierte indes eher der 2. Oktober einen Einschnitt, der einem Dammbruch gleichkam. An diesem Tag beschloss der Vorstand die allererste größere Betriebsschließung. Schon im August hatten bundesdeutsche Ökonomen und marktliberale Politiker wie FDP-Bundeswirtschaftsminister Helmut Haussmann die unverzügliche Schließung von zweihundert als nicht-sanierungsfähig eingestuften Betrieben gefordert;[17] DIHT-Präsident Hans Peter Stihl hatte sich diesen Forderungen angeschlossen und ergänzt, auch die Zahl der Privatisierungen müsse drastisch steigen: »Nicht 20 Verkäufe im Monat, sondern 20 am Tag« müssten das Ziel sein.[18] Spekulationen über die bereits erwähnten, kursierenden »Todeslisten« von nicht überlebensfähigen Großbetrieben geisterten in den folgenden Monaten durch die Presselandschaft und verunsicherten die Betriebsbelegschaften.[19] Im unmittelbaren Vorfeld der Einheitsfeierlichkeiten war es schließlich so weit: Der Vorstand schickte den Dresdner Fotokamera-Produzenten Pentacon in die Liquidation, 5.700 Arbeitnehmer waren betroffen. Noch ein Jahr zuvor hatte Pentacon 290.000 Exemplare seines Erfolgsmodells »Practica« produziert und ins westliche Ausland exportiert. Herstellungskosten von knapp 1.000 DM stünde jedoch in betriebswirtschaftlicher Kalkulation der geringe Verkaufspreis von 200 DM gegenüber – die »überwältigende Konkurrenz vor allem aus Ostasien« mache eine Privatisierung und Sanierung unmöglich.[20]

Der »Fall Pentacon« zog weite Kreise. Hatte die Treuhand-Zentrale bereits am 13. September eine erste Besetzung durch Gewerkschaftsvertre-

15 Ebd.

16 Ebd.

17 »Haussmann: Betriebe, die nicht sanierungsfähig sind, stilllegen«, in: Die Welt, 20.8.1990.

18 »Wirtschaft fordert schnellere Privatisierung in der DDR«, in: Die Welt, 22.8.1990.

19 Kemmler: Entstehung, S. 312, Kemmler berichtet hier als Zeitzeuge über diese »Liste der 312«.

20 Breuel: Treuhand intern, S. 112f.; vgl. hierzu Jehmlich, Gerhard: Der VEB Pentacon Dresden. Geschichte der Dresdner Kamera- und Kinoindustrie nach 1945, Dresden 2009.

ter und Mitarbeiter der Interhotel-Gruppe erlebt,[21] so schaute sie ab jetzt einer ganzen Kaskade von Protestaktionen entgegen.[22] Auch in den alten Ländern riss die öffentliche Kritik nicht ab, im Gegenteil: Industrievertreter, Ökonomen und liberale Politiker gingen heftig mit der Organisation ins Gericht und schmähten sie als bürokratischen, behäbigen »Moloch«, der den Wirtschaftsumbau unnötig abbremse und verzögere.[23]

Die »größte Industrieholding der Welt«, wie die Treuhandanstalt im Herbst 1990 in einer eigentümlichen Mischung aus Ehrfurcht und Misstrauen tituliert wurde, begehrte indes verstärkt öffentlich auf. In unzähligen Pressegesprächen, Vorträgen und Diskussionsrunden wehrte sich ihr Präsident unerschrocken und wortgewaltig: Die Treuhand als »allmählich anlaufende Maschine zur Aufarbeitung des Kommunismus« benötige einfach mehr Zeit, wie Rohwedder im November 1990 erklärte. »Nur die Deutschen« glaubten, »dass die Umwandlung einer kommunistischen Befehlswirtschaft in eine weltoffene Marktwirtschaft in sechs oder acht Monaten oder einem Jahr« bewerkstelligt werden könne.[24] Bei einem Besuch in Wien widersprach Rohwedder auf saloppe und später oft zitierte Weise Spekulationen darüber, dass die ganze DDR-Industrie inzwischen wertlos geworden sei: »Der ganze Salat« sei ungefähr 600 Milliarden D-Mark wert.[25] Rohwedder schien in diesen Wochen keinem Konflikt aus dem Weg zu gehen. Politiker ermahnte er zu ordnungspolitischer Zurückhaltung; Ostdeutschen empfahl er Geduld; Ökonomen schmähte er als praxisferne Theoretiker; Gewerkschaftler mahnte er zu tarifpolitischer Mäßigung; Wirtschaftsvertreter forderte er zu mehr Fingerspitzengefühl und aktivem Engagement auf; ausländischen Investoren versprach er Gleichbehandlung.[26]

Zugleich sollte sich die Organisation nach Rohwedders Vorstellungen stärker für die Belange und Fragen einzelner Bürger und Interessenten öffnen. Auf seine Anweisung war bereits im Oktober eine Einrichtung

21 »Treuhand gestürmt und besetzt«, in: Morgenpost, 13.9.1990.

22 Vgl. dazu im Überblick: Böick, Marcus: »Aufstand im Osten«? Sozialer und betrieblicher Protest gegen die Treuhandanstalt und Wirtschaftsumbau in den frühen 1990er-Jahren, in: Bingen, Dieter; Jarosz, Maria; Loew, Peter Oliver (Hg.): Legitimation und Protest. Gesellschaftliche Unruhe in Polen, Ostdeutschland und anderen Transformationsländern nach 1989, Wiesbaden 2011, S. 167-185.

23 Exemplarisch: »Aufgabe nicht verstanden«, in: Wirtschaftswoche, 24.8.1990; »Weg mit den alten Kombinaten«, in: Frankfurter Allgemeine Zeitung, 30.8.1990.

24 »Wunder dauern etwas länger«, in: Die Zeit, 8.11.1990.

25 Vgl. hierzu Laabs: Goldrausch, S. 148f.

26 »Aufgabe von ›furchterregender Dimension‹«, in: Frankfurter Allgemeine Zeitung, 15.9.1990; »Rohwedder verspricht DGB soziale Sensibilität«, in: Frankfurter Rundschau, 9.11.1990; »Das wird lange dauern«, in: Wirtschaftswoche, 23.11.1990.

gegründet worden, die der Bevölkerung einen direkten Kommunikationskanal zur Treuhand eröffnen sollte. Unter der Leitung von Ulrich Lothal – früherer Mitarbeiter eines DDR-Ministeriums –, hatte die Organisation am Alexanderplatz ein »Bürgertelefon« eingerichtet. Bis Ende 1992 registrierten die eine umfassende Statistik führenden Mitarbeiter mehr als 50.000 Anrufe und verzeichneten eine deutliche Tendenzwende: Hätten sich in der Frühzeit bevorzugt westdeutsche Anrufer nach Modalitäten zur Rückerstattung von Alteigentum oder zum Immobilien-, Maschinen- und Unternehmenskauf erkundigt, wuchs später der Anteil der ostdeutschen Anrufer, die am Telefon nicht nur Auskünfte über Abfindungen oder Sozialpläne verlangten, sondern auch ihren »Unmut über die wirtschaftlichen Verhältnisse« sowie die »Arbeit der Treuhandanstalt« zum Ausdruck bringen wollten. 1990/91 hätten das »Bürgertelefon« rund 900 Anrufe pro Woche erreicht, im Jahr 1992 sei diese Zahl auf 300 zurückgegangen.[27] Lothal, der aufgrund der ihm zugeteilten Aufgabe im Februar 1993 von Dietmar Rost interviewt wurde, sah sich und seine beiden Mitarbeiterinnen daher in der »Tradition des früheren DDR-Eingabeerlasses«.[28] Lothals Team, dessen statistische Auswertungen dem Vorstand durchgehend vorlagen und im Rahmen des »Forschungsprojekts« zum Analysegegenstand wurden,[29] porträtierten die treuhandeigenen Medien nicht ohne Grund als »Seismograph der deutschen Einigung«.[30]

Unterdessen verschärfte sich der öffentliche Ton nach der Wiedervereinigung merklich. Der 1989 abgetretene CDU-Generalsekretär und Kohl-Rivale Heiner Geißler bezichtigte Rohwedder in einem Zeitungsinterview der Unfähigkeit, »die politische und psychologische Dimension seines Auftrags zu erkennen«:

> »[Er geht, M.B.] seine Aufgabe wie ein westlicher Manager an und vergisst völlig, dass die Leute sich zwar auch um ihre Arbeitsplätze sorgen, aber in erster Linie wütend darüber sind, dass sie von Leuten entlassen werden, die Teil des SED-Regimes waren und sie früher schon kujoniert haben.«[31]

Die »Rohwedder-Administration« erschien Geißler als ein unnötiger »Wasserkopf, der dringend um die alten SED-Kader verkleinert werden« müsse; der Präsident habe »in diesem ganz wichtigen Bereich versagt«

27 »Bürgertelefon: In zwei Jahren über 50.000 Anrufer«, in: Treuhandanstalt Informationen, 17.3.1993.

28 R47-Interview mit Ulrich Lothal, 17.2.1993.

29 Kepplinger: Im Bild der Öffentlichkeit, v.a. S. 368 ff.

30 »Bürgertelefon: In zwei Jahren über 50.000 Anrufer«, in: Treuhandanstalt Informationen, 17.3.1993.

31 »Kohl verteidigt Treuhand-Spitze«, in: Morgenpost, 15.10.1990.

und müsse daher abgelöst werden. Rohwedder wies Geißlers Attacke umgehend als »reine[n] Wahlkampfklamauk« zurück. Es handle sich um das »starke[] Getöse eines Mannes, der sich in der DDR bisher weder durch Präsenz noch durch Sachkunde oder Engagement hervorgetan« habe. Auch ein »massiv« verärgerter Bundeskanzler Kohl widersprach Geißler und nutzte die Gelegenheit für eine Solidaritätsadresse an den Treuhand-Vorstand.[32]

Anfang November 1990 mündete die nicht abreißende Diskussion in eine Debatte über den weiteren Verbleib des Präsidenten. Nach Gohlkes Rückzug hatte Rohwedder das Amt zunächst provisorisch bis Ende 1990 übernommen und sollte danach wieder an die Spitze des Hoesch-Konzerns ins Ruhrgebiet zurückkehren.[33] Die Medien spekulierten unterdessen über einen strategischen Grundsatzkonflikt innerhalb des Vorstands, bei dem der »Sanierer« Rohwedder sich einer von Birgit Breuel angeführten Fraktion gegenübersehe, die »ihren radikalen marktwirtschaftlichen Standpunkt« verteidige und »unverdrossen immer noch die alte ideologische Linie« verfolge.[34] Gleichzeitig forderten die neuen Ministerpräsidenten Brandenburgs und Sachsens, Manfred Stolpe und Kurt Biedenkopf, eine sofortige Auflösung der Treuhand, deren Aufgaben sie künftig auf Länderebene wahrgenommen sehen wollten.[35] Der Sozialdemokrat Dieter Schröder, Chef der Berliner Senatskanzlei, warnte vor dem »lähmenden Zentralismus der vergangenen DDR«, den die Organisation künstlich am Leben erhalte;[36] die *Frankfurter Allgemeine Zeitung* sprach von einem »erratischen Block« und »Superkonzern«, der »aus den Ruinen des Sozialismus« unheilvoll in die neuen »Landschaften« hinüberrage.[37]

Die Spitzen der Bundesregierung, allen voran Kohl und Finanzminister Waigel, hatten den umstrittenen Chef erfolgreich dazu gedrängt, seinen Vertrag doch zu verlängern. Am 6. November trat Rohwedder in Berlin Zuversicht verbreitend vor die Presse: »Wir rackern uns zielstre-

32 Ebd.

33 Vgl. dazu exemplarisch die intensive Medienberichterstattung ab Anfang November 1990: »Rohwedder«, in: Welt, 1.11.1990; »Rohwedder will seinen Vertrag bei der Treuhandanstalt nicht verlängern«, in: Tagesspiegel, 1.11.1990; »Poker um die Treuhand«, in: Frankfurter Rundschau, 5.11.1990; »Massive Kritik an der Treuhand«, in: Süddeutsche Zeitung, 5.11.1990; »Keiner denkt daran, das Handtuch zu werfen«, in: Der Morgen, 5.11.1990; »Abschied vom Revier«, in: Handelsblatt, 7.11.1990; »Treuhandanstalt ›rackert sich zielstrebig aus dem Chaos‹«, in: Süddeutsche Zeitung, 7.11.1990; »Die Woche der Dementis hat Rohwedder den Rücken gestärkt«, in: Frankfurter Rundschau, 7.11.1990.

34 »Dann ist der Ofen aus«, in: Der Spiegel, 29.10.1990.

35 »Poker um die Treuhand«, in: Frankfurter Rundschau, 5.11.1990.

36 »Lähmender Zentralismus«, in: Morgenpost, 4.11.1990.

37 »Besser in Berlin«, in: Frankfurter Allgemeine Zeitung, 13.11.1990.

big aus dem Chaos, das wir vorgefunden haben.« Die Treuhand verstehe sich nicht als politische »Strukturbehörde in Sachen Industriepolitik«, sondern als unternehmerisch agierendes »Dienstleistungsunternehmen der investierenden Wirtschaft«, obgleich dies voraussetze, dass die Organisation sich »Gedanken über mögliche Auswirkungen auf den Wettbewerb« sowie die »sozialen Interessen der Arbeitnehmer« machen müsse.[38]

Rohwedder setzte auf Deeskalation. Beim Bundesausschuss des DGB am 7. November erklärte er, in den neuen Ländern keine »Politik der verbrannten Erde« anzustreben, obgleich er einräumte, dass knapp tausend Betriebe wohl »keine Überlebenschance« besäßen. Die Treuhandpraxis solle aber, wie Rohwedder den Gewerkschaftsvertretern versicherte, »keine kalte kapitalistische Veranstaltung« werden; er wolle keinen »Basar« veranstalten, bei dem den Zuschlag erhalte, »wer am meisten« biete.[39] Andererseits wurde der Präsident nicht müde, größere Entscheidungsspielräume und Handlungsvollmachten von der Politik einzufordern. Bei einem Treffen mit vierzig Unternehmern bei Wirtschaftsminister Haussmann in Bonn beklagte er Genehmigungsvorbehalte aus dem Bundesfinanzministerium, das bislang jedem Projekt explizit zustimmen müsse. Er habe bei seinem Amtsantritt »nicht die Vorstellung gehabt, eine Art Dienststellenleiter zu werden«.[40]

Nachdem die entscheidende Personalie geklärt war, schlossen sich bis Mitte November mit Hans Krämer und Wolf Klinz zwei weitere erfahrene Industriemanager dem Vorstand an. Nach einem Betriebswirtschaftsstudium in Nürnberg war Krämer in den späten 1960er-Jahren zunächst bei Bertelsmann, dann beim Essener Energiekonzern STEAG die Hierarchieleitern emporgestiegen, von 1977 bis 1990 war er schließlich zum Vorstandsvorsitzenden avanciert.[41] Der in Paris und Wien promovierte Diplom-Kaufmann Klinz war dagegen vornehmlich außerhalb der bundesdeutschen Wirtschaft engagiert gewesen. Nach Stationen in der britischen und US-amerikanischen Automobilindustrie in den 1960er-Jahren war er nach 1970 als Partner bei McKinsey aktiv, bevor er ab 1984 der Konzernleitung des schweizerischen Messinstrumente-Herstellers Landis+Gyr angehörte.[42] Damit war der neunköpfige Vorstand komplettiert worden: Ihm gehörten jetzt fünf bundesdeutsche Industriemanager,

38 »Treuhandanstalt ›rackert sich aus dem Chaos‹«, in: Süddeutsche Zeitung, 7.11.1990.

39 »Keine Politik der verbrannten Erde«, in: Handelsblatt, 8.11.1990.

40 »Rohwedder fordert mehr Entscheidungsgewalt«, in: Frankfurter Allgemeine Zeitung, 22.11.1990.

41 »Wir rackern uns zielstrebig aus dem Chaos«, in: Die Welt, 7.11.1990.

42 Ebd.

die beiden ostdeutschen Planwirtschaftsexperten Halm und Krause, der Ministerialbeamte Wild und die vormalige Landesministerin Breuel an.[43]

Jenseits der Vorstandsebene machte die Bundesregierung im Herbst 1990 vor allem durch eine dreistufige personelle Umbildung im Verwaltungsrat ihren Einfluss geltend. Als Ersatz für die beiden ausgeschiedenen Volkskammervertreter zog am 5. Oktober neben den Staatssekretären Horst Köhler (Finanzen) und Dieter von Würzen (Wirtschaft) mit Hermann Rappe der Vorsitzende der Gewerkschaft IG Chemie in den Verwaltungsrat ein. In einer zweiten Erweiterungsrunde am 28. November entsandte die Bundesregierung drei weitere Gewerkschaftsführer und ersetzte so die ehemaligen Kombinatsdirektoren, von denen nur der Dresdner Betriebschef Harald Tausch-Marton verblieb. Vervollständigt wurde der Verwaltungsrat schließlich am 18. Dezember durch die in den Landtagswahlen vom 14. Oktober gewählten CDU-Ministerpräsidenten Alfred Gomolka (Mecklenburg-Vorpommern), Kurt Biedenkopf (Sachsen), Josef Duchač (Thüringen) und Gerd Gies (Sachsen-Anhalt) sowie den Sozialdemokraten Manfred Stolpe (Brandenburg).[44] Der westfälische Industriemanager und Krupp-Aufsichtsratschef Manfred Lennings und der Berliner Finanzsenator Elmar Pieroth komplettierten schließlich bis Ende März 1991 das Aufsichtsgremium. In der 23-köpfigen Herrenrunde sah sich jetzt eine Mehrheit von zehn bundesdeutschen Industriemanagern einer vornehmlich liberalkonservativen Politikergruppe (zwei Bundesbeamte, sechs Landespolitiker) sowie einer Minderheit von vier Gewerkschaftsvertretern und einem ostdeutschen Firmenchef gegenüber. Seit Herbst 1990 befanden sich die beiden Spitzengremien damit mehrheitlich fest in der Hand bundesdeutscher Industriemanager und marktliberal orientierter Politiker und Beamter.

Als der Vorstand zur selben Zeit den Ausbau der Zentrale und der Niederlassungen energisch vorantrieb, nahm auch das politische Rahmengeflecht der Organisation allmählich Konturen an. Am 12. November konstituierte sich im Bundestag ein Unterausschuss des Haushaltsausschusses, der sich der Treuhand widmen sollte. Der später in den Berliner Bankenskandal verwickelte CDU-Abgeordnete Christian Neuling wollte der Organisation eine »Ruhephase« bis zum Ende des Jahres zugestehen.[45] Das Bundesfinanzministerium rief unterdessen zur Wahrnehmung seiner »Rechts- und Fachaufsicht« die bereits in Auflösung befindliche Abteilung VIII wieder ins Leben, die sich bis Mitte der 1980er-Jahre mit der

43 Treuhandanstalt: Vorstandsbereiche. Stand: 19.12.1990, in: Treuhandanstalt: Dokumentation, Bd. 2, S. 440; vgl. Seibel: Verwaltete Illusionen, S. 149.

44 Vgl. dazu insgesamt Zusammensetzung des Verwaltungsrats der Treuhandanstalt, in: Treuhandanstalt: Dokumentation, Bd. 2, S. 499-502.

45 »Anstalt soll Ruhephase bis Jahresende gegönnt werden«, in: Handelsblatt, 13.11.1990.

langfristigen Privatisierung des »industriellen Bundesvermögens« befasst hatte.[46] Zum Leiter der mit später bis zu 80 Beamten besetzten Abteilung berief Minister Waigel jedoch keinen Bonner Karrierebeamten, sondern einen erfahrenen Verbandsvertreter: Der promovierte Volkswirt Eckart John von Freyend hatte von 1970 bis 1988 der Geschäftsführung des BDI angehört und war im November 1990 als Ministerialdirektor ins Finanzministerium geholt worden, um dort ab Januar 1991 den Wiederaufbau der Abteilung zu leiten, die künftig zur zentralen Ansprechpartnerin der Treuhand avancieren sollte.[47]

Obwohl die Treuhandanstalt und der Wirtschaftsumbau in den Wochen des Wahlkampfes zum ersten gesamtdeutschen Bundestag am 2. Dezember in die Nebenschauplätze medialer Aufmerksamkeit rückten, brach der wirtschaftspolitische Grundsatzkonflikt schon bald erneut auf, als der Vorstand Ende November 1990 die Schließung von weiteren 45 Betrieben mit 50.000 Mitarbeitern ankündigte.[48] Spätestens nach dem Jahreswechsel dominierten die sich gegenseitig verstärkenden wirtschaftspolitischen Kontroversen und erbitterten Protestaktionen das immer schwerer zu überschauende politische wie medienöffentliche Umfeld der Organisation. Insbesondere die symbolisch hochaufgeladenen Schließungsbeschlüsse für die ostdeutsche Automobilindustrie vom 22. Januar 1991 schockten die Übergangsgesellschaft. Die deutsch-deutschen Kontraste traten deutlich hervor: Während der Osten gegen den forcierten Wirtschaftsumbau und die hierfür verantwortliche Treuhand aufbegehrte, versammelten sich die Demonstranten im Westen gegen den eskalierenden Golf-Konflikt.[49]

Die krisenhaften Folgen der Vereinigung dominierten jetzt rasch die innenpolitische Agenda. Der Tonfall verschärfte sich drastisch. Am 28. Januar agitierte IG-Metall-Chef Franz Steinkühler in Dresden vor über tausend Betriebsräten aus der sächsischen Metallindustrie gegen die »bedingungslose und blindwütige Privatisierung«.[50] Gleichzeitig forderte der FDP-Wirtschaftspolitiker Josef Grünbeck ein ordnungspolitisches »Macht-

46 Zu den Privatisierungsdebatten in der »alten« Bundesrepublik vgl. jüngst: Handschuhmacher, Thomas: »Was soll und kann der Staat noch leisten?«. Eine politische Geschichte der Privatisierung in der Bundesrepublik 1949-1989, Göttingen 2018.

47 Zur Biografie siehe etwa Jürgs: Treuhändler, S. 198ff.; Laabs: Goldrausch: 176ff.

48 »Treuhand macht Betriebe dicht«, in: Frankfurter Rundschau, 29.11.1990.

49 Vgl. Naumann, Klaus: Das nervöse Jahrzehnt. Krieg, Medien und Erinnerung am Beginn der Berliner Republik, in: Mittelweg 36 10 (2001), S. 25-44; Schoen, Harald: Beeinflusst Angst politische Einstellungen? Eine Analyse der öffentlichen Meinung während des Golfkriegs 1991, in: Politische Vierteljahresschrift, 47 (2006), S. 441-464.

50 »Steinkühler: Neue Länder werden soziales Hinterland«, in: Die Welt, 28.1.1991.

wort« des Kanzlers gegenüber der bürokratischen »Pseudobehörde«.[51] Die öffentliche Kontroverse spitzte sich weiter zu, als Vorstand Klaus-Peter Wild Ende Februar vor dem Wirtschaftsausschuss des Bundestages erklärte, dass von den gegenwärtig 3,65 Millionen Arbeitnehmern in den Treuhand-Betrieben über die Hälfte mit ihrer baldigen Entlassung rechnen müsste.[52] Besonders betroffen seien die Chemie-, Automobil- und Werftindustrie sowie die DDR-Fluglinie Interflug,[53] deren Einstellung bereits am 8. Februar verkündet worden war.[54] Wilds düstere Prognose löste in der Öffentlichkeit ein Erdbeben aus. Ein Wirtschaftsredakteur der *Berliner Zeitung* beschrieb die »nackte Existenzangst«, die im Osten allerorten um sich greife, da die westdeutschen »Schönredner und Wanderprediger [...] das Wirtschaftswunder Ost nicht herbeizuführen vermochten«. Deren »Glaube an das Allheilmittel des Marktes« habe sich mittlerweile als pure »Illusion« erwiesen.[55]

Die Öffentlichkeit zerfiel in den kommenden Wochen immer deutlicher in zwei einander befehdende Lager, die die Hauptverantwortung für die aufbrechende Wirtschaftskrise zwar gleichermaßen bei Rohwedders Treuhand verorteten, hierfür jedoch jeweils gegenläufige Begründungszusammenhänge reklamierten: Während einerseits linke Oppositionsvertreter von SPD, Grünen, PDS und Gewerkschaften mit der Treuhand als »radikalkapitalistischem« Unternehmen scharf ins Gericht gingen, deren Privatisierungsprimat attackierten und eine langfristige Sanierungs- und steuernde Strukturpolitik einforderten, drängten überall konservative Protagonisten aus CDU, FDP und Wirtschaftsverbänden vehement auf eine forcierte Privatisierung der Betriebe, forderten einen Rückbau der Bürokratie und erteilten industriepolitischen Sanierungsforderungen eine Absage.[56]

51 »Kanzler soll ein Machtwort sprechen«, in: Frankfurter Rundschau, 27.1.1991.

52 »Treuhand streicht jeden zweiten Arbeitsplatz«, in: Der Morgen, 21.2.1991; »Nur die Hälfte aller Arbeitsplätze im Osten sicher«, in: Tagesspiegel, 21.2.1991; »Treuhand: noch eine Million entlassen«, in: Neues Deutschland, 22.2.1991.

53 Vgl. hierzu auch Breiler, Klaus; Hünefeld, Elke von: Vom Fliegen und Landen. Zur Geschichte der ostdeutschen Luftfahrt, Leipzig 2012.

54 »Die Treuhand ist kein Reparaturbetrieb«, in: Frankfurter Allgemeine Zeitung, 22.2.1991; vgl. hierzu: Seifert, Karl-Dieter: Weg und Absturz der Interflug. Die Geschichte des Unternehmens, Zweibrücken 2008.

55 »Nackte Existenzangst«, in: Berliner Zeitung, 22.2.1991.

56 Exemplarisch für die polarisierte Debattenlandschaft des Frühjahrs: »Viel Feind, viel Ehr – diesem Motto bleibt die Treuhand treu«, in: Die Welt, 14.2.1991; »Diskussion über Rolle der Treuhand«, in: Frankfurter Rundschau, 25.2.1991; »Die Treuhand verkauft auf Teufel komm' raus«, in: Der Morgen, 28.2.1991; »Harsche SPD-Kritik an Treuhandanstalt, in: Neue Zeit, 28.2.1991; »Betriebsräte kritisieren Treuhand«, in: Neues Deutschland, 28.2.1991; »Treuhand unter Druck«, in: Der

Der allseits heftig angegriffene Rohwedder setzte sich zur Wehr. Am 19. Januar wandte sich der Präsident in einem bemerkenswert persönlichen, in der *Welt* veröffentlichten Rechtfertigungsschreiben direkt an seine bundesdeutschen »Unternehmer-Kollegen«. Hierin schilderte er offen seinen dichten Terminplan und beschrieb die intensive, aber kooperative Arbeit bei der Treuhand, um so zu erklären, warum er »unmöglich die ganze Volkswirtschaft bei [sich, M.B.] empfangen« könne. Er habe mitnichten eine »Persönlichkeitsveränderung« durchgemacht, sei nicht zu »einem hochfahrenden, arroganten, unkooperativen und abweisenden Menschen« geworden.[57] Eine gute Woche später, am 28. Januar, beklagte er in einem längeren *Spiegel*-Gespräch die zunehmende Ungeduld in Ost und West sowie in Politik und Wirtschaft. Aller Forderungen zum Trotz verstehe man sich »nicht als der große Reparaturbetrieb der DDR-Wirtschaft«, es existiere vielmehr eine spezifische Aufgabenteilung: »Wir arbeiten betriebswirtschaftlich und unternehmensbezogen, die Politik arbeitet wirtschaftspolitisch und regionalbezogen.« Seinen liberalen Kritikern hielt er entgegen, »dass man nicht allzu lange ordnungspolitischen Träumereien nachhängen sollte, die jeden Monat viel Geld« verschlingen würden.[58]

Als Tadel und Missbilligung auch in den folgenden Wochen nicht abebbten, äußerte sich Rohwedder in einem Radio-Interview vom 17. Februar ausführlich dazu. Zwar habe er sich »in ähnlich schwierigen Verhältnissen im Ruhrgebiet« in den 1980er-Jahren bereits eine dicke »Elefantenhaut« zugelegt. Dennoch trieb den Präsidenten um, dass man sich seine Organisation gegenwärtig als »dunkle, düstere, machtvolle, unzugängliche Burg« oder »große Pokerveranstaltung [...] wie in Hinterstuben im amerikanischen Westen« vorstelle. Vor allem seine Mitarbeiter, die »nicht so dickfellig« seien, litten unter der massiven Kritik und den anhaltenden Protesten. Schließlich zog er provokativ Bilanz:

> »Im Moment wird, ich sage mal das Aufbrechen oder das Sichtbarwerden der Krise ganz eng assoziiert mit der Treuhandanstalt. [...] Wir sind ja nun auch ganz im Fadenkreuz der Kritik von allen, von der Politik in Ost und West, von den Menschen, den Betrieben, den Investoren, den Ausländern. Wir machen es offenbar keinem recht und daraus kann

Morgen, 28.2.1991; »Heide Simonis attackiert die Treuhandanstalt«, in: Die Welt, 15.2.1991; »Bonner Parlament stritt um die Rolle der Treuhand«, in: Berliner Zeitung, 1.3.1991; zur medialen Dynamik vgl. Böick: Säurebad der Einheit.

57 »Ich kann nicht die ganze deutsche Volkswirtschaft bei mir empfangen«, in: Die Welt, 19.1.1991.

58 »Alles muss hoppla-hopp gehen«, in: Der Spiegel, 28.1.1991.

ich nur den Schluss ziehen, dass wir wohl ganz gut und richtig positioniert sind in unserer Arbeit.«[59]

Dem zum Trotz schienen Rohwedder und seine Vorstandskollegen dennoch von den Aggressionen und emotionalen Unmutsbekundungen überrascht, die ihnen bei einer Zusammenkunft mit 600 Betriebsräten am 28. Februar in der Berliner Kongresshalle entgegenschlugen. Fast vier Stunden lang wurde der vollständig anwesende Vorstand mit wütenden Vorwürfen konfrontiert; die Betriebsräte klagten über Betriebsschließungen, Massenentlassungen, reduzierte Sozialpläne und fehlende Mitbestimmungsmöglichkeiten.[60] Man sei gerade, so gab ein überforderter Rohwedder nach dem Treffen zu Protokoll, »mit dem wirklichen Leben konfrontiert« worden, »mit Zorn und Hilflosigkeit«. Er und seine Kollegen sähen sich selbst »hilflos« einem »Tornado an Vorwürfen« ausgeliefert, »die überwiegend berechtigt« seien; vor der Treuhand lägen »verdammt schwere ein bis zwei Jahre«.[61] Dieser »Tornado« fand in der Medienlandschaft breiteste Resonanz, denn kaum eine Tageszeitung verzichtete auf Rohwedders griffige Beschreibungsformel.[62] Diese explosive Stimmung schaukelte sich in den folgenden Tagen noch weiter auf, als Vorstand Klinz die Entlassung von 100.000 der noch verbliebenen 175.000 ostdeutschen Textilarbeiterinnen sowie die Schließung von 25 Betrieben ankündigte.[63]

Neben den politischen Richtungsdebatten[64] rückten nun vor allem betriebliche Widerstandsaktionen und öffentliche Protestdemonstrationen in den Mittelpunkt der Auseinandersetzungen, die im März 1991

59 Interview des Berliner Rundfunk, Frau Koerber, mit dem Präsidenten der Treuhandanstalt, Herrn Dr. Detlev Rohwedder, am 17.2.1991, in: Treuhandanstalt: Dokumentation, Bd. 1, A51–A63.

60 Rede von Herrn Dr. Rohwedder vom 28.2.1991, Kongreßhalle/Alexanderplatz, in: Treuhandanstalt: Dokumentation, Bd. 12, S. 882-893.

61 »Tornado der Kritik über der Treuhand«, in: Der Morgen, 1.3.1991.

62 Exemplarisch hierfür: »Tornado an Kritik«, in: Junge Welt, 1.3.1991; »Betriebsräte konfrontieren Rohwedder mit heftiger Kritik«, in: Handelsblatt, 1.3.1991; »Harsche Kritik an Treuhand«, in: Die Welt, 1.3.1991; »Heftige Kritik an der Treuhand«, in: Tagesspiegel, 1.3.1991; »Ein ›Tornado der Kritik‹ fegt über die Treuhand«, in: Süddeutsche Zeitung, 1.3.1991.

63 »100 000 Textilarbeiter werden entlassen«, in: Der Morgen, 4.3.1991.

64 »Druck auf die Treuhand wächst«, in: Berliner Morgenpost, 5.3.1991; »Der Kragen wird eng«, in: Tribüne, 6.3.1991; »Sanierung geht vor Privatisierung«, in: Neues Deutschland, 6.3.1991; »Verheddert im Detail«, in: Die Welt, 7.3.1991; »Treuhand und Glaube«, in: Die Welt, 13.3.1991; »Autoritäre und rechtswidrige Stasi-Methoden«, in: Der Morgen, 13.3.1991; »Ein Wirtschaftswunder-Märchen«, in: Handelsblatt, 14.3.1991; »Kehrtwende bei Ost-Sanierung«, in: Frankfurter Rundschau, 15.3.1991; »Ausmaß der ostdeutschen Misere schockt Bonn«, in: Frankfurter Rundschau, 15.3.1991.

ihren vorläufigen Höhepunkt erreichten. PDS, Gewerkschaften, ehemalige ostdeutsche Oppositionskreise sowie Betriebsbelegschaften riefen an verschiedenen Orten in Ostdeutschland zu größeren Protestaktionen auf. Am Alexanderplatz gaben sich die Demonstranten bald die Klinke in die Hand: Am 14. März hatte IG-Metall-Chef Steinkühler bei einem Gewerkschaftstreffen die Treuhand als »Schlachthof« gebrandmarkt;[65] einen Tag später waren fast zweitausend Demonstranten einem Aufruf seiner Gewerkschaft zu einer Kundgebung vor die Zentrale gefolgt.[66] Wenige Tage darauf, am 18. März, mobilisierten ehemalige ostdeutsche Oppositionelle aus dem *Neuen Forum* über tausend Menschen zu einer »Montagsdemonstration«.[67] Am 23. März marschierten fünftausend Demonstranten unter den Bannern der PDS zum Alexanderplatz, forderten die »Treuhand in die Produktion« zu schicken und hörten eine leidenschaftliche Rede des Parteivorsitzenden Gregor Gysi.[68]

Auch abseits der Hauptstadt regten sich Protest und Widerstand. In der zweiten Märzwoche legten die 6.800 verbliebenen Beschäftigten des von der Schließung bedrohten Eisenacher Automobilwerkes die Arbeit nieder und warfen der Treuhand »autoritäre und rechtswidrige Stasi-Methoden« vor.[69] Am 18. März protestierten in Chemnitz fast 20.000 Textilarbeiterinnen gegen ihre bevorstehende Entlassung; zwei Tage später besetzten etwa 25.000 Chemiearbeiter ihre Betriebsstätten in Leuna und hüllten das Gelände in eine Lichterkette.[70] Den Kulminationspunkt der März-Proteste bildete schließlich am selben Tag eine Massenkundgebung in Leipzig, zu der IG-Metall, evangelische Kirchen und ehemalige Oppositionelle gemeinsam aufgerufen hatten – über 60.000 Menschen fanden sich auf dem Augustusplatz ein.[71]

Verkörpert wurde die Wirtschaftskrise sinnbildlich durch den Präsidenten, der als »Herrscher des Ostens« in seinem »Imperium« mit »einem Federstrich« ohne Weiteres »Zehntausende in die Arbeitslosigkeit entlassen« könne, wie ein Boulevardblatt am 14. März schrieb.[72] In einem *Spiegel*-Artikel Mitte März 1991, der süffisant das »Selbstbewusstsein des Supersanierers« attackierte, das mit seiner »Machtfülle spürbar gewachsen« sei,

65 »Treuhand versteht sich als Schlachthof«, in: Süddeutsche Zeitung, 15.3.1991.

66 »Keine Heiterkeit im Regen«, in: Tagespiegel, 16.3.1991.

67 »Montags-Demo vor der Treuhand: ›Kohl und sein Politbüro vor Gericht‹«, in: Der Morgen, 19.3.1991.

68 »Der Plattmache nun Widerstand angesagt«, in: Neues Deutschland, 25.3.1991.

69 »Autoritäre und rechtswidrige Stasi-Methoden«, in: Der Morgen, 13.3.1991.

70 Breuel: Treuhand intern, S. 95f.

71 »Tradition der Montagsdemonstrationen lebt wieder auf«, in: Morgenpost, 19.3.1991.

72 »Rohwedder: Der Herrscher des Ostens«, in: Extra-Magazin, 14.3.1991.

figurierte Rohwedder nun als »bestgehasster Mann unter ostdeutschen Werktätigen [und, M.B.] Buhmann von Managern und Investoren«.[73] Illustriert wurde der im apokalyptischen Tonfall gehaltene Artikel mit einer Karikatur, die eine spektakulär explodierende Industrielandschaft zeigte: Vor auseinanderfallenden Trümmern – erkennbar das Heck einer abgestürzten Interflug-Maschine –, dem zusammenbrechenden Pentacon-Büroturm, einem auf Grund gelaufenen Schiff sowie einem umgestürzten Wartburg, stehen zwei kleine Figuren, die das dramatische Geschehen distanziert beobachten. Im Zweireiher gekleidet, die Haare zurückgelegt und die Hände lässig in den Taschen versunken, kommentiert einer der beiden Herren das endzeitliche Industrie-Inferno lakonisch: Immerhin geschehe das alles »mit marktwirtschaftlichem Know-how«.[74]

Dass unterdessen auch die politische Opposition ihren Tonfall verschärfte, verwunderte kaum. Bei einer Betriebsräte-Konferenz in Berlin warnte der sozialdemokratische Ministerpräsident Manfred Stolpe Ende März vor »teilweise finsterste[m] Manchesterkapitalismus«; die 1989 begonnene politische Revolution müsse nun endlich auch »in die Betriebe« getragen werden.[75] Der ebenfalls anwesende IG-Metall-Chef Steinkühler forderte abermals einen radikalen »Kurswechsel vom destruktiven Kahlschlag zu konstruktiver Sanierung«.[76] Mit Werner Schulz und Wolfgang Ullmann meldeten sich am 27. März zwei mit der Treuhand seit ihren Ursprüngen vertraute ostdeutsche Grünen-Politiker mittels einer eigenen Pressekonferenz zu Wort, bei der sie eine grundlegende Änderung des Treuhandgesetzes vorschlugen: Der Erhalt von Arbeitsplätzen durch Sanierungsmaßnahmen sollte das vordringlichste Ziel der Treuhand sein, die enger durch Bundestag und Bundeswirtschaftsministerium zu kontrollierten sei und mit den Landesregierungen für eine umfassende »Struktur- und Regionalpolitik« in Ostdeutschland kooperieren sollte.[77]

Die sich gegenseitig verschärfenden wirtschaftspolitischen Debatten und öffentlichen Proteste setzten die Bundesregierung zunehmend unter Zugzwang. In der letzten Februarwoche hatte Jürgen Möllemann, seit 18. Januar für die FDP Nachfolger Helmut Haussmanns als Bundeswirtschaftsminister, öffentlich einen Wechsel der Treuhand in seine Zuständigkeit gefordert. Diese gehöre als »Instrument der Wirt-

73 »Am Geld wird nichts scheitern«, in: Der Spiegel, 15.3.1991.
74 Ebd.
75 »Stolpe beklagt ›finstersten Manchesterkapitalismus‹ im Osten«, in: Tagesspiegel, 28.3.1991; »Revolution in die Betriebe«, in: Die Welt, 28.3.1991.
76 »Von Sonntagsreden die Nase voll«, in: Die Welt, 28.3.1991.
77 »Neuregelung des Treuhand-Gesetzes gefordert«, in: Frankfurter Allgemeine Zeitung, 28.3.1991; »Treuhandanstalt sollte vorrangig sanieren«, in: Neue Zeit, 28.3.1991.

schaftspolitik« nicht unter die fiskalisch orientierte Aufsicht des Bundesfinanzministeriums.[78]

Mitte März 1991 stellten die CDU-Fraktionschefs der neuen Länder verbittert fest, dass die Treuhand einen »hundsmiserablen Ruf« habe, und im Ansehen mittlerweile »gleich nach der Stasi« rangiere: »Sechs von zehn Beschwerden«, so erklärte ein Parlamentarier, zielten gegenwärtig auf die Organisation ab – diese solle daher nun endlich zu einer aktiven Sanierungspolitik übergehen.[79] Sachsens Ministerpräsident Kurt Biedenkopf erklärte in einem Interview vom 18. März den erbittert geführten Richtungsstreit zwischen Privatisierung und Sanierung zu einer »Scheinalternative«; man müsse sich vielmehr zwischen »privatisieren oder subventionieren« entscheiden. Biedenkopf, der noch wenige Monate zuvor eine Auflösung der Organisation gefordert hatte, schlug damit konziliantere Töne an. Es müsse nun darum gehen, die Treuhand-Aktivitäten mit der »politischen Verantwortung« von Bund und Ländern enger zu »verknüpfen«.[80]

Damit vollzog und unterstützte der sächsische Ministerpräsident, seit Dezember 1990 ja selbst dem Verwaltungsrat angehörig, öffentlich einen politischen Kurswechsel, den die Bundesregierung einen guten Monat zuvor eingeleitet hatte. Am 12. Februar hatte Bundeskanzler Kohl nach Gesprächen mit Wirtschafts- und Gewerkschaftsvertretern eine »große gemeinsame Aktion« zur Sicherung von Arbeitsplätzen in Ostdeutschland angekündigt.[81] In einem bereits zeitgenössisch häufig zitierten Vermerk an Bundesfinanzminister Waigel vom 5. März analysierte der für die Treuhand zuständige Ministerialdirektor John von Freyend die dramatische Lage im »Beitrittsgebiet«:

> »Gegenwärtig zeichnet sich die Gefahr ab, dass bei einem rein betriebswirtschaftlichen Vorgehen der Treuhandanstalt lediglich rund zwanzig Prozent der industriellen Arbeitsplätze im Beitrittsgebiet – das wären 700.000 von ehemals 3,4 Millionen Arbeitsplätzen in der Industrie – überleben. Eine weitgehende Deindustrialisierung des Beitrittsgebiets wäre in sozialer, ökonomischer und politischer Hinsicht nicht akzeptabel.«[82]

78 »Diskussion über Rolle der Treuhand«, in: Frankfurter Rundschau, 25.2.1991; »Möllemann will Zuständigkeit für Treuhandanstalt«, Welt, 25.2.1991.

79 »Treuhand hat hundsmiserablen Ruf«, in: Berliner Zeitung, 19.3.1991.

80 »Wer in Sachsen investiert, wird später dafür belohnt werden«, in: Die Welt, 18.3.1991.

81 »Kohl plädiert für ›gemeinsame Aktion zur Schaffung neuer Arbeitsplätze‹«, in: Handelsblatt, 13.2.1991.

82 Zit. nach Kemmler: Entstehung, S. 324; sowie u.a. auch bei Laabs: Goldrausch, S. 193.

Daher, so folgerte man im Umkreis von John von Freyend, müsse nun die »unternehmerische Verantwortung für die (noch) nicht privatisierungsfähigen Unternehmen, also die Sanierungsaufgabe« in den Vordergrund treten.[83] Eine ähnlich düstere Stimmung prägte eine große »Kanzlerrunde« am 14. März in Bonn, bei der Rohwedder und Verwaltungschef Odewald hochrangigen Wirtschaftsvertretern, Gewerkschaftlern, Ministern, Staatssekretären und Ministerpräsidenten über die Lage in der ostdeutschen Industrie berichteten. »Sehr hässliche Entscheidungen«, so führte der Präsident aus, könne man »nicht mehr lange hinausschieben«; zahlreichen noch defizitären Unternehmen und ganzen Branchen drohe ein baldiges Ende. Die Atmosphäre der »Kanzlerrunde« beschrieb der *Spiegel* mit sarkastischer Verwunderung: »Die plötzliche Panik der Kanzlerrunde ist rational nicht zu erklären. Kein Fakt, keine Prognose war neu.«[84]

Im politischen Bonn standen die Zeichen im März 1991 nun auf Deeskalation: Am 1. März gelang es der IG Metall, einen umkämpften Tarifvertrag für die ostdeutsche Metallindustrie abzuschließen, der eine rasche Anhebung der Löhne auf westdeutsches Niveau vorsah, aber die angeschlagenen Betriebe finanziell weiter unter Druck setzen sollte.[85] Treuhand und die Nürnberger Bundesanstalt für Arbeit vereinbarten am 6. März 1991 ein »Frühwarnsystem«, in dessen Rahmen sich beide Institutionen zeitig über geplante Massenentlassungen auszutauschen gedachten.[86] Auch in Bonn reiften verschiedene Initiativen zu konkreten Beschlüssen heran: Am 8. März verabschiedete das Bundeskabinett das »Gemeinschaftswerk Aufschwung Ost«, ein zunächst auf zwei Jahre befristetes und mit 22 Milliarden DM ausgestattetes Infrastruktur-, Investitions- und Arbeitsmarktprogramm für die neuen Bundesländer.[87]

Zentrales Ergebnis dieser politischen Konsultationen waren die am 14. März beschlossenen »Grundsätze zur Zusammenarbeit von Bund, neuen Ländern und Treuhandanstalt für den Aufschwung Ost«: Der »Systemumbruch« erfordere »ungewöhnliche Maßnahmen in einem konzertierten Zusammenwirken«, wobei »schnelles unideologisches Handeln« notwendig sei.[88] Die Privatisierung wurde als »ordnungspolitische[s] Ziel« der Treuhand zwar bestätigt, dennoch solle sie künftig ihre »unternehmerische Verantwortung« für die nicht sofort verkäuflichen Betriebe stärker

83 Kemmler: Entstehung, S. 324.
84 »Spirale in den Bankrott«, in: Der Spiegel, 11.2.1991.
85 Vgl. dazu exemplarisch Seibel: Verwaltete Illusionen, S. 160.
86 Vgl. Jürgs: Treuhändler, S. 420.
87 Vgl. hierzu die umfassenden Erinnerungen bei Ludewig: Unternehmen Wiedervereinigung.
88 Grundsätze zur Zusammenarbeit von Bund, neuen Ländern und Treuhandanstalt für den Aufschwung Ost, in: Treuhandanstalt: Dokumentation, Bd. 2, S. 386.

wahrnehmen, etwa mittels personeller Umbesetzungen durch »erfahrene Manager«, der Verbesserung des Produktabsatzes oder den Aufbau »neuer weltmarktgerechter Produktlinien«.[89] Daneben sollten sich Landesregierungen und Treuhand bei Betriebsschließungen »von herausragender arbeitsmarktpolitischer Bedeutung« im Vorfeld stärker austauschen.[90] Als neues Gremium sollten hierfür in den Ländern »Treuhand-Wirtschaftskabinette« zur »Abstimmung und Verzahnung« eingerichtet werden, in denen Landesminister und hochrangige Treuhand-Vertreter das Schicksal regional bedeutsamer Betriebe vorab beraten sollten.[91]

Aus Sicht der Treuhand-Spitze waren die im März mit der Politik geschlossenen Kooperations- und Konsultationsvereinbarungen »nichts grundsätzlich Neues, da sie seit jeher um eine intensive und konstruktive Zusammenarbeit« mit den Regierungen der Länder und des Bundes bemüht gewesen sei, wie die zuständige Birgit Breuel in einem internen Rundschreiben vom 25. März an die Vorstandsmitglieder und Direktoren erklärte.[92] Um den Privatisierungsauftrag trotz der öffentlichen Proteste zügig umsetzen zu können, sei ein »Klima der Verständigung und des Vertrauens« mit der Politik unbedingt notwendig; eine generelle Kurskorrektur hin zu einer Sanierungspolitik finde allerdings, wie Breuel explizit betonte, »entgegen manchen Darstellungen in den Medien« nicht statt.[93]

Auch in puncto ihrer rechtlichen Rahmenbedingungen hatte die Organisation durch hartnäckige, bereits im November 1990 durch das im Ausbau befindliche Rechtsdirektorat unternommene Interventionen in den Bonner Fachministerien die Ausarbeitung diverser Gesetze erreicht. Das »Gesetz zur Beseitigung von Hemmnissen bei der Privatisierung von Unternehmen und zur Förderungen von Investitionen« (PrHBG) vom 22. März 1991 sollte vor allem eigentumsrechtliche Konflikte zwischen Alteigentümern und Treuhand zugunsten einer beschleunigten Privatisierung auflösen. Dieses Gesetz versetzte die Manager in die Lage, auch bei vorliegenden Rückerstattungsansprüchen von in der NS-Zeit oder während der DDR enteigneten Alteigentümern eine Rückgabe zu vermeiden, und das Unternehmen an einen dritten Investor zu veräußern, sofern dieser ein als überlegen erachtetes Unternehmenskonzept vorweisen konnte. Das »Gesetz über die Spaltung der von der Treuhandanstalt verwalteten Unternehmen« (SpTrUG) vom 5. April sollte den Managern zudem in der

89 Ebd.

90 Ebd., S. 386f.

91 Ebd., S. 388.

92 Birgit Breuel: An die Mitglieder des Vorstandes, die Direktoren und Sonderbeauftragten, die Niederlassungsleiter, 25.3.1991, in: Treuhandanstalt: Dokumentation, Bd. 2, S. 369f.

93 Ebd., S. 370.

Praxis eine zügige und beschleunigte Zerschlagung der meist sehr großen Kombinatsstrukturen erleichtern.[94]

Offen blieb dagegen, ob diese legislativen Maßnahmen und politischen Schulterschlüsse die immens aufgeheizte Stimmung in den neuen Ländern beruhigen würden. Am 30. März war in der *FAZ* abermals ein Rohwedder-Interview erschienen, in dem sich der Präsident konziliant zeigte, jedoch keine grundsätzlichen Positionen aufgab. Er räumte ein, dass ihm die öffentlichen Attacken unter die Haut gingen, da er sich ja »aus einem gewissen patriotischen Eros heraus« für den Wirtschaftsumbau im Osten engagiere. Er habe allerdings in den letzten Wochen erkannt, »dass der Prozess der Transformation von der Plan- zur Marktwirtschaft den Menschen vermittelbar bleiben« müsse. Er wollte sich zwar einerseits nicht allzu weit »von der ordnungspolitischen Generallinie entfernen« und etwa dem industriepolitischen Modell Frankreichs folgen; auch weiterhin sollten nur die ökonomischen Kenndaten eines Betriebs über dessen Zukunft entscheiden und nicht etwa seine (struktur-)politische Bedeutung für eine Region oder Stadt. Auf der anderen Seite unterstrich Rohwedder, dass eine »reinrassige, gedanklich saubere und schnörkellose Marktwirtschaft« unter den gegebenen Bedingungen in Ostdeutschland undenkbar sei.[95]

Doch die öffentlichen Proteste in den neuen Ländern und wirtschaftspolitischen Debatten waren durch politische Kooperationserklärungen nicht zu beenden. Hierfür bedurfte es letztlich eines doppelten »Fanals«: Am 30. März 1991, dem Karfreitag, zündete eine Gruppe namens »Thomas Müntzers Wilder Haufen« vier Brandbomben in der Niederlassung in Ostberlin, die beträchtlichen Sachschaden verursachten. Ihren »feurigen Besuch« deklarierten die Attentäter in einem Bekennerbrief als Widerstandsaktion gegen den »westlichen Imperialismus«.[96]

Zwei Tage darauf, am 1. April, wurde Präsident Detlev Rohwedder in seiner Düsseldorfer Villa durch Gewehrschüsse tödlich verwundet, seine herbeieilende Frau schwer verletzt. Ein wenig später aufgetauchtes Bekennerschreiben des RAF-Kommandos »Ulrich Wessel« nannte den Ermordeten einen »Schreibtischtäter, der tagtäglich über Leichen gehe« und verkehrte seine biografischen Stationen in eine antikapitalistische Rechtfertigung für seine Ermordung: Als »Wirtschafts-Staatssekretär«

94 Vgl. Westermann, Harm Peter: Der rechtliche Rahmen und seine Veränderung, in: Fischer/Hax/Schneider (Hg.): Das Unmögliche, S. 85-110.

95 »Eine reinrassige Marktwirtschaft ist im Osten nicht denkbar«, in: Frankfurter Allgemeine Zeitung, 30.3.1991.

96 »›Wilder Haufen‹ machte Feuer«, in: Frankfurter Rundschau, 30.3.1991; »Brandanschlag auf Büro der Treuhandanstalt in Berlin«, in: Tagesspiegel, 31.3.1991; »Im Namen Thomas Müntzers auf die Falsche Spur«, in: Neue Zeit, 3.4.1991; »›Wilder Haufen‹ zündete Bomben in der Treuhand«, in: Morgenpost, 31.3.1991.

habe Rohwedder dem »BRD-Kapital« die Rahmenbedingungen für weltweite »Profite« organisiert und »Waffenexporte an faschistische Regimes« mitgetragen; als Hoesch-Chef habe er sich in Dortmund als »brutaler Sanierer« betätigt und »2/3 aller Arbeiterinnen rausgeschmissen«. Die »Krönung von Rohwedders Karriere« sei jedoch sein Amt als »Bonner Statthalter in Ostberlin« gewesen, das er seit der »Annexion« der »Ex-DDR« in der »faktisch[en] Kolonie der Bundesrepublik« ausgeübt habe, um dort deren »Großmachtpläne« voranzutreiben. Hier sei er führend an der systematischen Zerstörung der wirtschaftlichen und »sozialen Strukturen vom Gesundheitssektor bis zu den Kinderkrippen« beteiligt gewesen, »damit danach das Kapital auf freiem Feld mit entwurzelten Menschen den Neuaufbau nach seinen Maßstäben organisieren« könne. Mit seiner »Brutalität und Arroganz« sei er hierfür »auch der Richtige« gewesen.[97]

Obgleich der nächtliche Mordanschlag eine tiefe Zäsur markierte, mehrten sich im politischen Bonn deutliche Zeichen der Entspannung. Vor allem die Bundesregierung setzte nun alles daran, Treuhand, Gewerkschaften und neue Länder durch verschiedene Abkommen vermehrt zur Kooperation zu bewegen und weitere Eskalationen zu vermeiden.

4.2 Praxis: »Die Privatisierung hatte Narrenfreiheit«

Während Öffentlichkeit und Politik häufig lautstark Position bezogen, bleibt zunächst offen, wie diese äußerst bewegte Aufbauphase aus der Binnenperspektive gedeutet wurde. Bemerkenswerterweise waren es gerade nicht die heftigen Attacken und Diskussion, die zahlreiche Mitarbeiter 1992/93 in den Mittelpunkt ihrer Erzählungen rückten. Hier erschien insbesondere Rohwedders kurze Amtszeit zwischen August 1990 und März 1991 als die »Goldene Zeit«,[98] als eine Phase ohne strikte Regeln, zentrale Vorgaben und bürokratische Kontrollen »von oben« mit abenteuerlichen Arbeitsbedingungen, die sich fundamental von den geordneten, hierarchisierten und kontrollierten Routinen in westdeutschen Unternehmen oder Behörden abhoben. In diesen Berichten erschien die Treuhand durch eine informelle, direkte Kommunikation gekennzeichnet. Ein Mangel an Bürokratie und Schriftlichkeit korrespondierte in den spartanisch möblierten Großraumbüros am Alexanderplatz mit einer Alltagspraxis, die teils extensive Handlungsspielräume eröffnete. Der junge Betriebswirt Simon

97 Der vollständige Wortlaut des Bekennerschreibens findet sich abgedruckt bei: Kemmler: Entstehung, S. 337 sowie bei Christ/Neubauer: Kolonie, S. 114ff.; insg. hierzu exemplarisch Kraushaar, Wolfgang: Die RAF und der linke Terrorismus, 2 Bde., Hamburg 2006; Winkler, Willi: Die Geschichte der RAF, Reinbek 2008; Stuberger, Ulf G.: Die Akte RAF. Taten und Motive, Täter und Opfer, München 2008.

98 R43-Interview mit Dr. Steffen Gerhard*/Kai Rumeck*, 29.1.1993.

Cunau* hatte gerade sein Betriebswirtschaftsstudium und seine Promotion abgeschlossen, als er mit dreißig Jahren in die Dienste der Treuhand trat. Der spätere Abteilungsleiter geriet rückblickend ins Schwärmen:

> »Begeisternd war natürlich die Arbeitsatmosphäre am Alexanderplatz, das werden Sie auch von allen anderen kennen. Da habe ich das erste halbe, dreiviertel Jahr verbracht, unter also sehr lebendigen Bedingungen, gleich in einem Großraumbüro mit Ost und West.«[99]

Cunau stellte sogleich einen Vergleich an, dessen anklingende Nostalgie sich für viele Interviews aus den Jahren 1992/93 als typisch erweisen sollte:

> »[V]om Atmosphärischen, ist es natürlich jetzt so, wie ein normales Unternehmen funktioniert. Und ich denke, dieser Punkt, dass wir sagen, es ist alles nicht mehr so wie früher, da muss man auch ein bisschen aufpassen. Jetzt ist es so, wie es normal ist, damals war es anormal.«[100]

Zahlreiche der interviewten Mitarbeiter setzten sich überaus kritisch von der als einengend und »überbürokratisiert« empfundenen Gegenwart ab. Der idealisierende, oft schwärmerische Rückblick auf die »exzeptionellen Bedingungen« von 1990/91 erfolgte häufig rückgebunden an die geordneten und hierarchisierten Realitäten einer »verstetigte[n] und gewachsene[n] Organisation« 1992/93, wie der Jurist Boris Märtens* formulierte, der als Rechtsdirektor im November 1990 aus dem Bundesjustizministerium zur Treuhand nach Berlin gewechselt war.[101]

Der studierte Naturwissenschaftler Boris Hernholt* hatte seit Anfang der 1970er-Jahre als selbstständiger Unternehmer gearbeitet und war von einem befreundeten Vorstand als Direktor geholt worden. Fast schwärmerisch beschrieb er die Arbeitspraxis der Frühzeit:

> »Für mich waren das auch die Lehrjahre hier in der Treuhandanstalt, ich meine, die Randbedingungen, unter denen wir gearbeitet haben, die hören Sie von jedem, die brauche ich Ihnen ja nicht mehr zu erzählen. Nicht, wir saßen dann in so einem Raum wie diesem hier mit 8 Leuten in der Spitze, und wir bestellten die Leute, die kaufen wollten, auch abends um 11 Uhr hierher, und die kamen auch, und um 2 Uhr erschien dann Herr Rohwedder, das spielte sich da oben ab, dann da in dem Besprechungsraum, sagte, nun ist aber Schluss, oder sowas Ähnliches.«[102]

99 R30-Interview mit Simon Cunau, 21.12.1992.
100 Ebd.
101 R18-Interview mit Dr. Boris Märtens, 10.9.1992.
102 R15-Interview mit Dr. Boris Hernholt, 1.9.1992.

Das Stimmungsgefüge, das dem Privatisierungsauftrag sogar noch in der Erinnerung anhaftete, wird in Hernholts Schilderung plastisch greifbar:

> »[W]enn Sie mal wirklich alleine sein wollten, gingen Sie auf die Toilette, so ungefähr, also nicht, es war ja irrsinnig, was hier sich abgespielt hat. Und es war ein unglaubliches Engagement, eine wahnsinnige Begeisterung. Die Privatisierung hatte Narrenfreiheit, es war eine nationale Aufgabe, man konnte hier schalten und walten, wie man wollte. Also ich sage, im guten Sinne, Narrenfreiheit, also das oberste Ziel war, alle waren aufgerufen, möglichst bald hier eine Wirtschaft in Gang zu bringen, es gab hier keine detaillierten bürokratischen Verordnungen, natürlich.«[103]

Hernholt umschrieb eine exotische Melange aus orientalischem Abenteuer und Kriegseinsatz fernab von Alltag, Beruf, Familie und Heimat:

> »[...] [K]einer wusste, was los war, wie sollte man das überhaupt richtig schätzen, es war, sagen wir mal, es war damals wirklich, in mancher Hinsicht war es wie ein ägyptischer Basar, nicht wahr, [...] eben ein Riesenerlebnis, dieses, sagen wir mal, diesen unglaublichen Aufbruch, diese Begeisterung von allen Leuten hier mitzuerleben. Also grenzenloser Arbeitseinsatz natürlich, nicht, es war überhaupt kein Thema, dass man bis elf, zwölf Uhr hier rumhing, das war also, das hat Spaß gemacht. Die Familien waren weit weg, alles waren Fremdenlegionäre, nicht wahr.«[104]

Ausführliche Beschreibungen dieser »unvorstellbaren Situation«[105] in den abenteuerlichen Früh- und Gründungszeiten zogen sich wie ein roter Faden durch viele Gespräche der Jahre 1992/93. Noch als Investorenvertreter machte Josef Arnstein* im September 1990 Bekanntschaft mit der Treuhand, bei der er im Folgemonat schließlich selbst anheuern sollte. Seine mehr als drei Tage andauernde Suche nach einem Ansprechpartner beschrieb der spätere Abteilungsleiter ausführlich und fing den vorgefundenen Ausnahmezustand wie folgt ein:

> »Die Stimmung war so, wie auf einem Flughafen, -- wenn zwei Tage lang die Flüge ausgefallen sind, und jeder damit rechnet, in der nächsten Stunde geht es wieder los. Sie können sich das gar nicht vorstellen. Auf jeden Fall, nach diesem traurigen Ergebnis habe ich gesagt, also die Treuhand wird das nie packen, die vergessen wir mal.«[106]

103 Ebd.
104 Ebd.
105 R11-Interview mit Dr. Daniel Kaltenburg*, 31.7.1992.
106 Ebd.

Arnsteins Skepsis bezog sich auf die Unordnung, die zahlreiche westliche Kaufinteressenten im Sommer und Herbst 1990 bei der Organisation persönlich erlebten – und zunehmend lautstark in der Öffentlichkeit beklagten. Die Mitarbeiter seien im Herbst 1990 von diesem Andrang der bundesdeutschen »Kundschaft«, mit der sie sich mangels Zeit kaum »richtig beschäftigen« konnten, überfordert worden, wie der ostdeutsche Schwermaschinenbau-Fachmann Peter Domann berichtete.[107]

Durch die Kampagne Dieter Rickerts aufmerksam geworden, hatte sich Wilhelm Humbeck im August 1990 der Organisation angeschlossen. Der zuvor in der EDV-Branche als Personalmanager tätige Betriebswirt war im Juli 1992 einer der ersten Gesprächspartner des Interviewers Dietmar Rost gewesen und hatte dem Ethnologen ein Fiasko beschert, indem er das ihm eigentlich nur zu kleineren Korrekturen vorgelegte Wortprotokoll »vollständig umformuliert« hatte.[108] Auf diese Weise war jedoch ein neuer Text entstanden, der eine eigentümliche Mischform aus mündlichem Interview und nachträglich komponiertem, schriftlichen Rückblick darstellte. Der Gründergeneration widmete Humbeck ein heroisches (Selbst-)Portrait:

> »Das Hauptproblem der Männer der ersten Stunde war nicht so sehr die intellektuelle Durchdringung der anstehenden Probleme und deren Bewältigung durch geeignete Maßnahmen, sondern das Fertigwerden mit dem Phänomen Masse. Wer das nicht selbst am eigenen Leibe verspürt hat, kann nicht beurteilen, welcher Kraft und welchen Beharrungs- und Stehvermögens es bedarf, nicht zu kapitulieren vor einer scheinbar nicht zu bewältigenden Anzahl von Vorgängen, die alle einer dringenden Entscheidung bedürfen.«[109]

Diese Manager der Frühzeit hätten daher ganz besondere Eigenschaften mitgebracht, um die außergewöhnlichen Aufgaben meistern zu können:

> »Urteilskraft, Entscheidungsfreude, Risikobereitschaft und Durchsetzungsvermögen waren in dieser Situation die unverzichtbaren Eigenschaften eines jeden Mitarbeiters. Nie vorher in meiner langjährigen industriellen Praxis war mein Gestaltungs- und Entscheidungsspielraum so groß.«[110]

Rohwedder erschien in der Rückschau des Personalmanagers als mythische Gründerfigur, der in der »Stunde Null« jener »Kopf« gewesen war, »der selbst Richtung hatte, anderen die Richtung zu weisen«:

107 R42-Interview mit Peter Domann, 28.1.1993.
108 R3-Interview mit Wilhelm Humbeck, 24.7.1992.
109 Ebd.
110 Ebd.

> »Dr. Rohwedder durfte also keine Zeit verlieren. Die Handlungsmaxime lautete: Lieber grob und schnell als filigran und langsam. Da wir Neuland betraten, feierte das Prinzip ›Learning by doing‹ fröhliche Urständ. Lernfähigkeit und Lernwilligkeit waren somit implizit wichtige Anforderungen an die aufzubauende Führungsmannschaft ebenso wie die Fähigkeit, unorthodoxe Maßnahmen zu ergreifen.«[111]

Die »Dramatik des Geschehens« umriss Humbeck anhand seines eigenen Arbeitseinsatzes als regelrechte Überlebenskunst:

> »Ab dann begann eine sehr schwierige, aber auch faszinierende Zeit für mich. Der 16-Stunden-Tag wurde zur Regel, die Wochenendarbeit ebenso. Aber das ist nur ein quantitativer Aspekt, der [...] die außergewöhnliche Krisensituation nicht annähernd widerspiegeln kann. Es brannten immer mindestens zehn Feuer gleichzeitig, die ich nicht alle auf einmal löschen konnte. Die Kunst des Überlebens bestand darin, herauszufinden, welches der gleichzeitig bestehenden akuten Managementprobleme zuerst angegangen und gelöst werden musste, um größeren Flurschaden zu vermeiden.«[112]

Derlei heroisierende Selbstbeschreibungen blieben jedoch nicht allein auf die ab Herbst 1990 vermehrt bei der Treuhand eintreffenden Mitarbeiter aus der alten Bundesrepublik beschränkt. Auch das ostdeutsche Personal beschrieb die Zusammenarbeit zwischen Ost und West mit Begeisterung. Der Ökonom Jörg Galuba etwa erinnerte sich mit hoher Wertschätzung:

> »Die Truppe, die Rohwedder mitgebracht hat, das waren Menschen, die ohne Ansehen der Person (belustigt), will ich mal sagen, ohne große Imagepflege, dann die Dinge angepackt haben, völlig unbürokratisch gewirkt haben hier, Tag und Nacht, und immer bereit waren, Hilfestellung zu geben und selbst lernend waren, Rohwedder hat ja diesen Gedanken des öfteren auch gesagt. Sehr treffend eigentlich fand ich seine Bemerkung, dass wir [...] auf einem Zug [arbeiten], wo die Waggons erst gebaut werden, ja. Aber so war es tatsächlich. Eine sehr schöpferische Atmosphäre.«[113]

Auch andere ostdeutsche Mitarbeiter erinnerten sich mit betontem Wohlwollen an die »wertvollen Persönlichkeiten« aus der Bundesrepublik, die ihre Tätigkeit am Alexanderplatz aufnahmen.[114]

111 Ebd.
112 Ebd.
113 R17-Interview mit Prof. Dr. Jörg Galuba, 8.9.1992.
114 R16-Interview mit Karl Korn*, 4.9.1992.

Seit September 1990 wandelten sich die Arbeitsschwerpunkte auch im Blick der Mitarbeiter spürbar. Nicht mehr die kurzfristige Sicherung der Liquidität stand im Vordergrund, sondern eine detaillierte Erfassung der betreuten Betriebe sowie die Prüfung und Bewertung der eingehenden Unternehmenskonzepte. Der Vorstand forcierte diese systematische Datenerhebung mit Nachdruck. Am 15. Oktober wurde eine treuhand-eigene EDV-Abteilung gegründet.[115] Am 22. Oktober forderte ein Rundschreiben die Unternehmensleitungen auf, schnellstmöglich belastbare Kenndaten zu übermitteln.[116] Dass auch der Aufbau eines funktionierenden zentralen Berichts- und Dokumentationswesens zunächst nur schleppend anlief, verdeutlichten wiederholte Mahnschreiben aus dem Januar 1991.[117]

Herzstück dieser Versuche, das vorgefundene Informationschaos in der ostdeutschen Betriebslandschaft mithilfe neuester Digital- und Informationstechnik zu durchdringen, wurde das »Informationssystem Unternehmensdatenbank« (ISUD), das sich zu einem zentralen Werkzeug in der Alltagspraxis der Treuhand entwickeln sollte. Die ISUD wies jedem der Betriebe eine einheitliche und eindeutige Nummer zu und begann, alle Kerndaten zentral zu sammeln. Sie wurde damit zur entscheidenden Chiffre einer zielgerichteten Organisation und technologischen Bändigung des im Osten vorgefundenen informationellen »Chaos« des Jahres 1990.[118]

Dabei strebte die Treuhand-Spitze mehr an als nur die bloße Standardisierung und Aktualisierung ihres Daten- und Informationsbestands. Zentraler Baustein und Voraussetzung des Unternehmensverkaufs sollte nach wie vor eine intensive Prüfung und betriebswirtschaftliche Evaluation der Zukunftsaussichten im Einzelfall sein. Mit dem im Juli an die Unternehmensführungen verschickten »Leitfaden« und dem im September eingerichteten »Leitungsausschuss« waren bereits wesentliche Fundamente für eine serielle Bewertung der Betriebe gelegt. Das mit externen Experten bestückte Sondergremium evaluierte im Herbst 1990 die aus den Unternehmen allmählich rücklaufenden Unterlagen, die von der Treuhand bald nur noch als »Unternehmenskonzepte« tituliert wurden, um so den mittlerweile politisch stark umkämpften Sanierungsbegriff zu vermeiden. Im November versuchte der Vorstand diesen Prüfungsprozess durch eine eigene »Richtlinie zur Erstellung und Behandlung von Unternehmens-

115 Birgit Breuel: Treuhand intern, S. 131.

116 Vorstand d. Treuhandanstalt: Erhebung Unternehmensdaten, Berlin, 22.10.1990, in: Treuhandanstalt: Dokumentation, Bd. 2, S. 545.

117 Quartalsberichte der Unternehmen, Berlin, 2.1.1991, in: Treuhandanstalt: Dokumentation, Bd. 2, S. 563f.

118 Vgl. Hinweise zur Benutzung: Unternehmensdatenbank ISUD, in: Treuhandanstalt: Dokumentation, Bd. 4, S. 201f.

konzepten« weiter zu optimieren.[119] Doch sowohl die Resonanz aus den Betrieben als auch die Qualität der eingehenden Konzepte erwiesen sich noch immer als unzureichend. Am 26. November wandte sich Rohwedder mit einem eindringlichen Brief an alle Unternehmensleitungen. Er monierte, dass die eingereichten Materialien nur »selten zu befriedigen« wüssten, weil »der im Treuhandgesetz verankerte Vorrang der Privatisierung in diesen Konzepten in den meisten Fällen« fehle, jedoch unbedingt erwartet werde: »Jedes Unternehmen soll einen unternehmerisch aktiven Eigentümer finden, ausnahmslos und ohne schuldhaftes Zögern.«[120] »Sanierungsmaßnahmen« seien »so kurz wie möglich zu halten« und möglichst eigenständig zu finanzieren, denn seine Organisation sei »nur ein Treuhänder für eine Übergangszeit, die möglichst kurz bemessen sein« müsse.[121]

Neben dem Aufbau der ISUD und der systematischen Prüfung der eingehenden Unternehmenskonzepte rückte insbesondere die operative Einleitung und Ausgestaltung der Privatisierungspraxis in den Fokus. Dies bedeutete im Herbst 1990 vor allem eine möglichst zügige Reaktion auf die von westdeutschen Investoren gestellten Anfragen und vorgelegten Angebote. Der für diese Aufgabe im August in den Vorstand geholte Daimler-Benz-Manager Karl Schirner wollte den Unternehmensverkauf zunächst durch die kurzfristige Einrichtung von »Privatisierungsteams« forcieren, in denen ostdeutsche Mitarbeiter mit Branchenkenntnissen, westdeutsche »Leihmanager« und externe Berater fallbezogen schnelle Verkaufserfolge erzielen sollten.[122] Einem solchen »Team« gehörte als ostdeutscher Branchenexperte auch der Referent Peter Domann an, der ausführlich über Etablierung und Arbeitsweise derartiger Gruppen berichtete:

> »Und in zunehmendem Maße entwickelten wir uns dann zu Teams […]. In den Teams […], war ich dann untergebracht in einem Team, das von einem Herrn Schwarz geleitet wurde. Der war ein erfahrener Verkäufer, hat jahrelang Akquisition betrieben bei Daimler-Benz. Da war eine Rechtsanwältin auch von Daimler drinnen, und ich war halt der Ostmitarbeiter, der die Munition lieferte, indem er das Unternehmen vorstellte, über Größe, Umsätze, Entwicklung, Produkte gesprochen hat.«[123]

119 Richtlinie zur Erstellung und Behandlung von Unternehmenskonzepten, in: Treuhandanstalt: Dokumentation, Bd. 2, S. 317-327.

120 Brief von Detlev Rohwedder an die Betriebsleitungen zur Erarbeitung von Unternehmenskonzepten [Anhang 18], in: Kemmler: Entstehung, S. 421f.

121 Ebd., S. 421.

122 Ebd., S. 254.

123 R42-Interview mit Peter Domann, 28.1.1993.

Langsam sei auf diese Weise »Ordnung« in den Alltag gekommen, obgleich natürlich noch »sehr viel im Argen« gelegen und man in der Praxis vieles getan habe, wofür »man sicherlich heute Prügel« bekäme.[124]

Auch die seit Oktober 1990 im Umbau befindlichen Niederlassungen wurden mit solchen »Privatisierungsteams« – bestehend aus externen Unternehmensberatern, Juristen und Wirtschaftsprüfern – bestückt, um diesen einen »zusätzlichen professionellen Privatisierungspush« zu geben.[125] Derartige Teams prägten im Herbst 1990 das noch reaktive, rein nachfrageorientierte Privatisierungsgeschäft, bis sie infolge der personellen Expansion sowie der Reorganisation um die Jahreswende 1990/91 durch den systematischen Aufbau der Branchendirektorate abgelöst oder überformt wurden. Sie stellten in der Praxis damit eine Art Scharnier zwischen den unkoordiniert-hektischen Einzelverkaufsverhandlungen der Gohlke-Zeit und den seriell nach Branchen und Betriebsgrößen gegliederten Massenprivatisierungsverfahren dar, die ab 1991 zunehmend das Alltagsgeschäft bestimmen würden.

Wie nahmen sich die quantitativen Resultate dieser Bemühungen aus? Zwar konnte die Treuhand formell im Spätsommer einige spektakuläre Verkäufe vermelden, doch entbehrt es nicht einer gewissen Ironie, dass sie an den volumenmäßig größten Privatisierungsfällen effektiv gar nicht beteiligt war. So unterzeichnete der frisch ins Amt gelangte Karl Schirner am 22. August den so genannten »Stromvertrag«, der die ostdeutsche Energieversorgung unter vier bundesdeutschen Energieversorgungsunternehmen aufteilte, die wiederum 30 Milliarden D-Mark Investitionen und 70.000 Arbeitsplätze garantierten. Verhandelt wurde der Kontrakt jedoch ausschließlich von der DDR-Regierung, die so die Versorgungssicherheit für die Bevölkerung sicherstellen wollte. Dem gleichen Argument folgend hatte sie bereits Ende Juni 1990 auch den DDR-Finanzsektor eigenständig privatisiert: Der Staatsmonopolist Deutsche Versicherungs-AG war mehrheitlich an den Allianz-Konzern veräußert, die Deutsche Kreditbank AG durch Dresdner Bank und Deutsche Bank übernommen worden.[126] Weitere vorzeigbare Privatisierungen konnte die neue Treuhand-Spitze zum Beitritt am 3. Oktober kaum vorweisen.

Gleichzeitig strich die Treuhand öffentlich ihre ersten eigenen Erfolge heraus. Der Chemiekonzern BASF übernahm das VEB Synthesewerk Schwarzheide, versprach Investitionen in Höhe von 500 Millionen D-

124 Ebd.

125 R46-Interview mit Simon Norden, 10.2.1993.

126 Vgl. Kemmler: Entstehung, S. 251ff., vgl. hierzu Eggenkämper, Barbara; Modert, Gerd; Pretzlik, Stefan: Die staatliche Versicherung der DDR. Von der Gründung bis zur Integration in die Allianz, München 2010.

Mark und die Sicherung von 4.900 Arbeitsplätzen. Zwei weitere frühe Erfolgsmeldungen im Oktober 1990 waren im Prinzip gar keine Privatisierungen: Volkswagen und Daimler-Benz hatten eine Übernahme der ostdeutschen Automobilbauer geprüft und zügig davon Abstand genommen. Als Kompensation versprach VW vertraglich die Errichtung eines neuen Werks bei Zwickau, für das 6.000 Mitarbeiter aus der DDR-Automobilindustrie übernommen und vier Milliarden D-Mark investiert würden. Auch Daimler sagte den Aufbau einer neuen LKW-Fertigung mit 1.000 Mitarbeitern für eine Milliarde D-Mark unweit der IFA-Automobilwerke Ludwigsfelde zu. Die im Februar 1991 verkündete und heftig umkämpfte »Abwicklung« einer eigenständigen ostdeutschen Automobilindustrie zeichnete sich damit bereits im Oktober 1990 ab.[127]

Tatsächlich konnte der Vorstand ab Herbst die Verkaufszahlen quantitativ merklich steigern. In einer im Juni 1991 veröffentlichten »Zwischenbilanz« gab die Organisation detailliert hierüber Auskunft. Stolz vermerkte man, dass die Treuhand »wie ein Supertanker« Ende 1990 »bei ihren Unternehmensverkäufen [...] langsam, aber stetig an Fahrt« aufgenommen habe.[128] Wurde die Summe der abgeschlossenen Privatisierungen zwischen Juli und September 1990 noch mit 34 beziffert, waren im Oktober unmittelbar nach der Wiedervereinigung 90 Betriebe verkauft worden; für November stieg die Zahl auf 120, für Dezember auf 164 Privatisierungen. Ab 1991 wurde die Statistik mit Ausbau der Datenbanken merklich feiner: Im Januar 1991 hatten 255 Privatisierungen 1,1 Milliarden D-Mark erlöst – ein Trend, der sich auch im Februar (298 Verkäufe, 1 Milliarde D-Mark), März (300 Verkäufe, 0,8 Milliarden D-Mark) und April (355 Verkäufe, 1,2 Milliarden D-Mark) fortsetzte. Nach einem sprunghaften Anstieg zwischen Oktober 1990 und Januar 1991 wuchs die Anzahl langsamer, die erzielten Erlöse gingen sogar zurück oder stagnierten. Unter der Ägide Rohwedders hatte die Treuhand, wie der einstige Mitarbeiter und Chronist Marc Kemmler nicht ohne Stolz vermerkte, in einem halben Jahr 1.600 Betriebe privatisieren können – die britische Thatcher-Regierung habe demgegenüber über zehn Jahre für ganze 54 Privatisierungen benötigt.[129]

Freilich waren solche quantitativen Ergebnisse letztlich auch das Resultat der beträchtlichen strategischen, organisatorischen und personellen Expansionsanstrengungen. Für den jungen ostdeutschen Direktor Steffen Damm handelten die beteiligten Akteure ganz als Kinder ihrer Zeit:

> »Und damals war die Emotionszeit, go East, wir wollen nach Ostdeutschland, wollen da was machen bei unseren Brüdern und Schwes-

127 Kemmler: Entstehung, S. 256 u. S. 320.

128 Zit. n. Kemmler: Entstehung, S. 275 f.

129 Kemmler: Entstehung, S. 275.

tern, da sind die Dinger weggegangen. [...] Ein erster großer Deal in der Glasbranche war das Flachglaswerk in Torgau. Das haben wir [binnen kürzester Zeit an euphorisierte Westdeutsche, M.B.] verkauft. Das würden die heute NIE mehr kaufen.«[130]

Gerade in dieser Zeit habe er gelernt, wie wichtig eine Beschleunigung der Privatisierungen sein würde, eine »SCHNELLIGKEIT«, die »der Kanzler vorgegeben habe, mit seiner deutschen Einheit«.[131] Auch andere Mitarbeiter unterstrichen diesen »Zeitaspekt«, wie etwa der Stahlmanager Matthias Erben. Insbesondere die Verkaufsverträge der Frühzeit seien »mit einer ganz, ganz heißen Nadel gestrickt« worden, frei nach dem Motto: »Ruckzuck und weg mit den Dingern!« In den Kontrakten der Jahre 1990/91 finde sich daher »alles, was Gott verboten hatte«: »Unklare Bedingungen, keine festen Termine für die Kaufpreiszahlung.«[132]

Für die bei der Treuhand anheuernden westlichen Manager stellte sich im Herbst 1990 jedoch noch eine ganz andere Frage. Die sich eröffnenden immensen Handlungsspielräume, die gravierende Tragweite und finanzielle Dimension vieler anstehender Entscheidungen ließen Mitte Oktober 1990 das Problem der persönlichen Haftung mit Macht auf die Agenda rücken. Wenn Fehler passierten, würden die Führungskräfte hierfür auch mit ihrem persönlichen Vermögen haftbar gemacht werden? Die in Berlin eintreffenden Industriemanager bestürmten Rohwedder, diese Unsicherheit, die einer zügigen Aufnahme des Privatisierungsgeschäfts im Wege zu stehen schien, zu beseitigen. Der Präsident setzte sich kurzerhand mit Kohl und Waigel ins Benehmen und erreichte am 26. Oktober 1990 für die Mitglieder von Vorstand und Verwaltungsrat eine bis zum 30. Juni 1991 befristete Haftungsfreistellung auch bei grober Fahrlässigkeit.[133] Diese von der Bundesregierung gewährte Sondermaßnahme dehnte die Treuhand-Spitze schließlich auch auf die zweite Führungsebene aus. Dem Abteilungsleiter Josef Arnstein schien diese unkonventionelle Lösung der Haftungsproblematik einleuchtend:

»[Es gab, M.B.] eine HaftungsFREIstellung auch für grobe Fahrlässigkeit, weil man sagte, die Verhältnisse sind so verrückt; wenn so ein Ding zweimal verkauft wird, was öfter passiert ist, weil die Zentrale glaubte, sie ist zuständig und hat verkauft, und die Niederlassung glaubte, sie wäre zuständig und hat auch verkauft. In diese Listen hat kaum einer

130 R24-Interview mit Steffen Damm, 6.10.1992.
131 Ebd.
132 R39-Interview mit Dr. Matthias Erben, 19.1.1993.
133 Aufzeichnung zur Haftungsfreistellung der Treuhandanstalt, Entwurf, 27. Juni 1994, in: Treuhandanstalt: Dokumentation, Bd. 11, S. 298ff.

reingeguckt, was auf den Tisch kam, wurde abgearbeitet, und dann war es das.«[134]

Auch der Niederlassungsleiter Conrad Hopp* blickte nachdrücklich auf die als bedrohlich empfundenen Haftungsunsicherheiten zurück. Man habe offen überlegt, das eigene Privatvermögen an die Ehefrauen zu übertragen, denn die »meisten von uns, eigentlich alle, waren ja Leute, die sagen wir mal, über 50 waren«.[135] Rohwedders Auftritte in diesem Kontext lassen an ein Kammerstück denken, folgt man Hopps szenischer Beschreibung:

> »Und in der zweiten oder dritten Niederlassungsleitung kam dieses Thema also ganz AKUT, von allen eigentlich. Rohwedder war dabei. [...] Anfang Dezember [1990, M.B.] kam das wieder, Rohwedder hörte sich das zehn Minuten an, ging aus dem Raum, kam nach einer Stunde wieder mit 15 Couverts, die er persönlich unterschrieben hatte, und gab jedem einzelnen den Brief, dass er entlastet ist von allem.«[136]

Noch nach zwei Jahren ließ das als charakteristisch empfundene Handeln des Präsidenten den Niederlassungsleiter ins Schwärmen geraten:

> »Das war [...] der TYPISCHE Stil eines erfolgreichen Industriemanagers eigentlich, nämlich die Sensibilität zu haben für Signale von Leuten, an Stelle von quasi formalistischen Ausreden, die möglicherweise ganz begründet sind. Das war eine der außerordentlich interessanten Szenen in der ganzen Sache.«[137]

Doch warfen die politischen Debatten und lautstarken Proteste vor allem ab dem Frühjahr 1991 in den späteren Gesprächen gar keine Schatten auf die »Goldene Zeit« unter Rohwedder? Dass die Treuhand ab Oktober 1990 nunmehr endgültig »in den Brennpunkt auch des öffentlichen Interesses« gerückt war, betonte der Direktor Stefan Wolter. Im August 1990 von Rohwedder aus dem nordrhein-westfälischen Staatsdienst geholt, deutete Wolter die sich an den ersten Schließungsbeschlüssen entzündenden Debatten mit Blick auf den Symbolcharakter der Ereignisse wie folgt:

> »Also alle postrevolutionären, gesellschaftspolitischen Fragen gehen voll auch durch die Treuhand hindurch. Die Treuhand ist, ich sage es noch einmal, von der ersten Sekunde an NIE eine betriebswirtschaftliche oder rein ökomische Institution gewesen, sondern sie war immer

134 R49-Interview mit Josef Arnstein, 16.4.1993.
135 R35-Interview mit Conrad Hopp, 7.1.1993.
136 Ebd.
137 Ebd.

voll im Fokus der gesellschaftspolitischen und auch internationalen Ereignisse und Schnittlinien.«[138]

Auch andere Mitarbeiter setzten sich intensiv mit diesen Spannungs- und Konfliktfeldern auseinander: Ein Direktor erinnerte sich an die bei einer improvisierten Weihnachtsfeier im Dezember 1990 geäußerte Forderung Rohwedders, Kritik müsse am Personal »wie das Wasser an einer Ente« abperlen.[139] Für andere Kollegen kam der Treuhand gerade in der Krisenzeit 1990/91 als »Sündenbock« eine »ganz wichtige politische Funktion« zu;[140] sie erschien ihnen als »Prellbock für Ost«.[141] Ein anderer Direktor verwies nachdrücklich auf das »WAHNSINNIGE soziale Problem« und den damit verbundenen »ENTTÄUSCHUNGSPROZESS«, den die Organisation vor allem durch die von ihr verantworteten Massenentlassungen habe auslösen müssen.[142] Insgesamt habe man eben den »enormen Aufbauprozess« unter Rohwedder »ohne Vertrauensschutz« durchführen müssen.[143]

4.3 Strategie: »Was sind eigentlich unsere Grundsätze?«

Im Oktober 1990 veröffentlichte der *Spiegel* einen Artikel, der über einen radikalen Strategiewechsel am Alexanderplatz berichtete. Es ging um ein Dokument, das die Spekulationen der Redakteure beflügelte und über dessen umkämpfte Entstehung sie einiges zu berichten wussten:

> »Seit Wochen rangen die Vorstandsmitglieder der Berliner Treuhandanstalt um Worte. Jeden Dienstag, in ihren regelmäßigen Sitzungen, produzierten die Verwalter des ehemaligen Volksvermögens der DDR ein Papier nach dem anderen – und immer ging es um einen einzigen Absatz. Die sechs hochbezahlten Herren und eine Dame versuchten in Worte zu fassen, was denn eigentlich ihre Aufgabe sei: [...] Privatisieren oder Sanieren, das war hier die Frage. Am Dienstag vergangener Woche lag die Frucht langer Debatten vor: Auf einem handgeschriebenen Zettel mit vielen Strichen, Krakeln und Einfügungen stand das neue Grundsatzprogramm der Berliner Nachlassverwalter.«[144]

Die Redakteure deuteten das Grundsatzpapier als das Resultat einer heftigen Auseinandersetzung zwischen »Sanierern« um Detlev Rohwedder

138 R43-Interview mit Dr. Steffen Gerhard/Kai Rumeck, 29.1.1993.
139 R36-Interview mit Siegfried Hambach, 11.1.1993.
140 R46-Interview mit Simon Norden, 10.2.1993.
141 R24-Interview mit Steffen Damm, 6.10.1992.
142 R22-Interview mit Dr. Charles Volkmann*/Benedikt Golland*, 1.10.1992.
143 R21-Interview mit Prof. Dr. Samuel Herrmann, 18.9.1992.
144 »Dann ist der Ofen aus«, in: Der Spiegel, 29.10.1990.

und »Privatsierern« um Birgt Breuel. Während der Präsident erkannt habe, dass eine zügige Privatisierung angesichts des maroden Zustands der allermeisten Betriebe nahezu unmöglich sei, wolle eine Gruppe um Breuel noch immer »nur den freien Unternehmer als Retter in der Not« anerkennen.[145]

Doch was hatte es mit diesem Strategiedokument, den »Leitlinien der Geschäftspolitik«, auf sich? Als »zentrale Aufgabe« wurde in dem knapp fünfseitigen Papier der »Aufbau einer leistungs- und wettbewerbsfähigen Wirtschaft«, die Arbeitsplätze erhalte oder neue schaffe, als zentrale Zielvision herausgestellt.[146] Angestrebt wurde die »Bildung kleiner und mittlerer Unternehmen«, weshalb sich die Treuhand-Spitze »aktiv für eine Vielfalt unternehmerischer Aktivitäten« einsetzen sowie »inländische und ausländische Kaufinteressenten« für ein Engagement interessieren wollte.[147] Waren diese Punkte als übergeordnete Absichtserklärungen zu verstehen, konkretisierte das Papier die künftige Privatisierungspolitik: »Im Interesse aller Bürger« seien die Mitarbeiter verpflichtet, Unternehmensverkäufe »zu einem fairen und angemessenen Preis vorzunehmen«; daneben sei »zur Erreichung ausgewogener Verhandlungsergebnisse [...] ein[] Wettbewerb unter möglichen Interessenten« anzustreben. Bei der »Angebotsauswertung« sollten abgesehen vom »Kaufpreis« besonders der »Zeitfaktor sowie die betriebswirtschaftliche Qualität des »unternehmerische[n] Konzept[s]« ausschlaggebend sein:

> »[D]as Managementpotential, die Investitionen und die Finanzkraft des Erwerbers für die Aufrechterhaltung des Betriebes und die Sicherung einer möglichst hohen Zahl von Arbeitsplätzen und die Weiterführung von Betrieben als möglichst selbständige Unternehmenseinheit.«[148]

Die anschließend thematisierte »Sanierung und Umstrukturierung« sollte »wo immer möglich durch private unternehmerisch aktive Eigentümer« durchgeführt werden. Abgesehen davon wollte der Vorstand künftig »Hilfen für eine Umstrukturierung [...] nur auf der Grundlage eines tragfähigen Unternehmenskonzepts« gewähren. Eine unmittelbare Sanierung der Betriebe durch das eigene Personal schlossen die »Leitlinien« damit weitgehend aus.[149] Sollte sich ein Betrieb aller Verkaufs- oder Sanierungsbemühungen zum Trotz »nach gründlicher Prüfung« als »nicht-sanierungsfähig« erweisen, müsse er zügig stillgelegt werden, wobei die Treuhand die jewei-

145 Ebd.

146 Leitlinien der Geschäftspolitik der Treuhandanstalt, Berlin im Oktober 1990, in: Treuhandanstalt: Dokumentation, Bd. 2, S. 313.

147 Ebd., S. 313.

148 Ebd., S. 314f.

149 Ebd., S. 315.

lige Geschäftsführung dann bei »eine[r] sozialverträgliche[n] und regional ausgewogene[n] Durchführung« unterstützen werde.[150]

Der *Spiegel* fasste das »Motto« dieses Grundsatzpapiers gewohnt meinungsfreudig zusammen: »Privatisieren im Prinzip ja, aber in der Praxis soll vor allem saniert werden.«[151] Diese zugespitzte Lesart deutete die mehrschichtige Botschaft an, die der Vorstand auszudrücken beabsichtigte. Dem meist erst jetzt seine Arbeit aufnehmenden Personal sollte ein strategischer Orientierungsrahmen eröffnet werden, der tatsächlich doppelbödig erschien – zügige und umfassende Privatisierungen wurden zwar weiterhin als unabdingbares Kernziel herausgestellt; innerhalb der sich klar abzeichnenden Mehrzahl der nicht sofort verkäuflichen Betriebe jedoch sollten mittelfristige und indirekte »Umstrukturierungen« erfolgen.[152]

Die »Leitlinien« waren damit das erste Dokument von strategischer Reichweite, welches der erweiterte Vorstand entwickelt hatte, um die recht abstrakten Vorgaben aus dem Gesetz vom Juni 1990 konzeptionell in eine konkrete, im Alltag handhabbare Geschäftspolitik zu übersetzen. Und tatsächlich zeichnete sich hier bereits ein grundlegendes Spannungsfeld bei der Prioritätensetzung ab: Welche Rolle sollte die Treuhand beim Umbau ihrer unzähligen Betriebe eigentlich spielen? Sollte sie bevorzugt als energische Verkaufsvermittlerin auftreten, also kurzfristig privatisieren? Oder auch selbst in den Unternehmen entsprechende Umbaumaßnahmen ergreifen und mittelfristig sanieren?

Der Prozess einer organisationsinternen Strategiefindung »von oben« war mit den »Leitlinien der Geschäftspolitik« keineswegs abgeschlossen – er hatte vielmehr gerade erst begonnen. Mit zwei weiteren, im November vom Vorstand nur für den internen Gebrauch verabschiedeten und vom Verwaltungsrat gebilligten »Richtlinien« forcierte ihn die Treuhand-Spitze zügig. Beide Papiere adressierten in unterschiedlicher und nun ausführlicherer Weise die operativen Arbeitsschwerpunkte der Organisation im Herbst 1990. Hatte das Oktoberpapier gerade einmal viereinhalb Druckseiten umfasst, besaßen die im November erstellten Richtlinien »zur Erstellung und Behandlung von Unternehmenskonzepten« sowie für »die Privatisierung von Betrieben« bereits den doppelten Umfang.

Die Richtlinie zu den Unternehmenskonzepten widmete sich abermals dem Spannungsfeld zwischen einer (eigentlich erwünschten, aber praktisch schwierigen) Privatisierung und dem (eigentlich unerwünschten, aber praktisch nötigen) Umgang mit den (noch) nicht sofort verkäuflichen Unternehmen. Wie gezeigt, war die Prüfung einzelner Unterneh-

150 Ebd.
151 »Dann ist der Ofen aus«, in: Der Spiegel, 29.10.1990.
152 Ebd.

menskonzepte bereits im Sommer 1990 zu einem Angelpunkt geworden. Knapp fünf Monate später hatte die umfassende Richtlinie dieses Prozedere weiterentwickelt. Als neue »Zielsetzung« galt, die Sanierungsaufgabe bevorzugt durch einen möglichst schnellen Verkauf zu lösen. Nur sofern dies nicht kurzfristig möglich sei, sollten »auf der Grundlage eines tragfähigen Unternehmenskonzepts« Unterstützungsmaßnahmen gewährt werden, um das betroffene Unternehmen »möglichst frühzeitig« privatisieren zu können.[153]

Die alltägliche Anwendung der »Richtlinie« wurde für die Mitarbeiter anhand umfassender Checklisten exemplifiziert. Das Gesamtpaket bestand aus einem Privatisierungs-, Sanierungs- und Finanzierungskonzept, welche jeweils von den Unternehmensgeschäftsführungen zu erstellen und einzureichen waren. Anhand des »Privatisierungskonzepts« sollte in erster Linie plausibel nachgewiesen werden, »dass ausreichende und ernsthafte Schritte zur Privatisierung« des Betriebs unternommen worden waren.[154] Das »Sanierungskonzept« bildete demgegenüber das eigentliche Herzstück: Hier ging es um den Nachweis der ökonomischen »Tragfähigkeit« des eingereichten Konzepts; es sollte Auskunft darüber geben, ob »ein im Anpassungsprozess befindliches Unternehmen in vertretbarer Zeit eine wettbewerbsfähige Marktposition erreichen« könne. Dies sollte anhand betriebswirtschaftlicher Kenndaten und Projektionen (etwa Umsatz- und Absatzentwicklung, Kostenstruktur, Unternehmensstruktur, Ertragsentwicklung) »schlüssig« und »realistisch« deutlich werden.[155] Hatte ein Unternehmenskonzept schließlich die beschriebenen Hürden – unter anderem auch eine positive Bewertung des Leitungsausschusses sowie die Zustimmung des Bundesfinanzministeriums – erfolgreich genommen, regelte die Richtlinie die »Sanierungsbegleitung« durch die zuständigen Mitarbeiter. Diese umfasste neben der »Gewährung von Hilfen und flankierende[n] Maßnahmen« (wie Bürgschaften und Kredite), diverse Berichtspflichten sowie Anleitungen zu »Prüfungs-, Eingriffs- und Abänderungsprocedere« für die Mitarbeiter »bei wesentlichen zeitlichen bzw. inhaltlichen Abweichungen«.[156]

Für die Betriebsleitungen kam dieses Bewertungsprozedere einer Quadratur des Kreises gleich. Einerseits sollten sie »plausibel« nachweisen, dass man sich bereits umfassend, aber letztlich vergebens um einen schnellen Verkauf an einen privaten Investor bemüht habe; andererseits mussten

153 Richtlinie zur Erstellung und Behandlung von Unternehmenskonzepten, November 1990, in: Treuhandanstalt: Dokumentation, Bd. 2, S. 317ff.

154 Ebd., S. 319.

155 Ebd., S. 322f.

156 Ebd., S. 326f.

sie selbst »schlüssig« erklären, wie ihr Betrieb trotzdem in absehbarer Zeit »marktfähig« gemacht werden könne – ein Drahtseilakt, bei dem ein Absturz in die Stilllegung des Unternehmens drohen konnte. Doch der Zweck der Richtlinie schien offenkundig: Einem Mantra gleich unterstrich das Papier immer wieder den unbedingten Privatisierungsprimat der Organisation. Die »Sanierungsbegleitung« sollte theoretisch die Ausnahme sein, praktisch war sie jedoch angesichts der nur schleppend anlaufenden Privatisierungsfortschritte im Herbst 1990 zunächst noch die Regel.

Unter großem Handlungsdruck organisierte die Treuhand-Führung damit effektiv ein Vorgehen, das sie eigentlich vermeiden wollte. Um das zentrale Organisationsziel – die zügige Privatisierung – zumindest strategisch von der gegenläufigen Alltagspraxis abzuschirmen, etablierte sie vermittels der Richtlinie eigene, organisationsinterne Umgangsformen und Narrative für die tatsächlich stattfindende »Sanierungsbegleitung«. Damit zeichnete sich bereits im Herbst 1990 ein Grundzug der doppelgesichtigen Strategieüberlegungen ab, die der frühere Mitarbeiter Marc Kemmler 1994 pointiert auf den Punkt gebracht hatte: Zwar habe die Organisation in der Praxis durchaus »viele ordnungspolitische Sünden« begangen, aber sei dies strategisch immer »aus einer marktwirtschaftlichen Grundhaltung« heraus geschehen.[157] In Kemmlers Lesart nahm die Treuhand diese »Sünden« letztlich auf sich, um die postsozialistische Wirtschaft am Ende doch noch marktwirtschaftlich erlösen zu können.

Während sich die »Unternehmenskonzept-Richtlinie« als interne Antwort der Vorstandsebene auf den in der Öffentlichkeit geführten wirtschaftspolitischen Meinungsstreit begreifen lässt, sollte die »Privatisierungsrichtlinie« die Mitarbeiter an die Alltagspraxis des Betriebsverkaufs heranführen. In seiner direkten Ansprache und stets fallbezogenen Perspektive unterschied sich das Papier deutlich vom bisweilen abstrakten Tonfall anderer Dokumente. Diese Richtlinie war ein detailliertes Skript, das dem Personal Schritt für Schritt den idealtypischen Ablauf eines Verkaufsverfahrens darlegen sollte – ein konzeptioneller Katechismus der Massenprivatisierung. Wie sollte man »Kaufinteressenten« ausfindig machen? Wie waren die Verkaufsverhandlungen zu führen, wie der Kaufpreis zu ermitteln, wie der Vertrag zu gestalten? Das Papier vermittelte elementare Grundsätze, wobei abermals das umstrittene Verhältnis von Privatisierung und Sanierung diskutiert wurde:

> »Privatisierung geht vor Sanieren. Eine Sanierung soll nur vorgesehen werden, wenn dies nachweislich nicht erforderlich ist, um den Betrieb für Kaufinteressenten aufzubereiten. Sie werden bei der Entscheidung

157 Kemmler: Entstehung, S. 334.

> zu diesem Thema mithin eine überschlägige Analyse des Kosten/Nutzen-Effekts (Kosten der Sanierung gegenüber Verkaufsfähigkeit des Betriebes) durchführen müssen. In Zweifelsfällen ist einer Privatisierung der Vorzug zu geben.«[158]

Dies sei nicht zuletzt deshalb erforderlich, um »die soziale Marktwirtschaft möglichst umgehend funktionsfähig« zu machen. Die Privatisierung sei »daher zügig durchzuführen«, wobei ein »Verschleudern von Betrieben« verhindert werden müsse.[159] Von dieser Prämisse ausgehend, entfaltete die Richtlinie ein detailliertes, fünfschrittiges Ablaufskript eines Privatisierungsprozesses: Nachdem die jeweilige »Zuständigkeit« für ein Unternehmen intern geklärt sei, erschien das »Finden von Kaufinteressenten« als erster Schwerpunkt, da diese »in vielen Fällen nicht bereitstehen« würden; selbst bei einer vorliegenden Offerte seien nach Möglichkeit »konkurrierende[...] Angebot[e] aus dem In- oder Ausland« einzuholen. Neben einem öffentlichen »Bietverfahren«, das allerdings meist zu viel Zeit beanspruche, sollten »Anzeigen in lokalen Zeitungen« geschaltet und »Rundschreiben« an die »jeweils zuständigen Fachorganisationen« sowie die Industrie- und Handelskammern verschickt werden. Der Vorstand ermutigte deutlich: »Nutzen Sie alle Kontakte zu öffentlichen und privaten Institutionen aus, um Interessenten zu werben.«[160]

Im nächsten Schritt sollten noch vor Verhandlungsbeginn mithilfe von Bankauskünften die »finanzielle Lage«, das »Management-Potenzial« und die »Zuverlässigkeit« der Kaufinteressenten geprüft werden. Ein dritter Punkt ging auf die Verhandlungsführung ein. »Zwingendes Ziel« sei, dass der Käufer »sämtliche Anteile« am Betrieb übernehme. Auch Geschäftsführung und Aufsichtsrat des Unternehmens sollten »so frühzeitig wie möglich« in die Verhandlungen eingeschaltet werden, allerdings gelte »auch hier«, »dass die Entscheidung über den Verkauf letztlich bei Ihnen« liege.[161] Sodann sollte viertens die »Kaufpreisermittlung« in den Fokus rücken, für welche die Richtlinie jedoch keine »allgemein verbindlichen Grundsätze« vorgab, sondern lieber dem Können der Mitarbeiter vertraute: »In diesem Kernbereich sind in erster Linie Ihre Kenntnisse und Ihr Verhandlungsgeschick gefragt.« Ein letzter Schritt umschrieb juristische Details zur »Vertragsgestaltung«.[162]

158 Richtlinie für die Privatisierung von Betrieben, November 1990, in: Treuhandanstalt: Dokumentation, Bd. 2, S. 330-347.

159 Ebd., S. 331.

160 Ebd., S. 333.

161 Ebd., S. 335.

162 Ebd., S. 339-347.

Obwohl diese ersten Richtlinien in den künftigen Jahren zu einem mehrere Hundert Seiten umfassenden »Handbuch« erweitert wurden, blieben sie in der Substanz bis Ende 1994 in Kraft. Über die Genese dieser frühen konzeptionellen Entwürfe konnte der promovierte Volkswirt Simon Norden im Februar 1993 ausführlich berichten. Maßgeblich an der Erstellung der ersten Richtlinien beteiligt, blickte er auf deren Zustandekommen zufrieden zurück, wenngleich er die internen Konflikte nicht aussparte. Es habe sich, so Norden, um eine grundlegende programmatische Entscheidung gehandelt, auf eine Sanierungsrichtlinie zu verzichten und sich zuvörderst auf die Erstellung einer Privatisierungsrichtlinie zu konzentrieren, die dann sehr kurzfristig erstellt worden sei:

> »Die Privatisierungsrichtlinie, ein aus meiner Sicht recht gut gelungenes Instrument, das eigentlich heute noch gültig ist, [...] ist [...] damals von dem beratenden Anwalt [...] nach einer Woche oder 14 Tagen Diskussionen im Haus, an einem Wochenende zuhause geschrieben worden, und am darauffolgenden Dienstag, also 10 Tage später, vom Vorstand beschlossen worden. Wir hatten damals noch relativ kurze Durchlaufzeiten.«[163]

Strategische Reibungspunkte seien entstanden, wenn es um die Ausbalancierung von Privatisierung und Sanierung gegangen sei:

> »Bei der Unternehmenskonzeptrichtlinie dauerte das etwas länger, da kann ich mich noch sehr gut daran erinnern. [...] Und ich weiß, mit dieser Richtlinie sind wir sicher dreimal bei Frau Breuel abgeblitzt, weil sie einfach die Gewichtung zwischen Privatisierung, Sanierung, Finanzierung nicht in der richtigen Relation sah.«[164]

Ein wesentlicher Teil der Geschichte bliebe jedoch im Dunkeln, blickte man nur auf die strategischen Initiativen an der Spitze, deren Intensivierung eine umfassende Durchdringung und sukzessive Steuerung der Organisation »von oben« nahelegen. Einen anderen Eindruck erhält man in den zeitgenössischen Zeitzeugeninterviews, in denen die strategischen Positionierungs- und Regulierungsversuche mitunter abweichend gedeutet wurden. Nach 1992/93 bezogen sich zwar wie gezeigt viele Mitarbeiter regelrecht schwärmerisch auf diese Frühphase; anderen erschien sie jedoch vielmehr als unwägbares »Chaos«. Im Gegensatz zu ihren von den ungeahnten Freiheiten schwärmenden Kollegen war ihnen der im Herbst 1990 herrschende Mangel an zentralen Vorgaben zutiefst suspekt. So etwa dem im Dezember 1990 aus einem westdeutschen Ministerium zur

163 R46-Interview mit Simon Norden, 10.2.1993.
164 Ebd.

Treuhand gewechselten Juristen Siegfried Hambach, der eine deutliche Differenz bemerkte:

> »Auch da dann wieder die Frage, ja, was sind eigentlich unsere Grundsätze, unsere Leitsätze, mit denen wir das alles ausfüllen sollen. Also ein Defizit an rechtlichen Regelungen unterhalb der Ebene des Gesetzes. Und auch die Leitlinien der Geschäftspolitik waren für uns als Mitarbeiter meines Erachtens mehr etwas, was nach außen gerichtet war, mit jenem berühmten Dreiklang, Privatisieren, Sanieren, Liquidieren, als eine interne Handlungsanweisung.«[165]

Hambach beklagte, dass es im Herbst 1990 eigentlich einer einmonatigen, »großen internen Klausur« bedurft hätte, um gezielt die strategischen Grundsätze der Organisation zu definieren, statt sich ganz auf das pragmatische »Windhund-Prinzip« zu verlassen, welches »kein planmäßiges, kein systematisches Privatisieren« ermöglicht habe.[166]

Auch den Juristen und langjährigen Versicherungsmanager Helmut Görner* trieb der eklatante Mangel an konzeptionellen Leitbildern um. Görner war im November 1990 zur Treuhand gestoßen und sollte als Direktor in der Niederlassung Berlin fungieren, wo ihn sein neuer Chef »in diesem ergötzlichen Chaos [...] herzlich willkommen« hieß, aber darüber hinaus wenig konzeptionelle Vorgaben für die Praxis anzubieten hatte:

> »Man wurde von der täglichen Arbeit erschlagen, die nichts weiterbrachte, die im Grunde uns keinen Millimeter brachte und dann immer dieses Sich-Zwingen, konzeptionell zu denken, der Glaube, man könnte die Tür zuschließen, um sich mal für ein paar Tage zurückzuziehen, konzeptionell zu denken, war nicht möglich.«[167]

Görner wartete nicht auf entsprechende Vorgaben von oben, sondern beschrieb ausführlich, wie er sich Freiräume gesucht habe, um selbstständig konzeptionelle Grundlagen für die Praxis erarbeiten zu können:

> »Ich machte das häufig so, dass ich [...] auf den Dienstreisen, weil man auch lange im Wagen war, eigentlich immer konzeptionell die Dinge angearbeitet habe. Vielleicht war das mein großer Vorteil, weil dieses in dem Wagen sitzen und konzeptionell darüber nachzudenken war mir an Ort und Stelle kaum möglich. Und ich sage Ihnen, es war die größte Leistung, dass man sagt, ›Du MUSST das konzeptionell in den Griff

165 R36-Interview mit Siegfried Hambach, 11.1.1993.

166 Ebd.

167 R45-Interview mit Helmut Görner, 5.2.1993.

kriegen, sonst läuft gar nichts, sonst paddelt man hier einfach nur so rum, und man bewegt nichts‹.«[168]

Der schmale Grat zwischen Freiheiten einerseits und von oben vorgegebener Vereinheitlichung andererseits trieb den Direktor Bernhard Hamberger* um, der sich nach einer langjährigen Karriere als Wirtschaftsprüfer und Manager aus seiner Pensionierung reaktivieren ließ, um beim Aufbau des Rechnungswesens mitzuwirken. Für den Direktor ergab sich der zentrale Regelungsbedarf notwendigerweise aus der professionellen wie biografischen Vielfalt des Personals:

> »Wie gesagt, jeder kam und brachte seine Erfahrungen und Kenntnisse aus dem Unternehmen, wo er herkam, hier mit her und machte es so, wie er es gelernt hatte, und wie es bei Siemens gemacht wurde. Und darum lief anfangs sehr vieles auseinander. Gleiche Vorgänge wurden von dem, weil er von Siemens kam, und mit dem anderen, der von Hoesch kam, ganz unterschiedlich behandelt und abgewickelt, und das passte dann nachher nicht mehr in dieses Schema, in das Raster rein, so dass letztlich, wenn ich bei mir denke, irgendwie muss ich das nachher alles in ein gleiches Schema, in Zahlen, bringen. Und was der eine geliefert hat, dem erschien bei Privatisierung dieses und jenes (klopft wiederholt auf den Tisch) und das wichtig, dem anderen war ganz was anderes wichtig.«[169]

Es galt für Hamberger also, diese alltagspraktischen Wucherungen von oben her einzuhegen, was nicht ohne Reibungen vonstatten ging, von ihm jedoch im Prinzip begrüßt wurde:

> »Die Freiheit der einzelnen war sicher GRÖSSER, aber das hat zu sehr viel Wildwuchs geführt, […] und da, da musste man letztlich sagen, ›So, wir müssen eine Linie vorgeben und sagen, das ist die Vorschrift, und da haben sich nun alle nach zu richten‹. Und der es bisher anders gemacht hatte, dem fiel das natürlich jetzt furchtbar schwer, der musste umdenken und musste sich jetzt hier drinnen fest in diesem neuen Schema bewegen, das war gar nicht so ganz einfach.«[170]

Während die ersten Richtlinien zwar die als besonders dringlich erachteten Problemfelder der frühen Geschäftspraxis adressierten, fehlte es in vielen Teilbereichen der Organisation noch an einheitlichen Vorgaben, sodass neu eintreffende Mitarbeiter ihre Verantwortungsbereiche nach eigenem Ermessen aufbauten. Eindringlich beschrieb der noch von Gohl-

168 Ebd.
169 R5-Interview mit Bernhard Hamberger, 28.7.1992.
170 Ebd.

ke zur Treuhand geholte Gerhard Pander eine derartige Konstellation, als er ab Oktober 1990 den Aufbau eines eigenen Direktorats verantwortete:

> »Ja, und dann der Aufbau dieser einzelnen Bereiche, oder speziell jetzt meines Bereichs, der dann eben so anfing, dass man im Grunde genommen ohne eine Richtlinie, ohne eine Vorgabe, ohne eine Anordnung, außer dem Treuhandgesetz hatte man natürlich keine Grundlage, und die gab, was meinen Bereich angeht, ja eigentlich gar nichts her.«[171]

Pander beschrieb, wie er aus der alltäglichen Praxis heraus und gemeinsam mit seinen ersten Mitarbeitern nach und nach eigene Regeln festgesetzt habe:

> »Und dann habe ich einfach so Mann für Mann, ab 1. Dezember hatte ich dann meinen ersten Mitarbeiter, dann meine Sekretärin, und dann hatten wir zu dritt das zu bewältigen, was zum Tagesgeschäft, sagen wir mal, ich vermisse es heute fast ein bisschen, was so spontan auf einen zukam, wo man einfach mit einem Problem konfrontiert worden war, und dann eben ohne Regelwerk und Regularien irgendetwas tun oder entscheiden musste.«[172]

Doch auch die im Herbst 1990 eilig erstellten Regularien wurden nicht notwendigerweise als hilfreich empfunden. Dem Bankkaufmann und Direktor Dieter Geppert hatte man zwar noch vor Weihnachten 1990 eine »dünne Mappe« mit den bereits bestehenden Leit- und Richtlinien zur Vorbereitung übergeben, diese habe sich aber bei seinem Dienstbeginn im Januar 1991 als weitgehend nutzlos erwiesen. Der Neuankömmling profitierte jedoch von etwas ganz anderem:

> »Ich habe dann diesen kleinen Ordner gehabt, den habe ich mir über Weihnachten angeguckt, und am 2. Januar ging es dann los am Alexanderplatz, im Großraumbüro. [...] Ich war sehr froh, dass wir diese schlechten büromäßigen Startbedingungen hatten, weil mir das dazu verholfen hat, mitzuhören, was die anderen so sagten. Ich hatte von den Dingen, über die die sprachen, überhaupt keine Ahnung. Aber diese automatische Kommunikation, die sich nicht vermeiden ließ, hat mir also schnell geholfen, da rein zu kommen.«[173]

Die Aufnahme, Rezeption und Umsetzung der ersten strategischen Regelungsentwürfe aus dem Vorstand gestaltete sich unter den Mitarbeitern also vielschichtig. Als sich der ab Oktober 1990 an der Spitze (aber nicht

171 R32-Interview mit Gerhard Pander, 22.12.1992.

172 Ebd.

173 R38-Interview mit Dieter Geppert, 16.1.1993.

nur dort) initiierte strategische Selbstverständigungsprozess zunehmend zu einem hochkomplexen Gewebe aus Handbüchern, Richtlinien und Organisationsanweisungen verdichtete, begehrten nicht wenige Interviewpartner 1992/93 wütend dagegen auf. Ende März 1991 schien sich jedoch zumindest der Vorstand festgelegt zu haben. Mit dem »Osterbrief« vom 27. März schließlich war das griffige Credo von der »Privatisierung« als der »wirksamste[n] Form der Sanierung« gefunden worden.[174]

4.4 Organisation: »Jede Woche neue Org-Pläne gemalt«

Es waren allerdings nicht nur strategische Vorgaben, an denen es einigen befragten Mitarbeitern rückschauend mangelte. In ihren Augen gebrach es der Treuhand um die Jahreswende 1990/91 auch an belastbaren Organisationsstrukturen. Der vormalige Ministerialbeamte Siegfried Hambach erlebte diesen Kontrast besonders drastisch. Charakteristischerweise verknüpfte der Jurist rückschauend die strategischen Defizite mit organisatorischen Mängeln:

> »Die Aufnahme der Tätigkeit war gekennzeichnet, insbesondere, wenn man also aus einer traditionellen, bürokratischen, voll durchorganisierten Organisation kommt, durch ein enormes Defizit an inhaltlichen, aber auch an personellen Strukturen.«[175]

Um dieses »Defizit« zu illustrieren, verwies Hambach auf das Fehlen ganz einfacher organisatorischer Hilfsmittel:

> »Um konkrete Beispiele zu nennen, es gab kein Telefonverzeichnis, es gab kein Gliederungsbild, wie man es nun mal gewohnt ist, wenn man in einer größeren Einheit ist. Es gab mit Hand hektografierte Telefonverzeichnisse, es gab wechselnde Zuständigkeiten, es gab aber auch die persönliche Nähe, und es gab, sicherlich für den Juristen besonders auffallend, ein enormes Defizit an konzeptionellen Regelungen, an Vorgaben, wie was zu machen ist.«[176]

Auch einem anderen Direktor erschien die vorgefundene Organisationsstruktur als »Fehlkonstruktion«.[177] Bei ihrem Eintreffen im Spätherbst 1990 konnten die Neuankömmlinge also wenig von den Reorganisationsbemühungen erkennen, die Rohwedder bereits im August ganz oben auf

174 Dr. Detlev Rohwedder: An alle Mitarbeiterinnen und Mitarbeiter der Treuhandanstalt, 27. März 1991, in: Treuhandanstalt: Dokumentation, Bd. 1, A72–A75.
175 R36-Interview mit Siegfried Hambach, 11.1.1993.
176 Ebd.
177 R9-Interview mit Dr. Patrick Körting*, 30.7.1992.

seiner Agenda platziert hatte. Der Status quo einer kleinen DDR-Planbehörde mit einer »One-Man-Show« an der Spitze sollte schleunigst überwunden werden. Unmittelbar nach seinem Amtsantritt am 20. August hatte Rohwedder die beiden Beratungsunternehmen McKinsey und Roland Berger beauftragt, zwei Expertisen zur Reorganisation zu erstellen, die beide binnen weniger Tage vorlegten.[178]

Die Berater von McKinsey opponierten in ihrem »Memorandum« vom 27. August vor allem gegen die im Gesetz vorgesehene Gründung der dezentralen Treuhand-Aktiengesellschaften und schlugen eine »zweistufige Organisation« vor, da ihnen »ein gewisser, zeitlich begrenzter Zentralismus« beim Umbau der Industrie »unvermeidbar« erschien. Die Vorstandsbereiche der Zentrale sollten weiterhin funktional nach Querschnittsaufgaben (Finanzen, Privatisierung, Personal) gegliedert werden, wobei das Memorandum die Berufung zweier weiterer Vorstände für »Beteiligung (Sanierung)« und für »Stilllegung« anregte, damit der Umbau der Betriebe unmittelbar von Berlin aus gesteuert werden könne. Dem zentralistischen Gesamtansatz folgend, sollte auch ein Rückbau der bestehenden »Bezirksstellen« geprüft werden, die künftig primär zur »Datensammlung« und als lokale Beratungsstelle für kleinere Betriebe vorzusehen wären. Schließlich seien unbedingt »hochqualifizierte und motivierte Vorstände, Führungskräfte und Stabsmitarbeiter [...] in höherer Zahl als bisher vorgesehen« zu rekrutieren.[179]

Die Studie von Roland Berger setzte andere Schwerpunkte, indem sie insbesondere die Rolle der »Außenstellen« höher gewichtete. Während der Zentrale »Führungs- und Kontrollaufgabe[n]« und eine generelle »Richtlinienkompetenz« zugeordnet wurden, optierte Roland Berger nachdrücklich für einen umfassenden Um- und Ausbau der bestehenden 15 Außenstellen, die so vor allem die kleineren und mittleren Betriebe eigenständig privatisieren, sanieren oder stilllegen könnten. Das Konzept sah vor, diese regionalen Organisationseinheiten einem »vierköpfigen Direktorium« mit funktionalen Verantwortungsbereichen zu unterstellen, wobei die Aufsicht für mehrere Außenstellen jeweils bei einem Vorstandsmitglied gebündelt werden sollte. Dieses »Organisationsmodell einer gleichzeitig funktionalen und regionalen Verantwortung pro Vorstandsmitglied« habe sich bei westlichen »Großbanken« bewährt.[180] Auch beim Ausbau der Zentrale ging die Roland-Berger-Studie weiter als das

178 »Rohwedder braucht größeren Vorstand«, in: Die Welt, 29.8.1990; hier wurden die beiden Gutachten ausführlich dokumentiert; vgl. auch Treuhandanstalt, Dokumentation, Bd. 2, S. 404-409.

179 Ebd.

180 Ebd.

McKinsey-Memorandum: »Im Interesse der Schnelligkeit des Abarbeitens der Treuhandaufgabe« sollten für die Treuhand-Spitze »maximal weitere 8 Vorstandsmitglieder gewonnen werden, die durch 25 bis 30 Direktoren« zu unterstützen seien.[181]

Beide Gutachten, die am 29. August vollständig in der *Welt* abgedruckt wurden,[182] empfahlen dem Präsidenten grundsätzlich einen zügigen Um- und Ausbau der Zentrale, die nach funktionalen Gliederungsprinzipien organisiert werden sollte. Derlei Überlegungen bestimmten tatsächlich die seinerzeitigen Vorstandsumbauten: Anfang August waren bereits die neuen Vorstände Schirner (Privatisierung) und Wild (Sanierung) zur Treuhand gestoßen; im September und Oktober schlossen sich Breuel (Niederlassungen) und Koch (Personal) an. Insbesondere Birgit Breuel, die am 18. September ihre Tätigkeit aufnahm, entfaltete ohne Zeitverzug intensive organisationspolitische Aktivitäten bei der Umgestaltung der Außenstellen in den 15 Bezirkshauptstädten. Schon Präsident Gohlke hatte diese im Juli aus Argwohn gegenüber dortigen »Altkaderseilschaften« kurzerhand weitgehend entmachtet. Nachdem Rohwedder den Volkskammerabgeordneten Mitte September versprochen hatte, diese als Alternative zu den eigenmächtig verworfenen Aktiengesellschaften »durchzupusten« und aufzuwerten, ließ Breuel kaum zwei Wochen nach ihrer Ankunft in einer spektakulären, medial wohlorchestrierten Aktion erste Taten folgen.

Am 4. Oktober erlebten die »Außenstellen« ein großes Revirement, das dem von Roland Berger vorgegebenen Strickmuster folgte. Sie wurden in »Niederlassungen« umbenannt, die amtierenden ostdeutschen Außenstellenleiter ausnahmslos abberufen und durch westdeutsche »Niederlassungsleiter« ersetzt, die man mithilfe von Personalberatern sehr kurzfristig rekrutiert hatte. Für diese regionale Führungsaufgabe hatte der Vorstand erfahrene westdeutsche »Mittelständler« gewinnen wollen. Das Resultat dieser Rekrutierungsaktion präsentierte der Vorstand unmittelbar nach den Einheitsfeierlichkeiten der Presse mit Stolz: In der »Tagesschau« lief ein Beitrag über die neuen West-Manager für die ostdeutsche Provinz; in einer wohlwollenden *Spiegel*-Story präsentierte sich die Herrenrunde in eleganten Zweireihern auf einem Gruppenporträt in einer engen, karg-sozialistisch möblierten Flurflucht am Alexanderplatz. Nachdem die Manager durch Birgit Breuel über ihre neuen Aufgaben vor Ort ins Bild gesetzt wurden, brachen sie unverzüglich in die einstigen Bezirkshauptstädte auf,

181 Insgesamt schlug das Papier folgende Vorstandsressorts vor: »Beteiligung/Controlling«, »Finanzierung«, »Privatisierung«, »Sanierung und Strukturfragen«, »Verwertung/Liquidierung«, »Sondervermögen«, »Personal und Soziale Koordination«, »kaufmännische Verwaltung«.

182 Ebd.

um dort in weitgehender Eigenständigkeit den Um- bzw. Aufbau der regionalen Organisationseinheiten voranzutreiben.[183]

Einer dieser neuen Manager war Oskar Hillberg. Dieser hatte sich nach einer kaufmännischen Lehre Ende der 1950er-Jahre in Führungspositionen mittelständischer Betriebe hochgearbeitet und bereits den Ausklang seiner Karriere geplant. Mitte September wurde ihm von einem Headhunter jedoch kurzfristig eine »sehr viel interessantere Aufgabe« angeboten: die Leitung einer Niederlassung in Neubrandenburg. Hillberg akzeptierte die Offerte und kam Anfang Oktober 1990 nach Berlin. Als er zwei Jahre später von Dietmar Rost in der Niederlassung interviewt wurde, bereitete er sich auf seinen bevorstehenden Abschied vor. Da er zu diesem Anlass eine Rede zu halten gedachte, hatte er erst kürzlich seine persönlichen Notizen hervorgeholt, die er mit merklicher Ergriffenheit vortrug. In diesen tagebuchartigen Berichten klang das zeitgenössische Pathos und das hiermit verbundene Selbstverständnis deutlich an:

> »Der erste Tag nach der Wiedervereinigung, also der vierte Oktober 1990, ist für mich ein unvergesslicher Tag der ersten Begegnung mit der Treuhandanstalt in Berlin gewesen. Wir 15 Niederlassungsleiter sind an diesem Tag in Berlin von Frau Breuel und einigen sie assistierenden Anwälten und Wirtschaftsfachleuten in unsere Aufgabe eingewiesen worden.«[184]

Nach drei Stunden habe man dann die Aufgabe gehabt, sich vor die Presse zu stellen und jeweils ein kurzes »Statement« darüber abzugeben, warum man glaube, die bevorstehende Aufgabe lösen zu können:

> »Ich habe bei dieser Gelegenheit erklärt, dass ich über einen Zeitraum von 32 Jahren an wichtiger Führungsposition die erfolgreiche Entwicklung eines mittelständischen Unternehmens mitbestimmt habe und der Meinung sei, dass ich in dem Zusammenhang alles das gelernt habe, was hier in den neuen Ostländern gekonnt werden muss, um die Planwirtschaft so schnell wie möglich in die freie und soziale Marktwirtschaft zu überführen, um rasch wirtschaftliche Aktivitäten entstehen zu lassen.«[185]

Auch den Inhalt der dreistündigen Einführungsveranstaltung hatte Hillberg in eigenen Worten mitprotokolliert. In seiner Lesart erwartete der Vorstand von den frischgebackenen Niederlassungsleitern eine Reihe von durchgreifenden Maßnahmen. Zunächst habe man sie auf die unklaren personellen wie infrastrukturellen Verhältnisse eingestimmt:

183 »Die wollen gar keine Hilfe«, in: Der Spiegel, 15.10.1990.
184 R25-Interview mit Oskar Hillberg, 13.10.1992.
185 Ebd.

»Erstens hatten wir alle bis dahin vorliegenden Anweisungen und Vollmachten der Treuhandanstalt zu widerrufen. Zweitens hatten wir innerhalb von 8 bis 10 Tagen die Entscheidung darüber zu fällen, welche der bis dahin in den Niederlassungen befindlichen Direktoren wir freistellen, welche wir behalten können. Drittens wurde uns gesagt, dass dem neuen Vorstand der Treuhandanstalt die technische Ausstattung der Niederlassungen nicht bekannt sei.«[186]

Die Manager seien zu Eigenständigkeit aufgefordert worden; der Orientierungsrahmen, an den sich Hillberg präzise erinnerte, überrascht nicht:

»Viertens bekamen wir den Auftrag, möglichst viele Entscheidungen vor Ort zu treffen, und diese Entscheidungen sollten im Interesse der schnellen Verwirklichung freier Marktwirtschaft mutig und unternehmerisch sein. Fünftens wurde uns als genereller Verhaltenskodex der Arbeitsstil im Sinne der sozialen Marktwirtschaft vorgegeben, und sechstens schließlich war ein ganz wichtiger Punkt der Auftrag, Kontakt zu den Menschen vor Ort und zur Presse zu finden, alles für die Entwicklung eines leistungsfähigen Mittelstandes zu tun, und wo immer möglich Arbeitsplätze zu erhalten.«[187]

Wie gingen die neuen regionalen Chefs mit solchen Vorgaben um? Während Hillberg nach Norden fuhr, lag Wolfgang Dorstens* neues Aufgabengebiet im Süden der soeben aufgelösten DDR. Nach drei Jahrzehnten in führenden Managementpositionen in der Konsumgüterindustrie war dem Maschinenbauingenieur die Leitung einer Niederlassung in Sachsen angetragen worden. Dort angekommen, hätten seine neuen ostdeutschen Mitarbeiter ihm eine stark überfrachtete Rolle zugedacht:

»Die ersten, ich sage mal, drei Monate, bestanden letztendlich bis auf die Tage, die wir in Berlin oder sonstwo waren, oder mal auch kurz in Firmen, viel zu wenig, aus einer Anhäufung von verschiedenen Gesprächen. Es war so, der Niederlassungsleiter, das war also hier so ein importierter Wessi, der schien VIELEN hier, zu vielen, als der Guru, der nun alles kann, alles weiß, und alles macht.«[188]

Diese vermeintliche Allzuständigkeit habe zugleich in einer deutlich verspürten Unzulänglichkeit ihren Ausdruck gefunden:

»Das war also nur zu lösen, indem ich im dreiviertel-Stunden-Rhythmus zehn, zwölf Gespräche am Tag geführt habe. Das hat natürlich das

186 Ebd.
187 Ebd.
188 R26-Interview mit Dr. Wolfgang Dorsten, 25.11.1992.

> Handicap, dass Sie die Gespräche, wenn Sie das in der Intensität dann über mehrere Tage betreiben, gar nicht richtig aufarbeiten können. Also musste man das auch irgendwo auf die ersten zehn oder zwölf Stunden beschränken und den Rest vom Tag nutzen, um das irgendwo aufzuarbeiten, oder schon dann auch die Organisation irgendwo danach aufzubauen, wo man es dann hindelegieren kann.«[189]

Den alltagspraktischen Organisationsaufbau beschrieb der Niederlassungsleiter schon fast als situative Notwehrreaktion:

> »Ich musste ja irgendwo sehen, --- in welchem Ausmaß ich meine Mannschaft aufbauen muss. Welche Funktionen, welche Qualifikationen ich da reinholen muss. Das war also in dem Zeitpunkt, wenn ich mich so erinnere, quasi unmöglich. Wir haben dann einfach gesagt, aufbauen, in erster Linie verstärken, privatisieren, KANN nicht falsch sein, ran an die Bouletten, (unv.) her. Dem parallel gehen musste dann, trotz des unbekannten Ziels, in welchem Ausmaß wir unsere Mannschaften hier mal aufstocken würden, eine ungefähre Organisation, was wir machen mussten.«[190]

Ausführlich beschrieb Dorsten seinen Versuch, sich nicht nur einen Überblick über die lokalen Problemlagen und Erwartungen zu verschaffen, sondern auch eine grundlegende Organisationsstruktur zu entwickeln:

> »Wenn ich mir überlege, wie wir damals alleine die Frage der POST abgehandelt haben. Das waren schon damals täglich, ach, ich sage mal, anderthalb Meter, die da reinkamen. Nach welchen Kriterien kriegt der Müller, der Maier, der Schulze seine Post? Und MUSS die alle der Niederlassungsleiter lesen? Wie geht das? Ich habe also damals kofferweise mir die Post dann damals mit ins Hotel geschleppt [...], wo ich also genug Platz hatte, die nach den verschiedenen Funktionen dann aufzuteilen, um A, aus Eigenstudium, was ich für unerlässlich hielt, überhaupt mal einen Begriff zu kriegen, was wollen die alle von uns, und in welcher Richtung müssen wir uns organisieren, um Antworten auf die Fragen und Lösungen für die Probleme zu finden. Das erzwang im Prinzip eine erste grobe Organisation und auch schon [die] ersten wichtigen Entscheidungen der Delegation. Denn der Job, die Aufgabe, war nicht wahrzunehmen, wenn sich da der Niederlassungsleiter wirklich um alles kümmert und seinen Schreibtisch zum Bottle[neck, M.B.] macht.«[191]

189 Ebd.
190 Ebd.
191 Ebd.

Während sich die neuen Niederlassungsleiter ab Oktober in der Provinz um die geforderte Eigenregie bemühten, war zugleich das Verhältnis zwischen Zentrale und Niederlassungen noch ungeklärt. Wie viele Handlungsfreiheiten sollten die Niederlassungen erhalten, wie sollte das Verhältnis zur Zentrale gestaltet werden, insbesondere in Hinblick auf die Betriebe? Diesen potenziellen Zuständigkeitskonflikt sollte eine am 30. November von Birgit Breuel verkündete Weisung ausräumen. »Alle Unternehmen«, deren Mitarbeiterzahl nach Datenerhebung »am 31.12.1990 *kleiner als 1500*« sei, seien »unverzüglich an die zuständige Niederlassung zur weiteren Bearbeitung« abzugeben; Verkehrs-, Energie- und Handelsunternehmen sowie Verlage, Hotelketten, die DEFA-Nachfolgegesellschaften, Forschungsinstitute und »Zirkusse« sollten zunächst hiervon ausgenommen bleiben.[192] An dieser »plumpen Schnittstelle« der »1.500er-Grenze«,[193] wie ein Manager sie nannte, sollten sich wenige Monate später noch heftige interne Zuständigkeitskonflikte entzünden, wie der seinerzeit zuständige Direktor Norden rekapitulierte:

> »Darauf kam nun ein gewaltiges Hin- und Herziehen und der Versuch, diese ganzen Zuordnungen wieder zu ändern, mit dem Ergebnis, dass wir dann ein SEHR strenges, formalisiertes Verfahren eingeführt haben, wenn Zuordnungen geändert werden sollten UND geregelt hatten, es wird zunächst einmal überhaupt nichts geändert, selbst wenn die Zuordnung falsch war. Weil wir die Sorge hatten – das merkten wir schon damals –, wenn wir jetzt versuchen, die Zuordnung zu optimieren oder zu perfektionieren, die wir einmal vorgenommen hatten, dann kriegen wir keine Ruhe in den Laden und keine Ruhe in die Zuständigkeiten.«[194]

In der kurzfristigen, pragmatischen und pauschalen Abgrenzung der Zuständigkeit zwischen Zentrale und Niederlassungen erkannte der Direktor – gerade vor dem Hintergrund völlig offener Zeithorizonte – etwas geradezu Paradigmatisches:

> »Ich würde sagen, es ist eine typische Treuhandentscheidung. Typisch deswegen, weil es sehr oft WESENTLICHES Merkmal der Treuhandarbeit war, dass es wichtiger war, dass etwas halbwegs geregelt war, als dass es richtig geregelt war. UND ein anderes, es lohnt sich nicht, unsere Lösungen zu perfektionieren in einer Organisation, die sowieso

192 Treuhandanstalt Vorstandsbereich Niederlassungen: Kriterien der Zuordnung der THA-Unternehmen zu den Niederlassungen, Berlin, 30.11.1990, in: Treuhandanstalt: Dokumentation, Bd. 2, S. 557, Hervorhebungen im Original.

193 R8-Interview mit Ernst Rabenau*, 30.7.1992.

194 R46-Interview mit Simon Norden, 10.2.1993.

auf Zeit angelegt ist. Auf wie kurze Zeit war uns damals noch nicht so ganz klar.«[195]

Bereits im Oktober war für den Vorstand absehbar, dass die bisherigen Räumlichkeiten am Alexanderplatz für eine rasch expandierende Organisation zu begrenzt waren. Rohwedder beauftragte den ortskundigen Abteilungsleiter Friedrich Calbeck mit der Suche nach einer neuen Unterkunft. Calbeck berichtete später ausführlich von der Diskussion um die Gebäudesuche im historisch kontaminierten Berliner Gebäudebestand, bei der mehrere Optionen zur Debatte gestanden hätten:

> »Dr. Rohwedder entschied [...]: Also nach Westberlin wollten wir nicht, schon aus Prinzip nicht. Na gut, außerdem hat es ja hier Regierungsgebäude gegeben, die leergestanden haben, und [...] im Prinzip gibt es eigentlich nur drei Dinge, wo man hinziehen kann. Das ist einmal dieses Haus hier, das ehemalige Haus der Ministerien, dann gibt es dieses Haus ›Klosterstraße‹, das war bis zur Wiedervereinigung der Sitz der de Maizière-Regierung [...] und man könnte auch [...] in irgendein Haus der Stasi ziehen. Das sind schöne und moderne Büros, aber um gleich beim letzten zu bleiben, da haben wir gesagt, ›Nein, das können wir der Treuhandanstalt nicht antun‹ (lacht), dieses negative Image, das geht auf keine Weise.«[196]

Schließlich sei das ab 1935 nach Plänen des Architekten Ernst Sagebiel im NS-Monumentalstil für Hermann Göring errichtete »Reichsluftfahrtministerium« an der Leipziger Straße übrig geblieben. In dessen »Großem Saal« war am 7. Oktober 1949 nicht nur die Gründung der DDR proklamiert worden; am 17. Juni 1953 war das Gebäude auch Kulisse für die gewaltsamen Auseinandersetzungen zwischen SED-Regime, Sowjetarmee und protestierender Bevölkerung. Als »Haus der Ministerien« hatte es zwischen 1950 und 1990 verschiedenen Industrieministerien und der zentralen Planadministration als Heimstatt gedient.[197] Da der seinerzeit größte Berliner Bürogebäudekomplex mit über zweitausend Zimmern für den Fall eines Regierungsumzugs von Bonn nach Berlin bereits als möglicher Sitz für das Bundesfinanzministerium feststand, intervenierte Rohwedder

195 Ebd.

196 R41-Interview mit Friedrich Calbeck, 25.1.1993.

197 Die äußerst wechselvolle Geschichte des Gebäudekomplexes wurde bislang noch nicht systematisch aufgearbeitet, diente aber Günter Grass als schillernde Kulisse für seinen Roman »Ein weites Feld« (1995), der von den wechselnden Hausherren angestellten Kurier Theodor Wuttke im Verlauf der Jahrzehnte handelte. Zu den Eckdaten der Geschichte des Gebäudes vgl. Wagner, Volker: Regierungsbauten in Berlin. Geschichte, Politik, Architektur, Berlin 2001, S. 66-69.

persönlich bei Kohl und Waigel, damit die Treuhand als Zwischenmieter dort einziehen konnte. An die Besichtigung des verwaisten Gebäudes mit Rohwedder und Breuel erinnerte sich auch der neue Direktor Urs Cramer, der sich beim Gang durch die Flure schlagartig zeitversetzt fühlte:

> »Und jetzt fand eine ganz denkwürdige Besichtigung dieses Reichsluftfahrtministeriums statt, am 4. oder 5. Dezember 1990. [...] [W]ir besichtigten dieses Reichsluftfahrtministerium an einem TRÜBEN Dezembernachmittag, halb duster, es war unbeschreiblich. [...] Es war schauerlich. Dann sind wir da reingegangen. Die Toiletten, seit 50 Jahren nichts gemacht. Also es war abenteuerlich. [...] Die Tapeten kamen von den Wänden, Gardinen hingen da halb fest, und das Mobiliar war unter aller Kanone, es war so eigentlich, wie wir das in Westdeutschland in den fünfziger Jahren wahrscheinlich zum Teil noch vorgefunden haben, so etwas fanden wir da wieder. So, wir gingen da also rum, und ich höre Herrn Dr. Rohwedder noch sagen, ›Also sanitäre Anlagen, das muss hier alles in weiß sein, wenn man auf's Klo geht, muss man fröhlich gestimmt sein‹. Das war einer seiner Sprüche.«[198]

Binnen weniger Monate sollte das riesige, seit 1937 nicht mehr grundsanierte Gebäude nun schnellstmöglich für die wachsende Schar der Mitarbeiter hergerichtet werden. Cramer griff dabei auf die Hilfe seiner Siemens-Kollegen zurück; unterdessen dirigierte wiederum Calbeck die eilig angeheuerten ostdeutschen Bauunternehmen, wobei angesichts des hohen Zeitdrucks bei der »Knochenarbeit« an eine »großangelegte Einhaltung der Vorschriften nicht zu denken« gewesen sei.[199] Anfang Februar 1991 sollte die Treuhand mit ihren Sanierungs- und Umzugsplänen in die Presse geraten, da der Umbau von »Görings düstere[r] Zentrale« teurer wurde als zuvor geplant. Nicht nur, dass die heftig angefeindete Treuhand in einem festungsartigen Ort der finsteren, anonymen DDR-Zentralmacht eine trutzige Zuflucht zu suchen schien. Die in zweistelliger Millionenhöhe liegenden Umbaukosten wurden in der Presse als »Luxussanierungen« heftig kritisiert.[200] Ab Mitte März begannen schließlich die ersten Mitarbeiter, vom Alexanderplatz in die Leipziger Straße umzuziehen.

Doch Ende 1990 stand den Mitarbeitern nicht nur eine räumliche Veränderung ins Haus. Auch organisationspolitisch vollzog sich ein Umdenken. Im Vorstand wuchs angesichts des geringen Privatisierungstempos und

198 R50-Interview mit Urs Cramer, 19.5.1993.

199 R41-Interview mit Friedrich Calbeck, 25.1.1993.

200 »Treuhand bezieht Görings düstere Zentrale an der Leipziger Straße«, in: Morgenpost, 9.2.1991; »Treuhand zieht um«, in: Tagesspiegel, 14.2.1991; »Treuhand plante grundlos Geld«, in: Berliner Zeitung, 14.2.1991; »Im neuen Haus bekommt jeder Treuhänder sein eigenes Arbeitszimmer«, in: Der Morgen, 15.2.1991.

der öffentlichen Kritik die Unzufriedenheit über die seit März bestehende funktionale Behördengliederung, die in der Praxis beständig Kompetenzstreitigkeiten und Koordinationsprobleme zwischen den verschiedenen, rasch expandierenden Bereichen provozierte.[201]

Es blieb schließlich einer Gruppe westdeutscher Management- und Organisationsexperten vorbehalten, den inneren Umbau zu forcieren. Der Manager Cramer hatte noch im Jahr 1989 bei der Reorganisation der Siemens AG »kräftig mit in die Speichen gegriffen« und war aus diesem Grunde im November auf dringendes Ersuchen von Vorstand Klaus Peter Wild zunächst für drei Monate als Verwaltungsdirektor nach Berlin entsandt worden. Der langjährige Siemens-Manager rief nach einer eingehenden Fehleranalyse ein »Organisationsprojekt Treuhandanstalt« ins Leben, das auf eine Neuausrichtung der Zentrale durch »innere Hygiene« hinauslief, also eine Ablösung von der Behördenstruktur:

> »Ich hatte ja das Organisationsprojekt Treuhand, wir haben die Aufbauorganisation gebastelt, eines der ganz wesentlichen Kriterien, wo ich heute noch den Erfolg der Treuhand darin sehe [...], dass wir uns KEINE Behördenorganisation gegeben haben, sondern unsere Zielrichtung war eine UNTERNEHMENSorganisation, mit schnellen Entscheidungsprozessen, mit kurzen Entscheidungswegen, UND die Dinge selbst entscheiden zu lassen [...], wo wir selbst entscheiden und das nicht sozusagen nach Bonn geben mussten. Das heißt, wir haben uns im Grunde genommen eine Unternehmensorganisation gegeben, die Sie überall finden konnten. Ich habe naturgemäß zu Siemens geschielt, erstens, weil ich gerade da mitgemacht hatte, zweitens, weil es auch ganz praktikabel war (etwa).«[202]

Wie sollte der angestrebte organisationsstrukturelle Übergang aussehen? Da die Informationen zu den Betrieben im November »erst so langsam« in die Zentrale »blubberten«, blieben auch die im »Organisationsprojekt« entworfenen Zuschnitte zunächst noch vage. Erst mit zunehmendem Informationsrücklauf habe man die Organisation »klarer« strukturieren können. Ziel der Reorganisation war es, ein adäquates Netz über die weitläufige DDR-Industrielandschaft zu werfen, weshalb man wöchentliche Neujustierungen habe vornehmen müssen:

> »So, Unternehmensorganisation, was hieß das? Wir mussten zunächst einmal, das war mit einer der schwierigsten Punkte, da war McKinsey damals in einer Frühphase sehr stark mit befasst [...] Wir haben geguckt, es gab 180 Industrien oder Industriezweige. So, nun war die

201 Kemmler: Entstehung, S. 229.

202 R50-Interview mit Urs Cramer, 19.5.1993.

> Kunst, diese so zusammenzubringen, dass diese Industrien verdichtet wurden, sozusagen auf sechs Unternehmensbereiche. Das haben wir dann zusammengefasst. Manchmal war das nicht ganz homogen, aber das ist dann gelungen. […] Und wir haben praktisch jede Woche neue Org-Pläne gemalt. Das war eine der Hauptaktivitäten damals, entsprechend der dynamischen Entwicklung (unv.).«[203]

Das endgültige Ergebnis des »Organisationsprojekts« legte Cramer dem Vorstand schließlich am 4. Januar 1991 vor: einen Vorschlag für eine gemischte »Matrix«-Organisationsform, die sich eng am Vorbild Siemens orientierte und bei der sich »funktionale« Aspekte mit »operativen« Gesichtspunkten überschneiden sollten. Außer den Vorständen für Niederlassungen (Breuel), Personal (Koch) und Finanzen (Krause) sollte künftig jedes Vorstandsmitglied schwerpunktmäßig neben einer funktionalen, »Gesamtverantwortung« (etwa für »Privatisierung«, »Sanierung«, »Verwaltung«) einen eigenen »Unternehmensbereich« betreuen, in dem die Betriebe ganzer Industriebranchen zusammengefasst wurden. Während Rohwedder sich den sensiblen Energiesektor vorbehielt, fasste die neue Matrixorganisation folgende fünf »Unternehmensbereiche« zusammen: Maschinenbau und Dienstleistungen (Schirner), Optik/Keramik/Feinmechanik, Fahrzeugbau, Küstenindustrie und Verkehr (Wild), Land- und Forstwirtschaft, Bergbau und Nahrungsmittel (Halm), Chemie, Elektronik, Holz/Papier und Textil (Klinz), Metallurgie, Bauindustrie und Hotels (Krämer).[204]

Mit dieser »Matrix« hatte sich die Treuhand-Spitze auf ein neues Organisationsprinzip festgelegt, das einem großen Industrieunternehmen mit mehreren Sparten nachempfunden war und sich hierdurch von den Gliederungsprinzipien eines Ministeriums oder einer Behörde abhob. Ironischerweise war man damit über einen Umweg via Siemens zur Struktur der einstigen DDR-Branchenministerien zurückgekehrt, mit der die politischen Akteure im März 1990 bewusst und endgültig hatten brechen wollen – nicht zuletzt durch die (nie realisierte) Gründung der dezentralen »Treuhand-Aktiengesellschaften«.[205] Ihre volle Wirksamkeit entfalteten die vom »Organisationsprojekt« orchestrierten Umstrukturierungen jedoch auf der Ebene unmittelbar unterhalb der Vorstände – jener Ebene, die den systematischen Aufbau von Branchendirektoraten betraf. Angesiedelt innerhalb der »Unternehmensbereiche« sollten die zügig zu rekrutierenden Direktoren als erfahrene Industriemanager den Umbau

203 Ebd.

204 Organisation Treuhandanstalt, Berlin, 16. Januar 1991, in: Treuhandanstalt: Dokumentation, Bd. 2, S. 452-463.

205 Kemmler: Entstehung, S. 220; Jürgs: Treuhändler, S. 231 ff.

ganzer Branchenzweige gezielt vorantreiben und ihre Direktorate hierfür eigenverantwortlich mit Abteilungen und Referaten ausgestalten. Einem Abteilungsleiter kam die neue Gliederungsform bekannt vor:

> »Die Organisation der Treuhandanstalt ist im Grunde genommen ein Spiegelbild der Organisation von vielen deutschen Großunternehmen mit ihren Stabsstellen und ihren Branchenbereichen, was vollkommen normal ist, und ich kann nur sagen, man hätte es nicht anders machen können, man hätte es nicht anders machen DÜRFEN und verbunden mit der Entwicklung der Organisation, des am Beginn sehr starken unternehmerisch-wirtschaftlichen Handelns, in der Zeit, wo es am WICHTIGSTEN war.«[206]

Letztlich markierte die im Januar 1991 vorgenommene, große Reorganisation der Treuhand den wohl größten organisationspolitischen Einschnitt. Der Vorstand, der dies über mehrere Monate vorangetrieben hatte, vollzog damit den endgültigen organisationspolitischen Bruch mit den (DDR-)Behördenstrukturen und richtete sich dauerhaft nach einem Organisationsprinzip ein, das dem Verständnis einer zeitgenössischen Unternehmensorganisation entsprach.

4.5 Personalpolitik: Häuptlinge auf der Suche nach ihren Indianern

Mit der Reorganisation war zugleich ein neuer Ansatz in der Personalgewinnung verbunden, der Letztere dezentralisieren sollte und so im Frühjahr 1991 beide Felder sehr eng miteinander verschränkte.

Der Vorstand richtete ab Januar 1991 Branchendirektorate ein, die er mit entsprechenden Führungskräften besetzte. Das weitere Recruiting trieb Abteilungsleiter Arnstein um, der merklich fasziniert berichtete, wie der personalpolitische Aufbau vonstatten ging:

> »Die Treuhandanstalt wuchs ja eigentlich in ihrer wichtigsten Phase, initiiert von der Führungsschicht, der obersten Führungsschicht des Vorstandes, der sich aufgrund von Empfehlungen, aufgrund von eigenen Erfahrungen, seine nächste Führungsebene anwarb und die wiederum über den gleichen Weg die nächste Ebene anwarb. Das heißt, wir haben im Gegensatz zu dem klassischen westlichen Unternehmen, wo Sie eine bottom-up-Entwicklung haben, wo aus der Menge heraus die Führungsschicht entsteht und dann sich entwickelt, weil auch unser Ausbildungssystem natürlich so ist, haben sie bei der Treuhandanstalt eine top-down-

206 R49-Interview mit Josef Arnstein, 16.4.1993.

Entwicklung gehabt. Die Häuptlinge waren zuerst da, und dann fing man an, die Indianer in den verschiedenen Niveaus zu suchen.«[207]

Doch wie suchten die neuen »Häuptlinge« am Alexanderplatz nach ihren »Indianern«? Auch Friedrich Calbeck bezog in seinem Bericht Personalrekrutierung und Organisationswachstum aufs Engste aufeinander:

> »Dann wurde nach den effektivsten Leitungsstrukturen in der Treuhandanstalt gesucht. Wie bauen wir das Ding auf? Wird es nach Industriebereichen aufgebaut, wird es nach funktionalen Bereichen aufgebaut? Also es gab da ein verdammtes Hin und Her, es wusste eben keiner so recht. [...] Aber Fakt ist, ob so oder so, MEHR LEUTE WURDEN GEBRAUCHT. [...] und in den Monaten August, September ist die Treuhand monatlich, man kann fast sagen, immer wieder um 50-100 gewachsen.«[208]

Doch was in vielen individuellen Rückblicken als eruptiver Expansions-, ja sogar Explosionsprozess beim Personal beschrieben wurde,[209] war zumindest Anfang Oktober noch keinesfalls abzusehen. Die von Rohwedder und Rickert angeschobene »PR-Aktion« hatte zwar Aufmerksamkeit erregt, aber zunächst kaum greifbare Ergebnisse gezeitigt: Bis zum 30. September hatten sich lediglich elf Westdeutsche der Organisation angeschlossen – davon knapp die Hälfte als Mitglieder des Vorstandes oder als persönliche Stabsmitarbeiter.[210] Anfang Oktober ließ Vorstand Schirner das bei den Privatisierungsaktivitäten eingesetzte Personal von McKinsey-Beratern bewerten. Die Analyse kam zu dem ernüchternden Ergebnis, dass gegenwärtig lediglich 40 ausgewiesene West-Experten in über 1.300 Verkaufsverhandlungen involviert seien; zugleich gaben sie zu bedenken, dass »die notwendige Zahl von Spezialisten kaum zu beschaffen« sei: »Keine der deutschen Großbanken dürfte heute über mehr als 25 Spezialisten für Privatisierungsfragen verfügen.«[211]

Der Personalmangel trieb den Vorstand im Herbst auf drei Ebenen um. Nicht nur festangestellte Mitarbeiter in der Zentrale und den Niederlassungen fehlten, auch Experten für die Vorstände und Geschäftsführungen

207 Ebd.

208 R41-Interview mit Friedrich Calbeck, 25.1.1993.

209 R43-Interview mit Dr. Steffen Gerhard/Kai Rumeck, 29.1.1993; R32-Interview mit Gerhard Pander, 22.12.1992; R18-Interview mit Dr. Boris Märtens, 10.9.1992.

210 Vgl. auch Rohwedders Ansprache: Volkskammer der Deutschen Demokratischen Republik: Stenographisches Protokoll, 10. Wahlperiode, 35. Tagung, 13.9.1990, in: Treuhandanstalt: Dokumentation, Bd. 2, S. 152-176, hier S. 155.

211 »Die wollen gar keine Hilfe«, in: Der Spiegel, 15.10.1990; Kemmler: Entstehung, S. 255.

der achttausend Betriebe. Zudem strebte man eine möglichst umfassende Umbesetzung der dortigen Aufsichtsräte an – der potenzielle Bedarf an westdeutschen Managern bewegte sich aus Sicht der Treuhand-Spitze in Größenordnungen von mehreren Zehntausend.[212]

In einem an Rohwedder gerichteten Entwurfspapier vom 18. Oktober legte der gerade angetretene Personalvorstand Alexander Koch ein Konzept vor. »[M]it Bedacht«, so das Papier, habe der Gesetzgeber im Sommer der Treuhandanstalt »Strukturen und Arbeitsmöglichkeiten« gegeben, »die sich an der Wirtschaftspraxis ausrichten ohne unnötige Bürokratie«. Eben dieses Arrangement gelte es zügig mit westlichem Fachpersonal zu füllen. Koch schwebte vor, dass die künftigen Mitarbeiter ihr Engagement vielmehr als ideellen »Auftrag«, ja als »geistige« Mission begreifen sollten, die über den praktisch-technischen Vorgang der »Privatisierung« weit hinausweisen sollte:

> »Es gilt, die geistigen Grundlagen einer Wirtschaft, einer Wirtschafts- und Gesellschaftsidee in ein ›zerstörtes‹ Land und in das Bewusstsein ›befreiter‹ Menschen hineinzutragen. Die ›Mission‹ aller Mitarbeiter der Treuhandanstalt ist weit mehr als ›nur‹ eine Wirtschaftstätigkeit. Sie ist Vermittlung und Verwirklichung einer bewährten Wirtschafts- und Gesellschaftsordnung.«[213]

Diese »quantitativ und qualitativ wirklich gewaltige Aufgabe« schien Koch nur mit »modernsten Führungsmethoden« bewältigbar: »[A]lso mit Vertrauen, viel Delegation, großer Offenheit und Diskussionsbereitschaft, Entscheidungsfähigkeit und höchster Verantwortlichkeit«. Er schloss mit einem dreifachen Mantra:

> »Mitarbeit bei der Treuhandanstalt fordert mehr als nur eine gute Berufsausübung. Mitarbeit bei der Treuhandanstalt bietet mehr als nur die Befriedigung über einen gut gemachten Job. Mitarbeit bei der Treuhandanstalt ist Arbeit für das Gemeinwohl.«[214]

Als Koch seine personalpolitischen Überlegungen über eine zivilisatorisch ausgedeutete Ordnungsmission Mitte Oktober zu Papier brachte, hatte sich bereits abgezeichnet, dass ein Ansturm von West-Bewerbern auch nach dem Beitritt ausgeblieben war. Auf Kochs Initiative hin beschloss der Vorstand nun zügig vier »Leitlinien« für die künftige Personalsuche, die die personalpolitische Rekrutierungspraxis bestimmen sollten: Erstens folg-

212 »Management-Kultur aus dem Westen«, in: Die Welt, 10.11.1990.

213 Koch an Rohwedder: Entwurf »Unternehmensgrundsätze der Treuhandanstalt«,18.10.1990, in: Privatarchiv A. Koch, S. 3.

214 Ebd.

te man dem von Rickert vorgeschlagenen Ansatz, jedwedes »Alterslimit« für »ungültig bzw. unerheblich« zu erklären, um so auch erfahrene »elder manager« ansprechen zu können. Zweitens sollte die Bundesregierung öffentlich für ein »patriotisches« Engagement werben. Drittens wurden »jüngere, qualifizierte Nachwuchskräfte« in den Fokus gerückt, denen sich bei der Treuhand die »einmalige Chance« biete, frühzeitig intensives »Krisenmanagement zu erlernen«. Schließlich erkannte man viertens an, dass aus diesen »Hilfsquellen allein der Bedarf nicht zu decken« sein würde. Die »sehr hohen Qualifikationsanforderungen«, die »zeitliche Begrenztheit der Anstellung« sowie die »vielfältigen Schwierigkeiten der Treuhand-Arbeitsbedingungen« wirkten »offenbar abschreckend«, weshalb man auch teure externe Berater hinzuziehen müsse.[215]

Gleichzeitig blieb auch der Präsident nicht untätig. Zunehmend ungehalten über die mangelnde Resonanz unter seinen Kollegen in der bundesdeutschen Wirtschaft und Industrie, hatte Rohwedder Bundeskanzler Kohl seit einigen Wochen dazu gedrängt, die Organisation bei ihrem Werben um »Management-Experten« öffentlich zu unterstützen. Als Kohl am 8. Oktober mit den Spitzen der Wirtschaft zum Kamingespräch in Bonn zusammentraf, appellierte er eindringlich an die führenden Unternehmenschefs, dringend benötigtes Fachpersonal nach Berlin zu entsenden. Die anwesenden Industrievertreter versprachen daraufhin, kurzfristig knapp einhundert »Spitzenmanager« für einige Monate zu mobilisieren.[216] Dem »nationalen Appell« Kohls folgte in den kommenden Wochen tatsächlich eine später gelegentlich ironisch als »Hundertschaft des Kanzlers« titulierte Gruppe von 300 »Leihmanagern« bzw. »One-Dollar-Men« aus fast allen größeren Unternehmen der Republik. Am 8. November stellte Koch gemeinsam mit Ludolf von Wartenberg, dem BDI-Hauptgeschäftsführer, die »BDI-Blitzaktion Manager-Transfer für die Treuhandanstalt« der Öffentlichkeit vor. Insbesondere große Industrie- und Finanzkonzerne wie Siemens, Bayer oder Daimler hatten einen »Pool« bestückt, der für sechs Monate an die Treuhand »ausgeliehen« werden sollte. Ihre Bezüge sollten die Leihmanager weiter von den entsendenden Unternehmen erhalten – eine zur Entlastung des Budgets und zur Absicherung der Manager gedachte Maßnahme, die aber sogleich öffentlichen Spekulationen über Loyalitätskonflikte neue Nahrung gab.[217]

215 Breuel: Treuhand intern, S. 126f.

216 »100 Top-Manager wollen in der Ex-DDR helfen«, in: Morgenpost, 9.10.1990; »Spitzenmanager helfen der Treuhand«, in: Tagesspiegel, 9.10.1990; »Unternehmen sagen Kanzler Kohl Hilfe für die Treuhandanstalt zu«, in: Die Welt, 9.10.1990.

217 »Treuhand bleibt bei behutsamer Sanierung«, in: Morgenpost, 8.11.1990.

Unterdessen wurde Rohwedder nicht müde, in der Fachöffentlichkeit um weitere Unterstützung zu werben. Auf einer Tagung des Instituts der Deutschen Wirtschaft (IDW) in Bad Godesberg am 31. Oktober lobte der Präsident zwar seinen Vorstand als »Kernmannschaft, wie es sie an Erfahrung, Hingabe und Professionalität ein zweites Mal in Deutschland« noch nicht gegeben habe; dennoch beginne »direkt unter der kleinen Führungsspitze das Chaos«.[218] Unablässig buhlte die Führung in der westdeutschen Wirtschaftspresse um Personal. Auf der Suche nach neuen »Wirtschaftswunderdoktoren«, wünschte sich Vorstand Koch im Gespräch mit dem Wirtschaftsmagazin *Capital* »lauter kleine Rohwedders«, denen er »jeden Tag Spannung wie in einem Abenteuerroman« in Aussicht stellte, sie aber zugleich vor dem »höllische[n] Geschäft« im Osten warnte. Rohwedder selbst forderte von möglichen Bewerbern, »komplizierteste gruppendynamische Prozesse moderieren« zu können.[219]

Insbesondere ab Mitte September suchte man verstärkt mittels professioneller Personalberater Führungskräfte für die Niederlassungsleitungen und die Direktorenposten. Nicht von ungefähr berichteten daher in den 1992/93 geführten Interviews zahlreiche Direktoren und Abteilungsleiter von unerwarteten, meist telefonischen Offerten, oft durch Personalberater vermittelt. Aber auch informelle Kontakte und Verbindungen spielten in der Anfangszeit eine nicht zu unterschätzende Rolle. Meist griffen bereits amtierende Treuhand-Manager darauf zurück, indem sie ehemalige Studienfreunde, Geschäftspartner oder Arbeitskollegen für ein gemeinsames Engagement beim Wirtschaftsumbau Ost zu mobilisieren suchten. Auch in der Fachöffentlichkeit wurde dem »Personalproblem« vermehrt Aufmerksamkeit zuteil. Der Wirtschaftsjurist Wernhard Möschel ging in einem Essay intensiv hierauf ein, indem er über die Anforderungen an das »ideale« Personal für die praktische Arbeit am Alexanderplatz nachdachte:

> »Das ›ideale‹ Personal in ausreichender Zahl zu finden gehört zu den größten Schwierigkeiten der Treuhand. Bei jedem Mitarbeiter mit herausgehobener Verantwortung müsste es sich um eine Art Tausendsassa aus Unternehmer/Wirtschaftsprüfer/Anwalt/Sanierungsfachmann handeln. Solches Personal ist auch in der früheren Bundesrepublik extrem knapp. Der Anreiz zur Treuhandanstalt und sich dort möglichst rasch überflüssig zu machen, erscheint manchem Kandidaten gering. […] Ein Rückgriff auf ›alte Kader‹ ist möglicherweise nicht immer unvermeidlich.«[220]

218 »Aufgaben bis ins nächste Jahrhundert«, in: Die Marktwirtschaft, 12/1990.

219 »Die Wirtschaftswunderdoktoren«, in: Capital, 11/1990.

220 »Ein Staatskonzern im Angebot«, in: Frankfurter Allgemeine Zeitung, 26.1.1991.

Als Möschels Beitrag am 26. Januar 1991 in der *FAZ* erschien, hatte das intensive Werben um westdeutsches Managementpersonal durch patriotische Appelle, mediale Werbekampagnen, professionelle Personalberater und persönliche Kontakte erste Früchte getragen. Zum Jahreswechsel lag die Zahl festangestellter westdeutscher Mitarbeiter bei 108, die ihrer ostdeutschen Kollegen war mit 1.032 allerdings indes fast zehnmal so groß. Während also nach dem 3. Oktober knapp 100 Mitarbeiter aus der alten Bundesrepublik bei der Treuhand angeheuert hatten, waren zeitgleich über 700 Kollegen aus der ehemaligen DDR eingestellt worden. Die Rekrutierung ostdeutscher Mitarbeiter stellte im Gegensatz zur mühevollen Suche nach westdeutschen Experten kein Problem dar, ganz im Gegenteil: Für die unteren und mittleren Hierarchieebenen gingen beim Personalbereich Tausende Initiativbewerbungen ein, überwiegend von Mitarbeitern aus der aufgelösten Planwirtschaftsbürokratie oder den Betriebsverwaltungen – einem schier unerschöpflichen Personalreservoir, aus dem schon im Frühjahr 1990 der Kernbestand der ersten Mitarbeiter rekrutiert worden war.[221]

Eingedenk der beschriebenen Rekrutierungspraxis führte insbesondere die konservativ-liberale Wirtschaftspresse die öffentlich immer lauter beklagten Versäumnisse und die Krise der ostdeutschen Betriebe auch auf die andauernde, wachsende Präsenz gut vernetzter ostdeutscher »Altkader« zurück – so etwa ein »Treuhand-Report«, der am 24. Oktober 1990 angesichts des »Trümmerhaufen Treuhand« in der *Welt* veröffentlicht wurde:

> »[Bereits] Modrow [hatte] dafür gesorgt, dass alte SED-Genossen in der Treuhand Sand ins Getriebe streuen, wo es nur immer geht. Heute stellt sich heraus, dass diese alten Seilschaften bis in die letzten Tage hinein ganze Arbeit geleistet hatten. Dunkle Verträge wurden geschlossen, Käufer aus dem Westen verprellt.«[222]

Die Treuhand-Führung sah sich in ihrer pragmatischen Personalpolitik zunehmend auch von der liberalkonservativen Bundesregierung unter Druck gesetzt. Die spektakuläre Abberufung sämtlicher ostdeutscher Außenstellenleiter durch Birgit Breuel war zwar eine erste Reaktion auf derlei Vorwürfe.[223] Gleichwohl war die Bundesregierung damit noch nicht zufrieden. Mit dem Kampf gegen »Altkaderseilschaften« bei der

221 Vgl. dazu auch die Ausführungen zu den ostdeutschen Mitarbeitern im nachfolgenden Kapitel zur Sozial- und Erfahrungsgeschichte.

222 »Wir machen den totalen Schnitt. Wir fangen wieder bei null an«, in: Die Welt, 24.10.1990.

223 »Ende der Schonfrist«, in: Handelsblatt, 8.10.1990; »Treuhand ernennt 15 neue Regionalmanager«, in: Morgenpost, 5.10.1990; »Bei der Treuhand rollen die Köpfe: Neue Mannschaft für Außenstellen«, in: Die Welt, 5.10.1990.

Treuhand und in ihren Betrieben hatte sich das Bundeskabinett auf Initiative Helmut Kohls am 17. Oktober befasst, nachdem der Kanzler in den ostdeutschen Landtagswahlkämpfen wiederholt auf derartige »Auswüchse« hingewiesen worden war. Die Bundesregierung beschloss die Entsendung von »Vertrauensbevollmächtigten«, die in der Zentrale und in den 15 Niederlassungen als unabhängige Ansprechpartner für Hinweise auf personelle »Belastungen« fungieren sollten. Am 25. Oktober versammelten sich 17 Kandidaten, allesamt pensionierte, hochrangige Richter oder Justizbeamte, im Bundeskanzleramt; am 6. November nahmen die »Vertrauensbevollmächtigten« ihren Dienst auf.[224]

Doch auch diese Maßnahme ließ die öffentliche Kritik nicht abreißen; in den kommenden Monaten boten als solche angesehene »Altkaderseilschaften« beständigen Anlass für Verdächtigungen, weshalb sich der Vorstand in Zugzwang sah: Am 20. Februar 1991 forderte Alexander Koch die »Mitarbeiter aller Ebenen aus den alten und neuen Bundesländern« auf, eine persönliche Erklärung abzugeben, um das Thema »endgültig ad acta« legen zu können. In der »Erklärung« sollten sie versichern, dass sie »weder in einer gegenwärtigen noch in einer früheren Tätigkeit hauptamtlich oder als inoffizieller Mitarbeiter für den Staatssicherheitsdienst der ehemaligen DDR tätig gewesen« seien; falsche Angaben zögen »personelle Konsequenzen« nach sich. Der Personalchef wollte die Erklärung, die sich ausdrücklich nicht auf die Mitgliedschaft in der einstigen Staatspartei SED bezog, »als Zeichen« verstanden wissen, das der eigenen Organisationsspitze künftig die »Möglichkeit« gebe, »Belegschaft und Treuhandanstalt wirkungsvoller nach außen zu schützen«.[225]

Nach dem Jahreswechsel 1990/91 verstärkte die Treuhand-Spitze nochmals ihr Werben um entsprechendes (West-)Personal. Ende Januar gab Vorstand Koch dem *manager magazin* ein Interview, abgedruckt in der

224 Vgl. auch den umfassenden Zeitzeugenbericht von Krieger, Albrecht: Begegnungen mit der politischen Vergangenheit im Osten Deutschlands. Als Vertrauensbevollmächtigter beim Vorstand der Treuhand, in: Bierich, Markus; Hommelhoff, Peter; Kropff, Bruno (Hg.): Unternehmen und Unternehmensführung im Recht. Festschrift für Johannes Semler zum 70. Geburtstag, Berlin u.a. 1992, S. 19-66; Treuhandanstalt-Pressemitteilung: Treuhandanstalt stellt sich dem Problem der Seilschaften, Berlin, 7.11.1990, in: Treuhandanstalt: Medienarchiv; Treuhandanstalt-Pressemitteilung: Schon 70 Eingaben an Vertrauensbevollmächtigte, Berlin, 13.11.1990, in: Treuhandanstalt: Medienarchiv; sowie ferner: »Vom jähen Ende mancher Traum-Karriere«, in: Frankfurter Rundschau, 26.6.1992.

225 Treuhandanstalt Personalvorstand: An alle Mitarbeiter der Treuhandanstalt Berlin und Niederlassungen, Berlin, 20.2.1991, in: Treuhandanstalt: Dokumentation, Bd. 11, S. 139.

Sparte »Osteinsatz«.[226] Koch stellte interessierten Lesern »enorme« Karriere- und Aufstiegschancen in Aussicht: Wer im Osten »im Mittelmanagement« einsteige und sich dort bewähre, gelange »sehr schnell an die Spitze«, da die »Ostchefs [...] einfach zu große Defizite« hätten. Dass der bisherige »Management-Transfer« nur schleppend angelaufen sei, erklärte Koch mit den »viele[n] ungeklärten Fragen«: Lage, Perspektiven und Anforderungen seien in der ostdeutschen Industrielandschaft noch sehr ungewiss. Zugleich behindere viele Industriemanager auch eine gewisse Saturiertheit: Sie säßen »im Westen auf ihrem bequemen Stuhl« und hätten es »schön warm, sicher und [seien, M.B.] gut bezahlt«. Zudem müsse die Personalabteilung auch eine Reihe von »Querschläger[n] der Nation«, die sich beworben hätten, »mühsam aussortieren« und »die Edelsteine unter den Kandidaten suchen«, zumal der Treuhand nicht die Option zur Verfügung stehe, Spitzenkräfte und Experten aus anderen Unternehmen herauszukaufen, da man bei der Privatisierung auf das Wohlwollen dieser Unternehmen als potenzielle Investoren angewiesen sei. Auch Gehaltsvorstellungen benannte der Personalmanager als gravierendes Rekrutierungshindernis: »Einem 250 000-Mark-Mann aus der alten Bundesrepublik« könne er nicht einfach »300 000 oder 340 000 Mark« anbieten, weil die ostdeutschen Manager »verrückt« würden, wenn sie realisierten, »dass westliche Führungskräfte das Achtfache ihres Gehalts« verdienten.[227]

Im Frühjahr 1991 forcierte der Vorstand daher eine personalpolitische Strategie, die bereits im Oktober als kurzfristige Notlösung diskutiert worden war: den Einsatz externer Berater. In einem Modellversuch hatte Birgit Breuel bereits am 8. Januar 15 »Berater-Teams« zunächst für ein halbes Jahr in die Zweigstellen entsandt, um dort durch »Systematisierung« und »aktive[s] Marketing« kurzfristig eine »Beschleunigung des Privatisierungsprozesses« zu erreichen. Wenige Tage später widmete der Vorstand diesem Themenfeld eine seiner ersten Richtlinien. Die »Privatisierungs-Beraterrichtlinie« sollte eine »Beschleunigung des Privatisierungsprozesses« durch »professionelle externe Dienstleistungsressourcen« ermöglichen, jedoch unter der Vorgabe, dass »für alle Stadien des Privatisierungsverfahrens« die »Entscheidungskompetenz« unbedingt beim festangestellten Personal verbleiben müsse.[228]

Die eingesetzten Berater sollten etwa Betriebe mitbewerten, vorliegende Angebote prüfen, mögliche Käufer sondieren oder Privatisierungsverhandlungen begleiten. Denkbare »Interessenkonflikte«, etwa durch Mehrfach-

226 »Wir suchen Edelsteine«, in: manager magazin 6/199.

227 Ebd.

228 Richtlinie zur Einschaltung von Beratern im Privatisierungsverfahren, Berlin, 14.1.1991, in: Treuhandanstalt: Dokumentation, Bd. 11, S. 134-138.

engagements, sollten frühzeitig ausgeschlossen werden. Diese Richtlinie legte das Fundament für ein personalpolitisches Arrangement, das den postsozialistischen Wirtschaftsumbau in den frühen 1990er-Jahren fortwährend begleiten sollte. Obgleich die bei der Treuhand anfallenden »Berater-Kosten« immer wieder zum öffentlichen Thema wurden,[229] sollte sich aus der »Notlösung« schließlich eine dauerhafte personalpolitische Liaison mit den großen Beratungsagenturen entwickeln. Anfang Mai waren bereits 150 befristete Berater in der Zentrale und den Niederlassungen tätig; in den Jahren 1992/93 sollte deren Zahl letztlich in den vierstelligen Bereich ansteigen.[230]

Dass am Alexanderplatz die üblichen Prozeduren und Routinen der Personalsuche und -einstellung im Herbst 1990 völlig außer Kraft gesetzt waren, berichteten auch zahlreiche Interviewpartner in aller Ausführlichkeit. Ab November 1990 wurden die ersten Leihmanager aus den alten Ländern auf die verschiedenen Vorstandsbereiche aufgeteilt. Direktor Simon Norden erinnerte sich an dieses Auswahlverfahren:

> »[W]issen Sie, also das war wie am Sklavenmarkt – da kamen diese gestandenen Manager aus dem Bundesgebiet, alle gewohnt, in Chefzimmern mit mindestens einer Sekretärin zu sitzen, die saßen da an einem Tisch, und ihnen gegenüber saßen irgendwelche Treuhandvorstände oder Direktoren, und die sagten, ›Ich will den und den und den und den, haben Sie etwas dagegen‹.«[231]

Ähnliches wusste auch der promovierte Wirtschaftsjurist Stephan Erhard zu berichten, der sich im November 1990 der Treuhand angeschlossen hatte, nachdem er zuvor zwei Jahrzehnte dem Vorstand eines internationalen Großunternehmens angehört hatte. Vom eigenen Gelächter unterbrochen, beschrieb Erhard, wie die im Rahmen des »Kanzler-Appells« entsandten Manager dort auf ihre neuen Aufgaben verteilt wurden und Bericht darüber abzulegen gebeten wurden, »was sie bisher getan HATTEN und was sie gerne tun WÜRDEN«.[232]

Intern habe man die in der Zentrale veranstalteten Massenauswahlverfahren tatsächlich als »Sklavenmarkt« bezeichnet, bei dem sich Führungskräfte und Leihmanager gegenübersaßen und so einander begutachteten:

> »Dieses haben wir als Sklavenmarkt bezeichnet, und da haben Sie dann erlebt, wie Herren, meistens waren es Herren, wie die auf der anderen Tischseite dann, das war ein riesenlanger Tisch, auf der einen Seite

229 Vgl. auch die nachfolgenden Abschnitte zu den medienöffentlichen Auseinandersetzungen 1992/93.

230 »Genauer rechnen«, in: Wirtschaftswoche, 13.9.1991.

231 R46-Interview mit Simon Norden, 10.2.1993.

232 R4-Interview mit Dr. Stephan Erhard, 27.7.1992.

aufgereiht [...] an der anderen Seite Treuhandanstalt, dann haben die Herren sich vorgestellt. Manche haben gesagt, mit Begeisterung, andere, konnten Sie deutlich merken, die hatte man grade gezogen wie eine Mohrrübe und hatte gesagt, »Und du machst das jetzt« [...] und der sagte, »Und mir zwickt's hier, und mir zwickt's da, und ich kann an sich nicht, und Montag kann ich überhaupt nicht, und Freitag ist auch ---«. Es war also eine höchst unterschiedliche Darstellung.«[233]

Der jeweilige Auftritt der neuen Manager hatte unter den Spitzenkräften unterschiedliche Resonanzen zur Folge, wobei manche »Leihmanager« deutlich begehrenswerter als andere erschienen. Dies habe insbesondere bei hochrangigen Industrieexperten zu Irritationen geführt:

»Entsprechend waren auch die Reaktionen. Und entsprechende PEINLICHKEITEN gab es auch. Wenn man --- den Eindruck hatte, »Aha, das ist ein guter Mann, könnte man gebrauchen,« dann schrien alle »hier«, auf der anderen Seite des Tisches. Wenn jemand (lacht bißchen) also da nur eine flaue Vorstellung gab, – [...] dann blieb es ruhig. Nun hatte man aber erwartet, und es gab auch Ärger mit den entsendenden Firmen, dass nun jeder, der da erscheint, auch GENOMMEN wird. Und der Ärger war natürlich vorprogrammiert dann, wenn relativ hochkarätige Leute, die sich da flau vorgestellt hatten, dann auch für entsprechend untergeordnete Positionen eingesetzt werden sollten. War schwierig.«[234]

Im November 1990 nahm auch Charles Volkmann selbst an einem »Sklavenmarkt« teil. Frisch aus den USA zurückgekehrt, war er einer von sieben Führungskräften, die ein führender deutscher Chemiekonzern als »One-Dollar-Men« nach Berlin entsandt hatte. In den USA hatte er die fernen Geschehnisse seit Herbst 1989 mit einem »gewissen Gefühl der Eifersucht« im Fernsehen verfolgt«. »Aus heiterem Himmel« sei er dann im Oktober telefonisch von einem Vorstand auf den »Notruf« des Kanzlers angesprochen worden und habe »sehr spontan« und »ohne weiter eigentlich nachzudenken« sein Einverständnis erklärt. Am Alexanderplatz angekommen, nahm Volkmann auf der anderen Seite des Konferenztisches Platz – und schien über die Informalität und Kontingenz des dort praktizierten Auswahlverfahrens nachgerade fassungslos:

»Und es war dann eine Frage von Tagen, um rüberzufahren nach Berlin, und mit Kollegen von Bayer [...], um mit dem Vorstand der Treuhandanstalt, mit nicht weniger als 4 Vorstandsmitgliedern, zusammenzu-

233 Ebd.
234 Ebd.

treffen zu einem ersten Interview, was wir denn nun so machen sollten. [...] [J]eder dieser Vorstände war bemüht, sich aus dem Kreis derer, die sich vorstellten, jemanden zu greifen: gewissermaßen nach dem Motto: ›mit dem kann ich gut und den will ich haben‹. Jedes Interview dauerte ungefähr 2 Stunden und es hing von der Zufälligkeit der Sitzordnung ab, welchem Vorstandsmitglied man gerade gegenübersaß, um die Kommunikation in Gang zu bringen.«[235]

Auch mit der fachlichen Verteilung der jeweiligen Aufgabenbereiche haderte der Direktor im Rückblick:

> »Es kam allerdings auch dadurch zustande, dass meine Kollegen entweder Chemiker waren oder aber Finanzleute. Mit dem Ergebnis, dass meine Chemikerkollegen praktisch gebeten wurden, sich um die ostdeutsche Chemie zu kümmern, während ich der Meinung war, ich sollte nicht unbedingt in die Chemie gehen. Weil ich ehrlich gesagt das Problem des Interessenkonflikts sah. Das Problem ist nachher gar nicht so aufgetreten, aber hätte auftreten können.«[236]

Auch der Wirtschaftsjurist Erhard teilte den Argwohn seines Direktorenkollegen über mögliche Interessenkollisionen, sofern man die Branchenexperten, »insbesondere dann, wenn es sich nicht um Mitarbeiter handelte, die in fortgeschrittenem Alter waren, sondern um solche, die [...] mitten im Geschäft standen«, in ihren angestammten Fachgebieten einsetzte:

> »Also das wurde höchst unterschiedlich gehandhabt, einige Vorstandsbereiche haben die Leute in den Bereichen eingesetzt, in denen sie über besondere Kenntnisse und Erfahrungen verfügten, andere haben gesagt, kommt überhaupt nicht in Frage, der Interessenkonflikt ist vorprogrammiert, ich setze in VÖLLIG fremden Bereichen ein. --- Ob sowas und wie sowas funktioniert hat, hängt von der Persönlichkeit ab, in sehr starkem Maße, können Sie sich vorstellen. Das eine war nicht ideal, und das andere war auch nicht ideal.«[237]

Auch andere Mitarbeiter gingen rückblickend ausführlich auf die Fallstricke der personalpolitischen Expansion ab Ende 1990 ein. Über einen Personalberater hatte die Treuhand Kontakt zu Finanzmanager Dieter Geppert aufgenommen; nach einem kurzen Vorstellungsgespräch habe man ihm überraschenderweise eine Stelle als Abteilungsleiter angeboten:

235 R22-Interview mit Dr. Charles Volkmann/Benedikt Golland, 1.10.1992.
236 Ebd.
237 R4-Interview mit Dr. Stephan Erhard, 27.7.1992.

»Alles ging relativ schnell, ich habe also auch so etwas noch nicht erlebt. Wir haben uns also unterhalten, ich denke mal, eine viertel Stunde oder zwanzig Minuten, und dann habe ich gesagt, ›Sie wollen sich jetzt sicher zurückziehen und beraten, und dann informieren Sie mich bald, das wird nämlich Zeit‹, weil ich schnell beginnen sollte, und weil ich natürlich auch meine Dinge regeln musste, ich war ja noch völlig gedanklich in meiner damaligen beruflichen Position. Da haben sie gesagt, ›Nein nein, wir haben uns schon entschieden‹. Das war der helle Wahnsinn, das ging also sehr schnell.«[238]

Auch für Volker Wiertel verlief das erste Treffen ungewöhnlich. Mitte September war der Jurist, der bis dato eine geradlinige Karriere im bayerischen Wirtschaftsministerium absolviert hatte, zunächst von Vorstand Klaus-Peter Wild, später dann von Präsident Rohwedder persönlich zum Gespräch eingeladen worden. Detailliert rekapitulierte Wiertel:

»Und mein erster Eindruck war schon sehr beunruhigend, denn der Gesprächstermin war für 11 Uhr abends anberaumt worden. Es war so, man kam dorthin und hatte seinen Termin bei Herrn Wild und bei Herrn Rohwedder um 11 Uhr abends, ich war dann so gegen viertel vor 11 abends, nach langem Suchen des Alexanderplatzes 6, denn niemand auf dem großen Alexanderplatz, den ich gefragt hatte, konnte mir sagen, welches dieser Gebäude um den Alexanderplatz herum eigentlich der Alexanderplatz Nr. 6 sei, stand dann plötzlich vor einem Schild, auf dem Treuhandanstalt stand.«[239]

Aufgrund laufender Privatisierungsverhandlungen sei dann das ohnehin sehr spät terminierte Auswahlgespräch nochmals auf die Zeit nach Mitternacht verschoben wurden. Schließlich sei er von Rohwedder und Wild empfangen worden, die ihm jedoch keine nähere Auskunft über seine künftige Tätigkeit geben konnten:

»So kurz vor 12 kamen dann Herr Wild und Herr Rohwedder, redeten intensiv auf mich ein, und meinten, ich müsse unbedingt kommen. Ich habe geantwortet, ich wolle darüber reden, was ich eigentlich hier genau tun soll, wie ich organisatorisch eingebunden werden soll, wie eigentlich die Mitarbeiter aussehen, wie die technische Ausstattung aussieht, und natürlich auch, wie meine eigenen vertraglichen Konditionen aussehen würden. Und dann hieß es, ja ja, wir müssen den Personaldirektor kommen lassen.«[240]

238 R38-Interview mit Dieter Geppert, 16.1.1993.
239 R13-Interview mit Dr. Volker Wiertel, 5.8.1992.
240 Ebd.

Damit war der retrospektive Bericht des Direktors keinesfalls abgeschlossen:

> »[Der Personaldirektor, M.B.] erschien dann um viertel vor eins morgens zu diesem Personalgespräch. Dann haben wir ungefähr anderthalb Stunden erst mal darüber diskutiert, in welchem Geschäftsbereich ich eigentlich tätig sein sollte. Und es hat sich dann herausgestellt, dass die damalige Organisationsmatrix der Treuhandanstalt so aussah, dass im Grunde genommen in zwei verschiedenen Unternehmensbereichen oder Vorstandsbereichen dasselbe getan werden sollte. Dann haben wir ungefähr eine Stunde lang über Sinn und Unsinn einer solchen Parallelstruktur gesprochen.«[241]

Ein Bankmanager, der ebenfalls an dem Gespräch teilgenommen hatte, habe »so um halb drei morgens« letztlich die »Brocken hingeschmissen«. Eine Stunde später hatte auch Wiertel die Diskussion ermüdet abgebrochen und war zurück nach München gefahren, um die Angelegenheit mit seiner Ehefrau zu diskutieren, der er voller Unglauben berichtet habe:

> »[...] die wissen ja nicht mal ganz genau, wie sie ihre Organisation eigentlich aufbauen wollen, und ob das nun sinnvoll ist, da in einen Laden hineinzugehen, ohne eigentlich, wenn du anfängst, genau zu wissen, mit welchen Aufgaben du denn letztendlich TATSÄCHLICH konfrontiert werden wirst, einfach nur zu sagen, du sollst ein bisschen hier unser Verbindungsmann zu Bonn sein, das war mir einfach zu wenig bestimmt, da wird wohl nichts daraus werden.«[242]

Obwohl er demnach schon einen Wechsel ausgeschlossen hatte, erreichte den Ministerialbeamten wenige Tage später ein weiterer Anruf aus Berlin, bei dem ihm der Vorstand weitgehende Handlungsfreiheit in Aussicht gestellt und letztlich erfolgreich zum Beginn seiner Tätigkeit als Direktor gedrängt habe.[243]

Erfahrene Ministerialbeamte und vor allem aber auch langjährige Industriemanager gehörten der ersten Gruppe von Direktoren unmittelbar unterhalb der Vorstandsebene an. Sie waren eben jene »Häuptlinge«, die nach der Organisationsreform im Januar 1991 ihre neu geschaffenen Direktorate zügig aufbauten – Grundsätze formulierten, Strukturen organisierten und vor allem: selbstständig Personal suchten und einstellten. Stephan Erhard unterstrich den experimentellen Charakter der Situation:

241 Ebd.
242 Ebd.
243 Ebd.

»Ja, wie haben wir nun die Leute gefunden? Die Personalabteilung war überschwemmt mit TAUSENDEN von Bewerbungen, die sie auch gar nicht sortieren konnten mit den paar Leuten, die sie hatten, und schon gar nicht irgendwie einordnen konnten. Also hat man relativ schnell danach Ausschau gehalten, dass man einen eigenen Mitarbeiterstab -- ohne möglichst solche Interessenkonflikte gewinnen konnte. Das konnte nur über längere Zeit ablaufen. Und dieses war doch sehr stark ein trial-and-error-Verfahren.«[244]

Für seine in den Großraumbüros am Alexanderplatz eintreffenden Mitarbeiter hatte der Direktor provisorisch mehrere Auffangzonen eingerichtet. Dies sei für viele Neuankömmlinge überraschend gewesen. Der Direktor wollte dieses Verfahren jedoch als erste Alltagstauglichkeitsprüfung für die neuen Westmitarbeiter verstanden wissen:

»Am Montag kamen immer die Neuankömmlinge. Ich wusste nicht, wie viele kamen, wer kam, wo die herkamen, was sie konnten, was sie sollten, die standen nur schlicht vor der Tür und sagten ›Hier sind wir, und bitte geben Sie uns eine Aufgabenstellung‹. Wir hatten die Aufgaben noch nicht geordnet, wir hatten keinen Platz, Telefonapparate hatten wir schon gar keine. Also – wir mussten dieses alles sozusagen von einer Minute auf die andere Minute regeln. Ich hatte dann mit der Zeit so etwas wie [zwei] Notaufnahmelager. Die bestanden aus Großraumbüros, in denen man bis zu dreißig Leute unterbringen konnte. Und da habe ich die Neuankömmlinge, gestandene Vorstandsmitglieder und angehende Vorstandsmitglieder, also alles quer durch den Garten, die gewohnt waren, also mit Chauffeur und zwei Sekretärinnen und drei Telefonapparaten zu arbeiten, die habe ich dann in diese Räume gepfercht.«[245]

Diese Unterbringung habe sodann bei einigen Westdeutschen zu »enormen Eruptionen« geführt. Doch wer die erste Zeit im Großraumbüro nicht drei Tage lang »überstanden« habe, erschien ihm ohnehin »nicht tauglich« für den Alltag bei der Treuhandanstalt.[246]

Analog zu seinen Kollegen begann auch der vormalige Zeitungsmanager Theodor Lohmann* im Januar 1991 mit dem personellen Aufbau seines Direktorates. Ihm schien dieser Zeitpunkt der eigentliche Geburtstermin des »Unternehmens« Treuhandanstalt:

»Als Rohwedder […] selbst das Ruder in die Hand nahm, musste er hier eine andere Struktur einführen. […] Und Rohwedder hat das gemacht,

244 R4-Interview mit Dr. Stephan Erhard, 27.7.1992.
245 Ebd.
246 Ebd.

> was man immer tun muss, wenn man ein Unternehmen aufbaut, er hat erst eine Struktur und eine Organisation gebildet, bevor er angefangen hat mit blindem Aktionismus. Dann hat es noch bis in den Januar 91 gedauert, bis die Struktur einigermaßen mit Menschen aufgefüllt war. Deshalb behaupte ich, die Treuhand existiert erst seit Januar 91.«

Für den langjährigen Stahlmanager Matthias Erben, der im Februar 1991 die Führung eines neuen Branchendirektorates übernahm, gestaltete sich das Aufspüren von geeignetem Personal derart schwierig, dass er sein im Januar 1993 geführtes Interview unmittelbar mit einer langen Erzählpassage hierzu eröffnete. Auch er diagnostizierte die damalige Personal-Angebotslage als disparat:

> »Und da natürlich hier ein Gerippe zunächst mal nur aus Ostmitarbeitern bestanden hatte, war das [Finden von guten Leuten, M.B.] gar nicht so furchtbar einfach, denn jeder wusste natürlich, dass er sich hier auf einen Zeitjob einlässt. [...] Und die besseren Leute waren dann meistens diejenigen, wie immer im Leben, die eine feste und solide Anstellung hatten. Die anderen – da wurde es dann auch wieder ein bisschen schwieriger, die zu nehmen.«[247]

Aus Sicht des Vorstands erschwerte schon im Spätherbst 1990 das sich unterdessen rapide verschlechternde öffentliche Image die Personalsuche zusätzlich. Sie würde auf potenzielle Bewerber in hohem Maße abschreckend wirken, wie Rohwedder bei seinem Auftritt zur Jahrestagung des IDW am 31. Oktober warnte: Es könne »niemand mehr erwarten [...], dass erstklassige Leute aus der deutschen Wirtschaft« künftig »ihren Ehrgeiz daran setzen, eine bestimmte Zeit lang in der Treuhandanstalt gearbeitet zu haben«, wenn sich dieser schlechte öffentliche »Eindruck« weiter verfestige.[248]

Knapp vier Monate später, im Februar 1991, fanden sich die Treuhand und ihr Personal inmitten eines medienöffentlichen »Tornados an Kritik« wieder – entsprechend intensiv sann der alarmierte Vorstand auf einer Klausurtagung darüber nach, wie er trotzdem geeignete Kandidaten interessieren könne. Zugleich diskutierte die Führung, ob und wie – angesichts der sich in der Organisation versammelnden Vielfalt des Personals – die Etablierung einer »gemeinschaftliche[n] Unternehmenskultur« vonnöten und sinnvoll sei.[249] Hatte das soziale Gefüge am Alexanderplatz 1990/91 in den Worten eines Abteilungsleiters noch wie eine »positive Notge-

247 R39-Interview mit Dr. Matthias Erben, 19.1.1993.

248 »Treuhand. Das größte Unternehmen der Welt unter Beschuß«, in: horizont-international, 36/1990.

249 R48-Interview mit Bertold Parmeier, 24.2.1993.

meinschaft« unter »abenteuerlich-chaotischen« Bedingungen quasi ohne jedes Zutun »von oben« funktioniert,[250] trieb die Treuhand-Spitze bereits die langfristige personalpolitische Perspektive um: Wie würde man auch künftig diese besondere Motivation aufrechterhalten können, trotz heftiger Kritik von außen, trotz der mit wachsender Mitarbeiterzahl schnell zunehmenden biografisch-professionellen Pluralität des Personals?

4.6 Macher, Amalgamierung, Chaos: Die »Goldene Zeit« bis März 1991

Auf dringende Empfehlung des Vorstands Klaus-Peter Wild war der Jurist Daniel Kaltenburg aus dem bayerischen Finanzministerium Anfang November 1990 nach Berlin geschickt worden. Den Beginn seiner Tätigkeit beschrieb er als außergewöhnliche Mehrfachbelastung:

> »[Der] Herr Wild [hat mich, M.B.] hier sofort in Beschlag gelegt mit diversen Sonderaufträgen, mit Teilnahme an X Besprechungen, die dann hinterher nachzuarbeiten waren. --- Und -- diese Dreifachbelastung, Leute suchen, die eigene Arbeit strukturieren, und sofort in operative Dinge einsteigen, das war eigentlich unmöglich. Und ich bin auch hier angekommen und habe gesehen, wie der Vorstand hier gearbeitet hat, jeden Dienstag Vorstandssitzung, auf die Schnelle die Vorlagen vorbereitet, in keiner Weise so vorbereitet, wie in einem Ministerium man das gewöhnt ist, als Standard.«[251]

Den Direktor hatte nach seiner Ankunft die drängende Gleichzeitigkeit der zu bewältigenden Problemlagen erschüttert. Strategiebildung, Strukturaufbau und Personalsuche mussten bei anlaufendem Massengeschäft parallel realisiert werden. In seinen Augen hätte die Organisation eigentlich zunächst in Klausur gehen müssen:

> »Und habe mir gesagt, das kann doch gar nicht wahr sein, wie die hier arbeiten. Die müssten doch erst mal drei Monate sich zurücklehnen, nicht zurücklehnen, aber drei Monate stop machen, sagen, ›Sendepause, wir organisieren uns, wir schaffen das Personal, wir beschreiben die Abläufe, und dann geht es los‹. Das war aber nicht möglich, es war nicht möglich, sich den andrängenden Arbeiten zu entziehen. Es war nicht möglich, den Investoren zu sagen, in drei Monaten könnt ihr wiederkommen, inzwischen machen wir gar nichts, sondern das musste alles gleichzeitig gemacht werden.«[252]

250 R49-Interview mit Josef Arnstein, 16.4.1993.
251 R11-Interview mit Dr. Daniel Kaltenburg, 31.7.1992.
252 Ebd.

Gerade weil eine abgeschiedene Selbstreflexion praktisch unmöglich schien, sei die Organisation zur Zeit Rohwedders durch kurzfristige wie pragmatische Problemlösungen geprägt gewesen:

> »[D]as Prinzip war, ›Wo ist das Problem, was können wir sofort machen?‹. Das war eine sehr turbulente und sehr unorganisierte Zeit, aber andererseits natürlich auch, hatte man ungeheure – Spielräume, sich zu betätigen.«[253]

Für Direktor Stefan Wolter war die Rohwedder-Zeit ab Herbst 1990 durch eine immense soziale Dynamik gekennzeichnet, die so einen kollektiven, organisationskulturellen Integrationsprozess katalysiert habe:

> »[Ich will] darauf hinaus, dass ständig neue Leute kamen, dass es sozusagen ein großer Einschmelzvorgang war. [...] Es war also ein ständiges Ankommen und ein ständiges Einschmelzen-Müssen. Und wer ankam, war nach drei Tagen auf dem Stand wie die, die schon da waren. Die waren aber zum Teil auch erst drei Wochen da oder drei Monate, so dass dieser Amalgamierungsprozeß, dieser Schmelztiegel ständig eine ganz hohe Temperatur hatte, so dass alles, was da reingeworfen wurde, sich sofort einschmolz und im wahrsten Sinne des Wortes sich da auch ein Team herausgebildet hat.«[254]

Verwaltungsdirektor Urs Cramer zeigte sich ebenfalls von den integrativen Dynamiken dieser Frühzeit überrascht:

> »Das [Interessante] ist eigentlich, dass es gelingen kann, OHNE eine eigene Kultur zu haben, Sie müssen sich einmal vorstellen, es waren ja TAUSEND Kulturen, die da zusammenkamen, aus allen verschiedenen Bereichen, dass man in der Lage war, die sozusagen in dieselbe Richtung zu bewegen.«[255]

Noch wichtiger erschien ihm allerdings die in der Zentrale am Alexanderplatz herrschende Unordnung, in dem sich die Gruppen neuer Mitarbeiter von immensem Aufbauwillen angetrieben sahen:

> »Die wichtigste Erfahrung war, es gibt ja die Chaosforschung mittlerweile, und das war wirklich, es entstand AUS DEM CHAOS. Und das, was uns eigentlich gemeinsam getrieben hat, war der unbedingte Wille, da möglichst schnell etwas auf die Beine zu stellen. Wir haben ja nach NICHTS gefragt, nicht danach, ob die Räume oder ob die Arbeitsmittel ordentlich waren, wir haben nicht nach der Zeit gefragt, wir waren

253 Ebd.
254 R41-Interview mit Stefan Wolter, 4.2.1993.
255 R50-Interview mit Urs Cramer, 19.5.1993.

unheimlich getrieben. Getrieben und beseelt, das da auf die Beine zu stellen. Das ist die eine Erfahrung.«[256]

In der Lesart des Direktors war es das allgegenwärtige »Chaos«, in dem pragmatische »Macher« sich den eigenen Takt vorgaben und in dem zunächst gerade nicht die »Strategen« die praktische Agenda bestimmten:

> »Sie kriegen eigentlich heutzutage kaum noch Positionen oder Funktionen angeboten, wo Sie so frei, absolut frei, es galt – nicht nur, aber quasi nur – was Sie sich haben einfallen lassen und wo Sie letztendlich die Akzente hingelegt haben. Und das konnten Sie einführen, konnten Sie machen. Einfach machen. Und diejenigen, die dort speziell in der Anfangsphase waren, waren eigentlich alles Macher. Und die Denker [...] und Strategen waren eigentlich nur bedingt, am Anfang galt es, die Dinge schnell umzusetzen, voranzutreiben, MACHEN.«[257]

Alle drei Mitarbeiter hatten aus ihrer Perspektive versucht, die Quintessenz der Zeit zwischen August 1990 und März 1991 im Nachgang erzählerisch zu bündeln und sie hatten klingende Formeln dafür gefunden: Seien es die kaum fassbare Gleichzeitigkeit verschiedenster Herausforderungen, der intensive soziokulturelle »Amalgamierungsprozess« oder eben die im unüberschaubaren »Chaos« pragmatischer »Macher«. Die Organisation hatte sich in der Tat in Rohwedders halbjähriger Amtszeit massiv und radikal gewandelt. Sie war von den Rändern ins umkämpfte Zentrum der postsozialistischen Umbruchs- und Übergangsgesellschaft gerückt und so in den Mittelpunkt hitziger Debatten und Proteste geraten. Innerhalb der Treuhand hatte nicht nur ein strategischer Selbstfindungs- und Regelbildungsprozess begonnen, sondern auch die Suche nach angemessenen, dezidiert unternehmerischen Organisationsstrukturen eingesetzt. Schließlich zeitigten gerade auch die personalpolitischen Anstrengungen Resultate. Am 31. März 1991, einen Tag vor der Ermordung Rohwedders, zählte die Treuhandstatistik offiziell 2.141 festangestellte Mitarbeiter in der Zentrale und den Niederlassungen – davon stammten 360 aus der Bundesrepublik, die restlichen 1.781 aus der ehemaligen DDR. In einem halben Jahr hatte sich der Personalbestand damit mehr als verzehnfacht.[258]

Während einzelne Mitarbeiter die immensen Handlungs- und Gestaltungsspielräume hervorhoben, die sich ihnen 1990/91 in der Praxis eröffneten, traf dies in besonderem Maße auf den Mann an der Spitze der Treu-

256 Ebd.
257 Ebd.
258 Entwicklung des Personalstandes Ost-West-Mitarbeiter, Berlin, 24.7.1992, in: Treuhandanstalt: Dokumentation, Bd. 11, S. 155.

hand zu. Letztlich hatte Rohwedder als Präsident dieser expandierenden Organisation diese Zeitphase maßgeblich geprägt. Noch in den nach 1992 geführten Interviews war der ermordete Rohwedder omnipräsent – als Gründerpersönlichkeit, Integrations- und Symbolfigur oder Vorbild; Kritik an seiner Person ließ sich hingegen nicht finden. Zahlreiche Mitarbeiter gaben eine prägnante, (vermeintlich) selbst erlebte Rohwedder-Anekdote zum Besten – ein kerniges Bonmot, ein persönliches Gespräch oder einen beeindruckenden Auftritt. So auch der im Juli 1990 zur Treuhand gestoßene ostdeutsche Ministerstellvertreter Karl Korn. Dieser erinnerte sich exemplarisch an eine spontane interne Feier am 3. Oktober, deren Beschreibung viel über die Atmosphäre dieser Tage aussagte:

> »Wir haben dann den Tag der Einheit vorbereitet, der ist mir dann auch noch sehr gut in Erinnerung. Es war eine SEHR -- ich will das mal sagen, sehr improvisierte Feierlichkeit, aber ich glaube, gerade in der Improvisation waren dann auch diese Wärme und diese Herzlichkeit zu spüren. Es war keine überschäumende Euphorie da, ich muss das auch sagen. Dazu war die Aufgabe zu groß, und ich glaube, dass gerade die leitenden Herren der Treuhandanstalt auch sich über die Tragweite, beziehungsweise über die Größe der Aufgabe in dieser Stunde bewusst waren.«[259]

Hiervon ausgehend umschrieb er die besondere Rolle Rohwedders für die versammelten Mitarbeiter:

> »Es waren bewegende Stunden. Man ist sich menschlich näher gekommen. Herr Rohwedder war dafür bekannt, dass er eigentlich in seiner ganzen Zeit, unter der ich arbeiten durfte, bis zu seinem für uns alle sehr tragischen Tod, er war ja ein Mensch, der --- morgens oder abends oder wann immer, also sich auch um den letzten Mitarbeiter sozusagen mit kümmerte, das persönliche Gespräch suchte, auf die Leute zuging, auch für die Leute da war, der also sozusagen hier auch mit seinem PERSÖNLICHEN Engagement rüberbrachte, wir sind ein Team, wir müssen die Aufgabe packen, und so hat sich diese ganze Sache dann auch entwickelt.«[260]

Diese euphorische Expansionsphase sollte jedoch im Frühjahr 1991 ein jähes Ende finden.

259 R16-Interview mit Karl Korn, 4.9.1992.
260 Ebd.

5. Die Hochgeschwindigkeitsprivatisierung: Das Massengeschäft unter Breuel 1991/92

Der Mordanschlag auf Detlev Rohwedder am 1. April 1991 markierte den wohl tiefsten Einschnitt in der Organisationsgeschichte der Treuhand. Die tödlichen Schüsse von Düsseldorf veränderten sowohl die gegenseitigen Wahrnehmungsbilder von Treuhandanstalt und Außenwelt, als auch die Atmosphäre innerhalb der Organisation schlagartig, wie Boris Märtens zu Protokoll gab. Für den Direktor war der Tod des Präsidenten ein traumatisches Erlebnis:

> »Ein Einschnitt natürlich für jedermann, auch in der Wahrnehmung des Hauses und im Lebensgefühl, war dann die Ermordung von Herrn Rohwedder, die mich sehr getroffen hat. Ich war im Urlaub, und wollte gerade nach Hause fahren in meine alte Wohnung in Bonn, als ich im Radio hörte, morgens, am besagten Tag, Rohwedder ermordet, und ich fuhr dann auf der Autobahn an der nächsten Ausfahrt raus, kehrte zurück nach Berlin, weil ich meinte, man muss da sein, um erstens, das, was zu tun ist, zu tun, aber auch, um einfach Präsenz zu zeigen, und darzustellen, dass die Arbeit weitergeht. Ein entsetzlicher Schock für uns alle. Es stellte sich für mich natürlich auch die Frage, was geschieht. Rohwedder hatte mich eingestellt, ich glaube, es war ein Vertrauensverhältnis da, ich hatte großes Vertrauen zu ihm.«[1]

Neben Direktoren, Abteilungsleitern und zahlreichen Mitarbeitern eilten am 2. April auch die Vorstände Birgit Breuel und Klaus-Peter Wild zurück in die Zentrale und gaben eine »Erklärung« an die wartenden Pressevertreter ab, die den Mord verurteilte und Rohwedder als »ersten führenden deutschen Unternehmer« beschrieb, der sich für eine Aufgabe eingesetzt habe, »die in dieser Größe und Schwierigkeit unvergleichbar ist«.[2] Sie lobten sein Engagement für eine »sozial verträgliche und gerechte Lösung« des Wirtschaftsumbaus. Schließlich erklärte das Schreiben seinen Osterbrief zu einem »Vermächtnis gewordenen Auftrag« für das Personal.[3]

Abteilungsleiter Ernst Rabenau war am 2. April zum Alexanderplatz gekommen, auf dem er eine große Schar von Medienvertretern und Kamerateams vorfand. Ausführlich beschrieb er die Versammlung, zu der

1 R18-Interview mit Dr. Boris Märtens, 10.9.1992.

2 Erklärung des Vorstandes der Treuhandanstalt, Berlin, 2.4.1991, in: Treuhandanstalt: Dokumentation, Bd. 1, S. A76.

3 Ebd.

Breuel und Wild die in Berlin anwesenden Direktoren und Abteilungsleiter zusammengerufen hatten:

> »[D]a war eine denkwürdige Sitzung am Tag nach der Ermordung von Dr. Rohwedder, das war ja der Osterdienstag. Manche hatten es im Radio gehört […], manche nicht. Und vom Vorstand waren lediglich da Frau Breuel und Dr. Wild. Alle anderen waren im Osterurlaub. Frau Breuel rief dann eine Sitzung ein von allen Direktoren und allen Abteilungsleitern, das war also ein Häufchen von ungefähr 100, um nur ganz kurz zu sagen, dass es ganz traurig und ekelhaft ist, und wir können eigentlich nichts Besseres tun, als im Sinne von Dr. Rohwedder weiterarbeiten, Business as usual, und gibt es noch Fragen, nein, gut.«[4]

Auch die ostdeutschen Kollegen hätten dieser nüchternen Form des Angedenkens zunächst wenig abgewinnen können:

> »Und dann war es wieder ganz merkwürdig, dass unsere Ossifreunde uns fragten, ja, warum steht eigentlich in der Eingangshalle, da waren wir gerade noch am Alexanderplatz, warum steht in der Eingangshalle unten eigentlich nicht ein großes Bild von Dr. Rohwedder, denn das gehört sich doch so. Dass, wenn ein wichtiger Mann aus der Behörde gestorben ist, dass der da als Riesenbild mit so einem schwarzen Schleierchen um da in der Eingangshalle steht.«[5]

Während die Spitze die Zeichen direkt auf eine konsequente Fortsetzung der Arbeit setzte, zeigte sich das bereits seit Wochen heftig kritisierte Personal zutiefst verunsichert. Für den ostdeutschen Direktor Steffen Damm war Rohwedder nicht zuletzt ein Vorbild gewesen; seine Kritik an den Medien äußerte er deutlich:

> »Also manche Zeitungen haben ja direkt sich ereifert in Hetzkampagnen. Ich habe damals, am 31., oder am 1. April war es, glaube ich, als der Rohwedder erschossen wurde, einen Tag später oder zwei Tage später, hat das ZDF mich interviewt, weil ich als einer galt, der zwar jetzt ein Nobody war oder bin, aber im Umfeld von ihm war als Ostdeutscher, und ich habe damals, was die Herren dann später nicht gesendet haben, mein Interview mit einer sehr emotionalen, weil ich unter dem Eindruck der Ermordung von Rohwedder stand, Brandrede gegen die Presse gehalten.«[6]

4 R8-Interview mit Ernst Rabenau, 30.7.1992.

5 Ebd.

6 R24-Interview mit Steffen Damm, 6.10.1992.

Mit dieser »Brandrede«, so Damm, habe er gegenüber den Reportern seiner Entrüstung Ausdruck verliehen:

> »Weil ich gesagt habe, ihr seid an dieser Sache mit dran schuld, weil IHR habt dem Psychopathen, der da geschossen hat, die psychologische Entlastung vorab erteilt. Denn der hatte den Königsmord begangen. Das war ja eine Kampagne im Januar, Februar, März, das war ja teilweise unerträglich. Und der Mann hat doch in seiner eingeschränkten, paranoiden Denke, war der doch der Auffassung, er hat den Tyrannenmord begangen. Und dieser Tyrann, dieser Zyklop in Form des Herrn Rohwedder ist ja vorher in den Medien aufgebaut worden.«[7]

Mit dem plötzlichen Tod des omnipräsenten Präsidenten schien die Zukunft der Treuhand mit einem Schlag wieder völlig offen. Als Birgit Breuel Mitte April 1991 als Nachfolgerin im Präsidentenamt feststand und das Personal in das neue Domizil in der Leipziger Straße umzuziehen begann, schien in den subjektiven Rückschauen die abenteuerlich-chaotische »Aufbauphase« der Zeit am Alexanderplatz vorbei zu sein.

Das alltagspraktische Massengeschäft des postsozialistischen Wirtschaftsumbaus rückte in den Vordergrund. Die Tausenden komplizierten und verwickelten Privatisierungs-, Sanierungs- und Abwicklungsfälle wurden durch die bald 50 Direktorate ab Anfang 1992 von über viertausend Mitarbeitern vorangetrieben. Die schiere Dichte der gedrängten Ereignisse, widersprüchlichen Ergebnisse und nur selektiv verfügbaren Informationen erzeugte später in der Literatur die Tendenz, diese Phase lediglich kursorisch und summarisch zu behandeln.[8] So geriet eine organisationsgeschichtliche Etappe aus dem Blickfeld, in der die Treuhandanstalt mit Birgit Breuel an der Spitze ihr »Massengeschäft« im Zentrum der ostdeutschen Umbruchs- und Übergangsgesellschaft abwickelte.

Im folgenden Abschnitt wird diese Etappe systematisch in den Blick genommen. Dabei geht es nicht nur um die wirtschaftspolitisch nach wie vor hochumstrittene Rolle der Treuhand, sondern vermehrt auch um die medienöffentlichen Skandale, mit denen sich die Organisation von außen konfrontiert sah. Intern erzeugte der forcierte Privatisierungskurs zudem

7 Ebd.

8 Marc Kemmlers zeitgenössische Darstellung endete am 1. April und begnügte sich mit perspektivischen Ausblicken; Wolfgang Seibel und seine Mitautoren konzentrierten sich auf exemplarische »Privatisierungsnetzwerke« in der Werft- und Stahlindustrie; Dirk Laabs ließ sein Kalendarium nach dem Tod Rohwedders zu einem Potpourri von allgegenwärtigen Skandalen und dramatischen Einzelschicksalen zerfasern. Vgl. dazu Kemmler: Entstehung; Seibel: Verwaltete Illusionen; Laabs: Goldrausch; ferner auch Jürgs: Treuhändler oder Fischer/Schröter: Entstehung.

erheblichen Diskussionsbedarf, insbesondere was die Ausrichtung des Praxisgeschäfts sowie die übergeordnete Strategie anbelangte. Mit dem Frühjahr 1991 verlangsamte sich zwar das exponentielle Wachstum von Organisation und Personal, der Übergang von einer »chaotischen« Aufbau- in eine »geordnete« Großorganisation stellte die Treuhand jedoch vor neue Herausforderungen: Organisations- und personalpolitisch ging es nun darum, die Mitarbeiterschaft motiviert zu halten und zugleich zentrale Regelwerke durchzusetzen. der Aufbruch sollte dem Alltag weichen.

5.1 Kontexte: Vom Schock in den umstrittenen Transformationsalltag

Der Mordanschlag vom 1. April erschütterte nicht nur die Treuhand und ihre Mitarbeiter, auch Öffentlichkeit und Politik hielten in einem soeben erst vereinten Deutschland den Atem an, der vielen Menschen angesichts der Ermordung Alfred Herrhausens Ende November 1989 ohnehin noch stockte. Die medienöffentlichen und politischen Reaktionsmuster, die auf die RAF-Attentate folgten, wurden durch das dramatische Krisenszenario von Betriebsschließungen, Massenentlassungen und Demonstrationen in den neuen Bundesländern weiter potenziert. Mit dem Rohwedder-Mord schien auf einmal das Gelingen der »inneren Einheit« als gesellschaftlich-nationales Integrationsprojekt bedroht zu sein.[9]

In den Wochen nach dem Mordanschlag verebbten die massivsten Proteste und Demonstrationen in Ostdeutschland merklich. Auf dem Leipziger Augustusplatz hatten sich nach einem Aufruf der IG-Metall am 8. April nur noch 30.000 statt der zuvor 60.000 Menschen zu einer »Montagsdemonstration« versammelt. Die bis dahin allgegenwärtigen Rohwedder- und Treuhand-Spruchbänder waren weitgehend verschwunden, die Demonstranten legten sogar eine Schweigeminute für den ermordeten Treuhandchef ein. Am selben Tag hatten in Berlin nicht einmal mehr tausend Protestierer den Weg zum Treffpunkt an der Weltzeituhr am Alexanderplatz gefunden.[10] Die PDS-Politikerin Sonja Kemnitz sah sich genötigt, im *Neuen Deutschland* den Anschlag öffentlich anzuprangern, weil dieser jede Kritik an der Treuhand nun unmöglich mache und sich deren Vorgehen hierdurch noch weiter radikalisieren dürfte.[11]

In den höchsten Gefilden der Bundespolitik herrschte indes Schweigen. Die Spitzen von Politik und Wirtschaft nahmen am 10. April im Rah-

9 Zur medialen Rezeption des Mordanschlags vgl. etwa »Tödliche Schüsse auf Rohwedder«, in: Frankfurter Rundschau, 3.4.1991; »Die Treuhand und das düstere Szenario«, in: Die Welt, 4.4.1991; »Treuhand am Scheideweg«, in: Frankfurter Rundschau, 4.4.1991.

10 »Schweigeminute für Detlev Rohwedder«, in: Berliner Zeitung, 9.4.1991.

11 »Mit der RAF für die Treuhand?«, in: Neues Deutschland, 5.4.1991.

men eines Trauerstaatsaktes von Rohwedder Abschied. Es war das erste seit 1945 auf Bundesebene in Berlin stattfindende Gedenkzeremoniell, dessen Ausmaß seinesgleichen suchte: Die letzte wirtschaftspolitische Persönlichkeit, die ein ähnlich staatstragendes Zeremoniell auf den Plan hatte rufen können, war der im Oktober 1977 ermordete Hanns Martin Schleyer gewesen. Jetzt erwiesen die vollzählige Bundesregierung, der Bundespräsident, die Ministerpräsidenten, führende Oppositionspolitiker sowie unzählige Unternehmenschefs und Wirtschaftsvertreter Rohwedder die letzte Ehre. Fast fünfzig kurzfristig einfliegende Firmenjets hatten den Luftverkehr über Berlin beeinträchtigt; für das Areal um das Schauspielhaus, in dem der Trauerstaatsakt abgehalten wurde, galt weiträumig die höchste Sicherheitsstufe. Eintausend Gäste lauschten der Berliner Staatskapelle; das ZDF übertrug die Zeremonie live.[12]

Jens Odewald, der Vorsitzende des Verwaltungsrates und Chef der Kaufhof AG, sowie Johannes Rau, der langjährige sozialdemokratische Ministerpräsident Nordrhein-Westfalens, hielten Trauerreden, in denen sie unisono Politik, Wirtschaft und Öffentlichkeit zu politischem »Konsens« und lagerübergreifendem »Innehalten« aufriefen. Während Odewald längere Passagen aus Rohwedders »Osterbrief« als dessen »Vermächtnis« vortrug, lobte Rau dessen Engagement beim schwierigen Umbau des Dortmunder Hoesch-Konzerns.[13]

Die finale Ansprache von Bundespräsident Richard von Weizsäcker markierte den Höhepunkt der Veranstaltung. Rohwedder erschien ihm »ganz und gar Unternehmer, geleitet von einem weiten wirtschafts- und sozialpolitischen Horizont«; er sei »mit der ihm eigenen Verbindung von Pflichtgefühl und souveräner geistiger Unabhängigkeit, von harter pragmatischer Tagesarbeit und unbegrenzter Hingabe« ans Werk gegangen; »mit dem Mut eines Winkelried« habe er die beißende Kritik aus Ost und West auf sich gezogen. Abschließend variierte der Bundespräsident das im »Osterbrief« entfaltete Motiv einer »Dienstleistung für das ganze Volk«: »Er hat wahrhaft dem Volk gedient. Um unser ganzes Volk hat er sich ver-

12 Staatsakt für Dr. Detlev Karsten Rohwedder. Präsident der Treuhandanstalt, in: Treuhandanstalt: Dokumentation, Bd. 1; »Heute Staatsakt für Rohwedder in Berlin«, in: Tagesspiegel, 10.4.1991; »Spitzen der Politik und Wirtschaft nehmen Abschied von Treuhand-Chef Rohwedder«, in: Bild, 10.4.1991.

13 Rede des Vorsitzenden des Verwaltungsrates der Treuhandanstalt Dr. Jens Odewald, in: Treuhandanstalt: Dokumentation, Bd. 1, A99–A110; Ansprache des Ministerpräsidenten der Landesregierung Nordrhein-Westfalen Dr. h.c. Johannes Rau, in: Treuhandanstalt: Dokumentation, Bd. 1, A111–A119.

dient gemacht.«[14] Mit der 9. Sinfonie Ludwig van Beethovens klang dieser Schulterschluss der politischen und wirtschaftlichen Eliten aus.

Bereits einige Tage zuvor hatten Bundeskanzler Kohl und Bundesfinanzminister Waigel unter Einbindung des Münchner Beraters Roland Berger die Suche nach einem Nachfolger an der Spitze mit Nachdruck vorangetrieben. In der Öffentlichkeit kursierten infolge dieser »verunsicherten Suche nach dem Übermenschen«, wie die *Süddeutsche Zeitung* schrieb, allerlei prominente Namen. Amtierende Konzernchefs wie Edzard Reuter (Daimler-Benz), Karlheinz Kaske (Siemens) oder Manfred Lahnstein (Bertelsmann), ausgeschiedene Vorstandsvorsitzende wie Dieter Spethmann (Thyssen) oder Hans Friderichs (Dresdner Bank) sowie profilierte SPD-Wirtschaftspolitiker wie Hans Matthöfer oder Klaus von Dohnanyi waren im Gespräch. Kohl und Waigel schienen abermals nach einem Kandidaten im Grenzland zwischen Politik und Wirtschaft Ausschau zu halten, vorzugsweise nach einem wirtschaftsnahen Sozialdemokraten.[15]

Birgit Breuel, im bisherigen Vorstand informell als Rohwedders Stellvertreterin gehandelt, wurden in der Wirtschaftspresse Anfang April zunächst lediglich Außenseiterchancen eingeräumt. Man sah in ihr die polarisierende, konservativ-marktideologisch gesinnte Berufspolitikerin ohne unternehmerische Expertise – eine Hardlinerin, die eben nicht den erhofften Ausgleich mit Gewerkschaften und Belegschaften herbeiführen, sondern einen strikten Privatisierungskurs fortsetzen würde.[16]

Bereits wenige Tage nach dem Staatsakt hatten die meisten Kandidaten abgesagt. Kohl und Waigel entschlossen sich, Birgit Breuel an die Spitze aufrücken zu lassen – nicht zuletzt, um die aufbrandende Verunsicherung unter den führenden westdeutschen Mitarbeitern einzudämmen, die nicht selten von Rohwedder persönlich nach Ostberlin geholt worden waren. Aber auch das übrige Personal zeigte sich durch den plötzlichen Verlust des Präsidenten, die massive Präsenz der Medien sowie die beträchtlichen Sicherheitsmaßnahmen am Alexanderplatz verunsichert.[17]

Breuels Wahl durch den Verwaltungsrat am 15. April war Ausgangspunkt für eine größere Personalrochade im Vorstand. Am 3. Mai verkündete dieser die Aufnahme zweier erfahrener Industriemanager aus dem Ruhrgebiet: Der Bergassessor und promovierte Ingenieur Klaus Schucht,

14 Ansprache des Bundespräsidenten Dr. Richard von Weizsäcker, in: Treuhandanstalt: Dokumentation, Bd. 1, A89-98.

15 »Verunsicherte Suche nach dem Übermenschen«, in: Süddeutsche Zeitung, 9.4.1991; »Wenig Interesse«, in: Der Spiegel, 8.4.1991.

16 »Rätselraten um Rohwedder-Nachfolge«, in: Berliner Zeitung, 10.4.1991.

17 »Verunsicherte Suche nach dem Übermenschen«, in: Süddeutsche Zeitung, 9.4.1991.

der bereits seit 1976 als Vorstandssprecher der Bergbau AG Westfalen fungiert hatte, wurde Mitglied des Vorstands;[18] daneben wurde Hero Brahms, studierter Betriebswirt und seit 1981 als Vorstandsmitglied bei Hoesch enger Vertrauter Rohwedders, in das neu geschaffene Amt des Vizepräsidenten berufen, um den zum 30. Juni vertragsgemäß ausscheidenden Vorstand Karl Schirner zu ersetzen, der zu Daimler nach Stuttgart zurückkehrte.[19] Diese Umbesetzungen an der Spitze hatten Verschiebungen von Zuständigkeiten zur Folge. In Brahms' Aufgabenbereich fielen künftig die Prüfung der Unternehmenskonzepte und der ostdeutsche Maschinen- und Anlagenbau, während Schuchts neuer »Unternehmensbereich« für Energiewirtschaft, die Textilbranche, die Kommunal- und Wasserwirtschaft verantwortlich zeichnete. Zudem übernahm Schucht die Chemiebranche von Wolf Klinz, der dafür die zuvor von Breuel betreuten Niederlassungen koordinieren sollte. Die neue Präsidentin selbst wollte sich künftig auf »volkswirtschaftliche Fragen«, »Internationales«, die Beziehungen zu Bund und Ländern, Kommunikation sowie die strategische »Unternehmensplanung« konzentrieren.[20]

Die neue Rollen- und Aufgabenverteilung setzte damit deutliche Akzente. Während die Präsidentin bevorzugt politische Kontakte in Bund, Ländern und auf internationalem Parkett pflegen und die Organisation in der Öffentlichkeit repräsentieren sollte, übernahmen die beiden neuen, sanierungserfahrenen Manager aus dem krisenerfahrenen Ruhrgebiet mit Maschinenbau (Brahms) und Chemie (Schucht) zwei Schlüsselsektoren der ostdeutschen Großindustrie, die vor kritischen Umbauprozessen standen.[21]

18 Eintrag »Schucht, Klaus«, in: Munzinger Online/Personen – Internationales Biographisches Archiv, URL: http://www.munzinger.de/document/00000021355 (zuletzt aufgerufen am 15.02.2018). Zu Schucht, der später noch eine Karriere als Wirtschaftsminister in Sachsen-Anhalt machte und mit seinen Tagebüchern für erhebliche Spekulationen sorgen würde, vgl. »Wie im Wilden Westen«, in: Der Spiegel, 24.7.2000.

19 Eintrag »Brahms, Hero«, in: Munzinger Online/Personen – Internationales Biographisches Archiv, URL: http://www.munzinger.de/document/00000019921 (zuletzt aufgerufen am 15.02.2018).

20 »Der Berliner Vorstand wird durch zwei neue Manager aus dem Ruhrgebiet verstärkt«, in: Handelsblatt, 6.5.1991; »Neue Zuständigkeiten im Treuhandvorstand«, in: Neue Zeit, 6.5.1991; »Treuhand regelt Aufgaben im Vorstand neu«, in: Frankfurter Rundschau, 4.5.1991; Pressestelle: Treuhandanstalt: Neue Organisationsstruktur beschlossen – Hero Brahms und Klaus Schucht in den Vorstand berufen, Berlin, 3.5.1991, in: Treuhandanstalt: Medienarchiv; vgl. auch Seibel: Verwaltete Illusionen, S. 167-172.

21 Vgl. auch Seibel: Verwaltete Illusionen, S. 169, der allerdings die Ablösung Gunter Halms durch Günter Rexrodt irrtümlich vom September auf Mai 1991 vordatierte.

Unmittelbar nach ihrem Amtsantritt setzte Breuel den bereits von Rohwedder seit Februar 1991 eingeschlagenen Weg fort, die politischen Außenbeziehungen durch Kooperationsabkommen zu pazifizieren. Am 13. April unterzeichnete die designierte Präsidentin eine seit mehreren Wochen vorbereitete »Gemeinsame Erklärung« von Treuhandanstalt, Deutschem Gewerkschaftsbund und Deutscher Angestellten-Gewerkschaft, die einen Sozialpakt begründen sollte. Die »Komplexität der sozialen Probleme in den neuen Bundesländern« vor Augen, stimmten die Vertragsparteien einem Junktim zu: Einerseits versicherte die Treuhand, alle Möglichkeiten zur »Sicherung von Beschäftigungsmöglichkeiten« sowie der »Qualifizierung der Arbeitnehmer« in ihren Unternehmen auszuschöpfen; andererseits gestanden die Gewerkschaftsvertreter erstmals offen ein, dass »trotz dieser Zielsetzung ein erheblicher Arbeitsplatzabbau unvermeidlich« sein würde. Beide Seiten verständigten sich auf ein Bündel sozialpolitischer Maßnahmen zur Abfederung und Flankierung dieser »unvermeidlichen« Massenentlassungen. Für »vertretbare Sozialpläne« sollte fortan ein Mindest-Abfindungsbetrag von 5.000 D-Mark pro Arbeitnehmer gelten; die Konditionen sollten allerdings jeweils innerhalb der betroffenen Betriebe ausgehandelt werden.[22]

Die öffentliche Strahlkraft dieser »Gemeinsamen Erklärung« war kaum hoch genug einzuschätzen, hatte die Treuhand damit doch einen Ausgleich mit einem Teil ihrer ärgsten Gegenspieler und Kritiker erreicht. Im Frühjahr 1991 war es insbesondere die DGB-Gewerkschaft IG Metall gewesen, die unter dem Vorsitz von Franz Steinkühler in den ostdeutschen Betrieben massiv gegen die Treuhand und ihren Chef Stimmung gemacht hatte. Da die Gewerkschafts-Spitzen nun von einer überregionalen Mobilisierungsstrategie in Ostdeutschland absahen, verlagerte sich das Protestgeschehen in die jeweils betroffenen Betriebe, Branchen und Regionen. So massenhaft und gleichzeitig die Direktorate den Verkauf ihrer jeweiligen Betriebe vorantrieben, so vielfältig und unübersichtlich wurde auch die ostdeutsche Protest- und Demonstrationslandschaft. Hatte sich die mediale Aufmerksamkeit bis März 1991 auf einige, symbolisch stark aufgeladene Fälle wie Interflug, Pentacon oder Sachsenring konzentriert, hielten nun Hunderte größere und Tausende kleinere Betriebe Einzug in die Berichterstattung.[23]

22 Gemeinsame Erklärung von Deutschem Gewerkschaftsbund, Deutscher Angestellten-Gewerkschaft und Treuhandanstalt, 13.4.1991, in: Treuhandanstalt: Dokumentation, Bd. 2, S. 389-392.

23 Vgl. die beiden umfassenden, zeitgenössischen Anthologien von Einzelfallreportagen der ostdeutschen Wochenzeitung »Die Wirtschaft« auf Betriebs- bzw. Unternehmensebene, die das Schicksal von rund 150 privatisierten Betrieben sowie 30 Kombinaten nachzeichneten: Wochenzeitung Die Wirtschaft (Hg.):

Eine Art allgemeiner Gewöhnungs- und Ernüchterungseffekt war unübersehbar: Kaum anders ist zu erklären, warum Anfang Juni 1991 die von Personalvorstand Alexander Koch angekündigte massive Entlassungswelle seitens der Presse fast beiläufig zur Kenntnis genommen wurde. Den Ankündigungen zufolge sollten die Belegschaften der noch rund sechstausend Betriebe im Gesamtverlauf des Jahres 1991 von 2,8 Millionen auf 1,4 Millionen reduziert werden. Gemeinsam mit den knapp zwei Millionen »Kurzarbeitern« ergab sich damit bis zum Jahresende in den neuen Ländern eine Erwerbslosenquote von 40 bis 45 Prozent. Ein Teil davon, so die Berechnung, würde durch massiv eingesetzte sozial- oder arbeitsmarktpolitische Instrumentarien wie Frühverrentung, Arbeitsbeschaffung oder »Kurzarbeit Null« überdeckt werden.[24]

Mitte des Monats sorgte eine Reihe von Betriebsbesetzungen für Schlagzeilen. Am 18. Juni besetzte eine Rumpfbelegschaft von 150 Mitarbeitern das vor der Schließung stehende Zwickauer Automobilwerk, um einen verbesserten Sozialplan zu erstreiten.[25] Die Treuhand-Spitze verhandelte zu diesem Zeitpunkt bereits mit Spitzenfunktionären der Gewerkschaften über ein umfangreiches Sozialplanabkommen. Begleitet wurden diese Bemühungen – ein beteiligter Direktor würde sie später die »sechs Wochen der härtesten Verhandlungen« seines Berufslebens nennen[26] – von erheblichen gewerkschaftlich organisierten Protestaktionen. In Rostock folgten am 5. Juli zehntausend Menschen einem Demonstrationsaufruf der IG Metall; Gewerkschaftsaktivisten vermauerten den Eingang der dortigen Niederlassung und versahen die Mauer mit dem Schriftzug: »Ihr verbaut

Kombinate. Was aus ihnen geworden ist. Reportagen aus den neuen Ländern, Berlin 1993; Wochenzeitung Die Wirtschaft (Hg.): Privatisierte. Was aus ihnen wird. Reportagen aus den neuen Ländern, Berlin 1994; vgl. auch die allgemeine Treuhand-Kritik des Sommers 1991: »Lahme Teutonen«, in: Die Zeit, 29.5.1991; »Die Treuhand reicht«, in: Frankfurter Allgemeine Zeitung, 7.5.1991; »Treuhand zwischen Licht und Schatten«, in: Frankfurter Allgemeine Zeitung, 5.6.1991.

24 Nachdem bis März 1991 bereits 360.000 und bis Juni 1991 nochmals 440.000 Mitarbeiter in den Unternehmen entlassen worden waren, sollten bis Ende Dezember 1991 nochmals 600.000 Beschäftigte ihre Papiere erhalten. Vgl. dazu: »Treuhandanstalt am Ende des Lateins«, in: Berliner Zeitung, 4.6.1991; »Betriebe halbieren Belegschaft«, in: Frankfurter Rundschau, 4.6.1991; »In diesem Jahr noch 1,4 Millionen Entlassungen«, in: Neues Deutschland, 4.6.1991; »Treuhand setzt nur Bonns Interessen durch«, in: Der Morgen, 7.6.1991; »Die Treuhand darf keine Großbehörde werden«, in: Frankfurter Allgemeine Zeitung, 19.6.1991.

25 »Sachsenring-Automobilwerke besetzt«, in: Frankfurter Allgemeine Zeitung, 17.6.1991; »Sachsenring-Besetzung zieht Kreise«, in: Tagesspiegel, 19.6.1991.

26 R32-Interview mit Gerhard Pander, 22.12.1992.

unsere Zukunft, wir eure Tür«. Ähnliche Protestaktionen fanden in Städten wie Suhl, Stralsund, Wolgast, Neubrandenburg oder Torgelow statt.[27]

Jetzt stritt man folglich nicht (mehr) um den Erhalt von Betrieben, sondern um die finanzielle Ausgestaltung umfassender Sozialplanregelungen. Am 17. Juli folgte schließlich eine weitreichende »Rahmenvereinbarung« zwischen Treuhand, DGB, DAG, IG Metall, den ostdeutschen Ländern und den Arbeitgebern über den Aufbau und die Finanzierung von »Gesellschaften zur Arbeitsförderung, Beschäftigung und Strukturentwicklung (ABS)«. In den Betrieben entlassene Mitarbeiter sollten »möglichst nahtlos« in solche ABS-Gesellschaften aufgenommen werden, um dort etwa verfallene Produktionsstätten zu sanieren, akute Umweltschäden zu beseitigen oder an der Erneuerung der Infrastruktur mitzuwirken. Die Treuhand erklärte sich nach langen Verhandlungen bereit, zehn Prozent der Kosten zu übernehmen und ihre eigenen Unternehmen anzuhalten, »die ABS weitestgehend sachlich, personell und finanziell zu unterstützen«.[28]

Während die Arbeitslosigkeit in Ostdeutschland auf immer neue Höchstwerte kletterte, wandte sich die Medienöffentlichkeit nun Skandal- und Korruptionsfällen zu. Anfang Juli erhitzte etwa eine inszenierte »Wallraffiade«[29] die Gemüter. Drei Redakteure des WDR-Magazins *Monitor* hatten in Köln die Scheinfirma Euro-Consult gegründet und die Treuhand telefonisch kontaktiert. Im Auftrag eines »großen amerikanischen Chemie-Konzerns« suchten »J.R. Weinberger« und »H.C. Schultze« nach einem einhundert Hektar großen Grundstück, um dort für 4,4 Milliarden D-Mark eine neue Kunststoff-Produktionsanlage mit über 1.500 Mitarbeitern zu errichten. Der zuständige Direktor lud die Herren zu einem Gespräch und offerierte den vermeintlichen Investoren mit Business-Garderobe und vorfahrendem Mercedes statt eines Grundstücks zwei bislang unverkäufliche Betriebe. Im Falle eines Kaufs sicherten die Treuhand-Manager öffentliche Fördermittel sowie die Übernahme der Sanierungskosten für belastete Böden zu und deuteten erhebliche Zugeständnisse beim Kaufpreis an. Nach mehreren Gesprächen und einer Ortsbesichtigung ging der WDR-Redakteur Jörg Heimbrecht am 9. Juli an die Öffentlichkeit. In einer Pressekonferenz erklärte er, man habe ihm zwei »ganz grundsolide« Betriebe nahezu gratis angeboten, ohne seine Identität und Solvenz überhaupt geprüft zu haben. Seinen Befund brachte er auf die Formel: »Statt zu sanieren« werde bei der Treuhand »alles verscherbelt«.[30]

27 »Treuhand zugemauert und besetzt«, in: Frankfurter Rundschau, 6.7.1991.

28 »Konsens über Arbeitsförderungsgesellschaften«, in: Treuhandanstalt Informationen, 1.8.1991.

29 »Wallraffiade bei der Treuhand«, in: Süddeutsche Zeitung, 11.7.1991.

30 »TV-Sendung ›Monitor‹ erhebt Vorwürfe gegen Treuhand«, in: Berliner Zeitung, 10.7.1991; »Treuhand gewährt Einblick«, in: Tagesspiegel, 11.7.1991; »Auf wun-

Die Treuhand reagierte umgehend mit einer Pressemitteilung, der sie den Schriftwechsel zwischen dem Direktorat und der Euro-Consult beilegte. Pressesprecher Wolf Schöde bemühte sich, den Test zum Erfolg umzudeuten: Er zeige nicht nur die prinzipielle Bereitschaft der Treuhand, Arbeitsplätzen und Investitionen Vorrang vor dem zu erzielenden Kaufpreis zu gewähren; auch demonstriere er, »dass die Treuhand tatsächlich gegenüber jedermann offen« sei und man »nicht eine erste Industrieadresse« benötige, um kurzfristig einen Termin zu erhalten.[31] In der Presselandschaft fand die *Monitor*-Recherche geteilte Aufnahme: Während das *Neue Deutschland* den endgültigen Beweis erbracht sah, dass die Treuhand ihre Unternehmen zum »Billigpreis« abgebe, monierte der *Tagesspiegel* vielmehr die mangelnde Transparenz der Verkaufspraxis; daran stieß sich zwar auch die *Süddeutsche Zeitung*, wollte jedoch beileibe keinen »Skandal«, sondern eher einen gewöhnlichen Geschäftsvorgang erkennen.[32]

Der Fall »Euro-Consult« verdeutlicht, dass die Treuhand ab Sommer 1991 bevorzugt im Modus der Skandalisierung[33] thematisiert wurde. Windige Investoren und korrupte Treuhand-Manager, die (vermeintlich) gesunde Betriebe für »eine D-Mark« verhökerten, wurden zum beliebten Sujet verschiedener Journalisten, die in schneller Folge den Zeitschriften- und Buchmarkt mit immer neuen Enthüllungs- und Skandalgeschichten versorgten.[34] Das Direktorat »Kommunikation/Medien« versuchte, den Dynamiken immer neuer Enthüllungen und Skandalisierungen entgegenzuwirken. Hatte sich die Treuhand im Herbst 1990 noch mit realsozialistisch anmutenden Pressemitteilungen und Pressekonferenzen zu Wort gemeldet, differenzierte sich das Instrumentarium zur Beobachtung, Analyse und Kommentierung der Medienöffentlichkeit nun massiv aus: So schnellte die Zahl der Pressemitteilung von lediglich 44 im Jahr 1990 auf 365 im Jahr 1991, um im Folgejahr 1992 weiter auf 508 zu klettern.[35]

dersame Weise lief alles korrekt«, in: Neue Zeit, 10.7.1991; »Treuhand bot Ost-Firmen zum Schleuderpreis an«, in: Neues Deutschland, 10.7.1991.

31 Pressemitteilung vom 9. Juli 1991: Treuhandanstalt: Vorwürfe von Monitor völlig unbegründet. Dokumentation eines Tests, in: Treuhandanstalt: Medienarchiv.

32 »Wallraffiade bei der Treuhand«, in: Süddeutsche Zeitung, 11.7.1991.

33 Vgl. Gelz/Hüser/Russ-Sattar: Skandale zwischen Moderne und Postmoderne.

34 Exemplarisch: »Enthüllung: Schlachtfest im Osten«, in: Extra-Magazin, 29.8.1991; »Treuhand-Krimis«, in: Junge Welt, 11.11.1991; »Tatort Treuhand«, in: Super Illu, 17.12.1991; »›Alle Banditen dieser Welt‹ suchen ihr Glück bei der Treuhand«, in: Märkische Allgemeine, 22.7.1993; siehe hierzu auch den umfassenden Überblick zu den zeitgenössischen Skandalpublikationen in der Einleitung; vgl. insbesondere Suhr: Der Treuhand-Skandal; Liedtke: Die Treuhand; Suhr: Enteignung; Christ/Neubauer: Kolonie; Kampe: Wer uns kennenlernt.

35 Vgl. Pressemitteilungen der Treuhandanstalt, in: Treuhandanstalt: Dokumentation, Bd. 11, S. 912-956.

Das sich seit Frühjahr 1991 entwickelnde, zunehmend dichte Beobachtungs-, Kommentierungs- und Interaktionsgeflecht zwischen Medienöffentlichkeit und Treuhand machte sich nicht nur in dem regelrechten Informations-Bombardement bemerkbar, das auf die Journalisten niederregnete. Seit Mai 1991 gab die Organisation mit den *Treuhandanstalt Informationen* ein eigenes Wirtschaftsmagazin heraus, das sich kostenlos und in zehntausendfacher Auflage an Manager, Politiker und Fachjournalisten in Ost und West wandte. Das Magazin wollte seine Leser mit »News und Analysen« versorgen, um Licht in die »unübersichtliche Institution«, die »verwirrende Vielfalt der Probleme« sowie die »unendliche Flut der Informationen« zu bringen.[36] Die *Treuhandanstalt Informationen*, die bis Mitte 1992 monatlich erschienen, wurden als kommunikationspolitisches Instrument genutzt, an der meist kritisch bis feindselig gestimmten Medienöffentlichkeit vorbei eigene Interpretationen an ein erweitertes Fachpublikum in Wirtschaft, Unternehmen und Politik zu vermitteln.[37]

Wie schon ihr Vorgänger war auch Birgit Breuel in der Medienöffentlichkeit bald omnipräsent. Im April 1991 meinte die Präsidentin im *Handelsblatt* mit Blick auf die ostdeutschen Demonstranten, der Wirtschaftsumbau müsse »[...] psychologisch begleitet« werden;[38] Ende Mai 1991 erschien ihr die eigene Organisation als öffentlicher »Prügelknabe«.[39] In einem Gespräch mit der *tageszeitung* lehnte Breuel Mitte August 1991 eine übergeordnete Gesamtverantwortung für die weitreichenden gesellschaftlichen Folgen des Wirtschaftsumbaus ab: »Wir sind nicht das frühere ZK, die Planwirtschaft ist vorbei.«[40]

Charakteristisch für die auf Breuel zugeschnittene Medienstrategie war ein vielbeachteter Auftritt der Präsidentin vor der Bonner Bundespressekonferenz am 8. August 1991. Sie lobte die steigende Privatisierungsgeschwindigkeit und die Rekordzahl von 132 großen Firmen, die allein im Juli 1991 veräußert wurden; bislang habe man 3.000 Betriebe privatisiert und dadurch 70 Milliarden D-Mark an privaten Investitionszusagen eingeworben, 650.000 Arbeitsplätze gesichert und 12,5 Milliarden D-Mark Verkaufserlöse eingestrichen; auch für die »Sanierung« der Unternehmen habe die Treuhand 26 Milliarden D-Mark eingesetzt. Trotz der massiv ansteigenden Arbeitslosigkeit gab sich die neue Chefin zuversichtlich, »dass die Wirtschaft in Ostdeutschland offenbar die Talsohle durchschritten«

36 »Auf ein Wort«, in: Treuhandanstalt Informationen, 7.5.1992.

37 Editorial von Birgit Breuel, in: Treuhandanstalt Informationen, 24.5.1991, S. 1.

38 »Birgit Breuel: Umbau im Osten muß auch psychologisch begleitet werden«, in: Handelsblatt, 26.4.1991.

39 »Wir sind der Prügelknabe – dahinter steckt Methode«, in: Die Welt, 27.5.1991.

40 »Wir sind nicht das ZK, die Planwirtschaft ist vorbei«, in: tageszeitung, 17.8.1991.

habe.[41] Breuels Beitrag war symptomatisch für den Umgang der Treuhand mit einem kritisch bis feindselig gestimmten Medienumfeld: Immer neuen Skandalen und Protesten, fallweisen Enthüllungen sowie umstrittenen Privatisierungs- und Schließungsentscheiden begegnete die Organisation mit einer immer dichteren Phalanx an Zahlenmaterialien, Richtigstellungen und Dementis.[42]

Im Juli 1991 erzwang ein weiterer Skandal, bei dem sich die öffentlichen Vorbehalte gegenüber ost-westlichen »Seilschaften« manifestierten, erstmalig eine Umbesetzung des Vorstands. Gunter Halm, der wegen seiner langjährigen Laufbahn als stellvertretender DDR-Minister für Leichtindustrie schon seit seiner Berufung im September 1990 immer wieder öffentlich attackiert worden war, musste seinen Abschied nehmen. Als Halms Dienstwagen gestohlen wurde, hatten die Diebe brisante, für sie allerdings nutzlose Unterlagen gefunden und diese am Straßenrand liegen lassen. Unter den Papieren fand die Polizei auch einen nicht genehmigten Beratervertrag Halms mit einer westdeutschen Firma.[43]

Für den langjährigen Planwirtschaftskader rückte Günter Rexrodt in den Vorstand ein. Der Betriebswirt war für die FDP im Westberliner Senat ab 1982 zum Wirtschafts-Staatssekretär und schließlich 1989 zum Finanzsenator aufgestiegen; nach seiner Abwahl war er im Januar 1990 zum Vorstandschef der deutschen Citibank-Tochter in Frankfurt berufen worden. Am 26. Juli holte ihn der Verwaltungsrat in den Vorstand, wo er Halms »Unternehmensbereich 3« übernahm, der Nahrungs- und Genussmittel, Bauwirtschaft, Land- und Forstwirtschaft wie auch das SED-Sondervermögen und die Außenhandelsbetriebe umfasste.[44] Mit Rexrodt zog nun erstmals auch ein profilierter FDP-Politiker in die Treuhand-Leitung ein, der nicht nur die wirtschaftsliberalen Kritiker innerhalb der Regierungskoalition beruhigen sollte – pikanterweise löste er damit auch den vorletzten Ostdeutschen im Spitzengremium ab. Nicht ohne Grund

41 Vgl. dazu die intensive Berichterstattung »Brigit Breuel: Die Talsohle ist erreicht«, in: Tribüne, 9.8.1991, S. 9; »Breuel: Die Talsohle ist erreicht«, in: Frankfurter Allgemeine Zeitung, 9.8.1991.

42 Als zeitgenössische Bilanz dieser Strategien vgl. »Gegen den Rest der Welt«, in: Der Spiegel, 29.7.1991.

43 Siehe Jürgs: Treuhändler, S. 281f.; Pressestelle: Pressemitteilung vom 22.5.1991, in: Treuhandanstalt: Medienarchiv; »Durchsuchung bei Ex-Treuhand-Manager Halm«, in: Morgenpost, 5.9.1991.

44 Eintrag »Rexrodt, Günter«, in: Munzinger Online/Personen – Internationales Biographisches Archiv, URL: http://www.munzinger.de/document/00000017687 (zuletzt aufgerufen am 15.02.2018).

präsentierte die Treuhand Rexrodt deshalb auch als »gebürtige[n] Berliner und gelernte[n] Thüringer«.[45]

Im Herbst 1991 setzte sich die medienöffentliche Schelte weiter fort. Ende September musste der verhandelte Verkauf des Berliner Glühlampenherstellers Narva mit seinen attraktiven Innenstadtgrundstücken kurzfristig abgesagt werden; Anfang Oktober beurlaubte der Vorstand den dafür zuständigen Branchendirektor endgültig. Dieser hatte einem langjährigen Freund das profitable Geräte- und Reglerwerk Teltow für einen symbolischen Kaufpreis überlassen, obwohl dessen Wert von Gutachtern auf 100 bis 130 Millionen D-Mark veranschlagt wurde.[46]

Ende desselben Monats geriet Christian Neuling, Vorsitzender des im November des Vorjahres konstituierten Bundestags-Unterausschusses, der die Treuhand mitkontrollierte, ins Visier der Presse. Der Berliner CDU-Politiker und Unternehmer hatte Teile des ostdeutschen Tankstellenbetreibers Minol übernommen.[47] Neuling wurde ersetzt, im November 1991 nahm Arnulf Kriedner seinen Platz ein. Der ursprünglich aus Sachsen stammende Betriebswirt hatte in der Westberliner CDU Karriere gemacht, war ab 1969 Mitglied des Abgeordnetenhauses und seit 1981 Bürgermeister von Neukölln. Nach seiner Abwahl im Jahr 1989 engagierte sich der erfahrene Parteipolitiker als Berater in der DDR und gelangte schließlich über einen eigenen Wahlkreis in Thüringen in den Bundestag.[48] Am seitens der Politik nachrangig behandelten Status des Unterausschusses änderte zunächst weder diese noch weitere Affären etwas, auch wenn allmählich Rufe nach einer strengeren Aufsicht aufkamen: Dass das »aus dem staatswirtschaftlichen Geist geborene Monstrum« Treuhand endlich gebändigt gehöre, da der entstehende »Vertrauensschaden« letztlich »den gesamten Umbauprozess im östlichen Teil Deutschlands« gefährde, war eine Forderung, die in der liberalkonservativen *FAZ* erhoben wurde.[49]

Infolge neuerlicher Protestaktionen sah sich der Vorstand seit Frühsommer 1991 nun mit einer Reihe politischer Eingriffsversuche konfrontiert. Im Mai versprach Bundeskanzler Kohl bei einer Visite des Leuna-Werkes

45 »Vorstand wieder komplett«, in: Treuhandanstalt Informationen, 5.9.1991.

46 Vgl. dazu ausführlich die in Buchform gefasste Reportage bei Kampe: Wer uns kennenlernt.

47 »Mit Skandalen kommt man immer in die Schlagzeilen«, in: Die Wirtschaft, 31.10.1991; »Christian Neuling, Treuhandkontrolleur im Bundestag«, in: Berliner Zeitung, 24.10.1991; »Geht das Geschäft gegen null, steigt der Gewinn«, in: Tagesspiegel, 26.10.1991; »Treuhand: CDU-Abgeordneter Neuling im Zwielicht«, in: Wirtschaftswoche vom 1.11.1991.

48 »Ein Lyriker wacht über die Treuhandanstalt«, in: Neue Zeit, 3.4.1993.

49 »Das Aufsehen der Treuhand«, in: Frankfurter Allgemeine Zeitung, 7.10.1991; »Fakten oder Gefühle«, in: Der Spiegel, 7.10.1991.

kurzerhand den Erhalt des bedrohten Chemiestandorts; eine Ankündigung, die später in die skandalumwitterte Übernahme durch den französischen Elf-Konzern münden sollte.[50] Im Juni war im Fall der akut existenzbedrohten Carl-Zeiss-Betriebsstätten in Jena eine komplizierte Lösung mit den westlichen Schwesterunternehmen sowie dem Land Thüringen ausverhandelt worden, wobei die Treuhand milliardenschwere Unterstützungszahlungen bereitstellte.[51] In beiden Fällen hatten massive gesellschaftliche Proteste zu politischen Debatten geführt: In Jena hatte die Stadtbevölkerung (nach zunächst erfolgslosen Übernahmegesprächen mit dem privaten Schwesterunternehmen aus Baden-Württemberg) im Herbst 1990 große Demonstrationsaktionen auf die Beine gestellt; in Halle war im Frühjahr 1991 eine Lichterkette aus fast zwanzigtausend Menschen zu sehen gewesen. Am 10. Mai hatte sich ein fassungsloser Kohl bei einem Besuch aus einer großen Menschenmenge heraus mit Eiern bewerfen lassen müssen, wobei die ungestüme, von Foto- und Fernsehkameras eingefangene Gegenattacke schnell zu einer ikonischen Chiffre der »Vereinigungskrise« werden sollte.[52]

Beflügelt durch derlei erfolgreiche Protestaktionen erhöhten nun auch andernorts Landes- und Kommunalpolitiker gemeinsam mit den Betriebsbelegschaften und Geschäftsführungen den Druck auf Breuels Organisation, um so bedeutsame Großbetriebe vor der drohenden Abwicklung zu bewahren, auch wenn deren Zukunftsfähigkeit als ungewiss deklariert worden war. Im Sommer 1991 trübte sich zudem eine mit großen Hoffnungen verbundene Zukunftsperspektive für die ostdeutschen Betriebe dramatisch ein: die des »Osthandels«. Mit der endgültigen Auflösung des »Rates für gegenseitige Wirtschaftshilfe« (RGW) im Juli und dem im August folgenden spektakulären Militärputsch in der Sowjetunion verdunkelten sich die Aussichten, dass die modernisierten und privatisierten ostdeutschen Unternehmen schon bald auf ihren angestammten »Ostmärkten« wieder reüssieren würden. Zudem häuften sich vermehrt Anzeichen einer weltweiten, durch den Irakkrieg verstärkten Rezession, die nun auch die bundesdeutsche Wirtschaft in Mitleidenschaft zu ziehen drohte.[53]

Vor diesem Hintergrund zeichnete sich im Herbst eine erneute Politisierung des Wirtschaftsumbaus ab, die sich nun vor allem auf traditionsrei-

50 »Schmiergelder beim Verkauf an Elf?«, in: Süddeutsche Zeitung, 17.5.2013.

51 Vgl. hierzu jüngst die ausführliche Studie zu diesem hochgradig verwickelten Fall: Pahlow, Stefan; Steiner, André: Die Carl-Zeiss-Stiftung in Wiedervereinigung und Globalisierung 1989 bis 2004, Göttingen 2017.

52 Vgl. die Ausführungen in der Einleitung zur »Vereinigungskrise« bei Kocka: Vereinigungskrise.

53 Vgl. dazu exemplarisch Breuel: Treuhand intern, S. 10ff.; Roesler: Treuhandpolitik.

che Großbetriebe konzentrierte. Im Oktober entfaltete sich ein intensiver wirtschaftspolitischer Richtungsstreit, der durch Betriebsschließungen und weitere Massenentlassungen vorangetrieben wurde. Es war der als Treuhand-Gegner profitierte IG-Metall-Chef Franz Steinkühler, der das Stillhalte-Abkommen zwischen Treuhand und Gewerkschaften ignorierte, und die Einrichtung einer staatseigenen »Treuhand-Industrieholding AG (THI)« forderte. Sie sollte die volkswirtschaftlich relevanten und sanierungswürdigen Großbetriebe dauerhaft umgestalten; darüber hinaus sollte der profitable Teil der Betriebe in einen »Treuhand-Vermögensfonds« überführt werden, dessen Anteile zur Hälfte an die ostdeutsche Bevölkerung zu verteilen seien. Umgehend widersprach die Treuhand-Spitze Steinkühlers Vorschlag mit einer Pressemitteilung, in der sie die guten Arbeitsbeziehungen zu den Gewerkschaften hervorhob und an Steinkühlers Adresse erklärte, dass »der Aufbau neuer Bürokratien [...] unternehmerisch aktive neue Eigentümer abschrecken« würde.[54]

Birgit Breuel suchte den aufkeimenden Streit über eine staatliche »Industrieholding« durch eine konzeptionelle Kurskorrektur zu ersticken, indem sie ein neues, volkswirtschaftlich orientiertes Konzept zur Diskussion stellte, mit dem sie bereits merklich vom zuvor verfochtenen, streng betriebswirtschaftlich ausgerichteten Privatisierungskurs abwich. Am 2. November erklärte Breuel bei einem Hamburger Vortrag, dass die Treuhand »industrielle Kernregionen« wie das mitteldeutsche Chemierevier aus strukturpolitischen Gründen erhalten werde. Wenige Tage später wurde Breuel in einem Interview konkreter. Zwar lehnte die Präsidentin den Begriff »Industriepolitik« – den sie neutralisieren wollte – weiterhin entschieden ab, gebrauchte aber erneut die Formel von volkswirtschaftlich erhaltenswerten »industriellen Kernen«:

> »Es gibt ja einen breiten Konsens, wie es weitergehen soll. Wir wollen industrielle Kerne erhalten, auf die dann aufgebaut werden kann. Würden wir nach rein betriebswirtschaftlichen Kriterien vorgehen, dann hätten die meisten Treuhandfirmen den heutigen Tag nicht erlebt.«[55]

Gemeinsam mit der Bundesregierung, den Ländern und den Gewerkschaften, so Breuel, werde man hierüber eine »Grundsatzdiskussion«

54 Dazu »Treuhand-Sektor im Zwielicht«, in: tageszeitung, 18.10.1991; »Treuhand auflösen, Industrieholding gründen«, in: Neues Deutschland, 18.10.1991; »IG Metall fordert Treuhand-Fonds«, in: Die Welt, 23.10.1991; »Kein neues Großkombinat«, in: Frankfurter Allgemeine Zeitung, 23.10.1991; sowie als Reaktion der Treuhand vgl. Pressestelle: Treuhandanstalt im Dialog mit den Gewerkschaften«, Berlin, 23.10.1991, in: Treuhandanstalt: Medienarchiv.

55 »Wir wollen Kerne erhalten«, in: Der Spiegel, 11.11.1991.

führen müssen, um zu einer geeigneten Bestimmung der zu erhaltenden Betriebe und zur praktischen Umsetzung des Konzepts zu gelangen.[56]

Doch der Vorstand beließ es nicht dabei. Analog zu dem im Juli 1991 geschlossenen Pakt mit den Gewerkschaften, versuchte die Treuhand-Spitze gezielt, das angespannte Verhältnis zu den Regierungen der fünf neuen Bundesländer zu verbessern. Im Oktober 1991 wurden nun auf Länderebene die im Frühjahr angekündigten »Treuhand-Wirtschaftskabinette« eingerichtet, in denen hochrangige Vertreter der Landesregierung gemeinsam mit zuständigen Direktoren über bevorstehende Fallentscheidungen beratschlagen sollten. Mithilfe dieser als »Frühwarnsystem« etablierten Konsultationsgremien sollten politische Auseinandersetzungen vor allem über größere Betriebsschließungen im Vorfeld verhindert werden.[57]

Aller Kooperations- und Konsultationsbemühungen zum Trotz ließ sich eine wirtschaftspolitische Grundsatzdebatte über die Beziehung von Treuhand und Staat, Wirtschaft und Politik beziehungsweise Markt und Planung nicht aufhalten. Anfang November 1991 flammte die schwelende wirtschaftspolitische Richtungsdebatte vollends auf: Die SPD-Politiker Wolfgang Thierse und Wolfgang Roth forderten ein neues Treuhand-Gesetz, das klare industriepolitische Schwerpunkte setzen und die politischen Kontrollmechanismen drastisch verschärfen solle; der »ideologische Dogmatismus« der Treuhand hinterlasse sonst nur eine »industrielle Wüste«.[58] Zwei Wochen später forderte der SPD-Bundesgeschäftsführer Karlheinz Blessing die sofortige Einrichtung eines staatlichen »Aufbauministeriums« auf Bundesebene.[59]

Mitte November brach der bisher zwischen Regierung und Opposition geführte Grundsatzstreit schließlich aus den wohlgeordneten parteipolitischen Konfigurationen aus, als eine Gruppe von 63 ostdeutschen CDU-Parlamentariern offen gegen die Treuhand aufbegehrte. Diese forderten von der Bundesregierung die dauerhafte Überführung von einem Dutzend bedeutsamer Großunternehmen in eine staatliche Holdinggesellschaft. Man wollte die Treuhand »von der reinen Lehre der Privatisierung« abbringen, die zu massiven Arbeitsplatzverlusten und erheblichen sozialen Spannungen führe.[60] Die Organisation privatisiere viel zu schnell und set-

56 »Birgit Breuel: Kernregionen müssen erhalten bleiben«, in: Handelsblatt, 4.11.1991.

57 Breuel: Treuhand Intern, S. 220-223; Jürgs: Treuhändler, S. 420; sowie insg. Seibel: Verwaltete Illusionen.

58 »Die SPD hält Kurswechsel in der Treuhandpolitik für überfällig«, in: Frankfurter Allgemeine Zeitung, 7.11.1991; »Die SPD fordert ein Treuhand-Gesetz«, in: Tagesspiegel, 7.11.1991.

59 »Treuhand muß Politik radikal ändern«, in: Hamburger Abendblatt, 23.11.1991.

60 »Treuhand braucht neues Konzept«, in: Leipziger Volkszeitung, 18.11.1991.

ze so »Hundertausende von Arbeitsplätzen aufs Spiel«; der Osten brauche dringend »größere, selbstständige Unternehmen« und dürfe nicht langfristig zum »Land der Tochtergesellschaften« verkommen.[61]

Die Oppositionsforderungen nach einer neuen »Industrieholding« und das gleichzeitige Vorpreschen ostdeutscher Unionsabgeordneter riefen heftigen Widerspruch hervor. Bundesfinanzminister Theo Waigel veröffentlichte am 29. November einen Essay in der *Börsenzeitung*, in dem er einer neuen »Staatsholding« eine scharfe Absage erteilte: Die Treuhand bedürfe »keiner neuen Organisation«; ihre vordringliche Aufgabe sei die »ordnungspolitisch richtige Rückführung des Staates auf den Kern seiner Aufgaben« durch zügige Privatisierungen. Andernfalls drohten »ein Fass ohne Boden und endlose neue Subventionen«.[62] Auch die Treuhand-Spitze positionierte sich offensiv. Vizepräsident Hero Brahms erklärte die geforderte industriepolitische »Erhaltung von Strukturen« in einem Interview kurz vor Weihnachten 1991 zu einer genuin »politische[n] Aufgabe, die außerhalb der Treuhand geleistet werden« müsse. Eine »aktive Sanierung« der Unternehmen könne eben gerade nicht durch eine staatliche »Zentrale« ferngesteuert werden, andernfalls hätte die nun mühsam abzuwickelnde Planwirtschaft ja »funktionieren« können.[63]

Am 18. Dezember erreichte der Streit auf dem ersten gesamtdeutschen CDU-Parteitag in Dresden einen vorläufigen Höhepunkt. Es kam zu tumultartigen Szenen, nachdem Kanzler und Parteichef Kohl in seiner Grundsatzrede die Treuhandanstalt nicht ein einziges Mal erwähnt hatte. Im anschließenden Diskussionsforum, an dem auch Birgit Breuel teilnahm, entluden sich heftige Attacken gegen die Präsidentin. Breuel lehnte eine Kurskorrektur rundheraus ab und verweigerte die Diskussion, als aufgebrachte ostdeutsche CDU-Delegierte von ihr Auskunft über betroffene Unternehmen in ihren Heimatregionen verlangten.[64] Letztlich setzte die CDU eine eigene Arbeitsgruppe ein, die sich mit der Treuhand befassen sollte. Dennoch setzten die Unionspolitiker ihr öffentliches Werben für eine »aktive Industriepolitik im Osten Deutschlands« durch

61 »Treuhand verkaufte ohne Rücksicht auf Arbeitsplätze«, in: Kurier am Morgen, 30.11.1991.

62 »Deutschland braucht keine neue Staatsholding«, in: Börsenzeitung, 29.11.1991; »Privatisierungsauftrag der Treuhand gerät zunehmend in die öffentliche Kritik«, in: Handelsblatt, 6.12.1991.

63 »Wir sind doch nicht der Watschenmann der Nation!«, in: Wochenpost, 18.12.1991.

64 »Beim Thema Treuhand brachen die Gefühle durch«, in: Mitteldeutsche Zeitung, 18.12.1991; »Bonn greift ein«, in: Die Zeit, 20.12.1991.

eine Holding für »strukturbestimmende« Großbetriebe unbeirrt fort;[65] auch Sozialdemokraten wie Thierse oder Brandenburgs Ministerpräsident Manfred Stolpe warnten weiter hartnäckig vor einer »Entindustrialisierung« des Ostens.[66]

Zum Jahresbeginn hatte sich der öffentliche Druck auf die Treuhand derart intensiviert, dass in der Presse offen über eine dramatische, von der Bundesregierung angeordnete Kurskorrektur, heftige interne Irritationen sowie einen eventuellen Vorstands-Rücktritt spekuliert wurde. In dieser Situation sah sich Kohl zu einer außergewöhnlichen Solidaritätsadresse veranlasst. Anfang Januar 1992 schrieb der Kanzler einen später auch in den *Treuhandanstalt Informationen* vollständig abgedruckten Brief an die »Mitarbeiterinnen und Mitarbeiter der Treuhandanstalt«, in dem er ihnen für »die in so kurzer Zeit erreichten Erfolge« bei der »Vollendung der Einheit unseres Vaterlandes« durch den »wirtschaftlichen Aufbau der neuen Länder« dankte: »Ohne Ihren Einsatz und Ihre Tatkraft – weit über das normale Maß hinaus – wären wir in den neuen Bundesländern noch nicht so weit gekommen.«[67]

Dabei ließ es der Kanzler nicht bewenden. Am Vormittag des 16. Januar besuchte Kohl erstmals persönlich die Zentrale an der Leipziger Straße und sprach vor dem Vorstand, dem Verwaltungsrat und knapp 250 Mitarbeitern, denen er ausdrücklich zusicherte, die »notwendigen Entscheidungen« über die Zukunft der Betriebe weiterhin »auch mit großer Unabhängigkeit« und »gegen manchen Widerstand« mit Rückendeckung der Bundesregierung treffen zu können. Jedoch rief er die Treuhand zugleich zu »enge[r] Kooperation« mit Landesregierungen, Kommunen und Gewerkschaften auf, um diese bei der »Regional- und Strukturpolitik« zu unterstützen. Zudem ermahnte er die Treuhand-Spitze, die »internen und externen Kontrollmechanismen« der Organisation weiter zu intensivieren, um so »das Vertrauen in ihre Arbeit« aus eigener Kraft wiederherzustellen. Letztlich müsse die Treuhand künftig mehr »Mitverantwortung für die wirtschaftliche Zukunft ganzer Regionen« übernehmen, um so »möglichst viele industrielle Bereiche – zumindest in ihrem Kern – zu erhalten«. Kohl hatte dabei vor allem die Chemie, die Stahlindustrie und die Werften im Blick. Abschließend brachte der Kanzler die »vielfältige Arbeit« der Mit-

65 »Die Treuhand als Sanierungsfall«, in: Frankfurter Rundschau, 21.1.1992; »Die Treuhandanstalt selbst ist zu einem Sanierungsfall geworden«, in: Süddeutsche Zeitung, 25.1.1992.

66 »Stolpe kritisiert Treuhandanstalt«, in: Frankfurter Allgemeine Zeitung, 27.12.1991; »Thierse befürchtet im Osten eine Entindustrialisierung«, in: Tagesspiegel, 27.12.1991.

67 Bundeskanzler Helmut Kohl an die Mitarbeiterinnen und Mitarbeiter der Treuhandanstalt, Bonn, Januar 1992, in: Treuhandanstalt Informationen, 6.1.1992.

arbeiter auf einen »gemeinsamen Nenner«, der darin bestehe, »Wissen und Engagement, Kapital und modernste Technik« zu »den Menschen in den neuen Bundesländern« zu bringen.[68]

Kohls einziger Visite im Herzen der Treuhand haftete damit etwas Janusköpfiges an: Einerseits garantierte er der Organisation auch weiterhin die »Unabhängigkeit« bei ihren »Entscheidungen«; andererseits drängte er sie zu einer Abmilderung des Privatisierungskurses, durch engere Kooperationen nach außen sowie intensivere Kontrollen im Inneren. Der Auftritt war zugleich eingebettet in eine symbolpolitische Geste, bei der das Gebäude in »Detlev-Rohwedder-Haus« umgetauft wurde und der Kanzler eine bronzene Gedenktafel enthüllte.[69]

Der Besuch Helmut Kohls sollte das Personal beruhigen, die wirtschaftspolitische Kontroverse setzte sich indes weiter fort, da die Oppositionsparteien und Gewerkschaften ihren Druck durch neue Initiativen aufrechterhielten. Ende Januar 1992 legte die beim Dresdner CDU-Parteitag eingesetzte Arbeitsgruppe einen Kompromissvorschlag vor, der von Birgit Breuel mit fünf ostdeutschen Abgeordneten unter Vermittlung von Fraktionschef Wolfgang Schäuble erarbeitet worden war. Die Länder sollten sich an »strukturbestimmenden Großbetrieben« beteiligen können, zudem sollten »private Beteiligungsgesellschaften«, insbesondere Fonds deutscher Großbanken, gezielt für eine Beteiligung an Betrieben gewonnen werden. Herzstück des Konzepts war die geplante Einrichtung von sogenannten »Treuhand-Management-Gesellschaften« (MKGs), in denen die Treuhand ein Portfolio von mehreren Betrieben mit mehr als 500 Mitarbeitern einbringen sollte, die dann von privaten Sanierungsexperten in Eigenregie saniert würden, um diese langfristig privatisieren zu können.[70]

Mit der »Management-KG« war ein Gegenentwurf zur »Industrieholding« gefunden: Bundesfinanzminister Waigel stellte das neue Konzept am 6. Februar in Bonn der Öffentlichkeit vor. Durch eine »kreative« Weiterentwicklung des »Privatisierungsauftrages« werde grundsätzlich der »Einstieg in eine aktive Verstaatlichungspolitik« in Form von staatlichen Holding-Gesellschaften verhindert. Das von der Treuhand konzipierte Instrumentarium ermögliche vielmehr eine »betriebswirtschaftliche Feinarbeit«, ohne

68 Bundeskanzler Dr. Helmut Kohl zur Namensgebung des Detlev-Rohwedder-Hauses: Entschlossen Sanieren, 16.1.1992, in: Treuhandanstalt: Dokumentation; Bd. 1, A120f.

69 »Unabhängigkeit der Treuhand muß auf jeden Fall gesichert werden«, in: Frankfurter Allgemeine Zeitung, 17.1.1992; »Erinnerung an Rohwedder«, in: Bild, 17.1.1992; »Kohl ruft zur Unterstützung der Treuhand auf«, in: Tagesspiegel, 17.1.1992; »Treuhand im ›Detlev-Rohwedder-Haus‹«, in: Morgenpost, 17.1.1992.

70 »Druck der Basis«, in: Wirtschaftswoche, 24.1.1992; kritisch hierzu: »Politiker, Hände weg«, in: Capital 1/1992.

gleichermaßen ein »bedenkliches Re-Verstaatlichungssignal« auszusenden.[71] Damit hatte der Finanzminister pointiert die Quintessenz des neuen Konzepts benannt: Unter dem Druck öffentlicher Forderungen nach einer aktiven staatlichen »Industriepolitik« führte der Vorstand ein betriebswirtschaftlich ausgestaltetes, begrenzt dimensioniertes »Privatisierungsinstrument« für eine »aktive Sanierungsbegleitung« ausgewählter Betriebe ein.[72]

Auch die Treuhand selbst trieb ihr sich stets verschlechterndes Image unverändert um. Anfang Februar führte das Direktorat »Kommunikation/Medien« eine ausführliche Arbeitsbesprechung durch. Dort hielt man fest, dass man nun in eine »neue Phase der Öffentlichkeitsarbeit« eintrete: Die »Privatisierungstätigkeit« sei zwar mittlerweile »in Medien und Bevölkerung bekannt und akzeptiert«. Die bislang auf statistisches Material konzentrierte Öffentlichkeitsarbeit müsse sich aber künftig »stärker auf Geschichten stützen, die die Zahlen mit Leben« füllen. Eine Reihe neuer PR-Maßnahmen wurden geplant. Nicht nur »Journalisten-Tage« in der Zentrale, »Journalisten-Reisen« in Betriebe sowie eine breit angelegte »Informationskampagne über Aufgaben, Arbeit und Leistung der THA« wurden geplant; auch eigene Medienangebote müssten gezielt weiterentwickelt werden. Die *Treuhandanstalt Informationen* sollten sich künftig stärker auf »Personen«, »Erfolgsstorys« und »innovative Produkte« konzentrieren. Bei einem am 7. Mai 1992 veranstalteten »Informationskongress«, zu dem Breuel die Pressevertreter in die Zentrale eingeladen hatte, wurden bereits über 300 in- und ausländische Journalisten empfangen.[73]

Ausgerechnet der ermordete Präsident avancierte im Mai zum Mittelpunkt einer ungewöhnlichen Auseinandersetzung, zu welcher der Dramatiker Rolf Hochhuth den Stein ins Rollen gebracht hatte. Hochhuth, der mit Stücken wie »Der Stellvertreter« (1961), »Soldaten« (1968) oder »Juristen« (1978) seinem Ruf als geschichtspolitischer Provokateur alle Ehre gemacht hatte, wandte sich Anfang der 1990er-Jahre einem neuen Theaterprojekt zu: »Wessis in Weimar« befasste sich mit dem Wirken der Treuhand. Am 26. Mai gab diese nun eine Pressemitteilung heraus, die der »Empörung im Detlev-Rohwedder-Haus« Ausdruck verlieh. Unter den Mitarbeitern herrsche »Betroffenheit, Entsetzen und Empörung« über Hochhuths gplantes Stück, das die »Grenzen des Anstands und der Menschlichkeit und auch der demokratischen Verantwortung« klar

71 »Waigel: Statt Kurswechsel Instrumente der Treuhand kreativ weiterentwickeln«, in: Handelsblatt, 7.2.1992; »Waigel will weiter privatisieren«, in: Frankfurter Allgemeine Zeitung, 7.2.1992.

72 »Erste Management-KG wird im April gegründet«, in: Treuhandanstalt Informationen, 6.4.1992.

73 Informationskongreß 7. Mai 1992, in: Treuhandanstalt: Dokumentation, Bd. 11, S. 958-961.

überschritten habe.[74] Diese Kritik bezog sich auf Auszüge des Stücks, die Hochhuth dem *manager magazin* vorab zur Verfügung gestellt hatte und dort als Titelstory »Haltet den Dichter« abgedruckt war. Die zu erwartende »Empörung der Manager und Politiker im alten Westen« erschien den Journalisten nicht als das Hauptproblem, da »der echte Kontaktsprengstoff« ja eigentlich »im Osten« liege:

> »[I]n der Reaktion der Menschen, die sich tatsächlich ausgeplündert fühlen, die gedemütigt sind und ihrer Hoffnungen beraubt. Davon gibt es Millionen. Ihre unterdrückte Wut wird jetzt nach oben kommen, mit dem falschen Stück zum richtigen Zeitpunkt.«[75]

In der umstrittensten Szene des Dramas zeigt Hochhuth die Juristin Hildegard und den Präsidenten in der Nacht seiner Ermordung. In einem fiebrigen Dialog ringen die beiden Figuren über das Für und Wider des Wirtschaftsumbaus: Hildegard prophezeit Rohwedders baldigen Tod, denn er lebe »gefährlich«, »weil er Unrecht tue« und sich an den Ostdeutschen in einer perfiden »Variante des Kolonialismus« vergehe. Von den europäischen »Kolonialherren« in Amerika würden er und seine Mitarbeiter sich nur dadurch unterscheiden, dass er den ostdeutschen »Rothäuten« zwar »Herden und Länder« raube, die »Indianer« aber »nicht auch noch ermorde«: »Sie führen, Herr Rohwedder, einen Raubkrieg gegen total Wehrlose, der ihnen das Leben kosten wird.« Auf diesen letzten Vorwurf kann Rohwedder nichts mehr erwidern, da er durch einen Schuss getroffen zu Boden sinkt und schließlich der Vorhang fällt.[76]

In einem siebenstündigen Interview mit drei eigens nach Basel gereisten Redakteuren stritt Hochhuth zwar vehement ab, den »Meuchelmord« ethisch rechtfertigen zu wollen. Dennoch deutete er das Attentat als eine erwartbare Folgeerscheinung der »ungeheuerlichen wirtschaftlichen Gewalt« an den Ostdeutschen, die angesichts des »brutalen Wirtschaftsdarwinismus« seit 1990 notwendigerweise Gegengewalt provoziere:

> »Kein Ossi hat irgendein legales Rechtsmittel, die Ausplünderung seiner Heimat durch uns Wessis bekämpfen zu können. Daher bleibt ein Meuchelmord zwar ethisch unhaltbar, aber er musste vorausgesehen werden von jedem, der Geschichte kennt. Wer so etwas wie Rohwedder tut, der musste wissen, was auf ihn zukommen könnte.«[77]

74 Pressemitteilung vom 26. Mai 1992: Empörung im Detlev-Rohwedder-Haus, in: Treuhandanstalt: Medienarchiv.

75 »Haltet den Dichter«, in: manager magazin, 1.6.1992.

76 »Dann wird man Sie ermorden«, in: Der Spiegel, 1.6.1992; vgl. auch Hochhuth, Rolf: Wessis in Weimar. Szenen aus einem besetzten Land, Berlin 1993.

77 »Haltet den Dichter«, in: manager magazin, 1.6. 1992, S. 185.

Hochhuths Provokation mit einem noch unfertigen Theaterstück, von dem erst drei der zwölf geplanten Szenen vorlagen, entpuppte sich als veritabler Mediencoup, der unversehens hitzige Repliken auslöste. Neben den Treuhand-Spitzengremien empörte sich Bundesarbeitsminister Norbert Blüm über Hochhuths »intellektuelle[s] Schmierestehen für Meuchelmörder«; der stellvertretenden SPD-Vorsitzenden Herta Däubler-Gmelin erschien das Stück »abstoßend und geschmacklos«; Helmut Kohl vermochte gar einen »Freibrief für Mörder« durch die Herabsetzung des »deutschen Patrioten Rohwedder« zu erkennen.[78] Auf der anderen Seite kritisierten linksstehende Medien scharf die »künstliche Empörung« sowie die politischen Attacken auf einen »Künstler«, der lediglich die »Realitäten« in Ostdeutschland offen thematisiere.[79]

Mit der impulsiven Debatte um Hochhuths »Wessis in Weimar« schloss sich indes der Kreis zum Berliner Trauerstaatsakt. Hatten die Trauerredner dort noch eindringlich zum Konsens beim Wirtschaftsumbau aufgerufen, machten die öffentlichen Repliken auf Hochhuths Provokation deutlich, dass von einer nachhaltigen Beruhigung der Auseinandersetzungen keine Rede sein konnte. Währenddessen hatte die Treuhand mit Birgit Breuel an der Spitze nahezu ununterbrochen unter zumeist kritischer medienöffentlicher Beobachtung agiert. Nach der kurzen Ruhepause, die auf den Mordanschlag gefolgt war, blieb das Umfeld der Organisation weiterhin bestimmt durch wirtschaftspolitische Grundsatzdebatten, gesellschaftliche Proteste sowie eine nicht abreißende Folge von Skandal- und Enthüllungsgeschichten.

Bemerkenswerterweise hatte sich an den die Treuhandanstalt einrahmenden politischen (Kontroll-)Strukturen bis Mitte 1992 dennoch kaum etwas geändert. Nach wie vor beschäftigte sich in Bonn neben der zuständigen Abteilung VIII des Bundesfinanzministeriums und dem Verwaltungsrat lediglich der im November 1990 gebildete »Unterausschuss« des Haushaltsausschusses des Bundestages mit der Organisation. Ferner hatten die bereits im März und April 1991 getroffenen Kooperationsvereinbarungen und die Einrichtung der »Wirtschaftskabinette« im Oktober 1991 das angespannte Verhältnis der Treuhand zu Gewerkschaften und Landesregierungen tendenziell befriedet. Andererseits blieb der externe Druck auf die Organisation und ihr Personal unverändert hoch. Welche

78 »Dramatiker Hochhuth hofft auf klärendes Gespräch mit Blüm«, in: Tagesspiegel, 29.5.1992; »Das Hochhuth-Theater«, in: Tagesspiegel, 31.5.1992.

79 »Die Patrioten«, in: Junge Welt, 30.5.1992; »Ein Schuft, wer Realitäten benennt!«, in: Neues Deutschland, 2.6.1992; »Kein Ossi, nirgends!«, in: Die Zeit, 5.6.1992.

Spuren hinterließ nun dieses Umfeld bei dieser hochumstrittenen Organisation, die *Die Zeit* als »Gigant am Gängelband«[80] charakterisierte?

5.2 Praxis: Die Zeit der Hochgeschwindigkeitsprivatisierungen

Der Mord an Rohwedder behinderte die im Herbst 1990 eingeleitete Beschleunigung der Privatisierungen nicht, im Gegenteil. Seit April habe vielmehr endgültig die Zeit der »Hochgeschwindigkeitsprivatisierungen« begonnen, wie es ein Direktor eindringlich beschrieb.[81] Vor allem zwischen den verschiedenen operativen Direktoraten in der Zentrale und den Niederlassungen entspann sich nun ein regelrechter »Privatisierungswettbewerb« (Seibel), der vom Vorstand gezielt weiter befeuert wurde: Einerseits materiell durch ein Ende 1991 entworfenes Prämien- bzw. Bonussystem, das die Auszahlung flexibler Gehaltselemente für Abteilungsleiter und Direktoren an die Erreichung von Zielvereinbarungen knüpfte. Zum anderen durch einen auf allen internen wie externen Kanälen der Treuhand kommunizierten Privatisierungsprimat, der die Zahl der Verkäufe zum unangefochtenen Erfolgsindikator für die alltägliche Geschäftspraxis werden ließ.

In den ab Mai 1991 erscheinenden *Treuhandanstalt Informationen* fanden sich so in jeder Ausgabe ausführliche Diagramme zum »Privatisierungsfortschritt«; ab der zweiten Nummer im Juni 1991 kam eine Übersicht über die »25 größten Verkäufe« des Vormonats hinzu, die zudem die Investoren auflistete. In den nachfolgenden Ausgaben wurden Monat für Monat die »Top Ten« der Privatisierungen nach Investitionen und Arbeitsplätzen akribisch vermeldet.[82] In großen Balkendiagrammen wurde dabei immer feineres statistisches Material arrangiert, sodass die Direktorate und Niederlassungen »ihre« Erfolge ganz unmittelbar mit denen ihrer Kollegen im internen Wettstreit vergleichen konnten. Die verantwortlichen Redakteure lieferten die Deutungen gleich mit: »Privatisierungstempo bleibt auf hohem Niveau« (Juli 1991) oder »Privatisierung: Rekordzahlen im Oktober« (Dezember 1991) hieß es in den Überschriften.[83]

Kurz nach der Wiedervereinigung hatte die Treuhand-Spitze schon einmal auf diese Form der beschleunigten Massenprivatisierungen gesetzt.

80 »Gigant am Gängelband«, in: Die Zeit, 8.11.1991.

81 R24-Interview mit Steffen Damm, 6.10.1992.

82 »2.140 Privatisierungen bis Mai '91«, in: Treuhandanstalt Informationen, 25.6.1991.

83 »Privatisierungstempo bleibt auf hohem Niveau«, in: Treuhandanstalt Informationen, 1.8.1991; »Privatisierung: Rekordzahlen im Oktober«, in: Treuhandanstalt Informationen, 8.12.1991.

Am 9. Oktober 1990 hatte man die »Gesellschaft zur Privatisierung des Handels« (GPH) als Tochtergesellschaft gegründet. Mit einer kleinen Gruppe erfahrener, westdeutscher Einzelhandels-Manager unter der Führung des früheren Flick-Generalbevollmächtigten und Unternehmensberaters Wolfgang Bernhardt[84] wurde die GPH eine Art Ausnahmeregime im Ausnahmeregime: In drei Wellen privatisierte sie zwischen Oktober 1990 und Juni 1991 knapp 45.000 Geschäfte, Gaststätten und Hotels über öffentliche Ausschreibungen an überwiegend ostdeutsche Käufer, wobei die Zahl der dort Beschäftigten von 280.000 auf 180.000 sank. Nicht einmal ein Jahr nach ihrer Gründung, am 26. September 1991, stellte die GPH ihren Dienst bereits wieder ein. GPH-Chef Bernhardt blickte bei der offiziellen Abschlussveranstaltung kritisch auf die zahlreichen »ost-westlichen Seilschaften« zurück, die das Alltagsgeschäft der sogenannten »Klein- und Kleinstprivatisierungen« erschwert hätten; dennoch seien er und seine Mitarbeiter »stolz« auf das in so kurzer Zeit Erreichte. Die GPH war damit eine Art Treuhandanstalt in Miniaturform, die im Schatten der großen Muttergesellschaft und ihrer Industriebetriebe eine Vielzahl an kleinen Privatisierungen vor Ort durchführte.[85]

Auch in zahlreichen Experteninterviews fand das unbedingte Privatisierungsprimat seinen Niederschlag. Ein Direktor verwies stolz darauf, im Jahr 1991 »das Privatisierungspferd mit voller Kraft geritten« zu haben.[86] Andere Kollegen sprachen von der »Hauptaufgabe« oder der »Hauptschiene«, wie der ostdeutsche Referent Peter Domann, der zufrieden Bilanz über »seine« Verkäufe zog und die »11 Unternehmen« aufzählte, die er bis zu seinem Ausscheiden Ende März 1992 mitverhandelt hatte.[87] Steffen Damm, der junge ostdeutsche Direktor, war darum bemüht, in aller Ausführlichkeit zu demonstrieren, wie sehr er mittlerweile die Privatisierungspraxis in allen Facetten und Instrumenten verinnerlicht hatte:

> »Ja, das ist natürlich ein abendfüllendes Thema, weil da hängt natürlich das ganze Knowhow drin, wie man das macht. Ich kann Ihnen sagen, ich habe NICHT ausgeschrieben. Ausschreibung ist für mich people business. Das klingt zwar etwas arrogant. Begründung: (5s) Meine Branchen,

84 Eintrag »Bernhardt, Wolfgang«, in: Munzinger Online/Personen – Internationales Biographisches Archiv, URL: http://www.munzinger.de/document/00000025051 (zuletzt aufgerufen am 15.02.2018).

85 Vgl. Breuel: Treuhand intern, S. 254-256; BvS: Abschlussbericht, S. 39-42; Seibel: Verwaltete Illusionen, S. 188f.; vgl. dazu Jacobsen, Heike: Umbruch des Einzelhandels in Ostdeutschland. Westdeutsche Unternehmer als Akteure im Transformationsprozess, Frankfurt a.M. 1999.

86 R4-Interview mit Dr. Stephan Erhard, 27.7.1992.

87 R42-Interview mit Peter Domann, 28.1.1993.

die ich bediene, sind teilweise sehr überschaubar, klein. Die sind zwar groß vom Volumen, aber da sind fünf Anbieter, weltweit. Oder zehn. [...] Ich spreche EINEN an in der Branche, dann geht das kling kling kling kling und da kommt der letzte zu mir und fragt mich. [...] Also wissen Sie, so ein Glaswerk mit 2-300 Millionen Investitionsbedarf, das kauft man mal nicht so am Wochenende, neben einem Pelzmantel.«[88]

Damm setzte ganz auf sein weitverzweigtes Netzwerk an Branchenkontakten, das »who is who«, welches er und sein Team im Direktorat sich binnen kurzer Zeit angeeignet hätten:

»Ich habe hier ein Team von Leuten von mir, mit Beratern, Rechtsanwälten, Wirtschaftsprüfern, Branchenberater und die führen die Verhandlungen. Das passiert einmal passiv, indem Leute an uns herantreten, und es passiert aktiv, aber durch eine etwas subtilere Art der Ausschreibung und Werbung, indem man im Glasverband in der Branche über Kunden --- einfach streut, dass die Treuhandanstalt zum Beispiel mit dem und dem verhandelt. Und so funktioniert das, und da kann man warten, es dauert eine Woche, kommt ein Anruf von dem und dem und ein Fax. Bloß, da muss man das Who is Who KENNEN, und mittlerweile, nach 15, 16 Monaten kenne ich das.«[89]

Die Privatisierungs-Klaviatur mit verschiedenen Interessenten schien der Direktor virtuos zu beherrschen, auch wenn die Gefahr der eigenen Korrumpierung mitschwang, wie er seinem Gesprächspartner ausführlich erläuterte:

»[D]a versuchen die natürlich dann auch, mit allen möglichen Tricks sich reinzubringen, und da wird man eingeladen und so weiter. Ich lehne das in der Regel ab, weil das doch die erste Stufe zur Korruption oder Korrumpierung ist. Und da muss man sehr vorsichtig sein hier in der Treuhandanstalt, glaube ich. Also ist richtig, wenn man da sehr zurückhaltend ist.«[90]

Direktor Charles Volkmann war ebenso voll des Lobes über die Privatisierungsaktivitäten des eigenen Direktorats:

»Ja, so ist die Arbeit also im Jahre 1991 losgegangen, wir haben also SEITDEM jetzt praktisch erst anderthalb Jahre Zeitgeschichte hinter uns. In diesem Zeitraum fünfzig Firmen zu veräußern ist schon ein Mordspensum, mit den paar Mitarbeitern, die wir haben.«[91]

88 R24-Interview mit Steffen Damm, 6.10.1992.

89 Ebd.

90 Ebd.

91 R22-Interview mit Dr. Charles Volkmann/Benedikt Golland, 1.10.1992.

Allerdings machte Volkmann bereit eine Trendwende im Privatisierungsgeschäft aus, die er Ende 1991 verortete:

> »Ja wir, wir haben ja versucht, zunächst am Anfang der Zeit überhaupt erst mal die uns vorliegenden Interessen verarbeitet. Also die Initiativen der Investoren verarbeitet, die uns vorlagen. Das hat uns schon Tag und Nacht beschäftigt. So sind also wie gesagt die Verkäufe der frühen Stunde zustande gekommen. Dann kam eine zweite Phase, wo inzwischen die allgemeine Wirtschaftslage schlechter wurde, das Investoreninteresse geringer wurde, wo man sich hier erst mal aktiv um Investoren bemühen musste.«[92]

Der junge, von einer amerikanischen Beteiligungsgesellschaft zur Treuhand gewechselte Betriebswirt Simon Cunau hatte im Sommer 1991 eine deutliche Professionalisierung und auch Internationalisierung der Privatisierungsverfahren registriert:

> »Dann ging es über im Sommer 91 [...] in verschiedene eher marketingorientierte Tätigkeiten, nämlich, uns darauf vorzubereiten, dass der Kunden- und Käuferanstrom, dem wir damals ausgesetzt waren, dass wir einem Nachlassen dieses Kaufinteresses entgegenkommen, oder uns darauf vorbereiten. Und zwar haben wir dann mit einer Beratungsgesellschaft systematische Ansätze entwickelt, wie also ein aktives Marketing aus der Treuhandanstalt HERAUS laufen kann und funktionieren muss.«[93]

Gleichermaßen entwickelte auch der Vorstand zahlreiche Aktivitäten, um die Privatisierungszahlen trotz des seit Sommer 1991 spürbar zurückgehenden Investoreninteresses weiter auf hohem Niveau zu stabilisieren. Birgit Breuel prägte dafür den Begriff des »internationalen Intensiv-Marketings«:[94] Bereits im April 1991 hatte man, noch auf Initiative Rohwedders, einen ersten »Unternehmenskatalog« im renommierten Darmstädter Wirtschaftsverlag Hoppenstedt veröffentlicht, der Kenndaten der angebotenen Treuhand-Betriebe ausführlich präsentierte.[95] Das Marketing zielte fortan darauf ab, insbesondere auch das westliche Aus-

92 Ebd.

93 R30-Interview mit Simon Cunau, 21.12.1992.

94 Kemmler: Entstehung, S. 266.

95 »Neues Image gesucht«, in: Wirtschaftswoche, 12.4.1991; ein Komplettabdruck eines späteren »Wirtschaftsatlas« findet sich unter: »Wirtschaftsatlas Neue Bundesländer«, Gotha 1994, in: Treuhandanstalt: Dokumentation, Bd. 3, ab S. 256.

land einzubeziehen. Birgit Breuel absolvierte also nicht nur Messeauftritte, sondern eine ganze Reihe von ausgedehnten Auslandsbesuchen.[96]

Neben ausländischen Investoren war gerade auch die ostdeutsche Bevölkerung selbst der in der Öffentlichkeit stets diskutierte Adressatenkreis. Bereits im März 1991 hatte Breuel eine ambitionierte »Treuhand-Initiative Mittelstand« entwickeln lassen. Damit zielte sie auf eine gezielte Mobilisierung meist wenig finanzkräftiger ostdeutscher »Manager« zur Übernahme des eigenen Betriebs ab – dem sogenannten »Management-Buy-Out« (MBO), etwa durch Beratungsangebote, Kaufpreisnachlässe oder Kreditvermittlung. Für die Treuhand-Spitze erschien diese Privatisierungsstrategie, die am 8. April beschlossen wurde und zügig in zwei »MBO-Kongresse« im Mai und September mündete, doppelt attraktiv: So ließen sich möglicherweise einerseits die öffentlich als viel zu gering kritisierten Zahlen ostdeutscher Unternehmenserwerber steigern. Zum anderen blieb die Etablierung eines »Mittelstands« mit ostdeutschen »Unternehmerpersönlichkeiten«, die den postsozialistischen Wirtschaftsumbau aktiv aus der Gesellschaft heraus vorantreiben sollten, eine wirkmächtige wirtschaftspolitische Projektionsfläche für die Zukunft. Die Erfolge blieben jedoch hinter den hohen Erwartungen zurück. Bis zur erstmaligen Bilanzierung Mitte Juli 1992 hatten die Mitarbeiter vor allem in den Niederlassungen knapp 1.475 »MBO«-Kontrakte abschließen können. Damit kamen Ostdeutsche insgesamt bei weniger als einem Fünftel aller Privatisierungen zum Zug, sie übernahmen insbesondere kleinere Firmen mit wenigen Mitarbeitern und geringerem Investitionsbedarf.[97]

Um das eigentliche »Kerngeschäft« einer forcierten Privatisierung weiter zu entlasten, lagerte die Treuhand-Spitze zudem verstärkt auch längerfristige Aufgabenbereiche auf ein »Trabantenfeld« an eigenen Tochtergesellschaften aus. Schon am 18. März 1991 wurde die »Treuhand-Liegenschaftsgesellschaft« (TLG) gegründet, die die langfristige Vermarktung und Verwertung von Immobilien und Grundstücken übernahm; die am 1. Juli 1992 ins Leben gerufene »Bodenverwertungs- und -verwaltungsgesellschaft mbH« (BVVG) wurde analog mit der langfristigen Verpachtung und Verwertung von land- und forstwirtschaftlichen Flächen betraut. TLG und BVVG sollten ihre Muttergesellschaft schließlich auch deutlich überleben: Die TLG wurde 2012, nach mehreren gescheiterten Anläufen, durch das Bundesfinanzministerium an einen amerikanischen Finanzin-

96 Vgl. hierzu auch in Kapitel 3 auf S. 694 den Abschnitt zur Treuhand und ihren Auslandsbeziehungen.

97 Vgl. dazu »Erstes Quartal 1992 mit 1.400 Privatisierungen«, in: Treuhandanstalt Informationen, 7.5.1992; »Schweriner Privatisierungen zu 72 Prozent an Ostdeutsche«, in: Treuhandanstalt Informationen, 3.8.1992; »Chancen für den Mittelstand«, in: Treuhandanstalt Informationen, 7.2.1992.

vestor privatisiert; die BVVG ist als Staatsunternehmen bis in die Gegenwart vor allem in der ostdeutschen Land- und Agrarwirtschaft aktiv.[98]

Andererseits bekam die Treuhand als mittlerweile unbestrittene Zentralakteurin in der ostdeutschen Wirtschaft im Laufe des Jahres 1991 weitere Zusatzaufgaben von der Politik zugewiesen. So beteiligte sie sich, nach anfänglichen Widerständen, an sozialpolitischen Auffangmaßnahmen zur kurzfristigen Abmilderung der rapide anwachsenden Arbeitslosigkeit in Ostdeutschland, etwa den »Landesgesellschaften zur Arbeitsförderung, Beschäftigung und Strukturentwicklung« (ABS).[99] Zudem übernahm die Organisation weitere Aufgaben im Bereich des Umweltschutzes. Die in einem eigenen Direktorat angesiedelte Sanierung »ökologischer Altlasten«, mit denen zahlreiche Betriebsstandorte belastet waren, wurde als potenziell verkaufsfördernde Aktivität im Vorfeld möglicher Privatisierungen umgedeutet.[100] Andere Verwaltungsaufgaben wie die »Vermögenszuordnung« zur Klärung von Eigentumsverhältnissen oder die »Kommunalisierung«, also die Rückübertragung von kommunalem Eigentum an Städte oder Landkreise, besaßen stärkeren Verwaltungscharakter und scheinen in der Gesamtorganisation der Jahre 1991/92 allenfalls geduldete Praxisfelder jenseits des »Kerngeschäfts« der Privatisierung gewesen zu sein.[101]

Einen bedeutsamen Bereich des alltagspraktischen Wirtschaftsumbaus definierte die Treuhand erst mit Verzögerung im für sie nützlichen Sinne um. Im Verlauf der Jahre 1991/92 entdeckte die Organisationsspitze verstärkt das komplizierte wie weitläufige Feld der Rückerstattung von vormals sozialisierten Betrieben. Im Herbst 1990 hatte sich Detlev Rohwedder noch massiv über die zahlreichen und meist sehr komplizierten Restitutionsansprüche empört, die eine zügige Privatisierung zahlreicher Betriebe behindere. Ende März 1991 erreichte er die Verabschiedung des »Investitionsvorranggesetzes«, durch das Alteigentümer und neue Investoren fortan um die Übernahme eines Standortes durch die Abgabe von Unternehmenskonzepten miteinander konkurrieren mussten. Anhand der Konzepte entschied das Treuhand-Personal darüber, ob ein Betrieb rückerstattet oder an einen Neuinvestor veräußert wurde.[102]

Im Juli 1991 wurde die Ernennung von »Reprivatisierungsbeauftragten« beschlossen, die in den einzelnen Branchendirektoraten und Niederlassun-

98 Vgl. Seibel: Verwaltete Illusionen, S. 191-199. »Bund privatisiert über 1.000 Wohnungen in Ostdeutschland«, in: Frankfurter Allgemeine Zeitung, 19.11.2012; »TLG: Ein Privatisierer wird privatisiert«, in: Zeit-Online, 19.11.2012.

99 Vgl. Seibel: Verwaltete Illusionen, S. 188-191.

100 BvS: Abschlussbilanz, S. 145-150.

101 Ebd., S. 88-93.

102 Treuhandanstalt: Aufgabenspektrum und Lösungswege – Reprivatisierung, in: Treuhandanstalt: Dokumentation, Bd. 10, S. 92-98.

gen ernannt werden sollten, um die Zusammenarbeit mit den zuständigen Ämtern für offene Vermögensfragen zu beschleunigen.[103] Als das Investoreninteresse Ende des Jahres 1991 wirklich zurückging, entdeckte der Vorstand vollends das Potenzial der Restitution, die er nun in »Reprivatisierung« umtaufte.

Wie schleppend sich jedoch die organisatorische und personelle Etablierung der »Reprivatisierung« in der alltäglichen Praxis gestaltete, verdeutlichte ein an den Vorstand adressierter »Bericht über den heutigen Stand der Reprivatisierung« vom 25. Mai 1993. Die 260 im Aufgabengebiet Reprivatisierung tätigen Mitarbeiter seien weitläufig über Zentrale und Niederlassungen verteilt; während der Ablauf in den Niederlassungen mit jeweils knapp einem Dutzend Mitarbeitern zufriedenstellend sei, agierten die 40 über die Unternehmensbereiche verstreuten Mitarbeiter in der Zentrale meist als »Einzelkämpfer«. Aus den Ämtern für offene Vermögensfragen lägen zwar mittlerweile fast 13.000 (bis zum 31. Dezember 1992 angemeldete) Restitutionsansprüche auf Unternehmen beziehungsweise 14.000 Anträge auf Grundstücke oder Immobilien vor. Dennoch mangele es an einem Gesamtüberblick über den effektiven Bearbeitungsstand. Da ein Großteil der betroffenen Objekte mittlerweile ohnehin bereits privatisiert oder abgewickelt sei, stünden künftig weniger Rückgaben, sondern vornehmlich arbeitsintensive Entschädigungszahlungen im Vordergrund, die aufgrund ihrer Komplexität auch noch nach 1994 zu bearbeiten seien.[104]

Den schweren Stand, den die »Restitution«/»Reprivatisierung« noch längere Zeit unter den Mitarbeitern vor allem in den operativen Direktoraten hatte, sprach Direktor Boris Märtens an, der sich an den Vortrag eines Vertreters aus dem Bundesjustizministerium Ende 1990 erinnerte:

> »Es war ganz charakteristisch, in der Anfangszeit, […], dass wir mal eine Besprechung mit einem Vertreter des Bundesjustiziministeriums hatten, der sagte, Sie müssen sich klarmachen, Sie sind eigentlich HEHLER, Hehler, Sie sitzen auf einem Gut, das jemand anderem gehört hat, bevor Sie es in Besitz genommen haben. Sie müssen Ihre Denkweise völlig umstellen, Sie sind nicht hier, um tolle Geschäfte zu machen, sondern in allererster Linie sind Sie hier, um das zurückzugeben, was zu Unrecht der DDR-Staat sich einmal angeeignet hat.«[105]

103 »Treuhand bestellt Reprivatisierungs-Beauftragte«, in: Treuhandanstalt Informationen, 1.8.1991.

104 Bericht über den heutigen Stand der Reprivatisierung in der Treuhandanstalt. Vorschläge für die Zukunftsstruktur, 25.5.1993, in: Treuhandanstalt: Dokumentation, Bd. 10, S. 191-205.

105 R18-Interview mit Dr. Boris Märtens, 10.9.1992.

Märtens zeigte sich noch nach über zwei Jahren empört, auch damals habe es im ganzen Saal bei West- und Ostdeutschen gebrodelt:

> »Das knisterte im Saal, es saßen da überwiegend noch Ostmitarbeiter im Raum, die das sichtbar getroffen hat, dass sie nun, nachdem sie aus einem Hehlerstaat gekommen waren, in einer Hehlerorganisation gelandet waren, und dass man ihnen so etwas sagen konnte. Ich war kurz davor, obwohl ich nicht die Gesprächsleitung hatte, den Saal zu verlassen, vielleicht sogar noch einen Tisch umzuwerfen, ich war empört, dass man uns so etwas sagen konnte, ich wollte nicht in einer Hehlerorganisation sein.«[106]

Für den Direktor war es jedoch eine größere, kulturelle Hürde, die die Anerkennung des Restitutionsprinzips unter den Mitarbeitern erschwerte. Es sei nämlich die »Privatisierungsmentalität« insbesondere der bundesdeutschen Industrie-Manager gewesen, die in den komplizierten Rückgabeansprüchen eine unzulässige Beschränkung ihrer Handlungsspielräume erkannt hätten:

> »Und es gab dann sehr schnell gewisse Spannungen, nicht zwischen Personen, sondern eben zwischen den Anhängern zweier verschiedener Mentalitäten, der an uns herangetragenen Mentalität der Restitution, und der hier im Hause einfach durch die Personalzusammensetzung gegebenen Privatisierungsmentalität. Und es ist zweifellos zu sehen, dass die innere Akzeptanz des Restitutionsprinzips in der Treuhandanstalt eine gewisse Zeit brauchte. Die Leute, die wir hatten, waren nicht hierhergekommen, um zu restituieren, sondern weil sie dachten, hier wird privatisiert, wie es eben im Treuhandgesetz steht.«[107]

In dieser Lesart drohte die Restitution das Hauptziel, die zügige Entstaatlichung durch Privatisierungen, empfindlich zu beeinträchtigen. Doch nicht alle Mitarbeiter teilten diese Auffassung. Siegfried Hambach, Jurist und Abteilungsleiter, sah den Themenkomplex deutlich kritischer, indem er auf die paradoxe Konstellation verwies, in der die Treuhand einerseits intensiv für den Aufbau eines neuen Mittelstands in Ostdeutschlands warb, andererseits aber meist mittelständische Alteigentümerinteressen mit aller Kraft abzuwehren versuchte. In seinen Augen hatten die Treuhand-Spitze und das Gros des Personals das unternehmerische Potenzial der Restitution lange nicht erkannt:

> »Ja, nur hätte ich sagen müssen, JEDE Reprivatisierung ist eine Privatisierung. Und das hat man nicht verstanden, im Gegenteil, man hat oft

106 Ebd.
107 Ebd.

> GEGEN den Reprivatisierungsberechtigten privatisiert. Und dies liegt zum Teil im Gesetz drin, zum Teil lag es in der Mentalität drin, dass ich jemand nämlich den Auftrag gebe, du sollst ein Unternehmen verkaufen, du darfst es aber nicht verkaufen, wenn ein Reprivatisierungsanspruch da ist. Dem hätte ich sagen müssen, du sollst das Unternehmen in erster Linie reprivatisieren, wenn du es nicht reprivatisieren kannst, darfst du es verkaufen.«[108]

Eine solche Umdeutung der Restitution zur Reprivatisierung sei jedoch zu spät erfolgt:

> »Da hätten wir sicherlich VIEL erreichen können, auch das, was man nun im Rahmen der sogenannten Mittelstandspolitik nachholen will, hätte man dort so in dieser Weise abarbeiten können. Und bis das dann wieder in Schwung kam, bis die Reprivatisierungsbeauftragten dann eingerichtet wurden, und bis man dann auch da eine gewisse Betonung drauf gelegt hat, das hat schlichtweg zu lang gedauert.«[109]

Während die Reprivatisierung und Vermarktung der Betriebe schwerpunktmäßig in den operativen Direktoraten und Niederlassungen angesiedelt war, wurde deren »Stilllegung« bzw. »Abwicklung« in einem eigenständigen Direktorat unter der Leitung von Theodor Lohmann konzentriert. Lohmann, gelernter Kürschner, studierter Chemiker und bis 1990 Geschäftsführer einer französischen Zeitung in Paris, war wegen seines heiklen Aufgabengebietes, seines barocken Auftretens und seines unkonventionellen Geschäftsgebarens eine schillernde, öffentlich bekannte wie polarisierende Figur, weshalb er im August 1992 auch zu den ersten Gesprächspartnern Dietmar Rosts zählte. Kaum zwei Jahre später sollte er die Organisation nach einer Reihe von Skandalen um hohe Liquidatorengehälter schließlich im Streit verlassen.[110]

Lohmanns Direktorat blieb also nicht nur wegen seiner branchenübergreifenden, funktionalen Zuständigkeit eine Besonderheit. Auch in der Öffentlichkeit zog die »Abwicklung« stets große Aufmerksamkeit auf sich, sodass der Begriff von der Gesellschaft für deutsche Sprache im Jahr 1991 bei der Wahl zum Wort des Jahres auf dem zweiten Platz landete, bezeichnenderweise direkt hinter »Besserwessi«. Lohmann ließ als Reaktion hierauf Anfang 1992 einen öffentlichen, mit 1.000 D-Mark dotierten Ideenwettbewerb für einen alternativen Namen ausschreiben, woraufhin sich bei der Presseabteilung zahlreiche Anrufer mit Vorschlägen wie »Re-

108 R36-Interview mit Siegfried Hambach, 11.1.1993.

109 Ebd.

110 Zum Fall Lohmann vgl. Jürgs: Treuhändler, S. 228f.; Laabs: Goldrausch, S. 314f. sowie »Der ›Bulldozer‹ und die Absahner«, in: Stern, 16.6.1994.

cycling«, »Refusion«, »Neutralisation« oder »Neukonzeption« meldeten, letztlich aber ohne Erfolg.[111]

Bis April 1991 hatte das noch im Aufbau befindliche Direktorat Abwicklung die Stilllegung von 333 Unternehmen mit 87.000 Mitarbeitern meist in Form der Liquidation eingeleitet; bis zum Dezember 1991 war diese Zahl auf 983 Betriebe mit 180.000 Mitarbeitern hochgeschnellt.[112] Lohmann und seine einhundert Mitarbeiter bevorzugten dabei »flexible«, unkonventionelle Lösungen, um so möglichst viele Firmenteile und Arbeitsplätze aus den aufzulösenden Unternehmen zu erhalten; eben »neues Leben in der Liquidation« zu generieren, wie es im Herbst 1991 in den *Treuhandanstalt Informationen* hieß.[113] Treuhandintern galt Lohmann als exzentrischer, aber kreativer Experte für aussichtslose Fälle: Noch aus der »finstersten Ecke« habe Lohmann »Erfolge herauszünden« können, wie ihm ein Direktorenkollege wohlwollend bescheinigte.[114]

Lohmann selbst ordnete bei seinem Gespräch vom 4. August 1992, das er flankiert von zwei seiner Mitarbeiterinnen wie eine offene Gruppendiskussion bestritt, die »praxisbezogenen« Aktivitäten seines Direktorats in den Gesamtkontext der Organisation ein, die letztlich auf allen Feldern einen Arbeitsplatzabbau einleiten musste. Dies sei nicht zuletzt ihre zentrale politische Funktion:

> »Alles was in der Treuhand stattfindet, ist eine Brutalsanierung. Ob es eine Privatisierung, eine Sanierung oder eine Abwicklung ist, das sind nur graduelle Unterschiede. Aber der Effekt ist der gleiche, denn was übrigbleibt sind nie mehr als 30% der ursprünglichen Arbeitsplätze. Wir kommen im Schnitt auf 33%, die wir erhalten. Und damit haben wir, glaube ich, die beste Quote in der Treuhand. So, und das machen Sie jetzt bitte mal in einem Staatsunternehmen. Die Treuhand ist auch insofern eine geniale Einrichtung, als sie einen Puffer zwischen den Politikern und den Betrieben, denen, die betroffen sind, bildet. Dafür werden wir bezahlt. Das ist Teil unseres Gehalts, dass wir für die Politik den Kopf hinzuhalten haben.«[115]

Der Direktor bekundete seinen Respekt für den scharfen Privatisierungskurs, den der Vorstand auch gegen wachsende Widerstände durchgesetzt habe. Die hierfür eingesetzten, rigiden »betriebswirtschaftlichen Mittel« ordnete er demgegenüber nahezu dialektisch neu ein:

111 »Hundert Ideen gegen ›Abwicklung‹«, in: Berliner Zeitung, 9.1.1992.
112 Kemmler: Entstehung, S. 317.
113 »Neues Leben in der Liquidation«, in: Treuhandanstalt Informationen, 5.9.1991.
114 R9-Interview mit Dr. Patrick Körting, 30.7.1992.
115 R12-Interview mit Theodor Lohmann und Mitarbeitern, 4.8.1992.

> »HEUTE behaupte ich, dass es die richtige Entscheidung war, und da muss man vor Rohwedder und vor allen Dingen vor der Frau Breuel, die diesen Kurs am härtesten gehalten hat, unheimlich den Hut ziehen. Beim Grundsatz der Privatisierung und der Verantwortlichkeit des Einzelnen, da war sie eisern. Das weit vom Staat wegzufahren, ist ja auch richtig. --- Und damit wird dann die Betriebswirtschaft Mittel zum Zweck und macht volkswirtschaftlich doch wieder Sinn. Wir erledigen hier nämlich parallel Wirtschaftsanpassung und Strukturanpassung auf einen Schlag.«[116]

Jenseits dieser Überlegungen gab sich der Direktor im Gespräch betont nachdenklich. Seine schwere Aufgabe erfordere einiges an Empathie, da er und seine Mitarbeiter sich eben um die betroffenen Menschen in Ostdeutschland »kümmern« müssten, »die in Not sind, die ihres existentiellen Rechts auf Arbeit beraubt werden« und »panische Angst vor der Zukunft« hätten: »Ich kann eigentlich nur dafür sorgen, dass diese Menschen nicht noch zusätzlich beschädigt werden. Die sind alle waidwund gerieben, ob man es sieht oder nicht.«[117] Dennoch zeigte sich Lohmann stolz auf die Leistungen seines Direktorats, das den Wirtschaftsumbau trotz millionenfacher Entlassungen ohne größere soziale Unruhen vollbracht habe:

> »Mir tut es UNglaublich leid, dass Menschen, die hier arbeiten und sich engagieren, möglicherweise zu einem späteren Zeitpunkt, wenn sie hier ausscheiden, Probleme haben werden, weil ihnen ein negatives Image angehängt wird. Meine Leute, die haben mehr geleistet als in diesem Deutschland in den letzten zwanzig Jahren oder dreißig Jahren irgendjemand anders. Ich will nicht sagen, dass es nicht zwischen 45 und 55 noch irgendwo was gab, wo was passiert ist. Aber das, was MEINE Leute hier geleistet haben, das hat niemand geschafft. Diese Truppe hat hier in den neuen Bundesländern roundabout eine Million Menschen auf die Straße geschickt, und es gab keine Volksaufstände, nichts.«[118]

Die mit den Massenprotesten der Jahre 1991/92 einhergehenden Verwerfungen in den Betrieben, den Regionen, der Öffentlichkeit und der Politik wurden auch von den anderen Gesprächsteilnehmern umfassend thematisiert. Die Mitarbeiter rieben sich in unterschiedlicher Weise an den Konflikten der Übergangsgesellschaft. Manche, wie etwa Direktor Patrick Körting gingen den Personalabbau bewusst möglichst zügig an:

116 Ebd.
117 Ebd.
118 Ebd.

»Aber wir haben viele Entlassungen letztes Jahr [1991, M.B.], im letzten Jahr habe ich schwer Druck gemacht hier hinterher, habe gesagt, RAUS, jetzt werde ich jetzt Ärger machen, kommt sowieso der Ärger, aber rumlabern, dann werdet ihr A, unglaubwürdig bei euren Betriebsräten und auch klar die Fakten nennen, unter welchen Randbedingungen so viele entlassen werden. [...] GOTT sei Dank. --- Heute verkaufe ich SELTEN noch mit großen Personalabschlägen. Verkaufe heute die Buden meistens so, wie sie da sind. Von der Personalseite. Nichts mehr geändert. Vielleicht noch 2%, 5% raus. Mehr nicht. Letztes Jahr, Drittel blieb drin oder so was, mussten wir alles entlassen.«[119]

Die meisten seiner ostdeutschen Kollegen taten sich hiermit schwerer. Den Referenten Karl Korn trieb die Frage der Massenentlassungen besonders um – jedoch stritt er nahezu wütend ab, dass sich das Treuhand-Personal nicht über die gravierenden Konsequenzen für die Betroffenen im Klaren gewesen sei:

»[M]an muss die menschlichen Komponenten sehen, es geht immer um Menschen, es geht nicht bloß um Sachwerte, und dort fällt JEDEM Direktor, das möchte ich hier auch mal sagen, die Entscheidung sehr schwer. Die Presse ist da nicht immer sehr -- ich sage es mal, nicht sehr nett mit der Treuhand umgegangen, und man hat sich eigentlich viel zu wenig mal mit dem Innenleben von unseren Privatisierern beschäftigt, die sind sich WOHL bewusst, wenn sie also ein Unternehmen, das ursprünglich mit 1.200 Mitarbeitern sozusagen arbeitete, dann privatisiert haben, und am Ende noch 400 Arbeitsplätze abgesichert haben, die waren sich wohl über die SOZIALEN Wirkungen im Klaren.«[120]

Merklich verärgert kommentierte er die öffentlichen Zuschreibungen über distanzierte Manager und Abwickler, wobei er die emotionale Belastung der Entscheidungsträger deutlich hervorhob:

»Diesen Leuten zu unterstellen, dass sie hier, ich sage es mal, um mal so ein paar Schlagworte aus bestimmten Pressepublikationen mal so aus der Erinnerung zu wählen, plattgewalzt oder abgewickelt, das muss ich sagen, diese Leute haben auch schlaflose Nächte gehabt und WUSSTEN schon, dass Frauen, Kinder, alles davon abhängig sind. Das ist, sind schon menschliche Probleme, und ich glaube auch, dass man gerade dieser Seite mal viel mehr Aufmerksamkeit widmen sollte, als das bisher der Fall war.«[121]

119 R9-Interview mit Dr. Patrick Körting, 30.7.1992.
120 R16-Interview mit Karl Korn, 4.9.1992.
121 Ebd.

Die Wut der ostdeutschen Bevölkerung erschien dem ostdeutschen Abteilungsleiter Friedrich Calbeck zwar verständlich, aber fehlgeleitet:

> »Ich muss sagen, letztlich richtet sich der Zorn vieler Leute aus dem Osten an die völlig falsche Adresse. Das ist absolut falsch. Der Zorn, und die mir VÖLLIG verständlichen Sorgen, die viele viele haben, – jeden zweiten Tag gibt es Demonstrationen vor dieser Treuhand hier – richten sich gegen die Treuhand, gegen die Bundesregierung. Aber im Grunde genommen ist das alles noch Zorn, der sich richten müsste, heute, mit Recht, gegen die Wirtschaftsführung der ehemaligen DDR und gegen die 30, 40 Jahre lang falsch betriebene Wirtschaftspolitik. Das ist ja letztlich die Ursache.«[122]

Angesichts der konjunkturellen Probleme war in seinen Augen gerade nicht die Treuhandanstalt für die nach 1991 offen ausbrechende Krise verantwortlich zu machen:

> »Und dass nun so viele Dinge zusammengefallen sind, die Sache mit dem Ostmarkt und die Krise nun auch noch dazu. Wer ein bisschen Einblick hat, der merkt, ›Ja verdammt, verständlich ist es, dass sie alle auf die Treuhand schimpfen, aber andererseits treffen sie damit nicht den Richtigen‹. Ich will nicht sagen, dass wir uns damit beruhigen, aber im Grunde genommen ist das für jeden auch eben eine innere Bestätigung zu sagen, ›Also es ist trotzdem nicht falsch, was wir machen, es ist der einzige Weg, es gibt nichts anderes‹.«[123]

Mitarbeiter aus den alten Ländern, wie der im Herbst 1990 im Zuge des »Kanzlerappells« zur Organisation gestoßene Finanzexperte Herbert Peters, gingen aus eben diesem Grunde den Wirtschaftsumbau trotz der beständigen öffentlichen Debatten und Proteste voller Überzeugung an:

> »Ich meine, wir haben ja alle nicht zu verantworten, dass hier so ein System geherrscht hat, insoweit kann man sich da auch etwas leichter tun, und die Menschen, die hier gelebt haben, hatten das auch nicht zu verantworten, dass sie in diesem System großgeworden sind und mitmachen mussten, leben mussten. Also das kann man ganz ohne bad feelings angehen, und Gott sei Dank ist es auch so angegangen worden. Dass es dann IMMER wieder Kritik gibt, ist berechtigt, Sie machen nie was richtig, und dass gerade bei solch einem approach die Treuhand viel Kritik auf sich zieht, ist auch klar.«[124]

122 R41-Interview mit Friedrich Calbeck, 25.1.1993.
123 Ebd.
124 R20-Interview mit Dr. Herbert Peters, 18.9.1992.

Für westdeutsche Mitarbeiter wie Abteilungsleiter Simon Cunau waren es vor allem die seit Frühjahr 1991 immer häufigeren Besuche in den Betrieben und Diskussionen mit den Belegschaftsvertretern vor Ort, die die angespannte Situation ganz unmittelbar vor Augen führten:

> »Ich bin sehr viel gereist, und auch für mich natürlich neu, dieses ganze Thema Arbeitsmarkt und Sozialpolitik, wo man schon auch mal also die wirklich dramatischen Konsequenzen der zum Teil ja, oder zum großen Teil erforderlichen Entscheidungen der Treuhandanstalt gespürt hat. Also das war tatsächlich viel Vor-Ort-Arbeit, und ich sage mal, atmosphärisch sehr beeindruckend.«[125]

Der ostdeutsche Referent Richard Rauenau hatte bei seinem im Dezember 1992 geführten Interview eine Demonstration der Belegschaft aus dem brandenburgischen Premnitz vor Augen, die vor der Berliner Zentrale stattfand. Belegschaften sowie die Mitarbeiter würden jeweils völlig eigene, letztlich kaum vermittelbare Realitäten des Wirtschaftsumbaus wahrnehmen. Treuhand und Demonstranten redeten aufgrund dieser grundlegenden Differenzen aneinander vorbei:

> »Dass es viele Leute gibt, die diesen Prozess, dieses Arbeitsziel und deren Resultate sehr hoch werten. Und es gibt viele viele, die das umgekehrt sehen. Und das sind meistens jene, die persönlich betroffen sind. Und ich glaube nicht, dass man das unterm Strich bewerten sollte überhaupt. Das wäre falsch, weil solche Versuche meiner Ansicht nach scheitern.«[126]

Auch die intensive Öffentlichkeitsarbeit der Treuhand mit ihren Statistiken könne die betroffenen Ostdeutschen letztlich gar nicht erreichen:

> »Ich habe den Eindruck, dass wir, wenn wir so Werbeschriften rausgegeben haben, Beilagen zu großen Zeitungen und so weiter, mit Treuhand, und die Erfolgszahlen, dass dann immer die Reaktion derjenigen Gruppe, die es betrifft eben, die in Premnitz, die dann schreiben, also was ist denn hier los, das ist doch nicht die Wirklichkeit. Na klar haben die dann Recht, die Wirklichkeit betrifft aber den Punkt in. [sic!]«[127]

Der aus den USA zur Treuhand gewechselte Chemie-Manager Charles Volkmann gab sich demgegenüber weniger zurückhaltend. Er deutete die Proteste vielmehr als unmittelbare Folge genuin politischer Einmischungsversuche in den Wirtschaftsumbau, bei der sich Politiker gezielt zu »profilieren« suchten, obwohl man meist im direkten Gespräch gut

125 R30-Interview mit Simon Cunau, 21.12.1992.
126 R28-Interview mit Prof. Dr. Richard Rauenau, 17.12.1992.
127 Ebd.

miteinander auskomme. Mit Gewerkschaftsvertretern hatte Volkmann ähnliche Erfahrungen gesammelt:

> »Es gibt diejenigen, die meinen, mit Kampfesparolen auf der Straße ihre Anhänger gewinnen zu müssen. Ein Beispiel, auch was mich betrifft, die dann also mit meinem Namen auf irgendeinem Schild auf der Straße rumlaufen, als demjenigen, der hier die Industrie plattmacht, ohne zu wissen, dass im selben Moment, der so Angesprochene hinter den Kulissen unglaublich viel versucht, um diesen Leuten zu helfen. Das kriegen sie nicht auf die Reihe, es passiert so. Und es gibt andere in der Gewerkschaft, die sagen, es ist Unfug, das müssen wir anders machen.«[128]

Er unterschied folglich zwischen internem und externem Auftreten von Gewerkschaftlern oder Politikern. Einerseits beschrieb er diese als Verbündete der Treuhand; andererseits stünden diese vor dem Problem, die Enttäuschung ihrer Klientel nicht ignorieren zu können:

> »Hier am TISCH, die Gewerkschaftler hier am Tisch sind ALLE prima und vernünftig. Mit denen können Sie Pferde stehlen gehen, fast. In der Vernunft und der Einsicht, wir müssen zusammenhalten. Sind Verbündete der Treuhandanstalt. Wir werben auch darum. Aber die Praxis ist sehr schwierig. Die Gewerkschaft hat offensichtlich auch das Problem, dass das Fußvolk ihnen aus dem Ruder läuft. Sie versuchen, Führerschaft zu übernehmen, Frage, wie passiert das. Ist ungelöst bisher.«[129]

Wie eng die betriebsbezogene Umbaupraxis letztlich mit externen Handlungsumfeldern verwoben war, deutete auch der Abteilungsleiter Josef Arnstein an, indem er die Mechanik von internen Verhandlungen, politischen oder gewerkschaftlichen Interventionen sowie öffentlichen Protesten als integralen Zusammenhang beschrieb:

> »Diese Handlungsprobleme, die wir im Umfeld hatten, sind natürlich auf der Zeitachse immer stärker geworden. Die waren regionalpolitisch, landespolitisch, zum Teil bundespolitisch, zum Teil PARTEIspezifisch entstanden die; die entstanden durch die Gewerkschaften und die entstanden natürlich aufgrund der starken Einflussnahme der Westorganisationen in den Osten, und auch durch die Verunsicherung der Menschen.«[130]

Wie die Interventionen verschiedener Akteure in der Praxis aussehen und was sie bewirken konnten, beschrieb Arnstein an einem konkreten Verhandlungsbeispiel:

128 R22-Interview mit Dr. Charles Volkmann/Benedikt Golland, 1.10.1992.
129 Ebd.
130 R49-Interview mit Josef Arnstein, 16.4.1993.

»Sie konnten in ein Unternehmen gehen und bis zum Abend mit den Repräsentanten dort, der Geschäftsführung, der Mitarbeiterschaft, einen Konsens gefunden haben und kamen drei Tage später wieder, und das ganze Thema war auf den Bauch gefallen, weil denen irgendjemand was ganz anderes erzählt hat und gesagt hat, ›Es geht auch anders, ihr müsst nur mehr fordern‹. Das war schwierig, aber da half nichts anderes, als wieder von vorne anzufangen.«[131]

Derlei habe dann die Treuhand-Vertreter zur Unnachgiebigkeit und letztlich zum konfrontativen Handeln gezwungen:

»Es gab natürlich auch mal Punkte, wo man gesagt hat, ›So meine Herren, jetzt ist Schluss, jetzt haben wir es lange genug erzählt, plausibel erklärt, Ihnen alles dargelegt, und wir haben einen Handlungsbedarf, müssen so handeln‹. Daraus entstanden dann Reaktionen von Demonstrationen vor der Treuhandanstalt, daraus entstanden dann Aktionen einzelner Werke gegen das Individuum Vorstand, Direktor oder Abteilungsleiter bei der Treuhandanstalt.«[132]

Doch auch diese Proteste erschienen Arnstein letztlich als inhärenter Bestandteil des Treuhand-Auftrags:

»Das musste man aber hinnehmen, das musste einem bewusst sein, dass das passieren konnte, und es war einfach ein Teil der Gesamtaufgabe. Ich glaube auch gar nicht mal, dass das wirkliche Probleme waren, es hat nur die Zeitachse und den persönlichen Einsatz verlängert und vertieft. Aber dafür waren wir ja da, das zu lösen.«[133]

Die beständigen Interventionen von Kommunal-, Landes- oder Bundespolitikern standen auch dem Ministerialbeamten Volker Wiertel unmittelbar vor Augen. Im August 1992 ließ er seine Beobachtungen zur polemischen Formel der »Mikrokosmospolitiker« gerinnen:

»Probleme haben wir in regelmäßigen Abständen mit politischen Parteien, das umfasst nicht nur die Oppositionsparteien im Bundestag, sondern umfasst auch die CDU, insbesondere die ostdeutschen CDU-Abgeordneten, die natürlich sehr kritisch mit allem, was Treuhand macht und tut, umgehen. Diese Leute sind ja nicht mehr allein dem Gemeinwohl Bundesrepublik Deutschland, oder dem Gemeinwohl Europa oder dem Gemeinwohl Welt als Bundestagsabgeordnete verpflichtet, sind keine Makrokosmospolitiker, sondern es sind eigentlich nur noch

131 Ebd.
132 Ebd.
133 Ebd.

> Mikrokosmospolitiker; [...] und verlieren dabei völlig das Ganze aus dem Auge.«[134]

Doch Wiertel ging im Gespräch noch einen Schritt weiter. Die Treuhand müsse im Alltag die politischen Interventionsversuche mit dem Wissen um die tieferen ökonomischen Zusammenhänge eben ertragen, ohne sich vom eigenen Auftrag abbringen zu lassen. Die gewählten Politiker hingegen handelten aus einer ganz anderen Ausgangslage heraus:

> »[Die Politiker stehen, M.B.] natürlich unter einem permanenten Rechtfertigungszwang, den sie nur dann erfüllen können, wenn sie das, was wir hier tun, auch tatsächlich in ihrer vollen Dimension verstehen. Diese Menschen VERSTEHEN das aber nicht, auch wenn sie sich Mühe geben. Das ist für sie eine doch ganz andere Welt und eine ganz andere Wirtschaftspolitik, die sie nicht begreifen können. WEIL sie sie nicht begreifen können, sind sie unsicher, und wenn sie unsicher sind, können sie die Position der Treuhandanstalt dritten gegenüber, ihren Wählern gegenüber in gar keiner Weise vertreten. Das heißt, damit sie überhaupt ernstgenommen werden, versuchen sie nicht UNS zu verteidigen, sondern Problemfälle ihres Stimmkreises aufzunehmen und offensiv gegen UNS zu verwenden. Das muss man akzeptieren, wir sind denen auch nicht böse, wir können verstehen, dass das zu ihrer Arbeit gehört, es darf aber nicht der dominierende Faktor ihrer Arbeit sein.«[135]

In der zweiten Hälfte des Jahres 1991 hatte sich unter Birgit Breuel die operative Geschäftspraxis der Treuhand erheblich ausgeweitet. Ende 1991 blickte der Vorstand positiv auf das abgelaufene Jahr zurück und beschrieb mit eigenen Zahlen eine steile Erfolgskurve des Wirtschaftsumbaus: Hatte man im April 1991 noch 335 Unternehmen verkauft, war die Zahl im Mai 1991 sprunghaft auf 544 hochgeschnellt. Nach einem Rückgang zwischen Juni und September 1991, als die Privatisierungszahlen auf »hohem Niveau« um 400 stagnierten, erreichten sie schließlich im Oktober 1991 mit 549 verkauften Unternehmen einen bis dahin unerreichten Rekordwert, um im November und Dezember allerdings wieder auf knapp 450 zurückzugehen. Hatte die Organisation bis Ende März 1991 rund 1.200 Unternehmen privatisiert, kam sie in den folgenden drei Quartalen des Jahres auf insgesamt knapp unter 4.000 Privatisierungen. Im Januar 1992 meldete der Vorstand 5.210 verkaufte Unternehmen mit

134 R13-Interview mit Dr. Volker Wiertel, 5.8.1992.
135 Ebd.

930.000 garantierten Arbeitsplätzen und Investitionszusagen in Höhe von 100 Milliarden D-Mark.[136]

Die Bewältigung der äußeren Gegenkräfte – von der politischen Debatte über verschiedene Formen der Intervention bis zum gesellschaftlichen Protest – waren der Preis, der nun für eine beschleunigte Umgestaltung der ostdeutschen Industrielandschaft zu zahlen war. Nur wenige Monate später, 1993, würden nicht wenige Mitarbeiter die konsequente wie »unternehmerische«, auch gegen massive Widerstände durchgehaltene Geschäftspraxis 1991/92 als vormaligen Idealzustand mit dem Verfall und Niedergang einer »bürokratisierten« Gegenwart kontrastieren.

5.3 Strategie: Privatisierung als betriebswirtschaftliche Mathematik

Birgit Breuel, eine bevorzugt konzeptionell denkende Strategin mit ausgeprägtem ordnungspolitischen Sendungsbewusstsein, scheute keine Grundsatzfragen. Während aus Rohwedders Feder lediglich der in zehn Thesen pragmatisch knapp gehaltene Osterbrief als strategisches Dokument langfristig erhalten blieb, sollte seine Nachfolgerin in den folgenden Jahren stets auch die konzeptionelle Auseinandersetzung nach innen wie außen suchen.

Seit dem Beginn ihrer politischen Karriere in den frühen 1970er-Jahren hatte sich Breuel immer wieder in Buchform zu ihren (wirtschafts-)politischen Vorstellungen geäußert. In »Es gibt kein Butterbrot umsonst« (1976) beklagte die aufstrebende Politikerin die Verdrängung der »Sozialen Marktwirtschaft« durch eine allerorten wuchernde (sozial-)staatliche Bürokratie;[137] 1979 veröffentlichte sie die Streitschrift »Den Amtsschimmel absatteln«, in der sie vehement dafür plädierte, den expansiven Staat »gesundzuschrumpfen«.[138] In den 1980er-Jahren gab sich die zur niedersächsischen Landesministerin aufgestiegene Politikerin in »Perspektiven des Aufbruchs« (1983) und »Der Mensch lebt nicht von Umsatzzahlen« (1987) als durch die eigene Regierungserfahrung geläuterte Pragmatikerin mit ordnungspolitischer Gesinnung.[139]

136 »4.770 Privatisierungen bis 1.12.1991«, in: Treuhandanstalt Informationen, 6.1.1002; »Kreative Privatisierung bleibt auch 1992 die beste Form der Sanierung«, in: Treuhandanstalt Informationen, 7.2.1992.

137 Breuel, Birgit: Es gibt kein Butterbrot umsonst. Gedanken zur Krise, den Problemen und Chancen unserer Wirtschaft, Düsseldorf u.a. 1976.

138 Breuel, Birgit: Den Amtsschimmel absatteln. Weniger Bürokratie, mehr Bürgernähe, Düsseldorf u.a. 1979.

139 Breuel, Birgit: Perspektiven des Aufbruchs. Aus Fehlern lernen, Düsseldorf u.a. 1983; Breuel, Birgit: Der Mensch lebt nicht von Umsatzzahlen. Wie ich Politik verstehe, Herford 1987.

Bereits ihren ersten offiziellen Auftritt als Präsidentin vor der Kölner Industrie- und Handelskammer am 17. April 1991 nutzte Breuel, um der Öffentlichkeit zu signalisieren, dass bei der Treuhand personell wie ideell eben »kein Vakuum« entstanden sei: Die Attentäter »haben Rohwedder getroffen, nicht aber die Treuhand«.[140] Programmatisch wiederholte Breuel die zentrale Formel des Osterbriefs von der »Privatisierung« als »bester Form der Sanierung«. Dem Aufbau eines ostdeutschen Mittelstandes wollte die Präsidentin künftig vorantreiben, indem die Organisation Ostdeutsche dabei unterstütze, ein »Bewusstsein« zu entwickeln »für ausreichend eigenständiges Unternehmertum, kreatives Denken und die simple Bereitschaft, Verantwortung zu übernehmen«. Einem kürzlich vom Sachverständigenrat der »Wirtschaftsweisen« geforderten, rigoros marktwirtschaftlichen Kurs erteilte die Präsidentin dagegen eine Absage. Die dramatischen Ereignisse der letzten Wochen hätten überdeutlich gezeigt, dass man den Ostdeutschen die marktwirtschaftliche Ordnung nicht »umbruchartig überstülpen« könne, da »die Wirklichkeit in den ostdeutschen Ländern« anders aussehe als in den theoriebasierten Gutachten und abstrakten Modellen der Ökonomen.[141] Gerade mit Blick auf traditionelle, schwer angeschlagene Branchen wie Chemie, Metallurgie, Schiff- und Bergbau werde die Treuhand aufgrund strukturpolitischer Abwägungen wohl »manche Entscheidungen« treffen müssen, die »den Marktwirtschaftlern noch Sorge bereiten« würden.[142]

Breuel hatte damit in Köln einen Grundton angeschlagen, der in den kommenden Monaten und Jahren zum Signum ihres Erscheinungsbildes werden sollte: Sie bekannte sich prinzipiell zu den »ordnungspolitischen« Idealen der »Sozialen Marktwirtschaft«, zum grundsätzlichen Privatisierungsprimat sowie zur Förderung eines neuen Mittelstandes, beschwor aber andererseits die unwägbaren Härten und Anstrengungen, die die alltägliche Umbaupraxis den betroffenen Betrieben, Belegschaften und der Bevölkerung ideell wie materiell abverlangen würden. Breuel leitete hieraus die pragmatische Notwendigkeit ab, jenseits »ordnungspolitischer« Idealvorstellungen im konkreten Einzelfall zwingende Lösungen suchen zu müssen.[143]

Es überrascht somit nicht, dass gerade Birgit Breuel als Präsidentin eine ganze Reihe von immer ausführlicheren Grundsatzpapieren, Richtlinien und Schlüsseldokumenten vorantrieb. Als ideelles Fundament für das

140 »Birgit Breuel – Sympathiewerbung für die Treuhand«, in: Die Welt, 18.4.1991; »Treuhand wehrt sich gegen Einmischung«, in: Frankfurter Allgemeine Zeitung, 18.4.1991.

141 »Breuel: Privatisierung ist die beste Sanierungsform«, in: Der Morgen, 18.4.1991.

142 »Birgit Breuel – Sympathiewerbung für die Treuhand«, in: Die Welt, 18.4.1991.

143 »Treuhand entdeckt jetzt ihre soziale Verantwortung«, in: Die Wirtschaft, 18.4.1991.

Jahr 1991 kann die im September breit gestreute Broschüre »Arbeiten für die soziale Marktwirtschaft« gelten, eine ausführliche Weiterentwicklung des Osterbriefs. Der Text positionierte sich in der ersten Person Plural – die Treuhand als »Kollektiv« befragte sich auf diese Weise selbst. Auf 15 Seiten wurden 14 »W-Fragen« beantwortet, etwa »Wer sind unsere Partner«, »Womit wir besonders kämpfen« oder »Wie wir kontrolliert werden«. Das Papier arbeitete sich einerseits in gewohnter Manier durch die etablierte Trias »schnelle« Privatisierung, »entschlossene« Sanierung und »behutsame« Stilllegung. Andererseits versuchte es, konzeptionelle Grundzüge einer geschlossenen, kohärenten »Organisationskultur« zu formulieren. Unter »Unser Auftrag« wurde programmatisch erklärt:

> »Wir haben eine große Aufgabe übernommen und nicht viel Zeit, sie zu erfüllen. Das ehemalige Volkseigentum soll privatisiert werden. Neue unternehmerisch aktive private Eigentümer sollen an die Stelle der alten Staats- und Planwirtschaft treten. [...] Nur mit dem Engagement und der Kreativität frei handelnder und sozial verantwortlicher Eigentümer kann der Weg in eine soziale Marktwirtschaft gefunden werden.«[144]

Nach einem kurzen Rekurs auf das Treuhandgesetz unterstrich die Organisation umfassend ihr unternehmerisches Selbstverständnis:

> »Das Gesetz gibt uns unseren Auftrag. Niemand kann uns von außen im Einzelfall Weisungen erteilen oder uns zu einer bestimmten Entscheidung zwingen. Unseren Auftrag müssen wir selbstständig erfüllen, in eigener Verantwortung und mit eigenem Personal- und Sachmitteln. Wir sind keine Behörde, nicht Teil eines Ministeriums des Bundes und auch keine staatliche Verwaltung. Wir sind das Unternehmen Treuhandanstalt: Entscheidungen sind zu treffen, die helfen sollen, eine leistungs- und wettbewerbsfähige moderne Wirtschaft aufzubauen, die Arbeitsplätze sichert und neue schafft.«[145]

Als ein »Unternehmen« und »Dienstleister« wolle man den gewährten Handlungsspielraum nutzen, ohne dabei zu einer Behörde zu werden:

> »Wir lassen uns überhaupt gegenseitig in der Treuhandanstalt große Entscheidungsspielräume. Schon deshalb sind wir keine Großorganisation. Wir wollen unsere Arbeit so nah an der Sache und so nah an den Menschen tun, wie nur möglich. [...] Nichts anderes ist unser Ziel. Wir wollen uns so schnell wie möglich überflüssig machen.«[146]

144 Arbeiten für die soziale Marktwirtschaft, September 1991, in: Treuhandanstalt: Dokumentation, Bd. 12, S. 900-936, hier S. 901.

145 Ebd., S. 902.

146 Ebd., S. 903.

Mit dem unternehmerischen, explizit antibürokratischen Organisations-Selbstverständnis sowie dem emphatischen Bekenntnis zur schnellstmöglichen Selbstauflösung waren zwei weitere strategische Kernelemente formuliert. Die Heterogenität des Personals im Spannungsfeld zwischen Ost und West erschien als weitere Facette:

> »Wir arbeiten mit Fachleuten aus Ost und West zusammen. In der Treuhand begegnen sich Erfahrungen aus vielen Jahrzehnten. Es müssen Konflikte bestanden werden und Kompromisse gefunden werden. Wir wollen dabei vermitteln.«[147]

Die Ost-West-Aufgabenteilung wurde eng mit dem Zeitfaktor verknüpft:

> »Schließlich kämpfen wir mit der Zeit. Wir würden gerne noch schneller handeln. Dazu brauchen wir aber ein ausgewogenes Verhältnis von technischen Fähigkeiten der ostdeutschen Bürger und dem marktwirtschaftlichen Wissen jener aus Westdeutschland.«[148]

Zudem hatten die seinerzeit massiv wiederaufbrechenden wirtschaftspolitischen Debatten um eine neue »Industriepolitik« Spuren im Dokument hinterlassen, wobei sich bereits eine strategische Kurswende andeutete:

> »Große Sorgen machen uns die großen Unternehmen. Das gilt etwa für den Schiffbau, den Stahl, die Chemie, den Bergbau oder die Mikroelektronik. Viele dieser Unternehmen dominieren in der jeweiligen Region. Zusammen mit den Unternehmen, den Gewerkschaften und den Landesregierungen haben wir erste Konzepte für den hier nötigen Strukturwandel erarbeitet, damit einseitige wirtschaftliche Abhängigkeiten möglichst abgebaut werden. Heute können wir uns Lösungen vorstellen, deren Verwirklichungen aber noch schwer genug werden wird. Wir erwarten nicht, für unsere oft schmerzlichen Entscheidungen Beifall zu erhalten.«[149]

Abschließend fanden auch die kontinuierlichen öffentlichen Kritiken (»Was wir zu hören kriegen«) Berücksichtigung. Da man in der Praxis »mit jedem Tag Neuland« betrete, beginne folglich »stets ein neuer Lernprozess«. Dem allgegenwärtigen Kritikerchor wurde sein Platz deutlich angewiesen:

> »Schließlich hören wir immer wieder, dass bei den vielen tausend Entscheidungen auch Fehler und Pannen vorkommen. Wir hören ganz ge-

147 Ebd.
148 Ebd., S. 906.
149 Ebd., S. 912.

nau hin. Gerade das, was wir zu hören kriegen, ist für uns eine ständige Herausforderung. Und wenn Kritik berechtigt ist, stehen wir dafür ein. Andernfalls wehren wir uns auch dagegen.«[150]

Die bemerkenswerte Selbstbefragung der Organisation in der Broschüre »Arbeiten für die soziale Marktwirtschaft« stellte den Versuch dar, erstmals ein geschlossenes, im Wortsinne »unternehmensstrategisches« Selbstbild als »Dienstleistungsunternehmen« zu kompilieren – ein Auftakt für eine ganze Reihe an Dokumenten war getan.[151]

Richteten sich diese Materialien dezidiert nach außen, entwickelte sich parallel auch intern ein beständig wachsendes Regelwerk selbstvergewissernder Textkompilationen. Das im März 1992 vorgelegte »Handbuch Privatisierung« differenzierte und erweiterte die Richtlinien zu Privatisierung und Unternehmenskonzepten vom Herbst 1990.[152] Es sollte den Mitarbeitern zentrale Grundlagen, Regeln und Abläufe des praktischen Privatisierungsgeschäfts vermitteln.[153] Für das »Privatisierungsverfahren« seien »Erfolg und Schnelligkeit« entscheidend; das »Handbuch« definierte im Stile eines Merksatzes:

> »Alle Chancen zur Privatisierung sind konsequent zu nutzen. Entscheidend für das Vorgehen der Privatisierung ist die Erfolgswahrscheinlichkeit auf einer möglichst kurzen Zeitachse bei qualitativer Lösung des Einzelfalls. Im Einzelfall ist das Tempo unter Berücksichtigung der sozialen, wirtschaftlichen und finanziellen Folgen abzuwägen.«[154]

Im Hauptteil arbeitete sich das voluminöse Handbuch in elf umfangreichen Kapiteln systematisch durch die alltägliche Privatisierungspraxis. Es versammelte generelle »Rechtsgrundlagen« in Form von sechs »internen Richtlinien«; gab einen Überblick über Grundlagen der »Entflechtung« von Unternehmen; bot Kataloge diverser »Maßnahmen zur Schaffung von Primärkontakten« und Übersichten zu »Vermarktungsverfahren«; exemplifizierte verschiedene Berechnungsmethoden zur »Unternehmensbewertung«; legte »maßgebliche Entscheidungskriterien« dar und entwickelte Ausführungen zu »ökologischen Altlasten«, »arbeitsrechtliche[n] Implikationen«, »Vertragsgestaltung« und schließlich zur »Vertragsabwicklung«. In seiner finalen Fassung aus dem Jahr 1994 füllte das »Handbuch Priva-

150 Ebd., S. 913.
151 Bestellschein für Treuhand-Broschüren, in: Treuhandanstalt Informationen, 6.4.1992, S. 23.
152 Handbuch Privatisierung der Treuhandanstalt, in: Treuhandanstalt: Dokumentation, Bd. 7, S. 44-418.
153 Ebd., S. 75.
154 Ebd., S. 76f.

tisierung« ganze 400 Textseiten; das vorangestellte Schlagwortverzeichnis umfasste nicht weniger als 920 Begriffe.[155] Damit war nun ein umfassendes Praxisschema vorgegeben.

Die »Grundsätze« im 1992 fertiggestellten »Handbuch Privatisierung« erinnerten in Form und Diktion eher an ein physikalisch-mathematisches Lehrbuch. Die Privatisierung erschien dabei als technisch-objektiver, durch unzählige Regelkreise, Checklisten und Leitlinien genormter und regulierter Prozess – und eben kaum als ein kreativ-chaotischer, unternehmerischer Vorgang, dessen situatives Gelingen von einer Vielzahl unberechenbarer Faktoren sowie den pragmatischen Entscheidungen der zuständigen Manager abhing.

Denkbar ambivalent blieb daher die Aufnahme dieses Regelgeflechts bei den Mitarbeitern selbst: Für manche, wie den Abteilungsleiter Siegfried Hambach, der schon das verspätete Begreifen der Restitution moniert hatte, kam auch die nötige »Standardisierung« des Geschäfts zu spät, da weite Teile des Personals zu lange einer »Illusion« nachgehangen hätten:

> »[D]ie Annahme, man könnte unbürokratisch privatisieren, das halte ich für eine Illusion. Das wäre genauso, wie wenn man unbürokratisch Autos verkaufen wollte, man kann nicht unbürokratisch Unternehmen verkaufen in einem solchen Massenverfahren. Im Gegenteil, MEINE persönliche Auffassung dazu ist, wir hätten von Anfang an eine viel größere STANDARDISIERUNG in das Geschäft bringen müssen, sowohl Standardisierung der Abläufe, als auch Standardisierung der Verkaufsinhalte. Sondern wir haben so getan, als würden wir Einzelunternehmen jeweils einmalig verkaufen.«[156]

Die Privatisierungsstrategie durch Einzelverhandlungen habe dem Käufer vor allem deshalb in die Hände gespielt, weil das Personal in diesem Prozess oft nicht aktiv, sondern reaktiv aufgetreten sei, da man sich ganz auf den schnellen Abschluss eines Vertrages konzentriert habe:

> »Und die Gesamtdimension des wirtschaftlichen Prozesses, die wurde sicherlich, so mein Eindruck, unterschätzt. Man hat also nicht von vornherein gesagt, in welchem Programm verkaufen wir wieviel Unternehmen, sondern man hat auf Zuruf verkauft. Also nochmal das Bild, der westdeutsche Investor will die ostdeutsche Braut heiraten, und wir zahlen das Brautgeschenk, und wir machen nur noch den Vertrag, ohne eben die vorherigen Vermarktungsbemühungen, ohne die vorherige Analyse, kann ich dem Käufer was verkaufen, kann ich das Unterneh-

155 Ebd., S. 58-73.

156 R36-Interview mit Siegfried Hambach, 11.1.1993.

men zu den Konditionen verkaufen. Ich glaube, das sind die eigentlichen Defizite der Anfangszeit.«[157]

Diese Privatisierungspraxis der Frühzeit habe dann ab 1992 zur Entwicklung zentraler Regelsysteme geführt:

»Dass das dann ins Gegenteil umgeschlagen ist, ist klar, wichtig auch für die Anfangszeit, kennzeichnend, mangelnde Transparenz des Privatisierungsvorganges, deshalb meines Erachtens viel berechtigte Kritik aus den Investorenkreisen. [...] Es hätte sicherlich anders ausgesehen, man hätte versuchen KÖNNEN, aber dies war eine anderweitige Entscheidung des Vorstandes insgesamt, die nun jeder zu akzeptieren hat, am Anfang mehr Standardregelwerke zu entwickeln. Dies wollte man aber nicht. Sondern überall die Mentalität, ich fange sofort an und ich privatisiere etwas.«[158]

Völlig anders als für Hambach stellte sich dieser Prozess aus Perspektive des Direktors Patrick Körting dar. Der sich offenherzig gebende Branchendirektor erklärte dem Interviewer unverblümt, dass das einschlägige »Handbuch« in seinem Bereich gar nicht zur Kenntnis genommen werde:

»Und da gibt es Regeln, Buch, wir haben sowieso so ein Handbuch für Privatisierung, so ein Handbuch für Organisation, was kein Aas liest, lesen kann und sich auch nicht dran halten kann, oder die wichtigsten Sachen wissen wir natürlich, aber das ist alles viel zu viel so, da haben wir auch gar keine Zeit zu. Ich wette, in meinem Direktorat inklusive mir, hat KEIN Mensch diesen Verwaltungsordner oder diese mehreren (unv.) oder überhaupt nur im Ansatz studiert. Meine Sekretärin kennt ein paar Sachen, aber das war es auch.«[159]

Es schien ihm ratsamer, ohne das Kompendium zu handeln und zu entscheiden, weil man sonst daran zu »ersticken« drohe:

»[Meine Mitarbeiter, M.B.] lesen es auch nicht. [...] Manchmal ist es besser, man weiß das gar nicht, was man eigentlich alles machen müsste, lieber was tun, wenn sie uns erwischen, okay, dann kriegen wir einmal einen auf den Hut, dann machen wir es nie wieder und fertig. Man muss auch Flexibilität reinbringen.«[160]

Der ostdeutsche Referent Kurt Horten* bezog eine vermittelnde Position. Er erkannte zwar die Notwendigkeit zentraler Regularien an, konnte

157 Ebd.
158 Ebd.
159 R9-Interview mit Dr. Patrick Körting, 30.7.1992.
160 Ebd.

sich aber mit dem Ende 1992 erreichten Ausmaß der Regelungsdichte wenig anfreunden:

> »Selbstverständlich haben sich auch im Laufe der zwei Jahre die inhaltlichen Anforderungen an unsere Arbeit grundsätzlich verändert. Neben einer Zunahme von Bürokratie, die eigentlich für ein solches Geschäft, wie es die Treuhand hier durchführen muss, auch ganz natürlich ist, man muss eben einheitliche Systeme für die Begleitung und Privatisierung von Unternehmen schaffen, dafür muss man eben Formblätter entwickeln, dafür muss man Richtlinien erarbeiten, die beachtet werden müssen, völlig klar. Aber Sie sehen ja hier, man weiß bald nicht mehr, wohin mit den Akten.«[161]

Wie die immer feineren Regularien »von oben« auf die konkrete Alltagspraxis in den Direktoraten und Niederlassungen durchschlugen, lässt sich letztlich nicht abschließend beantworten. Die subjektiven Erzählungen legen jedoch ein breites Rezeptionsspektrum von der völligen Verweigerung bis hin zu hoher Akzeptanz nahe. Bis Anfang 1992 hatte sich das 1990/91 noch lose geknüpfte, oft improvisierte Regelwerk aus einigen wenigen Vorgaben in ein dichtes, kompliziertes Geflecht aus Richtlinien, Kriterien, Maßnahmen und Handbüchern verwandelt. Parallel zum Massengeschäft des Wirtschaftsumbaus entwickelte sich im Laufe des Jahres 1991 eine immer feiner ausdifferenzierte, fast mathematisch strenge Ordnungssystematik. Dass der Prozess einer situativ-praktischen Entfaltung der Privatisierungspraxis »von unten« sowie der zunehmend intensiveren Steuerungs- und Standardisierungsbemühungen »von oben« zu sehr unterschiedlichen Reaktionen und beträchtlichen Spannungen beim Personal führte, erscheint dabei fast zwangsläufig. Für die Treuhand bedeutete dies einen fundamentalen konzeptionellen Widerspruch, der sich zugleich auch organisationspolitisch bemerkbar machte.

5.4 Organisation: Die Einhegung eines »Landsknechthaufens«

Im Januar 1991 hatte die grundlegende Reorganisation der Treuhand insbesondere durch die Gründung und Besetzung der Branchendirektorate zu einem beträchtlichen Wachstumsimpuls geführt. Die Treuhand wuchs relativ ungesteuert aus ihrer Mitte heraus, angetrieben durch die neuen Führungskräfte, die eilig Strukturen etablierten, Personal rekrutierten und eigene Routinen entwickelten. Innerhalb der sechs »Unternehmensbereiche« bildeten knapp über 50 Direktorate und 15 Niederlassungen bald das organisationspolitische Herz. Die interviewten Direktoren und

161 R31-Interview mit Kurt Horten, 21.12.1992.

Niederlassungsleiter wurden daher 1992/93 auch nicht müde, die prinzipielle Selbstständigkeit »ihrer« jeweiligen Direktorate zu unterstreichen: Für Direktor Körting waren diese operativen Einheiten sogar regelrechte »Kleinkonzerne«, die ihre Branche oder regionale Domäne in relativ großer Eigenständigkeit bearbeiteten.[162] Dennoch zeichnete sich bereits im Verlauf des Jahres 1991 auch die auf strategischer Ebene vorgefundene Grundtendenz ab, gerade diese Organisationeinheiten »von oben« vermehrt zu beaufsichtigen, zu kontrollieren und zu reglementieren.

Ab Sommer 1991 knüpfte der Vorstand ein immer dichteres Netz an Sicherheitsmaßnahmen für die Organisation. Symptomatisch hierfür war der zur Jahresmitte erfolgende Übergang zu einem strengeren Regime von Unterschriftsbefugnissen und Genehmigungserfordernissen. Die im Oktober 1990 von Rohwedder auf dem kurzen Dienstweg erreichte Haftungsfreistellung bei grober Fahrlässigkeit für Vorstand und Verwaltungsrat – intern auf alle Mitarbeiter der Führungsebene ausgedehnt – wurde vom Bundesfinanzministerium nicht über den 30. Juni 1991 hinaus verlängert. Eine Bitte des Vorstandes um Verlängerung wurde Mitte Juli 1991 von Staatssekretär Horst Köhler abgelehnt; auch wiederholte Interventionen Breuels halfen nichts. Eine pauschale Freistellung von »grober Haftung« erschien den Bonner Ministerialbeamten »nicht länger« vertretbar; die einmalige Sonderregelung sei nur im unübersichtlichen Kontext des Herbst 1990 zu verstehen.[163]

Damit war ein wichtiger Stützpfeiler des etablierten Sonderregimes weggebrochen und musste durch die Verfeinerung neuer, interner Kontrollmechanismen aufgefangen werden. Bereits Ende Februar 1991 hatte die Treuhand-Spitze eine »Richtlinie zur Unterschriftsberichtigung« (USB) erarbeitet, die zu regeln versuchte, welche Geschäftsvorgänge durch Mitarbeiter welcher Hierarchiestufe abgezeichnet werden durften. Dieses interne, hierarchisch streng abgestufte Regelsystem differenzierte sich bis zum Sommer 1991 aus. Am 23. Juli beschloss der Vorstand mit Verweis auf die auslaufende Haftungsfreistellung eine detaillierte Regelung der Genehmigungserfordernisse. Entlang der drei Kriterien Arbeitnehmerzahl, Bilanzsumme und Umsatz wurden die Genehmigungen für Unternehmensverkäufe und -schließungen definiert, wobei je zwei von drei Kriterien erfüllt sein mussten.[164]

162 R9-Interview mit Dr. Patrick Körting, 30.7.1992.

163 Aufstellung zur Haftungsfreistellung der Treuhandanstalt, 27. Juni 1994, in: Treuhandanstalt: Dokumentation, Bd. 10, S. 298 ff.; die Haftung bei leichter Fahrlässigkeit wurde indes verlängert.

164 Unterschriftsberechtigung (USB), Februar 1991, in: Treuhandanstalt: Dokumentation, Bd. 2, S. 568.

Allein die Kenngrößen dieses Regelwerks lassen die Dimensionen des 1991/92 alltäglich praktizierten Wirtschaftsumbaus erahnen: Bei Betrieben mit bis zu 500 Mitarbeitern, einer Bilanzsumme von 25 Millionen D-Mark oder einem Umsatz von 75 Millionen D-Mark konnten Niederlassungsleiter und Direktoren entsprechende Geschäfte, vor allem Verkäufe, eigenständig durchführen. Bei Betrieben mit bis zu 1.500 Mitarbeitern bzw. 100 Millionen D-Mark Bilanz oder 200 Millionen D-Mark Umsatz mussten zwei Vorstandsmitglieder einbezogen werden. Der Gesamtvorstand musste ab dieser Mitarbeitergröße in Kombination mit einem Umsatz von 300 Millionen D-Mark zustimmen; bei über 2.000 Mitarbeitern war ein Votum des Verwaltungsrates beziehungsweise die Genehmigung des Bundesfinanzministeriums einzuholen.[165]

Die Ministerialbürokratie trieb unterdessen die Einfassung der anlaufenden Privatisierungsregimes mit Nachdruck voran. Der rechtliche Rahmen der Treuhand wuchs rasch zu einem hochkomplexen Feld heran, das folgende Bestandteile aufwies:

- Treuhandgesetz (THG) vom 17. Juni 1990, dem noch fünf Durchführungsverordnungen folgten;
- Einigungsvertrag vom 31. August 1990;
- Gesetz zur Regelung offener Vermögensfragen (VermG) vom 31. August 1990;
- D-Mark-Bilanzgesetz (DMBilG) vom 22. September 1990;
- Hemmnisbeseitigungsgesetz (PrHBG) vom 22. März 1991;
- Spaltungsgesetz (SpTrUG) vom 5. April 1991;
- THA Kreditaufnahmegesetz (THAKredG) vom 3. Juli 1992;
- Investitionsvorranggesetz (InVorG) vom 22. Juli 1992;
- Treuhand-Aufgabenerfüllungsgesetz (TreuhAbschlG) vom 9. August 1994.

Diese ungemein verschachtelten Rechtskonstruktionen, angesiedelt zwischen DDR-, Einigungs- und bundesdeutschem Recht sowie Öffentlichem und Privat- beziehungsweise Gesellschaftsrecht, ließen schon den Tübinger Rechtsprofessor Harm Westermann, der 1992/93 am »Forschungsprojekt Treuhandanstalt« teilhatte, erstaunt festhalten:

> »Die hier zusammengestellten, im einzelnen bisweilen unübersichtlichen und in ihrer Entstehung auch nicht immer einwandfrei nachvollziehbaren Schritte des DDR- und des Bundesgesetzgebers sind vielfach, wie schon ihre rasche zeitliche Abfolge zeigt, aktuellen politischen Bedürfnissen entsprungen. Sie sind durchweg nicht ausführlich in

165 Genehmigungserfordernisse der Treuhandanstalt, in: Treuhandanstalt: Dokumentation, Bd. 2, S. 608.

> den Parlamenten behandelt worden, sondern entstammen den Entschlüssen einer mit der komplexen Materie vertrauten, z.T. während der Entstehungszeit fast ausschließlich mit diesen Fragen befassten Ministerialbürokratie.«[166]

Parallel zu den immer dichter geknüpften rechtlichen (Sonder-)Regelungen sowie den innerorganisatorischen Regelkreisen hatte der Vorstand am 13. August eigene »Insider-Regeln« beschlossen, die die Bildung von »Seilschaften« zwischen Mitarbeitern und Investoren verhindern sollten. Die Treuhand stehe »so sehr im Blickpunkt der Öffentlichkeit«, wie Breuel in einem Brief an alle Mitarbeiter erklärte, dass »bei Kaufinteresse [...] durch Mitarbeiter eine zweifelsfreie und korrekte Handhabung notwendig« sei.[167] Alle privat angestrebten Geschäfte, die der Organisation »nahestehende Personen, die aufgrund ihrer Stellung Kenntnisse haben oder haben können« oder die »Entscheidungen der Treuhandanstalt treffen oder beeinflussen können«, sollten fortan durch ein »Insider-Panel« gesondert überprüft und genehmigt werden. Entsprechend heikel war auch der Spagat, den Breuel in ihrem Mitarbeiterbrief auszuführen hatte, musste sie doch einerseits einen Generalverdacht zerstreuen, zugleich aber auch die Notwendigkeit der neuen Regeln begründen.[168]

Damit war die innerorganisatorische Regelformierung noch lange nicht an ihr Ende gelangt. Unter dem Eindruck immer neuer öffentlich bekannt gewordener »Unregelmäßigkeiten« beschäftigten sich Vorstand und Verwaltungsrat Anfang Oktober 1991 abermals intensiv mit weiteren Maßnahmen zur internen Kontrolle. Auf Grundlage einer (erst später an die Öffentlichkeit gelangten) internen Analyse diskutierten sie fünf »Problemfelder«, welche die Treuhand besonders anfällig für skandalträchtige Vorfälle machten: Neben den personellen oder vertraglichen »Erblasten aus der Modrow-Zeit« waren aus Sicht der Treuhand-Spitze die »außerordentlich heterogene Zusammensetzung« des eilig rekrutierten Personals, das »chaotische Milieu einer Gesellschaft im Umbruch«, die »schiere Dimension dieser größten Konkursverwaltung der Welt« sowie schließlich der »ungeheure Zeitdruck und die Zielkonflikte« für den nicht abflauen-

166 Westermann: Rechtlicher Rahmen, S. 91 f.; sämtliche für die Treuhand relevanten Rechtstexte sind zugleich auch dokumentiert in: Treuhandanstalt: Dokumentation, Bd. 1, S. 111-810.

167 »Insidergeschäfte unter strenger Kontrolle«, in: Treuhandanstalt Informationen, 5.11.1991.

168 Insider-Regeln der Treuhandanstalt, in: Treuhandanstalt: Dokumentation, Bd. 11, S. 237.

den Skandalreigen ursächlich. Eine zügige Ausweitung und Intensivierung der internen Kontrollmechanismen wurde beschlossen.[169]

Anfang November 1991 konnten die *Treuhandanstalt Informationen* demonstrativ ein »Lexikon des Treuhand-Controlling« präsentieren, das die drei organisatorischen Säulen der etablierten Kontrollmechanismen ausführlich porträtierte: das Controlling, die Innenrevision sowie die Stabsstelle für besondere Aufgaben.

Für das Controlling waren hauptsächlich die seit April 1991 in den sechs Unternehmensbereichen eingerichteten kaufmännischen Direktorate zuständig, die nach dem »Vier-Augen-Prinzip« die Geschäftspraktiken der Branchendirektorate eines jeweils anderen Unternehmensbereichs begleitend prüfen sollten. Innerorganisatorisch stellten die kaufmännischen Controller damit die Gegengewichte zu den »Privatisierern« dar. Unterstützt wurden sie durch ein »zentrales Beteiligungscontrolling«, einer gesonderten Arbeitseinheit, die die »Stammdaten« der Unternehmen verwaltete.[170]

Der »Internen Revision« – einem im Präsidialbereich angesiedelten Direktorat – oblag hingegen die Erarbeitung und Kontrolle von »Mindeststandards«, deren »Existenz und Einhaltung« sie in »planmäßigen Systemprüfungen« zur »Sicherung der Ordnungsmäßigkeit und Wirtschaftlichkeit« durchführte. Waren Controlling und Innenrevision Bereiche, die in jedem größeren Industrieunternehmen üblich waren, blieb die »Stabsstelle besondere Aufgaben« ein Spezifikum der Treuhand: Ein sechsköpfiges Juristenteam unter der Leitung des erfahrenen Stuttgarter Wirtschaftsstaatsanwalts Hans Richter prüfte ab März 1991 »strafrechtlich relevante Fälle und Verdachtsmomente«, um diese an die Staatsanwaltschaft weiterzuleiten.[171]

Die Stück für Stück entwickelten Regularien blieben personalstrategisch nicht ohne Auswirkung: Hatten im April 1991 lediglich fünf Controller für die gesamte Organisation gearbeitet, war deren Zahl bis Dezember schon auf über 200 gewachsen; im Direktorat »Interne Revision« waren bis Ende des Jahres 40 Mitarbeiter tätig.[172] Das praktische

169 »Die Treuhandanstalt sorgt sich um ihren Ruf«, in: Süddeutsche Zeitung, 8.10.1991.

170 »Ein Wilder Osten wird nicht zugelassen«, in: Treuhandanstalt Informationen, 5.11.1991.

171 Ebd., S. 6; vgl. jetzt insbesondere: Bischoff, Barbara: Die Stabsstelle Besondere Aufgaben bei der Treuhandanstalt. Ein funktionales Konzept zur Bekämpfung von Wirtschaftskriminalität?, Münster 2016.

172 »Ein Wilder Osten wird nicht zugelassen«, in: Treuhandanstalt Informationen, 5.11.1991, S. 5f.; vgl. auch »Nur jeder Dritte behält seinen Arbeitsplatz!«, in: Super Illu, 23.12.1991.

Privatisierungsgeschäft, das im Sommer und Herbst 1991 schon massiv angelaufen war, erlebte seine intensivere Überwachung damit um fast ein halbes Jahr phasenverschoben.

Mit der vermehrten Kontrolle ging letztlich eine besondere Dynamik einher: Neue Richtlinien führten zur Bildung neuer Organisationseinheiten, die wiederum neue Regeln und Kontrollmechanismen zu etablieren suchten. Im Meinungsbild der zeitgenössischen Befragungen finden sich auffallende Spuren der polaren und kontrastiven Bewertung dieses Mitte 1991 einsetzenden Prozesses. Gerade die operativen Branchendirektoren liefen vehement gegen die »Bürokratisierung« der Organisation Sturm. Für den ostdeutschen Direktor Steffen Damm waren die kontrollierenden Querschnittsbereiche mittlerweile überdimensioniert:

> »Diese Matrixstruktur wäre dann akzeptabel gewesen, wenn die Vorstände sehr kleine und das für alle Zeiten definiert, kleine Stabsabteilungen gehabt hätten, die so ein bisschen immer, auch vor allen Dingen nach außen hin für die politischen Gremien, zusammenfassen, verdichten, vielleicht mal eine grobe Rahmenlinie, und als, sagen wir mal, als Braintrust für den Vorstand dagewesen wären. Aber diese Funktionalschienen fingen ganz klein an, und heute sind es die Kolosse hier in der Treuhandanstalt.«[173]

Effektiv fühlte sich der Direktor inzwischen von einem Übermaß interner Vorgaben regelrecht überwältigt:

> »Wenn ich heute über den Flur gehe, werde ich von Controllern erdrückt. Vom Regelwerk des Finanzbereichs, von Rücksichtnahme auf Abwicklung, auf was weiß ich. Die alle irgendwo auch ihre Berechtigung haben objektiv in der Installation, wie sie dargestellt sind. Da nehme ich persönlich niemandem da was übel, das wäre völliger Unsinn, aber wissen Sie, diese Struktur, ich hätte mir gewünscht und hätte es für BESSER gehalten, operative Bereiche zu schaffen, die also komplex denkende und handelnde Einheiten sind.«[174]

Direktor Patrick Körting kam zu einem ähnlichen Ergebnis. Sich Mitte 1992 ebenfalls von Controllern und Vorschriften umzingelt sehend, griff er zu einem nostalgischen Vergleich:

> »Da kann ich Ihnen Stories erzählen, das ist wirklich hanebüchen, was da zum Teil gemacht worden ist. Das ist alles Selbstbeschäftigung. Und auch diese Dinge, wir haben ja viel Pionierversuche mit allen möglichen Sachen gemacht. Das hat am Anfang unwahrscheinlich Spaß gemacht,

173 R24-Interview mit Steffen Damm, 6.10.1992.
174 Ebd.

da haben wir uns auch mächtig aus dem Fenster gelehnt und hier riskante Operationen gegen den Finanzbereich, also, sage ich, gegen deren Grundintention, weil wir was wollten, haben auch einiges gut hingekriegt. Würden die heute nie mehr machen, weil die das damals noch überSEHEN haben, was wir alles für schreckliche Dinge gemacht haben.«[175]

Der Direktor beschrieb einen regelrechten Kleinkrieg zwischen praktischen Privatisierern und bürokratischen Controllern:

»Das schleift sich natürlich mit der Zeit ein. Dann werden die immer heller und bauen immer mehr Bremsen und Listen und formalen Krempel, den man führen muss hin, und dann werden die Vorstandsvorlagen, die Verwaltungsratsvorlagen immer dicker, solche Bücher, und nachher geht es, schmeißen sie die uns um die Ohren, ist doch alles ein Quatsch, hier versteht doch keiner mehr was, blickt doch nichts mehr durch. Also wieder runter auf einfache Summaries, vorneweg zwei Seiten und mehr nicht, und da muss drinstehen, worauf kommt es denn eigentlich an. [...]. Also wieder rein in die Kartoffeln, jetzt wieder raus aus den Kartoffeln, das ist eben so.«[176]

Charles Volkmann, ebenfalls Branchendirektor, stimmte in diesen Klagechor mit ein. Er monierte im Oktober 1992 nicht nur die langen Bearbeitungszeiten bei den mittlerweile etablierten Formalitäten:

»Heute dauert es bereits 4 Wochen, überhaupt ein Formular auszufüllen, damit es entscheidungsreif wird. Mit Zahlenwerk, das wahrscheinlich nachher im Vorstand kein Mensch liest, das auch gar keinen Erkenntniswert hat – oft, und wo, worin ich das Bedenkliche sehe, wo die wirklich ENTSCHEIDENDE Information untergeht. Also ich möchte wirklich zurück zur Natur, sage ich mal, wo wir in Prosa darstellen können, mit UNSEREN Worten, was das Problem, und was die Entscheidung ist. [...]. Aber es sollte DEM, der die Entscheidung vorschlägt, überlassen bleiben, aus seiner Erfahrung heraus, das zu formulieren, anstatt es in Formulare zu klemmen mit sinnlosen Zahlen.«[177]

Diesem seiner Meinung nach vor allem in der Politik kultivierten »Missverständnis von Controlling« hielt Volkmann entgegen, dass der Aufbau bürokratischer Prozeduren nicht als Selbstzweck betrieben werden dürfe:

175 R9-Interview mit Dr. Patrick Körting, 30.7.1992.
176 Ebd.
177 R22-Interview mit Dr. Charles Volkmann/Benedikt Golland, 1.10.1992.

»Wie wir hier auch ein bisschen Sturm laufen gegen das Fehlverständnis von Controlling. – Viele denken, Controlling hieße Kontrolle. Und viele meinen auch, Kontrolle wäre also jetzt das Gebot der Stunde. Vor allen Dingen in Bonn da – denken so viele. Es kann sich vielleicht jemand nicht so richtig vorstellen, dass es sehr viel wichtiger, Kontrolle muss sein, das ist klar, aber sehr viel wichtiger ist, dass IM Entscheidungsprozess, IN den Verhandlungen die notwendige KOMPETENZ am Tisch sitzt, die gewährleistet, dass ein rationaler Entscheidungsprozess in Gang kommt.«[178]

Dem Direktor schien vielmehr eine umsichtige, von den Führungskräften eigenverantwortlich betriebene Personalpolitik ein entscheidender Faktor zu sein, um Fehler in der Praxis zu vermeiden:

»Das heißt, schon bei der Auswahl des Managements kann man große Fehler begehen, wenn Sie inkompetente Leute hinsetzen, dann nützt Ihnen die beste Kontrolle nichts. Dann kommt eine Fehlentscheidung zustande. Deswegen auch so wichtig, unser Prozess hier, die richtigen Leute zusammen, ist für mich die ALLERWICHTIGSTE Entscheidung gewesen, kompetente, VERANTWORTLICHE Leute am Tisch zu haben, auf die ich mich verlassen kann, von denen ich weiß, sie denken mit, [...] sie kommen zum richtigen Moment mit dem Zeigefinger und sagen, nein, das müssen wir aber doch wohl anders machen, und das ist sehr viel wichtiger.«[179]

Die mit Erbitterung vorgebrachte Klage über die innere »Bürokratisierung« der Treuhand zog sich als roter Faden durch zahlreiche Gespräche. Der bereits seit Juli 1990 der Organisation angehörende Direktor Gerhard Pander mochte zwar in den Augen der Kollegen Körting und Volkmann nicht zu den »Operativen« zählen. Dennoch beanstandete auch er:

»Also ich sage mal, ich habe es eingangs glaube ich erwähnt, was wirklich SCHÖN war, oder was ich als sehr positiv empfunden habe, dass man zu Beginn, einer eigentlich schon recht bedeutsamen Arbeit, mitgestalten, mitstrukturieren konnte. Und heute, ich bringe es immer auf den Nenner, heute haben diejenigen Hochkonjunktur, die Erfinder des siebenstelligen Aktenzeichens.«[180]

Pander diagnostizierte ein eklatantes Missverhältnis zwischen Kontrollapparat und zu Kontrollierendem:

178 Ebd.
179 Ebd.
180 R32-Interview mit Gerhard Pander, 22.12.1992.

> »[W]enn man davon ausgehen könnte, dass das sichergestellt werden kann, dass man sich dann so im Zeitablauf einengt durch ausufernde Richtlinien, die sowieso kein Mensch liest, aber sich jeder irgendwann mal, wenn der Fall kommt, drauf beziehen kann, oder dass man dann doch Strukturen aufbaut, die schon ganz stark denen von Siemens oder sonstigen Großunternehmen ähneln, das wäre gar nicht der Sinn, wir sind ja hier als Treuhand eine Art Mittelstandsunternehmen mit den 3½ oder 4.000 Beschäftigten.«[181]

Während diese Gruppe die »Bürokratie« als kontraproduktiv zurückwies, erkannten andere Kollegen hierin eher die notwendige Konsequenz aus immer neuen Skandalfällen und Unregelmäßigkeiten. Direktor Boris Hernholt war zwar nie an der, wie er es nannte, »ganz harten Privatisierungsfront« gewesen, war aber überzeugt davon, dass die dort herrschenden freihändigen wie informellen Umgangsformen dauerhaft nicht tragbar und viel zu störanfällig gewesen seien, sodass diese nun unter Kontrolle gebracht werden mussten:

> »Und es gab dann eben Verflechtungen, Verquickungen, es mussten dann viele Überwachungssysteme hier aufgebaut werden, unterschiedlichster Art, und das führt dann einfach notgedrungen; die sind wichtig, die müssen auch sein, das führt aber notgedrungen eben dazu, dass alles sagen wir mal, etwas dieser Zuruf über den Flur, nicht. Es wurden ja unwahrscheinliche Entscheidungen, über Millionenbeträge, wurden ja per Zuruf über den Flur gemacht, da machte man eine kleine Aktennotiz oder auch nicht.«[182]

Er selbst grenzte sich, unter Berufung auf sein unternehmerisches Selbstverständnis, von der Praxis der ungezügelten Massenprivatisierungen deutlich ab und nahm für sich in Anspruch, stets für eine ausreichende Dokumentation gesorgt zu haben:

> »Ich habe also, kann sagen, dass ich eigentlich aus meiner Sicht das immer, weil ich ein mittelständischer Unternehmer war, Wert darauf gelegt habe, dass ich in meinem Bereich hier immer also eine funktionierende Aktenlage hatte, aber ich habe viele Bereiche festgestellt, da wurde das auch gar nicht so empfunden, Hauptsache, raus, privatisieren. Es ging auf Zuruf, wie gesagt, und irgendwann im vorigen Jahr [1991, M.B.] war das einfach zu Ende, das ging nicht mehr, das konnte nicht mehr so sein.«[183]

181 Ebd.
182 R15-Interview mit Dr. Boris Hernholt, 1.9.1992.
183 Ebd.

Der Referent Karl Korn deutete die im Laufe des Jahres 1991 installierten kaufmännischen Direktorate als regelrechte Selbstschutzmaßnahme:

> »Nun gibt es ja zum Controlling ganz klare Aufgabenstellungen, dabei ist eine zum Beispiel das Vier-Augen-Prinzip [...]. Das ist auch notwendig, um – dem Hauptanliegen eigentlich auch gerecht zu werden, nämlich Schutz. Ich muss ja nicht nur, das Controlling oder kaufmännische Direktorat schützt ja nicht nur den Vorstand, sondern es schützt ja auch den Privatisierer vor sich selbst, das kann man jetzt nun in der ganzen Bandbreite sehen.«[184]

Diese Maßnahme bildete in seiner Perspektive ein gewichtiges Korrektiv und der damit verbundene systematische Blick von außen helfe den Privatisierern, ihr eigenes Handeln zu begründen und kritisch zu hinterfragen:

> »[W]enn Sie sich über vier fünf Monate, wie das zum Teil der Fall ist, mit einem Problem, mit einer Privatisierung beschäftigen, als Privatisierer, sind sie in Ihr Denkmodell, in Ihre strategische Richtung, in Ihrem Zusammenwirken, in Ihrem Abgleich, sind sie nachher am Ende von dem richtigen Schluss so überzeugt, dass Sie unter Umständen bestimmte Dinge übersehen können. Und da ist es gut, wenn jetzt jemand kommt von außen, der sagt, gib mir mal, nicht erzählen, sondern gib mir mal die Unterlagen her, der sich dann mal 24 Stunden mit diesem Problem beschäftigt und dann sagt, nun pass' mal auf mein Freund, [...] mach' mal die Tür zu, hier müssen wir uns mal unterhalten.«[185]

Für Direktor Boris Märtens war die intensivierte Kontrolle ab Mitte 1991 eine notwendige, ja zwingende Folge des Organisationswachstums:

> »[D]as Haus insgesamt entwickelte sich [ab April 1991, M.B.] mehr zu dem, was Frau Breuel mehr Ordentlichkeit nennt, mehr Annäherung an das, was man von einer Großorganisation erwartet. [...] und es ist ja klar, dass ein größerer Apparat auch mehr formale Organisation benötigt, als wir früher hatten. Die Arbeit wurde etwas geordneter, und sie wurde etwas papierener, und man fing an, sich mit Absicherungsvermerken und ähnlichen Dingen etwas bürokratischer zu verhalten. Frau Breuel hat dagegen nur zu oft Stellung genommen, hat gesagt, schreibt nicht so viele Vermerke.«[186]

Als langjähriger Beamter aus dem Bundesjustizministerium wollte der Jurist allerdings die verbreitete Polemik einiger Kollegen keinesfalls teilen.

184 R16-Interview mit Karl Korn, 4.9.1992.
185 Ebd.
186 R18-Interview mit Dr. Boris Märtens, 10.9.1992.

Deren heftigen Widerstand gegen den nach wie vor vergleichsweise geringen Grad an formaler Organisation erklärte sich Märtens aus der Geisteshaltung zahlreicher Manager, die 1990/91 gerade die »Abenteuerlust« zur Treuhand gelockt hätte:

> »Überhaupt: Das Wort Vermerk wurde tabuiert, häufig ersetzt durch das Wort, Hausmitteilung, zu dem ich mich nicht verstehen kann, weil ich 20 Jahre lang gute Vermerke geschrieben habe, da werde ich nicht Hausmitteilungen oder Freundesbriefe schreiben, sondern weiterhin Vermerke, trockene. Aber das Wort Vermerk hat sein Odium erhalten in dieser Zeit. [...] es war unvermeidlich, dass solche Dinge mehr wurden, obwohl bei weitem weniger als in jeder anderen großen Organisation, die ich von innen gesehen habe. Dies liegt an der Persönlichkeit der Leute, die wir haben. Ich glaube doch, dass eine extrem hohe innere Unabhängigkeit bei sehr vielen festzustellen ist, sehr viel Mobilität, ein kleines bisschen Abenteuerlust auch, denn ohne eine solche macht man ja ein solches Geschäft nicht.«[187]

Im Januar 1993 war Steffen Gerhard einer der letzten Interview-Partner von Dietmar Rost. In den 1980er-Jahren war zum Personalchef der Oberfinanzdirektion einer nordrheinwestfälischen Großstadt und dann in eine leitende bundesministeriale Funktion aufgestiegen. Im April 1991 war er zur Treuhand gewechselt, um dort das Direktorat Innenrevision auszubauen. Der Direktor beschrieb anschaulich die eigenen Arbeitsprozesse:

> »Und dann war ja die Frage, wie geht man vor? Wir haben gesagt, wir wollen natürlich nach vorne blicken und unsere Bereiche unterstützen bei einer möglichst effektiven Organisation und effizienten Arbeitsweise. Aber um uns nun ein Bild zu machen, wo die Probleme liegen, weil ja kein Knowhow da war, haben wir gesagt, als erste Stufe sehen wir uns erst einmal abgeschlosse[ne] Vorgänge an.«[188]

Ab Sommer 1991 hätten er und seine Mitarbeiter zum auf Hochtouren laufenden Geschäft zunächst aus einer »Risikoanalyse« bestehender Privatisierungsverfahren zu lernen versucht:

> »[Wir] sind dann in die einzelnen Bereiche gegangen, und haben angesehen, wie sind die ersten Privatisierungsfälle bearbeitet worden, und haben dann eine Bestandsaufnahme gemacht und eine Risikoanalyse, haben uns überlegt, in welchen Schritten, welchen Funktionsschritten das Privatisierungsgeschäft abläuft, und welche Risiken jeweils damit verbunden sind und haben daraus auch hinterher Konsequenzen gezo-

187 Ebd.
188 R43-Interview mit Dr. Steffen Gerhard/Kai Rumeck, 29.1.1993.

gen in Form eines Mindeststandards, indem wir eine Grundlage für das Privatisierungsgeschäft entwickelt haben.«[189]

Die Etablierung, Kontrolle und Durchsetzung derartiger Standards erschien ihm als zwangsläufige Entwicklung, die der wachsenden organisatorischen und personellen Komplexität der Organisation geschuldet gewesen sei:

»Man muss ja mal sehen, dass am Anfang diese große Freiheit da war. Da haben wir ja drüber gesprochen, jeder konnte mit seinen Talenten hier wuchern, und jeder konnte machen, was er für gut hielt. Und das funktionierte auch erstaunlicherweise ganz großartig. Und das war auch eine kleine Gruppe. Wenn man zu zweit sitzt, kann man sich sehr viel besser verständigen, als wenn Sie zu zwanzig sitzen, ist ein Phänomen. Und hier ist es natürlich so gewesen, dass eine stürmische personelle Entwicklung kam, von ein paar Hundert ging das ja bis jetzt ca. 4.000, und je größer eine Unternehmensform wird, umso schwieriger ist die Kommunikation, umso schwieriger ist die Abstimmung.«[190]

Diese wachsende, auch auf äußere Interventionen zurückzuführende innerorganisatorische Komplexität schien dem Direktor letztlich unausweichlich:

»Und diese Abläufe, die werden, je größer das Unternehmen wird, immer schwieriger. Sie haben mehr Personal, das beteiligt wird, Sie haben mehr Unterschriften, Sie haben mehr Kompetenzen, die berücksichtigt werden müssen, das heißt, ein Vorgang, der früher ganz einfach so durchflutschte vielleicht in 14 Tagen, der braucht dann möglicherweise 6 bis 8 Monate, bis er alle Instanzen durchlaufen hat. Es ist weniger unsere Kontrolltätigkeit, die es schwer macht, als die Komplexität der Abläufe, und die Einbeziehung aller Funktionen mit all ihrem Sachverstand. Und dann natürlich auch die vielen vielen Kontrollen von außen.«[191]

In kaum einer Frage zeigten sich die befragten Zeitzeugen derart uneins wie in der Bewertung des systematischen Auf- und Ausbaus der innerorganisatorischen Kontroll- und Regelsysteme ab Mitte 1991. Während sich etwa für den Direktor Theodor Lohmann die »Bürokratie« im Jahre 1991 allmählich »wie nasser Mehltau« über die Organisation gelegt hatte,[192] begrüßte Direktor Volker Wiertel, selbst Jurist und langjähriger Ministerialbeamter, diese Entwicklung. In Wiertels Lesart setzte diese Tendenz

189 Ebd.
190 Ebd.
191 Ebd.
192 R12-Interview mit Theodor Lohmann und Mitarbeitern, 4.8.1992.

mit dem Umzug der Zentrale vom Alexanderplatz an die Leipziger Straße im Mai 1991 ein. In den neuen Räumlichkeiten habe sich gerade auch das kommunikative Arbeitsklima gewandelt:

> »[M]an entwickelte dann die Treuhandanstalt in der Tat von einem, jetzt mal ganz drastisch gesprochen, von einem Haufen von Landsknechten, die wirklich noch im ganz urigen, in einer ganz urigen Umgebung unter ganz urigen Bedingungen [...] gearbeitet haben, die in keinerlei organisatorische Bindungen integriert waren, [...], wo man zu jeder Zeit zu jedem gehen konnte und mit dem [...] im persönlichen Gespräch, Probleme diskutieren und lösen konnte, das veränderte sich hier in den langen Fluren der Leipziger Straße relativ schnell in eine doch einem Ministerium sehr vergleichbare Struktur. Man schrieb sich jetzt plötzlich nur noch und sah sich nur noch selten.«[193]

Diese umfassende Veränderung der internen Handlungs-, Interaktions- und Kommunikationsräume fand in zahlreiche zeitgenössische Gespräche Eingang. Der Umzug ins ehemalige »Haus der Ministerien« wurde als markante organisatorische Wendemarke empfunden, die gerade auch räumlich einen »atmosphärischen Umbruch«[194] ausgelöst habe. Statt in chronisch überfüllten, stickigen, lauten und technisch miserabel ausgestatteten Großraumbüros saßen nach dem 20. April 1991 die meisten Mitarbeiter in über eintausend frisch renovierten, über lange Flure miteinander verbundenen Einzel- oder Doppelarbeitszimmern. Die funktionale Büroausstattung war schlicht, aber verfügte schon bald über eine ausklügelte Kommunikationsinfrastruktur.[195] Die innerorganisatorische Neuordnung wurde so auch unmittelbar räumlich erlebbar.

Blickte man auf die in den Organigrammen aus den Jahren 1991/92 eingefangenen Grobstrukturen, schien die Treuhand in den ersten beiden Jahren von Breuels Präsidentschaft im Gegensatz zur organisationspolitisch äußerst volatilen Frühzeit unter Rohwedder 1990/91 weitgehend stabil: Unterhalb der Präsidentin gliederte sich die Organisation nach dem im Januar 1991 etablierten »Matrix«-Prinzip in sechs von erfahrenen Managern geleitete Unternehmensbereiche. Hinzu kamen zwei funktionale Vorstandsbereiche für Personal und Finanzen.[196] Doch innerhalb dieser Grobstruktur begann sich die Organisation seit April 1991 sukzessive beträchtlich zu wandeln, insbesondere durch den das Privatisierungsgeschäft

193 R13-Interview mit Dr. Volker Wiertel, 5.8.1992.

194 R40-Interview mit Ferdinand Campen, 25.1.1993.

195 R41-Interview mit Friedrich Calbeck, 25.1.1993.

196 Treuhandanstalt: Vorstandsbereiche am 6.5.1991, am 24.10.1991, am 15.2.1992, am 1.7.1992, in: Treuhandanstalt: Dokumentation, Bd. 2, 464-468.

des Sommers 1991 aufarbeitenden und unter externen Druck erfolgenden systematischen Ausbau intern stark umstrittener Standardisierungs-, Kontroll- und Berichtssysteme.

5.5 Personalpolitik: Die Suche nach dem »Miteinander«

Anfang April 1991 ließ die *Wirtschaftswoche* das Dortmunder Forsa Institut »200 repräsentativ ausgewählte Westmanager« befragen, um so deren »Meinungen [...] zu den Auswirkungen des Rohwedder-Mordes einzufangen«. Mehrheitlich, mit 54 Prozent, stimmten die befragten Personen der Aussage zu, dass die Bonner Regierung »jetzt mehr Geld in die neuen Länder schicken« werde, um die »soziale Lage« dort zu beruhigen. Bemerkenswert war indes, dass 72 Prozent der befragten Wirtschaftsexperten zugleich davon ausgingen, dass die Treuhand dennoch keine »unrentablen Arbeitsplätze erhalten« werde; zwei Drittel konnten sich zudem nicht vorstellen, dass geplante »Entlassungen« verzögert würden.[197]

Interessanterweise fragten die Demoskopen auch nach personalpolitischen Implikationen. Die Tendenz war eindeutig: Lediglich 35 Prozent gingen davon aus, dass es nach dem Mord »schwieriger« werde, »freie Managementpositionen im Osten zu besetzen«. Nur 17 Prozent gaben an, dass der »soziale Sprengstoff im Osten« sie von einem persönlichen Engagement abhalten würde und 80 Prozent konnten sich selbiges weiterhin vorstellen. Einer erfolgreichen Rekrutierung der so begehrten »Westmanager« schien also eigentlich kaum etwas im Wege zu stehen.[198]

Auch wenn man der Treuhand-Personalstatistik vom 24. Juli 1992 folgt, tat der Rohwedder-Mord der expansiven Personalpolitik keinerlei Abbruch. Waren am 31. März 1991 erst 2.141 festangestellte Mitarbeiter (davon 360 Westdeutsche) für die Organisation tätig, so stieg deren Zahl kontinuierlich an: Ende Juni 1991 waren es bereits 2.722 (674 Westdeutsche); Ende September 1991 schon 3.370 (903 Westdeutsche). Ende Dezember 1992 kletterte die Zahl auf 3.604 (1.026 Westdeutsche). Am 31. März 1992, fast genau ein Jahr nach dem Attentat, hatte die Organisation schließlich ihren personellen Höchststand mit 3.930 festangestellten Mitarbeitern erreicht; immerhin 1.187 kamen hiervon nun aus den alten Ländern. Der Personalstamm hatte sich damit im ersten Amtsjahr Breuels fast verdoppelt, wobei der relative Anteil der westdeutschen Mitarbeiter von 17 Prozent (April 1991) auf 30 Prozent (April 1992) erheblich angestiegen war.[199]

197 »Manager-Umfrage: Ost-Arbeitsplätze erhalten«, in: Wirtschaftswoche, 12.4.1991.
198 Ebd.
199 Vgl. die Reportage über die Führungskräftesuche: »Wer kennt einen, der paßt?«, in: Der Spiegel, 14.1.1991.

Trotz dieses immensen Personalwachstums ergaben sich bei der Personalgewinnung vor allem qualitativ neue Herausforderungen, da die öffentlich heftig in der Kritik stehende Organisation kaum noch auf patriotisch euphorisierte »Leihmanager« oder persönliche Kontakte ihrer Führungskräfte allein setzen konnte. War der personalpolitische Expansionskurs bis in das Frühjahr 1991 entsprechend wildwüchsig ausgefallen, veränderte sich die ins Visier genommene Zielgruppe danach deutlich. Statt verdienter Alt- oder erfahrener Leihmanager rückten nun betriebswirtschaftliche oder juristische Neulinge von den westdeutschen Universitäten in den Fokus, die man mit einer Reihe aufsehenerregender Anzeigenkampagnen nach Ostdeutschland zu locken versuchte. Mitte März 1991 hatte die Treuhand eine ganzseitige Anzeige in der Wiener Tageszeitung *Die Presse* geschaltet, die großformatig einen leeren, schlicht skizzierten Holzstuhl zeigte, überschrieben mit der Zeile: »Bis heute haben sich 279 junge Wirtschaftswissenschaftler für die harten Stühle der TREUHAND entschieden.« Auch der Beschreibungstext geizte nicht mit herausfordernden Superlativen:

> »Bitte nehmen Sie Platz: Auf unseren harten Stühlen erwartet Sie vielleicht die größte Chance in Ihrem Berufsleben. Karriere von Anfang an. Nur die Besten sind gefragt, wenn es um die Neugestaltung im Osten Deutschlands geht. Der weltweit größte Konzern bietet eine Perspektive für Entrepreneure. Bei der Aufgabe, 8.000 Betriebe zu sanieren und zu privatisieren, finden Sie Ihre Herausforderung. Wir sind Dienstleister für Menschen und Märkte. Gefragt sind neben fachlicher Qualifikation Einfühlungsvermögen und Durchsetzungskraft. Die TREUHAND: Chance für die Besten!«[200]

Knapp einen Monat später, Ende April 1991, zeigte eine ganzseitige Anzeige den seinerzeit im Moskauer Exil weilenden Erich Honecker auf einem geblümten Sofa, darunter in großen Lettern die Frage: »Ihn mussten wir leider entlassen. Wann fangen Sie an?« Für die vom BDI initiierte »Aktion Karriereschub« suchte die Personalberatungsagentur des Headhunters Dieter Rickerts nach Nachwuchsmanagern:

> »DIE WIRTSCHAFT in den neuen Bundesländern braucht keine Apparatschiks mehr. Sondern Leute, die schnell entscheiden können. Jetzt sucht die Treuhandanstalt mit einer »AKTION KARRIERESCHUB« junge Kaufleute mit Mumm und Initiative. [...] Wenn Sie einen be-

200 »Karriere in Deutschland«, in: Die Presse, 15.3.1991.

quemen Job suchen, dann blättern Sie weiter. Wenn Sie einen kräftigen Karriereschub wollen, dann lesen Sie.«[201]

Im Vergleich zur noch merklich kurzfristig improvisierten »Profis für die DDR!«-Aktion vom Juli 1990, die einen möglichst breiten Interessentenkreis aus jungen und alten Kandidaten anzusprechen versuchte, war das Suchprofil im April 1991 schärfer umrissen. Etwaige patriotische Motive traten dabei gegenüber karrierebezogenen Argumenten in den Hintergrund:

> »Die Treuhandanstalt, größter Konzern der Welt, braucht 100 junge Kaufleute. [...] Sie sollten Mitte 20 bis Anfang 30 sein, ein abgeschlossenes Wirtschaftsstudium und einige Jahre Berufserfahrung in Planung, Controlling, Finanz- und Rechnungswesen oder Revision haben. Und den Mut, die eingefahrenen Karrierepfade Ihres bisherigen Unternehmens zu verlassen.«[202]

Bei der Treuhand würden die jungen Mitarbeiter »viel Verantwortung tragen müssen, viel entscheiden, aber auch viel Dankbarkeit erfahren«. Explizit eingegangen wurde auch auf den »Nutzen für Sie«: »Nach einiger Zeit bei der Treuhandanstalt« würde man bald »alle Chancen haben, eine schnellere Karriere zu machen«. Abschließend drängte der Text seine Leser zur Entscheidung: »Die deutsche Vereinigung findet nur einmal statt. Deswegen werden Sie auch diese Chance nur einmal haben.«[203]

Einige Monate später wirkten sich die Krisenerscheinungen, denen sich die Treuhand fortwährend ausgesetzt sah, auch auf die Rekrutierungsbemühungen aus. Ende September 1991 entwarf Birgit Breuel die Herausforderungskulisse eines bedrohlichen Engagements zur »Bewährung«, als sie im *Handelsblatt* für ein Engagement warb:

> »Schönwetter-Management ist keine Kunst. Wer sich aber heute in den Unternehmen Ostdeutschlands bewährt, erwirbt sich einen Erfahrungsschatz, der ihm sein ganzes Berufsleben zustatten kommen wird. Denn persönliches Engagement dort bedeutet nicht nur klare Analyse in Produktion, Vertrieb, Marketing, Cash-Management, Steuerrecht und Controlling, sondern auch Kompetenz in weitsichtiger Personal- und Menschenführung. Dieser Einsatz für den Aufbau einer funktionierenden sozialen Marktwirtschaft ist kein Zuckerschlecken. Doch wer sich zwischen Arkona und Zwickau beruflich bindet, hat die Gewissheit,

201 »Ihn mußten wir leider entlassen. Wann fangen Sie an?«, in: Handelsblatt, 27.4.1991.
202 Ebd.
203 Ebd.

dass er in den kommenden Jahren in einer wirtschaftlichen Wachstumsregion tätig ist, die weltweit einmalig sein dürfte.«[204]

Aus Sicht der Treuhand-Spitze blieben die personalpolitischen Resultate der Werbeaktionen des Sommers 1991 jedoch ambivalent. Einerseits hatte man beim zügigen Aufbau des Personalstamms binnen weniger Monate beachtliche quantitative Fortschritte erzielt; andererseits zweifelte man im Spätsommer 1991 nun auch öffentlich an der Qualität des rasch eingestellten Personals. Vor der Bundespressekonferenz kündigte Birgit Breuel Anfang August 1991 ein »Management-Audit« nicht nur für die Betriebsleitungen, sondern auch für das eigene Personal an. Personal-Vorstand Alexander Koch begründete dieses Vorhaben mit der raschen Rekrutierung und dem heterogenen Hintergrund der Mitarbeiter:

> »Die Treuhandanstalt selbst überprüft nach einem knappen Jahr ihre notgedrungen sehr rasch aufgebaute Belegschaft von 2.900 Mitarbeitern in Berlin und den Niederlassungen. Gerade weil eine Truppe mit ungewöhnlicher Qualifikationsmischung zusammengeworben wurde, ist eine Überprüfung und Beurteilung richtig und notwendig. Die Frage dabei ist, ob der schnelle Aufbau zu Fehlbesetzungen geführt hat, ob es Minderleistungen gibt, ob Austausch-, Versetzungs- oder Qualifizierungsbedarf besteht. Hier steht keine Entlassungsaktion ins Haus, sondern eine Einzelfallprüfung.«[205]

Koch wollte die angekündigte fachliche Überprüfung auch mit einer politischen Supervision verbinden. Die »Frage der politischen Vergangenheitsbelastung« genieße weiterhin »höchste Aufmerksamkeit«; es wachse »kein Gras über dieses trübe Kapitel, weder im Bewusstsein der Menschen draußen im Land, noch in den Büros und Werkstätten«. Für den Vorstand waren »Stasi-Mitarbeit, ZK- und Politbüro-Mitgliedschaft sowie erwiesene Unrechtshandlungen« unentschuldbar und erforderten ein »sensibles, aber konsequentes und sofortiges Handeln«.[206]

Hier offenbarte sich, wie sehr die Personalpolitik seit Sommer 1991 unter dem Eindruck einer öffentlichen Dauerkritik stand, die sich unentwegt an unterstellter fachlicher Inkompetenz, krimineller Energie und politischer Vorbelastung des Personals abarbeitete. Neben Korruptionsskandalen war es das der DDR-Planbürokratie entstammende Personal, das weiterhin im medialen Fokus blieb – hier hatte der Rücktritt Gunter

204 »Gestaltungsfreiheit zählt viel mehr als schnöder Mammon«, in: Handelsblatt, 27.9.1991.

205 Themen für die Bundespressekonferenz am 8.8.1991, von Alexander Koch, in: Privatarchiv A. Koch.

206 Ebd.

Halms im Juli 1991 die Verdächtigungen gegenüber »SED-Altkadern« oder »Stasi-Seilschaften« noch verstärkt.[207]

Der personalpolitische Umgang mit derlei mitunter öffentlich anhand von Namenslisten vorgetragenen Vorwürfen blieb zwiespältig. Im September 1991 trennte sich die Treuhand kurzfristig von 15 ostdeutschen Mitarbeitern, nachdem die Bundesbehörde für Stasi-Unterlagen unter der Leitung von Joachim Gauck entsprechende Dokumentauszüge übermittelt hatte.[208] Am 23. September sah sich Birgit Breuel genötigt, dieses Vorgehen in einem Brief an alle Mitarbeiter nochmals ausführlich zu begründen. Die bereits im Januar 1991 getroffene »klare und eindeutige Grundsatzentscheidung«, dass eine frühere Mitarbeit bei der Staatssicherheit einer vertrauensvollen Mitarbeit entgegenstehe, müsse auch weiterhin gelten: »Wenn klare Fakten vorliegen, müssen auch klare Entscheidungen getroffen werden«, wie Breuel erklärte, »und zwar unabhängig von der bislang geleisteten Arbeit.« Die Präsidentin rief ihr Personal jedoch dazu auf, »auch unter der Belastung durch solche Vorgänge weiterhin eng zusammenzuarbeiten« und zwar »gerade weil die Vergangenheit wie ein Schatten über dem gemeinsamen Neubeginn« liege.[209]

Hatte die Treuhand im September recht schnell reagiert, verweigerte sie im November 1991 die Entlassung von zehn Mitarbeitern, die in einem *Bild*-Bericht als »SED-Bonzen« diffamiert wurden. Die öffentlich genannten Mitarbeiter hätten »Anspruch auf eine faire und loyale Behandlung« durch den Vorstand, die ihren Ausdruck in einer »streng nach Recht und Gesetz durchgeführte[n] Einzelprüfung« finden müsse, wie es in einer Pressemitteilung vom 11. November 1991 hieß.[210] Solange keine gegenteiligen Beweise vorlägen, vertraue die Treuhand den schriftlichen Versicherungen, die jeder Mitarbeiter im Februar 1991 habe abgeben müssen. Doch da der Reigen öffentlicher »Stasi-Enthüllungen« nicht abriss, wiederholten sich entsprechende Pressemitteilungen fast monatlich: Am 13. November 1991 dementierte die Treuhand, von »Altkader-Seilschaften« unterwandert worden zu sein; im Februar und März 1992 musste sie erneut nachlegen.[211] »Mit der bloßen Namensnennung von Treuhandmitarbeitern, die zu Zeiten der früheren DDR in staatlichen Stellen gearbeitet« haben, hieß es etwa in einer Presseerklärung vom März 1992, »vertieft man nur die

207 Vgl. den Überblick bei »Treuhand überprüft SED-Bonzen«, in: Die Welt, 21.2.1992.

208 Pressemitteilung vom 19.9.1991, in: Treuhandanstalt: Medienarchiv.

209 Birgit Breuel: An alle Mitarbeiterinnen und Mitarbeiter der Treuhandanstalt, 23.9.1991, in: Treuhandanstalt: Dokumentation, Bd. 12, S. 819.

210 Vgl. »10 SED-Bonzen enttarnt«, in: Bild, 10.11.1991; Pressemitteilung vom 11.11.1991, in: Treuhandanstalt: Medienarchiv.

211 »Treuhand überprüft SED-Bonzen«, in: Die Welt, 21.2.1992.

Spaltung im Lande«; die Namensnennungen stellten eine »pauschale« und »öffentliche Diskriminierung« der betroffenen ostdeutschen Mitarbeiter dar, die sämtliche Kollegen bei der Treuhand nachhaltig verunsicherten.[212]

Im Laufe des Herbstes 1991 wandelten sich die Schwerpunkte der Personalpolitik unter dem Eindruck der öffentlichen Auseinandersetzungen und anhaltenden Proteste merklich. In einem Interview mit der *Süddeutschen Zeitung* vom 16. November 1991 beklagte sich Breuel ungewöhnlich scharf über die Dauerdebatte und deren fatale Folgen für die Arbeitsmoral ihrer Mitarbeiter:

> »[Wir haben] noch einen Berg von Arbeit vor uns, der nach wie vor ein Höchstmaß von Motivation bei allen Treuhandmitarbeitern voraussetzt. Und das zu erreichen ist deshalb besonders schwierig, da unsere Arbeit ständig im Rampenlicht der öffentlichen Aufmerksamkeit und Kritik steht. Ich weiß, dass der Vorstand und ich eine Menge Überzeugungsarbeit leisten müssen, wenn wir unserer Treuhandmannschaft das gleiche Tempo abverlangen wollen, wie wir es in den letzten Monaten erreicht haben.«[213]

Da der Vorstand seit einigen Monaten einen merklichen atmosphärischen Stimmungsabfall bei den nunmehr dreieinhalbtausend festangestellten Mitarbeitern registriert hatte, unternahm die Treuhand-Spitze in der Folge vielfältige Bestrebungen, um das eigene Personal mithilfe materieller wie ideeller Maßnahmen zu motivieren.[214]

Bereits im April 1991 hatte der Vorstand eine neue Entlohnungsstruktur eingeführt, die vor allem eine außertarifliche Dotierung für Führungskräfte (Vorstände, Niederlassungsleiter, Direktoren, Abteilungsleiter) zur Folge hatte. Während die Vorstandsmitglieder rund eine halbe Million D-Mark im Jahr verdienten, erhielten Direktoren und Niederlassungsleiter 300.000 D-Mark als Jahresgehalt, Abteilungsleitern standen jährlich etwa 180.000 D-Mark zur Verfügung; hinzu kamen Dienstwohnungen, Reisekosten und repräsentative Dienstfahrzeuge. Was Vorstand und Verwaltungsrat als »marktgängige« Anreize für oberes und mittleres Management erschien, wurde in der Öffentlichkeit und insbesondere vom Bundesrechnungshof immer häufiger und schärfer als »Selbstbedienung« und »Verschwendung« öffentlicher Mittel kritisiert. Umso mehr, da das Gros der (ostdeutschen) Mitarbeiter auf Ebene der Referenten, Sachbearbeiter und

212 Pressemitteilung vom 20.3.1992, in: Treuhandanstalt: Medienarchiv.

213 »Eine Herkulesarbeit, die sich sehen lassen kann«, in: Süddeutsche Zeitung, 16.11.1991.

214 »Gegen den Rest der Welt«, in: Der Spiegel, 29.7.1991

des Hilfspersonals nach dem öffentlichen Tarifsystem für Ostdeutschland erheblich geringer entlohnt wurde.[215]

Ab Mitte 1991 begann der Vorstand über neue, dynamische Anreizstrukturen nachzudenken, die stärker an die strategischen »Unternehmensziele« gekoppelt werden sollten. Im August legte Alexander Koch einen Entwurf für die »Installierung« eines zweistufigen »Versorgungsmodells« vor, das eine »risikobetonte Grundversorgung« für sämtliche Mitarbeiter und eine »betriebliche Zusatzversorgung« für »THA-Führungskräfte« vorsah. Koch machte die Ambivalenz der Entlohnungsstruktur deutlich: Einerseits stehe die Treuhand »vor der Notwendigkeit«, ihren aus den alten Ländern stammenden »Führungskräften« eine »betriebliche Versorgung zu gewähren«, um diesen »ein insgesamt attraktives und wettbewerbsgerechtes Gesamtvergütungspaket« bieten zu können. Andererseits erschien die Einführung eines gut dotierten Versorgungsplanes nur für die Führungsebene »aus internen personalpolitischen Aspekten wenig opportun«, weshalb auch »für alle Tarif-Mitarbeiter« eine generelle Versorgungsregelung gefunden werden müsse – »allerdings auf qualitativ und quantitativ deutlich niedrigerem Niveau«. Sein Modell sah eine erweiterte Form der Grundversorgung für alle Mitarbeiter vor, die er mit einem »Zusatzrentenplan für Führungskräfte« kombinierte, durch den die 400 leitenden Mitarbeiter des »außertariflichen« Bereichs nach ihrem Ausscheiden Anspruch auf Pensionszahlungen erwerben sollten.[216]

Während diese im Herbst 1991 noch im Stillen diskutierte Absicherungsmaßnahme lediglich auf die Zeit nach dem Ende der Treuhand gerichtet war, zielte ein parallel von der Unternehmensberatung Hay Management Consultants entwickeltes Bonussystem auf eine materiell forcierte Beschleunigung des Privatisierungs- und Abwicklungsgeschäfts. Vorständen, Direktoren, Niederlassungs- und Abteilungsleitern wurden flexible »Zusatzprämien« in Aussicht gestellt, wenn sie spezifische, zuvor gemeinsam ausverhandelte »Zielvereinbarungen« erfüllen konnten, die aus den strategischen Zielen der Organisation hergeleitet waren. Auf diese

215 »Schön nobel«, in: Der Spiegel, 16.3.1992; »Bonus-System soll Führungskräfte motivieren«, in: Handelsblatt, 28.2.1992; »Das Koch-Rezept«, in: Wirtschaftswoche, 28.2.1992; »Selbstauflösung der Treuhand soll beschleunigt werden«, in: Berliner Zeitung, 28.2.1992; »Sind die Treuhand-Gehälter zu üppig?«, in: Süddeutsche Zeitung, 24.4.1992; »Wer zur Treuhand geht, hat ausgesorgt«, in: Norddeutsche Neueste Nachrichten, 21.5.1992; »Treuhand-Chefetage sichert sich Lebensabend«, in: Märkische Oderzeitung, 21.5.1992; »Selbstbedienung bei der Treuhand«, in: Bild am Sonntag, 24.5.1992.

216 Vorlage für den Gesamtvorstand der Treuhandanstalt, 15.8.1991, in: Privatarchiv A. Koch.

Weise sollten die Führungskräfte Bonuszahlungen bis zur Hälfte ihres monatlichen Grundgehaltes erhalten können.[217]

»Rentenplan« und »Prämiensystem« waren damit zwei neue personalpolitische Steuerungselemente vor allem für die Führungsebene, die nach ihrer öffentlichen Präsentation Ende Februar 1992 noch beträchtlichen Staub aufwirbeln und dergestalt vor allem den Zorn des Bundesrechnungshofs, zahlreicher Politiker und weiter Teile der Öffentlichkeit erregen sollten. Aus Sicht der Treuhand-Spitze waren sie jedoch als genuin unternehmerisch-wettbewerbliche Anreizsysteme gedacht, um den gerade bei den Führungskräften der operativen Bereiche registrierten Motivationsverfall entgegenzuwirken, indem man gezielt auf in westlichen Großkonzernen etablierte Anreiz- und Vergütungsstrukturen zurückgriff.

Doch die Personalpolitik setzte Ende 1991 mitnichten ausschließlich auf materielle Anreize, mit der ohnehin nur die Führungsetagen, nicht aber das Gros des Personals umfassend angesprochen werden konnte. Die Präsidentin selbst sah sich immer wieder in der Pflicht, ihren Mitarbeitern den beschwerlichen Weg durch das Dickicht des alltäglichen Wirtschaftsumbaus zu weisen. Am 8. August schickte Breuel anlässlich des 30-jährigen Jahrestags des Mauerbaus einen Brief an alle Mitarbeiter, dem ein später veröffentlichter Essay beilag: »Machen wir wirklich alles richtig?« Breuel ging dabei insbesondere auf die Spannungen zwischen Ost und West ein, sprach aber auch die heftigen öffentlichen Debatten über Fehler und Versäumnisse der Treuhand an. Ihre Mitarbeiter forderte die Präsidentin auf, sie »bei dieser schwierigen Gratwanderung« und »aktiven Problembewältigung« im Kontext des Wirtschaftsumbaus weiter zu unterstützen, um durch die »gemeinsame Arbeit am Strukturwandel« einen »wichtigen Beitrag für das Zusammenwachsen der beiden deutschen Teile« zu leisten.[218]

Doch die Präsidentin beließ es nicht bei aufmunternden Zeilen. Bereits im Spätsommer 1991 begannen im Präsidialbereich Planungen für eine Abfolge von Aktionen und Veranstaltungen, die gezielt die »Unternehmenskultur« unter den Mitarbeitern fördern und festigen sollten. Geleitet wurden die Maßnahmen im Birgit Breuel direkt unterstellten Bereich »Unternehmensentwicklung« von Hartmut Maaßen, der im Mai 1991 von Siemens zur Treuhand gewechselt war und der später maßgeblichen Anteil

217 Pressemitteilung vom 4.5.1992: Bonussystem sichert Treuhandauftrag, in: Treuhandanstalt: Medienarchiv; Pressemitteilung vom 26.5.1992: Zielvereinbarungs- und Prämiensystem der Treuhandanstalt, in: Treuhandanstalt: Medienarchiv; »Das Koch-Rezept«, in: Wirtschaftswoche, 28.2.1992.

218 Birgit Breuel: An alle Mitarbeiterinnen und Mitarbeiter der Treuhandanstalt, 8.8.1991, in: Treuhandanstalt: Dokumentation, Bd. 12, S. 812-818.

an diversen Forschungsprojekten haben sollte.[219] Unter dem Motto »Miteinander. Arbeiten für die Soziale Marktwirtschaft« sollte sich das verunsicherte Personal versammeln. Der Vorstand hatte damit eine knappe Formel gefunden, die das gemeinschaftliche wie pragmatische Zupacken einer kurzfristig rekrutierten und sozial heterogenen Belegschaft akzentuieren sollte, wobei dieses gemeinschaftliche Handlungsmotiv zugleich auf eine klare Zielvision ausgerichtet blieb: die großgeschriebene »Soziale Marktwirtschaft«.[220]

Dieses »Miteinander«-Motto sollte nun für die Mitarbeiter in konkreten Formaten und Begegnungen erlebbar gemacht werden. »Mitarbeiter-Tage« wurden konzipiert, eine dreistufige, organisationsinterne Veranstaltungsreihe, bei der in »Phase I« auf einer Vorstandsklausur im August 1991 Grundlinien festgelegt wurden, die zwei Monate später, in »Phase II«, auf einer »Management-Tagung« mit den Führungskräften präzisiert wurden. Den Höhepunkt dieser Bemühungen bildeten schließlich die am 23. bzw. 30. November 1991 stattfindenden »Mitarbeiter-Tage«, die sogenannte »Phase III«. Im Zuge dessen wurde fast das komplette Personal – immerhin mehr als dreitausend Mitarbeiter – an zwei aufeinanderfolgenden Samstagen in ein Veranstaltungszentrum in der Wuhlheide im Osten Berlins eingeladen. Die Belegschaft der Zentrale reiste mit der S-Bahn an, für das Niederlassungspersonal wurden Reisebusse organisiert. Dort werde man, wie eine Sonderausgabe der internen Presseschau vom 9. November ankündigte, gemeinsam über »Alltagsfragen« sprechen, die »Grundsätze des THA-Selbstverständnisses« diskutieren, langfristige »Perspektiven der Mitarbeiter« erörtern und schließlich auch die »Gemeinsamkeit« konkret erleben. Alle Abteilungen und Direktorate waren angewisen, eigene Vor- und Nachtreffen zu veranstalten; die Direktoren wurden auf den »Management-Tagen« explizit zur Vorbereitung ihrer Mitarbeiter angehalten.[221]

Das Programm der »Mitarbeiter-Tage« war dicht gefüllt. Den Auftakt übernahm Birgit Breuel persönlich mit einem elaborierten Grundsatzreferat. Es folgten jeweils drei »Talkrunden«, die von Hans-Joachim Wolfram, dem populären Moderator der DDR-Unterhaltungssendung »Außenseiter-Spitzenreiter«, und dem Wirtschaftsjournalisten Michael Jungblut, seinem Publikum durch das ZDF-Magazin »WISO« vertraut, moderiert

219 Vgl. auch seine von Wolfgang Seibel betreute Habilitationsschrift Maaßen: Transformationen.

220 Vgl. insb. Birgit Breuel: Miteinander. Arbeiten für die Soziale Markwirtschaft. Grundsatzreferat, gehalten an den Mitarbeiter-Tagen, 23. und 30. November 1990, Berlin-Wuhlheide, in: Treuhandanstalt: Dokumentation, Bd. 12, S. 917-936.

221 Hartmut Maaßen: Mitarbeiter-Tage 23. und 30. November 1991, Berlin, 13.11.1991, in: Treuhandanstalt: Medienarchiv.

wurden. Auf dem Podium nahmen die erste und zweite Riege der Organisation Platz. In einer Startrunde diskutierten die Vorstände Klinz, Rexrodt, Schucht und Wild, der Neubrandenburger Niederlassungsleiter und ein Branchendirektor über »Selbstverständnis und Zielsetzung«. Eine zweite Runde zu »Zusammenarbeit, Kommunikation, Koordination« wurde von Präsidentin Breuel, Vorstand Krämer, den beiden Direktoren van Scherpenberg (Niederlassungen) und Schöde (Kommunikation) sowie dem Generalbevollmächtigten Mueller-Stöfen bestritten; die »Perspektiven der Mitarbeiter« wurden in einem dritten Panel von den Vorständen Koch und Krause sowie den Direktoren Gehring (Elektrotechnik/Elektronik), Bellwied (Personal) und Scheunert (Optik/Keramik/Feinmechanik) erörtert.

An die tausend Mitarbeiter im Saal wurden »Diskussionskarten« verteilt, um deren Fragen in die Podiumsdebatte einzubinden. Ein rustikales Mittagsbuffet mit »Spezialitäten aus den neuen Bundesländern« und ein abendlicher Auftritt des Kabarettisten-Ensembles DISTEL, das »Treuhand-Sketche« zum Besten gab, sollten die »Mitarbeiter-Tage« beschließen.[222] Zu Wochenbeginn zurück in der Zentrale, zündete die letzte Stufe: Die Mitarbeiter fanden im Eingangsbereich des Detlev-Rohwedder-Hauses nicht nur eine riesige Unterschriftentafel vor, auf der alle Kollegen unterschrieben hatten. Zusätzlich war auf den Schreibtischen eine Glaskugel deponiert worden, in die das Doppelpfeil-Logo der Treuhand eingearbeitet war; dem Paket lag auch ein hochwertiger Sonderdruck des Grundsatzreferats bei.[223]

Die personalpolitischen Kurswechsel des Vorstandes seit April 1991 fanden in den Interviews vielstimmigen und nicht unbedingt harmonischen Widerhall. Bei den Gesprächen von 1992/93 etwa war unter den befragten Mitarbeitern umstritten, ob der Ende 1991 abgeschlossene Personalaufbau gelungen war. Manche Mitarbeiter kritisierten das Ende der Neueinstellungen und führten es auf politischen Druck zurück, wie etwa Direktor Volker Wiertel, der sich über die Kehrtwende von der expansiven zur restriktiven Personalpolitik ärgerte:

> »Man hat seinen Apparat gehabt, man hat relativ schnell feststellen müssen, dass personelle Beschränkungen, eine Beschränkung auf bestimmte Personalzahlen eher schädlich als nützlich war, diejenigen, die früh aus dem Vollen geschöpft hatten, die hatten ihre Leute, und die Leute, die eben früher so aufgebaut haben, dass sie Stück für Stück den Personalbedarf an dem Arbeitsumfang ausgerichtet haben, die haben dann plötzlich in die Röhre geschaut.«[224]

222 Ebd.

223 Dazu insgesamt auch die Darstellung bei Weber: Zeitraffer.

224 R13-Interview mit Dr. Volker Wiertel, 5.8.1992.

Der ostdeutsche Referent Karl Korn hatte zudem eine deutliche qualitative Verschärfung der Personalauswahl beobachtet:

> »[Heute ist das, M.B.] Anforderungsprofil schon höhergestellt. Ich muss das mal sagen, das ist natürlich auch heute klar, dass wer heute in die Treuhand, oder wer in die Treuhand arbeiten kommt, dass der zum Teil ein höheres Wissen heute mitbringen muss, wie vielleicht der, der vor anderthalb Jahren hier aufgetaucht ist, das will ich hier auch sagen, das ist auch, dass natürlich heute die AUSwahl natürlich noch bedeutend größer ist. Wenn man mal zurückdenkt, dass wir also mit dem Kanzleraufruf an die Industrie mal angefangen haben, gesagt haben, also Manager, kommt nach Berlin, helft, unterstützt uns.«[225]

Für Direktor Steffen Gerhard rückte im Sommer 1991 das qualitative Personalwachstum in den Fokus seiner eigenen Rekrutierungsbemühungen; er habe selbst vermehrt erfahrene Experten gesucht, deren Rolle er mit routinierten Spielern im Mannschaftssport verglich:

> »Wir haben dann als nächste Stufe, eben durch verstärkte Werbung, Inserate und Einschaltung von professionellen Vermittlern versucht, unsere Mannschaft mit den unerfahrenen Revisionsmitarbeitern [...] zu ergänzen mit Mitarbeitern, die mehrjährige Revisionserfahrung hatten, weil wir ja diese Stütze brauchten. Wie bei der Fußballmannschaft, Sie werden auch paar Junge integrieren, aber Sie müssen auch so ein paar Stabilisatoren da drin haben, und da haben wir eben die gesucht, die mehrjährige Berufserfahrung hatten. Das war eine schwierige Sache, weil, wie ich ja vorhin sagte, die Leute eben nur eine begrenzte Zeit am Markt sind.«[226]

Der Niederlassungsleiter Oskar Hillberg wollte im abrupten, letztlich von außen erzwungenen Abbremsen des Personalwachstums eine klare Fehlentwicklung erkennen:

> »Wir haben auch Schwierigkeiten gehabt, weil die Treuhandanstalt ja von Anfang an unter politischem Druck und unter der Kritik der Öffentlichkeit gestanden hat, und sich unser Vorstand dann darauf eingelassen hat, sich auch der Kosten wegen, hinsichtlich des Mitarbeiterbestandes zu beschränken. Das halte ich für GANZ falsch bei dieser Riesenaufgabe. Man hätte EINstellen sollen, aber auch SCHWACHE Mitarbeiter schon wieder expedieren sollen, das ist nicht erfolgt.«[227]

225 R16-Interview mit Karl Korn, 4.9.1992.
226 R43-Interview mit Dr. Steffen Gerhard/Kai Rumeck, 29.1.1993.
227 R25-Interview mit Oskar Hillberg, 13.10.1992.

Die offensive Selbstverpflichtung des Vorstandes auf einen zügigen Personalrückbau begriff er dann auch als kontraproduktiv:

> »Auch jetzt ist ja bekannt, dass die Treuhandanstalt sich darauf festgelegt hat [...] bis Anfang 94 den Mitarbeiterbestand von über 4.000, was für eine solche große Fülle von Unternehmen und Aktivitäten überhaupt nicht reicht, auf 2.200 oder so etwas abzubauen. Dabei stellen wir fest, dass die Aufgaben nicht kleiner werden, sondern sie werden größer, dadurch, dass sie sich immer mehr facettieren, dadurch, dass wir immer intensiver arbeiten müssen.«[228]

Diese aus seiner Sicht falsche Entscheidung führte er letztlich vor allem auf öffentliche Kritik und politischen Druck zurück:

> »Das wäre wirklich nicht notwendig gewesen, sich diesem Druck auszusetzen. Wir haben relativ früh schon uns Einschränkungen hinsichtlich der Personalbeschaffung gefallen lassen müssen, durch Einstellungsstopps, auch schon durch Empfehlungen, Personal abzubauen, einfach, um nach draußen Signale zu geben, dass wir schon dabei sind, wieder abzubauen, das ist sicherlich ganz falsch gewesen.«[229]

Andere Mitarbeiter waren nicht unbedingt der Meinung, dass ein weiterer Ausbau des Personalstamms auch nach 1992 förderlich gewesen wäre. Nicht nur Vorstand Koch sah die beständigen Einstellungswünsche zahlreicher Direktoren und Abteilungsleiter mit Skepsis.[230] Für Direktor Körting wohnte dem die Gefahr des »Verbeamtens« inne, weshalb er sein Direktorat bewusst mit einer geringen Zahl an Mitarbeitern ausgestattet habe:

> »Und ich sage, da sind wir natürlich unterbelegt, ich bin von Anfang an einer im Mittelfeld gewesen. Also mittlere Größe hier vom Personal. Und bin aber auf der anderen Seite von den Firmen doch da etwas größer gewesen. Habe aber bewusst die Zahl niedrig gehalten, habe meinen Laden unter hohem Dampf gefahren, mit hoher Belastung und auch extremem Arbeitsanfall, weil ich einfach auch gesagt habe, besser man wird nicht gleich zu sehr beamtet und zu geregeltem Leben nachgehen, sondern man wühlt sich durch diesen Haufen durch und versucht, Mittel und Wege zu finden, das so zu gestalten, dass wir einigermaßen vernünftig irgendwann hinkommen.«[231]

228 Ebd.

229 Ebd.

230 B16-Interview mit Dr. Alexander Koch, 13.8.2013.

231 R9-Interview mit Dr. Patrick Körting, 30.7.1992.

Körting begriff eine reduzierte Personalpolitik in seinem Direktorat als bewusste Strategie, um den personellen Mangel- und Ausnahmezustand der Frühzeit ein Stück weit künstlich zu verlängern. Gleichermaßen wollte er gerade diese Leute in seinem Direktorat auch bis zum Ende halten:

> »Insofern haben wir uns da selbst auch die Arbeit schwerer gemacht, das ist aber für die industrielle Entwicklung einfach besser so, das ist klar. […] Und ich lasse auch keine Leute; ich will möglichst lange voll bleiben, und dann eben die intensive Betreuung erhöhen, die Verkaufsgeschwindigkeit der schwierigen Fälle dann auch später anzuheben. Und das meine ich, ist auch eine gute Sache.«[232]

Der 1991/92 erreichte Personalstand von über viertausend Mitarbeitern schien Körting dann auch völlig überdimensioniert; das zusätzliche Personal assoziierte er mit mehr interner Bürokratie und politisch verordneten Zusatzaufgaben:

> »Insgesamt meine ich, und das ist der Hintergrund dieser Erzählung, dass die Treuhandanstalt wahrscheinlich in einem viel zu hohen Maße aufgebaut hat, Personal aufgebaut. Ich hätte NIE 4.000 Leute, die wir heute sind, aufgebaut. Meiner Ansicht nach hätte man mit der Hälfte auskommen können. Dabei hätte man allerdings auch gewisse operative Dinge lassen sollen. -- Und einfach nicht machen. Bestimmte Dinge sagen, nein, das müssen andere lösen, und da soll sich mal auch die politische Seite überlegen, muss man da unbedingt die Treuhand belasten, das können ja auch vielleicht mal ein oder anderes Ministerium für uns mitmachen.«[233]

Noch drastischer stellte der Direktor Charles Volkmann diese Verbindung her, dessen Anfang Oktober 1992 geführtes Interview direkt am Tag nach einer Abschiedsfeier für einen Mitarbeiter stattgefunden hatte:

> »[Ich] will ich mal schnell zitieren, was gestern Abend bei unserer Entlassungsfeier für einen unserer ersten Mitarbeiter auf den Tisch kam. Das war hochinteressant, nämlich ein Zitat Rohwedders am Anfang der Treuhandanstalt, Juli 1990, mit der Aussage, die Treuhandanstalt würde schwerlich je mehr als 200 Mitarbeiter beschäftigen, um ihre Aufgaben zu bewältigen. Heute sind wir auf 4.000 gewachsen. Der Kommentar, der dazu gestern Abend aus unserer Gruppe heraus gemacht wurde, war […]: ›Die Arbeit wird nach wie vor nur von zweihundert Leuten gemacht, der Rest ist Ballast.‹ Ich übertreibe sicherlich. Aber, uns hat die Bürokratie überwältigt. Damit spanne ich mal den Bogen vom Anfang

232 Ebd.
233 Ebd.

bis heute als einem Erfahrungsbereich, wo man sagen muss, es fing unheimlich kreativ an, und wir drohen, in der Bürokratie zu ersticken.«[234]

Während also manche Führungskräfte 1992/93 einen Mangel, andere einen Überschuss an Personal lautstark beklagten, gingen einige Gesprächspartner wiederum explizit auf die ab Herbst 1991 unternommenen Motivationsversuche ein. Simon Norden etwa hatte bereits während seiner Rundreisen im Sommer 1991 einen Stimmungsumschwung beim regionalen Führungspersonal registriert, das nun begriff, dass das operative Privatisierungsgeschäft binnen Jahresfrist abgeschlossen sein würde:

»Das hat damals in den Niederlassungen durchaus zu einer Beruhigung einer schon im Sommer [1991] ansetzenden Sorge um die persönliche Zukunft geführt. Wir haben dann damals weiter diskutiert [...], dass man ein Erfolgsbeteiligungssystem oder ein Prämiensystem einführt. Das hatte ich sehr stark mit angeregt, wobei meine Überlegung schon damals war, dass man Prämien braucht, die für die Führungskräfte einen Anreiz geben, bis zur Aufgabenerledigung zu bleiben. Das heißt, dass man eine Leistungsprämie aussetzt, die aber nur bezahlt wird bei Aufgabenerledigung.«[235]

Die engsten Mitarbeiter der Führung betrachteten das Prämiensystem also als intelligentes, dezidiert unternehmerisches Steuerungsverfahren, das zwei einander widersprechende Zielsetzungen verknüpften sollte: Während es zum einen die Beschleunigung der »Aufgabenerfüllung« und damit das Ende der Organisation forcieren sollte, würde es andererseits das operative Führungspersonal daran hindern, eben jene »Aufgabe« aufgrund des allmählich absehbaren Endes vorzeitig abzubrechen oder gar hinauszuzögern. Die proklamierte Philosophie der Selbstauflösung sollte damit zugleich operativ *verstärkt* und personalpolitisch *entschärft* werden. Doch mit Blick auf die zeitgenössischen Stimmen schien diese Kalkulation nicht unbedingt aufzugehen. Direktor Matthias Erben empfand nicht nur die politische wie öffentliche Aufregung um das Prämiensystem als kontraproduktiv:

»Aber da die Politiker ja nun plötzlich erfuhren, wieviel einer an Bonus kriegen konnte, wenn er denn das übererfüllt, was er als Plan sich gedacht hat, haben die natürlich ein Riesentheater daraus gemacht. Nun kam auch noch der Bundesrechnungshof und sagte, also das entspricht ja nicht den Normalgegebenheiten der Wirtschaft, und die stecken sich

234 R22-Interview mit Dr. Charles Volkmann/Benedikt Golland, 1.10.1992.
235 R46-Interview mit Simon Norden, 10.2.1993.

da selber Geld in die Tasche. Da ist kein Wort von wahr, von der ganzen Sache.«[236]

Erben erinnerte das eingeführte Steuerungs- und Verhandlungsverfahren ausgerechnet an genau das bürokratisch-zentralistische Wirtschaftssystem, das man durch die Treuhand eigentlich habe überwinden wollen:

> »Mal abgesehen davon, dass ich diese Regelung für blödsinnig halte, aber das ist was völlig anderes, das hat mit der Tatsache nichts zu tun, dass es wieder mal zu etwas führte, was natürlich einen Riesenverwaltungsaufwand bedarf. Denn jetzt müssen wir für JEDE, ich sage mal, incentive heißt ja das in dieser furchtbaren Sprache, [...], da muss jetzt Protokollführung gemacht werden, der Beweis erbracht werden, Vergleich mit dem ursprünglichen Ziel. War das ursprüngliche Ziel denn überhaupt richtig? Na, dann sind wir wieder bei der Planwirtschaft, bei Herrn Honecker, nicht. Und das kommt natürlich da raus. [...] Es ist so, der Anfang der Bürokratisierung zieht immer weitere Bürokratisierung nach sich.«[237]

Sein Kollege Charles Volkmann zeigte sich von den externen Reaktionen geradezu gekränkt:

> »Und damit spreche ich mal ein Thema an, was uns natürlich hier tief verletzt, das ist die Rüge aus bestimmten Kreisen, über die Entgeltsregelung für die Mitarbeiter, leitenden Mitarbeiter, für die Bonus-Regelung der Mitarbeiter. Diese Rügen werden natürlich von denjenigen erhoben, die diesen Arbeitseinsatz ÜBERhaupt nicht zu leisten brauchen und auch gar nicht dran denken würden, ihn je zu leisten, weil sie überhaupt nicht dazu in der Lage wären.«[238]

Er deutete die Debatte als Ausweis einer allseits verbreiteten Undankbarkeit, mit der die Gegner und Kritiker der Organisation das Engagement führender Mitarbeiter nachhaltig entwerten wollten, obwohl eben dieses Personal sogar Karriererisiken in Kauf genommen habe:

> »Wir können froh sein, dass hier so viele Menschen mit Idealismus an Bord sind, die das hinnehmen, die aber tief verletzt sind von dem Vorwurf, hier würde zu gut bezahlt werden. (6s) Die nicht bereit sind sich vergleichen zu lassen mit irgendwelchen Routinearbeiten im Beamtenapparat, Verbänden, Banken oder in der Wirtschaft. Dies ist eine einmalige Aufgabe und lässt sich mit NICHTS vergleichen in der Vergangen-

236 R39-Interview mit Dr. Matthias Erben, 19.1.1993.
237 Ebd.
238 R22-Interview mit Dr. Charles Volkmann/Benedikt Golland, 1.10.1992.

heit. Man muss bedenken, dass Leute hier, einige sind unter Hinnahme von Einkommensverlust hierhingekommen, einige haben auch einen Einkommenssprung gemacht, aber einen Karriereverlust. Die haben eine Karriereleiter verlassen, die ihnen einen sicheren Aufstieg beschert hätte, wohl wissend, dass sie in der Treuhandanstalt KEINE Karriere machen können, sondern sich selber liquidieren sollen.«[239]

Blieb die subjektive Wertung materieller Anreizsysteme also schwer vorhersehbar – sie konnte sogar kontraproduktiv ausfallen –, schien die individuelle Rezeption ideeller und unternehmenskultureller Anstrengungen fast noch schwerer abschätzbar. Im Rahmen der unter dem »Miteinander«-Motto organisierten »Mitarbeiter-Tage« versuchte das Organisationsteam um Hartmut Maaßen, alle Register einer gezielten, symbolischen Mitarbeitermotivation zu ziehen. Maaßen selbst gab in einem Interview mit der an diesen Fragen besonders interessierten Forscherin Christiana Weber Ende 1994 zu Protokoll, dass die »Miteinander«-Aktionen insbesondere die im Verlauf des Jahres 1991 schwindende, kollektiv-abenteuerliche Aufbruchsstimmung der Frühzeit am Alexanderplatz konservieren oder gar wiederbeleben sollte:

»Es [das Miteinander, M.B.] wurde vorher gelebt, man hatte die Befürchtung, dass es abhanden kommt. Man hat dafür bewusst einen Namen gefunden, für die Neuen und die Alten. Nicht, dass ihr euch in Vermerke zurückzieht.«[240]

Für den ebenfalls Ende 1994 von Weber interviewten Vorstand Klaus-Peter Wild war das »Miteinander«-Konzept der »Versuch, aus einem wild zusammengewürfelten Haufen corporate identity zu machen«: »Ich find' das Motto gut. Es hat lange Zeit die Situation hier schon geprägt.«[241]

Dennoch schienen gerade in einigen Zeitzeugengesprächen im Blick auf die »Mitarbeiter«-Tage im November 1991 die internen Spannungslinien in markanter Weise auf. Für den ostdeutschen Referenten Peter Domann, der die Treuhand im April 1992 verlassen hatte, wurde bei dieser Gelegenheit überdeutlich, wie sehr sich die rapide wachsende Organisation mittlerweile zum Negativen gewandelt hatte:

»Und dann kam eine weitere Stufe der Vergrößerung der Treuhandanstalt Ende oder Herbst 1991, mit völlig neuen Reglements, und Sie hatten dann NUR noch Papier zu machen. Wir sind gar nicht mehr zu unseren Gesprächen gekommen mit den Investoren, weil Sie im Prin-

239 Ebd.
240 W2-Interview mit Hartmut Maaßen, undatiert.
241 W4-Interview mit Klaus-Peter Wild, undatiert.

zip nur noch Formalien gemacht haben, und das war die Zeit, wo ich sehr stark frustriert war, ›Machst du weiter oder nicht?‹ Ich habe die Gelegenheit genommen – Frau Breuel hat dann im November 1991 mal einen Mitarbeitertag gemacht, wo sie alle Mitarbeiter der Treuhandanstalt eingeladen hat in ein großes Gebäude in der Wuhlheide hier in Berlin. [...] [E]s gab da viele Podiumsdiskussionen – und habe da mal ein paar sehr unangenehme Fragen gestellt zu dieser Entwicklung der Treuhandanstalt. Ich bin dann auch abgewürgt worden in der Diskussion, (lacht) unter Beifall der [anderen Kollegen, M.B.].«[242]

Ein Ende 1994 von Christiana Weber interviewter Direktor empfand das Treffen als allzu leicht durchschaubar inszeniert. Es schien ihm auch deshalb unnötig, weil Ende 1991 die »Privatisierer« innerhalb der Organisation noch den Ton angegeben hätten:

»Das ganze Kikifax für Leute im Haus, nötig vielleicht für die Mitarbeiter in den Geschäftsstellen, war ansonsten kein großer Tag, der die THA-Mitarbeiter zusammengeschweißt hätte. Wir spielen Hauptversammlung. [Es erfolgte, M.B.] keine Weichenstellung. Gab danach keinen Motivationsschub, [der] war nicht nötig, damals war der Laden noch in voller Fahrt: Privatisierung, alle Kräfte dorthin! Da war dieser Laden noch hochmotiviert. Alle glaubten an die große Aufgabe, jeder war ein Held, da waren die Privatisierer die eigentlichen Eliten.«[243]

Andere Mitarbeiter blickten weniger negativ auf diese universellen Versuche einer identitätsstiftenden Vergemeinschaftung zurück. Der ebenfalls 1994 befragte ostdeutscher Mitarbeiter Karl Korn betonte, dass Ende 1991 »noch Optimismus« vorhanden gewesen sei. Durchaus »kluge Reden« seien gehalten worden, die beim Publikum angekommen seien, »weil sie emotional waren«. Dennoch habe sich schon im Laufe des Tages eine gewisse »Ernüchterung« breitgemacht, durch die ein langfristig wirksamer, jedoch nicht »programmiert[er]«, deutlicher »Entfremdungsprozess« spürbar geworden sei.[244] Einem aus der Geraer Niederlassung nach Berlin angereisten ostdeutschen Referenten erschien das Ganze eindrucksvoll:

»Weil '91 sich die geschäftspolitischen und inhaltlichen Dinge schon so verfestigt hatten, dass man von einem Selbstverständnis der Treuhand sprechen konnte [und die] Ausprägung mit dieser Veranstaltung auch

242 R42-Interview mit Peter Domann, 28.1.1993.
243 W3-Interview mit westdt. Mitarbeiter, undatiert.
244 W6-Interview mit Karl Korn, undatiert.

> gefunden war. Bis dahin war es ja immer wieder die Frage, [auch wegen der] Außendiskussion [und der] Versuche der Fremdbestimmung.«[245]

Die aufkommende Verunsicherung des Personals sei insbesondere dadurch beruhigt worden, indem man die »Leitidee« der Treuhand »von oben bis unten« noch einmal grundsätzlich verdeutlicht und gemeinsam besprochen habe.[246]

Ein anderer westdeutscher Direktor erzählte, dass er trotz anfänglicher Skepsis eher positiv überrascht wurde. Er hatte die Aktion »erstmal belächelt«, aber dann »festgestellt«, dass diese bei seinen eigenen Mitarbeitern wirksam gewesen sei: »Auch so Äußerlichkeiten wie das [gemeinsame] Unterschreiben einer Tafel.«[247]

5.6 »In viel zu großen Sprüngen«: Privatisierungspraxis unter Druck

Die »Mitarbeiter-Tage« in der Wuhlheide Ende November 1991 waren dramaturgisch auf einen Höhepunkt hin zugeschnitten: das eröffnende »Grundsatzreferat« der Präsidentin. Breuel zog dort eine erste große Bilanz und unternahm eine Tour d'Horizon durch ihre mittlerweile halbjährige Amtszeit. Fast wie ein fernes Echo auf die wirtschaftspolitischen Debatten im Frühjahr 1990 wirkte Breuels einleitende Feststellung, dass »eine Volkswirtschaft, die 40 Jahre auf dirigistische Planwirtschaft eingeschworen war«, sich nicht mit »einer Art ›Urknall-Zündung‹ auf einen anhaltenden marktwirtschaftlichen Expansionskurs schicken« lasse. Hierfür bedürfe es einer befristeten Übergangszeit, deren alltägliche Ausgestaltung der Treuhand zufalle, wobei die spätere »Ernte« von anderen eingebracht werde. Drei Kernelemente prägten für die Präsidentin das gemeinsame »Selbstverständnis«. Eindringlich redete Breuel der versammelten Belegschaft ins Gewissen, sich selbst als »Dienstleister« zu begreifen:

> »Ein Jahr harte Arbeit hat unser Selbstverständnis geprägt: Die Treuhand ist Dienstleister. Ich appelliere an jeden einzelnen Mitarbeiter, diesen Auftrag ernst zu nehmen. Wir wollen Dienstleister sein für die Menschen. Das heißt aber nicht: Allen zu Diensten sein. Das gilt allemal für unsere schwierigen und von uns zu verantwortenden Entscheidungen. Aber Entscheidungsfreiräume haben auch immer ihren Preis. Bei unpopulären Entscheidungen steht die Treuhand allein.«[248]

245 W14-Interview mit ostdt. Niederlassungs-Mitarbeiter, undatiert.

246 Ebd.

247 W16-Interview mit westdt. Direktor, undatiert.

248 Birgit Breuel: Miteinander. Arbeiten für die Soziale Markwirtschaft. Grundsatzreferat, gehalten an den Mitarbeiter-Tagen, 23. und 30. November 1991, Berlin-Wuhlheide, in: Treuhandanstalt: Dokumentation, Bd. 12, S. 917-936, hier S. 921.

Als »Dienstleister« agiere man primär für die Belegschaften und Betriebe, aber zugleich auch für die Investoren und schließlich die öffentliche Hand, wobei es aber streng geschiedene »Verantwortungsbereiche« zwischen Treuhand, Politik, Investoren und Belegschaften geben müsse. In diesem Sinne seien die Mitarbeiter zweitens nicht nur dialogorientierte »Dienstleister«, sondern auch konfliktfähige wie entscheidungsstarke »Architekten« einer neuartigen Unternehmenslandschaft, deren Betriebe sie »erfolgreich in die Wettbewerbsfähigkeit führen« müssen, um so »die Strukturen der Marktwirtschaft in Ostdeutschland« aktiv zu gestalten. Drittens müsse man sich schließlich noch radikaler als eine »Organisation auf Zeit« begreifen »mit dem Ziel, [sich] so schnell wie möglich entbehrlich zu machen«.[249]

Bei den im »Grundsatzreferat« entwickelten »Zielsetzungen« deutete die Präsidentin graduelle Verschiebungen im praktischen Geschäftsalltag an. Breuel betonte die zentrale Funktion der »Unternehmenskonzepte« und wollte das »in einer Phase äußerster Kraftanstrengung« im Laufe des Jahres 1991 »rapide« gesteigerte »Tempo der Privatisierung« auch im kommenden Jahr unbedingt halten; demgegenüber müsse die »schrittweise Sanierung« künftig noch intensiver als ein »Kraftakt eigener Art« begriffen werden, der erfordere, »was bei uns schon immer hoch im Kurs stand: Intuition, Innovation und Kompetenz«; eine Aufgabe, die einem »betriebswirtschaftlichen Triathlon« gleiche, bei dem »schwere und schmerzliche Entscheidungen« bevorstünden.[250]

War diese Akzentverschiebung, die einer Aufwertung der bislang beargwöhnen Sanierungsaktivitäten gleichkam, schon bemerkenswert, versuchte sich Breuel mit Blick auf innerorganisatorische Entwicklungen und die hiermit verbundenen Binnenkonflikte über eine »Bürokratisierung« an einem rhetorischen Drahtseilakt. Insbesondere hinsichtlich der Privatisierung unterstrich sie die Notwendigkeit, die internen Kontroll- und Abstimmungsmechanismen noch weiter auszubauen:

> »Manche meinen auch, das operative Geschäft wird behindert: durch verstärkte Kontrolle und zusätzlichen Abstimmungsbedarf nach innen und außen. Die Gefahr ist nicht von der Hand zu weisen, zumal nach der Phase des Aufbaus mehr Kontrolle und Ordnung notwendig ist. Aber nicht jeder Vorstoß von außen sollte mit der Einstellung eines Revisors beantwortet werden. Aus einer Vielzahl von Richtlinien, Anweisungen etc., werden klare Vorgaben in übersichtlicher Form entwickelt. Wir ziehen jetzt Korsettstangen ein, um das operative Geschäft zu stützen, um das Privatisierungstempo zu halten.«[251]

249 Ebd., S. 919-923.
250 Ebd., S. 929.
251 Ebd., S. 926f.

Breuels Entscheidung, die ausbremsenden Kontrollmechanismen als notwendige »Korsettstangen« zu deuten, schien umso bemerkenswerter, als die Präsidentin nur wenige Augenblicke später »die Schlagkraft im operativen Bereich« unbedingt bewahren wollte – da »Zeit [...] sicherlich die knappste Ressource« sei, die der Organisation zur Verfügung stehe.[252] Ostentativ hielt die Präsidentin das Personal zu einem »zielgerichteten Miteinander« an und bat darum, sich aller internen Konflikte zum Trotz die »Gemeinsamkeiten unserer Arbeit bewusst zu machen«: Ihre »historisch einmalige Aufgabe«, das »hohe Maß an Aufmerksamkeit« durch eine kritische Öffentlichkeit sowie das »Dilemma, durch engagierte Arbeit zugleich die ›Lebensdauer‹ der Treuhand zu verkürzen«.[253] Die Mitarbeiter würden eine Avantgarde bilden »an der Schnittstelle zwischen Ost und West, zwischen den Kräften des alten Regimes und der pluralistischen Vielfalt im Westen« sowie »zwischen Hoffnungen, Ängsten, Ansprüchen und Forderungen der Bürger« in beiden Teilen Deutschlands:

> »Wir in der Treuhand nehmen das Zusammenwachsen von Ost und West vorweg. Dies hat bei vielen von uns zu einem ausgeprägten ›Wir-Gefühl‹ geführt. Dieses Wir-Gefühl müssen wir uns erhalten.«[254]

Breuels Grundsatzreferat markierte einen bemerkenswerten Schwellenpunkt in der Organisationsgeschichte der Treuhand, der weniger – wie der Rohwedder-Mord – als scharfer Einschnitt, sondern vielmehr als gradueller Übergangsprozess auf verschiedenen Ebenen zu beschreiben ist. Ab Anfang 1992 verwandelte sich die Treuhand insgesamt von einer unternehmerisch agierenden, expandierenden Privatisierungsagentur in ein vielschichtiges wie stabilisiertes Organisationsgebilde. Als solches privatisierte sie zwar *auch* in hohem Tempo massenhaft Betriebe, aber wandte sich zugleich vermehrt zusätzlichen Aufgabenfeldern zu – und nahm bereits die eigene Auflösung zielgerichtet in den Blick. Massive äußere Konflikte, wirtschaftspolitische Debatten und sich häufende Skandalfälle, sowie interne Auseinandersetzungen über die konkrete Ausgestaltung der Praxis, die »Bürokratisierung« oder die Personalpolitik hinterließen ihre Spuren letztlich auch quer durch das zeitgenössisch befragte Führungspersonal, das sich in den Gesprächen hierzu keineswegs als konforme Gruppe präsentierte.

In ihrer »Miteinander«-Rede versuchte die Präsidentin, der sich wandelnden und streitenden Organisation und ihren versammelten Mitarbeitern anhand eines übergeordneten Narratives eine orientierende Selbstdeu-

252 Ebd., S. 931 f.
253 Ebd., S. 933.
254 Ebd.

tung zu geben. Was in Unternehmen oder Ministerien »über viele Jahre, gar Jahrzehnte kontinuierlich« wachsen und reifen könne, müsse bei der Treuhand »in großen, viel zu großen Sprüngen und im Zeitraffertempo ablaufen«: »Ohne Vorbilder, ohne Muster oder Modelle. Wir sind und bleiben ein Unikat. Pioniergeist kann vieles, aber nicht alles bewirken.«[255] Die Präsidentin wollte dabei nicht nur die operativen, strategischen, organisatorischen und personellen Dynamiken miteinander verknüpfen, sondern auch die Wandelungsprozesse »von oben« her aktiv moderieren und gestalten, um so letztlich auf immer schärfere interne Konflikte und externe Reibungen reagieren zu können. Dieses identifikatorische Deutungsangebot sollte Wolfgang Seibel auf die prägnante Formel eines »Vitalismus als Organisationsmythos« bringen, verstanden als eine nach innen integrierend wie nach außen abgrenzend wirkende, »ins Positive gekehrte Einsicht in die Unmöglichkeit einer Aufgabenbewältigung nach den herkömmlichen Maßstäben der Regelmäßigkeit und Zweckrationalität«.[256]

Auf diese Weise fanden sich die verschiedenen Entwicklungsstränge, die die Zeit seit Birgit Breuels Amtsübernahme im April 1991 geprägt hatten, prägnant im Redemanuskript wieder: Der stets wachsende äußere Druck aus den die Organisation umgebenden öffentlichen, politischen, ökonomischen und gesellschaftlichen Kontexten; das in der Praxis massiv gesteigerte Privatisierungstempo; die fortwährenden strategischen Anstrengungen zur Reflexion, Anpassung und immer feingliedrigeren Konkretisierung des eigenen »Auftrages« in Richtlinien und Handbüchern; die umstrittenen innerorganisatorischen Übergänge vom »kreativ-chaotischen« Management mit großzügigen Handlungsspielräumen in den operativen Direktoraten hin zu einer stärkeren »Bürokratisierung« und »Standardisierung« der Prozeduren. Und schließlich auch die personalpolitischen Übergänge von der zügigen Expansion hin zur Arrondierung und Motivation des Personalbestands in Anbetracht des externen Drucks, der internen Spannungen sowie der mittelfristig absehbaren Selbstauflösung.

Die Treuhand-Spitze bot ihren Mitarbeitern vor diesem Hintergrund Ende 1991 eine integrative, gemeinschaftliche wie elitäre Selbstdeutung an: Die Organisation erschien stärker denn je zuvor als befristeter, radikaler Ausnahmezustand, etwas historisch Unvergleichliches, eine Art unternehmerisches Himmelfahrtskommando zwischen Plan und Markt, das absehbar ein Ende finden müsse. Und dieses rückte dann vor allem ab 1993 in den Fokus.

255 Ebd., S. 931.
256 Seibel: Entwicklung, S. 142f.

6. »Der Winter kommt ...«: Das schwierige Verschwinden 1993/94

Als er Ende 1992 von Dietmar Rost zum Gespräch gebeten wurde, blickte der im Mai 1990 aus einem DDR-Ministerium zur Treuhand gewechselte Knut Reich auf fast zweieinhalb »Treuhand-Jahre« zurück. Mit Melancholie beschrieb er die gegenwärtige Grundstimmung:

> »Ja, es ist atmosphärisch so, dass alle Bereiche, die sich da strukturiert haben, entstehen und wieder verschwinden. Die ersten Bereiche werden schon wieder aufgelöst oder umstrukturiert oder erhalten andere Aufgaben. Und ich finde, dass ein Teil der Wissensträger schon wieder weggegangen ist von der Treuhand, und das ist nicht immer nur ein Vorteil, das hat auch viele Nachteile.«[1]

Mit diesen Personen verschwinde nämlich auch ein Teil des praktisch gesammelten Wissens der Organisation:

> »Viele Dinge, die in Verträgen festgeschrieben sind, sind nicht immer ausreichend mit dem Hintergrundwissen auch zu Papier gebracht in Vermerken, und dazu war gar keine Zeit häufig, zum Beispiel solche Für-und-Wider dieser ganzen Verhandlungen zu dokumentieren. Aber die sind in den Köpfen der Beteiligten natürlich noch vorhanden gewesen.«[2]

Auch Direktor Stefan Wolter blickte im Februar 1993 merklich verbittert auf das vergangene Jahr zurück. In dessen Verlauf sei allen Beteiligten in der Organisation allmählich klar geworden, was die propagierte Selbstauflösung wirklich bedeute:

> »Also '92 als ein Jahr, in dem diese Gewissheiten sich verfestigen, in dem man dann auch wirklich weiß, wovon man redet, auch sicherlich ein Jahr der Ernüchterung. Auch ein Jahr, in dem dann die ersten Überlegungen angestellt werden für die Zeit danach. [...], [D]ann macht die Treuhand im Sommer '92 eine Vorstandsklausurtagung, um diesen Überflüssigmachens- und Auflösungsprozess auch wirklich zu durchdenken, zu steuern und zu gestalten.«[3]

Während Wolter und Reich noch in Diensten der Treuhand standen, hatte der ostdeutsche Maschinenbau-Experte Peter Domann im März 1992 den seinen bereits quittiert. Domann hatte sich während des Gesprächs mit dem Stolz eines Renegaten an seinen Abschied erinnert:

1 R27-Interview mit Knut Reich, 16.12.1992.

2 Ebd.

3 R44-Interview mit Stefan Wolter, 4.2.1993.

»Also ich war dort immer einer, der mit sehr kritischen Augen die Dinge verfolgt hat, und, ich gebe auch zu, im Herbst 1991 auch nicht mehr einverstanden war mit der zunehmenden Verbürokratisierung der Treuhandanstalt. Nicht nur das auslaufende Geschäft hat bei mir dazu geführt, dass ich den Wunsch hatte, auszuscheiden, sondern es war der Umstand, dass es immer schwerer wurde, etwas zu bewegen.«[4]

Ausgeschieden war er, da ihn die sich wandelnde Organisation zunehmend an seine vorherige Tätigkeit in der Planwirtschaft erinnert habe:

»Als Mitarbeiter machen Sie ja immer, ich sage jetzt mal, die Schmutzarbeit. Und wenn Sie eben vier Wochen lang vor den Türen liegen, um eine Unterschrift zu bekommen, dann hat Sie das schon an Zeiten erinnert, wo es hier mal eine Staatliche Plankommission und so etwas gab. Also ich hatte da meinen Frust, habe das auch immer offen zum Ausdruck gebracht und habe gesagt, also jetzt kommt der Zeitpunkt, wo du in die Wirtschaft musst. Denn ich bin ein Mensch, der braucht Power um sich rum und nicht Stillstand und immer bitten und betteln, um irgendwas zu vollziehen.«[5]

Während sich in den individuellen Berichten der Mitarbeiter die kategorische Unterscheidung einer »goldenen« Frühzeit 1990/91 und einer trüben Gegenwart 1992/93 abzeichnete, sandte auch Birgit Breuel eindringliche Signale der Resignation an Politik und Öffentlichkeit. Vom beschwörenden »Miteinander«-Pathos schien wenig geblieben, als die Präsidentin im November 1992 in der *Zeit* ihren Essay »Grenzenlos überfordert« veröffentlichte, in dem die Ernüchterung mit Händen greifbar schien. Breuel erklärte die »Menschen« im Osten zu den »wirklichen Helden« der Transformation, um die herum sich ein »Umbruch« vollziehe, »der jede Faser der menschlichen Existenz« ergreife und den die »Besserwisser« und »System-Sieger« in der alten Republik noch immer nicht begriffen hätten. Im Gegensatz zu Theoretikern sowie wirtschaftlichen und politischen Lobbyisten könne sich das Treuhand-Personal in der konfliktreichen Alltagspraxis vor Ort nicht auf die abstrakte »Rationalität von Zahlenwerken« oder die »scheinbare Sicherheit marktwirtschaftlicher Unternehmenskonzepte« zurückziehen. Die Organisation sei nunmehr das praktische wie konkrete »Säurebad der deutschen Einheit« geworden, durch das »alle Patentrezepte« erst einmal hindurchmüssten.[6]

Die »soziale Marktwirtschaft«, von der viele im Frühjahr 1990 noch selbstverständlich angenommen hätten, dass diese ohne Weiteres das

4 R42-Interview mit Peter Domann, 28.1.1993.
5 Ebd.
6 »Grenzenlos überfordert«, in: Die Zeit, 13.11.1992.

»Reich des planwirtschaftlich Bösen hinwegfegen« könne, deutete Breuel nun als eine fragile, übergeordnete »Ordnungsform, aber keine praktische Lebenshilfe für den Einzelfall«. *Ex negativo* beschreibe sie viel »eher, was man nicht tun sollte, als was man tun muss, um auf jeden Fall Erfolg zu haben«. Doch genau an diesem Punkt setzten in Breuels Lesart die Widersacher ihre Hebel an. Wenn es mit der »Ordnung der sozialen Marktwirtschaft nicht schnell und einfach genug« gehe, dann gelange das »Heftpflaster einer undefinierten Industriepolitik« zum Einsatz. Doch aller öffentlichen Kritik und politischen Interventionsversuche zum Trotz habe die Organisation »ihren Weg beharrlich und stetig gehen« können, ohne »dass [ihr] dabei eine wie auch immer geartete Strukturpolitik übergestülpt wurde«. Dies durchzuhalten schien Breuel im November 1992 sehr schwierig: Immer neue Aufgaben und ein zunehmend eng geschnürtes Kontrollnetz schürten das ohnehin große Misstrauen gegenüber der Treuhand. Die Präsidentin schloss ihren in Molltönen gehaltenen Aufsatz mit der beschwörend anmutenden Bitte an die Politik, das »grenzenlos überforderte« Personal seinen Weg bis zum Ende gehen zu lassen:

> »Der Treuhandanstalt sollte man die Freiheit lassen. [...] Noch überhören die Treuhand-Mitarbeiter die Signale aus der Politik, die sich mokant über die Unfähigkeit der Treuhandanstalt lustig machen. Es wäre fatal, wenn sich die Treuhandanstalt – obwohl keine Behörde – doch so verhalten würde, wie eine Behörde auch sein kann: verschanzt hinter Vorschriften, vorauseilend im Gehorsam gegenüber der Politik.«[7]

Noch immer trage die Organisation »Verantwortung für ein paar hundert Unternehmen des industriellen Kerns« sowie »ein paar tausend mittelständische Unternehmen«, für die jeweils ein »individuell richtige[r] Weg« gefunden werden müsse, »ohne von Messwerten eingekesselt zu sein, mit denen man die Richtigkeit des Weges aus der Distanz messen« wolle, »wo fürsorgliche Nähe allein angebracht« sei. Breuel beschloss ihr Plädoyer für eine eigenständige Vollendung des marktwirtschaftlichen Martyriums mit den Worten: »Der Winter kommt, auch für die Treuhandanstalt.«[8]

Mit Breuels jahreszeitlicher Metaphorik gesprochen, erwies sich der Jahreskreis für die Organisation und ihr Personal als keine ausgeglichene Abfolge: Ein kurzer, stürmischer »Frühling« unter Rohwedder 1990/91 ging unversehens in einen überhitzten »Sommer« unter Breuel über, bevor sich um den Jahreswechsel 1992/93 »Herbst« und »Winter« anschlossen, die sich über fast zweieinhalb Jahre erstreckten.

7 Ebd.
8 Ebd.

So reizvoll diese jahreszeitliche Begriffslandschaft ist, sie besitzt erkennbare Schwächen: »Herbst« und »Winter« überlagerten sich in der späten Organisationsgeschichte zwischen 1992 und 1994; die heftigen »Stürme« und die Vorbereitung auf das nahende Ende liefen nicht nur parallel ab, sie bedingten und überlagerten einander aufs Engste und sollen daher auch gemeinsam behandelt werden. Obschon das operative Geschäft weiterlief und Ende 1992 sogar seinen quantitativen Höhe- und Endpunkt erreichte, rückte ab Mitte 1992 die Frage nach der Zukunft der Organisation immer nachdrücklicher in den Mittelpunkt. Die Selbstauflösung wurde so auf allen Ebenen zum beherrschenden Thema der späten Treuhandanstalt.

6.1 Kontexte: Das umkämpfte Ende zwischen Halle und Bischofferode

Bevor die konkreten Rückbauplanungen begannen, erlebte die Treuhand-Spitze im Juni 1992 ihre letzte größere Rochade, die einen veritablen Einschnitt mit sich brachte, da mit Wolfram Krause nicht nur das letzte ostdeutsche Vorstandsmitglied ausschied, sondern zugleich auch eine Persönlichkeit, die die Geschichte der Organisation, beginnend mit seinem reformsozialistischen Plädoyer vom November 1989, aktiv mitgestaltet hatte. Birgit Breuel und ihre Vorstandskollegen hatten den Finanzchef bis zum Schluss gegen immer neue politische Vorhaltungen und öffentliche Spekulationen über mögliche Stasi-Kontakte verteidigt; ein Ende 1991 von der Gauck-Behörde übermitteltes Schreiben über Krauses Tätigkeit als »gesellschaftlicher Mitarbeiter« zwischen 1969 und 1979 ließ der Vorstand noch unbeachtet, nachdem Krause derlei Kontakte relativiert hatte. Nach weiteren Presseberichten im Mai 1992 befasste sich auch der Verwaltungsrat mit Krauses politischer Vergangenheit. Der Vorstand versuchte daraufhin, Krause aus der Schusslinie zu nehmen, indem er ihn aus dem milliardenträchtigen Finanzressort abzog und zum 1. Juni einen neuen Bereich für »Osteuropa«-Beziehungen einrichtete. Dieses neue Engagement währte jedoch kaum einen Monat: Am 26. Juni zog sich Krause »nach eingehender Erörterung« endgültig zurück; er trat später auf Vermittlung seiner Vorstandskollegen in die Dienste einer Großbank.[9]

Neben Wolfram Krause hatte auch Personalvorstand Alexander Koch Ende April 1992 sein Engagement beendet und war in die Geschäftsführung eines Sozialverbands gewechselt. Kochs Ressort wurde am 5. Mai von Horst Föhr übernommen. Der promovierte Jurist und Volkswirt hatte

9 Dazu insg. »Vorwürfe gegen Krause«, in: Frankfurter Allgemeine Zeitung, 25.4.1992; »Seilschaften in der Treuhand sorgen für Verstimmung«, in: Frankfurter Allgemeine Zeitung, 23.10.1991; Jürgs: Treuhändler, S. 281f.; Laabs: Goldrausch, S. 265.

in den 1970er-Jahren bei der IG Bergbau und Energie die Abteilung für Mitbestimmung geleitet; seit 1980 war er Personalvorstand der Aral AG in Bochum gewesen. Ab 1991 hatte Föhr schließlich dem Vorstand der treuhandeigenen Takraf Schwermaschinenbau AG in Leipzig angehört und in dieser Zeit unmittelbare Erfahrungen in der ostdeutschen Industrie gesammelt – im Gegensatz zu seinem neuen Kollegen Heinrich Hornef, der Anfang Juni 1991 die Nachfolge von Wolfram Krause als Finanzchef antrat. Hornef hatte Betriebs- und Volkswirtschaftslehre studiert, eine Lehre zum Diplom-Kaufmann absolviert und war in Staatswissenschaften promoviert worden. Nach kürzeren Engagements als Wirtschafts-Redakteur sowie als Mitarbeiter einer Wirtschaftsprüfungsgesellschaft war Hornef ab 1962 als Vorstandsreferent zur Enka Glanzstoff AG in Wuppertal gewechselt; 1973 hatte er ein Engagement als Finanzvorstand eines Pharmakonzerns aufgenommen, das fast zwanzig Jahre währen sollte.[10]

Die beiden profilierten Persönlichkeiten Koch und Krause ersetzte der Vorstand somit durch zwei öffentlich weniger bekannte Spezialisten mit jeweils langjähriger Industrieerfahrung.[11] Föhr und Hornef waren zugleich die letzten Neumitglieder, die der Vorstand aufnehmen sollte. Als Günter Rexrodt im Januar 1993 als Nachfolger des vormaligen Kritikers Jürgen Möllemann für die FDP in das Amt des Bundeswirtschaftsministers nach Bonn wechselte, teilte die Treuhand-Spitze demonstrativ dessen Unternehmensbereich unter den verbleibenden Vorstandskollegen auf, denn neues Spitzenpersonal sollte angesichts des nahenden Endes aus praktischen wie symbolischen Erwägungen nicht mehr berufen werden.[12]

Wirtschaftspolitisch setzten sich die Auseinandersetzungen um eine industriepolitische Wende im Osten unvermindert fort. Doch auch abseits dieser Debatten beruhigte sich das medienöffentliche Umfeld kaum: Im Sommer 1992 drängte eine bereits im Februar in Berlin gegründete »Konferenz ostdeutscher und Berliner Betriebs- und Personalräte« an die Öffentlichkeit und organisierte am 30. Juni einen branchenübergreifenden Demonstrationszug verschiedener Betriebsabordnungen vor der Treuhand-Zentrale.[13] Zur gleichen Zeit sorgte ein Thüringer Bürgermeister für Aufsehen, als er an den Ortseingängen Warnschilder anbrachte, die erklärten, dass »Mitarbeiter der Treuhandanstalt« die Ortschaft nur noch »auf

10 Vgl. Pressemittelung vom 5.5.1992: Neuer Personalvorstand der Treuhandanstalt, in: Treuhandanstalt: Medienarchiv.

11 »Zwei neue Treuhand-Vorstände berufen«, in: Treuhandanstalt Informationen, 6.4.1992.

12 »Der Neue im Gespräch: Wirtschaftsminister Dr. Günter Rexrodt«, in: Treuhandanstalt Informationen, 17.3.1993.

13 »Jetzt ist Schluß«, in: Neues Deutschland, 22.2.1992.

eigene Gefahr« beträten. Das Gemeindeoberhaupt stritt mit der Treuhand über die Rückgabe von kommunalen Wald- und Forstflächen.[14]

Neben protestierenden Betriebsräten, Belegschaften und Kommunalpolitikern betrat mit dem Bundesrechnungshof ein hartnäckiger Kontrahent die Bühne. Die Beamten beobachteten das Geschehen dabei nicht aus Bonner Distanz – im Gegenteil: Im Detlev-Rohwedder-Haus hatte das Bundesfinanzministerium bereits Mitte 1991 eine eigene Außenstelle des Rechnungshofes eingerichtet. Deren nach Berlin entsandte Beamte erlebten dort, wie Wolfgang Seibel rekapitulierte, »jahrelang sehr unmittelbar die erhebliche Diskrepanz« zwischen einer sparsamen »Normalbehörde« und der »in nahezu jeder Hinsicht auf großem Fuße lebenden Treuhandanstalt«.[15] Ende Mai 1992 monierten die Beamten die großzügige außertarifliche Entlohnungspraxis, die »weit über das in der Wirtschaft übliche Maß« hinausgehe sowie das 1992 eingeführte Bonus- und Prämiensystem für die Führungskräfte, das »die in der freien Wirtschaft üblichen Zeiträume erheblich« unterschreite.[16] Mit ihrer wiederholten Kritik lösten sie immer neue Empörungsschleifen aus, auf die die Treuhand bald ebenso routiniert zu reagieren pflegte. »Verschwendung«, »Riesen-Skandal« oder »Selbstbedienung« waren die Chiffren, mit denen dieser Themenkreis, insbesondere bei der Boulevard-Presse, abgehandelt wurde.[17]

Mitte 1992 setzte die Treuhandanstalt auf eine massive Image-Kampagne. Bereits Ende 1991 hatte die Organisation einen Ideenwettbewerb ausgeschrieben, den eine Düsseldorfer Agentur für sich entschieden hatte. In sechs ostdeutschen Tageszeitungen, dem *Stern* und dem *Spiegel* erschienen ganzseitige Anzeigen, die mithilfe schnittiger Bild-Text-Arrangements die von der Organisation in den neuen Ländern erreichten Erfolge ins rechte Licht rücken sollten. Großen Magazinen lag ein 50-seitiger »Wegweiser mit Zwischenbilanz« bei, der mit Fotostrecken, Übersichtskarten und

14 »Der Mann, der die Treuhand aussperrte«, in: Bild am Sonntag, 29.5.1992.

15 Seibel: Verwaltete Illusionen, S. 339, FN 43.

16 »Wer zur Treuhand geht, hat ausgesorgt«, in: Norddeutsche Neueste Nachrichten, 21.5.1992.

17 Exemplarisch hierfür ist die intensive medienöffentliche Debatte vor allem Ende Mai 1992, die insbesondere auch die ostdeutschen Regionalmedien bewegte: »Treuhand-Gehälter im Gerede«, in: Potsdamer Neueste Nachrichten, 26.8.1991; 24.4.1992; »Manager wollen Rente«, in: Neue Zeit, 26.5.1992; »Treuhandmanager erhalten 13 Millionen DM als Prämie«, in: Thüringer Landeszeitung, 27.5.1992; »Die Kohle der Treuhand«, in: Lausitzer Rundschau, 6.6.1992; »Rechnungshof rügt Treuhand-Bezüge«, in: Mitteldeutsche Zeitung, 11.6.1992; »Treuhand-Bonus kritisiert«, in: Berliner Zeitung, 21.11.1992; »Ob faul oder fleißig – saftige Prämien für die Treuhandspitzen«, in: Schweriner Volkszeitung, 9.12.1992; »Satte Prämien für Direktoren der Treuhand geplant«, in: Volksstimme, 9.12.1992; »Treuhand-Direktoren erwarten satte Prämien«, in: Nordkurier, 9.12.1992.

Statistiken einem vor allem westdeutschen Publikum Geschichte, Arbeitsschwerpunkte und Portfolio nun präsentierte.[18]

Doch die adressierte Öffentlichkeit befasste sich bevorzugt mit den Kosten der Treuhand. Schon Ende November 1991 hatte Breuel öffentlich angekündigt, dass der postsozialistische Wirtschaftsumbau ein »Minusgeschäft« sei und mit erheblichen Verlusten abschließen würde.[19] Am 3. Juli 1992 hatten die Bonner Koalitionsfraktionen den Kreditrahmen für die Treuhandanstalt bis zum 31. Dezember 1994 verlängert und eine erhöhte jährliche Kreditaufnahme bis 30 Milliarden D-Mark zugesagt – 5 Milliarden mehr als in den beiden Vorjahren. Ende Juli 1992 waberten immer neue Spekulationen über »uferlose« Milliarden-Verluste bei der Organisation durch die Presse, nachdem ein Sprecher angekündigt hatte, dass die Verluste bis Jahresende auf 135 Milliarden D-Mark ansteigen würden. Ein Großteil der Mittel, so die Erläuterung, würden für Sozialpläne, ökologische Altlasten und finanzielle Altschulden aufgebraucht.[20]

Am 15. Oktober 1992 präsentierte Bundesfinanzminister Theo Waigel schließlich die »DM-Eröffnungsbilanz« für die gesamte Treuhandanstalt und ihre Betriebe zum Stichtag des 1. Oktober 1990. Mit zwei Jahren Verspätung lag damit eine erste, auf breiter Datenbasis erstellte Übersicht über den rechnerischen Buchwert des Treuhandvermögens vor. Hatte Ministerpräsident Modrow den Wert des Volksvermögens im Frühjahr 1990 auf rund 1.000 Milliarden geschätzt, taxierte der auf Werbetour in Wien befindliche Treuhandchef Rohwedder wie erwähnt »den ganzen Salat« im Herbst 1990 immerhin noch auf 600 Milliarden D-Mark. Nach zwei Jahren Wirtschaftsumbau im Massenprivatisierungsverfahren hatten sich derlei Wertzuschreibungen in ihr Gegenteil verkehrt: Die Treuhand werde, so erklärte Waigel, ihr operatives Geschäft voraussichtlich mit einem Defizit von 250 Milliarden D-Mark abschließen.[21]

Nicht nur die erhebliche Schuldenlast verdunkelte das ohnehin trübe Meinungsumfeld. Während noch im Februar 1992 bei einer Lagebesprechung des Kommunikationsdirektorats eine vorsichtig optimistische Auf-

18 »Raus aus dem Image-Loch«, in: Tageszeitung, 6.6.1992; vgl. auch die Anzeigenkampagnen in: Treuhandanstalt: Dokumentation, Bd. 11, S. 1024-1033.

19 »Birgit Breuel: Kernregionen müssen erhalten bleiben«, in: Handelsblatt, 4.11.1991; »Horrende Schulden«, in: Frankfurter Allgemeine Zeitung, 8.11.1991.

20 Vgl. »Treuhandanstalt wird zum Milliardengrab«, in: Berliner Zeitung, 1.8.1992; »134 Milliarden DM Treuhand-Schulden«, in: Frankfurter Allgemeine Zeitung, 28.7.1992; »Mehr Schulden bei der Treuhandanstalt«, in: Handelsblatt, 28.7.1992: »Schuldenberg der Treuhand kommt auf 135 Milliarden DM«, in: Süddeutsche Zeitung, 28.7.1992.

21 Vgl. dazu: »Vier Jahre Treuhandanstalt«, in: Berliner Zeitung, 23.12.1994; vgl. auch Jürgs: Die Treuhänder, S. 293.

bruchsstimmung vorgeherrscht hatte, war dessen »Rahmenplanung« im November 1992 von einem düsteren Tonfall durchzogen: Die »Kommunikationslandschaft« sei inzwischen durch die »schwierige Konjunktur«, »angespannte öffentliche Haushalte« und »zunehmende Verteilungskämpfe« geprägt. Die Landesregierungen träten immer stärker als eigenständige Akteure auf, zudem werde das »Super-Wahljahr« 1994 »spätestens ab dem Sommer [1993] die politische Diskussion bestimmen« und hierdurch »die Argumentation für Sachthemen« erschweren. Die gegenwärtige »Situation« der Organisation sei dadurch bestimmt, dass sich zwar das »operative Geschäft« zügig »dem Ende entgegen« neige, allerdings einige »wenige große Industrieunternehmen« im Bestand verblieben, die sich »in schwieriger Auftragssituation« befänden; zählebige industriepolitische Konflikte schienen weiterhin vorprogrammiert. Gleichermaßen, so die Analyse, drohe eine »relevante Zahl an privatisierten Unternehmen« an die Treuhand »zurückzufallen«, »weil der Investor sich übernommen« habe.[22]

Knapp zurrte die Runde künftige »Kommunikationsziele« für das bevorstehende Jahr fest. Die Öffentlichkeitsarbeit solle auch künftig ihre »Mittelstandsorientierung« und ihr breites »Informationsangebot (Pressekonferenzen, Treuhand-Info, Borschüren)« beibehalten, um so »den Diskurs über den Standort (Ost-)Deutschland mit führen« zu können. Hierfür gelte es allerdings »eigene, starke Auftritte zu kreieren, um Botschaften zu vermitteln«.[23] Der »zurückgehenden ökonomischen Bedeutung« der Treuhand zum Trotz erwartete das Direktorat Ende 1992 weitere Eruptionen, die sich infolge einer schwierigen Gemengelage aus konjunktureller Krise, zahlreichen Landtags- und Bundestagswahlen, angeschlagenen Großbetrieben und möglicherweise scheiternden Privatisierungs- und Skandalfällen einstellen würden.[24] Zu diesem Zeitpunkt ahnten die Medienexperten allerdings noch nicht, wie sehr sie mit ihrer pessimistischen Prognose am Ende recht behalten würden.

Allen strukturpolitischen und industriepolitischen Kontroversen zum Trotz war der politische Handlungsrahmen der Organisation bis 1992 noch weitgehend unverändert geblieben. Dies sollte sich zu Beginn des Jahres 1993 ändern. Am 10. Februar wurde der bisherige nachrangige Unterausschuss des Haushaltsausschusses auf Betreiben der SPD und der PDS durch einen vollwertigen Bundestagsausschuss mit umfangreicherer personeller Besetzung und erweitertem Kontrollauftrag ersetzt. Statt der bisher 13 sollten nun 24 Parlamentarier Treuhandanstalt und Bun-

22 Vermerk: Rahmenplanung der Öffentlichkeitsarbeit 1993, 12.11.1992, in: Treuhandanstalt: Dokumentation, Bd. 11, S. 971-973.

23 Ebd., S. 972.

24 Ebd., S. 971 ff.

desfinanzministerium »kontrollierend begleiten«. Den Vorsitz übernahm abermals der Westberliner CDU-Abgeordnete Arnulf Kriedner, nachdem er sich im Vorfeld vehement gegen eine Ablösung des Unterausschusses ausgesprochen hatte, da die Oppositionsparteien den neuen Ausschuss als parlamentarisches »Aufsichtsrats-Gremium« zu instrumentalisieren beabsichtigten. Während sich sein künftiger SPD-Stellvertreter, der Greifswalder Theologe Hinrich Kuessner, erhoffte, die »Sanierung ostdeutscher Unternehmen« über intensive Einzelfallprüfungen beeinflussen zu können, waren sich die Parlamentarier von Koalition und Opposition indes einig, dass sie vor allem die bevorstehende Auflösung der Organisation im neuen Gremium intensiv mitgestalten wollten.[25]

Auch die Spitze des Verwaltungsrates erlebte im Frühjahr 1993 ein letztes Revirement. Am 15. April wurde Jens Odewald an der Spitze des Aufsichtsgremiums durch Manfred Lennings ersetzt. Dieser hatte sich seit den 1960er-Jahren bis an die Spitze der Oberhausener Gutehoffnungshütte-Industrieholding gearbeitet, aus der er allerdings Anfang der 1980er-Jahre im Streit ausgeschieden war. Durch Lennings als Chefaufseher – auf Rohwedders Betreiben bereits seit Herbst 1990 Mitglied im Verwaltungsrat – wurde die bemerkenswerte Präsenz sozialdemokratisch-westfälischer Stahl- und Energiemanager wie Lennings, Schucht, Brahms oder Krämer in den Spitzenämtern der Organisation deutlich.[26]

Doch nicht nur der politische Rahmen, sondern auch das allgemeine wirtschaftliche Umfeld der Treuhand und ihrer Betriebe war erheblichen Schwankungen unterworfen. 1992 gerieten die verbleibenden Betriebe nicht nur durch die weltweiten Konjunktureinbrüche infolge des Irak-Krieges unter Druck. Es war insbesondere der fast vollständige Einbruch der Geschäftsbeziehungen in den einstigen Ostblock, der den Betrieben mehr und mehr zu schaffen machte. Mit dem Ende des Rats für gegenseitige Wirtschaftshilfe (RGW) sowie der Auflösung der Sowjetunion Ende 1991 wurden zahlreiche langfristige Kooperations- und Lieferbeziehungen endgültig hinfällig. Hatten »Ostmärkte« und »Osthandel« lange als einer der wenigen entscheidenden Standortvorteile für die ostdeutschen Betriebe gegolten, entpuppte sich diese Erwartung nun als Illusion: der Weg nach Osten war, auch aufgrund gestiegener Kosten in den Betrieben, verstellt.[27]

Mit ihren öffentlichkeitsbezogenen Aktivitäten versuchte die Treuhand nun um die Jahreswende 1992/93 gezielt, unternehmerische und medien-

25 »Bundestag setzt Treuhand-Ausschuß ein«, in: Tagesspiegel, 21.1.1993; »Die Treuhand braucht ganz sicher mehr Geld«, in: Berliner Zeitung, 17.2.1993.

26 Eintrag »Lennings, Manfred« in Munzinger Online/Personen – Internationales Biographisches Archiv, URL: http://www.munzinger.de/document/00000012886 (zuletzt aufgerufen am 15.02.2018).

27 Vgl. Ahrens: Außenwirtschaft, S. 111.

öffentliche Maßnahmen eng miteinander zu verknüpfen. Anfang Dezember 1992 veranstaltete sie in Leipzig unter dem Motto »Made in Germany« einen großen »Unternehmenskongress« mitsamt »Unternehmensmesse«, zu dem sich über eintausend Teilnehmer in den Messehallen einfanden. Hier präsentierten die Direktorate ihre restlichen Großunternehmen wie Takraf, SKET oder DWA. Hauptziel der Großveranstaltung war die Verbesserung der »Auftragslage« verbleibender Betriebe, um auf diese Weise die »Erhaltung der wenigen hundert Unternehmen des industriellen Kerns« gewährleisten zu können, wie es in den *Treuhandanstalt Informationen* hieß. Breuel wies darauf hin, dass nach dieser Messe »niemand mehr sagen« könne, »er habe von der Qualität der ostdeutschen Unternehmen und Produkte nichts gewusst«.[28]

Im Frühjahr 1993 brachte die Organisation das »Made in Germany«-Motto spektakulär zur Geltung: Am 3. März startete in Bochum ein umgebauter und umgerüsteter Doppeldeckerbus auf eine dreimonatige »Treuhand-Tour für Ostdeutschland«. Als »große[r], weiße[r] Botschafter der ostdeutschen Unternehmen« steuerte das spektakuläre Gefährt bis Anfang Juni insgesamt 22 Großstädte in der alten Bundesrepublik an, darunter sämtliche Landeshauptstädte, aber auch andere bedeutsame Industrie- und Finanzzentren wie Essen, Köln, Frankfurt, Mannheim oder Kassel. Höhepunkte waren etwa der einwöchige Besuch der Messe in Hannover Ende April, eine Visite im französischen Straßburg am 26. Mai oder das Tour-Finale in Bonn am 9. Juni. Mit der ungewöhnlichen Kampagne beabsichtigte man, wie es in der Ankündigung hieß, vor allem die »wichtigsten Entscheidungsträger« persönlich anzusprechen. Da die »angestammten Absatzmärkte in Osteuropa« fast gänzlich weggebrochen seien, müssten sich die verbleibenden Betriebe »noch stärker als lange Zeit erwartet auf die westlichen Märkte umstellen«.[29] Unter den Augen der Lokalpresse trafen die rundreisenden Vertreter mit Ministerpräsidenten sowie zahlreichen Industrie- und Gewerkschaftsvertretern zusammen; im Schnitt besuchten knapp 200 Unternehmer und Manager pro Station den Bus.[30]

Noch während der Doppeldeckerbus werbend durch die alten Länder rollte, geriet die Organisation bis Mitte 1993 durch zwei unvorhergesehene Entwicklungen abermals öffentlich in die Defensive. Der Skandal um die Niederlassung in Halle sowie die massiven Auseinandersetzungen um die Schließung des Kalibergwerks in Bischofferode versetzten Medien-

28 »Der industrielle Kern braucht jetzt Aufträge aus dem Westen«, in: Treuhandanstalt Informationen, 1.12.1992.

29 »Treuhand-Tour für Ostdeutschland in Nordrhein-Westfalen gestartet«, in: Treuhandanstalt Informationen, 17.3.1993.

30 »Keine VEB-Namenlosigkeit mehr«, in: Treuhandanstalt Informationen, 29.7.1993.

landschaft und Bundespolitik in helle Aufruhr. Die Stadt Halle und ihr nach 1990 von massiven Entlassungen und Schließungen in der Chemie- und Metallindustrie betroffenes Umland machten dabei den Anfang. Ende Februar 1993 waren IG-Metall-Vertreter an die Öffentlichkeit gegangen und hatten auf einer Pressekonferenz »mafiöse« Strukturen angeprangert, in deren Zentrum der Göppinger Unternehmer Wolfgang Greiner und der regionale Privatisierungsdirektor Wilfried Glock agierten. Greiners unmittelbar folgende Anzeige gegen den Gewerkschafter Günter Lorenz sollte eine Lawine juristischer Ermittlungen und journalistischer Enthüllungen auslösen, die bis zum Sommer 1993 anhielten. Ans Tageslicht gelangte ein in der weitgehend regellosen Treuhand-Frühzeit gewachsenes Korruptionsgeflecht rund um die bereits Ende September 1992 geschlossene Niederlassung, in dem führende Manager, schwäbische Investoren und ostdeutsche Gewährsmänner den Privatisierungsprozess Dutzender Unternehmen massiv manipuliert hatten, während sich der Niederlassungsleiter auf den schnellstmöglichen Bestandsabbau konzentrierte und im Nachgang jegliche Mitwisserschaft bestritt.[31]

Der Skandal um die Hallenser Niederlassung erwies sich für die Organisation in der Öffentlichkeit auch deshalb als gravierend, weil es sich eben nicht um einen Einzelfall handelte, der sich mit individuellem Fehlverhalten erklären ließ. Vielmehr rückten die im südlichen Sachsen-Anhalt enthüllten Machenschaften generell tragende Elemente der operativen Geschäftspraxis ins Zwielicht: Die »unternehmerische« Eigenverantwortlichkeit in den Niederlassungen, die weitmaschige Kontrolle durch die Zentrale und der durch interne Wettbewerbs- und Bonussysteme massiv forcierte Privatisierungswettstreit schienen den »Paten von Halle« erst den Weg geebnet zu haben.[32] Die Zentrale hatte nach Hinweisen auf Unregelmäßigkeiten Mitarbeiter wegen Verstößen gegen die »Insider-Regeln« bereits im November 1992 fristlos entlassen und im März 1993 wegen Untreue angezeigt;[33] nach den weiteren Enthüllungen des Frühjahrs wurde eine aus Unternehmensberatern bestehende »Task Force« nach Halle entsandt, um dort sämtliche Vorgänge nochmals zu überprüfen. Schließlich wurde auch der vormalige Schweriner Niederlassungsleiter und Organisator der »Treuhand-Tour«, Karl-Heinz Rüsberg, in die Saalestadt entsandt, um dort die Aufarbeitung zu koordinieren. Doch auch er konnte nicht

31 Vgl. dazu insgesamt auch die umfassenden investigativen Darstellungen bei Jürgs: Treuhändler sowie Laabs: Goldrausch.

32 »Die Paten von Halle«, in: Tageszeitung, 18.10.1993; »Neuer Akt der Greiner Tragödie«, in: Mitteldeutsche Zeitung, 23.6.1993.

33 Pressemitteilung vom 20.11.1992, in: Treuhandanstalt: Medienarchiv.

verhindern, dass »Halle« im medienöffentlichen Raum zum Synonym für die große Störanfälligkeit des Systems wurde.[34]

Etwas mehr als 100 Kilometer westlich von Halle, im Eichsfeld, nahm die zweite große öffentliche Auseinandersetzung des Jahres 1993 im thüringischen Dorf Bischofferode ihren Anfang. Dort sollte die Kaligrube »Thomas Müntzer« auf Beschluss des Vorstands stillgelegt und die Belegschaft von siebenhundert Bergleuten entlassen werden. Der für den Bergbau zuständige Vorstand Klaus Schucht hatte bis Anfang 1993 eine deutsch-deutsche »Kali-Fusion« zwischen der treuhandeigenen Mitteldeutschen Kali AG und der westdeutschen BASF-Tochter Kali und Salz eingefädelt. Die Übereinkunft sah die Schließung von Produktionsstandorten in Thüringen und Niedersachsen vor, während an anderen Standorten in Sachsen-Anhalt und Hessen investiert werden sollte – in den alten Ländern sollten insgesamt 1.744 Stellen wegfallen, in den neuen Ländern 1.884. Die komplizierte Vertragskonstruktion, die Schucht mit dem harten Wettbewerb, großen Überkapazitäten auf dem Weltmarkt, dem Wegbrechen der östlichen Absatzgebiete sowie europäischen Kartellvorgaben begründete, erschien aus Sicht der Treuhand-Spitze als betriebs- wie volkswirtschaftliche Königslösung, die die deutsche Kali-Branche mit einem international schlagkräftigen Großkonzern bereichern würde.[35]

Nach Bekanntwerden der Fusions- und Schließungspläne reagierte die Bischofferoder Belegschaft unter Führung ihres Betriebsrates zunächst mit konventionellen Widerstands- und Protestformen. Im April 1993 besetzten die Bergleute die Schachtanlagen; im Mai folgte eine Demonstration vor der Zentrale, die nach einem vergeblichen Erstürmungsversuch mit Eiern und Flaschen beworfen wurde; im Juni organisierten die Bergleute Autokorsos zum Thüringer Landtag nach Erfurt sowie zum Kasseler Stammsitz von Kali und Salz. Als der Betriebsrat einen westfälischen Investor ins Spiel brachte, der die Grube übernehmen wollte, zeigte sich die Treuhand nicht zu Konzessionen bereit und beharrte auf der Fusion.[36]

Nachdem alle konventionellen Optionen ausgeschöpft schienen, wagte ein Teil der Belegschaft den nächsten Schritt. Am 1. Juli traten 40 Bergleute in einen unbefristeten Hungerstreik, während zwei Dutzend Ehefrauen und Kolleginnen die Schachtanlagen besetzt hielten. In den folgenden Tagen und Wochen wurde der Hungerstreik von Bischofferode zu einem

34 »Halle ist kein Einzelfall«, in: Berliner Zeitung, 28.6.1993; dazu insg. auch die kriminologische Falluntersuchung bei Karliczek: Wirtschaftskriminalität.

35 Pressemitteilung vom 30.7.1993, in: Treuhandanstalt: Medienarchiv, die ein umfangreiches Schreiben von Birgit Breuel an die Belegschaft enthielt.

36 »Peine hatte nie eine Chance. Die Politiker wurden getäuscht«, in: Thüringer Landeszeitung, 5.8.1993; »Nicht untätig beim Hungerstreik«, in: Neue Zeit, 6.8.1993.

nationalen Medienereignis,[37] das sogar internationale Reichweite entwickelte. Eine rapide wachsende Zahl an Pressevertretern und Kamerateams begleitete den Arbeitskampf in der Provinz und fing drastische Bilder von sichtlich abgemagerten »Kumpeln« auf Campingpritschen, verzweifelt weinenden Frauen oder protestierenden Schulkindern ein; auch die anrückenden Rettungswagen, die die entkräfteten Bergleute ins Krankenhaus abtransportierten, lieferten spektakuläre Aufnahmen. Am 10. Juli versammelten sich über fünftausend Menschen in der Kreisstadt Worbis zu einer Protestkundgebung, auf der der Erhalt des Salzbergwerks gefordert wurde; neben PDS-Politikern wie Gregor Gysi solidarisierte sich auch eine Abordnung von Stahlwerkern aus Duisburg-Rheinhausen. Ostdeutsche Schriftsteller wie Ulrich Plenzdorf und Stefan Heym besuchten unter großem Aufsehen das Bergwerk; der stellvertretende Vorsitzende des Treuhand-Ausschusses im Bundestag, der Sozialdemokrat Wieland Sorge, schloss sich dem Protest zeitweise an.[38]

Für die noch mit den unmittelbaren Auswirkungen der Enthüllungen in Halle ringende Treuhandanstalt wuchs sich »Bischofferode« im Laufe des Juli 1993 zu einem Fiasko aus, da niemand eine derartige Eskalation eines an sich randständigen Konflikts vorausgeahnt hatte. Zunächst schienen die Protestaktionen der Bergleute und ihrer Familien ein bekannter Routinevorgang zu sein, der seit Herbst 1990 zahlreiche Entlassungen und Stilllegungen in Ostdeutschland begleitet hatte. Am 19. Juli hatte Birgit Breuel im Interview erklärt, dass sie der Hungerstreik »keineswegs« unberührt lasse und sie diesen »mit großer Sorge und Betroffenheit« verfolge; es falle ihr aber »sehr schwer, mit Fakten gegen diese menschliche Verzweiflung« anzuargumentieren.[39]

Als der Betriebsrat die Präsidentin zu einem »Aktionstag« zur Diskussion nach Thüringen einlud, antwortete diese am 30. Juli mit einem offenen Brief. Breuel lehnte einen Besuch der Streikenden ab, da »sich dieses Thema nicht zur Erörterung in Großveranstaltungen« eigne. Auch wenn sie sich »sehr wohl bewusst« sei, dass die Schließungsentscheidung »eine schwere Belastung« für die »Menschen in Bischofferode« sei, erschien ihr eine Abwicklung des Standorts aus betriebswirtschaftlichen Erwägungen »unvermeidlich«: »[S]olche Entscheidungen« müssten »im Westen wie

37 Vgl. Lenger, Friedrich; Nünning, Ansgar (Hg.): Medienereignisse der Moderne, Darmstadt 2008.

38 Vgl. dazu im Überblick: »Hoffnung auf Erhalt der Kaliförderung zerrinnt«, in: Neue Zeit, 6.7.1993; »Weiter Hungerstreik im Kali-Bergwerk«, in: Süddeutsche Zeitung, 6.7.1993; »Kumpel immer wütender: ›Wir hungern weiter!‹«, in: Bild, 16.7.1993; »Chaos und ein böses Erbe«, in: Der Spiegel, 12.7.1993.

39 »Wer will die totale Wüste?«, in: Focus, 19.7.1993.

im Osten unseres Landes in entsprechenden Situationen immer wieder getroffen und verantwortet werden.[40]

In der nationalen Öffentlichkeit wurde unterdessen erbittert über die Legitimität des Hungerstreiks gestritten. Während sich linksorientierte und ostdeutsche Regionalmedien mit dem Anliegen der »Kumpel« solidarisierten,[41] mehrten sich kritische Stimmen vor allem in konservativen Blättern und der liberalen Wirtschaftspresse, die den dramatischen Arbeitskampf als »politische Erpressung« oder bloßes »Medienspektakel« verurteilten.[42] Polemische ost-westliche Zuschreibungen über »lernunwillige«, undankbare Ostdeutsche oder rücksichtslose Westdeutsche verschärften den Tonfall zusätzlich, was in der internationalen Presseberichterstattung mit vernehmlicher Verwunderung aufgenommen wurde.[43]

Mitte August schaltete sich die Bundesregierung in den seit Wochen schwelenden Konflikt ein, als Helmut Kohl den Bergleuten mit einem »Kanzlerwort« den Weiterbetrieb ihrer Grube bis 1995 sowie umfassende Sozialplanregelungen in Aussicht stellte. Im September besetzten die Bergleute einen Sitzungssaal des Berliner Reichstages, um eine Einsichtnahme in den zwischen Treuhand und Kali und Salz geschlossenen Vertrag zu erreichen und erst im Dezember sollten die Proteste ein endgültiges Ende finden, als 26 Bergleute ein letztes Mal die Schachtanlagen besetzten. Eine zum Erfurter Landtag gereiste Betriebsdelegation stimmte nach hitzigen Verhandlungen dem Vertrag zu, woraufhin das Bergwerk zum 1. Januar 1994 endgültig geschlossen wurde.[44]

An dem Eichsfelder Salzbergwerk vollzog sich im Kleinen, was für die Sozial- und Wirtschaftspolitik der Transformationszeit der frühen 1990er-Jahre insgesamt bestimmend wurde: Die Grubenanlage wurde geschlossen, im Gegenzug erhielten die entlassenen Bergleute im Rahmen

40 Pressemitteilung vom 30.7.1993, in: Treuhandanstalt: Medienarchiv.

41 »Unterstützung für Kali-Bergleute«, in: Frankfurter Rundschau, 12.7.1993; »Recht der Kumpel«, in: Junge Welt, 15.7.1993; »Arbeiter vielerorts zu Kampfaktionen bereit«, in: Mitteldeutsche Zeitung.

42 »Hungerstreik in Bischofferode ist Erpressung«, in: Welt am Sonntag, 25.7.1993; »Auch die Ostdeutschen«, in: Frankfurter Allgemeine Zeitung, 19.7.1993; »Breuel: ›Schließung des Werks in Bischofferode ist unvermeidlich‹«, in: Handelsblatt, 3.8.1993; »Hungerstreik schafft keinen einzigen neuen Arbeitsplatz«, in: Freies Wort, 10.8.1993.

43 »Hunger Strikers at East German Mine Call for Talks«, in: International Herald Tribune, 22.7.1993; »Germans start hunger strike in bid to save mine«, in: Toronto Star, 20.7.1993.

44 »Kumpel räumten Reichstag«, in: Tagesspiegel, 27.9.1993; »Am Lagerfeuer wärmen sich die frierenden Kumpel«, in: Thüringer Landeszeitung, 18.12.1993; »Kumpel besetzen Schachtanlagen«, in: Süddeutsche Zeitung, 24.12.1993; »Blockade in Bischofferode«, in: Die Welt, 24.12.1993.

eines Sozialplans überdurchschnittlich hohe Abfindungen oder befristete Ersatzarbeitsplätze. Auch wenn sich »Bischofferode« nicht wie von linken Politikern erhofft oder von konservativen Kommentatoren befürchtet zu einem sozialen »Flächenbrand« in Ostdeutschland ausweitete, war der medial intensiv begleitete Protest aus Sicht der Treuhand eine Katastrophe. Das in den ereignisarmen Hochsommerwochen stattfindende Medienereignis erwies sich durch seine scharfen Kontraste als besonders langlebig und rückte die Organisation in denkbar schlechtes Licht. Eine kleine Gruppe einfacher Bergarbeiter in der Provinz gebrauchte ihre eigenen, bald von Schwächung gezeichneten Körper als Waffen gegen eine anonyme Allianz der Mächtigen, bestehend aus kompromissloser Treuhandanstalt, einem bundesdeutschen Monopolkonzern und einer distanzierten Bonner Politik.[45]

Auch jenseits dieser großen Skandalfälle beschäftigte 1993/94 der Umgang mit den verbliebenen »Restfällen« die Organisation ganz erheblich, wie beispielsweise im Fall der EKO Stahl AG, die als Großkonzern im Osten Brandenburgs die in den 1950er-Jahren eigens als Stahlstandort gegründete Stadt Eisenhüttenstadt wirtschaftlich dominierte. Zum wachsenden Unmut der bis 1994 auf 3.000 Mitarbeiter (und damit auf ein Drittel) reduzierten Belegschaft, der lokalen Bevölkerung und auch der Landespolitik hatte sich die Privatisierung des Werkes bereits über Jahre hingezogen. EKO war zum Musterfall eines »industriellen Kerns« geworden: Ein Großbetrieb, der trotz ungünstiger betriebswirtschaftlicher Prognosen aus volkswirtschaftlichen Erwägungen nicht geschlossen werden konnte. Nachdem sich westdeutsche Stahlunternehmen wie Thyssen oder Preussag jahrelang nur verhalten um eine Übernahme des Werkes bemüht hatten, präsentierte die Treuhand Anfang 1994 mit Emilio Riva einen italienischen Stahlunternehmer, der das Werk doch noch übernehmen wollte – zu einem »negativen Kaufpreis« und mit erheblichen Beihilfen des Landes. Ende Mai 1994 nahm Riva jedoch überraschend von den Plänen Abstand, da ihm die Risiken zu groß schienen. Nun rückten abermals die westdeutschen Konzerne in den Fokus, die jedoch zögerten.[46]

Es folgten mehrere Monate voller Spekulationen, Demonstrationen und politischer Debatten. Mitte Juli 1994 hatte die IG Metall eine »EKO-Fete« in Eisenhüttenstadt mit fünftausend Besuchern organisiert, bei der auch die ostdeutsche Rockband »Die Puhdys« auftrat, um für eine zügige

45 Vgl. dazu auch Böick: Aufstand im Osten.

46 Vgl. dazu Jajeśniak-Quast, Dagmara: Stahlgiganten in der sozialistischen Transformation. Nowa Huta in Krakau, EKO in Eisenhüttenstadt und Kunčice in Ostrava, Wiesbaden 2010.

Lösung Stimmung zu machen.[47] Doch auch der Vorstand forcierte mit Blick auf die Selbstauflösung das Tempo und verkündete, nun mit fünf ernsthaften Interessenten parallel zu verhandeln. Im Oktober 1994, kurz vor der Bundestagswahl, war es schließlich der belgische Stahlkonzern Cockerill-Sambre, der EKO übernehmen wollte; nach längeren Beihilfe-Verhandlungen mit der Europäischen Kommission in Brüssel wurde der Privatisierungsvertrag schließlich am 23. Dezember unterzeichnet.[48]

Der Fall EKO war sicher der augenfälligste, aber doch nur einer von mehreren hochumstrittenen »Restfällen«, die die Treuhand im Jahr 1994 zu bewältigen hatte: Die Manager suchten teils noch bis Ende des Jahres nach privaten Investoren für größere Betriebe, die man mittlerweile in ihrem Personalumfang stark reduziert hatte. Darunter befanden sich etwa die Deutsche Waggonbau AG (DWA), Bestandteile der Mansfeld AG in Hettstedt und Eisleben oder der Magdeburger Schwermaschinenbaukonzern SKET.

Die medienöffentliche Dynamik des Sommers 1993, die in ihren Ausmaßen an die hitzigen Auseinandersetzungen des Frühjahrs 1991 erinnerte, ließ auch bei der Treuhand-Spitze die Nerven blank liegen. Am 9. Juli schrieb Birgit Breuel einen offenen Brief an den Chefredakteur der *Bild*-Zeitung. Voller Empörung reagierte Breuel hierin auf einen Artikel »Pleiten, Pech und Pannen«, in dem die jüngsten Verwerfungen und Skandale polemisch bilanziert worden waren. Die aufgebrachte Präsidentin schrieb: »Ich bin es leid, dass die Treuhand permanent beschimpft wird und ihre Mitarbeiter mit pauschalen Vorwürfen und Vorurteilen diskriminiert werden.« Die ersten Monate des Jahres seien »äußerst schwierig« verlaufen, weil eine konjunkturelle Krise den Wirtschaftsumbau zusätzlich erschwere und zudem ein »Superwahljahr« bevorstehe.[49]

Ihre Organisation sei weder »Ersatzkasse« der Einheit, noch »Tummelplatz für Betrüger« und auch keine »›Wessi-Organisation‹, die eiskalt im Osten alles ›platt‹« mache. In »einem Massengeschäft von unvorstellbarer Dimension« habe man »nur unbürokratisch und unternehmerisch verantwortlich [...] zehntausende von kompliziertesten Einzelfallentscheidungen« treffen können, wobei »Fehler« passiert seien, da »Umbruchszeiten leider Spekulanten und Glücksritter in Massen« anlockten. Dennoch könne sich die geleistete Arbeit ihrer Mitarbeiter sehen lassen. Zur Bekräftigung beschwörte Breuel die letzte Zeile von Rohwedders »Osterbrief«:

47 »EKO-Fete für den Standort«, in: Junge Welt, 23.7.1994; »Alternativlos«, in: Neues Deutschland, 23.7.1994; »Wunderkerzen erhellten die Szenerie«, in: Märkische Oderzeitung, 23.7.1994; »EKO – Spagat zwischen Auftrag und Hoffnung«, in: Sächsische Zeitung, 25.7.1994.

48 »Vier Jahre Treuhandanstalt«, in: Berliner Zeitung, 23.12.1994; »Eko-Kaufpreis Eine Mark für 60 Prozent«, in: Neues Deutschland, 23.12.1994.

49 »Birgit Breuel: ›Ich bin es leid!‹«, in: Bild, 13.7.1993.

Dass man zu »Fehlern und berechtigter Kritik« stehe, sich aber von »Anfeindungen und Verleumdungen« nicht treffen lasse.[50]

Abseits der kurzfristigen Krisenreaktionen entfalteten langfristig und sorgsam geplante PR-Aktionen Wirkungen, von denen einige fast kontraproduktiv verliefen. Im September veröffentlichte Ullstein das von Birgit Breuel herausgegebene Firmentagebuch »Treuhand intern«, das dem Leser einen Blick »hinter den Vorhang der Macht« versprach.«[51] Wenige Monate später, im Dezember, erschien schließlich der 500-seitige, in großer Eile zusammengestellte Sammelband »Treuhandanstalt. Das Unmögliche wagen«. Die hier versammelten »Forschungsberichte« zielten eindeutig auf wissenschaftliche Objektivität, für die vor allem der arrivierte Autorenkreis aus 21 namhaften bundesdeutschen Wissenschaftlern bürgen sollte.[52] Das Ergebnis ihrer Arbeit wurde der Öffentlichkeit am 10. Dezember 1993 mit einer Podiumsdiskussion präsentiert. Im vollbesetzten Audimax der Humboldt-Universität diskutierten neben Birgit Breuel und den Herausgebern die Ministerpräsidenten Stolpe und Biedenkopf sowie Lothar de Maizière.[53]

Das Anliegen der Forscher und ihrer Auftraggeber, die »erste systematische Aufarbeitung der Treuhandanstalt« möge das »verzerrte Bild« in der Öffentlichkeit »zurechtrücken«, erfüllte sich jedoch kaum, denn die adressierten Medienvertreter beäugten die von der Treuhand finanzierten »Forschungsberichte« mit Skepsis. Die *FAZ* kritisierte die »theoretische« und »statistisch-formalistische« Ausrichtung der ausschließlich westdeutschen Forscher, die obendrein keine intensive »Feldforschung« betrieben hätten; das affirmative Grundnarrativ von der »gewagten Unmöglichkeit« erscheine wenig plausibel: »Denn wenn ein Ziel unmöglich ist«, so urteilte die Journalistin, könne man »dem Zielsuchenden getrost sämtliche Fehlleistungen nachsehen«.[54] Der *Tagesspiegel* hingegen monierte die geringe »Verwertbarkeit der Ergebnisse für die Praktiker«;[55] das *Neue Deutschland* kritisierte eine »Eigenlob-Veranstaltung« mit »Wissenschaftler-Bei-

50 Birgit Breuel an Claus Larass, 9.7.1993, in: Treuhandanstalt: Medienarchiv.

51 Breuel: Treuhand intern, S. 22.

52 Ausführlich zum »Forschungsprojekt Treuhandanstalt« vgl. die entsprechenden Passagen in der Einleitung.

53 Forschungsprojekt »Treuhandanstalt«: Einladung an die Presse, Berlin, 6.12.1993, in: Treuhandanstalt: Medienarchiv; vgl. auch »Forscher: Eigentlich hätte die Treuhand scheitern müssen«, in: Treuhandanstalt Informationen, Januar 1994.

54 »Das unmögliche Wagnis«, in: Frankfurter Allgemeine Zeitung, 13.12.1993.

55 »Die Treuhand unter das Mikroskop gelegt«, in: Tagesspiegel, 11.12.1993.

fall«, mit der die Treuhand-Spitze letztlich ihren »Abgang« im Jahr 1994 mit akademischen Weihen vorbereiten wolle.[56]

Weder das »Tagebuch« noch die »Forschungsberichte« konnten Ende 1993 ihre erhoffte öffentliche Entlastungswirkung entfalten und zu einer Image-Korrektur beitragen. Mittlerweile dominierten nämlich die Aktivitäten eines neuen politischen Sondergremiums die medienöffentlichen Kontroversen um die Organisation: die eines Treuhand-Untersuchungsausschusses des Bundestages – der Skandal um Halle sowie die aufziehenden Konflikte um Bischofferode zeitigten Wirkung. Sie hatten die politische Auseinandersetzung in Bonn so weit angekurbelt, dass die SPD-Bundestagsfraktion im Juni 1993 auf die Einsetzung eines solchen Ausschusses gedrängt hatte, zumal Treuhand- und Bundesfinanzministerium die Beschlüsse des vier Monate zuvor eingesetzten Bundestagsausschusses kaum beachteten. So hatten die Parlamentarier die Treuhand-Spitze vergeblich aufgefordert, die umstrittene Kali-Fusion vorerst auszusetzen und Alternativen zu prüfen. Mitte Juni ermahnte SPD-Geschäftsführer Peter Struck die Präsidentin und Bundesfinanzminister Waigel nochmals ultimativ, die Vorgänge in Halle restlos aufzuklären.[57]

Bereits einige Wochen zuvor, am 3. Juni, hatte sich Birgit Breuel in einem Brief an Struck »bestürzt darüber« gezeigt, »dass die Form der Diskussion immer gereizter« werde und »Fairness und gegenseitige[s] Vertrauen« bei der Erörterung der »oft sehr komplexen Sachverhalte kaum noch möglich« seien. Die intensive politische Diskussion von Einzelfallentscheidungen und »die sich daran oftmals anschließenden öffentlichen Kontroversen«, so Breuel, »verunsichern zunehmend die Investoren«.[58] Damit waren die grundlegenden Argumentationslinien der folgenden Monate des Jahres 1994 markiert: Während die linke Opposition eine verschärfte, auch einzelfallbezogene Kontrolle der Treuhand und eine generelle Debatte über ihre Privatisierungspolitik forderte, verweigerten

56 »Außer Geburtsfehlern war eigentlich alles optimal«, in: Neues Deutschland, 13.12.1993; sowie »Treuhandanstalt hat ›alle Erwartungen übertroffen‹«, in: Märkische Orderzeitung, 11.12.1993; »Wissenschaftler geben Treuhand gutes Zeugnis«, in: Freie Presse, 14.12.1993; »Forscher streiten über Bewertung der Treuhand«, in: Frankfurter Rundschau, 13.12.1993; »Forscher beurteilen Treuhand-Arbeit gut«, in: Frankfurter Allgemeine Zeitung, 10.12.1993; »Treuhand auf dem Prüfstand«, in: Mitteldeutsche Zeitung, 11.12.1993; »Treuhand-Arbeit positiv beurteilt«, in: Berliner Zeitung, 11.12.1993; »Forscher verteidigen die Treuhandanstalt«, in: Neue Zeit, 11.12.1993; »Korrektur der Erfolgsbilanz«, in: Berliner Zeitung, 11.12.1993; »Wissenschaftler zum Wirken der Treuhand«, in: Thüringer Allgemeine, 13.12.1993.

57 »Ohne Rücksicht auf Verluste«, in: Die Woche, 17.6.1993.

58 Pressemitteilung vom 3.6.1993, in: Treuhandanstalt: Medienarchiv.

sich Bundesregierung, Koalitionsfraktionen und Treuhand einem solchen Ansinnen mit Vehemenz, da sie beträchtliche Konsequenzen für die noch laufenden Privatisierungsverhandlungen befürchteten.

Doch auch ein am 17. September an die SPD-Führung um Parteichef Rudolf Scharping gerichteter Brief der ostdeutschen Ministerpräsidenten, unter ihnen auch der Sozialdemokrat Manfred Stolpe, konnte die Einsetzung des Sondergremiums nicht mehr verhindern. Bestärkt durch einen erst jüngst veröffentlichten, abermals kritischen Prüfbericht des Bundesrechnungshofes wurde der Untersuchungsausschuss am 30. September mit den Stimmen der SPD-Fraktion eingesetzt. Der »Untersuchungsauftrag« umfasste zwei Hauptanliegen: Zum einen sollte die Geschäftspraxis auf die Schließung »überlebensfähiger Betriebe« und die Ausmaße »vernichteter Arbeitsplätze« überprüft werden; zum anderen stand ihre »ordnungsgemäße« Kontrolle durch das Bundesfinanzministerium zur Debatte.[59] Die Medienöffentlichkeit nahm regen Anteil an der Einsetzung des Gremiums, wobei die Einschätzungen auseinandergingen. Während man dem Beginn einer parlamentarischen »Aufklärung« teils mit Genugtuung entgegensah, erschien sie anderen Beobachtern viel zu spät; oder man zweifelte im parteipolitischen Sog des Vorwahlkampfes generell an der Sinnhaftigkeit eines solchen Unterfangens.[60]

Im Oktober 1993 nahmen 15 ordentliche Mitglieder, darunter sechs CDU/CSU-Abgeordnete, fünf von der SPD (darunter die einzige Frau), zwei von den Liberalen sowie je ein »mitwirkendes Mitglied« von PDS und Bündnis 90/Die Grünen ihre Arbeit auf. PDS und Grüne waren im Bundestag aufgrund der Wahlergebnisse vom Dezember 1990 nicht mehr als Fraktionen, sondern nur noch als Gruppen vertreten. Sie entsandten aber mit Gregor Gysi und Werner Schulz zwei prominente Protagonisten in den Ausschuss, in dem mit Ausnahme des Vorsitzenden sonst nur weniger bekannte ostdeutsche Parlamentarier vertreten waren. Mit Otto Schily leitete ein versierter Jurist das Untersuchungsgremium, der sich in den

59 Ebd., S. 367ff.

60 Zur öffentlichen Debatte im Vorfeld der Einsetzung des Ausschusses vgl. »Treuhand hält wenig von Untersuchungsausschuß«, in: Berliner Zeitung, 29.6.1993; »Treuhandanstalt unter die Lupe!«, in: Junge Welt, 10.7.1993; »Treuhand hat sich den Ausschuß selbst eingebrockt«, in: Tagesspiegel, 20.9.1993; »Warnung vor einem ›Treuhand‹-Ausschuß‹«, in: Frankfurter Allgemeine Zeitung, 23.9.1993; »Untersuchungsausschuß zur Treuhandanstalt abgelehnt«, in: Handelsblatt, 23.9.1993; »Zwei Ausschüsse für einen Sündenbock«, in: Norddeutsche Neueste Nachrichten, 27.9.1993; »Kontrolle ist besser«, in: Die Woche, 30.9.1993; Treuhand-Analyse«, in: Leipziger Volkszeitung, 1.10.1993; »Wende-Treppenwitz«, in: Schweriner Volkszeitung, 1.10.1993; »Die ganze Wahrheit?«, in: Mitteldeutsche Zeitung; »Späte Kontrolle«, in: Die Zeit, 8.10.1993.

1970er-Jahren als Anwalt für RAF-Mitglieder und in den 1980er-Jahren als Grünen-Politiker einen Namen gemacht hatte, bevor er 1989 zur SPD übergewechselt war.[61]

In dem knappen Jahr seines Bestehens entfaltete der Ausschuss allein quantitativ beachtliche Aktivitäten. Bis September 1994 bestritt das Gremium 54 Sitzungen von über 300 Stunden Dauer; allein die Vernehmungsprotokolle füllten 9.000 Seiten; 1.137 Aktenordner aus Treuhand und Bundesregierung wurden ausgewertet. Der Ausschuss und seine Mitglieder stießen dabei an zeitliche wie physische Grenzen: Obwohl manche Sitzungen bis tief in die Nacht und bis zu 14 Stunden lang andauerten, konnten von 214 geladenen Zeugen und Sachverständigen nur etwas mehr als die Hälfte tatsächlich angehört werden.[62]

Schily versuchte in einem Rundfunkinterview am 21. Oktober die Erwartungen zu dämpfen, da er nicht in das »operative Geschäft« einzugreifen und auch keine »Skandal-Enquete« zu veranstalten gedenke. Dennoch wollte er »Bilanz« ziehen, um am Ende ein »politisches Urteil« über Treuhand und Bundesregierung fällen zu können.[63] Direkt zu Beginn verlangten die anwesenden Treuhand-Vertreter charakteristischerweise selbstbewusst, als unmittelbar »Betroffene« ihre Position vor dem Ausschuss und nicht nur mittelbar durch das Bundesfinanzministerium vertreten zu dürfen, etwa durch eigene Beweisanträge und Zeugenvorladungen – ein Ansinnen, welches das Bundesfinanzministerium jedoch rundheraus ablehnte. Dass es der Untersuchungsausschuss mit einer rechtlichen Grauzone zu tun bekam, deutete sich im Dezember 1993 an, als Schily mit dem ehemaligen Direktor der Treuhand-Rechtsabteilung, Manfred Balz, einen Disput über die zwischen autonomen »Unternehmen« und weisungsgebundener »Behörde« changierende »Rechtsnatur« der Organisation ausfocht.[64]

Als besonders brisant erwies sich der hieran unmittelbar anschließende Streit über die Einsichtnahme von einschlägigem Aktenmaterialien, etwa zur Kali-Fusion, die die Spitzengremien der Treuhandanstalt

61 Eintrag »Schily, Otto«, in: Munzinger Online/Personen – Internationales Biographisches Archiv, URL: http://www.munzinger.de/document/00000017008 (zuletzt aufgerufen am 15.02.2018); sowie insg. die Kurzzusammenfassung des o.g. Berichts; »Parteiengezänk statt detektivischen Eifers«, in: Neues Deutschland, 25.10.1993; »Im Fadenkreuz«, in: Tageszeitung, 28.10.1993.

62 Vgl. Beschlußempfehlung und Bericht des 2. Untersuchungsausschusses »Treuhandanstalt« nach Artikel 44 des Grundgesetzes, Drucksache 12/804, 31.8.1994; abgedruckt in: Treuhandanstalt: Dokumentation, Bd. 13 u. Bd. 19.

63 Fernseh-/Hörfunkspiegel II, 21.10.1993: MdB/SPD Otto Schily zum Treuhand-Untersuchungsausschuß des Deutschen Bundestages, in: Treuhandanstalt: Medienarchiv.

64 »Zeugin der Anklage«, in: Die Zeit, 12.11.1993.

und das Bundesfinanzministerium mit der Berufung auf »Geschäfts- und Dienstgeheimnisse« ablehnten. Bereits im Dezember 1993 hatte Schily die »Behinderung« der parlamentarischen Ermittlungen durch strenge Geheimhaltungs- und Klassifikationsvorgaben beklagt, die eine öffentliche Behandlung der Dokumente verhindere.[65]

Im Februar 1994 verlangten die Ausschussmitglieder die Herausgabe der Protokolle. Einige Mitglieder der Spitzengremien drohten daraufhin auf einer eilig einberufenen Sondersitzung am 13. März ihren sofortigen Rücktritt an. Spitzenmanager, Ministerpräsidenten, Gewerkschaftsvertreter und Staatssekretäre hätten stets »freimütig und offen und ohne Ansehen jeweiliger beruflicher oder sonstiger Herkunft« über die Entscheidungen im Einzelfall diskutiert, dabei ein »hohes Maß« an »Kompromissbereitschaft« und »Konsensbereitschaft« an den Tag gelegt und sich vollends auf den Vertrauensschutz verlassen.[66] Die Juristen von Bundesfinanzministerium und Treuhand erklärten die Mitschriften, vergleichbar mit Kabinettsprotokollen der Bundesregierung, zu einem Teil des »Kernbereichs exekutiver Eigenverantwortung« und verweigerten deren Herausgabe – was wiederum die SPD-Bundestagsfraktion am 24. März zu einer – aus Zeitgründen im Sande verlaufenden – Klage vor dem Bundesverfassungsgericht veranlasste. Damit hatte der »Aktenkrieg« genannte Konflikt zwischen Ausschuss, Treuhand-Führung und Bundesregierung seinen Höhepunkt erreicht.[67]

Der Untersuchungsausschuss sorgte dafür, dass die Treuhand nicht aus dem Blickfeld der kritischen Medienöffentlichkeit geriet, vor allem durch seine zumeist entlang parteipolitischer Linien ausgefochtenen Kontroversen. Im November sollte Ex-Präsident Rainer Gohlke über die chaotische Gründungszeit im Sommer 1990 Auskunft geben.[68] Nach dem Jahreswechsel begann die spektakuläre Vernehmung des schwäbischen Unternehmers Wolfgang Greiner, der wegen des Halle-Skandals in Untersuchungshaft saß; auch weitere Protagonisten aus der Hallenser Niederlassung wurden intensiv befragt.[69] Der Vorsitzende Schily, der sich zudem in einer partei-

65 »Plötzlich stand Schily auf und ging«, in: Neue Zeit, 6.12.1993; »Schily: Was will Treuhand vertuschen?«, in: Thüringer Landeszeitung, 20.12.1993.

66 Pressemitteilung vom 8.4.1994: Parlamentarischer Untersuchungsausschuß Treuhand, Klage der SPD-Fraktion, Pressekonferenz der Treuhandanstalt vom 23.3.1994, in: Treuhandanstalt: Medienarchiv.

67 »SPD klagt auf Akten-Einsicht«, in: Berliner Zeitung, 24.3.1994; »Wechselnde Koalitionen im Streit um Treuhand-Akten«, in: Handelsblatt, 7.4.1994.

68 »Vieles der DDR-Wirtschaft wäre zu retten gewesen«, in: Neues Deutschland, 15.11.1993; »Völlige Verkennung der wirklichen Lage der DDR«, in: Handelsblatt, 12.11.1993; »Chaos bei Gründung der Treuhand«, in: Neue Zeit, 12.11.1993.

69 »Wolfgang Greiner – die Geschichte eines ›Investors‹«, in: Mitteldeutsche Zeitung, 21.1.1994.

politischen Bewährungsprobe innerhalb der aufziehenden Wahlkämpfe sah, verlieh den Zeugenvernehmungen durch einen scharfen Befragungs- und Diskussionsstil einen regelrecht tribunalartigen Charakter.[70]

Während die öffentliche Aufmerksamkeit in der Folgezeit allmählich nachließ, steuerte Schily im Sommer 1994 schließlich auf den Höhepunkt seiner Dramaturgie zu. Am 25. Mai reiste der Ausschuss für seine 43. Sitzung eigens nach Berlin, um Birgit Breuel im Roten Rathaus fast acht Stunden lang zu befragen. Schily unterzog die Präsidentin einem dreistündigen Kreuzverhör, bei dem er sich vor allem auf das Gebiet der Abwicklung konzentrierte, um hierdurch die Glaubwürdigkeit des von der Treuhand präsentierten statistischen Zahlenmaterials zu erschüttern. Breuel wiederum räumte in ihrer einstündigen Eröffnungsrede ein, beim eiligen Aufbau des »Massengeschäfts« ausgehend von »groben Schätzungen« oftmals »experimentell gearbeitet« und sich »bei vielen Entscheidungen auf dünnem Eis bewegt« zu haben: »Natürlich haben wir auch Fehler gemacht, aber wir haben das Räderwerk am Laufen gehalten.«[71]

Bundesfinanzminister Theo Waigel wurde am 24. Juni vor den Ausschuss zitiert und verteidigte dort die Ergebnisse der Treuhand. Die Beamten seines Ministeriums hätten ein »mittelbares, abgestuftes Konzept der Rechts- und Fachaufsicht« umgesetzt, der Organisation »in permanentem Dialog« möglichst weite Entscheidungs- und Handlungsspielräume belassen und sich nur in Fällen von »grundsätzlicher Bedeutung« oder mit »großer finanzieller Tragweite« eingeschaltet.[72] Mittlerweile hatte das öffentliche Interesse an der Arbeit des Ausschusses jedoch merklich nachgelassen, woran auch eine kurzfristig arrangierte Reihe von öffentli-

70 »Treuhand-Ausschuß: Großer Aufwand für wenig Erkenntnisse«, in: Welt am Sonntag, 20.2.1994; »Treuhand-Untersuchung kostet Millionen«, in: Neue Zeit, 15.4.1994; »THA-Ausschuß kostet Millionen«, in: Die Welt, 15.4.1994.

71 »Breuel räumt Fehler bei der Arbeit der Treuhandanstalt ein«, in: Morgenpost, 26.5.1994; »Birgit Breuel verteidigt Privatisierungsstrategie«, in: Handelsblatt, 26.5.1994; »Ein Ausschuß kratzt am Lack der Treuhandfassade«, in: Frankfurter Allgemeine Zeitung, 26.5.1994; »Schily wirft Treuhand Zahlen-Manipulation vor«, in: Frankfurter Rundschau, 26.5.1994; »Die Präsidentin im Zeugenstuhl«, in: Kölner Stadt-Anzeiger, 26.5.1994; »Streit um Treuhand-Erfolgsbilanz«, in: Die Welt, 26.5.1994; »Breuel verteidigt Treuhand«, in: Berliner Zeitung, 26.5.1994; »Eine Präsidentin auf dünnem Eis«, in: Tagesspiegel, 26.5.1994, S. 3; »›Wir mußten nun mal Tag und Nacht entscheiden‹, in: Frankfurter Rundschau, 27.5.1994.

72 »Waigel verteidigt Treuhandarbeit«, in: Neue Zeit, 24.6.1994; »›Unzureichendes Ergebnis‹ kritisiert«, in: Handelsblatt, 24.6.1994; »Waigel verteidigt die Treuhandanstalt«, in: Frankfurter Allgemeine Zeitung, 24.6.1994; »Waigel stellt sich hinter die Arbeit der Treuhandanstalt«, in: Tagesspiegel, 24.6.1994; »Waigel lobt die Arbeit der Treuhand«, in: Frankfurter Rundschau, 24.6.1994.

chen Anhörungen mit ostdeutschen Betroffenen nichts änderte.[73] Als der Ausschuss in seiner 53. und letzten Sitzung am 30. Juni wissenschaftliche Sachverständige befragte, darunter Hans-Werner Sinn und Wolfgang Seibel, zeichneten diese ein differenziert-positives Bild: Unter den seit der Währungsunion im Sommer 1990 vorgegebenen, sehr kritischen Umständen habe die Organisation das realistisch Mögliche erreicht.[74]

Ihr letztes Gefecht vor dem Ausschuss schlugen die parteipolitischen Kontrahenten schließlich Ende August 1994, als Koalition und Opposition mitten im Bundestagswahlkampf heftig um den Abschlussbericht des Gremiums stritten. Die Vertreter von CDU/CSU und FDP wiesen den fast 900-seitigen, vom Ausschusssekretariat verfassten Berichtsentwurf als »tendenziös« zurück, da dieser sich ausschließlich »mit der kleinen Anzahl missglückter Privatisierungen und dem Fehlverhalten einzelner« befasse.[75] Kurzerhand verfassten die Koalitionsabgeordneten auf knapp 250 Seiten einen eigenen, positiven Bericht, den sie am 22. August der Öffentlichkeit präsentierten. Im Gegensatz hierzu qualifizierten die SPD-Vertreter die Treuhand und ihre Privatisierungsstrategie als »völlig unzureichend« und machten diese für die »verheerenden Ergebnisse« des ostdeutschen Wirtschaftsumbaus verantwortlich.[76]

Der heftige, sich noch über einige Wochen hinziehende Streit mündete Anfang September in einen Doppelbericht, der sich in einander widersprechenden Bewertungen erschöpfte: Während die Mehrheit der Koalitionsfraktionen auf knapp 100 Seiten ihre positiven Einschätzungen wiederholte, präsentierten die SPD-Vertreter ein 400-seitiges Minderheitenvotum, das sich auf mangelnde Kontrollmaßnahmen aus Bonn, gescheiterte Privatisierungsfälle, geschönte Abwicklungsstatistiken, hohe Liquidatorenzahlungen sowie üppige Gehälter für Jungmanager konzentrierte.[77] Bei der

73 »Schilys Trost-Tour für Ossis ohne Arbeit«, in: Neues Deutschland, 9.6.1994.

74 »›Gigantische‹ Arbeit der THA gewürdigt«, in: Woche im Bundestag, 6.7.1994; »Treuhandausschuß beendet öffentliche Arbeit«, in: Leipziger Volkszeitung, 1.7.1994.

75 »Koalition und SPD streiten um Rolle der Treuhandanstalt«, in: Märkische Oderzeitung, 23.8.1994; »Scharfer Streit um die Treuhand«, in: Tagesspiegel, 23.8.1994; »Treuhand-Ausschußbericht liefert Wahlkampfmunition«, in: Die Welt, 23.8.1994; »Treuhand-Bericht sorgt für Zoff«, in: Frankfurter Rundschau, 23.8.1994; »Ärger über Abschlußbericht des Treuhand-Untersuchungsausschusses«, in: Frankfurter Allgemeine Zeitung, 23.8.1994; »Treuhand als Wahlkampfmunition«, in: Süddeutsche Zeitung, 27.8.1994; »Parteienstreit um Treuhand«, in: Die Welt, 29.8.1994.

76 »Untersuchungsausschuß streitet über Bericht«, in: Handelsblatt, 23.8.1994.

77 Vgl. dazu insg. Beschlußempfehlung und Bericht des 2. Untersuchungsausschusses »Treuhandanstalt« nach Artikel 44 des Grundgesetzes, Drucksache 12/804, 31.8.1994, abgedruckt in: Treuhandanstalt: Dokumentation, Bd. 13 u. Bd. 14.

Präsentation des dickleibigen, über 1.150 Seiten starken Abschlussberichts, dem die Vertreter von Union und FDP demonstrativ fernblieben, spottete Schily über Bundesfinanzminister Waigel: »Er wusste nicht, dass er nichts wusste, weil er nicht wusste, dass es etwas zu wissen gab.«[78]

Am 21. September 1994 stritt der Bonner Bundestag schließlich fast drei Stunden lang erbittert über die Treuhand und ihre Arbeit. Der SPD-Sprecher Hinrich Kuessner geißelte eine »menschenverachtende Treuhandpolitik« und Otto Schily griff die »ideologische Verbohrtheit« von Treuhand und Bundesregierung an, die die Arbeit des Ausschusses systematisch behindert hätten; Koalitionsvertreter nannten das umfassende SPD-Minderheitenvotum hingegen ein »unredliches manipulatives Machwerk«.[79]

Die Medienöffentlichkeit hatte sich zu diesem Zeitpunkt allerdings größtenteils abgewandt: Die Bonner Parteipolitik habe den Ausschuss schlichtweg »dem Wahlkampf geopfert«, wie die *Märkische Oderzeitung* urteilte;[80] für den *Welt*-Redakteur Nikolaus Blome hatte das Gremium den praktischen Nachweis erbracht, dass es im »Raumschiff Bonn« wie in den alten Ländern überhaupt an jeglichem Verständnis für die »Dimensionen des Umbaus« im Osten fehle.[81] Der *Tagesspiegel* erkannte in dem Ausschuss lediglich die unnötige »Schlußakt(e) eines Trauerspiels«;[82] die *Süddeutsche Zeitung* attestierte der SPD einen wahltaktischen »Amoklauf gegen die Treuhandanstalt, der Wasser auf die Mühlen der PDS« sei;[83] dem

78 »Außerhalb jeder Kontrolle«, in: Tageszeitung, 6.9.1994; »Die Treuhand stört keine Kritik mehr«, in: Junge Welt, 6.9.1994; »Schily hält Koalition Obstruktion vor«, in: Süddeutsche Zeitung, 6.9.1994.

79 »›Nur ein Gaukelspiel‹«, in: Hamburger Abendblatt, 22.9.1994; »Opposition beklagt Treuhand-Schäden«, in: Sächsische Zeitung, 22.9.1994; »Schily: Treuhand-Schaden wirkt lange nach«, in: Frankfurter Allgemeine Zeitung, 22.9.1994; »Koalition verteidigt Privatisierungskonzept«, in: Frankfurter Rundschau, 22.9.1994; »Streit über Bewertung der neuen Arbeit«, in: Süddeutsche Zeitung, 22.9.1994; »Hitzige Wortgefechte um die Arbeit der Treuhand«, in: Thüringer Allgemeine, 22.9.1994.

80 »Treuhand-Ausschuß dem Wahlkampf geopfert«, in: Märkische Oderzeitung, 6.9.1994; insgesamt zu den hitzigen parlamentarischen Konflikten im September 1994: »Parteienstreit bis zum Ende«, in: Frankfurter Rundschau, 6.9.1994; »SPD-Kritik an Treuhand«, in: Lausitzer Rundschau, 6.9.1994; »Unterschiedliche Optik«, in: Leipziger Volkszeitung, 6.9.1994; »Treuhand-Arbeit ohne Rücksicht auf Folgen«, in: Thüringische Landeszeitung, 6.9.1994; »Ausverkauf Ost«, in: Die Woche, 9.9.1994; »Konfrontation der Parteien«, in: Handelsblatt, 6.9.1994; »Erfolge der Treuhand in Frage gestellt«, in: Morgenpost, 16.9.1994; »Prellbock Treuhand«, in: Tagesspiegel, 21.9.1994.

81 »Die Treuhand nutzte die Freiheiten, die ihr die Politik ließ«, in: Die Welt, 31.8.1994.

82 »Schlußakt(e) eines Trauerspiels«, in: Tagesspiegel, 6.9.1994.

83 »Amoklauf gegen die Treuhand«, in: Süddeutsche Zeitung, 23.9.1994.

Neuen Deutschland schließlich erschien der oft bis in die Nacht tagende »Mondscheinausschuß« als reine »SPD-Wahlkampfveranstaltung«, als »Schilys Trost-Tour für Ossis ohne Arbeit«.[84]

Ein erhofftes leises »Ausklingen« der Treuhand hatte sich damit als vergebliche Hoffnung herausgestellt. Das Ergebnis der Bundestagswahl vom 16. Oktober 1994 vermochte der letztmalige, massive parteipolitische Streit allerdings nicht mehr entscheidend zu beeinflussen. Trotz empfindlicher Verluste konnte die christliberale Bundesregierung unter Helmut Kohl ihre Mehrheit – auch aufgrund der Wahlresultate in den neuen Ländern – denkbar knapp gegen eine von Rudolf Scharping angeführte SPD verteidigen, obwohl diese Zugewinne erzielt hatte und Bündnis 90/Die Grünen sogar ihren Wiedereinzug in den Bundestag feiern konnten. Den von Schily formulierten Drohungen, ein neuer Untersuchungsausschuss in der kommenden Legislaturperiode werde – dieses Mal mit Rückendeckung einer rot-grünen Bundesregierung – das ganze Ausmaß der Treuhand-Politik ans Tageslicht befördern, war durch das Wählervotum nun die Grundlage entzogen.[85]

Vier Jahre später, im Herbst 1998, war die Treuhand für die neue rot-grüne Regierung kein Thema mehr, das sich noch umfassend zu diskutieren lohnte. Während CDU/CSU und FDP ab Oktober 1994 schließlich an einer Neuauflage ihres langjährigen Regierungsbündnisses arbeiteten, konnte die Treuhand in ihrem letzten Vierteljahr das so lange erhoffte, öffentliche Schattendasein fristen.

6.2 Praxis: Sanierung, Vertragsmanagement und Härtefälle 1993/94

Bereits im Herbst 1991 deutete sich in der alltäglichen Geschäftspraxis eine markante Trendwende an. Am 26. September präsentierte Birgit Breuel in Berlin das überraschende Ergebnis einer nochmaligen »interne[n] Auswertung« der von den Geschäftsführungen eingereichten Unternehmenskonzepte durch Branchendirektorate und Leitungsausschuss. »Mindestens 70 Prozent« der noch verbleibenden 6.500 Betriebe erschienen demnach »sanierungsfähig«; bei lediglich zehn Prozent müsse davon ausgegangen werden, dass »eine Stilllegung eingeleitet« werde. Breuel, die die deutlich positivere Bewertung des Unternehmensbestandes auf eine qualitative Verbesserung vieler Konzepte zurückführte, erklärte den Pressevertretern, dass »die Erhaltung [eines] möglichst großen leis-

84 »Mondscheinausschuß: Kein Retter, aber Obduzent«, in: Neues Deutschland, 16.9.1994; »Treuhand – ein Jahrhundertauftrag ohne Konzept und Verantwortung«, in: Neues Deutschland, 13.9.1994.

85 »SPD dringt auf einen neuen Untersuchungsausschuß«, in: Handelsblatt, 22.9.1994.

tungs- und wettbewerbsfähigen industriellen Kerns« fortan Zielstellung der Treuhand sei: »Sanierung und Umstrukturierung«.[86]

Ende des Jahres arbeitete insbesondere Vizepräsident Hero Brahms – unter dem Eindruck der sich verschärfenden wirtschaftspolitischen Kontroversen um eine industrie- und strukturpolitische Wende in Ostdeutschland – intensiv an einer möglichen Anpassung der operativen Geschäftspraxis. In seinem Konzeptpapier zur »Unternehmenssanierung« vom 17. Dezember unterstrich Brahms, dass die noch verbleibenden Betriebe »gegenwärtig in eine dritte Phase der Sanierung« einträten. 1990 habe man noch schwerpunktmäßig an einer »aussagefähige[n] Informationsbasis« und der kurzfristigen »Liquiditätssicherung« gearbeitet, das Jahr 1991 sei mit der »Entwicklung von Unternehmenskonzepten« und »ersten Anpassungsmaßnahmen« ausgefüllt gewesen. Nun gelte es für das Jahr 1992, »betriebswirtschaftliche Feinarbeit zu leisten, Konzepte zu überprüfen und umzusetzen sowie, was besonders schwierig ist, sich an Märkten neu auszurichten«.[87] Hierfür bedürfe es der Entwicklung eines »vielseitigen Instrumentariums« für »neue kreative Privatisierungsanstrengungen«, da die verbleibenden Betriebe nicht sofort verkäuflich seien, aber deren Stilllegung aus politischen Gründen immer schwieriger erschien. Brahms schwebten dabei insbesondere eine »systematische Entflechtung« der Betriebe sowie eine weitere »Internationalisierung« der Verkaufsanstrengungen vor. Vermehrte öffentliche Ausschreibungsprogramme, zusätzliche Angebote zur Übernahme der Unternehmen durch das dortige Management, Pressekampagnen sowie die Beteiligung von internationalen Banken oder Fondsgesellschaften ergänzten sein Programm.[88]

Grundsätzlich wollte Brahms eine »aktive Sanierungsbegleitung« der Unternehmen und ihrer Geschäftsführungen »in vollständig privatwirtschaftlichen Strukturen« vorantreiben. Den Unternehmensbestand ordnete er in drei »Gruppen«: Eine erste Gruppe umfasste »einige Großunternehmen«, für die aus politischen Gründen »Einzelfalllösungen« mit Bund und Ländern zu suchen seien. Das »Gros der Unternehmen«, die zweite Gruppe, sollte auch künftig durch Branchendirektorate und Niederlassungen betreut werden. Die dritte Gruppe fasste »Unternehmen ab 500 Beschäftigten und relativ hohem Sanierungsaufwand« in die bereits erwähnten »Treuhand-Management-Gesellschaften« (MKGs) zusammen.

86 »Mindestens 70 Prozent der Treuhand-Unternehmen sind sanierungsfähig«, in: Treuhandanstalt Informationen, 10.10.1991.

87 Hero Brahms: Unternehmenssanierung – Lösungsansätze der Treuhandanstalt, 17.12.1991, in: Treuhandanstalt: Dokumentation, Bd. 7, S. 482-490, hier S. 487.

88 Ebd., S. 484f.

Sie war durch »sanierungserfahrene Managementkapazitäten« direkt zu betreuen, um diese mittelfristig privatisieren zu können.

Brahms hatte damit die Marschrichtung für 1992 vorgezeichnet: Die Organisation würde ihre Sanierungsbemühungen, wie öffentlich gefordert, als Mittel zum Zweck (der Privatisierung) demonstrativ intensivieren. In Eigenregie würde sie zudem ein »kreatives«, »marktgerechtes« wie »unternehmerisches« Instrumentarium entwickeln, um so die »betriebswirtschaftliche Feinarbeit« leisten zu können, ohne dabei dauerhafte Strukturen einer staatlichen Industrieverwaltung aufzubauen.[89]

Brahms' Vorschläge trugen schon bald Früchte: Am 28. April legte Birgit Breuel dem Verwaltungsrat einen Zwischenbericht vor. Auch in Zukunft werde sich der Vorstand »an der Diskussion über Privatisierung oder Sanierung« nicht beteiligen, denn beides gehöre in der komplizierten Alltagspraxis des Wirtschafts- und Betriebsumbaus ohnehin zusammen. Dennoch deutete Breuel in ihrer Ansprache eine operative Kurskorrektur an. Das Jahr 1992 müsse letztlich das »Jahr der Sanierung vor Ort« werden, wobei vor allem drei Aspekte vordringlich erschienen: die baldige Einrichtung der angekündigten Management-KGs, die intensive Überprüfung und Stilllegung der 600 Betriebe mit dem größten Finanzbedarf sowie eine Verbesserung der »Auftragslage« der restlichen Unternehmen, vor allem auf den »Westmärkten«.[90]

Zwei Monate, nachdem die Management-KGs als Kompromisslösung zwischen Treuhand, Bundesregierung und aufbegehrenden CDU-Abgeordneten vereinbart worden waren, rückten diese auf die Agenda. Im Grunde ging es dabei um eine Privatisierung der Sanierungsarbeit in zwei Schritten: Zunächst sollten »sanierungserfahrene Top-Manager« rekrutiert werden, die als unabhängige Geschäftsführer ein Bündel Betriebe mit mehr als 500 (später 250) Arbeitnehmern zu übernehmen hätten. Ihr Portfolio sollten diese Manager sodann in Eigenregie »führen, sanieren bzw. ansanieren«, um es später an private Investoren verkaufen zu können – für jede erfolgreiche Privatisierung sollten die MKG-Chefs auch eine Erfolgsbeteiligung erhalten. In zwei Wellen brachte die Treuhand insgesamt 69 Unternehmen mit 32.000 Beschäftigen in fünf MKGs ein: Bereits im Mai 1992 hatten der Industrie- und Finanzmanager Horst Plaschna, von 1990 bis 1992 Koordinator des Leitungsausschusses, sowie der Finanzexperte Horst Urban zwei MKGs mit gemischtem Branchenportfolio übernommen. Im März 1993 sollten drei weitere bundesdeutsche »Top-Sanierer«

89 Ebd., S. 487.

90 »Treuhand: Wir brauchen jetzt Aufträge für unsere Unternehmen«, in: Treuhandanstalt Informationen, 7.5.1992.

eigene MKGs erhalten, denen dann allerdings Betriebe aus ähnlichen Branchen zugeteilt wurden.[91]

Auch wenn die neuen Sanierungsgesellschaften in Politik und Öffentlichkeit aufmerksam verfolgt wurden: Effektiv betrachtet betreuten sie nur einen Bruchteil der verbleibenden Betriebe und besaßen eher experimentellen und symbolischen Charakter. Der Großteil der proklamierten »aktiven Sanierungsbegleitung« wurde stattdessen weiterhin in den Direktoraten verantwortet. Zum Jahresende läutete der Vorstand daher nochmals eine Intensivierung dieses Sanierungskurses ein. Am 21. Dezember wandte sich Breuel in einem Rundschreiben an alle Direktoren und Niederlassungsleiter. Im ausklingenden Jahr habe man zwar eine »Reihe von sehr bedeutenden Unternehmensprivatisierungen« erreicht und einen Großteil des »Privatisierungsauftrages erfüllt«. Dennoch habe es in der Geschäftspraxis auch »herbe Enttäuschungen« gegeben, insbesondere durch den Zusammenbruch der Märkte in Osteuropa und die konjunkturelle Eintrübung im Westen. Die »fortgeschrittene Privatisierung« ermögliche es dem Personal daher nun, »die Sanierung der verbleibenden Betriebe mit noch mehr Engagement zu betreiben«.[92]

Hierfür skizzierte die Präsidentin eine Reihe von Richtsätzen: Die Treuhand werde künftig bemüht bleiben, die »industriellen Kerne« zu bewahren, wolle aber auch weiterhin an ihrer vorrangigen »Privatisierungspolitik« festhalten.[93] Doch Breuel ließ es nicht bei diesen durchaus bekannten Sprachformeln bewenden, denn die nachfolgenden Abschnitte hielten Überraschungen bereit: 1993 müsse sich der »Schwerpunkt der Sanierungstätigkeit« von der »Rationalisierung« vor allem durch Personalabbau und »Verbesserung von Produkten« hin zu »Maßnahmen mit dem Ziel der Aufnahme neuer Produkte und der Erschließung neuer Märkte« verschieben. Drei »Grundsätze« hob die Präsidentin besonders hervor: Man wolle die »Beurteilung der Sanierungsfähigkeit« eines Unternehmens nicht mehr von der »konjunkturellen Lage«, sondern vielmehr »von strukturellen Aussichten« abhängig machen; die Umsetzung von Unternehmenskonzepten solle künftig nicht mehr an der »Finanzierung« scheitern; und schließlich werde man den Betrieben auch »die zur Umstrukturierung notwendige Zeit« einräumen.[94]

91 »Sanierer an der Arbeit: Knochenarbeit vor Ort«, in: Treuhandanstalt Informationen, 17.3.1993, S. 6f.

92 Birgit Breuel an die Damen und Herren Vorsitzenden der Aufsichtsräte der Treuhand-Unternehmen, Berlin, 21.12.1992, in: Treuhandanstalt: Dokumentation, Bd. 7, S. 574-576.

93 Ebd., S. 574f.

94 Ebd., S. 575.

Derlei Überlegungen erschienen mit Blick auf die bisher praktizierte Geschäftspolitik gravierend. Aktuelle Marktsituation, laufende Kosten und möglichst knappe Zeithorizonte waren seit Herbst 1990 zentrale und gegen öffentliche Kritiker vehement verteidigte Bewertungskriterien der Betriebe gewesen. Breuel dürfte geahnt haben, dass eine Umorientierung in der Praxis auch Irritationen beim eigenen Personal auslösen würde. Da es vermutlich »grundsätzlichen Diskussionsbedarf« geben würde, lud die Präsidentin zu einer »Aussprache« zwischen Vorstand und Direktoren im Rahmen einer gemeinsamen Klausurtagung am 28. Januar 1993.[95]

Während der in den Jahren der forcierten »Massenprivatisierung« 1990/91 noch rundheraus abgelehnte Terminus »Sanierung« im Geschäftsalltag Einzug hielt, lief gleichzeitig das Privatisierungsgeschäft verstärkt weiter. Es entbehrte nicht einer gewissen Ironie, dass der Vorstand genau zu jener Zeit öffentlich intensiv über verschiedene »Modelle« und »Instrumente« der »Sanierung« zu sprechen und sich an einer Debatte über den Erhalt der »industriellen Kerne« zu beteiligen begann, während das Personal unterdessen in den Direktoraten und Niederlassungen den Anfang 1991 eingeschlagenen Privatisierungskurs unbeirrt fortsetzte. Im April 1992 vermeldeten die *Treuhandanstalt Informationen* vergleichsweise zurückhaltend ihr eigenes »Bergfest«: Mit knapp 1.400 Privatisierungen im ersten Quartal 1992 habe man inzwischen mehr als die Hälfte des ursprünglichen Firmenbestandes abgebaut; insgesamt seien mittlerweile knapp 6.600 Betriebe an Investoren veräußert worden, im Portfolio verblieben demgegenüber noch knapp 5.000 Einheiten, die sich vor allem in den Branchengruppen Dienstleistung (691), Maschinenbau (656), Handel (540) sowie Land- und Forstwirtschaft (444) konzentrierten.[96]

Auch die folgenden Quartale hielten weitere, öffentlich allerdings nicht mehr allzu offensiv kommunizierte Privatisierungsrekorde bereit. Zwischen April und Juni 1992 hatte man 1.600, zwischen Juli und September sogar über 2.200 Privatisierungsverfahren abgeschlossen und damit die mit Abstand höchste Quartalsrate erreicht. Gerade im Herbst 1992 fuhr die Organisation damit die Ergebnisse oft langwieriger, über mehrere Monate oder Jahre laufender Verhandlungsbemühungen ein. Im Dezember 1992 vermeldete die offizielle Treuhand-Statistik schließlich mehr als 10.000 ab-

95 Ebd.

96 »Erstes Quartal 1992 mit 1.400 Privatisierungen«, in: Treuhandanstalt Informationen, Mai 1992; »Gut die Hälfte der Arbeit ist geschafft«, in: Treuhandanstalt Informationen, 6.4.1992. Im Zuge von Entflechtungen und anderen Restrukturierungsmaßnahmen erhöhte sich die Grundgesamtheit der von der Treuhand insgesamt gehändelten Betriebe von knapp 8.000 auf am Ende über 12.000.

geschlossene Privatisierungen.[97] Das Massenprivatisierungsgeschäft hatte damit, mitten im von Breuel und Brahms kraftvoll proklamierten »Jahr der Sanierung«, sein großes Finale erlebt, ein operativer »Big Bang«, der zugleich auch einen Schlusspunkt markierte: Fast 90 Prozent des »Portfolios« waren Ende 1992 abgebaut, ein Großteil der im März 1990 übertragenen Betriebe also privatisiert oder abgewickelt.

In der Organisation machte sich der rasante »Privatisierungsfortschritt« allmählich bemerkbar. So kündigte Vorstand Günter Rexrodt bereits im April 1992 das baldige Ende des Branchendirektorates für Nahrungs- und Genussmittel zum 30. September an.[98] Während im Verlauf der zweiten Jahreshälfte die Niederlassungen sukzessive ihre Privatisierungstätigkeit einstellten und ab 1993 auch vermehrt Direktorate zusammengelegt wurden, rückte neben der »aktiven Sanierungsbegleitung« ein neues Arbeitsfeld verstärkt in den Fokus: der langfristige Umgang mit den bereits abgeschlossenen Verträgen.

Die mittel- und langfristige Einhaltung der im Vertragswerk festgelegten Modalitäten wie Kaufpreiszahlungen, Arbeitsplatz- oder Investitionszusagen war bisher nachgeordnet gewesen und führte nun zu der Frage: Konnte die Treuhand die in den Verträgen meist in langwierigen Verhandlungen niedergelegten und zeitlich gestaffelten Konditionen überhaupt effektiv kontrollieren und auch im Konfliktfall durchsetzen? Erst bemerkenswert spät, am 21. Januar 1992, hatte der Vorstand beschlossen, die »Vertragsabwicklung« systematisch zu einem eigenen Arbeitsschwerpunkt aufzuwerten. Am 13. Mai unterbreitete eine interne Arbeitsgruppe den Vorschlag, hierfür innerhalb der kaufmännischen Direktorate eigene Abteilungen einzurichten und deren Personalbestand insgesamt um 37 Stellen anzuheben.[99] Bis Oktober hatte man sechs entsprechende Abteilungen in der Zentrale und 15 in den Niederlassungen mit knapp 200 Mitarbeitern aufgebaut.[100]

Seit Anfang 1993, parallel zum Rückgang des Privatisierungsgeschäfts, trieb die Treuhand-Spitze nun den Ausbau des mittlerweile in »Vertragsmanagement« umfirmierten Arbeitsbereichs energischer voran. Vorstand und Verwaltungsrat beschlossen im Januar 1993 die Einrichtung eines

97 »Bis Oktober 1992 10.403 Privatisierungen«, in: Treuhandanstalt Informationen, Dezember 1992.

98 »Lebensmittelherstellung 1992 voll privatisiert«, in: Treuhandanstalt Informationen, 6.4.1992.

99 Vorlage für den Gesamtvorstand der Treuhandanstalt, Berlin, 13.5.1992, in: Treuhandanstalt: Dokumentation, Bd. 7, S. 847ff.

100 Bericht über Aufbau, Organisation und Arbeitsweise des Vertragsmanagements der Treuhandanstalt, Berlin, 28.10.1992, in: Treuhandanstalt: Dokumentation, Bd. 7, S. 872-880, hier 872ff.

eigenen Direktorates »Koordination Vertragsmanagement«, um diesen Bereich »organisatorisch zu straffen« und ihm neues Personal zuzuführen. Die Treuhand-Spitze wollte mit Blick auf die nun definitiv für Ende 1994 geplante Auflösung und Nachfolgeregelung eine Zwischen- und »Übergangslösung« schaffen, die das Ende der Massenprivatisierung und die mittel- und langfristige »Sicherung« ihrer Ergebnisse miteinander verknüpfte. Im Juni 1993 wurde auf einer Klausurtagung am Müggelsee erneut über eine grundlegende »Weiterentwicklung« des Bereichs diskutiert, da dieser – wie Vizepräsident Brahms ausführte – »in den nächsten zwei Jahren eine wichtige Aufgabe« der Organisation sei, die »überwiegend dezentral durchgeführt« werden solle, aber »heute noch nicht optimal organisiert« sei. Brahms regte die Einrichtung eines eigenen Vorstandsbereiches und die Aufwertung der Abteilungen zu eigenständigen Direktoraten an.[101]

Zum 1. Juli 1993 nahm dieser neue Vorstandsbereich »Vertragsmanagement« seine Tätigkeit auf und wurde Hero Brahms zugeschlagen. Die fünf neuen Direktorate nahmen einander überkreuzende Verantwortungen wahr: Zum einen waren sie für Privatisierungsverträge bestimmter Branchen tätig, andererseits übernahm jedes Direktorat die Aufsicht über die Prüfung der Niederlassungs-Verträge innerhalb eines Bundeslandes. Die Personaldecke sollte bis Ende 1993 insbesondere durch interne Umbesetzungen rasch von 350 auf 550 erhöht werden. Die Alltagspraxis dieses jüngsten und zügig wachsenden Bereichs bestand in der Überprüfung von mittlerweile knapp 40.000 Privatisierungskontrakten, die neben großen Industrieprivatisierungen auch Zehntausende Kleinstprivatisierungen von Gaststätten und Läden umfassten. Die von den Mitarbeitern zu prüfenden Volumina waren immens. Zum 1. Juni umfasste das Vertragskonvolut Investitionszusagen in Höhe von 179 Milliarden D-Mark und Arbeitsplatzgarantieren für 1,45 Millionen Beschäftigte, wovon allerdings jeweils nur knapp die Hälfte juristisch »einklagbar« waren, was vor allem mit den in den Verträgen von 1990/91 noch nicht fixierten Vertragsstrafen zusammenhing.[102]

Bei Abweichungen mussten sich die neuen »Vertragsmanager« in »Nachverhandlungen« mit den Investoren begeben, die häufig Zugeständnisse beim Kaufpreis, den zugesagten Arbeitsplätzen oder Investitionen wünschten, sich in der Regel auf die angespannte Geschäftssituation beriefen und daher das geknüpfte Vertragspaket wieder aufschnüren wollten.

101 Vortrag Hero Brahms: Organisatorische Weiterentwicklung des Vertragsmanagements. Klausurtagung im Müggelsee, 8.6.1993, in: Treuhandanstalt: Dokumentation, Bd. 7, S. 920f.

102 »Vertrauen ist gut, Kontrolle ist besser«, in: Treuhandanstalt Informationen, 29.7.1993.

Mitte 1993 verhandelte man knapp 3.000 solcher Fälle nach, wobei Brahms 400 Nachverhandlungen als »schwierig« betrachtete. Vertragsstrafen hatte man bis Mitte 1993 allerdings nur in 126 Fällen verhängt.[103] Das ab 1993 zunehmend den Alltag bestimmende »Vertragsmanagement« war im Gegensatz zu dem bis Ende 1992 forcierten Massenprivatisierungsgeschäft weit stärker bürokratisch organisiert und weniger skandalträchtig. Es ging meist um komplexe Vertragskonstruktionen, die vertraulich zwischen Treuhand und Neueigentümern über längere Zeiträume diskutiert wurden. Eine Ausnahme hiervon bildete die Problematik der »Rücknahme« von bereits privatisierten Unternehmen im Falle von Pleiten. Der Vorstand sperrte sich zwar mit großer Vehemenz gegen eine solche Praxis, da das Personal »nicht die Verantwortung für unternehmerische Fehler in privatisierten Unternehmen übernehmen« könne. Dennoch ereigneten sich, gerade bei kriminellen Verwicklungen wie etwa in der Hallenser Niederlassung, derlei Rücknahmen in Einzelfällen – die Betriebe fielen dann ins Portfolio zurück.[104]

Nach dem großen Privatisierungsendspurt in der zweiten Hälfte des Jahres 1992 wies die mittlerweile fein ausdifferenzierte Treuhand-Statistik Anfang Februar 1993 noch einen Bestand von 1.253 Unternehmen mit 236.000 Mitarbeitern aus. Der Großteil der Beschäftigten konzentrierte sich dabei auf 317 mittlere Betriebe mit mehr als einhundert sowie auf 74 Großbetriebe mit über fünfhundert Mitarbeitern. Auch deren Branchenzugehörigkeit war erfasst: 40 Unternehmen mit 65.000 Beschäftigten gehörten dem Energie- und Bergbau-Sektor an, 180 (43.700) dem Maschinenbau sowie 78 (34.300) der chemischen Industrie, die restlichen Betriebe verteilten sich auf weitere Branchen. Bis zur Mitte des Jahres 1993 hatte man den Bestand der Unternehmen zwar auf weiter 740 reduziert, die allerdings noch über 200.000 Beschäftigte auswiesen.[105] Die gewandelte Situation war offensichtlich: Im »Restportfolio« der Direktorate waren schwer verkäufliche Großbetriebe aus alten, meist traditionsreichen Industriebranchen versammelt, die aus strukturpolitischen Widerständen heraus nicht geschlossen werden konnten und die bis weit ins Jahr 1994 hinein eine schrumpfende Zahl an Branchendirektoraten intensiv beschäftigen sollten.[106]

103 Ebd.

104 Über diese Rücknahmepraktiken sind bislang leider kaum belastbare Untersuchungen angestellt worden, da sie aus Sicht der Treuhand hochgradig unerwünscht waren und auch in der Öffentlichkeit, jenseits der größeren Skandalfälle, keine größere Aufmerksamkeit erfahren haben.

105 »Treuhand sucht Perspektive für nun noch 741 Unternehmen«, in: Treuhandanstalt Informationen, 29.7.1993.

106 »Die große Last der Treuhand«, in: Hamburger Abendblatt, 4.4.1992.

Seit Mitte 1992 war die operative Geschäftspraxis also durch mehrere, einander teils überlagernde Entwicklungsdynamiken gekennzeichnet. Da ein Großteil der von Dietmar Rost geführten Experteninterviews genau in diesen vielschichtigen Zeitraum 1992/93 fiel, wurde die operative Kurskorrektur kontrovers und quasi tagesaktuell kommentiert; nicht wenige Manager sahen in dem 1992 nach langer politischer Debatte verkündeten Sanierungskurs eine bedauerliche Verirrung. Der ostdeutsche Branchendirektor Steffen Damm spottete über die eigentümliche Karriere des Sanierungsbegriffs, der »am Anfang noch ein Non-Wort« gewesen sei: »Heute sind wir ja groß auf der Sanierung, aber damals wurde das, das war mehr oder weniger ein Feigenblatt, [...] wo wir gesagt haben, wir können nicht die Sanierer sein.«[107] Dieter Maltritz, gerade in die Zentrale zurückberufener Niederlassungsleiter, diskutierte den »widersinnigen Gegensatz« zwischen Sanierung und Privatisierung:

> »Das ist überhaupt kein Gegensatz. Wo die Treuhand privatisieren kann, da wird sie ja wohl nicht so hirnrissig sein und selber das Sanieren versuchen, das kann ja der Investor viel besser. Der kennt doch alles besser, der kennt die Branche, der kennt die Investitionsgüter, der kennt die Märkte. Das kann die Treuhand ja nur schlechter machen, als der Investor. Also wo sie privatisieren kann, soll sie privatisieren und soll das Sanieren vergessen. Und wo sie NICHT privatisieren KANN, weil es keiner WILL, ist sie ohnehin gezwungen zu sanieren. Also ich weiß gar nicht, warum DAS immer ein Thema ist.«[108]

Dem Niederlassungsleiter erschien die Sanierungsaufgabe im Einzelfall als viel zu komplex, um durch das Personal wirklich intensiv umgesetzt werden zu können. Er illustrierte seinem nachfragenden Gesprächspartner die Situation am Beispiel eines seinerzeit intensiv in der Wirtschaftspresse verfolgten Falles – der schwierigen Übernahme der defizitären AEG durch den Daimler-Konzern, die für ihn bewies, dass selbst ein erfolgreicher Großkonzern, der über entsprechendes Fachpersonal und »Knowhow« verfüge, sich mit einer singulären Sanierungsaufgabe schwertue.[109]

Der ostdeutsche Referent Richard Rauenau schrieb den Streit einer fehlerhaften öffentlichen Interpretation zu. Privatisierung und Sanierung begriff er auch als zwingend zusammengehörig:

> »Und was der Treuhand geschadet hat, das ist dieses fehlerhafte Interpretieren dieser Säule Privatisierung und Sanierung. Wir sanieren NICHT, wir privatisieren. Und halt wie zwei gegensätzliche Seiten

107 R24-Interview mit Steffen Damm, 6.10.1992.

108 R23-Interview mit Dr. Dieter Maltritz, 5.10.1992.

109 Ebd.

einer Medaille. Ich sage immer, wenn jemand was kaufen will, dann kauft er was Vernünftiges, was Solides. Deshalb ist für mich der Privatisierungsprozess, immer ein Sanierungsprozess. Und wenn sich einer findet, der was Korruptes und was Zerstörtes kauft, der kauft es erstens billig, und das wird auch nicht verstanden. Weil diese eine Mark immer (lacht) gleichgesetzt wird.«[110]

Die hiermit verknüpfte Kritik in der ostdeutschen Bevölkerung führte er auf mangelndes Wissen in puncto Marktwirtschaft zurück, welches er erst gestern auf einer Demonstration vor der Zentrale beobachtet habe:

»Und ob das bei einer Vielzahl der DDR-Bevölkerung, die wenig Erfahrung in der Marktwirtschaft hat, so in den Köpfen drinsteckt, das wage ich zu bezweifeln. Deshalb sind immer wieder die Transparente. Gestern war hier ein[e] Demonstration, ich weiß nicht, ob Sie es gesehen haben? [...] Aber wieder – Sanieren statt Privatisieren, das ist nicht die Frage. Das ist nicht die Frage.«[111]

Das 1992/93 interviewte Personal zeigte sich hinsichtlich dieser Formel uneins. Einige Interviewpartner verkehrten die von Rauenau in Übereinstimmung mit der offiziellen Linie vorgebrachte Logik in ihr Gegenteil. Matthias Erben, Branchendirektor mit langjähriger Industrieerfahrung, wurde von seinem Interviewer zum Verhältnis von Privatisierung und Sanierung in der Praxis befragt. Erben zögerte zunächst, »ob ich Ihnen das so sagen soll, wie ich es Ihnen eigentlich sagen müsste, oder ob ich jetzt die vornehmere Art wähle«. Auf Rosts Ermutigung hin wählte er dann die vermeintlich »vornehmere« Variante:

»Es ist ein grottenverlogener Blödsinn. Es ist UNSTRITTIG und richtig, dass ein Mensch, der ein Unternehmen kauft – und damit dieses Unternehmen privatisiert wird – sich, eben in völlig anderer Form für dieses Unternehmen verantwortlich fühlt, als wenn das dritte machen und sagen, wir müssen den Laden sanieren.«[112]

Die Praxis habe dann aber tatsächlich ganz anders ausgesehen:

»Es ist aber genauso unstrittig, obwohl wir das nach außen nie gesagt haben, denn sonst wären wir ja gleich in den Geruch gekommen, nun hätte also der Sozialismus in den Köpfen des Vorstandes der Treuhand auch schon Einzug gehalten, wir haben doch in einer Tour saniert. Es ist doch nicht wahr, dass wir nicht saniert haben. Wir haben hier manches

110 R28-Interview mit Prof. Dr. Richard Rauenau, 17.12.1992.
111 Ebd.
112 R39-Interview mit Dr. Matthias Erben, 19.1.1993.

> Mal Sachen gemacht, die unter Sanierungsgesichtspunkten vielleicht sogar ein bisschen angreifbar waren, dass wir eben gesagt haben, in dem Gebiet, da können wir es uns gar nicht leisten, so viele Menschen schlussendlich arbeitslos zu machen.«[113]

Um sich nicht dem Verdikt eines fortgeführten »Sozialismus« auszusetzen, sei es also eine heikle Frage gewesen, wie der Vorstand derlei praktische Sanierungsanstrengungen öffentlich nach außen kommuniziert habe. Hier habe man zunächst bewusst die Privatisierung in den Mittelpunkt gerückt, um so das befürchtete Aufkommen industriepolitischer Begehrlichkeiten aufseiten der politischen Linken im Keim zu ersticken.[114]

Direktorenkollege Patrick Körting ging sogar einen Schritt weiter. In seinem Gespräch legte der Manager allergrößten Wert darauf, bereits von Anfang an Privatisierung *und* Sanierung als eigene, miteinander verknüpfte Aufgabenfelder betrachtet zu haben, die man eben nicht erst einem Investor überlassen könne. Körting empfand es als verdienstvoll, seine Betriebe unternehmerisch umgestaltet zu haben. Er und seine Mitarbeiter hätten diese quasi am Reißbrett für die Marktwirtschaft neu zugeschnitten:

> »Bei normalen industriellen Firmen ist in diesem Wirtschaftsgebiet der Staatswirtschaften, sind diese Unternehmen alle versaut. Aus vielen vielen Gründen, und das muss erstmal abgebaut werden, das muss man mit der Firma gemeinsam machen, da muss man ganze Teile rausschneiden, separieren, neue Geschäftsfelder aufbauen, dann Teile veräußern, Fertigungstiefe dort abbauen, dort neue Fertigungsteile, strategisch wichtige Komponenten, die da im alten Verbund irgendwo anders laufen, wieder ranholen, weil ich die brauche, und solche Dinge muss man alles im Weg machen.«[115]

Zwar habe er deswegen in der unmittelbaren Anfangszeit noch keine hohen Verkaufszahlen vermelden können und sei deswegen von anderen Direktoren belächelt oder gar kritisiert worden; mittelfristig habe er jedoch ebenfalls zahlreiche erfolgreiche Abschlüsse realisieren können. Mit dieser Sanierungsstrategie habe man bereits frühzeitig, als ein Großteil der Direktorate noch ganz auf den schnellstmöglichen Verkauf von Betrieben fokussiert war, eine differenzierte Strategie verfolgt:

> »Zum Grundsatz hier, wie die Treuhand das im Grunde, solange, wie ich dabei bin, immer angepackt hat, dass sie gesagt hat, der beste Sanierer ist der Investor, also verkaufen ist der beste Weg zur Sanierung,

113 Ebd.

114 Ebd.

115 R9-Interview mit Dr. Patrick Körting, 30.7.1992.

das ist ABSOLUT richtig, aber das darf die betreuenden Bereiche nicht daran hindern, wenn nun mal nicht verkauft ist, das Unternehmen nicht einfach liegen zu lassen. Das heißt, solange ich keinen anderen Ansprechpartner als das Unternehmen selbst habe, werde ich tunlichst mit diesem Unternehmen von Anfang an selber sanieren.«[116]

Insbesondere eine intensive Zusammenarbeit mit den Geschäftsführungen, die man zu Umbaumaßnahmen, Entlassungen und Investitionen gedrängt habe, schien für Körting der zentrale Ansatzpunkt der alltäglichen Sanierungsbemühungen gewesen zu sein:

»Hatten wir so einen [Investor, M.B.] nicht, haben wir mit unseren Unternehmen das ALLES selber gemacht, und zwar von Anfang an. Ich habe meinen Unternehmen immer gesagt, jammert nicht rum, pennt nicht rum, entlasst eure Leute, strickt euren Laden um, nehmt auch mal Geld in die Hand, aber beschreibt uns das genau, schreibt uns noch die Effekte rauf, und dann werden wir miteinander diskutieren. Werden wir vielleicht mehr machen, vielleicht weniger machen, aber wenigstens, wir tun was.«[117]

Doch diese pragmatische Strategie habe er auch intern verteidigen müssen:

»Und mit dem, mit meinem Boss [Vorstand] Wild habe ich mich damals da noch schwer auseinandergesetzt, der mich immer fragte, wieso sanieren Sie Ihre Unternehmen eigentlich, und so, kamen immer so Fragen, immer so spontan kam das raus. Und da habe ich ihm das mal alles erklärt, hat er gesagt, okay, aber das ist ja eigentlich nicht unsere Hauptaufgabe. Ich sage, nein, aber sagen Sie mal, wollen Sie Unternehmen liegen lassen? Nein, gut, dem hat er sich auch nicht verschlossen, obwohl das nicht seine Denkwelt war, immer schnell verkaufen alles, und Sie verkaufen nicht schnell genug. Und ich sage, nix, die verkaufe ich nicht die Bude, die wird erst in Ordnung gebracht, dann verkaufe ich die. So, da war so ein bisschen der Konflikt.«[118]

Mittlerweile sei dieser pragmatische Ansatz jedoch allgemein anerkannt, wie der Direktor zufrieden erklärte. Die Manager schienen ihm nämlich entgegen öffentlicher Verlautbarungen durchaus in der Lage, den Umbau der Betriebe voranzutreiben:

116 Ebd.
117 Ebd.
118 Ebd.

> »[Sanierungen, M.B.] haben wir in allen Bereichen gemacht, dies ist inzwischen auch, ich sage mal, mehr oder weniger allgemeines Gedankengut der Firma, und ich sage auch noch eins, das ist politisch völlig falsch rübergekommen. Da ist immer gesagt worden, die Treuhand kann nicht sanieren. So, die können nur verhökern. Wir sind so eine M&A-Boutique und sonst nichts. Das ist ABSOLUTER QUATSCH. Und ich sage Ihnen auch, warum. Denn letztendlich wäre das eine Bankrotterklärung dieser gesamten Industrielandschaft.«[119]

Körtings Ausführungen zeigten an, wie selbstbewusst auch Branchendirektoren die Sanierungsaufgabe praktisch in Eigenregie angehen und sogar gegen die Zweifel der Vorstandsebene durchhalten konnten. In seiner Darstellung war die Lösung der Praxisprobleme in »seinen« Betrieben eine herausfordernde »Managementaufgabe«.

Auch andere Kollegen hoben die eigenen Handlungsspielräume und ihren Pragmatismus in der Alltagspraxis heraus. Für den seit Oktober 1990 in Sachsen aktiven Niederlassungsleiter Wolfgang Dorsten ergab sich nach 1991 die Möglichkeit, die verbleibenden Betriebe intensiver zu betreuen. Seine detaillierten Ausführungen boten zugleich Einblick in die der Praxis zugrunde liegende Handlungslogik zum jeweiligen Umgang mit diesen Großbetrieben:

> »Die Betreuung der Unternehmen zum Realisieren des Sanierungskonzeptes wird natürlich auch mit dem immer größeren Abbau, Sie sehen, was wir hier rausgeholt haben, was jetzt noch an Firmen dasteht, im Vergleich zu früher ja auch immer intensiver, und damit ist es auch möglich, in den Firmen auch nachhaltiger zu kontrollieren, was da passiert. Wir haben ein ziemlich genaues Kontrollinstrument, die sogenannte Cashfresserliste, wo wir aus den Quartalsberichten sauber nachhalten, welches Unternehmen baut welche Verluste, und was ist in den Unternehmen angesetzt, um diese Verluste zu reduzieren.«[120]

Die Strategie einer forcierten Trennung hatte sich in seinen Augen bewährt, da die größten »Cashfresser« nun absehbar abgearbeitet seien:

> »Und ich muss doch mit Genugtuung feststellen, dass wir von den Hauptcashfressern, die also zweistellige Millionenbeträge Verluste fahren im Jahr, bis zum Jahresende die schlimmsten privatisiert haben, und für alle anderen, die da stehen, quasi Entscheidungsprozesse eingeleitet haben, die zu privatisieren oder so zu verändern, dass die Verluste eben drastisch reduziert werden. [...]. Primär möglich durch die hö-

119 Ebd.

120 R26-Interview mit Dr. Wolfgang Dorsten, 25.11.1992.

here, durch den höheren Kümmeranteil, den wir pro Firma einsetzen können.«[121]

Mit Distanz blickte der im Sommer 1992 ausgeschiedene Abteilungsleiter Josef Arnstein auf die interne Konfliktlage zwischen »Sanierern« und »Privatisierern« zurück, die er so charakterisierte: »Viele Kollegen« hätten innerhalb der jeweiligen Direktorate unterschiedliche operative Gewichtungen favorisiert, weshalb eingeleitete Sanierungspolitik innerhalb der Organisation durchaus kontrovers bewertet worden sei:

> »Wir waren ja keine reinen VERKAUFSabteilungen, natürlich mussten wir auch in den Unternehmen zu Entscheidungen kommen, damit auch das, was uns an Masse blieb, um zu überleben, ganz klar vorgegeben war. Und je BESSER und je klarer Sie die Unternehmen auf Linie brachten, umso eher hatten Sie auch eine Möglichkeit, das Unternehmen zu privatisieren, das ist ganz klar, aber immer ein Zwiespalt gewesen, und ich glaube, es gibt viele Kollegen bei der Treuhandanstalt, ehemalige Kollegen, auf ALLEN Ebenen, die sagen, ›Wir haben nicht saniert‹. Und es gibt viele, die sagen, ›Wir haben restrukturiert‹, es gibt viele, die sagen, ›Wir hätten mehr tun müssen‹. Aber was da jetzt die ultima ratio ist, das wird wohl niemand herausfinden. Ich glaube aber, dass in grosso modo der richtige Weg gegangen worden ist. Bedingt durch zur Verfügung stehende Masse, Anzahl der Mitarbeiter der Treuhandanstalt, Situation vor Ort, Zeitgeschehen, und auch, wie der Markt sich dargestellt hat.«[122]

Neben der Frage von Sanierung und Privatisierung beherrschte das zu diesem Zeitpunkt gerade im Aufbau befindliche Vertragscontrolling die zeitgenössischen Expertengespräche. Dass dieser sich gerade vollziehende Aufgabenwandel auch gravierende Folgen für das Alltagsgeschäft haben würde, schien den interviewten Zeitgenossen letztlich unstrittig. Direktor Boris Hernholt kontrastierte die von ihm beschriebene »Narrenfreiheit der Privatisierung« mit der nun kommenden »zweiten Phase«:

> »Aber die zweite Phase heißt jetzt, die Verträge, die gemacht worden sind, abzuwickeln, und da gibt es KEINE Narrenfreiheit. Nicht, weil da gibt es, da geht es HART auf den Pfennig, nicht wahr, da wird GENAU nachgeguckt, und das muss auch so sein, das geht nach Sachgesichtspunkten und nach Sparsamkeitsgesichtspunkten. [...] Und das ist eine ganz andere Tätigkeit, nicht wahr [...]; die muss auch organisatorisch ganz neu strukturiert werden, weil es ein Massengeschäft ist, aber es ist

121 Ebd.
122 R49-Interview mit Josef Arnstein, 16.4.1993.

von einem ganz anderen Ansatz, die Tätigkeit. Sondern hier muss wirklich sichergestellt werden, dass die Volkswirtschaft und die Steuergelder geschont werden. Und wir sind jetzt in der Treuhandanstalt jetzt schon in einer Umbruchphase, manche merken das sehr deutlich, ich merke das sehr deutlich, dass wir eben jetzt zunehmend diese zwei Gesichter haben werden.«[123]

Siegfried Hambach, Abteilungsleiter im Rechtsdirektorat, verglich das 1991/92 praktizierte Privatisierungsprozedere mit einem hektischen Gebrauchtwagenverkauf, bei dem der Verkäufer die Konditionen nicht klar geregelt habe und diese nun erst mühsam nachverhandeln müsse. Anfang 1992 habe man an der Spitze nun die Bedeutung der Vertragskontrollen erkannt, als sich die Treuhand vermehrt Klageandrohungen von Investorenseite und öffentlicher Kritik bei gescheiterten Privatisierungen ausgesetzt gesehen habe:

> »Der [Aufbau der Vertragsabwicklung, M.B.] wurde sicherlich unterschätzt, er wurde auch wahrscheinlich zu spät in Angriff genommen. Warum? Am Anfang und weiterhin steht ja im Vordergrund die schnelle Privatisierung. Wenn ich schnell privatisiere, will ich schnell verkaufen, und wenn ich schnell verkaufe, mache ich schnell Fehler beim Verkauf. Bis hin zur Frage, ist der Kaufgegenstand vollständig, ist der Käufer ein seriöser Käufer. All dies hätte nicht vorrangige Bedeutung, wenn ich auf Schnelligkeit setze. Wenn man von vornherein nicht dieses konzeptionelle Defizit gehabt hätte, sondern gesagt hätte, Achtung, wir müssen wie beim Autoverkauf auch eine Gewährleistung anbieten, und wir müssen Reklamationsfälle, die es gerade bei Unternehmensverkäufen viel mehr geben wird, in den Griff bekommen.«[124]

Direktor Bruno Homm* war in den 1980er-Jahren Stadtverwaltungsdirektor in Süddeutschland gewesen und hatte im April 1991 eine neue Herausforderung bei der Treuhand gesucht. Im Januar 1993 verteidigte er über weite Strecken die Organisation und ihre Leistungen. In einem Punkt sparte Homm jedoch nicht mit Kritik:

> »Man hat einen großen Fehler meines Erachtens gemacht, indem man das operative Geschäft damit im Einzelfall abgeschlossen hat, wenn der Vertrag erledigt war. Die Vertragserfüllung, die Vertragsabwicklung, das Vertragsmanagement hat man einem Sonderdirektorat, oder damals war es eine Abteilung oder sowas übergeben. Das ist sehr sehr sehr schlecht. Denn es hätte meines Erachtens das operative Geschäft auch

123 R15-Interview mit Dr. Boris Hernholt, 1.9.1992.
124 R36-Interview mit Siegfried Hambach, 11.1.1993.

weiterhin die Vertragserfüllung mit erledigen müssen. Der eine, der hier eingearbeitet war, hat es abgegeben. Jetzt sind die da drüben auf der abnehmenden Seite, der ist weg hier. Der macht sich auch keine Gedanken mehr dadrüber.«[125]

Der frühere Kommunalbeamte monierte, dass die Organisation so Vertragsabschluss und Kontrolle organisatorisch wie auch personell voneinander getrennt habe:

»Aber diese Problematik, die Vertragserfüllung durchzusetzen, die viel schwieriger scheint oder ist, als das operative Geschäft, die haben sie jetzt irgendwelchen Unbekannten überlassen, die in der Materie nicht drin sind, die teilweise auch nicht die Qualität wie die Operateure da vorher hatten, weil man gedacht hat, ach, das ist ein Abhaken. Das ist aber viel mehr, es ist viel schwieriger. Da hat man einen großen Fehler gemacht, man hätte diese Vertragserfüllung beim operativen Geschäft belassen müssen. Das meine ich jedenfalls. Denn heute kriegen wir es mit Leuten zu tun, [...] die kennen sich in den Verträgen nicht aus. Ehe die die Verträge gelesen haben, ist wieder ein halbes Jahr vorbei. Und was DA der Treuhandanstalt an Vermögen verloren geht.«[126]

Boris Märtens, in leitender Position im Rechtsdirektorat, war im September 1992 anderer Meinung. Man habe bewusst auf eine Integration von Vertragsaushandlung und -kontrolle verzichtet, weil eine derart »gewaltige Aufgabe« eine »eigenständige Organisation« erfordere. Märtens erinnerte sich bei der Gelegenheit an eine interne Kontroverse im Jahr 1991 zurück:

»Das Vertragscontrolling gestaltet sich auch deswegen nicht ganz leicht, weil unsere Verträge hochindividualisiert sind. Wir hatten im Jahre 91 eine lange und auch kontroverse Diskussion und auch verschiedene Teilpolitiken in einzelnen Bereichen des Hauses, was Musterverträge angeht. Unter dem Gesichtspunkt des späteren Controlling sollten wir möglichst nach einem Standardvertrag [...] verkaufen, möglichst nach einem einheitlichen Zahlenraster, sodass man die Verträge ganz schnell im Computer abrufen kann.«[127]

Der Direktor bekannte sich aber, unter anderem wegen der notwendigen Handlungsspielräume, zu der von ihm praktizierten Lösung:

125 R37-Interview mit Bruno Homm, 12.1.1993.
126 Ebd.
127 R18-Interview mit Dr. Boris Märtens, 10.9.1992.

»Damals hat man noch NICHT so intensiv an das Vertragscontrolling gedacht, sondern auch an die Benutzerfreundlichkeit und an das Privatisierungstempo. Mein Bereich hat sich damals, und ich habe das auch für richtig gehalten, [...] für die stark individuelle Aushandlung der Verträge ausgesprochen, einmal weil natürlich individuelle Fürsorge für einen Vertrag das Ergebnis verbessern kann.«[128]

Dem im Mai 1990 zur Treuhand gestoßenen ostdeutschen Finanz- und Maschinenbauexperten Knut Reich erschien es demgegenüber gravierend, dass die Branchendirektorate in Auflösung begriffen waren und die unmittelbaren Experten nun zügig die Organisation verließen:

»Ja, es ist atmosphärisch so, dass alle Bereiche, die sich da strukturiert haben, entstehen und wieder verschwinden. Die ersten Bereiche werden schon wieder aufgelöst oder umstrukturiert oder erhalten andere Aufgaben. Und ich finde, dass ein Teil der Wissensträger schon wieder weggegangen ist von der Treuhand, und das ist nicht immer nur ein Vorteil, das hat auch viele Nachteile.«[129]

Damit fehle gerade bei der künftigen Vertragskontrolle Entscheidendes, das sich nicht zwingend in den Papieren wiederfände:

»Viele Dinge, die in Verträgen festgeschrieben sind, sind nicht immer ausreichend mit dem Hintergrundwissen auch zu Papier gebracht in Vermerken, und dazu war gar keine Zeit häufig, zum Beispiel solche Für-und-Wider dieser ganzen Verhandlungen zu dokumentieren. Aber die sind in den Köpfen der Beteiligten natürlich noch vorhanden gewesen. Wenn die aber nun die Treuhand schon verlassen haben, dann sind Controllingmaßnahmen, die nur dann von anderen gemacht werden, und nur auf Papier zurückgehen, die nicht selbst die Verhandlungen mitgeführt haben, da ist schon ein erheblicher Wissensverlust da, der eine solche qualifizierte Arbeit mindestens erschwert.«[130]

Die Befürchtung, dass der spätere Umgang mit den Privatisierungsverträgen statt über »Köpfe« nur noch über »Papier« bestritten werde, trieb auch Steffen Damm um. Am Ende seines fast dreistündigen Gesprächs setzte der Direktor zu einer Brandrede gegen die Prüfer an, die voller Vorurteile zur Treuhand kämen, die ihnen vorgelegten Vertragsunterlagen kritisch beäugten und keinerlei Verständnis für die spezifischen, situativen Rahmenbedingungen bei den Vertragsverhandlungen aufbrächten:

128 Ebd.
129 R27-Interview mit Knut Reich, 16.12.1992.
130 Ebd.

»Die sitzen hier, und ich habe so den Eindruck, da sitzt so ein Aktenschrank mir gegenüber. Das Einzige, was wir machen, wir stopfen sie voll mit Akten. Aber das Verständnis ist verdammt niedrig, wahrscheinlich objektiv, für unsere Aufgabe, für die DIMENSION der Aufgabe. Natürlich auch aufgebaut durch diese ständige Berichterstattung, die lesen natürlich auch, dass hier das Reich des Bösen ist, da kommen die natürlich her und denken natürlich erstmal, dass hier jeder Treuhänder immer mit einem dicken Scheckheft durch die Gegend läuft. Das ist natürlich alles Unsinn. Aber das ist auch ein Punkt, der irgendwo drin sein muss, dass man in der Bewertung, im Nachhinein auch IMMER die SITUATION verstehen muss, auch für diese Verträge.«[131]

Damm ahnte nichts Gutes, wenn er sich die künftigen Prüfer vorstellte:

»Diese konkrete Situation war so komplex, und da steht dann so ein Naseweis hier, mit seinem frischgebackenen MBA denkt er, dass er die Welt begriffen hat und erzählt jetzt, also UNMÖGLICH, wie konnte man denn so einen Vertrag abschließen. Und genau das Phänomen wird eintreten, bin ich mir hundertprozent sicher. Dass die ganzen Schlauberger dieser Nation dann über diese Verträge herfallen werden und werden dann sagen, ja, also es ist also eine unprofessionelle Arbeit geleistet worden. Und das ist also ein Punkt, der sollte auch rüberkommen, dass man sagt, die Leute haben gehandelt unter bestimmten Rahmenbedingungen, unter extremer zeitlicher, politischer, mengenmäßiger Überforderung.«[132]

Der ostdeutsche Direktor machte das befürchtete »Unverständnis« für die vorhergehenden chaotischen Entstehungs- und Handlungskontexte allerdings auch innerhalb der Organisation aus, insbesondere beim derzeit im Aufbau befindlichen Vertragsmanagement:

»Da gibt es teilweise schon hier in der Treuhandanstalt Schwachköpfe, die hier später gekommen sind, (unv.) Controller, ich finde das immer toll, wenn die mich dann belehren, was der Herr Soundso und Soundso, die Namen lass ich mal lieber weg, was haben die doch im Herbst für Verträge verhandelt! Wissen Sie, ich habe dabeigesessen, noch als Assistent und nicht als aktiver, sondern als passiver. Ich kann mich GANZ genau erinnern, in meinen persönlichen Mitschriften gucke ich mir das teilweise noch an, was für Gründe dazu bewogen haben, Entschuldigung, das steht aber nicht alles in den Verträgen.«[133]

131 R24-Interview mit Steffen Damm, 6.10.1992.
132 Ebd.
133 Ebd.

Während operativ verantwortliche Direktoren wie Damm den sukzessiven Rückbau ihrer Arbeitsbereiche und den parallelen Aufbau des Vertragsmanagements als bürokratische Bedrohung der eigenen Arbeitsresultate ansahen, begriffen andere Kollegen dieses sich neu eröffnende Aufgabenfeld durchaus auch als Perspektive für die persönliche Zukunft, insbesondere für die ostdeutschen Mitarbeiter, so etwa der Referent Karl Korn. Dieser führte sein Interview im September 1992, als sein Direktorat in Auflösung begriffen war, sodass der sich vollziehende Aufgabenwandel ein unmittelbar drängendes und bevorstehendes Ereignis für ihn war. Korn sah die Organisation grundsätzlich hierfür gerüstet, obgleich es noch an praktischen Erfahrungswerten mangelte:

> »Damit ist also die Phase eingeleitet, dass NUR noch sozusagen durch das Vertragscontrolling die Abarbeitung der jetzt bestehenden Verträge läuft. Die Treuhand hat insgesamt alle Voraussetzungen geschaffen, dass das Vertragscontrolling nach klar umrissenen Aufgabengebieten arbeiten kann. Ist alles festgelegt, es gibt dort, so glaube ICH, keine Lücken, und damit ist AUCH, ich sage es mal, der großen Bedeutung Rechnung getragen worden. Diese Aufgabe wurde nie in diesem Hause unterschätzt, bloß, auch HIER ist ein fließender Prozess.«[134]

Die kommende Vertragsabwicklung würde ihren Mitarbeitern künftig in hohem Maße Hartnäckigkeit in möglichen Nachverhandlungen abverlangen, wie Korn hinzufügte, vor allem im Kontrast zur bis dato praktizierten Massenprivatisierung:

> »[G]erade die Frage der Vertragsabwicklung ist ja ein Gebiet, was uns zunehmend auch in der LANGzeit beschäftigen wird. Dort ist schon dann auch Standhaftigkeit verlangt. Denn da geht es ja dann nicht schlechthin bloß darum, zu sagen, also du hast nicht investiert, ergo entsprechend dem Vertrag, hast du Pönale bei mir, ich sage es mal als Beispiel, 5 Millionen Mark zu zahlen. Nein, DAS ist zu wenig. Er muss erstmal die Frage stellen, WARUM hat der nicht investiert? Das ist ein entscheidender Unterschied. Und WENN der plausibel mir erklären kann, dass also die infrastrukturellen Voraussetzungen nicht geschaffen worden sind, kann ich den Mann dafür nicht verantwortlich machen oder das Unternehmen. Dann tritt also die Phase sozusagen der NACHverhandlung, dann ist Vertragscontrolling NACHVERHANDELN.«[135]

Diese Nachverhandlungen waren für Korn ein konstruktiver, anspruchsvoller und mit »Zukunft« assoziierter Arbeitsvorgang, der den Mitarbei-

134 R16-Interview mit Karl Korn, 4.9.1992.
135 Ebd.

tern einiges an Flexibilität im Umgang mit säumigen Investoren abforde-re; er schilderte das künftige Aufgabenprofil mit Eindringlichkeit:

> »Dann muss mit Fingerspitzengefühl, mit dem dann gesagt werden, na gut, wie können wir denn dann? [...] Das heißt also, das müssen schon Leute sein, die hier sich sehr sehr sehr intensiv mit diesen Dingen beschäftigen. Und es NUTZT ja niemandem etwas, wenn ich sage, na gut, der hat nicht, und dann machen wir den Betrieb PLATT. Dann haben wir genau das erreicht, was wir NICHT wollen in der Treuhand, wir WOLLEN ja, dass das weitergeführt wird, [...] Da kommt dann die Frage, menschlich, da muss der hingucken, muss sagen, das sind 150 Menschen, ist das ein solides Unternehmen? Ja. Zukunft. Ja. [...] DAS ist für MEIN Verständnis Vertragscontrolling in Fortsetzung der Privatisierungslinie der Treuhand.«[136]

Allerdings müsse man denjenigen Investoren, bei denen man merke, dass sie versuchten, ein Unternehmen »auszuhöhlen« dann »natürlich auch auf die Finger klopfen« und diese »zur Kasse bitten« und vor Gericht bringen.[137] Gerade dieser Doppelcharakter des »Vertragsmanagements« zwischen Flexibilität und Kontrolle erschien dem Referenten als aussichtsreiches Betätigungsfeld für Treuhand-Mitarbeiter, vor allem für deren älteres, erfahrenes und zumeist ostdeutsches Personal, das entsprechend die soziale Komponente in diesen Prozess mit einbringen könnte.

Neben den in zahlreichen Gesprächen thematisierten praktischen Aufgabenfeldern »Sanierung« bzw. »Vertragskontrolle« wurden häufiger auch die problematischen »Restfälle« angesprochen, auf die sich künftig verstärkte Aufmerksamkeit richten sollte. Direktor Steffen Gerhard beobachtete den gerade stattfindenden Wandel bei der Privatisierung großer Betriebe genau und betonte, dass diese »über längere Zeit begleitet werden« müssten, und also »neue Kontrollaufgaben« hinzukämen.[138]

Sein Direktorenkollege Bernhard Hamberger hatte bereits ein halbes Jahr zuvor, im Juli 1992, umfassend über diesen Komplex an nicht verkäuflichen Großbetrieben nachgedacht. Der für die Organisation aus seiner Pensionierung zurückgeholte Finanzmanager orientierte sich dabei an ihm bereits bekannten industriepolitischen Vorgehen:

> »[...], ich erinnere mal so an Firmen wie Salzgitter, oder heute noch Saarberg, Salzgitter hat man nun inzwischen privatisiert, aber es gibt da gewisse, [...] Großunternehmen, die man wahrscheinlich gar nicht privatisieren kann, wo man sich Gedanken darüber machen muss, wie

136 Ebd.
137 Ebd.
138 R43-Interview mit Dr. Steffen Gerhard/Kai Rumeck, 29.1.1993.

geht es da weiter, nehmen Sie diesen ganzen Chemiebereich oder den Werftenbereich. Wo man auf der anderen Seite nicht sagen kann, gut, die werden alle dichtgemacht, wenn wir keinen Privatisierer finden.«[139]

Dennoch schied für den Direktor in diesem Falle eine Schließung solcher Betriebe als Option aus. Hier sah Hamberger nach dem Ende des Treuhand-Regimes wiederum die Politik in der Pflicht, die für derartige Branchen und Betriebe grundlegende Entscheidungen treffen müsse:

»Da hängen ja arbeitskräftemäßig, das sind die Großen und regional, da sind die von besonderer Bedeutung, so den ganzen Werftbereich da oben in Rostock, [...] ähnlich ist sicher auch vielfach, sagen wir mal, die Bekleidungsindustrie und diese Textilseite, da gibt es auch große Probleme. Die Stahlindustrie [...], auch da wird es einen gewissen Restbestand geben.«[140]

Doch auch in der Frage des mittelfristigen Umgangs mit derartigen industriepolitischen »Härtefällen« war das Meinungsspektrum in den Gesprächen letztlich breiter. Für den im Interview Anfang 1993 ohnehin ungemein meinungsfreudigen Direktor Matthias Erben schien es bei diesen Problemfällen eher darum zu gehen, einem von den »Sozialisten« – hier bezog sich Erben auf die von SPD und Gewerkschaften geforderten Industrieholdings – verantworteten Problem endlich ein Ende zu bereiten:

»Denn Sie dürfen ja nicht vergessen, dass die Firmen, die wir jetzt noch haben, in der Regel natürlich auch die größten Probleme machen, also das kann man ja nicht anders sehen, denn sonst wären sie ja längst weg, denn das ist nun mal eben so. Und wir müssen natürlich jetzt, manchmal auch ein paar harte Entscheidungen treffen, denn es hat ja keinen Zweck, auch wenn Sozialisten so einen Blödsinn immer wieder behaupten, immer wieder Geld in so eine Firma reinzustecken, nur um angeblich Arbeitsplätze zu erhalten. Das bringt ja langfristig gesehen nun BEWEISBAR nichts. Wie gesagt, also das Problem, das müssen wir jetzt bewältigen.«[141]

Welche Rolle das »Vertragsmanagement« bei der Transformation der bisherigen »Denkwelt« spielen sollte, blieb also aus Mitarbeiterperspektive ähnlich umstritten wie der Stellenwert der 1991 im internen Sprachgebrauch noch streng gemiedenen »Sanierung« der verbleibenden Betriebe. Der intern wie extern intensiv diskutierte Wandel der Alltagspraxis nach

139 R5-Interview mit Bernhard Hamberger, 28.7.1992.
140 Ebd.
141 R39-Interview mit Dr. Matthias Erben, 19.1.1993.

1992 war jedoch aufs Engste verknüpft mit einer letzten strategischen Neuorientierung der Organisation, um die es im Folgenden gehen soll.

6.3 Strategie: »Industrielle Kerne – Was wir damit meinen«

Die Jahreswende 1991/92 bildete auch ideell ein wichtiges Scharnier. Ein zwischen Bundesfinanzministerium und Treuhand zirkulierender »Überblicksvermerk« vom 13. Dezember zum Thema »Sanierung« fasste die zwischen beiden Seiten verhandelte Situation prägnant zusammen: In der »gegenwärtigen Sanierungsdiskussion«, so schrieben die Bonner Beamten, gehe »vieles durcheinander«. Linke Politiker forderten die Errichtung von »Staatsholdings«, renitente Unionsabgeordnete die »Bewahrung eigenständiger Unternehmen« im Osten. Gleichermaßen werde öffentlich über eine »inhaltliche Änderung der Sanierungstätigkeit« durch die Treuhand, eine »Änderung« des Treuhandgesetzes oder eine »organisatorische Änderung« gestritten. Als »für alle akzeptables Grundproblem« stufte der Vermerk folglich die »Sorge um [den] Abbau von Arbeitsplätzen« ein. Treuhand und Regierung müssten daher in der Öffentlichkeit stärker herausstellen, dass eben die »planwirtschaftlichen Bedingungen der DDR volkswirtschaftlich« zu einem »unhaltbaren Anteil des industriellen Sektors«, »betriebswirtschaftlich« zu »unsinnigen Produktionstiefen« sowie »personellen Überbesetzungen von 30 bis 50%« geführt hätten. Dieser planwirtschaftliche »Geburtsfehler« könne »auch nicht durch den aufgebauten scheinbaren Gegensatz zwischen Privatisierung und Sanierung aufgehoben« werden.[142]

Als fraglich bewertete das Papier, ob durch »organisatorische Änderungen« nun »dem öffentlichen Druck die Spitze genommen werden« könne. Vielmehr sei die »entscheidende Frage«, »welche Unternehmen in diesem Sinne definiert werden« – und ob man sich bevorzugt auf »die von den Abgeordneten genannten Firmen (DMS, Waggonbau, TAKRAF, Lauchhammer, Elbo, Tridelta)« konzentrieren solle oder hierfür erst ein eigenes Verfahren entwickeln müsse. Die aufgeworfene Definitionsfrage rückte rasch ins Zentrum: Wie und durch wen sollten die strukturpolitisch erhaltenswerten Unternehmen bestimmt werden? Es erschiene aber »objektiv problematisch«, wenn »Privatisierung und Sanierung in den Branchen-4direktoraten in einer Hand bleiben«.[143]

Der Überblicksvermerk drängte die Treuhand-Spitze in der Vorweihnachtszeit 1991 zu einer strategischen Wende. Wenige Tage später legte

142 Bundesministerium für Finanzen: Überblicksvermerk, Bonn, 13.12.1991, in: Treuhandanstalt: Dokumentation, Bd. 7, S. 471-480.

143 Ebd., hier S. 478.

Vizepräsident Hero Brahms dem Vorstand das erwähnte Grundsatzpapier zur »Unternehmenssanierung« vor, in dem er seinen breit gefächerten Maßnahmenkatalog für die »aktive Sanierungsbegleitung« entwickelte.[144] Es ist nicht ohne Ironie, dass die Treuhand-Spitze, die ihren selbst gewählten Privatisierungsprimat gerade in den ersten Monaten des Jahres 1992 in zahlreichen Broschüren und dem dickleibigen »Handbuch Privatisierung« umfassend fixiert und begründet hatte, nun auch konzeptionell eine Kehrtwende einleiten und diese nach außen *und* innen begründen musste.

Warum sollte man jetzt ausgerechnet das praktizieren, was man zuvor auch unter heftigen politischen Protesten und Massendemonstrationen vehement zurückgewiesen hatte? Anfang November 1991, als die von Gewerkschaftlern, Sozialdemokraten und linken Ökonomen vorangetriebene Debatte um den Aufbau staatlicher Industrieholdings oder entsprechender Ministerien an Fahrt aufnahm und sich auch ostdeutsche Unionsabgeordnete mit vernehmlicher Kritik öffentlich zu Wort gemeldet hatten, hatte Breuel den Begriff der »industriellen Kerne« in Abgrenzung zu industriepolitischen Modellen gebraucht. Aus Sicht der Treuhand-Spitze war die Attraktivität dieses technokratischen Terminus augenfällig, verschob er doch semantisch den Fokus weg von der Treuhandanstalt als aktiver Organisation hin zu den betroffenen »Objekten«, nämlich den einzelnen Betrieben.

Der strategische Reorientierungsprozess innerhalb der Führungsgremien durchzog das Jahr 1992 vollständig, wobei sich auch hier eine mittlerweile erprobte Aufgabenteilung zwischen Präsidentin Breuel und ihrem Vize Brahms herauskristallisierte: Während der erfahrene Industriemanager anwendungsbezogene, eher kleinteilige Praxismodelle als »Instrumente« für die operative Sanierungspraxis entwickelte und auch deren Umsetzung verantwortete, konzentrierte sich die Strategin Breuel auf die Verhandlungen mit den politischen Akteuren sowie die konzeptionelle (Um-)Deutungsarbeit in der Öffentlichkeit.

Doch wie war der Drahtseilakt zwischen ideeller »Ordnungspolitik« und pragmatischer Geschäftspolitik zu meistern? Vizepräsident Brahms hatte im Dezember 1992 in einem Interview eindringlich erklärt, dass ihm das »Ausmaß des Strukturumbruchs« große Sorge bereite, weshalb »unsere Sanierungsbegleitung vor allem auch [für] die Unternehmen des industriellen Kerns« fortan zu intensivieren sei – immerhin zählte er Sachsen, Thüringen und den Süden Sachsen-Anhalts »zur industriellen Wiege

144 Hero Brahms: Unternehmenssanierung – Lösungsansätze der Treuhandanstalt, 17.12.1991, in: Treuhandanstalt: Dokumentation, Bd. 7, S. 482-490.

Deutschlands«.[145] Birgit Breuel hingegen versuchte sich im März 1993 an einer grundsätzlichen Antwort in Form eines Essays. Dieser wurde zeitgleich in den *Treuhandanstalt Informationen* sowie dem *Hamburgischen Weltwirtschafts-Archiv* veröffentlicht. Als Programmschrift war die Intervention damit gleichermaßen nach innen wie nach außen gerichtet.[146]

Breuels Aufsatz »Industrielle Kerne – Was wir damit meinen« ist neben dem Osterbrief vom April 1991 vielleicht der bemerkenswerteste strategische Text der Treuhand-Geschichte überhaupt. Die Präsidentin entwickelte hierin ein ausgreifendes Deutungsangebot des praktischen Wirtschaftsumbaus, das Ordnung in die mittlerweile nur noch schwer unter einen Hut zu bringenden Geschäftspolitiken bringen sollte. Breuel leitete ihren Text mit einem Exkurs ein, der den schwelenden Strategiestreit um eine mögliche »Industrie-« oder »Strukturpolitik« auf Wahrnehmungs- und Deutungsdefizite unter den ökonomischen Experten und Politikern zurückführte, die sich gerade auch auf terminologischer Ebene herauskristallisierten. Durch den »Strukturwandel der letzten 20 Jahre« seien »viele neue Begrifflichkeiten in die traditionelle wirtschaftspolitische Sprache hineindiffundiert« und »was in den 70er und 80er Jahren stattgefunden hat, ist verschämt und manchmal kokett Industriepolitik genannt« worden. Politik, Ökonomie und Öffentlichkeit in dieser Zeit seien der fatalen Illusion erlegen, der sich insbesondere im Ruhrgebiet oder dem Saarland vollziehende industrielle »Strukturwandel« sei industriepolitisch steuer- und regulierbar gewesen.[147]

Breuel bezweifelte, ob es jene gezielte, effektive »Regional- oder Strukturpolitik«, die seit 1991 immer wieder auch für die ostdeutschen Länder eingefordert wurde, in den alten Ländern so überhaupt gegeben habe. Für Breuel passten die verwendeten Bedeutungskonzepte und die damit verknüpften Wahrnehmungs- und Deutungskategorien schlichtweg nicht mit den krisenhaften, postsozialistischen Umbrüchen in der ostdeutschen Industrielandschaft zusammen:

> »Der aus heutiger Sicht vergleichsweise sanfte und zeitlich mehr als zwei Jahrzehnte gestreckte Strukturwandel im Westen hat keine Sprache hervorgebracht, mit der die bruchartigen Phänomene in Ostdeutschland so beschrieben werden können, dass niemand schon von der Sprache her in Ohnmacht fällt.«[148]

145 »Die Treuhand steht fest an der Seite ihrer Unternehmen«, in: Treuhandanstalt Informationen, Dezember 1992.

146 »Industrielle Kerne – Was wir damit meinen«, in: Treuhandanstalt Informationen, 17.3.1993.

147 Ebd., S. 10.

148 Ebd.

Begriffe wie »Industriepolitik« oder »auch dieser neue Begriff des ›industriellen Kerns‹« bezeichneten daher nur scheinbar »neue Phänomene« und waren für Breuel »doch in Wirklichkeit nichts anderes« als »neue Begriffe für ein altes Dilemma«, das im dezentralen Charakter der westlichen Marktwirtschaft begründet liege:

> »Das Dilemma nämlich, dass in einer pluralistischen dezentralen und heterogenen Wirtschafts- und Gesellschaftsordnung jeder Begriff, der eine Steuer- und Regelbarkeit der Prozesse durch zentrale Instanzen vortäuscht, scheitern muss, weil die Wirklichkeit einfach eine andere ist. Die Wirklichkeit ist durch das Miteinander von Hunderttausenden mehr oder weniger autonomen Akteuren geprägt, die miteinander kommunizieren, sich gegenseitig beobachten, auch belauern, freundlich miteinander reden, aber beinhart miteinander im Wettbewerb stehen.«[149]

Die von Breuel entworfene »Wirklichkeit« einer unübersichtlichen, hochdynamischen wie multipolaren Wettbewerbs- und Marktordnung sei prinzipiell von keinem Akteur überschau- oder gar steuerbar, erst recht nicht von der Politik, einer Verwaltung oder der Treuhandanstalt: »Wer da vorgibt, an großen Rädern drehen zu können und eine Entwicklung wirklich steuern zu können, der ist naiv. Allerdings wird es immer versucht.« Manche »Zeitgenossen« nähmen zwar derlei für sich in Anspruch, würden aber meist nur den ohnehin »ablaufende[n] Prozesse[n] nachträglich den Charakter einer von vornherein steuernden Politik« geben.[150]

Gerade die Treuhand habe dies »von Anfang an hautnah« gespürt, da der »strukturelle Wandel in Wirtschaft und Gesellschaft Ostdeutschlands« von »säkularer Tiefe und existenzieller Bedeutung« erscheine und mit einer ungeheuerlichen »Wucht« über die betroffenen Betriebe, ihr Management, ihre Belegschaften und die Treuhand hereingebrochen sei:

> »In dieser Situation war klar, dass man sich nicht gegen diesen Wandel stemmen kann, man kann gegen den Strukturwandel nicht ansubventionieren, man kann ihn auch nicht beliebig zeitlich strecken. Die Eingriffsmöglichkeiten sind so begrenzt wie die eines Schleusenwärters, dem man das Schleusentor wegsprengt.«[151]

Mit diesem Panorama einer unaufhaltsamen Flutwelle des wirtschaftlichen und gesellschaftlichen Wandels beschloss Breuel die erste Hälfte ihres Essays – und beschwor damit die Frage nach der Rolle herauf, die die Treuhand überhaupt noch in einem derartigen Szenario spielen

149 Ebd.
150 Ebd., S. 10f.
151 Ebd., S. 10.

konnte. Ihre vornehmliche Aufgabe sei es, wie Breuel schrieb, in einer »solchen Situation« darauf zu achten, »dass nicht fortgerissen wird, was in ruhigeren Zeiten oder bei behutsamer Entwicklung eine Überlebenschance« hätte.[152] Die Organisation habe dabei schnell realisiert, dass »nur ›vor Ort‹ eine Mobilisierung des endogenen Entwicklungspotenzials« einen »Neuanfang« für die Betriebe ermöglichen würde. »Damit verbieten sich aber Antworten ›von oben‹, gefragt sind Antworten ›von unten‹«; die einzelnen Unternehmen müssten »in den Stand« versetzt werden, »selbständig zu operieren, eigene Regelkreise und Organe auszubilden, um sich selber durchzukämpfen«.[153] Aus diesem Grunde habe die Treuhand auch darauf verzichtet, eine eigene »Konzernstrategie« für sich und ihre Betriebe zu formulieren, weil dies jener Grundidee der Dezentralität »vollständig widersprochen« hätte. Auch »sprachlich« habe man diese dezentrale Philosophie umzusetzen versucht, mit dem in die Debatte eingeführten Begriff des »industriellen Kerns«:

> »Schon sehr früh hat die Treuhand den Begriff ›industrieller Kern‹ benutzt, um deutlich zu machen, dass der Strukturwandel nicht behindert werden darf, dass das Abschmelzen und die Entflechtung der Kombinate aber auch nicht im freien Fall erfolgen darf.«[154]

Den Begriff beschrieb sie als »Metapher für den Versuch, die zukunftsträchtigen Potenziale in den Unternehmen herauszufinden«, um diesen eine »faire Entwicklungschance« zu ermöglichen. In der »politischen Debatte« hätte dies allerdings zu einem »fatalen Missverständnis« geführt, wie Breuel klagte: Auch gegenwärtig werde in der Öffentlichkeit »nach diesen Kernen gesucht«, die durch staatliche Fördermittel dauerhaft zu erhalten seien. Breuel setzte dem eine eigene Definition entgegen:

> »Unser Begriff des ›industriellen Kerns‹ ist nicht betriebs- oder volkswirtschaftlich definiert. Er ist kein Patentrezept und kein Etikett oder Gütesiegel. Es geht auch nicht um *den* Erhalt der industriellen Kerne, sondern es geht um den Erhalt *von* industriellen Kernen.«[155]

Dies mochte zwar »wie eine Sprachspielerei« klingen, aber der Unterschied erschien Breuel als das »Hundert-Dollar-Missverständnis [in] der gegenwärtigen Debatte«: Wenn man einzelnen Unternehmen eine »Chance zur Bewährung in der Marktsituation« einräumen wolle, müsse man deren »Potenzial ›von unten‹« aufspüren, wobei es eben »keine Rolle«

152 Ebd., S. 10.
153 Ebd., S. 11.
154 Ebd.
155 Ebd., Hervorhebung im Original.

spielen dürfe, »ob man ein solches Unternehmen ›braucht‹« oder ob man eine solche industrielle Kapazität« wolle. Durch eine »Privatisierung« könne die Treuhand lediglich versuchen, »neue Chancen für das Unternehmen einzukaufen, Markt, Knowhow, Technologie, Management, Kapital usw.« Wenn diese Lösung (noch) nicht möglich sei, müsse die Organisation »als Eigentümerin« den »Weg der Umstrukturierung« des sanierungsfähigen Unternehmens »fürsorglich« begleiten; in Breuels Diktion: »Also: individuelle, einzelfallbezogene Entscheidungen und Konzepte.«[156]

Der Essay »Industrielle Kerne – Was wir damit meinen« entwickelte so grundsätzlich wie wohl neben Rohwedders Osterbrief kein anderer programmatischer Text ein Koordinaten- und Orientierungssystem für die disparate Geschäfts- und Alltagspraxis der späten Treuhand nach 1992/93. Hatte Rohwedder im April 1991 noch in einem komprimierten Dekalog den unbedingten Primat der Privatisierung als »beste Form der Sanierung« herausgestellt, musste seine Nachfolgerin knapp zwei Jahre später vor dem Hintergrund einer pragmatischen Kurskorrektur hin zur »Sanierungsbegleitung« einen anspruchsvollen Spagat wagen, der sich begriffstheoretisch argumentierend scharf gegen Industrie- oder Strukturpolitiken verwahrte, aber gleichermaßen für den strategischen Erhalt von »industriellen Kernen« optierte. Auf der einen Seite war da die radikale Einsicht in die Unsteuerbarkeit eines sich fast naturgesetzlich-chaotisch vollziehenden »Strukturwandels«. Anderseits sollte die Organisation eben nicht bloß fatalistisch als »Schleusenwärter« vor den Überresten eines zerstörten Schleusentors fungieren, sondern selbst gewissermaßen ein durch die Fluten navigierendes Rettungsboot sein, dessen Besatzung nur jenen Rettungsringe zuwarf, denen man auch zutraute, aus eigener Kraft zeitnah das rettende Ufer zu erreichen.[157]

Im Juni 1993 erhielt das von der Treuhand propagierte Modell der »industriellen Kerne« schließlich höhere politische Weihen, als die Bundesregierung ein eigenes Konzept »zur Sicherung und Erneuerung industrieller Kerne durch die Treuhandanstalt in den neuen Bundesländern« vorlegte – gemeinsam erarbeitet von der Treuhand-Spitze sowie dem Bundeswirtschafts- und Bundesfinanzministerium. Dieses »Konzeptpapier« war ein integraler Bestandteil der zwischen den Koalitionsparteien CDU/CSU und FDP sowie der SPD-Opposition abgeschlossenen Solidarpaktverhandlungen, die auch eine »Sicherung und Erneuerung industrieller Kerne« in Ostdeutschland zum Ziel hatten. Interessant war jedoch vor

156 Ebd.

157 Stabwechsel '94. Von der Treuhandanstalt zur Marktwirtschaft. Schlußdialog, in: Treuhandanstalt: Dokumentation, Bd. 15, S. 63-84, hier S. 83.

allem der (wirtschafts-)politische Kompromisscharakter dieses Papiers vom 13. März 1993. Weite Teile davon ließen markant die Konturen des Treuhand-Deutungskosmos aufscheinen: Etwa die ökonomischen Situationsbeschreibungen im Kontext des bisherigen, als erfolgreich gedeuteten Wirtschaftsumbaus durch zügige Privatisierungen und Abwicklungen oder der auf das jeweilige Einzelunternehmen bezogene, betriebswirtschaftlich orientierte Prüf- und Bewertungsmodus für die einzelnen »Sanierungs- und Privatisierungskonzepte«.[158]

Hatte sich die Treuhand in diesen Punkten durchgesetzt, fand sich allerdings im Papier auch genau das, wogegen Birgit Breuel immer wieder vehement opponiert hatte – eine »Liste« der »industriellen Kerne«, die explizit acht »wesentliche Beispiele für Industriestandorte« auswies: Vertreten waren Stahlindustrie (EKO Stahl AG) und Nichteisen-Metallindustrie (Mansfeld AG); der Chemnitzer Werkzeug- und Textilmaschinenbau (Nachfolger des Fritz-Heckert-Kombinats); der Berliner Fahrzeugbau (Deutsche Waggonbau AG) und der Schwermaschinen- und Anlagenbau um Magdeburg (SKET Maschinen- und Anlagenbau AG); schließlich die Braunkohleförderung (in fünf Tagebauen der Lausitz und zwei bei Leipzig) sowie die Großchemie im mitteldeutschen Dreieck um Halle. Vor allem für diese Großbetriebe sollte die Treuhand künftig bei ihren »Sanierungsanstrengungen« finanzielle Mittel und »Managementressourcen« mobilisieren. Doch obschon die Organisation auch in diesen Betrieben noch Entlassungen und Umstrukturierungen vornehmen würde, waren diese aus strukturpolitischen Überlegungen heraus künftig für sakrosankt erklärt worden.[159]

Der im Rahmen des Solidarpakts ausgehandelte Kompromiss vom Sommer 1993 ließe sich damit auf die vereinfachte Formel bringen: Die Treuhand durfte zwar ihre 1990/91 entwickelten Prinzipien, Instrumentarien

158 Bundesministerium der Finanzen/Bundesministerium für Wirtschaft: Konzept der Bundesregierung zur Sicherung und Erneuerung industrieller Kerne durch die Treuhandanstalt in den neuen Bundesländern, 21.6.1993, in: Treuhandanstalt: Dokumentation, Bd. 11, S. 717-737; vgl. zur Debatte und ihrer Dynamik insgesamt: »Es lebe die Intervention«, in: Der Spiegel, 16.3.1992; »Entschlossen sanieren«, in: Der Spiegel, 6.4.1992; »Retten, was zu retten ist«, in: Sächsische Zeitung, 2.12.1992; »Kohl: Industriekerne bleiben«, in: Berliner Zeitung, 16.2.1993; »Treuhandpolitik – wie lästig sind industrielle Kerne?«, in: Mitteldeutsche Zeitung, 30.7.1993; »Ein gesunder Kern«, in: Focus, 15.2.1993.

159 Antwort der Bundesregierung auf die Große Anfrage des Abgeordneten Dr. Fritz Schumann und der Gruppe der PDS/Linke Liste: Erneuerung industrieller Kerne, Bonn, 4.5.1994, in: Treuhandanstalt: Dokumentation, Bd. 11, S. 739-800, hier v.a. S. 746; »Eine Liste industrieller Kerne ist vorrangig«, in: Mitteldeutsche Zeitung, 2.2.1993; »Thierse wirft der Treuhandanstalt professionellen Dilettantismus vor«, in: Handelsblatt, 30.9.1994.

und Verfahren weiter beibehalten, musste aber ihre Bewertungsmaßstäbe verstärkt an veränderte politische, gesellschaftliche wie ökonomische Rahmenbedingungen anpassen. In ihren Entscheidungsspielräumen war sie damit eingeschränkt, da nun die Politik den prinzipiellen Erhalt verschiedener Branchen und Unternehmen als »industriellen Kern« festschrieb. Bereits in der Forschungsdebatte war heftig darüber spekuliert worden, inwiefern diese strategischen Umorientierungen unter dem schillernden Fahnenwort der »industriellen Kerne« wirklich »aufrichtig« gewesen oder taktischem Kalkül entsprungen seien. »Die Treuhandanstalt«, so urteilte etwa 1994 der einstige Mitarbeiter Marc Kemmler, habe nämlich »ihr Selbstverständnis nicht von der Privatisierungs- zur Sanierungsorganisation« verändert; die von der Spitze später »immer wieder proklamierte ›entschlossene Sanierung‹« sei »letztlich ein politisch motiviertes Lippenbekenntnis« gewesen. »[U]nvermeidbare Interventionen« seien von der Treuhand-Spitze nur »aus einer marktwirtschaftlichen Grundhaltung« vorgenommen wurden, um so die drohende »Gefahr einer Interventionsspirale« zu bannen.[160] Auch Wolfgang Seibel interpretierte die konzeptionellen Entwürfe nach 1992/93 als defensiv-taktische Ablenkungsmanöver, um so »politischen Druck zur Aufweichung der privatisierungspolitischen Generallinie abzuleiten«.[161]

Doch dürfte es zu kurz greifen, die programmatischen Texte ausschließlich als demonstrative, aus politischen Opportunitäten vorgeschobene Signale an das politische und gesellschaftliche Umfeld zu deuten. Im gleichen Maße waren programmatische Texte wie Breuels Essay vom März 1993 gerade auch an das eigene Führungspersonal adressiert und entfalteten innerhalb der Organisation beträchtliche Resonanzen. Der 1992/93 vollzogene konzeptionelle Kursschwenk hin zum Erhalt »industrieller Kerne« fand dementsprechend in den geführten Expertengesprächen vielstimmigen Widerhall, auch wenn manche Gesprächspartner hierin überhaupt keine Neuerung erkennen wollten. Birgit Breuels Vertrauter Simon Norden stritt in seinem Experteninterview sogar vehement ab, dass es einen solchen Kurswechsel überhaupt gegeben habe. Norden erschien die gegenwärtige Akzentuierung des »Kerne«-Konzepts lediglich als graduelle Anpassung:

> »Unsere Position zu dieser ganzen Diskussion war ja, dass wir gesagt haben, Treuhandprinzip ist, sanierungsfähige Unternehmen werden auch saniert, die Sanierung sanierungsfähiger Unternehmen scheitert nicht an der Finanzierung. Wenn Sie dies zum Grundsatz haben, dann

160 Kemmler: Entstehung, S. 332ff.

161 Vgl. Seibel: Verwaltete Illusionen, S. 199.

ist damit alles, was in der Diskussion industrielle Kerne und so weiter auf den Tisch kommt, längst abgedeckt und laufende Treuhandpolitik.«[162]

Die Anfang 1993 laufenden öffentlichen Debatten erschienen ihm daher überflüssig:

»Das ist der Denkansatz, den wir haben, und wenn Sie mit dem da drangehen, dann sanieren Sie die industriellen Kerne, dann sanieren Sie allerdings auch die Unternehmen, die sanierungsfähig und nicht industrielle Kerne sind. Dann sanieren Sie alles, was sanierungsfähig ist. [...] Also die Quintessenz, kann ich Ihnen sagen, etwas überspitzt ausgedrückt, die Diskussion, die jetzt einsetzt, ist aus unserer Sicht eine Diskussion um des Kaisers Bart, beziehungsweise eine Diskussion um Dinge, die längst gelaufen sind.«[163]

Doch nicht alle interviewten Kollegen wollten sich einer solchen Interpretation anschließen. Bei den sich stärker marktorientiert gebenden Gesprächspartnern stieß der Ansatz auf wenig Gegenliebe. So etwa beim ostdeutschen Direktor Steffen Damm, der den – sich seiner Meinung nach durchaus vollziehenden – konzeptionellen Kursschwenk im Oktober 1992 scharf kritisierte:

»[W]ir reagieren bloß immer mehr auf die Öffentlichkeit, weil die sozialen Auswirkungen, das Bewusstsein dessen, hat ja immer wieder reingewirkt. Solche Sachen wie das [sächsische Stahlunternehmen, M.B.] Freital, ein erwiesenermaßen NICHT sanierungsfähiges Unternehmen, was in einer Branche ist, die überschaubar defizitär ist und rezessiv. Das Unternehmen hat Technologien und Produkte, die werden das nicht schaffen, das ist volkswirtschaftlicher und betriebswirtschaftlicher Blödsinn.«[164]

Dies führte er primär auf den gestiegenen Außendruck, insbesondere die Politisierungsprozesse in den Regionen, zurück, die harte Entscheidungen zunehmend unmöglich machten:

»Aber aufgrund der politischen Überreizung der Region und der Landesregierung wird es gemacht. Und ich weiß gar nicht, ob wir im nächsten Jahr überhaupt noch betriebswirtschaftlich und volkswirtschaftlich vernünftige Entscheidungen treffen können. Aber wir hätten sie und haben sie im Jahr 90 und 91 treffen können. Heute würden wir den Pentaconladen doch nie mehr liquidiert bekommen. Das würde doch

162 R46-Interview mit Simon Norden, 10.2.1993.
163 Ebd.
164 R24-Interview mit Steffen Damm, 6.10.1992.

einen AUFSTAND geben. Damals haben wir es gemacht, und das war das einzig Vernünftige, -- ja?«[165]

Direktor Charles Volkmann bewertete die strategische Neuorientierung hingegen völlig konträr. Er rekapitulierte die bis Mitte 1992 verfolgte Strategie, die sich jedweder Strukturpolitik ostentativ verweigert und noch ganz auf das »freie Spiel der Kräfte« verlassen hatte, mit einiger Skepsis. Diese harte Linie habe letztlich in der von Schließungen und Massenentlassungen schwer getroffenen ostdeutschen Bevölkerung zu massivsten Aversionen gegen das neue Wirtschaftssystem geführt:

> »Ich möchte so sagen, die soziale Marktwirtschaft und der Kapitalismus haben sich hier in Ostdeutschland NICHT geschickt etabliert. Um nicht zu sagen, es war aus meiner Sicht ein Fehler --- nicht SEHR frühzeitig doch systematische Strukturpolitik anzusetzen, der Treuhandanstalt diese Aufgabe zu geben. Das hat man NICHT getan, das hätte man tun müssen, ich gehe sogar einen Schritt weiter, man hätte der Treuhandanstalt so eine Art [steuernde] Funktion zuordnen müssen, um diese Probleme zu bewältigen. Es dem freien Spiel der Kräfte auszusetzen und darin die Lösung zu sehen, nur weil unser Wirtschaftssystem normalerweise so funktioniert, das konnte nicht gut gehen.«[166]

Doch auch für Volkmann schien es für eine grundlegende Kurskorrektur längst zu spät, da ein Großteil des praktischen Wirtschaftsumbaus inzwischen bereits abgeschlossen sei:

> »Nur lässt sich das jetzt nicht mehr zurückdrehen, wir haben es jetzt nur noch, allenfalls noch mit einem geschrumpften Kern der Industrie hier zu tun. Und mittlerweile bekennen wir uns natürlich dazu, diesen Kern, diesen kleinen Kern um Himmels willen zu erhalten. Es ist aber nicht ganz einfach, weil eben die Voraussetzungen dafür noch nicht gegeben sind. Sie haben den Aufschrei von Frau Breuel gestern im Radio gehört und heute Morgen in den Zeitungen, Stichwort Kampfpreise. Den Marktzugang im Westen zu erzwingen. Das ist Notstand.«[167]

Verstärkt die angespannte soziale Situation vor Ort vor Augen, schienen auch die interviewten älteren Mitarbeiter aus der ehemaligen DDR den 1992/93 vollzogenen Kurswechsel zum Erhalt »industrieller Kerne« mehrheitlich zu begrüßen. Der Ingenieur-Ökonom Richard Rauenau zeigte sich im Dezember 1992 davon überzeugt, dass das offensive Be-

165 Ebd.
166 R22-Interview mit Dr. Charles Volkmann/Benedikt Golland, 1.10.1992.
167 Ebd.

kenntnis zum Erhalt der »industriellen Kerne« wirtschaftlich wie kulturell angemessen sei:

»Man kann sich [im Blick der Öffentlichkeit, M.B.], glaube ich, bloß verbessern, indem man versucht, wie man jetzt rangeht, in den Kernen, wo eben die Masse bedroht ist, diese Kerne irgendwie in den Griff zu bekommen. Indem man sagt, es kann nicht sein, dass Zittau, Ebersbach, Neugersdorf dahinten, wo 90% in dem Bereich, auch von der Bildung, von der ganzen historischen Entwicklung, Textilfamilien sind, dass dieser Bereich kaputtgeht. Irgendwie muss eine Lösung gefunden werden.«[168]

Der ostdeutsche Mitarbeiter begrüßte also diesen Kursschwenk:

»Und jeder Betrieb für sich, der sowieso jetzt zusammengeschrumpft ist auf namenlose Größen, der muss zu was kommen. [...] Deshalb ist dieser Weg über Treuhand, mit Wirtschaftsministerium und Gewerkschaften Zentren zu schaffen, wo mal die Industrie erhalten bleibt, um dieses Ostgebiet nicht verhungern zu lassen, ist meiner Ansicht nach der richtige Weg. [...]. Das wird natürlich vielen wieder nicht reichen, weil nicht auf der Hand liegt, wann ist das denn soweit, dass ich wieder Arbeit habe.«[169]

Letztlich sensibilisieren die Perspektiven in den 1992/93 geführten Gesprächen für die Deutungsoffenheit der »industriellen Kerne« und der damit verbundenen Bedeutungskonzepte. Zeitgenossen verbanden ganz unterschiedliche Vorstellungswelten damit – weshalb der Begriff konzeptionell zu einem Bumerang zu werden drohte: Was sollte ein solcher »Kern« genau darstellen? War eine Industrieregion als Ganzes gemeint oder lediglich eine Addition (überlebensfähiger) Einzelunternehmen? Wer sollte solche »Kerne« nach welchen Maßstäben definieren? Schließlich: War dieser neue Strategieansatz ein an die Öffentlichkeit gerichtetes, symbolisches »Lippenbekenntnis« oder eine Fortentwicklung der bisherigen Alltagspraxis? Markierte die konzeptionelle Rede über den Erhalt »industrieller Kerne« einen ordnungspolitisch beklagenswerten Bruch oder handelte es sich um eine begrüßenswerte, längst überfällige Kurskorrektur? Die Deutungen gingen dabei nicht nur in der Öffentlichkeit, sondern auch innerhalb des Personals auseinander. Das Konzept bildete indes den letzten umfassenden Versuch, die gewandelte Treuhandstrategie in größeren Zusammenhängen zu formulieren und zu integrieren. Breuels programmatischer Essay vom März 1993, der im »Dilemma« der Steue-

168 R28-Interview mit Prof. Dr. Richard Rauenau, 17.12.1992.
169 Ebd.

rung eines im Grunde nichtsteuerbaren Wirtschaftsumbaus zwischen ideeller, staatsfreier »Ordnungspolitik« und pragmatischer »Strukturpolitik« zu vermitteln suchte, bildete so den Schlussstein strategischer Positionierungsversuche.

6.4 Organisation: Der steinige Weg zur Selbstauflösung

Die sich ab Mitte 1992 wandelnde Praxis des Wirtschaftsumbaus hinterließ rasch Spuren in den Organigrammen. Bis Mitte 1992 hatte sich deren inneres Gefüge seit der Reorganisation im Januar 1991 trotz massiver Expansion zunächst wenig verändert. Vor allem der Höhe- und Endpunkt des operativen Massenprivatisierungsgeschäfts führte nun aber schubweise zur Auflösung oder Zusammenlegung von Direktoraten. Insbesondere die zuvor weitgehend eigenständigen Niederlassungen wurden in einer »Phase II« nach und nach zu weisungsabhängigen, auch personell deutlich reduzierten »Geschäftsstellen« herabgestuft.[170] Ab Frühjahr 1993 veränderte der mittlerweile forcierte organisatorische Auf- und Ausbau des »Vertragsmanagements« die Organisationsstrukturen. Auf einer Pressekonferenz am 3. Januar 1994 verkündete Birgit Breuel, dass sechs der 50 Treuhand-Direktorate inzwischen vollständig geschlossen und weitere zehn Direktorate zusammengelegt wurden. Mit Ausnahme der skandalbedingt reaktivierten Niederlassung Halle waren inzwischen alle anderen vierzehn Niederlassungen zu Geschäftsstellen umgewandelt worden.[171]

Aus Perspektive des Vorstandes waren all diese Schritte lediglich Teilelemente eines organisationspolitischen Gesamtzusammenhangs: Wie würde man die seit Sommer 1991 anvisierte Selbstauflösung zügig ausgestalten können? Die Treuhand-Spitze begann erstaunlich früh sich mit der Regelung der eigenen De-Organisation zu beschäftigen. Bereits am 28. Februar 1991, bei der hitzigen Aussprache mit Betriebsvertretern, hatte Detlev Rohwedder erklärt, die Treuhand habe auf Dauer »keine eigene, eigenständige Rolle zu spielen«: »Wi[r] arbeiten ja, wenn Sie so wollen, auf unsere eigene Auflösung hin, und je erfolgreicher wir sind, desto eher sind Sie uns los. Das ist ja auch Sinn der Sache.«[172]

Gleichermaßen hatte Birgit Breuel bei ihrem Grundsatzreferat auf den »Mitarbeitertagen« Ende November 1991 betont, dass die Treuhand nur »eine Organisation auf Zeit mit dem Ziel« sein könne, sich »so schnell

170 Dazu insgesamt Seibel: Verwaltete Illusionen, S. 373-426.

171 »Treuhand bereitet ihre Auflösung vor«, in: Tagesspiegel, 4.1.1994; Pressekonferenz am 3. Januar 1994, Statement Frau Breuel, in: Treuhandanstalt: Medienarchiv.

172 Rede von Herrn Dr. Rohwedder vom 28.2.1991 – Kongresshalle/Alexanderplatz, in: Treuhandanstalt: Dokumentation, Bd. 12, S. 882-893.

wie möglich entbehrlich zu machen«.[173] Die konkreten Planungen hierfür setzten allerdings erst ein Dreiviertel Jahr später ein. Am 21. August 1992, als das operative Privatisierungsgeschäft noch von Rekord zu Rekord eilte, kam der Vorstand zu einer Klausurtagung im brandenburgischen Lindow zusammen. Bis Ende 1993 wollte die Treuhand-Spitze ihren Unternehmensbestand, wie es im Ergebnisprotokoll hieß, vollständig »verwertet« haben und daher zügig eine »dezentrale Nachfolgeregelung« entwickeln; im Verlauf des Jahres 1994 sollte die Organisation schrittweise so umgestaltet werden, »dass klare und ›trennbare‹ Schnittstellen zwischen den einzelnen Aufgabenbereichen« und organisatorischen »Modulen« entstünden, die man dann Ende 1994 »geschlossen übergeben« könne. Die »Beschäftigten der THA« seien zudem über die geplanten Umbauten »zum frühestmöglichen Zeitpunkt zu unterrichten«.[174]

Im September 1992 bildeten Treuhand, Bundesfinanz- und Bundeswirtschaftsministerium eine Arbeitsgruppe, um gemeinsam über die organisatorischen Zukunftsperspektiven nachzudenken. Die Ministerialbeamten hatten dabei vor allem das Auslaufen des »Treuhand-Kreditaufnahmegesetzes« Ende 1994 im Blick und wollten Anschlussszenarien sondieren. Schnell zeichneten sich Grundsatzpositionen ab: Während die Treuhand-Spitze das Gebilde in eine Vielzahl kleinerer, möglichst privatwirtschaftlich-unternehmerisch agierender Nachfolgeeinrichtungen aufspalten wollte, dachten die Bonner Ministerialbeamten vor allem an eine geordnete »Rückführung in die haushaltsrechtlichen Normalstrukturen«.[175] Dem Vorstand ging es um die Privatisierung und Dezentralisierung des eigenen Nachlasses; die Beamten strebten demgegenüber eine rechtlich-bürokratische Normalisierung des im Sommer 1990 etablierten Sonderregimes an. Am 22. Dezember 1992 hatte die Arbeitsgruppe eine vorläufige Ministervorlage erarbeitet, die für die Zeit ab 1995 eine organisatorische Dreiteilung ins Auge fasste, wobei »hoheitliche Aufgaben« künftig streng von den »unternehmensbezogenen Aufgaben« und der Betreuung der »verbleibenden Unternehmen« abgelöst werden sollten, die man wiederum in privatrechtlichen Formen weiterführen wollte.[176]

Wie eng zusammenhängend Organisations- und Personalpolitik aus Perspektive der Treuhand-Spitze konzipiert waren, wurde in einem an alle

173 Birgit Breuel: Miteinander. Arbeiten für die Soziale Markwirtschaft. Grundsatzreferat, gehalten an den Mitarbeiter-Tagen, 23. und 30. November 1990, Berlin-Wuhlheide, in: Treuhandanstalt: Dokumentation, Bd. 12, S. 917-936, hier S. 922.

174 Ergebnisse der Klausurtagung Lindow 21. bis 22.08.1992: Konzept der Überführung der THA in eine neue Struktur nach 1994, in: Treuhandanstalt: Dokumentation, Bd. 15, S. 144-161.

175 Seibel: Verwaltete Illusionen, S. 323.

176 Ebd., S. 324f.

Mitarbeiter gerichteten Brief von Birgit Breuel vom 30. März 1993 deutlich. Hierin stellte die Präsidentin erste Konturen einer künftigen »Überführung der Treuhandanstalt in die Phase II« vor; ein beigefügtes Organigramm visualisierte die geplante organisatorische Zergliederung nach 1995 auf sechs privatrechtliche und eine staatliche »THA-Nachfolgeorganisation« bei einer reduzierten Personalstärke von 2.800 Mitarbeitern.[177] Breuel schloss mit den beschwörenden Worten: »Wir alle sollten uns zum Ziel setzen, die Aufgaben der Treuhandanstalt, jeder an seinem Platz, gewissenhaft zu Ende zu führen.« Da man dies von allen Mitarbeitern erwarte, sehe es auch der Vorstand »umgekehrt als unsere besondere Pflicht an«, sich im Rahmen der nun bevorstehenden Auflösung und Reorganisation »für die berufliche Zukunft aller Mitarbeiter mit Nachdruck einzusetzen«.[178]

Beim Ringen um eine private Nachfolgeregelung ging es aus Sicht der Treuhand-Spitze auch um seit Jahren gefestigte, bürokratieskeptische Effizienzerwartungen. Am 1. Juli 1993 verabschiedete der Vorstand ein Konzept zur »Überführung der THA in neue Strukturen«: »Im Interesse einer möglichst großen Effizienz und Flexibilität«, wie es in der Vorlage hieß, »sollten Lösungen angestrebt werden, in denen die Aufgaben auf privatrechtlicher Grundlage gelöst werden.«[179]

Nachdem der Vorstand am 1. Juli dieses Nachfolgekonzept beschlossen hatte, formierte sich jedoch bereits auf der Verwaltungsratssitzung vom 13. Juli erstmals Widerstand. Die Vertreter der ostdeutschen Länder und der Gewerkschaften forderten eine stärkere Berücksichtigung struktur- und industriepolitischer Gesichtspunkte, stimmten dem vorgelegten Konzept aller Vorbehalte zum Trotz dennoch zu.[180]

Hatten Treuhand und Bundesministerien bis dahin weitgehend hinter verschlossenen Türen über die Nachfolgeregelungen verhandelt, leitete das Bundesfinanzministerium am 15. September ein Informationspapier über den »Sachstand« sowie »Vorstellungen zur Auflösung« an den zuständigen Ausschuss des Bundestages weiter. Während die Abgeordneten seit Sommer 1993 »überhaupt erstmals mit strategischen Fragen über die Treuhand« befasst waren, änderte sich das politisch-öffentliche Klima massiv. Die Frage der Treuhand-Nachfolge beschäftigte das Parlament so nur wenige Wochen vor Einsetzung des von der SPD beantragten Untersuchungsausschusses. Am 29. Oktober erreichte die Abgeordneten des regulären Ausschusses ein erster Referentenentwurf aus dem Bun-

177 Birgit Breuel an alle Mitarbeiterinnen und Mitarbeiter, Berlin, 30.3.1993, in: Treuhandanstalt: Dokumentation, Bd. 15, S. 162-164, hier, S. 164.

178 Ebd., S. 163.

179 Vorlage für den Vorstand der Treuhandanstalt, Berlin, 1.7.1993, in: Treuhandanstalt: Dokumentation, Bd. 15, S. 165-176.

180 Seibel: Verwaltete Illusionen, S. 326f.

deswirtschaftsministerium für ein »Gesetz zur abschließenden Erfüllung der verbleibenden Aufgaben der Treuhandanstalt«, das die Privatisierung und Zerschlagung der Zentralorganisation nach 1995 ins Auge fasste, aber – sehr zum Unmut der zuständigen Abgeordneten – mit konkreten Angaben über den künftigen Zuschnitt von Organisation, Aufgaben und Personal geizte. Die Regelung der organisatorischen Nachfolge blieb also weiterhin in der Schwebe.[181]

Trotz aller parlamentarischer Unwägbarkeiten wandte sich die Präsidentin am 10. November nochmals an ihre Mitarbeiter, denen sie ein detailliertes Nachfolgekonzept präsentierte. Obwohl die politischen Entscheidungen in Bonn noch ausstünden, würde die Treuhand-Spitze bereits in den nächsten Monaten mit der vorausschauenden Reorganisation und Personalumsetzung beginnen, um eine »ordnungsgemäße Übergabe an die neuen Träger« nach 1994 zu gewährleisten. In der künftig geplanten Organisationseinheit »VAR« würden Vertragsmanagement, Abwicklung und Reprivatisierung konzentriert; der Bereich »PMG« sollte die verbleibenden »Portfolio Management Gesellschaften« wie die MKGs und noch im Bestand befindliche Betriebe erfassen und für Investitionen privater Anleger offenstehen; die verbleibenden staatlichen oder hoheitlichen Aufgaben würden demgegenüber von einer »BvS«, einer »Bundesanstalt für vereinigungsbedingte Sonderaufgaben«, wahrgenommen werden. Die bereits im August 1992 projektierte Zweiteilung blieb gewahrt: Während »VAR« und »PMG« privatrechtlich-unternehmerisch organisiert und privatisiert werden sollten, würde man die hoheitlich-bürokratischen Aufgaben bei der »BvS« konzentrieren.[182]

Dass die von der Treuhand-Spitze entwickelten Nachfolgeszenarien einer Selbstauflösung durch Privatisierung die parlamentarischen Hürden so einfach nicht nehmen würden, zeichnete sich bereits einige Wochen später ab, als der Haushaltsausschuss des Bundestages am 2. Dezember die Mittel für die Finanzausstattung der geplanten Nachfolgegesellschaften überraschend verweigerte.[183] Und obgleich das Bundeskabinett am 8. Dezember den Entwurf nochmals bekräftigte, entbrannte in den folgenden Wochen ein parlamentarischer Streit um die Treuhand-Nachfolge, der durch eine Präsentation der Nachfolgepläne durch Birgit Breuel bei einer Pressekonferenz Anfang Januar 1994 neue Nahrung erhielt. Besonders in den Reihen der Koalitionsfraktionen formierte sich beträchtlicher Wider-

181 Seibel: Verwaltete Illusionen, S. 329ff.

182 Birgit Breuel an alle Mitarbeiterinnen und Mitarbeiter, Berlin, 10.11.1993, in: Treuhandanstalt: Dokumentation, Bd. 12, S. 836-839.

183 »Wachsender Unmut über Treuhand-Reform«, in: Süddeutsche Zeitung, 6.12.1993; »Die Treuhand nach '94 – ABM für Manager?«, in: Neues Deutschland, 1.12.1993.

stand gegen die projektierte Selbstauflösung. Die Abgeordneten betrachteten insbesondere die Privatisierung der Vertragskontrolle mit Skepsis, erachteten den von der Treuhand angegebenen Personalbestand als zu hoch und beklagten mangelhafte parlamentarische Kontrollmöglichkeiten sowie eine fehlende Einbindung der neuen Bundesländer.[184]

Die Parlamentarier, auf deren Vorbehalte der Vorstand bis dato kaum eingegangen war, erhielten am 31. Januar Schützenhilfe vom Bundesrechnungshof, der die »Organisationsvorschläge« in aller Schärfe kritisierte – diese trügen lediglich »den Interessen der Führungskräfte und der Mitarbeiter der Treuhandanstalt Rechnung« und zeichneten sich durch mangelnde Transparenz, überhöhte Gehälter und unklare Verantwortlichkeiten aus – also durch all das, was die Prüfbehörde bereits seit Jahren kritisiert hatte. Während Breuel Anfang Februar 1994 nach Bonn gekommen war, um die wachsenden Bedenken insbesondere der Koalitionsabgeordneten zu zerstreuen, kam im März 1994 ein Gutachten der von CDU- und FDP-Parlamentariern beauftragten Unternehmensberatung Kienbaum zu dem Resultat, dass eine Konzentration und Zentralisierung der verbleibenden Restaufgaben, ungeachtet ihres »hoheitlichen« oder »unternehmerischen« Charakters, in einer einzigen, staatlichen Nachfolgebehörde die optimale Lösungsvariante sei.[185]

Damit waren es ausgerechnet die so häufig von der Treuhand selbst beauftragten Unternehmensberater, die den unternehmerischen Nachfolgeansatz komplett infrage gestellt hatten. Anlässlich der ersten Lesung des Gesetzentwurfs im Plenum des Bundestags am 4. März 1994, die zahlreiche Abgeordnete abermals zu einem äußerst hitzigen Meinungsaustausch über die Treuhand nutzten, warb Bundesfinanzminister Theo Waigel noch einmal dafür, »die für eine historische Übergangszeit geschaffene Großorganisation so schnell wie möglich aufzulösen und den Auftrag wirt-

184 »Abenddämmerung bei der Treuhand«, in: Tageszeitung, 4.1.1994; »Treuhand legt den Grundstein für die Zukunft«, in: Tagesspiegel, 4.1.1994; »Treuhandanstalt will sich selbst möglichst schnell überflüssig machen«, in: Süddeutsche Zeitung, 4.1.1994; »Treuhand vor dem Endspurt«, in: Mitteldeutsche Zeitung, 4.1.1994; »Zellteilung«, in: Frankfurter Allgemeine Zeitung, 5.1.1994; »Nicht spucken«, in: Wirtschaftswoche, 14.1.1994.

185 Zit. n. Seibel: Verwaltete Illusionen, S. 337f.; dazu auch Seibels zeitgenössischer Einwand: »Treuhand II – eine politische Mißgeburt«, in: Frankfurter Allgemeine Zeitung, 4.3.1994; »Bundestag will die Treuhand auch nach 1994 kontrollieren können«, in: Neue Zeit, 5.3.1994; »Der ungeliebte Monopolist«, in: Die Welt, 5.3.1994; »Das Mammut lebt weiter, in neuer Gestalt«, in: Süddeutsche Zeitung, 7.3.1994; »Streit um neue Struktur der Treuhandanstalt«, in: Berliner Zeitung, 14.3.1994; »Weiter Streit um Zukunft der Treuhand«, in: Tagesspiegel, 13.3.1994.

schaftlich zu Ende zu führen«[186] – dennoch verwarfen die beiden hiermit befassten Parlamentsausschüsse den Gesetzesentwurf wenige Tage später. Am 9. März beschlossen die Parlamentarier im Haushalts- und Treuhand-Ausschuss, das im Kienbaum-Gutachten dargelegte Modell einer zentralen, staatlichen Nachfolgebehörde »BvS« zur Grundlage eines neuen Gesetzentwurfs zu machen.[187]

Der Vorstand reagierte empört auf den parlamentarischen Kursschwenk, der den seit fast zwei Jahren betriebenen Zukunftsplanungen die Grundlage entzog. Am 10. März 1994 schrieb eine merklich irritierte Präsidentin (»Wir sind wie immer in einer schwierigen Lage«) abermals einen Brief an ihre Mitarbeiter. Breuel begrüßte zwar das prinzipielle Bekenntnis der Parlamentarier zum Ende der Treuhand noch im aktuellen Jahr, dennoch zeigte sich die Präsidentin über die beträchtlichen Vorbehalte der Abgeordneten am eigenen Nachfolgekonzept überrascht; man müsse nun »intern beraten«, wie man die in Bonn geforderten Änderungen, insbesondere was Strukturen, Gehälter und Personal nach 1994 angehe, produktiv aufgreifen könne: »Viele weitere Fragen, die wir intern schon sehr weit vordiskutiert haben, müssen noch weiter untersucht werden.«[188]

Der Zweckoptimismus sollte sich schon bald als verfrüht erweisen. Am 25. März informierten Vertreter des Bundesfinanzministeriums den Vorstand in einer Gesprächsrunde, dass die geplante Trennung von »unternehmerischen« und »hoheitlichen« Aufgaben angesichts des politischen Widerstands in den Koalitionsfraktionen nicht mehr zu realisieren sei; man werde die verbleibenden Aufgaben stattdessen organisatorisch bei einer staatlichen, engmaschig kontrollierten Nachfolgeorganisation zentral bündeln.[189] Damit schien der organisationspolitische Konsens zwischen Treuhand und Bundesfinanzministerium endgültig aufgekündigt.

Die Reaktion aus Berlin erfolgte prompt. Am 30. März richtete der Vorstand einen im Tonfall scharfen Brief an Bundesfinanzminister Waigel, den vormaligen Vorstandskollegen und Bundeswirtschaftsminister Rexrodt sowie Bundeskanzleramtschef Friedrich Bohl. Man sei sich bislang »immer einig darin« gewesen, »dass die Treuhand nur eine Einrichtung auf Zeit bleiben« dürfe, weshalb man bereits seit Mitte 1992 gemeinsam mit der Bundesregierung nach »organisatorischen Lösungen« gesucht habe; dieser »enge Gedankenaustausch« habe im Jahr 1993 als »einvernehmliches Ergebnis« erbracht, dass die Treuhand als »bundesunmittel-

186 Deutscher Bundestag: Stenographisches Protokoll, 12. Wahlperiode, 214. Sitzung, 4.3.1994, in: Treuhandanstalt: Dokumentation, Bd. 15, S. 220-248, hier S. 223.

187 Seibel: Verwaltete Illusionen, S. 340.

188 Birgit Breuel an alle Mitarbeiterinnen und Mitarbeiter, Berlin, 10.3.1994, in: Treuhandanstalt: Dokumentation, Bd. 15, S. 281-284.

189 Seibel: Verwaltete Illusionen, S. 344.

bare Großorganisation der Wirtschaftsverwaltung« definitiv aufgelöst, in »spezialisierte Organisationseinheiten« aufgespalten und diese »nach Möglichkeit privatisiert« werden würden. Nach den jüngsten Auseinandersetzungen im parlamentarischen Verfahren habe die Bundesregierung diesen Weg jedoch verlassen.[190]

Die neuen Pläne des Bundesfinanzministeriums empfanden die Vorstände gleich in mehrfacher Hinsicht als ordnungspolitische Provokation. Durch die Gründung *einer* zentralen Nachfolgeorganisation bleibe die Treuhand, »die wir immer als eine Übergangseinrichtung verstanden haben«, nun doch »unter anderem Namen« erhalten. Die vorgesehene Zusammenführung von hoheitlichen und unternehmerischen »Unternehmenskulturen« betrachteten die Vorstände mit Skepsis, auch unter Verweis auf die internen Organisationsdynamiken:

> »Wir erleben zunehmend, dass die Vermengung dieser zwei Unternehmenskulturen unvermeidlich dazu führt, dass die bürokratischen Entscheidungsmechanismen die unternehmerischen, kaufmännischen Verfahren verdrängen – und nicht umgekehrt.«[191]

Der Vorstand sah es daher »als seine Pflicht an, auf die erheblichen Nachteile hinzuweisen«, die mit dem Verzicht auf die Auflösung der Treuhand als Großorganisation verbunden seien. Insbesondere werde so das »wirtschaftspolitische[] ›Sonderregime[]‹ für die neuen Bundesländer« verlängert und ein »Übergang in die Normalität unserer bundestaatlichen Ordnung« verhindert; der geplante »Verzicht auf die kaufmännische Dominanz bei den Entscheidungen« mindere zudem die Effektivität:

> »Damit besteht die Gefahr, dass die verbleibenden Aufgaben weniger effizient, stärker behördenmäßig, d.h. verrechtlicht und rechtsmittelorientiert und weniger schnell durchgeführt werden und dass dies die Entwicklung der betroffenen Unternehmen und die Belastung des Bundeshaushalts negativ beeinflussen wird.«[192]

Der Vorstandsbrief an die Bundesregierung vom 30. März, der – wie Wolfgang Seibel urteilte – einen »bemerkenswerten Einblick [...] in die [in vier Jahren verfestigte, M.B.] Mentalität der Leitung der Treuhandanstalt«[193] gewährte, kam einem regelrechten Scheidungspapier gleich. Nicht nur das bislang in aller Regel einvernehmliche, diskrete und kooperative Verhältnis

190 Birgit Breuel an die Bundesminister Waigel, Rexrodt, Bohl, Berlin, 30.4.1994, in: Treuhandanstalt: Dokumentation, Bd. 15, S. 285-292.

191 Ebd., S. 288.

192 Ebd., S. 290.

193 Seibel: Verwaltete Illusionen, S. 347.

zwischen Treuhand und den beiden zuständigen Bundesministerien schien beschädigt. Vielmehr noch: In der Lesart des Vorstandes strebte die Bonner Politik im März 1994 all das an, was die Treuhand-Spitze immer wieder mit Nachdruck von sich gewiesen hatte – eine bürokratisch verfasste, in politische Kontrollen eng eingebundene und auf lange Dauer angelegte Zentralbehörde.[194]

In Bonn verhallte die Intervention der Treuhand-Spitze jedoch weitgehend ungehört; Bundesregierung und Parlament regelten die Nachfolge in den kommenden Wochen unter sich. Am 29. April wurde das überarbeitete »Gesetz zur abschließenden Erfüllung der verbleibenden Aufgaben der Treuhandanstalt« mit den Stimmen der Koalitionsfraktionen verabschiedet; am 20. Mai rief der von rot-grünen Landesregierungen dominierte Bundesrat den Vermittlungsausschuss an, um die Mitwirkungsrechte der Bundesländer zu sichern, was bis zum 14. Juni erfolgte. Die »Bundesanstalt für vereinigungsbedingte Sonderaufgaben« (BvS) würde ab 1995 mit 2.300 Mitarbeitern den Kern der Treuhand-Geschäfte, das Vertragsmanagement, die Reprivatisierung und die Abwicklung weiterführen. Die »Beteiligungs-Management-Gesellschaft mbH« (BMGB) übernahm dagegen mit 60 Mitarbeitern das verbleibende »Restportfolio« an Unternehmen und die Treuhand-Management-Gesellschaften (MKGs). Die seit 1991 bestehende Treuhand-Tochter »Treuhand Liegenschaftsgesellschaft mbH« (TLG) würde mit eintausend Mitarbeitern weiterhin die langfristige Privatisierung der Immobilien, die 1992 eingerichtete »Bodenverwertungs- und -verwaltungsgesellschaft mbH« (BVVG) mit 600 Stellen die Verwertung von land- und forstwirtschaftlichen Flächen betreuen.[195]

In der zweiten Hälfte des Jahres 1994 waren es fortan vor allem Beamte des Bundesfinanzministeriums, die in Zusammenarbeit mit Unternehmensberatern die Reorganisation in die Wege leiteten. Obwohl man mit der noch amtierenden Treuhand-Spitze kooperierte, gaben die Bonner

194 Vgl. zum Konflikt zwischen Treuhand und Bonner Politik: »Treuhand will Personalzahl 1995 nicht wesentlich verringern«, in: Neue Zeit, 12.4.1994; »Treuhand widerspricht Bundestag«, in: Tagesspiegel, 12.4.1994; »Streit um Treuhandpersonal«, in: Handelsblatt, 19.4.1994; »Trennung als Konflikterlebnis«, in: Focus, 18.4.1994; »Treuhand-Nachfolge sorgt in Bonn für Ärger«, in: Frankfurter Rundschau, 22.4.1994.

195 Bundesministerium der Finanzen: Fortschrittsbericht der Bundesregierung zum Stand der Neuorganisation der Treuhandanstalt, 29.8.1994, in: Treuhandanstalt: Dokumentation, Bd. 15, S. 371-388; »Treuhand: Nur der Name verschwindet«, in: Tageszeitung, 22.4.1994; »Weg frei für Treuhand-Nachfolgeorganisationen«, in: Süddeutsche Zeitung, 22.4.1994; »Zukunft der Treuhand weitgehend geklärt«, in: Neue Zeit, 22.4.1994; »Treuhand: 1800 müssen gehen«, in: Die Welt, 28.4.1994; »Treuhandnachfolge beschlossen«, in: Frankfurter Allgemeine Zeitung, 30.4.1994.

Ministerialbeamten das Heft des Handelns nicht mehr aus der Hand. Die Treuhand-Führung konnte – gewissermaßen als »Minimallösung« – im Juni 1994 noch die eigene Dokumentations- und Archiv-Abteilung mit knapp 200 Mitarbeitern als »DISOS GmbH« (selbst-)privatisieren. Von den weitgespannten Auflösungs- und Nachfolgeplänen war jedoch kaum noch etwas übrig geblieben – nur der sperrige Name der »Bundesanstalt für vereinigungsbedingte Sonderaufgaben«, in die die Treuhand-Manager ursprünglich all jene ungeliebten, weil staatlichen Verwaltungsaufgaben auslagern wollten.[196]

Dass die in Schwebe gehaltenen Fragen nach der angestrebten Selbstauflösung und den künftigen Nachfolgeorganisation(en) auch die eigene Mitarbeiterschaft umtrieb, lässt sich nicht nur an der Frequenz der im eindringlichen Tonfall gehaltenen Mitarbeiterbriefe ermessen, die Birgit Breuel in den Jahren 1993/94 verfasste. Schon um die Jahreswende 1992/93 befassten sich die Gesprächspartner intensiv mit der organisatorischen Zukunft. Für Direktor Bernhard Hamberger schien im September 1992 die Zukunft seines Bereichs nach dem Ende der Privatisierungen offen; mit Skepsis antizipierte er das organisatorische Szenario, die Treuhand bald nur noch als eine »Behörde« zu führen:

> »Und wir selbst hoffen, sagen wir mal, diesen ganzen Arbeitsanfall, der sich aus dieser Privatisierungswelle ergibt, bis 93 auch aufzufangen und abgewickelt zu haben. Gut, und wie es dann weitergeht, ist natürlich auch eine Frage: Wird man sich dann davon trennen und sagen, wenn es nur noch eine Behörde bleibt, und man diesen kaufmännischen Teil rausnimmt, gibt es dann nachher vielleicht gar kein kaufmännisches Rechnungswesen mehr, sondern nur noch eine Haushaltsabrechnung mit Einnahmen und Ausgaben? Also die letzte Entscheidung ist da sicher noch nicht gefallen.«[197]

Der Abteilungsleiter und Finanzexperte Dieter Geppert berichtete im Januar 1993 von den internen Debatten über die künftige Organisation der Treuhandanstalt; Gepperts Ausführung lagen ganz auf der vom Vorstand verfolgten Linie, in der Zukunft »bürokratische« von »unternehmerischen« Aufgabensegmenten organisatorisch voneinander abzulösen. Er störte sich vor allem an den »neuen Aufgaben«, die die Treuhand aus Mangel an institutionellen Alternativen von der Politik zugewiesen bekomme:

> »Ich weiß nur so viel, dass wir eigentlich schon seit einiger Zeit ganz selbstverständlich uns darüber unterhalten, wenn wir neue Arbeiten auf

196 Vgl. dazu insgesamt BvS: Rückblick.

197 R5-Interview mit Bernhard Hamberger, 28.7.1992.

uns zukommen sehen, dass wir uns jedesmal neu fragen, Mensch, müssen wir das eigentlich machen, kann das nicht wer anders tun für uns? Oder wer würde das machen, wenn es uns nicht gäbe, es sind ja jetzt Aufgaben, die nicht originär im Treuhandgesetz verankert sind, da steht ja nichts von drin.«[198]

Aber eben diese Tendenz ließ es für ihn wahrscheinlich erscheinen, dass die Organisation auch nach 1994 doch weitergeführt werden müsse:

»Von daher kann ich mir durchaus vorstellen, dass hier ein Kernbereich bleibt, aber ich sage es mal so vielleicht, wenn es die Treuhandanstalt nicht gegeben hätte, und es wäre nur um Reprivatisierung gegangen, hätte man das vielleicht mit einer Behörde gemacht. [...] So muss ich ja versuchen, zu abstrahieren. Bis jetzt war es ja einfach, jetzt haben wir die Treuhandanstalt, da packen wir alles hin, da packen wir jetzt auch noch vielleicht die Wohnungen hin, die da im Gespräch sind und was man sonst alles noch vielleicht sich vorstellen kann. Und ich muss jetzt genau gedanklich den anderen Prozess machen und muss sagen, wenn es uns denn nicht gäbe, wo wäre es denn dann angesiedelt?«[199]

Bruno Homm leitete seit April 1991 ein Direktorat, das in einem »hoheitlichen« Routineverfahren vermögensrechtliche Ansprüche überprüfen sollte. Dies war letztlich eine administrative Aufgabe, die mangels Alternativen im Frühjahr 1991 bei der Treuhand angesiedelt worden war. Auch Homm und das von ihm rekrutierte Mitarbeiterteam beschäftigten sich im Januar 1993 ausführlich mit der eigenen Zukunft:

»Was uns natürlich im Augenblick auch sehr beschäftigt ist, was wird aus der Treuhandanstalt, beziehungsweise aus uns, sagen wir, nach 93/94. [...] Also mein Plädoyer ist immer – entscheiden muss natürlich der Gesetzgeber – diesen Bereich der Stelle für Vermögenszuordnung nicht zu zerteilen, sondern so als schlagkräftige Truppe, als Einheit zu lassen, wo auch immer angehängt, weil wenn es auf die Oberfinanzdirektion oder auf andere Länder oder so aufgeteilt wird, wird einmal die Truppe hier zerschlagen, es dauert wieder zusätzliche Zeit, das vor Ort abzubauen, hier abzubauen und aufzubauen. Ich glaube auch nicht, dass alle Mitarbeiter bereit wären, sich dann zu verändern.«[200]

Die vom Vorstand diskutierte Ausgliederung der »hoheitlichen« Aufgaben in eine eigene Behörde sah der Direktor, der die klassische staat-

198 R38-Interview mit Dieter Geppert, 16.1.1993.
199 Ebd.
200 R37-Interview mit Bruno Homm, 12.1.1993.

liche Verwaltung aus seiner Vergangenheit als süddeutscher Kommunalbeamter kannte, mit Skepsis:

> »[W]eil man doch flexibler arbeiten kann, flexibler arbeiten kann als als Abteilung oder Referat von einer Oberfinanzdirektion. Da sage ich Ihnen ja sicher nicht viel Neues, da sind schon Sachen eingebaut, kraft Behörde, die das Ganze sehr verlangsamen. Das hat seine Vorteile, hat aber hier mehr Nachteile, würde ich sagen. Also wir würden nicht soviel abarbeiten können, wenn wir eine TYPISCHE Behörde wären. Sowohl materiell, als auch von der Sache her. Das heißt nicht, dass unsere Bescheide nicht rechtmäßig sind oder so, sondern die werden genauso überprüft wie anders auch, nur die Leute sind flexibler, sie sind, ich würde mal sagen, sogar teilweise auch schneller.«[201]

Conrad Hopp hatte bei seinem intensiven Gespräch im Januar 1993 die Umwandlung seiner Niederlassung in eine »Außenstelle« unmittelbar vor Augen. Die projektierte Auflösung der Zentrale deutete der scheidende Niederlassungsleiter als politisches Manöver:

> »Also die Niederlassungsleiter sind natürlich als so eine Art von Exoten angesehen in der Zentrale, die da draußen als Landesfürsten rumlaufen, und daraus kam ja auch die Tendenz in der Richtung zu sagen, okay, was müssen wir denn machen, gut, möglichst schnell schauen wir, dass die NIEDERlassungen der Treuhandanstalt aufgelöst werden. Und ich glaube, es ist fair zu beschreiben, dass die Auflösung der Niederlassungen eigentlich so eine Art von Vorläufermodell für die Auflösung der Treuhandanstalt ist. Man kann eigentlich ganz deutlich sagen, WENN es gelingt, bei einer Niederlassung oder bei der Treuhandanstalt, A, den Namen zum Verschwinden zu bringen, und B, den Leiter, dann ist im öffentlichen Bewusstsein die Niederlassung weg. Und das ist wahrscheinlich auch richtig und ist auch zweifelsohne so beabsichtigt.«[202]

Hopp beschäftigte sich mit den psychologischen und symbolpolitischen Dynamiken, die den Auflösungsvorgang in seiner Außenwirkung begleiten würden:

> »Das heißt, die Niederlassungen werden relativ zügig verschwinden, dem Namen nach, und der Leiter verschwindet, der sehr stark quasi, zumal in der Öffentlichkeit, die Identifikation der Niederlassung ist. Ich bin ganz sicher, in 93 passiert das Analoge mit der gesamten Treuhandanstalt, nämlich, wenn erst die Präsidentin weg ist und die Treuhandanstalt nur noch Amt für öffentliche Vermögensverwaltung oder was

201 Ebd.

202 R35-Interview mit Conrad Hopp, 7.1.1993.

heißt, dann ist die Treuhandanstalt verschwunden. Und das ist ja auch ein sinnvolles Ziel, vor der Bundestagswahl zügig.«[203]

Direktor Stefan Wolter beschrieb mit Blick auf die laufende Auflösungsdebatte die Gegenwart als die komplizierteste Phase in der Organisationsgeschichte:

> »Die Treuhand ist politisch und organisatorisch ein auslaufendes Modell. Alle diskutieren nicht die Frage, wie kann die Treuhand besser arbeiten, sondern [...], wie kann es nach der Treuhand mit den Dingen weitergehen, die übrig bleiben müssen, wenn das operative Geschäft beendet ist. Die einen sagen dann Industrieholding, und die anderen sagen Management-KGs und die dritten sagen was auch immer. Das bedeutet, dass wir jetzt in eine Phase einmünden, wo ich sagen würde [...] es ist wahrscheinlich die schwierigste überhaupt.«[204]

Im Gegensatz zur »experimentellen« Frühzeit sei die Selbstauflösung vor allem durch bestehende Pfadabhängigkeiten geprägt. Für deren Beschreibung bediente sich Wolter einer eindrücklichen Metapher:

> »Jetzt ist man ja in einer Situation, wo man viele Optionen ausgeübt hat, organisatorisch und materiell. Und was man einmal entschieden hat, kann man kein zweites Mal entscheiden. Das heißt, die Irreversibilitäten nehmen stark zu, die Treuhand verholzt, verkrustet, legt sich selber in ein so tiefes Tal oder Flussbett fest, dass sie da an den Rändern gar nicht mehr rauskommt.«[205]

Die gegenwärtigen Auseinandersetzungen um die Zukunft empfand er daher als eine spezielle Form der Anstrengung:

> »Insofern würde ich sagen, ist die verantwortliche Gestaltung der Selbstauflösung möglicherweise – nicht körperlich, weil Sie sehen, das Telefon klingelt nicht, und die Tür geht auch nur noch alle fünf oder alle zehn Minuten auf; also körperlich ist das nicht mehr so schlimm, man kann um 19 Uhr nach Hause gehen, und man kann sich Arbeit mitnehmen, und man weiß ungefähr, wie der morgige Tag abläuft; es ist nicht mehr dieses Stahlgewitter, wo man nicht weiß, was einen trifft; und auch kognitiv ist es nicht so, als wenn man nicht wüsste, was auf einen zukommt.«[206]

203 Ebd.
204 R44-Interview mit Stefan Wolter, 4.2.1993.
205 Ebd.
206 Ebd.

Urs Cramer, der die Reorganisation um die Jahreswende 1990/91 verantwortet hatte, schloss sich rückblickend der vom Vorstand praktizierten Strategie der Selbstauflösung an; für die Treuhand-Spitze habe letztlich nur die Option bestanden, diesen Auflösungsvorgang durch eine gezielte Planung aktiv selbst zu gestalten. Der von der Spitze erzeugte Innendruck sollte damit dem absehbar wachsenden Außendruck entgegenwirken:

> »Was [wir] eigentlich brauchen, ist eine Unternehmensentwicklung, denn im Grunde genommen müssen [wir] innerhalb ihrer Organisation eine kleine Truppe haben, die die WEITERentwicklung der Treuhand [...] nicht nur sozusagen von außen beeinflusst, sondern es nachher AKTIV macht und die dann auch sagt, ›Jetzt müssen wir die zusammenlegen und die, die also DYNAMISCH den SCHRUMPFUNGSprozeß auch BEWUSST einleitet und DRUCK erzeugt, dass die Treuhand wieder schrumpft‹. Denn das sollte ja so früh wie möglich ein ENDliches Gebilde sein.«[207]

Bereits in den zeitgenössischen Experteninterviews zeigte sich, wie intensiv auch intern jene Debatte um die verschiedenen Zukunftsszenarien der Organisation fortgeführt wurde, der Birgit Breuel in einem Interview mit der *FAZ* bereits Anfang November 1991 so eindrücklich eine Richtung gegeben hatte: »Sie muss so bald als möglich wieder weg.«[208]

6.5 Personalpolitik: Fluktuation, Outplacement und Zukunftsangst

Auf der Vorstandsklausur in Lindow am 21. August 1992 befasste sich die Führungsspitze ausführlich mit dem Themenkomplex »Personelle Konsequenzen aus der Entwicklung der Organisation« – »personalpolitische Leitlinien« für die Zeit nach 1993 sollten festgezurrt werden. Die Vorstände gingen eine Selbstverpflichtung ein: Für sie alle gelte eine »Vorbildfunktion [...] in Bezug auf die Aufgabenerfüllung«, deren »Motto« sein müsse: »Der Kapitän verlässt sein Boot als letzter!«[209]

Drei »Leitlinien« sollten die Personalpolitik künftig bestimmen: Erstens werde die Treuhand »alles tun, um für ihre Mitarbeiter Anschlusstätigkeiten nach erfolgreicher Aufgabenerledigung« aufzuspüren – wobei man natürlich »nicht in der Lage« sei, »zugunsten jedes einzelnen Mitarbeiters eine Bestandserklärung« abgeben zu können. Zweitens müsse der

207 R50-Interview mit Urs Cramer, 19.5.1993.

208 »Die Treuhand soll ihre Arbeit bis Ende 1994 beenden«, in: Frankfurter Allgemeine Zeitung, 4.11.1991.

209 Ergebnisse der Klausurtagung Lindow 21. bis 22.08.1992: Konzept der Überführung der THA in eine neue Struktur nach 1994, in: Treuhandanstalt: Dokumentation, Bd. 15, S. 144-161.

»Gefahr der Abwanderung von Leistungsträgern« durch »das Aufzeigen von Perspektiven und das Schaffen von Anreizen zum Verbleib« begegnet werden. Und drittens solle die »Mitarbeiterentwicklung (Erhaltung, Qualifizierung und Perspektiven)« als »Vorgesetztenfunktion [...] verstärkt wahrgenommen« werden.[210]

Unter der Ägide des seit Mai 1992 amtierenden Personalvorstands Horst Föhr sollte das »Bonussystem« für Führungskräfte weiterentwickelt werden (»Inhalte bleiben gleich, Strukturen ändern sich!«) – zum einen, um so der öffentlichen Kritik die Spitze zu nehmen, zum anderen, um gerade diejenigen Führungskräfte zu belohnen, die noch bis 1994 im Amt blieben.[211] Für das Gros der Mitarbeiter der mittleren und unteren Ebenen sollten zudem »spezifische[...] Qualifizierungsmaßnahmen« entwickelt werden, die ihnen die Gründung privater Beratungsunternehmen erleichtern sollten.[212]

Das Protokoll der Lindow-Klausur machte deutlich: Mit den sich konkretisierenden Bestrebungen zur Selbstauflösung ab Mitte 1992 begannen sich auch die Anforderungen an die Personalpolitik erneut massiv zu wandeln. Im Mittelpunkt stand nun nicht mehr die Gewinnung, sondern die Erhaltung des Führungspersonals sowie die mittelfristigen Anschlussperspektiven für die nunmehr knapp viertausend festangestellten Mitarbeiter.

Eine erste markante Gruppe, die die Organisation in größerer Zahl verließ, waren die im Herbst 1990 kurzfristig im Rahmen der »Kanzleraktion« von westdeutschen Konzernen befristet entsandten »Leihmanager« gewesen, die vor allem die »chaotische« Rohwedder-Zeit mitgeprägt hatten. Bis Oktober 1991 waren zahlreiche, oft in führenden Positionen tätige Industriemanager zu ihren Heimatkonzernen wie BASF, Thyssen, Bertelsmann, Ruhrgas, Hoechst, IBM oder Siemens zurückgekehrt.[213] Den allmählichen Abschied der »One-Dollar-Men« versuchte die Personalabteilung überwiegend durch eine gezielte, über Print-Kampagnen oder Headhunter realisierte Rekrutierung von deutlich jüngeren und meist unerfahrenen Nachwuchskräften zu kompensieren, was schon bald für öffentliche Kritik sorgte. Anfang Juni 1992 monierte etwa der Bundesrechnungshof in einem Gutachten die hohen Gehalts- und Bonuszahlungen an die eingestellten Nachwuchskräfte »unter 33 Jahren«, die trotz mangelnder Berufserfahrung auf hochdotierte Leitungspositionen bestellt

210 Ebd., S. 154.
211 Ebd., S. 155f.
212 Ebd., S. 157.
213 »Leihmanager beendeten Treuhand-Tätigkeit«, in: Treuhandanstalt Informationen, 10.10.1991.

würden und so mittlerweile zwanzig Prozent aller Abteilungsleiterstellen innehätten.[214]

Die Aussicht auf »Bewährung« und »Verantwortung« in jungen Jahren oder das verlockende Image als »Frühbeet für Manager-Karrieren«, mit dem die Treuhand junge Nachwuchskräfte gezielt ansprach, sollte sich auch aus anderen Gründen bald als problematisch erweisen. Im August 1992 klagte Breuel in einem Interview über die »gnadenlosen« Abwerbepraktiken, mit denen Personal- und Unternehmensberater gerade die Nachwuchsführungskräfte gezielt ins Visier genommen hätten. Die Treuhand drohte so zu einer allzu kurzen Karrierezwischenstation zu werden, der man unversehens den Rücken zukehrte, sobald sich bessere Optionen auftaten. Zwar wolle man ja durchaus bis 1994 Personal durch »vernünftiges Outplacement« abbauen, allerdings fahre man im gegenwärtigen Privatisierungsgeschäft »ja noch auf Hochtouren«.[215]

Es ist nicht ohne Ironie, dass es gerade die ab Mitte 1992 forcierte Selbstauflösung war, die die personalpolitischen Querelen zusätzlich verschärfte. In einem Mitarbeiterbrief vom 10. Juli 1992, zu Beginn der Sommerferien, eröffnete Breuel dem Personal erstmals ihre personalpolitischen Vorstellungen für die nähere Zukunft. Wie gewohnt beschwor die Präsidentin zunächst die beachtlichen Privatisierungserfolge der letzten Monate, ging aber auch auf die unvermindert intensive öffentliche Kritik ein und äußerte Verständnis für die »Verbitterung« vieler Menschen angesichts der »technokratischen Kälte« des sich vollziehenden »wirtschaftliche[n] und »technokratische[n] Wandels«.[216] Erst dann kam sie zum Kernanliegen ihres Schreibens:

> »Wir haben nie einen Hehl daraus gemacht, dass wir uns selbst überflüssig machen wollen. Das passt denen nicht, die sich daran gewöhnt haben, auf die Treuhand die Schuld an allen ungelösten und konfliktreichen Problemen zu schieben. Und das ist für viele Mitarbeiter belastend, weil es ihre Lebensplanung berührt und unsicher macht.«[217]

Im Sommer 1992 würden nicht nur die Niederlassungen und erste Branchendirektorate aufgelöst, die Organisation müsse sich mit der bevorstehenden »Verlagerung der Aufgabenschwerpunkte« auch personell verändern. Für die gegenwärtig absehbaren Folgeaufgaben, insbesondere in

214 »Zu schnelle Beförderung, zu viel Geld«, in: Süddeutsche Zeitung, 6.6.1992; »Rechnungshof rügt Treuhand«, in: Frankfurter Rundschau, 6.6.1992.

215 »Der Treuhand werden aus der Wirtschaft gnadenlos wichtige Mitarbeiter abgeworben«, in: Handelsblatt, 21.8.1992.

216 Birgit Breuel an alle Mitarbeiterinnen und Mitarbeiter, Berlin, 10.7.1992, in: Treuhandanstalt: Dokumentation, Bd. 12, S. 821-824.

217 Ebd., S. 822.

der Vertragsverwaltung, würden »weiterhin 50 bis 65 Prozent der bisherigen Mitarbeiterzahlen benötigt«. Breuel skizzierte ein konkretes »Szenarium«: Mit dem Ende der Massenprivatisierungen »bis Ende 1993« würde sich im »Frühjahr 1994« ein »Rückgang des Personalbedarfs von heute rund 4.000 Mitarbeitern auf dann rund 2.500« ergeben. Die Präsidentin zeigte sich optimistisch, dass die »Führungskräfte und der Führungsnachwuchs aus den alten Bundesländern« die professionelle »Chance« nach dem »Härtetest Treuhandanstalt« individuell für sich zu nutzen wissen würden; den »Mitarbeitern aus den neuen Bundesländern« werde man hingegen durch »Ausschreibungen innerhalb der Treuhand« neue Beschäftigungsmöglichkeiten anbieten. Alle Mitarbeiter, insbesondere die der Führungsebene, müssten sich darauf einstellen, dass man »über kurz oder lang« eine »neue Personalstruktur« bekommen werde, die sich deutlich »den Spielregeln des öffentlichen Dienstes« annähern dürfte.[218]

Breuels Mitarbeiterbrief vom Juli 1992 wurde in der Belegschaft als unmissverständlicher Weckruf gelesen. Erstmals benannte die Präsidentin konkrete Zeiträume und Zahlen, wobei das im Schreiben umrissene »Szenarium« einen drastischen Personalabbau von bis zu fünfzig Prozent innerhalb von knapp anderthalb Jahren in Aussicht stellte.

In einem weiteren, im Ton deutlich beschwichtigenden Mitarbeiterbrief vom 16. Dezember 1992 wandte sich die Präsidentin daher nochmals »vor allem an die Mitarbeiter aus Ostdeutschland«, die »immer häufiger« danach fragten, »wie die Zukunft der Treuhand« aussähe und »was aus ihrem Arbeitsplatz« werde. Ihnen versicherte die Präsidentin, dass man Verhandlungen mit dem Bundesfinanzministerium aufgenommen habe, um eben diese Fragen zügig zu klären. In jedem Falle müssten »auch nach der großen Welle der Privatisierungen [...] große Aufgabenbündel verantwortlich betreut werden, für die die Mitarbeiter gebraucht« würden. Diesmal vermied es Breuel jedoch, nähere Konditionen zu nennen.[219]

Im März 1993 befasste sich der Personalbereich in einem internen Positionspapier mit Fragen von »Aufgabenspektrum und Lösungswege[n]«. Die gegenwärtig stattfindende Verschiebung der »Gewichte vom operativen Geschäft zum Vertragsmanagement« erfordere »zusätzliches oder anderes Personal, neue Qualifikationen, Organisationseinheiten und Führungsstrukturen«, wobei jedoch treuhandtypische »flache Hierarchien«, »organisatorische Flexibilität« und »aufgebautes Treuhand-Knowhow« grundsätzlich erhalten werden sollten. Der geplante, »sukzessive Übergang« von »Phase I (Privatisierung und Begleitung von

218 Ebd., S. 823.

219 Birgit Breuel an alle Mitarbeiterinnen und Mitarbeiter, Berlin, 16.12.1992, in: Treuhandanstalt: Dokumentation, Bd. 12, S. 825 f.

Unternehmen)« über »Phase II (Abschluss operativer Aufgaben und Umstrukturierung)« hin zu »Phase III (Nach-Treuhand)« stelle die »Personalarbeit vor weitere schwierige Aufgaben«: »[D]er permanente Wandel« bleibe, wie die Personalmanager beschwörend herausstrichen, »das Schicksal« der Organisation.[220]

Einige Themenfelder schienen den Verfassern dabei von besonderer Relevanz. Neben »marktgerechten Gehältern« für die »Führungsebenen« und dem fortgesetzten »Einsatz« von »Beratern« bei Personalengpässen waren es die »berufliche[n] Perspektiven« für die Mitarbeiterschaft, um deren »Anschlussperspektiven« sich die Treuhand besonders sorgen müsse.[221] Der Personalbereich werde sich insbesondere bemühen, eigene Mitarbeiter am externen Arbeitsmarkt, bei »Unternehmen, Banken, Verbände[n], Kammern, Behörden, Landesregierungen, Wirtschaftsförderungs- und Entwicklungsgesellschaften« unterzubringen, jedoch liege »die primäre Verantwortung für den beruflichen Anschluss [...] beim Mitarbeiter selbst«. Dennoch wolle man insbesondere den »Ostmitarbeitern« zur Seite stehen, die ja »in der Bewältigung solcher Situationen keine Erfahrung sammeln« konnten.[222]

Das Spannungsfeld der Personalpolitik der späten Treuhand wurde auf eine griffige Formel gebracht: Eine »Fluktuation zur Unzeit« verursache »hohe unmittelbare Kosten« für die Beschaffung von kurzfristigem Ersatz und beeinträchtige überdies die »zügige Aufgabenerledigung«. Allein 1992 hätten über vierhundert Mitarbeiter die Zentrale vorzeitig verlassen. Bei einer Mitarbeiterzahl von zweitausend entspreche dies einer ungemein hohen »Fluktuationsrate von 20%«. Die »vorrangige personalpolitische Zielsetzung für 1993« müsse also vor allem die mittelfristige »Personalerhaltung« sein, um so eine »verfrühte Trennung von Führungskräften und anderen Leistungsträgern« zu vermeiden.[223]

Dieser personalpolitische Problemaufriss zeigt, dass auch die Führungsspitze die eigene Personalsituation mittlerweile als hochgradig prekär einschätzte. Die unverblümten Ankündigungen des Sommers 1992 hatten die eigenen Mitarbeiter in Bewegung versetzt, eine »Fluktuation« gerade unter »Leistungsträgern« befördert und zudem das Gros des (Ost-)Personals erheblich verunsichert. Am 28. Juni 1993, mitten im Halle-Skandal und den Bischofferode-Protesten, wandte sich Breuel abermals in einem Brief an ihre Mitarbeiter. Die vergangenen fünf Monate seien für »viele

220 Treuhandanstalt: Aufgabenspektrum und Lösungswege, März 1993, in: Treuhandanstalt: Dokumentation, Bd. 11, S. 124-127.

221 Ebd., S. 126f.

222 Ebd., S. 127.

223 Ebd., S. 125.

von uns« die »belastendsten und forderndsten der bisherigen Tätigkeitszeit« gewesen. All dies führe zu »hoher persönlicher Belastung«, die sich durch wachsendes Unverständnis im Freundes- und Familienkreis noch weiter potenziere. Inständig bat Breuel ihre Mitarbeiter eindringlich, die verbleibenden Aufgaben dennoch »mit vollem Engagement aufzugreifen« und den gemeinsamen »Weg«, »der sich an der Wirklichkeit der Menschen und Unternehmen« orientiere, »unbeirrt weiter zu beschreiten«.[224]

Während sich Breuel mit eindringlichen Appellen nach innen wandte, war auch die Medienöffentlichkeit im August 1993 auf die »Rette-sich-wer-kann-Stimmung« beim Treuhand-Personal aufmerksam geworden. Angesichts der geplanten Entlassung von 1.400 (der gegenwärtig 4.200) Mitarbeiter im Jahr 1994 herrsche mittlerweile nackte »Existenzangst«, wie Personaldirektor Hermann Wagner zitiert wurde: »Einige unserer Leute geraten in Panik und bieten sich jetzt am Markt an wie Sauerbier.«[225]

In der Presselandschaft wurde die beschriebene »Existenzangst« bisweilen mit Häme quittiert, da die (Markt-)Revolution nun auch ihre eigenen »Kinder« zu fressen drohte: »Wer anderen Gruben gräbt, fällt selbst 'rein«, spottete etwa das *Neue Deutschland*; die *Volksstimme* aus Magdeburg sah gar »das Schicksal« zurückschlagen: Nun müsse die Treuhand nach den exzessiven Massenentlassungen ihre eigenen Leute entlassen.[226] In einem Kommentar erklärte demgegenüber die *Berliner Zeitung* »Schadenfreude« für »nicht angebracht«, da ein »Großteil« der betroffenen Mitarbeiter selbst »aus dem Osten« stamme und es die ungeliebten »Jung-Manager aus dem Westen« ja ohnehin nicht treffe; zum anderen befänden sich unter den siebenhundert Betrieben noch »dicke Brocken« wichtiger Großbetriebe: »Wenn jetzt gute Leute ihre Zeit damit verbringen, Bewerbungen zu schreiben oder gleich weggehen – wer macht dann die Arbeit?«[227]

224 Birgit Breuel an alle Mitarbeiterinnen und Mitarbeiter, Berlin, 28.6.1993, in: Treuhandanstalt: Dokumentation, Bd. 12, S. 830-832.

225 Vgl. dazu: »›Die bieten sich dem Markt an wie Sauerbier‹«, die Welt, 4.8.1993; ferner: »Zukunftsängste«, in: Norddeutsche Neueste Nachrichten, 28.2.1992; »Auch in der Treuhand beginnt der Personalabbau«, in: Süddeutsche Zeitung, 28.2.1992; »Konzept zum Personalabbau«, in: Neue Zeit, 28.2.1992; »Die Reise nach Jerusalem«, in: manager magazin, April 1992; »Unsichere Sessel«, in: Wirtschaftswoche, 18.12.1992.

226 »Wer anderen Gruben gräbt, fällt selbst 'rein«, in: Neues Deutschland, 4.8.1993; »Das Schicksal schlägt zurück: Die Treuhand muß ihre Leute entlassen«, in: Magdeburger Volksstimme, 4.8.1993; »1400 Treuhand-Mitarbeiter verlieren 1994 ihren Job«, in: Leipziger Volkszeitung, 4.8.1993; »Jetzt verlieren die Treuhand-Leute ihren Arbeitsplatz«, in: Berliner Kurier, 4.8.1993.

227 »›Rette sich wer kann‹ in der Treuhandanstalt«, in: Berliner Zeitung, 4.8.1993; »Treuhand-Mitarbeiter in Rette-sich-wer-kann-Stimmung«, in: Süddeutsche

Ende Dezember 1993 legte Vorstand Horst Föhr den »Personalbericht« für das Jahr 1993 vor. Die Mitarbeiterzahl war demzufolge von ihrem Höchststand von knapp 4.200 Mitte des Jahres 1992 auf 3.593 Mitarbeiter gesunken, von denen 2.420 (67,4 Prozent) aus den neuen, 1.173 (32,6 Prozent) aus den alten Bundesländern stammten. Die personelle »Fluktuation« sei, wie von den Personalmanagern erwartet, im Jahr 1993 unvermindert hoch geblieben. In der Zentrale mit ihren 2.071 Mitarbeitern etwa stünden einer Zahl von 562 »Eintritten« 432 »Austritte« gegenüber, was einer beträchtlichen »Fluktuationsrate« von 21 Prozent entspreche. Darüber hinaus beschäftige man 908 externe Berater und noch 46 »Leihmanager«. Ende des Jahres hatte die Treuhand-Spitze den Personalstamm, im Gegensatz zu Breuels frühen Ankündigungen vom Sommer 1992, also nur vorsichtig reduziert und sah sich überdies nach wie vor mit einem beträchtlichen »Fluktuationsproblem« konfrontiert.[228]

Ein gutes Vierteljahr später, Mitte April 1994, verschärfte Föhr die personalpolitische Gangart. In einem Rundschreiben an die komplette Belegschaft zum »Personalabbau 1994« vom 12. April kündigte der Personalvorstand an, dass die Mitarbeiterzahl »im Laufe des Jahres 1994 [...] um ca. 1.250 Stellen« reduziert werden müsse; von den am 31. Dezember 1993 bei der Organisation und ihren Töchtern beschäftigten 4.839 Mitarbeitern würden 3.700 nach dem 1. Januar 1995 weiterbeschäftigt. Dieser Personalabbau stelle an alle »hohe Anforderungen« und solle »so sozialverträglich wie möglich« gestaltet werden. Föhr riet den Mitarbeitern eindringlich zu Bewerbungen im Rahmen interner Stellenbörsen, zu Gesprächen mit den eigenen Vorgesetzten und kündigte »kreative individuelle Lösungen« an. Doch trotz der »Nichtverlängerung befristeter Verträge«, der »Nichtbesetzung freiwerdender Positionen« sowie der »verstärkte[n] Umsetzung von Mitarbeitern« werde man an »betriebsbedingten Kündigungen« nicht vorbeikommen, sodass man mit Gewerkschaftsvertretern eine »Rahmenvereinbarung zu sozialverträglichen Regelungen für THA-Mitarbeiter« abgeschlossen habe, die auch ein nach Beschäftigungszeit gestaffeltes Abfindungssystem enthalte.[229]

Nachdem der Vorstand im März 1994 mit seinem Nachfolgekonzept gescheitert war, rang man nun vor allem um die Übernahme eines möglichst großen Personalstammes in die geplante »BvS« oder die kleineren Nachfolgeorganisationen. Für das Jahr 1995 veranschlagte die Treuhand-

Zeitung, 4.8.1993; »Bei den Treuhand-Mitarbeitern geht die Existenzangst um«, in: Morgenpost, 4.8.1993.

228 Personalbericht der THA, Dezember 1993, in: Treuhandanstalt: Dokumentation, Bd. 11, S. 194-215.

229 Horst Föhr: Personalabbau 1994, Berlin, 12.4.1994, in: Treuhandanstalt: Medienarchiv.

Spitze insgesamt 3.700 Planstellen für die »personalintensiven« Arbeitsfelder Vertragsmanagement, Reprivatisierung und Kommunalisierung sowie den Bereich gerichtlicher Auseinandersetzungen. Der »Personalbedarf« würde gemäß dieser Kalkulation erst allmählich, bis 1998, auf 2.000 zurückgehen. Die Mitglieder des Haushalts- und des Treuhandausschusses forderten demgegenüber einen deutlich schnelleren Personalabbau und visierten nur 2.000 Planstellen für das Jahr 1995 an. Hatte sich das Parlament in organisationspolitischen Fragen durchgesetzt, konnte die Treuhand der Politik zumindest einen letzten personalpolitischen Erfolg abtrotzen: Mitte April 1994 schloss sich die Bundesregierung den von der Treuhand vorgeschlagenen Personalplanungen für die Zeit zwischen 1995 und 1998 an – insgesamt würden die Nachfolgeorganisationen ihre Tätigkeit im Januar 1995 mit 3.576 Mitarbeitern aufnehmen.[230]

Der letzte veröffentlichte Personalbericht stammt vom Oktober 1994 und wies die in den letzten Monaten erreichten Fortschritte beim Um- und Abbau des Personals aus. In der Zentrale und den regionalen Geschäftsstellen waren nun noch 2.865 »Vollzeit-Arbeitskräfte«, 710 »Berater« und 35 »Leihmanager« beschäftigt. Im laufenden Berichtsjahr hatte die seit dem Frühjahr 1994 massiv forcierte Personalreduzierung zuletzt spürbar an Fahrt aufgenommen: Bislang 919 »Austritte« hatte der Personalbereich zu verzeichnen; die »Fluktuationsrate« war demgegenüber noch weiter angestiegen – auf über 33 Prozent für das Jahr 1994.[231]

Wenige Wochen zuvor, am 14. September, schrieb die Treuhand-Präsidentin ein letztes Mal an ihre Mitarbeiter, denen sie für ihr Engagement dankte – gerade auch für die »sachkundig[e] und ruhig[e]« Bewältigung eines »erforderliche[n], ungewöhnlich schwierige[n] Übergangsprozess[es]«. Der »Kernauftrag« der Organisation sei nun »weitgehend erfüllt«, auch wenn in der gegenwärtigen »Wahlkampfzeit« sowie durch den laufenden Bundestags-Untersuchungsausschuss »Tag für Tag« weiterhin »ungerechte Kommentare über unsere Presseschau auf uns alle einprasseln«. Auch in den nächsten Wochen dürften sich die verbleibenden Mitarbeiter daher »nicht beirren« lassen: »Wir tun unsere Pflicht und auch weiterhin mehr als unsere Pflicht.«[232]

Wie brisant und konfliktträchtig die Personalpolitik für die späte Treuhand war, zeichnet sich in den Gesprächen von 1992/93 nachdrücklich ab. Direktor Steffen Gerhard zeigte sich Ende Januar 1993 davon überrascht,

230 Dazu Seibel: Verwaltete Illusionen, S. 373-426.

231 Personalbericht der THA, Oktober 1994, in: Treuhandanstalt: Dokumentation, Bd. 11, S. 216-227.

232 Birgit Breuel: An alle Mitarbeiterinnen und Mitarbeiter der Treuhandanstalt, 14.9.1994, in: Treuhandanstalt: Dokumentation, Bd. 12, S. 849-851.

wie schnell die Treuhand ihre Aufgaben erledigt hatte. Explizit stellte der Finanzexperte einen Zusammenhang zwischen Organisations- und Personalpolitik her:

> »Für mich kommt sie natürlich auch überraschend schnell, diese Entwicklung, wie man da jetzt weiterarbeitet, wissen wir nicht. Unsere Aufgabeneinschätzung hier, die ist jetzt nicht so, dass wir sagen würden, wir müssen jetzt in den nächsten drei Monaten Schluss machen. Ich sagte schon, wenn operative Aufgaben abgebaut sind, wird hier immer noch ein gewisser Nachlauf sein, sodass man also sagen kann, wir werden also sicher noch zwei Jahre hier fast voll im Einsatz sein können. Und was dann anschließend an Funktionen bleibt, das hängt sicher von der neuen Aufgabenstruktur ab, die das Parlament erst einmal beschließen muss, die Nachfolgeeinrichtung zur Treuhandanstalt muss ja erst einmal politisch entschieden werden, auch die Organisationsform.«[233]

Bezüglich seiner eigenen beruflichen Zukunft bezog er indes klar Position:

> »Davon wird abhängig sein, ob man hier noch eine Zukunft hat, hat, also auf dem Niveau, es war ja jetzt eine unternehmerische Tätigkeit, wenn das auf eine Verwaltungsstation absinken würde, würden also zumindest die Leute mit Marketingerfahrung, aber auch ab einem gewissen Level sagen, ›Das ist für mich uninteressant‹.«[234]

In seine Überlegungen bezog er sowohl das Führungspersonal als auch Mitarbeiter ein und gelangte zu einem optimistischen Ausblick:

> »Das heißt also, Führungskräfte werden sich nach anderen Funktionen umsehen, und auch Mitarbeiter werden dann mit der Erfahrung, die sie gesammelt haben versuchen, weiterzukommen, in andere Betriebe zu gehen, vielleicht in andere Funktionen zu wechseln, und dann auch diese Erfahrungen zu vermarkten, ich sage das mal so wirtschaftlich. Und ich glaube, wir sind hier in einer recht günstigen Situation, weil wir noch relativ viel Zeit vor uns haben.«[235]

Dennoch sprach Gerhard auch die damit einhergehenden Probleme für die Personalpolitik an:

> »Aber wir leiden natürlich unter der allgemeinen Problematik, dass die zeitliche Befristung da ist und Personalgewinnung schwierig ist, und ob

233 R43-Interview mit Dr. Steffen Gerhard/Kai Rumeck, 29.1.1993.
234 Ebd.
235 Ebd.

man jetzt hier in dem Bereich eine Zukunftsentwicklung hat, das wissen wir nicht.«[236]

Eine Reihe von Gesprächspartnern blickte ähnlich optimistisch in die eigene Zukunft und wollte das Engagement auf der anderen Seite des Verhandlungstisches fortsetzen. Der knapp dreißigjährige Abteilungsleiter Simon Cunau charakterisierte im Gespräch beispielhaft die Situation einer jüngeren Führungskraft:

> »Ein Plan für mich persönlich, aber einer neben anderen, wäre der, hier in Ostdeutschland unternehmerisch tätig zu werden. Das würde ich auch als eine konsequente Fortsetzung der Arbeit hier in der Treuhand sehen. Wir sind sicher verwöhnt, was Entscheidungsfreiheit angeht und Kompetenzen und Verantwortung. Insofern bin ich mir nicht sicher, ob wir in westdeutschen Großunternehmen, unserem Alter entsprechend sozusagen, Aufgaben finden, die uns befriedigen. Ich vermute, wir werden selber, VIELE von denen, die hier sind, werden unternehmerisch was tun und werden unternehmerisch in Ostdeutschland was tun. Und das ist ein wichtiges Thema jetzt für die Treuhand, wo sich GANZ schnell nochmal sehr viel systematischer drangemacht werden muss, gute Leute – NICHT in der Treuhand zu halten unbedingt – aber für Ostdeutschland zu gewinnen.«[237]

Bereits im Juli 1992 hatte Direktor Patrick Körting ganz ähnlich formuliert:

> »Ich habe auch gar keine Sorgen, auch wenn ich jetzt über fünfzig bin und vielleicht in zwei Jahren die Treuhand verlasse, spätestens, dass ich da nicht noch irgendwo wieder unterkomme. Natürlich bin ich in gewissen Dingen versaut, das ist klar, aber das muss nicht negativ sein. Das muss nicht unbedingt negativ sein.«[238]

Auf die unmittelbare Nachfrage, welche Vorstellungen er hege, ließ Körting keinen Zweifel an deren »unternehmerischem« Charakter:

> »Da gibt es viele Möglichkeiten. Entweder gehe ich wieder zurück in die Industrie, werde Vorstand und Geschäftsführer in einer großen Kiste, das ist das eine, oder aber ich KAUFE eine, das kann auch sein, oder zwei oder drei zusammen mit irgendwelchen Partnern, warum nicht, kann man ja auch. -- Weiß ich nicht. Oder ich gehe von einem priva-

236 Ebd.
237 R30-Interview mit Simon Cunau, 21.12.1992.
238 R9-Interview mit Dr. Patrick Körting, 30.7.1992.

> tisierten Ostunternehmen dort mit in die Geschäftsführung rein, alles möglich. Also da bin ich sehr offen.«[239]

Mit mehr Distanz kommentierte Direktor Bruno Homm im Januar 1993 das personalpolitische Geschehen. Dieser räumte ein, dass er als beurlaubter Beamter »jederzeit« zurückkehren könne und es somit einfacher habe als die »Leute aus der freien Wirtschaft«, die gegenwärtig schon aktiv ihre Chancen sondieren müssten. Für diese Gruppe, die auf dem Arbeitsmarkt ohnehin »mit Kusshand« genommen würde, aber auch mit Blick auf seine ostdeutschen Mitarbeiter verspürte Homm »keine Angst«, denn alle würden sicher neue Beschäftigungsmöglichkeiten finden. Seine persönliche Zukunft machte er davon abhängig, »was aus der Treuhandanstalt, sagen wir, nach 93, 94« werde. Homm konnte sich durchaus vorstellen, in Berlin zu bleiben, wenn die Nachfolge von unternehmerischen, »privaten Gesellschaften« angetreten würde; werde diese hingegen als Teil der staatlichen Bürokratie ausgestaltet, dann sei für ihn »natürlich [...] kein Platz mehr«: »Denn als Referatsleiter zur Oberfinanzdirektion, der dann in Brandenburg sitzt, also da habe ich wenig Interesse dran, das würde auch nicht meinen Tendenzen entsprechen.«[240]

Manche Gesprächspartner zeigten sich deutlich skeptischer, wie Direktor Theodor Lohmann. Dieser bedachte das bevorstehende Szenario vor allem aus der Perspektive seiner Mitarbeiter:

> »Wir werden bis Ende 94 so weit sein, dass wir uns sicherlich halbieren können. Bis Ende 95 werden wir uns nochmal halbieren, und danach wird es eine Restmannschaft geben, die sicher verbeamtet wird und die die Konkurse, die Gesamtvollstreckungen und was alles in der Luft schwebt, verfolgen muss. ICH sehe die Gefahr, dass wir die guten Mitarbeiter kaum bis Ende 93 halten können. Viele haben Angst, dass der Arbeitsmarkt dann mit 4.000 Leuten aus dieser Anstalt überflutet wird und dass sie dann keine Anstellung finden. Wer jeden Tag mit Arbeitslosigkeit konfrontiert ist, möchte halt nicht selber auch in die Situation kommen.«[241]

Während der Direktor damit das griffige Motiv der von der Abwicklung bedrohten Abwickler formulierte, prognostizierten auch andere Direktoren, wie etwa Boris Hernholt, eine massive Abwanderungsbewegung:

> »Und die Treuhandanstalt, die Ende nächsten Jahres [1993, M.B.] schließt, ist die Privatisierungstreuhandanstalt, und das, was weiter-

239 Ebd.
240 R37-Interview mit Bruno Homm, 12.1.1993.
241 R12-Interview mit Theodor Lohmann u. Mitarbeitern, 4.8.1992.

gehen wird, sind diese Vertragsabwicklungsfragen natürlich, und wir sind gut beraten, finde ich, jetzt auch noch in dieser Treuhandanstalt dieses soweit und so intensiv voranzutreiben, auch mit den Leuten, die noch hier sind, die hauen ja demnächst alle ab, wir werden ja jetzt eine Abwanderungswelle kriegen Anfang des Jahres, die kennen wir ja noch gar nicht, das wird ja ein PHÄNOMEN werden, was hier passiert, die Leute werden ja abhauen.«[242]

Diese Fluktuation ergab sich für ihn fast zwangsläufig aus den Mechanismen des Arbeitsmarktes sowie den individuellen Karriereplanungen:

»Denn ich meine, wenn sie einen neuen Job brauchen, dann brauchen sie 6 Monate, bis der steht, und die Leute wollen ja in gute Stellen rein, in die westdeutsche Industrie, die gehen ja nicht irgendwohin zurück, da brauchen sie ja 6; oder ein dreiviertel Jahr, um das richtig auf die Reihe zu bringen. Das heißt, hier wird es jetzt im nächsten Jahr einen Aderlass sondergleichen geben [...].«[243]

Während Lohmann und Hernholt diesen bevorstehenden personellen »Aderlass« fast wie einen naturgesetzlich ablaufenden Prozess beschrieben, der sich unaufhaltsam innerhalb der Organisation vollziehen würde, gingen andere Direktoren kritisch mit der gegenwärtig praktizierten Personalpolitik ins Gericht, die sie für die aufbrandende Unruhe unter den Mitarbeitern verantwortlich machten. Direktor Gerhard Pander beklagte in seinem vor Weihnachten 1992 stattfindenden Interview bitterlich das vorschnelle Reden der Treuhand-Spitze über die »Endlichkeit der Aufgabe«:

»[S]eit die Endlichkeit der Aufgabe den Mitarbeitern – zu früh, wie ich meine – vor Augen gestellt worden ist, hat natürlich sich so was wie innere Bewegung ergeben, verständlicherweise, insbesondere bei den Ostdeutschen, aber auch, das muss man sagen, bei den Westdeutschen. Weil jeder ja, gerade so in den ersten anderthalb, zwei Jahren feststellen konnte, dass es so eine Aufgabe eigentlich kaum mehr gibt, mit den Gestaltungsmöglichkeiten, mit den Entscheidungsbefugnissen, also auch von der Bedeutung jetzt der Aufgabe selber mal. [...] Es ist sicher etwas anderes, ein Unternehmen wirklich dahin zu bringen, dass es in die Marktwirtschaft überführt werden kann.«[244]

Besonders die ostdeutschen Mitarbeiter im eigenen Direktorat hatte Pander dabei im Blick:

242 R15-Interview mit Dr. Boris Hernholt, 1.9.1992.
243 Ebd.
244 R32-Interview mit Gerhard Pander, 22.12.1992.

»[I]ch bin da ja relativ nahe dran, weil ich viele ostdeutsche Mitarbeiter habe, nach meiner Auffassung [haben die Ankündigungen, M.B.] zu sehr viel nicht nur innerer Bewegung, sondern fast schon zu Aufruhr geführt. Weil die Leute natürlich [...] sich fragen, wann erwischt es uns, wann machen wir zu.«[245]

Der Direktor empfand die Personalabbau-Ankündigungen gerade in Verbindung mit anderen organisationspolitischen Dynamiken als eindeutig kontraproduktiv:

»Mittlerweile reden wir wieder davon, dass wir die Leute bitten, doch jetzt zu bleiben und noch weiter mit abzuarbeiten. Also, das ist irgendwie so ein bisschen unrund gelaufen. So, dass die Kombination Verbürokratisierung einerseits und zu früher Hinweis auf die Endlichkeit der Aufgabe schon für einen Stimmungswandel, ich würde es mal so ausdrücken, gesorgt hat, und das hätte, glaube ich, nicht sein müssen.«[246]

Schließlich bedauerte Pander, dass durch den bevorstehenden Weggang dieser Leute auch bald personell von der frühen »Pionierzeit« kaum noch etwas »übrigbleibe«. Pander selbst, der bereits im Sommer 1990 aus der Arbeitsverwaltung zur Treuhand geholt wurde, konnte sich eine künftige Rückkehr in die »eingefahrenen Strukturen« seiner Heimat-Anstellung schwer vorstellen.[247]

Direktor Helmut Görner verortete das personalpolitische Grundproblem demgegenüber außerhalb der Organisation – und zwar in der westdeutschen Unternehmenslandschaft, die sich in personalpolitischen Fragen beim postsozialistischen Wirtschaftsumbau letztlich wenig engagiert gezeigt habe:

»Nur ein weiteres würde ich auch von der personalpolitischen Seite sagen, dass man da den Treuhandmitarbeitern gewissermaßen von vornherein hätte Perspektiven bieten müssen. [...] Was im Augenblick wirklich große Sorge bereitet, das ist einfach die Fluktuation. Also man kann nicht Menschen zwei Jahre brennen lassen und sagen, ›Das war ja gut, was ihr gemacht habt, aber das ist ja Pech für euch‹. Das würde ich sagen, ist ein echtes Problem. Man kann das ja ruhig mal sagen, der Begriff mag überholt sein, aber es war ja wirklich eine nationale Aufgabe, diese Umstrukturierung Planwirtschaft in eine soziale Marktwirtschaft.«[248]

245 Ebd.
246 Ebd.
247 Ebd.
248 R45-Interview mit Helmut Görner, 5.2.1993.

Die mehrfach auch von westdeutschen Direktoren angesprochene »Angst« oder der »Aufruhr« beim Personal aus der ehemaligen DDR infolge des bevorstehenden Personalabbaus ließ sich auch unmittelbar in den Gesprächen greifen, die Dietmar Rost 1992/93 mit ostdeutschen Mitarbeitern führte. Referent Richard Rauenau beschrieb, wie die Menschen damit umgingen:

> »Die Atmosphäre wird natürlich ein bisschen beschränkt von der Angst, wie es weitergeht. Und die ist nun wieder unterschiedlich bei Leuten, die 45 sind oder 50 sind, und die ist anders bei Leuten, die 20 Jahre sind bei uns hier. Die habe ich aber so angeheizt, dass sie irgendwie alle was tun. Der eine geht eben zum Sekretärinnenlehrgang, zwei gehen zum Englischkurs, wo man merkt, es hat gezündet, dass sie nicht ihr Leben lang hier arbeiten können, und woanders kann sich eine Sekretärin ohne Textverarbeitung und Englisch nicht retten. Also muss sie einen Kurs belegen. Aber man merkt schon ein bisschen, so die Angstgefühle werden schon bei einer Tasse Kaffee manchmal diskutiert, wie geht denn das nun weiter und und und.«[249]

Für den Mittfünfziger Rauenau, der ausführlich auch generationelle Konfliktlagen im Personal ansprach, sollte sich die künftige Personalpolitik am Alter der jeweiligen Mitarbeiter orientieren:

> »Na, da bin ich ganz offen, sage ich Ihnen, da bin ich Ketzer dahingehend, dass ich sage, die Jüngeren, die müssen sich auch behaupten, wie jeder Betrieb in der Marktwirtschaft. Da kann keiner von mir verlangen, dass ich nun einem Dreißigjährigen den Weg bereite bis zur Rente. Da muss er lesen, da muss er studieren, das muss er selbst suchen. Und ich glaube, das ist auch offizielle Treuhandpolitik.«[250]

Auf seine Zukunftserwartungen angesprochen, reagierte Rauenau jedoch eher resigniert. Er sah für sich selbst lediglich eine Perspektive:

> »Was 96 wird, da mache ich mir jetzt auch keine Gedanken. [...] Na, für mich wird es sehr schwierig. Welche Chance habe ich? Ich habe keine Chance, wieder zu lehren. Der Aufwand wäre auch zu groß. Dann habe ich eine Chance in der Beratung in Richtung Osten. Da ist das Feld, was sich jetzt abzeichnet, sehr groß.«[251]

Auch Knut Reich, der im Mai 1990 zur Treuhand gestoßene Ökonom, formulierte, dass er noch nicht über die eigene Zukunft nachdenke. Auf

249 R28-Interview mit Prof. Dr. Richard Rauenau, 17.12.1992.
250 Ebd.
251 Ebd.

die Nachfrage nach der hiermit verbundenen persönlichen »Unsicherheit« konzentrierte er sich demonstrativ auf die Gegenwart:

> »Ja. Die kann man auch nicht beheben. Und ich weiß auch nicht, ich mache auch keine Spekulationen darüber, ob es notwendig ist, nochmal eine andere Aufgabe zu übernehmen weil im Augenblick noch soviel zu tun ist, eine akute, sagen wir mal, bevorstehende Auflösung dieser Aufgabe sehe ich im Augenblick nicht.«[252]

Andere ostdeutsche Kollegen reflektierten diesen Aspekt ausführlicher. Der Jurist Klaus Helm beschrieb gerade den Umgang mit der »Endlichkeit« des eigenen Engagements als individuellen Umorientierungsprozess, den er mit biografischen Faktoren verknüpfte. Doch trotz seines fortgeschrittenen Alters – Helm war Ende fünfzig – zeigte sich der Jurist optimistisch:

> »Wir gehen erst einmal davon aus, dass wir von Anfang an wussten, dass das eine Beschäftigung auf Zeit ist. Das ist natürlich jetzt wieder für die einzelnen Mitarbeiter, in Abhängigkeit vom Lebensalter, von gravierender Bedeutung. Bei mir persönlich sieht das so aus, ich werde jetzt 59, und da wird es etwas schwieriger werden. Aber wir gehen davon aus, dass noch in einem Gebilde, wie es heißen möge, das wissen die Götter, oder andere, auf jeden Fall noch Arbeit für uns noch vorhanden ist, das heißt für zwei Kollegen, einer ist fast so alt wie ich.«[253]

Bei der Einschätzung seiner Zukunftsperspektive bezog sich Helm selbstbewusst auf seine innerhalb der letzten beiden Jahre geleistete Arbeit:

> »Wie lange dann noch eine solche Übergangsgesellschaft hier, oder Übergangsbehörde, oder wie sie sich nennen mag, besteht, da mache ich mir ehrlich gesagt keinen Kopf, es hat keinen Zweck. [...] Es hat keinen Zweck, da irgendwie auf Pessimismus zu machen, oder zu spekulieren und so, es sei denn, man weiß, übermorgen bin ich arbeitslos und so weiter, dann muss ich mich schon heute drum kümmern, aber diese persönliche Sorge habe ich nicht, und auch von meinem Gang halt her würde ich sagen, dass es da keine Ansätze gibt, die mir zu Befürchtungen Anlass geben.«[254]

Während sich der Abteilungsleiter fast trotzig optimistisch gab, zeigte sich der nahezu gleichaltrige Referent Kurt Horten nachdenklich. Auf Nachfrage beschrieb der Maschinenbau-Experte im Dezember 1992 seine eigene Zukunft in Form eines altersspezifischen Dilemmas:

252 R27-Interview mit Knut Reich, 16.12.1992.
253 R29-Interview mit Klaus Helm, 18.12.1992.
254 Ebd.

> »Schauen Sie mal, ich habe Ihnen schon gesagt, ich werde jetzt 58 Jahre. Ich möchte natürlich mich nicht irgendwie zuhause rumdrücken und Däumchen drehen. Das möchte ich nicht. Aber auf der anderen Seite weiß ich auch, dass es natürlich sehr sehr schwierig wird, nochmal was GANZ Neues zu beginnen. Aus diesem Grunde werde ich hier in der Treuhandanstalt meine Tätigkeit solange ausüben, wie die Treuhandanstalt für mich Verwendung hat.«[255]

Die im Sommer 1992 vom Vorstand eröffnete organisations- und personalpolitische Kampagne zur zügig forcierten Selbstauflösung hatte also tatsächlich erhebliche, in ihrer Tragweite und Intensität sicher unterschätzte Dynamiken ausgelöst: Während auf der von Westdeutschen dominierten Führungsebene ab Mitte 1992 ein kaum mehr einzudämmender Exodus einsetzte, machte sich beim ostdeutsch geprägten personellen Mittel- und Unterbau beträchtliche Verunsicherung breit. Dieser eigentümliche »Schwebezustand«, dessen Auswirkungen sich in den Gesprächen von 1992/93 deutlich nachvollziehen ließen, wurde infolge der Mitte 1993 aufbrechenden politischen Kontroversen gewiss noch verlängert. Erst im Frühjahr 1994 bestand über die organisations- und personalpolitischen Konturen einigermaßen Klarheit und eröffnete zumindest für einen Großteil der Belegschaft eine mittelfristige Anschlussperspektive für die Zeit ab 1995.

6.6 »Stabwechsel '94«: Das lange Ende der Treuhandanstalt

Für ihr Ende hatte die Treuhand ein einprägsames Bildmotiv aus der Leichtathletik gewählt. Auf den Begleitmaterialien für ihre letzten Veranstaltungen im Dezember 1994 hatte man – entgegen den seit 1990 üblichen, auf nüchterne Seriosität bedachten Bildkonventionen – eine markante Fotografie platziert, die eine Gruppe von Staffelläufern zeigte. Im Hintergrund die gerade am Übergabepunkt eintreffenden, sichtlich ermatteten und vom Schlussspurt abgekämpften Läufer der Vorrunde, im Vordergrund die wegen des unmittelbar bevorstehenden Aufbruchs angespannten, gebeugten und hochkonzentrierten Läufer der nächsten Runde. Das den Moment der Übergabe des Staffelstabes einfangende Motiv verkörperte einschlägig das Motto, das die Treuhand-Spitze für ihren eigenen Abschied gewählt hatte: »Stabwechsel '94«.[256]

Am 16. Dezember hatte die Organisation mit dem Kölner Institut der deutschen Wirtschaft (IW) zu einem repräsentativen »Symposium« ins

255 R31-Interview mit Kurt Horten, 21.12.1992.

256 Stabwechsel '94. Von der Treuhandanstalt zur Marktwirtschaft, 16.12.1994, in: Treuhandanstalt: Dokumentation, Bd. 15, S. 19-140.

Berliner Abgeordnetenhaus eingeladen: »Von der Treuhandanstalt zur Marktwirtschaft«. Kurz nach zehn Uhr hielt Manfred Lennings eine kurze Begrüßungsrede. In seiner Doppelrolle als seit 1982 amtierender Präsident des rheinischen Forschungsinstituts sowie als Vorsitzender des Verwaltungsrates repräsentierte der westfälische Industriemanager die Spitzen beider beteiligter Organisationen gleichermaßen. Sein Urteil über die Treuhand fiel positiv aus: Er lobte sie als ein »gelungene[s] Experiment«.[257]

Gegen elf Uhr folgte eine prominent besetzte Podiumsveranstaltung, bei der sich alte Bekannte, die die Bühne des postsozialistischen Wirtschaftsumbaus in verschiedene Rollen bevölkert hatten, ein Stelldichein gaben: Eingeführt vom Beratungsunternehmer Roland Berger, diskutierten BDI-Chef Tyll Necker, IG-Chemie-Vorsitzender Hermann Rappe und der Kölner Ökonom Christian Watrin über »Chancen und Risiken« für die wirtschaftliche Zukunft der neuen Länder. Ab 14 Uhr standen drei Workshops auf dem Programm. Unter »Neue Märkte braucht das Land« sprachen vor allem Geschäftsführer ostdeutscher Unternehmen über die Geschäftslage; Gewerkschaftsvertreter und Sozialforscher diskutierten über die sozialpolitische »Einheitlichkeit der Lebensverhältnisse«; ein dritter Workshop war mit Ökonomen, Finanzexperten und Eckart John von Freyend, dem zuständigen Ministerialdirektor aus dem Bundesfinanzministerium, besetzt.[258]

Während sich das Programm des Symposiums mit den Zukunftsperspektiven der ostdeutschen Wirtschaft beschäftigte, sollte ein nach 16 Uhr geführtes, zwei Tage später auch vom *Ostdeutschen Rundfunk Brandenburg (ORB)* im Fernsehen ausgestrahltes Gespräch eine bilanzierende Rückschau bieten. Das Gespräch bestritten Präsidentin Breuel und der Theologe Richard Schröder, der im Frühsommer 1990 der SPD-Volkskammerfraktion vorgestanden hatte. Während Schröder die Rolle des nonkonformistischen, ostdeutschen Querdenkers meisterte,[259] ließ die Präsidentin die letzten beiden Jahre Revue passieren. Insbesondere die fortwährende Kritik in Presse und Öffentlichkeit sowie der bisweilen verspürte »Hass« hätten ihr »schon zu Zeiten zu schaffen gemacht« und sie »persönlich sehr berührt«.[260]

Vom Moderator auf die Proteste von Bischofferode angesprochen, betonte Breuel, dass man in den beständigen Konfliktkonstellationen zwischen »moralische[m] Druck« auf der einen sowie »wirtschaftliche[n]

257 Ebd., S. 26.

258 Ebd., S. 23ff.

259 Eine Aufgabe, der Schröder langfristig weiterhin verbunden blieb, vgl. Schröder: Die wichtigsten Irrtümer.

260 Stabwechsel '94. Von der Treuhandanstalt zur Marktwirtschaft, 16.12.1994, in: Treuhandanstalt: Dokumentation, Bd. 15, S. 65.

Entscheidung[en]« auf der anderen Seite stets der ureigenen »unternehmerische[n] Verantwortung« nachgekommen sei und daher auch unpopuläre Beschlüsse durchgehalten habe.[261]

Der zwischen September 1993 und August 1994 im sich entfaltenden Bundestagswahlkampf ermittelnde Untersuchungsausschuss bot der Präsidentin Anlass, über das komplizierte Wechselverhältnis von politisch-öffentlichem Transparenz- und Kontrollgebot einerseits und dem »wettbewerbswirtschaftlichen« Diskretions- und Vertrauensbedarf andererseits zu sprechen. Auch hier habe die Organisation einen schwierigen Balanceakt vollführen müssen.[262] Während Breuel mit den Begriffen »Moral« und »Handeln« bzw. »Transparenz« und »Vertraulichkeit« zwei zentrale Spannungsfelder im Interaktionsgeflecht von Treuhand und Unternehmen sowie Politik und Öffentlichkeit abhandelte, kam sie schließlich auf die sich nach 1993 ergebenden konzeptionellen Verschiebungen zu sprechen. Die vormalige niedersächsische CDU-Ministerin, die im Sommer 1990 als überzeugte, ja »lupenreine Marktwirtschaftlerin« nach Ostberlin gereist war, habe hier sehr schnell erkennen müssen, »dass es nicht Marktwirtschaft pur geben konnte«, sondern »dass es eine lange Übergangszeit« geben müsse, die im Leben aller hiervon Betroffenen »viele Spuren« hinterlassen würde: Die Treuhand habe in der ehemaligen DDR daher nicht die eigentliche »Marktwirtschaft« etabliert, sondern eben das Ende der Planwirtschaft und den praktischen Übergang zur Marktwirtschaft im Wortsinne »gemanagt«.[263]

Mit dem Auslaufen der forcierten Massenprivatisierungen Ende 1992 habe die Treuhand-Spitze mit dem offensiven Reden über »industrielle Kerne« zwar gezielt versucht, einen »sehr am Markt orientierten« konzeptionellen wie begrifflichen Gegenentwurf zur ab 1991 immer lauter geforderten Struktur- und Industriepolitik zu etablieren. Dieser Entwurf sei dann jedoch von »der Politik« auf »gefährliche« Weise vereinnahmt und umgedeutet worden.[264]

Auch die personalpolitischen Verwerfungen der späten Treuhandzeit sprach Breuel an. Nicht nur dadurch, dass es im Laufe der Zeit »sehr viel mehr Bürokratie« in der Organisation gegeben habe, sei gerade beim Führungspersonal ab 1992 eine »erhebliche Fluktuation« ausgelöst worden; zudem habe man sich im Jahr 1994 von fast tausend Mitarbeitern trennen müssen, was nicht immer einfach, aber dennoch notwendig gewesen sei.[265]

261 Ebd., S. 75.
262 Ebd., S. 81.
263 Ebd., S. 80.
264 Ebd., S. 83.
265 Ebd., S. 74.

Am Ende des »Schlussdialogs« gefragt, was sie »heute anders machen« würde, antwortete die scheidende Präsidentin:

> »Ich hätte mir gewünscht, wir hätten noch mehr Chancen gehabt, den Menschen besser zu erklären, was denn soziale Marktwirtschaft, was diese ganzen Zusammenhänge wirklich darstellen, um auf mehr Verständnis zu stoßen. Das ist sicherlich auch eine Frage, die die Politik im Wesentlichen leisten muss, aber das ist schon ein Punkt, wo wir immer noch Nachholbedarf haben, in Deutschland insgesamt.«[266]

Der mit dem vorweihnachtlichen Symposium eingeleitete »Stabwechsel '94« gipfelte am 30. Dezember 1994 in einer eigens für die Presse inszenierten Performance. Am Vormittag trat die gesamte verbleibende Führungsspitze, angeführt von der Präsidentin, vor das Detlev-Rohwedder-Haus. Breuel machte sich nun daran, das »Treuhandanstalt«-Firmenschild, das den markanten blau-grünen Doppelpfeil zeigte, für die Pressefotografen abzumontieren und damit auch symbolisch und selbstbestimmt das »Ende« ins Bild zu setzen.

Dass die bereits von Rohwedder 1991 ins Auge gefasste und 1992 systematisch vom Vorstand vorangetriebene Selbstauflösung aufs Ganze besehen deutlich konfliktreicher und langwieriger verlief als ursprünglich erwartet, ist wenig überraschend. In der zweiten Hälfte des Jahres 1992 wandelten sich mit dem Höhe- und Endpunkt des Massenprivatisierungsgeschäfts die praktischen Arbeitsschwerpunkte hin zur »Sanierungsbegleitung« eines schrumpfenden »Restportfolios« an regional bedeutsamen Unternehmen. Eng damit verknüpft war das langfristige, viel stärker bürokratisch ausgerichtete »Management« der abgeschlossenen Verträge. Zugleich trübten sich gerade im Verlauf des Jahres 1993 die öffentlichen, politischen wie gesellschaftlichen Umfelder der Organisation erheblich ein. Skandalen wie im Fall der Niederlassung in Halle oder spektakulären Medien- und Protestereignissen wie dem Hungerstreik von Bischofferode hatte die Treuhand ebenso wenig entgegenzusetzen wie dem stark von parteipolitischen und wahlkampftaktischen Erwägungen geprägten Bundestagsuntersuchungsausschuss unter dem Vorsitz von Otto Schily.

Der Wandel der Geschäftspraxis sowie die massiven Auseinandersetzungen in den öffentlichen und gesellschaftlichen Kontexten lösten im Vorstand zugleich beträchtliche konzeptionelle Umorientierungsprozesse aus. Mit diesen verschob sich die strategische Grundausrichtung vom strikten, im Frühjahr 1991 fixierten Privatisierungsprimat hin zum eher diffusen Begriffsfeld der »industriellen Kerne«. Damit hoffte die Treuhand ideell zwischen »ordnungspolitischen« Grundsätzen (der Nicht-Interven-

266 Ebd., S. 82.

tion und Politikferne) und pragmatischen Lösungsansätzen (des kooperativen Umgangs mit der Politik) vermitteln zu können, wobei die politische Diskussion allerdings schon bald ihre eigenen Dynamiken entfaltete.

Auch der bereits Mitte 1992 zielstrebig von der Organisationsführung eingeleitete, demgegenüber nach innen zielende Diskussionsprozess um die Selbstauflösung sowie eine »unternehmerische«, »dezentrale« wie »private« Regelung der eigenen Nachfolge scheiterten letztlich im aufgeheizten Klima des Frühjahrs 1994 am Widerstand der Politik. Gleichermaßen beförderte das intensive Diskutieren über das herannahende Ende der Treuhand zugleich auch intern erhebliche personalpolitische Friktionen. Gerade westdeutsche »Führungskräfte« verließen ab 1993 in großer Zahl die Organisation und ließen die »Fluktuation« zu einem personalpolitischen Problem werden; gleichermaßen zeigte sich das ostdeutsche Personal auf den mittleren und unteren Ebenen durch unklare Zukunftsperspektiven und drohende Arbeitslosigkeit erheblich verunsichert.

Letztlich manifestierten sich in den letzten beiden Jahren der Organisationsgeschichte beträchtliche Abnutzungs-, Erosions- und Zerfallserscheinungen auf verschiedenen Feldern. Genau in dem Moment, als das spezifische, unternehmerische »Sonderregime« des postsozialistischen Wirtschaftsumbaus im Jahr 1992 seine vollständige Entfaltung erreichte, setzte unversehens die langwierige, konfliktreiche, gerade auch von der Spitze betriebene »Abwicklung« der Ausnahmeorganisation ein. Dieses eigentümliche Gebilde, das im Sommer 1990 in großer Hektik, bemerkenswerter Kontingenz und situativer Improvisation im Orbit der deutschen Politik etabliert und im Herbst 1990 von westdeutschen Industriemanagern um Rohwedder zielstrebig ausgebaut wurde, suchte einen Weg in die Zukunft, indem es konsequent immer auch seine eigene Abschaffung mitbedachte. Das oft chaotische Aufbau- und Expansionsmanagement der Jahre 1990/91 wurde somit sukzessive durch ein intern wie extern umkämpftes Abbau- und Krisenmanagement abgelöst, das sich vor dem konfliktreichen Hintergrund öffentlicher wie politischer Dauerbeobachtung im spannungsreichen Kontext einer krisengeschüttelten Umbruchs- und Übergangsgesellschaft vollzog. Bis in die letzten Wochen ihres Bestehens blieb die Treuhand damit eine hochumstrittene und mit sich selbst ringende Arena des Übergangs vom Plan zum Markt.

7. Im Ausnahmezustand: Werden und Vergehen einer Schwellenorganisation

Eingedenk der dramatischen Ent- und Verwicklungen, die die Geschichte der Treuhand begleiteten, verwundert es nicht, dass die Organisation und ihr Personal zwischen 1990 und 1994 nicht nur erheblich von äußeren Faktoren beeinflusst, sondern darüber hinaus auch von beträchtlichen internen Dynamiken durchdrungen wurden. Die Organisationsgeschichte lässt sich perspektivisch nicht nur im permanent bestehenden Spannungsfeld von »außen« und »innen« verorten, sondern gleichermaßen auch im beständigen Wechselverhältnis von »oben« und »unten« oder besser: zwischen der Treuhand-Spitze und den mittleren Führungsebenen.

Auf den Punkt brachte die sich überkreuzenden internen wie externen Entwicklungslinien Direktor Simon Norden, der sich qua Amt in einer Art Mittlerposition zwischen Organisationsspitze und den mittleren Führungsebenen der Direktoren und Niederlassungsleiter befand. In dieser Funktion habe er die internen Dynamiken wie externen Spannungsfelder durch eine gezielte »Unternehmensentwicklung« auszugleichen versucht:

> »Hier ging es jetzt einmal um [...] Unternehmensentwicklung, Entwicklung des Unternehmens Treuhandanstalt, für die ganze Treuhandanstalt zu denken und zum anderen, jetzt sehr viel stärker auch Flaschenhalsfunktion für die Einwirkung von außen, vor allem aber der Bonner Ministerialbürokratie auf die Treuhandanstalt, um hier zu vermeiden, dass unsere Arbeit, teils aus Versehen, teils gezielt durch zu starres Regelwerk eingeschränkt wird. Da würde ich heute meine wesentlichen Funktionen sehen.«[1]

Dabei habe man diese externen, politischen Anforderungen aus Bonn von oben in die Organisation hineintragen müssen. Norden erläuterte, welches Geschick dies erforderte:

> »Die Gewährleistung [...], dass das, WAS wir tun, regel- und richtlinienkonform ist, und wie gesagt die Sicherung, dass die Regeln und Richtlinien halbwegs praxiskonform sind. Ein Gebiet, das sehr stark dadurch geprägt ist, dass ich so Dinge wie die jetzt auftretende Sanierungspolitik, als neues Schlagwort, Erhaltung industrieller Kerne und so etwas, sowohl hausintern, als auch in der Diskussion mit den Ministerien in Bonn so steuere, dass das wirklich in unsere Treuhandpolitik nahtlos reinpasst, diese so wenig wie möglich beeinträchtigt und dort WO es sie

1 R46-Interview mit Simon Norden, 10.2.1993.

ändert, von den Verfahren her so angelegt ist, dass die Praxis dies möglichst leicht umsetzen kann.«[2]

Um diese gezielte Moderation externer Einflüsse und organisationsinterner Entwicklungen zu beschreiben, griff der Direktor auf eine prägnante Formel zurück, die bereits Rohwedder im September 1990 vor der Volkskammer gebraucht hatte, um den Pragmatismus beim alltäglichen Wirtschaftsumbau zu verdeutlichen:

> »Ich bin also, wenn Sie so wollen, in dieser Position die Zentrale für die Bürokratie der Treuhandanstalt geworden, in DEM Sinn, dass ich dafür zu sorgen habe, dass die ordnungsgemäßen Abläufe, wie ich es eben schon sagte, praxisorientiert bleiben. Also Bürokratie, wenn Sie wollen, im positiven Sinne, sicherstellen, dass Bürokratie einerseits besteht und andererseits das Leben nicht hemmt.«[3]

Auch Direktor Stefan Wolter war qua Amt in einer intermediären Position zwischen Treuhand und Öffentlichkeit angesiedelt. Mit Blick auf die Zeit ab April 1991 beschrieb er die vielfältigen Wechselwirkungen zwischen dem sich etablierenden Massenprivatisierungsgeschäft und den damit einhergehenden öffentlichen Debatten:

> »In dieser Phase bis Winter '91/'92 zeigt die Mannschaft, dass sie Privatisieren gelernt hat, die Mannschaft zeigt, dass sie Stilllegen gelernt hat, die Mannschaft zeigt, dass sie Sanieren gelernt hat, ansatzweise, aber man zeigt zum ersten Mal richtig vor, dass der Apparat in Gang kommt. Es gibt auch die ersten großen Pannen, man hat die ersten großen, auch öffentlichen, Misserfolge.«[4]

Diese verknüpfte der Direktor sogleich mit den internen sozialen, dem rapiden Personalwachstum zu verdankenden Dynamiken:

> »Die Mannschaft wächst und wächst und wächst – also aus 144 im Sommer 1990 werden dann 3.500, 4.000 zur Jahreswende '91/'92 […], was natürlich aus der kleinen, übersichtlichen Kohorte von Patrioten dann ein fast unüberschaubares Heer auch von anonymen, namenlosen Technokraten macht, das muss man auch sehen, also die Transparenz schwindet und die Anonymität wächst.«[5]

Letztlich führte Wolter dies auch auf die abnehmende soziale Integrationskraft der Organisation selbst zurück, womit er auf das bekannte Kon-

2 Ebd.
3 Ebd.
4 R44-Interview mit Stefan Wolter, 4.2.1993.
5 Ebd.

trastmotiv zwischen chaotischer, idealisierter Früh- oder Gründerzeit 1990/91 und der normalisierten Phase des etablierten Massengeschäfts 1992/93 zurückgriff:

> »Das Interessante in dieser Phase ist, dass dieser Einschmelzprozess [...], natürlich nicht mehr so funktioniert wie am Anfang, auch gar nicht mehr funktionieren kann. Das heißt, die, die später kommen, bleiben dann auch die später Gekommenen und werden nicht mehr GANZ so stark eingeschmolzen, werden akkulturiert [...]. Also die Akkulturation und Sozialisation dieses Melting-Pot Treuhand ist zwar nach wie vor stark, aber nicht mehr SO stark, dass man sagen kann, der ist nach 14 Tagen so, als wenn er immer schon dagewesen wäre.«[6]

Sowohl Wolter als auch Norden hatten damit bereits Anfang 1993 zwei auf einer Meta-Ebene angesiedelte Narrative gewählt, die der Organisationsgeschichte fundamental eingeschrieben zu sein schienen: Zum einen das Narrativ einer Organisation, die beständig zwischen wachsenden externen, politischen Einflussversuchen sowie internen Dynamiken moderieren musste; zum anderen das eines immer komplexer werdenden sozialen Gebildes, das durch sein operatives wie personelles Wachstum von erheblichen Integrationseffekten geprägt wurde. Die Treuhand stellt sich somit bereits in der zeitgenössischen Wahrnehmung nicht nur als eine umstrittene, sondern auch als eine mit ich selbst streitende Organisation dar.

Die in diesem Kapitel verfolgte Phasengliederung arrangierte die Organisationsgeschichte der Treuhand anhand klassisch-historiografischer Narrative von Gründung, Wende, Aufstieg, Höhepunkt und Niedergang. Auf die Frühgeschichte einer noch randständigen »Ur-Treuhand«, die ab März 1990 mit knapp einhundert ostdeutschen Planwirtschaftskadern die Umwandlung der Kombinate und Betriebe in Angriff nahm, folgte im Juli 1990 eine sehr kurze »Scharnierphase« mit dem nach wenigen Wochen zerstrittenen Duo Gohlke und Rohwedder an der Spitze. Mit Rohwedders Amtsantritt im August begann eine gezielte, sich ab Herbst nochmals beschleunigende Expansion der Organisation, die sich von einer kleinen DDR-Behörde hin zu einer unternehmerisch ausgerichteten Privatisierungsagentur zu wandeln begann. Rohwedders Ermordung im April 1991 bildete eine Zäsur, die seine Nachfolgerin Birgit Breuel unmittelbar zum Anlass nahm, den eingeschlagenen Expansionskurs weiter zu beschleunigen. Im Verlauf des Jahres 1991 entwickelte sich die Treuhand so zu einer Massenprivatisierungsagentur im kritischen Blickfeld von Politik,

6 Ebd.

Öffentlichkeit und ostdeutscher Umbruchs- und Übergangsgesellschaft sowie westdeutscher Mehrheitsgesellschaft. Bereits Mitte 1992 deutete sich indes ein weiterer Umbruch an: Das Massenprivatisierungsgeschäft erreichte seinen Höhe- und Endpunkt; spätestens ab Beginn des Jahres 1993 stand statt des dynamisch-expansiven Organisationswachstums nun die Frage nach dem mittelfristigen Rückbau und dem Ende der Treuhand im Raum.

Überschaut man bilanzierend die einzelnen, systematisch unterschiedenen Felder, so lassen sich spezifische Grundmuster innerhalb dieser Phasen erkennen. Mit Blick auf die *medienöffentlichen wie gesellschaftlichen Kontexte* der Organisation stechen insbesondere verschiedene Konjunkturen ins Auge. Spielte die Treuhand noch bis zum Sommer 1990 keine wesentliche Rolle, rückte sie ab Herbst 1990 verstärkt in den Fokus der öffentlichen Aufmerksamkeit, bis sie im Frühjahr 1991 zur zentralen Adressatin und zum Referenzobjekt von skeptischer Kritik in Westdeutschland und massiven Protesten in Ostdeutschland wurde. Der Rohwedder-Mord vom 1. April 1991 dämpfte diese Debatten und Proteste nur für kurze Zeit – bereits im Herbst 1991 führte man in Bonn abermals ausgedehnte Kontroversen über eine neue Struktur- und Industriepolitik in Ostdeutschland, die auch die Koalitionsparteien erfassten. Während das operative Massenprivatisierungsgeschäft 1991/92 seinen Zenit erreichte, blieb die Treuhand durchweg in der Öffentlichkeit präsent. In erhebliche Bedrängnis geriet sie jedoch erst nach dem Ende der Massenprivatisierungen: Die Skandale um Halle sowie die Proteste von Bischofferode bescherten der Organisation die Einrichtung eines Untersuchungsausschusses. Es war dieses Sondergremium, welches 1993/94 die Treuhand und vor allem ihre Defizite permanent im Blickfeld der Öffentlichkeit hielt, aus der sie sich eigentlich zurückziehen wollte.

Das *politische Rahmengeflecht* nahm eine ähnlich dynamische Entwicklung. Zwischen 1990 und 1992 beließen Bundesregierung und insbesondere das zuständige Bundesfinanzministerium der Treuhandanstalt und ihrem Personal sehr weite Handlungs- und Gestaltungsspielräume. Das im Gesetz vom Juni 1990 etablierte politökonomische Grundmodell, die praktische Verantwortung für den Wirtschaftsumbau weitgehend an eine unternehmerisch und unabhängig geführte Experten-Organisation zu delegieren, war in diesem Zeitabschnitt voll ausgeprägt. Die im Frühjahr 1991 auf Initiative der Bundesregierung und unter dem Eindruck der Massenproteste etablierten Kooperationsstrukturen zwischen Treuhand, Gewerkschaften und Landesregierungen dienten dabei der Konfliktentschärfung und ermöglichten der Organisation, ihr Massenprivatisierungsgeschäft möglichst effektiv umzusetzen. Diese Freiräume verengten sich jedoch ab 1992 mit dem Aufkommen neuerlicher (industrie-)politischer Debatten und gesellschaftlicher Proteste. Die bevorstehenden Wahlkämpfe brachten eine wachsende Zahl politischer Vorgaben und Interventionen hervor und führten zu einer weiteren Beschneidung der Handlungsspielräume.

Ab 1993 übte die christliberale Bundesregierung schließlich wachsenden Einfluss auf die Treuhand aus und betrieb die politische Wiedereinhegung des von ihr geschaffenen Ausnahmekonstrukts. Aus dem kleinen »Unterausschuss« des Bundestages wurde Anfang 1993 ein Vollausschuss; ab September 1993 musste sich die Treuhand schließlich vor einem Untersuchungsgremium verantworten. Mit der Niederlage der Treuhand-Führung bei der Regelung der eigenen Nachfolge war das Pendel im Frühjahr 1994 endgültig umgeschlagen: Das zwischen Mitte 1990 und 1993 bestehende unternehmerische Sonderregime wurde definitiv beendet.

Das *alltagspraktische Geschäft* des postsozialistischen Wirtschafts- und Betriebsumbaus zwischen 1990 und 1994 erwies sich als wechselhaft und in hohem Maße auch von übergeordneten volkswirtschaftlichen und konjunkturellen Dynamiken abhängig. Hatte unmittelbar nach der Wirtschafts- und Währungsunion im Sommer 1990 zunächst noch die akute Liquiditätssicherung im Fokus gestanden, entwickelte sich das Privatisierungsgeschäft ab Herbst 1990 erst allmählich. Seit dem Frühjahr 1991 entfaltete sich, im Gefolge der veränderten organisatorischen wie personellen Möglichkeiten, auch das beschleunigte Massenprivatisierungsgeschäft. Dieses wuchs sich um die Jahreswende 1991/92 zu einem zusätzlich mit aktiven Marketingmethoden forcierten und internen Anreizen verstärkten »Privatisierungswettbewerb« innerhalb der Treuhand aus, allen politischen Debatten und gesellschaftlichen Protesten zum Trotz. Während die Absatzmärkte in Osteuropa zusammenbrachen und der Irakkrieg eine Rezession in Westeuropa auslöste, liefen die Massenprivatisierungen auch 1992 unbeirrt weiter. Zeitgleich rückten organisationsintern allmählich neue Aufgabenfelder in den Fokus. Die Rolle aktiver Sanierungsanstrengungen wurde mit dem sich ankündigenden Zenit der Massenprivatisierungen Ende 1992 vermehrt betont und in kleinen Sonderformen erprobt; auch die Restitution wurde nun als »Reprivatisierung« aufgewertet. Ab 1993 bestimmten schließlich das (Krisen-)Management entsprechender »Härtefälle« an Großbetrieben sowie der gezielte Aufbau des »Vertragsmanagements« die Agenda der Organisation, deren Geschäftspraxis sich nochmals drastisch verändern sollte: weg von unternehmerischen Managementaufgaben hin zu bürokratischen Kontrollfunktionen.

All diese externen wie operativen Dynamiken verlangten der Treuhand-Spitze *unternehmensstrategische (Re-)Orientierungsbemühungen* ab. In der Frühzeit hatte man noch auf derlei Initiativen verzichtet. Rohwedder arbeitete seinem pragmatischen Selbstverständnis folgend eher mit einprägsamen Formeln, kantigen Ansprachen und griffigen Schlagworten. Diese knappe Kommunikationsform kulminierte in dem infolge seiner Ermordung zum Vermächtnis verklärten »Osterbrief« und der darin verankerten Formel von der Privatisierung als »wirksamste Form der Sanierung«. Seine als ordnungspolitische Strategin bekannte Nachfolgerin Birgit Breuel griff diese konzeptionelle Generallinie auf und verstärkte sie, nachhaltig manifestiert in ihrem »Grundsatzreferat« vom November 1991, als sie die Treuhand vor der versammelten Mitarbeiterschaft als zentrale Architektin einer neuen, besseren Marktwirtschaftsordnung entwarf. Während Breuel zunächst resolut an einem forcierten Privatisierungsprimat festhielt und dieser große Mengen von Richtlinien, Broschüren und ganzen Handbüchern nach sich zog, deutete sich bereits Anfang 1992 eine strategische Kurskorrektur an. Die zuvor gemiedene »Sanierung« sowie das Konzept der »industriellen Kerne« avancierten zu neuen Schlüsselbegriffen. In den Jahren 1993/94 schlich sich auch ein fatalistischer Grundton in die strategischen Reflexionen ein: Man verstand sich nun nicht mehr als gestaltender Architekt, sondern als notfallsorgender Schleusenwärter ohne Schleusentor. Auf Ebene der konzeptionellen Reflexion und Strategiebildung vollzog sich eine Entwicklung, die externen Impulsen wie internen Wandlungen folgte, diese aber auch maßgeblich verstärkte und mitprägte. Das Vertrauen in die Steuer- und Gestaltbarkeit der praktischen Markteinführungsprozesse nahm dabei erkennbar ab.

Die gleichermaßen wechselvolle Genese der *Organisationsstrukturen* begann mit dem funktionalen Aufbauprinzip einer DDR-Verwaltungsbehörde. Die neuen westdeutschen Spitzenmanager um Rohwedder trieben ab Sommer 1990 den Aus- und Umbau der Organisation voran, der schließlich im Januar 1991 in eine tiefgreifende Reorganisation mündete. Die behördliche Funktionalorganisation wurde dabei durch eine unternehmerische Branchen- oder Matrixorganisation mit »Unternehmensbereichen« ersetzt. Innerhalb dieser Matrix avancierten die Branchendirektorate neben den bereits seit Oktober 1990 stark dezentral ausgerichteten Niederlassungen im Frühjahr 1991 zu den eigentlichen organisationspolitischen Schlüsseleinheiten. Im voll anlaufenden Massenprivatisierungsgeschäft beließ der Vorstand den an die Spitze dieser Direktorate und Niederlassungen berufenen westdeutschen Managern und Unternehmern bewusst organisations- und personalpolitische Handlungs- und Gestaltungsspielräume, sodass die neue Organisationsform der Treuhand als ein Quasi-Unternehmen aus ihrer Mitte heraus in hohem Tempo weiterwachsen konnte. Erst im Laufe des Jahres 1991 begann, unter dem Eindruck öffentlicher Kontroversen und politischer Interventionen, verspätet der zielgerichtete Auf- und Ausbau weiterer Organisationseinheiten. Dazu zählten die kaufmännischen Direktorate oder die Innenrevision, die einer zentralen Standardisierung und verstärkten Kontrolle der operativen Privatisierungsdirektorate dienten und gleichzeitig erhebliche interne Konflikte über eine fortschreitende »Bürokratisierung« auslösten. Mit dem Auslaufen des Massenprivatisierungsgeschäfts und dem Aufbau des Vertragsmanagements um die Jahreswende 1992/93 wandelten sich die Organisationsstrukturen erneut, da nun die operativen Direktorate und Niederlassungen vermehrt zusammengelegt oder aufgelöst wurden. Diese organisationspolitische Rückbaudynamik wollte der Vorstand bei seinen unternehmerischen Nachfolgeplanungen letztlich in eine Privatisierung und Dezentralisierung der Restaufgaben ab 1995 einmünden lassen, um so den Kern des Treuhand-Modells als ein befristetes unternehmerisch-praktisches Ausnahmeregime zu bewahren. Da der Treuhand-Vorstand aber am politischen Widerstand in Bonn scheiterte, wurde die Nachfolgerin, die BvS, schließlich als klassische Bundesbehörde konzipiert.

Die wechselvollen Dynamiken der Organisationsgeschichte zeigten sich auch in der *Personalpolitik* unvermindert. Hatte sich die Gründungsmannschaft im Frühjahr 1990 noch aus reformorientierten Planwirtschaftskadern zusammengesetzt, forcierte die neue, im Sommer 1990 nach Ostberlin entsandte Führungsgruppe aus westdeutschen Managern eine gezielte Rekrutierungspolitik für das intensiv umworbene Fach- und Führungspersonal aus dem Westen. Nach einem zunächst schleppenden Beginn versuchte man durch eine ganze Reihe von Werbemaßnahmen wie Anzeigenkampagnen, professionelle Personalberatung oder politische Appelle dem Mangel an Westpersonal zu begegnen. Ab Frühjahr 1991 trugen diese Bemühungen Früchte, als auch die dezentrale Personalgewinnung durch die neuen Direktoren und Niederlassungsleiter zu greifen begann, die hierfür verstärkt eigene Netzwerke und Kontakte nutzten. War qualifiziertes Westpersonal für die Führungsebenen stets hochbegehrt und gefragt, ging auf der anderen Seite eine Vielzahl an Bewerbungen für die mittleren und unteren Positionen aus Ostdeutschland ein. Das Gros der ostdeutschen Mitarbeiter sah sich jedoch beständig mit der eigenen DDR-Vergangenheit und dem Verhältnis zum SED-Regime konfrontiert. Bis Mitte des Jahres 1992 befand sich die Organisation auf einem personalpolitischen Wachstumskurs, wobei der Vorstand bereits früh, Mitte 1991, den eigenen Mitarbeitern die »Endlichkeit« der eigenen Aufgaben vor Augen zu führen versuchte. Das sich daraus ergebende Grundprinzip des Sich-Überflüssigmachens hatte erhebliche personalpolitische Konsequenzen, da ab 1992/93 vermehrt Führungskräfte abwanderten, um sich langfristige Beschäftigung zu sichern; auch die Mehrheit des ostdeutschen Personals zeigte sich durch die drohende Arbeitslosigkeit beunruhigt. Nach dem Personalaufbau der Jahre 1991/92 mussten sich die Personalmanager ab 1993 einer hohen Fluktuation stellen, die auch durch »unternehmerische«

Anreiz- und Bonussysteme nicht kompensiert werden konnte. Die Zukunft und der Rückbau des verbleibenden Personals war mehr das letzte große Thema, mit dem sich die Treuhand-Spitze 1994 auseinanderzusetzen hatte.

Für alle hier systematisch unterschiedenen Facetten der Organisationsgeschichte offenbarten die individuellen Perspektiven und Deutungen der 1992/93 befragten Mitarbeiter keine homogene, sondern eine diskutierende, ja bisweilen streitende Belegschaft, die teils konträre Positionen vertrat. Im Bereich des operativen Geschäftsalltags war insbesondere das (richtige) Verhältnis von Privatisierung, Sanierung oder Abwicklung umstritten: Wie sollte, konnte oder musste man diese Prinzipien in die Praxis übersetzen? Hinsichtlich der übergeordneten Strategiebildung wurden konzeptionelle Orientierungspunkte sowie die Gestaltung und Umsetzung strategischer Leitlinien intensiv diskutiert – auch in Bezug auf ihr jeweiliges Ausmaß: Bedurfte man eines sich immer stärker verdichtenden Geflechts an Vorgaben, Richtlinien und Handbüchern oder hemmten diese Checklisten und genormten Abläufe nicht vielmehr die gewünschte zügige und kreative Durchführung des alltäglichen Privatisierungsgeschäfts? Unmittelbar hieran schließt sich die markante, auf die Organisationsstrukturen bezogene Kontroverse um eine (abgelehnte) Bürokratisierung oder (begrüßte) Standardisierung an, die sich maßgeblich an der Etablierung neuer Kontrolleinheiten und zusätzlicher Abstimmungsprozeduren entzündete. In puncto Personalpolitik wurde der personelle Zuschnitt, die praktizierten Rekrutierungs- wie Motivationsversuche oder aber der interne Umgang mit dem angestrebten Personalabbau ebenso kontrovers erörtert.

In den individuellen Erzählungen fanden die übergeordneten, im Umfeld der Treuhand geführten Debatten wie auch die organisationsinternen Dynamiken merklich Widerhall und waren Gegenstand umfassender Selbstreflexionen. Einige Aspekte ragten dabei deutlich hervor: So etwa die von fast allen zeitgenössisch Interviewten geteilte Unterscheidung in eine oft idealisierte Frühzeit von Aufbau und Aufbruch unter Rohwedder in den Jahren 1990/91 und eine meist scharf hiervon abgegrenzte normalisierte oder bürokratisierte Gegenwart unter Birgit Breuel. Tendenziell waren es führende, aus der westdeutschen Industrie stammende Mitarbeiter der Branchendirektorate und Niederlassungen, die in ihrem Selbst- wie Organisationsverständnis die Treuhand als eigenständiges Unternehmen begriffen und ihr Handeln entsprechend selbstbewusst als kreativ, pragmatisch, effektiv und unternehmerisch beschrieben. Von diesem Standpunkt aus wiesen sie jedwede Einschränkung als unzulässigen Eingriff von oben oder außen scharf zurück. Demgegenüber waren es westdeutsche Beamte oder Juristen, die an der Spitze von kaufmännischen

Direktoraten und Funktionalbereichen standen, die in der Treuhand trotz aller Besonderheiten eine staatliche Behörde sahen und entsprechende Standardisierungs- und Kontrollmaßnahmen begrüßten. Diese Differenz prägte die in den zeitgenössischen Gesprächen entfaltete Organisationsgeschichte erheblich: Für die erste Gruppe nahm sich die Geschichte der Treuhand seit 1990 wie ein Verfall oder gar eine Degeneration eines zuvor schlagkräftigen Unternehmens aus; Letztere beschrieben sie als einen notwendigen und nicht aufhaltbaren Prozess einer zunehmenden Normalisierung, Konsolidierung und Veralltäglichung einer Behörde. Demgegenüber waren sich die Befragten zumeist einig, dass die Organisation als »Blitzableiter«, »Sündenbock« oder »Schutzschild« für das politische System der Bundesrepublik zu deuten sei – eine zeitgenössische Selbstbeschreibung, die Wolfgang Seibel später zur leitenden Hypothese seines Standardwerks über die von der Treuhand »verwalteten Illusionen« erheben sollte.[7]

Letztlich griffen die hier in fünf Phasen gegliederten organisationsgeschichtlichen Entwicklungsstränge in der Realität auf das Engste ineinander. Umso schwerer fiel es schon den Zeitgenossen, die inhärenten, organisationshistorischen Wirkungszusammenhänge zu fassen. Trieb die Treuhand den postsozialistischen Gesellschaftsumbruch selbst voran oder war sie Getriebene im Kontext einer aufbrechenden Vereinigungskrise? War sie aktiv gestaltende Architektin oder nur hilflos reagierende Schleusenwärterin? In welchem Verhältnis standen externe Einflüsse und interne Dynamiken? Es waren die hochgradig ambivalenten Wechselwirkungen zentrifugaler Kräfte wie auch integrativer Gegenkräfte, die für die Treuhand charakteristisch erschienen; sie war damit – gerade auch in den Deutungen der zeitgenössisch handelnden und reflektierenden Praktiker – Treibende wie Getriebene des postsozialistischen Umbruchsszenarios.

Der von den Managern forcierte alltägliche Wirtschafts- und Betriebsumbau und insbesondere seine sozioökonomischen wie soziokulturellen Konsequenzen erzeugten immer wieder externe Interventionen aus Politik, Öffentlichkeit und Gesellschaft. Diese wiederum wirkten auf die Organisation zurück und lösten Koordinierungsbemühungen seitens der Treuhand-Spitze aus. Deren Steuerungsversuche verschränkten sich mit den auf ihre Selbst- und Eigenständigkeit bedachten dezentralen Organisationseinheiten unter der Leitung westdeutscher Industriemanager und Unternehmer, die ganz maßgeblich das Praxisgeschäft des Betriebsumbaus vor Ort ausgestalteten. An diesem Punkt wird noch einmal deutlich, wie wenig sich die Organisationsgeschichte aus externen Vorgaben oder internen Dynamiken heraus ableiten lässt, sondern wie sehr sie als komplexer Zusammenhang von Wechselwirkungen von »außen«, »oben« und

7 Seibel: Verwaltete Illusionen.

»innen« verstanden und beschrieben werden muss, also als konfliktreiche Beziehungs- und Aushandlungsgeschichte im Kontext der ostdeutschen Umbruchs- und Übergangsgesellschaft.

In ihrem Kern ließe sich die hier entfaltete Organisationsgeschichte der Treuhand als diejenige einer Entfesselung und anschließenden Wiedereinhegung eines durch die Politik erzeugten unternehmerischen Ausnahmeregimes beschreiben. Im Anschluss an die zuvor gezeigte Genese eines spezifischen »Treuhand-Modells«, das die konkrete Gestaltungsverantwortung des praktischen Wirtschafts- und Betriebsumbaus in Ostdeutschland an eine reorganisierte Treuhand unter der Ägide erfahrener westdeutscher Manager und Unternehmer auslagern wollte, entfalteten diese Führungskräfte eine Dynamik ganz eigener Art. Sie etablierten das rasch expandierende und bald hochumstrittene ökonomische Sonderregime. In diesem revolutionär-radikalen Rahmen konnte das eilig rekrutierte Personal – zumindest zwischen 1990 und 1992 – weitgehend eigenständig den alltäglichen Wirtschafts- und Betriebsumbau durch beschleunigte Massenprivatisierungen ausgestalten. Die Organisation arbeitete dabei letztlich mit allen »Mitteln des Marktes« daran, sich selbst aufzuheben.

Jede Nacht um halb eins, wenn ich im Fernsehen rausch,
leg mich auf's Bett und mal mir aus,
wie es wäre, wenn ich nicht der wäre, der ich bin,
sondern Kanzler, Kaiser, König oder Königin.
Ich denk mir, was der Kohl da kann, das kann ich auch,
ich würd Vivaldi hör'n tagein, tagaus.
Ich könnt mir alles erlauben, könnt mir alles leisten,
würd Birgit Broiler mal wie Waldi in die Treuhand beißen.

Rio Reiser – König von Deutschland 94 (1994)

III. Sozial- und Erfahrungsgeschichte

Typologien und Erzählungen einer Übergangsgesellschaft

Gerade das Personal der Treuhandanstalt war (und ist) Gegenstand sehr kritischer Wertungen, zumal in der medienöffentlichen Debatte. Nicht ohne Grund versah der pointensichere Publizist Michael Jürgs sein 1997 erschienenes Werk »Die Treuhändler« mit dem Untertitel »Wie Helden und Halunken die DDR verkauften«.[1] Damit waren prägnant die beiden Pole benannt, an denen Außenstehende die Mitarbeiter zu verorten pflegten. Häufig bevölkerten sie als unfähige Dilettanten aus der »Dritten Garnitur« oder vierschrötige Finsterlinge aus dem Westen sowie als durchtriebene, tiefrote DDR-Wendehälse das postsozialistische Schurkenkabinett. Deutlich seltener fanden sich die fernen Echos der schwarz-rot-gold eingefärbten Heldengeschichten, die im Sommer 1990 vorgezeichnet schienen, als man in West und Ost das heilsame Wirken heroischer »Wirtschaftswunderdoktoren« um Detlev Rohwedder beim bevorstehenden Übergang vom Plan zum Markt geradezu herbeigesehnt hatte. Die komplexe soziale Morphologie des Treuhand-Personals, seine subjektiven Reflexionen, Motive und Erzählungen gerieten dabei aus dem Blick – jede nähere Differenzierung schien uninteressant; bis in die jüngste Gegenwart blieben Darstellungen der Dichotomie von »Helden« und »Halunken« verhaftet.[2]

Die solcherart ausgeklammerten, subjektiven Selbstdeutungen und Umbruchs-Erfahrungen der einzelnen Mitarbeiter stehen im Mittelpunkt dieses Kapitels, das sich vornehmlich auf der empirischen Grundlage der zeitgenössischen Expertengespräche mit den erzählerisch vermittelten, individuellen Reflexionen über die »Gesellschaft« der Treuhand sowie den Erfahrungen im dynamischen Kontext der ostdeutschen Transformations- und Übergangsgesellschaft befasst.

Bereits 1992/93, bei seinen ersten, an der Oral History orientierten und halboffen geführten Experteninterviews stieß der Ethnologe Dietmar Rost bei seinen Gesprächspartnern häufig auf eine ausgesprochen hohe Bereitschaft zu ausführlicher Selbstreflexion. Zahlreiche Interviewpartner – zumeist Akademiker mit berufsbedingter Sprechererfahrung – waren regelrecht dankbar für die nicht selten auch als persönliche Auszeichnung empfundene Gelegenheit, sich im Dialog mit einem als neutral empfun-

1 Jürgs: Treuhändler.
2 Laabs: Goldrausch.

denen Wissenschaftler erzählerisch positionieren zu können. Sie genossen die geordnete, konzentrierte Atmosphäre.[3]

Dieses kommunikative Arrangement führte dazu, dass die interviewten Mitarbeiter gerade nicht nur über alltagspraktische Themen, sondern auch ausführlich über soziale wie kulturelle Dimensionen ihres Engagements sprachen. Der 30-jährige ostdeutsche Direktor Steffen Damm stellte nach über zwei Stunden, in denen er sich seinem Gegenüber als gewiefter Privatisierungsmanager präsentiert hatte, vergnügt fest, dass er das auf höchstens 90 Minuten taxierte Zeitfenster für das »Plauderstündchen« bereits massiv überzogen hatte, weil er in so konzentrierter Form schon »ewig nicht mehr« über sein Engagement, seine Kollegen und seine Erfahrungen in Ruhe habe nachdenken und sprechen können.[4] Auch sein Direktorenkollege, der Steuerfachmann Steffen Gerhard, zeigte sich am Ende eines mehrstündigen Interviews angetan von dem ausführlichen Austausch, der ihm geholfen habe, sein zweijähriges Engagement für sich selbst umfassend erzählerisch zu reflektieren und zu ordnen. Diese »ganze Erfahrung« habe man bislang »noch nie so komplex« besprechen können.[5] Der im Herbst 1992 interviewte Industrieberater Stefan Horn bedauerte sogar, im Rahmen seines fast drei Stunden währenden Interviews viele Dinge aus seinem persönlichen »Schatz« individueller Erfahrungen aus anderthalb Jahren Treuhand gar nicht angesprochen zu haben, was er den Grenzen seines eigenen Gedächtnisses sowie der unüberschaubaren Ereignisfülle in der Frühzeit 1990/91 zuschrieb; auch habe er »nie ein Tagebuch oder irgendsowas« führen können.[6] Direktor Daniel Kaltenburg erinnerte sich im Verlauf seines Expertengesprächs mit Bedauern an ein eigenes »Treuhand-Tagebuch«, das er zwar 1990/91 begonnen, aber aus Zeitmangel bald nicht mehr weitergeführt habe.[7]

Die Freude über die angebotene Reflexionsgelegenheit fand sich auch bei Gesprächspartnern der unteren Hierarchiestufen; gerade diese Mitarbeiter wünschten sich explizit eine Treuhand-Geschichte aus der Perspektive »von unten«, die sich so vor allem von den grellen offiziellen Erfolgs- oder öffentlichen Misserfolgsgeschichten abheben sollte. Der ostdeutsche Maschinenbau-Fachmann Karl Korn drängte seinen Interviewer am Ende des Gesprächs regelrecht dazu, das außergewöhnliche, oft konfliktreiche soziale wie kulturelle »Zusammenfinden der Menschen« und ihre individuellen Sichtweisen weiter zu erforschen. Korns Plädoyer legte Zeugnis

3 Vgl. auch die Ausführungen zu den Entstehungsbedingungen dieser Interviewreihe in der Einleitung.

4 R24-Interview mit Steffen Damm, 6.10.1992.

5 R43-Interview mit Dr. Steffen Gerhard/Kai Rumeck, 29.1.1993.

6 R10-Interview mit Dr. Stefan Horn, 31.7.1992.

7 R11-Interview mit Dr. Daniel Kaltenburg, 31.7.1992.

darüber ab, wie sehr ihn die Begegnungssituationen der verschiedenen Mitarbeitergruppen beschäftigten; gerade diese Gesprächspassage trug Korn emotional vor und rang dabei merklich um treffende Beschreibungen:

> »[Ihr Forschungsprojekt, M.B.] soll ja eine Erfolgsstory werden, aber sie soll auch bitte die Schattenseiten ruhig mit aufzeigen, die dort waren. Aber zu allererst würde ich immer setzen, das Zusammenfinden der Menschen in einer äußerst komplizierten Phase, schon im Vorfeld der deutschen Einheit, und das Ding hier miteinander, das müsste eigentlich sein; nicht Seiten, das machen nicht die Seiten, die nachher dann irgendwo beschrieben werden, aber das ist doch, würde ich gerne mal als Credo rüberbringen, für mich war das das, was bei mir mal in Erinnerung bleiben wird, diese Zeit, wenn Menschen zusammenkommen, die über einen LANGEN Abschnitt ihres Lebens eine VOLLKOMMEN unterschiedliche politische --- und auch --- wirtschaftliche SEITE vertreten haben, wo sich natürlich auch in den EIGENEN Persönlichkeitsentwicklungen, das schlägt sich ja nieder, das ist ja nicht so, dass diese Jahre spurlos vorbeigegangen [...] sind, die haben ja irgendwo ihre Rillen hinterlassen, die haben ja auch ihre Na[rb]en hinterlassen, dass dort Leute zusammengekommen sind, über Nacht, die sich NIE in ihrem Leben gesehen haben, haben sich hingesetzt und haben gesagt, hier ist eine Aufgabe, und die packen wir an. (Klopft wiederholt auf den Tisch) Und das auch wirklich geklappt hat. [...] So würde ich das sehen.«[8]

Eine ähnliche Richtung verfolgte auch Jörg Galuba, der sich zum Ende seines zweieinhalbstündigen Gesprächs regelrecht begeistert vom explorativen Ansatz Rosts zeigte. Auch in Galubas Lesart erschöpfte sich das Wesentliche seines Engagements nicht in technischen oder bürokratischen Aspekten des Geschäftsalltags, sondern bezog sich vielmehr auf die in diesem besonderem Kontext interagierenden »Menschen« und ihr individuelles »Denken«. Eine auf Grundlage verschiedener Einzelstimmen erzählte Geschichte müsse daher, wie der Referent seinem Interviewer auseinandersetzte, die »emotionale Seite« des sozialen wie kulturellen Innenlebens der Treuhand in die feindselig gestimmte Öffentlichkeit tragen, um so eine dritte (Erfahrungs-)Geschichte *jenseits* von Erfolg und Misserfolg erzählen zu können:

> »Ich [...] muss sagen vielleicht (etwa), weil ich mich immer sorge, dass viele Menschen, das Prinzipielle nicht, noch nicht richtig verstanden haben. Dieses Umwälzende, das alle Deutschen berühren muss und sollte,

8 R16-Interview mit Karl Korn, 4.9.1992.

> nicht, dass das dann weniger eine Geschichte wird über die Schritte der Privatisierung, und da gab es eine Bürgschaft, und die Bürgschaft wurde dann abgedreht, und dann gab es eine Eröffnungsbilanz, und leider kam die spät, und dann kam sie auch, und dann war die falsch ausgefüllt, und dann mussten die ein Eigenkapital basteln, sondern mehr, was sind die Menschen gewesen in diesem; was ist aus ihnen geworden, wie denken sie.«[9]

Insgesamt bot die offene Interviewsituation den 1992/93 von Dietmar Rost interviewten Mitarbeitern – im Gegensatz zu stärker thematisch fokussierten Gesprächen anderer Sozialwissenschaftler – also ausführlich Gelegenheit zu individuellen (Selbst-)Reflexionen, wenn auch nicht alle Gesprächspartner in gleichem Maß davon Gebrauch machten.[10]

Die in den 50 Interviews aus der Rost-Reihe angesprochenen Themenfelder ordnen sich in drei größere Gruppen: Ausführlich wurde *erstens* über verschiedene Phasen, bestimmte Ereignisse, spezifische Praxisabläufe oder persönliche Eindrücke aus der Organisationsgeschichte gesprochen, zumeist in Form eines alltäglichen Erlebnisberichts, mal anekdotisch, mal chronologisch orientiert. *Zweitens* beschäftigte sich das Gros der Gesprächspartner intensiv mit der Treuhandanstalt als komplexem sozialen Gebilde, also als institutionellem Begegnungs- und Interaktionsraum, in dem sie sich als Individuen innerhalb einer spezifischen, heterogenen Gemeinschaft verorteten. *Drittens* galt es, sich selbst (und die Organisation) im weiteren Kontext der postsozialistischen Umbruchs- und Übergangsgesellschaft der 1990er-Jahre zu verorten.

Es sind insbesondere nun die beiden letzten Themenfelder, denen dieses Kapitel systematisch nachgehen wird, indem es soziale (Selbst-)Reflexionen und motivisch dargelegte Umbruchserfahrungen miteinander verknüpft und so das Personal idealtypisch zu organisieren sucht.[11] Ging es in den vorherigen Kapiteln darum, die Geschichte der Etablierung eines konzeptionellen Modells sowie die Dynamiken einer hochumstrittenen Organisation chronologisch nachzuzeichnen, steht nun eine mentalitätshistorische Exploration des vielschichtigen soziostrukturellen wie soziokulturellen »Innenlebens« der Treuhandanstalt aus den verschiedenen –

9 R17-Interview mit Prof. Dr. Jörg Galuba, 8.9.1992.

10 Vgl. dazu die Gesprächsreihen von Roland Czada, Wolfgang Seibel oder Christiana Weber, die alle stärker thematisch orientiert waren und sich auf diese Weise doch erheblich von den »halboffenen« Gesprächen von Dietmar Rost unter der Anleitung von Martin Kohli unterschieden.

11 Aus sozialwissenschaftlich-theoretischer Perspektive vgl. Kelle, Udo; Kluge, Susann: Vom Einzelfall zum Typus. Fallvergleich und Fallkontrastierung in der qualitativen Sozialforschung, 2. Aufl., Wiesbaden 2008.

teils kollektiven, teils konfligierenden – Perspektiven ihrer Mitarbeiter im Vordergrund.

Hierfür wird zunächst in einem einführenden Abschnitt, der sich mit den verschiedenen, zeitgenössisch vorgenommenen Typologisierungen beschäftigt, ein Grundgerüst entwickelt, dem die Darstellung der verschiedenen Mitarbeiter-Typen folgen wird. Für jeden Mitarbeiter-Typus werden soziale Fremdzuschreibungen, individuelle Selbstbeschreibungen sowie markante erzählerische Spannungsfelder der subjektiv erfahrenen Umbruchskonstellationen in den frühen 1990er-Jahren miteinander ins Verhältnis gesetzt. Damit soll zweierlei geleistet werden: Zum einen gilt es, eine typologische Sozial- und Kulturgeschichte des Personals aus den zeitgenössischen Interpretationen und Deutungen der Mitarbeiter selbst zu rekonstruieren. Zum anderen werden verschiedene markante erzählerische Spannungsfelder zu einem facettenreichen Mosaik einer Erfahrungs- und Konfliktgeschichte des alltäglichen postsozialistischen Umbruchsgeschehens in Wirtschaft und Gesellschaft zusammengefügt. Gemeinsam sollen erzählte Sozial- und Erfahrungsgeschichten schließlich die beiden tragenden Säulen bilden, auf denen eine kollektivbiografisch orientierte Mentalitätsgeschichte des Treuhand-Personals in den postsozialistischen Auf-, Um- und Abbrüchen einer »Arena des Übergangs« nach 1990 aufruht.

1. Perspektiven auf das Personal: Typologien und Erzählungen

Wie beschrieben unterschiedliche Akteure aus ihren jeweiligen Perspektiven das soziale »Wimmelbild« Treuhandanstalt und dessen interne Dynamiken? Diese Frage war beileibe keine rein akademische, sondern stellte sich auch zeitgenössisch den Vorstandsmitgliedern und deren Mitarbeitern, die sich für die Organisation und ihr Personal zuständig sahen. Wie gezeigt hatte sich die Treuhand in den verschiedenen Phasen ihres Bestehens personalpolitisch unter verschiedenen Vorzeichen jeweils um unterschiedliche Personengruppen bemüht: Neben ostdeutschen Planbehörden-Mitarbeitern der Frühzeit waren es altgediente Industriemanager und erfahrene Verwaltungsexperten sowie schließlich junge Nachwuchskräfte aus der Altbundesrepublik, die im Fokus der diversen Rekrutierungskampagnen zwischen 1990 und 1994 standen. Die so entstandene soziale Vielfalt und kulturelle Pluralität der eigenen Mitarbeiterschaft wurde nicht zuletzt bei offiziellen Anlässen von der Führungsspitze um Birgit Breuel immer wieder offensiv thematisiert. Im unmittelbaren Anschluss daran wurde zumeist die hohe integrative Kraft der konkreten, alltäglichen Zusammenarbeit an der gemeinsamen, exzeptionellen »Aufgabe« des Wirtschaftsumbaus unterstrichen, die aus dem Vielen ein Ganzes werden lasse: die Treuhand erschien als zusammengefwürfelte Schicksalsgemeinschaft der Transformationszeit.

Spätestens ab der zweiten Hälfte des Jahres 1991 betrieb der Vorstand gezielte kollektive, identitätsstiftende Integrationsbemühungen »von oben«. In ihrem bereits erwähnten, anlässlich einer solchen Bemühung vorgetragenen »Grundsatzreferat« erklärte Breuel mit Blick auf das Personal, dass in der Treuhand »Fachleute aus Ost und West« zusammenarbeiteten, »unterschiedlich in ihren Interessen, Blickrichtungen und Perspektiven«; »niemand« könne im Alltag »dem anderen etwas vormachen«, dafür sei die »tägliche Zusammenarbeit zu dicht und zu intensiv«. Eben hieraus leitete die Präsidentin das integrative Diktum vom »ausgeprägten ›Wir-Gefühl‹« her: »Wir in der Treuhand nehmen das Zusammenwachsen von Ost und West vorweg.«[1] In der Organisation selbst habe sich demnach durch die alltäglichen Interaktionen eine neue, integrative, kollektive, ja letztlich: gesamtdeutsche Identität ausgebildet, die es außerhalb dieser Organisation so noch nicht gebe. Damit hatte Breuel mit avantgardistischem Gestus das integrative Leitmotiv einer sozialen Selbstbeschreibung pointiert gebündelt.

1 Birgit Breuel: Miteinander. Arbeiten für die Soziale Markwirtschaft. Grundsatzreferat, gehalten an den Mitarbeiter-Tagen, 23. und 30. November 1991, Berlin-Wuhlheide, in: Treuhandanstalt: Dokumentation, Bd. 12, S. 917-936, hier S. 933.

Auch sprachlich schlug sich dieser integrative Ansatz der Treuhand-Spitze nieder. So gebrauchte Direktor Stefan Wolter in seinem Interview im Februar 1993 die griffige Formel eines »Melting-Pots«, der die aus unterschiedlichen biografischen Bezügen stammenden Mitarbeiter seit 1990/91 in kürzester Zeit und unter exzeptionellen Bedingungen kulturell miteinander »verschmolzen« habe. Dieser »Amalgamierungsprozess« habe jedoch Ende 1991 nachgelassen.[2] Derartig elaborierte Deutungen fanden sich, wie zu zeigen sein wird, auch in zahlreichen anderen zeitgenössischen Gesprächen wieder.

Wie blickte die Organisationspitze abseits unternehmenskultureller Kampagnen auf das eigene Personal? Aufschlussreich sind die systematischen Ordnungskategorien des zuständigen Treuhand-Personalbereichs. In nach 1994 veröffentlichten Dokumenten ordneten die Personalmanager ihren eigenen Mitarbeiterbestand nach »harten« sozialen Distinktionskriterien. Eine Übersicht vom Juli 1992 listete die Entwicklung des (wachsenden) Personalstands auf, grob und in absoluten Zahlen, getrennt nach »Mitarbeiter Ost« und »Mitarbeiter West«. So verzeichnete der Bericht für den 30. Juni 1992 eine Mitarbeiterzahl von 1.225 »West« und 2.716 »Ost«.[3]

Über die Jahre differenzierte sich das personalstatistische Instrumentarium merklich aus. Zwar war auch im Personalbericht vom Dezember 1993 das ost-westliche Unterscheidungskriterium durchweg präsent, wurde jedoch durch eine markante Differenzierung mit Bezug auf die internen Hierarchien erweitert. Einerseits stellten die »Mitarbeiter aus den neuen Bundesländern« mit einer Zahl von 2.420 Mitarbeitern knapp 67,4 % des Stammpersonals; die »aus den alten Bundesländern« dementsprechend mit 1.173 also 32,6 %.[4] Allerdings stammten von den insgesamt »196 Führungskräften« der Treuhand lediglich 8,2 % aus der vormaligen DDR. Darüber hinaus erfasste der 1993er-Personalbericht nun auch gesondert den »Anteil weiblicher Mitarbeiter«, den er auf 56 % (2.024 von 3.593) taxierte.[5]

Noch feingliedriger war schließlich der letzte veröffentlichte Personalbericht aus dem Oktober 1994 arrangiert. Er lieferte eine mit zahlreichen Kreisdiagrammen versehene Feinübersicht über die organisatorischen Hierarchiestrukturen, gab sodann den »Ost-/West-Anteil« der Mitarbeiter an (68,38 % Ost versus 31,62 % West) und bezog dies anschließend auf die

2 R44-Interview mit Stefan Wolter, 4.2.1993.

3 Entwicklung des Personalstandes Ost-West-Mitarbeiter, Berlin, 24.7.1992, in: Treuhandanstalt: Dokumentation, Bd. 11, S. 155.

4 Ausländische bzw. nicht-deutsche Mitarbeiter wurden charakteristischerweise von der Personalstatistik zu keinem Zeitpunkt erfasst, vgl. auch der nachfolgende Abschnitt zum Thema.

5 Personalbericht der THA, Dezember 1993, in: Treuhandanstalt: Dokumentation, Bd. 11, S. 194-215.

»Führungskräfteebene« (von 148 waren 13 Ostdeutsche, 135 Westdeutsche). Es folgte schließlich die Angabe einer »Frauenquote« (59,37 %), dieses Mal ergänzt um den relativen Anteil der »weiblichen Führungskräfte«, der mit 10,14 % ausgewiesen wurde.[6]

Indem beide offiziell angewandten Ordnungskategorien (die dominante Ost-West-Differenzierung und die später hinzugesetzte Geschlechterdifferenzierung) jeweils auch mit der Binnenhierarchie verknüpft wurden und dergestalt beträchtliche Asymmetrien innerhalb des Personals sichtbar machten, beobachtete der Personalbereich aller integrativen »Schmelztiegel«-Rhetorik zum Trotz sorgsam ein personalpolitisches Ungleichgewicht: Eine klare Mehrheit der Mitarbeiter waren ostdeutsch und weiblich; die Führungskräfte jedoch zum überwältigenden Anteil westdeutsch und männlich. Interessant ist, was sich in den offiziellen Personalberichten alles nicht fand: Vor allem detailliertere Aufschlüsselungen über die professionellen Qualifikationen, die ursprünglichen Herkunfts-Unternehmen oder -behörden der Mitarbeiter, deren Alterszugehörigkeit oder möglicherweise deren Nationalität; alle drei Kriterien spielten in der Zentralperspektive der Personalmanager offenbar keine größere Rolle.

Jenseits der offiziellen, zweidimensional gerasterten Treuhand-Personalstatistik entwickelten die Forscher des »Forschungsprojekts Treuhandanstalt« eine alternative Perspektive auf die Mitarbeiterschaft als Untersuchungsobjekt, allerdings mit ihrem eigenen, sozialwissenschaftlich-quantitativen Handwerkszeug. Im März und April 1993, als Rost gerade die letzten explorativen Interviews im Detlev-Rohwedder-Haus aufzeichnete, verschickten Wolfgang Seibel und Roland Czada einen detaillierten Fragebogen an sämtliche 57 Direktoren und Niederlassungsleiter, alle 172 Abteilungsleiter sowie an eine »Zufallsstichprobe« von 170 Referenten, um so gezielt die drei mittleren Hierarchieebenen der Organisation unterhalb des Vorstands zu erfassen. Die unteren Personalebenen der ostdeutschen Sachbearbeiter, Schreib- und Hilfskräfte bezogen sie nicht mit ein. Diese Umfrage war aus Perspektive der Sozialwissenschaftler aufgrund der hohen Rücklaufquoten ein großer Erfolg: Immerhin 45,6 % der Direktoren, 34,3 % der Abteilungsleiter und sogar 61,7 % der Referenten schickten ihre Fragebögen ausgefüllt zurück.[7]

Die Mitarbeiter-Umfrage fragte sowohl quantitativ-sozialstatische Angaben als auch qualitative Selbsteinschätzungen ab. Besonders interessierten sich die Forscher etwa für die Altersstruktur des Personals. Das aus den Umfragedaten ermittelte Durchschnittsalter der Referenten lag bei 38 Jahren, das der Abteilungsleiter bei 43 und das der Direktoren bei 53

6 Ebd.

7 Seibel: Verwaltete Illusionen, S. 172-185 sowie insbesondere S. 173, FN 140.

Jahren – nach Lesart der Sozialwissenschaftler war damit das organisationssoziologisch bekannte »Anciennitäts«-Prinzip, nach dem höhere Hierarchieebenen durch ältere Personen besetzt wurden, gewahrt, allerdings mit einer markanten Abweichung. Die westdeutschen Referenten waren mit 32 Jahren im Mittel erheblich jünger als ihre ostdeutschen Kollegen der gleichen Hierarchiestufe, deren Alterswert bei 46 Jahren lag: »Typischerweise arbeitete also ein ostdeutscher Referent unter einem deutlich jüngeren westdeutschen Abteilungsleiter.«[8]

Die das Personal soziografisch vermessenden Forscher interessierte insbesondere auch dessen berufliche und soziale Herkunft. 61,5 % der Direktoren gaben an, aus der bundesdeutschen Privatwirtschaft zu stammen, gegenüber 27 % aus dem öffentlichen Dienst; bei den Abteilungsleitern war die Unwucht zwischen privatwirtschaftlichem und staatlichem Engagement etwas weniger deutlich ausgeprägt: 54 % stammten aus westdeutschen Unternehmen, 19 % aus dem öffentlichen Dienst und immerhin 12 % aus dem Staatsdienst der einstigen DDR; dies war zugleich die überschaubare Gruppe derjenigen Ostdeutschen, die sich an den höchsten Positionen in der Hierarchie hatten etablieren können. Auf der Referentenebene gaben 25 % an, als Berufsanfänger eingestiegen zu sein; im Jahr 1989 hätten sich sogar fast 37 % der Referenten (primär aus Westdeutschland) noch in Ausbildung oder Studium befunden. Neben den Berufsanfängern waren unter den befragten Referenten 42 % aus der bundesdeutschen Privatwirtschaft, 20 % aus dem DDR-Staatsdienst, 12 % aus ostdeutschen Unternehmen sowie lediglich 6 % aus dem öffentlichen Dienst zur Treuhand gekommen. Darüber hinaus beschäftigten sich die Forscher mit den organisationsimmanenten Geschlechterrelationen und fingen dabei ein ähnliches Bild ein, wie die offizielle, jedoch gröbere Personalstatistik: Unter den Direktoren und Niederlassungsleitern fanden sie gar keine Frauen und von den 166 Abteilungsleitern waren lediglich 13 weiblichen Geschlechts, was einem Anteil von 13 % entsprach. Auf Referentenebene lag der Frauenanteil bei 29 %, wobei Seibel und Czada einen gravierenden Ost-West-Unterschied identifizierten: Bei den westdeutschen Referenten waren 71 % männlich und 29 % weiblich; bei ihren ostdeutschen Kollegen fanden sie mit 51 % gegenüber 49 % hingegen ein nahezu ausgeglichenes Verhältnis vor.[9]

Neben den erfragten sozialstatischen Kenngrößen thematisierte die Umfrage auch qualitative Themenfelder und fragte individuelle Selbsteinschätzungen zur Arbeitsbelastung ab. Direktoren reklamierten im Durchschnitt 58, Abteilungsleiter 55,5 und Referenten 51 Stunden an wöchent-

8 Ebd., S. 173f.
9 Ebd., S. 174f.

licher Arbeitszeit für sich; gleichermaßen gaben 73 % der Direktoren und Abteilungsleiter an, dass sich ihre persönliche Arbeitsbelastung in Treuhand-Diensten stark erhöht hätte; 84 % der Direktoren und 66 % der Abteilungsleiter klagten über eine »Belastung des Familienlebens«; ganze 73 % der älteren Direktoren, aber lediglich 29 % der jüngeren Abteilungsleiter pendelten am Wochenende zu ihren Familien nach Hause. Dennoch zeigten sich in allen Gruppen mehr als die Hälfte aller Befragten überzeugt davon, dass sie sich insgesamt in Hinblick auf die professionelle »Attraktivität« der eigenen Tätigkeit bei der Treuhand verbessert hätten. Die Aufgaben seien fordernder und zugleich belastender. Eine systematische Erhebung zur Motivation hatten die Forscher 1993 indes nicht vorgenommen; auf der Grundlage von Einzelinterviews nahmen sie bei den älteren Westdeutschen eine »besondere Herausforderung« am Karriereende oder »wohlverstandene patriotische Motive« an, bei den jungen Westdeutschen die »relativ zum Lebensalter große Verantwortung« und die »wahrscheinlich Karriere fördernde[] Pioniertätigkeit«; über die Motive der ostdeutschen Mitarbeiter trafen sie indes keine Aussagen.[10]

Besonders interessierten sich Czada und Seibel für die mögliche Existenz einer eigenen »Treuhand-Kultur«, einem kollektiv geteilten »ésprit de corps«. Ihre Umfragebefunde ließen sie jedoch erheblich an der Existenz einer solchen kulturellen und identifikatorischen Vergemeinschaftung zweifeln: Auf die Frage, ob man sich in der eigenen Wahrnehmung mit Blick auf »institutionelles Prestige« eher verbessert oder verschlechtert hätte, gaben lediglich 11,5 % der Direktoren, 24 % der Abteilungsleiter und 29 % der Referenten eine positive Antwort, wobei sich bei den Referenten wieder eine starke Differenz zwischen Ost- (23 %) und Westdeutschen (37 %) fand. Von der direkt erfragten Existenz einer positiv konnotierten »Treuhand-Kultur« zeigten sich lediglich 27 % der Direktoren, 37 % der Abteilungsleiter und 25 % der Referenten überzeugt. Seibel gelangte zu dem für die organisationskulturellen Integrationsbemühungen der Treuhand-Spitze verheerenden Schluss, dass »eine ausgeprägte Identifikation mit der Institution Treuhandanstalt nicht nachzuweisen« sei.[11] Den scheinbaren Gegensatz von hoher Attraktivität der Tätigkeit bei geringer Bindung an eine übergeordnete »Treuhand-Kultur« erklärte sich Seibel damit, »dass weniger die Erfordernisse der internen Steuerung und der Loyalität, als die der externen Legitimation und deren Rückwirkungen die Identitätsproblematik der Treuhandanstalt charakterisieren«[12] – der

10 Ebd., S. 175 f.

11 Ebd., S. 178.

12 Seibel: Entwicklung, S. 142.

massive gesellschaftliche Außendruck wirke somit deutlich integrativer als gezielte Integrationsbemühungen aus dem Innenraum.

Wolfgang Seibel differenzierte seine Reflexionen zur Gesellschaft wenige Jahre später weiter aus. Die in der Umfrage vorgefundenen »Integrationsprobleme« beim Personal schrieb er einem Dreiklang aus schnellem Personalwachstum, intensivem operativen Alltagsgeschäft und einem unvermindert hohen »Außendruck« zu. Hinzu träten mit Blick auf ein baldiges Ende unsichere Zukunftsperspektiven vor allem für die Mitarbeiter mittleren Alters, Konflikte zwischen jungen Westdeutschen und älteren Ostdeutschen sowie die Streitigkeiten um die mögliche Partei- oder Stasi-Vergangenheit der Mitarbeiter aus den DDR-Ministerien und Behörden. Insgesamt werde die sozial heterogene, unter großen internen Belastungen arbeitende und hohem externen Druck stehende Treuhandgesellschaft durch einen besonderen »organisationspolitischen Vitalismus« zusammengehalten, wie er in Anlehnung an den französischen Philosophen und Sozialtheoretiker George Sorel urteilte. Der »lebendige Prozess der Zielerreichung« wurde von Seibel letztlich als der »eigentliche Treuhand-Mythos« identifiziert, der aus der »Not der Zieldefinition« eine »Tugend der Endlichkeit« habe werden lassen:

> »Der Vitalismus als Organisationsmythos ist für die Pioniere aus der Chaos-Zeit ebenso identifikationsfähig wie für die jungen Referenten vom »Yuppie«-Typ und die ostdeutschen Mitarbeiter, die in ihm eine radikale Abkehr vom Bürokratismus der DDR-Wirtschaftsverwaltung erblicken mögen. Mutmaßlich sind es dieser Vitalismus und die dadurch ins Positive gekehrte Einsicht in die Unmöglichkeit einer Aufgabenbewältigung nach den herkömmlichen Maßstäben der Regelmäßigkeit und zweckrationalen Mitteleinsatzes, die die wesentliche Integrationskraft der Organisation ausmachten.«[13]

Die heterogene Mitarbeiterschaft wurde also, so Seibels Pointe, in erster Linie nicht durch integrative, etwa vom Vorstand gesteuerte Maßnahmen oder gar eine spezifische »Treuhand-Kultur« zusammengehalten, sondern durch das Beschleunigte, das Außergewöhnliche der vorgefundenen Situation und die dramatische Einsicht in die »Unmöglichkeit« des eigenen Handelns. Das Urteil des Verwaltungswissenschaftlers wich damit beträchtlich von der Arbeit der Wirtschaftssoziologin Christiana Weber ab, die 1995 die Existenz einer »im Zeitraffer« etablierten »Unternehmenskultur« bei der Organisation mithilfe quantitativer Interviews herauszuarbeiten suchte.[14]

13 Ebd., S. 142f.
14 Vgl. Weber: Zeitraffer.

Die Sozialwissenschaftler konnten sich durch den exklusiven Zugang zum Personal einen dezidiert soziologischen Überblick über die vielschichtige Treuhandgesellschaft, ihre möglichen Grund- und Konfliktlinien jenseits der offiziellen Integrationsrhetorik des Vorstandes und der technisch-problemorientierten Personalstatistik verschaffen. Dennoch scheuten sie in der Interpretation der vielgestaltigen empirischen Befragungsbefunde letztlich vor einer griffigen Beschreibungsformel zurück. Das Personal blieb also auch in den Fremdbeschreibungen von oben oder von außen ein schwer fassbares Sozialgebilde, das sich im Blick der Experten kaum in eine treffende, übergeordnete Metaphorik des Sozialen übersetzen ließ.

Wie nun aber beschrieben einzelne Mitarbeiter selbst ihren Kollegenkreis, aus dem Innenraum der Organisation heraus? Am 19. Januar 1993 führte Dietmar Rost ein recht außergewöhnliches Interview. Der Revisionsdirektor Steffen Gerhard hatte seinen knapp zwei Jahrzehnte jüngeren Abteilungsleiter Kai Rumeck zum Gespräch hinzugebeten, da dieser bereits im Januar 1991 am Aufbau des Direktorats unmittelbar mitgewirkt hatte. Aus dieser Doppelkonstellation entwickelte sich eine zweistündige Gruppendiskussion, in der Gerhard und Rumeck intensiv auch auf das Treuhand-Personal zu sprechen kamen. Dieses besondere Zwiegespräch förderte einiges über die verbreiteten Reflexionen der komplexen sozialen Morphologie der Treuhand durch ihre eigenen Mitarbeiter zutage:

> »E2 [AL Rumeck, M.B.]: Also typisch erscheint mir, dass wir eine ganz enorme VIELFALT haben, sowohl eine schöne Altersmischung, als auch eine Knowhow-Mischung. Wir haben hier zum Teil Juristen, zum überwiegenden Teil Kaufleute, Ostmitarbeiter, Westmitarbeiter, regional wirklich aus ALLEN Teilen Deutschlands. Wenn man irgendwo in die Karte hinpickt, dann kommen da garantiert ein oder zwei her. Wir haben sie aus der Verwaltung, aus der Industrie, aus Revisionen, aus Wirtschaftsprüfungsgesellschaften, also das ist ein unheimlich bunter Pool.
> E1 [Dir. Gerhard, M.B.]: Und nur einen zweiten Beamten, also wir haben hier [im Revisionsdirektorat, M.B.] jetzt nicht eine Beamtencrew, sondern das sind Wirtschaftswissenschaftler.
> E2 [Rumeck]: Weit überwiegend.
> E1 [Gerhard]: Relativ wenig Juristen, und es ist ein Abteilungsleiter noch ein beurlaubter Beamter, die anderen sind alles Mitarbeiter, die nicht aus dem Beamtenbereich kommen.
> E2 [Rumeck]: Und wir haben sogar DAMEN dabei. Einen erfreulichen Anteil an Damen in der Revision, nicht übergroß, aber größer als in vielen anderen.«[15]

15 R43-Interview mit Dr. Steffen Gerhard/Kai Rumeck, 29.1.1993.

Den Revisionsmitarbeitern war es zum einen besonders wichtig, ihren betriebswirtschaftlichen Schwerpunkt herauszustellen. Andererseits verknüpften die beiden Experten in ihrem Dialog ihr soziales Typensystem mit weiteren Reflexionen: Aussagen über die soziale oder berufliche Herkunft, das Alter sowie das Geschlecht und die zugeschriebenen Motivationsstrukturen wurden aufs Engste miteinander verknüpft; man diskutierte eben nicht nur, *wer* überhaupt alles zur Treuhand gekommen war, sondern stets auch, *warum* er oder sie diesen Schritt denn gewagt hatte:

> »Gerade die Älteren, die haben ja auch ein besonderes Interesse mitgebracht, die hatten also noch, sagen wir einmal, ein nationales Pflichtgefühl. Und es haben also damals viele wirklich aus innerer Überzeugung geholfen. Ich glaube, davon gab es eine ganze Reihe, die werden Sie noch besser kennen. Und das andere war eben, dass die [Personaler, M.B.] auch JÜNGERE Leute gefragt haben, weil man davon ausging, die sind eben entsprechend flexibel, die kann man auch für so etwas ranziehen. Das waren also die Älteren, die gesagt haben, ›Das machst du nochmal für Deutschland‹ und die anderen, eben die jungen Flexiblen, da hat man gesagt, das ist eine Aufgabe, da könnt ihr mal mitmachen. Das sind also wirklich beides zwei typische Fälle für den Start.«[16]

Dieses Gruppeninterview mit Direktor und Abteilungsleiter war nicht das einzige im Interviewbestand. Ein halbes Jahr zuvor, Anfang August 1992, hatte Dietmar Rost ein weiteres ungewöhnliches Gespräch geführt, wobei er sich noch über zwei Jahrzehnte später an die gefühlte Atmosphäre eines »barocken Hofs« erinnern konnte.[17] Theodor Lohmann empfing den jungen Ethnologen in den Räumlichkeiten seines Direktorats und überraschte ihn damit, dass er das Gespräch ostentativ inmitten einer Gruppe ostdeutscher, zumeist deutlich jüngerer Mitarbeiterinnen bestritt, die ihm als Dialogpartnerinnen und Stichwortgeberinnen dienten:

> »E [Dir. Lohmann, M.B.]: Dieses Direktorat ist relativ schnell gewachsen. Ich habe damals die Mitarbeiter ausschließlich nach zwei Kriterien eingestellt: Erstens nach Engagement für den Osten, Idealismus, und zweitens nach Intelligenz, Lernfähigkeit. Und ich habe darauf geachtet, dass wir ein fifty-fifty-Verhältnis von Männern und Frauen und Ost-West haben. Wir hatten auch wenig Fluktuation aber Riesenarbeitszeiten und unheimlichen Corpsgeist. Die Abwicklung ist damals eigentlich so wie das fünfte Rad am Wagen angesehen worden, dies hat dazu geführt, dass wir eng zusammengewachsen sind und uns innerhalb kürzester Zeit alle die Kompetenz angeeignet haben. […] Ganz wurscht,

16 Ebd.
17 B9-Interview mit Dr. Dietmar Rost, 12.11.2012.

> ob es Rechtsanwälte sind, Betriebswirte, Volkswirte, alles was es gibt. Das war die Phase bis in den Januar 91 rein.
> F2 [Direktoratsmitarbeiterin 2, M.B.]: Na, eigentlich dauerte sie länger, bis in den Januar. Im Januar 91 kam ja erst der erste GROSSE Schwung von Mitarbeitern.
> E [Lohmann]: Bis dahin haben wir uns von der Hand in den Mund ernährt. Da haben wir mit 10 oder 12 Leuten gearbeitet.
> F1 [Direktoratsmitarbeiterin 1, M.B.]: Wenn es hochkommt.
> F2: Nein, weniger.
> E: Weniger?
> F2: Als ich am 2. Januar 91 gekommen bin, da standen wir zu sechst in Ihrem Zimmer.«[18]

In Ausführungen von Lohmann und seinen Mitarbeiterinnen zeigte sich also das vielschichtige Spannungsfeld von sozialer Vielfalt und Pluralität, die entlang kategorialen Achsen organisiert wurden. Auch die integrativen Vergemeinschaftungen zeichneten sich ab, die der Direktor aber bezeichnenderweise nicht auf die Organisation als Ganzes, sondern lediglich auf seine eigene Arbeitseinheit, sein eigenes »Team« bezogen wissen wollte.

Diese zeitgenössischen Gruppendiskussionen sensibilisieren in der Rückschau insbesondere für die soziale Reflexivität der »Treuhandgesellschaft« und ihrer Mitglieder. In der Organisation als Begegnungs- und Interaktionsraum diskutierte man offenkundig ausführlich mit sich und über sich selbst, über eigene und fremde Identitäten, aber auch über das dort erlebte integrative Moment. In den Gruppendiskussionen wurden zentrale, von den Gesprächsteilnehmern offenkundig geteilte, identitätsstiftende soziokulturelle Ordnungskategorien entfaltet, in die sie ihre »vielfältige« Kollegen- bzw. Kolleginnenschar (wie auch sich selbst) eingruppierten: Herkunft (vor allem Ost-West), Profession (Verwaltung-Industrie), Generationenzugehörigkeit sowie Geschlecht bildeten dabei die vier zentralen Ordnungskategorien, in denen die Zeitzeugen selbst das Personal eingruppierten.[19]

Es war demnach vor allem die Praxis des Typologisierens, mithilfe derer nicht etwa nur Sozialwissenschaftler oder Vorstände die soziale Vielfalt des Personals organisierten und verdichteten. Das Denken in Typologien war ein zentrales Selbstwahrnehmungs- und Deutungsmuster der Mitarbeiter selbst, die in den explorativen Interviews ihre sozialen wie kulturellen Kontrast- und Begegnungserfahrungen im Arbeitsalltag rationalisierten. Die dabei entwickelten (Selbst-)Beschreibungen der Minia-

18 R12-Interview mit Theodor Lohmann und Mitarbeitern, 4.8.1992.

19 R43-Interview mit Dr. Steffen Gerhard/Kai Rumeck, 29.1.1993.

turgesellschaft entlang bestimmten Typenmustern blieb stets ein offenes, beständig diskutiertes und bearbeitetes Problemfeld. Einem Dreieck gleich bildeten die individuellen biografischen Hintergründe der Mitarbeiter *in der* Organisation, die kollektiven Integrationsbemühungen *durch die* Organisation sowie der meist beträchtliche Außendruck *auf die* Organisation die zentralen Eckpunkte des sozialen Begegnungsraums, der »Arena« Treuhandanstalt.

Die bereits ausführlich vorgestellte soziale Struktur der von Rost 1992/93 befragten 52 Treuhand-Mitarbeiter markiert dabei zugleich die empirischen Möglichkeiten und Grenzen dieses Bestands. Der Ethnologe hatte vorwiegend das westdeutsche, männliche und ältere Führungspersonal der Treuhand auf Direktoren, Niederlassungs- und Abteilungsleiterebene befragt, das bereits 1990/91 zur Organisation gestoßen war. Rosts »standardisiert-halboffene« Befragung war damit quantitativ betrachtet keinesfalls repräsentativ für das Gesamtpersonal der Treuhandanstalt, das im Durchschnitt deutlich weiblicher, jünger und ostdeutscher gewesen war.[20]

Im Folgenden sollen also subjektive Selbst- und Fremdbeschreibungen des Personals anhand von drei Typen und drei Referenzthemen entwickelt werden. Für jeden Typus wird dabei eine erzählerische Spannungsachse nachgezeichnet, die sich in den Reflexionen zu Umbruchs- und Übergangserfahrungen greifen ließ: Erstens werden die älteren Manager und Unternehmer aus bundesdeutschen Industrie- und Finanzunternehmen vorgestellt, die ihren biografisch späten »Ost-Einsatz« als exotisches Abenteuer, materialistischen Kampfeinsatz sowie als ungekannte Machtentfaltung beziehungsweise verstörende Ohnmachtserfahrung thematisierten. In einem zweiten Schritt sind es die aus dem öffentlichen Dienst in die neuen Länder abgeordneten, mit höheren Beamten mittleren Alters, die sich kategorial am Kontrast zwischen Politik und bürokratischen Verwaltungshandeln auf der einen sowie unternehmerischem Entscheidungshandeln auf der anderen Seite abarbeiteten. Neben den Mitarbeitern aus der Bundesrepublik, die die höheren und mittleren Hierarchiestufen dominierten, rückt eine weitere Gruppe ins Blickfeld: Die aus der untergehenden DDR-Planwirtschaftsverwaltung oder den Industrieministerien

20 Vgl. Rost: Innenansichten; sowie die vertiefenden Ausführungen in der Einleitung des Buchs. Neben 14 ostdeutschen Abteilungsleitern bzw. Referenten, darunter auch die beiden einzigen Frauen, hatten 13 westdeutsche Verwaltungsbeamte und 25 bundesdeutsche Industriemanager bzw. Unternehmer, zumeist im Range von Direktoren bzw. Abteilungsleitern, an den ausführlichen, in der Regel etwa zweistündigen Gesprächen teilgenommen. Mehr als zwei Drittel aller Befragten war bereits über 50 Jahre alt; lediglich sechs Interviewpartner waren hingegen jünger als 40 Jahre.

rekrutierten ostdeutschen Mitarbeiter. Dieser dritte Typus überwiegend fortgeschrittenen Alters sah sich unmittelbar mit den sich nach 1990/91 schubartig verstärkenden ost-westlichen Konfliktlagen inner- und außerhalb der Organisation konfrontiert und musste sich grundsätzlich mit der eigenen DDR-Biografie im Kontext ihres oft umstrittenen Treuhand-Engagements auseinandersetzen.

Doch ein Porträt des Personals kann sich nicht in diesen drei Typen erschöpfen; gleichermaßen präsent waren drei andere Gruppen, die sich in den untersuchten Gesprächen eher als Bezugsrahmen greifen lassen. Viertens geraten damit die deutlich jüngeren, bundesdeutschen Nachwuchskräfte in den Blick, die meist direkt von den Universitäten in die Dienste der Treuhand traten und dort nicht nur die ungekannten Freiheiten einer Übergangs- und Umbruchsgesellschaft erlebten, sondern auch unvermittelt in scharfe generationelle Konfliktzonen hineingerieten. Die Überschneidungen zum fünften Personenkreis, den Treuhand-Mitarbeiterinnen, deuten dabei nicht nur die Grenzen einer (ideal-)typischen sozialen Analyse an, da tatsächlich viele ostdeutsche Mitarbeitende Frauen waren, quer durch alle Gruppierungen. Dennoch sensibilisiert der Blick auf die ostdeutschen Sekretärinnen und Schreibkräfte für die der Organisation inhärenten Geschlechterrelationen unterhalb der Spitzen- und Führungsebene. Hier trafen also in aller Regel ältere, vorgesetzte »West-Manager« auf jüngere »Ost-Frauen«. Das entworfene Personalporträt wird schließlich durch eine sechste Gruppe beschlossen, die es bei der Treuhand eigentlich, folgt man den meisten Veröffentlichungen, so gut wie nicht gegeben zu haben schien – gemeint sind Mitarbeiter aus dem Ausland. Diese Spurensuche nach dem ausländischen Personal ist zugleich eng verzahnt mit der Frage, inwiefern die Treuhand eine Art deutsch-deutschen »Sonderweg« beschritten habe – und inwiefern die gesammelten Erfahrungen aus zeitgenössischer Perspektive im trans- oder internationalen Rahmen übertragbar gewesen seien. Kernanliegen dieses Kapitels ist es, die Gesellschaft und Gemeinschaft des Treuhand-Personals als kulturelles wie soziales Wimmelbild in ihren Fremd- und Selbstzuschreibungen differenziert analytisch sichtbar zu machen.

2. Die Industriemanager: Kaufleute an der Frontier

Zum Jahreswechsel 1989/90 herrschte in der Redaktion des Stuttgarter Grieben-Verlages hohe Betriebsamkeit. In großer Eile stellten die Autoren des Reiseführerverlags eine neue, allererste Ausgabe für die »DDR« zusammen, um so vor allem westdeutschen Privat- wie Dienstreisenden unter den Bedingungen der nun geöffneten Grenzen einen Überblick über »Kultur, Landschaft, Menschen« zu ermöglichen. Die »gesamte Redaktion«, so das Vorwort, habe sich »bemüht«, diesen Reiseführer »mit besonderer Sorgfalt zusammenzustellen« – doch »gerade in einer Zeit, in der sich die gesamte Gesellschaft der DDR« umfassend verändere, sei »dieses Ziel nicht leicht zu erreichen« gewesen. Zu Beginn fiel der Blick sogleich auf ein Schwarz-Weiß-Foto der berühmten Kreidefelsenformationen auf Rügen, versehen mit einer bemerkenswert zwiespältigen Bildunterschrift: »Wenn auch durch eine völlig veraltete Industrie und wenig Sensibilität für Umweltschutz die Landschaft in der DDR sehr belastet« sei, hieß es dort, könne »der Reisende hier noch manch neue und schöne Landschaft finden.«[1]

Die anschließende »Kleine Landeskunde« war von einer entsprechenden Ambivalenz durchzogen. Sozialistische Verheerungen wetteiferten mit ursprünglich-abenteuerlicher Faszination. Einerseits wurde die DDR wegen ihrer »landschaftliche[n] Vielfalt und zahlreiche[n] historische[n], an kulturellen Attraktionen reiche[n] Städte« zu einem »überaus reizvollen Reiseland« erklärt.[2] Andererseits warnte der Text nur wenige Seiten später vor »schadstoffgeschwängerten Qualmwolken aus Kraftwerken, Fabrikschornsteinen, Kaminen und Auspuffanlagen«, die durch die »speziell in der DDR weit verbreitete Verbrennung von Braunkohle« zu einer »Verschärfung der Smogsituation« beitrage, die man bei »Städtereisen in die DDR durchaus berücksichtigen« müsse.[3]

Der Reiseführer durchmusterte das fremde Land direkt nebenan aus einer genuin bundesdeutschen Perspektive, zog immer wieder innerdeutsche Vergleiche (»Noch seltener ist ein [...] in Westdeutschland bereits ausgestorbener Gewässerbewohner: der Bieber.«) oder hob mentale wie habituelle Eigenarten der Bevölkerung heraus, die vielfältiger sei als aus der Ferne gedacht – was sich »heute nach wie vor in Dialekten, Brauchtum, Siedlungs- und Hausformen« bemerkbar mache.[4] Im Gegensatz zu

1 DDR. Deutsche Demokratische Republik. Grieben-Reiseführer, Bd. 303, Stuttgart u.a. 1990, S. 6.

2 Ebd., S. 7.

3 Ebd., S. 15.

4 Ebd., S 19.

den durch unwirtliche »Großwohnsiedlungen« dominierten Städten der DDR habe sich »das Leben auf dem Dorf in viel ursprünglicherer Form erhalten«, als es die »jahrzehntelange offizielle Propaganda« vermuten ließe.[5]

Bemerkenswert ausführlich ging der Reiseführer in einem gesonderten Abschnitt auch auf Fragen der Wirtschaft ein. Die durch zentrale Planung und Verstaatlichung geprägte Wirtschaftspolitik der DDR habe dazu geführt, dass die »entscheidenden Stellen nicht mit entsprechend qualifiziertem Personal besetzt« worden seien; »ausschlaggebend« sei lediglich »die politische Linientreue« gewesen.[6] Vor allem seit den 1970er-Jahren sei die »Konkurrenzfähigkeit der Wirtschaft der DDR auf westlichen Märkten« geschwunden und »das planwirtschaftliche Soll [...] bei weitem nicht mehr erreicht« worden.[7] Den Blick auf die unmittelbare Gegenwart und nahe Zukunft der DDR-Wirtschaft gerichtet, zeichneten die Redakteure einen noch unentschiedenen Konflikt zwischen sozialistischen Erblasten und den Potenzialen einer kommenden Marktwirtschaft:

> »Die Folgen einer jahrzehntelangen Kommandowirtschaft, die kaum Raum zu privater Initiative und flexibler Marktausrichtung ließ, werden sich für die wirtschaftliche Entwicklung der DDR noch lange als Bürde erweisen. Dennoch darf nicht übersehen werden, dass die DDR innerhalb des RGW eine Spitzenposition einnahm und -nimmt. Nicht zu Unrecht wird der DDR bescheinigt, in den Nachkriegsjahrzehnten ihr eigenes »kleines Wirtschaftswunder« geschaffen zu haben.«[8]

Der Text rechnete Licht und Schatten fortwährend gegeneinander auf. Er rügte den hohen Personalbestand der Betriebe und den unterentwickelten Dienstleistungssektor, auch die braunkohlebasierte Energiewirtschaft mit ihren ökologischen und gesundheitlichen Folgewirkungen wurden scharf kritisiert.[9] Allerdings finde sich unter den DDR-Betrieben ein »breit gefächertes Branchenspektrum«, eine »enge Verflechtung von Forschungseinrichtungen und Wissenschaftslabors« sowie zahlreiche traditionsreiche und exportstarke Unternehmen, deren Produkte nach wie vor »Weltruf« genössen.[10] Letztlich würden die »bevorstehenden durchgreifenden Wirtschaftsreformen«, so das Fazit, »zu einem nachhaltigen Wandel der Industriestruktur führen«, da sich »auf privater Basis« neue »Chancen«

5 Ebd., S. 20.
6 Ebd., S. 26.
7 Ebd., S. 31.
8 Ebd., S. 40.
9 Ebd., S. 42.
10 Ebd., S. 44.

eröffneten, »sobald der Staat jegliche Beschneidungen privater Initiative« aufgebe und »das private Eigentum als unantastbar« garantiere.[11]

Der im Frühsommer 1990 publizierte »DDR«-Reiseführer zeichnete damit für ein dezidiert bundesdeutsches Reisepublikum ein ambivalentes Porträt von Land und Gesellschaft und brach mit langen, deutungsstarken Passagen über Politik und Wirtschaft durchaus auch mit Konventionen des Genres. Statt detaillierter Landschafts- und Kulturminiaturen, die das Werk freilich auch anbot, schienen offene Konstellationen und Ungewissheiten, Auf- und Abbrüche, Reize und Gefahren, Abenteuer und Verfall in einer unübersichtlichen Übergangsgesellschaft einander die Waage zu halten. Das redaktionell aufwändige Unterfangen einer ersten (und zugleich letzten) »DDR«-Ausgabe mochte sich für den Verlag mit Blick auf den im Laufe des Jahres schnell wachsenden Strom von westdeutschen »DDR-Reisenden« gelohnt haben. Als der Reiseführer im Frühsommer 1990 in den Buchläden und Kiosken westdeutscher Bahnhöfe und Flughäfen auslag, könnten möglicherweise auch einige ältere, vornehmlich im Zweireiher gekleidete Herren, die gerade auf dem Weg zum Ostberliner Alexanderplatz waren, das gelb-blaue Büchlein in ihren Koffern und Aktentaschen verstaut haben.

Vor allem ab Oktober 1990 folgte eine wachsende Zahl an Betriebswirten, Wirtschaftsjuristen, Finanzexperten und Unternehmern fortgeschrittenen Alters den eindringlichen Rufen und Appellen der Treuhandanstalt in ihnen ein weitgehend unbekanntes Land, dessen gleichzeitige Nähe und Ferne für sie gleichermaßen faszinierend wie abstoßend wirken sollte.

2.1 Außenansichten: Entzauberte oder bewunderte »Wirtschaftswunderdoktoren«

Im Frühsommer 1990 hielten sich pessimistische und optimistische Zukunftserwartungen in Öffentlichkeit und Politik mit Blick auf die ostdeutsche Wirtschaft und ihre Betriebe die Waage. Noch schien für die Zeitgenossen offen, was sich als stärker erweisen würde: Die »Altlasten« einer langjährigen sozialistischen »Misswirtschaft« oder die durch die kurzfristige Einführung der Marktwirtschaft freigesetzten, bisher verdeckten Potenziale der ostdeutschen Industrie. Umso größere Hoffnungen richteten sich auf die eintreffenden »Wirtschaftswunderdoktoren« aus der alten Bundesrepublik, als deren Vorreiter insbesondere Detlev Rohwedder gelten durfte.[12] Diese immensen Erwartungen des Sommers

11 Ebd., S. 45.

12 »Die Wirtschaftswunderdoktoren«, in: Capital, 11/1990, hierzu die zeitgenössische Presseberichterstattung: »Wer kennt einen, der paßt?«, in: Der Spiegel,

1990 bildeten den Vorlauf eines dramatischen Stimmungsabfalls im Frühjahr 1991, als der hemdsärmelig und oft auch forsch auftretende Rohwedder zur angefeindeten Symbolfigur der nunmehr voll aufbrechenden postsozialistischen Wirtschafts- und Gesellschaftskrise werden sollte.[13]

In der noch schwebenden Konstellation Ende Oktober 1990 hatte der RIAS ein Porträt über den erst vor zwei Wochen berufenen Leiter der Berliner Niederlassung gedreht und gesendet – den aus München stammenden Softwaremanager Helmut Coqui. Das Kamerateam begleitete den Manager, um so dessen Arbeitstag zu dokumentieren. Dieser begann um 7 Uhr mit einem kurzen Frühstück im Hotel Unter den Linden, von dem aus er sich »aus Prinzip« nicht mit einem Mercedes, sondern mit einem grünen Lada zur Niederlassung fahren lasse. Dass der neue Chef ein »Vollblutmanager, erfahren, erfolgreich« sei, setzten die Macher des Beitrags in kurz geschnittenen Sequenzen ins Bild: In seinem Büro angekommen, schaltete Coqui um 7:50 Uhr als »erste Amtshandlung« sein eigens aus München mitgebrachtes Funktelefon ein; im Vorzimmer arbeiteten seine ostdeutschen Sekretärinnen allerdings noch mit »notdürftig modernisierter« Bürotechnik: »Hier arbeiten«, so urteilte die Sprecherin aus dem Off, bedeute wahre »Pionierarbeit« und damit eben auch »Verzicht«.[14]

Kurz nach 8 Uhr folgte die erste Arbeitsbesprechung mit seinen ostdeutschen Mitarbeitern, bei der der Chef die Devise ausgab, »keine Probleme, sondern Lösungen« zu suchen; Coqui versuche dabei den skeptischen Ostdeutschen das »Gefühl« zu geben, »dass auch sie gebraucht« würden. Eine Stunde später begleitete der RIAS den Niederlassungsleiter zu einem Treffen mit einem Kollegen: »Westmanager trifft Westmanager, man kennt sich kaum, doch man versteht sich, man fasst sich kurz, man ist in Eile, man hat viel zu tun.« Gegen 11 Uhr fand der Niederlassungsleiter Zeit, sich »um die Papierberge« eingehender Anfragen zu kümmern, bevor er im Anschluss Gespräche mit Interessenten führte. Nach einer kurzen Mittagspause (Gemüseeintopf in der Kantine!) besuchte Coqui einen Baubetrieb mit positiven Geschäftsaussichten. Zwar verfüge der Softwaremanager selbst über wenig Erfahrung in dieser Branche, aber er erklärte der Reporterin, dass ein persönlicher Besuch zwar »sicher nicht wahnsinnig

14.1.1991; »Vom Ruhestand in die Chefetage«, in: Berliner Zeitung, 11.6.1991; »Kreuzritter für die Nachbarschaft«, in: Süddeutsche Zeitung, 16./17.11.1991; »Lust auf neue Taten«, in: Wirtschaftswoche, 24.1.1992; »Überzogen und irreal«, in: Wirtschaftswoche, 10.9.1993; »Ein Pate für den Aufbau Ost«, in: Frankfurter Allgemeine Zeitung, 27.3.1994.

13 Vgl. hierzu auch die Ausführungen im vorherigen Kapitel zur Personalpolitik unter Rohwedder.

14 RIAS-TV, 23.10.1990, URL: http://euscreen.eu/play.jsp?id=EUS_34A90DB259A740278EE33F20208F1D88 (zuletzt aufgerufen am 15.02.2018).

gründlich« sei, er aber glaube, dass »ein kurzer, direkter Eindruck mehr Wert« habe, als »500 Seiten Papier« zu lesen. Schließlich begleitete das Rundfunkteam den Niederlassungsleiter noch bis zum Flughafen, wo er sich kurz nach 16 Uhr für den Heimflug zur Familie in München eincheckte. In der Abflughalle befragt, »warum« er »das eigentlich alles« mitmache, antwortete Coqui: »Weil es mir Spaß macht, weil es eine Herausforderung ist und weil ich glaube, dass es Sinn macht, dass ich es tue.« Zum Abschlussbild der gen München abhebenden Maschine kommentierte die Sprecherin: »Mitte 50 und noch kein bisschen müde.«[15]

Das am 23. Oktober 1990 ausgestrahlte, wohlwollend gestaltete Kurzporträt über den erfahrenen »Vollblutmanager« aus München, der beim Umbau Ost echte »Pionierarbeit« leiste, wäre bereits wenige Monate später kaum mehr realisierbar gewesen, als die öffentliche Meinung die Treuhand und ihr Personal mit erheblichem Misstrauen und intensiver Kritik bedachte. Ironischerweise schlug die öffentliche Stimmung genau zu dem Zeitpunkt rapide um, als die ersten »Hundertschaften« dieser umworbenen *»elder manager«* im Winter 1990 bzw. Frühjahr 1991 in die Dienste der Organisation eintraten. Die im Sommer 1990 noch ersehnten, heroisch überhöhten »Wirtschaftswunderdoktoren« verschwanden unter dem Eindruck des krisenhaften Umbruchsgeschehens vollends aus der Öffentlichkeit und wurden in den kontinuierlichen Skandalwellen seit Mitte des Jahres 1991 durch das Stereotyp des halbseidenen, korrupten oder unfähigen »Westmanagers« ersetzt. Dieser dramatische öffentliche Fall vom »Helden« zum »Halunken« kam einer beträchtlichen Bedeutungsverschiebung gleich, die in den individuellen Wahrnehmungen im Binnenraum Treuhand jedoch keine Entsprechung fand: Hier galten gerade die bundesdeutschen Manager der älteren Generation aus der Rohwedder-Zeit fast mythisch als eigentliche »Gründerväter« der Organisation. Und je weiter die chaotisch-abenteuerliche Gründerzeit 1990/91 in die Ferne rückte, desto gewichtiger erschien ihr Beitrag.

Um den Jahreswechsel 1992/93 fanden sich in den Rost-Gesprächen fast ausnahmslos positive Bezüge zu dieser Gruppe. Die älteren ostdeutschen Mitarbeiter erinnerten sich an die frühe Zusammenarbeit mit den neuen Chefs aus Westdeutschland mit vernehmlichem Wohlwollen – gerade auch, wenn sie in anderen Gesprächsteilen durchaus Kritik am Auftreten ihrer bundesdeutschen Kollegen übten. Karl Korn, der immerhin bis zum stellvertretenden DDR-Branchenminister aufgestiegen war und im September 1992 trotz seiner selbst eingestandenen politischen »Belastung« noch als Referent bei der Treuhand arbeitete, war voll des Lobes:

15 Ebd.

> »[Das waren, M.B.] Topmanager, die mit großer Industrieerfahrung, aber auch mit INTERnationaler Erfahrung diese Aufgabe angepackt haben. Was in der ersten Phase eigentlich alle ausgezeichnet hat, war weniger die Frage, --- was bekomme ich dafür, oder was wird das mal in Zukunft für mich an persönlichem Vorteil bringen, [...] sondern dass alle eigentlich immer wieder übereinstimmend zum Ausdruck gebracht haben, dass sie sich dieser großen Herausforderung der Einheit Deutschlands stellen wollen, dass sie eigentlich, ich sagte, diesen Topf Neugier gleichzeitig mitbrachten, auf das Neue, aber auch klare Vorstellungen hatten, wie man die Privatisierung, aber zu ALLERerst überhaupt mal die Organisation der Arbeit anpacken muss.«[16]

Auch andere Ostmitarbeiter berichteten ehrfürchtig über die ab Herbst 1990 aus dem Westen einfliegenden »Himmelhunde«,[17] »Haudegen« und »Praktiker«,[18] »Abenteurer«[19] oder »Manager«, die der Treuhand ab Mitte 1990 »ein neues Tempo, einen neuen Inhalt und auch mehr Sachkenntnis« gebracht hätten.[20] Sie zeigten Verständnis für die »familiären Probleme«, die viele kurzfristig in den Osten gekommenen Westmanager gerade vor Ort zu gewärtigen hatten. Richard Rauenau, vormaliger Dozent für Ingenieur-Ökonomie, machte in seinem Gespräch ausführlich auf die spezifischen Probleme der westdeutschen »Kader« außerhalb Berlins aufmerksam:

> »Aber das [...] Problem ist, meine ich, noch eindeutiger und viel wichtiger, dass viel Zeit vergangen ist, dass natürlich jeder Mensch zurechtkommen musste, nicht. Familiär auch, um zu sagen, ich gehe von Köln jetzt hier rüber, nach – es ging ja nicht um Berlin. Also die 1.500, die jetzt hier in Berlin arbeiten, das ist nicht das Problem. Da ist Westberlin da, da ist Kino da, und da ist alles da, der Flugplatz da, wo man in einer Stunde wieder in Köln ist. Aber es geht ja nun um Bitterfeld. Und dort mussten ja die Kader hin. Und das brauchte Zeit, und das ist meiner Ansicht nach optimal gelaufen. Vielleicht ist man da auch ZU schnell gewesen, weil es doch dort, oder hier, das sind aber die wenigsten Fälle, doch auch Einbrüche kamen, derart, dass eben der Kader das nicht geschafft hat. Das hat man in der Zeitung gelesen, oder – wo er sich bereichert hat, dann irgendwo verschwunden war oder was. Aber das war nicht anders zu machen.«[21]

16 R16-Interview mit Karl Korn, 4.9.1992.
17 R17-Interview mit Prof. Dr. Jörg Galuba, 8.9.1992.
18 R29-Interview mit Klaus Helm, 18.12.1992.
19 R41-Interview mit Friedrich Calbeck, 25.1.1993.
20 Ebd.
21 R28-Interview mit Prof. Dr. Richard Rauenau, 17.12.1992.

Gleichermaßen wohlwollend blickte auch der jüngere ostdeutsche Mitarbeiter Steffen Damm auf das Eintreffen der neuen westdeutschen Spitzenkräfte seit dem Sommer 1990 zurück. Diese hätten vorerst einen positiven Stimmungsumschwung bei der Treuhand bewirkt:

> »[I]ch meine als junger Mensch, der nun grundsätzlich erstmal positiv rangeht, aber wenn ich dann teilweise schon dieses Köpfehängen, dieses Schulterhängen gespürt habe, dieses, ›na, hier geht ja eh alles pleite‹, und dann kamen Wessis mit einem natürlich rührend naiven Optimismus, mit einer erfolgsverwöhnten Professionalität, das war natürlich der ENORM wichtige Gegenpol. Natürlich haben nach kurzer Zeit, hat sich das oftmals relativiert. Es hat sich dann bei den ankommenden Wessis die Spreu vom Weizen sehr schnell getrennt.«[22]

Auf diese Weise wurden gerade die Industriemanager fortgeschrittenen Alters von den ostdeutschen Gesprächspartnern, die häufig ähnlichen Alterskohorten angehörten, als idealistische Helfer, vorurteilsfreie Pragmatiker oder wohlwollende Lehrmeister beschrieben. Für jüngere ostdeutsche Kollegen hatten sie demgegenüber eine ausgesprochene Vorbild- und Orientierungsfunktion. Auch die (wenigen) interviewten jüngeren westdeutschen Kollegen teilten diese Einschätzung. Für sie ergab sich bei der Treuhand die als außergewöhnlich empfundene Gelegenheit, sehr eng, intensiv und unprätentiös mit gereiften Spitzenmanagern zusammenzuarbeiten.[23] Merklich differenzierter blickten die meist gleichaltrigen Führungskräfte aus dem öffentlichen Dienst auf ihre Direktorenkollegen aus der Industrie- und Finanzwirtschaft, deren unternehmerischen Stil sie einerseits durchaus bewunderten, andererseits aber auch mit Skepsis beargwöhnen.

Während sich also außerhalb der Treuhand-Zentrale die kurzlebige Aura der »Wirtschaftswunderdoktoren« zu Beginn des Jahres 1991 endgültig verflüchtigt hatte, blieben diese im Binnenraum ein integraler, ausgesprochen positiv konnotierter Bestandteil der sozialtypologischen Wahrnehmungen und Deutungen. Die älteren Manager blieben als eigentliche »Gründerväter« der Organisation trotz oder gerade aufgrund eines ausnehmend feindselig gestimmten Medienumfelds eine bald zunehmend idealisierte Projektionsfläche: Der zupackende, risiko- und entscheidungsfreudige »elder manager« der Frühzeit, der – ganz nach dem Vorbild Detlev Rohwedders – angesichts einer außergewöhnlichen, nationalen Aufgabe ohne große Worte kurzerhand die Ärmel aufkrempelte, die alltagspraktische Aufbauarbeit etlicher Widrigkeiten zum Trotz anpackte

22 R24-Interview mit Steffen Damm, 6.10.1992.
23 R30-Interview mit Simon Cunau, 21.12.1992.

und dabei auch harte, aber nötige Entscheidungen gegen massiven Widerstand traf und durchsetzte, galt so auch langfristig in weiten Teilen des Treuhand-Personals als heroisches Ideal und Vorbild.

2.2 Wege zur Treuhand: Industriell-unternehmerische Aufstiegserzählungen

Die Pfade, die die 1992/93 interviewten Manager aus der Privatwirtschaft vor ihrer Treuhand-Zeit beschrieben, waren aus systematischen Gründen ein elementarer Bestandteil der von Dietmar Rost geführten Gespräche, der stets auch umfassend Angaben zu Ausbildung, Studium und beruflichen Stationen abfragte.

Ein Großteil der interviewten Manager nutzte die Gelegenheit, ihren bisherigen beruflichen Lebensweg mit ihrem gegenwärtigen Engagement umfassend in Beziehung zu setzen. Die allermeisten Gesprächsteilnehmer hatten mehrere, in aller Regel branchenspezifische Ausbildungswege und Karrierestufen absolviert, einige von ihnen im Ausland. Als geübte Redner und professionelle Selbstdarsteller präsentierte gerade diese besondere Gesprächsgruppe aus führenden Managern ihrem zwei bis drei Jahrzehnte jüngeren, fachfremden Interviewer in der Regel ein markantes, lineares Berufswegemuster: Sie entwarfen klassische individuelle Aufstiegs-Erzählungen, die sie meist vom Studium und Berufseinstieg über die kommenden Jahrzehnte Sprosse für Sprosse die Hierarchieleitern der jeweiligen Unternehmen zielgerichtet emporklettern ließ, mit wachsenden operativen Entscheidungsspielräumen und steigenden Personalverantwortlichkeiten.

Anfang Januar empfing der Niederlassungsleiter Conrad Hopp seinen Gesprächspartner Dietmar Rost in seinem Büro. Hopp berichtete ausführlich über seine Treuhand-Zeit, die sich zu diesem Zeitpunkt bereits absehbar dem Ende zuneigte; der Niederlassungsleiter selbst hatte die eigene Abberufung unmittelbar vor Augen und sprach davon, dass es nunmehr gelte, »den Namen« der Treuhandanstalt endgültig »zum Verschwinden [zu] bringen«.[24] Die Frage nach seiner »Berufsbiographie« beantwortete der damals 57-Jährige routiniert: Abitur, Elektronik-Studium, dann der Wechsel in die neue Datenverarbeitung sowie der Weg zu einer US-amerikanischen EDV-Firma in der »Softwarebranche« nebst ausführlichen Auslandsaufenthalten bis an die Spitze einer Softwarefirma.[25] Hopp entfaltete seinen professionellen Lebensweg mustergültig als eine durchweg lineare Verknüpfung aus beruflichem Auf- und Umstieg; die transatlantischen Auslandserfahrungen, auf denen er sich die »amerikanische

24 R35-Interview mit Conrad Hopp, 7.1.1993.
25 Ebd.

Managementart« angeeignet habe, schienen ihm für sein professionelles Selbstverständnis besonders bedeutsam zu sein – was Rost sogleich im eigenen Protokoll mit einem atmosphärischen Vermerk – »So sitzt er auch da« – bestätigte.[26] Die Quintessenz der erzählten Biografie war eindeutig: Hopps stets nach oben, in die Ferne und in aufkommende Zukunftsbranchen weisender Berufsweg prädestinierte ihn als erfahrenen Manager für eine anspruchsvolle, herausfordernde Führungsposition beim Wirtschaftsumbau im Osten.

Auch der Mittfünfziger Boris Hernholt leitete sein Engagement als Direktor erzählerisch aus seiner bisherigen Berufsbiografie heraus ab; das persönliche Engagement in Ostdeutschland erschien in seiner Darstellung als konsequente Fortsetzung eines langen Berufsweges, der ihn von der Nukleartechnik in die Selbstständigkeit in der westfälischen Energiebranche geführt hatte. 1190 habe er dann den nächsten Schritt gewagt:

> »Und als es dann eben zu dieser, von keinem ja in dieser Schnelligkeit erwarteten Wende kam, habe ich gedacht, da mußt du halt dabei sein und deine Kenntnisse, die du hier schon aus den vielen Besuchen früher hattest und deine beruflichen Erfahrungen einbringen. [...] und als ich dann irgendwann im Oktober 1990 oder im November 1990 erfuhr, dass [ein befreundeter Kollege, M.B.] zur Treuhandanstalt geht, habe ich ihm einen sehr persönlichen Brief geschrieben, habe ihm gratuliert, dass er sich dieser großen Aufgabe zur Verfügung stellt, dann hat er gesagt, dann kommen Sie mal nach Berlin und machen Sie mit.«[27]

Auf seine Berufsbiografie angesprochen, händigte Direktor Herbert Peters seinem Gesprächspartner einen schriftlichen Lebenslauf aus, den er auf »Roadshows« zu verteilen pflegte. Demnach hatte der gebürtige Westfale nach einer Banklehre, einem mit Promotion abgeschlossenen Betriebswirtschaftsstudium in Deutschland und einem Studienaufenthalt in den USA eine vielseitige Managementkarriere hinter sich gebracht, die ihn über eine namenhafte deutsche Bank zu einer industriellen Auslandsvertretung in Japan und ab Mitte der 1970er-Jahre als Finanz-Geschäftsführer zu einer deutschen Fluglinie geführt hatte.[28] Von Rost nach den »Erfahrungen« befragt, »die Sie aus Ihren vorhergehenden Beschäftigungen mitgebracht haben«, und die er hier für »besonders wichtig« halte, antwortete der im September 1990 zur Treuhand gewechselte Direktor ausführlich. Der Aufgaben- und Verantwortungsbereich nach dem Wechsel erschien dem Direktor »schmaler, aber größer« – die deutlich üppigeren

26 Protokollnotiz zu Gespräch #35 vom 7.1.1993, in: Privatarchiv D. Rost.
27 R15-Interview mit Dr. Boris Hernholt, 1.9.1992.
28 R20-Interview mit Dr. Herbert Peters, 18.9.1992.

Volumina machten für ihn jedoch gerade nicht den Unterschied aus; diese tat er lediglich als ein paar Nullen mehr in den entsprechenden Unterlagen ab. Das Treuhand-Engagement erschien so in der Selbsterzählung als konsequente Fortsetzung des eigenen Karriereweges in größerer, aber nicht gänzlich verschiedener Dimension, für das sich der erfahrene Finanzmanager durchweg gerüstet sah.[29]

Für den mit Anfang 60 schon älteren Niederlassungsleiter Oskar Hillberg stand das Treuhand-Engagement ab Oktober 1990 am Ende eines 32-jährigen, eigentlich schon im Jahr 1988 abgeschlossenen Berufsweges als Manager und Geschäftsführer eines mittelständischen Familienunternehmens, über dessen von ihm geleiteter Expansion er mit merklichem Stolz und beeindruckendem Zahlenmaterial zu berichten wusste – schließlich sei er dort »fast schon ein Denkmal« gewesen. Als die Wiedervereinigung gekommen sei, habe er sich dann auch »Gedanken« darüber gemacht, »ob ich da nicht eigentlich dabei sein müsste«.[30] Der mittelständische Manager hatte im Frühjahr 1990 unter dem unmittelbaren Eindruck der Umbrüche überlegt, ob er als »westliches Element« in einer kleinen Unternehmensberatung im »4-oder-5-Mann-Betrieb« mit »jungen Betriebswirten aus dem Osten« eben solchen Nachwuchskräften die Grundregeln der westlichen Marktwirtschaft nahebringen sollte – sei dann aber doch über einen »Headhunter« letztlich mit der händeringend nach Personal suchenden Treuhand in Kontakt gekommen.[31]

Auch andere Kollegen sahen sich berufsbiografisch bestens für einen Einsatz im Osten gerüstet. Direktor Patrick Körting, der bei seinem stets sehr selbstbewusst geführten Interview Ende Juli 1992 kaum ein Blatt vor den Mund nahm, zeigte sich zutiefst überzeugt davon, dass ihm seine bisherige Entwicklung, insbesondere seine Tätigkeit als Berater und Industriemanager, einen »ziemlich idealen Lauf« für sein späteres Engagement geboten hatte. Die auf seinem Berufsweg erworbenen Kenntnisse habe er ab Ende 1990 »in allen Facetten gebrauchen und anwenden« können, weshalb Körting sich auch als »idealen« Direktor für den Wirtschaftsumbau verstand, als der er seine bisherige Karriere regelrecht krönen konnte:

> »Das heißt, das Business kannte ich auch, das habe ich also intensivst gemacht und bearbeitet, ich wusste genau, wie die Pappenheimer da funktionieren. Also insofern war das schon, ich sage mal, das war schon ganz ideal. Das war wirklich eine gute, gute Vorbereitung dafür.«[32]

29 Ebd.
30 R25-Interview mit Oskar Hillberg, 13.10.1992.
31 Ebd.
32 R9-Interview mit Dr. Patrick Körting, 30.7.1992.

Ein anderer Niederlassungsleiter leitete seine persönliche Eignung nicht minder selbstbewusst aus seinen langjährigen Erfahrungen als Geschäftsführer einer deutschen Firma in Südamerika ab, wobei er seine biografischen Ausführungen bereits mit dem Eindruck einer abenteuerlich-rückständigen Exotik der ehemaligen DDR-Provinz anzureichern wusste:

> »Na, ich habe ja zwanzig Jahre in Brasilien gelebt. Und drum habe ich mir ja auch fast als Einzigem zugetraut, das hier zu packen. Spaß beiseite, weil in Brasilien habe ich natürlich am Anfang genau die gleiche Situation vorgefunden, dass Sie niemand am Telefon kriegen, da gab es kein Fax, da waren Sie auf sich selber angewiesen, da mussten Sie die Entscheidungen selber treffen, da haben Sie keine Verbindung zum Mutterhaus gekriegt, und dann mussten Sie halt den Mut haben zu sagen, ich mache das jetzt so, und ich halte das für richtig, also ziehe ich das durch. Ja? Das habe ich dort ja nun VIELE Jahre praktiziert. Und das habe ich eben auch gesehen, dass das hier genauso sein würde, und es war EXAKT so.«[33]

Die in der ostdeutschen Provinz angetroffenen Herausforderungen hätten ihn als zupackenden Unternehmer besonders angesprochen:

> »Bin mit meinem Koffer [in die Provinz, M.B.], da gab es doch nichts mehr. Gab doch kein Telefon. Und Sie hatten pro Tag, wir hatten vom ERSTEN Tag an zwischen 4- und 500 Posteingänge, das hat sich bis zum Ende fast nicht geändert. Und jeder Fall war ein Fall, wo Sie was entscheiden mussten. Da konnten Sie nicht immer zu Frau Breuel laufen oder zur NK [Direktorat für Niederlassungskoordination in der Zentrale, M.B.] oder irgendwohin. (6s) Und das hat mich also auch nicht gestört, dass ich keinen Teppichboden hatte in meinem Büro, und dass ich kein Fax hatte, im Gegenteil, ich war froh, wenn das Telefon nicht funktionierte, kam ich wenigstens zum Arbeiten. […] Und ja, wie bin ich dazu gekommen? Ich habe halt auch die berühmte Anzeige gelesen, Treuhand sucht Unternehmerpersönlichkeiten. Ich halte mich für eine Unternehmerpersönlichkeit und für keinen Bürokraten. Und am Anfang haben wir als Unternehmer eben gehandelt.«[34]

Doch nicht alle Interviewpartner präsentierten eine glatte Berufsbiografie; einige deuteten bewusst berufliche Rückschläge oder Niederlagen in wertvolle Krisenerfahrungen um, die ihnen gerade im Treuhand-Kontext von großem Wert erschienen – so etwa Matthias Erben: Der Direktor berichtete Dietmar Rost, der sich im Protokoll von dessen »betont deut-

33 R23-Interview mit Dr. Dieter Maltritz, 5.10.1992.
34 Ebd.

lichen und offenen Darstellungen« angetan zeigte,[35] im Januar 1993 von einer zunächst aufstrebenden Industriekarriere in der Stahlindustrie. Doch Mitte der 1980er-Jahre habe es Finanzprobleme gegeben, die letztlich zur Liquidation seines eigenen Handelsunternehmens geführt hätten. Seine nächsten Karriereschritte hätten in einen abermaligen Rückschlag gemündet, da er seine intensiven Sanierungsbemühungen bei einem Stahlunternehmen im Jahr 1990 habe abbrechen müssen:

> »[D]a habe ich irgendwann gesagt, das hat keinen Zweck, und bevor ich meine Nerven nun ganz kaputt mache, habe ich das nicht mehr weitermachen wollen. Und in diese Zeit kam die Frage, damals von [Treuhand-Vorstand, M.B.] Dr. Halm, an mich, also über einen anderen Herren, der bei ihm Direktor war, ob ich bereit wäre, als kaufmännischer Direktor nach Berlin zu gehen.«[36]

Als Rost unmittelbar nachhakte und wissen wollte, ob er trotz seiner zuvor erworbenen »Sanierungserfahrungen« ganz neue, »treuhandspezifische Erfahrungen« seit 1991 gesammelt habe, wusste der Direktor dies sogleich eindringlich zu verneinen:

> »Gar nichts. Nichts. Den ganzen Quatsch, den wir hier machen, den mussten Sie in irgendeiner Form in Ihrem Leben ja schon mal mitgekriegt haben. Das fing an mit Kostenrechnung, dass ich eine Bilanz lesen kann, werden Sie mir ja wohl gerade noch abnehmen. Die Erfahrung war, dass es hier nicht anders war als im Westen auch. […] [A]ber ich wüsste nicht, was ich hier DAZUlernen musste. Natürlich, dazulernen musste ich, dass man also hier mit völlig anderen Gedankengängen zu tun hatte, was die Vergangenheit anbetraf. Aber die Vergangenheit war ja für uns nun nicht mehr das Wesentliche, das Wesentliche war ja, wie können wir ein Unternehmen in die Zukunft steuern. Und da galten all die Grundsätze, wie gesagt, wieder von Sanierung über Bewertung bis hin zu der Frage Personalentwicklung mit Kostenrechnung und mit alledem, was dazugehört. Da war nichts Neues dabei, glauben Sie mir das. Also ich wüsste nicht, wo ich […] da mal in irgendein Buch gucken musste oder ähnliches, wirklich nicht, glauben Sie mir.«[37]

Erben wendete also die schwierigen, vor 1989/90 verantworteten und teils gescheiterten Sanierungsfälle letztlich ins Positive und deutete sie zu einer individuellen Erfolgsgeschichte um, die er nach 1991 bei seiner Tätigkeit in Ostberlin fortzusetzen pflegte.

35 Protokollnotiz zu Gespräch #39, in: Privatarchiv D. Rost.
36 R39-Interview mit Dr. Matthias Erben, 19.1.1993.
37 Ebd.

In ihren verschiedenen Variationen liefen die erzählten Berufsbiografien bundesdeutscher Industriemanager und Unternehmer letztlich auf den perspektivischen Fluchtpunkt Treuhand zu. Das individuelle Engagement erschien für die westdeutschen Manager über fünfzig damit als krönender Abschluss und logische Folge einer langjährigen Berufskarriere, die sie mit dem notwendigen professionellen Marschgepäck für eine herausfordernde Aufgabe im Osten ausgestattet hatte.

2.3 Motivationserzählungen: Idealismus, Challenge, Markteuphorie

Auf welche Weise rationalisierten diese älteren Manager und Unternehmer ihre Motivationen zum Eintritt in die Treuhandanstalt? Im Februar 1993 traf Dietmar Rost den Versicherungsmanager Helmut Görner. Zuallererst berichtete der Mittfünfziger über seine Aktivitäten in der DDR seit dem Frühjahr 1990, in der er als Vorstandsvorsitzender eines Versicherungsunternehmens häufig unterwegs gewesen sei, um den Aufbau eines eigenen Vertriebsnetzes in Gang zu setzen. In der Beschäftigung bei der neuartigen Organisation erkannte er eine einmalige historische Mission:

> »Aber die Erlebnisse auf den Reisen, die man als Vorstand in Ostdeutschland machte, waren eigentlich immer sehr stark dadurch geprägt, mitzuhelfen, mitzuarbeiten an diesem Werk der Wiedervereinigung, wo vielleicht zum ersten Mal in der deutschen Geschichte Kaufleute gefragt waren, nicht Soldaten, nicht Offiziere, nicht Verwaltungsbeamte, sondern es waren ja wohl in erster Linie Manager gefragt.«[38]

Görner brachte das ausgesprochen professionelle Selbst- und Sendungsbewusstsein vieler älterer Industrie- und Finanzexperten, das durchaus mit den hohen medienöffentlichen Erwartungen an die »Wirtschaftswunderdoktoren« im Sommer 1990 korrespondierte, damit prägnant auf den Punkt. In Görners Erzählung hatte die Überzeugung, beim postsozialistischen Wirtschaftsumbau »mitzumachen, mitzuhelfen« jedoch zunächst noch einige Zeit reifen müssen, bis schließlich der »nationale Appell« des Bundeskanzlers im Oktober 1990 den Ausschlag für ein Treuhand-Engagement gegeben habe; der Versicherungsmanager reihte sich damit im Selbstentwurf in die erste »Hundertschaft des Kanzlers« ein.[39]

Diese ausführliche Gesprächseröffnung macht deutlich, wie intensiv berufliche Karrierepfade, professionelles Selbst- und Sendungsbewusstsein sowie persönliche Motivationen für ein Treuhand-Engagement in den individuellen Reflexionen miteinander verflochten sein konnten. Der

38 R45-Interview mit Helmut Görner, 5.2.1993.
39 Ebd.

Finanzmanager fügte in seinen offenkundig wohldurchdachten Ausführungen drei zentrale, idealtypische Motivgruppen zusammen, die die zeitgenössischen Motivationserzählungen der älteren Industrie- und Finanzmanager wie unter einem Brennglas zusammenführten: Die Trias aus idealistischem Patriotismus, beruflicher Herausforderung und dem ordnungspolitischen Willen zum marktwirtschaftlichen Wiederaufbau durchzog in unterschiedlichen Variationen, Mischungs- und Abgrenzungsverhältnissen die Narrationen derjenigen »Kaufleute«, die sich kurzfristig seit Herbst 1990 zu einem Engagement im Osten bereitgefunden hatten.

In Bezug auf das erste Motivationsfeld, Patriotismus und Idealismus, spielten für einen Teil der Manager persönliche biografische Spuren im (teils räumlich recht weit gedachten) »Osten« Deutschlands eine wichtige Rolle. Der in den 1930er-Jahren geborene Abteilungsleiter Ernst Rabenau, der auf eine langjährige Karriere als Vorstand eines mittelständischen Industrieunternehmens zurückblickte, hob auf Rosts Frage nach der eigenen Motivation seine Herkunft hervor:

> »Also, das klingt zwar ein bisschen verrückt, aber ich bin Ostpreuße, und habe immer auf die Wiedervereinigung gehofft, und als sich hier eine Möglichkeit bot [...] also, wenn die wirklich Hilfe brauchen, und es irgendwie möglich ist, sollte man versuchen, das zu machen, das war eigentlich der Grund.«[40]

Auch Direktor Stephan Erhard, promovierter Wirtschaftsjurist mit zwei Jahrzehnten Vorstandserfahrung in einem internationalen Großunternehmen, bezog sich auf seine ostdeutschen Wurzeln:

> »Ich muss sagen, das ist bei mir auch ein bisschen emotional bedingt. Ich bin im Osten, in [einer ostpreußischen Stadt, M.B.], geboren, und als das mit der Treuhandanstalt losging, habe ich mir an sich gesagt, da musst du dabei gewesen sein. Die Motivation, das ist eine einmalige Aufgabenstellung, da muss man doch an sich dabei gewesen sein.«[41]

Noch konkreter verknüpfte der aus Berlin stammende Direktor Patrick Körting sein Engagement mit der DDR selbst:

> »Meine persönliche Motivation war, erstmal, ich habe hier Berlin sofort [im Blick gehabt, M.B.], da bin ich geboren, und da würde ich gerne etwas [unternehmen], das ist also privat. Zweitens, ich bin bis 1950 in der DDR gewesen, ich habe also die ersten Jahre meiner Schulausbildung hier gemacht, habe da also auch noch gewisse Beziehungen

40 R8-Interview mit Ernst Rabenau, 30.7.1992.

41 R4-Interview mit Dr. Stephan Erhard, 27.7.1992.

gehabt, und für mich war das faszinierend, da in diesen Pudding mit hineinzukommen.«[42]

Aus wesentlich größerer Distanz verfolgte der seit Mitte der 1980er-Jahre als Chef einer US-Tochter fungierende Manager Charles Volkmann 1989/90 das revolutionäre Umbruchsgeschehen in der DDR, nämlich, wie bereits erwähnt, vor einem Fernsehbildschirm im fernen Pittsburgh. Der versäumte Griff nach dem jenseits des Atlantiks wehenden Mantel der »Geschichte« habe ihn geplagt weshalb er sich dann sehr spontan als einer der »Leihmanager« zur Verfügung gestellt habe.[43]

Das Grundmotiv, unerwartet und in einer späteren Phase der eigenen Berufslaufbahn noch mal an einem historischen, »nationalen Ereignis« aktiv mitwirken zu dürfen, beschrieb auch Direktor Boris Hernholt gleich zu Beginn seines Interviews:

> »Also ich bin zur Treuhandanstalt gekommen, weil es natürlich einen nationalen Aufbruch gab, und man so als Anfang-Fünfziger, der ich war, das Gefühl hat, da kann man noch einmal, ich will nicht sagen, Geschichte mitschreiben, aber das ist eben ein nationales Ereignis, an dem man seinen ganzen Sachverstand nochmal so richtig einsetzen kann.«[44]

Doch wie brüchig und auch intern durchaus umstritten dieser idealistisch-patriotische Begründungszusammenhang bereits zahlreichen Zeitgenossen erschien, wurde in einem Gespräch deutlich, das Rost Mitte Januar 1993 mit Direktor Dieter Geppert führte. Der Mitte der 1930er Jahre geborene westfälische Bankmanager entfaltete eine außergewöhnliche Begründung für seinen eigenen »Dienst« im Osten, den er in markanter Weise umdeutete:

> »[I]ch habe übrigens immer gesagt, ich mache hier meine Bundeswehrzeit, ich bin weißer Jahrgang, und habe gesagt, also dann gehe ich mal hier ein paar Jahre hin anstatt der Bundeswehrzeit, das ist ja sehr viel angenehmer, obwohl man hier sehr strapaziös lebt.«[45]

Der Finanzexperte, der 1992 innerhalb der Treuhand vom Abteilungsleiter zum Direktor aufstieg,[46] grenzte sich jedoch sogleich scharf von

42 R9-Interview mit Dr. Patrick Körting, 30.7.1992.

43 R22-Interview mit Dr. Charles Volkmann/Benedikt Golland, 1.10.1992.

44 R15-Interview mit Dr. Boris Hernholt, 1.9.1992.

45 R38-Interview mit Dieter Geppert, 16.1.1993.

46 Aufwärtsmobilität war bei der Treuhandanstalt eher die Ausnahme, auch für Führungskräfte. Für einen Großteil der Mitarbeiter war, bedingt durch die relativ knappe Zeitspanne und die flachen Hierarchien in der Organisation, die Eintrittsposition zumeist auch diejenige, die man auch bei Austritt aus der Treuhand innehatte.

anderen, vornehmlich jüngeren Kollegen ab, an deren idealistisch-patriotischer Gesinnung er offene Zweifel hegte. Geppert sprach nebulös von »junge[n] Leuten«, die zur Organisation gekommen waren und dann »nach einem, anderthalb Jahren freudig in der Wirtschaft aufgenommen« dorthin gewechselt seien, um sich »als Gesellen, die was für's Vaterland getan« hätten, »hochzustilisieren«. Als Rost ihn auf weitere Elemente der eigenen »Motivation« neben dem »Nachholen der Bundeswehrzeit« ansprach, sah sich Geppert zu einer Klarstellung genötigt, in der er seine idealistischen Motive nochmals intensiv unterstrich und durch sein Engagement in der DDR vor der Treuhand-Zeit buchstäblich »nachweisen« wollte.[47] Der Direktor selbst mühte sich merklich, den eigenen, patriotisch grundierten Idealismus beim Wirtschaftsumbau als authentisch herauszustellen, um sich vom vermeintlich vorgeschobenen Idealismus anderer Kollegen individuell abzugrenzen.

Patriotisch-idealistische Begründungen für ein Engagement im Dienste einer nationalen Sache schienen nicht wenigen Gesprächspartnern zumindest 1992/93 problematisch oder gar unglaubwürdig – zumal in den medienöffentlichen Kontroversen kaum noch jemand an ein derart motiviertes Engagement beim Wirtschaftsumbau zu glauben schien, als dieser längst in den Chiffren von Selbstbereicherung, Korrumpierbarkeit und Unfähigkeit verhandelt wurde. Der Manager Urs Cramer, im Januar 1991 mitverantwortlich für die umfassende Reorganisation der Treuhandanstalt, legte Detlev Rohwedder in seinem Experteninterview vom Mai 1993 ein saloppes Bonmot in den Mund: Als Cramer sich dem Treuhand-Vorstand im November 1990 am Alexanderplatz vorstellen wollte, sei er vom Präsidenten mit dem knappen Worten empfangen worden: »Herr [Cramer, MB.], ich begrüße Sie sehr herzlich in diesem Kreis und freue mich, dass auch Sie für's Vaterland arbeiten wollen, Amen.«[48]

Mit eindrücklicher Schärfe wies Niederlassungsleiter Conrad Hopp nationale, idealistische oder historische Motivationen salopp zurück; auch der materielle Verdienst schien ihm für seine eigene Referenzgruppe der älteren Industriemanager nicht der ausschlaggebende Faktor gewesen zu sein. Er ließ für sich einzig den Anreiz gelten, kurzentschlossen »einfach eine unheimlich interessante Aufgabe« übernehmen zu können:

> »Für mich als Person ist die Erfahrung, die mich eigentlich auch damals dazu gebracht hat, die Sache anzunehmen, ich bin einer von denjenigen, wo es sicher mehrere gibt, die einerseits bei der Treuhand weniger verdient haben als vorher, andererseits nicht für sich in Anspruch nehmen, dass sie das nur aus Idealismus oder aus Nationalsonstwas, sondern

47 R38-Interview mit Dieter Geppert, 16.1.1993.

48 R50-Interview mit Urs Cramer, 19.5.1993.

es war und ist einfach eine unheimlich interessante Aufgabe. Wenn Sie in der Industrie arbeiten, oder in der Hochschule oder sonstwo, sind Sie ja WESENTLICH enger auf eine bestimmte Art von Tätigkeit ausgerichtet.«[49]

Schon früher im Gespräch hatte der vormalige Software-Manager versucht, sich selbst über seine Motive im Herbst 1990 rückschauend Klarheit zu verschaffen und dabei vor allem die Gelegenheit zu neuen Handlungs- und Gestaltungsspielräumen an die erste Stelle gerückt:

»Die WESENTLICHE Überlegung aus heutiger Sicht [im Jahr 1993, M.B.], die sich eigentlich auch als richtig rausgestellt hat, war sich zu sagen, okay, man hat jetzt praktisch dreißig Jahre in der Industrie gearbeitet, in einer bestimmten Art von Tätigkeit. Unabhängig von allem anderen, wenn man zehn Jahre später zurückblickt, würde man sich darüber ärgern oder nicht ärgern, die Chance, etwas TOTAL anderes, völlig Fremdes, zwei oder drei Jahre lang getan zu haben, ich glaube, aus der Mentalität vieler heraus, die nicht so am Stabilen hängen, war das einfach eine einmalige Sache zu sagen, okay, das machst du jetzt mal drei Jahre, unabhängig davon, was dann ist.«[50]

Hopp nahm damit für sich und andere Manager-Kollegen das generationelle Erzählmotiv, aus professionellen Routinen in ein neues, forderndes Aufgabenfeld ausbrechen zu wollen, als Hauptanreiz in Anspruch. Niederlassungsleiter Dieter Maltritz verknüpfte wiederum professionelle und ideelle Motivlagen sehr eng miteinander:

»Ja, also – das Geld war es bestimmt nicht, ich meine, ich würde sagen, für den Einsatz können Sie also irgendwo in der Freien Wirtschaft mehr Geld verdienen. Ich habe früher auch mehr verdient, drum kann ich mir das heute leisten. Aber ich meine, es sind ZWEI Sachen. Wenn Sie nach der Motivation fragen, also einmal ist es eine Aufgabe, die hat es nie vorher gegeben, wird es nie wieder geben. Und man konnte sich mal selber testen, wieweit man eine im Grunde unlösbare Aufgabe EINIGERMASSEN zufriedenstellend abwickeln kann und erledigen kann. Das war also, sagen wir mal, das berufliche Challenge. Und dann war ich auch ganz ehrlich der Meinung, dass wir halt, die wir im Westen aufgewachsen sind, einfach das größere Glück und die größere Chance hatten, und dass es durchaus sinnvoll und gut wäre, hier selber auch mal mit Hand anzulegen. Das war ein ganz wesentlicher Motivationsfaktor. (4s) Auch

49 R35-Interview mit Conrad Hopp, 7.1.1993.
50 Ebd.

wenn es nicht immer anerkannt wird, was man gemacht hat. Damit wäre man wieder bei dem Thema, Treuhand in der Öffentlichkeit und so.«[51]

Nach einer fast drei Jahrzehnte währenden Karriere als Manager in der Maschinenbaubranche hatte sich Wolfgang Dorsten spontan zum Wechsel in den Osten entschlossen. Er selbst hatte sich, mit Mitte 50, ohnehin in einer Umbruchssituation befunden und überlegt, wie er die noch vor ihm liegende berufliche Wegstrecke gestalten wollte; dabei sei es vor allem sein Wunsch gewesen, seine »Geschicke besser, intensiver, selbst lenkend in die Hand zu nehmen«.[52] Die Aussicht auf eine späte Neuorientierung vom »Angestelltenmanager« über ein befristetes Engagement bei der Treuhand bis hin zur Selbstständigkeit erschien ihm als Voraussetzung dafür, den riskanten Weg ins Unbekannte einzuschlagen:

> »Wenn auch die Übernahme der Aufgabe insgesamt natürlich ein Projekt mit einem unheimlichen Reiz, einem unheimlichen Risiko darstellte, was ich mit meinem persönlichen Engagement eigentlich gut in Einklang bringen konnte. Ich habe es auch als meinen Beitrag gesehen, die Wiedervereinigung auch praktisch durch meine Arbeit hier zu unterstützen. Wenn Sie diese persönliche Motivation nicht dabei haben, dann können Sie die Aufgabe einfach gar nicht angehen, sonst gehen Sie einfach unter, in Zweifeln, in Skrupeln oder sonstwas. Vor allen Dingen im Hinblick auf die Risikobereitschaft, die hier eingegangen wird, und das ist ein Punkt, der eigentlich von Tag zu Tag im Bewusstsein wächst, welches Risiko wir hier wirklich übernommen haben.«[53]

Die Tendenz, die individuelle Motivation vor allem über die eigene Referenzgruppe der Managerkollegen rückgebunden zu erzählen, zog sich auch durch andere Gespräche: Dem Finanzmanager Herbert Peters erschienen seine Direktorenkollegen dabei durch eine spezifische »Mentalität« geprägt. Auf diese Weise empfand er das erlebte Geschehen als riskant-unternehmerischen, auch elitären Abenteuerurlaub unter Gleichgesinnten:

> »Ich meine, es geht nicht JEDER zu solch einer Organisation. Es sind VIELE angesprochen worden, aber nicht jeder ist gegangen. Es gehörte eine gewisse, ich sage mal Pioniergeist, ein bisschen Abenteurer, was Neues, Herausforderung, und von dieser Mentalität sind auch meine Kollegen. Deshalb versteht man sich auch einigerma- sehr gut untereinander. Dieses übliche, konzerninterne Gerangel kenne ich hier nicht,

51 R23-Interview mit Dr. Dieter Maltritz, 5.10.1992.

52 R26-Interview mit Dr. Wolfgang Dorsten, 25.11.1992.

53 Ebd.

> und das macht die Arbeit angenehm. Wir wissen, wir sind alle nur auf Zeit hier, okay. Und jeder versucht wirklich, sein Allerallerbestes zu geben. Unter Einsatz wirklich auch der äußersten Zeitressourcen.«[54]

Patriotischer Idealismus und professionelle »Challenge« unter Gleichgesinnten waren damit für diese Gruppe zwei entscheidende Motive, die einander ergänzend, aber teils auch ausschließend gebraucht werden konnten. Eine dritte Facette konnte die beiden Erzählmuster um eine stärker politisch-ideelle Dimension erweitern. Der bereits zitierte Direktor Boris Hernholt nannte dies eine »missionarische Komponente in seinem Leben« und beschrieb den von ihm verantworteten Teil des Wirtschaftsumbaus als seine eigene, individuelle »Sendung«, seine ins Politische ausgreifende Mission.[55] Das persönliche Engagement bei der »Überwindung« einer sozialistischen Plan- in eine kapitalistische Marktwirtschaft ließen einige Gesprächspartner zu ihrem Leitmotiv werden. Der etwas über sechzig Jahre alte Stefan Horn hatte sich nach einer dreißigjährigen Tätigkeit als selbstständiger Industrieberater beziehungsweise »freischaffender Künstler«, wie er es nannte, bereits seit Januar 1990 in der DDR umgetan und war dort als wirtschaftspolitischer Berater tätig gewesen. In dieser Funktion waren Horn im April 1990 auch die ideellen Dimensionen des bevorstehenden Wirtschaftsumbaus unmittelbar vor Augen getreten:

> »[Ich habe, M.B.] natürlich SOFORT erkannt, was das Zentralproblem der DDR ist, nämlich, die Transformation von der sozialistischen Wirtschaftsform in die Marktwirtschaft, dass das nicht eine Frage von Vokabeln war, sondern von Denken, aber eben auch von Institutionen. Und da stand natürlich an der zentralsten aller zentralen Stellen die Treuhandanstalt […] DAS ist das zentrale Problem, und je SCHNELLER wir diese Konzeption […] gemacht hatten, je schneller wir das modernisieren oder marktwirtschaftliCHER strukturieren, umso schneller geht der Transformationsprozess und umso WENIGER -- tief wird das Tal, in dem natürlich jeder Transformationsprozess landet, Tal der Beschäftigungslosigkeit und der Wirtschaftsaktivität, der sich vermindert, weil natürlich all diese Strukturen marktwirtschaftlich kaum bestehen können.«[56]

Horn hatte sich im November der Treuhand angeschlossen, dort sehr schnell eine eigene Nische als »Ausschreibungsspezialist« für sich entdeckt und als Einzelkämpfer ein »Ausschreibungsbüro« aufgebaut, mit

54 R20-Interview mit Dr. Herbert Peters, 18.9.1992.
55 R15-Interview mit Dr. Boris Hernholt, 1.9.1992.
56 R10-Interview mit Dr. Stefan Horn, 31.7.1992.

dessen Hilfe er glaubte, seine »wirtschaftspolitische Überzeugung« praktisch in die Tat umsetzen zu können. Gegen beträchtliche Widerstände im Vorstand und bei den Direktoren, die eher vertrauliche Verhandlungen mit möglichen Interessenten bevorzugten, hatte Horn »nach angelsächsischem Ritus« die öffentliche Ausschreibung von Betrieben, Immobilien und Grundstücken zur »schnelle[n] Erzeugung von Markttransparenz« durchsetzen können, wie er seinem Interviewer im Juli 1992 mit vernehmlichem Stolz berichtete:

> »[A]ber die Privatisierung verhaftet zur Beschleunigung der Privatisierung, zur Beschleunigung der Einführung der Marktwirtschaft, zur Beschleunigung der Schaffung eines privaten Mittelstandes, -- und ich muss gestehen, dass ich darauf besonders stolz bin, weil ich hier meine wirtschaftspolitische Überzeugung an einem praktischen Beispiel ERFOLGreich habe durchsetzen können, GEGEN alle Besserwisser.«[57]

Horns ausgeprägtes missionarisches Sendungsbewusstsein als »überzeugter Marktwirtschaftler« endlich den »Markt sprechen zu lassen«, steigerte sich zu einer Gesprächspassage, in der er sich als Arzt im triumphal gewonnenen Kampf gegen einen pathologischen Sozialismus entwarf:

> »Alle Welt hat inzwischen kapiert, dass Staatsunternehmen nicht gut sind, dass die ganzen Jahre bis sagen wir mal zum Zusammenbruch des Sozia-; bis in die späten achtziger Jahre, alle Welt hat Staatsunternehmen, an solche geglaubt, der Sozialismus war ja eine weltweite Krankheit. Und jetzt auf einmal ist das Pendel umgeschlagen, und alle Welt will von ihren Staatsunternehmen, sei es staatlich gegründeten oder verstaatlichten Unternehmen wegkommen, weil sie gemerkt haben, das ist schlecht.«[58]

Der markteuphorische Manager blieb sicher ein Extrembeispiel. Dennoch verbanden auch andere Gesprächspartner ihr Engagement mit einer dezidiert wirtschaftspolitischen Mission, die deutlich darüber hinausging, patriotisch motiviert helfen zu wollen oder eine späte professionelle Herausforderung zu meistern. Wie Horn betonte auch Direktor Matthias Erben seine Zufriedenheit mit der Tätigkeit, die er gerade wegen seiner politischen Gesinnung als »Freiheitsliebender« begrüßte, nicht ohne explizit auf die besondere Gesprächssituation zu verweisen und so auch deren Bekenntnischarakter zu unterstreichen:

> »Ansonsten kann ich nur sagen, ich habe noch nie in meinem Leben – das ist aber jetzt also wirklich nicht, weil Sie das hier nun auf dem

57 Ebd.
58 Ebd.

Tonband hören – ich bin noch nie so ausgesprochen GERNE morgens ins Büro gegangen wie hier. Vielleicht liegt es ein bisschen an meiner politischen Einstellung, es ist nunmal so, dass ich es ausgesprochen schön finde, dass ich am Ende meiner beruflichen Laufbahn nochmal den Schutt des Sozialismus wegräumen kann, das hatte ich mir an und für sich nicht mehr erträumt, denn da sprach ja vieles dagegen, dass das also nochmal so kommt.«[59]

Auch für den Bankmanager Dieter Geppert war die Etablierung einer neuen, nunmehr in seinen Augen alternativlos gewordenen Wirtschaftsordnung ein politisches Anliegen, wie er mit merklichen Paternalismus erläuterte:

»Dass es also eine echte Motivation war, hier nun, wo die Möglichkeit besteht, auch mitzuhelfen, das System, was sich doch nun eigentlich – es gibt ja gar kein anderes mehr eigentlich auf der Welt, hätte ich fast gesagt – von Prinzip her mitzuhelfen, dass man das hier ja auch KENNENlernt zumindest, naja doch, vielleicht auch ein bisschen überstülpt, das muss man einräumen, ja.«[60]

Spuren von Antikommunismus und Markteuphorie zogen sich auch durch andere Interviews, in denen Gesprächspartner sich als »market maker« rühmten;[61] andere nahmen für sich in Anspruch, als freiheitlich-unternehmerisch denkende Persönlichkeiten mit ökonomischem »Knowhow« die »Prinzipien der freien und sozialen Marktwirtschaft« in den ostdeutschen Wirtschaftsumbau einbringen zu können.[62]

Der Industriemanager Josef Arnstein, der sein Interview mit Rost in seiner »repräsentativen Stadtwohnung« in Charlottenburg über ein halbes Jahr nach seinem im August 1992 erfolgten Ausscheiden führte, verstand dieses als eine moderierte, rückblickende Selbstreflexion. Ihn reizte vor allem eines an seinem Treuhand-Engagement:

»[N]ach kurzer Zeit war dann für mich [im Dezember 1990, M.B.] klar, dass die Aufgabe bei der Treuhand im Vergleich zu den Aufgaben oder den Positionen, die ich zu dem Zeitpunkt mir anderweitig ansah, die eindeutig interessantere war, die verbunden war mit dem Verständnis, was nach der Wiedervereinigung zu geschehen hat, verbunden mit dem

59 R39-Interview mit Dr. Matthias Erben, 19.1.1993.

60 R38-Interview mit Dieter Geppert, 16.1.1993.

61 R20-Interview mit Dr. Herbert Peters, 18.9.1992.

62 R25-Interview mit Oskar Hillberg, 13.10.1992. Wie sich diese missionarisch-erzieherische Grundmotivation auch auf die individuellen Vorstellungen zum konkreten Arbeitsalltag in der teils engen Zusammenarbeit mit den ostdeutschen Treuhand-Mitarbeitern erstrecken sollte, wird in Kapitel 3 auf S. 624 gezeigt.

> Verständnis, dass wir über 40 Jahre im Westen in einer sehr heilen, positiven, ertragsreichen Phase gelebt haben, daraus abgeleitet das Gefühl der Verantwortung, hier etwas mit schaffen zu können, ein Architekt einer neuen Industrie- und Wirtschaftslandschaft sein zu können.«[63]

Der Manager zeigte sich überzeugt davon, »dass überhaupt der Markt das Regulans unseres Lebens« sei, den man nur »BEGRENZT steuern und stimulieren« könne, der aber sonst »seine eigenen Mechanismen« habe, die man zu verstehen, zu lesen lernen müsse – was für ihn letztlich die Quintessenz marktwirtschaftlich-unternehmerischen Denkens und Handelns bildete.[64]

Derart politisch-idealistische Motivationsbegründungen, den Markt als universelles, nahezu transzendent gedachtes Ordnungsprinzip in den Osten zu bringen und dabei noch den »Schutt des Sozialismus« wegräumen zu können, blieben indes nicht unwidersprochen, jedoch eher aus einer rückschauenden Perspektive. Direktor Helmut Görner, der sich selbstbewusst als Teil jener »Kaufleute« sah, die erstmals das Schicksal der Nation in ihre Hände nahmen, räumte ein, dass »Marktwirtschaft [...] schon ein schwieriges Ding« sei;[65] der Chemiemanager Charles Volkmann klagte ganz offen, dass sich »soziale Marktwirtschaft und der Kapitalismus [...] hier in Ostdeutschland NICHT geschickt etabliert« hätten. Den bisweilen missionarischen Glauben einiger seiner Kollegen an die Selbstregulierungskräfte von freien Märkten teilte der Direktor nicht – er hielt diese Überzeugung sogar für einen elementaren »Fehler«. Seine Analyse mutet wie ein fernes Echo auf die markteuphorischen Vorstellungen und Wirtschaftswunder-Hoffnungen der Bonner Regierungsbeamten im Frühjahr 1990 an, die am Beginn des Treuhand-Modells gestanden hatten:

> »Es regelt sich überhaupt nichts von selbst. Und so ist auch die Marktwirtschaft in Deutschland gar nicht entstanden. Die Marktwirtschaft in Westdeutschland nach dem Kriege ist entstanden aus einem Übergangsprozess, der durch Devisenkontrolle, durch Reglementierungen noch und nöcher geprägt war, und wo man SUKZESSIVE die freie Marktwirtschaft mit ihren neuen sozialen Gesetzgebungen aufgebaut hat. Sehr feinsinnig, und über mehr als zehn Jahre. Dass man das hier im Osten nicht gemacht hat, war ein Fehler. Wir haben uns so gut geschlagen mit Bordmitteln, wie wir konnten.«[66]

63 R49-Interview mit Josef Arnstein, 16.4.1993.

64 Ebd.

65 R45-Interview mit Helmut Görner, 5.2.1993.

66 R22-Interview mit Dr. Charles Volkmann/Benedikt Golland, 1.10.1992.

Blickt man zusammenschauend auf die von der Gruppe älterer bundesdeutscher Industrie- und Finanzmanager eingefangenen Motivationserzählungen, so scheint es gerade diesen Männern ein persönliches Bedürfnis gewesen zu sein, ausführlich Rechenschaft über ihre Wechselmotivation abzulegen. Insofern schien das bereits im Spätsommer 1990 vom Headhunter Dieter Rickert formulierte Kalkül durchaus aufgegangen zu sein, der seinerzeit für die Kampagne »Profis für die DDR!« vorgeschlagen hatte, durch eine Aufhebung der Altersbegrenzung gezielt erfahrene Manager in einer berufsbiografischen »Umstellungsphase« anzusprechen.[67]

Unter den 1990/91 ostwärts ziehenden »Kaufleuten« kursierten also komplexe Motivationserzählungen, die Konturen einer spezifischen »Mentalität« trugen – allerdings mit facettenreichen Schattierungen und Nuancen. Die »Altmanager« konnten so als (bisweilen prekäre) Patrioten im post-nationalen Kontext »ihrer« soeben wiedervereinten Nation in historischer Stunde mit professionellem »Knowhow« tatkräftig beistehen. Als vom Betriebsalltag gelangweilte »Angestelltenmanager« konnten sie zudem einen späten, herausfordernden Ausbruch ins Ungewisse wagen oder als politisch motivierte »Missionare« des freien Marktes beim Wegräumen des sozialistischen »Schutts« und der umfassenden Etablierung einer kapitalistischen Markt- und Gesellschaftsordnung eine berufsbiografisch späte Erfüllung im Osten finden.

2.4 Erfahrungen: Häuptlinge im Wilden Osten

Wie beschrieben nun die mit derlei Motiven ostwärts aufgebrochenen Manager und Unternehmer rückschauend ihre subjektiven Erfahrungen? Bereits in seiner aufsehenerregenden Ansprache vor der Volkskammer am 13. September 1990 hatte Präsident Rohwedder auf die Schwierigkeit der für die Manager zu erwartenden Lebensumstände vor Ort hingewiesen und das raue Klima in der DDR beklagt, da bei der »Verfolgung kommerzieller Interessen« nunmehr »aber auch wirklich jede Scham beiseite gelegt« und dabei mit »härtesten Bandagen gefochten« werde: »Es ist ein bisschen wie im Wilden Westen«, wobei sich »manche Leute« gegenüber seinen Mitarbeitern »Unverschämtheiten« herausnähmen, »die in Westdeutschland schlichthin unmöglich« seien.[68]

67 Vgl. dazu auch die Ausführungen zur Vorbereitung der »Profis für die DDR!«-Kampagne durch den Münchner »Headhunter« Dieter Rickert im Juli 1990 im vorherigen Kapitel, S. 287.

68 Volkskammer der Deutschen Demokratischen Republik: Stenographisches Protokoll, 10. Wahlperiode, 35. Tagung, 13.9.1990, in: Treuhandanstalt: Dokumentation, Bd. 2, S. 152-176.

Am Rednerpult im Palast der Republik hatte der Präsident damit wesentliche Elemente eines zentralen Narrativs in Anschlag gebracht, das auch in den meisten mit den älteren Managern geführten Interviews auftauchte. Die individuell von dieser Gruppe erlebten Lebens- und Arbeitsbedingungen im Osten wurden in den Erzählungen als weitgehend unsicherer wie unzivilisierter Erlebnis- und Erfahrungsraum entworfen. Dessen Vielgestaltigkeit und Ambivalenz verdichtete sich in einem wohlbekannten Erzählkomplex – dem formgebenden Schlüsselmotiv einer »Frontier«,[69] eines unzivilisierten Grenzlandes in einer unübersichtlichen Schwellensituation. Narrativ umspannte diese Situation drei wesentliche Felder: Abenteuer und Risiko; Konflikt und Gefahr; Macht und Ohnmacht.

Das Erzählmotiv des Abenteuerlichen entpuppte sich in den Berichten der Direktoren und Abteilungsleiter als besonders stark verbreitet; der Erfahrungsraum »Grenzland« konnte sich dabei in sehr vielschichtiger Weise manifestieren. Direktor Hernholt beschrieb seine frühe Treuhand-Zeit im September 1992 als »Riesenerlebnis«; formvollendet entfaltete er dieses Szenario erzählerisch als einen »Basar«, auf dem er und seine eilig zusammengetrommelten Mitstreiter am Berliner Alexanderplatz umherstreiften, fernab ihrer Heimat, ihrer Familien und zivilisatorischer Konventionen:

> »[E]s war damals wirklich, in mancher Hinsicht war es wie ein ägyptischer Basar, nicht wahr, und in mancher Hinsicht war es eben ein Riesenerlebnis, dieses, sagen wir mal, diesen unglaublichen Aufbruch, diese Begeisterung von allen Leuten hier mitzuerleben. Also grenzenloser Arbeitseinsatz natürlich, nicht, es war überhaupt kein Thema, dass man bis elf, zwölf Uhr hier rumhing, das war also, das hat Spaß gemacht. Die Familien waren weit weg, alles waren Fremdenlegionäre, nicht wahr.«[70]

Die Schilderung der oft als primitiv und zugleich sehr anspruchsvoll empfundenen Arbeitsbedingungen in der ehemaligen DDR bildete ein zentrales Muster abenteuerlich-exotischer Vorstellungswelten. Doch nicht alle Interviewpartner teilten Hernholts Begeisterung für die »chaotische« Frühzeit. Auf die Nachfrage, welche »Hauptprobleme« er bei seiner Arbeit zu gewärtigen hatte, antwortete ein Niederlassungsleiter

69 Vgl. Waechter, Matthias: Die Erfindung des amerikanischen Westens. Die Geschichte der Frontier-Debatte, Freiburg 1996 sowie weiterführend Schaarschmidt, Thomas: Der Wilde Westen im Osten. Die nationalsozialistische Heimatpropaganda in Sachsen und das »frontier«-Paradigma Frederick Jackson Turners, in: Großbölting, Thomas (Hg.): Landesherrschaft, Region, Identität. Der Mittelelberaum im historischen Wandel, Halle/S. 2009, S. 250-263.

70 R15-Interview mit Dr. Boris Hernholt, 1.9.1992.

fast hämisch – wobei seine Schilderung bezeichnenderweise in Gelächter endete:

»So eine Frage kann man gar nicht beantworten. Sie übernehmen über tausend Unternehmen, ohne eine Unternehmensliste zu haben, ohne zu wissen, wie die Geschäftsführer heißen, ohne die Unternehmen zu kennen, haben keine Mitarbeiter, haben keine Kommunikation, haben kein richtiges Büro, schlafen in einem miesen Hotel und sollen das alles A, verwalten, und B, privatisieren. Und da fragen Sie mich nach Problemen. --- Damit sind die alle umrissen. Es gab NUR Probleme, es gab ÜBERHAUPT nichts, was einfach war. Sie hatten am Anfang kein politisches Umfeld, Sie hatten keine Kommunikation, Sie hatten GAR nichts. (5s) Da können Sie nicht anfangen, mit Problemen der Reihe nach. Es war ALLES kompliziert. Die Leute saßen vor der Türe, Sie hatten 500 Leute, die wollten ihren Betrieb zurückhaben, andere 500, die wollten ein Haus und ein Grundstück zurückhaben, Sie hatten 500 Investoren, die wollten sofort bedient werden, weil sie einen Betrieb kaufen wollten, und da sitzen Sie mit 32 Leuten, wovon die Hälfte Telefonistin, Schreibkraft und Fahrer ist. Das war das einzige Problem, das wir hatten. (lacht)«[71]

Damit hatte der Niederlassungsleiter eine umfassende Inventarisierung dieses rauen Grenzlandes vorgenommen, die die einzelnen Elemente bündig vereinte: Mangelnde Ortskenntnis, fehlendes Personal, unzuverlässige Technik und Kommunikationsmittel, unzureichende Räumlichkeiten, unangemessene Hotelausstattung sowie Unmengen an unbekannten, drängenden Anfragestellern zogen sich wie rote Fäden durch zahlreiche Interviews und verflochten sich zum unverkennbaren Strickmuster des Abenteuerlichen im »wilden Osten«.

In vielen Interviews spielte insbesondere die schlichte Ausstattung der vorgefundenen Büros in der Zentrale oder den Niederlassungen eine gewichtige Rolle und erschien damit als konkreter Ausdruck der exotischen Arbeitsbedingungen vor allem während der Anfangszeit. Stühle, Tische, Tapeten, Auslegeware oder Büro- und Kommunikationstechnik aus »volkseigener« Produktion überformten sich zu Sinnbildern des Exotischen, Fremden wie Rückständigen. Direktor Urs Cramer beschrieb eindringlich die von ihm am Alexanderplatz vorgefundenen, sogenannten »Ost-Ts«:

»Also das war – dann war überall die EINRICHTUNG, überall die sogenannten Ost-T's. Kennen Sie die? Die T's? [...] Der Chef sitzt so, und

71 R23-Interview mit Dr. Dieter Maltritz, 5.10.1992.

die Mitstreiter durften dann alle so sitzen. Die fanden wir also in den Räumen, die für die Minister da vorgesehen waren. Die Tapeten kamen von den Wänden, Gardinen hingen da halb fest, und das Mobiliar war unter aller Kanone, es war so eigentlich, wie wir das in Westdeutschland in den fünfziger Jahren wahrscheinlich zum Teil noch vorgefunden haben, so etwas fanden wir da wieder.«[72]

Auch abseits solcher Schilderungen mangelte es in den Berichten nicht an ausführlich erinnerten Beschwerlichkeiten, wie etwa das beständige, provisorische Leben in den Hotels, die oftmals nicht westlichen Standards entsprachen. In ihrem bereits zitierten Dialog kamen die beiden Treuhand-Manager Charles Volkmann und Benedikt Golland auf den am eigenen Leibe erlebten »Hotelkoller« zu sprechen:

»E1: Ich meine, wir selber haben es ja miterlebt hier, nicht. Wir wurden dann halt in Hotels gesteckt, und haben dann über ein halbes Jahr im Hotel gelebt. Am Anfang ist das noch ganz lustig, wir sind das Hotelleben von Dienstreisen ja gewohnt. Aber man macht sich keine Vorstellung, dass man eben nach zwei, drei Monaten beginnt, den berühmten Hotelkoller kriegt, wo Sie es nicht mehr AUSSTEHEN können, in einem Hotel zu leben. Obwohl Sie den ganzen Service
E2: Luxus
E1: haben, Schwimmbad haben und alles, das kann kein Mensch begreifen. Aber, allein das Gefühl, dass sie keine privacy haben, dass jederzeit da irgendeine Putzfrau reinkommen kann, –
E2: dass Ihr Schlafzimmer mit der Wohnungstür endet,
E1: das versteht kaum jemand, aber es ist so.
E2: das ist komisch.«[73]

Für Volkmann schien jedoch ein dauerhafter Umzug mit der Familie keine Option zu sein, im Gegenteil: Die »DDR«, wie er den Osten auch Ende 1992 noch nannte, mochte vielleicht als exotischer, fremder Raum für einen männlichen Abenteurer reizvoll sein, aber eben durch ihre besonderen Risiken und Beschwerlichkeiten gerade nicht für die eigene Familie:

»Ja, – man findet ja in der DDR kaum angemessene Wohnungen. Ein leitender Angestellter, der es schon mal zu einem eigenen Haus gebracht hat, einen Garten und vielleicht sogar ein Gärtner, der von der Firma gestellt wird, und einen Fahrer und sonstwiewas, der findet natürlich hier nur trostlose Verhältnisse vor, vergleichsweise, ja? In Berlin geht es

72 R50-Interview mit Urs Cramer, 19.5.1993.

73 R22-Interview mit Dr. Charles Volkmann/Benedikt Golland, 1.10.1992.

ja. Aber in Chemnitz finden sie keinen. Das können Sie keinem zumuten, keiner Familie zumuten, so zu wechseln. Und das Zutrauen in das Schulwesen ist auch nicht so, dass man sagen könnte, das Risiko gehe ich ein, meinen Kindern jetzt alte Stasilehrer vorzuführen. Also – das ist ein RIESENproblem, das wird öffentlich ÜBERhaupt nicht diskutiert. Das ist ein Fehler, da ist Nachholbedarf.«[74]

Jenseits öffentlich mutmaßlich kaum diskutierter »Unzumutbarkeiten« konnte der Blick auf den Osten auch stark nostalgisch eingefärbt sein; dabei erschien das fremde Land in einigen Gesprächen als eine Reminiszenz an frühbundesrepublikanische Vergangenheiten. Der Anfang der 1940er-Jahre geborene Direktor Steffen Gerhard hing derlei Erinnerungen nach, wobei der beschworene Ursprungszustand der Jahre 1990/91 aus seiner Sicht durch ein rasches Voranschreiten des Umbaus Ost schon 1992/93 verloren gegangen sei:

»Die kulturelle Vielfalt, auch die neuen Bundesländer haben mich im Anfang, alleine von der Landschaft her fasziniert, dieses Unberührte, was also nicht wie im Westen zugepflastert war, das waren also besondere Erlebnisse. Demnächst wird man vielleicht nach Polen reisen müssen, in zehn Jahren, um zu sehen, wie Deutschland mal ausgesehen haben kann. Aber das war eigentlich so eine Chance, wenn ich so an meine persönliche Entwicklung zurückdenke, man kennt es noch so ein bisschen aus der Jugend, die Nachkriegszeit, da war ja auch noch nicht alles zugebaut. Und hinterher wurden dann überall diese Häuserblocks gebaut, die Autobahnen wurden gebaut. Dieses Ursprüngliche, wie Deutschland mal aussah, kannte man am Ende ja schon gar nicht mehr. So Brandenburger Alleen oder so etwas, das sind ja wirklich ganz wunderbare Eindrücke, und ich meine, insofern hat man da beruflich Chancen und einen Entwicklungsprozess durchgemacht, aber auch persönlich eine Bereich[er]ung.«[75]

Wenig später kam Gerhard abermals auf seine ersten Eindrücke nach der Ankunft im Osten Berlins zurück. Charakteristischerweise kennzeichnete er diese direkt als gemeinsamen, kollektiven Erfahrungsschatz seiner gleichaltrigen bundesdeutschen Mitstreiter:

»Ich glaube, wir haben alle gemeinsam eine Erfahrung, – zumindest, wenn man von Anfang an dabei war –, dass man eben diese ganz besondere geschichtliche Situation durchlebt. Von den simpelsten Dingen angefangen, als ich hier zum ersten Mal in die Treuhand gegangen bin

74 Ebd.

75 R43-Interview mit Dr. Steffen Gerhard/Kai Rumeck, 29.1.1993.

> [...], da ist man über Bodenwellen gestolpert, weil man das nicht kannte, dass ein Straßenbelag so gewellt ist, und das war eine ganz fremde Welt. Man kam also hierhin in den Osten. Am ersten Tag habe ich mich noch in den Bus gesetzt und bin schnell in den Westen gefahren, zum Abgewöhnen, habe gedacht, ›Ob du das da aushältst?‹ Und hinterher hat man es eigentlich mehr schätzen können, auch diese gewisse Ruhe und dass da eben nicht soviel Neonreklame war. Da hat man positive Seiten gesehen, man hat natürlich auch das große Defizit gesehen, dass es sehr lange dauert, bis man mal eine relative Angleichung der Verhältnisse erwarten kann.«[76]

Der Niederlassungsleiter Wolfgang Dorsten berichtete von seiner ersten Autofahrt in den Süden der DDR und rekapitulierte einen inneren Monolog, der sich bei der Fahrt auf einer Autobahn bei Dresden einstellte:

> »[Dann] sind wir hier über die Autobahn, ich sehe mich noch da stehen, wo das Stück Autobahn war mit dem Kopfsteinpflaster. Das ist Dresden-Neustadt. Stau – oben gegen den Himmel in die Abendsonne gefahren, da habe ich gesagt, ›Mensch wo fährst du hier, wo fährst du jetzt hin?‹ Und der Eindruck, Autobahn, Kopfsteinpflaster (lacht), der Stau, das waren so Sachen, da habe ich gesagt, ›Naja, da steht dir was bevor‹, mit mehr Fragezeichen als Ausrufezeichen.«[77]

Auch aus anderen Gründen war das Motivfeld des Abenteuerlichen nicht per se positiv konnotiert. Manche Gesprächsteilnehmer klagten über verfallene Innenstädte, marode Betriebsanlagen sowie massive Umweltbelastungen – beispielsweise durch die noch verbreitete Braunkohlebefeuerung. Ein Direktor erläuterte etwa eindringlich: »Als ich hier antrat in Berlin, 1990, oder durch das Land fuhr, da STANKEN die Städte nach der Braunkohle, das konnten Sie nicht aushalten.«[78] Ein anderer, offenkundig von Haarausfall geplagter Manager erinnerte sich noch 1993 daran, dass er, »gerade weil ich so wenig Haare habe, abends immer Probleme gehabt habe, wenn die Reste von diesen Braunkohlendingern da so auf meine Plette sausten«.[79] Ein weiterer Manager beschwerte sich über »Trabimief und Brikettgestank«, weshalb man die überfüllten, zu kleinen Büros kaum habe lüften können.[80]

Wie nah indes Motive des Abenteuerlichen und Kriegerischen im Gesamtnarrativ beieinander liegen konnten, wurde im Interview mit Dieter

76 Ebd.
77 R26-Interview mit Dr. Wolfgang Dorsten, 25.11.1992.
78 R22-Interview mit Dr. Charles Volkmann/Benedikt Golland, 1.10.1992.
79 R38-Interview mit Dieter Geppert, 16.1.1993.
80 R26-Interview mit Dr. Wolfgang Dorsten, 25.11.1992

Geppert überdeutlich. Zunächst erinnerte er sich im November 1992 zurück an die mit Menschen überfüllten Flure seiner Niederlassung:

> »Wenn man sich mal an die Zeit damals erinnert, das waren ja draußen furchtbar schwierige Verhältnisse. Wenn ich mir mal vorstelle, so eine Niederlassung, wie da die Leute auf den Treppen saßen, in nassen Lodenmänteln, da kam jetzt, ich sage mal – das ist überhaupt keine Wertung, also das ist kein Spezifikum etwa hier für den Osten – einfach eine Vielzahl der Menschen mit durchnässten Regenmänteln, sie konnten da also kaum noch Luft kriegen. [...] Also das war schon schlimm, das ist ja heute alles nicht mehr vorstellbar. Überhaupt, das wird Ihnen jeder gesagt haben, mit dem Sie gesprochen haben, es fällt mir ja schon schwer, einfach mich daran zu erinnern. Und dann jetzt zu glauben, dass das erst zwei Jahre her ist, das ist also so weit weg.«[81]

Die gefühlte zeitliche Distanz zu dieser abenteuerlichen Frühzeit bildete für den Finanzmanager zugleich den narrativen Ansatzpunkt für eine Anekdote, die er erst ein paar Tage zuvor, also im Januar 1993, erlebt haben wollte:

> »Ich habe vorgestern noch einen Niederlassungsleiter angepflaumt, mit dem ich ein Stück gefahren war, der hatte dahinten Reitstiefel drin, da habe ich gesagt, früher hattet ihr Knobelbecher, damit ihr durch die Drähte (etwa) kamt, und jetzt habt ihr Reitstiefel drin, weil ihr eure Pferde habt. Das hat sich wahnsinnig geändert.«[82]

»Knobelbecher« für die »Drähte« statt »Reitstiefel« für die »Pferde«: Damit war nicht nur der klar markierte Gegensatz zwischen wilder, harter Frühzeit 1990/91 und routinierter, geregelter Gegenwart 1993 bebildert. Mit dem Wechsel vom Soldaten- zum Reitsportstiefel hatte Geppert auch das zweite Motivfeld eingewoben: die Erfahrung des alltagspraktischen Wirtschaftsumbaus als militärischer Konflikt oder als regelrechtes Kampfgeschehen. Als sich Conrad Hopp an seine Ankunft in der neuen Niederlassung im Oktober 1990 erinnerte, deren Leitung er ab sofort übernehmen sollte, fand er dafür ein griffiges Bild aus der Sphäre des Militärischen – er empfand sich wie ein fremder Offizier, der nun vor Ort das Kommando übernehmen sollte:

> »Sicher war das am Anfang eine außerordentlich ungewöhnliche Situation. Ich meine, man muss sich vorstellen, das hat schon was besatzungsarmeeartiges an sich, wenn Sie also plötzlich hier vorfahren, und in ein bestehendes Büro, das gestern ein Büro der DDR-Organisation

81 R38-Interview mit Dieter Geppert, 16.1.1993.
82 Ebd.

war, mit einem Leiter, der aus der DDR-Hierarchie kommt, und dann kommt plötzlich einer vom Westen und dreht den ganzen Spieß um. Also das hatte schon mehr etwas von einer Besatzungsübernahme als mit Wiedervereinigung zu tun.«[83]

Auch sein Kollege Wolfgang Dorsten beschrieb diese Situation in einer ganz ähnlichen militärischen Semantik:

»In dieser ersten Zeit ist bei mir eigentlich die Entscheidung gereift oder entstanden, dass ich gesagt habe, wir können diese Aufgabe nicht wahrnehmen als eine reine Invasionstruppe. Ledernacken, jetzt kommen wir hin, jetzt zeigen wir denen, wie Marktwirtschaft geht.«[84]

Während die beiden Niederlassungsleiter mit diesem kriegerisch-militärischen Szenario fremdelten, schien gerade dieser Bezug anderen Interviewpartnern als stimmig, vor allem beim Handeln in einem grundsätzlich als feindselig eingeschätzten Umfeld. Der Abteilungsleiter Josef Arnstein griff dafür auf den prägnanten Begriff einer »Notgemeinschaft« zurück, die von allen Seiten permanent scharfer Kritik ausgesetzt sei:

»Frau Breuel hat mal gesagt, bei der ersten Veranstaltung für die Leitung der Treuhandanstalt, ›Wir sind eine Notgemeinschaft‹. Das war sehr drastisch ausgedrückt, aber ich bin der Meinung, wir SIND eine Notgemeinschaft gewesen, aber eine unglaublich POSITIVE Notgemeinschaft. Dass wir für alles, was wir taten, geprügelt wurden, war klar, denn was die Treuhandanstalt zu tun hatte, konnte nicht jedem recht sein, dafür ist unser westliches System einfach zu multikulturell oder einfach, dafür haben wir zu vielfältige, unterschiedliche Positionen in unserem westlichen Wirtschafts- und Kommunikations- und Repräsentanzsystem, um es da allen recht zu machen.«[85]

Die heftigen Auseinandersetzungen mit den gesellschaftlichen Umfeldern, mit Politikern, Investoren, Belegschaften, Gewerkschaften oder Journalisten wirkten im Zusammenspiel mit den flachen Binnenhierarchien integrierend; äußerer Konflikt und innere »Kameradschaft« gehörten damit gleichermaßen zusammen. Direktor Matthias Erben brachte diesen Zusammenhang sehr markant auf den Punkt:

»Das ist übrigens auch ein Kriterium der Treuhand INSGESAMT, dass vom ersten Tage an eigentlich jeder Mitarbeiter gewillt war, durch Kompromisse und wie auch immer, keinerlei destruktive Stimmungen

83 R35-Interview mit Conrad Hopp, 7.1.1993.

84 R26-Interview mit Dr. Wolfgang Dorsten, 25.11.1992.

85 R49-Interview mit Josef Arnstein, 16.4.1993.

aufkommen zu lassen. Und wenn Sie das mit vielen Konzernen vergleichen, wo also haufenweise Aktennotizen deswegen geschrieben werden, weil die Leute ihren eigenen Stuhl retten wollen, möglichst dann also nach vier Jahren so ein Ding aus der Tasche ziehen und sagen, das habe ich ja damals schon gesagt, das hat es hier nicht gegeben. Das wären die Ausnahmen gewesen, also die Regel war einfach nur, dass man zu jedem hinging und sagte, machen wir es so, machen wir es so, und dann hatte sich das. Also das ist ein Arbeitsstil gewesen, der auch im Vergleich zur westdeutschen Wirtschaft absolut einmalig war. Das IST so, da ist nichts dran zu duddern.«[86]

Krieg nach außen, Kameradschaft nach innen: Sprachbilder des Militärischen bildeten in zahlreichen Experteninterviews einen martialischen Motivhintergrund. Verwaltungsdirektor Urs Cramer etwa berichtete, wie er 1991 der Bundespost gedroht habe, eigene Telefonleitungen »wie im Krieg« über den noch unbebauten Potsdamer Platz ziehen zu lassen, um die massiven Kommunikationsprobleme in der Treuhand-Zentrale zu beenden. Seinen Arbeitsauftrag umschrieb er wie folgt:

> »[W]ir empfinden uns ja als Dienstleister, wir arbeiten ja jetzt nicht mehr, also [ich] bin [...] ja nie so ein Frontmann, ich bin ja ein Dienstleister, ich bin so ein Etappenmann, der den Leuten von hinten Munition schafft, damit die vorne schießen können, verhandeln können.«[87]

Dieser »Kampf« einer eingeschworenen »Notgemeinschaft« an der ostdeutschen »Front« ging bisweilen nicht folgenlos an den »Kriegern« vorbei, sondern wurde wie etwa vom Unternehmensjuristen Stephan Erhard als (ab-)härtender Teil der Bewährung im »Einsatz« beschrieben:

> »Ich meine, ich habe schon über ein ganz gutes Nervenkostüm verfügt, bevor ich hierherkam, aber (belustigt) jetzt kann mich, ich muss sagen, so leicht NICHTS erschüttern, was ich hier alles erlebt habe, das hat mir mein ohnehin schon dickes Fell noch bedeutend dicker wachsen lassen. [...] [E]s vergeht kaum ein Tag, an dem ich nicht irgendein Interview geben muss oder mich Diskussionen stellen, Vorträge halten muss und zu kritischen Themen, und da auch in hitziger Schlacht den Kopf hinhalten muss und sich da behaupten muss.«[88]

Doch in diesen Konfliktkonstellationen empfanden sich die interviewte Führungskräfte aus der Bundesrepublik nicht als hilflos. Sie reflektierten sehr ausführlich die Handlungs- und Gestaltungsspielräume, die ihnen

86 R39-Interview mit Dr. Matthias Erben, 19.1.1993.
87 R50-Interview mit Urs Cramer, 19.5.1993.
88 R4-Interview mit Dr. Stephan Erhard, 27.7.1992.

diese Ausnahmesituation vor allem bis weit in das Jahr 1992 hinein bot. So etwa der aus Südamerika nach Ostdeutschland gekommene Niederlassungsleiter Maltritz:

> »Na als ich [hierher] kam, gab es doch nichts, da gab es keinen Bürgermeister, da gab es im Prinzip keine richtige Regierung, da gab es doch gar nichts. Da war doch der Mann der Treuhand, der war doch der Herrscher aller Reußen. Der war doch der wichtigste Mann vor Ort.«[89]

Der Privatisierungsdirektor Patrick Körting resümierte ganz ähnlich und betonte die im Westen in dieser Weise schlichtweg undenkbaren Handlungsfreiheiten wie bei einem »Konzernboss«. Diese gleichzeitig als enorme Verantwortlichkeit wahrgenommenen Spielräume beruhten für Körting vor allem auch auf einem entsprechenden Vertrauensverhältnis zum Vorstand, mit dem man sich gemeinsam an der »Kante des Machbaren« bewegt habe.[90] Schließlich verglich der selbstbewusste Privatisierungsdirektor seinen eigenen Kompetenzbereich mit den in der Politik üblichen Gestaltungsmöglichkeiten:

> »Also ich möchte nicht mit irgendeinem Minister oder Ministerpräsidenten tauschen. Da habe ich heute mehr zu sagen. Das dringt zwar nicht an die Öffentlichkeit, aber ich habe faktisch mehr zu entscheiden als jeder Minister oder als Wirtschaftsminister. Ich habe auch mit allen darüber schon gesprochen, das ist so. Ich habe viel mehr Freiheitsgrade, viel mehr Macht, was zu machen. Die haben kein Geld, ganz simpel. Die können nur Marketing machen.«[91]

Andere Kollegen hingegen empfanden die ihnen kurzerhand zugestandenen Kompetenzen rückschauend teils eher als Belastung, wie etwa der Niederlassungsleiter Wolfgang Dorsten:

> »Wenn wir uns das heute vergegenwärtigen, was wir als Niederlassungsleiter für ein Verantwortungsvolumen auf uns gepackt haben, was man uns bereitgestellt hat und was wir uns aufgeladen haben, da kann einem in der Retrospektive eigentlich nur Angst und Bange werden. Kein Bankvorstand von Größenordnungen, die Gelder verwalten, wie wir es im Prinzip haben, hat derartige Freiheiten, wie wir es hatten, beim Veräußern vom Bilanzvolumen, bei der Umsatzgröße von Unternehmen, bei der BEWEGUNG von Geldern.«[92]

89 R23-Interview mit Dr. Dieter Maltritz, 5.10.1992.
90 R9-Interview mit Dr. Patrick Körting, 30.7.1992.
91 Ebd.
92 R26-Interview mit Dr. Wolfgang Dorsten, 25.11.1992.

Einen ausführlichen Einblick in das Erleben und Reflektieren dieser unbekannten Machtfülle gewährte Conrad Hopp seinem Gesprächspartner:

> »HIER ist eine Aufgabe gewesen, und einen Teil davon hatte ich auch nicht SO gesehen, wie ÖFFENTLICH die Aufgabe ist. Man ist, ob man das will oder nicht, bekannt wie ein bunter Hund in den Lokalen der Umgebung, gerade als Niederlassungsleiter natürlich.«[93]

Gerade kleine Privatisierungen bildeten den anschließenden Ausgangspunkt für Hopps ausführliche Reflexionen über die nachgerade entgrenzten Entscheidungs- und Gestaltungskompetenzen einer Führungskraft, die weitreichende soziale Verantwortung mit sich zogen:

> »Man greift mit unlimitierter Machtfülle in das GANZ individuelle Leben von Leuten ein. Da bewerben sich drei für ein Gasthaus, der eine ist schon die letzten fünf Jahre drin angestellt gewesen, der andere wollte immer schon mal eine Kneipe und war ein Ossi, und der Dritte ist jemand, der im Westen eine Kneipe aufgebaut hat, und wem immer von den dreien Sie es geben, Sie greifen gravierend in zwei Leben und zwei Hoffnungen und zwei sonstwas ein.«[94]

Der Niederlassungsleiter beschrieb diese Aufgabe mit einem Begriff, der sich semantisch ins bisher skizzierte Motivtableau eines konfliktträchtigen, fernen Grenzlandes einfügte – er verglich sich in seiner erlebten Machtvollkommenheit mit einem »orientalischen Potentaten«. Den Begriff eines »Potentaten«, dessen alltagspraktische Kompetenzen weit über die engeren Grenzen wirtschaftlicher Entscheidungen hinausgingen und tief in die Gesellschaft hineinreichten, hatte er bewusst gewählt. Gerade die große Bandbreite der von ihm zu entscheidenden Fälle und die damit verbundene Willkür trieben den Manager intensiv um:

> »[M]an hat mit VÖLLIG verschiedenen Dingen zu tun, mit Kneipiers, mit dem Syndikus eines Weltkonzerns, mit dem Kino, mit dem Denkmalschutz, mit ALLEN verschiedenen Dingen, und das klingt falsch, weil es ja viele kleine Dinge sind, (unv.) aber die MACHTfülle ist fast unlimitiert. Und es blieb auch gar nichts anderes übrig, Sie müssen einem der dreien diese Kneipe geben. Der Ermessensspielraum ist natürlich enorm hoch, die Frage, Sie können also dann wissenschaftlich sich überlegen, nach welchen Kriterien, aber de facto läuft es drauf hinaus, dass eigentlich jeder von den dreien wahrscheinlich ein Recht hätte, die Kneipe zu kriegen, und man sagt (etwa), nein, es ist der.«[95]

93 R35-Interview mit Conrad Hopp, 7.1.1993.
94 Ebd.
95 Ebd.

Die entgrenzte »Machtfülle«, deren ganzes Ausmaß der Niederlassungsleiter ganz auf eine einmalige, nicht wiederholbare Ausnahmesituation zurückführte, erschien ihm nicht nur als »faszinierend«, sondern auch als »gefährlich«. Diese Macht konnte (und musste) er jedoch in der Praxis auch an neues, ihm unbekanntes Personal delegieren:

> »[Es ist] diese GROSSE Zahl von kleinen, aber mit HOHEN Auswirkungen für eine GANZ spezifische Gruppe von Leuten, Dingen, die man rasch entschieden hat. Das war auch sicher das Faszinierende daran, [...] auch für junge Leute, die plötzlich in Situationen waren, nun Enormes bewegen zu können. Das heißt nicht, dass die alles in die richtige Richtung bewegen (etwa). [A]ber wir haben 40 Leute eingestellt, und vom nächsten TAG an eigentlich haben die PRAKTISCH selbständig Dinge bewirkt, die können Sie meistens sonst überhaupt nicht in Monaten, und nicht mit 27 Konferenzen bewirken.«[96]

Anders als seine meisten Kollegen sprach Hopp somit Fragen von Machtmissbrauch und Fehlentscheidungen, die auch in der Medienöffentlichkeit eine dominierende Rolle spielten, offen an. Privatisierungsdirektor Patrick Körting etwa, der seine Handlungsspielräume merklich genoss, sprach diese Problematik zwar an, aber vor allem, um sich gegen Vorwürfe zu verwehren:

> »Aber -- ich sage mal, Revision ist natürlich, und Rechnungshof ist natürlich, ich habe da auch schon einige Berichte gehabt hier, und da steht immer wieder das Gleiche drin. Man hätte mehr erlösen können. Sage ich, ja, hätte, natürlich, klar, gern, pffft. Das macht nichts, aber große, knackige Fehler, wo man sagt, also hier hast du völlig am Thema vorbei und Beschiss und sowas, habe ich bei mir noch nicht gehabt. Und werde ich auch wohl nicht kriegen, wenn der Laden weiter so läuft.«[97]

Während sich der Privatisierungsdirektor betont sorglos gab, blieb ein anderer Niederlassungsleiter skeptisch. Dieser sprach ebenfalls ganz offen über die Problematik der kurzfristigen »Risikoentscheidungen« in der alltäglichen Umbaupraxis, die andernorts undenkbar seien, aber der Konstellation entsprechend zwingend nötig gewesen wären, auch mit Blick auf die persönliche Haftung und damit die eigene Existenz.[98]

Auch wenn keiner der Interviewten ganz offen über eigene Verfehlungen oder den möglichen Missbrauch der gewährten Handlungs- und Gestaltungsspielräume sprach: Die von der Treuhandanstalt den Indus-

96 Ebd.

97 R9-Interview mit Dr. Patrick Körting, 30.7.1992.

98 R26-Interview mit Dr. Wolfgang Dorsten, 25.11.1992.

triemanagern gewährte Macht hatte immer mindestens zwei Seiten: Die ins östliche »Grenzland« gerufenen Westmanager sollten und wollten zwar die besonderen Bedingungen des befristeten Ausnahmezustand Treuhandanstalt im Alltagsgeschäft umfassend nutzen. Andererseits mussten sie jedoch zugleich um ihre materielle Existenz und ihren Ruf fürchten, so sie den hiermit einhergehenden Versuchungen nicht widerstehen konnten. So legte etwa der entlassene und später infolge der dortigen Skandale angeklagte Abteilungsleiter der Niederlassung Halle, Klaus Klamroth, in seinem veröffentlichten »Kriegstagebuch« ausführlich Zeugnis über das eigene Scheitern im Osten ab.[99] Auch in der Presse wurden Enthüllungsberichte über im Osten gescheiterte Westmanager, die die umfassende Macht vor Ort korrumpiert hatte, populär.[100]

In der Rückschau der bundesdeutschen Manager waren es letztlich vor allem drei Dimensionen, die den Grenzraum einer ostdeutschen »Frontier« konstituierten: In einer Vorstellungswelt des exotisch Abenteuerlichen, die ein verfremdendes Setting für das Leben und Arbeiten im »wilden Osten« nutzte, wurden die hier erlebten, vielfältigen Konflikte häufig in einer militärisch-kriegerischen Bildsprache wiedergegeben. Die Reflexion der als extensiv empfundenen alltagspraktischen Handlungs- und Gestaltungsspielräume ergänzte das narrative Arrangement von Abenteuer und Krieg um den Aspekt der (Ohn-)Macht im »Grenzland« des Ostens.[101]

99 Klamroth: Eine Chronik; vgl. hierzu auch Laabs: Goldrausch.

100 »Überzogen und irreal«, in: Wirtschaftswoche, 10.9.1993, »Wie ein Treuhänder straffällig wird«, in: Neues Deutschland, 4.5.1994; »Mit halbem Bein im Gefängnis«, in: Die Welt, 29.4.1994; »Wir konnten mit dieser Macht nicht richtig umgehen«, in: Tageszeitung, 8.10.1993; »Der ›Bulldozer‹ und die Absahner«, in: Stern, 16.6.1994; »›Alle Banditen dieser Welt‹ suchen ihr Glück bei der Treuhand«; in: Märkische Allgemeine, 22.7.1993; »Tatort Treuhand«, in: Super Illu, 17.12.1991.

101 Hierzu auch die instruktive Fallstudie von Dreke, Claudia: Der fremde Osten. Formen der Verarbeitung von Fremdheit in der West-Ost-Migration nach 1990 am Beispiel von Verwaltungsangestellten, Berlin 2003, die auf der Grundlage von 11 Interviews mit westdeutschen Verwaltungsbeamten ebenso das »Pionierhafte« in deren Wahrnehmungen und Erzählungen systematisch herausarbeitet.

1992 legte ein Wirtschaftsverlag einen »Klassiker« der Behörden- und Bürokratenkritik in deutscher Übersetzung neu auf: das erstmals 1957 erschiene Büchlein »Parkinsons Gesetz und andere Studien über die Verwaltung« des Briten Cyril Parkinson. Der Publizist hatte in den 1950er-Jahren am Beispiel des trotz sinkender Schiffszahlen nicht enden wollenden Personalwachstums der britischen Kolonial- und Flottenverwaltung ein eigenes »Gesetz« formuliert: »Arbeit« lasse sich »wie Gummi dehnen, um die Zeit auszufüllen, die für sie zur Verfügung« stehe.[1] Nach Parkinson war jede Form der Verwaltung ausgehend von zwei »ursächliche[n] Triebkräften, Motive[n] oder Tendenzen« von einem Zug zur »Verbürokratisierung« geprägt: »(1) Jeder Beamte oder Angestellte wünscht die Zahl seiner Untergebenen, nicht aber die Zahl seiner Rivalen, zu vergrößern. (2) Beamte oder Angestellte schaffen sich gegenseitig Arbeit.«[2]

Parkinsons populär mit Karikaturen ausstaffiertes Büchlein verband organisationswissenschaftliche Analysen mit genauen Beobachtungen und ironisch-kritischen Urteilen über »Bürokraten«[3] und hatte sich während der 1960er-Jahre zu einem populären Klassiker entwickelt. Bezeichnenderweise interessierten sich zunächst weniger Politiker oder Behördenchefs für die Analysen zur sich selbst verstärkenden Selbstbeschäftigung von Verwaltungsstrukturen, sondern vor allem westliche Unternehmensführer und Manager. Diese sahen sich in den Krisen der 1970er-Jahre mit »aufgeblähten Verwaltungen« inner- wie außerhalb ihrer eigenen Unternehmen konfrontiert und »Parkinsons Gesetz« gab ihnen einige triftige Situationsanalysen sowie eingängige Handlungsempfehlungen an die Hand.[4]

Diese Form des Antibürokratismus fiel auch bei der Treuhand auf fruchtbaren Boden. Mitte Januar 1993 führte Dietmar Rost ein ausgedehntes Interview mit dem Stahlmanager Matthias Erben. Die scheinbar unaufhaltsam voranschreitende »Verbürokratisierung« der Organisation sprach der Industriemanager im Laufe des Gesprächs immer wieder aufs Neue an und bezog sich explizit auf jenen »Klassiker«, dessen »Gesetz« er in der Treuhand vollumfänglich wirksam werden sah. Es müsse daher »in den meisten Köpfen« seiner Kollegen die »Einsicht« reifen, dass nicht

1 Parkinson, Cyril N.: Parkinsons Gesetz und andere Studien über die Verwaltung, München 1999, S. 9.

2 Ebd., S. 21.

3 Ebd., S. 11.

4 Ebd., S. 10.

ein Mehr an Bürokratie, sondern eine Rückkehr zu mehr »Eigenverantwortlichkeit« notwendig sei.[5] Erben wusste eine ganze Reihe von Faktoren für die schleichende »Verbeamtung« zu benennen: das »Lernen« aus Fehlschlägen und öffentlichen Skandalen, der gesamte »politische Außenbereich«, das rapide Personalwachstum, die beständige Zuweisung neuer Aufgaben, ein krisenhaftes konjunkturelles Umfeld sowie der stets wachsende Kontrolldruck aus dem Bundesfinanzministerium. Der Direktor redete sich merklich in Rage:

> »Es gibt natürlich Leute, die vor Regeln, besonders, wenn sie aus einem politischen Kreis kommen, ausgesprochene Hochachtung haben. Mir fehlt diese Hochachtung, deswegen kümmere ich mich relativ wenig darum. Das sage ich auch ganz offen überall. Wenn das vernünftig ist, dann wird es gemacht, und dann wollen wir mal sehen, wie wir das in die Regel reinbringen, und nicht umgekehrt.«[6]

Der Direktor versuchte seinen eigenen »Mittelweg« in einer als zunehmend politisiert und bürokratisiert empfundenen Organisation zu finden – frei nach Rohwedders bekannter Formel, dass »erst das Leben« und »dann die Paragraphen« kämen.[7] Bezeichnenderweise leitete Erben diesen Gegensatz aus divergierenden »Mentalitäten« her, die sich in der Treuhand frontal gegenüberstanden: Während sich der Direktor dem Kreis der unternehmerischen Macher zuordnete, stellte er diesen die Gruppe der Beamten mit ihrer »Hochachtung« vor Regeln und dem Drang nach bürokratischen (Selbst-)Absicherungen gegenüber.[8] Damit markierte er ein weitläufiges Spannungsfeld innerhalb der Selbst- und Fremdbeschreibungen des Führungspersonals.

Diese besondere Konstellation war der spezifischen, im Sommer 1990 arrangierten Position der Organisation zwischen Behörde und Unternehmen geschuldet, für die Detlev Rohwedder im November 1990 ebenfalls eine markante Formel gefunden hatte. Angesprochen auf die Faszination des »politischen« Charakters seiner Aufgabe, erklärte er: »Wir sind ein Zwitter. Einerseits haben wir eine privatwirtschaftliche Managementaufgabe, andererseits die politische Aufgabe, Transformationsstelle zu sein für die Integration der ostdeutschen in die westdeutsche Wirtschaft.«[9]

5 R39-Interview mit Dr. Matthias Erben, 19.1.1993.
6 Ebd.
7 Volkskammer der Deutschen Demokratischen Republik: Stenographisches Protokoll, 10. Wahlperiode, 35. Tagung, 13.9.1990, in: Treuhandanstalt: Dokumentation, Bd. 2, S. 152-176.
8 R39-Interview mit Dr. Matthias Erben, 19.1.1993.
9 »›Das wird lange dauern‹«, in: Treuhandanstalt: Dokumentation, Bd. 1, A39.

Bei ihrer Anfang 1993 durchgeführten Umfrage hatten Seibel und Czada dieses Mischungsverhältnis näherungsweise bestimmen können: 61,5 % der Direktoren hatten sich selbst dem privatwirtschaftlichen Sektor zugeordnet, gegenüber 27 % aus dem öffentlichen Dienst; auf Abteilungsleiter-Ebene lag das Verhältnis immerhin noch bei 54 % gegenüber 19 %.[10] Während die Industriemanager sich vor allem auf die Leitung der »operativen« Kernbereiche konzentrierten, waren die Verwaltungsexperten generell in funktionalen Querschnitts- oder Stabsfunktionen wie dem Präsidialbereich, übergreifenden »Servicefunktionen« wie Finanzen oder Personal, den kaufmännischen Direktoraten sowie in den Feldern Umwelt oder Soziales eingesetzt.

Der entscheidende Unterschied zu den meisten (Übergangs-)Institutionen in den neuen Ländern und Kommunen wie Ministerien, Verwaltungen und Universitäten, in deren Führungsetagen nach 1990 bundesdeutsche Experten als Teil der »Transfereliten« umfassend aktiv wurden,[11] wog damit doppelt: Zum einen begegneten bei der Treuhandanstalt Wirtschaftsexperten und Verwaltungsfachleute einander ganz unmittelbar; zum anderen bildeten die Industrie- und Finanzmanager eindeutig, zumindest bis weit ins Jahr 1993 hinein, die Organisation die dominierende Gruppe.

So verwundert es kaum, dass der nachfolgende Blick auf jene Verwaltungsexperten, die wie ihre Managerkollegen zumeist den 1930er- bis 1950er-Jahrgängen angehörten, einige Gemeinsamkeiten, aber auch markante Differenzen zwischen beiden Gruppen zutage treten lässt. Sahen die Beamten bei den Industriemanagern vor allem (aber nicht nur) eine staats- und behördenkritische Skepsis gegenüber »bremsenden« Bürokraten, ähnelten ihre Motivationsbeschreibungen oder die erzählten Erfahrungen im »Grenzland« Ost den Berichten ihrer Managerkollegen – allerdings mit einem fundamentalen Unterschied: Das Spannungsfeld von Politik und Wirtschaft, von Behörde und Unternehmen, von Kontrolle und Freiheit blieb der zentrale Konfliktpunkt für die Selbstreflexionen innerhalb dieser Gruppe.

3.1 Außenansichten: Bremse per Vermerke-Unwesen

In den Führungsetagen der Treuhand waren langjährige Verwaltungsbeamte quasi über Nacht unter gleichermaßen erfahrene »Kaufleute« geraten, was einiges an internen Reibungen erzeugen sollte. Als Birgit Breuel Ende November 1991 in der Berliner Wuhlheide ihr Grundsatzreferat

10 Seibel: Verwaltete Illusionen, S. 173ff.

11 Vgl. hierzu auch die Interviews bei Thießen: Die Wessis.

hielt, geißelte sie mit überraschend scharfen Worten die gegenwärtige »Überbürokratisierung« der Organisation und malte ein Schreckensbild:

> »Setzen wir in unserer Arbeit die richtigen Prioritäten! Setzen wir auf unsere Initiative, Kreativität und Einsatzbereitschaft! Nur so können wir verhindern, dass das Pendel von kreativer Unbekümmertheit in Überbürokratisierung umschlägt! Bürokratische Strukturen sind von Intoleranz und Sicherheitsdenken geprägt. [...]. Wir müssen dieses Vermerke-Unwesen bekämpfen. Die Parole lautet: So viel Information wie nötig, so viel Dialog wie möglich, schriftlich nur soviel, wie unvermeidbar.«[12]

In keiner anderen Passage ihrer Rede, die für die programmatische Etablierung einer gemeinsamen Identität des unter großem Außendruck stehenden Personals geschrieben worden war, zielte die Präsidentin auf einen vermeintlichen Gegner, der innerhalb der eigenen Organisation lauere. Dementsprechend kontrovers fielen die Reaktionen aus.

Während die Präsidentin in ihrem Vortrag den einen Grundsatzkonflikt – den zwischen Ost- und Westdeutschen – mit großen Worten für »überwunden« erklärte, schürte sie scheinbar bewusst den Gegensatz zwischen Managern und Beamten, um so die zu diesem Zeitpunkt in voller Entfaltung und steigendem Tempo begriffene Privatisierungspraxis weiter zu forcieren. Wohlkalkuliert griff die Präsidentin damit die Ressentiments der dafür entscheidenden Trägergruppe unmittelbar auf: Gerade selbstbewusste Privatisierungsdirektoren sahen sich und ihre Mitarbeiter zunehmend von »Bremsern« innerhalb der Treuhandanstalt umzingelt.[13]

Drastisch sprach auch Theodor Lohmann von der ausufernden »Krankheit« der Bürokratie, die derzeit um sich greife; dabei geriet für den Direktor nicht zuletzt ein zentrales Organisationsziel, die 1993 propagierte Selbstauflösung, aus dem Bereich des Möglichen:

> »Mit all den negativen Auswirkungen, die Bürokratie so hat: permanentem Berichtswesen, permanenten Unterstützungen und dem Auswuchs, dass mancher, um sich nicht selber überflüssig zu machen, natürlich ständig neue Dinge erfindet, um seine Daseinsberechtigung zu erhalten. Und das ist deprimierend, weil es den Operativen das Geschäft erschwert.«[14]

12 Birgit Breuel: Miteinander. Arbeiten für die Soziale Markwirtschaft. Grundsatzreferat, gehalten an den Mitarbeiter-Tagen, 23. und 30. November 1991, Berlin-Wuhlheide, in: Treuhandanstalt: Dokumentation, Bd. 12, S. 917-936, hier S. 931 f.

13 R9-Interview mit Dr. Patrick Körting, 30.7.1992.

14 R12-Interview mit Theodor Lohmann u. Mitarbeitern, 4.8.1992.

Den meisten interviewten Managern erschienen die »Bürokraten« zumindest als abstrakte Gruppe anonymer Blockierer. Ein junger Abteilungsleiter mochte sich jedoch der unter seinen älteren Kollegen weitverbreiteten Klage über die »Bürokratisierung« nicht anschließen. Die bei der Treuhand tätigen Beamten trügen in ihren Zuständigkeitsbereichen und gemäß ihrer Qualifikationen und Fähigkeiten auf ihre Weise zum Erfolg bei:

> »Es ist sicher so, dass die verwalterischen Mitarbeiter eher in den Stabsfunktionen sind, und die unternehmerischen oder Beratermitarbeiter eher in den operativen Bereichen sind, und da es zwischen Stäben und Operativen sowieso immer so ein bisschen Unterschiede gibt, [...] aber ich muss sagen, ich habe wirklich VIELE gute Leute, LEITENDE Beamte hier kennengelernt, von denen ich sehr beeindruckt bin.«[15]

Was bei den Privatisierungsdirektoren als Opposition aufgrund unterschiedlicher »Mentalitäten« gedeutet wurde, erschien auf diese Weise pragmatisch gesehen als aufgabenspezifische Symbiose in der Zusammenarbeit unterschiedlich spezialisierter Expertengruppen.[16]

Blickt man auf die Außenwahrnehmungen, verblieb das westdeutsche Verwaltungspersonal im Schatten ihrer bundesdeutschen Managerkollegen. Die Treuhand wurde, sieht man einmal von den marktliberalen Kritikern ab, in der zeitgenössischen Medienöffentlichkeit als Organisation wahrgenommen, die maßgeblich von bundesdeutschen Industriemanagern geführt und geprägt wurde. Und genau dies war der Eindruck, den Birgit Breuel, die im Laufe ihrer eigenen politischen Karriere immer wieder mit dem vermeintlichen »Amtsschimmel« ins Gericht gegangen war,[17] mit ihrer beherzten Attacke im Herbst 1991 gegen das »Vermerke-Unwesen« befestigen wollte. Die in den Privatisierungsdirektoraten aufgestauten Frustrationen lenkte sie damit gezielt auf die Gruppe der (vermeintlichen) »Bürokraten«, die auf diese Weise auch das spezifische Sonderverhältnis der Organisation zu Staat und Politik im Inneren repräsentierten.

3.2 Wege zur Treuhand: Laufbahnbeamte und Grenzgänger

Es verwundert angesichts ihres prekären Status wenig, dass gerade diese Gruppe andere erzählerische Zugriffe auf ihre vor der Treuhand-Zeit durchlaufenen Berufsbiografien wählten, als es die altgedienten Mana-

15 R30-Interview mit Simon Cunau, 21.12.1992.

16 Vgl. die intensive Kontroverse in den zeitgenössischen Interviews im vorherigen Kapitel zur zunehmenden Standardisierung und »Bürokratisierung« der Organisation ab Ende 1992.

17 Vgl. Breuel: Amtsschimmel.

ger und Unternehmer taten. Im Grunde waren es zwei Muster, die die Karriereerzählungen des knappen Dutzends an Westbeamten prägten, das Rost 1992/93 umfassend interviewte: Entweder sie berichteten (zurückhaltend) von einer »klassischen« Karriere im öffentlichen Dienst ohne jeden näheren Bezug zur Wirtschaft oder aber sie entwickelten die Erzählung ihres beruflichen Lebensweges ganz gezielt als professionellen Grenzgang zwischen Staat und Wirtschaft.

Zur Gruppe der »Karrierebeamten« gehörte zweifellos Heinrich Voss, der zweite Interviewpartner von Dietmar Rost im Juli 1992. Der Jurist, der bereits im August 1990 noch mit Reiner Gohlke zur Treuhand gestoßen war, charakterisierte seinen bisherigen Lebensweg bereits zu Beginn des Gesprächs als »nicht GANZ typisch« für die Treuhandanstalt, blickte er doch bisher auf eine geradlinige Karriere als »klassischer Laufbahnbeamter« mit Nähe zur FDP zurück, die jedoch im Mai 1990 mit der Abwahl der Albrecht-Regierung in Niedersachsen ein jähes Ende gefunden hatte.[18] An seinen berufsbiografischen Ausführungen war bemerkenswert, dass er seine »politische« und dabei betont auch »konstruktive« Beamtenlaufbahn relativ ausführlich darstellte, während andere, sich als klassische Berufsbeamte verstehende Verwaltungsmitarbeiter, dies nur äußerst knapp taten: Ein Direktor gab lediglich an, zuvor als Büroleiter in der Bundesanstalt für Arbeit tätig gewesen und dann per »Zufall« durch ein Telefonat zwischen Minister und Behördenchef nach Ostberlin entsandt worden zu sein – über seinen restlichen, fast dreißig Jahre währenden Berufsweg verlor er sonst kein Wort.[19] Ein weiterer Direktor gab lediglich zu Beginn des Interviews kurz an, als »beurlaubter Beamter« aus einer Stadt in Süddeutschland in den Osten gekommen zu sein – der Kontakt zur Treuhand im März 1991 sei ebenfalls zufällig über einen Bekannten aus der gemeinsamen »Studienzeit« zustande gekommen.[20] Gerade die klassischen Beamten neigten dazu, ihre bisherigen, aus ihrer Sicht für die Treuhand »untypischen« Berufspfade weitgehend auszuklammern.

Der Zufall war eine Kategorie, den mehrere Verwaltungsexperten als biografisches Erklärungsmuster für ihren als ungewöhnlich empfundenen Wechsel zur Treuhand nutzten, obgleich damit nicht zwangsläufig ein Verschweigen ihres bisherigen Karriereweges verbunden sein musste. Direktor Boris Märtens drängte es gleich zu Beginn seines Interviews, sich offen zu seiner Berufsbiografie zu erklären:

> »Ich bin aus der staatlichen Verwaltung, aus dem Bundesjustizministerium, einer der kleinen Minderheit von Beamten, die hier tätig sind. Ich

18 R2-Interview mit Heinrich Voss, 22.7.1992.

19 R32-Interview mit Gerhard Pander, 22.12.1992.

20 R37-Interview mit Bruno Homm, 12.1.1993.

> bin seit [Mitte der 1970er-Jahre, M.B.] Bundesbeamter, nie mit wirklichen Unterbrechungen. Und ich war zuletzt [...] im Justizministerium des Bundes Leiter des Völkerrechtsreferats [...] und dort natürlich intensiv befasst mit dem Einigungsvertrag. [...] Gleichwohl war es fast ein reiner Zufall, dass ich von einer Vakanz hier hörte.«[21]

Nicht alle Verwaltungsexperten sahen sich veranlasst, ihre bisherige Laufbahn weitgehend auszublenden. Direktor Stefan Wolter beschrieb seinen persönlichen Berufsweg zunächst als denjenigen eines reinen »Bürokraten«: »Ich bin jemand, der aus einem Ministerium kommt, der immer in einem Ministerium gearbeitet hat, nie woanders, also sozusagen immer Bürokrat war, sein ganzes Leben lang.«[22] Gegenüber seinen kurzangebundenen Beamten-Kollegen ging Wolter jedoch ausführlich auf die verschiedenen Stationen und Aufgabenbereiche seiner Beamtenlaufbahn in verschiedenen Landesministerien ein. Denn obwohl sich der Direktor selbst als »Bürokrat« entwarf, erachtete er sich als für die Treuhand besonders gerüstet:

> »Und nun muss man auch dazu sagen, ich tue mich [bei der Treuhand, M.B.] ein bisschen leichter, weil ich, das sagte ich ja, das Anfang der '80er Jahre alles schon mal miterlebt habe, den Strukturwandel der Stahlindustrie im Ruhrgebiet, der das Ruhrgebiet wie eine Keule getroffen hat, nach dem Motto, ›Wieso ist jetzt plötzlich hier ein Strukturwandel, wir haben doch gar nichts gemacht, schuld sind doch die anderen, die Bösen in Brüssel und so, DIE sind doch eigentlich schuld, WIR doch nicht, wir sind doch in Ordnung‹. So eine ähnliche Situation ist ja hier auch.«[23]

Neben den klassischen Berufsbeamten kristallisierte sich in den Interviews zugleich eine zweite Gruppe heraus, die sich berufsbiografisch weniger ausschließlich als »Bürokraten«, sondern vielmehr als Grenzgänger zwischen Politik und Wirtschaft beschrieb. Der Jurist Richard Hajek*, geboren in den 1920er-Jahren, war nach einer Karriere in verschiedenen Bundesministerien bis zum Staatssekretär aufgestiegen; nach seinem Ausscheiden aus der Politik Mitte der 1980er-Jahre hatte er eine Leitungsposition bei einer Bank und diverse Aufsichtsratsmandate inne. Als er auf die oft beklagte »Bürokratisierung« der Organisation angesprochen wurde, ging er nochmals ausführlich auf seine Beamtenlaufbahn ein, die ihn für den Aufbau seines eigenen Direktorats prädestiniert und zugleich auch markante Konfliktsituationen hervorgerufen habe:

21 R18-Interview mit Dr. Boris Märtens, 10.9.1992.

22 R44-Interview mit Stefan Wolter, 4.2.1993.

23 Ebd.

> »Ich bin ein alter Verwaltungshase. Ich bin Jahrzehnte in der Bundesverwaltung tätig gewesen, und ich bin in der Wirtschaft gewesen. Und da ich eine große Verwaltung geleitet habe, --- und auch ein Unternehmen geleitet habe, habe ich hier, als ich angefangen habe, aufzubauen, das nach ganz bestimmten Prinzipien gemacht. [...] Dann kriegte ich dann immer das im Nachherein hier serviert. Und das, was dann nachher serviert wurde, war natürlich viel komplizierter als das, was, (belustigt) was wir gemacht haben.«[24]

Nicht nur der altgediente Spitzenbeamte beschrieb seine Karriere als wirtschafts- *und* unternehmensaffin. Auch Direktor Kaltenburg sah sich nach einer zwei Jahrzehnte währenden Karriere in einem süddeutschen Finanzministerium für seine gegenwärtigen Treuhand-Aktivitäten bestens gerüstet. Er hatte in Finanz- und Haushaltsfragen auf verschiedenen, im Gespräch akribisch aufgelisteten Karrierestationen »Erfahrungen im Wirtschaftsbereich«, gesammelt und konnte entsprechende »Allrounderfahrung« sowie »Organisationserfahrung« aufweisen.[25]

Andere Verwaltungsexperten verorteten sich sogar noch stärker unmittelbar in einer Kontaktzone zum Unternehmerischen. Volker Wiertel leitete ab Oktober 1990 ein eigenes Direktorat; wie auch Kaltenburg hatte er zuvor eine abwechslungsreiche Beamtenkarriere in einer Staatsverwaltung absolviert, die er selbst für »außergewöhnlich« hielt, da sie ihn in die internationale Banken- und Finanzwelt (»in Singapur, in New York, in London, in Luxemburg«) geführt habe, wie er ausführlich schilderte.[26] Detailreich beschrieb der Direktor seine Teilnahme an einem »Kronprinzenlehrgang«, der ihm tiefe Einblicke in die globale Wirtschaftswelt jenseits eines Landesministeriums verschafft habe; er entfaltete in der Folge eine abwechslungsreiche wie herausfordernde Odyssee durch die internationale Medien- und Unternehmenslandschaft, die fast schicksalhaft mit einem neuen Anfang endete:

> »Und das war also alles während der Tätigkeit als Beamter, das war außerordentlich attraktiv natürlich, wie Sie sich vorstellen können. Und dann kam der Anruf von Rohwedder. Erst von Herrn Wild, dann von Herrn Rohwedder. Sonst wäre ich hier nie hergekommen.«[27]

Wie stark wirtschaftliche und politische Aspekte der Berufslaufbahn in der Rückschau miteinander verquickt sein konnten, ließ sich auch im Gespräch mit Direktor Simon Norden plastisch nachvollziehen. Um Infor-

24 R19-Interview mit Richard Hajek, 15.9.1992.
25 R11-Interview mit Dr. Daniel Kaltenburg, 31.7.1992.
26 R13-Interview mit Dr. Volker Wiertel, 5.8.1992.
27 Ebd.

mationen zu seiner Berufsbiografie gebeten, betonte Norden nachdrücklich, ständig in Bewegung gewesen zu sein und »alle 3,5 Jahre etwas völlig anderes gemacht« zu haben. Ein dynamisches Wechselspiel im Schnittfeld von Wissenschaft (Promotion), Wirtschaft (Managementposten) und Politik (Staatssekretärsposten) habe sich ergeben. Dieser Grenzgang erschien als zentrales Movens seiner Berufsbiografie, die ihn aus seiner Sicht auch ideal für eine führende Tätigkeit bei der Treuhand qualifizierte, bei der er umfassend sein »unternehmerische[s] Handeln und Denken« mit »bürokratischen Instrumenten« verknüpfen könne.[28]

In derartigen Ausführungen hatte sich das berufsbiografische Erzählmuster, dynamisch in einem Zwischenraum von Wirtschaft und Politik beziehungsweise Unternehmen und Staat gearbeitet zu haben, in augenfälligster Weise verdichtet. In der Treuhand verorteten sich zahlreiche vormalige Verwaltungsfachleute charakteristischerweise als Mischtypus des wirtschaftsnahen Beamten oder staatsnahen Managers, der sich bei der »Zwitter«-Organisation Treuhand nun umfassend selbstverwirklichen konnte.

3.3 Motivationserzählungen: Jenseits des »einsamen Beamtenstuhls«

Mithilfe welcher Motive erklärten führende Mitarbeiter aus der Verwaltung ihren Übertritt in die Dienste der Treuhand? Auch in dieser Gruppe fanden sich eingängige Motivationserzählungen aus den bereits für die gleichaltrigen Industriemanager vorgestellten Themenkreisen zu Patriotismus und Idealismus oder professionellen Herausforderungen. Der frühere hohe Staatsbeamte Richard Hajek leitete sein Engagement, für das er sich eigens aus dem Ruhestand zurückholen ließ, aus einer kompakt präsentierten Trias dreier Faktoren her, einer Kombination von professionellen, biografischen und idealistischen Motiven:

> »Drei Dinge, also erstens mal, dass mich die Aufgabe faszinierte. Zum anderen, dass ich auch eine gewisse emotionale Bindung hatte, ich stamme von hier, ich bin in den 1940er-Jahren hier, ohne Tränen verschwunden, -- weil ich hier nicht zurechtkam. Und bin damals in den Westen gegangen, habe dort studiert, und das dritte, ich bildete mir ein, dass ich also auch ein bisschen Kenntnisse über diesen ganzen Bereich mitbringe, und da vielleicht auch helfen kann.«[29]

Der fast gleichalte Direktor Bernhard Hamberger war nach einer Karriere in der Mineralölwirtschaft Ende der 1970er-Jahre als Manager in

28 R46-Interview mit Simon Norden, 10.2.1993

29 R19-Interview mit Richard Hajek, 15.9.1992.

eine bundeseigene Industrie-Verwaltungsgesellschaft gewechselt und begriff sich auch als Grenzgänger zwischen Politik und Wirtschaft. Die professionelle Herausforderung, die er im Osten gesucht habe, benannte er ohne Umschweife:

> »Ja wissen Sie, ich habe mich eigentlich für die Pension noch zu jung gefühlt. [...]. Und wissen Sie, aus so einem, ich sage jetzt mal, gut hundertprozentigen -- oder hundertprozentigen EINSATZ – dann plötzlich auf den Stand NULL herunter? [...] Und dann kamen die nach ein, zwei Monaten schon, sagen, ›Pass mal auf, du fühlst dich ja noch viel zu jung für den Ruhestand, hier gibt es jetzt eine Aufgabe. Hättest du dafür nicht Lust?‹«[30]

Perspektive statt Rente oder – weniger dualistisch formuliert – eine professionelle Herausforderung im fortgeschrittenen Alter waren für die Älteren der interviewten Verwaltungsexperten ein gewichtiger Beweggrund, wurden aber auch von jüngeren Kollegen aus dem öffentlichen Dienst als Motivationsimpuls benannt. Der zuvor in der Arbeitsverwaltung tätige Gerhard Pander betonte, dass er bei der Treuhand »tatsächlich mal die Möglichkeit« gehabt habe, »nach eigenen Vorstellungen was zu entwickeln« und direkt auch umsetzen zu können.[31] Der Jurist Siegfried Hambach, der verbeamtete Wirtschaftsprüfer, der an der Erarbeitung des Einigungsvertrages mitgewirkt hatte, konnte ganz unmittelbar an sein berufliches Vorleben anknüpfen und es mit einer sehr speziellen Perspektive in die Zukunft verlängern:

> »Die Motivationslage war schlichtweg diejenige, das, was man dort auf abstrakter Gesetzgebungs- oder auf Vertragsebene in irgendeiner Weise mit beeinflusst hatte, nun in seiner Umsetzung bei der Arbeit der Treuhandanstalt zu sehen, wie dies funktioniert und schlichtweg was Neues, Hochinteressantes zu machen.«[32]

Später fächerte der Beamte seine Motivationslage differenzierter in eine wiederum kompakte Trias auf, die mit dem Motiv des Abenteuers beflaggt war:

> »Also Motiv Nummer 1, in Bonn wird es nach der Wiedervereinigung nicht mehr so interessant sein wie unmittelbar davor. Motiv 2, ich strebte nach einer konkreteren juristischen Tätigkeit und Motiv 3, go East,

30 R5-Interview mit Bernhard Hamberger, 28.7.1992.
31 R32-Interview mit Gerhard Pander, 22.12.1992.
32 R36-Interview mit Siegfried Hambach, 11.1.1993.

young man (lacht)! Ja, die Möglichkeit was Neues, was Interessantes zu machen.«[33]

Das individuelle Ausbrechen aus den gewohnten Routinen eines stark normierten Verwaltungsapparates war ein zentrales Element, das zwar schon in den Erzählungen einiger Industriemanager im Kontext von Großunternehmen auftauchte, bei den Mitarbeitern des öffentlichen Dienstes jedoch ungleich stärker betont wurde.

Direktor Volker Wiertel, der aus einem süddeutschen Wirtschaftsministerium gekommen war, fasste seine Motivationserzählung wie sein Kollege in ein dreidimensionales Modell, setzte aber andere Gewichtungen, die eng an das anknüpfen, was auch seine Manager-Kollegen berichteten. Das von ihm entworfene Grenzgängertum war bewusst als eines konzipiert, das zwischen zwei Motivgruppen (Heimat und Herausforderung) wechselte:

> »Die [Motivation, M.B.] war, natürlich ambivalent. Die Motivation lag in allererster Linie im Emotionalen. Ich bin hierhergegangen, weil ich mir gesagt habe, du kommst aus dieser Gegend -- und du hast eigentlich für dieses dein Heimatland nichts tun können in der Vergangenheit, und jetzt hast du die Möglichkeit, etwas für es zu tun, dann tu es bitte auch. Das war sicherlich das dominierende Motiv. Das zweite Motiv war, ich fühle mich auf einem einsamen Beamtenstuhl nicht so unbedingt ganz wohl, ich wollte durchaus schon noch etwas anderes machen, habe gesagt, bist jetzt Mitte vierzig, ideal eigentlich, nochmal was anderes anzufangen, und dann vielleicht später noch wieder GANZ was anderes zu tun. Das war die zweite Herausforderung, die dritte Herausforderung war sicher, dass man sich ökonomisch stark verbessert hat.«[34]

Für den aus dem Bundesjustizministerium gekommenen Boris Märtens war es weniger das Motiv der Grenze, als vielmehr das Prinzip der aktiven Teilhabe, das ihn besonders reizte, da er auf diese Weise »dem Zeitgeist und der Entwicklung nahe« sein wollte:

> »Die Erfahrung, die ich suchte und wollte, ist zunächst natürlich eine berufliche, aber schon auch sehr stark das Dabeisein in einem Prozess, der finde ich, menschlich, politisch, historisch aufrüttelnd und faszinierend ist, man wollte dabei sein, ja? An vorderster Front, und das ist gelungen, auch als Jurist, man kann nicht oft genug an die vorderste Front.«[35]

33 Ebd.

34 R13-Interview mit Dr. Volker Wiertel, 5.8.1992.

35 R18-Interview mit Dr. Boris Märtens, 10.9.1992.

Als zweiten Motivationsstrang rückte der Direktor schließlich die soziale Heterogenität des Personals selbst in den Mittelpunkt:

> »[I]ch habe noch nie so viele verschiedene Menschen zu führen gehabt, einen buntgewürfelten Kreis, was die Persönlichkeiten angeht. Und natürlich faszinierend ist dieses Haus mit der Mischung von Unternehmern aus allen Branchen, Finanzierungsleuten aus allen Branchen, einem wirklich hochkarätigen Stamm von interessanten Leuten, die alle auch ein klein bisschen den Funken des Abenteurers in sich tragen, denn man musste Mut haben hierherzukommen, und man muss auch Mut haben hierzubleiben.«[36]

Der Vergleich mit den von den älteren Industriemanagern präsentierten Motivationserzählungen bringt deutliche Parallelen hervor, die wohl auf ähnliche generationelle Prägungen der deutsch-deutschen Kriegs- und Nachkriegszeit zurückzuführen sein dürften. Viele Interviewpartner begründeten ihr individuelles Ost-Engagement mit biografischen Bezügen zur DDR oder allgemein zum »Osten«, idealistische und patriotische Motive waren auch für diese Gruppe deutlich greifbar. Aber für die Mitarbeiter des öffentlichen Dienstes schien der Gang zur Treuhand eine besondere professionelle Herausforderung, die sie allerdings – und hier lag der zentrale Unterschied zu den bundesdeutschen Managern – in ein neues Feld jenseits ihrer bisherigen Berufspfade in Ministerien, Behörden oder Verwaltungen führte. Für die Verwaltungsexperten schien das Engagement nicht nur als reizvoller Ausbruch aus den Routinen eines geordneten Verwaltungsapparates, sondern gleichermaßen auch als ein verlockender Aufbruch in die (zumindest für einige Beamten) »völlig fremde Welt der Ökonomie«, wie es ein Direktor markant formulierte.[37] Bei allen generationellen Ähnlichkeiten in den Motivationsbeschreibungen war es insbesondere dieser Kontrast, der in den Erzählungen der Beamten zu Buche schlug und zugleich auch die nachfolgend skizzierten Erfahrungsberichte prägte.

3.4 Erfahrungen: Grenzgänger zwischen Bürokratie und Ökonomie

Als langjähriger Bonner Ministerialbeamter bei der Treuhand »an vorderster Front« beim historischen Wirtschaftsumbau mitgewirkt zu haben, war eine ausdrucksstarke, deutlich ins Militärisch-Kriegerische spielende Formel, die Direktor Boris Märtens vorgebracht hatte. Im Detail beschrieb er dies noch sehr viel drastischer:

36 Ebd.
37 R44-Interview mit Stefan Wolter, 4.2.1993.

> »Also zu Anfang ein ganz geringes Maß von Spezialisierung, keine großen Führungstechniken, kaum Rücksprachen, nicht die normalen Organisationsformen eines Großunternehmens, sondern eben ein, na, ich sage immer, ein Arbeiten wie im Guerillakrieg, jeder ist auf sich selbst gestellt, Überlebenstraining ist alles. Man muss gewissermaßen hinter feindlichen Linien unabhängig operieren können, und am Abend mit einer Trophäe, mit einem Ergebnis, nach Hause kommen. Alles, was zählte, war das Ergebnis, nicht aber, sich kompliziert abzustimmen.«[38]

Diese martialisch anmutende Interviewpassage zum »Überlebenstraining« im Osten zeigt deutlich, dass sich auch die Gruppe der Beamten maßgeblicher Elemente des »Grenzland«- bzw. »Frontier«-Motivs bediente: Abenteuer-, Konflikt- und Machterfahrungen im fremden Osten spielen auch hier eine entscheidende Rolle. Der bereits zitierte Simon Norden zeigte sich begeistert von dieser gemeinsamen Aufbruchsstimmung:

> »Und einfach die ERFAHRUNG, in einem so zusammengewürfelten Haufen, wie es diese Treuhandanstalt war, so gut zusammenzuarbeiten, so produktiv, so kollegial, mit so geringen Reibungsverlusten, wie ich das [von den früheren Arbeitgebern nicht, M.B.] kenne, das ist einfach ganz toll. Es war eben wirkliche Pionierarbeit, auch in dem Sinne, dass wir hier unter uns – vor allem in den ersten anderthalb Jahren – die ganzen Probleme einer Großorganisation in der Zusammenarbeit der Menschen durch Kollegialität praktisch überspielen konnten, überwinden konnten.«[39]

Typischerweise reflektierte auch er die Differenz zur frühen Treuhand der Jahre 1990/91, die sich gegenwärtig in eine andere, geordnete Organisation verwandle und »normalisiere«. In der von Norden merklich idealisierten Gründerzeit sei allerdings der Umgang der Führungskräfte untereinander mit »sehr harte[n] Bandagen« erfolgt:

> »Wie man überhaupt sagen muss, gerade aus der Erfahrung der Anfangszeit, das Ganze war ein ziemlich ruppiger Laden. SEHR kollegial, mit einer unheimlich hohen Motivation, aber die Motivation war im Bereich diplomatischer Umgang miteinander nicht so hoch entwickelt wie im Bereich der Aufgabenerfüllung.«[40]

Der aus der Kommunalverwaltung gekommene Direktor Bruno Homm berichtete sehr ausführlich über seine Frühzeit, die auch er als chaotisch-abenteuerliche Aufbauphase beschrieb und dies mit zahlreichen Anekdo-

38 R18-Interview mit Dr. Boris Märtens, 10.9.1992.

39 R46-Interview mit Simon Norden, 10.2.1993.

40 Ebd.

ten ausstaffierte. Er erzählte von der Unterbringung seiner ersten Abteilung in einer ehemaligen Fischhandlung, erwähnte wie andere auch die Dürftigkeit der vorgefundenen DDR-Büroausstattung und fand schließlich eine bemerkenswerte Formel für diesen Zeitabschnitt:

> »Wir haben viel gearbeitet, wir haben hart gearbeitet, unter schwierigen Bedingungen, [...] und viele haben mir dann gesagt, es war damals die Nogger-Zeit. Zum Beispiel, beim ersten Bescheid gab es noch eine Flasche Sekt. Wenn einer den ersten Bescheid gemacht hatte, gab es eine Flasche Sekt. Dann später war es so, dass man dann gesagt hat, okay, jetzt haben wir wieder hundert Bescheide abgearbeitet, jetzt gibt es für jeden ein Nogger. Sie wissen ja, was das ist, Nogger-Eis. Und das war so freundlich, das konnte man natürlich mit fünf bis zehn Leuten machen.«[41]

Der hierin zum Ausdruck kommende gemeinschaftliche »Corpsgeist«, wie er es an anderer Stelle nannte, vor allem auf der mittleren Ebene der neuen Direktorate und Abteilungen, schlug sich auch in weiteren Berichten eindrücklich nieder. Der aus einer Landesregierung kommende »Laufbahnbeamte« Heinrich Voss fühlte sich gerade in der Frühzeit wie ein Mitglied einer »klösterlichen Gemeinschaft«, die sich selbst als »Elite« verstand, die gegen alle äußeren Widerstände und aller widrigen Arbeits- und Lebensbedingungen zum Trotz gemeinsam und mit hoher Energie ihre Ziele verfolgte und sich der Gegnerschar gewappnet fühlte:

> »[...], in dieser Anfangsphase, das ist also derart gewesen, dass wir gesagt haben, also wer in der Welt will uns eigentlich was. Wir machen das jetzt, und jetzt gehen wir ran, und da wollen wir doch mal sehen, wer uns da beschimpfen will, den drücken wir doch an die Wand, (beide lachen ein bisschen) so etwa, nicht, war also auch die Bewusstseinslage.«[42]

Mit dem Bild einer »klösterlichen« und elitären Gemeinschaft nutzte auch Voss eines der zuvor umrissenen, missionarischen Deutungsmuster: Abgeschieden von der zivilisierten Welt des Westens und umzingelt von Fremden arbeitete man ununterbrochen, um das unüberschaubare Heer an Gegenspielern in Schach halten zu können. Dieses Umfeld verlangte, wie Voss ausweislich des Protokolls in eindringlichem Tonfall artikulierte, geradezu Außergewöhnliches:

> »Ich habe immer gesagt, [...] wenn dann die Neuen kamen, man brauchte mit denen bloß zehn Minuten zu reden, dann wusste man, jeder von denen hatte seinen ganz individuellen TICK, so habe ich das genannt.

41 R37-Interview mit Bruno Homm, 12.1.1993.
42 R2-Interview mit Heinrich Voss, 22.7.1992.

> Und ohne diesen TICK konnten sie die BELASTUNG nicht ertragen […]. Also jemand, der das wie einen Job, wie irgendEINEN aufgefasst hätte, der wäre entweder nach drei Wochen mit einem Magengeschwür irgendwohin, oder mit einem Herzinfarkt eingeliefert worden.«[43]

Um seinem jungen Interviewer den abenteuerlichen Erfahrungshintergrund dieser Frühzeit auch ganz plastisch vermitteln zu können, griff der Kommunalbeamte auf ein äußerst populäres Motiv zurück – eine sehr ausführliche Schilderung der desolaten Kommunikationssituation der Jahre 1990/91, in der er trotz dreier farbiger Telefone nach »DDR-Machart« kaum funktionierende Verbindungen habe bekommen können; bezeichnenderweise wollte der Abteilungsleiter intuitiv bei der Nutzung des einstigen DDR-Regierungsnetzes auch »die Hacken zusammenklappen«.[44]

Die Anfälligkeit der Kommunikationsnetze, vor allem ihre instabile Verbindung in den Westen der nunmehr vereinten Republik, erwies sich als bedeutende Chiffre, mit der auf die Abgeschiedenheit von der westlichen Zivilisation sowie die Zurückgebliebenheit des Grenzlandes verwiesen wurde; der Treuhand-Experte richtete bezeichnenderweise einen Seitenblick auf die zeitgenössischen Schlachtfelder im Irak, in dem das US-amerikanische Militär »mitten in d[er] Wüste« ein »Kommunikationsnetz« habe aufbauen können, was der Bundesregierung im Osten des eigenen Landes in Monaten nicht gelungen sei: »Das waren Zustände, die kann man gar nicht beschreiben.«[45]

Während Beamte wie Manager die Erinnerung an diese »unbeschreiblichen Zustände« in der frühen Alltagspraxis zwischen Abenteuer, Krieg und Mission verorteten, trieb ein anderes Themenfeld fast nur die Verwaltungsexperten, insbesondere die aus dem öffentlichen Dienst beurlaubten, um: das Spannungsverhältnis von Politik und Ökonomie, von Beamten und Managern. Die Grundsatzfrage, ob es sich bei der eigenen Organisation um eine Behörde oder ein Unternehmen handle, war seit dem im Sommer 1990 neugefassten Treuhandgesetz beständig diskutiert worden. Dass der Begriff »Verbeamtung« gerade von einigen Privatisierungsdirektoren als negativ konnotiertes Schimpfwort auftauchte,[46] verwunderte auch angesichts der organisationspolitischen Dynamiken kaum – fielen doch gerade in die Zeit der zeitgenössischen Gespräche die Anfänge der organisatorischen Transformation von einer unternehmerisch ausgerich-

43 Ebd.

44 Ebd.

45 Ebd.

46 Vgl. dazu R9-Interview mit Dr. Patrick Körting, 30.7.1992, R25-Interview mit Oskar Hillberg, 13.10.1992, R39-Interview mit Dr. Matthias Erben, 19.1.1993.

teten Privatisierungsagentur in eine eher konventionelle staatliche Verwaltungsbehörde.

Auch vor diesem Hintergrund war dieses Spannungsfeld in den Reflexionen jener Interviewpartner, die sich selbst zur »Minderheit« an Beamten unter den Führungskräften zählten, von erheblicher Relevanz, wenn sie die eigenen Erfahrungen jenseits der verbreiteten Grenzlandmotivik beschreiben wollten. Ein Teil der vormaligen Beamten stand den aus der Industrie kommenden, meist dezidiert politikskeptischen und antibürokratischen Praktiken und Verhaltensweisen mit deutlicher Reserve gegenüber – wie der aus dem Staatsdienst übergewechselte Daniel Kaltenburg, der freilich auch aus seiner besonderen Rolle als Vermittler zwischen der Treuhand und den Landesregierungen heraus argumentierte. Für den Direktor hatte das »Selbstverständnis« der Organisation als »unternehmerische Einrichtung« durchaus gravierende Folgen:

> »Und dies Selbstverständnis, das auch sehr bewusst nach außen transportiert wird, überträgt sich auf die Mitarbeiter, und wenn das nicht mit den nötigen Kommentaren versehen wird, ABER --- hier gibt es Betroffene, die -- mit denen man sich einfach abstimmen muss und die man informieren muss, dann kann das zu Übertreibungen führen. Das kann natürlich bei einzelnen Mitarbeitern dann schon eine Rolle spielen.«[47]

Für Kaltenburg fand diese in Teilen des Personals verbreitete, antipolitische Grundstimmung Ausdruck in einer elitären Bewusstseinshaltung, die er mit vernehmlicher Skepsis beobachtete:

> »Und wenn dann noch dazukommt, so ein, ich will mal sagen, Weltmeisterbewusstsein, wir sind die Weltmeister, wir können alles, wir sind überhaupt die Allerbesten, und manchmal --- hängt das zusammen mit mangelnder Lebenserfahrung, das sind also hauptsächlich jüngere Leute, die so was ausstrahlen, vielleicht meinen sie es gar nicht so, aber es kommt bei manchen raus. Dann kann das dazu führen; also wir haben schon manchmal, wenn wir irgendwelche Dinge erbeten haben, ist uns schon gesagt worden, also für Politik habe ich überhaupt keine Zeit.«[48]

Andere Beamte deuteten vor allem die Einhegung oder Zähmung der umtriebigen und selbstbewussten Industriemanager als ihre genuine Aufgabe. Gerade der sich selbst als »Grenzgänger« zwischen Politik und Wirtschaft verstehende Simon Norden skizzierte seinen Umgang mit den von ihm 1990/91 koordinierten Niederlassungsleitern mit der bemerkenswerten Formel einer »gemischte[n] Raubtiernummer«:

47 R11-Interview mit Dr. Daniel Kaltenburg, 31.7.1992.
48 Ebd.

»Also für mich waren die Niederlassungsleitersitzungen, die tendenziell einmal im Monat stattfanden, immer so die mühsamsten Tage. Ich habe immer behauptet, das war dann meine gemischte Raubtiernummer mit Löwen, Bären und Tigern, denn so gingen die natürlich immer auf die Zentrale im allgemeinen los, und die Zentrale war immer ich.«[49]

Der Themenkreis erschien den aus dem öffentlichen Dienst stammenden Zeitgenossen teils so bedeutsam, dass sie ihren Interviewer Dietmar Rost sogar nach Ablauf des eigentlichen Gesprächs explizit darauf hinwiesen – wie etwa der Direktor Bruno Homm. Er sprach das »große Konfliktpotential« an, welches er zwischen »Beamten« und den »Freien« in der Treuhand ausgemacht hatte:

»Das [Konfliktpotential, M.B.] ist sicher immer bemerkbar und spürbar. Obgleich ich glaube, dass die meisten Beamten, die hier sind, keine Beamtentypen sind, sondern flexibel alles mitmachen. Aber das Verständnis auf der Seite der Privatisierer überwiegend, von Behörde oder so was – alles, was nach Behörde riecht, ist ja negativ.«[50]

Für Homm schien dieses Problem ein Stück weit auch der Treuhand-Spitze geschuldet, die derlei Konflikte zwischen ihren Führungsgruppen nicht gezielt und frühzeitig »abgebaut« habe; seine Ausführungen zu einem erwünschten »Aufeinanderzugehen« von Beamten und Managern, deren jeweilige »Power« oder professionelle Prägungen ganz andere seien, deuteten die empfundene Konfliktlage einer drohenden internen Spaltung an.[51]

Ob »Weltmeister«, »Raubtiere« oder Manager mit mehr »Power«: auch andere Beamte erkannten ihre Rolle bei der Treuhandanstalt bevorzugt darin, die Industriemanager in den mit der Privatisierung betrauten Direktoraten einzuhegen und durch zentrale Regeln und interne Vorgaben zu zähmen. Abteilungsleiter Siegfried Hambach sprach von einer in dieser Gruppe verbreiteten »Illusion«, man könne »unbürokratisch« privatisieren. Der Ministerialbeamte aus dem Bundeswirtschaftsministerium trat demgegenüber ganz vehement für eine noch straffere »Standardisierung« der Privatisierungspraxis ein.[52]

Doch nicht alle Beamten und Verwaltungsfachleute blickten in ihren Interviews mit Misstrauen und Argwohn auf das Gebaren ihrer Kollegen aus der Wirtschaft. Selbst Siegfried Hambach etwa bezeichnete zum Ende seines Interviews die »stärkere interdisziplinäre Zusammenarbeit mit den

49 R46-Interview mit Simon Norden, 10.2.1993.
50 R37-Interview mit Bruno Homm, 12.1.1993.
51 Ebd.
52 R36-Interview mit Siegfried Hambach, 11.1.1993.

Kaufleuten« als eine vorteilhafte Erfahrung seiner Treuhand-Zeit.[53] Direktor Stefan Wolter sah die prägende Wirkung der Managerkollegen darin, dass sich das ihm bestens vertraute »Prinzip der Schriftlichkeit« bei der Treuhandanstalt aufgelöst habe:

> »Die Art und Weise, wie wir arbeiten, vollzieht sich nicht so stark schriftlich, sondern stark im persönlichen Gespräch. Wenn man das Gefühl hat, ein bestimmter Kollege oder ein Vorstandsmitglied hat Anspruch darauf, dass man da mal was Kritisches oder was Freundschaftliches sagt, was Ermunterndes oder was Bremsendes oder was Warnendes oder was Neckisches oder was auch immer, dann ruft man an, dann geht man hin, dann redet man, und schreiben tut man eigentlich nur, wenn es gar nicht anders geht.«[54]

Die bei der Treuhand praktizierte, mündliche Kommunikationskultur, bei der selbst die Präsidentin an der Spitze bisweilen formlose Notizen als Vorlagen akzeptiere, erschien dem früheren Landesbeamten nicht nur »relativ unkompliziert«, sondern auch »aus meinem früheren beruflichen Leben« völlig unbekannt, auch wenn die Organisation gegenwärtig, also im Februar 1993, zunehmend »verholze«. Die kulturelle Bedeutung des Mündlichen kontrastierte er mit einer interessanten Interpretation der Schriftlichkeit, die indirekt sein eigenes Verständnis von Bürokratie beleuchtete:

> »Wie überhaupt das Prinzip der Schriftlichkeit, was ja reifen Bürokratien eigen ist, zugleich auch Tätigkeits- und Existenznachweis ist, nach dem Motto, ›Du kriegst einen Brief von mir, bitte nimm zur Kenntnis, es gibt mich noch‹. Also sozusagen, ›Da ich dir einen Brief schreibe, bin ich eine Institution; weil ich Absender eines Briefes bin, muss ich auch jemand sein‹.«[55]

Bürokratische Routinen, schriftliche Umläufe und Gegenzeichnungen galten dem erfahrenen Ministerialbeamten als rein »angstmindernde Strukturen«, die er in scharfem Kontrast zu den bei der Treuhand praktizierten, unbürokratischen, risikoaffinen und unternehmerischen Praktiken setzte. Das Engagement bei der Organisation bot dem vormaligen »Berufsbeamten« also Anlass, die Eigenheiten eines bürokratischen Selbstverständnisses zu reflektieren und neu auszuloten.

Gerhard Pander, zuvor Spitzenbeamter, war die beklagte »Bürokratisierung« der Organisation ein Dorn im Auge, da sie das Arbeitsklima

53 Ebd.
54 R44-Interview mit Stefan Wolter, 4.2.1993.
55 Ebd.

merklich »verschlechtert« habe. Der Direktor, der aus einer durchreglementierten Bürokratie nach Ostberlin gekommen war, fühlte sich bei der Treuhand zunächst in der Lage, selbst aktiv gestalten zu können, während inzwischen die Bürokraten, die »Erfinder des siebenstelligen Aktenzeichens« die Oberhand gewännen. Ebenso stieß er sich an den mittlerweile ausgedehnten Organisationsstrukturen:

> »Erstmal der eine Punkt, was ich nicht ganz nachvollziehen kann, [...] dass man sich dann so im Zeitablauf einengt durch ausufernde Richtlinien, die sowieso kein Mensch liest, aber sich jeder irgendwann mal, wenn der Fall kommt, drauf beziehen kann, oder dass man dann doch Strukturen aufbaut, die schon ganz stark denen von Siemens oder sonstigen Großunternehmen ähneln, das wäre gar nicht der Sinn, wir sind ja hier als Treuhand eine Art Mittelstandsunternehmen mit den 3½ oder 4.000 Beschäftigten.«[56]

Es waren somit auch einige langjährige Beamte, die sich der internen Kritik an der allmählichen »Bürokratisierung« in den Jahren 1992/93 anschlossen. Die intensive Zusammenarbeit mit den Managern konnte also gleichermaßen die Sicht der Beamten auf ihre vorherigen Berufspfade verändern, wie besonders in Passagen deutlich wurde, in denen Rost sich nach den Zukunftsvorstellungen seiner Interviewpartner erkundigte. Direktor Volker Wiertel schien der Gedanke an eine Rückkehr in die ursprüngliche Herkunftsinstitution wenig zu behagen:

> »Ich bin beurlaubt worden, mit Rückkehr, Rückfahrkarte, also ein Mann ohne jegliches Risiko. Ob ich dieses mangelnde Risiko dann später nutzen werde, ist eine ganz andere Frage, weiß ich zum heutigen Zeitpunkt wirklich nicht. Eigentlich heißt der Grundsatz, they never come back. Halte ich immer für sehr nützlich, wenn einer gegangen ist, soll er wirklich nicht wieder hingehen.«[57]

Sein Kollege Kaltenburg, der zuvor noch das ausgreifende »Weltmeisterbewusstsein« seiner Managerkollegen beklagt hatte, konnte sich auf Nachfrage eine baldige Rückkehr in den Staatsdienst nicht (mehr) vorstellen:

> »Ich habe eine Rückkehrmöglichkeit [...], ich bin dort beurlaubt, aber das ist nicht meine erste Wahl. Also meine erste Wahl wäre etwas ähnlich Aufregendes und Turbulentes, mit einer ähnlichen Problemdichte wie die Treuhandanstalt. Ob das nun eine Beratungstätigkeit Richtung Osteuropa ist, oder ob das [...] eine Arbeit in einer Organisation, die so

56 R32-Interview mit Gerhard Pander, 22.12.1992.

57 R13-Interview mit Dr. Volker Wiertel, 5.8.1992.

ein bisschen im Bereich zwischen Staat und Wirtschaft angesiedelt ist. Ob das nun eine staatliche Bank ist oder auch wieder irgendeine Dienstleistungseinrichtung, das muss sich finden.«[58]

Kaltenburgs Begründung für diese Entscheidung gegen eine mögliche Rückkehr nach München war bemerkenswert. Nach zwei Jahren Treuhand konnte er sich eine Tätigkeit in einer wohlgeordneten, beschaulichen Ministerialbürokratie kaum noch vorstellen:

»Aber ich muss sagen, ich kann mir nicht vorstellen, schwer vorstellen, dass ich diese Droge Unruhe, die man hier hat, dass ich die wieder entbehren muss. Also ich sitze hier --- 12, 13 Stunden jeden Tag. Und -- habe mich noch nie gelangweilt, habe mich noch nie gefragt, was mache ich morgen, sondern ich habe mich immer gefragt, wie komme ich über die Runden.«[59]

Schließlich fiel es auch seinem Direktorenkollegen Gerhard Pander im Dezember 1992 schwer, sich nach dem Engagement eine baldige Rückkehr vorzustellen:

»[...] ich sage jetzt mal einfach von dem, was man bisher hier machen konnte, und dem, was zwangsläufig bei so eingefahrenen Strukturen dann auf einen wartet, wäre es schon beschwerlich, sich jetzt vorzustellen, dass man übermorgen da wieder anfängt. Ich muss mal sehen, also es gibt ja so viele Dinge, die man tun kann. Ich lasse es mal auf mich zukommen und werde mich Mitte des Jahres 93 orientieren.«[60]

Insgesamt, so lassen sich die Erfahrungsberichte der Verwaltungsexperten resümieren, war die von den Beamten beschriebene Erfahrung im Grenzland des Ostens eine doppelte: Zum einen teilten sie mit ihren meist gleichaltrigen Managerkollegen auf Direktoren- und Abteilungsleiterebene die exotischen Grenzlanderfahrungen, die sie unter Rückgriff auf Abenteuerlichkeit, Kriegerisches oder Missionarisches in allerlei Anekdoten und Schilderungen eindrücklich beschrieben. Zum anderen jedoch erschien die Treuhandanstalt gerade auch für diese Gruppe an einer zweiten Demarkationslinie angesiedelt: an der Grenze zwischen Politik und Wirtschaft, zwischen Staat und Markt. Der von Rohwedder im Frühjahr 1991 beschriebene »Zwitter«-Charakter seiner Organisation, deren chimärisches Selbstverständnis stets zwischen Behörde und Unternehmen oszillierte, bildete gerade für die Verwaltungsexperten einen zentralen Referenzpunkt ihrer (Selbst-)Reflexionen, die zwischen der Einhegung

58 R11-Interview mit Dr. Daniel Kaltenburg, 31.7.1992.
59 Ebd.
60 R32-Interview mit Gerhard Pander, 22.12.1992.

des »unternehmerischen« Stils ihrer Managerkollegen oder der eigenen Anpassung an diesen schwankten. Letztlich ließ sich 1992/93 eine Gewöhnung der Verwaltungsbeamten an den intensiver erlebten Ausnahmezustand im Osten konstatieren, die dazu führte, dass die plötzlich unter die »Kaufleute« geratenen »Bürokraten« am Ende dieser berufsspezifischen Identitätskonflikte selbst nicht mehr sicher zu sein schienen, welchem »Lager« sie sich eigentlich zugehörig fühlen sollten.

4. Die Planwirtschaftskader: An der Schnittstelle des Ost-West-Konfliktes

Bei seinem Abschied im Jahr 1992 überreichten seine ostdeutschen Mitarbeiter dem scheidenden Leipziger Niederlassungsleiter ein kleines gelbes Büchlein mit dem vielsagenden Titel »Mein CHEF ist ein Wessi«, veröffentlicht im Ostberliner »spotless«-Verlag.[1] Obgleich der Niederlassungsleiter, ein Veteran aus dem bundesdeutschen Schwermaschinenbau, das Präsent mit einem amüsierten Lachen zur Hand nahm, mutet es doch wie ein Danaergeschenk an. In einem Vorwort legten die beiden Autoren Klaus Huhn und Eberhard Panitz ihre Absichten offen: Man sei sich zwar »ja auch früher nicht fremd« gewesen »zwischen Ost und West«, doch das neue »Miteinander« habe sich als schwieriger entpuppt als gedacht.[2] Die beiden Autoren hatten auf einer Reise durch die neuen Länder im Jahr 1992 »Gedächtnisprotokolle« von 13 Ostdeutschen aus verschiedenen Berufen und Branchen eingefangen und so eine Anthologie von »Zeitdokumenten« kompiliert, die um eine spezifische Interaktionskonstellation kreiste: »Ossis und ihre Wessi-Chefs«. Ostdeutsche Sportler, Lehrer, Juristen, Betriebsräte, Ärzte, Verkäufer oder Künstler berichteten in kurzen, anonymisierten »Protokollen« über ihren oft schwierigen, konfliktreichen und widersprüchlichen Umgang mit ihren neuen Vorgesetzten. Mit dem »Beitritt« im Oktober 1990 seien, so bilanzierten die Autoren ihre Feldforschungen, »völlig neue Beziehungen, ein anderes Miteinander und leider auch ein neues Gegeneinander« entstanden. Auch die Treuhand-Manager spielten in der neuen Arbeitswelt ihre wohlbekannte (Schurken-)Rolle:

> »[B]ei Wirtschaftlern, Technikern und Facharbeitern wurden nicht mehr in erster Linie Qualität und Organisation der Arbeit erörtert, sondern Angebot und Nachfrage, Lohn und Preis und bald nur noch der Erhalt von immer weniger Arbeitsplätzen im Sog der Abwicklung. Gewerkschafter, die den Umgang mit sturen Funktionären in der Vergangenheit beklagt hatten, sahen sich mit geschniegelten Treuhand-Managern konfrontiert, die sich am Verhandlungstisch gelangweilt Notizen machten, allerhand versprachen und das Allerwenigste hielten.«[3]

1 Vgl. exemplarisch: Huhn, Klaus: Die Flachzangen aus dem Westen, Berlin 2011; Huhn, Klaus: Einmarsch der Verbrecher: Wie die Kriminalität den Osten eroberte, Berlin 2009; Huhn, Klaus: Raubzug Ost: Wie die Treuhand die DDR plünderte, Berlin 2009; Huhn, Klaus: Kleines Handbuch der großen Lügen über die DDR, Berlin 2009.

2 Panitz, Eberhard; Huhn, Klaus: Mein CHEF ist ein WESSI, Berlin 1992.

3 Ebd., S. 6.

Die unmittelbare »Konversation« zwischen Ost und West nach 1990 sei »zur Anweisung, Zurechtweisung und Ausweisung der einen Seite durch die andere« geraten, wobei »West vor Ost« stets »Punktsieger« geblieben sei. Doch die Autoren beließen es nicht bei der bloßen Anklage dieser Asymmetrie in den Büros, Werk- oder Sporthallen. Denn die neuen »Chefs« hätten ihre Rechnung nicht vollständig gemacht:

> »Die Crux der Richter, Beamten, Manager, Polizisten und Aufbau- und Neuordnungshelfer aller Art bestand darin, dass sie zwar mit Vollmachten und Richtlinien wie in eine Kolonie ausgeschickt worden waren, doch nicht allenthalben Menschen vorfanden, die fortan als Kolonisierte, der Gnade und dem Wohlgefallen Zugereister ausgeliefert, zu leben gedachten.«[4]

Nach jahrzehntelanger Aufbauarbeit hätten die »Arbeiter, Ingenieure und Wissenschaftler« in der DDR widerstrebend darauf reagiert, dass die von ihnen entbehrungsreich geschaffenen »Errungenschaften« und Vermögenswerte nun »verschleudert« würden und sie ihre Karrieren und Berufsbiografien »für Dreck und Schuld und Unrecht erklärt« bekämen. Aus diesem Ost-West-Konflikt leiteten die Autoren eine »fatale Misere« ab: »In der Annäherung war man sich fremder als in der Entfernung geworden, zu viel und nicht das Erhoffte und Erwartete war einem auf den Leib gerückt.«[5]

In den alltäglichen Kontaktzonen habe sich eine »kalte Fremde« breitgemacht; Huhn und Panitz schien es »symptomatisch«, dass die von ihnen befragten Ostdeutschen »nur nach langem Drängen« sprachen – und allesamt auf einer strikten Anonymisierung bestanden. Während man derzeit »unsere Vergangenheit immer und immer wieder durchs Mikroskop« betrachte – womit die beiden Publizisten auf die geschichtspolitischen Kontroversen um die DDR im Allgemeinen und die Stasi im Besonderen anspielten –, wollten sie die ernüchternde deutsch-deutsche »Gegenwart« im Blick behalten, »schon weil sie morgen Vergangenheit sein« werde.[6]

Dieses Panoptikum ost-westlicher Konflikte im sozialen Nahraum bot eine reichhaltige Auswahl an wechselseitigen Irritationen, Missverständnissen oder gar Boshaftigkeiten aus der Arbeitswelt, bei der die Angehörigen der bundesdeutschen »Transfereliten« als Vorgesetzte für ostdeutsches Personal agierten. Die kurzen Vorbemerkungen des kleinen gelben Büchleins deuteten das komplexe Gewirr an Beziehungen und Bedeutungen treffend an: Zum einen schienen die Begegnungen grundsätzlich von einer formalen Asymmetrie in der Machtverteilung geprägt, bei der

4 Ebd., S. 7.
5 Ebd., S. 7.
6 Panitz/Huhn: CHEF, S. 8.

Westdeutsche ihre mitgebrachten Konzepte umzusetzen bestrebt waren. Zum anderen aber verweigerte sich das ihnen hierfür unterstellte Personal und zeigte sich in der Alltagspraxis durchaus auch widerstrebend – die humorigen Erzählungen und Anekdoten der Kompilation lieferten ein Sammelsurium an ostdeutschen Widerstandsgeist und Eigensinn.

Das überreichte Buchpräsent verwies damit auf eine komplexe Beziehungsgeschichte, denn gerade für die Treuhandanstalt und ihr heterogen zusammengestelltes Personal waren diese ost-westlichen Begegnungskonstellationen nach innen wie außen in hohem Maße charakteristisch. Die Westdeutschen blieben auf den Führungspositionen spätestens mit dem großen Um- und Ausbau der Organisationstrukturen im Frühjahr 1991 fast ausschließlich unter sich. Während die Sozialwissenschaftler auf Vorstands- und Direktorenebene keine Ostdeutschen mehr identifizieren konnten, taxierten sie erst auf der dritten Hierarchiestufe, den Abteilungsleitungen, einen geringen Anteil ostdeutscher Führungskräfte von rund 12 %.[7] Demgegenüber wies die offizielle Personalstatistik für das Jahr 1993 exakt 2.420 Mitarbeiter aus den »neuen Bundesländern« aus – was bei einer Gesamtzahl von dreieinhalb Tausend einem relativen Anteil von 67,4 % entsprach.[8]

Das damit zu zwei Dritteln ostdeutsche Personal bildete auf der Ebene der Referenten, Sachbearbeiter, Verwaltungs- und Hilfskräfte den breiten Rumpf der Personalpyramide der Organisation. Ostdeutsche, die in der Zentrale arbeiteten, rekrutierten sich wie erwähnt insbesondere aus dem Reservoir der sich auflösenden Branchenministerien, der Großbetriebe, der Verwaltungsapparate sowie der Zentralen Plankommission in Ostberlin. In den regionalen Niederlassungen stammten sie, zumindest in der Frühphase, aus der örtlichen Wirtschaftsverwaltung, aus Betrieben sowie den Plankommissionen auf Ebene der DDR-Bezirke.[9]

Schwieriger war es, die Altersverteilung dieses Mitarbeiterkreises zu taxieren, die breiter gespreizt gewesen sein dürfte als bei den bundesdeutschen Führungskräften, die sich in einer Altersspanne zwischen Anfang vierzig bis Anfang sechzig bewegten. Das knappe Dutzend der von Rost 1992/93 befragten Ostmitarbeiter, die mit einer markant jüngeren Ausnahme sämtlich den späten 1920er- und 1930er-Jahrgängen angehörten, lag vermutlich etwas über dem Altersdurchschnitt ihrer ostdeutschen Kollegen. Rost hatte insbesondere Mitarbeiter befragt, die im Frühjahr 1990

7 Seibel: Verwaltete Illusionen, S. 173ff.

8 Personalbericht der THA, Dezember 1993, in: Treuhandanstalt: Dokumentation, Bd. 11, S. 194-215.

9 Eine Grundtendenz, die sich allerdings im Laufe der Jahre verschoben haben dürfte.

die Gründungsphase miterlebt hatten und sich in einer doppelten Weise in einer Konfliktsituation wiederfanden: Zum einen agierten sie unter der ost-westlichen Asymmetrie, in der sie neuen »Chefs« aus den »alten Ländern« unterstellt waren. Zum anderen aber waren sie Mitarbeiter einer hochumstrittenen Organisation, die in der ostdeutschen Öffentlichkeit wie keine andere für alle Schattenseiten der gegenwärtigen Transformationsprozesse verantwortlich gemacht wurde. Damit sind die Grundlinien des ost-westlichen Interaktions- und Interpretationsgefüges abgesteckt.

4.1 Außenansichten: Zwischen Ost-West-Kluft und idealer Symbiose

In einem Interview mit der *Welt* von Januar 1991 war es Rohwedder, der abermals öffentlich kein Blatt vor den Mund nahm, als er das Ost-West-Beziehungsgeflecht ansprach, das gerade aus den Fugen zu geraten schien. Zunächst erklärte der Manager selbstbewusst, dass er »kein Mann des akademischen Bereichs« und »kein Theatermann oder sonst etwas« sei: »Ich komme aus der Wirtschaft und möchte, dass die Menschen in der früheren DDR möglichst rasch aus ihrer materiellen Inferiorität herausgeführt« werden. Dabei gelte es, »die Lebensbedingungen, Arbeitsbedingungen, die wirtschaftliche Existenz der Menschen« im Osten »möglichst rasch unseren Maßstäben, unserem Niveau anzugleichen« und hierfür »unsere wirtschaftspolitischen Erfolgsrezepte und Grundüberzeugungen in die Ex-DDR hineinzutragen«.[10]

Rohwedders prägnantes Bild einer patriarchalischen, von West-Managern angeführten, marktwirtschaftlichen Zivilisierungsmission im Osten provozierte die Nachfrage des Journalisten, ob die materielle »Inferiorität« auch mit einer »geistigen« einhergehe: »Sind die Hirne, die Denkwerkzeuge beschädigt? Gibt es geistige Deformationen?« Rohwedder verwies auf die geistigen »Deformationen«, die das kommunistische System angerichtet hätten:

> »Wenn 40 Jahre lang eine ganze Generation oder anderthalb durch Kindergärten, Grundschulen, weiterführende Schulen, Universitäten und dann durch ein Berufsleben hindurch in einem kommunistischen System gelebt haben, dann sind die Dimensionen des normalen Denkens verlorengegangen. Das Wort Deformation bedeutet, dass die Menschen nur verkrüppelt sind in der Weite ihrer Lebenserfahrung. Alles war gefiltert und musste durch das Nadelöhr des Marxismus-Leninismus. In diesem Sinne glaube ich schon, dass die Menschen erst jetzt tastend anfangen, ganz neue Erfahrungen zu sammeln.«[11]

10 »Dimensionen des normalen Denkens gingen verloren«, in: Die Welt, 2.1.1991.
11 Ebd.

Der Präsident beklagte, dass die von ihm angestrebte »Heranführung« der Ostdeutschen an »unsere Denkwelt« den allermeisten Westdeutschen jedoch kein »brennendes Anliegen« sei. Letztlich war eine mentale Ost-West-Differenz für ihn ein unhintergehbares Faktum und zugleich der zentrale Ansatzpunkt seines Engagements.

Ganz im Gegensatz zu Rohwedder ließ sich seine Nachfolgerin Birgit Breuel keinesfalls öffentlich über scharfe Ost-West-Gegensätze aus. Die Präsidentin bevorzugte demgegenüber eine andere Tonlage. Sie positionierte sich nach außen hin als »Anwältin der Ostdeutschen« und betonte fortwährend deren enorme Anpassungsleistungen, nach innen hin unterstrich sie stets die Avantgarderolle des rasch zusammenwachsenden Treuhand-Personals.[12] Prägten in Rohwedders Darstellung noch scharfe, durch vierzig Jahre DDR-Vergangenheit erzeugte Gegensätze das Interaktionsgefüge, neigte Breuel dazu, solche Differenzen als weitgehend in der alltäglichen Praxis überwunden zu betrachten.[13]

Im medienöffentlichen Raum hingegen wurde das ostdeutsche Personal der Treuhand politisch bevorzugt unter den Schlagworten der »Altkader-«, »SED-« oder »Stasi-Seilschaften« verhandelt. Immer wieder brachten frühere ostdeutsche Oppositionelle, westdeutsche Konservative und Liberale oder Journalisten biografische Details aus der Vergangenheit von Mitarbeitern kritisch zur Sprache, wobei der Rücktritt des Gründungsmitglieds und Finanz-Vorstandes Wolfram Krause im Juli 1992 einen Gipfelpunkt dieser Kontroversen bildete.[14] Vor allem die vom Bundeskanzleramt bereits im Oktober 1990 initiierte Einsetzung von 15 pensionierten bundesdeutschen

12 »Es ist unglaublich, mit wie viel Geduld die Menschen dies alles hinnehmen«, in: Berliner Morgenpost, 19./20.4.1992; »Birgit Breuel: Umbau im Osten muß auch psychologisch begleitet werden«, in: Handelsblatt, 26.4.1991; »Treuhand Chefin Breuel: ›Ich bin Lobbyistin für die Ostdeutschen‹«, in: Welt am Sonntag, 26.1.1992; »Haben Sie Verständnis für die Ostdeutschen, Frau Breuel?«, in: Neue Zeit, 16.7.1992.

13 Vgl. Kolmorgen/Koch/Dienel: Diskurse der deutschen Einheit; Stephan/Tacke: Nachbilder; Best: Aufbruch; sowie als ethnologische Feldstudie über Ost-West-Begegnungen am Arbeitsplatz insbesondere Glaeser: Divided in Unity.

14 Vgl. hierzu die Ausführungen im vorherigen Kapitel; exemplarisch »Bekannte Gesichter«, in: Wirtschaftswoche, 31.8.1990; »Die Herrschaft der alten Kader«, in: Frankfurter Allgemeine Zeitung, 3.10.1990; »Treuhand überprüft SED-Bonzen«, in: Die Welt, 21.12.1992; »Vorwürfe gegen Treuhand-Angestellte«, in: Frankfurter Allgemeine Zeitung, 11.7.1992; »Überprüfung der Treuhand-Mitarbeiter«, in: Neue Zeit, 15.3.1991; »Vom jähen Ende mancher Traum-Karriere«, in: Frankfurter Rundschau, 26.6.1992; »Seilschaften in der Treuhand sorgen für Verstimmung«, in: Frankfurter Allgemeine Zeitung, 23.10.1992; »Der Kader danach«, in: manager magazin, Mai 1994.

Richtern als »Vertrauensbevollmächtigte«[15] zur vergangenheitspolitischen »Hygiene« sowie die Unterzeichnung entsprechender Mitarbeiter-Erklärungen waren Ausdruck dieser Konfliktsituation, die offenbaren Handlungsbedarf mit sich brachte. Man habe versucht, wie der im Herbst 1990 reaktivierte Vertrauensbevollmächtige Albrecht Krieger rückblickend schrieb, in »gemeinsamer Anstrengung« und »trotz oder gerade wegen so diametral entgegengesetzter Lebenserfahrungen« einen Beitrag »zur inneren Wiedervereinigung des gemeinsamen Vaterlandes« zu leisten, um die »Riesenbürde an politischer Vergangenheit« in Ostdeutschland abtragen zu können.[16]

Doch die Treuhand war nicht nur bloßes Objekt vergangenheitspolitischer Konflikte. Das Verhältnis etwa zur PDS gestaltete sich auch aus einem anderen Grund als spannungsreich. Die SED-Nachfolgepartei und die ihr verbundenen Presseorgane wie das Neue Deutschland oder die Junge Welt hatten sich, insbesondere seit dem Frühjahr 1991, als schärfste Kritikerinnen der Privatisierungspolitik profiliert; mit verbündeten Gewerkschaftlern zog die PDS in etlichen Protestkundgebungen gegen die Treuhand als »Knochenhand des Sensenmannes« ins Feld.[17] Auf der anderen Seite suchte auch die Treuhandanstalt die unmittelbare Auseinandersetzung mit dieser Partei. So bestritt sie in einem eigenen Direktorat, gemeinsam mit der von der letzten DDR-Regierung eingesetzten »Unabhängigen Kommission Parteivermögen« (UKPV), mit der PDS intensive Auseinandersetzungen um das frühere »Sondervermögen« der einstigen Staatspartei. Es ging dabei um die sogenannte »Entprivilegierung« der früheren »Blockparteien« und »Massenorganisationen«, denen man verborgene Auslandsvermögen, Gesellschaftsanteile, Immobilien, Grundstücke oder Kunstgegenstände zu entziehen suchte.[18]

Diese vergangenheitspolitisch aufgeladenen Kontroversen sowie die ost-westlichen Gegensätze schlugen sich auch in den Gesprächen mit dem Personal nieder. Nach den besonders wichtigen »Erfahrungen« gefragt, antwortete ein süddeutscher Ministerialbeamte geradezu exemplarisch:

15 Die in der Zentrale und den Niederlassungen angesiedelten Vertrauensbevollmächtigten gingen hierfür externen Hinweisen nach und überprüften einzelfallbezogen die »objektive Kompromittierung« oder politische Belastung ostdeutschen Fachpersonals im weiteren Treuhand- und Betriebs-Kosmos.

16 Krieger: Begegnungen, S. 65 f.

17 »Denkanstöße vom Alex für Bonn«, in: Neues Deutschland, 25.3.1991.

18 Vgl. Schlußbericht der Unabhängigen Kommission zur Überprüfung des Vermögens der Parteien und Massenorganisationen der DDR, Berlin, 5.6.2006; sowie BvS: Abschlussbericht, S. 60-65. Von der »Entprivilegierung« betroffen waren auch Bestandteile des hochgradig skandalumwitterten Bereichs »Kommerzielle Koordinierung« (KoKo).

Neben der »interdisziplinären Zusammenarbeit mit den Kaufleuten« sei dies »sicherlich auch die Zusammenarbeit Ost-West« gewesen.[19]

Angesichts der vergangenheitspolitischen Aufladung taten sich die bundesdeutschen Manager im Umgang mit den für sie schwer lesbaren biografischen Karrieremustern und politischen Vergangenheiten ihrer neuen Kollegen schwer. Der Blick zurück löste, wie ein Niederlassungsleiter es nannte, einige »Berührungsängste« aus.[20] Für Abteilungsleiter Simon Cunau schien dieses Thema geradezu zentral:

> »Also das ist ein irrsinnig sensibles Thema natürlich gewesen, und wir mussten hier im Hause als Wessis natürlich immer wieder auf die Schwierigkeiten hinweisen.«[21]

Die Westdeutschen hätten in dieser angespannten Situation durchaus einiges lernen müssen, um die spezifischen Problemlagen angemessen einordnen zu können:

> »[...] das ist in erster Linie eine ostdeutsche Frage, weil diese Sensibilitäten ostdeutsche sind, und wir eigentlich diese Atmosphäre auch trotz mittlerweile halbwegs guter DDR-Kenntnisse, das überhaupt nicht nachvollziehen konnten damals, oder sehr schwer.«[22]

Ließ Cunau diese Problemlage noch in einem positiven Licht erscheinen, bewerteten andere den Umgang mit der Vergangenheit ihrer Ostmitarbeiter kritischer. Direktor Stefan Wolter sprach das Thema umfassend an. Zwar seien die rechtlichen Regelungen eindeutig gewesen, dennoch habe man beim personalpolitischen Umgang im Einzelfall häufig mit erheblichen Grauzonen zu kämpfen gehabt:

> »[D]ass dieses Zusammenwachsen von Wessis und Ossis bei der Treuhandanstalt auf der einen Seite mit heißem Herzen erfolgte, auf der anderen Seite aber objektiv problembeladen war, ist auch klar. Der Einigungsvertrag hat ja einen großen Konsens, der heißt: Stasi-Mitarbeiter können nicht Mitarbeiter in den neuen Institutionen sein, heimliche Mitarbeiter schon gar nicht. Zweitens, Mitarbeiter, die leitende Funktionen im ehemaligen Staatsapparat oder parteinahe Funktionen hatten, können auch nicht in den neuen Institutionen sein. Aber natürlich gibt es in diesen Definitionen auch Unschärfen, und die sind es eigent-

19 R36-Interview mit Siegfried Hambach, 11.1.1993.
20 R38-Interview mit Dieter Geppert, 16.1.1993.
21 R30-Interview mit Simon Cunau, 21.12.1992.
22 Ebd.

> lich, die uns zu schaffen machen. Also nicht die Grundsatzfragen. Die Grundsatzfrage ist einfach. Aber die Unschärfen sind das Problem.«[23]

Der Umgang mit derlei biografischen »Unschärfen« hätte den westdeutschen Vorgesetzten durchaus Probleme bereitet – etwa wenn geschätzte Ostmitarbeiter durch massive Proteste von außen unter Druck gerieten:

> »[...] die Frage ist, ob wir Wessis uns dann aufgefordert sehen, die Liberalität vor der Rigidität der postrevolutionären Ossis zu verteidigen oder ob wir Wessis dann eher gehalten sind, zu schweigen und diesen Prozess, den die Ossis untereinander ausmachen müssen, ablaufen zu lassen. Verstehen Sie, das ist eine ganz ganz kitzlige Frage, die viele von uns hier auch in bestimmte Gewissensnöte gestürzt hat. Weil man als Bürger nicht mitansehen kann, wie sich eine Gesellschaft sozusagen zerfleischt.«[24]

Zwar sollte man einen »Volkszorn« und ein »Selbstreinigungsbedürfnis« bei den ostdeutschen Kollegen respektieren. Es gebe aber vor allem einen Punkt, der es Westdeutschen schwer machte, zu »schweigen«:

> »Hinzu kommt, dass man durch die EXTREM enge Art der Zusammenarbeit, auch körperlich und problemorientiert, natürlich die Kollegen, die von dieser Diskussion betroffen sind, auch menschlich sehr gut kennt.«

Sehr viele Westdeutsche brachten aus Sicht des Direktors Verständnis für die von ihren Ostkollegen unter den Bedingungen des SED-Regimes eingeschlagenen Karrierepfade, aber auch für die inner-ostdeutschen Konflikte auf:

> »[Und]und plötzlich sagt [man], ›Ja Mensch, das ist doch ein unheimlich netter Kerl, der wäre doch im Westen auch was geworden‹. Also der ist in die SED gegangen [...] was soll's. Wieviele sind in die CDU gegangen aus opportunistischen Gründen, und wieviele sind in die SPD gegangen, um Karriere zu machen, also bitte, wo sind da die Unterschiede, wer wirft da den ersten Stein. Aber das ist dann wieder eine typisch westlich-liberale Betrachtungsweise, sozusagen hinterm warmen Ofen lässt es sich liberal sein. Wenn man aber mittendrin ist im Schlachtgetümmel der Revolution, dann sieht das anders aus.«[25]

In zahlreichen Interviews kam aber auch der Unwille, sich mit der DDR-Vergangenheit der eigenen Mitarbeiter auseinanderzusetzen, zum Aus-

23 R44-Interview mit Stefan Wolter, 4.2.1993.

24 Ebd.

25 Ebd.

druck. Direktor Theodor Lohmann weigerte sich, diese »politischen Geschichten« mitzutragen und klagte offen über den wenige Monate zuvor vollzogenen Abschied von Vorstandsmitglied Krause. Er wolle seinen Fokus auf die Gegenwart, nicht aber auf die persönliche Vergangenheit seiner Mitarbeiter richten:

> »Es wurden Leute [...] entlassen, mit denen wir in der Anfangsphase zusammengearbeitet haben. Wir stehen auf dem Standpunkt, dass die, ganz gleich, was sie vorher getan haben, gemeinsam mit uns versucht haben, Unrecht wiedergutzumachen. Denen haben wir geholfen, die haben durch uns Jobs bekommen, in denen sie weiterarbeiten können. Wir sind nicht die Entnazifizierungsbehörde, und wir sind auch nicht bereit, diese politischen Geschichten mitzutragen.«[26]

Lohmanns Direktoren-Kollege Patrick Körting brachte seine Einstellung gegenüber derlei Interventionen gewohnt schneidig auf den Punkt. Angesprochen auf die Arbeit der Vertrauensbevollmächtigten gab er zu Protokoll, wie er mit deren Papieren umzugehen pflege: »Dann lese ich mir das durch und sage, die Substanz ist zu mager, reicht mir nicht, der Mann ist gut, Wiedersehen.«[27] Direktor Matthias Erben beschrieb die politischen Kontroversen um die Vergangenheit von ehemals hochrangig in der DDR-Hierarchie positionierten Treuhand-Mitarbeitern skeptisch:

> »Das Problem ist immer nur durch ein paar Journalisten hochgespielt worden, oder durch den Unterausschuss Treuhand, wo dann so ein paar Leute von Bündnis 90, oder ein paar CDU-Abgeordnete, die Karl Marx mit der Bibel vertauscht hatten, und das noch nicht so richtig begriffen hatten, dass das was anderes ist – die sind nämlich die Gefährlichsten dabei, die Konvertiten sind immer die Gefährlichsten im Leben, das ist auch eine alte Erfahrung.«[28]

Er selbst äußerte sich eindringlich zur gezeigten Loyalität seiner Ostmitarbeiter, deren Arbeitsleistung er sehr schätzte und denen er ein individuelles Recht auf persönliche Konversion zubilligen wollte:

> »Warum soll einer nicht feststellen, dass er eben NICHT möglich ist, dieser Sozialismus mit dem sogenannten menschlichen Antlitz.«[29]

Abteilungsleiter Josef Arnstein berichtete eindrücklich davon, wie es für ihn gewesen war, einen ostdeutschen Mitarbeiter einbüßen zu müssen:

26 R12-Interview mit Theodor Lohmann u. Mitarbeitern, 4.8.1992.
27 R9-Interview mit Dr. Patrick Körting, 30.7.1992.
28 R39-Interview mit Dr. Matthias Erben, 19.1.1993.
29 Ebd.

»Ich kann nur sagen, bis zu dem Zeitpunkt war das ein MIR absolut loyaler, kameradschaftlicher und auch menschlich eng verbundener Mitarbeiter [...], der mich durch seine FACHkenntnisse, aber auch durch sein Wesen vor Fehlern oder Verzögerungen oder Falscheinschätzungen bewahrt hat. Dieser Mitarbeiter hatte nicht nur eine hohe Fachkenntnis, sondern einen immensen Humor, und das war jemand, den ich sehr – geschätzt habe und nach wie vor schätze, und ich sagen muss, dass mich NATÜRLICH das enttäuscht hat, dass mir eines Tages unser Beauftragter für Sicherheitsfragen und Vertrauensfragen sagte, ›Wir haben hier Erkenntnisse, das geht nicht mehr‹.«[30]

Arnstein sah solche Entlassungen aber nicht als symptomatisch an. Für ihn stand deutlich der Versuch im Vordergrund, die Zusammenarbeit im gegenwärtigen Arbeitskontext zu sehen und vor allem Vertrauen und Verantwortung zu etablieren:

»Für mich war wichtig, dass ich eine Vertrauensbasis erreicht habe mit meinen Mitarbeitern und die auch verstanden haben, dass dort eine Verantwortung war für den Mitarbeiter, dass man eben NICHT wie früher ein Teil eines Systems war, und aus politischen oder anderen Gründen einfach versetzt wurde, weggeschoben wurde und Ähnliches oder durch Buckeln oder andere Sachen Karriere machte, sondern dass es eben ein leistungsbezogenes, aber sehr menschliches System war, was wir hatten dort.«[31]

Die vergangenheitspolitische Sphäre blieb für die Führungskräfte also ein schwieriges Themenfeld. Bewegten sich die Gespräche allerdings ein Stück weit aus dem engeren Themenkreis »SED-« oder »Stasi-Vergangenheit« heraus und wandten sich der ost-westlichen Interaktion im Geschäftsalltag zu, fächerten sich die Erzählungen in zwei Strömungen auf: Während eine Gruppe von Westdeutschen ost-westliche Differenzen, habituelle Fremdheiten, hartnäckige Kontraste oder unterschwellige Konflikte innerhalb des Personals betonte, akzentuierten die Berichte einer zweiten Gruppe von Befragten das Gegenteil, beschrieben gefundene Gemeinsamkeiten, symbiotische Kooperation und Integration.[32]

30 R49-Interview mit Josef Arnstein, 16.4.1993.

31 Ebd.

32 Auch die zeitgenössische Presseberichterstattung nahm sich gerade dieses Themas intensiv an: »Mischung aus Marx und Mafia«, in: Der Spiegel, 9.9.1991; »›Kader sind unentbehrlich‹«, in: Capital, 9/1991; »5 zu 1« gegen den Wessi«, in: Wirtschaftswoche, 18.10.1991; »Ein schmerzhafter Prozeß«, in: Der Spiegel, 23.8.1993; »Absurdes Thema«, in: Wirtschaftswoche, 14.1.1994; »Ob Kader oder Manager – die Menschen sind diesselben«, in: VDI-Nachrichten, 27.7.1991; »Stille

Abteilungsleiter Ernst Rabenau schien vor allem von diesem Themenkreis eingenommen; insgesamt acht Mal sprach er in seinem zweistündigen Gespräch ost-westliche Beziehungsmuster ausführlich an. Er berichtete ausführlich von seiner nunmehr fast anderthalbjährigen Erforschung der »Ossimentalität« bei seinen Mitarbeitern, aber auch bei seinen Verhandlungs- und Geschäftspartnern in den Betrieben: Die »Ossis« kannten einander alle, pflegten andere Kommunikations- und Arbeitsstile und bedurften einer besonderen Sensibilität durch die Vorgesetzten: »Wenn die mit ihren Ossis nicht so kommunizieren, werden sie es halt nicht – erhaschen, wie Goethe sagt. Das ist das Problem. Und da geht so viel kaputt, und es ist nicht nötig.«[33] Auch ein Niederlassungsleiter teilte diese Einschätzung. Als neuer Vorgesetzter habe er »mit Samthandschuhen und Fingerspitzengefühl« agiert:

> »Und dann mussten Sie den Ostmitarbeitern natürlich auch schonend beibringen, dass sie halt von Marktwirtschaft relativ wenig Ahnung haben, also Sie mussten den Leuten eben erklären, warum Sie Leute aus dem Westen geholt haben, die ja auch mehr verdient haben. Ja?«[34]

Der Versicherungsmanager Helmut Görner sprach die Ost-West-Beziehungen als zentrale Kontrasterfahrung an. Die Dichte der biografischen Umbrüche habe ihn als Vorgesetzten an seine Grenzen gebracht. In seiner Bemerkung wird deutlich, wie sehr sein Umgang mit den ostdeutschen Kollegen von dem Bewusstsein geprägt war, sich in einer gesellschaftlichen Ausnahmesituation zu befinden:

> »Ich habe selten in meinem Leben in solcher Dichtheit so viele menschliche Schicksale erlebt. Einmal das Schicksal, dass Menschen ganz oben waren und sich von heute auf morgen im unteren Glied wiederfinden mussten. Dort war sicherlich auch Sensibilität angebracht, um Menschen motivieren zu können. Ich habe selten erlebt, das kann man nur einmal im Leben erleben – ich glaube nicht, dass solche historischen Situationen in einem Menschenleben zweimal vorkommen können – dass ein System von einer Nacht auf die andere weg ist, und das heißt, diese

Revolution«, in: Wirtschaftswoche, 12.7.1991; »Das große Köpferollen«, in Wirtschaftswoche, 5.7.1991; »Breuel will Sachkunde und Phantasie aus Ost- und Westdeutschland verknüpfen«, in: Handelsblatt, 1.8.1991; »Soziale Intelligenz«, in: Wirtschaftswoche, 1.11.1991; »Am Schwersten ist Verkaufen«, in: Frankfurter Allgemeine Zeitung, 31.1.1994.

33 R8-Interview mit Ernst Rabenau, 30.7.1992.

34 R23-Interview mit Dr. Dieter Maltritz, 5.10.1992.

> totale Verunsicherung eines ganzen Volksteils vorhanden ist, der Suche nach Identität.«[35]

Eben diese »Verunsicherung« machte sich für den Direktor auch und gerade in der Alltagskommunikation bemerkbar. Die gestörte, ja regelrecht blockierte Ost-West-Kommunikation trieb ihn merklich um:

> »Bei mir bleibt häufig übrig, dass ich sage, ›Ich weiß letztendlich nicht, was denkt die andere, der andere‹. Das ist für mich immer noch eine Sache, mit der ich so ein bisschen kämpfe, sodass viele ostdeutsche Mitarbeiter von mir wissen, dass ich ihnen häufig sage, ›Ihr müsst sagen, was Ihr denkt, Ihr müsst mir sagen, was Ihr denkt!‹, weil ich das ganz schlimm finde, wenn man nicht sagt, was man letztendlich denkt, und sei es nur, dass man jeden Westdeutschen für einen Idioten hält.«[36]

Doch selbst wenn es ihm einmal gelungen sei, diese zwischenmenschliche Barriere zu durchdringen, werde man unmittelbar mit tiefsitzenden Vorbehalten und Enttäuschungen konfrontiert. Ein derartiges Fremdheits- bzw. Differenzszenario brachte auch Abteilungsleiter Josef Arnstein prägnant zur Sprache. Er sprach von einer regelrechten »Ost-West-Kluft«, die sich innerhalb der Organisation aufgetan habe und die für ihn auch nicht zu überwinden sei:

> »Die kann man nur versuchen, zu überbrücken, und dann kann man nur versuchen, qua corporate culture, Firmenkultur, oder Organisationskultur den Menschen nahezubringen und zu verstehen zu geben, dass sie sich auf das System verlassen können.«[37]

Auf die Nachfrage, worin sich diese Differenzen manifestieren würden, kam der Manager zunächst ins Stocken. Nach einigem Zögern benannte Arnstein dennoch einen zentralen Faktor:

> »Da kommen wir in einen Bereich hinein, der für mich mit Ethik und Christentum was zu tun hat, und ich glaube, dass man EINEN Unterschied ganz klar nennen kann, das ist im Grunde genommen die Geschichte, die die Menschen durchlebt haben […] und ich glaube, dass jeder Mensch von seinem ERLEBTEN geformt wird.«[38]

Auch der junge Referent Benedikt Golland leitete aus den Erfahrungen von Realsozialismus und Planwirtschaft grundlegende Verständnisschwierigkeiten her. Einige Ostdeutsche hätten sich zwar schnell einen

35 R45-Interview mit Helmut Görner, 5.2.1993.
36 Ebd.
37 R49-Interview mit Josef Arnstein, 16.4.1993.
38 Ebd.

westlichen Habitus zulegen können; dennoch hätte diese Gruppe oftmals die Essenz der neuen Wirtschaftsordnung, in der man »verlässliche Fakten« verhandeln müsse, eben gerade nicht verinnerlicht:

> »Es ist durch diese vierzig Jahre, die man operiert hat mit Zahlen, die ein anderer sehen wollte, durch – auch Aussagen, die ein anderer hören wollte, dass viele heute daherkommen, und produzieren irgendwelche Zahlen, oder treffen auch irgendwelche Aussagen, die so in dieser Form nicht stimmen. Die man in der verkehrten Einstellung gegeben hat, wir wollten das hören.«[39]

Bei den ostdeutschen Mitarbeitern hatte sich für den Referenten also ein mentales Erbe der Planwirtschaft verfestigt, bei der es mehr um die rhetorische Inszenierung von (Schein-)Realitäten als um Informationen zur tatsächlichen ökonomischen Lage gegangen sei. Dementsprechend seien deren rhetorische Talente meist völlig anders ausgeprägt:

> »Viele haben tatsächlich die (lacht ein bisschen), die Gabe bekommen, die Ohren zuzuklappen, und kaum haben sie den Raum verlassen, wieder ihr eigenes Ding zu machen, aber es in einem nächsten Gespräch wieder so darzustellen, als wäre das alles so gewesen. Gefördert durch ein System, was einen Plan und eine Planerfüllung verlangt, die nicht zu halten war, hinterher aber optisch alles so gestaltet, als WÄRE es so gewesen.«[40]

Ganz ähnlich argumentierte Direktor Heiner Hernholt. Seine umfassenden Reflexionen zum »Kapital Mensch« in Ostdeutschland differenzierte er zu drei ausführlichen Problemkreisen aus: Erstens lobte er das »unglaubliche[] Knowhow« und die unter den Bedingungen der »Mangelwirtschaft« erworbene Gabe der »Improvisation« – eine Form von Talent, die er (»Ich bin Jahrgang 38«) noch »nach dem Kriege bei uns« in der frühen Bundesrepublik miterlebt habe. Zweitens strich er heraus, dass »im technisch-ingenieurtechnischen, naturwissenschaftlichen Bereich die Leute alle EXZELLENTE Ausbildungen« hätten, ihnen aber das Wissen um die »moderne Technik« fehle, was jedoch schnell erlernbar sei, zumal die Ostdeutschen sich »lernfähig« und »lernintensiv« gezeigt hätten. Einen dritten Unterschied verortete der Direktor schließlich in der zwischenmenschlichen Kommunikation:

> »Und wenn Sie heute mal noch nach Ostberlin in das SEZ gehen, hier in das Sport- und Erholungszentrum, und sehen, wie die Leute miteinander umgehen, die gehen anders miteinander um als Westdeutsche

39 R22-Interview mit Dr. Charles Volkmann/Benedikt Golland, 1.10.1992.
40 Ebd.

miteinander umgehen. Da werden ganz andere Dinge ausgetauscht, da wird ganz anders diskutiert, und da gibt es auch ganz andere zwischenmenschliche Strömungen, die typisch für solche Gesellschaftsformen sind, die leider verlorengehen, sage ich mal.«[41]

Allerdings hätten diese drei bemerkenswert positiv und west-kulturkritisch konnotierten Charakteristika dem Direktor als Vertreter der Treuhand auch erhebliche Probleme bereitet. »Improvisationstalent«, Lernfähigkeit sowie kollektive Kommunikationsformen schlügen ihm letztlich auch in ihren negativen Ausprägungen entgegen, da seine ostdeutschen Mitarbeiter und Geschäftspartner es verstünden, indirekt zum Ziel zu gelangen:

> »Ein Ostdeutscher denkt da ganz anders. Der sieht zwar auch ein Ziel, aber er muss das ja mit vielen Schleichwegen und Umwegen und; muss er das auf die Reihe bringen und dazu gehört es auch, sagen wir mal, die Obrigkeit, entschuldigen Sie das Wort, ein bisschen zu bescheißen und so weiter, mit falschen Details zu kommen, denen Türken zu bauen und so weiter [...].«[42]

Während also ein Teil der aus der alten Bundesrepublik stammenden Mitarbeiter in den zeitgenössischen Gesprächen auf eine erhebliche, meist aus der geteilten »Geschichte« bzw. den langjährigen Prägungen des SED-Regimes hergeleitete »Ost-West-Kluft« abhob, war diese resignative Grundhaltung bei anderen Gesprächsteilnehmern regelrecht verpönt. Als Dietmar Rost Direktor Lohmann nach der Entwicklung der Ost-West-Zusammenarbeit fragte, erklärte dieser merklich emotional, dass er beständig an der Einebnung dieser Gegensätze arbeite, aber dabei auf mehrere Hemmnisse stoße:

> »Das ist eine Frage, die mir weh tut. [...] Erstens sind die Mitarbeiter, die aus Ostdeutschland stammen, älter als die, die aus Westdeutschland kommen. [...] Zweitens, die aus dem Westen sind zum großen Teil ledig, und die aus dem Osten sind verheiratet und haben oftmals Kinder [...]. Damit ist die erste Kategorie sehr viel mobiler als die zweite. Und deshalb fahren die Ostdeutschen lieber in den Schrebergarten oder zu Oma, während die Westdeutschen sagen, jetzt düsen wir mal nach Sylt oder nach Schwerin.«[43]

Eine gemeinsame Freizeitgestaltung, so sein Fazit, habe sich als schwierig erwiesen. Die hieraus resultierenden Spannungen habe der Direktor

41 R15-Interview mit Dr. Boris Hernholt, 1.9.1992.

42 Ebd.

43 R12-Interview mit Theodor Lohmann u. Mitarbeitern, 4.8.1992.

abbauen wollen, erklärte aber gleichermaßen, dass die lebensweltlichen Differenzen letztlich ein »automatisch[es]« Zusammenwachsen verhinderten:

> »Viele, die aus dem Westen kamen, haben hier lange im Hotel gelebt, die andern hatten ihre Wohnung. Die einen gingen abends zum Saufen, weil sie natürlich keine Lust hatten, ins Hotelzimmer zu gehen, die anderen gingen dann nach Hause, weil sie ihre Familie hatten und die gerne sehen wollten.«[44]

Lohmann sah sich als Führungskraft in der unmittelbaren Verantwortung, das alltägliche Zusammenwachsen seines Teams trotz der beobachteten Differenzen aktiv voranzubringen, beispielsweise durch eine bewusste Sprachpolitik:

> »Vor einem JAHR haben wir uns hier verboten, Worte wie Ossi und Wessi zu benutzen. Das sind UNWORTE. Man kann doch genauso gut sagen, das ist ein Mitarbeiter aus dem Ostteil Deutschlands. Es gibt ja tausend Ausdrücke und Umschreibungen, die nicht abqualifizierend sind. Alles was diese ohnehin durch die Erfahrung bedingte Trennung vertieft oder verdeutlicht, halte ich für unzumutbar.«[45]

Während sich Lohmann im Umgang mit den Ost-West-Differenzen noch durchaus kämpferisch gab, traten andere Direktoren 1992/93 resignativ auf. Für Boris Märtens war gerade die Zusammenarbeit von Ost und West anfänglich »eine der Attraktionen«, eine grundlegende Motivation für sein Engagement gewesen. Doch diese »große Euphorie des Aufeinanderzugehens« habe sich im Alltag nach 1991 merklich abgekühlt, die Stimmung untereinander sei nun nicht mehr »wie zu Anfang«, was er auch außerhalb der Treuhand zu beobachten meinte.[46] Im Blick des Juristen hatte sich die anfängliche »Neugier« beim Treuhand-Personal durch interne Dynamiken verflüchtigt, insbesondere durch die personalpolitische Überschichtung sowie die hierarchische Herabstufung des Ostpersonals durch neue Westmitarbeiter:

> »Es hat sich ja schon gezeigt, unmittelbar nach meinem Erscheinen, dass die Proportionen sich da verschoben haben zugunsten von West. Das mag erstklassige Gründe haben, für das Klima der unmittelbaren menschlichen Wiedervereinigung am Arbeitsplatz war das eine Erschwernis, das muss man sehen, und ich verstehe die Kollegen Ost sehr gut, die das bedauern, denn sie meinen manchmal, sie werden einfach et-

44 Ebd.

45 Ebd.

46 R18-Interview mit Dr. Boris Märtens, 10.9.1992.

> was in den Hintergrund gerückt. [...] Ich stelle fest, dass die unmittelbar praktische Wiedervereinigung der Deutschen als Volk am Arbeitsplatz heute nicht soweit ist, wie ich sie mir erhofft hatte.«[47]

Im Gegensatz zu seinem Direktoren-Kollegen Lohmann, der sich aktiv die Minderung der Ost-West-Differenzen zur Führungsaufgabe gemacht hatte, fand Märtens sich damit ab, dass es sich hierbei um eine »nicht steuerbare Entwicklung« gehandelt habe – eine Einschätzung, die auch Direktor Steffen Gerhard teilte, der trotz guter Erfahrungen mit den Ostdeutschen deutliche Differenzen gespürt habe, nicht zuletzt auch durch die gravierend unterschiedliche Entlohnung:[48]

> »Und wir haben natürlich schon auch diese sozialen Unterschiede hier gespürt, wenn also ein Ostmitarbeiter in der gleichen Funktion wie der Westmitarbeiter nur einen Bruchteil von dem Gehalt bekommt, dann hat man selber dabei ein ungutes Gefühl als Vorgesetzter, und wenn das dann durch Tarifstrukturen vorgegeben ist, dann kommt man da nicht raus und hat da also nur begrenzte Einflussmöglichkeiten.«[49]

Diese Direktoren markierten in ihren Gesprächen eine Mittelposition, indem sie das (Fort-)Bestehen oder sogar die Verfestigung von merklichen Ost-West-Differenzen diagnostizierten. Dass eine »Ost-West-Kluft« das Personal durchzog, war jedoch eine Deutungsvariante, die keineswegs alle interviewten Westdeutschen teilten, im Gegenteil: eine Gruppe von Gesprächspartnern vertrat prononciert die Meinung, dass diese Gegensätze zumindest innerhalb der Treuhandanstalt überwunden seien. Passend dazu vertrat auch Direktor Stefan Wolter das offizielle Avantgarde-Motiv, wonach die Ost-West-Zusammenarbeit beim Treuhand-Personal »anderen Institutionen JAHRE voraus« gewesen sei.[50]

47 Ebd.

48 Das beträchtliche Entlohnungsgefälle zwischen westdeutschen Führungskräften und ostdeutschen Mitarbeitern bei der Treuhand wurde verschiedentlich thematisiert, allerdings in den zeitgenössischen Gesprächen von ostdeutscher Seite nicht angesprochen. Die alltagspraktischen Auswirkungen dieses Gegensatzes wurden im vorherigen Kapitel am Beispiel des 1992 eingeführten Prämiensystems aufgezeigt, das für Westmanager erhebliche Anreize zu einer Beschleunigung ihrer Privatisierungsabschlüsse enthielt, wobei diesem Programm als »Ausgleich« eine zusätzliche Vorsorgeregelung für alle Mitarbeiter beigestellt wurde. Die Treuhand-Spitze hatte das übrigens auch in der Öffentlichkeit wenig angesprochene Entlohnungsgefälle damit durchaus im Blick; die Journalisten konzentrierten sich demgegenüber viel stärker auf eine Kritik der Löhne für Westmanager.

49 R43-Interview mit Dr. Steffen Gerhard/Kai Rumeck, 29.1.1993.

50 R44-Interview mit Stefan Wolter, 4.2.1993.

Doch nicht nur diese Führungskräfte entfalteten hier die Version eines mittlerweile weitgehend in der Alltagspraxis gelebten »Miteinanders«. Richard Hajek konzedierte für sein Direktorat ein alltagspraktisches Zusammenwachsen, das anfängliche Ressentiments nunmehr erfolgreich überwunden habe: »Also wir haben, bilde ich mir ein, die Integration vollzogen. Und ich empfinde das auch so, deswegen, weil ich das von vielen meiner Mitarbeiter höre.«[51]

Mit Blick auf das besondere Klima innerhalb der Treuhand geriet Direktor Matthias Erben vernehmlich ins Schwärmen; die in Öffentlichkeit und Politik diskutierten Ost-West-Gegensätze wies er rundweg zurück. Nach einer kurzen, zugleich auch erfolgreichen Phase der Umstellung wollte er sich über die anpassungsbereiten Ostdeutschen in seinem Direktorat mitnichten beklagen:

> »Ich habe, nachdem gewisse Grundvoraussetzungen da waren, was das Umlernen in Bezug auf unsere unterschiedlichen Wirtschaftsordnungen war, eigentlich nur gute Erfahrungen damit gemacht. Ich wüsste nicht [...] wo ich sagen könnte, dass die nicht ausgesprochen hervorragend sind. Also die sind willig, und eine normale Arbeitszeit, die haben wir hier nie gekannt.«[52]

Dieser rasche Integrationsprozess wurde jedoch nicht nur als einseitige, asymmetrische Anpassung beschrieben. Andere Interviewpartner deuteten das Beziehungsgeflecht eher als ein dialogisches Verhältnis des Voneinander-Lernens. Direktor Dieter Geppert stufte in seinem Gespräch die Kooperation als unverzichtbar ein:

> »[...] die ostdeutschen Mitbürger, die da Verantwortung trugen, wussten, dass sie jemanden brauchen, und dass es ihnen guttut, wenn ihnen jemand hilft oder sie gar führt in der neuen Aufgabe, dass aber auch die Westdeutschen, das habe ich zwischendurch immer wieder gehört, sagen, ›Mensch, also ich hätte auf den gar nicht verzichten können, mit dem gewachsenen Wissen, das hätte ich gar nicht so schnell nachholen können‹.«[53]

Für die zu treffenden Privatisierungs- oder Stilllegungsentscheidungen seien das Ost-Personal und dessen Kenntnisse gerade in der Frühzeit unersetzbar gewesen:

> »Und in diesem Entscheidungsprozess, wo man also wirklich die an sich für die Entscheidung notwendigen Informationen nicht komplett hat

51 R19-Interview mit Richard Hajek, 15.9.1992.

52 R39-Interview mit Dr. Matthias Erben, 19.1.1993.

53 R38-Interview mit Dieter Geppert, 16.1.1993.

> und das weiß, und den Mut hat, durchzuhauen, […] und das sind eben die ostdeutschen Mitbürger hier, die, ich würde fast soweit gehen zu sagen, bei den Privatisierungsfällen ja noch wissen, wem es damals gehört hat, und wer es eigentlich wiederhaben müsste.«[54]

Gerhard Pander beschrieb einen ähnlichen Austauschvorgang, wobei es ihm nicht so sehr um spezifische Informationen (etwa über Betriebe oder Branchen) ging, sondern seine ostdeutschen Mitarbeiter hätten ihm vor allem geholfen, bei Entlassungen weniger emotional zu reagieren:

> »[…] die einem da auch schon das GESPÜR relativ rasch vermitteln konnten, tatsächlich die Probleme zu sehen, sich ihnen zu stellen und zu versuchen, Problemlösungen zu finden. Aber einem ganz schnell auszutreiben die Wehleidigkeit und ein übertriebenes Mitgefühl mit den armen Ossis. Das muss ich auch sagen, das war für mich sehr wichtig, weil man da am Anfang auch nicht so genau wusste, wo, in welchen Grauzonen bewegt man sich.«[55]

Der zeitgenössische Blick der bundesdeutschen Manager und Beamten auf ihre ostdeutschen Kollegen fiel damit vielschichtig, differenziert und teils auch polarisiert aus. Während die politische Vergangenheit der ostdeutschen Kollegen in der DDR in der Regel ein gemiedenes, ungeliebtes Thema blieb, das man als von außen hereingetragenes Vergangenheitsproblem kritisierte, war der Ist-Zustand der Ost-West-Beziehungen innerhalb der Treuhand ein kontrovers gedeuteter Themenkreis. Das Interaktionsgefüge konnte dabei als asymmetrisches Verhältnis beschrieben werden, wobei die Ostdeutschen als Lernende und die Westdeutschen als Lehrende auftraten; andererseits beschrieben andere Führungskräfte die Ost-West-Interaktionen vielmehr als »ideale Symbiose«.[56] Eng verknüpft blieben diese Wertungen mit den übergeordneten Einschätzungen bezüglich des Ost-West-Verhältnisses inner- wie außerhalb der Treuhandanstalt: Während ein Teil der bundesdeutschen Interviewpartner eine markante, letztlich unüberwindbare »Ost-West-Kluft« auch innerhalb der Organisation annahm, glaubte eine zweite Gruppe an eine ausgesprochen erfolgreiche deutsch-deutsche Integrationsgeschichte, bei der sich die konkrete »Einheit am Arbeitsplatz«, quasi in der sozialen Alltags-Praxis bei der Treuhand, unmittelbar vollzogen habe.

54 Ebd.

55 R32-Interview mit Gerhard Pander, 22.12.1992.

56 R30-Interview mit Simon Cunau, 21.12.1992.

4.2 Wege zur Treuhand: »Ich bin voll in diesem Staat DDR aufgewachsen«

Die intensiven Reflexionen des Westpersonals deuteten bereits darauf hin: Das Verstehen der DDR-Biografien ihrer neuen Kollegen verlangte den Vorgesetzten offenkundig einiges ab. Aus diesem Grunde sprach Direktor Simon Norden ausführlich darüber, wie er versuchte, sich 1990/1991 selbst einen Reim auf die ihm unbekannten Karrieremuster der ostdeutschen Bewerber zu machen, indem er gezielt nach Anhaltspunkten für eigensinniges Verhalten gesucht habe:

> »Ich habe Leute gesucht, die nach dem Studium eine steile Karriere gemacht haben – das habe ich als Indiz für Intelligenz und Qualifikation angesehen – und die dann einen Punkt erreicht haben, von dem ab sie nicht mehr weitergekommen sind, wo also die Querversetzungen kamen, statt dem beruflichen Aufstieg, und zwar insbesondere solche Querversetzungen, die zu weniger Personalverantwortung geführt haben. Weil ich mir gedacht habe, das müssten die Leute sein, die vielleicht dann nicht mehr ganz konform lagen und ab und zu ihre eigene Meinung äußerten. Das war die Selektion für die Vorstellungsgespräche.«[57]

Bei diesen Gesprächen hätte er dann weitere Erfahrungen gesammelt – vor allem, was die generationellen Unterschiede *innerhalb* des ostdeutschen Bewerberfelds anbelangte. Der selbst 54-jährige Direktor zog scharfe Grenzen:

> »Ich habe in den Vorstellungen dann relativ schnell gemerkt, dass die über 50-Jährigen Umstellungsschwierigkeiten hatten. Die Qualität der Kritik am alten System war unterschiedlich. Bei den unter 50-Jährigen war es Systemkritik, und bei den über 50-Jährigen war es Kritik an der Unfähigkeit der Vorgesetzten. Das war für mich schon ein sehr bemerkenswerter Unterschied. Ich habe die Systemkritiker genommen, denn das andere ist aus meiner Sicht die falsche Sicht der Dinge. Wir haben das Prinzip gehabt, wer Stasi ist, wird nicht genommen, SED-Mitgliedschaft war in DIESER Berufsgruppe praktisch Pflicht gewesen. Da konnte man keine Rücksicht darauf nehmen, allerdings habe ich versucht, SED-FÜHRUNGSFUNKTIONEN nach Möglichkeit rauszusortieren.«[58]

Diese Passage deutet spiegelverkehrt die Konstellation an, in der sich die ostdeutschen Gesprächspartner wiederfanden. Im Rahmen der Befragungen sahen sie sich angehalten, dem Interviewpartner ihre Berufsbiografie während der DDR-Zeit zu erklären (oder dies gerade nicht zu tun). Sie wollten ihr vergangenes Berufsleben umfassend erklären, bewerten und

57 R46-Interview mit Simon Norden, 10.2.1993.
58 Ebd.

einordnen. Dabei lassen sich grob drei Modi voneinander unterscheiden: Neben der vollständigen Ausblendung des bisherigen Lebensweges standen den Gesprächspartnern die narrative Anpassung ihres realsozialistischen Ausbildungs- und Berufsweges an westliche Muster und Begriffe sowie das ausführliche Erklären ihrer früheren »DDR-Karrieren« zur Verfügung.[59]

Das bewusste Verschweigen der eigenen politischen oder beruflichen Vergangenheit wurde selten gewählt – vermutlich setzte die Teilnahme an einem Interview eine grundsätzliche Bereitschaft zum Sprechen über die eigene Vergangenheit voraus. Letztlich machten lediglich zwei von 13 ostdeutschen Gesprächspartnern gar keine konkreten Angaben zur eigenen Biografie: ein älterer Wirtschaftsexperte aus dem früheren ZK der SED, der sich fortlaufend öffentlicher Kritik ausgesetzt sah, sowie ein sehr junger Ostmitarbeiter, der es bis zum Direktor gebracht hatte.[60] Somit standen beide unter besonderer medienöffentlicher Beobachtung, was ihr Schweigen wohl zusätzlich motivierte. Andere, die teils sehr ausführlich über ihre DDR-Zeit berichteten, verschränkten häufig die beiden übrigen argumentativen Muster miteinander.

Das erzählerische Anpassen wurde bevorzugt von älteren ostdeutschen Mitarbeitern jenseits der sechzig gewählt. Diese konnten so ihre Berufskarriere etwa mit einem wohlklingenden Namen aus der deutschen Industrie beginnen lassen. Gerhard Rumberg, damals Anfang sechzig, setzte daher den Anfangspunkt seiner Karriere in der Kriegszeit bei einem großen deutschen Technologiekonzern:

> »Ich habe nach Abschluss der Volksschule – bei Siemens in (unv.) gelernt, noch während des Krieges, Industriekaufmannsgehilfe. Und ich muss sagen, trotz der Wirren am Ende des Krieges – das war eine solide Ausbildung. So richtig von der Pike auf. Und ich habe nach dieser Ausbildung als Lehrling dann nach 1945 im Bereich der volkseigenen

59 Dazu auf Grundlage von autobiografischen Schriften von ostdeutschen Historikern nach 1990 vgl. Lahusen, Christiane: Zukunft am Ende. Autobiographische Sinnstiftungen von DDR-Geisteswissenschaftlern nach 1989, Bielefeld 2014; Knortz, Heike: Innovationsmanagement in der DDR 1973/79-1989. Der sozialistische Manager zwischen ökonomischen Herausforderungen und Systemblockaden, Berlin 2004. Zeitgenössisch: Förster, Heike: Entwicklung von Handlungsstrategien bei Führungskräften in der DDR-Wirtschaft. Eine empirische Untersuchung von Lebens- und Karriereverläufen ehemaliger Betriebs- und Kombinatsdirektoren, Frankfurt a.M.u.a. 1995; Geulen, Dieter: Politische Sozialisation in der DDR. Autobiographische Gruppengespräche mit Angehörigen der Intelligenz, Opladen 1998.

60 R24-Interview mit Steffen Damm, 6.10.1992; R21-Interview mit Prof. Dr. Samuel Herrmann, 18.9.1992.

Wirtschaft gearbeitet, mal allgemein im Betrieb, und dann war ich Revisionsassistent, heute sagt man wohl Prüfungsassistent bei einer Revisions- oder bei DER Revisions- und Treuhandanstalt der Sowjetischen Besatzungszone Deutschlands.«[61]

Auch Jörg Galuba erinnerte sich an den Beginn seiner Ausbildung in der Kriegszeit, die dann aber durch die »Soldaterei« jäh unterbrochen worden sei.[62] Der 59-jährige Jurist Karl Korn hob explizit die Vorzüge seines Jurastudiums in den 1950er-Jahren heraus, das noch an bürgerliche Rechtstraditionen anknüpfte:

»[I]ch muss sagen, ich hatte insofern Glück, als ich studierte, wir hatten noch Aktienrecht und GmbH-Recht, und ich hatte auch auf der Grundlage des BGB noch mein Examen machen müssen. Ich habe 1955 bis 59 in Jena studiert. Hier musste dann viel Verschüttetes wieder ausgegraben werden, aber es war nicht neu.«[63]

Die Möglichkeit, zumindest den Beginn der eigenen Karriere in eine langfristige Kontinuität stellen zu können, bestand für die jüngeren Mitarbeiter hingegen nicht. Richard Rauenau etwa, der frühere Dozent an einem Forschungsinstitut, gab sein Studienfach zunächst mit »Betriebswirtschaft« an, präzisierte diese Angabe aber im Nachhinein, um ausführlich zu vermitteln, was es mit dieser »Ingenieurökonomie« auf sich habe: Er sei ein »Regelbetriebswirtschaftskader« gewesen.[64]

Dieses sozialistisch-kapitalistische Kompositum deutet bereits auf die semantischen Kniffe hin, mit denen ostdeutsche Mitarbeiter bisweilen die Begriffe der sozialistischen Planwirtschafts- und Arbeitswelt in ein westliches Idiom zu übertragen suchten. Wie der Maschinenbauingenieur Peter Domann, der seinem Interviewpartner durchweg »Kader« mit »Personal« oder »Kollektiv« mit »Team« übersetzte.[65] Der aus dem DDR-Finanzministerium zur Treuhand gekommene Branchenexperte Knut Reich war ebenfalls bestrebt, seine Qualifikation adäquat zu übersetzen, um so auch den Wert der eigenen Ausbildung herauszustellen:

»Ich bin 57 Jahre alt, und meine praktischen Erfahrungen bestehen darin, dass ich, bevor ich in das Finanzministerium gegangen bin, in einem großen Werkzeugmaschinenunternehmen als stellvertretender Direktor für Produktion und als Direktor für Forschung und Entwicklung tätig

61 R1-Interview mit Dr. Gerhard Rumberg, 10.7.1992.
62 R17-Interview mit Prof. Dr. Jörg Galuba, 8.9.1992.
63 R29-Interview mit Klaus Helm, 18.12.1992.
64 R28-Interview mit Prof. Dr. Richard Rauenau, 17.12.1992.
65 R42-Interview mit Peter Domann, 28.1.1993.

> war und davor auch im Ministerium für Werkzeugmaschinen einige Jahre und die Zusammenhänge der Industrie und des Maschinenbaus der DDR besonders gut kenne. Ich habe ja auch deshalb eine doppelte Ausbildung mal gewählt, sowohl als Ingenieur als auch als Ökonom oder Betriebswirt, könnte man das besser vergleichen, sodass ich die Zusammenhänge sowohl von der technischen, wie auch von der ökonomischen Seite her betrachten kann.«[66]

Derlei Bezüge in die westliche Wirtschafts- und Unternehmenswelt waren jedoch nur eine Variante, die eigene Biografie terminologisch zu camouflieren und damit möglicherweise vor vollständiger Entwertung zu schützen. Das Gros der ostdeutschen Mitarbeiter war jedoch merklich bestrebt, die wesentlichen Stationen des eigenen Berufslebens aus der immanenten DDR-Systemlogik zu erklären.

Wie ambivalent das Offenlegen der Berufsbiografie selbst in der halbwegs geschützten Interviewsituation bisweilen empfunden wurde, legte ein Gespräch nahe, das Rost Anfang September 1992 mit dem Referenten Karl Korn führte. Dieser hatte sich fast zwei Stunden völlig auf technische und fachliche Aspekte seiner gegenwärtigen Aktivitäten in einem Branchendirektorat konzentriert, bis er nach seiner Ausbildung befragt wurde:

> »[Ich bin, M.B.] 55 Jahre alt, --- ich habe sozusagen eine klassische DDR-Karriere gemacht, wie man so früher sagte, bin von Beruf Maschinenschlosser, habe dann Glastechnik studiert, ist eine Studienrichtung, die es in den alten Bundesländern in dieser Form nicht gibt.«[67]

Korn ließ sodann eine längere technische Passage zu den Spezifika dieser Branche in der DDR folgen, berichtete von seinem Studium der Energiewirtschaft – und geriet plötzlich bei seiner Darstellung merklich ins Stocken:

> »Habe dann Energiewirtschaft studiert, wollte eigentlich auch auf dieser Schiene mal, auf der Energiewirtschaftsschiene tätig werden, aber dann hat sich das alles ganz anders entwickelt, und wie gesagt, dann auch bis zu dieser Funktion hin. Aber ich glaube, das ist ein Kapitel, das sollten wir zudecken.«[68]

Diese »Funktion« war die eines Spitzenfunktionärs in der DDR-Planwirtschaft. Nach kurzem Zögern sprach der Referent jedoch nicht über die weiteren Stationen seines Berufsweges an die Spitze des Ministeriums,

66 R27-Interview mit Knut Reich, 16.12.1992.

67 R16-Interview mit Karl Korn, 4.9.1992.

68 Ebd.

sondern über die Beweggründe hinter seiner Karriere und deren Ambivalenzen:

> »Da gibt es viele Widersprüche, ohne Zweifel, --- aber (4s) dass man als junger Mensch ehrgeizig ist, dass man seinen Fleiß, ich will das mal so sagen, -- sich niederschlagen sehen will, in einer ganz bestimmten persönlichen Entwicklung, hier will ich das mal weglassen, wohin die auch immer geht, ob die nun jetzt in die Forschung geht, oder ob die jetzt ins Management reingeht, das glaube ich, sollte man jedem zubilligen. Dass sich dann in der DDR, und das ist eigentlich die Tragik, bestimmte Dinge unabhängig von Ihrer eigenen Meinung entwickeln konnten, das ist bekannt, das ist keine Legende.«[69]

Diese verklausulierte Umschreibung einer sich sozusagen automatisch vollziehenden Laufbahn als Nomenklaturkader mündete schließlich in eine Reflexion über seinen eigenen Umgang damit:

> »Also dieser Vorwurf, der dann gemacht wird, dass man sagt, du HÄTTEST doch das nicht machen brauchen, der stimmt. Der stimmt. Also man hat die Möglichkeit gehabt, (4s) aus dieser Entwicklung auszusteigen. Ich muss dazu allerdings sagen, dass das bei drei Kindern, ja, mit drei Kindern, mit einer Familie, zumindest mit GANZ erheblichen sozialen Problemen verbunden gewesen wäre, weil eine solche Entscheidung nicht honoriert wurde. -- Sie wurde einfach nicht AKZEPTIERT. Egal, wie sachlich fundiert Ihre Argumente waren, sie wurden einfach nicht akzeptiert.«[70]

Ein solcher Rückzug aus einer Führungsfunktion sei nicht mit einem Wechsel in einer Position im gegenwärtigen Deutschland zu vergleichen:

> »Also nicht so, dass man dann nun sagte, na gut, dann gehen wir also im gegenseitigen Einvernehmen, und dann wird dort ein Nachfolger eingearbeitet, und dann ist das Thema erledigt, wie das heute in Deutschland möglich ist, sondern man hat dann gesagt, so mein Freund, weil du sozusagen nicht willst, wie WIR wollen, werden wir dich dann auch die ganze Macht spüren lassen, die wir haben.«[71]

Korn machte aber zugleich auch eine gewisse Distanz gegenüber dem realsozialistischen System für sich und andere Angehörige der höheren Kadernomenklaturen geltend:

69 Ebd.
70 Ebd.
71 Ebd.

> »Und da ich nun nicht zu denen gehöre, die zum Märtyrer taugen, und ich sage das auch, ich habe auch nicht zu denen gehört, die nun sozusagen im Widerstand zu diesem System standen. [Aber vielfach wird, M.B.] heute auch negiert, dass man sagt, gut, die Leute haben das gemacht, die hatten keine Vorbehalte. Doch, ich kenne genügend Leute der Nomenklatur, die ganz entscheidende Vorbehalte gegen -- ich sage es mal, die FORMALIEN dieses Systems, vielleicht nicht mal gegen das System an sich, aber gegen die inhaltliche Seite dieses Systems, sei es die ganze Frage, wie man mit den Menschen umgegangen ist, wie man die Wirtschaft im Grunde gegen den Baum gefahren HAT.«[72]

Zwar habe man sich ein eigenes Bild über die Zustände in der DDR nur facettenhaft aus »seinem Ausschnittswinkel« machen können; dennoch wären für ihn und seine Kollegen die wachsenden Defizite der Planwirtschaft klar ersichtlich gewesen. Man habe »sich ja viele Dinge irgendwie auch alleine, mosaikartig, auch bei dieser äußerst, ich sage es mal, zensierten Berichterstattung« zusammensetzen können.[73]

Diese lange Interviewpassage, in der Korn ausführlich, aber oft nur indirekt über seine politische wie berufliche Vergangenheit sprach, kombinierte mehrere Grundelemente: Er gab Motive für den Beginn einer solchen »klassische[n] DDR-Karriere« wie auch Gründe an, diese trotz wachsender »Vorbehalte« dennoch fortzusetzen. Für sein späteres Treuhand-Engagement empfand er diese frühere Karriere merklich als ein gravierendes biografisches Problem.[74]

Andere Gesprächspartner zogen sich dagegen nicht auf eine abstrakte Rechtfertigungsebene zurück, sondern erklärten ihre Berufslaufbahn in der DDR ganz offen – wie der im Januar 1993 bereits ausgeschiedene Referent Peter Domann, der seinen Karrierebeginn im »mittleren Managementbereich« des Schwermaschinenbaus referierte.[75] Nachdem er die formale Seite seines beruflichen Lebensweges abgehandelt hatte, sprach Domann über seine individuellen Motive; erst dann kam er auf die weiteren politischen Implikationen seines sozialen Aufstieges zu sprechen:

> »Da ich aber natürlich mit einem Ehrgeiz behaftet war, vorwärts zu kommen und auch Familie, zwei Töchter, hatte, bin ich natürlich auch irgendwann, das war bei mir im 30. Lebensjahr, in diese Partei eingetreten, in die SED. Also ich gehöre auch zu den Tätern, wenn Sie mich so bezeichnen wollen. Und eines Tages kam man eben auf mich zu, ›Du

72 Ebd.
73 Ebd.
74 Ebd.
75 R42-Interview mit Peter Domann, 28.1.1993.

hast Dich gut entwickelt, Du gehst nach Berlin ins Ministerium‹. Und dort war ich dann zunächst als Mitarbeiter, die letzten drei Jahre, leider auch als Abteilungsleiter, war ich dort verantwortlich für die Produktionsentwicklung in den 11 Kombinaten des Schwermaschinenbaus. Das habe ich dann wie gesagt bis Anfang 1990 gemacht und bin dann 3 Monate im Kraftwerksanlagenbau gewesen, und bin dann zum 1.4. zur Treuhandanstalt. Also ich habe nicht so ein sehr bewegtes Leben.«[76]

Während diese beiden Interviewpartner aus einer defensiven Grundhaltung heraus argumentierten, gingen andere Mitarbeiter dieses Thema offensiver an. Abteilungsleiter Friedrich Calbeck beschrieb sich selbst als »voll in diesem Staat DDR aufgewachsen« und berichtete detailliert über seine bilderbuchhafte Karriere, die ihn über eine »Arbeiter- und Bauernfakultät«, ein Studium in Moskau sowie eine Anstellung in einem LKW-Werk in die Plankommission bis ins Ministerpräsidenten-Amt geführt hatte.[77] Anschließend begründete er ausführlich die inneren Antriebskräfte seiner Entscheidungen:

»Also so sieht das ungefähr bei mir aus, und mehr oder weniger ähnlich ist das für meine Mitarbeiter auch. Die sind eben hier aufgewachsen und haben die Möglichkeiten, die dieser Staat geboten hat, natürlich auch ausgenutzt. Ich bin verheiratet, ich habe drei Kinder. Ist doch klar, dass man vorwärts kommen wollte! Also ich habe mir nichts vorzuwerfen. Ich habe ein Leben lang nichts als gearbeitet und habe versucht, auch unter den Bedingungen voranzukommen – natürlich nicht gegen diesen Staat, das sage ich auch ganz offen – ich habe FÜR diesen Staat gearbeitet, weil ich gesagt habe, das ist eigentlich eine gute Sache. Dass das nicht aufgeht, ist was ganz anderes. Und wenn ich in die Bundesrepublik hineingeboren worden wäre, hätte mein Leben sicher anders ausgesehen. Und umgekehrt eines manchen anderen auch, nicht? Ich war, das muss ich auch sagen, kein ›Widerstandskämpfer‹ in der DDR.«[78]

Referent Kurt Horten sprach zunächst nicht von sich aus über seine berufliche DDR-Vergangenheit, sondern berichtete dafür ausführlich über branchenspezifische Aspekte seiner gegenwärtigen Tätigkeit. Erst als er explizit nach seiner »Arbeitsbiografie« gefragt wurde, kam Horten auf dieses für ihn offenbar heikle Thema zu sprechen. Obwohl er lediglich im »Schnelldurchlauf« berichten wollte, entfaltete er ausführlich eine lineare Aufstiegskarriere eines »Arbeiterkinds« in der DDR der 1950er-Jahre, die einen gelernten Schiffbauer aus proletarischem Milieu in einen

76 Ebd.
77 R41-Interview mit Friedrich Calbeck, 25.1.1993.
78 Ebd.

studierten Diplom-Ingenieur verwandelte.[79] Mitte der 1960er-Jahre sei er schließlich in ein Branchenministerium gewechselt, in dem er bis Ende der 1980er-Jahre in leitender Funktion tätig gewesen sei.[80] Schließlich erläuterte Horten drei wesentliche Beweggründe, warum er in die SED eingetreten sei: »Ich bin deshalb eingetreten, weil ich erstmal von der sozialistischen Idee überzeugt war. Und schlecht ist die ja nicht, schlecht ist die nicht.« Zudem habe er, gerade im Ministerium, mit älteren, überzeugten Kommunisten und Antifaschisten zusammenarbeiten können:

> »Ich habe dann hier in dem Hause in DER Tätigkeit wirklich Menschen kennengelernt, vor denen ich große Hochachtung hatte, die eine bewegte Vergangenheit hatten, also alte Menschen, die wirklich mit Leib und Seele für ihre Idee gekämpft haben, die sich haben einbuchten lassen, oder die eingesperrt worden sind. Und das hat mich eigentlich mit dazu bewogen, dann auch Mitglied dieser Partei zu werden.«[81]

Der letzte Aspekt argumentierte mit einem pragmatischen Motiv: »[Hinzu] kam natürlich, wenn man wissen wollte, was überhaupt auf der Geige gespielt wird, dann konnte man da gar nicht irgendwie abseits stehen. Denn alle wichtigen Dinge wurden in der Parteiversammlung erstmal beraten, bevor mit anderen gesprochen worden ist. Nicht?«[82]

Schließlich sprach Horten sogar ein brisantes Thema an, das die meisten ostdeutschen Kollegen vermieden, nämlich seine eigenen Kontakte zum Ministerium für Staatssicherheit:

> »Selbstverständlich war ich wie die meisten auch, Mitglied der Partei. Selbstverständlich war ich kein inoffizieller oder offizieller Mitarbeiter des Ministeriums für Staatssicherheit. Ich habe das auch immer wieder betont, welche Kontakte zwangsläufig in der Arbeit mit dem Ministerium für Staatssicherheit es gab, also mit unserem Führungsoffizier, das ist für jeden, der in einer solchen Stellung tätig war, selbstverständlich gewesen, mit dem Mann über bestimmte Dinge zu reden, aber da ging es nie um Personen, sondern da ging es immer, und gerade für Materialwirtschaft wollte man ja nun wissen, warum funktioniert es nicht, warum können die Pläne nicht erfüllt werden, warum fehlen da Elektromotoren, warum fehlt da der Walzstahl, steckt da was anderes dahinter? Ich sage, was soll denn dahinterstecken, weiß ich nicht.«[83]

79 R31-Interview mit Kurt Horten, 21.12.1992.
80 Ebd.
81 Ebd.
82 Ebd.
83 Ebd.

Hortens Ausführungen mündeten schließlich in eine sehr emotionale Redepassage, in der er eine mögliche politische Überprüfung thematisierte. Hierin brachte er deutlich seine Frustration über die politischen wie öffentlichen Verdächtigungen zum Ausdruck:

> »Also ich habe keinen verpetzt, ich habe keinen Bericht geschrieben an das MfS, ich war nie in dem Hause in Lichtenberg, auch nicht nach 89. Man kann mich jederzeit, obwohl es ja schon wahrscheinlich einige Male passiert ist, man kann mich jederzeit auch bei der Gauck-Behörde überprüfen. Ich habe da überhaupt keine Ängste. Wenn die Zeit mal ein bisschen fortgeschritten ist, werde ich mich mal bemühen um meine Akte, über mich gibt es da bestimmt eine, das ist völlig klar. Das würde mich dann mal irgendwann interessieren. Im Moment habe ich da keinen Bedarf und habe auch keine Ängste, dass irgendjemand irgendetwas finden könnte, denn was nicht existiert, kann man auch nicht finden. Und überhaupt, das ganze Theater, was hier so manchmal mit Leuten gemacht wird, ja? Also mir muss man dann schon vorlegen ein von mir eigenhändig unterschriebenes Dokument, ob mir da irgendjemand etwas unterstellt oder (Unterbrechung) Ja, wie gesagt, das ist mein Standpunkt, meine Meinung dazu.«[84]

Die ostdeutschen Mitarbeiter berichteten also unter ganz anderen Vorzeichen, als ihre neuen Kollegen aus der Bundesrepublik es taten, von ihrer Karriere. Auf westdeutscher Seite erzählten sich die Manager berufsbiografisch auf geradem Weg und meist auch aus eigenem Antrieb in das östliche »Abenteuer« hinein. Die Beamten aus dem öffentlichen Dienst bedurften noch einiger Umwege, um ihren Wechsel aus der Politik in die Sphäre der Wirtschaft plausibel begründen zu können. Im Kontrast dazu erschienen die Herkunftserzählungen der Ostdeutschen mal als offensiv, mal als defensiv geführte autobiografische (Selbst-)Rechtfertigung. Die ostdeutschen Mitarbeiter wollten sich, umfassend aus der DDR heraus- und in die neue Zeit bei der Treuhand hineinerzählen – und suchten dafür plausible narrative Brückenschläge zwischen realsozialistischer Vergangenheit und kapitalistischer Gegenwart.

4.3 Motivationserzählungen: »Du kannst irgendwie noch etwas bewegen«

Während ihre westdeutschen Vorgesetzten bevorzugt idealistische, professionelle oder politisch-ideologische Gründe ins Feld führten, die sie zur Treuhand geführt hatten, war die Begründungssituation bei ihren ostdeutschen Kollegen anders gelagert. Diese mussten vielmehr erklären,

84 Ebd.

warum sie bei dieser schon bald in der ostdeutschen Übergangsgesellschaft hochgradig verhassten Organisation geblieben sind.

Zumindest einige ältere Mitarbeiter betrachteten ihr Treuhand-Engagement als Fortsetzung ihrer früheren Reformbemühungen mit anderen Mitteln, wie Abteilungsleiter Gerhard Rumberg. Dieser hatte seit Mitte der Fünfzigerjahre in einem DDR-Ministerium gearbeitet und war Anfang der 1960er-Jahre Mitglied eines Forschungsinstituts geworden, das sich ein knappes Jahrzehnt intensiv mit Überlegungen zur Reform der Planwirtschaft befasst hatte. Diese Anfang der 1970er-Jahre abgebrochenen Reformbemühungen zählte er zu seiner »VORvorvorgeschichte«:

> »[I]ch habe also in diesen zehn Jahren an vielen strategischen und großen und kleinen Fragen – der Entwicklung dieses neuen ökonomischen Systems mitarbeiten können, ich sage, mitarbeiten können, weil das, auch wenn ich mal die Treuhandzeit weglasse, für mein Berufsleben und persönliches Leben eigentlich die interessantesten Jahre waren.«[85]

Nach dem Ende der Reformbemühungen sei er auf seine alte Stelle im Ministerium zurückversetzt worden, weil es wohl »nicht gereicht« habe, ihn »GANZ rauszufeuern«, weshalb er sich aber nicht als »Viertel- oder Zehntelwiderstandskämpfer« beschreiben wolle. Auf die Frage nach seiner konkreten Motivation im Jahr 1990, zögerte Rumberg, wählte abschwächende und differenzierende Formulierungen und entfaltete letztlich ein ganzes Bündel an Motiven; insgesamt habe er aber auch an eine späte Fortsetzung der Anfang der 1970er-Jahre beendeten Reformbemühungen und an einen Erhalt des »Volkseigentums« geglaubt:

> »Da spielte Verschiedenes zusammen. (4s) Da spielt zusammen der Gedanke – bist du nicht verantwortlich mit dafür –, wenn du schon die ganze Geschichte mehr oder weniger mitgemacht hast und was du weißt und was du kennst, auch gegenüber denen, die dich bitten dazuzukommen – kannst du nicht etwas tun –, dass eine einigermaßen ordentliche Überleitung – dieses Volkseigentums und Volksvermögens in die Marktwirtschaft vollzogen werden kann. (5s) Ich muss offen sagen – obwohl das einerseits klar war, schon im Januar, Februar, wenn man darüber nachdachte, […], dass der Prozess unaufhaltsam war. (4s) Aber noch war ja in den Köpfen drin, oder noch nicht ganz raus, dass es die Möglichkeit geben müsste, sich nicht einfach anzuschließen.«[86]

85 R1-Interview mit Dr. Gerhard Rumberg, 10.7.1992.
86 Ebd.

Rumberg sprach auch die Bedenken an, mit knapp sechzig Jahren arbeitslos zu werden. Und schließlich ergänzte er noch einen dritten Aspekt, mit dem sich der Kreis gewissermaßen schloss:

> »Ja. Naja, und was noch? Na, ein bisschen auch der Reiz, was das wird, was kannst du von dem Alten – weil ich ja als junger Mann den Gang, den Prozess genau umgekehrt mitgemacht habe, (unv.) der Überführung von -- zigtausend oder (unv.). Das war ja nicht eine Sache mit dem Beil und mit der Pistole, sondern es hatte ja auch seine organisatorische, betriebswirtschaftliche, wirtschaftliche Seite. Wie aus zwanzig, dreißig (unv.) volkseigenen Betrieben plötzlich, ich möchte sagen, einen Konzern machen von unten.«[87]

Referent Jörg Galuba, ebenfalls Treuhand-Mitarbeiter der ersten Stunde mit einer langjährigen, in die 1960er-Jahre zurückreichenden Karriere in den Reformkreisen der Staatlichen Plankommission, wurde befragt, wie es um seine Motivation bestellt war, nachdem die Treuhand im Verlauf des Jahres 1990 ihre Aufgabenstellung von der Bewahrung zur Privatisierung verschoben hatte. Galuba begründete sein zum Jahreswechsel 1989/90 aufgenommenes und fortdauerndes Engagement bei der Treuhand mit dem Argument, letztlich dabei sein zu wollen, um Schlimmeres zu verhindern:

> »Und deshalb hatte ich die Überlegung, du musst dich hier engagieren mit der Wirtschaftsreform, da kannst du irgendwie noch etwas bewegen, zumindest wirst du nicht dümmer dabei, wenn du dich da beschäftigst mit. Naja, und dann kam dieser Gedanke mit der Treuhand, die habe ich so auch noch mitgetragen, weil meine Auffassung war, man könnte doch noch -- reformieren.«[88]

Doch diese Hoffnung, selbst aktiv an einer umfassenden Reform der Planwirtschaft mitarbeiten zu können, schien sich völlig verflüchtigt zu haben. Er brachte vielmehr seine merkliche Distanz zum seit Ende 1990 von der Treuhand forcierten Privatisierungskurs zum Ausdruck:

> »[Wie] komme ich denn nun zurecht. Erst bin ich für die Wirtschaftsreform, für den Erhalt, und dann trage ich jetzt hier mit, das Ding. Ich muss Ihnen sagen, […] dass es für mich schwer ist, --- weil ich der Auffassung bin, dass Privatisierung richtig ist, aber mit mehr Schutz. Mit mehr Strukturpolitik dazu. Also nicht freies Spiel der Kräfte.«[89]

87 Ebd.
88 R17-Interview mit Dr. Jörg Galuba, 8.9.1992.
89 Ebd.

Dass die 1992/93 befragten ehemaligen Mitglieder aus dem Zirkel des um den Jahreswechsel 1989/90 aktiven Arbeitskreises zur Wirtschaftsreform um Wolfram Krause in ihren persönlichen Treuhandaktivitäten auch nach 1990 eine Fortsetzung ihrer bis in die 1960er-Jahre zurückreichenden Reformanstrengungen erblicken konnten, war ein Befund, der zeitgenössisch schon Dietmar Rost überrascht hatte.[90] Auch ostdeutsche Mitarbeiter, die nicht zu diesem Zirkel gehörten, leiteten ihre Motivation häufig direkt aus ihren Erfahrungen innerhalb des alten Systems ab. Im Gegensatz zu Galuba oder Rumberg war etwa Kurt Horten erst im Januar 1991 zur Organisation gestoßen. Der Referent sprach darüber, inwiefern er sich und seine Kenntnisse in den Prozess des Wirtschaftsumbaus aktiv einbringen wollte:

> »Meine Motivation war vor allem, Kenntnisse einzubringen, die ich habe über die Strukturen der Wirtschaft der ehemaligen DDR generell, denn Sie werden ja verstehen, dass man als Verantwortlicher für [eine bestimmte Branche, M.B.] nicht nur die eigenen Betriebe kannte, [...] [A]lso diese ganzen Kenntnisse sind ja eingespeichert, die sind ja nach wie vor vorhanden, und das hat sich auch als sehr sinnvoll erwiesen, gerade hier an einer solchen Stelle diese Kenntnisse der Strukturen einzubringen, und, was auch wichtig ist, man kann natürlich auch Denkens- und Verhaltensweisen der Menschen, die in den Betrieben tätig sind, die kennt man natürlich ganz anders, als wenn man da so unbedarft hierherkommt.«[91]

Zu diesen für ihn wertvollen Erfahrungen gehörte aber auch, die zahlreichen Defizite in den volkseigenen Betrieben, in deren Überbrückung er über Jahrzehnte hinweg involviert gewesen sei, erkannt zu haben. Die Rückabwicklung des Zentralplansystems war für Horten also ein entscheidendes Motiv für sein Treuhand-Engagement:

> »Und zum anderen, das muss ich Ihnen auch ganz ehrlich sagen, das war ja nun eine völlig umgekehrte Geschichte, aus solchen volkseigenen Betrieben privatwirtschaftlich arbeitende Betriebe zu machen. Ich meine, wir haben uns natürlich auch früher unwahrscheinlich viel über Mängel, Missstände unterhalten, die nun mal dieses zu stark zentralisierte System mit sich gebracht hat. [...] Mitgemacht haben wir das, wer hätte sich dagegen, auch von den Neunmalklugen, die jetzt kommen und sagen, wenn die hier an unserer Stelle gesessen hätten – hätten die

90 B9-Interview mit Dr. Dietmar Rost, 12.11.2012.
91 R31-Interview mit Kurt Horten, 21.12.1992.

auch nicht anders gehandelt. […] Vieles war eben so idiotisch und so machtbesessen.«[92]

Schließlich kam Horten auch auf das weitere Schicksal der von ihm so lange Zeit mitbetreuten Betriebe zu sprechen. Auch wenn er nun, in der Hierarchie nach 1990 deutlich zurückgestuft auf den Posten eines Referenten, über keine weitreichenden Kompetenzen mehr verfügte, fühlte Horten sich den über lange Jahre hinweg betreuten Betrieben und Belegschaften auch weiterhin verpflichtet:

»Und wenn man das über so viele Jahre gemacht hat, dann kann man nicht ohne Interesse sein, wie sich die Unternehmen nun unter den neuen Bedingungen weiter entwickeln. Und wie die überhaupt bestehen, was aus einem Unternehmen wird. Die Einflussmöglichkeiten dafür sind natürlich für jeden Einzelnen hier sehr gering, aber ich habe immer versucht, das Beste für unsere Unternehmen hier mit zu organisieren.«[93]

Die Mitgestaltung des Umbruchs war auch für andere ostdeutsche Mitarbeiter wichtig. Abteilungsleiter Friedrich Calbeck wollte aus der Planwirtschaft das Maximale herausholen und ähnlich wie Galuba Schlimmeres verhindern:

»Und ich bin nach wie vor der Meinung, dass es richtig war, sich in jenen Tagen auf Kräfte, die BEREIT waren, diesen Schritt mitzugehen, zu verlassen. Und ich muss sagen, also wir alle, die wir ja aus den damaligen zentralen Ministerien in die Treuhandanstalt übernommen wurden, uns war klar, dass also die Grenzen der zentral geleiteten Kommandowirtschaft erreicht waren. Es gab kein Vorwärts mehr. Die wissenschaftlich-technische Revolution war ja in einem Maß an uns vorbeigegangen, dass also mit dieser Wirtschaft, wie man so sagt, kein Blumentopf mehr zu gewinnen war. Und das war eigentlich auch der Ursprung, ich will mal sagen, des Enthusiasmus, den wir mitgebracht haben: Aus dieser Wirtschaft soviel wie möglich herauszuholen ohne größere Verluste, mit den Erfahrungen, die es in der alten Bundesrepublik bei der Organisierung der Wirtschaft gab.«[94]

Während sich dieser Motivstrang perspektivisch auf die Korrektur der Defizite des vergangenen Systems und die eigene Rolle darin bezog, betonten andere ostdeutsche Mitarbeiter zukunftsorientiert das Moment des individuellen Miterlebens eines gemeinsamen Aufbruchs, ja der »Eupho-

92 Ebd.
93 Ebd.
94 R41-Interview mit Friedrich Calbeck, 25.1.1993.

rie«. Der wechselseitige Austausch mit den bundesdeutschen Experten wurde dabei nicht nur von Calbeck, sondern auch von ostdeutschen Mitarbeitern als Anreiz beschrieben. Der nach 1990 vom stellvertretenden DDR-Minister auf den Rang eines Referenten herabgestufte Karl Korn unterstrich:

> »[E]s war eine Zeit, die man eigentlich nicht missen möchte in seinem Leben. Sie bestand aus vielen Komponenten, zuerst mal aus einem großen Haufen Neugier, sie bestand aus der Motivation heraus, LERNENDER und LEHRENDER sein zu wollen, sein zu können, was eine ganz wesentliche Frage war für uns als Mitarbeiter aus der ehemaligen DDR.«[95]

Derlei Ausführungen zogen sich durch eine ganze Reihe an Gesprächen. Für Samuel Herrmann schien eine Kooperation reizvoll, bei der das konkrete gemeinsame Engagement entscheidend gewesen sei und nicht die jeweilige Vergangenheit. Er formulierte den Eindruck, »dass Privatisierung, was an Aufbau zu leisten ist, eine gemeinsame Aktion von Ost- und Westdeutschen« gewesen sei.[96]

Steffen Damm, zum Zeitpunkt des Gesprächs im September 1992 der einzige ostdeutsche und zugleich einer der jüngsten Treuhand-Direktoren, mied zwar Rückblicke in die eigene Vergangenheit, beschrieb aber ausführlich seine eigene Motivlage im Jahr 1990:

> »So, und ich habe da natürlich auch als junger Mensch dagesessen, habe gesagt, na wohin denn nun, ins Schiff setzen und nach Amerika, wie das immer war in den letzten Jahrhunderten, oder dableiben und mitmachen. Und ich habe mich für das Mitmachen entschieden, und ich habe einfach eine Identifikationsfigur gesucht, als junger Mensch. Ich war damals dreißig und war der Meinung, ich brauche einfach --- nicht Figuren, keine Figur, an die ich mich nun unbedingt ANlehne, aber einfach eine Identifikationsfigur, wo ich mir sagen kann, okay, dem Mann vertraue ich, da mache ich mit. Unter dem und bei dem als Häuptling, da will ich meinen Teil einbringen.«[97]

In Detlev Rohwedder glaubte der junge Ostdeutsche eine solche Bezugsperson gefunden zu haben, der er vertraute und die ihm im Umbruch Orientierung bot, weshalb er sich als dessen Assistent bewarb.[98]

95 R16-Interview mit Karl Korn, 4.9.1992.
96 R21-Interview mit Prof. Dr. Samuel Herrmann, 18.9.1992.
97 R24-Interview mit Steffen Damm, 6.10.1992.
98 Ebd.

Auch für Damm waren das Wissen um die Vergangenheit sowie der gemeinsame Aufbruch in die Zukunft zwei zentrale Motive. Neben diesen beiden Argumenten bestimmte schließlich noch auch ein dritter Aspekt seine Motivationserzählung: die Angst vor Arbeitslosigkeit und der hiermit verbundenen sozialen Konsequenzen und biografischen Entwertungen. Auch der frühere Dozent Richard Rauenau hatte im Frühjahr 1990 schnell bemerkt, dass er an seinem Forschungsinstitut keine Perspektive mehr haben würde, weshalb er kurzfristig in ein Branchenministerium und dann in die Treuhandanstalt übergewechselt sei:

> »Mit der Wende zerfiel das Institut, das ist ganz klar. Das Kombinat Berlin konnte die Aufwendungen nicht mehr finanzieren. In der Zwischenzeit ist vom Profil viel verloren worden, und ich war praktisch überflüssig. Ich bin dann kurze Zeit, für vier Wochen ins Ministerium für Leichtindustrie übergewechselt, eigentlich nur aus der Sicht heraus, dass ich nicht arbeitslos war, sondern dass ich eine vorübergehende Stellung hatte.«[99]

Wenig später, im Dezember 1992, fragte ihn Dietmar Rost, ob »der Wunsch, eventuell doch was zu korrigieren« für ihn ein Motivationsaspekt gewesen sei. Rauenau führte jedoch einen anderen Grund an:

> »Nein. Nein. Das war eigentlich eine logische Konsequenz aus diesem Ausscheiden aus diesem Großforschungsbetrieb da in Berlin, der nicht existent war, und dann den Weg zu gehen, zu sagen, du musst arbeiten, du hast Familie erstmal, und dann erst den Bekannten gesehen, der eben die Empfehlung gegeben hat, das war eigentlich das Motiv.«[100]

Auch andere Mitarbeiter beschrieben, wie sie sich 1990 durch das in Auflösung befindliche Geflecht der Planwirtschaftsbürokratie gehangelt hatten, wie etwa Kurt Horten. Er wies zudem auf die für ihn wichtige Bedeutung des Lebensalters hin:

> »Schauen Sie mal, ich habe Ihnen schon gesagt, ich werde jetzt 58 Jahre. Ich möchte natürlich mich nicht irgendwie zuhause rumdrücken und Däumchen drehen. Das möchte ich nicht. Aber auf der anderen Seite weiß ich auch, dass es natürlich sehr sehr schwierig wird, nochmal was GANZ Neues zu beginnen. Aus diesem Grunde werde ich hier in der Treuhandanstalt meine Tätigkeit solange ausüben, wie die Treuhandanstalt für mich Verwendung hat.«[101]

99 R28-Interview mit Prof. Dr. Richard Rauenau, 17.12.1992.
100 Ebd.
101 R31-Interview mit Kurt Horten, 21.12.1992.

Der befristete Dienst für die Organisation erschien so als berufsbiografische Brücke zwischen dem Engagement in der DDR-Planbürokratie und einem Vorruhestand in der vereinten Bundesrepublik. Diese Angst vor Arbeitslosigkeit bezogen die Treuhand-Mitarbeiter nicht ausschließlich auf sich selbst, sondern passten dieses Motiv auch in größere gesellschaftliche Zusammenhänge ein. Abteilungsleiter Rauenau etwa wollte aktiv mithelfen, die sozialen Umbrüche in Ostdeutschland abzufedern und konkretisierte dabei das schon mehrmals erwähnt Moment, gesellschaftliche Turbulenzen verhindern zu wollen:

> »Aber das war eigentlich immer da, dass ich eine Arbeit, die ich übernommen habe, ernstgenommen habe und keine Zeitrechnung gemacht habe. [...] Und vieles, vieles zu versuchen, mit zu lösen, damit dieser Prozess dieser Vereinigung für eine Vielzahl weniger unsozial geschieht, als wie das bei mir zumindest in der Erkenntnis absehbar war, dass soziale Probleme und soziale Härten auftreten. Was viele nicht gesehen haben, die dann so hin- und hergeschwankt sind. Also für mich war klar, dass eine Umstellung auf die Marktwirtschaft – Betriebe, ganze Erzeugnisgruppen unter den Hammer kommen, die jahrzehntelang gestützt worden sind.«[102]

Ulrich Lothal, Leiter des im Herbst 1990 eingerichteten Bürgertelefons, rückte ebenfalls die soziale Dimension seines Wirkens in den Fokus seiner Motivation, die für ihn darin bestand, gerade auch den Ostdeutschen Vorbehalte und Ängste nehmen zu können:

> »Für mich steht im Vordergrund, dass ich versucht habe, vielen Leuten zu helfen. Nicht nur Verständnis für die Arbeit der Treuhand zu haben, sondern dass es mir doch in den einen oder anderen Fällen – und darauf glaube ich etwas stolz zu sein – gelungen ist, den Leuten Ängste zu nehmen, speziell einfachen Leuten.«[103]

In der Zusammenschau waren die Motivationserzählungen der ostdeutschen Mitarbeiter also vor allem durch drei wesentliche Elemente bestimmt: Erstens wurde der Wunsch artikuliert, die Defizite der Planwirtschaft, in der die meisten Interviewpartner jahrzehntelang aktiv gewesen waren, durch eigenes Engagement korrigieren zu können. Zweitens bildete die gemeinsam von Ost- und Westdeutschen betriebene Gestaltung einer marktwirtschaftlichen Zukunft einen wichtigen Referenzpunkt. Und schließlich waren es drittens Ängste vor der eigenen Funktions- und Arbeitslosigkeit im fortgeschrittenen Alter sowie »soziale« Motivationen mit

102 R28-Interview mit Prof. Dr. Richard Rauenau, 17.12.1992.
103 R6-Interview mit Ulrich Lothal, 28.7.1992.

Blick auf die Verwerfungen des Umbruchsprozesses insgesamt, die als erzählerische Momente in den Gesprächen aufschienen. Abbau der Planwirtschaft, Aufbau der Marktwirtschaft sowie die Vermeidung sozialer Härten bildeten damit die motivationale Trias, die die Ostmitarbeiter zeitgenössisch für ihr Engagement geltend machten. Während der Blick auf die professionellen oder handwerklichen Herausforderungen bei der konkreten, alltagspraktischen Ausgestaltung des alltäglichen Wirtschaftsumbaus eine auffällige Parallele zu ihren westdeutschen Kollegen bildete, spielten umgekehrt die in dieser Gruppe geäußerten patriotischen Motivlagen so gut wie keine Rolle; demgegenüber erscheinen allerdings die Ängste vor der eigenen Arbeitslosigkeit als ostdeutsches Alleinstellungsmerkmal.

4.4 Erfahrungen: Altkader zwischen Neuanfang und innerem Kampf

Während ihre West-Kollegen in Hotels fernab ihrer Familie in einer Art »Ausnahmezustand« lebten, blieb für die Ostdeutschen das soziale Umfeld zumindest auf den ersten Blick stabil – die spezifischen Lebens- und Arbeitsbedingungen in der ehemaligen DDR spielten daher in diesen Gesprächen so gut wie keine Rolle. Im Vordergrund der individuellen Erfahrungsreflexionen standen demgegenüber die konkreten Umbruchserfahrungen sowie die intensiven Interaktionen zwischen Ost und West bei der Treuhandanstalt. Die subjektiven Erzählmuster des Ost-Personals ließen sich in einem Spektrum verorten, das in modifizierter Weise demjenigen der Westdeutschen entsprach: Während ein großer Teil von ihnen eine gelungene Anpassung an die »neue Zeit« beschrieb und einen funktionierenden Austausch-, Lern- und Integrationsprozess hervorhob, waren andere von eher skeptischen, zweifelnden Überlegungen bestimmt, die die zahlreichen Konflikte, Probleme und Brüche betonten.

Steffen Damm, der junge ostdeutsche »Vorzeigedirektor«, hatte sich zwar 1990 vergeblich bei seinem Idol Detlev Rohwedder um eine direkte Zusammenarbeit beworben, erhielt aber auf dessen Empfehlung einen Gesprächstermin mit Vorstand Klaus-Peter Wild. Damit begann eine durch klare Rollen vordefinierte Beziehung:

> »[...] im Ergebnis des Gespräches [mit Klaus-Peter Wild, M.B.] haben wir gesagt, okay, wollen wir es genau mit der Formel versuchen, Ost und West. Er ist der Kopf, ich bin sein Assistent. Ich lerne von ihm, wie man das macht – Marktwirtschaft. Und ich im Gegenzug bringe meine Loyalität ein und meinen festen Willen, wie gesagt, alte Zöpfe abzuschneiden.«[104]

104 R24-Interview mit Steffen Damm, 6.10.1992.

Doch die Loyalität des neuen Assistenten sei, wie er betonte, nicht grenzenlos gewesen. Das Prekäre der Situation, vor allem, wenn es um das eigene Vorleben ging, strich er deutlich heraus:

> »Dabei bin ich nie soweit gegangen zu sagen, obwohl ich das teilweise wusste, also der ist das und der ist das, ich habe einfach gesagt, dem Vorstand empfohlen, Herrn Wild, mit diesem oder jenem einfach keinen Vertrag einzugehen oder kein Geschäft zu machen, weil das einfach schwierig sein wird, weil das ganz verschiedene Welten sind. Und ich glaube, [...] in der damaligen Zeit war diese Wendehalsdiskussion, vorher für die Roten [...], danach für die Schwarzen gearbeitet. Natürlich haben das die Leute, das ist auch völlig verständlich. Ich habe darüber auch nachgedacht, und ich war jemand, der hat vorher im Establishment gearbeitet und wollte das danach auch machen.«[105]

Er habe seine neue, im Herbst 1990 gefundene Rolle konstruktiv nutzen wollen, um in dieser Funktion zwischen Ost und West zu vermitteln:

> »Und insofern sehe ich da meinen Einfluss bei einem Vorstand als Assistent als ganz positiv an, soweit mein Einfluss als kleiner Assistent da gereicht hat, aber Herrn Wild als einem der Vorstände immer beizubringen, da und dort sind sehr hohe Sensibilitäten, wenn er DAS macht, wird er die Leute vor den Kopf stoßen.«[106]

Die von ihm als Pakt zwischen Ost und West beschriebene Konstellation verstand Damm einerseits als eine geradezu symbolpolitische; andererseits sah er darin eine wichtige Voraussetzung für seine Karriere bei der Treuhand.[107] Unter den Bedingungen eines großen Ost-West-Gefälles, so Damm, habe er sich in der Reihe der Führungskräfte zur positiven »Identifikationsfigur« für seine ostdeutschen Kollegen entwickelt:

> »Ich habe das als Vertrauensvorschuss gesehen, einem Ostdeutschen die Chance zu geben, sich hier zu bewähren und habe vielleicht hier und da mehr kämpfen müssen als meine Kollegen West, weil zu dem Zeitpunkt, als es bekannt wurde, ist mir eins; zwei Sachen sind mir entgegengekommen. Punkt 1, eine Welle der Sympathie von Ostdeutschen, die gesagt haben, Mensch, endlich haben wir mal einen Ossi da und nicht nur die Wessis, die hier sozusagen nur die Häuptlinge sind.«[108]

105 Ebd.
106 Ebd.
107 Ebd.
108 Ebd.

Letztlich habe ihn diese neue Führungsfunktion aber zur Loyalität gezwungen, weshalb er sich hinter den forcierten Privatisierungskurs gestellt habe, was in der Praxis jedoch nicht immer leicht gewesen sei:

> »Wo ich das erste Mal vor einer Belegschaft stand und gesagt habe, Ihr Unternehmen wird nicht weiterexistieren, oder hier müssen tausend Leute entlassen werden und so weiter, das sind so Minuten, wo man sich natürlich dann fragt, ist das alles richtig, was man eigentlich macht. Und [...] heute unterschreibt man schon solche Todesurteile eher, entscheiden muss es letzten Endes der Vorstand.«[109]

Der ostdeutsche Direktor, der sich im Gesprächsverlauf als selbstbewusster Manager, überzeugter Marktwirtschaftler und versierter Privatisierungsexperte inszenierte, hatte mit seiner Geschichte eines Aufstiegs eine spezifische persönliche Umorientierung beschrieben – die einer rapiden biografischen Konversion. Auch wenn die meist älteren Ostdeutschen derlei Konversionsgeschichten nicht in derselben Radikalität darlegten, griffen auch sie auf dieses Narrativ zurück. Samuel Herrmann etwa, der frühere ZK-Fachmann, nutzte in seinen Ausführungen das Motiv eines Ost-West-Bündnisses, bei dem »Loyalität« vergolten wurde, aber auch einiges einforderte: »Im Grunde war das ja Teamarbeit. Und der Ostdeutsche hat zugleich gelernt, was Privatisierung heißt, und was man alles machen und beachten muss. Es war doch auch ein intensiver Lernprozess.«[110] Eine ähnlich gelagerte Einschätzung beschrieb Peter Domann, der frühere langjährige Abteilungsleiter in einem DDR-Ministerium, der zugleich Kritik an einigen Kollegen einfließen ließ:

> »Ich verhehle dabei nicht, dass Sie überall auch Menschen kennenlernen, die NICHTS für diese Integration tun. Die schlechten Beispiele werden ja immer von der Presse aufgegriffen und in den Zeitungen niedergewalzt und sind dann auch immer der Stoff für den Volksunmut.«[111]

Während manche Treuhand-Mitarbeiter von einer »Symbiose«[112] zwischen beiden Seiten sprachen, thematisierten andere die sich aus dem Arbeitsverhältnis entwickelnden Freundschaften. So etwa der früher hochrangige Staatsbeamte Karl Korn. Der extensive Arbeitsalltag habe dabei geholfen, bestehende Distanzen zu überwinden:

> »[Hier, M.B.] haben sich ja auch viele, erst Bekanntschaften, dann später Freundschaften herausgebildet. Man ist vom arbeitsmäßigen ›Sie‹ später

109 Ebd.
110 R20-Interview mit Prof. Dr. Samuel Herrmann, 18.9.1992.
111 R42-Interview mit Peter Domann, 28.1.1993.
112 R27-Interview mit Knut Reich, 16.12.1992.

> mit dem einen, andern zum freundschaftlichen ›Du‹ übergegangen. Und DORT hat sich eigentlich ein Arbeitsklima entwickelt, wo heute eigentlich dieses --- würde ich mal sehen, dieses Ost-West-Gefälle überhaupt keine Rolle mehr spielt.«[113]

Auch für Korn war der Abbau bestehender Differenzen das entscheidende Kriterium für den späteren Integrationserfolg. Es seien allerdings primär die ostdeutschen Mitarbeiter, die durch ihre Lernbereitschaft die Kluft zu überwinden hätten – ein Prozess, der dem Referenten allerdings noch lange nicht abgeschlossen erschien. Die deutsch-deutschen Beziehungsmuster bei der Treuhand erschienen ihm jedoch derart paradigmatisch, dass er sich ganz explizit wünschte, die Organisation möge als Vorbild für Größeres fungieren: »Ich möchte nochmal abschließend betonen, die Treuhand, es wäre schön, wenn die Treuhand Deutschland wäre.«[114]

Ein Teil der ostdeutschen Mitarbeiter schloss sich also den offiziellen Deutungen der Treuhand-Spitze an. Sie sahen in der Treuhand einen »Schmelztiegel« und in ihrem Personal eine gesamtdeutsche »Avantgarde«, die die »Ost-West-Kluft« in der Alltagspraxis weitgehend überwunden habe. Auch der frühere hochrangige Funktionär Kurt Horten beschrieb zunächst einen gelungenen Integrationsprozess am Beispiel seines Direktorats, in dem es »in der täglichen Zusammenarbeit [...] überhaupt keine Rolle« spiele, »wo jemand herkommt«.[115] Doch er thematisierte auch die Kehrseiten dieses Miteinanders:

> »[W]issen Sie, die ganzen Veränderungen in den letzten drei Jahren, die sind doch nicht ohne innere Kämpfe spurlos, das wäre ja furchtbar, wenn das alles so ohne inneren Kampf hätte vonstatten gehen können. Schauen Sie mal, das hat man mir noch zum Vorwurf gemacht, ich bin damals in die Partei eingetreten, mein Gott, da habe ich schon lange hier in diesem Haus gearbeitet. Ich bin deshalb eingetreten, weil ich erstmal von der sozialistischen Idee überzeugt war. Und schlecht ist die ja nicht, schlecht ist die nicht.«[116]

Derartige Beschreibungen der »inneren Kämpfe« verweisen auf den narrativen Gegenpol zu den integrativen, erfolgsbetonten Deutungsmustern. Eine zweite Gruppe von Mitarbeitern – ungefähr gleich groß wie die erste –, deutete die eigenen Erfahrungen weniger positiv und thematisierte vielfältige Zweifel, Konflikte und Brüche. Auch im Gespräch mit Gerhard Rumberg war dies ein Thema gewesen, wenn auch nur am Ran-

113 R16-Interview mit Karl Korn, 4.9.1992.
114 Ebd.
115 R31-Interview mit Kurt Horten, 21.12.1992.
116 Ebd.

de. Der ältere Ostmitarbeiter rekapitulierte nicht allein seine langjährige Karriere als (verhinderter) Reformer in der Plankommission; auch seine sozialistischen Ideale waren ihm wichtig:

> »Ich sage das so, ich hatte da mit Begeisterung [am Aufbau des Sozialismus mitgearbeitet, M.B.] -- Meine Götter waren 1946, 47, 48 Mellerowicz – und andere, später waren es Marx und Engels. Und wer sie jetzt sind, weiß ich nicht. So.«[117]

Diese ernüchternde Abkehr von einem über Jahrzehnte hinweg engagiert verfochtenen Ideal entwickelte sich zu einem zentralen Motiv in einer ganzen Reihe von Reflexionen, ganz besonders eindrücklich bei Richard Rauenau. Rost gegenüber schlug der Referent einen geradezu resignativen Tonfall an:

> »Ich habe das Problem, dass ich eben sehr viele Jahre für umsonst gelebt habe. Vieles, vieles gesehen habe, gehört habe, durch meine Verantwortung in der Forschung, ohne die Kraft und den Mut aufzubringen eigentlich, zu sagen, so nicht. Das ist eigentlich mein größeres Problem, als jetzt zurechtzukommen. Das sieht man heutzutage, und das sind keine leeren Worte, das sind viele, mit denen ich mich unterhalte, das sieht man heutzutage anders, dass man Mitglied sogar in der Partei war, dafür bezahlt, und ist dafür verdroschen worden, hat sich eingeordnet, und hat dafür bezahlt, dass man nicht ständig seine Wahrheit sagen durfte. So, und das ist irgendwie, wenn man so alt geworden ist, dann ist das Leben etwas komisch, dass man sagt, was für ein Esel war man. Das ist eigentlich mein Hauptproblem, was auch nicht wieder korrigierbar ist. Das ist nicht wieder korrigierbar.«[118]

Auch andere Mitarbeiter nutzten die Gespräche für eine Art düster eingefärbte Lebensbeichte – oder zumindest für eine Abrechnung mit dem Leben im Realsozialismus. Der Abteilungsleiter Klaus Helm etwa nahm einen kürzlich erfolgten Besuch in Estland dafür zum Anlass:

> »[...] in Estland, dort haben wir ja praktisch jetzt so eine Art Berateraußenstelle gegründet [und da, M.B.] war ich da oben, und so richtig SCHLAGartig wurde ich da wieder zurückversetzt in die Zeiten, die jahrelang unser Genre waren (etwa). Und da habe ich mir gesagt, um GOTTES willen, die könnten mir hier ein Gehalt bieten, wie sie wollten, KEINE fünf Tage mehr in so einem Land, weil das gestohlene Jahre

117 R1-Interview mit Dr. Gerhard Rumberg, 10.7.1992.
118 R28-Interview mit Prof. Dr. Richard Rauenau, 17.12.1992.

meines Lebens wären. Und das sollten die Leute sich auch einmal alle noch einmal vergegenwärtigen.«[119]

In einem seiner letzten Interviews im Februar 1993 befragte Dietmar Rost Ulrich Lothal, den Leiter des Bürgertelefons. Auf dessen Nachfrage zur »besonderen Lage der ostdeutschen Mitarbeiter hier in der Treuhand«, reagierte Lothal merklich emotional. Auch er habe sich umfassend für die DDR und ihre Ideale eingesetzt – eine Tatsache, die ihm nun weitgehend sinnlos erschien:

> »Wissen Sie, für wen gab es keine Probleme? Sie haben 40 Jahre hier gelebt. Ich habe, wenn Sie es so nehmen wollen, von 49 an, wenn Sie die Lehre mitrechnen, bis 1990 die ganze Zeit hier gearbeitet. Ich habe eine Entwicklung genommen, die unter diesen damaligen Bedingungen möglich war. Ich hatte Unterstützung auch gehabt. Sie haben Ihr ganzes Engagement in Ihre Arbeit reingelegt. Ich war auch von der Richtigkeit dieses Weges überzeugt, daraus mache ich auch kein Hehl. Dass das natürlich Spuren hinterlassen hat, das ist doch logisch. Wissen Sie, ich halte nichts von Leuten, die sich jetzt als die sogenannten Widerstandskämpfer hinstellen. Es gab welche, zugegeben, aber ich vergleiche das immer so mit 1945. Es gab damals auch keine Nazis mehr.«[120]

Das Engagement bei der Treuhandanstalt habe ihn vor allem aus diesem Grund erhebliche Umstellungsprobleme beschert; zugleich spannte Lothal den Erzählbogen aber auch in die Zukunft und konstatierte: »Wenn es also mal bei der Treuhand für mich heißt – ich nehme es an –, ›Danke für Ihre Tätigkeit‹, dann ist damit mein Berufsleben beendet.«[121]

Diese Stellungsnahmen verdeutlichten, wie schwer es gerade den älteren ostdeutschen Mitarbeitern gefallen sein musste, den radikalen Seitenwechsel vom Sozialismus zum Kapitalismus auch innerlich nachzuvollziehen. Vor allem die forcierten Privatisierungen und Abwicklungen sowie deren gesellschaftliche Folgewirkungen waren daher ein beständiges Thema. Mit erstaunlicher Offenheit artikulierte der frühere Wirtschaftsreformer Jörg Galuba Zweifel an dem von der Treuhand eingeschlagenen, aus seiner Sicht zu radikalen Privatisierungskurs:

> »Also das muss man ja so; (4s) das ist das eigentliche Problem, was mich beschäftigt, dass diese Wirtschaft hier privatisiert werden musste, das habe ich jetzt begriffen, das ist mir völlig klar. Nur, ich kann es SO offensichtlich nicht machen. Das ist aber auch wieder eine Lehre.

119 R29-Interview mit Klaus Helm, 18.12.1992.
120 R47-Interview mit Ulrich Lothal, 17.2.1993.
121 Ebd.

Aber ich glaube, manches war vorauszusehen. Ich will hier niemanden anklagen.«[122]

Galuba blickte ins Frühjahr 1990 zurück, um den zunächst angedachten graduellen Weg nochmals abzugrenzen von der im Sommer 1990 schließlich erfolgten sofortigen Wirtschafts- und Währungsunion:

»Wir sind in unseren Wirtschaftsreformkonzepten über drei Jahre rangegangen, und das schien uns schon angespannt genug. Risikohaft genug. Aber wenn ich das über eine Nacht mache (5s), das wird zu teuer, und es wird zu, ich spreche nicht nur über die soziale; das ist ein Problem des inneren Friedens in diesem Land, ja? Und diese Diskussion zwischen diesen seltsamen Begriffen Ossi und Wessi, die widerspiegeln doch das nur. Man darf glaube ich so was nicht; also, anders, man muss es mit den Menschen machen. Man muss sehen, dass die innere Stabilität bleibt. -- Es ist doch bedrückend, was hier passiert, mit den, mit den Rechtsradikalen.«[123]

Galuba geriet merklich ins Stocken; eine derart explizite, grundsätzliche Kritik am Kurs der Bundesregierung und an der Privatisierungspraxis der Treuhand wagte sonst kaum jemand der interviewten ostdeutschen Mitarbeiter. Gleichwohl fanden sich merkliche Anzeichen von Skepsis auch bei anderen Gesprächspartnern. Für Friedrich Calbeck lautete die zentrale Erkenntnis, dass es noch dauern werde, bis es »ein einiges deutsches Vaterland« gebe. Den Grund dafür sah er vor allem in »wirtschaftlichen Fragen«: »Erst, wenn es den Menschen hier allen so gut geht, wie in den alten Ländern, immer im Schnitt gemessen, werden wir das Problem Ost und West gelöst haben.«[124]

Die gesellschaftlichen Umbrüche machten sich zudem für das ostdeutsche Personal auch in den sozialen und familiären Umfeldern massiv bemerkbar, immerhin waren sie für eine der umstrittensten Organisationen der Übergangsgesellschaft tätig. Steffen Damm, der vom Assistenten zum Direktor aufgestiegene Ostdeutsche, sprach dieses Thema offen an:

»[Es] war [...] natürlich teilweise nur mit Zähnezusammenbeißen und Augen-zu noch zu akzeptieren. Und es war kaum zu vermitteln. [...] Ich habe natürlich einen Freundeskreis gehabt und einen Bekanntenkreis, Verwandtenkreis in Ostdeutschland, in Ostberlin, in Sachsen und sonstwo, Thüringen. Ich kann Ihnen ganz klar sagen, ich habe Freunde verloren, durch meine Arbeit. Freunde ganz klar verloren, die einfach

122 R17-Interview mit Prof. Dr. Jörg Galuba, 8.9.1992.
123 Ebd.
124 R41-Interview mit Friedrich Calbeck, 25.1.1993.

> nicht nachvollziehen konnten, was ich da mache, beziehungsweise, wieso ich das denn machen konnte, jetzt praktisch für die Neuen zu arbeiten. Und selbst der VERSUCH, für ein Verständnis zu werben, ist schon gescheitert.«[125]

Mehr und mehr habe er sich aus seinen sozialen Umfeldern zurückziehen müssen, »[w]eil ich [bei] der Treuhandanstalt [war], also bei der Inkarnation des Bösen sozusagen.«[126] Seine sonst so selbstbewusste Konversions-Erzählung unterbrach der Direktor durch solcherlei Einschübe, in denen er den sozialen Preis für den eigenen Seitenwechsel herausstrich. Doch nicht nur der Nachwuchsdirektor litt unter der Isolation. Knut Reich, der ähnlich argumentierte, sah dafür unter anderem die Medien in der Verantwortung, die seines Erachtens »häufig wohl gar nicht bereit gewesen« seien, »positive Beiträge abzudrucken und zu übernehmen, weil die sich schlecht verkaufen lassen«.[127]

Während Reich diese Konflikte nur grob andeutete, ging der einstige Textilforscher Richard Rauenau offensiver mit diesem Thema um. Indem er sich derartigen Diskussionen gestellt habe, sei ihm oft »auch Verständnis [...] entgegengebracht« worden. Doch zahlreiche seiner ostdeutschen Kollegen würden sich, wie er kritisierte, »sinnlos« scheuen, die eigene Treuhand-Tätigkeit offen einzugestehen: »Dann müssen sie die Konsequenz ziehen und aufhören.«[128]

Ulrich Lothal, der zunächst auf die fortwährende Medienkritik einging, kam ebenfalls ausführlich auf dieses Thema zu sprechen:

> »[...] mir ist es in der S-Bahn passiert, dass mir einer, den ich kenne von früher, gesagt hat, ›Du bist ein Verräter‹. Laut in der S-Bahn. Es gab Zeiten, wo Sie eben NICHT laut sagen konnten, dass Sie bei der Treuhand beschäftigt sind. Und sicher, in einer Großstadt sind Sie anonym. Wenn Sie in einer Kleinstadt wären, würden Sie sicher mehr angegriffen werden.«[129]

Auch Lothal berichtete davon, dass sich die Auseinandersetzungen um die Treuhand nicht auf Konflikte im öffentlichen Raum beschränkten. Gleichermaßen habe in seinem Freundeskreis entsprechender Diskussionsbedarf bestanden:

125 R24-Interview mit Steffen Damm, 6.10.1992.

126 Ebd.

127 R27-Interview mit Knut Reich, 16.12.1992.

128 R28-Interview mit Prof. Dr. Richard Rauenau, 17.12.1992.

129 R47-Interview mit Ulrich Lothal, 17.2.1993.

> »Nun gut, aber die [Diskussionen, M.B.] muss man führen, man kann dem nicht ausweichen. Natürlich mache ich eines nicht, ich trage keine Plakette hier durch die Gegend, ich bin bei der Treuhand beschäftigt, aber ich werde auch nicht VERHEIMLICHEN, dass ich hier beschäftigt bin, wenn man mich fragt.«[130]

Letztlich habe auch er sich von einem Teil seines Freundeskreises trennen müssen. Gerade diesen Menschen riet er an, sich die Probleme und Zumutungen des vorherigen SED-Regimes in Erinnerung zu rufen. Lothal verortete die Treuhand, ihr Personal und damit auch sich selbst schließlich in dem bereits bekannten Muster des »Schlimmeres vermeiden«: »[...] dass wir uns dann auf diesem Trümmerhaufen, wie er entsteht heutzutage, bemühen, das Beste daraus zu machen. Das ist meine innere Einstellung zu den Dingen.«[131]

Überblickt man das in den zeitgenössischen Erzählungen entfaltete Erfahrungsgeflecht, pendelte das individuelle Nachdenken über das eigene Treuhand-Engagement bei den Mitarbeitern aus der ehemaligen DDR zwischen Erfolgs- oder Misserfolgsnarrativen. Dabei fand sich das ostdeutsche Personal letztlich in einem doppelten Spannungsfeld wieder: Einerseits war es vor allem ab 1991 größtenteils damit konfrontiert, unter Vorgesetzen aus dem Westen arbeiten zu sollen; andererseits standen sie in der ostdeutschen Gesellschaft, Politik und Öffentlichkeit als »Wendehälse« oder »rote Socken« oftmals im Ruch der Kollaboration. Letztlich thematisierten gerade die ostdeutschen Mitarbeiter dabei den Preis, den sie persönlich für ihre Teilnahme am von der Treuhand orchestrierten Wirtschaftsumbau zu entrichten hatten.

130 Ebd.
131 Ebd.

5. Yuppies, Frauen, Ausländer: Die »Anderen« bei der Treuhandanstalt

Im Januar 1992 erschien das Berliner Stadtmagazin *Zitty* mit einem irritierenden Titelbild. Erst auf den zweiten Blick entpuppte sich das dort prangende SED-Parteilogo mit den einander ergreifenden Händen durch das umlaufende Spruchband (»Treuhand-Anstalt der Bundesrepublik Deutschland«) als ironische Symbolpersiflage: die Titelgeschichte war der Treuhand gewidmet.[1] Der junge *taz*-Journalist Claus Christian Malzahn hatte die Titelstory »Treuhand intern« verfasst, in der er der bisherigen »Aneinanderreihung von Pleiten, Pech und Pannen« mit Blick auf den »Treuhand-Komplex« eine eigene »Erfolgsstory der neunziger Jahre« entgegensetzen wollte. Malzahn verglich die Arbeit der Organisation mit einer damals populären Science-Fiction-Serie: Wie das »Raumschiff Enterprise« erforsche auch die Treuhand »unbekannte Galaxien« im Osten, »beame« ihr Personal »regelmäßig auf Patrouille in die neuen Länder« – »und am Wochenende verlassen viele Besatzungsmitglieder ihre Arbeitsplätze per Berlin-Shuttle Richtung Heimat nach Westdeutschland«.[2]

Der Journalist interessierte sich insbesondere für das unterschiedliche Personal, welches er an konkreten Beispielen nachzeichnete: Eine 29-jährige Juristin und Abteilungsleiterin aus der Bundesrepublik, die sich ohne jede DDR- und Berufserfahrung in Berlin beworben hatte und dort als eine der sehr wenigen Frauen in eine Führungsposition aufgestiegen war.[3] Ein 53-jähriger ehemaliger Planwirtschaftskader, der nach erfolgreicher Westanpassung in Habitus und Sprache auf Malzahn wirkte wie »ein Manager aus Düsseldorf« und entsprechend mit Problemen mit seinen Ostberliner Freunden zu kämpfen habe.[4] Sowie ein ebenfalls 29-jähriger Finanzmanager, der bei der Treuhand als »junge[r], karrierebewusste[r] Banker« das »starre, streng hierarchische Aufstiegsprinzip im deutschen Kreditwesen« erfolgreich habe umgehen können.[5]

Malzahn rückte – neben Beschreibungen des »gigantischen Politprojekts« der »größte[n] Industrieholding der Welt« mit dem »schlechtesten Image« – auf diese Weise gerade soziale Spezifika des Personals in den Vordergrund. Einerseits thematisierte er die besonders prekäre Lage der Ostdeutschen (»Wickeln die Ossis sich selber ab?«). Andererseits be-

1 »Treuhand intern«, in: Zitty, 23.1.1992, S. 68-73 u. S. 204-209.
2 Ebd., S. 70.
3 Ebd., S. 71 f.
4 Ebd., S. 204 f.
5 Ebd., S. 206.

schrieb er die für ihn auffällig präsente und hochaktive Gruppe an sehr jungen, meist männlichen Mitarbeitern aus Westdeutschland und machte auf die schwierige Situation der Manager im Ausland aufmerksam. Insgesamt thematisierte er jene drei Gruppierungen, die jenseits der vorgestellten Mitarbeiter-Typen für das Gesamtgefüge des Personals bedeutsam waren: die jungen Nachwuchsführungskräfte aus der Bundesrepublik, die Frauen im Umfeld der Treuhandanstalt sowie die aus dem Ausland stammenden Mitarbeiter. Allerdings standen diese drei Gruppen gerade nicht im Fokus der zeitgenössischen Interviewstudien von Rost, Seibel oder Weber, die ihre Mikrofone bevorzugt auf das Gründungs- und Führungspersonal richteten und daher kaum junge westdeutsche Referenten, ostdeutsche Sekretärinnen sowie ausländische Mitarbeiter befragt hatten. Bedingt durch diese perspektivische Unwucht in der sozialwissenschaftlichen Forschungspraxis lassen sich diese drei Gruppen nicht umfassend in ihren Selbstbeschreibungen erschließen. Dennoch sollen sie indirekt – über Medienberichte oder zeitgenössische Interviewpassagen – thematisiert werden, da in Berichten über sie jene skizzierten soziokulturellen Spannungsfelder sichtbar werden, die für eine Sozial- und Erfahrungsgeschichte des Personals von großer Bedeutung sind. An ihrem Beispiel lassen sich gezielt Geschlechter-, Generations- sowie transnationale Beziehungsgeschichten im Treuhand-Kosmos erkunden.

5.1 Karrieresprungbrett Ost: Nachwuchsführungskräfte im Generationenkonflikt

Es war gewiss kein Zufall, dass Malzahn in seiner *Zitty*-Titelstory ausgerechnet zwei Mitarbeiter im Alter von 29 Jahren prominent in den Mittelpunkt rückte, denn der 1963 geborene taz-Journalist gehörte selbst dieser Alterskohorte an. Er wählte daher für seinen Artikel ein Leitmotiv, das die Organisation und ihr Personal vor allem als ein wegweisendes generationelles Projekt des Aufbruchs deutete. Als Exposition diente ihm eine fiebrig ausgestaltete Szenerie im Café Adler am Checkpoint Charly, das »seit neuestem« von »Mitgliedern einer ganz anderen Spezies« aufgesucht werde:

> »Sie arbeiten gleich um die Ecke, sehen aus wie geklont, trinken Weißwein oder Sekt und sitzen immer eine Spur breitbeiniger am Tisch als die übrigen Gäste. Sie essen wenig, reden viel; und da sie meist in oberer Phonlage miteinander kommunizieren, schnappen die anderen Gesprächsteilnehmer leicht Konversationsbrocken auf.«[6]

6 Ebd., S. 69.

Diese jungen, uniform anmutenden »Männer« (»Frauen sind fast nie dabei«) sprächen dort lautstark und selbstbewusst über »Bilanzen und Bars, über Direktorate und Dienstreisen, über Heimweh und Hotels«; »Filofax«, »Laptop« oder »Euro-Pieper« gehörten zu ihrer technischen Standardausstattung, manche hielten sich tatsächlich für »Master of the Universe«. Und auch der Autor billigte ihnen zu, dass sie die »golden boys« der 1990er-Jahre seien, denen eine globale Wirtschaftskarriere bevorstand: »Sie arbeiten in der Treuhandanstalt. Heute in Berlin, morgen in Moskau, übermorgen in Havanna.«[7] Der Artikel wurde von einer schrill gestalteten Fotostrecke unterbrochen, die einen jungen Manager bei seinem hektischen Tagesablauf begleitete: Von der frühmorgendlichen Suche nach dem schuhkastengroßen, mobilen Telefongerät, der anstrengenden Teilnahme an überlangen Sitzungen in der Zentrale über kurzfristig abgesagte Außentermine bis zu dem Versuch, sich abends noch mit einem Kollegen in einer Szenebar zu verabreden. Wie getrieben hetzte der Jungmanager in dieser Bildstrecke stets mit einem klobigen Telefon am Ohr durch die trist-grauen ostdeutschen Kulissen.

Diese jungen westdeutschen Nachwuchsmanager arbeiteten nicht nur viel, intensiv und mit weitreichenden Entscheidungskompetenzen, wie Malzahn schrieb, sondern genossen auch das »Nachtleben der Hauptstadt«, wobei die »junge Garde des Breuel-Syndikates« selbstredend die bekannten »Touristen-Schuppen« meide, denn: Wenn der Managernachwuchs »auf Tour« gehe, dann sei er genau »da, wo auch die Zitty-Leser« sich aufhielten: »Im Tacheles, im Knaack oder Franz-Club, in der ›Damenwäsche‹ oder im ›Eimer‹«; auch an den »Bars der großen Hotels« im Osten ließen sich die »Treuhand-Youngsters« zwischen »Büro und Bett« zum Feierabend noch einen Drink servieren.[8]

Doch der Einsatz habe für diese Gruppe wesentlich mehr zu bieten: Es sei »für Hunderte junger westdeutscher Studienabgänger ein Karriere-Katalysator«,[9] ein »Sprungbrett in die Topetagen«.[10] Malzahn schloss seinen Bericht voller Optimismus. Das schlechte öffentliche Image der Treuhand spiele für die »Personalchefs bei BMW, bei Bayer, Hoechst oder Siemens« keine Rolle,[11] weshalb ihm die Organisation als das »größte wirtschaftliche Ausbildungszentrum aller Zeiten« galt, in dem gerade der »Generationenwechsel der deutschen Wirtschaft« organisiert werde. Die heutigen Nachwuchskräfte würden schon bald »in Moskau Ladas

7 Ebd.
8 Ebd., S. 72.
9 Ebd.
10 Ebd., S. 206.
11 Ebd., S. 205.

vermarkten, in Danzig Werften abwickeln und in Havanna Zigarrenfabriken sanieren«; an ihre Zeit in Leipzig oder Rostock würden sie sich dann erinnern »wie der Millionär an den Teller, den er vor langer Zeit einmal gewaschen« habe.[12]

Tatsächlich prägte die Personalgruppe der Nachwuchsführungskräfte in nicht geringem Ausmaß öffentliche wie interne Wahrnehmungen und Deutungen der Treuhandanstalt.[13] Bereits seit Spätsommer 1990 hatte die Organisation in der permanenten Notsituation eines immensen Personalbedarfs bei gleichzeitigem West-Bewerbermangel gezielt um junge Universitätsabsolventen geworben, denen sie insbesondere individuelle »Chancen« zur »Bewährung« bei sehr guter Entlohnung und weitreichenden Entscheidungsspielräumen offerierte – eine personalpolitische Rekrutierungsstrategie, die nach 1991 noch weiter intensiviert wurde. Junge, ungebundene und mobile Betriebswirte oder Juristen, so das Kalkül, ließen sich eher für ein abenteuerliches und riskantes Engagement im Osten gewinnen als Manager mittleren Alters, die bereits ihre Familien- und Karriereplanung weiter vorangetrieben hatten.[14]

Folgt man der sozialwissenschaftlichen Umfragestudie aus dem Frühjahr 1993, waren die aus Westdeutschland stammenden Referenten im Durchschnitt 32 Jahre alt – das Altersmittel ihrer ostdeutschen Kollegen auf derselben Hierarchiestufe lag demgegenüber bei 46 Jahren, was bereits Wolfang Seibel zu dem Schluss veranlasste, dass das »Klischee des jungen, dynamischen und hoch belastbaren Mitarbeiters« primär auf die Gruppe der »westdeutschen Referenten« zutreffe.[15] Damit hatten die Sozialwissenschaftler mit ihren quantitativen Instrumenten tatsächlich eine spezifische soziogenerationelle Problemkonstellation eingefangen: Auf den Hierarchieebenen der Referenten unterhalb der meist älteren westdeutschen Direktoren und Abteilungsleiter trafen nicht nur Ostdeutsche auf Westdeutsche, sondern gerade auch jüngere auf ältere Mitarbeiter.

12 Ebd., S. 207.

13 Vgl. dazu die zeitgenössische, meist sehr kritische Berichterstattung über die Jungmanager bei der Treuhand: »Treuhand-Yuppies basteln in Berliner Anstalt an ihrer Karriere«, in: Frankfurter Rundschau, 30.7.1991; »Karriere in einem Konzern mit begrenztem Auftrag«, in: Frankfurter Allgemeine Zeitung, 18.1.1992; »Unsere neuen ›Wirtschaftskapitäne‹ – Wunderknaben oder Krisenmanager?, in: Volksstimme, 6.7.1992; »Junge Grafen und Freiherren tummeln sich auf ›Schloß Breuel‹«, in: Morgenpost, 2.2.1992; »Treuhandanstalt Gives Young Staff Passport to the Business Fast Track«, in: The Wall Street Journal, 25.8.1993.

14 Vgl. dazu »Wir brauchen frisches Blut, darum Go east, young man«, in: Die Welt, 7.12.1990; »Gestaltungsfreiheit zählt viel mehr als schnöder Mammon«, in: Handelsblatt, 27.9.1991; »Bewährung«, in: Capital, 10/1991; »Junge Pioniere«, in: manager magazin, 1.6.1991.

15 Seibel: Verwaltete Illusionen, S. 174.

Eine ganze Reihe bundesdeutscher Direktoren und Niederlassungsleiter beschrieb die gezielte Gewinnung von Nachwuchskräften als unbedingt notwendige Personalstrategie. Der Manager Urs Cramer hatte eigens eine Gruppe »ganz pfiffige[r] Studenten« aus Augsburg mit nach Ostberlin gebracht: »[...] das waren sozusagen auch die der ersten Stunde, mit denen ich da bis morgens um fünf Uhr, sechs Uhr durchgearbeitet habe.« Um den Nachwuchs zu motivieren, habe er nachts noch Currywürste besorgt, wie er mit vernehmlicher Begeisterung und fast väterlichem Stolz erläuterte:

> »Also es war jedenfalls in UNSERER Truppe, ich hatte da so eine Truppe von vier, fünf Jungen, alle unter dreißig, beziehungsweise Anfang dreißig, die gingen da mit einer Motivation ran, das war sensationell. Und mir hat dann einer mal gesagt, ›Herr [Cramer], ich verstehe das gar nicht, wenn ich bei Ihnen da oben in die Ecke komme, da ist immer Fröhlichkeit.‹«[16]

Diese jungen Mitarbeiter hatte der Direktor jedoch nicht nur wegen ihrer Motivation und Einsatzbereitschaft eingestellt, sondern auch, weil er den durch die Treuhand gestalteten Wirtschaftsumbau als generationenübergreifendes Projekt deutete, das »für die nächste Generation oder sogar für die übernächste Generation« gedacht sei.[17]

Auch andere Direktoren suchten aus eigenem Antrieb gezielt junges Personal an bundesdeutschen Universitäten und Hochschulen. Der Niederlassungsleiter Dieter Maltritz hatte eigenständig per Aushang nach Nachwuchskräften gesucht, die man dann vor Ort »eigentlich selber ausgebildet« habe.[18] Sein Berliner Kollege Conrad Hopp beschrieb einen ähnlichen Vorgang. Auch er setzte gemeinsam mit einer Personalberaterin aus zwei Gründen auf die Anwerbung junger Mitarbeiter, die »nicht mehr als fünf Jahre von der Uni weg waren«: »[...] wir glaubten, dass in dem eigentlichen Gebiet, in dem wir tätig sind, sowieso keine Erfahrung vorhanden ist, ganz gleich, mit wieviel Erfahrung wir die Leute einstellen.«[19] Die Rekrutierung junger Ostmitarbeiter bot für Hopp zudem den Vorteil, dass »damit die ganze Problematik, ob der nun wirklich schon sehr stark in dem System involviert war, vermieden wurde«. Daher ließ auch er 1990/91 eigene Anzeigen schalten – mit Erfolg, auch wenn er die große Zahl an zügig eingestellten jungen Leuten rückblickend mit Skepsis betrachtete.[20]

16 R50-Interview mit Urs Cramer, 19.5.1993.
17 Ebd.
18 R23-Interview mit Dr. Dieter Maltritz, 5.10.1992.
19 R35-Interview mit Conrad Hopp, 7.1.1993.
20 Ebd.

Andere Interviewpartner erkannten im Einsatz der jungen Westdeutschen weniger ein generationelles Projekt, sondern stärker eine funktionale Notwendigkeit. Direktor Matthias Erben nahm bezüglich seiner Einschätzung kein Blatt vor den Mund:

> »Und von meinen [Direktoren-]Kollegen kann ich immer wieder nur sagen, die wissen schon, wo es langgeht, also die haben totale Ahnung. Und die, die hier als, ich sage mal, Yuppies nun tätig sind, naja gut, Sie brauchen ja auch Leute, die nun wirklich gewisse Arbeiten machen, wir sagen dann Indianer, die brauchen Sie nun wirklich, da kommen Sie ja nicht drumrum.«[21]

Auch Direktor Simon Norden gab sich gleichermaßen als ein Verfechter der Anwerbung junger Mitarbeiter: »Dann habe ich eine ganze Latte junger Leute gebraucht, das habe ich nach einiger Zeit gemerkt, das schaffe ich mit den Ossis nicht, weil ich moderne Betriebswirtschaft brauchte [...]. [I]ch sage mal, young urban professional.«[22] Direktor Boris Märtens betonte zusätzlich den Vorteil einer geschlossenen Altersstruktur:

> »[...] ich arbeite gerne mit jungen Leuten, ich habe den Eindruck, dass man sie noch besser stark belasten kann, und wir haben hier sehr schnell einen vorzüglichen Corpsgeist gefunden, wie er, glaube ich, nur zu erreichen ist, wenn man eine überwiegend von der Altersstruktur her homogene Mannschaft bildet.«[23]

Damit hatte eine ganze Reihe von Führungskräften wesentliche Vorzüge der Rekrutierung junger, flexibler Nachwuchskräfte aus Westdeutschland benannt. Doch die Einstellung dieser jungen Westdeutschen stieß mitnichten auf ungeteilte Zustimmung. Direktor Boris Hernholt etwa, selbst Mitte fünfzig, hob heraus: »Ich habe überhaupt nichts mit jungen Leuten hier gemacht. Es hieß manchmal, das ist die Seniorencombo vom Hernholt, ja? [lacht].«[24] Seinen tiefsitzenden Unmut über das Auftreten dieser Gruppe artikulierte der Direktor in einer längeren, impulsiven Redepassage, die durchaus an die im *Zitty*-Artikel beschriebenen Charakterisierung erinnerte, jedoch unter völlig umgekehrten Vorzeichen:

> »Also, was mich oft geärgert hat, sind diese Yuppies, die hier rumspringen, ja, diese Youngster, die meinen, sie könnten die Welt erobern, ja, und da dumme Sprüche klopfen, in irgendwelchen Bars, in irgendwelchen Hotels, in irgendwelchen Flugzeugen blödes Zeug reden. Also da

21 R39-Interview mit Dr. Matthias Erben, 19.1.1993.
22 R46-Interview mit Simon Norden, 10.2.1993.
23 R18-Interview mit Dr. Boris Märtens, 10.9.1992.
24 R15-Interview mit Dr. Boris Hernholt, 1.9.1992.

habe ich mich immer gewundert, dass die, dass diese Strukturen hier sich so breitgemacht haben, habe ich nie so ganz verstanden, muss ich sagen. Nicht, das hat mir nicht gefallen. [...] [Da] kommen die hier rein, donnern mit dem Auto durch die Gegend, machen den Dicken Maxe und so [...].«[25]

Im weiteren Gesprächsverlauf kam der Direktor nochmals hierauf zurück. Gestenreich beschrieb er Äußeres und Auftreten der Nachwuchsführungskräfte als eine regelrechte »Youngster-Blase«, die aus seiner Sicht bei der Bewältigung der sensibleren Aufgaben letztlich mehr Schaden anrichtete als nütze:

> »Nicht, und da kommt auch viel Arroganz rein und so weiter, ich meine, hier also als jugendlicher Heilsbringer zu kommen, das ist gar nicht so doll. Wohlriechend, mit schönem Gürtel, mit schönen Trägern, das kann man nicht machen, also man muss hier, sagen wir, mit erfahrenen (klopft auf den Tisch) Leuten, bei denen die Sache im Vordergrund steht. -- Also, Psychologie, andere sehen das vielleicht anders (belustigt).«[26]

Ähnlich, obgleich auch nicht derart scharf, sah auch Direktor Steffen Gerhard das Zusammenspiel von Jung und Alt bei der Treuhandanstalt als problembehaftete Konstellation:

> »[W]ir mussten mit blutigen Anfängern anfangen, und jetzt haben Sie natürlich einen Gegensatz zwischen diesen ganz unerfahrenen Leuten und Älteren. Es gibt also Ältere, die dann so eine Vaterrolle annehmen und das sehr gerne machen, es gibt aber natürlich auch unterschiedliche Auffassungen schon in den Generationen.«[27]

Direktor Dieter Geppert wollte die noch 1990 zur Treuhand gekommenen Nachwuchskräfte grundsätzlich von denen unterschieden wissen, die gegenwärtig – also Anfang 1993 – als neue Mitarbeiter dazustießen, insbesondere, was deren Motivation anbelangte:

> »Ich weiß also von den jüngeren Leuten, die auch mit Enthusiasmus hierhingekommen sind [...], die also damals kamen, und nach einem, anderthalb Jahren freudig in der Wirtschaft aufgenommen wurden, ich würde fast sagen, so als Gesellen, die was für's Vaterland getan haben, um das mal so ein bisschen in Anführungsstrichen hochzustilisieren.«[28]

25 R15-Interview mit Dr. Boris Hernholt, 1.9.1992.

26 Ebd.

27 R43-Interview mit Dr. Steffen Gerhard/Kai Rumeck, 29.1.1993.

28 R38-Interview mit Dieter Geppert, 16.1.1993.

Im Frühjahr 1993 schien derlei Enthusiasmus, den Geppert ohnehin bei jüngeren Kollegen in Zweifel zu ziehen schien, gänzlich verflogen zu sein. Vielen Nachwuchskräften ginge nunmehr jegliches patriotisches Sendungsbewusstsein ab. Aber auch darüber hinaus habe sich etwas Entscheidendes am Leumund der Treuhand geändert:

> »Und heute sagt mir mein Sohn, an der Universität, der schreibt seine Diplomarbeit gerade, ›Vati, gut, dass ich da die Entscheidung nicht mehr brauche, bei uns setzt sich mehr und mehr die Meinung durch, also wer zu lange bei der Treuhandanstalt war als junger Mensch, der kriegt Probleme in der Wirtschaft Fuß zu fassen, weil man sagt, der ist also jetzt schon verbürokratisiert, den kannst du nicht mehr brauchen. Und wer jetzt noch hingeht, das ist also nicht mehr etwas Besonderes, was man zur Befriedigung eines nationalen Anliegens tut, sondern das ist ein ganz normaler Job‹. Und da ist ja auch was dran.«[29]

Abteilungsleiter Ernst Rabenau schloss sich der verbreiteten Kritik an den vermeintlichen »Yuppies« an. Für ihn barg die spezifische Altersstruktur beim Personal beträchtlichen sozialen Sprengstoff im Alltagsgeschäft:

> »Und damit kommen wir noch zu einem weiteren Problem, das ist die Alterspyramide der Treuhand generell. Es gibt verhältnismäßig viele von den alten Hasen, wie ich auch einer bin. Es gibt dann wie ein X eine ganz dünne Zahl von Mittelalterlichen, die meistens von den Firmen freigestellt sind für eine bestimmte Zeit, und es gibt dann, der Not gehorchend, wieder die Hochschulabgänger.«[30]

Für seine anschließende Kritik an dieser Personalgruppe griff der Abteilungsleiter ein Wort von Birgit Breuel auf:

> »Frau Breuel hat auf diesem Miteinandertag zu Recht gesagt, Gott schütze die Treuhand vor den MBAs, wir brauchen die, ist klar, denn irgendjemand, muss ja die Arbeit tun, aber theoretische Erfahrung ohne Praxis und eine hohe Verantwortung führen dazu, dass diese Brüderchen in einer Art und Weise unsicher, aber arrogant sind, dass die eine GANZ große Gefahr für den Eindruck der Westler im Osten sind.«[31]

Plastisch unterfütterte Rabenau diese Überlegung, indem er sich auf eine Warnung des Vizepräsidenten Hero Brahms bezog, der jüngst die Führungskräfte vor verheerenden Auftritten junger Mitarbeiter vor Ort in den Betrieben nachdrücklich gewarnt habe:

29 Ebd.
30 R8-Interview mit Ernst Rabenau, 30.7.1992.
31 Ebd.

> »Und Brahms hat völlig zu Recht neulich in einer Runde vor uns gesagt, Kinder, passt auf, dass ihr in kitzligen Situationen jetzt nicht in einem großen Dienstwagen mit Chauffeur einen jungen Rülps (etwa) dahinschickt, sondern versucht, da vom Pulverdampf ergraute Kerle hinzuschicken, die das ein bisschen geschickter machen. Das ist ein ganz großes Problem bei uns.«[32]

Damit hatte der Abteilungsleiter eine weitere, zentrale Konfliktdimension angesprochen: Der schwelende Generationenkonflikt schien sich vor dem Hintergrund ost-westlicher Differenzen noch weiter zu potenzieren. Dennoch vertraten manche ostdeutsche Treuhand-Mitarbeiter insgesamt die Auffassung, dass »die Frage Ost und West kaum mehr eine Rolle« spiele, wobei aber das generelle Generationsproblem in den Vordergrund getreten sei. Friedrich Calbeck beispielsweise, der die Ausstattung sämtlicher Mitarbeiter mit Büros und Technik in der Zentrale koordinierte, rang mit der Technikaffinität des jungen Nachwuchses:

> »Es kommen jetzt viele viele junge Leute her, und diese jungen Leute kennen nichts mehr von den Schwierigkeiten der ersten Tage und stellen mitunter hohe Ansprüche; die sind manchmal nicht ›ganz schön‹. Aber ich will mal so sagen, damit leben wir, das stecken wir weg, weil wir wissen, was wir hier geleistet haben, und weil wir meinen, wir können auch heute nur mit dem wirtschaften, was vertretbar ist. Es hat also keinen Sinn, hier ungerechtfertigte Ansprüche zu erfüllen. Einige meinen, es gehöre eben zum Normalen, dass hier in jedes Zimmer unbedingt ein Fax gehört! Ich halte das für übertrieben!«[33]

Dass sich Generations- und Ost-West-Konflikte aus der Perspektive vor allem der älteren ostdeutschen Mitarbeiter massiv zu verquicken schienen, deutete sich hingegen im Gespräch mit Ulrich Lothal an, der zu dem Schluss kam, dass »zur Zeit eine gewisse Abschottung« zwischen den beiden Altersgruppen in Ost und West stattfinde.[34]

Im Blick der ostdeutschen Mitarbeiter waren mögliche Ost-West-Differenzen damit auch Teil eines treuhandoffiziell nicht thematisierten Generationenkonfliktes. Es waren Nachwuchskräfte, die häufig auch als Vorgesetzte eingesetzt wurden, deren Habitus bei den älteren Ostdeutschen beträchtliche Irritationen auslöste. Doch wo ließen sich in diesem generationellen Spannungsfeld die jüngeren Ostmitarbeiter verorten? Schon Malzahn hatte in seiner Reportage beobachtet, dass man »junge Ossis« bei der Treuhand oft »vergebens« suche und die »Ex-DDRler« dort »fast alle

32 Ebd.

33 R41-Interview mit Friedrich Calbeck, 25.1.1993.

34 R47-Interview mit Ulrich Lothal, 17.2.1993.

zwischen 40 und 55« Jahre alt seien und »ihre Karriere schon im realen Sozialismus« absolviert hätten. Ihm schien der Grund hierfür offensichtlich: Während die älteren »Ossis« mit den »Wirtschaftsproblemen« der einstigen DDR-Industrie und ihrer Betriebe als langjährige Experten bestens vertraut seien und die jungen Westmitarbeiter auf ein abgeschlossenes BWL- oder Jura-Studium verweisen konnten, hätten junge Ostdeutsche demgegenüber eine schwierige Ausgangsposition:

> »Praktische Erfahrungen fehlen ihnen [den jungen Ostdeutschen, M.B.] völlig, und mit planwirtschaftlicher Theorie im Kopf und Marx/Engels im Herzen sind sie heute nicht mehr gefragt.«[35]

In der explorativen Interviewstudie von 1992/93 war lediglich ein Vertreter dieser besonderen Gruppe präsent, der Direktor Steffen Damm, der bewusst eine Mittelposition zwischen Ost und West sowie Alt und Jung einzunehmen versuchte. Die jüngeren Ostdeutschen, zu denen sich der damals 32-Jährige selbst zählte, hätten es leichter gehabt, da sich diese kaum noch mit der DDR identifiziert hätten. Entsprechend härter habe die Älteren der Umbruch nach 1989/90 getroffen und zu einer generationellen Konfliktkonstellation geführt, die er mit der Zeit nach 1945 verglich:

> »Das ist ja so, das ist ja jetzt auch wieder so wie 45, das waren ja alles Widerstandskämpfer. Aber in der Realität war es ja nicht so. Und irgendwo haben sie sich ja doch identifiziert oder arrangiert, sage ich mal so. Und [dann kam, M.B.] dieser völlige Umbruch von jedem Gesetz bis hin zum Toilettenpapier, dieser Kulturschock. [...]«[36]

Den Angehörigen seiner Generation der 1950er- und 1960er-Jahrgänge habe sich demgegenüber nach 1989 die Möglichkeit geboten, sich grundlegend neu zu orientieren. Während der junge ostdeutschen Direktor also auch auf generationelle Differenzen innerhalb der ostdeutschen Übergangsgesellschaft verwies, beäugte er die neueingestellten Westmitarbeiter mit einiger Reserve als »frischgebackene MBAs« oder »Naseweis«.[37]

Neben Damm kamen noch wenige weitere jüngere Mitarbeiter zu Wort – bezeichnenderweise aber meist auf nebengeordnete Weise, als Begleitung ihrer Vorgesetzten. Der Jurist Benedikt Golland nahm im Oktober 1992 mit seinem Direktor Charles Volkmann an einem Interview teil. Nachdem der Direktor zunächst einen Großteil der ersten Hälfte des Gesprächs bestritten hatte, schaltete sich Golland schließlich ein, um

35 »Treuhand intern«, in: Zitty, 23.1.1992, S. 204.
36 R24-Interview mit Steffen Damm, 6.10.1992.
37 Ebd.

»noch ein paar Sachen« zu ergänzen, da »aus der Sicht des Anfang Dreißigjährigen und nicht des Anfang Fünfzigjährigen« sich »manche Sachen auch noch anders« darstellten.[38] Der junge Jurist, der zuvor schon in der Rechtsabteilung von einem großen deutschen Chemieunternehmen aktiv gewesen war, erklärte:

> »Dann also nochmal zur eigenen Karriere, für mich diese Chance Ostdeutschland einen UNGEHEUREN Reiz darstellte, plötzlich die Geschichte begreifend, dass das hier eine Möglichkeit ist, etwas -- zu bewegen und anzupacken, zu gestalten. Natürlich viel Entscheidungsfreiheit zu bekommen, Verantwortung zu bekommen, aber auch dadurch Entscheidungsfreude zu lernen, sodass es MIR wahrscheinlich auch Schwierigkeiten machen wird, in eine andere Position später wieder reinzufinden, und das alles wieder auf ein Maß zu drosseln, wie es dann erwartet wird. Man hat hier GROSSE Entscheidungsfreiheit. Und wir haben uns eigentlich nie vor diesen Entscheidungen gedrückt.«[39]

Direkt im Anschluss lobte Golland, natürlich in unmittelbarer Anwesenheit seines Chefs, das besondere Arbeitsklima im Direktorat, das sich offenkundig deutlich von dem zu unterscheiden schien, was der junge Jurist bei seiner ersten Karrierestation kennengelernt habe:

> »Ich war es bis dahin nicht gewohnt, so offen zu arbeiten, mit offenen Türen, ständig gesprächsbereit zu sein, sogar so persönlich zu sein, dass man sich das Du anbietet und trotzdem eine hierarchische Struktur zu sehen, dass jemand sagt, da sitzt der Kopf, mit dem arbeitet zusammen, da wird dirigiert und moderiert, ansonsten die Hierarchie sehr flach, und man eigentlich kein Gerangel um Kompetenzen und dergleichen kennt, sondern sich das organisch entwickelt und wächst.«[40]

Bezeichnenderweise grenzte sich aber auch Golland, der im Januar 1991 zur Treuhand gekommen war, recht deutlich von anderen jungen Kollegen ab, die gegenwärtig – also Mitte 1992 – zur Treuhand stießen und von denen er, trotz des gleichen Alters, wie ein »alter Kämpfer« oder »Veteran« betrachtet werde.[41]

Das Interview mit Direktor Steffen Gerhard fand in einer ähnlichen Gesprächskonstellation statt. Auch er hatte seinen knapp zwei Jahrzehnte jüngeren Abteilungsleiter Kai Rumeck zum Interview mit in sein Büro eingeladen, wobei der Direktor seinem Mitarbeiter insgesamt deutlich

38 R22-Interview mit Dr. Charles Volkmann/Benedikt Golland, 1.10.1992.
39 Ebd.
40 Ebd.
41 Ebd.

weniger Gesprächsanteile beließ und dieser sich in der Rolle als bestätigender Stichwortgeber wiederfand. Zu Beginn des Interviews war es dem jungen Abteilungsleiter jedoch möglich, die eigenen Motivationen und Erfahrungen vor allem der Frühzeit anzusprechen, in der er sich vor allem von dem herrschenden »Pioniergeist« und »Engagement« beeindruckt sah. Wie schon sein Altersgenosse Golland rückte auch Rumeck insbesondere die vorgefundenen Handlungsspielräume in den Fokus seines Berichts, die sich beträchtlich von denen in etablierten Unternehmen unterschieden hätten. Das damit verbundene Ausmaß der eigenen gestalterischen Möglichkeiten hätten aus seiner Sicht vor allem darin bestanden, »einfach durch die normative Kraft des Faktischen etwas zu machen, und dann war es so. Und das hat sicher sehr sehr viele unheimlich begeistert.«[42]

Neben Steffen Damm war der gleichalte Abteilungsleiter Simon Cunau der einzige Angehörige der 1960er-Jahrgänge, den Dietmar Rost einzeln ausführlich interviewte. Der Betriebswirt war im November 1990 kurzfristig zur Treuhand gewechselt, wobei er eine Mischung aus familiären Motiven sowie professionellen Erwägungen angab, die ihn für einen Einsatz prädestiniert hätten. Für ihn als Nachwuchsführungskraft biete die Organisation zum einen erhebliche Möglichkeiten, beinhalte aber zugleich auch Härten und Risiken:

> »Ich meine, es ist nicht immer angenehm, aber das ist also, ich sage mal, auch die Chance, verantwortlich arbeiten zu können, da muss man in Kauf nehmen, dass es auch mal unangenehm ist und dass natürlich auch, also ich durchaus schlaflose Nächte verbringe, das ist so.«[43]

Doch diese Verantwortung berge auch Risiken für die eigene Zukunft. Für den mit derartigen Freiheiten versehenen Abteilungsleiter schien es nur schwer vorstellbar schnell wieder in die Routinen eines etablierten Unternehmens zurückzufinden:

> »Wir [Jungen] sind sicher verwöhnt, was Entscheidungsfreiheit angeht und Kompetenzen und Verantwortung. Insofern bin ich mir nicht sicher, ob wir in westdeutschen Großunternehmen, unserem Alter entsprechend sozusagen, Aufgaben finden, die uns befriedigen.«[44]

Letztlich fiel auch die Abschlussbilanz des Betriebswirtes positiv aus; auf die Frage, was denn für ihn die »wichtigsten Erfahrungen« seien, nannte Cunau drei Punkte. Neben den Ost-West-Begegnungen waren vor allem die Praktiken des Entscheidens und des Verhandelns wesentlich:

42 Ebd.
43 R30-Interview mit Simon Cunau, 21.12.1992.
44 Ebd.

> »Also ich habe natürlich gelernt, in einer großen Organisation zu arbeiten, das war für mich völlig neu. Ich habe gelernt, sehr viel besser zuzuhören, gerade was das Thema Ostdeutsche, durch die Ostdeutschen, die uns einfach was VORAUS hatten, habe ich sehr viel zugehört. Ich habe sicher auch gelernt, ich sage mal, wenn man so will, Taktik in so einem Großunternehmen. Also wie man Dinge organisiert, die man durchkriegen will.«[45]

Und schließlich fügte Cunau hinzu, dass er sich bei der Treuhand bereits in jungen Jahren eine ausgesprochene Durchsetzungsfähigkeit zugelegt habe:

> »Also auch, da kann man darüber streiten, ob das gut ist oder nicht gut ist, eine gewisse Elefantenhaut zu entwickeln. Das ist sicher so. Also auf der einen Seite mehr zuhören, auf der anderen Seite weniger empfindlich geworden, also auch durchaus ein bisschen mehr Ellenbogen. Da muss man immer aufpassen, dass man im richtigen Moment das Richtige anwendet, aber das ist sicher so, man wird robuster.«[46]

Damit hatte Cunau die journalistischen Formeln vom »größten wirtschaftlichen Ausbildungszentrum aller Zeiten«, das zum »Karriere-Katalysator« bzw. »Sprungbrett in die Topetagen« werde und so den »Generationenwechsel« vorantreibe, aus seiner individuellen Perspektive bekräftigt und zugleich auch wieder ein Stück weit relativiert, denn das freie, eigenverantwortliche Arbeiten bei der Treuhand schien zugleich ein Risiko zu bergen – nämlich die schwierige spätere Rückkehr aus der chaotischen Ausnahmeorganisation in das normale, stark reguliert-hierarchisierte Alltagsgeschäft westdeutscher Großunternehmen.

Die markante, über die Jahre wachsende Präsenz bundesdeutscher Nachwuchsmitarbeiter aus den späten 1950er- und 1960er-Jahrgängen in der Organisation erschien damit einerseits als personalpolitisch unerlässliche Maßnahme; andererseits bot gerade die Anwesenheit dieser Gruppe von Jungmanagern Anlass zu internen wie externen Diskussionen über »Yuppies« im Ost-West-Konflikt. Idealistische oder patriotische Motive, die gerade die älteren Gruppen für sich geltend machten, wurden diesen »Yuppies« in aller Regel abgesprochen – für sie schien die Treuhand in erster Linie eine lukrative Karrierechance am Beginn ihrer Laufbahn darzustellen, bei der sich den meist frisch diplomierten Betriebswirten oder Juristen von bundesdeutschen Universitäten neben guter Entlohnung insbesondere weitreichende Handlungs-, Entscheidungs- und Gestaltungsspielräume eröffneten, die ihnen in etablierten West-Unternehmen kaum

45 Ebd.

46 Ebd.

geboten wurden. Das Personal der Treuhand war damit letztlich auch eine Zone intensiver intergenerationeller Konflikte, die sich zugleich sehr stark mit den ost-westlichen Gegensätzen zu verbanden.[47]

5.2 »Ostfrau« im Büro, Ehefrau in der Ferne: Frauen bei der Treuhandanstalt

Eine Frau an der Spitze und das Gros der Mitarbeiter weiblich: Das in der medialen Außenwahrnehmung von kantigen Westmanagern, wendigen SED-Kadern oder nassforschen »Yuppies« dominierte Personal entpuppt sich bei näherer Betrachtung als überwiegend weiblich. Die Personalstatistik registrierte bereits ab 1992 aufmerksam den hohen Anteil an Mitarbeiterinnen, die mit 56% (1993) beziehungsweise 59% (1994) den größeren Teil des Personalstammes ausmachten; gleichermaßen wies die Statistik 1994 lediglich den geringen Anteil »weiblicher Führungskräfte« von knapp über 10% aus.[48]

Einen ähnlichen Befund erhoben auch Seibel und Czada, die in ihrer Mitarbeiterumfrage aus dem Frühjahr 1993 keine einzige Direktorin und lediglich 13 Abteilungsleiterinnen identifizieren konnten, was einem Frauenanteil an Führungskräften von knapp 13% entsprach. Bei den zusätzlich befragten Referenten lag der weibliche Anteil bei 29%, wobei sich den Sozialwissenschaftlern merkliche Ost-West-Differenzen offenbart hatten: Während unter den (jüngeren) westdeutschen Referenten lediglich 29% weiblichen Geschlechts waren, hatten sie bei den (älteren) ostdeutschen Kollegen ein fast ausgeglichenes Verhältnis zwischen Männern und Frauen ermittelt.[49]

Zieht man die empirischen Befunde zusammen, ergab sich quantitativ ein deutlicher Trend, der auch für viele deutsche Unternehmen und Behörden dieser Zeit charakteristisch gewesen sein dürfte: Die Spitzen- und Führungsebene, aber auch die mittleren Leitungsfunktionen befanden sich fast exklusiv in der Hand westdeutscher Männer, während die unteren Hierarchieebenen der Verwaltungs-, Hilfs- und Servicekräfte durchgehend mit (bei der Treuhand meist ostdeutschen) Frauen besetzt waren.

47 Vgl. zur historischen Generationenforschung Gerland, Kirsten; Möckel, Benjamin; Ristau, Daniel (Hg.): Generation und Erwartung. Konstruktionen zwischen Vergangenheit und Zukunft, Göttingen 2013; Berghoff, Hartmut; Jensen, Uffa; Lubinski, Christina; Weisbrod, Bernd (Hg.): History by generations. Generational dynamics in modern history, Göttingen 2013.

48 Personalbericht der THA, Dezember 1993, in: Treuhandanstalt: Dokumentation, Bd. 11, S. 194-205.

49 Seibel: Verwaltete Illusionen, S. 172-185.

Lediglich die Organisationsspitze bildete ab April 1991 eine markante Ausnahme. Birgit Breuel selbst sprach ihre Sonderrolle als einzige Frau unter vielen Männern im Vorstand sowie in den Spitzenpositionen von Wirtschaft und Politik nur sehr selten an, wie etwa im April 1992 in einem »Tischgespräch« mit der Berliner Morgenpost. Die Autoren beschrieben die »etwas herbe Begrüßung«, die die Präsidentin ihnen zuteilwerden ließ: »Kühl, unnahbar, unweiblich« seien die »Attribute«, mit denen Breuel leben müsse, auch wenn sie selbst die »Mütterlichkeit« an Frauen am meisten schätze. Doch »selbst Journalisten« seien im Umgang mit der Präsidentin, die »wie keine zweite die wirtschaftliche Zukunft der Menschen in den neuen Bundesländern« beeinflusse, vor »Vorurteilen« nicht gefeit. »Anders als bei männlichen Gesprächspartnern erliegen [die Journalisten, M.B.] immer wieder der Versuchung, abseits des sachlichen Interesses auch dem Faktor ›Weiblichkeit‹ auf die Spur zu kommen.« Dabei könne Breuel »bei näherem Kennenlernen« durchaus einen eigenen »Charme« entfalten, »dem sich Politik und Mitarbeiter kaum entziehen« könnten. Breuel selbst, die sich sonst kaum öffentlich über ihr Geschlecht ausließ, beklagte in dem Artikel, dass sie medienöffentlich entweiblicht werde:

> »Aber so ist das eben – ein energischer Mann ist ein toller Mann, und eine energische Frau ist eigentlich keine Frau mehr. […] Und dass dies für Frauen eine Riesenbelastung darstellt, das ist doch wohl ganz klar.«[50]

Die »couragierte Treuhand-Chefin« verkörperte damit ein Moment der geschlechterspezifischen Irritationen, das sich weitgehend in der kritischen Berichterstattung abbildete: Die Präsidentin wurde dort mit »unweiblichen« Attributen wie Härte, Kühle und Distanziertheit charakterisiert – eben als der »härteste Mann« an der Spitze der heftig umkämpften Organisation; das Bild einer Stief- bzw. Rabenmutter des Ostens schwang immer wieder mit.[51]

Blieb die Treuhand in den medienöffentlichen Zuschreibungen darüber hinaus überwiegend eine reine Männerbastion, so stachen aus der Vielzahl der Presseberichte einige wenige heraus, die explizit die Geschlechterrelationen innerhalb der Treuhand thematisierten. Im Mai 1992 stellte die Bild-Zeitung einige Mitarbeiterinnen ironisch als »starke Frauen-Brigade« vor. Zwar baue Birgit Breuel in der Führungsebene »auf eine knallharte Männerriege«; dennoch strebten die jungen Mitarbeiterinnen gerade auch

50 »Es ist unglaublich, mit wieviel Geduld die Menschen dies alles hinnehmen«, in: Morgenpost, 19./20.4.1992.

51 Vgl. dazu Böick, Marcus: Präsidentin, Managerin, Sekretärin. Geschlechterbeziehungen und -bilder bei der Treuhandanstalt, in: ders./Kuschel, Franziska/Hertel, Anja (Hg.): Aus einem Land vor unserer Zeit. Eine Leserreise durch die DDR-Geschichte, Berlin 2012, S. 207-218.

»auf die Chefsessel«. Der Artikel porträtierte fünf Frauen: Eine 29-jährige Mitarbeiterin der Pressestelle (»das Sprachrohr«), die sich über die mit der Organisation verbundenen, negativen »Klischees« in der Presse beklagte; eine 19-jährige Auszubildende und Sekretärin aus Ostberlin (»die Azubi«), die froh war, statt der noch zu DDR-Zeiten geplanten DEFA-Lehre als Filmkopiererin eine Ausbildung zur Bürokauffrau angefangen zu haben; eine 32-jährige Abteilungsleiterin aus München (»die Vermittlerin«), die sich kokett als »Ehe-Vermittlerin« für »Treuhand-Firmen« vorstellte; sowie eine 26-jährige Referentin und Betriebswirtin aus Westberlin (»die Redenschreiberin«), die bereits seit 1990 für Vorstand Wolf Klinz Reden und Berichte verfasste. Während diese vier Frauen in kleinen Porträtaufnahmen konventionell an ihrem Arbeitsplatz vor ihren PCs inszeniert wurden, wurde der Artikel gekrönt durch ein großformatiges Foto »der Retterin«, die mit strahlendem Lächeln im Business-Kostüm posierte: eine 24-jährige US-amerikanische Juristin, die im Abwicklungsdirektorat arbeitete und sich über das »schöne Gefühl« freute, durch ihr Engagement eine »kleine Wurstfabrik« mit vierzig Mitarbeitern vor dem Aus bewahrt zu haben. Allen fünf Frauen seien drei Dinge gemein, wie der Bild-Reporter zusammenfasste – sie seien »jung, hübsch und ehrgeizig«.[52]

Im November 1992 griff auch das Münchner Frauenmagazin *MADAME* das Thema unter der Überschrift »Wunder dauern länger ...« auf und befand, dass sich »erstaunlich viele Frauen« für die »Aufgabe« des ostdeutschen Wirtschaftsumbaus gemeldet hätten: »Wer sind sie, die über Sein und Nichtsein der Betriebe mit zu entscheiden haben? Welche sind ihre Motive für den Einsatz? Idealismus, Pioniergeist, oder der Wunsch, Karriere zu machen?«[53] Zwei Redakteurinnen hatten sich für diese Reportage in die Dresdener Niederlassung mit ihren 160 Mitarbeitern begeben, um die dortigen Frauen bei ihrer »Bewährungsprobe« zu proträtieren. Wie schon die *Bild*, stellte auch diese Reportage verschiedene Frauentypen vor: Eine 34-jährige Juristin, die die Abteilung für Reprivatisierung leitete und damit zum Führungskreis der Niederlassung gehörte, hob vor allem den besonderen Reiz ihrer »Aufgabe« hervor, bei der »eine Wirtschaftsform in eine andere überführt« werde – ein außergewöhnlicher »Vorgang«, der zukünftig auch »in der Dritten Welt« relevant werde.[54] Eine 32-jährige Wirtschaftsprüfungs-Assistentin aus Oldenburg, die das »historische Projekt Aufschwung Ost« und die sehr gute Entlohnung am Engagement

52 »Die Frauen-Brigade der Treuhand. Ganz stark, nicht nur im Abwickeln«, in: Bild, 8.5.1992.

53 »Wunder dauern länger ...«, in: Madame, 11/1992, S. 122-128.

54 Ebd., S. 127.

besonders gereizt hätten, beschrieb ihr alltägliches Leben und Arbeiten in Dresden als das in einer fernen »Enklave«:

> »Wenn wir mal nach Hause kommen, kann kaum einer unserer Freunde und Verwandten nachvollziehen, was sich hier tut, was uns bewegt, welche immensen ökonomischen Probleme ungelöst sind und wie viele menschliche Dramen sich täglich abspielen. Der fast normale Wahnsinn stumpft ab und verfolgt uns dennoch bis in den Schlaf. Aber das interessiert doch eigentlich im Westen keinen Menschen mehr.«[55]

Eine 30-jährige Finanzfachfrau aus München, die sich in der Niederlassung mit der Abwicklung von Betrieben befasste, berichtete davon, dass man 1990/91 eilig »noch jeden Freitag in den goldenen Westen« geflogen sei, um »am Sonntag in die Tristesse des Ostens« zurückzukehren. Doch bereits bis Ende 1992 hätten sich die Lebensbedingungen für Westdeutsche in Dresden erheblich verbessert, auch wenn man in der Freizeit meist »unter sich« bleibe, um »nach dem täglichen Stress« nicht »abends noch in Grundsatzdiskussionen oder politische Fehden verwickelt« zu werden.[56]

Insgesamt hatte die Reportage verschiedene Motive kompiliert, die in ähnlicher Form auch bei den explorativen Interviews der bundesdeutschen Mitarbeiter – Manager, Beamte oder Nachwuchskräfte – sehr präsent erschienen: der besondere Reiz beim Mitwirken an einer »historischen Aufgabe« oder die exzeptionelle Erfahrung des Arbeitens in einer abenteuerlichen »Enklave«. Doch die Redakteurinnen interessierten sich insbesondere dafür, wie die Frauen als Frauen mit den individuellen Belastungen in der extensiven Arbeits- und Alltagspraxis in Dresden umgingen. Eine 28-jährige Betriebswirtin aus München habe vor allem bei drastischen Entscheidungen noch lernen müssen, »Härte« zu zeigen, wenn etwa Betriebsschließungen anstünden. Entsprechend groß sei die erlebte »Abwehrhaltung« ihnen gegenüber, den »Wessis«, die »auf die Menschen hier oft arrogant, besserwisserisch, herzlos, materialistisch« wirkten.[57] Eine 34-jährige Unternehmensberaterin war im Personalbereich eingesetzt und daher insbesondere mit Massenentlassungen konfrontiert, die sie den Belegschaften persönlich vor Ort verkündete; mit »langen Spaziergängen« versuche sie daher, die »seelische Belastung abzufedern«.[58]

Doch trotz all der gerade von den jungen Frauen zu meisternden Auseinandersetzungen im alltäglichen Transformationsprozess verwies der

55 Ebd., S. 123.
56 Ebd., S. 127.
57 Ebd., S. 123.
58 Ebd., S. 126.

Artikel auch auf die hiermit verbundenen »Chancen«. Eine weitere Mitarbeiterin, eine »hübsche junge Juristin« aus Düsseldorf, verbringe immer weniger Zeit auf den »Golf- und Tennisplätzen« ihrer rheinländischen Heimat, sondern wende sich auch mental ostwärts: »Ich stelle fest, dass ich mich stärker gen Osten orientiere. Ich will vielleicht hierbleiben, um selbst etwas aufzubauen. Das ist doch auch eine ungeheure Chance für meine Generation!«[59] Ein Urteil, dem sich letztlich auch die *MADAME*-Reporterinnen anschlossen:

> »Hier bietet sich eine Chance, die man nur einmal im Leben hat. Die meisten Frauen der Treuhand sind jung, risikofreudig, reich nicht nur an volks- und betriebswirtschaftlichen Kenntnissen, sondern mittlerweile wohl auch an Erfahrungen im ›Wartesaal Ost‹.«[60]

Damit zeichnete der Artikel mit Blick auf die jungen westdeutschen Abteilungsleiterinnen und Referentinnen ein optimistisches Bild: Neben den Grenzland-Erfahrungen aus westlicher Sicht und den generationellen Spezifika an Fremd- und Selbstbeschreibungsmotiven, wie sie auch in der Analyse der Experteninterviews mit den männlichen Nachwuchsführungskräften aufgeschienen waren, thematisierten die Redakteurinnen insbesondere die für Frauen nötige persönliche »Härte«, die es angesichts massiver alltäglicher Arbeitsbelastungen und weitreichender Entscheidungen noch zu erlernen gelte, um bald auch die nächsten Karrierestufen in der Wirtschafts- und Unternehmenswelt in Angriff nehmen zu können.

Während die karrierebewussten Westmitarbeiterinnen ganz eindeutig im Mittelpunkt des Textes und seiner zahlreichen Abbildungen standen, tauchte eine weitere Gruppe bezeichnenderweise buchstäblich nur am Rande des Geschehens auf. In einer »Besprechungsecke« der zuvor porträtierten Abteilungsleiterin saßen deren ostdeutsche »Mitarbeiterinnen«, von denen »die meisten aus dem Verwaltungsapparat der DDR« zur Treuhand gekommen seien, wie die Chefin berichtete. Die Ostmitarbeiterinnen der Abteilung wurden interessanterweise nicht als Einzelpersonen vorgestellt, sondern als Kollektiv. Ihre Antwort auf die Frage, ob sie als »Ostdeutsche Probleme mit Freunden und Nachbarn« hätten, weil sie für die »kontroverse Behörde« arbeiteten, wurde fast wie der Beitrag eines Klagechors präsentiert:

> »Es wird uns viel angedichtet. Die einen wie die anderen sehen in uns die Schuldigen. Weil das Wunder ausbleibt, weil es nicht schnell genug geht, weil nicht alle Forderungen und Ansprüche erfüllt werden können

59 Ebd., S. 124.
60 Ebd., S. 127.

> usw., werden wir beschimpft. Dabei begreifen die meisten gar nicht, dass wir sowohl für die Antragssteller als auch für den gemeinsamen Aufbau arbeiten.«[61]

Neben über einem halben Dutzend junger Westmitarbeiterinnen stellte der Artikel lediglich eine einzige ostdeutsche Mitarbeiterin als Einzelperson vor, die 37-jährige Assistentin des Privatisierungsdirektors. Die Diplom-Ökonomin war vor 1990 im Wirtschaftsrat des Bezirks Dresden für eben jene Betriebe zuständig gewesen, »die jetzt von der Treuhand verwaltet« würden, weshalb sie entsprechende »Insider-Kenntnisse« mitbringe und auch die »Kontakte zu den Betriebsleitern« pflege. Ihr erschien das scheinbar reizvolle Engagement jedoch als massive soziale Belastung:

> »Die neue Aufgabe bei der Treuhand hat mich sehr gereizt, und Freunde und Verwandte fanden es anfangs auch gut, dass ich hier arbeite. Doch je mehr die Schwierigkeiten sichtbar werden, umso mehr Kritik bekomme ich zu hören. Für jeden geschlossenen Betrieb macht man mich persönlich verantwortlich.«[62]

Diese Zuschreibung treffe die Mitarbeiterin umso mehr, da ihr eigener Mann selbst vor vier Monaten erst entlassen worden sei; darüber hinaus kam die Diplom-Ökonomin nur noch kurz zu Wort, als es um die »alten Seilschaften« aus der DDR-Zeit ging.[63]

Insgesamt blieb also das geschlechterbezogene Sittengemälde der Reporterinnen aus der Dresdener Niederlassung zweigeteilt. Die im Artikel angelegten Porträts und Erfahrungsberichte richteten sich im Positiven wie Negativen an eine arrivierte westdeutsche Leserinnenschaft. Während die jungen, dynamischen und attraktiven Juristinnen und Betriebswirtinnen aus der alten Bundesrepublik im Osten eine abenteuerliche »Bewährung« suchten, erschienen die blassen »Ostfrauen« als kollektive, randständige und amorphe Masse, die primär über ihre sozialen Belastungen und die beständigen Debatten um ihre DDR-Vergangenheit definiert wurde; Gewinnerinnen und Verliererinnen arbeiteten zwar gemeinsam in einer Niederlassung, schienen aber bei der *MADAME* klar voneinander geschieden.

Der hier medial entworfene, scharfe Kontrast von jungen, erfolgreichen Westfrauen und älteren, nach dem Ende der DDR verzagten Ostfrauen war jedoch lediglich eine von mehreren Varianten, in denen Geschlechterrelationen bei der Treuhand in den Blick gerieten. In den Experteninterviews

61 Ebd., S. 125.
62 Ebd., S. 123.
63 Ebd., S. 123f.

thematisierten zahlreiche Interviewpartner die Geschlechterverhältnisse innerhalb und im gesellschaftlichen Umfeld der Organisation.

Ein zentraler Fixpunkt für die führenden Manager, Beamten und Planbürokraten war dabei zunächst die Präsidentin. Direktor Theodor Lohmann lobte respektvoll ihr »eisernes« Durchhalten des Privatisierungsgrundsatzes;[64] sein Kollege Boris Hernholt ihr »ehrliches« und »mutiges« Auftreten gegenüber Ansprüchen aus Politik und Öffentlichkeit.[65] Ein dritter Direktor, der langjährige Chemiemanager Charles Volkmann, geriet regelrecht ins Schwärmen:

> »Also, angefangen bei der Präsidentin, die also einfach das Herz auf dem rechten Fleck hat, um alle Probleme, die wir haben, blitzschnell zu verstehen, damit umzugehen, unsere Anregungen aufzunehmen, das erleben Sie normalerweise im Berufsleben auch nicht alle Tage, dass ein Vorstand so aufnahmebereit ist, [...] wo man also blitzschnell hin und her sich verständigt und Entscheidungen blitzschnell fallen, in einer Geschwindigkeit, wie Sie es NIRGENDWO im Wirtschaftsleben finden werden. Frei von Hierarchien und langen Abstimmungsprozessen.«[66]

Auch Direktor Dieter Geppert bezeugte mithilfe einer als Zwiegespräch ausgestalteten Anekdote aus dem Januar 1991 die entschlossene Form, mit der Birgit Breuel damals noch als Vorstandsmitglied ihre Mitarbeiter zu instruieren pflegte:

> »Und irgendwann sagte Frau Breuel nach wenigen Tagen, ›Wissen Sie eigentlich, was Sie hier zu tun haben?‹ ›Ja,‹ ich sagte, ›so ungefähr. Aber wenn Sie mich schon fragen, sagen Sie es mir nochmal etwas deutlicher.« Und dann hat sie mir gesagt, ›Wissen Sie, Sie müssen einfach dafür sorgen, dass die Niederlassungsleiter Erfolg haben‹. Ich habe also nie in meinem Leben so eine klare, präzise, zielgerichtete Anweisung bekommen, an die ich mich heute noch halte. Das ist also ein Phänomen.«[67]

Der Niederlassungsleiter Oskar Hillberg schloss sich diesen positiven Urteilen an. Im Herbst 1990 habe es gerade Breuel vermocht, die Niederlassungsleiter zu motivieren, »uns Mut zu machen«, damit diese auch vor riskanten Entscheidungen nicht zurückschreckten. Immer wieder habe sie betont: »Wenn Fehler passieren, dann müssen wir das hinnehmen, Fehler kann man letzten Endes auch korrigieren.«[68]

64 R12-Interview mit Theodor Lohmann und Mitarbeitern, 4.8.1992.
65 R15-Interview mit Dr. Boris Hernholt, 1.9.1992.
66 R22-Interview mit Dr. Charles Volkmann/Benedikt Golland, 1.10.1992.
67 R38-Interview mit Dieter Geppert, 16.1.1993.
68 R25-Interview mit Oskar Hillberg, 13.10.1992.

Auch Direktor Gerhard Pander reihte sich hier ein. Erst mit Breuel habe die umstrittene Organisation ihre Aufgaben mit der entsprechenden Geradlinigkeit, »mit dieser Konsequenz«, praktisch umsetzen können.[69]

Für Abteilungsleiter Josef Arnstein hatte Breuel durch ihr intensives Engagement insbesondere auch eine Vorbildwirkung für die bundesdeutschen Führungskräfte und insbesondere auch deren Familien, denen sie diesen unbegrenzten Einsatz persönlich vorexerziere:

> »Ich habe da Frau Breuel mal in einem Gespräch, wo wir auf einen Besucher warteten, gesagt, dass ihre Art und Weise, wie sie sich gegenüber ihren Mitarbeitern darstellt, wie sie auf uns wirkt, und wie sie nach außen wirkt, für uns, die wir verheiratet sind oder Partner haben, eine großartige Unterstützung ist, weil nämlich jeder, der genauer hinsieht, versteht, wie engagiert diese Frau für dieses Thema lebt, und ich sage ganz gezielt, für dieses Thema lebt, nicht für das Thema arbeitet, es ist mehr wie arbeiten. Und dass dadurch für uns auch Verständnis in unserem Umfeld entsteht. Das war etwas ganz Wichtiges.«[70]

Der Abteilungsleiter glaubte, dass ihr diese soziale Vorbildwirkung vor allem deshalb gelinge, weil sie gerade als Frau ihre privaten Angelegenheiten – darunter auch den Tod ihres Sohnes – zurückgestellt und auf die an sie herangetragenen Rollenerwartungen reagiert habe: »Und ich glaube, dass diese Fähigkeit, das so darzustellen und zu vermitteln, innerhalb der Fähigkeiten einer Frau, einer großen Frau, liegen. Das wäre einem Mann sehr viel schwerer gefallen.«[71]

Im zeitgenössischen Urteil zahlreicher Führungskräfte erschien die »große Frau« an der Spitze damit als ausgewiesene Ausnahmeerscheinung, als Respektsfigur, in der sich Dominanz, Konsequenz, Entschlossenheit, Präzision und Härte miteinander verbanden. Das weitgehende Fehlen von Frauen in den Führungsebenen sprachen die Befragten hingegen bestenfalls am Rande an – wie etwa der frühere Kommunalbeamte Bruno Homm, der sich bei seinem Bericht über den Tag, als er sich als Direktor vorstellte, eher beiläufig daran erinnerte, dass »ja interessanterweise nur Herren« und »keine Damen« anwesend gewesen seien.[72]

Doch wie blickten diese Führungskräfte auf die Geschlechterverhältnisse unterhalb der Spitzenebene? Zahlreiche Zeitgenossen hatten sich ohne gesonderte Aufforderung mit diesem Themenkreis befasst, obwohl nicht

69 R32-Interview mit Gerhard Pander, 22.12.1992.

70 R49-Interview mit Josef Arnstein, 16.4.1993.

71 Ebd.

72 R37-Interview mit Bruno Homm, 12.1.1993.

ausdrücklich danach gefragt worden war.[73] So sprachen etwa mehrere Führungskräfte die von ihnen mit Sorgen beobachtete, massive Arbeitslosigkeit unter ostdeutschen Frauen nach 1989/90 ausführlich an. Finanzdirektor Herbert Peters habe, so seine Darstellung, eigens aus diesem Grunde fast ausschließlich ostdeutsche Frauen eingestellt:

> »Und wir haben also, ich glaube 80, 85 % Mitarbeiter aus dem Osten. [...] Ein sehr hoher Satz. Das kam also hinzu, wir hatten uns dann damals gesagt, Mensch, hier ist Arbeitslosigkeit, wir müssen was tun, wir müssen hier selber sehen, dass wir die Leute mit beschäftigen.«[74]

Seinem Amtskollegen Boris Hernholt erschien gerade dieser geschlechterspezifische Problemkreis der hohen Frauenarbeitslosigkeit – neben der laufenden »Asyldebatte«[75] – als das gravierendste Gesellschaftsproblem der Gegenwart und er betonte, dass »dieses Thema sicherlich« kein exklusives »Thema der Treuhandanstalt« sei.[76] Der Direktor, der in seinem Fachbereich intensiv mit Arbeitsbeschaffungsmaßnahmen befasst war, führte die besondere soziale Sprengkraft vor allem auf die Geschlechterdifferenzen zwischen Ost und West zurück, durch die Frauen in der DDR zwar umfassend beschäftigt worden seien, nun aber im Gefolge des Wirtschaftsumbaus zügig entlassen würden. Die zuvor bestehende »gleichberechtigte« Beschäftigung sei verschwunden:

> »Nicht wahr, und die Reduzierung auf die männlichen Berufe setzt viele Frauen, die wirklich gut sind, die wirklich gut sind und gut ausgebildet sind, setzt die einfach frei, und das führt zu ENORMEN Frustrationen. Nicht wahr, die Mieten steigen, die Männer sind verunsichert in ihren Berufen, die Frauen haben gar keinen Beruf, die Kindergärten sind weg, also das ist alles eine dermaßene Veränderung im Leben der Frau, die gar nicht genügend gesehen wird, und ich glaube, dass da auch ein Zündstoff ist, den man politisch anpacken muss.«[77]

Doch wo und wie verorteten die Zeitgenossen die Frauen innerhalb der Treuhand? Der über fünfzig Jahre alte Direktor Steffen Gerhard und sein fast zwei Jahrzehnte jüngerer Abteilungsleiter kamen gesondert auf die »Damen« in ihrem Direktorat zu sprechen, deren Präsenz in leitenden Funktionen sie als außergewöhnlich hervorhoben und die sich »bewährt« hätten.[78]

73 Vgl. hierzu den Überblick über die Themen bei Rost: Detailanalyse, S. 11-61.
74 R20-Interview mit Dr. Herbert Peters, 18.9.1992.
75 Vgl. hierzu insg. Herbert: Geschichte der Ausländerpolitik.
76 R15-Interview mit Dr. Boris Hernholt, 1.9.1992.
77 Ebd.
78 R43-Interview mit Dr. Steffen Gerhard/Kai Rumeck, 29.1.1993.

Auffällig häufig thematisierten die männlichen Mitarbeiter jedoch gerade nicht die (westdeutschen) Abteilungsleiterinnen oder Referentinnen, sondern die ostdeutschen Sekretärinnen. Besonders 1990/91 sei diesen noch ein erhebliches Misstrauen vonseiten der neuen Chefs entgegengeschlagen. Die Konsequenzen rekapitulierte Abteilungsleiter Ernst Rabenau:

> »Es gab in der ganzen Treuhand keine Westsekretärin. Auch Rohwedder hatte erst nachher eine. [...] Frau Breuel hat jetzt, glaube ich, auch eine Ost, eine West. Was das für die Vertraulichkeit zu Anfang für eine Auswirkung hatte, bedeutete nämlich, dass viele Sachen nicht geschrieben wurden, weil man Angst hatte, wie loyal sind die Leute denn? Das heißt, manches wurde nicht geschrieben, manches haben sie dann selber versucht zu schreiben, handschriftlich oder wie auch immer, oder über Abteilungsleiter oder ähnliche, wo sie glaubten, das wäre sicherer so.«[79]

Misstrauen gegenüber den Sekretärinnen konstatierte auch Direktor Charles Volkmann. Für den nach Berlin gekommenen Wirtschaftsjuristen bildeten aber gerade diese Mitarbeiterinnen die organisatorische Stütze, weshalb er sich auch über deren zufällige Verteilung zu Beginn seiner Treuhand-Zeit irritiert gezeigt habe:

> »Wir kannten niemanden. [...] Ich fragte, ›Ja wo sind denn hier die Sekretärinnen?‹ ›Ja,‹ sagt er [der Kollege, M.B.], ›die sitzen dahinten in einem riesen Pool, da müsst ihr euch welche greifen.‹ Und dann war es also wirklich ein purer Zufall, an wen man geriet, und ob man durch die Benutzung des Pools früh genug irgendjemand selektieren konnte, von dem man den Eindruck hatte, dass es gut gehen könnte.«[80]

Wie wichtig die ostdeutschen Sekretärinnen den bundesdeutschen Führungskräften gerade für die Aufbauphase erschienen, brachte Direktor Volker Wiertel zum Ausdruck. Nachdem der bayerische Ministerialbeamte detailliert berichtet hatte, wie er sich für sein neues Direktorat im Oktober 1990 zunächst Räume, Schreibgeräte und Telefone hatte selbst organisieren müssen, schilderte er anschließend die Suche nach einer Sekretärin. Das Auswahlgespräch mit zwei Dutzend Kandidatinnen habe sich als schwierig erwiesen, weil er eine Sekretärin mit Fremdsprachenkenntnissen gewollt habe, diese aber meist zuvor in Diensten des DDR-Außenministeriums gestanden hätten. Seine Vorbehalte gegenüber diesen Bewerberinnen begründete Wiertel mit politischen Bedenken:

79 R8-Interview mit Ernst Rabenau, 30.7.1992.
80 R22-Interview mit Dr. Charles Volkmann/Benedikt Golland, 1.10.1992.

»Die Mehrzahl dieser Sekretärinnen waren nun wieder Sekretärinnen, die im westlichen Ausland gearbeitet hatten. Ich habe diese alle nicht genommen, weil ich der Auffassung war, wer es erlaubt bekam, im kapitalistischen Ausland zu arbeiten, der war mir per se – ich will nicht sagen suspekt, aber der war mir nicht lieb.«[81]

Derartige Skepsis gegenüber ostdeutschen Sekretärinnen, die vor 1990 in DDR-Ministerien gearbeitet hatten, verwandelte sich jedoch zunehmend in Zufriedenheit, so auch bei Direktor Simon Norden. Seine Verwaltungsmitarbeiterinnen seien erfahren und untereinander gut bekannt gewesen, was sich für den Aufbau seines Direktorats als großer Vorteil erwiesen habe, da sie »bestens bewandert aus dem Ministerrat« gekommen seien und genau gewusst hätten, »wie man schwierige Verwaltungsabläufe in den Griff« bekomme.[82] Auch Direktor Steffen Gerhard lobte seine 26-jährige Sekretärin, die sich binnen zweier Jahre »nahezu perfekt in diesem System« zurechtgefunden habe.[83]

Abteilungsleiter Josef Arnstein sprach ausführlich über seine beiden Sekretärinnen, die unterschiedlichen Generationen angehörten. In seinem Bericht kombinierte der Manager ost-westliche, generationelle wie geschlechterspezifische Zuschreibungen. Der jungen Sekretärin mit »Sinn für die up-side des Lebens« stellte er die »verunsicherte« Mitfünfzigerin gegenüber. Beiden Frauen fühlte er sich verbunden – die jüngere hatte er nach seinem eigenen Ausscheiden im August 1992 an die neue Arbeitsstätte »in einem internationalen Westunternehmen« mitgenommen, wo sie zur »Perle« der Firma geworden sei. Auch für die ältere Kollegin habe er gesorgt, damit sie »ihrer Leistung und ihres Einsatzes angemessen, einen Platz hat, so lange wie es vertretbar ist.«[84]

Die intensive Zusammenarbeit mit den ostdeutschen Mitarbeiterinnen spornte manche Gesprächspartner sogar zu grundlegenden Reflexionen über die »Ostfrauen« an. Niederlassungsleiter Oskar Hillberg erschienen die ostdeutschen Frauen deutlich emanzipierter:

»Mir ist wichtig gewesen die Erfahrung mit den Menschen hier im Osten, die SEHR gute sind, vor allem auch mit dem weiblichen Teil der Mitarbeiter, die hier eine glänzende Ausbildung haben, auch, ich möchte sagen, dass die Emanzipation der Frau hier vollzogen ist, obgleich man den Frauen das nicht anmerkt, sie sind feminin geblieben.

81 R13-Interview mit Dr. Volker Wiertel, 5.8.1992.
82 R46-Interview mit Simon Norden, 10.2.1993.
83 R43-Interview mit Dr. Steffen Gerhard/Kai Rumeck, 29.1.1993.
84 R49-Interview mit Josef Arnstein, 16.4.1993.

> Aber sie HABEN tatsächlich gleiche Rechte vollzogen, wie die Männer sie haben.«[85]

Den scharfen Kontrast zu diesen emanzipierten »Ostfrauen« markierte der Niederlassungsleiter mit einer persönlichen Anekdote. Er erzählte, wie er sich von seiner Frau verabschiedet habe, als er von der Zentrale zu seinem zukünftigen Arbeitsplatz aufzubrechen im Begriff war:

> »Ich habe dann am späten Nachmittag meine Frau wiedergetroffen, die ich eigentlich mitnehmen wollte am nächsten Tag nach Brandenburg, wir wollten dann auch das Wochenende noch dort verbringen. […] Aber ich habe meiner Frau gesagt, ›Mädchen, ich kann dich hier nicht gebrauchen, ab sofort nicht, und ich setze dich jetzt auf die Bahn, und du musst leider nach Hause fahren, ich muss morgen früh meine Arbeit anfangen, und ich werde auch keinen Sonnabend und Sonntag haben.‹ Und so ist es dann viele Monate gewesen.«[86]

Die Deutung der Geschlechterverhältnisse inner- wie außerhalb der Treuhand durch bundesdeutsche Führungskräfte betonte somit einerseits die ausgeprägte, oft konfliktträchtige Distanz zu den eigenen Frauen und Familien sowie dem früheren Privatleben. Andererseits umfasste sie die intensive Nähe zu den ostdeutschen Mitarbeiterinnen – die gelegentlich auch private Konsequenzen hatte, wie sie etwa Abteilungsleiter Josef Arnstein ansprach:

> »Und das hat eben auch damit zu tun, mit den Freundschaften und Beziehungen, die man in der Zeit der Treuhand aufgebaut hat. Ich weiß nicht, wie viele Ehen in der Treuhandanstalt entstanden sind. Aber ich bin sicher, ein ganzer Sack voll. Das wäre vielleicht mal witzig, das zu untersuchen.«[87]

Auf Rosts Gegenfrage, wie viele Ehen denn umgekehrt durch die Treuhand »gescheitert« seien, antwortete der einstige Abteilungsleiter entschieden: »Ich muss Ihnen sagen, ich glaube, dass die Anzahl der gescheiterten Ehen durch die Treuhandanstalt ungleich höher ist, wie die der Ehen, die durch die Treuhandanstalt entstanden sind.«[88]

Die besonderen Belastungen für die Familien der bundesdeutschen Führungskräfte beschäftigte auch Niederlassungsleiter Conrad Hopp, der sich zu Hause in München mit kritischen Nachfragen konfrontiert sah:

85 R25-Interview mit Oskar Hillberg, 13.10.1992.
86 Ebd.
87 R49-Interview mit Josef Arnstein, 16.4.1993.
88 Ebd.

> »DIE Intensität, auch der Emotionen, bis zu dem Punkt, dass natürlich das auch in die Familie reinschlägt, dass einen die eigenen Kinder fragen, Mensch, was MACHST du denn da eigentlich? Was MACHT ihr denn, das kann doch nicht ZUFÄLLIG sein, dass ihr jeden Tag in der Zeitung steht, so nahe am Kriminellen. Und das ist ja nicht so ganz einfach, wenn einen die eigenen Kinder das fragen. Und ja nicht völlig unberechtigt fragen [...].«[89]

Auch Branchendirektor Charles Volkmann ging auf die Auswirkungen ein, die der schlechte Leumund der Treuhand zu Hause haben konnte:

> »Aber wenn ich mal bedenke, wie man gleichzeitig dann beschimpft wurde von der Öffentlichkeit, dass man Treuhandmitarbeiter ist, dass die Frau Angst hat, das überhaupt irgendwo mal zu bekennen. Das sage ich Ihnen mal als eine Erfahrung, die Familie Angst hat, ÜBERHAUPT -- im Freundeskreis über Treuhand zu sprechen, weil das Image der Treuhandanstalt so katastrophal schlecht wurde.«[90]

Boris Hernholt, der sich bereits intensiv über die Frauenarbeitslosigkeit geäußert hatte, sprach an anderer Stelle mit großer Emphase davon, dass die Tätigkeit der Männer »hier an der Front« in der Treuhand nicht ohne die große Unterstützung durch die im Westen verbliebenen Frauen und Familien möglich gewesen wäre.[91] Eindringlich forderte er Rost auf, gerade dies stärker bei seinen Feldforschungen zu berücksichtigen, um so auch die privaten Belastungen nachvollziehen zu können, mit dem sich zahlreiche westdeutsche Führungskräfte an ihren Wochenenden in der Heimat konfrontiert sähen:

> »[Dass] das doch auch eine schwere Belastung gewesen ist, wenn Sie nach Hause kommen, und dann kriegen Sie Theater, die Ehen sind ja nicht alle so schön, wie man sich das im Bilderbuch vorstellt, da gibt es sowieso Probleme und die werden noch potenziert durch solche Aktivitäten. Ich habe [...] manchen Montag hier diskutiert mit meinen Leuten, wo die gesagt haben, das ganze Wochenende nur Theater gehabt, dann kamen die hierher und mussten hier wieder losschlagen.«[92]

Doch wie verorteten sich die Mitarbeiterinnen abseits derartiger medial verfasster oder männlicher Fremdzuschreibungen selbst? Diese Frage ist auf der Grundlage des überlieferten Quellenmaterials nur schwer zu beantworten. So liegen lediglich Gesprächsnotizen von zwei Interviews

89 R35-Interview mit Conrad Hopp, 7.1.1993.
90 R22-Interview mit Dr. Charles Volkmann/Benedikt Golland, 1.10.1992.
91 R15-Interview mit Dr. Boris Hernholt, 1.9.1992.
92 Ebd.

vor, die Dietmar Rost Anfang Januar 1993 mit zwei ostdeutschen Referentinnen geführt hatte, einer Juristin und einer Finanzökonomin. Diese Notizen lassen vermuten, dass in beiden Interviews keine geschlechterspezifischen Aspekte thematisiert wurden.[93]

In einer Reihe von mir 2012 geführten Zeitzeugeninterviews spielten diese Fragen dagegen eine wichtige Rolle. Eine bundesdeutsche Bankerin aus dem Westen Berlins war im April 1991 zur Treuhand gewechselt, weil sie sich im Westen allenfalls als »Quotenfrau« in einer Männerwelt behandelt gefühlt habe.[94] Obwohl ihr die Geschlechterverhältnisse in der Treuhand zunächst ausgeglichener vorgekommen waren, seien diese am Ende doch wieder sehr männerdominiert gewesen: »Und Frauen kamen da tatsächlich nur noch auf der Arbeitsebene vor.«[95]

Diesen Trend zu einer westdeutsch-männlichen »Führungsebene« und einer mehrheitlich ostdeutschen weiblichen »Arbeitsebene« führte die Gesprächspartnerin letztlich auf eine westlich-männliche Selbstdarstellungskunst und »Ellbogenmentalität« zurück: »Und alle die, die es nicht konnten, die sind dann eben irgendwann mal in den unteren Rängen abgeblieben.«[96] Auf die Frau an der Spitze war diese Mitarbeiterin nicht gut zu sprechen; Birgit Breuel erschien ihr vielmehr als Frau, die »in einer Männerdomäne eine gewisse Position erreicht hat. Sie ist mehr Mann als mancher Mann.«[97]

Mit zwanzig Jahren Distanz betrachtete diese Zeitzeugin ihr eigenes Engagement, das sie ursprünglich aufgenommen hatte, um sich aus ihrer beruflichen Sackgasse zu befreien, mit gemischten Gefühlen. Zumindest habe sie in der Treuhand eigene Spuren hinterlassen:

> »Ich hab mich insofern deutlich weiterentwickelt, weil so freihändig und so selbstständig hab ich nie wieder arbeiten können. Also, insofern könnte ich mir selber den Vorwurf machen: Ich hab zu wenig daraus gemacht. [Doch, M.B.] letztendlich, dass wir auch keine Arbeiterunruhen und – bis auf Bischofferode und ein paar andere – keine großen Demonstrationen […] hatten, das hing unter anderem – klopf ich mir auf die Schulter – mit meiner Arbeit zusammen.«[98]

Ebenfalls im Frühjahr 1991 war eine junge Juristin aus der westdeutschen Provinz zur Treuhand gewechselt, von der sie sich etwas »Neues, Un-

93 Protokollnotiz zu Gespräch #33 vom 5.1.1993, in: Privatarchiv D. Rost sowie Protokollnotiz zu Gespräch #34 vom 6.1.1993, in: Privatarchiv D. Rost.

94 B3-Interview mit Maria Breitfeld-Markowski, 8.2.2012.

95 Ebd.

96 Ebd.

97 Ebd.

98 Ebd.

gewöhnliches« versprochen habe; zugleich habe sie auch das »enorme Gehalt« angelockt. Dort erlebte sie eine »ganz intensive, arbeitsreiche Zeit«, die sie charakteristischerweise als »ein wahnsinniges Abenteuer« in der »DDR-Wüste« klassifizierte.[99] Ihr junges Alter und ihre Unerfahrenheit empfand sie nach mehr als zwei Jahrzehnten als »Glück«, weil sie so die von ihr betreuten Vorgänge abstrakt und distanziert habe behandeln können:

> »Wenn man eben Ende zwanzig ist, dann denkt man, naja, gut, wenn das Unternehmen eben zugemacht wird, dann müssen sie sich halt eine andere Stelle suchen. [...] Heute ist mir natürlich klar, dass diese Leute, die vierzig, fünfzig waren, die standen eben am Ende ihres Berufslebens und haben natürlich alle ums Überleben gekämpft.«[100]

Neben diesem generationellen Aspekt kam sie auch auf Geschlechterspezifisches zu sprechen, das sie jedoch damals kaum reflektiert habe. Anders als die Bankerin, die die maskuline Ausstrahlung der Präsidentin kritisierte, erschien gerade dies der Juristin als besonderer Vorzug:

> »[...] heute würde ich sagen, dass eine Frau an der Spitze dieser Organisation natürlich dazu geführt hat, dass auch meine Legitimation also klarerweise unangefochten war. [...] [D]amals war Frau Breuel, war ein Gott, also eine Göttin. Das war einfach ... Frau Breuel hatte ja eine unglaublich tiefe Stimme. Also hat sie immer noch, glaube ich. Und wahnsinnig entschieden. [...] Aber sie war für mich, also dadurch dass es sie gab ... boah, das ist so toll, das möchte ich auch mal irgendwann. Und insofern war sie ein Vorbild.«[101]

Sie selbst habe sich während ihrer Treuhand-Zeit nicht als Frau benachteiligt gefühlt; lediglich in Verhandlungen sei sie mit kompetitiven Verhaltensmustern älterer Männer konfrontiert gewesen:

> »Wenn ich als junge Frau in einer Verhandlung sitze und mein Gegner ist ein 45-jähriger Rechtsanwalt, erlebe ich natürlich, dass der versucht mich einzutopfen, schon weil er ja Erfolge erzielen will, nicht weil er jetzt frauenfeindlich ist, sondern weil er einfach sieht, das ist eine Möglichkeit, meine eigenen Dinge voranzutreiben.«[102]

Dennoch erschien der Juristin die Ansammlung junger westdeutscher Frauen, die sich insbesondere auf Referenten-Ebene einfanden, für die

99 B10-Interview mit Andrea Eggers, 12.11.2012.
100 Ebd.
101 Ebd.
102 Ebd.

Unternehmenslandschaft der frühen 1990er-Jahre bemerkenswert. Auf ostdeutsche Kolleginnen kam sie erst durch Nachfrage zu sprechen. Deren besonderes Verhältnis zu den deutlich älteren, westdeutschen Führungskräften habe sie damals aufgrund ihrer jugendlichen »Naivität« noch nicht beobachtet; erst viel später sei ihr dann der Begriff der »Turboninotschka« zugetragen wurden: »[Das] waren eben junge Ostfrauen, die angesetzt wurden auf Westmanager oder sich auf Westmanager konzentrierten oder so. Und das hat es mit Sicherheit gegeben. Aber ich hab's einfach nicht wahrgenommen.«[103] Diese Zuschreibung setzte sich fort:

> »[F]rau Breuel zum Beispiel war immer elegant, was ich sehr schätze, und hat eben auch optisch immer was dargestellt. Die hat immer den richtigen Schmuck, die hatte immer die richtigen Blusen und hat sich gerade gehalten und hatte halbhohe Schuhe an und Seidenstrümpfe und war einfach … war eine elegante Dame. Was Ostdeutschland ja leider sehr, sehr gefehlt hat und deswegen waren natürlich auch die ostdeutschen Frauen unter den westdeutschen Frauen eigentlich nicht satisfaktionsfähig, wenn man das so böse sagen darf.«[104]

Die unterschiedliche Garderobe markierte für die Juristin eine deutliche Grenze zwischen Ost und West, die sich innerhalb des eigenen Geschlechts schärfer abzeichnete als zwischen den Geschlechtern:

> »Also keine von uns hätte sich eben in ihren kühnsten Träumen so gekleidet. Und zwar nicht aus finanziellen Gründen, sondern aus geschmacklichen Gründen. Und keine von uns hätte Minirock … also Minirock angezogen oder so und das hat, glaube ich, zwischen ostdeutschen und westdeutschen Frauen viel größere Gräben geschlagen als zwischen den westdeutschen Frauen und den ostdeutschen Männern, die natürlich auch alle ihre schrecklichen, löchrigen Plastiksandalen anhatten. Aber irgendwie dachte man, na gut, ist ein Mann, das ist dem sowieso egal. Aber das hat bei den Frauen, glaube ich, doch noch irgendwas bewirkt.«[105]

Wie blickten demgegenüber ostdeutsche Mitarbeiterinnen auf ihr Engagement zurück? Auch hier bleiben die empirischen Ansatzpunkte vage. Beispielhaft sei eine ostdeutsche Historikerin erwähnt, die Mitte 1993 mit knapp vierzig Jahren zur Treuhand gewechselt war. 2012 reflektierte sie im Interview die damaligen Geschlechterbeziehungen innerhalb des Personals: »Also, ich habe mich nie irgendwie so in dieser typischen

103 Ebd.
104 Ebd.
105 Ebd.

Frauenrolle gesehen, sondern immer mit der vollen Akzeptanz, wenn ich irgendetwas brauchte und durchsetzen wollte, dann war das auch möglich.«[106] Allerdings sei sie aufgrund ihrer hohen Qualifikation (sie hatte in der DDR promoviert und sich habilitiert) und ihrer Position als Referentin »nicht so ganz typisch« für die Frauen vor allem auf den unteren Hierarchieebenen gewesen. Der Blick auf Birgit Breuel schien für sie nicht sonderlich wichtig, denn diese habe sie in erster Linie »im Fernsehen wahrgenommen«, wo sie ihr zwar als »sehr taffe Vertreterin der Treuhand«, aber keineswegs als (weibliches) Rollenmodell oder gar Identifikationsfigur erschienen sei. Letztlich habe sich ihr geschlechterspezifisches »Bewusstsein« erst später herausgebildet:

> »Für ostdeutsche Frauen war die Rolle als Frau viel selbstverständlicher und viel stärker selbstbehauptend auch im Arbeitsprozess. Und ich kenne das aus anderen Strukturen, dass immer darauf wertgelegt wurde: Ich bin Schneiderin! Ich bin Gärtnerin und nicht Gärtner. Das spielte für uns gar keine Rolle. Also wir sagten, ich bin Wirtschaftshistoriker und wir haben selbstverständlich gemeint, dass wir als Frau diesen Job oder diese Ausbildung haben.«[107]

Auf die Beziehungen zwischen westdeutschen Führungskräften und ostdeutschen Mitarbeiterinnen ging die Referentin indes nur knapp ein und thematisierte ein Frauenbild, das die westlichen Männer auf die Ostfrauen projiziert hätten: Diese hätten sich über das »Selbstbewusstsein« der ostdeutschen Kolleginnen gewundert, weil sie zuvor der »Meinung« gewesen seien, diese seien »unterdrückt« worden.[108]

Fasst man die verschiedenen Spuren zusammen, anhand derer sich die Geschlechterverhältnisse im Umfeld der Treuhand und ihres Personals nachverfolgen lassen, so bleibt schließlich doch vieles offen. Bereits die Zeitgenossen nahmen die hierarchischen Ungleichheiten zwischen den Geschlechtern deutlich wahr. Ähnlich wie in westdeutschen Behörden und Unternehmen dominierten in der Treuhandanstalt (westdeutsche) Männer die »Führungsebene« und (ostdeutsche) Frauen die »Arbeitsebene«. Während die zeitgenössischen Fremddeutungen durch die Führungskräfte gut greifbar sind, bleibt die Analyse der Gegenblicke vor allem der ostdeutschen Mitarbeiterinnen auf den unteren Hierarchiestufen weiterhin ein Desiderat.

Insgesamt blieb der Blick auf die Geschlechterdifferenzen innerhalb der Organisation aufs Engste verschränkt mit der Betrachtung ost-westlicher

106 B4-Interview mit Dr. Renate Schwärzel, 9.2.2012.
107 Ebd.
108 Ebd.

Asymmetrien. Doch während der Ost-West-Gegensatz ein aktiv bearbeitetes und allgemein anerkanntes Gesprächsthema war, traf dies auf die Geschlechterverhältnisse in dieser Form nicht zu. Doch gerade die ostdeutschen Mitarbeiterinnen erschienen als bedeutsame Projektionsfläche für ihre westdeutschen Vorgesetzten, weshalb sich entsprechende Reflexionen durch zahlreiche Gespräche zogen. In diesem Sinn erwies sich die Treuhandanstalt zwar offiziell als blind gegenüber derlei Unterschieden, zeigte sich aber in ihrem sozialen Innenleben keineswegs als taub im intensiven Austausch hierüber.

5.3 Sonder- oder Modellfall? Die Treuhand und das Ausland

Wie international waren die Treuhand und ihr Alltagsgeschäft, wie transnational war ihr Personal? Vor allem die erste Frage trieb zeitgenössisch nicht zuletzt auch die Treuhand-Spitze massiv um. Bereits Rohwedder hatte bei seinen ersten Auftritten den Willen bekundet, das beginnende Geschäft auch für internationale Investoren zu öffnen.[109] Seit der zweiten Hälfte des Jahres 1991 war die Treuhandanstalt verstärkt bemüht, möglichst viele Investoren aus dem westlichen Ausland in das forcierte Massenprivatisierungsgeschäft aktiv einzubeziehen. Die Spanne der Aktivitäten reichte von der organisationsinternen Ansiedlung in zwei Direktoraten (für »Investor Services« sowie »Internationale Beziehungen«), dem Aufbau eines internationalen Netzwerks an Repräsentanten in allen westlichen Industrieländern bis hin zur Einrichtung exklusiver Verbindungsbüros in Tokio (ab Oktober 1991) und New York (ab November 1991). Auch die gezielte Einschaltung renommierter US-Investmentbanken, zahlreiche Auslandstouren und Kongressbesuche führender Manager, oft bestritten von Birgit Breuel und Hero Brahms, sowie großformatige Image- und Anzeigenkampagnen in der internationalen Wirtschaftspresse gehörten bald zum Marketing.[110]

Im November 1991 verkündeten die *Treuhandanstalt Informationen*, die »weltweite Präsenz« der Treuhand durch ein »gezieltes Marketing« weiter zu intensivieren, denn die bisherigen Auslandsprivatisierungen (angegeben mit 176 von bis dato 1250 Privatisierungen) dürften »nicht darüber hinwegtäuschen, dass es noch ein großes Potential« gebe. Diese Zurückhaltung im Ausland lasse sich jedoch »schon häufig durch intensive, sachliche Informationen« überwinden. Das »Bild der Treuhand und

109 Vgl. die Passagen im vorherigen Kapitel auf S. 316 zur Geschäftspraxis unter Rohwedder seit dem Spätsommer 1990.

110 »Das internationale Kontaktnetz der Treuhand steht«, in: Treuhandanstalt Informationen, 9.12.1991.

ihrer Arbeit« sei in der internationalen Presselandschaft sowie in Ökonomen- und Unternehmerkreisen »vielfach noch verschwommen und durch Missverständnisse« geprägt; einige Zeitungen in den USA warnten sogar offen vor riskanten Geschäften in Ostdeutschland. Birgit Breuel, die im Juli 1991 auf einer Werbetour Japan besucht hatte, erklärte dort zwar in einer Ansprache vor Unternehmern in Tokio, dass »Wettbewerb« das »Geschäft« belebe, und auch auf ihrer einwöchigen Amerika-Reise im November 1991 forderte sie ein stärkeres Engagement des Auslands in Ostdeutschland ein. Doch trotz aller Bemühungen stiegen mit der »Entfernung von Europa« die »Hemmschwellen« möglicher Investoren an, aktiv »an diesem marktwirtschaftlichen Wettbewerb« teilzunehmen: »Die Spielregeln erscheinen einfach zu kompliziert. Sie müssen erläutert werden, und das möglichst vor Ort: schnell, unbürokratisch, unkompliziert und präzise.«[111]

Tatsächlich blieben die internationalen Perspektiven auf die Organisation während ihres Bestehens von Reserven und Irritationen geprägt. Vor allem die US-amerikanische und britische Wirtschaftspresse verfolgte das krisenhafte Geschehen und die ab 1991 offen zutage tretenden Ost-West-Spannungen mit Verwunderung. Im August 1991 berichtete die Londoner Financial Times über »the world's largest holding company«, welche bislang wenig getan habe »to smooth [the] way [for non-German investors], especially those without prior experience of Germany«.[112] Die New York Times schloss sich wenige Tage später diesem kritischen Urteil an: Obwohl der plötzliche Zusammenbruch des europäischen Kommunismus im Herbst 1989 zunächst ein »tremendous interest in eastern Germany among foreign investors« erzeugt habe, die die ehemalige DDR zunächst als »prime jumping point for business in central Europe« betrachtet hätten, sei der frühe Enthusiasmus inzwischen verflogen, wie die US-Zeitung mit Blick auf marode Infrastrukturen, undurchschaubare Bürokratien und westdeutsche Platzhirsche herausstrich: »Many foreigners found the bureaucracy an even greater barrier than the region's devastated infrastructure. And here is the belief that western Germans saved the best opportunities for themselves.«[113]

Der britische Economist gelangte im September 1991 zu einer ähnlichen Schlussfolgerung. Der von der Treuhand praktizierte »privatisation process« erscheine für die meisten Experten außerhalb Deutschlands durchweg als »opaque«; bei vielen ausländischen Investoren habe sich inzwi-

111 »Für ausländische Investoren zählen nur handfeste Informationen«, in: Treuhandanstalt Informationen, 5.11.1991.
112 »The heavy tread of the Treuhandanstalt«, in: Financial Times, 16.8.1991.
113 »In the East, a Treuhandanstalt Bureaucracy«, in: New York Times, 18.8.1991.

schen der Eindruck verfestigt, »a west German mafia is at work pushing what pearls there are to cronies back home«. Die Economist-Redakteure unterstellten den westdeutschen Interessenten »eingebaute« Startvorteile gegenüber möglichen ausländischen Wettbewerbern:

> »Clearly west Germans on the prowl in the east have in-built advantages over their foreign rivals: a common language, often historic links with the firms they are chasing, generally a better, though rarely complete, grasp of the legal hazards.«[114]

Wenn die Treuhandanstalt die bislang als zu gering erachtete Zahl an Auslandsverkäufen steigern wolle, müssten deren »top people« endlich persönlich ins Ausland reisen und dort für ihre Angebote werben. Nicht zuletzt auch die Unterbringung der Treuhand-Zentrale in »Goering's old Luftwaffe ministry«,[115] die gleich in mehreren Artikeln Erwähnung fand, schien die abweisende, düstere Grundhaltung der Organisation gegenüber ausländischen Investoren zu symbolisieren. Eingedenk dieser Hürden mochte es daher den zeitgenössischen, transatlantischen Meinungsbildnern auch kaum verwunderlich erscheinen, dass sich das Gros der westlichen Interessenten jenseits der ehemaligen DDR tummelte – in Polen, Ungarn oder der Tschechoslowakei.[116]

Als Birgit Breuel im Herbst 1991 ihre ausgedehnten Auslandstouren absolviert hatte, fokussierte sich die internationale Wirtschaftspresse schnell auf die Präsidentin, die der Leserschaft als deutsche Margaret Thatcher und staatsskeptische Anhängerin Milton Friedmans vorgestellt wurde. Zwar nahm man die ab Mitte 1991 intensivierten Bemühungen der Treuhand im Werben um ausländische Investoren durchaus wahr und bewertete auch deren Aktivitäten mit Blick auf die vielgestaltige Kritik innerhalb Deutschlands merklich positiver. Dennoch beherrschten ab 1992 auch in den internationalen Medien bevorzugt allgemeine wirtschaftliche Krisen in Ost- und Westeuropa, gehäufte Skandal- und Kriminalfälle sowie eine aufmerksam registrierte Fremden- und Ausländerfeindlichkeit im Osten die Wirtschaftsberichterstattung. Insbesondere der letztlich gescheiterte Übernahmeversuch von EKO durch den italienischen Riva-Stahlkonzern wurde außerhalb Deutschlands als eine Art Testfall verfolgt, inwiefern die Organisation ihre eigenen Grundsätze im Konflikt mit einem deutschen Großkonzern wie Thyssen auch ernst nehmen würde. Zwar blieb die Treuhand-Führung auch in den Folgejahren bemüht, den im Ausland schwelenden Verdacht zu zerstreuen, beim praktizierten Modell

114 »It's a long march from state control«, in: The Economist, 14.9.1991.

115 »Buy buy GDR«, in: Legal Business Magazine, 03/1992.

116 Vgl. dazu insg. Ther: Die neue Ordnung.

des deutsch-deutschen Wirtschaftsumbaus handle es sich, wie es in einer treuhandfinanzierten Werbebeilage vom Juli 1992 pointiert hieß, um eine »arcane art better left to Germans and insiders«[117]. Scheinbar hemmten jedoch auch weiterhin sprachliche Hürden die Internationalisierung des Alltagsgeschäfts. Hinzu kamen informelle Netzwerke zwischen erfahrenen Treuhand-Führungskräften und Industriemanagern innerhalb der »Deutschland AG«[118] sowie ein für Außenstehende schwer zu überschauender Massenprivatisierungsprozess.[119]

Vertraut man der finalen Abschlussbilanz der Treuhand und ihren Nachfolgeorganisationen, waren letztlich an lediglich sechs Prozent beziehungsweise 900 von über 15.000 Privatisierungen ausländische Investoren beteiligt. Diese gaben jedoch fast zehn Prozent aller Investitions- und Arbeitsplatzzusagen ab, was ein statistisches Indiz dafür war, dass es sich hierbei vor allem um größere Übernahmegeschäfte handelte. Nach Ländern geordnet bildeten insbesondere Investoren aus der Schweiz und Großbritannien mit jeweils rund 150 Übernahmen die Spitzengruppe, gefolgt von österreichischen und niederländischen Käufern mit jeweils 100 Privatisierungen. Auf eine Mittelgruppe von Inves-

117 »The Treuhand's Run-Up To Graceful Obsolescence«, in: International Herald Tribune, 7.7.1992.

118 Vgl. hierzu Ahrens, Ralf; Gehlen, Boris; Reckendrees, Alfred (Hg.): Die ›Deutschland AG‹. Historische Annäherungen an den bundesdeutschen Kapitalismus, Essen 2013; Berghahn, Volker R.; Vitols, Sigurt (Hg.): Gibt es einen deutschen Kapitalismus? Tradition und globale Perspektiven der sozialen Marktwirtschaft, Frankfurt a.M.u.a. 2006.

119 Siehe insg. dazu die amerikanische bzw. englische Berichterstattung zur Treuhand: »So much to do, so little time«, in: Financial Times, 9.4.1991; »Stirrings of life in the east«, in: Financial Times, 13.9.1991; »Autumn of discontent«, in: Financial Times, 24.10.1991; »Germany pitches its east to west«, in: Chicago Tribune, 16.11.1991; »East meets west, at a price«, in: The Australian, 29.11.1991; »The New Germany of Angst and Opportunity«, in: The Wall Street Journal, 15.7.1991; »What Do Treuhand, Wrestling on TV Have in Common?«, in: Wall Street Journal, 30.9.1991; »Facing Down Protests, Eastern Germany Goes Private«, in: New York Times, 3.11.1991; »The lasting legacy of the Treuhand«, in: Financial Times, 12.11.1992; »Head of Germany's Treuhand Steers Course Between Expediency and Economic Reality«, in: Wall Street Journal, 18./19.9.1992; »Dreams of privatisation«, in: Financial Times, 23.3.1993; »Morale suffers in the old east«, in: Financial Times, 30.4.1993; »Privatization Spells Problems in Germany«, in: International Herald Tribune, 12.7.1993; »The bungled sale of the century«, in: The European, 22.7.1993; »The Scandals at the Treuhand«, in: Newsweek, 26.7.1993; »Mixed Results for Treuhand«, in: International Herald Tribune, 16.9.1993; »Treuhand head administers a painfule cure«, in: Financial Times, 4.10.1993; »Fast and loose«, in: The Economist, 30.4.1994; »Sale of the century ends«, in: Financial Times, 4.5.1994.

toren aus Frankreich (90) und den USA (80) folgten schließlich knapp 40 italienische Übernahmen. Hierunter fanden sich einige große, oft recht spät mithilfe internationaler Investmentbanken arrangierte Privatisierungen, darunter die der MKM Mansfelder Kupfer und Messing GmbH an belgische Investoren oder der später in einen Skandal mündende Verkauf der Mitteldeutschen Erdöl-Raffinerien in Leuna nebst einem Teil des Minol-Tankstellen-Netzes an die französische Elf-Aquitaine.[120] Zumindest quantitativ zahlte sich die forcierte Strategie einer Internationalisierung des Massenprivatisierungsgeschäfts nur bedingt aus; trotz maßgeblicher Bemühungen, auch finanzstarke US-amerikanische und japanische Investoren für die ehemaligen DDR-Betriebe zu interessieren, erfolgte ein Großteil der ohnehin relativ überschaubaren Zahl an nichtdeutschen Übernahmen aus dem nahen, häufig deutschsprachigen oder westeuropäischen Ausland.

Bemerkenswerterweise interessierten sich die Zeitgenossen zwar für die Internationalisierung im praktischen Privatisierungsgeschäft – die weitergehende Frage aber, inwiefern auch das Treuhand-Personal inter- oder transnationale Züge aufwies, stellten sie sich allerdings noch kaum. Ausländische Mitarbeiter schien die Treuhand, zumindest in ihrer veröffentlichten Personalstatistik, nicht gesondert erfasst zu haben, und auch die Sozialwissenschaftler erhoben hierzu keine eigenen Daten in ihren Experteninterviews. Abermals waren es eher vereinzelte Medienberichte, die sich mit den »Ausländern« in Diensten der Organisation befassten. Gelegentlich verfassten diese die Berichte sogar selbst. So schilderte der junge US-amerikanische Journalist David S. Fondiller, der 1992 als Stipendiat für ein Jahr nach Berlin gereist war, in der Neuen Zeit sein dreimonatiges Praktikum in der Treuhand-Pressestelle, in der er »als erster Amerikaner« überhaupt tätig war, wie er mit Stolz hervorhob.[121]

Weitere Spuren ausländischen Engagements in der Treuhandanstalt fanden sich etwa in der Bild-Zeitung, die im Mai 1992 ihren Fotobericht über die jungen »Karriere-Frauen« mit einer 24-jährigen Juristin aus den USA in Szene gesetzt hatte.[122] Ferner tauchten zwei junge, ausländische Treuhand-Mitarbeiterinnen in der *MADAME*-Reportage aus dem November 1992 auf: Neben einer 37-jährigen Wirtschaftsprüferin aus Australien, die von einer internationalen Anwaltskanzlei gekommen war und sich nun mit der Bewertung von regionalen Betrieben beschäftigte, war es eine 24-jährige Juristin aus England, die Ende 1990, kurz nach Abschluss

120 BvS: Rückblick, S. 58.

121 »›Ich verspürte ein Gefühl von Neugeburt‹«, in: Neue Zeit, 10.8.1993.

122 »Die Frauen-Brigade der Treuhand. Ganz stark, nicht nur im Abwickeln«, in: Bild, 8.5.1992.

ihres Examens in London, von ihrem britischen Arbeitgeber für ein Jahr nach Dresden geschickt wurde. Diese »aparte Engländerin mit der dunklen Stimme« verglich ihre eigene Aufgabe bei der Unternehmenssanierung martialisch mit der eines Schlachtfeld-Chirurgen, der »ein brandiges Bein amputieren« müsse, »um den Körper zu retten«. Es sei für sie zwar »belastend«, dass von ihren »Entscheidungen« letztlich »das Schicksal vieler einzelner« abhänge. Dennoch erschien ihr das Treuhand-Engagement als wesentliche »Starthilfe für die spätere Karriere«, wobei sie sich »stolz« darüber zeigte, »dabeigewesen zu sein, zu erleben, wie Ost und West zusammenkommen«.[123]

Noch fokussierter hatte sich im November 1991 die *taz* in einer Sonderausgabe mit einer »internationalen Elite von Jungmanagern« befasst, die »bei der Privatisierung Hand anlegen« würde und dabei (neben einem »29-jährigen Fontainebleau-Absolvent[en] mit argentinischem Pass«) einige junge »Österreicher im Bauch der Treuhand« aufgespürt: Neben zwei jungen »Leihmanagern« Anfang 30, die von Wiener Finanzunternehmen für ein Jahr an die Treuhandanstalt entliehen wurden, stellte der Artikel eine 28-jährige Betriebswirtschaftlerin aus Wien vor, die als Assistentin des Berliner Niederlassungsleiters fungierte. Die »Bankierstochter« teile mit ihren anderen jungen Kollegen einen »ungebremsten Arbeitseifer«. In »den frühen Morgenstunden« eile sie direkt von ihrem Unter den Linden gelegenen Hotel zur Treuhandzentrale zu einem langen, intensiven Arbeitstag. »[I]n der Nacht« gönne sie sich dann »noch allenfalls einen Drink an der Hotelbar«, einem illustren »Treff für Geschäftsleute aus aller Welt«. Letztlich habe das »weltweit einmalige Experiment« eine ganze Reihe von ehrgeizigen jungen Ausländern »oftmals direkt von den Toren der diversen Eliteschulen« zur Treuhand gezogen, wie die *taz*-Reporterin schlussfolgerte. Dabei schien es gerade junge Österreicher als Berater, Leihmanager oder Festangestellte nach Berlin zu ziehen, die neben der Kenntnis der »gemeinsamen Sprache« obendrein, wie der Leiter der Deutschen Handelskammer in Wien erklärte, »bei den ehemaligen Ostdeutschen oft lieber gesehen seien als die Besserwessis«.[124]

Ein weiterer Vertreter des Auslands rückte häufiger ins Rampenlicht der Presse: das Verwaltungsratsmitglied André Leysen. Der belgische Industriemanager war bereits im Juli 1990 in das damals neu eingerichtete Aufsichtsgremium eingezogen. Als Mittsechziger konnte er da bereits auf eine langjährige Karriere als Antwerpener Reedereiunternehmer und Zeitungsmanager in den 1950er- und 1960er-Jahren sowie als »Sanierer« der angeschlagenen Agfa-Gevaert-Gruppe in den 1970er-Jahren zurück-

123 »Wunder dauern länger ...«, in: Madame, 11/1992, S. 124f.

124 »Österreicher im Bauch der Treuhand«, in: Tageszeitung, 9.11.1991.

blicken.[125] Schließlich war Leysen in den 1980er-Jahren in Aufsichtsräten der Benelux-Staaten (Philips, Hapag-Lloyd) präsent gewesen sowie als Mandatsträger auch in der bundesdeutschen Industrie (Bayer, BMW, Viag) bestens vernetzt.[126]

Letztlich war dieser altgediente belgische Industriemanager der Ausländer beziehungsweise »Europäer« in den Führungsgremien, wie auch in einem *Zeit*-Interview unter dem Titel »Ein Ausländer sieht Deutschland« vom Oktober 1991 deutlich wurde. Im Spannungsfeld von Ost und West verortete Leysen sich als »Bossi«, wie er ironisch erklärte, als »ein Belgier, der im Osten« wirke. Den Deutschen in Ost und West wollte er eine »gewisse Zeit der Nabelschau« nach dem »gewaltige[n] nationale[n] Ereignis« der Wiedervereinigung zugestanden wissen, riet diesen aber zu mehr Realismus und Ruhe (»Macht mal Pause!«). Bezüglich der »roten Socken« bei der Treuhand solle man sich ein Beispiel am »spanischen Weg nach der Franco-Zeit« nehmen, wo man nur die unmittelbar »Schuldigen zur Verantwortung« gezogen habe: »Der Rest ist Vergangenheit, und über die Mitläufer soll man schweigen.« Die von ihm mitbeaufsichtigte Organisation – »und das kann ich als Ausländer besser sagen als ein Deutscher« – befinde sich »im Schnittpunkt aller gesellschaftlichen Spannungen«: Angegriffen von den ordnungspolitischen »Hüter[n] der reinen ökonomischen Lehre«, den »Ostdeutschen«, dem »Finanzministerium« sowie den »Westdeutschen« beschrieb er die Treuhand als »Prügelknabe der Nation«. Ihre pragmatische Alltagspraxis schien ihm jedoch gänzlich fern der ökonomischen »Ideologien«. Es habe vielmehr »die Stunde des gesunden Menschenverstandes« geschlagen, in der man versuche, »frei aller Theorie die richtigen Entscheidungen zu treffen«. Einen eigenen Blick auf die ostdeutsche »Angst«, ihre Heimat würde zu einer »verlängerten Werkbank von Westdeutschland«, verknüpfte Leysen mit einem ins Positive gewendeten Begriff der »Kolonisierung«:

> »[D]as wird man mit einem hässlichen Wort umschreiben: Wird Ostdeutschland durch Westdeutschland kolonisiert? Natürlich wird es kolonisiert. Aber: Was ist daran verkehrt? Belgien ist in diesem Sinne auch vollkommen kolonisiert. Finanziell überwiegen die französischen Einflüsse, industriell sind es deutsche, skandinavische, holländische Interessen. Aber wir leben sehr glücklich damit.«[127]

125 Leysen, André: Krisen sind Herausforderungen, Herford 1988.

126 Eintrag »Leysen, André«, in: Munzinger Online/Personen – Internationales Biographisches Archiv, URL: http://www.munzinger.de/document/00000017506 (abgerufen von Stadtbücherei Bochum am 18.10.2015).

127 »›Macht mal Pause!‹«, in: Die Zeit, 25.10.1991.

Gab sich der belgische Industrielle im Jahr 1991 öffentlich als eine Art neutraler Mittler zwischen Ost und West im nationalen Getümmel der Wiedervereinigung, blickte Leysen mit knapp anderthalb Jahrzehnten Distanz anlässlich einer Ringvorlesung in Berlin im Jahr 2003 noch einmal ausführlich auf sein Engagement zurück. Über 80 Mal sei er als Mitglied des Aufsichtsrats zwischen 1990 und 1994 zu Sitzungs- und Vorbereitungsterminen nach Berlin gereist; seine Erfahrungen aus der Praxis umschrieb er mit einer maschinellen Metaphorik:

> »Bei der Treuhand wiederum fühlte man sich gelegentlich wie jemand, dem aufgetragen worden war, eine Schalttafel, an der alle Drähte durchgeschnitten waren, im Dunkeln und ohne Anleitung zu reparieren – wobei dem Betreffenden, wenn er nicht schnell genug vorankam, ständig Tritte unter die Gürtellinie verpasst wurden.«[128]

Bereits im September 1990 habe Rohwedder intern gemahnt, »gegenüber dem Ausland, gegenüber der Europäischen Kommission [...] auf eine Durchsichtigkeit und Nachvollziehbarkeit unserer Arbeit besonderen Wert zu legen«; die Treuhand sollte demnach auch eine bedeutende »internationale Rolle« spielen und den engen Kontakt mit »ausländischen Firmen« suchen. Zu diesem Zeitpunkt habe man anvisiert, wie Leysen zurückblickte, »10-15% der Privatisierungsvorhaben« mit nicht-deutschen Investoren zu realisieren.[129] Leysens Fazit fiel in diesem Punkt, wie auch allgemein, positiv aus – immerhin habe man die gesetzte Zielmarke »nahezu« erreichen und einige Großprivatisierungen von Leuna (an Elf Aquitaine), Buna (an Down Chemical) oder EKO (an Cockerill) mit ausländischen Firmen realisieren können.[130] Schließlich deutete er seinen Einsatz auch als generationelles Projekt und persönliches Engagement für die europäische Einigung:

> »Ich war immer der Auffassung, dass meine Generation, die sich noch an die Schrecken des Krieges erinnert, die historische Aufgabe hat, die Einheit Europas nicht aus den Augen zu verlieren und sich persönlich zu engagieren. Nach der Wiedervereinigung ist der Weg für eine Einigung von Ost und West frei. Die Treuhand hat durch ihre Arbeit an einer neuralgischen Stelle in einem entscheidenden Augenblick des Übergangs einen wesentlichen Beitrag geleistet.«[131]

128 Leyen, André: Ein Europäer im Verwaltungsrat der Treuhand, in: Breuel, Birgit; Burda, Michael (Hg.): Ohne historisches Vorbild. Die Treuhandanstalt 1990 bis 1994. Eine kritische Würdigung, Berlin 2005, S. 48-58, hier S. 53.

129 Ebd., S. 54.

130 Ebd., S. 56.

131 Ebd., S. 57.

Dem Belgier als einzigem »Nicht-Deutschen« in den immerhin fast drei Dutzend Personen umfassenden Spitzengremien kam damit eine Sonderrolle zu: Er repräsentierte als erfahrener Industriemanager und Mandatsträger »das« Ausland gegenüber der Treuhand sowie umgekehrt die Treuhand gegenüber »dem« Ausland beziehungsweise Westeuropa.

Letztlich lässt sich der »Grad« der Internationalisierung des Treuhand-Geschäfts und seines Personals außerhalb internationaler Marketing-Bemühungen oder verstreuter Presseberichte über junge Nachwuchskräfte aus dem Ausland bislang nur schwer abschätzen. Davon unberührt bleibt jedoch die Frage, wie die Mitarbeiter selbst in den Befragungen über das jeweilige Verhältnis der Organisation zum Ausland nachdachten. Wie bereits gezeigt, strichen einige von ihnen die außerhalb Westdeutschlands gelegenen Stationen ihrer Berufsbiografien besonders heraus und hoben dabei gerade auch auf die USA und die dortige »Managementkultur« ab: Niederlassungsleiter Conrad Hopp etwa erzählte, dass er nach seiner als »Besatzungsübernahme« empfundenen Ankunft im Herbst 1990 bewusst versucht habe, Vorbehalte seiner Mitarbeiter abzubauen, indem er einen lockeren, von seinem Erfahrungshintergrund »mit amerikanischen Firmen« inspirierten Umgang pflegte.[132] Exemplarisch wurden zudem Engagements in Japan, in Brasilien oder Arabien als Stationen erwähnt – eine international ausgerichtete Laufbahn erschien zahlreichen Gesprächsteilnehmern als klarer Vorzug im exotisch wie konfliktbehaftet empfundenem Alltag einer fremd erscheinenden Umbruchs- und Übergangsgesellschaft.[133]

Schien in diesen zeitgenössischen Gesprächen die »Internationalität« eine berufsbiografisch hergeleitete Transferleistung einzelner Manager zu sein, finden sich in den Protokollen auch verstreute Hinweise über meist sehr außergewöhnliche und junge ausländische Mitarbeiter. Auf sie wies etwa Abteilungsleiter Josef Arnstein hin: »[W]ir haben ja sehr viele Ausländer gehabt, sehr viele Engländer, sehr viele Franzosen, sehr viele Schweizer, die bei uns gearbeitet haben, das finde ich eine gute Sache, weil es eine übergreifende [Angelegenheit, M.B.] ist.«[134]

Auch andere Direktoren erwähnten ausländische Treuhand-Mitarbeiter. Steffen Gerhard hob die von ihm praktizierte Rekrutierung von »Ausländern« für sein Direktorat hervor und betonte, dass die ostdeutschen Mitarbeiter keine Probleme gehabt hätten, auf diese zuzugehen: »Also vor einem Amerikaner schrecken die nicht zurück und vor Franzosen auch

132 R35-Interview mit Conrad Hopp, 7.1.1993.

133 R20-Interview mit Dr. Herbert Peters, 18.9.1992; R23-Interview mit Dr. Dieter Maltritz, 5.10.1992; R49-Interview mit Josef Arnstein, 16.4.1993.

134 R49-Interview mit Josef Arnstein, 16.4.1993.

nicht.«[135] Direktor Charles Volkmann legte besonderen Wert darauf, bewusst einige Ausländer in seinen Bereich eingesetzt zu haben:

> »Wir haben uns nicht nur darum bemüht, Ossi-Wessi-Verstand, [...] sondern auch sprachliche Kompetenz hier einzukaufen. Wir haben also eine junge Japanerin hier, [eine] ehemalige Bayermitarbeiterin in Japan. Es hatte sich bis dorthin rumgesprochen, dass das hier ganz interessant ist zu arbeiten.«[136]

Besonders begeistert sprach er über einen jungen französischen Mitarbeiter, der sich dazu entschlossen hatte, bei der Wiedervereinigung zu assistieren. Gemeinsam mit Kai Rumeck pries er ihn als ein französisches »Wunderkind«. In dieser Schilderung erschien der französische Mitarbeiter als eine exotische Ausnahmeerscheinung, womit deutlich wurde, dass die Beschäftigung von »Ausländern« bei der Treuhand letztlich doch eine Ausnahme blieb.[137]

Interessanterweise beschränkten sich derlei Auslandsbezüge in aller Regel auf Westeuropa oder die USA. Mögliche osteuropäische Investoren oder Mitarbeiter spielten keinerlei Rolle, ganz im Gegenteil: Die postsozialistischen Transformationsstaaten wurden vielmehr als ein Objekt, ein Raum begriffen, wohin man das bei der Treuhand generierte Fachwissen und Personal künftig transferieren wollte. Der Vorstand hatte diesen Kurs bereits im März 1992 eingeschlagen. Auf einem groß angelegten Kongress »Privatisieren. Miteinander in die Soziale Marktwirtschaft« versammelten sich in Berlin vom 25. bis 27. März 1992 über 300 Teilnehmer aus 26 Ländern des ehemaligen Ostblocks. Breuel hatte für die Großveranstaltung die Losung ausgegeben, die Treuhand könne zwar aufgrund unterschiedlicher regionaler, rechtlicher, politischer und sozialer Rahmenbedingungen kein universelles »Modell« oder einen »Masterplan« anbieten. Dennoch wolle man künftig das beim praktischen Umbau der DDR-Planwirtschaft »entwickelte technische Handwerkszeug«, das erworbene »Managementwissen« sowie das erfahrene Personal selbst für die Beratung im Rahmen einer »kleinen Beratungs-GmbH« bereitstellen. Letztlich führe am eingeschlagenen Privatisierungspfad auch in Osteuropa kein Weg vorbei: »[E]s gibt keine Alternative zur Privatisierung. Jeder andere Weg führt ins Chaos – das ist unser Credo.«[138]

135 R43-Interview mit Dr. Steffen Gerhard/Kai Rumeck, 29.1.1993.

136 R22-Interview mit Dr. Charles Volkmann/Benedikt Golland, 1.10.1992.

137 Ebd.

138 Pressemitteilung: Treuhand know-how für Osteuropa, 9.3.1992, in: Treuhandanstalt: Medienarchiv; »Treuhand verstärkt Osteuropa-Engagement«, in: Leipziger Volkszeitung, 15.9.1992; vgl. dazu im Überblick: »Die Treuhand bietet Osteuropäern Hilfe an«, in: Frankfurter Allgemeine Zeitung, 10.3.1992; »Treu-

Die im Nachgang des Kongresses gegründete »Treuhand Osteuropa Beratungsgesellschaft« (TOB) gewann im Laufe des Sommers 1992 zunehmend an Konturen. Besetzt mit einem halben Dutzend soeben ausgeschiedener Führungskräfte konnte die neue Treuhand-Tochter zügig drei größere Beratungsverträge mit osteuropäischen Regierungen akquirieren: In Russland beriet man die Regierung bei der Privatisierung des kommunalen Einzelhandel- und Transportwesens in den Großregionen von Moskau und St. Petersburg;[139] in Estland und Lettland bereitete man gemeinsam mit den Regierungen die Gründung landeseigener »Treuhandanstalten« vor;[140] die ungarische Regierung unterstützte man bei der Erstellung eines Strukturkonzepts für die Privatisierung der staatlichen Chemie- und Pharma-Industrie.[141] Auch die bulgarische Regierung schloss im Februar 1993 einen Beratervertrag mit der TOB zum Aufbau einer eigenen Privatisierungsgesellschaft ab. Bis Ende 1993 waren schließlich bis zu 80 Berater, allesamt ehemalige Treuhand-Manager, als »Koordinatoren« in über 30 »Pilotprojekten« in zehn osteuropäischen Ländern aktiv, was freilich bald auch Kritik etwa durch den Bundesrechnungshof auslöste, der die wachsenden Ausgaben der Tochtergesellschaft kritisierte. Dass die TOB im Juli 1994 an eine Berliner Bank und eine Wirtschaftsprüfungsgesellschaft verkauft wurde, ist als Relikt der vom Vorstand ursprünglich angestrebten Selbstauflösung durch Privatisierung zu verstehen.[142]

hand kein Modell für Osteuropa«, in: Berliner Zeitung, 10.3.1992; »Treuhand gibt Erfahrungen weiter«, in: Neue Zeit, 10.3.1992; »Neue Bundesländer sind kein Modell für die Privatisierung in Osteuropa«, in: Handelsblatt, 10.3.1992; »Treuhand und Wirtschaft wollen Osteuropa helfen«, in: Frankfurter Rundschau, 10.3.1992; »Osteuropäer sollen von den Erfahrungen der Treuhand profitieren«, in: Frankfurter Allgemeine Zeitung, 27.3.1992; »Die Deutschen schicken Geld, die Amerikaner technische Hilfe«, in: Frankfurter Allgemeine Zeitung, 26.3.1993.

139 »Handelsprivatisierung um Moskau erfolgreich«, in: Tagesspiegel, 25.6.1993.

140 »Treuhand steht Pate für Umbau in Osteuropa«, in: Berliner Zeitung, 15.9.1992.

141 »Treuhandanstalt baut auf Osteuropa«, in: Süddeutsche Zeitung, 21.9.1992; »Treuhand-Agentur für Osteuropa kommt in Fahrt«, in: Tagesspiegel, 9.10.1992; »Treuhand-Wissen in Osteuropa sehr gefragt«, in: Frankfurter Allgemeine Zeitung, 9.10.1992; »Bulgarien will Staatsbetriebe nach Treuhandmodell privatisieren«, in: Frankfurter Allgemeine Zeitung, 15.2.1993.

142 Vgl. hierzu auch die Ausführungen zur Selbstauflösung der Treuhandanstalt im vorherigen Kapitel auf S. 504; »Rekrutierung hat Vorrang«, in: Handelsblatt, 26.11.1993; »Treuhand trennt sich von der Osteuropa-Beratung«, in: Tagesspiegel, 9.4.1994; »Beratungsgesellschaft für Osteuropa wird verkauft«, in: Neue Zeit, 9.4.1994; »Ost-Beratung der Treuhand bald privatisiert«, in: Frankfurter Allgemeine Zeitung, 10.6.1994; »TOB hofft auf Top-Geschäfte«, in: Thüringer Allgemeine, 19.7.1994.

Blendet man zurück auf die Ebene individueller Wahrnehmungen, ergibt sich ein prägnantes Grundmuster: Während im atlantischen Westen Investoren, vorbildliche »Managementstile« oder exotische »Wunderkinder« beheimatet gewesen seien, wurde der europäische Osten hingegen als postsozialistischer Raum wahrgenommen, wohin die Treuhand-Spitze ihr »Knowhow« sowie ihre Privatisierungsexperten zu exportieren gedachte. Gerade diese möglichen Transfers nach Osten waren ein zentrales Thema in den 1992/93 aufgezeichneten Interviews. So enthielt Rosts Leitfaden einen Abschnitt, der sich mit der Übertragbarkeit des »Treuhand-Modells« nicht nur nach Osteuropa, sondern auch in andere Länder rund um den Globus befasste. Die Mitarbeiter diskutierten die nationale Spezifik des Modells und dessen internationale Kompatibilität äußerst kontrovers.

Unter den Interviewpartnern fand sich im Spätsommer 1992 nicht grundlos eine der ersten Führungskräfte der soeben neugegründeten TOB, Heinrich Voss, mit dem Rost im August 1992 sprach. Voss berichtete zu Beginn sehr ausführlich über die gehäuften Anfragen aus dem »Ostblock«, wie er diese Länder nach wie vor bezeichnete:

> »[W]ir haben gesagt, also warum eigentlich tragen wir das, was wir hier lernen, und das haben wir ja nun alle mit einem bisschen Herzblut gelernt, nicht weiter in den Ostblock. Die Probleme sind nahezu identisch. Die haben die gleichen Wirtschaftsstrukturen, wie wir sie hier vorgefunden haben, und sie wollen alle in die gleiche Richtung, sie wollen Marktwirtschaft. Und wie man das macht, wissen wir doch heute.«[143]

In dem Ziel, die praktische Arbeit der Treuhand nach »Osten« auszuweiten, wusste er sich auch mit Rohwedder einig, den er zitierte: »›Das Letzte, was wir verkaufen, bevor wir hier das Licht ausmachen, ist die Treuhand an Herrn Gorbatchov.‹«[144] Voss war seit Mitte des Jahres 1992 für die TOB in Osteuropa unterwegs. Ihm sei es dabei darum gegangen, bei der Treuhand erworbene Wissensbestände und Techniken vor Ort zu adaptieren:

> »Und seither düse ich durch die Weltgeschichte, wir haben also – praktisch aus jedem osteuropäischen Land MEHRERE, mehrfache Anfragen, nach Hilfe und technischer Leistung, und was weiß ich, und diese ganzen Fäden, die locker runterhängen, die muss ich jetzt knüpfen, mit meinem Kollegen zusammen. […]. Es sieht eben, trotz des GRUNDsätzlichen Transformationsschrittes, den alle gehen wollen, in jedem Lande immer noch ein bisschen anders aus. […] [Da] sind wir eben he-

143 R2-Interview mit Heinrich Voss, 22.7.1992.
144 Ebd.

> rausgefordert, mit unserer Intelligenz aus dem Knowhow, was wir hier erworben haben, so viele unterschiedliche Instrumente zu formen.«[145]

Häufig stünden er und seine Kollegen vor ungeklärten politischen Kompetenzverhältnissen: »[W]er soll denn nun eigentlich sozusagen die Präferenz haben, wer soll die Verantwortung übernehmen, wer MACHT es denn? Macht es nun die Regierung, macht es der Fonds, wer steuert wen.« Insbesondere die in der GUS vereinten ehemaligen Sowjetrepubliken erschienen demnach als bevorzugte Beratungsobjekte beim Wirtschaftsumbau. Doch gerade die dortigen Politiker und Unternehmer erwiesen sich für Voss als ausgesprochen unverständig, da sie »keinerlei Erfahrungen, auch keine rudimentären, mit Marktwirtschaft oder überhaupt mit irgendeiner anderen Art von wirtschaftlicher Ordnung« besessen hätten.[146]

Wie schon Rohwedder im Frühjahr 1991, konstatierte auch Voss ein gravierendes kulturelles Anpassungsproblem; für eine grundlegende Akzeptanz dieser neuen marktwirtschaftlichen Ordnungsmodelle bedürfe es eines längerfristigen, kulturellen Lernprozesses, bei dem es auch darum gehe, grundlegende Wertvorstellungen der Marktwirtschaft zu übernehmen: »Nämlich Neid, Missgunst und Ehrgeiz und Egoismus, [...] indem man sozusagen das zum Guten wendet und einen Output für die Gesellschaft dabei erzielt, den keine andere Gesellschaftsform zustande bringt.«[147] Voss sah die Treuhand zugleich in der Verantwortung für die künftige politische Entwicklung dieser Länder:

> »Nur, ob wir also, sagen wir mal, Demokratien und Marktwirtschaften nach unseren Mustern sich dort entwickeln sehen, wird zwar zum Teil auch von unserer Beratung abhängen, aber bei weitem nicht alleine. Sondern das wird ganz entscheidend davon abhängen, wie die die VERWERFUNGEN dieses Prozesses politisch auffangen können, oder ob sie es nicht können. Das ist also für MICH das Problem.«[148]

Ganz im Gegensatz zu Voss hatten jedoch die meisten anderen Gesprächsteilnehmer keine umfassende Praxiserfahrung mit Transfers nach Osteuropa. Dennoch dachten zahlreiche Interviewpartner ausführlich über die Spezifik des eigenen »Falls« nach. Einige waren überzeugt, dass man viele konkrete Erfahrungen in den postsozialistischen Wirtschaftsumbau einspeisen könne. Der Referent und frühere DDR-Spitzenfunktionär Karl Korn erachtete einen solchen Transfer sogar für dringend geboten: »Damit will ich nicht sagen, dass wir alles richtig gemacht ha-

145 Ebd.
146 Ebd.
147 Ebd.
148 Ebd.

ben, und aber auch nicht sagen, dass alles unbesehen übergestülpt werden kann.« Man müsse aber, wie der frühere Nomenklaturkader aus langjähriger Erfahrung heraus betonte, sensibel insbesondere mit potenziellen Partnern in Russland umgehen: »Man muss ihnen raten. Aber sie dürfen nie das Gefühl kriegen, ist meine Auffassung, gerade bei den Russen weiß ich es, sie dürfen nie das Gefühl kriegen, dass Sie ihnen da irgendwie was unterschieben wollen.«[149]

Direktor Bruno Homm konnte sich eine Übertragung »bestimmter Erfahrungen« in puncto Privatisierung gut vorstellen und begrüßte daher den Ansatz der TOB.[150] Demgegenüber trieb ihn vor dem Hintergrund der eigenen Erfahrungen die Frage nach dem Verhältnis zur Politik um:

> »Da ist natürlich immer die Frage, wer ist stärker, der Politiker oder der Operative? Ist der Politiker stärker, wird es schwierig, ist der Operative stärker ... Überzeugen können dann meines Erachtens NUR gute Konzepte, gute Überlegungen, und das, glaube ich, würde so eine Gesellschaft [wie die TOB, M.B.] sicher bringen und schaffen.«[151]

Direktor Matthias Erben brach ebenso eine Lanze für ein ausgedehntes Osteuropa-Engagement. Dieses verstand er aber vor allem als wirtschaftlich ausgerichtetes Beratungsunternehmen: »Die [Mitarbeiter der TOB, M.B.] sollen Geld verdienen, die sollen hingehen und ihre Beratungstätigkeit vermarkten, damit natürlich Hilfestellung leisten für die, die noch dümmer sind als in der DDR.«[152]

Doch bei Weitem nicht alle interviewten Mitarbeiter teilten die Euphorie und schreckten merklich vor allzu optimistischen osteuropäischen Projektionen zurück. So verwies Abteilungsleiter Simon Cunau auf die »völlig unterschiedliche[n] Systeme«, sodass es fragwürdig sei, ob eine Adaption wirklich gelinge. Das Treuhandmodell verstand er so als eine Option an »einem Marktstand [...], oder einem Markt, wo man sich an einzelnen Ständen bedient«, wobei er zu bedenken gab, dass man »als Deutsche und [mit] unserer Vergangenheit« das eigene Modell nicht blindlings oder gar missionarisch auf Osteuropa übertragen dürfe.[153]

Weniger vergangenheitspolitisch als pragmatisch begründete Direktor Dieter Geppert seine Skepsis gegenüber der Übertragung des Treuhand-Modells, wie er am russischen Beispiel erläuterte: »Unser Modell [kann man] natürlich nicht einfach überstülpen, das geht überhaupt nicht, weil ja

149 R16-Interview mit Karl Korn, 4.9.1992.
150 R37-Interview mit Bruno Homm, 12.1.1993.
151 Ebd.
152 R39-Interview mit Dr. Matthias Erben, 19.1.1993.
153 R30-Interview mit Simon Cunau, 21.12.1992.

auch da die Voraussetzungen anders sind – dort zu arbeiten.« So verwies er etwa auf die bundesdeutsche Rechtsordnung, die 1990 direkt auf die DDR übertragen wurde. Zudem konkurriere man in Osteuropa mit anderen westlichen Beratern. Geppert schloss ein weiteres Ost-Engagement für sich aus: »Ich traue es mir also nicht zu, und zwar deswegen nicht, weil ich die Rechtsnormen nicht für ausreichend sicher halte und nicht weiß, wie schnell sich das ändert.«[154] Einen anderen Hinderungsgrund benannte Niederlassungsleiter Oskar Hillberg: »Das kann ich keinesfalls, weil ich mein Umfeld nur gehörig durchschauen kann, wenn ich der Sprache mächtig bin.«[155]

Die bisher zitierten Stimmen gingen zwar allesamt nicht von einer direkten Übertragbarkeit des Treuhand-Modells nach Osteuropa aus und warnten vor verschiedenen rechtlichen, politischen, sprachlichen, kulturellen wie ökonomischen Fallstricken. Doch teilten sie im Grunde die Auffassung, dass aus dem Fundus der Erfahrungen bestimmte Wissensbestände, Techniken oder Instrumente destilliert werden könnten, die, vermittelt durch qualifizierte Experten, bei anderen Transformationsprozessen zum Einsatz gelangen könnten. Diesen Optimismus teilten jedoch nicht alle Interviewpartner. Einer größeren Gruppe erschien das deutsche Modell vielmehr als hochspezifischer, voraussetzungsreicher nationaler Sonderweg. Der langjährige Bundesbeamte und Abteilungsleiter Siegfried Hambach sprach sich offen gegen eine Übertragung aus:

> »[Wir] dürfen keine GLEICHschaltung in dem Sinne machen. Man muss sehen, die DDR wurde entlassen in einen absolut offenen Markt, der heißt nicht nur Bundesrepublik, sondern heißt EG und damit auch Weltmarkt, ohne eigene Währung. Das heißt, die Privatisierung vollzog sich ja unter ganz anderen ökonomischen Rahmenbedingungen, als sie sich vollzieht in Tschechoslowakei oder Ungarn oder sonst wo.«[156]

In diesen Fällen plädierte Hambach für graduelle Abschirmungsmaßnahmen, die der DDR aufgrund der Währungs- und Wirtschaftsunion im Juli 1990 nicht zur Verfügung gestanden hätten.[157] Vor allem aber müsse man die dortigen Privatisierungsprozesse stärker vorausplanen »und sie möglicherweise SIMPLER [...] machen, die ganze Privatisierung«.[158]

Der für Arbeitsmarktpolitik zuständige Direktor Gerhard Pander argumentierte ähnlich. Er habe die regelmäßig bei ihm vorstellig werdenden De-

154 R38-Interview mit Dieter Geppert, 16.1.1993.

155 R25-Interview mit Oskar Hillberg, 13.10.1992.

156 R36-Interview mit Siegfried Hambach, 11.1.1993.

157 Ebd.

158 Ebd.

legationen aus Osteuropa vor der Vorstellung gewarnt, ein Modell einfach übernehmen zu wollen. Das bundesdeutsche Arrangement aus wirtschaftlichem Radikalumbau und sozialpolitischer Abfederung[159] erschien ihm als ungeeignet, da es für diese Länder gar nicht finanzierbar sei: »Denn all das, was wir hier gemacht haben, kostet ja auch Geld.« Man müsse den Osteuropäern jedoch verdeutlichen, dass man die staatseigenen Unternehmen in Zukunft nicht mehr als sozialpolitische Versorgungseinrichtungen zu betrachten habe und Politik und Wirtschaft scharf voneinander trennen müsse.[160] Ähnlich grundlegende Zweifel an einer Übertragbarkeit des Treuhand-Modells hegte auch Direktor Stephan Erhard. Er betonte, dass sich die in Osteuropa praktizierten Anteilsschein-Privatisierungen beträchtlich von dem von der Treuhandanstalt entwickelten Verfahren unterschieden:

> »Privatisierung ist [dort] in sehr viel stärkerem Maße eine heilige Kuh, als das bei uns der Fall ist. [...] Aus meiner Sicht wird den Völkern da Sand in die Augen gestreut, wenn hier Coupons verteilt werden. Damit ändert sich in den Betrieben ÜBERHAUPT NICHTS. GAR NICHTS. GAR NICHTS. Und das sehe ich, muss ich sagen, mit einer gewissen Sorge, dass man hier eine Privatisierung unter, ja, ich würde beinahe sagen, dass hier Privatisierung als Etikettenschwindel läuft.«[161]

Doch brachten die Skeptiker unter den Treuhand-Mitarbeitern nicht alleine ökonomische oder strukturelle Hinderungsgründe gegen eine Übertragung des »Knowhows« in Anschlag. Immer wieder wurden die Spezifika des deutschen Falls hervorgehoben und die Übertragbarkeit des Treuhand-Modells grundsätzlich bezweifelt. So gab etwa der frühere Nomenklatur-Kader und Referent Kurt Horten zu Protokoll: »Es gibt kein zweites ehemals geteiltes Land in Europa. [...]. Also die Besonderheit kann man sowieso nicht transformieren.« Neben den sozioökonomischen Faktoren waren für Korn gerade auch wirtschaftskulturelle Differenzen ein wesentliches Ausschlusskriterium:

> »Hinzu kommt ja auch die Mentalität der Menschen. Die Mentalität der Tschechen und Slowaken ist noch in etwa zu vergleichen – in ETWA – oder kommt der deutschen am nächsten, aus meiner Sicht. Polen ist schon wieder anders gelagert, und ganz anders gelagert Rumänien, Ungarn, und GANZ eigene Gesetze, also wie man das anstellen will in der ehemaligen SU, das weiß ich sowieso nicht.«[162]

159 Vgl. dazu auch Ritter: Preis der Einheit.
160 R32-Interview mit Gerhard Pander, 22.12.1992.
161 R4-Interview mit Dr. Stephan Erhard, 27.7.1992.
162 R31-Interview mit Kurt Horten, 21.12.1992.

Diesem Urteil schloss sich der ostdeutsche Abteilungsleiter Richard Rauenau verhalten an. Erst nach deutlicher Ermutigung erläuterte er:

> »Das ist eine Kulturfrage. Ich kenne viele Textilbetriebe, wenn man in einen Textilbetrieb in Deutschland reinkommt, hört man das, ob die Nähmaschinen summen. Wenn man in sowjetische Betriebe kommt, da hört man Frauengekreische. Das ist auch nicht mit anderer privatwirtschaftlicher Organisation allein lösbar. Das ist eine Frage des Russen, der einem gewissen Zentralismus unterliegt. Das hängt mit der Geschichte des Zarenreichs zusammen und auch mit den Dimensionen.«[163]

Ähnlich schilderten auch die westdeutschen Manager die Probleme der Übertragbarkeit. Für Direktor Theodor Lohmann war es das Fortbestehen langfristiger kultureller Prägungen, die seines Erachtens der Treuhand den weiteren Weg in die osteuropäischen Gesellschaften verbauten:

> »Wenn ich mir vorstelle, ich müsste in Russland oder in der Ukraine oder – in Kasachstan anfangen, den Menschen klarzumachen, dass nun dort die Hälfte der Arbeitnehmer auf die Straße muss, damit der Rest leben kann, dann glaube ich nicht, dass man mich dort verstehen würde. […] Sie werden dort nie derjenige sein, der für die Menschen etwas tut, sondern immer derjenige, der ihnen etwas wegnimmt. Und ich glaube, das sollte man sich nicht zumuten. Ich jedenfalls möchte es nicht.«[164]

Mit merklicher Reserve berichtete er von seinen eigenen Erfahrungen, die er bei seinen Vorträgen vor russischen Wirtschaftsvertretern gemacht habe:

> »Die erste Frage nach der Beendigung jeder dieser Vorträge ist, Genosse Lohmann, oder, nein, das sagen Sie ja nicht mehr, jetzt sagen Sie Gospodin, Gospodin Lohmann, wie haben Sie den deutschen Menschen in der früheren DDR klargemacht, dass alles, was ihnen eigentlich gehörte, jetzt nicht mehr ihnen gehört, sondern einem einzelnen Kapitalisten? In der Frage steckt das ganze Problem. Hier haben die Menschen von sich aus gesagt, wir wollen was anderes. Da drüben würde ja wieder alles von oben verordnet. Da fehlt doch die notwendige Dynamik.«[165]

Aus dem besonderen Umstand der deutschen Teilung und anschließender Wiedervereinigung zog er schließlich eine doppelte Schlussfolgerung:

> »Das Modell Treuhand ist nicht übertragbar. Das ist auch zu spät. -- Dieses hier war nur machbar, weil es ein halbes Deutschland gab, das in der Marktwirtschaft gelebt hat, die andere Hälfte in der Planwirtschaft.

163 R28-Interview mit Dr. Richard Rauenau, 17.12.1992.
164 R12-Interview mit Theodor Lohmann u. Mitarbeitern, 4.8.1992.
165 Ebd.

Ich glaube, wenn die andersrum einmarschiert wären bei uns, dann hätte es auch funktioniert, weil wir dann eine Hälfte Deutsche gehabt hätten, die gewusst hätten, wie Planwirtschaft funktioniert.«[166]

Einen übergeordneten Zusammenhang zwischen Märkten, Menschen und Mentalitäten stellte schließlich der aus den USA zur Treuhand gewechselte Direktor Charles Volkmann her. Auch er verneinte die Frage nach der Bedeutung der in Ostdeutschland gesammelten Erfahrungen für andere Länder Osteuropas ganz grundsätzlich:

»Hier ist mit SICHERHEIT eine Erfahrung die, dass es ein völliger Fehler ist, zu meinen, man müsste die russischen Fabriken nur in die freie Marktwirtschaft entlassen, und es regelte sich von selbst. In Russland ist es NOCH mehr ein Fehler, wie es schon ein Fehler war, hier in Ostdeutschland so zu denken. Es regelt sich überhaupt nichts von selbst.«[167]

Volkmann verwies dabei auf die Entstehung der Marktwirtschaft in Westdeutschland nach 1945, die sich eben auch erst in einem längeren Prozess habe etablieren können: »Dass man das hier im Osten nicht gemacht hat, war ein Fehler.«[168] Dieser rapide Übertragungsprozess von West nach Ost habe bereits im deutsch-deutschen Fall zu erheblichen gesellschaftlichen Friktionen geführt. In anderen osteuropäischen Staaten wie Russland schien ihm das hingegen »noch ungleich schwieriger, weil Sie da die ganze Mentalität gar nicht haben. Die Leute, die Russen kennen seit 70 Jahren nichts anderes als den Kommunismus.«[169] Dieser von ihm behauptete grundsätzliche Widerspruch von schnell veränderlichen ökonomischen Strukturen auf der einen sowie sich nur langsam wandelnden Mentalitäten auf der anderen Seite diente ihm somit als zentrales Argument gegen eine Übertragung des Treuhand-Modells. Abteilungsleiter Conrad Hopp hingegen bewertete das Problem der unterschiedlichen Entwicklungsgeschwindigkeiten anders: »[A]ber [die osteuropäischen Länder, M.B.] haben EINEN Vorteil, alle anderen. Sie haben die TRANSFORMATIONSGESCHWINDIGKEIT nicht total außer Kontrolle. Sie haben die Möglichkeit, Gas zu geben und Gas wegzunehmen. Und das tun sie ja auch.«[170]

Während der besondere Umstand der deutschen Teilung von den meisten Gesprächspartnern als Argument gegen den Transfer der Treuhand-Erfahrung auf andere Fälle angeführt wurde, gab es eine bemerkenswerte Ausnahme. Abteilungsleiter Josef Arnstein erläuterte:

166 Ebd.
167 R22-Interview mit Dr. Charles Volkmann/Benedikt Golland, 1.10.1992.
168 Ebd.
169 Ebd.
170 R35-Interview mit Conrad Hopp, 7.1.1993.

> »[E]s gibt überhaupt nur noch eine Länderkombination, wo das ähnlich sein könnte, das wäre Süd- und Nordkorea. Ich WAR in Korea [...]. Und in Korea ist in einer Präsentation ein alter Koreaner, ein Wirtschaftsmann, aufgestanden und hat gesagt, ›Bei dem, was Sie dort alles machen, was Sie uns erzählt haben, habe ich nur eine Frage, wenn wir eine Wiedervereinigung haben, kommen Sie?‹ Da habe ich geantwortet (etwa), ›Das kann ich mir gut vorstellen‹. Ich glaube, da haben wir ein echtes Knowhow, eine echte Perspektive.«[171]

Dabei verwies er nicht nur auf die gemeinsame Erfahrung der nationalen Teilung, sondern auch auf eine mentale Verwandtschaft beider Völker: »Und das wäre nochmal eine Aufgabe, wo die TREUHANDANSTALT mit ihrer Expertise GANZ gezielt Gewaltiges leisten könnte.«[172]

Die Frage nach der Übertragbarkeit des Treuhand-Modells beschäftigte also 1992/93 zahlreiche Mitarbeiter sehr intensiv. Wie »deutsch(-deutsch)« war die Treuhandanstalt als Modell, in ihrer Praxis und in ihrem Personal? Blieben die Deutschen aus West und Ost nach 1990 weitgehend unter sich? Konnte die Treuhand als transnationales Muster für andere postsozialistische Konstellationen dienen oder war sie in der Tat ein ökonomischer »Sonderweg«? War das deutsch-deutsche Modell massiver und abrupter Institutionen-, Personal- und Finanztransfers von West nach Ost bei gleichzeitiger sozialpolitischer Abfederung auch in Osteuropa denkbar? All diese Probleme beschäftigten bereits die Zeitgenossen in den frühen 1990er-Jahren; der Grad der Internationalität der Organisation, ihrer Konzeptionen, ihrer Praxis und ihres Personals, war daher Gegenstand intensiv geführter öffentlicher wie interner Debatten.[173] Im vergleichenden Blick nach außen diskutierte das Personal also zugleich immer auch die deutsch-deutschen Besonderheiten beim forcierten Übergang vom Plan zum Markt. Gerade auf diese Weise verstärkte die extensive Beschäftigung mit aufbrechenden Ost-West-Konfliktlagen entsprechende Suchbewegungen nach neuen Perspektiven, die über den nationalen Rahmen hinauswiesen.

171 R49-Interview mit Josef Arnstein, 16.4.1993.

172 Ebd.

173 Vgl. Gupta, Asha: Privatization in East Germany. Can the Treuhandanstalt Provide a Model?, Kiel 1998; Lange, Thomas; Shackleton, John Richard (Hg.): The political economy of German unification, Providence 1998; vgl. auch die englische Fassung des Forschungsprojekts: Fischer, Wolfram; Hax, Herbert; Schneider, Hans K. (Hg.): Treuhandanstalt. The impossible challenge, Berlin 1996.

6. Eine Abenteurergemeinschaft: Die Treuhand als soziales Erlebnis

Was hielt die Treuhand und ihr Personal nun schlussendlich in ihrem Innersten zusammen? Hatte die Treuhand als Organisation in der kurzen Zeit ihres Bestehens in Form eines »Zeitraffers« eine kollektive »Organisationskultur« ausgeprägt, wie es Christiana Weber in ihrer unternehmenssoziologischen Dissertation herausgearbeitet hatte?[1] Die eingehend analysierten Quellen ergaben ein differenziertes Bild, was die zeitgenössischen Wahrnehmungs- und Deutungsmuster innerhalb der Miniaturgesellschaft Treuhandanstalt anbelangte. Erfahrene westdeutsche Industriemanager und Verwaltungsbeamte, langjährige ostdeutsche Planwirtschafts- und Branchenexperten, jüngere westdeutsche Hochschulabsolventen oder ostdeutsche Sekretärinnen bevölkerten eine soziale Szenerie, die sehr unterschiedliche Selbst- und Fremdbeschreibungen hervorbrachte. Mit dieser soziokulturellen Gemengelage aus innerer Pluralität, expansiven Wachstumsdynamiken sowie hohem Außendruck aus Politik, Öffentlichkeit und Gesellschaft mittel- und langfristig umzugehen, blieb eine zentrale Herausforderung für die Treuhand-Spitze um Birgit Breuel. Der Vorstand bemühte sich, dieser kontrastreichen Konstellation verstärkt Rechnung zu tragen. Vor allem ab der zweiten Hälfte des Jahres 1991 versuchte das Gremium, mit gezielten identitätspolitischen Programmen unter dem »Miteinander«-Motto eine spezifische, ins Avantgardistisch-Heroische tendierende »Unternehmenskultur« zu befestigen, nachdem die Selbstmobilisierungskräfte einer als chaotisch-abenteuerlich empfundenen Aufbau- und Gründergemeinschaft im beschwerlichen Alltag einer gewachsenen wie umstrittenen Großorganisation allmählich zu verblassen schienen.

Im Rahmen dieses Kapitels wurde jedoch gerade nicht der Frage nachgegangen, ob oder gegebenenfalls warum das Personal wirklich eine kollektive oder korporative Identität ausgebildet haben mag. Vielmehr ging es darum zu beschreiben, wie verschiedene Selbstverortungen im Rahmen subjektiver Erzählungen im Spannungsfeld von Abgrenzung und Vergemeinschaftung erfolgten. Jenseits medienöffentlicher Zuschreibungen, sozialwissenschaftlicher Analysen oder personalpolitischer Erhebungen zeigten sich in den Expertengesprächen von 1992/93 spezifische Grundmuster von Fremd- und Selbstreflexionen, die vor allem für die innere Heterogenität und Pluralität des Treuhand-Personals sensibilisieren können.

Dieses facettenreiche, aus Einzelstimmen zusammengesetzte Mosaik aus dem Binnenraum entwarf eine Miniaturgesellschaft als vielschichtiges, soziokulturelles Wimmelbild. Dieser dem Personal innewohnenden Plu-

1 Vgl. hierzu ausführlich Weber: Zeitraffer.

ralität wurde dabei mithilfe einer Typologie nachgegangen, deren Entwurf bereits zeitgenössisch entstand: Treuhand-Führung, Mitarbeiter, Forscher wie Journalisten nutzen sie, um Deutungsmuster über die Treuhand und ihr Personal zu entfalten. Die Organisation zeigte sich dabei als ein konkreter Knotenpunkt vielfältiger Begegnungen und Interaktionen im spezifischen Kontext der postsozialistischen Transformations- und Übergangsgesellschaft nach 1990. Auf diese Weise verkörperte sie gerade auch im Blick der Zeitgenossen eine zentrale Arena des Übergangs. Die drei vorgestellten Ideal- oder Sozialtypen »Manager«, »Beamte« und »Kader« erwiesen sich dabei als entscheidende erzählerische Organisationskategorien der treuhandinternen Selbstreflexionen und dienten zugleich als gliedernde Fixpunkte für eine hier vorgenommene sozial- und erfahrungshistorische Inventur des Personalkorpus.

Betrachtet man die Fremdzuschreibungen, ergab sich eine klare Hierarchisierung, die auch dem Machtgefüge innerhalb der Organisation entsprach: Die Gruppe der älteren bundesdeutschen Industriemanager und Unternehmer auf Direktoren- oder Niederlassungsebene bildete zweifelsfrei einen Leittypus. Als zupackende »Macher« repräsentierten diese und allen voran Präsident Detlev Rohwedder dezidiert positiv besetzte Attribute wie ausgeprägte Risiko- und Entscheidungsfreude, situativen Pragmatismus sowie unternehmerischen Handlungs- und Gestaltungswillen. Demgegenüber fand sich die »Minderheit« bundesdeutscher Verwaltungsbeamter in einer prekären Zwischenposition wieder, in der sie einerseits von ihren Managerkollegen als bremsende »Bürokraten« heftig attackiert wurden, andererseits jedoch als ordnende Garanten für funktionierende Abläufe innerhalb der rasch expandierenden Gesamtorganisation wahrgenommen wurden. Noch unsicherer war demgegenüber die meist prekäre Position der in der Regel älteren ostdeutschen Mitarbeiter aus den Plankommissionen, Branchenministerien oder Betrieben der DDR, deren politische Vergangenheit sich gerade für ihre westdeutschen Vorgesetzten oft als nur schwer deutbar erwies. Aus der Perspektive ihrer neuen, aus dem Westen kommenden Chefs erschienen sie einerseits als unverzichtbare Träger von lokalem Wissen und Insiderkenntnissen, andererseits aber wegen ihrer besonderen »Mentalität« auch als so schwer händelbar, dass sie Ziel umfassender Umerziehungsbemühungen wurden.[2]

2 Vgl. dazu die außergewöhnliche, auf 37 qualitativen »Tiefeninterviews« beruhende, ökonomische Studie zur Rolle der »Mentalität« als Bezugssystem: Böhmer, Robert: Der Geist des Kapitalismus und der Aufbau Ost. Eine institutionalistische Analyse des hemmenden Einflusses von Denkgewohnheiten und Mentalitäten auf die ökonomische Entwicklung der neuen Bundesländer auf der Grundlage von Thorstein Veblens ›Regime of Status‹ und Max Webers ›Geist des Kapitalismus‹, Dresden 2005.

Die eingehende Analyse der professionellen Herkunftserzählungen ergab verschiedene typologische Grundmuster. Die westdeutschen Industriemanager und Unternehmer bevorzugten lineare, tendenziell heroische Aufstiegserzählungen, bei denen auch berufsbiografische Brüche letztlich zu erfolgreichen Umorientierungen umgedeutet werden konnten. In dieser Lesart erschien das Treuhand-Engagement als nahezu logischer, krönender Abschluss einer langjährigen, erfolgreichen Management- oder Unternehmerlaufbahn, durch die sich die Führungskräfte imstande fühlten, ihre fordernde Aufgabe auch unter den vielfältig beschriebenen, widrigen Bedingungen im »Wilden Osten« zu meistern. Demgegenüber bestand für die kleinere Gruppe westdeutscher Verwaltungsexperten die besondere Herausforderung darin, ihren Platz im komplizierten Verhältnis zu den die Organisation dominierenden Managerkollegen zu finden. In ihren Selbstdarstellungen mussten sie die bei der Treuhand ausgeprägte Gegenüberstellung von Staat/Verwaltung und Wirtschaft/Unternehmen umfassend austarieren, indem sie sich als anpassungsfähige Adepten des Ökonomischen oder aber als langjährige Grenzgänger zwischen Politik und Ökonomie entwarfen. Schließlich schien das ostdeutsche Personal die größte Hürde bewältigen zu müssen und ein Großteil der interviewten Treuhand-Mitarbeiter legte den narrativen Schwerpunkt auf ausführliche Erläuterungen der eigenen »DDR-Biografie«, wobei sie innere Entwicklungslogiken somit deren externe systemische Bedingungen in den Vordergrund rückten. Gerade den Ostdeutschen schien es ein besonderes Anliegen, in den gewandelten Kontexten nach 1990 ihren als um- oder abgebrochen beschriebenen Werdegang vor 1990 ausführlich zu erklären.

Eng mit der beruflichen Herkunft war stets auch die Frage nach der jeweiligen Motivation verknüpft. Bei den älteren Westmanagern ließ sich eine markante Melange aus patriotischen Motivlagen (»Vaterland«), unternehmerisch-professionellen Herausforderungen (»Challenge«) sowie ideell-marktoptimistischen Beweggründen (»Mission«) in diversen Mischungs- und Abgrenzungsverhältnissen ausmachen, die die »Kaufleute« im meist fortgeschrittenen Alter zu einer späten »Herausforderung« in den Osten trieb. Grundsätzlich ließen sich diese motivationalen Erzählmuster auch bei den etwa gleichalten Verwaltungsfachleuten herausarbeiten, die jedoch zusätzlich die spezifische unternehmerisch-ökonomische Begegnungskonstellation im Kontrast zum routinierten Behörden- und Verwaltungsalltag als besonderen Motivationsgrund herausstellten. Die ostdeutschen Mitarbeiter fühlten sich demgegenüber vom gemeinsam mit Westdeutschen ausgestalteten Umbau der Planwirtschaft angezogen und wollten dabei frühere, selbst mitverantwortete planwirtschaftliche Fehlentwicklungen aktiv korrigieren helfen oder auch am Aufbau einer neuen Wirtschaftsordnung aktiv lernend teilhaben. Für diese Gruppe zeichnete sich altersbedingt insbesondere auch die Furcht vor dem endgültigen Verlust des Arbeitsplatzes als bedeutsame Motivlage ab, die für die Westdeutschen kaum eine Rolle spielte.

Die bei der Treuhand im Alltag des Wirtschaftsumbaus individuell gesammelten und berichteten Umbruchserfahrungen fielen gleichermaßen facettenreich aus, wobei für die jeweiligen Gruppen spezifische Grundmuster dominierten. Die Industriemanager beschrieben ihr Ostengagement als »Bewährung« in einem exotischen Grenzland beziehungsweise an einer wildöstlichen »Frontier«, die ihnen abenteuerliche Arbeits- und Lebensbedingungen bot, die sie in negativer Umkehr aber zugleich auch als bedrohlichen Ort heftiger, fast kriegerischer Konflikte beschrieben. In diesen als Heldenepos konzipierten Erzählentwürfen korrespondierten umfassende, als entgrenzt beschriebene Macht- und Gestaltungserfahrungen mit riskanten Ohnmachts- und Bedrohungsszenarien. Eine ebensolche Grenzland-Motivik ließ sich auch bei den westdeutschen Beamten identifizieren, erwies sich jedoch abermals um die eigene Rolle im Spannungsfeld von Politik und Ökonomie ergänzt. Die ostdeutschen Mitarbeiter thematisierten demgegenüber weniger das Setting als vielmehr die ost-westliche Begegnungs- und Interaktionsdimension, mit der sich umgekehrt aber auch die allermeisten westdeutschen Kollegen intensiv beschäftigten. Die interviewten Ostdeutschen verwiesen dabei einerseits auf die schwierigen biografischen Übergänge und Brüche, angesichts derer sie sich zwischen vorherigem Engagement für das SED-Regime, den Gegebenheiten der sozialistischen Zentralplanwirtschaft und den Anforderungen ihres Treuhand-Engagements in Erklärungsnot sahen. Andererseits hatte gerade diese Gruppe ihr gegenwärtiges Engagement für die umstrittene Privatisierungsagentur vor dem Hintergrundrauschen eines meist kritischen sozialen Umfeldes individuell auszutarieren.

Führt man sich nochmals vor Augen, dass Manager, Beamte und Kader zentrale soziokulturelle Organisationskategorien innerhalb des Treuhand-Kosmos waren, so lässt sich auf Grundlage der subjektiven Fremd- und Selbstbeschreibungen festhalten, dass diese drei Mitarbeiter-Grundtypen gewissermaßen nicht allein sozialhistorisch Gruppen *an sich* bildeten, sondern zugleich erfahrungshistorisch Gruppen *für sich* darstellten. Zusätzlich zu diesen drei beschriebenen Mitarbeiter-Grundtypen traten drei weitere soziale Referenzgruppen innerhalb des Personals in den Fokus: Nachwuchskollegen, weibliche Mitarbeiterinnen sowie Ausländer. Mit Blick auf die jüngeren, in aller Regel westdeutschen Nachwuchsführungskräfte ließen sich generationelle Spannungs- und Konfliktlinien herausarbeiten, die insbesondere zwischen älteren Ostdeutschen und jüngeren Westdeutschen ausgetragen wurden. Mit Blick auf das weibliche Personal unterhalb der omnipräsenten, bezeichnenderweise oft mittels des Attributs von männlicher »Härte« definierten Präsidentin Birgit Breuel ließen sich ebenso spezifische Geschlechterrelationen im Treuhand-Kontext verorten, insbesondere im patriarchalen Blick der westdeutschen Führungskräfte auf ihre in der Heimat gebliebenen Ehefrauen im unmittelbaren Kontrast zu den ostdeutschen Mitarbeiterinnen, wobei diese Asymmetrien zeitgenössisch offenbar noch kaum problematisiert wurden. Die Beziehungen zwischen Ausland und Treuhand waren durchaus vielfältig, dennoch reüssierten ausländische Mitarbeiter in den Gesprächen eher als wundersame Geschöpfe und waren damit ein Nischenphänomen. Als sehr ausgeprägt jedoch erwies sich die interne Kontroverse über einen möglichen Transfer des »Treuhand-Modells« ins (osteuropäische) Ausland, bei der sich Befürworter und Gegner in etwa die Waage hielten.

Am Ende einer sozialtypologisierenden Zusammenschau der verschiedenen Selbst- und Fremdzuschreibungen bleibt letztlich abermals die Frage nach verbindenden, integrativen Elementen jenseits der aufgezeigten Differenzen und Abgrenzungen zwischen den verschiedenen Gruppen. Wolfgang Seibel hatte diese Frage bereits 1993 mit der Formel eines »Vitalismus als Organisationsmythos« beantwortet und sich dabei auf die »ins Positive gekehrte Einsicht in die Unmöglichkeit« zur »Aufgabenbewältigung« bezogen.[3] Diese sozialwissenschaftliche Interpretation wäre jedoch aus zeit- und kulturhistorischer Perspektive zu erweitern: Wenn es ein zentrales Erzähl- und Bezugsmuster gab, das sich durch sämtliche zeitgenössische Gespräche aller behandelten sozialen Gruppen zog, dann war es die subjektiv berichtete Beschleunigung beziehungsweise die als exzeptionell erfahrene Dynamik im Rahmen des persönlichen Engagements, die als integrales Erzähl- und Deutungsmotiv gelten kann. Ob vom Osten oder vom Westen her gesehen: Gewohnte Verhältnisse von Zeit und Raum schienen bei dieser Ausnahme-Organisation in der Umbruchs- und Übergangsgesellschaft zumindest zeitweise völlig außer Kraft gesetzt zu sein. Für den knapp über 30-jährigen Abteilungsleiter Benedikt Golland schien die Zeit wie im Fluge zu vergehen. Golland verknüpfte diese massive Beschleunigungserfahrung mit der für junge Mitarbeiter charakteristischen Befürchtung, den Höhepunkt der Berufslaufbahn bereits »am Beginn meiner Karriere« erlebt zu haben.[4]

Ganz ähnlich begriff sich sein gleichaltriger ostdeutscher Kollege Steffen Damm ob der erlebten Dynamiken bereits als »Fossil«[5], während ältere Industrie-Manager wie etwa Josef Arnstein sich »um 10 Jahre jünger

3 Seibel: Entwicklung, S. 142f.

4 R22-Interview mit Dr. Charles Volkmann/Benedikt Golland, 1.10.1992.

5 R24-Interview mit Steffen Damm, 6.10.1992.

geworden«[6] fühlten. Direktor Stefan Wolter beschrieb diese beständige Beschleunigungserfahrung als massiven »Erosionsprozess«, der letztlich alle Mitarbeiter ergriffen hätte.[7] Während Direktor Stephan Erhard die organisationsinterne Beschleunigung als so stark empfand, dass es aus seiner Sicht sogar »so gut wie keinen Fixpunkt« mehr gegeben habe,[8] stellte Niederlassungsleiter Conrad Hopp die Alternativlosigkeit des einmal eingeschlagenen Weges heraus und betonte, dass »die Option, es langsamer zu machen, tatsächlich nicht [mehr, M.B.] existierte«.[9] Für Direktor Boris Märtens gehörte diese Beschleunigung »mit zum Wichtigste[n]«, um so rasch wie möglich vom Plan zum Markt zu kommen.[10] Der ostdeutsche Referent Jörg Galuba verwies auf die Grunderfahrungen einer räumlichen Entgrenzung wie zeitlichen Beschleunigung im Kontext eines als exzeptionell empfundenen Ausnahmeregimes, wenn er die »unheimliche Beschleunigung der gesellschaftlichen Prozesse« beschrieb, die er aus unmittelbarer Nähe erlebt habe.[11]

Ob ostdeutsche Planwirtschaftskader, ältere westdeutsche Industriemanager oder jüngere Nachwuchskräfte: Dramatische Beschleunigung, außergewöhnliches Tempo und permanente Dynamik markierten damit wesentliche Eckpfeiler nahezu aller individuellen Erzähl- und Deutungsperspektiven. Die innere wie äußere Dynamik der Treuhand inmitten einer hochvolatilen Transformations- und Übergangsgesellschaft zählte damit zu den zentralen Bezugspunkten, auf die das Personal in seinen Selbstdeutungen rekurrierte. Vor dem Hintergrund einer sich 1992/93 vollziehenden »Normalisierung« – durch ein Ende der »Hochgeschwindigkeitsprivatisierungen« – wurden diese Beschleunigungs- und Entgrenzungserfahrungen zudem verstärkt wahrgenommen. Das sich vollziehende »Abbremsen« der Organisation (etwa in Form neuer bürokratischer Strukturen) steigerte demgegenüber die subjektive Sensibilität der befragten Mitarbeiter für die anfängliche Selbstbeschleunigung und die hohe Organisationsdynamik erneut.

Dass auf eine spätsozialistische »Starre« in der DDR eine exzeptionelle Phase postsozialistischer Beschleunigung und Dynamik gefolgt sei, war ein zeitgenössisches Beschreibungsmotiv, das auch Birgit Breuel in ihrem »Tagebuch« im Jahr 1992 ausgeführt hatte, in dem sie Treuhand und Wirtschaftsumbau in der Metaphorik einer raschen Tauwetterperiode beschrieb:

6 R49-Interview mit Josef Arnstein, 16.4.1993.
7 R44-Interview mit Stefan Wolter, 4.2.1993.
8 R4-Interview mit Dr. Stephan Erhard, 27.7.1992.
9 R35-Interview mit Conrad Hopp, 7.1.1993.
10 R18-Interview mit Dr. Boris Märtens, 10.9.1992
11 R17-Interview mit Prof. Dr. Jörg Galuba, 8.9.1992.

»Jetzt, da die Dinge in Bewegung gekommen sind, vollzieht sich alles gleichzeitig und mit scheinbar sich beschleunigender Geschwindigkeit. Es ist wie mit einem großen zugefrorenen Fluss: Wenn das Eis erst einmal aufbricht, dann gibt es kein Halten mehr. Schnee und Eis vermitteln trotz aller Kälte und Erstarrung auch etwas Beruhigendes, das Aufbrechen des Eises trotz aller Freude über die wärmenden Sonnenstrahlen auch etwas Schreckliches. Tauwetter ist nicht die schönste Jahreszeit, Übergänge sind immer anstrengend und aufreibend. Wir werden noch lange in solchen Übergangssituationen zu leben haben.«[12]

Die zeitliche wie räumliche Außergewöhnlichkeit des konkret erlebten Organisationsalltags bildete damit das einigende Band um das hinsichtlich Herkunft, Profession, Alter und Geschlecht heterogene Treuhand-Personal. Auf ihre spezifische Weise lebten alle Mitarbeiterinnen und Mitarbeiter im Treuhand-Kosmos in einem permanenten postrevolutionären Ausnahmezustand. Die Treuhand und ihre Mitarbeiter waren damit späte Kinder der politischen Revolutionen des Herbst 1989, die dem Osten nun auch eine marktwirtschaftliche Revolution zu bringen versuchten.

Vor diesem Hintergrund ist zu verstehen, was die hochumstrittene Treuhandanstalt und ihr Personal im Innersten zusammenhielt: Es war nicht allein der bloße Glaube an die prinzipielle Unmöglichkeit, die eigene Aufgabe aller internen Erosionen oder externen Interventionen zum Trotz erledigen und somit »das Unmögliche wagen« zu können.[13] Es waren vielmehr die interne Pluralität und der externe Druck, die das Personal als zentrale Referenz- und Orientierungsgrößen zusammenhielten. Die soziokulturelle Vergemeinschaftung resultierte aus der im Alltag permanent erleb- und erfahrbaren Heterogenität des eilig aus Ost und West, aus Unternehmen und Verwaltung, aus Alt und Jung sowie aus Männern und Frauen rekrutierten Personalkorpus selbst. Eben diese exzeptionelle Diversität prägte die Attraktivität der Organisation. Entscheidend kam hinzu, dass keine historisch gewachsene, homogenisierende »Unternehmenskultur« existierte, in welche die Mitarbeiter hineinsozialisiert worden wären. Genau deshalb erschien dem Direktor Steffen Gerhard das Personal selbst als ein »soziales Erlebnis«:

»Das war hier eben das Faszinierende, alles fast individuell, und das macht es kompliziert, das alles zu beherrschen, aber macht es ungeheuer interessant und farbig. Insofern sehe ich da eigentlich eine sehr positive Seite daran. Das mag manches dann etwas erschwert haben, aber diese

12 Treuhand intern, S. 10.
13 Hax/Schneider/Fischer.

> Vielfalt war eben auch sehr motivierend und hat ungeheuer viel Spaß gemacht.«[14]

All diese erzählerisch vermittelten soziokulturellen Deutungsmuster hatten letztlich auch gravierende Folgen für die Ausgestaltung des konkreten Alltags des Betriebs- und Wirtschaftsumbaus. Das wirtschaftliche Entscheidungshandeln im Bereich der Transformationsökonomie war maßgeblich durch die in diesem Kapitel eingehend untersuchten Erzähl- und Erfahrungsräume geprägt. Die subjektiven Selbstdeutungen ihrerseits waren geprägt von dem Bewusstsein des Personals, das eine sich im permanenten wie beschleunigten Ausnahmezustand begreifende, bunt zusammengewürfelte Gemeinschaft an »Praktikern« darstellte, die in einem unerschlossenen wie feindselig gestimmten, ungesicherten Grenzland zwischen Plan und Markt sowie Ost und West agierte. Das hierfür erforderliche, individuelle postsozialistische Erfahrungsmanagement war somit für das konkrete Handeln der Akteure im unmittelbaren Kontext einer dynamischen Umbruchs- und Übergangsgesellschaft von ganz entscheidender Bedeutung. Nicht anonyme Marktkräfte oder abstrakte Modernisierungs- und Anpassungsprozesse vollführten den krisenhaften Umbau der Plan- in eine Marktwirtschaft im Alltag der frühen 1990er-Jahre. Vielmehr wurden diese durch die unter dem Dach der Treuhandanstalt seit dem Sommer 1990 zumeist unverhofft versammelten Manager, Beamten und Altkader konkret und in vielen tausend Einzelfällen gedeutet *und* gestaltet.

14 R43-Interview mit Dr. Steffen Gerhard/Kai Rumeck, 29.1.1993.

»Als der Zug in Berlin einfuhr, unterhielten sich tatsächlich zwei Fremde über ›die Treuhand‹, die es längst nicht mehr gab und die ›alles kaputtgemacht‹ habe. Eine der beiden Figuren, eine DDR-Frau, fünfzig, früher Stahlgießerin:
›Die wollten nur das Geld. Die hom alles verkauft. Alles verscherbelt.‹ Sie meinte die Treuhand. Aber die habe doch mit dreihundertfünfzig Milliarden Mark Verlust abgeschlossen, entgegnete die andere Figur, ein kahlgeschorener Student aus Hannover.«

Joachim Lottmann – Deutsche Einheit.
Ein historischer Roman aus dem Jahr 1995 (1999)

Fazit

Die Treuhandanstalt als Organisation existierte, rechtlich betrachtet, für exakt 1.766 Tage zwischen dem 1. März 1990, ihrer formalen Gründung durch die Modrow-Regierung, und dem 31. Dezember 1994, ihrer medial inszenierten »Selbstauflösung«. Tatsächlich aber endete die Geschichte der Treuhandanstalt weder im Jahr 1994, noch im Jahr 2000, als die Nachfolge-Behörde BvS schließlich ihren Dienst einstellte. Augenfällig zeigt dies eine 2017 von Constantin Goschler und mir im Auftrag des Bundeswirtschaftsministeriums erstellte Studie zur »Wahrnehmung und Bewertung der Arbeit der Treuhandanstalt«, die erstmals systematisch die langfristige Nachgeschichte der umstrittenen Organisation in den Blick nahm.[1] Auch drei Jahrzehnte nach ihrem rechtlichen Ende kommt ihr eine herausgehobene wie eigentümliche Rolle in der bundesrepublikanischen Erinnerungskultur zu: Während sie gerade unter Ostdeutschen mittleren oder fortgeschrittenen Alters noch als die zentrale Referenz von entfremdender »Abwicklung« und rigorosem »Ausverkauf« nach dem Ende der DDR gilt und bereits die Nennung ihres Namens beträchtliche emotionale Reaktionen auszulösen vermag, ist sie unter jüngeren Personen beziehungsweise in Westdeutschland kaum noch bekannt. Dieser bemerkenswerte Befund lässt sich auch mit Blick auf die mediale Rezeption der Studie unterfüttern: Während von den etablierten, bundesweit verbreiteten Medien lediglich der *Spiegel* (»Das Treuhand-Trauma«), der *Deutschlandfunk* sowie die traditionell linksstehende *Tageszeitung* berichteten,[2] sorgte dieses Thema im noch immer treuhandkritischen *Neuen Deutschland* sowie insbesondere in der ostdeutschen Regionalpresse auch langfristig für einiges Aufsehen.[3]

1 Siehe dazu ausführlich: Böick, Marcus; Goschler, Constantin: Wahrnehmung und Bewertung der Arbeit der Treuhandanstalt, Bochum 2017 (= Studie im Auftrag des Bundesministeriums für Wirtschaft und Energie), https://omp.ub.rub.de/index.php/RUB/catalog/view/103/92/580-1 (23.1.2018).

2 »Das Treuhand-Trauma«, in: Der Spiegel, 23.11.2017; »Traumatisierungsanstalt Treuhand«, in: Tageszeitung, 30.11.2017 sowie der Radiobeitrag: »Die Studie über die Treuhandanstalt und ihre Folgen«, in: Deutschlandfunk – Aus Kultur- und Sozialwissenschaften vom 30.11.2017.

3 Vgl. hierzu: »Bad-Bank der Wiedervereinigung«, in: Neues Deutschland, 28.11.2017; »Ostdeutsche verbinden Treuhand mit Ausverkauf und Arbeitslosigkeit«, in: MDR-Aktuell, 25.11.2017; »Neue Treuhand-Studie zeigt tiefen Ost-West-Riss«, in: Sächsische Zeitung, 23.11.2017; »Die ›Bad Bank‹ der Wiedervereinigung«, in: Der Tagesspiegel, 28.11.2017; »Treuhand-Studie zeigt die verhärteten Fronten und die Chancen für eine transparente Aufarbeitung«, in: Leipziger Internet Zeitung, 28.11.2017; »Treuhand: Im Osten noch immer verhasst«, in: Ostsee-

Aus der kurzfristig entgrenzten Privatisierungsagentur ist damit langfristig eine erinnerungskulturelle »Bad Bank« geworden; die bereits von Treuhand-Managern und Sozialwissenschaftlern zeitgenössisch herauspräparierte Funktion als »Blitzableiter« des durch die Transformationskrisen ausgelösten Unmuts hat sich auch langfristig erhalten und als eine Art negativer Gründungsmythos tief in die ostdeutsche Erinnerungskultur eingeschrieben. Die im Rahmen dieses Buches beschriebenen Deutungsgemeinschaften der Kritik, der Affirmation oder des Skandals scheinen so bis in die Gegenwart in regelrechten »Echokammern« eingesperrt zu sein; wie verfestigte Sedimentschichten überlagerten die konträren Perspektiven auf die Treuhandanstalt und ihr Personal die Organisation. Es wäre daher ein Leichtes, die Geschichte der Treuhandanstalt als außergewöhnliche Erfolgs-, untergründige Misserfolgs- oder spektakuläre Skandalgeschichte zu erzählen. Eine solche Geschichte präsentierte sich als »historisch einmaliger« beziehungsweise eigentlich »unmöglicher« Triumph westlicher Managementkunst über die marode Planwirtschaft, als kapitalistische Verschwörung zur kompromisslosen »Enteignung« einer arglosen ostdeutschen Bevölkerung, oder als undurchsichtig-nebulöses Schurkenstück eines enthemmten »Goldrausches« mit allerlei zwielichtigen »Helden und Halunken«.

Diese zeithistorische Untersuchung verfolgte ein anderes Ziel. Sie hat die Treuhandanstalt als ein aus einem wirtschaftspolitischen Sondermodell entstandenes, sich dann verselbstständigendes, marktwirtschaftlich-unternehmerisches Ausnahmeregime begriffen, dessen Mitarbeiter sich selbst als Teil einer exzeptionellen, entgrenzten und beschleunigten Abenteurer- und Aufbaugemeinschaft verstanden. Hierfür hat das Buch drei verschiedene, gleichsam eng miteinander verknüpfte Geschichten erzählt: Es wurde *erstens* gezeigt, wie und auf welchen konzeptionellen und wirtschaftspolitischen Grundlagen das »Treuhand-Modell« im Frühjahr 1990 etabliert und durch welche Akteursgruppen in Ost und West sowie in Politik und Ökonomie es umgesetzt wurde. *Zweitens* wurde beschrieben, wie dieses abstrakte Konzept durch das neue Treuhand-Spitzenpersonal seit dem Sommer 1990 in eine komplizierte, hochdynamische und gleichermaßen wechselvolle Organisationspraxis übersetzt wurde, die sich zudem als so umstritten wie scharf umkämpft erwies. Schließlich wurde *drittens* dargestellt, wie einzelne, aus verschiedenen soziokulturellen und professionellen Gruppen und Milieus stammende Mitarbeiter die in diesem spannungsreichen Alltag gesammelten Erfahrungen individuell reflektierten. Erst in ihrer Gesamtheit konnten die drei Analyseebenen

Zeitung, 5.1.2018 sowie den TV-Beitrag: »Rückblick auf die Wendezeit – Wie sieht man die Treuhand heute?«, in: MDR Artour, 11.1.2018.

eine schlüssige Synthese der Spezifika der Treuhandanstalt als Ideenfeld, Praxisort und Erfahrungsraum leisten. Die Makroebene konzeptioneller wirtschaftspolitischer Debatten, Entwürfe und Modelle, die Mesoebene ihrer organisationspraktischen Veralltäglichung sowie die Mikroebene der hierbei artikulierten individuellen Erfahrungen ermöglichten in der Zusammenschau ein differenziertes Gesamtbild der Treuhand in all ihrer Widersprüchlichkeit und vor allem: in ihrer sich selbst verstärkenden Radikalisierung, Beschleunigung und Entgrenzung sowie der anschließenden Wiedereinhegung, Domestizierung und (Selbst-)Auflösung.

Die Treuhandanstalt wurde programmatisch als eine Arena des Übergangs inmitten der deutsch-deutschen Übergangs- und Umbruchsgesellschaft der frühen 1990er-Jahre beschrieben, als ein zentraler Ort konkreter Begegnungen, Beziehungen, Aushandlungen und Konflikte zwischen Ost und West, Politik und Wirtschaft, Alt und Jung, Männern und Frauen. Worin aber sind die Spezifika der Geschichte dieser Übergangsorganisation zu sehen und wie lassen sich die empirischen Befunde dieses Buches in jene breiteren zeithistorischen Diskussionen einordnen, die den Ausgangspunkt dieser Entdeckungsreise durch den verschlungenen Dschungel gebildet haben? Welchen historischen Ort nimmt die Treuhand in der Zeitgeschichte der frühen »Berliner Republik« ein? In welches Wechselverhältnis lassen sich dabei insbesondere konzeptionelle Ideen, alltägliche Organisationspraktiken und individuelle Umbruchserfahrungen setzen? Welche Probleme und Fragen lassen sich im Anschluss an dieses Buch möglicherweise weiterdenken? Und schließlich: Wie kann gerade die wechselvolle Geschichte der Treuhandanstalt und ihres Personals unseren gegenwärtigen Blick auf gängige Zäsursetzungen und etablierte Periodisierungen in der deutsch-deutschen beziehungsweise europäischen Zeitgeschichte verändern?

Das *erste Kapitel* behandelte die ideellen Grundlagen, die sich im Frühjahr 1990 in den wirtschaftspolitischen Debatten um den postsozialistischen Wirtschaftsumbau zunehmend wandelten und verdichteten. War es SED-Reformern, Oppositionellen und Ökonomen zunächst noch um eine intensiv diskutierte, langfristige »Reform« der DDR-Wirtschaft gegangen, hatte sich insbesondere in der Bonner Ministerialbürokratie ab Februar 1990 ein radikal kurzfristiger Systemwechsel als Variante durchgesetzt. Durch die sofortige Währungs- und Wirtschaftsunion und den ökonomischen Beitritt der DDR zur Bundesrepublik im Juli 1990 musste nun der Übergang der über achttausend Staatsbetriebe der sich auflösenden Zentralverwaltungswirtschaft in der Praxis organisiert und gestaltet werden. Das Management dieser tausendfachen Passagen vom Plan zum Markt sollte dabei einer Gruppe aus möglichst unabhängig agierenden Managern, Experten und Unternehmern übertragen werden. Wenn »der« Markt diesen Prozess der Eigentumsumwandlung schon nicht aus sich selbst heraus gewährleisten konnte, so die Logik vor allem der Politiker und Beamten der christliberalen Bundesregierung, dann sollten markterfahrene Experten diesen Übergang nach ihren Vorstellungen und Regeln organisieren. Altgediente bundesdeutsche Manager und Unternehmer sollten in weitgehender Eigenregie die Planwirtschaft im Modus beschleunigter Massenprivatisierungen durch eine (Soziale) Marktwirtschaft ersetzen. Diese programmatische Fremdermächtigung des Unternehmerischen, die im Treuhandgesetz vom 17. Juni 1990 ihren legislativen Ausdruck fand, ist dabei nicht als bloße »neoliberale« Konstruktion oder gar kapitalistische »Verschwörung« zu verstehen. Nicht die kanonisierten Epigonen und Vordenker eines angelsächsischen Neoliberalismus wie Milton Friedman standen an der Wiege von Treuhand und Massenprivatisierungen,[4] sondern ein unter liberalkonservativen Beamten und Wirtschaftspolitikern verbreitetes Idealbild einer bundesdeutschen »Wirtschaftswunderzeit« unter Ludwig Erhard. Sein kurzer Essay aus dem Jahr 1953 lieferte kurzfristig die Blaupause für das keinesfalls alternativlose Modell einer marktwirtschaftlichen »Schocktherapie« – rezipiert in der letztlich kurzlebigen Hoffnung auf ein zweites, ein ostdeutsches »Wirtschaftswunder«.[5]

Gleichermaßen greift es zu kurz von einer zielgerichteten, von langer Hand arrangierten »Übertragung« westlicher oder westdeutscher Wirtschaftsordnungsmodelle auf Ostdeutschland zu sprechen, oder diese sogar als bloßes »Experimentierfeld« eines »digital-globalen Finanzmarktkapitalismus«[6] zu deuten. Dafür sprechen nicht zuletzt auch die von zahlreichen Akteuren in Ost und West sowie in Politik und Ökonomie unterbreiteten Alternativvorschläge. Letztlich haben sich die hier untersuchten konzeptionellen Such-, Orientierungs- und Diskussionsprozesse des Frühjahrs 1990 als zu chaotisch, unsystematisch, situativ und erkennbar improvisiert erwiesen. Die Bonner Politik reagierte auf die überraschenden revolutionären Dynamiken in der DDR sowie den vor allem medienöffentlich als Bedrohung wahrgenommenen »Abwanderungsdruck« von Ost nach West mit radikalen wirtschaftspolitischen Gegenstrategien, die vor allem kurzfristig Entlastung und Beruhigung schaffen sollten. Die in der gegenwärtigen Zeitgeschichte verbreitete Metaphorik eines groß angelegten, »neoliberalen« Transferexperiments von West nach Ost scheint allein deshalb fragwürdig, weil für eine derartige »Versuchsanordnung« keinerlei langfristige Überlegungen und

4 Vgl. Jones, Daniel Stedman: Masters of the Universe. Hayek, Friedman, and the birth of neoliberal politics, Princeton 2014; Rodgers, Daniel T.: Age of fracture, Cambridge u.a. 2012, v.a. S. 41-76.

5 Vgl. Ther: Die neue Ordnung.

6 Vgl. Raphael/Doering-Manteuffel: Nach dem Boom.

Vorbereitungen bei den Entscheidungsträgern nachweisbar sind. Im vermeintlichen »Laboratorium« des Ostens fehlte es an geeigneten Apparaturen, gründlich geplanten Versuchsanordnungen – und nicht zuletzt auch an qualifiziertem Laborpersonal. Insbesondere die praktische Durchführung des bevorstehenden Wirtschaftsumbaus war noch im Sommer 1990, bei der umkämpften Verabschiedung des Treuhand-Gesetzes in der Volkskammer nur wenige Wochen vor der Währungsunion, weitgehend unklar. Die kurzfristig-situative Improvisation eines marktorientiert-unternehmerischen Sonder- und Ausnahmeregimes in einer unübersichtlichen Krisensituation kann schwerlich als geplantes oder gesteuertes neoliberales Übertragungsexperiment verstanden werden.

Der Sommer 1990 markierte nun gleichermaßen den endgültigen Übergang von der konzeptionellen Debatte hin zur alltagspraktischen Realisierung des postsozialistischen Wirtschaftsumbaus nach dem »Modell« Treuhandanstalt, die im Mittelpunkt des *zweiten Kapitels* stand. Aus der Idee sollte nun tatsächlich Praxis werden,[7] wobei die Politik in Bonn und Ostberlin lediglich die übergeordnete Systemfrage (Markt- statt Planwirtschaft) geklärt hatte und sich aus der weiteren Ausgestaltung des ökonomischen Systemwechsels weitgehend zurückziehen wollte. Erfahrene bundesdeutsche Manager sollten hierfür die bereits im Frühjahr 1990 noch zu einem gegensätzlichen Zweck gegründete und mit DDR-Planwirtschaftspersonal bestückte »Verwaltungsstelle« in eine unternehmerisch agierende »Privatisierungsagentur« umformen. Die kurzfristig nach Ostberlin gerufenen Industriemanager, allen voran Detlev Rohwedder und sein kurzzeitiger Vorgänger Reiner Gohlke, erlebten nach dem Inkrafttreten der Wirtschafts- und Währungsunion am 1. Juli 1990 in der unmittelbaren Konfrontation mit einer in Auflösung und Agonie begriffenen Zentralplanverwaltungswirtschaft und ihrer Tausenden Betriebe einen Praxisschock. Die Undurchsichtigkeit und Komplexität der fortan zu gestaltenden Transformationsprozesse auf Betriebsebene stellte insbesondere diese westlichen Spitzenmanager vor immense Herausforderungen. Das »Unmögliche« gewagt zu haben wurde gerade in dieser »chaotischen« Frühzeit zu einer wirkmächtigen Chiffre der in Ostberlin eintreffenden Manager des Übergangs.

Die Übersetzung des im Sommer 1990 formulierten Treuhand-Auftrages in die alltägliche Geschäftspraxis begleitete die Treuhandanstalt bis zu ihrem Ende. Rohwedder trieb ab Herbst 1990 den massiven Um- und Ausbau der Organisation und ihrer Niederlassungen voran, gab zentrale strategische Impulse (»Privatisierung« als »beste Form der Sanierung«), führte großunternehmerische Organisationsstrukturen ein und

7 Vgl. Frei/Süß: Privatisierung.

forcierte eine pragmatische, auf altgediente Industriemanager, westliche Nachwuchskräfte und ortskundige Planwirtschaftskader fokussierte Personalpolitik. Zugleich wurde die Organisation nicht nur durch massive Expansionen und Umbauten in ihrem Inneren erfasst, sondern rückte spätestens ab Oktober 1990 ins kritische Blickfeld von Öffentlichkeit, Politik und Gesellschaft. Dieses stete Wechselspiel zwischen praktischem Geschäftsalltag, inneren Dynamiken und externen Interventionsversuchen hat die Organisation bis zu ihrer finalen Selbstauflösung fundamental geprägt. Dies galt auch und gerade, als Rohwedders Nachfolgerin Birgit Breuel im April 1991 die Führung übernahm und die von ihrem Vorgänger eingeleiteten Expansions- und Aufbauprozesse in den Alltag des Massenprivatisierungsgeschäfts zu überführen begann. Die Treuhandanstalt war in dieser Zeit eine hochgradig interaktive Arena in der Umbruchs- und Übergangsgesellschaft: Einerseits suchte sie die wirtschaftlichen wie gesellschaftlichen Umbauprozesse in Ostdeutschland durch eilig vorangetriebene Privatisierungen, Hunderte Betriebsschließungen und millionenfache Massenentlassungen zu beschleunigen. Andererseits verschärfte diese rigorose Geschäftspraxis zugleich die gesellschaftlichen Spannungen und wirtschaftspolitischen Konflikte und steigerte so den ohnehin hohen externen Erwartungsdruck auf die Organisation und ihr Personal. Für Politiker, Journalisten, Ökonomen, Investoren, Geschäftsführungen, Betriebsräte, Belegschaften und Wissenschaftler in Ost und West wurde sie so zum zentralen Referenz- und Streitobjekt des krisenhaften Wirtschafts- und Gesellschaftsumbaus.

Ende des Jahres 1992 hatte die Treuhand als unternehmerische Massenprivatisierungsagentur ihren Zenit bereits erreicht. Die nunmehr vollständig ausgebaute Organisation und ihre im internen Wettbewerb stehenden Führungskräfte und Direktorate hatten sich tatsächlich, wie von ihrer Leitung im Vorfeld immer wieder angekündigt, nun mehr durch das hohe Tempo ihrer »Aufgabenerledigung« selbst überflüssig gemacht. Abermals wandelte sich damit die Alltagspraxis, als die hektische Zeit der zumeist kreativ-chaotisch agierenden Privatisierer an ihr Ende gelangte. Diese Männer der ersten Stunde mussten nun einem bürokratisch-routiniert auftretenden Verwaltungs- und Kontrollpersonal weichen, welches die Treuhand-Spitze nicht zuletzt auch infolge öffentlicher Skandale und politischer Interventionen aus Bonn importierte. Ironischerweise wurde die Treuhand erst nach dem Auslaufen ihres eigentlichen Hauptgeschäfts im Jahr 1993 von massiven Skandalen wie in Halle oder medial stark dramatisierten Protestaktionen wie in Bischofferode in ihrem Kern erschüttert. Demgegenüber konnte sie in der Hochphase der Massenprivatisierungen der Jahre 1991/92 die meisten externen Interventionsversuche, sozialen Proteste oder industriepolitischen Debatten weitgehend unbeeindruckt an sich abperlen lassen. Der 1993/94 von der Treuhand-Spitze zu bewältigende Spagat war daher beträchtlich: Während im Inneren der schwierige Rückbau und die Selbstauflösung vorangetrieben wurden, die das eigene Personal erheblich verunsicherten, rückte die Organisation im öffentlichen Raum durch einen Ende 1993 eingesetzten Untersuchungsausschuss in Bonn nochmals in den Fokus eines scharfen Parteienwettstreits. Wahlkampf und Politik standen damit sowohl am Beginn als auch am Ende dieses Ausnahmeregimes: Im Jahr 1990 war die Treuhand im Modus einer politischen Ermächtigung des Unternehmerischen im Zuge der Wahlkämpfe in der DDR und der Bundesrepublik entstanden; im Jahr 1994 gingen ihrer finalen Wiedereinhegung und hochsymbolischen Auflösung erhebliche parteipolitische Auseinandersetzungen voraus.

Diese wechselvolle Alltagspraxis fand, wie im *dritten Kapitel* dieses Buches beschrieben, vielstimmigen Niederschlag in den zeitgenössisch 1992/93 aufgezeichneten Erzählungen über die individuellen Umbruchserfahrungen ausgewählter Mitarbeiter der oberen und mittleren Führungsebenen. Die systematisch analysierten individuellen Selbstreflexionen und subjektiven Verortungen der im Rahmen eines Forschungsprojekts des Ethnologen Dietmar Rost befragten Manager, Beamten und Kader zeigten die innerhalb des Treuhand-Personals praktizierten sozialen Fremd- und Selbsttypologisierungen sowie die hiermit eng verbundenen thematischen Spannungsfelder: Der nostalgische Rückblick auf die abenteuerlichen Grenzland- und Aufbruchserfahrungen im »Wilden Osten« nach 1990 dominierte insbesondere die Sicht der älteren Westdeutschen. Manager und Beamte verhandelten demgegenüber die stets prekäre Mittelposition der Treuhandanstalt zwischen Staat und Markt, Politik und Wirtschaft sowie Behörde und Unternehmen. Ostdeutsche Planungsexperten beschäftigten sich demgegenüber intensiv mit dem prekären biografisch-professionellen Verhältnis zwischen der eigenen DDR- beziehungsweise Planwirtschaftsvergangenheit und der mit beträchtlichen Umbrüchen und sozialen Herausforderungen einhergehenden Gegenwart im Dienste der umstrittenen Treuhand. Zugleich waren die intensiven, von wachsenden Irritationen und vergangenheitsbezogenen Spannungen gekennzeichneten Interaktionsmuster zwischen West- und Ostdeutschen ein zentrales Themenfeld treuhandinterner Aushandlungen und Wahrnehmungen. Hiermit eng verknüpft waren schließlich markante generationelle Konflikte, komplizierte Geschlechterverhältnisse sowie inter- und transnationale Bezüge als wesentliche Bestandteile eines soziokulturellen Wimmelbilds dieser Miniaturgesellschaft. Im Innenleben der Treuhand wurden somit alte Konflikte, Widersprüche und Ambivalenzen, kurzum: die spezifischen Charakteristika der deutsch-deutschen Übergangs- und Umbruchsgesellschaft der frühen 1990er-Jahre in verdichteter Form sichtbar und erfahrbar.[8]

Am Ende dieses an der Schnittstelle von Wirtschafts- und Kulturgeschichte angesiedelten Buches bleiben Fragen offen, die auf mögliche Anschlussperspektiven für künftige Forschungsbemühungen verweisen. So wären die hier untersuchten Aspekte der Organisationsgeschichte insbesondere auch mit den an das Bundesarchiv übertragenen, sehr umfangreichen Treuhand-Beständen systematisch zu erweitern, deren komplizierte Erschließung im Jahr 2016 nun umfassend begonnen hat. Auch besteht noch erheblicher Forschungsbedarf, was die mittel- und langfristigen Nachwirkungen und Nachgeschichten der Treuhandanstalt und ihres Personals anbelangt. Das politische, wirtschaftliche wie personelle Erbe der Treuhandanstalt lässt sich in dieser Form bislang nur punktuell bestimmen, da ihre Nachfolgerinnen, allen voran die Bundesanstalt für vereinigungsbedingte Sonderaufgaben (BvS), kaum noch im Licht der öffentlichen oder politischen Aufmerksamkeit agierten.[9]

Zudem bedürften die intensiven Austausch- und Wechselbeziehungen der Treuhandanstalt zur Bundesregierung, zu den neu eingerichteten Länderregierungen oder zu den ostwärts expandierenden Gewerkschaften intensiver Aufmerksamkeit. Ferner ist die Geschichte der Organisation noch stärker in die weiteren Kontexte der deutsch-deutschen Transformations-, Umbruchs- und Übergangsgesellschaft nach 1990 einzuordnen, deren systematische zeithistorische Erforschung soeben erst begonnen hat. So wäre etwa weiterführend nach den in dieser Arbeit nur in Relation behandelten Geschichten der betroffenen ostdeutschen Branchen, Betriebe und Belegschaften sowie der hiermit verbundenen Städte und Regionen insgesamt zu fragen.[10] Gerade für die frühen 1990er-Jahre verspricht der deutsch-deutsche Sonderfall mit seinen intensiven Verflechtungen und Beziehungen auf unterschiedlichen Ebenen und mit verschiedenen Akteuren zwischen Ost und West eine unermessliche Fülle an weiterführenden Forschungsfragen, die die verschiedenen Auf-, Um- und Abbrüche zwischen DDR sowie alter und neuer Bundesrepublik thematisieren können.

8 Vgl. v.a. Kleßmann: Deutschland einig Vaterland?; Danyel: Alltag Einheit.

9 Vgl. Czada: Das Erbe der Treuhandanstalt, der sich an einer Treuhand-Bilanz vor allem mit Blick auf wirtschaftliche wie politische Strukturen der erweiterten Bundesrepublik versucht.

10 Vgl. Damm, Veit; Schulz, Ulrike; Steinberg, Swen; Wölfel, Sylvia: Ostdeutsche Unternehmen im Transformationsprozess 1935 bis 1995. Ein neues Forschungsfeld der modernen Unternehmensgeschichte, in: Zeitschrift für Unternehmensgeschichte 2 (2011), S. 187-205 sowie jüngst programmatisch Hoffmann: Laboratorium.

Doch freilich darf die historische Forschung nicht beim deutsch-deutschen Sonderfall stehenbleiben, so sehr auch eine quellengesättigte wie problemorientierte Erkundung der innerdeutschen Interaktionsmuster auch und gerade für die Zeit nach 1989/90 eine zentrale Herausforderung bleibt.[11] Daher wird man auch die transnationalen Dimensionen der Umbrüche und Übergänge in Ost- und Westeuropa nach dem plötzlichen Ende des Ost-West-Konfliktes noch stärker vergleichend in den Blick nehmen müssen als dies bislang geleistet werden konnte, um so der »Überschneidung von Globalisierungseffekten und Teilungsfolgen« in den frühen 1990er-Jahren nachgehen zu können.[12]

Wie verändert nun die hier unternommene zeithistorische Erkundung der Geschichte der Treuhandanstalt perspektivisch das Nachdenken über die jüngste Vergangenheit?[13] Mit anderen Worten: Wie kann man die Geschichte der Treuhand und ihres Personals auf einen schlüssigen Begriff bringen? Im April 1993 führte Dietmar Rost sein vorletztes, fast dreistündiges Interview mit einem früheren Industriemanager, der bereits seit einiger Zeit die Organisation verlassen hatte. Dieser deutete die von ihm subjektiv erlebten Organisationsdynamiken in einer längeren Reflexionspassage am Ende des Gesprächs in markanter Weise als »Prozess der permanenten Evolution« im beständigen Wechselspiel von Innen und Außen:

> »Sie werden eines feststellen, Sie werden über die Treuhandanstalt, glaube ich, eine Bandbreite von Meinungen hören, die von voll links nach voll rechts, oder voll negativ bis voll positiv geht. Ich halte aber nichts davon, dass man versucht, im Nachhinein immer zu sagen, das hätten wir besser machen können. Mit der Erkenntnis von heute hätten wir [es] vielleicht anders gemacht, aber ob es wirklich besser gewesen wäre, das bezweifle ich. Denn da hat wirklich jeder sein Bestes gegeben und gibt es immer noch, aber dass die Welt sich verändert, dass die Situation sich verändert, dass das politische und wirtschaftliche Umfeld sich verändert, war nicht so voraussehbar, und dem hat man sich angepasst, ein permanenter Prozess der Evolution. Unter wahnsinnigem Drücken von draußen, das muss man ganz klar sehen.«[14]

Während der hier verwendete Begriff einer inneren »Evolution« unter äußerem Druck die allgemeine Dynamik der Organisationsentwicklung

11 Vgl. Bösch: Geteilte Geschichte.

12 Vgl. exemplarisch Siebold, Angela: ZwischenGrenzen. Die Geschichte des Schengen-Raums aus deutschen, französischen und polnischen Perspektiven, Paderborn 2013; auch Ther: Die neue Ordnung hat dieses Plädoyer erst jüngst erneuert; vgl. nun auch Pahlow/Steiner: Carl Zeiss.

13 Vgl. Kleßmann: Deutschland einig Vaterland?; Herbert: Nach den Katastrophen.

14 R49-Interview mit Josef Arnstein, 16.4.1993.

beschreiben sollte, wählten andere Kollegen gerade einen Gegenbegriff hierzu, nämlich den der »Revolution«: Ein Niederlassungsleiter erklärte im Oktober 1992, dass ja gerade die Treuhand und ihr Personal letztlich genau das umsetzten, »was die Ostdeutschen gewollt haben mit ihrer Revolution«.[15] Auch der Rechtsdirektor verstand sich als Teil eines »tiefrevolutionären Aufbruchs«;[16] ein ostdeutscher Abteilungsleiter sprach von einer »einmalig revolutionären Zeit«;[17] ein westdeutscher Direktor sah seine von außen beobachtete und angegriffene Organisation inmitten des »Schlachtgetümmels der Revolution«[18].

Und eben jene zeitgenössischen Selbstbeschreibungen können zugleich auch Ausgangspunkt für eine perspektivische Neujustierung der bislang meist »scharfen« 1989/90er-Zäsur sein: Während in der Politik- und Ereignisgeschichte zur »Friedlichen Revolution« der engere Zeitkorridor der »Revolution« vom Herbst 1989 meist lediglich bis ins Frühjahr 1990 gezogen wird, als sich eine deutsch-deutsche Vereinigungs- beziehungsweise Beitrittslösung immer deutlicher abzeichnete, ändert sich diese Betrachtungsweise, wenn man die Aufmerksamkeit auf andere Entwicklungen richtet.[19] Im Sommer 1990 hatte vielleicht die politische Revolution in Ostdeutschland ein gesamtdeutsches Ende gefunden; die gesellschaftlichen, wirtschaftlichen und kulturellen Revolutionen und Umbrüche hatten indes gerade erst begonnen.[20] Es sind, wie so oft, gegenwärtige Verunsicherungen und Irritationen, die derzeit den historiografischen Rückblick auf die jüngste Vergangenheit und damit auch auf die Umbrüche nach 1989/90 nachhaltig verändern. Gerade die nach 2007/8 ausgebrochenen globalen Finanz- und Wirtschaftskrisen haben die vermeintliche Zwangsläufigkeit und Alternativlosigkeit der von vielen Wissenschaftlern, Politikern und Praktikern zeitgenössisch als lineare, ost-westliche »Anpassungsprozesse« bzw. »nachholende Modernisierungen« gedeuteten ökonomischen Entwicklungen in erheblichem Maße herausgefordert. Der westliche Markt- und Wettbewerbskapitalismus erscheint nicht mehr als zwangsläufiges Telos der Geschichte, das sich in den frühen 1990er-Jahren auch in Osteuropa endgültig Geltung verschafft hätte. Auch dieses Buch hat ver-

15 R23-Interview mit Dr. Dieter Maltritz, 5.10.1992

16 R18-Interview mit Dr. Boris Märtens, 10.9.1992.

17 R29-Interview mit Klaus Helm, 18.12.1992.

18 R44-Interview mit Stefan Wolter, 4.2.1993.

19 Vgl. Sabrow, Martin (Hg.): 1989 und die Rolle der Gewalt, Göttingen 2012; Kleßmann: Deutschland einig Vaterland?; Sabrow: Historikerdebatte; Böick/Siebold: Die Jüngste als Sorgenkind.

20 Vgl. bereits zeitgenössisch Jarausch: Die unverhoffte Einheit, S. 303, der die gesellschaftlichen Umbrüche als »soziale Revolution« beschrieb – ein Deutungsmuster, was später jedoch kaum weitere Verbreitung fand.

sucht, diesen Vorgängen am Beispiel der Treuhandanstalt, ihrer ideellen Grundlagen, ihrer alltäglichen Organisationspraxis sowie der individuellen Erfahrungen ihres Personals die vermeintliche Selbstverständlichkeit zu nehmen.

Führt man die zentralen Befunde dieses Buches – Sondermodell, Ausnahmezustand, Abenteuergemeinschaft – am Ende zusammen, ließe sich die Organisation pointiert als unternehmerisches Revolutionsregime beschreiben, welches im Osten Deutschlands im Schwebezustand zwischen alter Plan- und neuer Marktordnung in den frühen 1990er-Jahren eine einschneidende Markt- und Gesellschaftsrevolution ausgestaltete. Aus der sozialistischen Lebens- und Arbeitswelt der staatseigenen Kombinate und Betriebe wurde binnen weniger Jahre im Modus beschleunigter Massenprivatisierungen und »Abwicklungen« eine markt- und wettbewerbsbezogene sowie in ihrem personellen Umfang massiv reduzierte, privatwirtschaftliche Unternehmenslandschaft. Die Treuhandanstalt war in diesem Szenario eine sich selbst radikalisierende Agentin und hochumstrittene Referenz dieses tatsächlich revolutionären Umbruchsgeschehens; die in ihren Reihen tätigen Manager, Beamten und Kader als konkrete Praktiker waren damit zugleich Treibende und Getriebene dieser massiven soziostrukturellen wie soziokulturellen Umwälzungen und Umbrüche im Alltag der Wirtschaft und Übergangsgesellschaft Ostdeutschlands auf dem Weg vom Plan zum Markt.

Dank

Zeit kann sehr relativ sein. Die Treuhandanstalt existierte knapp viereinhalb Jahre. Von den frühesten Anfängen bis zum fertigen Buch habe ich mich nun bezeichnenderweise fast ein ganzes Jahrzehnt lang mit dieser eigentümlichen Organisation und ihrem Personal beschäftigt. Damals, unmittelbar nach der großen Finanzkrise, war die Treuhandanstalt noch kein Thema für Zeithistoriker und Zeithistorikerinnen. Oft wurde ich gefragt: Warum ausgerechnet eine Geschichte der Treuhand? Im Grunde ist die Antwort einfach: Es handelt sich um einen prägenden und gleichwohl bislang unbearbeiteten Abschnitt der jüngsten deutschen Zeitgeschichte, mit dem mich auch ein starkes persönliches Interesse verbindet.

Dieses Vorhaben wäre allerdings ohne die vielfältige und umfassende Unterstützung zahlreicher Institutionen, Fachkollegen und Freunde sicher kaum möglich gewesen. Die Bundesstiftung zur Aufarbeitung der SED-Diktatur und hier vor allem Ulrich Mählert haben mein Vorhaben von Anfang an mit großem Engagement und Interesse gefördert und dankenswerterweise auch einen Teil der Druckkosten finanziert. Den verbleibenden Teil hat großzügigerweise die Stiftung VG Wort übernommen. Auch der Graduiertenschule der Ruhr-Universität Bochum gilt mein Dank, sie hat mich bei verschiedenen Workshop- und Konferenzvorhaben generös unterstützt.

Während meiner Arbeiten hatte ich die Gelegenheit, das Thema in zahlreichen Kolloquien und auf mehreren Konferenzen intensiv zur Diskussion zu stellen. Die hiermit verbundenen Reisen nach Augsburg, Berlin, Bielefeld, Dresden, Essen, Freiburg, Halle (Saale), Jena, Leipzig, Marburg, München, Münster, New York, Paderborn oder Suhl haben mich nicht nur räumlich, sondern insbesondere intellektuell erheblich weitergebracht. Hervorheben möchte ich das Zentrum für Zeithistorische Forschungen (ZZF) in Potsdam sowie das Frankfurter Institut für Transformationsforschung an der Europa-Universität Viadrina (dessen Koordinator Jan Wielgohs leider viel zu früh verstorben ist). Allen stets freundlichen Gastgebern und engagierten Diskussionsteilnehmern sei an dieser Stelle herzlichst für ihre Bereitschaft gedankt, sich mit mir in zeithistorisches Neuland zu begeben. Ihre Spuren finden sich in diesem Buch.

Ein ganz besonderer Dank gilt den zahlreichen Zeitzeuginnen und Zeitzeugen aus dem weitläufigen Treuhand-Kosmos, die sich mit mir in ganz Deutschland getroffen und mich stets mit großer Freundlichkeit empfangen haben. Stellvertretend seien hierfür etwa die Mitglieder des »Treuhand Alumni Klubs« genannt, die mein Vorhaben stets unterstützt haben. Aber auch allen anderen Gesprächspartnerinnen und -partnern sei für die vielen fruchtbaren Gespräche und eindrucksvollen Diskussionen gedankt.

Dieses Buch wäre in dieser Form mit Sicherheit nicht entstanden ohne das ganz besondere intellektuelle Klima im Zeithistorischen Kolloquium der Bochumer Ruhr-Universität. Von den stets intensiven Diskussionen mit meinen langjährigen Mit-Promovierenden Eva Balz, Henning Borggräfe, Dorna Hatamlooy, Hanne Leßau, Janosch Steuwer und Christoph J. Wehner, meinem ältesten Kollegen, habe ich immens profitiert. Ihnen allen möchte ich an dieser Stelle nochmals dafür danken, sich im »tiefen Westen« auf ein exotisches Thema aus dem »fernen Osten« eingelassen zu haben. Dieser Dank gilt natürlich in ganz besonderem Maß meinem Betreuer Constantin Goschler – gerade auch nach all den Jahren einer für mich außerordentlich lehrreichen Zusammenarbeit, deren Warmherzigkeit und freundschaftliches Vertrauen mir auch intellektuell stets ein fester Boden unter den Füßen war. Bernd Faulenbach, als mein Zweitgutachter, und Rüdiger Graf standen mir ebenfalls stets mit Rat und Tat unterstützend zur Seite und haben mich auf vielfältige Weise bei meiner Reise durch den Treuhand-Dschungel begleitet. Frank Bösch hat mich zu Beginn meiner und am Ende seiner Bochumer Zeit für die Zeitgeschichte begeistert. Mein herzlicher Dank gilt außerdem Dietmar Rost, Wolfgang Seibel, André Steiner, Philipp Ther, Christiana Weber und Jutta Wietog für ihre wertvolle Unterstützung und Ermutigung.

Zum Gelingen dieses Buch haben zahlreiche weitere befreundete Kolleginnen und Kollegen ganz maßgeblich beigetragen. Uta Bretschneider, Katharina Eger, Franziska Kuschel, Christopher Kirchberg, Christoph Lorke, Julia Reus, Marcel Schmeer, Angela Siebold, Anne Schmidt, Stefan Schorning und Daniel Trabalski haben Teile des Manuskripts gelesen und wertvolle Verbesserungsvorschläge gemacht. Hajo Gevers vom Wallstein Verlag hat dieses Projekt sehr wohlwollend und geduldig begleitet. Ein besonderer Dank gilt an dieser Stelle meiner unermüdlichen Lektorin Tanja Ruzicska, die geholfen hat, das (überlange) Manuskript mit feinem Gespür und scharfem Auge in seine endgültige Form zu bringen.

Schließlich möchte ich auch meinen Bochumer Freunden Anne, Christopher, Daniel, Dorna, Donata, Eileen, Jens, Julia, Lia, Marcel, Martin, Sina und Vicky für ihre unglaubliche Unterstützung und Geduld danken. Gleiches gilt natürlich auch für meine »alten« Freunde Andreas, Bettina, Christian, Erny, Mathias, Matze und Thomas aus Hettstedt. Sie alle haben mich durch eine unbeschreiblich schwierige Zeit meines Lebens begleitet und gerade auch dann unterstützt, als an eine Fortsetzung oder gar einen Abschluss dieser Arbeit für eine ganze Weile kaum noch zu denken war. Robert gebührt besonderer Dank. And after all, they're all my wonderwall.

In größter Dankbarkeit gewidmet ist dieses Buch meinen Großeltern Günter und Rosemarie Böick sowie meiner Mutter Ilona Böick, die es zu meinem tiefsten Bedauern selbst nicht mehr hat lesen können.

Marcus Böick
Bochum im Februar 2018

Quellen und Literatur

1. Literatur

Wie in der Einleitung dargelegt, bereitet eine sinnvolle Abgrenzung zwischen »Literatur« und »Quellen« gerade im Bereich der jüngeren Zeitgeschichte erhebliche Probleme. Im folgenden Anhang wurde pragmatisch so verfahren, dass alle Titel unter »Quellen« einsortiert wurden, die im Rahmen dieser Studie ausschließlich als zeitgenössische Texte genutzt wurden.

Abelshauser, Werner: Deutsche Wirtschaftsgeschichte seit 1945, München 2004.

–; Gilgen, David; Leutzsch, Andreas (Hg.): Kulturen der Weltwirtschaft, Göttingen 2012.

Ahrens, Ralf: Außenwirtschaft in der Schuldenfalle, in: Henke, Klaus-Dietmar (Hg.): Revolution und Vereinigung 1989/90. Als in Deutschland die Realität die Phantasie überholte, München 2009, S. 104-112.

–; Gehlen, Boris; Reckendrees, Alfred (Hg.): Die ›Deutschland AG‹. Historische Annäherungen an den bundesdeutschen Kapitalismus, Essen 2013.

Andresen, Knud; Apel, Linde; Heinsohn, Kirsten (Hg.): Es gilt das gesprochene Wort. Oral History und Zeitgeschichte heute, Göttingen 2015.

–; Bitzegeio, Ursula; Mittag, Jürgen (Hg.): Nach dem Strukturbruch? Kontinuität und Wandel von Arbeitsbeziehungen und Arbeitswelt(en) seit den 1970er-Jahren, Bonn 2011.

Apelt, Andreas H. (Hg.): Von der Volkskammerwahl zur Deutschen Einheit. Voraussetzungen, Bedingungen, Verlauf, Berlin 2011.

–; Grünbaum; Robert; Gutzeit, Martin (Hg.): Der Weg zur Deutschen Einheit. Mythen und Legenden, Berlin 2010.

Bahrmann, Hannes; Links, Christoph (Hg.): Am Ziel vorbei. Die deutsche Einheit – eine Zwischenbilanz, Berlin 2005.

Beattie, Andrew H.: Playing politics with history. The Bundestag inquiries into East Germany, New York 2008.

Bednarz, Dan: East German Intellectuals and the Unification of Germany. An Ethnographic View. Cham 2017.

Behling, Klaus: Die Treuhand. Wie eine Behörde ein ganzes Land abschaffte, Berlin 2015.

Berghahn, Volker R.; Vitols, Sigurt (Hg.): Gibt es einen deutschen Kapitalismus? Tradition und globale Perspektiven der sozialen Marktwirtschaft, Frankfurt a.M.u.a. 2006.

–; Unger, Stefan; Ziegler, Dieter (Hg.): Die deutsche Wirtschaftselite im 20. Jahrhundert. Kontinuität und Mentalität, Essen 2003.

–: Unternehmer und Politik in der Bundesrepublik, Frankfurt a.M. 1985.

Berghoff, Hartmut; Jensen, Uffa; Lubinski, Christina; Weisbrod, Bernd (Hg.): History by generations. Generational dynamics in modern history, Göttingen 2013.

–; Vogel, Jakob (Hg.): Wirtschaftsgeschichte als Kulturgeschichte. Dimensionen eines Perspektivenwechsels, Frankfurt a.M. 2004.

–; Vogel, Jakob: Wirtschaftsgeschichte als Kulturgeschichte. Ansätze zur Bergung transdisziplinärer Synergiepotentiale, in: dies. (Hg.): Wirtschaftsgeschichte als Kulturgeschichte. Dimensionen eines Perspektivenwechsels, Frankfurt a.M. 2004, S. 9-41.

Best, Heinrich; Holtmann, Everhard (Hg.): Aufbruch der entsicherten Gesellschaft. Deutschland nach der Wiedervereinigung. Frankfurt a.M. 2012.

–; Gebauer, Ronald; Salheiser, Axel (Hg.): Elites and social change. The socialist and post socialist experience, Hamburg 2009.

Bischoff, Barbara: Die Stabsstelle. Besondere Aufgaben bei der Treuhandanstalt. Ein funktionales Konzept zur Bekämpfung von Wirtschaftskriminalität?, Münster 2016.

Bock, Karin (Hg.): Umbruch in Ostdeutschland. Politik, Utopie und Biographie im Übergang, Wiesbaden 2001.

Bockman, Johanna: Markets in the name of socialism. The left-wing origins of neoliberalism, Stanford 2011

Boers, Klaus; Nelles, Ursula; Theile, Hans (Hg.): Wirtschaftskriminalität und die Privatisierung der DDR-Betriebe, Baden-Baden 2010.

Bogner, Alexander; Menz, Wolfgang (Hg.): Experteninterviews. Theorie, Methoden, Anwendungsfelder, Wiesbaden 2009.

Böhmer, Robert: Der Geist des Kapitalismus und der Aufbau Ost. Eine institutionalistische Analyse des hemmenden Einflusses von Denkgewohnheiten und Mentalitäten auf die ökonomische Entwicklung der neuen Bundesländer auf der Grundlage von Thorstein Veblens ›Regime of Status‹ und Max Webers ›Geist des Kapitalismus‹, Dresden 2005.

Böick, Marcus; Goschler, Constantin: Wahrnehmung und Bewertung der Arbeit der Treuhandanstalt, Bochum 2017 (= Studie im Auftrag des Bundesministeriums für Wirtschaft und Energie).

–: Entdeckung, Expansion, Ernüchterung. Die KPMG/DTG und die deutsche Wiedervereinigung, in: Ziegler, Dieter u.a. (Hg.): Vertrauensbildung als Auftrag. Von der Deutsch-Amerikanischen Treuhand-Gesellschaft zur KPMG AG, München u.a. 2015, S. 214-249.

–: »Chronisten gesucht«. Die Umbrüche von 1989/90, die Transformationsforschung und das Umfragetagebuch, in: Steuwer, Janosch; Graf, Rüdiger (Hg.): Selbstreflexionen und Weltdeutungen. Tagebücher in der Geschichte und der Geschichtsschreibung des 20. Jahrhunderts, Göttingen 2015, S. 312-335.

–: Präsidentin, Managerin, Sekretärin. Geschlechterbeziehungen und -bilder bei der Treuhandanstalt, in: ders.; Kuschel, Franziska; Hertel, Anja (Hg.): Aus einem Land vor unserer Zeit. Eine Leserreise durch die DDR-Geschichte, Berlin 2012, S. 207-218.

–: »Aufstand im Osten«? Sozialer und betrieblicher Protest gegen die Treuhandanstalt und Wirtschaftsumbau in den frühen 1990er-Jahren, in: Bingen, Dieter u.a. (Hg.): Legitimation und Protest. Gesellschaftliche Unruhe in Polen, Ostdeutschland und anderen Transformationsländern nach 1989, Wiesbaden 2011, S. 167-185.

–; Siebold, Angela: Die Jüngste als Sorgenkind? Plädoyer für eine jüngste Zeitgeschichte als Varianz- und Kontextgeschichte von Übergängen, in: Deutschland Archiv 1 (2011), S. 105-113.

–: Im »Säurebad der Einheit«. Die Treuhandanstalt in den medienöffentlichen Debatten der frühen 1990er-Jahre, in: Deutschland Archiv 3 (2010), S. 425-432.

Böing, Susanne: Grundlagen zur Geschlechts- und Genderproblematik in Unternehmen, Köln 2009.

Bösch, Frank (Hg.): Geteilte Geschichte. Ost- und Westdeutschland 1970-2000, Göttingen 2015.

–: Geteilte Geschichte. Plädoyer für eine deutsch-deutsche Perspektive auf die jüngere Zeitgeschichte, in: Zeithistorische Forschungen 12 (2015), S. 98-114.

Boyer, Christoph: »1989« und die Wege dorthin, in: Vierteljahrshefte für Zeitgeschichte 59 (2011), S. 101-118.

Braun, Christina von: Der Preis des Geldes. Eine Kulturgeschichte, Berlin 2012.

Breiler, Klaus; Hünefeld, Elke von: Vom Fliegen und Landen. Zur Geschichte der ostdeutschen Luftfahrt, Leipzig 2012.

Bretschneider, Uta: »Vom Ich zum Wir«?: Flüchtlinge und Vertriebene als Neubauern in der LPG, Leipzig 2016.

Breuel, Birgit; Burda, Michael (Hg.): Ohne historisches Vorbild. Die Treuhandanstalt 1990 bis 1994. Eine kritische Würdigung, Berlin 2005, S. 48-58.

Bröckling, Ulrich: Das unternehmerische Selbst. Soziologie einer Subjektivierungsform, Frankfurt a.M. 2007.

Brücker, Herbert: Privatisierung in Ostdeutschland. Eine institutionenökonomische Analyse, Frankfurt a.M. 1995.

Budde, Gunilla (Hg.): Kapitalismus. Historische Annäherungen, Göttingen 2011.

–; Conrad, Sebastian; Janz, Oliver (Hg.): Transnationale Geschichte. Themen, Tendenzen und Theorien, Göttingen 2006.

Bunk, Markus: Die öffentliche Kritik an der ökonomischen Umsetzung politischer Ziele durch die Treuhandanstalt (THA), München 1997.

Chatzoudis, Georgios: Die Deutschlandpolitik der SPD in der zweiten Hälfte des Jahres 1989, Bonn 2005.

Conze, Eckart: Die Suche nach Sicherheit. Eine Geschichte der Bundesrepublik Deutschland von 1949 bis in die Gegenwart, München 2009.

–; Gajdukowa, Katharina; Koch-Baumgarten, Sigrid (Hg.): Die demokratische Revolution 1989 in der DDR, Köln 2009.

Czada, Roland: Das Erbe der Treuhandanstalt, in: Depenheuer, Otto; Paqué, Karl-Heinz (Hg.): Einheit – Eigentum – Effizienz. Bilanz der Treuhandanstalt, Heidelberg u.a. 2012, S. 125-146.

–; Lehmbruch, Gerhard (Hg.): Transformationspfade in Ostdeutschland. Beiträge zur sektoralen Vereinigungspolitik. Frankfurt a.M. 1998.

–: Vom Plan zum Markt. Die radikale Massenprivatisierung der DDR-Wirt-

schaft durch die Treuhandanstalt, in: Jahrbuch für europäische Verwaltungsgeschichte 7 (1995), S. 307-323.
–: Die Treuhandanstalt im politischen System der Bundesrepublik, in: Aus Politik und Zeitgeschichte 43/44 (1994), S. 31-42.
–: Das Unmögliche unternehmen. Die Treuhandanstalt zwischen Politik und Wirtschaft, in: Gegenwartskunde 43 (1994), S. 15-25 u. 185-200.
Damm, Veit; Schulz, Ulrike; Steinberg, Swen; Wölfel, Sylvia: Ostdeutsche Unternehmen im Transformationsprozess 1935 bis 1995. Ein neues Forschungsfeld der modernen Unternehmensgeschichte, in: Zeitschrift für Unternehmensgeschichte 2 (2011), S. 187-205.
Daniel, Ute: Kompendium Kulturgeschichte. Theorien, Praxis, Schlüsselwörter, Frankfurt a.M. 2001.
Danyel, Jürgen: Alltag Einheit. Porträt einer Übergangsgesellschaft, Berlin 2015.
–: Alltag Einheit: Ein Fall fürs Museum!, in: Aus Politik und Zeitgeschichte 65 (2015), S. , S. 26-35.
Depenheuer, Otto; Paqué, Karl-Heinz (Hg.): Einheit – Eigentum – Effizienz. Bilanz der Treuhandanstalt, Heidelberg u.a. 2012.
Dininio, Phyllis: The political economy of East German privatization, Westport 1999.
Doering-Manteuffel, Anselm; Raphael, Lutz: Nach dem Boom. Perspektiven auf die Zeitgeschichte seit 1970, 2. Aufl., Göttingen 2008.
Dommann, Monika; Speich Chassé, Daniel; Dejung, Christof (Hg.): Auf der Suche nach der Ökonomie. Historische Annäherungen, Tübingen 2014.
Dreke, Claudia: Der fremde Osten. Formen der Verarbeitung von Fremdheit in der West-Ost-Migration nach 1990 am Beispiel von Verwaltungsangestellten, Berlin 2003.
Dümcke, Wolfgang; Vilmar, Fritz (Hg.): Kolonialisierung der DDR, 3. Aufl., Münster 1996.
Eggenkämper, Barbara; Modert, Gerd; Pretzlik, Stefan: Die staatliche Versicherung der DDR. Von der Gründung bis zur Integration in die Allianz, München 2010.
Eitler, Pascal; Elberfeld, Jens (Hg.): Zeitgeschichte des Selbst. Therapeutisierung – Politisierung – Emotionalisierung, Bielefeld 2015.
Ellerbrock, Karl-Peter; Wischermann, Clemens (Hg.): Die Wirtschaftsgeschichte vor der Herausforderung durch die New Institutional Economics, Dortmund 2004.
Engler, Wolfgang: Die Ostdeutschen als Avantgarde, Berlin 2004.
Ensser, Susanne: Die Bedeutung der Treuhandanstalt für die Wiederbelebung des industriellen Mittelstandes in den neuen Bundesländern. Eine ordnungspolitische Betrachtung, Berlin 1998.
Ernst, Christian; Schwarz, Peter Paul: Zeitzeugenschaft im Wandel. Entwicklungslinien eines (zeit-)geschichtskulturellen Paradigmas in Kontexten von ›NS-Vergangenheitsbewältigung‹ und ›DDR-Aufarbeitung‹, in: BIOS: Zeitschrift für Biographieforschung und Oral History 50 (2012) 1, S. 25-49.
Esser, Hartmut (Hg.): Der Wandel nach der Wende. Gesellschaft, Wirtschaft, Politik in Ostdeutschland, Wiesbaden 2000.

Etzemüller, Thomas: Biographien. Lesen – erforschen – erzählen, Frankfurt a.M. 2012.

Faulenbach, Bernd; Jelich, Franz-Josef (Hg.): »Transformationen« der Erinnerungskulturen in Europa nach 1989, Essen 2006.

–: Die Arbeit der Enquete-Kommissionen und die Geschichtsdebatte in Deutschland seit 1989, in: Barker, Peter (Hg.): The GDR and its history. Rückblick und Revision. Die DDR im Spiegel der Enquete-Kommissionen, Amsterdam u.a. 2000, S. 21-33.

Feldman, Gerald D.; Seibel, Wolfgang (Hg.): Networks of Nazi persecution. Bureaucracy, business, and the organization of the Holocaust, New York 2005.

Fenske, Michaela; Eggeling, Tatjana (Hg.): Geschlecht und Ökonomie, Göttingen 2005.

Ferguson, Niall: The shock of the global. The 1970s in perspective, Cambridge/Mass. 2010.

Fink, Sebastian; Stuttmann, Klaus; Jacobs, Olaf: Wem gehört der Osten? Die großen Deals der deutschen Einheit, Halle 2015.

Fischer, Wolfram: »Herzlich Willkommen in diesem ergötzlichen Chaos«. Die Anfänge der Treuhandanstalt aus der Sicht von Mitarbeitern. Eine Dokumentation, in: von Kieseritzky, Wolther (Hg.): Demokratie in Deutschland. Chancen und Gefährdungen im 19. und 20. Jahrhundert, München 1999, S. 363-393.

–: »Da mußt Du dabeigewesen sein ...«. Die Treuhandanstalt aus der Sicht ihrer Mitarbeiter, in: Feldenkirchen, Wilfried; Pohl, Hans (Hg.): Wirtschaft, Gesellschaft, Unternehmen, Stuttgart 1995, S. 552-567.

–: »Es wäre schön, wenn die Treuhand Deutschland wäre«. Die Zusammenarbeit von Ost und West in der Treuhandanstalt, in: Jansen, Christian; Mommsen, Hans (Hg.): Von der Aufgabe der Freiheit. Politische Verantwortung und bürgerliche Gesellschaft im 19. und 20. Jahrhundert, Berlin 1995, S. 579-598.

–; Hax, Herbert; Schneider, Hans Karl (Hg.): Treuhandanstalt. Das Unmögliche wagen. Forschungsberichte, Berlin 1993.

–; Schröter, Harm: Die Entstehung der Treuhandanstalt, in: Fischer, Wolfram; Hax, Herbert; Schneider, Hans K. (Hg.): Treuhandanstalt. Das Unmögliche wagen. Forschungsberichte, Berlin 1993, S. 17-40.

–; Hax, Herbert; Schneider, Hans K. (Hg.): Treuhandanstalt. The impossible challenge, Berlin 1996.

–; Hax, Herbert; Schneider, Hans Karl, in: Einleitung, in: dies. (Hg.): Treuhandanstalt. Das Unmögliche wagen. Forschungsberichte, Berlin 1993, S. 1-13.

Förster, Heike: Entwicklung von Handlungsstrategien bei Führungskräften in der DDR-Wirtschaft. Eine empirische Untersuchung von lebens- und Karriereverläufen ehemaliger Betriebs- und Kombinatsdirektoren, Frankfurt a.M.u.a. 1995.

Freese, Christopher: Die Privatisierungstätigkeit der Treuhandanstalt. Strategien und Verfahren der Privatisierung in der Systemtransformation, Frankfurt a.M. 1995.

Frei, Norbert; Süß, Dietmar (Hg.): Privatisierung. Idee und Praxis seit den 1970er Jahren, Göttingen 2012.

Frevert, Ute; Haupt, Heinz-Gerhard (Hg.): Neue Politikgeschichte. Perspektiven einer historischen Politikforschung. Frankfurt a.M. 2005.

Geisel, Christof: Auf der Suche nach einem dritten Weg. Das politische Selbstverständnis der DDR-Opposition in den achtziger Jahren, Berlin 2005.

Gelz, Andreas; Hüser, Dietmar; Russ-Sattar, Sabine (Hg.): Skandale zwischen Moderne und Postmoderne. Interdisziplinäre Perspektiven auf Formen gesellschaftlicher Transgression, Berlin 2014.

Gerland, Kirsten; Möckel, Benjamin; Ristau, Daniel (Hg.): Generation und Erwartung. Konstruktionen zwischen Vergangenheit und Zukunft, Göttingen 2013.

Geulen, Dieter: Politische Sozialisation in der DDR. Autobiographische Gruppengespräche mit Angehörigen der Intelligenz, Opladen 1998.

Giesen, Bernhard; Leggewie, Claus: Experiment Vereinigung. Ein sozialer Großversuch, Berlin 1991.

Gillies, Peter; Koerfer, Daniel; Wengst, Udo: Ludwig Ehrhard, Berlin 2010.

Glaeser, Andreas: Divided in unity. Identity, Germany, and the Berlin police, Chicago 2000.

Gläser, Jochen; Laudel, Grit: Experteninterviews und qualitative Inhaltsanalyse. Als Instrumente rekonstruierender Untersuchungen, 4. Aufl., Wiesbaden 2010.

Gloe, Markus: Planung für die deutsche Einheit. Der Forschungsbeirat für Fragen der Wiedervereinigung Deutschlands, 1952-1975, Wiesbaden 2005.

Goffmann, Erving: Wir alle spielen Theater. Die Selbstdarstellung im Alltag, 10. Auflage, München 2003.

Gohle, Peter: Von der SDP-Gründung zur gesamtdeutschen SPD. Die Sozialdemokratie in der DDR und die Deutsche Einheit 1989/90, Bonn 2014.

Görtemaker, Manfred: Die Berliner Republik. Wiedervereinigung und Neuorientierung, Bonn 2009.

Graeber, David: Schulden. Die ersten 5000 Jahre; Stuttgart 2012.

Graf, Rüdiger: Nationale Souveränität in einer Welt des Öls. Petroknowledge und Energiepolitik in den USA und Westeuropa in den 1970er Jahren, Berlin 2014.

–; Priemel, Kim Christian: Zeitgeschichte in der Welt der Sozialwissenschaften. Legitimität und Originalität einer Disziplin, in: Vierteljahrshefte für Zeitgeschichte 59/4 (2011), S. 1-30.

Großbölting, Thomas; Lorke, Christoph (Hg.): Deutschland seit 1990. Wege in die Vereinigungsgesellschaft, Stuttgart 2017.

–; Hofmann, Dirk (Hg.): Vergangenheit in der Gegenwart. Vom Umgang mit Diktaturerfahrungen in Ost- und Westeuropa, Göttingen 2008.

Grosser, Dieter: Das Wagnis der Währungs-, Wirtschafts- und Sozialunion. Politische Zwänge im Konflikt mit ökonomischen Regeln, Stuttgart 1998.

Grosser, Dietmar; Müller, Hanno; Raue, Paul-Josef (Hg.): Treuhand in Thüringen. Wie Thüringen nach der Wende ausverkauft wurde, Essen 2013.

Grüttner, Michael; Hachtmann, Rüdiger; Jarausch, Konrad H.; John, Jürgen;

Middel, Matthias (Hg.): Gebrochene Wissenschaftskulturen. Universität und Politik im 20. Jahrhundert, Göttingen 2010.

Gupta, Asha: Privatization in East Germany. Can the Treuhandanstalt Provide a Model?, Kiel 1998.

Gutmann, Gernot: In der Wirtschaftsordnung der DDR angelegte Blockaden und Effizienzhindernisse für die Prozesse der Modernisierung, des Strukturwandels und des Wirtschaftswachstums, in: Kuhrt, Eberhard (Hg.): Die Endzeit der DDR-Wirtschaft – Analysen zur Wirtschafts-, Sozial- und Umweltpolitik, Opladen 1999, S. 1-60.

Hahn, André: Der Runde Tisch. Das Volk und die Macht. Politische Kultur im letzten Jahr der DDR, Berlin 1998.

Handschuhmacher, Thomas: »Was soll und kann der Staat noch leisten?«. Eine politische Geschichte der Privatisierung in der Bundesrepublik 1949-1989, Göttingen 2018.

Harders, Levke; Schweiger, Hannes: Kollektivbiographische Ansätze, in: Klein, Christian (Hg.): Handbuch Biographie. Methoden, Traditionen, Theorien, Stuttgart u.a. 2009, S. 194-198.

Hausmann, Christopher: Die 10. Volkskammer der DDR 1990. Elitenpool der ersten Stunde, in: Zeitschrift für Parlamentsfragen, 31 (2000), S. 527-541.

Hellbeck, Jochen: Die Stalingrad-Protokolle. Sowjetische Augenzeugen berichten aus der Schlacht, Frankfurt a.M. 2012.

Henke, Klaus-Dietmar (Hg.): Revolution und Vereinigung 1989/90. Als in Deutschland die Realität die Phantasie überholte, München 2009.

Herbert, Ulrich: Geschichte Deutschlands im 20. Jahrhundert, München 2014.

–: Jenseits der Katastrophen. Zum Stand der deutschen Zeitgeschichtsforschung, in: Schröder, Ann-Kathrin (Hg.): Geistesgegenwart und Geisteszukunft. Aufgaben und Möglichkeiten der Geisteswissenschaften, Essen 2007, S. 26-45.

–: Geschichte der Ausländerpolitik in Deutschland. Saisonarbeiter, Zwangsarbeiter, Gastarbeiter, Flüchtlinge, München 2001.

Heß, Johannes: Unternehmensverkäufe der Treuhandanstalt. Verträge im Spannungsfeld zwischen Arbeitsplatzsicherung und Alteigentümerschutz, Berlin 1997.

Hesse, Jan-Otmar: Wirtschaft als Wissenschaft. Die Volkswirtschaftslehre in der frühen Bundesrepublik, Frankfurt a.M.u.a. 2010.

Hickel, Rudolf; Priewe, Jan: Nach dem Fehlstart. Ökonomische Perspektiven der deutschen Einigung, Frankfurt a.M. 1994.

Hilger, Susanne; Landwehr, Achim (Hg.): Wirtschaft – Kultur – Geschichte. Positionen und Perspektiven, Stuttgart 2011.

Hockerts, Hans Günter: Zugänge zur Zeitgeschichte: Primärerfahrung, Erinnerungskultur, Geschichtswissenschaft, in: Aus Politik und Zeitgeschichte, 28 (2001), S. 15-30.

Hoffmann, Dierk: Im Laboratorium der Marktwirtschaft: Zur Geschichte der Treuhandanstalt 1989/90 bis 1994, in: Vierteljahrshefte für Zeitgeschichte 66 (2018), S. 167-185.

Hufnagel, Rainer; Simon, Titus (Hg.): Problemfall deutsche Einheit. Interdisziplinäre Betrachtungen zu gesamtdeutschen Fragestellungen, Wiesbaden 2004.

Hüttermann, Marcus: Privatisierungsverfahren aus gesamtwirtschaftlicher Sicht, Göttingen 1995.

Hüttmann, Jens: DDR-Geschichte und ihre Forscher. Akteure und Konjunkturen der bundesdeutschen DDR-Forschung, Berlin 2008.

Jacobsen, Heike: Umbruch des Einzelhandels in Ostdeutschland. Westdeutsche Unternehmer als Akteure im Transformationsprozess, Frankfurt a.M. 1999.

Jajeśniak-Quast, Dagmara: Stahlgiganten in der sozialistischen Transformation. Nowa Huta in Krakau, EKO in Eisenhüttenstadt und Kunčice in Ostrava, Wiesbaden 2010.

Jarausch, Konrad H. (Hg.): United Germany. Debating processes and prospects, New York u.a. 2013.

– (Hg.): Das Ende der Zuversicht? Die siebziger Jahre als Geschichte, Göttingen 2008.

–: Die unverhoffte Einheit. 1989-1990, Frankfurt a.M. 1995.

Jehmlich, Gerhard: Der VEB Pentacon Dresden. Geschichte der Dresdner Kamera- und Kinoindustrie nach 1945, Dresden 2009.

Joas, Hans; Kohli, Martin (Hg.): Der Zusammenbruch der DDR. Soziologische Analysen, Frankfurt a.M. 1993.

Jones, Daniel Stedman: Masters of the universe. Hayek, Friedman, and the birth of neoliberal politics, Princeton 2014.

Judt, Matthias: Der Bereich Kommerzielle Koordinierung. Das DDR-Wirtschaftsimperium des Alexander Schalck-Golodkowski. Mythos und Realität, Berlin 2013.

Karliczek, Kari-Maria: Strukturelle Bedingungen von Wirtschaftskriminalität. Eine empirische Untersuchung am Beispiel der Privatisierungen ausgewählter Betriebe der ehemaligen DDR, Münster 2007.

Karlsch, Rainer: Vom Licht zur Wärme. Geschichte der ostdeutschen Gaswirtschaft 1855-2008, Berlin 2008.

Kelle, Udo; Kluge, Susann: Vom Einzelfall zum Typus. Fallvergleich und Fallkontrastierung in der qualitativen Sozialforschung, 2. Aufl., Wiesbaden 2008.

Kemmler, Marc: Die Entstehung der Treuhandanstalt. Von der Wahrung zur Privatisierung des DDR-Volkseigentums, Frankfurt a.M. 1994.

Kepplinger, Hans Mathias: Die Treuhandanstalt im Bild der Öffentlichkeit, in: Fischer, Wolfram; Hax, Herbert; Schneider, Hans Karl (Hg.): Treuhandanstalt. Das Unmögliche wagen. Forschungsberichte, Berlin 1993, S. 357-373.

Kleßmann, Christoph: »Deutschland einig Vaterland«? Politische und gesellschaftliche Verwerfungen im Prozess der deutschen Einigung, in: Zeithistorische Forschungen/Contemporary Studies 8 (2009), S. 85-104.

–: Spaltung und Verflechtung. Ein Konzept zur integrierten Nachkriegsgeschichte 1945 bis 1990, in: ders.; Lautzas, Peter (Hg.): Teilung und Integration. Die doppelte deutsche Nachkriegsgeschichte als wissenschaftliches und didaktisches Phänomen, Bonn 2005, S. 20-37.

–; Lautzas, Peter (Hg.): Teilung und Integration. Die doppelte deutsche Nachkriegsgeschichte als wissenschaftliches und didaktisches Phänomen, Bonn 2005.

Klinge, Sebastian: 1989 und wir. Geschichtspolitik und Erinnerungskultur nach dem Mauerfall, Bielefeld 2015.

Klinger, Fred: Die Wirtschaft der DDR aus der Sicht der Bundesrepublik Deutschland, in: Eisenmann, Peter; Hirscher, Gerhard (Hg.): Dem Zeitgeist geopfert. Die DDR in Wissenschaft, Publizistik und politischer Bildung, München 1992, S. 87-114.

Klüsener, Robert: »Offene Vermögensfragen«. Rückgabe vor Entschädigung – eine richtige Grundsatzentscheidung?, in: Timmermann, Heiner (Hg.): Die DDR in Europa. Zwischen Isolation und Öffnung, Münster 2005, S. 312-325.

Knortz, Heike: Innovationsmanagement in der DDR 1973/79-1989. Der sozialistische Manager zwischen ökonomischen Herausforderungen und Systemblockaden, Berlin 2004.

Kohli, Martin; Szydlik, Marc (Hg.): Generationen in Familie und Gesellschaft, Opladen 2000.

–: Art. Lebenslauf, in: Schäfers, Bernd (Hg.): Grundbegriffe der Soziologie, 4. Aufl., Opladen 1995, S. 177-180.

Kohte, Wolfhard: Der Einfluß der Treuhandanstalt auf die Gestaltung der arbeits- und sozialrechtlichen Verhältnisse, Wiesbaden 1997.

Kollmorgen, Raj; Merkel, Wolfgang; Wagener, Hans-Jürgen (Hg.): Handbuch Transformationsforschung, Wiesbaden 2014.

–; Koch, Frank Thomas; Dienel, Hans-Liudger (Hg.): Diskurse der deutschen Einheit. Kritik und Alternativen, Wiesbaden 2011.

–: Wende – Umbruch – Beitritt. Die ostdeutsche Transformation und ihre Verortung im postsozialistischen Raum, in: Großbölting, Thomas u.a. (Hg.): Das Ende des Kommunismus. Die Überwindung der Diktaturen in Europa und ihre Folgen, Essen 2010, S. 151-176.

–: Ostdeutschland: Beobachtungen einer Übergangs- und Teilgesellschaft, Wiesbaden 2005.

Kolmer, Christian: Die Treuhandanstalt. Eine Input-Output-Analyse zu Theorien der Nachrichtenauswahl, Bonn 2000.

Koselleck, Reinhart: Vergangene Zukunft. Zur Semantik geschichtlicher Zeiten, Frankfurt a.M. 1989, S. 349-375.

Kowalczuk, Ilko-Sascha: Endspiel. Die Revolution von 1989 in der DDR, München 2009.

Kraus, Hans-Christof; Nicklas, Thomas (Hg.): Geschichte der Politik. Alte und neue Wege, München 2007.

Krause, Günter: Wirtschaftstheorie in der DDR, Marburg 1998.

Kraushaar, Wolfgang: Die RAF und der linke Terrorismus, 2 Bde., Hamburg 2006.

Krüger, Anne K.: Wahrheitskommissionen. Die globale Verbreitung eines kulturellen Modells, Frankfurt a.M. 2014.

Kühl, Stefan: Ganz normale Organisationen. Zur Soziologie des Holocaust, Berlin 2014.

–: Organisationen. Eine sehr kurze Einführung, Wiesbaden 2011.

Küsters, Ivonne: Narrative Interviews: Grundlagen und Anwendungen, 2. Aufl., Wiesbaden 2009.

Lahusen, Christiane: Zukunft am Ende. Autobiographische Sinnstiftungen von DDR-Geisteswissenschaftlern nach 1989, Bielefeld 2014.

Landwehr, Achim: Kulturgeschichte, Stuttgart 2009.

Lang, Hans R.: Privatisierungspolitik in Ostdeutschland: Eine politökonomische Analyse der Treuhandanstalt, Wiesbaden 2001.

Lange, Thomas; Shackleton, John Richard (Hg.): The political economy of German unification, Providence 1998.

Lenger, Friedrich; Nünning, Ansgar (Hg.): Medienereignisse der Moderne, Darmstadt 2008.

Lepsius, Rainer M.: Wirtschaftliche Entscheidungsstrukturen der DDR in den achtziger Jahren: der ›Bereich Mittag‹ im Zentralkommitee der SED, in: Esser, Hartmut (Hg.): Der Wandel nach der Wende. Gesellschaft, Wirtschaft, Politik in Ostdeutschland, Wiesbaden 2000, S. 29-39.

Links, Christoph: Das Schicksal der DDR-Verlage. Die Privatisierung und ihre Konsequenzen, Berlin 2009.

Löhr, Hanns Christian: Der Kampf um das Volkseigentum. Eine Studie zur Privatisierung der Landwirtschaft in den neuen Bundesländern durch die Treuhandanstalt (1990-1994), Berlin 2002.

Lorenz, Astrid (Hg.): Ostdeutschland und die Sozialwissenschaften, Opladen u.a. 2011.

Lorke, Christoph: Armut im geteilten Deutschland: Die Wahrnehmung sozialer Randlagen in der Bundesrepublik Deutschland und der DDR, Frankfurt a.M. 2015.

Lucke, Bernd: Die Privatisierungspolitik der Treuhandanstalt. Eine ökonometrische Analyse, Berlin 1995.

Luks, Timo: Der Betrieb als Ort der Moderne. Zur Geschichte von Industriearbeit, Ordnungsdenken und Social Engineering im 20. Jahrhundert, Bielefeld 2010.

Maaßen, Hartmut: Transformation der Treuhandanstalt. Pfadabhängigkeiten und Grenzen einer kompetenten Führung, Wiesbaden 2002. Maier, Charles S.: Das Verschwinden der DDR und der Untergang des Kommunismus, Frankfurt a.M. 1999.

Mählert, Ulrich (Hg.): Die DDR als Chance: Neue Perspektiven auf ein altes Thema, Berlin 2016.

–: Die DDR als Chance: Neue Perspektiven auf ein altes Thema, 7. Aufl., Berlin 2009.

Mergel, Thomas; Welskopp, Thomas (Hg.): Geschichte zwischen Kultur und Gesellschaft. Beiträge zur Theoriedebatte, München 1997.

Metzler, Gabriele: Konzeptionen politischen Handelns von Adenauer bis Brandt. Politische Planung in der pluralistischen Gesellschaft, Paderborn 2005.

Mierzejewski, Alfred C.: Ludwig Erhard. Der Wegbereiter der sozialen Marktwirtschaft, München 2005.

Müller, Jann: Die Wiederbegründung der Industrie- und Handelskammern in Ostdeutschland im Prozess der Wiedervereinigung, Stuttgart 2017.

Naumann, Klaus: Das nervöse Jahrzehnt. Krieg, Medien und Erinnerung am Beginn der Berliner Republik, in: Mittelweg 36 10 (2001), S. 25-44.

Neitzel, Sönke; Welzer, Harald: Soldaten. Protokolle vom Kämpfen, Töten und Sterben, Frankfurt a. M. 2012.

Neubert, Ehrhart: Unsere Revolution. Die Geschichte der Jahre 1989/90, München 2008.

Neumaier, Christopher; Dietz, Bernhard: Vom Nutzen der Sozialwissenschaften für die Zeitgeschichte. Werte und Wertewandel als Gegenstand historischer Forschung, in: Vierteljahrshefte für Zeitgeschichte 60/2 (2012), S. 293-304.

Niethammer, Lutz; Plato, Alexander von; Wierling, Dorothee: Die volkseigene Erfahrung, Berlin 1991.

– (Hg.): Lebenserfahrung und kollektives Gedächtnis, Frankfurt a. M. 1985.

Nohl, Arnd-Michael: Interview und dokumentarische Methode. Anleitungen für die Forschungspraxis, 4. Aufl., Wiesbaden 2012.

Nützenadel, Alexander: Stunde der Ökonomen. Wissenschaft, Politik und Expertenkultur in der Bundesrepublik 1949-1974, Göttingen 2005.

Obertreis, Julia; Stephan, Anke (Hg.): Erinnerungen nach der Wende. Oral History und (post)sozialistische Gesellschaften, Essen 2009.

Oschmann, Arndt: Politisch-institutionelle Wirkungen des »Treuhand-Regimes« in Ostdeutschland, 1995-2001: Stärkung zentralistischer Strukturen im Bundesstaat oder Anpassung an die föderative Normalverfassung?, Konstanz 2002.

Pahlow, Louis; Steiner, André: Die Carl-Zeiss-Stiftung in Wiedervereinigung und Globalisierung, Göttingen 2017.

Paqué, Karl-Heinz: Die Bilanz. Eine wirtschaftliche Analyse der Deutschen Einheit, München 2009.

Patel, Kiran Klaus: Zeitgeschichte im digitalen Zeitalter, in: Vierteljahrshefte für Zeitgeschichte 59 (2011), S. 331-352.

Plener, Ulla (Hg.): Die Treuhand – der Widerstand in Betrieben der DDR – die Gewerkschaften (1990-1994), Berlin 2011.

Priewe, Jan: Die Folgen der schnellen Privatisierung der Treuhandanstalt, in: Aus Politik und Zeitgeschichte 43/44 (1997), S. 21 ff.

Raphael, Lutz: Geschichtswissenschaft im Zeitalter der Extreme, Theorien, Methoden, Tendenzen von 1900 bis zur Gegenwart, München 2003.

Rauschnabel, Markus: Sanierungsstrategien der Treuhandanstalt: Das Modell der Management-KG, Wiesbaden 1996.

Reißig, Rolf: Die gespaltene Vereinigungsgesellschaft. Bilanz und Perspektiven der Transformation Ostdeutschlands und der deutschen Vereinigung, Berlin 2000.

Reitmayer, Morten; Schlemmer, Thomas (Hg.): Die Anfänge der Gegenwart. Umbrüche in Westeuropa nach dem Boom, München 2013.

Richter, Sebastian: Der Weg zur freien Volkskammerwahl am 18. März 1990, in: Klaus-Dietmar Henke (Hg.): Revolution und Vereinigung 1989/90. Als in Deutschland die Realität die Phantasie überholte, München 2009, S. 329-342.

Ritter, Gerhard A.: Wir sind das Volk! Wir sind ein Volk! Geschichte der deutschen Einigung, München 2009.

Ritter, Gerhard A.: Der Preis der deutschen Einheit. Die Wiedervereinigung und die Krise des Sozialstaats, 2., erw. Aufl., München 2007.

Rödder, Andreas: Deutschland einig Vaterland. Die Geschichte der Wiedervereinigung, München 2009.

Rodgers, Daniel T.: Age of fracture, Cambridge u.a. 2012.

Roesler, Jörg: Nur den Anforderungen des Marktes verpflichtet? Autokratische Züge und demokratische Ansätze der Treuhandprivatisierung, in: Deutschland Archiv 44 (2011), S. 230-237.

–: Die Treuhandpolitik. Verkauf und Abwicklung statt Sanierung und Umwandlung mit dem Ergebnis einer weitgehenden Deindustrialisierung des Ostens, in: Bahrmann, Hannes; Links Christoph (Hg.): Am Ziel vorbei. Die deutsche Einheit – eine Zwischenbilanz, Berlin 2005, S. 93-106.

–; Semmelmann, Dagmar: Vom Kombinat zur Aktiengesellschaft. Ostdeutsche Energiewirtschaft im Umbruch in den 1980er und 1990er Jahren, Bonn 2005

–: Vom Kombinatsbetrieb zur verlängerten Werkbank. Beabsichtigte und unbeabsichtigte Folgen der Treuhandprivatisierung, in: Deutschland Archiv 42 (2009), S. 466-474.

–: Ostdeutsche Wirtschaft im Umbruch, 1970-2000, Bonn 2003.

–: Die Treuhandanstalt. Wirtschaftsimperium oder Politikinstrument?, in: Liedtke, Rüdiger (Hg.): Die Treuhand und die zweite Enteignung der Ostdeutschen, München 1993, S. 18-53.

–: Zwischen Plan und Markt. Die Wirtschaftsreform in der DDR 1963-1970, Freiburg 1990.

Römer, Felix: Kameraden. Die Wehrmacht von innen, München 2012.

Rost, Dietmar: Innenansichten der Treuhandanstalt. Ergebnisse einer qualitativen Befragung von Führungskräften, Berlin 1994.

Rudnick, Carola S.: Die andere Hälfte der Erinnerung. Die DDR in der deutschen Geschichtspolitik nach 1989, Bielefeld 2011.

Rudolph, Karsten; Wüstenhagen, Jana: Große Politik – kleine Begegnungen. Die Leipziger Messe im Ost-West-Konflikt, Berlin 2006.

Sabrow, Martin (Hg.): 1989 und die Rolle der Gewalt, Göttingen 2012.

–: Die Historikerdebatte über den Umbruch von 1989, in: ders.; Jessen, Ralph; Große Kracht, Klaus (Hg.): Zeitgeschichte als Streitgeschichte. Große Kontroversen seit 1945, München 2003, S. 114-137.

Salheiser, Axel: Parteitreu, plangemäß, professionell? Rekrutierungsmuster und Karriereverläufe von DDR-Industriekadern, Wiesbaden 2009.

Schaarschmidt, Thomas: Der Wilde Westen im Osten. Die nationalsozialistische Heimatpropaganda in Sachsen und das »frontier«-Paradigma Frederick Jackson Turners, in: Großbölting, Thomas (Hg.): Landesherrschaft, Region, Identität. Der Mittelelberaum im historischen Wandel, Halle/S. 2009, S. 250-263.

Schanetzky, Tim: Die große Ernüchterung. Wirtschaftspolitik, Expertise und Gesellschaft in der Bundesrepublik 1966 bis 1982, Berlin 2007.

Scharrer, Manfred: Der Aufbau einer freien Gewerkschaft in der DDR 1989/90. ÖTV und FDGB-Gewerkschaften im deutschen Einigungsprozess, Berlin u.a. 2011.

Schildt, Axel; Siegfried, Detlef: Deutsche Kulturgeschichte. Die Bundesrepublik, 1945 bis zur Gegenwart, München 2009.

Schlögel, Karl: Die Mitte liegt ostwärts. Europa im Übergang, Frankfurt a.M. 2008.

Schluchter, Wolfgang; Quint, Peter (Hg.): Der Vereinigungsschock. Vergleichende Betrachtungen zehn Jahre danach, Weilerswist 2001.

–: Neubeginn durch Anpassung? Studien zum ostdeutschen Übergang, Frankfurt a.M. 1996.

Schmeitzner, Mike: Die SPD und die deutsche Frage 1989/90, in: Henke, Klaus-Dietmar (Hg.): Revolution und Vereinigung 1989/90. Als in Deutschland die Realität die Phantasie überholte, München 2009, S. 402-418.

Schoen, Harald: Beeinflusst Angst politische Einstellungen? Eine Analyse der öffentlichen Meinung während des Golfkriegs 1991, in: Politische Vierteljahresschrift, 47 (2006), S. 441-464.

Schröder, Richard: Die wichtigsten Irrtümer über die deutsche Einheit, Freiburg 2007.

Schröder, Wilhelm H.: Kollektivbiographie. Spurensuche, Gegenstand, Forschungsstrategie, in: Historical Social Research, Supplement 23 (2011), S. 74-152.

Schroeder, Klaus: Die veränderte Republik. Deutschland nach der Wiedervereinigung, München 2006.

–: Der Preis der Einheit. Eine Bilanz, München 2000.

Schulz, Ulrike: Simson. Vom unwahrscheinlichen Überleben eines Unternehmens 1856-1993, Göttingen 2013.

Schuster, Franz: Thüringens Weg in die Soziale Marktwirtschaft. Privatisierung – Sanierung – Aufbau. Eine Bilanz nach 25 Jahren, Köln 2015.

Schütze, Fritz: Das narrative Interview in Interaktionsfeldstudien [Studienbrief], Hagen 1988.

Schwärzel, Renate: Sicherung des Liquidationsschriftgutes der volkseigenen Wirtschaft der DDR durch einen privaten Dienstleister (DISOS GmbH), in: Unverhau, Dagmar (Hg.): Hatte »Janus« eine Chance? Das Ende der DDR und die Sicherung einer Zukunft der Vergangenheit, Münster 2003, S. 145-151.

–: Die Überlieferung der von der Treuhand abgewickelten Betriebe, in: Vom Findbuch zum Internet. Erschließung von Archivgut vor neuen Herausforderungen. Referate des 68. Deutschen Archivtags, 23.-26. September 1997 in Ulm (= Der Archivar, Mitteilungsblatt für deutsches Archivwesen, Beibd. 3), S. 231-238.

Seibel, Wolfgang: Institutional coping. The Treuhandanstalt and the collapse of the East German economy, 1989-1990, in: Jarausch, Konrad H. (Hg.): United Germany. Debating processes and prospects, New York u.a. 2013, S. 83-103.

–: Wenn ein Staat zusammenbricht. Über die Frühgeschichte und Funktion der Treuhandanstalt, in: Frei, Norbert; Süß, Dietmar (Hg.): Privatisierung. Idee und Praxis seit den 1970er Jahren. Göttingen 2012, S. 184-207.

–: Die Herstellung der Wirtschafts- und Währungsunion und die Errichtung der Treuhandanstalt, in: Apelt, Andreas H.; Grünbaum, Robert; Gutzeit, Martin (Hg.): Der Weg zur Deutschen Einheit. Mythen und Legenden, Berlin 2010, S. 71-84.

–: Verwaltete Illusionen. Die Privatisierung der DDR-Wirtschaft durch die Treuhandanstalt und ihre Nachfolger 1990-2000, Frankfurt a.M. u.a. 2005.
–: Die ›Treuhand‹ als ›Winkelried‹. Privatisierungsagentur und Stabilisierungsfaktor, in: Wehling, Hans-Georg (Hg.): Deutschland Ost – Deutschland West. Eine Bilanz, Opladen 2002, S. 199-221.
–: Politische Lebenslügen als Self-Destroying Prophecies. Die Treuhandanstalt im Vereinigungsprozeß, in: BISS public (9) 1999, S. 49-82.
–: Das zentralistische Erbe. Die institutionelle Entwicklung der Treuhandanstalt und die Nachhaltigkeit ihrer Auswirkungen auf die bundesstaatlichen Verfassungsstrukturen, in: Aus Politik und Zeitgeschichte 43/44 (1994), S. 3-13.
–: Strategische Fehler oder erfolgreiches Scheitern? Zur Entwicklungslogik der Treuhandanstalt 1990-1993, in: Politische Vierteljahresschrift 35 (1994), S. 3-39.
Seifert, Karl-Dieter: Weg und Absturz der Interflug. Die Geschichte des Unternehmens, Zweibrücken 2008.
Siebert, Horst: Das Wagnis der Einheit. Eine wirtschaftspolitische Therapie, Stuttgart 1992.
Siebold, Angela: ZwischenGrenzen. Die Geschichte des Schengen-Raums aus deutschen, französischen und polnischen Perspektiven, Paderborn 2013.
Siegmund, Uwe: Privatisierungspolitik in Ostdeutschland. Eine politökonomische Analyse der Treuhandanstalt, Wiesbaden 2001.
Sinn, Gerlinde; Sinn, Hans-Werner: Kaltstart. Volkswirtschaftliche Aspekte der deutschen Vereinigung, 3., überarb. Aufl., München 1993.
Staehle, Wolfgang H.: Funktionen des Managements. Eine Einführung in einzelwirtschaftliche und gesamtgesellschaftliche Probleme der Unternehmensführung, 2. Aufl., Bern u.a. 1989.
Steiner, André: Die DDR-Ökonomie vor und nach dem Fall der Mauer, in: Apelt, Andreas H.; Grünbaum, Robert; Gutzeit, Martin (Hg.): Der Weg zur Deutschen Einheit. Mythen und Legenden, Berlin 2010, S. 59-70.
–: Der Weg zur Wirtschafts- und Währungsunion vom 1. Juli 1990, in: Henke, Klaus-Dietmar (Hg.): Revolution und Vereinigung 1989/90. Als in Deutschland die Realität die Phantasie überholte, München 2009, S. 441-455.
–: Von Plan zu Plan. Eine Wirtschaftsgeschichte der DDR, Berlin 2007.
– (Hg.): Überholen ohne einzuholen. Die DDR-Wirtschaft als Fußnote der deutschen Geschichte?, Berlin 2006.
–: Zwischen Wirtschaftswundern, Rezession und Stagnation. Deutschdeutsche Wirtschaftsgeschichte 1945 bis 1989, in: Kleßmann, Christoph; Lautzas, Peter (Hg.): Teilung und Integration. Die doppelte deutsche Nachkriegsgeschichte als wissenschaftliches und didaktisches Phänomen. Bonn 2005, S. 177-191.
Stephan, Inge; Tacke, Alexandra (Hg.): NachBilder der Wende, Köln 2008.
Stollberg-Rilinger, Barbara (Hg.): Was heißt Kulturgeschichte des Politischen?, Berlin 2005.
Strothe, Alfred: Treuhandanstalt – Besser als ihr Ruf? Eine sozialkritische und gesellschaftspolitische Untersuchung vor allem für den Bereich der Land- und Ernährungswirtschaft, Clenze 1994.

Stuberger, Ulf G.: Die Akte RAF. Taten und Motive, Täter und Opfer, München 2008.

Stuhler, Ed: Die letzten Monate der DDR. Die Regierung de Maizière und ihr Weg zur deutschen Einheit, Bonn 2010.

Sturm, Daniel Friedrich: Uneinig in die Einheit. Die Sozialdemokratie und die Vereinigung Deutschlands 1989/90, Bonn 2006.

Süß, Dietmar: Idee und Praxis der Privatisierung. Eine Einführung, in: ders.; Frei, Norbert (Hg.): Privatisierung. Idee und Praxis seit den 1970er Jahren, Göttingen 2012, S. 11-31.

Techmeier, Ingo: Das Verhältnis von Kriminalität und Ökonomie. Eine empirische Studie am Beispiel der Privatisierung ehemaliger DDR-Betriebe, Wiesbaden 2012.

Tenbruck, Friedrich: Das Dilemma der Sozialwissenschaften, in: Gottschlich, Maximilian; Langenbucher, Wolfgang (Hg.): Publizistik- und Kommunikationswissenschaft. Ein Textbuch zur Einführung, Wien, 1997.

Thaysen, Uwe: Der Zentrale Runde Tisch der DDR 1989/90. Einleitender Essay zum Wortprotokoll und zu den Dokumenten, in: ders. (Hg.): Der Zentrale Runde Tisch der DDR. Wortprotokoll und Dokumente, Band 1: Aufbruch, Wiesbaden 2000, VII-XLIV.

Ther, Philipp: Die neue Ordnung auf dem alten Kontinent. Eine Geschichte des neoliberalen Europa, Berlin 2014.

–: Das »neue Europa« seit 1989. Überlegungen zu einer Geschichte der Transformationszeit, in: Zeithistorische Forschungen 6 (2009), S. 105-114.

Thompson, Edward P.: The making of the English working class, New York 1964.

Timmermann, Heiner (Hg.): Agenda DDR-Forschung. Ergebnisse, Probleme, Kontroversen, Münster 2005.

– (Hg.): Die DDR in Deutschland. Ein Rückblick auf 50 Jahre, Berlin 2001.

Tschopp, Silvia Serena; Weber, Wolfgang: Grundfragen der Kulturgeschichte, Darmstadt 2007.

Unger, Jobst-Friedrich von: Staatliche Kontrolle über die Treuhandanstalt, Berlin 2002.

Van Laak, Dirk: Der Tag X. Vorbereitungen für die deutsche Wiedervereinigung vor 1989, in: Bünz, Enno; Gries, Rainer; Möller, Frank (Hg.): Der Tag X in der Geschichte. Erwartungen und Enttäuschungen seit tausend Jahren. Stuttgart 1997, S. 256-286.

Van Scherpenberg, Norman: Das Instrumentarium der Treuhand zur Privatisierung, in: Breuel, Birgit; Burda, Michael (Hg.): Ohne historisches Vorbild. Die Treuhandanstalt 1990 bis 1994. Eine kritische Würdigung, Berlin 2005, S. 31-47.

Verch, Katrin: Sicherung, Bewertung und Übernahme des Schriftgutes der Volkseigenen Betriebe der DDR ab 1990, in: Archiv und Wirtschaft 44 (2011), S. 177-186.

Vogl, Joseph: Das Gespenst des Kapitals, Zürich 2010.

Von Achten, Dominik: Die Treuhandanstalt und der Markt in den neuen Bundesländern. Erfolge und Probleme französischer und britischer Unternehmen bei der Erschließung des ostdeutschen Marktes, Frankfurt a.M. 1997.

Von Beyme, Klaus: Das politische System der Bundesrepublik Deutschland. Eine Einführung, 10., erw. Aufl., Wiesbaden 2004.
Waechter, Matthias: Die Erfindung des amerikanischen Westens. Die Geschichte der Frontier-Debatte, Freiburg 1996.
Wagner, Volker: Regierungsbauten in Berlin. Geschichte, Politik, Architektur, Berlin 2001, S. 66-69.
Weber, Christiana: Treuhandanstalt. Eine Organisationskultur entsteht im Zeitraffer, Wiesbaden 1996.
Weber, Hermann; Eppelmann, Rainer; Faulenbach, Bernd; Mählert, Ulrich (Hg.): Bilanz und Perspektiven der DDR-Forschung, Paderborn 2003.
Westermann, Harm Peter: Der rechtliche Rahmen und seine Veränderung, in: Fischer, Wolfram; Hax, Herbert; Schneider, Hans Karl (Hg.): Treuhandanstalt. Das Unmögliche wagen. Forschungsberichte, Berlin 1993, S. 85-110.
Wenzel, Siegfried; Roesler, Jörg: Was war die DDR wert? Und wo ist dieser Wert geblieben? Versuch einer Abschlussbilanz, Berlin 2015.
Weil, Francesca: Verhandelte Demokratisierung. Die Runden Tische der Bezirke 1989/90 in der DDR, Göttingen 2011.
Weingarz, Stephan: Laboratorium Deutschland? Der ostdeutsche Transformationsprozeß als Herausforderung für die deutschen Sozialwissenschaften, Münster u.a. 2003.
Wick, Regina: Die Mauer muss weg – die DDR soll bleiben. Die Deutschlandpolitik der Grünen von 1979 bis 1990, Stuttgart 2012.
Wierling, Dorothee: Geboren im Jahr Eins. Der Jahrgang 1949 in der DDR: Versuch einer Kollektivbiographie, Berlin 2002.
Wildt, Michael: Generation des Unbedingten. Das Führungskorps des Reichsicherheitshauptamtes, Hamburg 2003.
Willisch, Andreas (Hg.): Wittenberge ist überall. Überleben in schrumpfenden Regionen, Berlin 2012.
Winkler, Willi: Die Geschichte der RAF, Reinbek 2008.
Wirsching, Andreas: Der Preis der Freiheit. Geschichte Europas in unserer Zeit, München 2012.
–: Demokratie und Globalisierung. Europa seit 1989, München 2011.
Wolfrum, Edgar: Die geglückte Demokratie. Geschichte der Bundesrepublik Deutschland von ihren Anfängen bis zur Gegenwart, Stuttgart 2006.
Wöller, Roland: Der Forschungsbeirat für Fragen der Wiedervereinigung Deutschlands 1952-1975. Zur politischen und wissenschaftlichen Diskussion der wirtschaftlichen Wiedervereinigung, Düsseldorf 2004.
Wünsche, Horst Friedrich: Ludwig Erhards Soziale Marktwirtschaft. Wissenschaftliche Grundlagen und politische Fehldeutungen, Reinbek 2015.
Wüstenhagen, Jana: Staatsveranstaltung und Familienfest: Die DDR und die Leipziger Messe, in: Zeitschrift für Geschichtswissenschaft, 48 (2000), S. 423-439.
Zoll, Rainer (Hg.): Ostdeutsche Biographien. Lebenswelt im Umbruch, Frankfurt a.M. 1999.

2. Veröffentlichte Quellen und Erinnerungen

Arndt, Klaus Dieter: Vorwort, in: Deutsches Institut für Wirtschaftsforschung Berlin (Hg.): DDR-Wirtschaft. Eine Bestandsaufnahme, Frankfurt a.M. 1971, S. 23-24.

Artzt, Matthias: Zukunft durch Selbstorganisation. Erneuerung der DDR: Aus der Erstarrung verwalteter Objekte im Subjektmonopolkapitalismus zur Selbstorganisation in Subjektpluralität (Thesen), in: Deutsche Zeitschrift für Philosophie 38 (1990), S. 422-434.

Baale, Olaf: Abbau Ost. Lügen, Vorurteile und sozialistische Schulden, München 2008.

Braun, Volker: Das Eigentum, in: Die Zickzackbrücke. Ein Abrißkalender, Halle 1992, S. 84.

Breuel, Birgit (Hg.): Treuhand intern. Tagebuch, Frankfurt a.M. u.a. 1993.

–: Der Mensch lebt nicht von Umsatzzahlen. Wie ich Politik verstehe, Herford 1987.

–: Perspektiven des Aufbruchs. Aus Fehlern lernen, Düsseldorf u.a. 1983.

–: Den Amtsschimmel absatteln. Weniger Bürokratie, mehr Bürgernähe, Düsseldorf u.a. 1979.

–: Es gibt kein Butterbrot umsonst. Gedanken zur Krise, den Problemen und Chancen unserer Wirtschaft, Düsseldorf u.a. 1976.

Bundesanstalt für vereinigungsbedingte Sonderaufgaben (Hg.): ›Schnell privatisieren, entschlossen sanieren, behutsam stilllegen.‹ Ein Rückblick auf 13 Jahre Arbeit der Treuhandanstalt und der Bundesanstalt für Vereinigungsbedingte Sonderaufgaben, Berlin 2003.

Christ, Peter; Neubauer, Ralf: Kolonie im eigenen Land. Die Treuhand, Bonn und die Wirtschaftskatastrophe der fünf neuen Länder, Berlin 1991.

DDR. Deutsche Demokratische Republik. Grieben-Reiseführer, Bd. 303, Stuttgart u.a. 1990.

De Maizière, Lothar: Anwalt der Einheit, Berlin 1996.

Döring, Karl: EKO Stahl für die DDR – Stahl für die Welt. Kombinatsdirektor und Stahlmanager, Berlin 2015.

Endlich, Luise: NeuLAnd. Ganz einfache Geschichten, Berlin 1999.

Erhard, Ludwig: Wirtschaftliche Probleme der Wiedervereinigung [1953], in: Hohmann, Karl (Hg.), Ludwig Erhard. Gedanken aus fünf Jahrzehnten, Düsseldorf 1988, S. 381-386.

Geipel, Ines: Generation Mauer. Ein Porträt, 4. Aufl., Stuttgart 2014.

Glocke, Nicole: Spontaneität war das Gebot der Stunde. Drei Abgeordnete der ersten und einzigen frei gewählten DDR-Volkskammer berichten, Halle 2011.

Grass, Günter: Ein weites Feld. Roman, 3. Aufl., Göttingen 1999.

Güldenpfenning, Klaus: Trotz Treuhand triumphieren, Berlin 2005.

Gutmann, Gernot; Behrendt, Willy (Hg.): Das Wirtschaftssystem der DDR. Wirtschaftspolitische Gestaltungsprobleme, Stuttgart u.a. 1983.

Hacker, Michael; Enders, Judith; Maiwald, Stephanie; Staemmler, Johannes; Lettrari, Adriana; Pietzcker, Hagen (Hg.): Dritte Generation Ost. Wer wir sind, was wir wollen, 3., durchges. u. erw. Aufl., Berlin 2013.

Haendcke-Hoppe-Arndt, Maria: Zum Tod von Peter D. Propp, in: Deutschland-Archiv 37 (2004), S. 382.

Haller, Gert: Das Wort ›Anschluß‹ war tabu. Einige persönliche Erinnerungen, in: Waigel, Theodor; Schell, Manfred (Hg.): Tage, die Deutschland und die Welt veränderten. Vom Mauerfall zum Kaukasus. Die deutsche Währungsunion, München 1994, S. 149-159.

Hamel, Hannelore (Hg.): Bundesrepublik Deutschland – DDR, die Wirtschaftssysteme. Soziale Marktwirtschaft und sozialistische Planwirtschaft im Systemvergleich, 4., überarb. und erw. Aufl., München 1983.

Hartmann, Ralph: Die Liquidatoren. Der Reichskommissar und das wiedergewonnene Vaterland, 3. Aufl., Berlin 2008.

Heym, Stefan: Filz. Gedanken über das neueste Deutschland, 2. Aufl., München 1992.

Hochhuth, Rolf: Wessis in Weimar. Szenen aus einem besetzten Land, Berlin 1993.

Holm, Knut: Wie wir verhökert wurden. Fakten, Lügen, Geständnisse, Beweise, Urteile zum Thema Treuhand, Berlin 1994.

Hommelhoff, Peter; Krebs, Walter (Hg.): Treuhandanstalt und Treuhandgesetz, Köln 1990.

Huhn, Klaus: Die Flachzangen aus dem Westen, Berlin 2011.

–: Einmarsch der Verbrecher: Wie die Kriminalität den Osten eroberte, Berlin 2009.

–: Raubzug Ost. Wie die Treuhand die DDR plünderte, Berlin 2009.

Jürgs, Michael: Wer wir waren, wer wir sind. Wie Deutsche ihre Geschichte erleben, München 2015.

–: Wie geht's, Deutschland? Populisten, Profiteure, Patrioten. Eine Bilanz der Einheit, München 2008.

–: Die Treuhändler. Wie Helden und Halunken die DDR verkauften, 2. Aufl., München 1997.

–: Der Verleger. Der Fall Axel Springer, Tübingen 2001.

Kampe, Dieter: Wer uns kennenlernt, gewinnt uns lieb. Nachruf auf die Treuhand, 2. Aufl., Berlin 1994.

Klamroth, Klaus: Eine Chronik aus dem 20.ten Jahrhundert. Tagesnotizen, Briefe, Erinnerungen ab 1933, Norderstedt 2010.

Klemm, Peter: Die Verhandlungen über die deutsch-deutsche Währungsunion, in: Waigel, Theodor; Schell, Manfred (Hg.): Tage, die Deutschland und die Welt veränderten. Vom Mauerfall zum Kaukasus. Die deutsche Währungsunion, München 1994, S. 135-148.

Koch, Alexander: Der Manager. Menschen aus der Wirtschaft, Frankfurt a.M. 2007.

Kohl, Helmut: Erinnerungen. 1990-1994, München 2007.

–: Ich wollte Deutschlands Einheit, Berlin 1996.

Köhler, Claus: Der Übergang von der Planwirtschaft zur Marktwirtschaft in Ostdeutschland.: Viereinhalb Jahre Treuhandanstalt, Berlin 1995.

Köhler, Horst: Alle zogen mit, in: Waigel, Theodor; Schell, Manfred (Hg.): Tage, die Deutschland und die Welt veränderten. Vom Mauerfall zum Kaukasus. Die deutsche Währungsunion, München 1994, S. 118-134.

Köhler, Otto: Die große Enteignung. Wie die Treuhand eine Volkswirtschaft liquidierte, München 1994.

Krieger, Albrecht: Begegnungen mit der politischen Vergangenheit im Osten Deutschlands. Als Vertrauensbevollmächtigter beim Vorstand der Treuhand, in: Bierich, Markus; Hommelhoff, Peter; Kropff, Bruno (Hg.): Unternehmen und Unternehmensführung im Recht. Festschrift für Johannes Semler zum 70. Geburtstag, Berlin u.a. 1992, S. 19-66.

Laabs, Dirk: Der deutsche Goldrausch. Die wahre Geschichte der Treuhand, München 2012.

Lafontaine, Oskar: Deutsche Wahrheiten. Die nationale und die soziale Frage, München 1990.

Leknisch, Karl: Lebenslügen, Berlin 2013.

Leysen, André: Ein Europäer im Verwaltungsrat der Treuhand, in: Breuel, Birgit; Burda, Michael (Hg.): Ohne historisches Vorbild. Die Treuhandanstalt 1990 bis 1994. Eine kritische Würdigung, Berlin 2005, S. 48-58.

–: Krisen sind Herausforderungen, Herford 1988.

Liedtke, Rüdiger: Wir privatisieren uns zu Tode. Wie uns der Staat an die Wirtschaft verkauft, Frankfurt a.M. 2007.

– (Hg.): Die Treuhand und die zweite Enteignung der Ostdeutschen, München 1993.

Lottmann, Joachim: Deutsche Einheit. Ein historischer Roman aus dem Jahr 1995, München 1999.

Ludewig, Johannes: Unternehmen Wiedervereinigung. Von Planern, Machern, Visionären, Hamburg 2015.

Luft, Christa: Zwischen WEnde und Ende. Reminiszenzen einer Zeitzeugin, 3. erw. Aufl., Berlin 1999.

–: Die Lust am Eigentum. Auf den Spuren der deutschen Treuhand, Zürich 1996.

–: Treuhandreport. Werden, Wachsen und Vergehen einer deutschen Behörde, Berlin 1992.

Mittag, Günter: Um jeden Preis. Im Spannungsfeld zweier Systeme, Berlin 1991.

Modrow, Hans: Ich wollte ein neues Deutschland, 2. Aufl., München 1999.

Münzberg, Günter Heribert: Zu treuen Händen. Ein Insiderbericht, Leipzig 2001.

Nelde, Hansjürgen: Vom Ossi zum Wossi? Anekdoten und Begegnungen eines Pharma-Managers, Berlin 2008.

Nötzold, Günter (Hg.): Die Stunde der Ökonomen. Prioritäten nach der Wahl in der DDR und die Zukunft der europäischen Wirtschaftsbeziehungen, Essen 1990.

–: Nach der Wahl. Wirtschaftsreformen in der DDR, in: (Hg.): Die Stunde der Ökonomen. Prioritäten nach der Wahl in der DDR und die Zukunft der europäischen Wirtschaftsbeziehungen, Essen 1990, S. 14-22.

Panitz, Eberhard; Huhn, Klaus: Mein CHEF ist ein WESSI, Berlin 1992.

Parkinson, Cyril Northcote: Parkinsons Gesetz und andere Studien über die Verwaltung, München 1999.

Pawlow, Nicki: Die Frau in der Streichholzschachtel, Berlin 2007.

Pfeiffer, Dietrich: Die Erbschaft. Marktwirtschaftliche Neugestaltung in den Betrieben der neuen Länder, Stuttgart u.a. 1992.

Propp, Peter Dietrich: Zur Transformation einer Zentralverwaltungswirtschaft sowjetischen Typs in eine Marktwirtschaft, Berlin 1964 [Reprint v. 1990].

Ruhr-Nachrichten: Detlev Karsten Rohwedder. Ein Jahrzehnt Strukturwandel bei Hoesch in Dortmund, Dortmund u.a. 1991.

Sarrazin, Thilo: Die Entstehung und Umsetzung des Konzepts der deutschen Wirtschafts- und Währungsunion, in: Waigel, Theodor; Schell, Manfred (Hg.): Tage, die Deutschland und die Welt veränderten. Vom Mauerfall zum Kaukasus. Die deutsche Währungsunion, München 1994, S. 160-225.

Schabowski, Günter: Der Absturz, Berlin 1991.

Schäuble, Wolfgang: Der Vertrag. Wie ich über die deutsche Einheit verhandelte, Stuttgart 1991.

Schmidt, Helmut: Auf dem Weg zur deutschen Einheit. Bilanz und Ausblick, Reinbek 2006, S. 33-45.

Schmidt-Bleibtreu, Bruno: Zur rechtlichen Gestaltung des Staatsvertrags vom 18. Mai 1990, in: Waigel, Theo; Schell, Manfred (Hg.): Tage, die Deutschland und die Welt veränderten. Vom Mauerfall zum Kaukasus. Die deutsche Währungsunion, München 1994, S. 226-242.

Schneider, Michael: Die abgetriebene Revolution. Von der Staatsfirma in die DM-Kolonie, Berlin 1990.

Schönbohm, Jörg: Zwei Armeen und ein Vaterland. Das Ende der Nationalen Volksarmee, Berlin 1992.

Schulze, Ingo: Simple Storys: Ein Roman aus der ostdeutschen Provinz, München 1999.

–: Neue Leben. Roman, München 2007.

Schürer, Gerhard: Gewagt und verloren. Eine deutsche Biographie, Frankfurt/O. 1996.

Schwarz, Heinz: Prägungen aus acht Jahrzehnten. Bitterfelder Weg eines Generaldirektors, Schkeuditz 2004.

Schwarzer, Christopher: Inside Ost. Vom West-Berater zum Ost-Unternehmer, München 2014.

Suhr, Heinz: Der Treuhandskandal. Wie Ostdeutschland geschlachtet wurde, Frankfurt a.M. 1991.

Thalheim, Karl C.: Die Wirtschaft der Sowjetzone in Krise und Umbau, Berlin 1964.

Tietmeyer, Hans: Erinnerungen an die Vertragsverhandlungen, in: Waigel, Theodor; Schell, Manfred (Hg.): Tage, die Deutschland und die Welt veränderten. Vom Mauerfall zum Kaukasus. Die deutsche Währungsunion, München 1994, S. 57-117.

Uschner, Manfred: Die zweite Etage. Funktionsweise eines Machtapparates, Berlin 1993.

Waigel, Theodor; Schell, Manfred (Hg.): Tage, die Deutschland und die Welt veränderten. Vom Mauerfall zum Kaukasus. Die deutsche Währungsunion, München 1994.

Wochenzeitung Die Wirtschaft (Hg.): Kombinate. Was aus ihnen geworden ist. Reportagen aus den neuen Ländern, Berlin 1993.

Wochenzeitung Die Wirtschaft (Hg.): Privatisierte. Was aus ihnen wird. Reportagen aus den neuen Ländern, Berlin 1994.

3. Editionen, Dokumentationen und Biografien

Apelt, Andreas H. (Hg.): Aufbrüche und Umbrüche. 20 Jahre deutsche Einheit. Zeitzeugen ziehen Bilanz, Halle 2010.

Arp, Agnès; Boeck, Martin (Hg.): Mein Land verschwand so schnell. 16 Lebensgeschichten und die Wende 1989/90, Weimar 2009.

Brunner, Detlev; Hall, Christian (Hg.): Revolution, Umbruch, Neuaufbau. Erinnerungen gewerkschaftlicher Zeitzeugen der DDR, Berlin 2014.

Bundesministerium für innerdeutsche Beziehungen (Hg.): Texte zur Deutschlandpolitik. Reihe III/Band 8a – 1990, Wolfenbüttel 1991.

Decker, Markus (Hg.): Zweite Heimat. Westdeutsche im Osten, Berlin 2014.

Deutscher Bundestag (Hg.): Protokolle der Volkskammer der Deutschen Demokratischen Republik: 10. Wahlperiode, 5. April bis 2. Oktober 1990, 3 Bde., Opladen 2000.

–: Materialien der Enquete-Kommission »Überwindung der Folgen der SED-Diktatur im Prozess der deutschen Einheit« (13. Wahlperiode des Deutschen Bundestages), 8 Bände in 14 Teilbänden, Frankfurt a.M.u.a. 1999.

–: Schlußbericht der Enquete-Kommission »Überwindung der Folgen der SED-Diktatur im Prozeß der deutschen Einheit«, 10.6.1998.

–: Materialien der Enquete-Kommission »Aufarbeitung von Geschichte und Folgen der SED-Diktatur in Deutschland« (12. Wahlperiode des Deutschen Bundestages), 9 Bände in 18 Teilbänden, Frankfurt a.M.u.a. 1995.

–: Bericht der Enquete-Kommission »Aufarbeitung von Geschichte und Folgen der SED-Diktatur in Deutschland«, 31.5.1994.

Fischer, Ilse (Hg.): Die Einheit sozial gestalten. Dokumente aus den Akten der SPD-Führung 1989/90, Bonn 2009.

Gehrke, Bernd; Hürtgen, Renate (Hg.): Der betriebliche Aufbruch im Herbst 1989. Die unbekannte Seite der DDR-Revolution. Diskussionen – Analysen – Dokumente, 2., korr. Aufl., Berlin 2001.

Gransow, Volker; Jarausch, Konrad H. (Hg.): Die Deutsche Vereinigung. Dokumente zu Bürgerbewegung, Annäherung und Beitritt, Bielefeld 1991.

Küsters, Hanns Jürgen; Hofmann, Daniel: Dokumente zur Deutschlandpolitik. Deutsche Einheit. Sonderedition aus den Akten des Bundeskanzleramtes, 1989/90 München 1998.

Modrow, Hans (Hg.): Das Große Haus. Insider berichten aus dem ZK der SED, Berlin 1995.

Müller-Enbergs, Helmut; Wielgohs, Jan; Hoffmann, Dieter (Hg.): Wer war wer in der DDR? Ein biographisches Lexikon, Bonn 2001.

Pirker, Theo; Lepsius, Rainer M.; Weinert, Rainer; Hertle, Hans-Hermann (Hg.): Der Plan als Befehl und Fiktion. Wirtschaftsführung in der DDR. Gespräche und Analysen, Opladen 1995.

Rohnstock, Katrin (Hg.): Jetzt reden wir! Was heute aus der DDR-Wirtschaft zu lernen ist, Berlin 2005.

– (Hg.): Mein letzter Arbeitstag. Abgewickelt nach 89/90. Ostdeutsche Lebensläufe, Berlin 2014.

Stephan, Gerd-Rüdiger (Hg.): »Vorwärts immer, rückwärts nimmer!« Interne Dokumente zum Zerfall von SED und DDR 1988/89, Berlin 1994.

Thaysen, Uwe (Hg.): Der Zentrale Runde Tisch der DDR. Wortprotokoll und Dokumente, 5 Bde., Wiesbaden 2000.

Thießen, Friedrich (Hg.): Die Wessis. Westdeutsche Führungskräfte beim Aufbau Ost, Köln 2009.

– (Hg.): Zwischen Plan und Pleite. Erlebnisberichte aus der Arbeitswelt der DDR, Köln 2001.

Treuhandanstalt (Hg.): Dokumentation 1990-1994, 15 Bde., Berlin 1994.

– (Hg.): Dokumentation 1990-1994. Medienarchiv, 10 CDs, Berlin 1994.

Wächter, Markus; Ponizak, Paulus (Hg.): Die Ostdeutschen. 25 Wege in ein neues Land, Berlin 2014.

Zimmermann, Brigitte; Schütt, Hans-Dieter (Hg.): ohnMacht. DDR-Funktionäre sagen aus, 2. Aufl., Berlin 1992.

4. Unveröffentlichte Quellen und Archive

Bundesarchiv (B412)
Bundestagsarchiv (THAUA)
Die Zeit-Online Archiv
DDR-Presse-Archiv bei ZEFYS
Privatarchiv D. Rickert, München
Privatarchiv W. Krause, Berlin
Privatarchiv A. Koch, Frankfurt a.M.
Privatarchiv D. Rost, Berlin
Munzinger-Online
Spiegel-Online Archiv

5. Unveröffentlichte Interviewreihen

Dieser Arbeit liegen im Kern drei Interview-Reihen zugrunde, die im Folgenden vollständig ausgewiesen sind (geordnet nach Reihentitel, also: B wie Böick, R wie Rost und W wie Weber). Die zentrale Interview-Reihe von Dietmar Rost aus den Jahren 1992/93 wurde vollständig anonymisiert; die Gesprächspartner werden bei ihrer ersten Nennung im Buch zur Kennzeichnung des Pseudonyms mit einem Sternchen versehen. In den Zitaten wurden orthografische Defizite oder offensichtliche Fehler stillschweigend der besseren Lesbarkeit wegen korrigiert, die Transkriptionstexte aber sonst aus quellenkritischen Erwägungen in ihrem Ursprungszustand belassen, sodass etwa Ausrufe, Stockungen und Auslassungen entsprechend gekennzeichnet erscheinen.

5.1 Interviewreihe Dietmar Rost (1992/93; anonymisiert)

R1-Interview mit Gerhard Rumberg, 10.7.1992; ostdt. Abteilungsleiter, Jg. 1930, 3 Stunden.

R2-Interview mit Heinrich Voss, 22.7.1992; westdt. Abteilungsleiter, Jg. 1942, 3,5 Stunden.

R3-Interview mit Wilhelm Humbeck, 24.7.1992; westdt. Direktor, Jg. 1948, 2 Stunden.

R4-Interview mit Dr. Stephan Erhard, 27.7.1992; westdt. Direktor, Jg. 1938, 2 Stunden.

R5-Interview mit Bernhard Hamberger, 28.7.1992; westdt. Direktor, Jg. 1925, 2 Stunden.

R6-Interview mit Ulrich Lothal, 28.7.1992; ostdt. Abteilungsleiter, Jg. 1935, 2,5 Stunden.

R7-Interview mit Bernd Wingert, 29.7.1992; westdt. Direktor, Jg. 1946, 2 Stunden.

R8-Interview mit Ernst Rabenau, 30.7.1992; westdt. Abteilungsleiter, Jg. 1934, 2,5 Stunden.

R9-Interview mit Dr. Paul Körting, 30.7.1992; westdt. Direktor, Jg. 1942, 2 Stunden.

R10-Interview mit Dr. Stefan Horn, 31.7.1992; westdt. Abteilungsleiter, Jg. 1931, 3,5 Stunden.

R11-Interview mit Dr. Daniel Kaltenburg, 31.7.1992; westdt. Direktor, Jg. 1942, 2 Stunden.

R12-Interview mit Theodor Lohmann u. Mitarbeitern, 4.8.1992; westdt. Direktor, Jg. 1943, 2 Stunden.

R13-Interview mit Dr. Volker Wiertel, 5.8.1992; westdt. Direktor, Jg. 1946, 2 Stunden.

R14-Interview mit Egon Hampel, 6.8.1992; westdt. Direktor, Jg. 1940, 2 Stunden.

R15-Interview mit Dr. Boris Hernholt, 1.9.1992; westdt. Direktor, Jg. 1938, 2 Stunden.

R16-Interview mit Karl Korn, 4.9.1992; ostdt. Abteilungsleiter, Jg. 1937, 3 Stunden.

R17-Interview mit Dr. Jörg Galuba, 8.9.1992; ostdt. Referent, Jg. 1927, 2,5 Stunden.

R18-Interview mit Dr. Boris Märtens, 10.9.1992; westdt. Direktor, Jg. 1945, 2 Stunden.

R19-Interview mit Richard Hajek, 15.9.1992; westdt. Direktor, Jg. 1925, 2 Stunden.

R20-Interview mit Dr. Herbert Peters, 18.9.1992; westdt. Direktor, Jg. 1938, 2,5 Stunden.

R21-Interview mit Dr. Samuel Herrmann, 18.9.1992; ostdt. Referent, 193x, 2 Stunden.

R22-Interview mit Dr. Charles Volkmann/Benedikt Golland, 1.10.1992; westdt. Dir./AL, Jg. 1939/1957, 2 Stunden.

R23-Interview mit Dr. Dieter Maltritz, 5.10.1992; westdt. Niederlassungsleiter, Jg. 1939, 1 Stunde.

R24-Interview mit Steffen Damm, 6.10.1992; ostdt. Direktor, Jg. 1960, 2,5 Stunden.

R25-Interview mit Oskar Hillberg, 13.10.1992; westdt. Niederlassungsleiter, Jg. 1930, 1,5 Stunden.

R26-Interview mit Dr. Wolfgang Dorsten, 25.11.1992; westdt. Niederlassungsleiter, Jg. 1938, 2 Stunden.

R27-Interview mit Knut Reich, 16.12.1992; ostdt. Abteilungsleiter, Jg. 1935, 2 Stunden.
R28-Interview mit Dr. Richard Rauenau, 17.12.1992; ostdt. Abteilungsleiter, Jg. 1937, 2,5 Stunden.
R29-Interview mit Klaus Helm, 18.12.1992; ostdt. Abteilungsleiter, Jg. 1931, 2,5 Stunden.
R30-Interview mit Simon Cunau, 21.12.1992; westdt. Abteilungsleiter, Jg. 1961, 2 Stunden.
R31-Interview mit Kurt Horten, 21.12.1992; ostdt. Referent, Jg. 1935, 2 Stunden.
R32-Interview mit Gerhard Pander, 22.12.1992; westdt. Direktor, Jg. 1949, 2 Stunden.
R33-Interview mit Doris Ehrenberg, 5.1.1993; ostdt. Abteilungsleiterin, Jg. 1946, 2 Stunden.
R34-Interview mit Sabine Gabel, 6.1.1993; ostdt. Referentin, Jg. 1952, 2 Stunden.
R35-Interview mit Conrad Hopp, 7.1.1993; westdt. Niederlassungsleiter, Jg. 1935, 2 Stunden.
R36-Interview mit Siegfried Hambach, 11.1.1993; westdt. Abteilungsleiter, Jg. 1949, 1 Stunde.
R37-Interview mit Bruno Homm, 12.1.1993; westdt. Direktor, Jg. 1949, 3 Stunden.
R38-Interview mit Dieter Geppert, 16.1.1993; westdt. Direktor, Jg. 1935, 2 Stunden.
R39-Interview mit Dr. Matthias Erben, 19.1.1993; westdt. Direktor, Jg. 1934, 2,5 Stunden.
R40-Interview mit Ferdinand Campen, 25.1.1993; westdt. Referent, Jg. 1963, 3 Stunden.
R41-Interview mit Friedrich Calbeck, 25.1.1993; ostdt. Abteilungsleiter, Jg. 1936, 2,5 Stunden.
R42-Interview mit Peter Domann, 28.1.1993; ostdt. Referent, Jg. 1938, 2,5 Stunden.
R43-Interview mit Dr. Gerhard Steffen/Kai Rumeck, 29.1.1993; westdt. Dir./AL, Jg. 1941/196x, 2,5 Stunden.
R44-Interview mit Stefan Wolter, 4.2.1993; westdt. Direktor, Jg. 1943, 3 Stunden.
R45-Interview mit Helmut Görner, 5.2.1993; westdt. Direktor, Jg. 1940, 2 Stunden.
R46-Interview mit Simon Norden, 10.2.1993; westdt. Direktor, Jg. 1938, 3 Stunden.
R47-Interview mit Ulrich Lothal, 17.2.1993; ostdt. Abteilungsleiter, Jg. 1936, 1,5 Stunden.
R48-Interview mit Bertold Parmeier, 24.2.1993; westdt. Referent, Jg. 1962, 3,5 Stunden.
R49-Interview mit Josef Arnstein, 16.4.1993; westdt. Abteilungsleiter, Jg. 1952, 3 Stunden.
R50-Interview mit Urs Cramer, 19.5.1993; westdt. Abteilungsleiter, Jg. 193x, 1,5 Stunden.

5.2 Interviewreihe Christiana Weber (fragmentarisch, Ende 1994)

W1-Interview mit ostdt. Mitarbeiterin, undatiert.
W2-Interview mit Hartmut Maaßen, undatiert; westdt. Direktor.
W3-Interview mit westdt. Mitarbeiter, undatiert.
W4-Interview mit Klaus-Peter Wild, undatiert; westdt. Vorstand.
W5-Interview mit Richard Graf zu Eulenburg, undatiert; westdt. Direktor.
W6-Interview mit Klaus König, undatiert; ostdt. Abteilungsleiter.
W7-Interview mit Norman van Scherpenberg, undatiert; westdt. Direktor.
W8-Interview mit westdt. Mitarbeiter, undatiert.
W9-Interview mit ostdt. Referent, undatiert.
W10-Interview mit westdt. Niederlassungs-Direktor, undatiert.
W11-Interview mit westdt. Mitarbeiter, undatiert.
W12-Interview mit westdt. Abteilungsleiter, undatiert.
W13-Interview mit westdt. Referenten, undatiert.
W14-Interview mit ostdt. Niederlassungs-Mitarbeiter, undatiert.
W15-Interview mit westdt. Niederlassungsleiter, undatiert.
W16-Interview mit westdt. Direktor, undatiert.
W17-Interview mit Peter Bachsleitner, undatiert; westdt. Referent.

5.3 Interviewreihe Marcus Böick (2012/13)

B1-Interview mit Katrin Langer, 6.2.2012; ehem. westdt. BvS-Referentin, 1 Stunde.

B2-Interview mit Dr. Ken-Peter Paulin, 7.2.2012; ehem. westdt. THA-Direktor, 3 Stunden.

B3-Interview mit Maria Breitfeld-Markowski, 8.2.2012; ehem. west. THA-Gruppenleiterin, 1,5 Stunden.

B4-Interview mit Dr. Renate Schwärzel, 9.2.2012; ehem. ostdt. THA-Gruppenleiterin, 2 Stunden.

B5-Interview mit R. Wagenknecht, 10.2.2012; ostdt. Mitarbeiterin im Bundesfinanzministerium, 1,5 Stunden.

B6-Interview mit Dr. Manfred Materne, 10.2.2012; ehem. westdt. THA-Referent, 1 Stunde.

B7-Interview mit Jutta Wietog, 10.2.2012; ehem. westdt. THA-Gruppenleiterin, 1 Stunde.

B8-Interview mit Wolf Schöde, 13.2.2012; ehem. westdt. THA-Direktor, 6 Stunden.

B9-Interview mit Dr. Dietmar Rost, 12.11.2012; ehem. Mitarbeiter des »Forschungsprojekts THA«, 2 Stunden.

B10-Interview mit Andrea Eggers, 12.11.2012; ehem. westdt. THA-Abteilungsleiterin, 1,5 Stunden.

B11-Interview mit Dr. Norman van Scherpenberg, 28.11.2012; ehem. westdt. THA-Direktor, 2 Stunden.

B12-Interview mit Dr. Eckhart Gehring, 6.3.2013; ehem. westdt. THA-Niederlassungsleiter, 5,5 Stunden.

B13-Interview mit Lutz Lehmann, 18.3.2013, ehem. westdt. THA-Referent, 2,5 Stunden.
B14-Interview mit Dieter Rickert, 28.5.2013, westdt. Personalberater, 2,5 Stunden.
B15-Interview mit L. Sellmann, 28.5.2013, ehem. westdt. THA-Referent, 3 Stunden.
B16-Interview mit Dr. Alexander Koch, 13.8.2013, ehem. westdt. THA-Vorstand, 6 Stunden.
B17-Interview mit Wolfram Krause, 25.9.2013, ehem. ostdt. THA-Vorstand, 3,5 Stunden.

Personenregister